中国石油天然气集团有限公司
CHINA NATIONAL PETROLEUM CORPORATION
年　鉴
YEARBOOK

2022

中国石油天然气集团有限公司 编

石油工业出版社

图书在版编目（CIP）数据

中国石油天然气集团有限公司年鉴 . 2022 / 中国石油天然气集团有限公司编 . —北京：石油工业出版社，2022.9

ISBN 978-7-5183-5348-4

Ⅰ . ①中… Ⅱ . ①中… Ⅲ . ①中国石油天然气集团有限公司 -2022- 年鉴 Ⅳ . ① F426.22-54

中国版本图书馆 CIP 数据核字（2022）第 068311 号

中国石油天然气集团有限公司年鉴 2022
ZHONGGUO SHIYOU TIANRANQI JITUAN YOUXIAN GONGSI NIANJIAN 2022

出版发行：石油工业出版社
（北京安定门外安华里 2 区 1 号 100011）
网 址：www.petropub.com
图书营销中心：（010）64523731
编 辑 部：（010）64523591 64523586
电子邮箱：nianjian@cnpc.com.cn
经 销：全国新华书店
印 刷：北京中石油彩色印刷有限责任公司

2022 年 9 月第 1 版 2022 年 9 月第 1 次印刷
787×1092 毫米 开本：1/16 印张：48 插页：53
字数：1800 千字

定价：258.00 元
（如出现印装质量问题，请与图书营销中心联系）

《中国石油天然气集团有限公司年鉴》编委会

主　　任：戴厚良

副 主 任：侯启军　段良伟

成　　员：（按姓氏笔画排列）

万　军　田景惠　付　斌　白雪峰　兰建彬
孙树祯　刘生瑶　江同文　李汝新　李家民
李懂章　吴　兵　杨　华　张　镇　张华林
张明禄　张宝增　张晓东　张道伟　陈金涛
胡炳军　修景涛　贾　勇　徐新福　蒋尚军
隋　昊　谢海兵　雷　平　蔡　勇　穆秀平

《中国石油天然气集团有限公司年鉴》主编、副主编

主　　编：徐新福

副 主 编：雷　平

《中国石油天然气集团有限公司年鉴》
编 辑 部

主　　　任：张　镇

副　主　任：吴保国

责任编辑：杨天龙　付　红　白炳炳

邵冰华　朱世元

执行编辑：杨天龙

特邀审稿：王守亚

封面设计：施　云

责任校对：张　磊

责任制作：张红军　张　聪

设计排版：北京中石油彩色印刷有限责任公司

编 辑 说 明

一、《中国石油天然气集团有限公司年鉴》（以下简称《年鉴》）是中国石油天然气集团有限公司组织编纂的权威性、资料性工具书。《年鉴》编纂工作始终坚持以马克思列宁主义、毛泽东思想、邓小平理论、“三个代表”重要思想、科学发展观和习近平新时代中国特色社会主义思想为指导，遵循实事求是的原则，力求全面、系统、客观地记述中国石油天然气集团有限公司的发展情况，并力求做到思想性、资料性、准确性和科学性的统一。

二、本卷《年鉴》记述中国石油天然气集团有限公司2021年党的建设、生产经营、企业管理及改革创新等方面的基本情况和重要事项，向广大读者展示中国石油为建设基业长青世界一流综合性国际能源公司所做出的努力和取得的成就。

三、《年鉴》采用分类编纂，点面结合，综合记述与条目记述相结合方式，力求资料全面系统。全书分为类目、分目、条目三个层次，以文字叙述为主，辅以图表。本卷共设16个类目：总述，油气勘探开发与新能源，炼油化工与新材料，销售，天然气销售，工程技术与工程建设，国际业务，科技与信息，安全环保与质量节能，企业管理与监督，党建、思想政治工作与企业文化建设，机构与人物，所属单位概览，大事记，统计数据，附录。为便于读者查阅和检索，文前设要目、目录和英文目录，文后附索引。

四、依据中国石油业务板块划分，本卷《年鉴》所属单位概览企业分类调整为油气和新能源板块、炼化销售和新材料板块、支持和服务板块、资本和金融板块。

五、本卷《年鉴》所引用的各种数据和资料截至2021年底，个别内容略有延伸。除注明外，一般指中国石油天然气集团有限公司统计数据。

六、本卷《年鉴》稿件、资料主要由中国石油天然气集团有限公司和中国石油天然气股份有限公司总部各部门、纪检监察组、各专业公司以及各单位提供。

七、为行文简洁，《年鉴》中机构名称一般在首次出现时用全称，随后出现时用简称。“中国石油天然气集团有限公司”简称“集团公司”，“中国石油天然气股份有限公司”简称“股份公司”，两者统称“中国石油”。

八、遵照年鉴编纂规范要求，《年鉴》编辑部对各供稿单位提供的稿件进行必要的编辑加工。主要是依据编写大纲与撰稿要求，统一全书体例，规范专业名词术语，删除明显重复，补充部分资料，修改语言文字，力求做到资料翔实、叙述简洁、数据准确。

2021年，中国石油坚持以习近平新时代中国特色社会主义思想为指导，全面贯彻党的十九大、十九届历次全会和中央经济工作会议精神，认真落实党中央、国务院决策部署，抓住国际油价回升、我国经济持续稳定恢复等有利时机，着力稳增长、调结构、提质量、增效益、防风险，油气两大产业链安全平稳运行，实现利润总额和净利润分别创近八年和七年来最好水平，重回同行首位、央企前列，在世界500强排名第四、首次在全球油气行业排名第一。四大业务板块（子集团）完成组建并有效运营，油气和新能源板块取得一系列新突破，油气保障量、国内外新增探明油气地质储量和油气产量当量、国内新增探明油气地质储量和油气产量当量、国内天然气产销量等指标创历史新高，明确“清洁替代、战略接替、绿色转型”三步走总体部署，绿色低碳转型迈出坚实步伐；炼化销售和新材料板块质量效益稳步提升，炼化结构调整和转型升级成效明显，国内原油加工量、成品油销量保持增长，长庆和塔里木两个乙烷制乙烯示范工程建成投产；支

持和服务板块全力保障两大产业链需要；资本和金融板块实现新的发展。实质性推动公司治理体系和治理能力现代化，超额完成国企改革三年行动目标任务，高水平科技自立自强取得一批标志性成果，打造提质增效“升级版”成果显著，安全环保和疫情防控扎实推进，履行责任使命更加坚定有力，党的领导党的建设全面加强，在建党百年大庆之年、“十四五”开局之年交出一份亮丽成绩单。

2022年，中国石油将始终坚持以习近平新时代中国特色社会主义思想为指导，完整、准确、全面贯彻新发展理念，服务和融入新发展格局，牢牢把握稳中求进工作总基调，遵循“四个坚持”兴企方略和“四化”治企准则，全面加强党的领导党的建设，着力发展主营业务，强化企业管理、改革创新、提质增效、绿色转型、数字化转型和风险防范，全力开创高质量发展新局面，以优异业绩迎接党的二十大胜利召开。

2022 年 7 月

2021 年 1 月 25 日，中国石油天然气集团有限公司 2021 年工作会议以视频形式召开，主会场在北京

（金添　常正乐　摄）

2021 年 7 月 14 日，中国石油天然气集团有限公司 2021 年领导干部会议在北京召开（金添　常正乐　摄）

2021 年 1 月 29 日，中国石油天然气集团有限公司 2021 年党风廉政建设和反腐败工作会议以视频形式召开，主会场在北京（常正乐 摄）

2021 年 3 月 26 日，中国石油天然气集团有限公司 2021 年第一轮巡视动员部署会议在北京召开

（常正乐 摄）

2021 年 9 月 9 日，中国共产主义青年团中国石油天然气集团有限公司第一次代表大会在北京召开

（张旭 摄）

2021 年 9 月 23 日，中国石油天然气集团有限公司科技与信息化创新大会在北京召开（金添　常正乐 摄）

2021 年 6 月 18 日，全国人民代表大会财政经济委员会副主任委员、全国人民代表大会常务委员会预算工作委员会主任史耀斌一行，就国有自然资源资产管理等情况到中国石油天然气集团有限公司总部调研，并召开座谈会听取意见建议。中国石油天然气集团有限公司董事长、党组书记戴厚良陪同调研（常正乐 摄）

2021 年 10 月 28 日，中央企业党史学习教育第二指导组到中国石油天然气集团有限公司总部调研并召开座谈会，听取党史学习教育工作汇报，传达上级有关精神和工作要求，推动党史学习教育深入开展。中央企业党史学习教育第二指导组组长卢纯出席会议并讲话。中国石油天然气集团有限公司党组书记、董事长戴厚良主持会议并汇报党组党史学习教育开展情况（常正乐 摄）

2021 年 4 月 18 日，中国石油天然气集团有限公司与海南省人民政府在海口签署海南自贸港建设战略合作协议（陈玉强 摄）

2021 年 8 月 31 日，中国石油天然气集团有限公司与北京大学在北京签署战略合作协议（常正乐 摄）

2021 年 10 月 22 日，中国石油天然气集团有限公司与交通银行在北京签署战略合作协议（常正乐 摄）

2021 年 12 月 1 日，中国石油天然气集团有限公司与中国石油化工集团有限公司在北京签署战略合作框架协议（常正乐 摄）

2021年2月22日，中国石油天然气集团有限公司董事长、党组书记戴厚良，总经理、党组副书记李凡荣在北京会见吉林省委书记景俊海，省委副书记、省长韩俊（常正乐 摄）

2021年3月17日，中国石油天然气集团有限公司董事长、党组书记戴厚良在北京会见西藏自治区党委副书记、自治区主席齐扎拉（常正乐 摄）

2021年4月20日，在海南博鳌亚洲论坛2021年年会期间，中国石油天然气集团有限公司董事长戴厚良会见澳大利亚驻华大使傅关汉一行（陈玉强 摄）

2021年7月8日，中国石油天然气集团有限公司董事长戴厚良同荷兰皇家壳牌集团首席执行官范伯登举行视频会议（常正乐 摄）

2021 年 4 月 18—21 日，中国石油天然气集团有限公司董事长、党组书记戴厚良出席海南博鳌亚洲论坛年会及相关活动

2021 年 10 月 4—6 日，中国石油天然气集团有限公司总经理、党组副书记侯启军在上海出席第四届中国国际进口博览会系列活动，5 日参加第四届中国石油国际合作论坛暨签约仪式，作题为《坚持绿色低碳发展、大力深化开放合作，为实现“双碳”目标贡献力量》的主旨演讲，中国石油分别与沙特阿美、斯伦贝谢等 33 家合作伙伴签署采购协议（金添 摄）

2021 年 11 月 22 日，中国石油天然气集团有限公司董事长戴厚良通过视频方式参加中土政府间合作委员会第五次会议（常正乐 摄）

2021 年 11 月 29 日，中国石油天然气集团有限公司和俄罗斯石油股份公司联合主办的第三届中俄能源商务论坛以线上与线下结合方式在北京和莫斯科两地举行（国际部 提供）

2021 年 2 月 5 日，中国石油天然气集团有限公司董事长、党组书记戴厚良在中国石油大厦总值班室视频连线慰问兰州石化长庆乙烷制乙烯项目和中油国际（尼日尔）上游项目员工（常正乐 摄）

2021 年 3 月 31 日，中国石油天然气集团有限公司董事长、党组书记戴厚良到吉林石化公司合成树脂厂 ABS 中央控制室、ABS 技术中心、碳纤维厂、劳模创新工作室、有机合成厂乙丙橡胶装置包装线等调研

（陈滨 摄）

2021 年 9 月 27—29 日，中国石油天然气集团有限公司总经理、党组副书记侯启军到吉林松原参加查干湖绿色发展论坛并到吉林油田公司调研，强调坚定不移做强做优油气业务，着力构建多能互补新格局（丁磊 摄）

2021 年 10 月 10 日，中国石油天然气集团有限公司总经理、党组副书记侯启军到广东石化公司乙烯项目建设现场调研指导工作，看望慰问项目建设者（蔡旭成 摄）

2021 年 11 月 27 日，中国石油西南油气田公司磨溪 145 井茅口组二段测试获日产 212.26 万立方米高产工业气流，四川盆地二叠系茅口组勘探获重大突破（马晨洮 摄）

2021 年 1 月 17 日，中国石油吉林油田公司召开建矿 60 周年庆祝大会，60 年来累计开发油气田 31 个，生产原油 1.79 亿吨、天然气 218 亿立方米，为保障国家能源安全和地方经济社会发展作出重要贡献（丁磊 摄）

2021 年 6 月 26 日，中国石油青海油田公司英雄岭狮新 52-3 井用 4 毫米油嘴控压生产，日产油 289.36 立方米、气 1.4 万立方米，获高产工业油气流（青海油田公司 提供）

2021 年 8 月 4 日，葡北天然气重力混相驱与战略储气库协同建设项目 6 口井日产油 29 吨，国内首个混相驱采油技术油田在关闭 6 年后“复活”，标志着中国石油天然气股份有限公司重大科研项目在吐哈油田公司取得重要进展（吐哈油田公司 提供）

2021 年 8 月 2 日，中石油煤层气有限责任公司保 8-1 平 3 井钻至 1711 米完钻，标志着国内首个亿立方米煤层气水平井整装规模开发项目全面高效完成钻井任务（萬亮 摄）

2021 年 4 月 15 日，我国首个海上储气库群项目在中国石油冀东油田公司堡古 2 平台正式开工

（朱米福 摄）

2021 年 3 月 3 日，中国石油集团长城钻探工程有限公司 YS69026 压裂队采用 140 兆帕、6 万水马力压裂机组在威 204H21 平台完成单日压裂 4 段，创威远地区深层页岩气压裂单日施工纪录（张磊 摄）

2021 年 7 月 22 日，中国石油集团川庆钻探工程有限公司 70232 钻井队在鄂尔多斯盆地致密气区域施工的靖 51-29H1 井完井，水平段长 5256 米刷新亚洲陆上水平井最长水平段纪录（柯祖恩 摄）

2021 年 8 月 3 日，中国石油兰州石化公司长庆乙烷制乙烯项目 80 万吨 / 年乙烯装置生产出合格乙烯产品，标志着国内首套利用中国石油自主研发技术建成的大型乙烯生产装置投料开车一次成功（刘延治 摄）

2021 年 8 月 30 日，国家乙烷裂解制乙烯示范工程中国石油独山子石化公司塔里木乙烷制乙烯工程一次开车成功（种玉忠 摄）

截至 2021 年 12 月 28 日，中国石油广西石化公司累计加工原油突破 1 亿吨，成为西南地区第一个加工原油突破 1 亿吨的炼化企业（王芳 摄）

2021 年 9 月 30 日，中国石油首座“油气氢电非”综合能源服务站在北京延庆正式开业投运，这是中国石油作为北京 2022 年冬奥会和冬残奥会官方油气合作伙伴，全力服务保障冬奥、助力实现国家“双碳”目标的重要举措（赵长胜 摄）

截至 2021 年 2 月 16 日，中国石油河北销售公司 2 月 7 日投用的太子城服务区加氢站累计加注氢燃料车 470 辆，共计加注 4958.94 千克，有效保障冬奥氢能源供给（河北销售公司 提供）

2021 年 11 月 20 日，中国石油宁夏销售公司建成国内首座 BIPV 光伏发电油气合建站，月均发电约 7000 千瓦·时（文苑瑾 摄）

2021 年 4 月 17 日，中国石油广东石化公司炼化一体化项目建设现场，中国石油工程建设有限公司（CPECC）第一建设公司 5000 吨门式起重机和 4000 吨履带起重机首次“双剑合璧”，历时 3 小时 30 分，将 4606 吨抽余液塔吊装就位，刷新亚洲最重塔器吊装纪录（高晨禹 摄）

2021 年 5 月 7 日，宝鸡石油机械有限责任公司牵头研制的国内第一台“一键式”人机交互 7000 米自动化钻机顺利通过出厂验收，标志着我国成为全球少数可自主研发自动化钻机的国家（王安军 摄）

2021年8月10日，宝鸡石油钢管有限责任公司自主研发的CT150钢级超强连续管通过国家石油管材质量监督检验中心检测，标志着中国石油成功研制全球最高强度连续管（王成龙 摄）

2021年5月10日，中国石油集团济柴动力有限公司JC130柴油机一次点火启动成功，该产品上市后将有力推动国产高端装备制造水平提升（陈旭 摄）

2021 年 1 月 23 日，中国石油西非公司尼日尔上游项目 Bilma 区块 Trakes 斜坡南部的探井 TrakesS-1 井在上组合试油获高产油流，单井日产油超千桶，标志着 Bilma 区块效益勘探、规模增储获重要进展（西非公司 提供）

2021 年 7 月 6 日，由壳牌东方贸易有限公司向中国石油国际事业有限公司提供的首船 6.6 万吨碳中和液化天然气在大连港完成卸货，是全球第一个以长约形式开展的 LNG 贸易碳中和业务（刘玉琢 摄）

2021年，中油国际（俄罗斯）亚马尔公司天然气产量突破300亿立方米，LNG产量突破1900万吨。10月18日，第二届“一带一路”能源部长会议在青岛召开，中国石油“俄罗斯亚马尔液化天然气合作项目”入选能源国际合作最佳实践案例（中油国际公司 提供）

2021年10月28日，中国石油天然气集团有限公司批复尼日尔二期一体化项目开工报告，阿加德姆区块油田二期地面工程全面实质性启动（中油国际公司 提供）

2021 年 11 月 12 日，中国石油与 SKK Migas 正式签署佳步区块新 PSC 协议，11 月 22 日印度尼西亚能矿部部长在已签署延期协议上签字批准生效，标志着延期工作获得成功。新合同期 20 年，保持 PSC 合同模式不变，中国石油继续担任作业者（中油国际公司 提供）

2021 年 11 月 19 日，巴西国家石油公司官网正式宣布阿拉姆深水勘探区块古拉绍 -1 井盐下发现厚油层，中国石油巴西深水风险勘探取得重大突破（中油国际公司 提供）

2021 年 1 月 26 日，中国石油润滑油公司首席科学家伏喜胜（前排左一）获 2020 年度中国石油天然气集团有限公司科学技术奖杰出成就奖（金添　常正乐 摄）

2021 年，中国石油集团工程材料研究院有限公司自主研发的复杂压裂水平井套管变形控制技术取得实质性突破。6 月 2 日，在四川威远 3 个套变高风险平台进行的现场试验圆满结束，控制效果显著

（工程材料研究院 提供）

2021 年 7 月，中国石油石油化工研究院自主研发的全球第一套 1000 吨 / 年超重力硫酸烷基化示范装置在辽阳石化公司一次开车成功，突破传统技术瓶颈，实现工艺方法创新和核心设备技术创新，开辟出比肩国际先进水平的硫酸烷基化技术路线（马春礼 摄）

2021 年 12 月 29 日，国内首台室外防爆加油机器人（试验）暨智能识别提枪技术在中国石油西藏销售公司海拔 3650 米的机场高速加油站投用（穷吉 摄）

2021 年 5 月 19 日，中国石油天然气集团有限公司党组书记、董事长戴厚良到贵州习水县调研中国石油定点帮扶工作。中国石油天然气集团有限公司深入贯彻落实国家乡村振兴战略，充分发挥自身优势，结合帮扶地区发展诉求和实际情况，不断深化产业帮扶、加大消费帮扶、推进教育帮扶，巩固拓展脱贫攻坚成果，助力乡村振兴（李帅 摄）

2021 年 10 月，中国石油第一个碳中和林——大庆油田有限责任公司马鞍山 510 亩碳中和林建成，预计 20 年内可吸收二氧化碳 7326 吨，可有效提高森林生态系统整体固碳能力（大庆油田有限责任公司 提供）

2021 年 10 月 20 日，北京 2022 年冬奥会合作伙伴俱乐部轮值主席换届大会在北京举行，中国石油与安踏、中国人民保险同时成为新一届轮值主席单位，并在会上发布冬奥保障计划（张旭 摄）

2021 年，南苏丹遭遇 60 年不遇洪灾，中国石油尼罗河公司向灾区捐赠价值 5 万美元的防洪减灾物资，向南苏丹尼罗河大学捐赠 2 万美元，通过参股公司向周边社区提供人道主义援助。图为 11 月 11 日中国石油向南苏丹政府捐赠抗洪救灾物资交接仪式（中油国际公司 提供）

2021 年 3 月 8 日，中国石油天然气集团有限公司举办首届“感动石油 · 巾帼风采”故事分享活动，10 位石油女职工分享了爱岗敬业、勇挑重担，实现个人价值的励志故事，激励和动员广大女职工立足岗位、拼搏进取，为建设世界一流综合性国际能源公司贡献巾帼力量（常正乐 摄）

2021 年 6 月 30 日，在全党全国喜迎中国共产党成立 100 周年之际，中国石油天然气集团有限公司“石油工人心向党、建功奋进新征程”岗位讲述活动成果展示在北京落下帷幕。12 名参赛选手的精彩讲述，讲出了高站位、责任心、好传统和精气神，展现了石油人“苦干实干”“三老四严”的奋斗状态，表达了浓厚的爱党爱国爱企爱岗之情（张旭 摄）

要　目

MAIN CONTENTS

目　　录

总　　述

综　述

特　载

专　文

油气勘探开发与新能源

综　述

油气勘探

勘探工程技术

油田开发

天然气开发

矿权管理

储量管理

油藏评价

采油工程

地面工程

海洋工程

新能源

储气库

油气勘探开发科技信息

炼油化工与新材料

综　述

炼化生产及主要产品

新材料

化工产品及炼油小产品销售

炼化工程建设

专业管理

商储油业务

销　　售

综　述

成品油业务

非油业务

加油卡业务

气、电、氢业务

投资管理与网络建设

专业管理

天然气销售

综　述

天然气批发销售业务

天然气终端销售业务

液化石油气销售业务

LNG接收站业务

新能源业务

增值业务

天然气销售专业管理

工程技术与工程建设

工程技术

工程建设

国际业务

海外油气业务

国内油气勘探开发国际合作

国际贸易

国际合作与外事工作

科技与信息

科技发展

标准化工作

信息化工作

安全环保与质量节能

新冠肺炎疫情防控

安全生产与应急管理

环境保护

低碳管理

HSE体系管理

节能节水

职业健康

质量管理与监督

计量工作

企业管理与监督

集团公司法人治理

股份公司法人治理

品牌管理与社会责任

发展计划

财务资产管理

资金管理

组织人事管理

生产经营

资本运营

石油金融

法律工作

工程和物装管理

纪检监察

内部审计

改革与企业管理

维稳信访与综合治理

保密工作

档案管理

党建、思想政治工作与企业文化建设

党建工作

思想理论工作

新闻舆论工作

企业文化与品牌管理

工会工作

共青团和青年工作

光荣榜

机构与人物

中国石油天然气集团有限公司

中国石油天然气股份有限公司

专家队伍

所属单位概览

油气和新能源板块

炼化销售和新材料板块

支持与服务板块

资本和金融板块

大事记

中国石油天然气集团有限公司大事记

统计数据

附　录

CONTENTS

Overview

Oil and Gas Exploration, Development and New Energy

Oil Refining, Chemicals and New Materials

Marketing

Natural Gas Marking

Engineering Technology and Engineering Construction

International Business

Technology and Information

Safety, Environmental Protection, Quality and Energy Saving

Corporate Management and Supervision

Development of the Communist Party, Political Work and Corporate Culture

Organizations and People

Overview of Affiliated Companies

Main Events

Statistical Data

Appendixes

总 述

综　述

中国石油天然气集团有限公司基本情况

中国石油天然气集团有限公司（英文缩写CNPC）是国有重要骨干企业和全球主要的油气生产商和供应商之一，是集国内外油气勘探开发和新能源、炼化销售和新材料、支持和服务、资本和金融等业务于一体的综合性国际能源公司，在国内油气勘探开发中居主导地位，在全球32个国家和地区开展油气投资业务，建成中亚—俄罗斯、中东、非洲、拉美、亚太五大油气合作区。经过几十年来的发展建设和几代石油人的不懈奋斗，集团公司经营规模不断壮大，综合实力和国际竞争力持续提升，2021年，中国石油在《财富》杂志全球500强排名中位居第四。

一、历史沿革

燃料工业部（1949年10月—1955年7月）

1949年10月1日，中央人民政府第一次会议决定成立中央人民政府燃料工业部，专管全国煤炭、石油和电力工业的恢复及建设工作。10月19日，中央人民政府任命陈郁为燃料工业部部长；11月，中共中央批准燃料工业部成立党组，陈郁任书记。1949年底，全国石油职工人数1.1万人（不包括台湾省）。

1950年4月13日，燃料工业部决定，成立石油管理总局，使石油工业由分散管理逐步过渡到部、总局、厂矿三级管理，形成集中统一管理的体制格局。5月31日，任命徐今强为代理局长。到1954年12月，石油管理总局所属企事业单位32个，职工人数6.6万人，为中华人民共和国成立初期的6倍；工业总产值3.17亿元，原油生产能力102万吨，原油加工能力175万吨。

石油工业部（1955年7月—1970年6月）

1955年7月30日，第一届全国人大二次会议决定，以燃料工业部所属石油管理总局为基础，成立石油工业部，统揽全国石油企业和石油生产建设工作，并任命李聚奎为部长。经中共中央批准，李聚奎兼任党组书记。1967年6月，根据中共中央决定，中国人民解放军对石油工业部实行军事管制。

到1969年底，石油工业部职工人数40.3万人。

石油工业部加强西部勘探开发，建成玉门、新疆、青海、四川4个油气生产基地。1958年，勘探战略东移，用3年多时间建成年产600万吨原油生产能力的大庆油田，做到石油基本自给。1961—1970年，组织华北、四川、江汉、辽河、吉林等石油会战。到1969年底，原油生产能力达到2410万吨，石油工业成为国民经济的重要支柱。

1966—1970年，石油工业部上缴财政181.2亿元，占国家财政收入的7.2%。1970年，总产值106亿元，占全国工业总产值的4.4%。

燃料化学工业部（1970年6月—1975年1月）

1970年6月，中共中央将石油工业部、煤炭工业部、化学工业部合并，组建燃料化学工业部，并成立燃料化学工业部党的核心小组和革命委员会。主要负责包括煤炭、石油在内的燃料和化学工业的发展建设，业务上归口国家计划委员会管理。中共中央任命伊文为燃料化学工业部党的核心小组组长、革委会主任。1971年9月伊文调出，由康世恩代理燃料化学工业部党的核心小组组长和革委会主任职务。

燃料化学工业部成立后，石油工业管理部门高速度高效率组织江汉、辽河、陕甘宁、吉林石油会战，加强对大庆、胜利等油田的开发调整。到1975年，有大庆、胜利、大港、辽河、扶余、克拉玛依、江汉、长庆、川中、玉门、冷湖、延长12个油田。同时，原油加工能力大幅提升，管道建设和石油机械制造业快速发展，石油化工工业迅猛崛起，石油工业成为当时发展最快的行业。中华人民共和国成立以来，累计向国家上缴580亿元，石油产品换汇在全国出口总收入中的比重，也由“三五”时期的

0.6% 增加到 7.1%。

到 1975 年 1 月，职工总数 81.4 万人。

石油化学工业部（1975 年 1 月—1978 年 3 月）

1975 年 1 月 17 日，第四届全国人大一次会议决定，撤销燃料化学工业部，分别成立煤炭工业部和石油化学工业部，并任命康世恩为石油化学工业部部长、党的核心小组组长。

1978 年底，全国累计探明石油地质储量 68.13 亿吨、天然气地质储量 1578.13 亿立方米，原油产量年均递增 18.6%，原油产量上 1 亿吨台阶，成为世界第八大产油国。

到 1978 年 3 月，由石油化学工业部直属管理或以石油化学工业部为主双重管理的企事业单位达到 28 个，以地方为主双重管理或地方管理的企事业单位有 57 个，职工总数 95.8 万人。

石油工业部（1978 年 3 月—1988 年 9 月）

1978 年 3 月 5 日，第五届全国人大一次会议决定，撤销石油化学工业部，分别成立石油工业部和化学工业部。宋振明任石油工业部部长、党组书记。1978 年 3 月，石油工业部企事业单位有 93 个，职工总数 120 万人。

1982 年 1 月 30 日，石油工业部决定成立中国海洋石油总公司，2 月 15 日挂牌。

1978—1988 年，10 年间全国探明石油地质储量相当于过去 30 年的总和，1985 年我国成为世界第六大产油国。

到 1985 年底，全国在 21 个省（自治区、直辖市）发现油田 253 个、气田 78 个，建成陆上油气生产勘探开发基地 17 个、海上油气生产基地 4 个。大庆油田第一个连续 10 年稳产 5000 万吨，胜利油田年产原油超过 3000 万吨，辽河油田建成我国第三个年产原油 1000 万吨的油气区，华北油田连续 10 年稳产 1000 万吨以上，东部地区成为中国的主要产油区。

中国石油天然气总公司（1988 年 9 月—1998 年 7 月）

1988 年 3 月，国家决定设立能源部，将石油工业部的政府职能移交能源部，隶属石油工业部的中国海洋石油总公司分立，以石油工业部为基础组建中国石油天然气总公司。4 月 9 日，第七届全国人大一次会议决定撤销石油工业部，组建中国石油天然气总公司。5 月，中国海洋石油总公司正式成立。9 月 17 日，召开中国石油天然气总公司成立大会。王涛任中国石油天然气总公司总经理、党组书记。

中国石油天然气总公司成立初期职工总数 135.8 万人，1997 年底，职工总数 149.6 万人。

中国石油天然气总公司是具有法人资格的正部级全民所有制国家公司，负责规划、组织、管理和经营陆上石油天然气资源勘探、开发、生产建设以及与油气共生或钻遇的其他矿藏的开采利用工作。

1988—1998 年，中国石油天然气总公司组织实施“稳定东部、发展西部”战略方针，1997 年 1 月提出“稳定东部、发展西部、油气并举、立足国内、开拓国际”发展方针。

10 年间，西部开发了塔里木油田和吐哈油田；东部大庆油田连续 10 年保持原油稳产 5500 万吨以上；陕京一线建成投产。1997 年，中国石油天然气总公司新增探明石油地质储量 7.3 亿吨、天然气地质储量 1170 亿立方米。生产原油 1.43 亿吨、天然气 171.7 亿立方米，在国外获份额油 97 万吨。

中国石油天然气集团公司（1998 年 7 月—2017 年 12 月）

1998 年 3 月 10 日，第九届全国人大一次会议审议通过《国务院机构改革方案》，决定将中国石油天然气总公司和中国石油化工总公司组建为两个特大型石油石化企业集团公司。

7 月 27 日，两大集团公司召开成立大会；7 月 28 日，两大集团公司正式挂牌。马富才任中国石油天然气集团公司总经理、党组书记。职工总数 158.2 万人。主营业务从主要从事油气勘探开发扩展到上下游、内外贸、产运销一体化经营。

1999 年 2 月，按照国务院领导指示，中国石油天然气集团公司成立筹备组，启动重组与上市工作。重组直接涉及 53 个企事业单位、5000 多亿元资产、154 万名职工。1999 年 10 月 28 日，中国石油天然气集团公司召开大会，独家发起创立中国石油天然气股份有限公司（英文缩写 PetroChina）。11 月 5 日，股份公司完成工商注册登记。股份公司是中国石油天然气集团公司最大的控股子公司，主要经营石油天然气勘探开发、炼油化工、油气管道运输、油气产品和化工产品销售等业务。

到 2017 年 12 月，集团公司在中国境内有大庆油田等 17 家油气田企业，大庆石化等 31 家炼化企业，分布于各省（自治区、直辖市）的 37 家成品油销售企业、6 家天然气销售企业，7 家管道储运企业，以及一批工程技术、金融等服务企业和科技研发等单

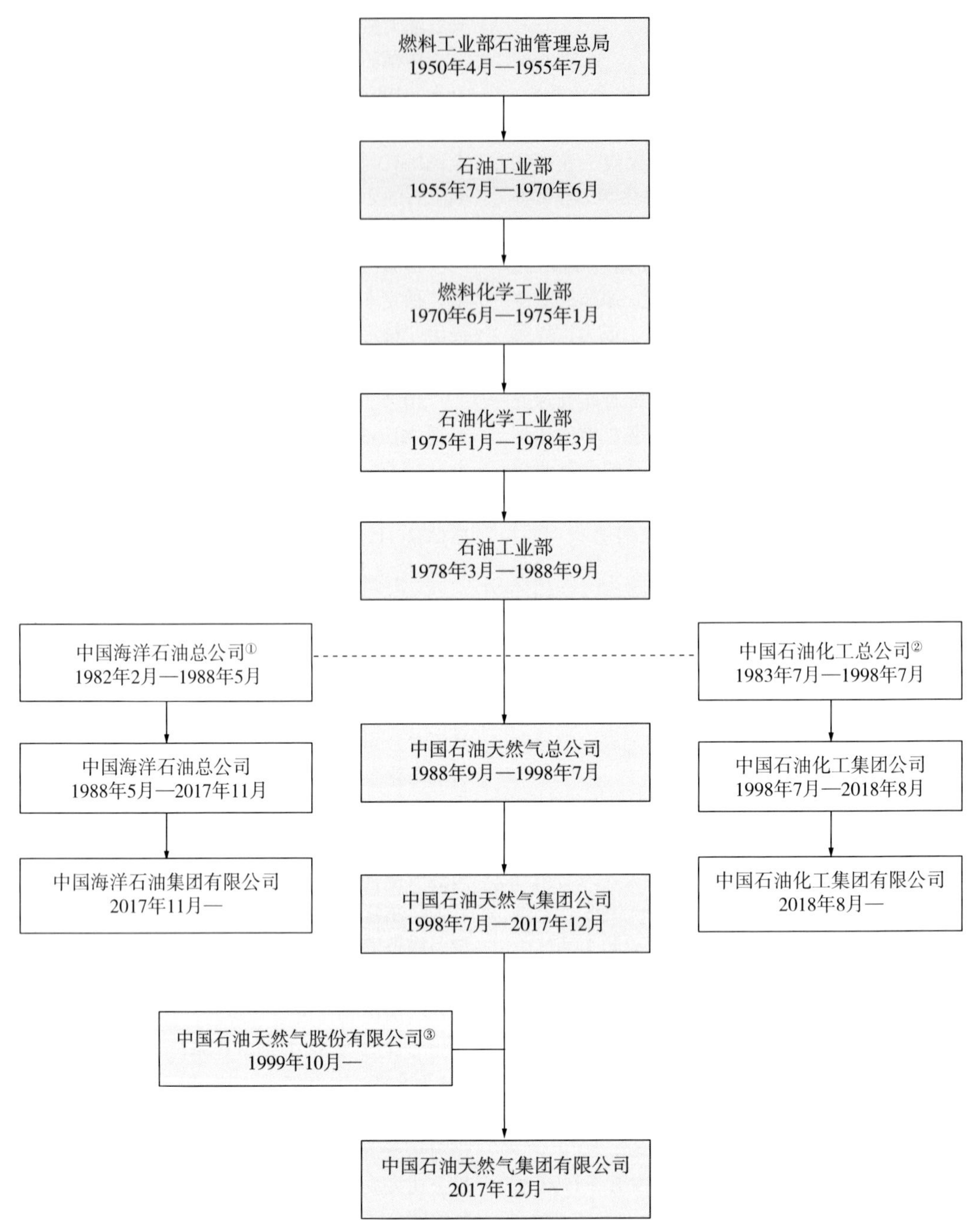

中国石油天然气集团有限公司历史沿革

注：① 1982 年 2 月，中国海洋石油总公司成立，归口石油工业部管理。1988 年 5 月，原隶属石油工业部的中国海洋石油总公司正式分立。

② 1983 年 2 月，中共中央、国务院发出通知，决定组建中国石油化工总公司，对分属石油工业部等部门和地方管理的炼油化工等企业组成一个行业性总公司；7 月，中国石油化工总公司正式成立。

③ 1999 年 10 月，中国石油天然气集团公司独家发起创立中国石油天然气股份有限公司；11 月，中国石油天然气股份有限公司完成工商注册登记。

位40余家。在海外有一批从事油气田勘探开发、管道运输和国际贸易企业，基本形成中亚—俄罗斯、中东、非洲、美洲、亚太五大油气合作区和亚洲、欧洲、美洲三大国际油气运营中心。在“一带一路”沿线19个国家运作着49个油气合作项目。职工总数135.5万人。

中国石油天然气集团有限公司（2017年12月—）

2017年11月，国务院国资委同意中国石油天然气集团公司由全民所有制企业改制为国有独资公司，更名为中国石油天然气集团有限公司。12月15日，取得改制后营业执照。

二、发展现状

中国石油天然气集团有限公司是国内主要的油气生产商和供应商之一。油气勘探开发业务居国内主导地位，拥有大庆、长庆、新疆、辽河、塔里木、四川等多个大型油气生产区，2021年国内原油产量10311万吨、天然气产量1378亿立方米；炼油与化工业务在国内有8个大型炼化一体化企业，13个千万吨规模炼油厂，2021年原油加工量20081万吨；成品油销售业务形成覆盖全国的营销网络，运营加油站2.27万座，2021年成品油销量11126万吨；天然气业务建成长庆、塔里木、四川、青海四大气区，基本建成中亚、中哈、中俄、中缅等跨国油气管道，2021年国内销售天然气2056亿立方米。

集团公司致力于综合一体化的业务发展定位。油服业务有物探、钻井、测井、井下作业等门类齐全的油气田工程技术服务队伍，所属中国石油集团东方地球物理勘探有限责任公司（BGP）、中国石油集团长城钻探工程有限公司（GWDC）等企业是全球重要的石油工程技术服务商，不仅有力支撑保障集团公司油气业务的发展，还服务于全球70多个国家和地区油气市场；工程建设业务有油气田地面工程、管道、炼化等建设队伍，所属中国石油管道局工程有限公司（CPP）、中国石油工程建设有限公司（CPECC）、中国寰球工程有限公司（HQCEC）等企业在全球范围内为用户提供专业高效的工程建设服务；装备制造企业生产的勘探、钻采、炼化、动力等石油装备设备，出口到80多个国家和地区；资本和金融业务已经涵盖财务公司、银行、信托、租赁、保险、证券、基金等多个领域，有较为齐全的金融牌照，实现由传统的资金管理向现代金融、产融结合、投融协同的转变，以融助产效应初步显现。

集团公司海外油气业务优质高效发展。坚持互利互惠、合作共赢的理念，加快“走出去”步伐，从1993年获得秘鲁北部塔拉拉油田七区作业权开始，开启国际化运营的新阶段。这些年来海外业务迅速成长，特别是近年来借力国家“一带一路”倡议，国际油气合作进一步向更大范围、更深层次、更广领域拓展，2021年在全球32个国家和地区开展油气投资业务，海外油气权益产量当量实现1亿吨规模稳产，并保持较强的盈利能力。同时，在油气投资业务的带动下，实现海外工程技术服务、工程建设、装备出口、油气贸易、炼化销售、管道储运等业务一体化发展，国际化经营能力和水平持续提升。

集团公司积极落实国家“双碳”部署，加快绿色转型，着力奉献清洁能源，呵护绿水青山。研究制定并推进实施新能源新业务规划和绿色低碳行动计划，提出集团公司碳达峰碳中和时间表和路线图，明确“清洁替代、战略接替、绿色转型”三步走的总体部署，推进实施以“六大基地”和“五大工程”为核心的绿色产业布局，绿色低碳转型取得重要进展。天然气在油气产量结构中占比稳步提高，围绕风、光、热、电、氢部署实施一批新能源项目，化石能源与新能源全面融合发展的“低碳能源生态圈”建设有序推进。

2022年是党的二十大召开之年，集团公司将以习近平新时代中国特色社会主义思想为指导，深入贯彻落实党的十九大、十九届历次全会和中央经济工作会议精神，落实中央企业负责人会议部署要求，完整、准确、全面贯彻新发展理念，服务和融入新发展格局，牢牢把握稳中求进工作总基调，遵循“坚持高质量发展、坚持深化改革开放、坚持依法合规治企、坚持全面从严治党”兴企方略和“专业化发展、市场化运作、精益化管理、一体化统筹”治企准则，坚持问题导向、目标导向、结果导向，以强化战略战术执行为抓手，全面加强党的领导党的建设，着力发展主营业务，强化企业管理、改革创新、提质增效、绿色转型、数字化转型和风险防范，全力开创集团公司高质量发展新局面，为保障国家能源安全、稳定宏观经济大盘、保持社会大局稳定作出积极贡献。

（靳　烨）

中国石油天然气集团有限公司 2021 年工作情况

2021 年，集团公司坚决贯彻习近平总书记重要指示批示精神和党中央、国务院决策部署，按照集团公司党组和董事会确定的工作思路，抓住国际油价上行、国内经济持续稳定恢复、油气市场需求旺盛等有利时机，统筹推进业务发展、改革创新、提质增效、安全环保、疫情防控等各项工作，油气两条产业链平稳运行，主要生产指标稳定增长，主要财务指标创历史新高。全年国内外油气产量当量 31429 万吨，同比增长 2.6%；加工原油 20081 万吨，国内销售成品油 11126 万吨、天然气 2056 亿立方米，营业收入 2.8 万亿元，利润总额 1665 亿元，为 2014 年以来最好水平，实现“十四五”良好开局。

加强增储上产和绿色低碳转型，油气和新能源业务取得系列新突破。全力推进油气增储上产，国内油气勘探开发成效显著。在鄂尔多斯、塔里木、准噶尔、四川等重点盆地取得 5 项重大突破和 15 项重要发现，发现落实 11 个亿吨级、12 个千亿立方米规模储量区，2021 年新增探明石油技术可采储量 1.47 亿吨、天然气技术可采储量 3658 亿立方米。国内生产原油 10311 万吨、天然气 1378 亿立方米，产量当量再创新高。海外油气合作稳中有进，新增探明油气可采储量成果丰硕，全年实现油气权益产量当量 10139 万吨，连续第三年稳产在 1 亿吨以上。天然气销售强化油气混合、气电综合、气电与新能源融合，国内销量首次突破 2000 亿立方米，实现量效齐增。基础设施建设有序推进，建成投产一批应急调峰保障工程、多条支线管道，有力保障天然气安全平稳供应。新能源事业迈出坚实步伐，京津冀地热供暖示范基地和一批风光发电项目及 CCUS（碳捕获、利用与封存）项目稳步推进，玉门 20 万千瓦光伏发电等 39 个新能源新产业项目建成投产，实现对外清洁电力供应零的突破。油田技术服务业务持续开展关键核心技术攻关，服务水平和市场竞争力持续提升。

推进转型升级和产销协同，炼化销售和新材料业务质量效益稳步提升。坚持减油增化，持续调整炼油产品结构，实施新材料提速工程，重点项目建设加快推进。2021 年国内加工原油 16674 万吨，生产成品油 10892 万吨，生产乙烯 671.3 万吨，乙烯、合成树脂、合成橡胶等高效产品均实现同比增长。突出零售提质、直批提量，灵活调整成品油销售策略，加大优势市场加油站开发力度，国内销售成品油 11126 万吨，新开发加油（气）站 300 座。优化化工营销网络布局，全力开拓化工市场，销售化工产品 3716 万吨，实现销量、效益同步增长。加快发展新能源和加气业务，首座油气氢电非综合服务示范站在北京建成投运，一批加氢站、换电站、光伏站投入运营。立足两种资源两个市场，加大海外份额油气销售力度，拓宽炼化产品海外市场，国际贸易保供降本增效作用明显增强。

提升服务水平和专业化发展能力，支持和服务业务保障作用更加凸显。工程建设业务积极布局新能源新材料新业态市场，高质量推进重点工程建设，承建的中俄东线天然气管道（黑河—长岭）、恒逸（文莱）PMB 石油化工项目两项工程获国家优质工程金奖。装备制造业务深化全价值链精益管理，大力开展“制造 + 服务”“产品 + 服务”，全力开拓社会和国际市场，生产效率和产品质量不断提升。研究咨询业务围绕宏观大势、行业趋势、市场走势，开展高质量研究咨询和技术经济论证，较好发挥决策支持作用。共享业务拓展财务和人力资源共享深度，服务质量和运营效率持续提升。

发挥产融服务平台优势，资本和金融业务实现新发展。中油资本推进产融结合、融融协同，积极拓展绿色金融、新能源等业务，健全合规和风控预警体系，服务能力和市场营销能力不断增强，资产质量进一步夯实。中油财务、中意人寿分获“2021 中国金融机构金牌榜 · 金龙奖”最佳服务财务公司和最佳合资寿险公司。昆仑资本顺利组建，初步构建市场化运营管理体系，募集首支绿色低碳创新基金，研究储备战略性新兴产业投资项目，实现良好开端。

深化改革创新和提质增效，集团公司高质量发展稳步推进。深入贯彻国企改革三年行动方案，落实集团公司党组关于推进公司治理体系和治理能力现代化指导意见、深化体制机制改革意见，推进实施“油公司”模式改革、三项制度改革等一系列重要改革举措并取得实质进展。完成集团公司总部组织体系优化调整，成功组建油气和新能源、炼化销售和新材料、支持和服务、资本和金融四大业务板块（子集团）并有效运行。深化供给侧结构性改革，推进市场、管理、质量“三个升级”。深入开展对标世界一流管理提升行动，狠抓亏损企业治理，一企一策制订工作方案，集团公司全级次亏损企业亏损额同比大幅减少，亏损额、亏损面和亏损户数均为近 10 年最低。聚焦高水平科技自立自强，部署实施一批重大科技专项和关键核心技术攻关任务，取得一系列标志性成果和重大突破。建设国家战略科技力量迈出新步伐，迪拜研究院、上海新材料研究院和深圳新能源研究院挂牌成立。全力推动数字化转型、智能化发展，智能运营中心建成投运，数字化转型试点全面启动，昆仑 ERP 系统填补国内空白、整体水平国际先进。

强化过程管控和责任落实，质量健康安全环保工作稳中向好。牢固树立安全环保红线意识，扎实推进安全生产专项整治三年行动，宣传贯彻新《安全生产法》，一体化、差异化、精准化开展 QHSE 审核，强化井控、油气泄漏等重大风险防控，持续加强承包商管理，全年未发生较大及以上生产安全事故。制定实施绿色企业创建行动指导意见，推动上下游产业清洁化、低碳化和循环化改造升级，全面完成历史遗留含油污泥清零任务，未发生较大及以上环境污染和生态环境破坏事件，全年实现节能 74 万吨标准煤、节水 1049 万立方米，集团公司获“中国低碳榜样”和“2021 年度碳中和典范企业”称号。制订实施健康企业建设推进方案，加强员工体检和健康风险评估，持续改善生产作业环境。慎终如始抓好常态化新冠肺炎疫情防控，严格落实国家整体防控要求，压实“四方”责任，快速反应打赢疫情防控阻击战。

坚持全面从严治党，集团公司党的建设不断加强。集团公司党组始终把党的政治建设放在首位，坚持“第一议题”制度，组织开展习近平总书记重要指示批示精神和在全国国企党建工作会上的重要讲话精神贯彻落实情况“回头看”，坚决做到“两个维护”。扎实开展庆祝建党百年系列活动，持续深入学习贯彻习近平总书记“七一”重要讲话精神和党的十九届六中全会精神。高标准推进党史学习教育，认真组织专题学习、专题宣讲、专题组织生活会，开展“我为员工群众办实事”实践活动，确保学习教育走深走实。大力加强党风廉政建设和反腐败工作，加大监督执纪问责力度，党风企风持续向好，政治生态持续净化。

（新　烨）

特　载

集团公司召开 2021 年工作会议，强调以习近平新时代中国特色社会主义思想为指导，全面贯彻新发展理念

锚定世界一流目标　强化创新改革管理
全力奋进集团公司高质量发展

1 月 25 日，集团公司 2021 年工作会议以视频形式在北京召开。会议的主要任务是，以习近平新时代中国特色社会主义思想为指导，深入贯彻党的十九大和十九届二中、三中、四中、五中全会精神以及中央经济工作会议精神，认真落实中央企业负责人会议和全国能源工作会议部署，总结集团公司 2020 年及“十三五”工作，分析面临形势，部署“十四五”及 2021 年重点任务，动员全体干部员工，全面贯彻新

发展理念，锚定世界一流目标，强化创新改革管理，全力奋进高质量发展，以优异成绩庆祝中国共产党成立 100 周年，为保障国家能源安全、构建新发展格局作出新贡献。

上午，集团公司董事长、党组书记戴厚良作《锚定世界一流目标，强化创新改革管理，全力奋进高质量发展》主题报告，总经理、党组副书记李凡荣作生产经营报告，董事、党组副书记、安全总监段良伟主持会议。集团公司领导刘跃珍、吕波、焦方正、徐吉明、黄永章，外部董事王久玲、刘国胜、王用生，以及审计署有关同志出席会议。集团公司原董事长、党组书记王宜林应邀出席。下午，与会代表围绕会议主题进行充分讨论，并针对集团公司“十四五”及 2021 年重点工作提出意见和建议。

戴厚良在回顾集团公司 2020 年及“十三五”主要工作成果时指出，2020 年是中国石油发展历程中极不平凡、极具挑战的一年。面对前所未有的困难，集团公司党组深入学习贯彻习近平总书记关于统筹推进疫情防控和经济社会发展等一系列重要讲话和指示批示精神，认真贯彻党中央、国务院关于做好“六稳”工作、落实“六保”任务等决策部署，保持战略定力，以越是艰险越向前的奋进姿态，团结带领全体干部员工以“战时状态”做好疫情防控和复工复产等工作，着力稳经营、强管理、防风险、保安全，疫情防控取得重大战略成果，提质增效专项行动成效显著，油气业务形成“三个 1 亿吨”格局，市场营销和结构调整全面加强，全面深化改革向纵深推进，科技创新取得一批新突破，安全环保形势稳定向好，党的建设质量进一步提升，实现了“两个力争”目标，保持了企业大局稳定，圆满完成稳增长任务，在“大战”“大考”之年经受住了考验，向党和人民交上了一份可以载入史册的合格答卷，在中国石油发展历程中书写了浓墨重彩的壮丽篇章。

戴厚良指出，经过五年持续奋斗，集团公司较好完成了“十三五”规划目标任务，主营业务发展、公司治理体系和治理能力建设、自主创新能力、风险防范能力、企业形象建设、全面从严治党迈上新台阶，实现了世界一流综合性国际能源公司建设“迈上新台阶”的阶段性战略目标，为保障国家能源安全、决胜全面建成小康社会作出了重要贡献。五年来的砥砺前行，我们深刻认识到，党中央坚强领导和习近平总书记的领航掌舵是做好一切工作的“定海神针”，高质量发展是建设世界一流企业的本质要求，改革创新是驱动企业发展的不竭动力，用石油精神锻造的干部员工队伍是攻坚克难夺取胜利的根本力量，坚持底线思维和系统观念是推动企业行稳致远的科学方法。

在分析当前及今后一个时期面临的形势时，戴厚良指出，新时代新阶段，百年未有之大变局加速演进，国内外宏观环境深刻变化，公司发展面临一系列新机遇，同时也面临许多新的挑战。面对我国发展阶段之变，要在构建新发展格局中担当尽责；面对国际格局调整之变，要善于在更加不稳定不确定的外部环境中积极作为；面对能源行业转型之变，要在百舸争流的激烈竞争中抢占先机。要牢固树立底线思维，增强忧患意识，立足两个大局，保持战略定力，加强战略谋划，把谋事与谋势统筹起来、谋当前与谋未来统筹起来，增强工作的系统性、预见性和创造性，趋利避害、奋发有为，全面做强自己，牢牢掌握发展的主动权。

戴厚良强调，“十四五”时期，集团公司发展的指导思想是：坚持以习近平新时代中国特色社会主义思想为指导，深入贯彻党的十九大和十九届二中、三中、四中、五中全会精神，坚定不移贯彻新发展理念，遵循“四个坚持”兴企方略和“四化”治企准则，大力实施创新、资源、市场、国际化、绿色低碳五大战略，以推动高质量发展为主题，以深化供给侧结构性改革为主线，以改革创新为根本动力，以“绿色发展、奉献能源，为客户成长增动力、为人民幸福赋新能”为价值追求，统筹推进“发展、调整、改革、管理、创新、党建”总体工作布局，努力实现更高质量、更有效率、更加公平、更可持续、更为安全的发展，为保障国家能源安全、推动构建新发展格局、夺取全面建设社会主义现代化国家新胜利贡献石油力量。

戴厚良指出，“十四五”及今后一个时期，要锚定“建设世界一流综合性国际能源公司”的战略目标不动摇，更加突出“世界一流”的目标追求，打造一流的业绩、一流的管理、一流的技术、一流的人才、一流的品牌；更加突出“综合性”的特色优势，做到油气业务和支持业务协同发展、国内业务和国际业务协调互动、产业发展和金融业务融合并进、实体企业和投资公司相互促进；更加突出“能源公司”的产业特征，坚定不移做强做优油气业务，加快布局新能源、新材料、新业态，努力构建多能互补新格局。明确“两个阶段、各三步走”的战略路径，即从现在起到2035年为第一阶段，2025年基本实现高质量发展，2030年全面实现高质量发展，2035年基本建成世界一流企业；2035年到本世纪中叶为第二阶段，每五年一个台阶，全面建成基业长青的世界一流企业。要着力发展主营业务，着力实施调整优化，着力深化内部改革，着力推进管理提升，着力强化创新驱动，着力加强党的建设，到“十四五”末，集团公司净资产收益率和股份公司投资回报率基本实现高质量发展目标，能源供应保障能力持续提升，建成国际知名创新型企业，数字化转型取得实质进展，质量管理基本达到世界一流，安全生产从严格监管迈向新阶段，法治企业、绿色企业、健康企业和平安企业建设取得明显进步，公司治理体系和治理能力现代化取得显著成效，党建工作科学化水平持续提升，品牌价值不断提升，实现从“生产型”到“经营型”转变。

戴厚良指出，今年是“十四五”开局之年，是中国共产党成立100周年。新的一年要有新气象。今年各项工作都要围绕开好局、起好步来展开，重点在七个方面见到新气象。

一是在科技自立自强上见到新气象。要坚持事业发展科技先行、技术立企、自立自强，强化创新主体意识，坚持创新驱动发展，以高质量科技供给为高质量发展提供战略支撑。持续推进国家重大科技项目实施，依托公司重大专项强化关键核心技术攻关，加快推动科技成果转化，充分激发科技创新动力活力，加快数字化转型。

二是在提升主营业务发展质量上见到新气象。国内上游业务要大力稳油增气降本，切实增强立足国内保障国家能源安全的能力，全力以赴提质增效，切实发挥好生存之本、发展之基、效益之源作用。炼油化工及销售业务要强化一体化统筹，产销协同应对市场，联动考核提升价值。天然气销售业务要坚持量效兼顾、量效双增，实施差异化、精细化营销策略，优化市场布局和用户结构。海外油气投资业务着力优化资产结构、优化业务结构、优化区域布局，加大资产经营和资本运营力度。国际贸易业务要履行好保供、降本、增效三大责任，组织好资源进出口。支持业务要增强市场意识和竞争意识，突出专业化发展方向，巩固拓展内部市场，扩大外部市场特别是海外市场份额。

三是在深化供给侧结构性改革上见到新气象。要更多利用改革创新的办法和市场化手段，推进结构性调整，优化资源配置，大力降本增效扭亏解困，改善资产创效能力，提升全要素生产率。积极推进国内上游产业结构调整，研究调整炼化布局，持续优化产品结构，加大力度盘活存量资产、优化增量资产，做强做优国有资本，推动实现结构调整新突破。坚持“四精”要求，牢固树立“一切成本皆可降”的理念，着力打造提质增效“升级版”。强化“企业不消灭亏损，亏损终将消灭企业”等理念，全力打好亏损企业治理攻坚战。

四是在绿色低碳转型上见到新气象。贯彻习近平生态文明思想，积极创建绿色企业，构建绿色产业结构和低碳能源供应体系，在做好顶层设计、绿色产业布局、节能减排上下功夫，制定绿色低碳产业发展规划，积极稳妥地布局发展新能源业务，加快绿色清洁替代，努力成为奉献清洁能源、实现国家碳达峰碳中和目标、建设美丽中国的中坚力量。

五是在完善公司治理上见到新气象。推进落实公司改革三年行动实施方案，出台实施推进公司治理体系和治理能力现代化、深化体制机制改革两个意见，优化完善公司治理六大体系，推动各项改革任务落地见效，持续提升公司治理效能。加快推进集团公司及各级次企业党的领导融入公司治理制度化、规范化、程序化，持续优化管理体制和组织体系，健全完善市场化经营机制，深化三项制度改革，推进各领域各层级制度建设并强化制度执行。

六是在防范化解风险上见到新气象。要坚持底线思维，加强风险隐患排查治理，切实防范化解经营风险、质量健康安全环保风险、疫情风险、企业和队伍稳定风险，保持生产经营平稳运行、企业和队伍稳定，坚决守住不发生重大风险的底线。

七是在人才强企上见到新气象。要以经营管理、科技研发、操作技能三支队伍领军人才为重点，统筹推进人才强企工程落地见效，制定实施人才强企工程实施方案，分层分类精准加强人才培训，持续完善培养开发机制，以一流的人才队伍保障公司高质量发展。

戴厚良最后强调，实现“十四五”规划和2021年各项任务目标，有效应对前进道路上的各种风险挑战，必须深入贯彻全面从严治党方针，充分发挥全面从严治党引领保障作用，不断提升党的建设质量，以高质量党建引领高质量发展。全面加强党的政治建设，确保企业始终沿着正确方向前进。推动党建与生产经营深度融合，不断提升党建工作科学化水平。贯彻新时代党的组织路线，打造“三强”干部队伍。深化党风廉政建设和反腐败工作，持续净化企业政治生态。切实做好宣传思想文化工作，以先进石油文化铸魂育人。

李凡荣在生产经营报告中指出，面对前所未有的严重冲击和挑战，集团公司上下坚决贯彻习近平总书记重要指示批示精神，认真落实党中央、国务院决策部署，按照党组和董事会的工作要求，统筹推进疫情防控、复工复产、生产经营和改革创新等各项工作，安全环保形势稳定向好，油气生产迈上新台阶，减油增化取得新成效，成品油销售有力保障产业链平稳运行，天然气销售调峰保供能力稳步提升，海外油气合作稳中有进，国际贸易作用有效发挥，支持业务服务保障有力，改革创新扎实推进，提质增效成效明显，实现了好于预期的经营业绩。

对于今年生产经营重点工作，李凡荣要求，突出重点领域和关键环节，抓好质量健康安全环保和疫情防控，坚决守住安全生产红线和生态环保底线，牢牢守住工作场所“零疫情、零感染”底线。要突出高效勘探和效益开发，推动国内上游业务稳油增气提效，确保原油产量稳中有增和天然气快速上产，实现油气完全成本硬下降。要突出结构调整和一体协同，提升炼油化工和销售整体创效水平，以销定产、以产促销，强化一体化统筹，提高整体创效能力。要突出多元化终端建设，推进天然气与新能源融合发展，稳住存量市场、开拓增量市场，确保市场稳定供应和产业链顺畅运行。要突出风险防控和结构优化，推动海外业务持续健康发展，确保海外项目正常运营和员工生命安全。要突出专业化发展，提升支持业务服务保障水平和竞争力。要突出科技自立自强，持续提升自主创新能力，科学部署、全力推进科技创新工作。要突出“四精”要求，着力打造提质增效“升级版”，切实增强提质增效措施的精准性和有效性。要突出激发动力活力，持续深化内部改革，推动各项改革措施走深走实。

总经理助理、管理层成员，总部部门、纪检监察组、专业公司主要负责人，各企事业单位领导班子成员等在主分会场参会。

（摘自《中国石油报》2021年1月26日第1版，
记者陈玉强、李妍楠）

集团公司2021年工作会议闭幕，戴厚良作会议总结，强调要以习近平新时代中国特色社会主义思想为指导，提高政治站位、增强大局意识

统一思想　科学统筹　改革创新　担当作为
奋力开创集团公司高质量发展新局面

1月26日下午，集团公司2021年工作会议圆满完成各项议程，在京闭幕。集团公司董事长、党组书记戴厚良强调，要以习近平新时代中国特色社会主义思想为指导，保持政治定力、战略定力，加强统筹谋划，狠抓提质增效，深化改革创新，勇于担当作为，切实把思想和行动统一到集团公司党组决策部署上来，奋力开创高质量发展新局面，为全面建设社会主义现代化国家作出新的更大贡献。

戴厚良作总结讲话，并为2020年度集团公司科学技术奖杰出成就奖获得者——润滑油公司伏喜胜颁

奖，总经理、党组副书记李凡荣主持。会上，通报了党风廉政建设和反腐败工作情况、审计工作情况，签订了党风廉政建设责任书、业绩合同和安全环保责任书。集团公司领导段良伟、刘跃珍、吕波、焦方正、徐吉明、黄永章，以及审计署有关同志等出席会议。

戴厚良指出，集团公司2021年工作会议，是在“十三五”圆满收官、“十四五”开局起步的关键时刻召开的一次重要会议，内容丰富、务实高效，集团公司上下要从五个方面贯彻落实好会议精神。

一是在统一思想抓落实上见行动见成效。要全面吃透会议精神，以高度的思想自觉、行动自觉全力奋进高质量发展。要把思想和行动统一到集团公司党组关于“十三五”特别是2020年工作的总结评价上来。在各方面风险挑战急剧上升、各类矛盾叠加碰头的严峻形势下，集团公司党组团结带领全体干部员工，以非常之举应对非常之时，以非凡努力创造非凡业绩，实现了“十三五”圆满收官，实现了公司阶段性战略目标。实践证明，集团公司党组作出的一系列决策部署、实施的一系列重要举措是及时有效、完全正确的，各单位各部门的工作是积极进取、扎实过硬的。要把思想和行动统一到集团公司党组关于形势的分析判断上来，保持政治定力和战略定力，全面做强自己，始终掌握发展的主动权，充分发挥大国重器顶梁柱和国家队作用。要把思想和行动统一到集团公司党组关于“十四五”及中长期总体谋划和2021年重点工作部署上来，全面系统、完整准确地领会和把握公司总体工作部署，结合实际研究明确发展的方向，确定发力的靶心，细化分解任务目标，靠实工作责任和工作措施。

二是在加强统筹谋发展上见行动见成效。站在“十四五”发展新起点上，必须坚持系统观念，加强前瞻性思考、全局性谋划、战略性布局、整体性推进，统筹兼顾、综合平衡，突出重点、带动全局，实现发展质量、结构、规模、速度、效益、安全相统一。壮大国家经济实力，保障国家能源安全，既是经济责任，也是政治责任和社会责任，要统筹处理好履行三大责任的关系。要通过“做强”进一步提升综合实力和国际竞争力，通过“做优”进一步在复杂严峻的外部环境中持续创造优秀业绩，统筹处理好做强、做优、做大的关系。要坚持以发展为第一要务，把安全发展贯穿于公司发展的各领域和全过程，努力做到行稳致远，实现更可持续、更为安全的发展，统筹处理好发展与安全的关系。

三是在提质增效开新局上见行动见成效。继续把提质增效作为推动高质量发展的长期性战略举措，作为深化供给侧结构性改革的重要内容，坚持经营上精打细算、生产上精耕细作、管理上精雕细刻、技术上精益求精的“四精”要求，着力打造提质增效“升级版”。向市场升级要效益，认真落实“24字”营销工作方针和“六个坚持”的基本遵循，持续提升“四种能力”，努力稳住存量市场，积极抢占高端高效市场，大力开发新兴市场、潜力市场，持续优化调整市场布局。向管理升级要效益，把降低成本作为工作的着力点和关键检验指标，加强全员成本目标管理，把亏损企业治理作为提质增效的重要抓手，深化全级次亏损企业治理。向质量升级要效益，着力改善资产质量，着力提升产品、服务和工程质量，提高供应链管理能力，提升工程设计和施工质量，增强品牌管理能力，实施质量强企。

四是在改革创新增动力上见行动见成效。坚定信心和决心，切实把集团公司党组部署的改革创新举措落实好，充分调动各层级的积极性主动性创造性，有效激发推动高质量发展的正能量。逐级压实责任，厘清职责边界，深化三项制度改革，充分发挥市场在资源配置中的决定性作用，抓好“双百行动”等专项改革工作，做好配套政策衔接，在重点领域和关键环节的改革上取得新突破。强化创新主体意识，把科技创新摆在更加重要位置，坚持“四个面向”，按照支撑当前、引领未来的要求，从“快速突破”和“久久为功”两个层面推进科技创新，加快核心技术突破，着力抓好科技创新的人才和机制两个关键点，在增强科技创新支撑引领能力上取得新突破。

五是在担当作为强能力上见行动见成效。大力弘扬新时代企业家精神，努力成为构建新发展格局、建设现代化经济体系、推动高质量发展的生力军。要全面增强政治能力，加强政治历练，把准政治方向，站稳政治立场，在提升政治判断力、提高政治领悟力和政治执行力上下功夫。要带头贯彻落实好兴企方略和治企准则，对“国之大者”要心中有数，对企业重要情况要了然于胸，努力成为新时代治企兴企的行家里手。要锤炼过硬作风，在攻坚啃硬、勇挑重担，真抓实干、狠抓落实，改进作风、转变方式，严于律己、廉洁奉公上发挥带头作用。要大力加强优秀年轻干部的培养选拔和使用，持续完善发现储备和选拔任用机制。

针对岁末年初工作，戴厚良特别强调，要坚决按照中央和地方政府要求，科学统筹疫情精准防控和正常生产经营秩序，严格做好外防输入、内防反弹工作，坚决守住“双零”底线。妥善安排节日期间油气生产工作，加强值班值守，优化生产经营运行组织，保障油气市场平稳供应。认真落实全国安全生产电视电话会议要求，严格执行节假日期间 HSE 管理规定，抓好隐患排查，严格“三项纪律”，确保冬季生产安全。严格落实中央八项规定精神及集团公司党组有关要求，勤俭过节、廉洁过节。关心职工群众生活，维护企业和矿区稳定，让广大职工群众过一个平安祥和的新春佳节。

长庆油田、独山子石化、四川销售、中油国际中亚公司、管道局、川庆钻探、宝鸡钢管、勘探院、中油财务 9 家单位作大会发言交流，塔里木油田等 9 家单位作书面交流。

总经理助理、管理层成员，总部部门、纪检监察组、专业公司主要负责人，各企事业单位领导班子成员在主分会场参会。

（摘自《中国石油报》2021 年 1 月 27 日第 1 版，记者李妍楠　陈玉强）

坚持“两个一以贯之”实施人才强企工程

集团公司召开 2021 年领导干部会议

7 月 14 日，集团公司 2021 年领导干部会议在北京召开。会议的主要任务是，以习近平新时代中国特色社会主义思想为指导，学习贯彻习近平总书记在庆祝中国共产党成立 100 周年大会上的重要讲话精神，深入贯彻全国国有企业党的建设工作会议精神，全面落实《中国共产党组织工作条例》，研究部署集团公司组织人事工作和人才强企工程，动员各级领导班子和党员干部特别是组织人事系统的同志们，进一步提高认识、转变观念、创新思路，奋力开创组织人事工作新局面，推进集团公司人才发展迈上新台阶，为奋进高质量发展和建设基业长青的世界一流企业提供坚强的组织和人才保证。

上午，会议传达学习中央企业负责人学习贯彻习近平总书记“七一”重要讲话研讨班精神。集团公司党组书记、董事长戴厚良作题为《坚持“两个一以贯之”，实施人才强企工程》的讲话。集团公司董事、党组副书记段良伟作人才强企工程行动方案稿的说明。集团公司党组成员、总会计师刘跃珍主持。集团公司领导吕波、焦方正、徐吉明、黄永章、任立新，外部董事王用生、杨亚、高云虎，以及审计署企业审计二局有关负责同志出席会议。下午，会议进行分组讨论。晚上，与会代表收看《学习贯彻习近平总书记“七一”重要讲话精神系列宣讲报告会》录像。

戴厚良指出，组织建设是党的建设的重要基础，组织人事工作是党的工作重要组成部分。新中国成立之后的不同时期，石油工业和油气事业在党的领导下，组织人事工作都提供了组织保障和人才支撑，发挥了关键作用。“十三五”以来，集团公司深入学习领悟习近平总书记关于组织人事和人才工作的重要论述，全面贯彻新时代党的组织路线，扎实推进领导班子和干部、人才队伍建设，持续深化三项制度改革，取得了明显工作成效。特别是 2020 年以来，集团公司党组把党的建设和人才强企工作摆在更加突出位置，实施了一系列新的重要举措，党员干部政治判断力、政治领悟力、政治执行力不断提高，党的严密组织体系强大的组织力、行动力、战斗力在“大战”“大考”中充分彰显，着力建设政治坚强、本领高强、意志顽强的干部队伍，“预备队”“战略预备队”培养取得初步成效，人才政策环境不断优化，总部组织体系优化调整启动实施并基本完成，差异化绩效考核和工资总额决定机制进一步完善，干部员工的获得感进一步增强。

戴厚良强调，面对新阶段新形势新使命，加强组织人事工作，实施人才强企工程，具有重要而深远的意义，要深刻认识加强组织人事工作和实施人才强企工程的重要性、紧迫性。加强组织人事工作和实施人才强企工程是贯彻落实新时代党的建设总要求和组织路线的必然要求，是奋进高质量发展和建设世界一流企业的坚强保证，是防范化解风险挑战、推动公司行稳致远的现实需要。要系统、完整、准确地掌握总书记重要思想的科学内涵、核心要义，全面对接新阶段新要求，找准组织路线为政治路线服务的结合点、着力点，做到中心工作推进到哪里，组织和人才保障就跟进到哪里。要深刻把握新时代党的组织路线的实践要求，把胸怀大局、服务大局作为使命所在、价值所在，最大限度地把广大人才的奋斗精神、创造活力激发出来，支撑和保证集团公司改革发展的宏伟蓝图化为现实。必须坚持问题导向，发扬斗争精神，发挥各级党组织的政治功能和组织功能，把广大党员、干部和各方面人才有效组织起来，把各方面力量充分凝聚起来，共同应对挑战、抵御风险、克服阻力、化解矛盾，推动公司努力实现更高质量、更有效率、更加公平、更可持续、更为安全的发展。

戴厚良强调，站在“两个一百年”奋斗目标的历史交汇点上，我们要以习近平新时代中国特色社会主义思想为指导，深入贯彻落实新时代党的组织路线和《中国共产党组织工作条例》，遵循“四个坚持”兴企方略和“四化”治企准则，锚定建设基业长青的世界一流企业的战略目标，坚持“两个一以贯之”，以工程思维推进落实《人才强企工程行动方案》，突出实施组织体系优化提升、“三强”干部队伍锻造、人才价值提升、分配制度深化改革等专项工程，着力构建新型高效的组织体系，着力健全干部“选育管用”机制，着力集聚各方面优秀人才，着力提升劳动生产率和人力资源价值，为推动公司高质量发展和建设世界一流综合性国际能源公司提供坚强组织和人才保证。

到2025年，集团公司组织人事工作和人才强企工程要努力实现以下目标：党的建设质量不断提高，党组织政治功能和组织功能显著提升；各级领导班子结构明显改善，班子整体功能显著提升；人才发展体制机制健全完善，规模质量和动力活力显著提升；高效能管理体制和组织体系基本建立，组织运行效率和劳动生产率显著提升；价值导向考核评价机制和市场化薪酬体系基本形成，考核分配激励约束作用显著提升。到2035年，新型高效组织体系更加优化完善；党管干部、党管人才与市场化契约化选人用人相协调的机制全面建立；拥有较大规模的高素质专业化企业家和经营管理人才队伍，造就一批世界一流科学家和科技领军人才，建成一支结构合理、规模适度、充满活力的一流技能人才队伍；考核分配机制更加完善，形成劳动生产率和员工收入同步增长的良性发展态势。

戴厚良要求，要着眼世界一流，实施组织体系优化提升专项工程。突出党的全面领导，健全体制架构，优化组织结构，完善工作机制，夯实基层基础，确保整个组织体系上下贯通、执行有力。在完善公司治理体系中切实加强党的领导，坚持“两个一以贯之”，准确把握党组（党委）功能定位，坚持谋全局、议大事、抓重点，发挥把方向、管大局、促落实的领导作用，提高科学决策能力、组织协调能力、推动落实能力，持续调整优化企业领导体制。坚持三级管理体制架构，持续推进价值型总部建设，优化调整一级企业布局结构和业务结构，系统优化企业组织机构，加快推进“油公司”模式建设，着力构建结构合理、协调运转、充满活力、动态平衡的公司组织体系。牢固树立大抓基层的鲜明导向，把重心放到基层、功夫下到基层、资源用到基层，深入推进基层党建“三基本”建设与“三基”工作有机融合，持续推进党的组织覆盖和工作覆盖，强化基层党组织政治功能和组织功能，强化基础管理提升，强基固本、提升基层组织战斗力执行力。

戴厚良强调，要着眼治企兴企，实施“三强”干部队伍锻造专项工程。坚持把政治标准作为第一标准，把敢不敢扛事、愿不愿做事、能不能成事作为识别评判干部的重要标准，坚持清正廉洁的要求，大力推行领导人员选聘竞聘，突出班子“一把手”的选拔配备，大力选拔政治坚强、本领高强、意志顽强的领导干部。坚持德才兼备、以德为先，坚持任人唯贤，切实为勇于担当作为的干部提供广阔舞台，促使敢于担当作为的干部脱颖而出，大胆使用政治坚强、本领高强、意志顽强的领导干部。建立健全源头培养、跟踪培养、全程培养的能力素质培养体系，注重素质提升、摔打磨炼、多岗历练，努力培育政治坚强、本领高强、意志顽强的领导干部，增强干部治企兴企本领。坚持从严管理主基调，强化激励干部担当作为各项措施落实，做到严管厚爱结合，保护和激励政治坚强、本领高强、意志顽强的领导干部。注重有序接替，把优秀年轻干部选拔使用纳入领导班子年度调整配备计划，加快建设政治坚强、本领高强、意志顽强的预备队和战略预备队。更加统筹使用好各个年龄段的优秀干部，着力形成老中青三结合干部队伍良好局面。

戴厚良要求，要着眼可持续发展，实施人才价值提升专项工程。加快实施“十四五”人才接替行动，逐步实现人才队伍梯次合理配备，壮大科技领军人才队伍，加强技能人才队伍建设，统筹抓好国际化人才队伍建设，实施精准补充计划，培养造就数量充足、素质优良的战略接替力量，建设能源领域人才高地，确保石油事业薪火相传、基业长青。抓紧实施新能源新材料新事业发展人才行动，加快培育复合型数字化人才，建设和储备一支引领支撑新能源新材料新事业发展的专业化人才队伍，为转型发展提供有力支撑。以全面提升人才价值为目标，健全完善“生聚理用”机制，深化人才发展体制机制改革，破除束缚人才发展的思想观念和制度障碍，加快形成更加积极、更加开放、更具吸引力的人才政策环境和制度优势。

戴厚良强调，要着眼激发活力动力，实施分配制度深化改革专项工程。全面树立价值导向的考核分配理念，建立与之配套的考核分配机制；要建立健全以岗位管理为基础、以价值创造为导向、适应企业和岗位特点的员工绩效考核制度，强化绩效考核结果的应用。坚持与劳动生产率提升相挂钩、相匹配的分配原则，完善与企业经济效益和劳动生产率强相关、强挂钩的工资总额决定机制，健全提质增效及亏损治理的薪酬激励约束配套政策。强化以当地劳动力市场价位为标杆的分配导向，建立劳动力市场价位对标机制，建立员工收入与企业效益、劳动生产率挂钩联动的正常调整增长机制。加快构建多种要素参与分配的多元化分配机制，逐步推进管理、技术、技能要素参与分配，进一步丰富激励分配手段，多层次、多维度激发各类人才积极性。建立企业定员与工资总额挂钩机制。

戴厚良强调，要加强党对组织人事工作和人才强企工程的领导。各级党组织要提高政治站位，健全工作体系，强化协调联动。各单位“一把手”要转观念、勇担当，对组织人事工作和人才强企工程负总责，做到重要任务亲自部署、关键环节亲自把关、落实情况亲自督查，尤其是对难啃的“硬骨头”，要当好“一线指挥员”和“施工队长”；特别要把发现人、培养人、举荐人作为重要责任，当好提携后进的领路人。各级领导干部要结合落实党建“一岗双责”，全力支持所在企业、分管领域及业务的组织人事工作和人才强企工程，齐心协力开创工作新局面。组织人事系统和组织人事干部要旗帜鲜明讲政治，培育忠诚可靠的政治文化；选贤任能重公平，涵养公道正派的职业操守；聚焦主责提素质，锤炼“安于本职、专心致志、迷恋至深”的专业精神。

总经理助理、管理层成员，总部各部门、纪检监察组、专业公司主要负责人，党组巡视组巡视专员，各单位党政正职、组织人事部门有关负责同志参加会议。

（摘自《中国石油报》2021 年 7 月 15 日第 1 版，
记者李妍楠　陈玉强）

集团公司2021年领导干部会议闭幕

学习贯彻习近平总书记“七一”重要讲话精神 乘势而上全面实现“十四五”良好开局

戴厚良作总结讲话

7月15日，集团公司党组书记、董事长戴厚良在2021年领导干部会议总结讲话时强调，要以习近平新时代中国特色社会主义思想为指导，深入学习贯彻习近平总书记在庆祝中国共产党成立100周年大会上的重要讲话精神，进一步统一思想、转变观念，凝心聚力完成生产经营各项任务目标，在新阶段开创组织人事工作新局面，推进公司人才发展迈上新台阶，乘势而上全面实现“十四五”良好开局。

集团公司董事、党组副书记段良伟主持，集团公司党组成员、总会计师刘跃珍作生产经营和提质增效情况通报，集团公司党组领导吕波、焦方正、徐吉明、黄永章、任立新，审计署企业审计二局有关负责同志出席会议。

戴厚良强调，要深学笃行，以习近平总书记“七一”重要讲话和重要指示批示精神指引世界一流企业建设。深刻领悟“七一”重要讲话的重大意义和核心要义，提高政治站位，强化央企政治担当，牢记初心使命，坚决扛起为民族复兴和人民幸福赋能的重大责任，做党和国家最可信赖的骨干力量。全面推动党史学习教育走深走实，各级党组织要继续按照党中央总体部署，扎实组织开展好党史学习教育，统筹把握进度安排，引导广大党员干部深刻领悟总书记重要讲话的科学内涵和实践要求，把学习成果转化为奋进新征程、建功新时代的实际行动。切实增强“两个维护”的思想自觉和行动自觉，坚持“第一议题”制度，认真执行总书记重要指示批示精神落实机制，确保总书记每项重要指示、每个工作要求都在中国石油不折不扣贯彻落实到位，并见到明显成效。要以总书记重要指示批示精神为指引，全力推进公司高质量发展，为保障国家能源安全和全面建设社会主义现代化国家贡献石油力量，以实际行动践行“两个维护”。

戴厚良要求，要乘势而上，确保实现“十四五”开局新气象新作为。原油产业链要突出增储稳产扩销提效，坚持高效勘探和效益开发，努力提高SEC口径储采比和效益产量；强化炼销贸一体化统筹，突出结构调整和市场开拓，培育形成更为强大的资源配置、市场营销和价值创造能力。天然气产业链要突出上产保供提质创效，继续加大国内天然气上产力度，加强市场需求侧管理，优化营销策略和销售结构，实现量效齐增。新能源新材料新事业要加快布局、积极稳健发展，解放思想、更新观念，在绿色低碳转型上稳扎稳打、善作善成。提质增效和亏损企业治理要持之以恒、力求实效，紧紧围绕“两利四率”指标，落实“四精”要求，把亏损企业治理作为重中之重，把降本降费作为着力点和关键检验指标，注重投资源头管控，推进高质量发展。

戴厚良强调，要攻坚克难，推动改革创新取得新突破。坚决完成国企改革三年行动70%的阶段性目标任务，压紧压实工作责任，强化督导考核，打好攻坚战和组合拳，加快推进经理层成员任期制和契约化管理改革，建立健全市场化经营机制，深化三项制度改革，加大“两非”剥离力度，对重点改革任务要挂图作战，注重选树改革先进典型，以点带面把改革向纵深推进。以钉钉子精神推进实施人才强企工程，坚持问题导向、目标导向和结果导向，统筹考虑、协同推进、务求实效，注重劳动生产率提升，加快形成市场化、多元化、差异化的分配机制，着力健全干部“选育管用”机制，完善“生聚理用”人才发展机制，推动干部和人才队伍梯次合理配备。

全力推动高水平科技自立自强，切实增强责任感和使命感，强化创新主体意识，明确重点研究领域和主攻方向，部署实施一批重大科技攻关工程和重大关键核心技术攻关任务，努力成为国家战略科技力量的重要组成部分。

戴厚良要求，要未雨绸缪，着力提高风险防控能力水平。面对当前各类风险挑战，要保持高度警觉，精准研判，稳妥应对，认真做好重大风险防范化解工作，确保油气产业链供应链安全平稳运行，确保企业和队伍大局稳定。密切跟踪研判国际油价等重要经济指标的走势变化，及时调整生产经营策略，健全完善“两金”压控长效机制，严肃财经纪律，健全完善资本和金融业务合规、风控、风险预警体系，着力防范化解经营风险。深入贯彻落实习近平法治思想，增强法治意识，进一步完善公司制度体系，提高全员制度意识和制度执行力，建立健全依法合规经营长效机制，着力防范化解合规风险。突出强化井控、危险化学品等重大风险防控，全面排查整治安全隐患，严肃事故追责问责；毫不松懈地抓好国内和海外项目疫情防控、疫苗接种等工作，着力防范化解安全环保和疫情防控风险。

戴厚良强调，要淬炼品格，做奋发有为勇立潮头的领导干部。旗帜鲜明讲政治，把提升政治能力作为第一要求，坚持用党的创新理论武装头脑、指导实践、推动工作，不断提高政治判断力、政治领悟力、政治执行力。不懈磨砺勇担当，凝心聚力抓好主责主业，种好自己的“责任田”，做到守土有责、守土担责、守土尽责，在改革攻坚、科技创新、市场开拓、提质增效、扭亏治亏等重点工作中勇挑重担，在应对突发事件、处置重大风险等关键时刻挺身而出，在实践实战、大战大考中经受住考验。聚精会神抓落实，把抓落实作为思想自觉和政治操守，坚决贯彻党中央决策部署，坚决执行落实党组部署要求，对企业的发展规划要一张蓝图绘到底，该办的要坚决办、决不能拖，能办的要马上办、决不能等，难办的要想方设法办、决不能绕，协办的要合力办、决不能推。从严从实转作风，强化宗旨意识，深入基层一线，真心诚意为员工群众办实事、做好事、解难事，对照石油精神和大庆精神铁人精神找差距，自觉践行“三老四严”“四个一样”等优良传统，时刻牢记“两个务必”，守住底线不碰红线，树立忠诚干净担当的良好形象。

戴厚良最后强调，各企业“一把手”要观大势、谋全局、干实事、抓落实，带头加强学习提高能力，对“国之大者”“企之大者”要做到心中有数，致力于推动企业高质量发展，带领企业领导班子把企业带到新的历史高度。要带头遵守民主集中制，认真学习和践行《党委会的工作方法》，在班子和单位中营造团结、紧张、严肃、活泼的工作局面。要严格带头遵守中央八项规定精神及其实施细则，要学会在监督下工作生活，认真学习、深刻践行《中共中央关于加强对“一把手”和领导班子的监督意见》。要重品行、讲规矩、做表率，带头加强修养、以身作则，从小事做起，从请销假做起，严格重大事项的请示报告制度，密切联系员工群众，关心关爱员工，做员工群众的领路人和知心人。

会上，塔里木油田、东方物探、西部钻探等8家单位作会议交流发言，辽河油田等10家单位作书面交流。

总经理助理、管理层成员，总部部门、纪检监察组、专业公司主要负责人，党组巡视组巡视专员，各单位党政正职、组织人事部门有关负责同志参加会议。

（摘自《中国石油报》2021年7月16日第一版，
记者杨碧泓　李妍楠）

专　文

塔里木盆地新发现10亿吨级超深油气区

截至2021年6月4日，塔里木油田富满油田满深2、满深3等4口探井均获日产百吨以上高产，落实一条储量规模超2亿吨超级富油气断裂带。至此，富满油田从西到东落实满深、跃满等34条断裂带，资源量超10亿吨，成为我国发现的最大超深海相断控缝洞型碳酸盐岩油藏。

富满油田位于塔里木河南岸、塔克拉玛干大沙漠腹地，塔里木盆地塔中、塔北两大含油气区之间，主要目的层埋深8000米左右。科研人员矢志不渝，持续深化超深层碳酸盐岩油气藏高效勘探开发科技攻关，突破超深断控缝洞型碳酸盐岩储层预测技术瓶颈，创新形成超深层碳酸盐岩钻完井配套技术系列，助推满深1井、满深2井、满深3井实现塔北8000米超深层海相碳酸盐岩油气勘探重大突破，形成塔北—塔中整体连片含油规模增储上产大场面。

2021年，塔里木油田加快连片三维地震采集处理、加快富油气走滑断裂带精细勘探和进攻性评价。2月11日，满深3井在奥陶系一间房组测试获日产油1610.9立方米、气52.5万立方米，创塔里木盆地碳酸盐岩单井日产量最高纪录。4月12日，第一口裸眼分层测试的满深2井证实油柱高度550米以上，创塔里木盆地碳酸盐岩测试证实油柱高度最大纪录。创新“定带、定段、定井、定型”高效布井思路，强化提速提产提效关键技术攻关，使钻井成功率由75%提升至95%，高效井比例由28%提升至65%，单井日均产油由35吨提升至74吨，一举实现“当年发现、当年上交储量、当年建产”目标。

富满油田从发现到投入开发6年间，原油年产量从3万多吨增长到2020年的152万吨，日产百吨以上高产井55口，高效发现并建成我国最大的7600米以深超深层海相断控缝洞型碳酸盐岩油田。

集团公司庆祝中国共产党成立100周年表彰大会在北京举行

2021年6月25日，中国石油天然气集团有限公司庆祝中国共产党成立100周年表彰大会在北京举行。集团公司党组书记、董事长戴厚良出席会议并讲话，党组副书记段良伟主持会议，党组成员、总会计师刘跃珍宣读表彰决定。集团公司党组领导吕波、焦方正、徐吉明、黄永章、任立新，中央企业党史学习教育第二指导组副组长童应安出席会议。

集团公司党组领导为“两优一先”代表、脱贫攻坚先进个人和先进集体代表颁奖。此次共有1000名优秀共产党员、600名优秀党务工作者、600个先进基层党组织、100名脱贫攻坚先进个人和50个脱贫攻坚先进集体受到表彰。

戴厚良讲授专题党课，指出百年前，从上海石库门、嘉兴南湖出发，中国共产党永葆“为中国人民谋幸福、为中华民族谋复兴”的初心使命，走过极不平凡的光辉历程，取得彪炳千秋的辉煌成就。100年来，我们党矢志不渝坚定共产主义理想和中国特色社会主义信念，高扬共产党人精神旗帜，凝聚全党团结奋进的强大力量；始终高举马克思主义伟大旗帜，不断开辟马克思主义中国化新境界，为中国的革命、建设、改革提供了理论指引；旗帜鲜明加强政治建设，维护党中央权威和集中统一领导，使全党形成思想和行动高度统一的整体；高度重视组织体系建设，坚持组织路线为政治路线服务，不断增强党的创造力、凝聚力、战斗力；义无反顾肩负起实现中华民族伟大复兴的历史使命，坚持解放和发展生产力，使中国人民、中华民族、中国的面貌发生伟大变迁；始终践行全心全意为人民服务的根本宗旨，坚持一切为了人民、一切依靠人民，筑牢党的领导和长期执政最广泛、最深厚的根基；发扬斗争精神、增强斗争本领，主动防范和化解重大风险挑战，使党和人民的事业始终立于不败之地；坚持党要管党、从严治党，不断加强和改进党的自身建设，使党始终彰显先进性、体现纯洁性。体悟我们党百年峥嵘的奋斗路，波澜壮阔的光辉历程是用鲜血、汗水、泪水写就的，充满着苦难和辉煌、曲折和胜利、付出和收获，是震古烁今、永载史册的壮丽篇章，是最生动最有说服力的教科书。

戴厚良强调，回首中国石油在党领导下兴油报国的奋起路，一代代石油人传承“听党话跟党走”红色基因，唱响“我为祖国献石油”主旋律，坚决扛起党和国家赋予的历史重任，努力走出一条具有石油特色的国有企业发展之路。一代代石油人坚持党的领导、听从党的召唤、服从党的指挥，始终以党的旗帜为旗帜、以党的方向为方向、以党的意志为意志，关键时刻听指挥、拉得出，危急关头冲得上、打得赢，坚决做党和国家最可信赖的骨干力量。一代代石油人用马克思主义中国化的创新理论武装头脑、指导实践、推动工作，将党的路线方针政策贯彻到企业发展战略和规划之中，持续提升用党的创新理论指导实践的能力和水平，牢牢把握企业发展的正确方向，推动石油事业不断从胜利走向新的胜利。一代代石油人把创新摆在发展全局的核心位置，强化创新主体意识，突出自立自强的使命担当，为我国加快建设科技强国、成为世界主要科学中心和创新高地贡献力量。一代代石油人坚持以深化改革开放激发内在活力，坚持社会主义市场经济改革方向，构建具有石油特点、更加成熟更加定型的中国特色现代企业制度，推动企业发展行稳致远。一代代石油人践行党的宗旨和群众路线，全力保障国家能源安全，倾力支持和投身抗疫大局，奋力参战脱贫攻坚，始终做到“绿色发展、奉献能源，为客户成长增动力、为人民幸福赋新能”，永葆为祖国加油、为民族争气、为人民美好生活赋能的不懈追求。一代代石油人坚持传承红色文化基因，强化使命担当，永怀赤子之心，永葆奋斗激情，让宝贵精神财富不断奏响新的华彩乐章，构筑凝心聚力的精神家园。一代代石油人坚定不移抓党建、强党建，通过加强党的建设提升企业党组织领导力、增强内部凝聚力、激发活力和创造力，把党的政治优势、组织优势转化为发展优势、竞争优势。

戴厚良强调，站在“两个一百年”的历史交汇点，眺望为民族复兴和人民幸福赋能的奋进路，我们必须锚定“建设世界一流综合性国际能源公司”的战略目标，完整准确全面贯彻新发展理念，推进公司高质量发展，为保障国家能源安全和全面建设社会主义现代化国家贡献石油力量。迈上实现第二个百年奋斗目标的新征程，要坚持不懈用习近平新时代中国特色社会主义思想武装头脑、凝心铸魂，持续在学懂弄通做实上下功夫，全面落实“第一议题”制度，不断提高政治判断力、政治领悟力、政治执行力，始终保持企业改革发展的正确政治方向；要严格落实“四个不摘”要求，推进巩固拓展脱贫攻坚成果同实施乡村振兴战略的有效衔接，全力服务党和国家大局。要在完善公司治理中加强党的领导，坚持“两个一以贯之”，准确把握党委功能定位，发挥把方向、管大局、促落实领导作用，切实把中国特色现代企业制度的优势转化为治理效能。要坚持党管干部、党管人才，大力实施人才强企工程，健全完善“生聚理用”人才发展机制，深化三项制度改革，打造堪当时代重任的石油铁军。要牢固树立大抓基层的鲜明导向，把重心放到基层、功夫下到基层、资源用到基层，推进基层党建“三基本”建设与“三基”工作有机融合，将全面从严治党向纵深推进、向基层延伸，推动基层党建与基层管理全面融合、全面进步、全面过硬。要积极服务和融入新发展格局，在深化供给侧结构性改革、增强产业链供应链自主可控能力等方面聚力用劲，更加突出高水平科技自立自强，把绿色低碳作为贯彻新发展理念、推动高质量发展的重要突破口，全力以赴推动企业高质量发展。要发扬石油工业优良传统，大力弘扬石油精神和大庆精神铁人精神，与弘扬新时代企业家精神、科学家精神、工匠精神、劳模精神、劳动精神等相结合，凝聚百万石油人开新局、创伟业的强大力量，高质量推进世界一流综合性国际能源公司建设，为保障国家能源安全贡献石油力量。

中央企业党史学习教育第二指导组有关成员，集团公司总经理助理、股份公司管理层成员，集团公司优秀共产党员、优秀党务工作者和先进基层党组织代表，脱贫攻坚先进个人、先进集体代表，总部部门、纪检监察组和驻石油大厦单位主要负责人，各单位领导班子成员、党建部门负责人、受表彰先进代表、新入党党员和老党员代表等2万余人分别在主分会场参会。会议同步在“铁人先锋”党建信息化平台和集团公司门户网站全程直播。

长庆乙烷制乙烯项目开车一次成功

2021年8月3日，兰州石化长庆乙烷制乙烯项目80万吨/年乙烯装置生产出合格乙烯产品，标志着国内首套利用中国石油自主研发技术建成的大型乙烯生产装置投料开车一次成功。

长庆乙烷制乙烯项目位于中国陕西榆林市，由80万吨/年乙烷裂解制乙烯、40万吨/年高密度聚乙烯、40万吨/年全密度聚乙烯等装置及公用工程、配套辅助设施构成。生产工艺采用中国石油自主研发的乙烷裂解制乙烯技术，乙烯收率、综合能耗等主要经济技术指标达到世界先进水平。

项目突出绿色低碳，采用新型烟气脱硝、催化氧化处理废碱、超滤+反渗透及蒸发结晶等世界前沿技术，实现二氧化碳、氮氧化物等废气超低排放。特别是氮氧化物排放比通用乙烯装置下降70%、废水回用率95%以上，成为中国石油首家废水排放接近零的化工项目。项目充分运用大数据、云计算等先进信息技术，融合通信、移动平台优势，成为集生产调度、机电仪管控、应急指挥一体的“智能化工厂”。

2019年1月4日，国家发改委、工业和信息化部联合发文，将长庆乙烷制乙烯项目列为国家乙烷裂解制乙烯示范工程。该项目是集团公司推动能源科技自立自强、实现炼化产业转型升级的重点工程，也是“十四五”开新局建成投产的第一套大型化工项目。投产后预计每年可实现营业收入62亿元，每年向国家和地方上缴税费10余亿元。

大庆古龙陆相页岩油国家级示范区建设推进会暨示范区揭牌和古页油平1井揭碑仪式在大庆举行

2021年8月28日，大庆古龙陆相页岩油国家级示范区建设推进会暨示范区揭牌和古页油平1井揭碑仪式在大庆举行。示范区位于松辽盆地北部齐家古龙凹陷，覆盖面积2778平方千米。古页油平1井是大庆油田探索陆相页岩油的一口水平井，2019年4月16日开钻，2020年2月21日开始见油，试油期间最高日产油30.52吨、气13032立方米，成为古龙凹陷陆相页岩油勘探的战略突破井。

黑龙江省委书记、省人大常委会主任张庆伟，黑龙江省委副书记、省长胡昌升，中国石油天然气集团有限公司董事长、党组书记戴厚良，国家能源局总经济师郭智共同为示范区揭牌。张庆伟、戴厚良共同为古页油平1井碑体揭幕。郭智宣读设立大庆古龙陆相页岩油国家级示范区的批复。

张庆伟强调，大庆古龙陆相页岩油国家级示范区获批并启动建设，是松辽盆地乃至全国油气勘探史上的重要里程碑。站在新的历史起点上，要深入贯彻落实习近平总书记致大庆油田发现60周年贺信精神，坚决扛起维护国家能源安全的政治责任，全面建立“政产学研用”科技攻关模式和多层面联合科技攻关体系，解决制约页岩油勘探开发难题，加快页岩油产业化商业化步伐，建立页岩油绿色、低碳、智能化建设和生产模式，为推动我国陆相页岩油气发展作出新贡献。要赓续“大庆精神铁人精神”红色血脉，传承“宁肯少活二十年，拼命也要拿下大油田”的拼搏奋进精神，弘扬“三老四严”等光荣传统，敢啃硬骨头，敢涉无人区，以无所畏惧、无往不胜的壮志豪情，努力向党中央和人民交上一份优异答卷。

戴厚良指出，示范区建设推进会的举行，是对深入学习贯彻习近平总书记贺信等重要指示批示精神进行再部署再落实，对加快大庆陆相古龙页岩油勘探开发进行再动员再推进。中国石油始终把加快推进页岩油勘探开发作为贯彻落实总书记重要指示批示精神、保障国家能源安全的重要战略决策，已在松辽、鄂尔多斯、准噶尔、渤海湾等盆地取得一批重要进展，大庆古龙页岩油是其中最具发展潜力的地区之一。加快大庆古龙陆相页岩油的勘探开发，将为大庆油田“当好标杆旗帜、建设百年油田”及油区各企业发展提供新支撑，为促进黑龙江省经济社会发展提供新动能，为保障国家能源安全开辟新领域。中国石油将坚持以习近平总书记贺信等重要指示批示精神为指引，举全集团之力、汇各方之智，扎实推进大庆古龙陆相页岩油国家级示范区建设，努力做到技术上突破、经济上可行，全力完成各项目标任务。

近年来，大庆油田积极创新找油理念、地质理论和关键技术，在保持原油稳产基础上，取得陆相页岩油勘探重大战略性突破，前期开发试验取得阶段性重要成果，尤其是古龙页岩油平 1 井获高产工业油气流，其后展开的一批探井的相继发现，展示了古龙陆相页岩油广阔的发展前景。下一步，将紧紧围绕“加强基础、搞清资源、突出重点、攻关试验、加快推进”的工作思路，强化基础研究，加大勘探力度，组织好技术攻关和开发试验，创新机制体制和管理模式，确保优质高效完成各阶段目标任务，全力打造“创新领航、技术先进、绿色生产、管控智能、机制灵活、少人高效”的示范工程。

塔里木乙烷制乙烯项目一次开车成功

2021 年 8 月 30 日，独山子石化公司塔里木 60 万吨 / 年乙烷制乙烯装置生产出合格乙烯产品，标志着自 1989 年塔里木石油会战以来，中国石油在新疆南疆地区单笔投资规模最大的炼化项目实现一次开车成功，独山子石化公司乙烯年产能迈上 200 万吨新台阶。

项目由 60 万吨 / 年乙烯、30 万吨 / 年高密度聚乙烯、30 万吨 / 年全密度聚乙烯 3 套主要生产装置和公用工程、辅助系统构成。乙烯装置以纯乙烷为原料，采用中国石油自主研发的乙烷蒸汽裂解工艺技术，具有引领国内天然气资源高附加值综合利用和降低国外乙烯工艺技术依赖的双重示范作用。相较传统石脑油加工乙烯，乙烷制乙烯具有乙烯收率高、能耗低、流程短、成本低等优势，乙烯收率可由 30% 左右提高到 80%，成本可下降 30% 以上，乙烯收率、综合能耗等主要经济技术指标可达到世界先进水平。

项目位于新疆巴音郭楞蒙古自治州库尔勒市上库工业园区，是立足塔里木油田丰富的天然气资源，本着“资源就地转化、综合利用、企地共同发展”原则建设的。项目突出绿色低碳，采用新型烟气脱硝、高温湿式氧化、超滤 + 反渗透及蒸发结晶等世界前沿新技术，氮氧化物排放比通用乙烯装置下降 70%，远低于国家排放限值，废水回用率 95% 以上，达到近零排放。项目充分运用大数据、云计算等先进信息技术，融合通信、移动平台优势，成为集生产调度、机电仪管控、应急指挥一体的“智能化工厂”。

项目是新疆维吾尔自治区和中国石油的重点工程，是中国石油贯彻落实新时代党的治疆方略和历次中央新疆工作座谈会精神、推进产业援疆的政治工程，也是中国石油炼化业务转型升级的效益工程、实现科技自立自强的创新工程，被国家发改委、工信部列为国家乙烷裂解制乙烯示范工程。项目于 2019 年 6 月 19 日开工，2021 年 7 月 17 日全面建成中交。项目投产后，预计年产值 50 亿元，每年上缴税费近 7 亿元。

中国共产主义青年团中国石油天然气集团有限公司第一次代表大会在北京召开

2021年9月9—10日，中国共产主义青年团中国石油天然气集团有限公司第一次代表大会在北京召开。会议通过《中国共产主义青年团中国石油天然气集团有限公司第一次代表大会关于工作报告的决议》，选举产生由9名委员组成的共青团中国石油天然气集团有限公司第一届委员会。集团公司党组书记、董事长戴厚良出席并讲话。

团中央书记处书记傅振邦、中央企业团工委副书记张蕾蕾出席并讲话。集团公司党组副书记段良伟主持。

戴厚良指出，集团公司召开第一次团代会，是中国石油广大团员青年政治生活中的一件大事，标志着集团公司共青团和青年工作翻开崭新篇章，对于动员广大团员青年立足岗位积极投身世界一流企业建设，具有重要意义。党的十八大以来，中国石油各级团组织以习近平新时代中国特色社会主义思想为指导，深入学习习近平总书记关于青年工作的重要思想，认真贯彻团中央、中央企业团工委工作要求，按照集团公司党组部署，坚持用理想信念塑造青年，用先进文化感召青年，用石油事业凝聚青年，石油青年心向党的信念更加坚定，干事创业的精气神更加饱满，生力军突击队作用更加彰显，成长成才的舞台更加广阔。

就加强新时代集团公司共青团和青年工作，戴厚良提出三点要求。

一要深入学习领会习近平总书记关于青年工作的重要思想，坚决贯彻落实到团的建设和全部工作之中。深刻领会习近平总书记关于青年工作政治属性、战略地位的重要论述，充分认识做好新时代共青团和青年工作的重要性紧迫性，坚持用科学的理论武装青年，用历史的眼光启示青年，用伟大的目标感召青年，用光明的未来激励青年，永续石油青年的红色基因。深刻领会习近平总书记关于青年运动时代主题、青年工作职责使命的重要论述，切实增强做好新时代青年工作的责任感使命感，时刻把为党育人和为企育才摆在首位、贯穿始终，把培育石油事业预备队和战略预备队作为主攻方向，为集团公司高质量发展汇聚青年力量。深刻领会习近平总书记关于团组织根本特质、团干部队伍建设根本要求的重要论述，准确把握做好新时代青年工作的切入点着力点，牢牢把握团组织的政治性、先进性、群众性要求，深入推进政治建团、思想立团、固本兴团、改革强团、从严治团各项工作，锤炼从严从实的作风，争当新时代好干部。

二要努力争做有志气有骨气有底气的石油青年，勇立时代潮头，敢于夺取胜利，在推动集团公司高质量发展中奋力书写闪耀的青春篇章。心怀“国之大者”，志存高远、牢记使命，牢牢把握“实现中华民族伟大复兴的中国梦”这一时代主题，把坚定理想信念作为终身课题，始终唱响“我为祖国献石油”这一主旋律，立足岗位建功立业，做有志气的石油青年；强化责任担当，弘扬精神育风骨，知难奋进铸傲骨，经受磨炼壮筋骨，在火热生动的实践中锻造钢筋铁骨，做有骨气的石油青年；锤炼过硬本领，擦亮奋斗底色，厚培底蕴、坚守底线，确保在事业和人生道路上走得正、走得远，践行“请党放心，强国有我”的铮铮誓言，做有底气的石油青年。

三要切实加强党对共青团和青年工作的全面领导，薪火相传，打造世界一流企业，确保立足于石油事业基业长青的高度，抓好共青团和青年工作。要加强统筹谋划、督促指导，切实担起领导责任，把团的建设纳入党的建设总体规划，把青年发展作为人才强企工程的重要任务，指导共青团组织做好育才荐才工作。要突出政治优势、组织优势，切实发挥带动作用，深入把握党的群团工作规律，带思想政治建设、带基层组织建设、带团干部队伍建设、带团青作用发挥，持续提高集团公司团的建设质量。要坚持需求导向、问题导向，切实提供坚强保障，关注青年愿望、帮助青年发展、支持青年创新创造，做青年朋友的知心人、青年工作的热心人、青年群众的引路人。

总部部门、纪检监察组、专业公司有关负责人，各单位党委书记及有关部门负责人，团代会全体代表、基层团干部代表分别在主分会场参会。会议设立133个分会场，5400余人以视频直播方式参加会议。

集团公司科技与信息化创新大会在北京召开

2021年9月23—24日，集团公司科技与信息化创新大会在北京召开。集团公司董事长、党组书记戴厚良作题为《着力高水平科技自立自强，建设国家战略科技力量和能源与化工创新高地》的讲话。集团公司总经理、党组副书记侯启军作总结讲话。集团公司副总经理、党组成员焦方正作报告。会议对集团公司科技与信息化工作先进单位和个人进行表彰。集团公司领导段良伟、刘跃珍、黄永章、钱朝阳、任立新，外部董事李建红、石岩、杨亚，两院院士，集团公司首席和高级专家出席会议。

“十三五”以来，集团公司大力实施创新战略，围绕增储上产、转型升级、提质增效等重大工程，新研发形成29项重大核心配套技术和24项重大装备、软件及产品，获得国家科学技术进步奖一等奖2项、二等奖8项和国家技术发明奖二等奖3项，中国专利金奖2项、银奖2项，主导制修订国际标准22项，取得多项标志性成果和突破性进展。建成一批集中统一的信息系统，持续提升基础设施和网络安全保障能力，信息化建设实现应用集成向共享服务迈进。科技与信息化创新为世界一流综合性国际能源公司建设“迈上新台阶”提供有力支撑。

戴厚良指出，到2025年，基本解决油气产业链关键核心技术问题，科技实力和信息化水平在国家油气创新体系中的地位更加巩固。到2030年，基本实现高水平科技自立自强。到2035年，基本建成国家战略科技力量和能源与化工创新高地。到本世纪中叶，全面建成国家战略科技力量和能源与化工创新高地，全面实现高水平科技自立自强。

戴厚良强调，要坚决打赢关键核心技术攻坚战。聚焦国家和集团公司战略需求，加强统筹谋划和顶层设计，科学部署重大科技任务，坚持科学研究和工程科技创新并重，部署实施一批重大科技专项和关键核心技术攻关任务。要加快突破勘探开发和新能源新理论新技术，加快突破炼油化工和新材料技术，加快突破工程建设和装备制造关键核心技术，支撑油气增储上产和绿色低碳转型，支撑炼化转型升级和产业增值创效，促进专业化发展和综合一体化优势发挥。要促进科技创新和金融资本的对接融合，完善金融服务创新体系。

要全力推动数字化转型、智能化发展。要以产业链整体效益和股东价值最大化为目标，强化一体化统筹，提升油气业务链协同优化能力，着力推动主营业务数字化转型、智能化发展。加快推动管理体制、运营管理、工作模式变革和党建工作创新，进一步优化公司组织形式，提升油气产业链运行效率和价值创造能力，实现经营管理从粗放向精细和精益转变。加快完善共享服务体系，加强数据治理，推进数据共享和集成应用，充分利用先进技术为客户提供质量高、成本低、体验佳的共享服务。运用新一代信息技术，加快发展数字产业，构建多方参与、开放共享的智慧能源与化工产业生态圈，以技术赋能加速新业务新业态发展。

要健全完善定位明确、协同高效的科技创新体制。健全完善三级科技创新管理体系，明确各层级职责定位，形成整体优势，提升创新效能。推进世界一流研究院建设工程，进一步完善科研机构布局，深化科研院所改革，深化创新能力建设，增强在基础前沿和关键核心技术研发中的骨干引领作用，强化自主创新能力建设，经过持续的创新积累，在若干优势领域形成一批具有鲜明特色的世界级科技研发中心。推进世界一流创新型企业建设工程，打造特色技术和拳头产品。优化科技条件平台布局，完善科技条件平台体系。

要优化完善促进创新活力竞相迸发的制度机制。调整优化科技项目管理运行机制，调整完善重大科技专项管理办法、全面推行完全项目制管理等，提升效率和效能。建立健全科学分类的创新评价制度体系，完善突出创新质量和价值导向的评价机制。健全科技与信息化人才“生聚理用”机制，大力实施科技人才高端引领、新能源新材料新事业发展人才等专项工程，抓好科技人才队伍有序接替，改进科技人才考核评价，精准激励科研人员。创新科技成果转化应用机制，加快科研成果转化为现实生产力。健全开放合作机制，探索联合攻关、成果共享的有效机制和模式。建立数字化转型协同推进机制，坚持“六统一”原则，加强统筹谋划、做好顶层设计，坚持试点先行、分层分步实施。

要加强党对科技与信息化创新工作的领导，坚持以习近平新时代中国特色社会主义思想为指导，加强政治引领，用习近平总书记关于科技创新重要论述武装干部员工头脑、指导创新实践，动员全体干部员工为实现高水平科技自立自强、建设国家战略科技力量和能源与化工创新高地而努力奋斗。认真抓好集团公司党组关于科技创新和数字化转型、智能化发展等重大决策部署的贯彻执行，推动企业党建和科技创新深度融合、同频共振，大力营造尊重知识、尊重人才、尊重创造的良好创新氛围，让广大科研人员在事业上有成就感、荣誉感，在生活中有幸福感、获得感。各单位领导班子成员特别是主要负责同志要带头提高科学素养，强化创新意识和数字思维，当好创新发展的探索者、组织者、引领者。

会上，东方物探、大庆油田、长庆油田等11家单位作大会发言，塔里木油田等16家单位作书面交流。集团公司总经理助理、管理层成员，总部部门、纪检监察组、专业公司主要负责人，党组巡视组巡视专员，各单位主要负责人、科技和信息化部门相关负责人参加会议。

集团公司第一次企业文化发布会在北京举办

2021年9月27日，在习近平总书记致大庆油田发现60周年贺信两周年以及即将迎来国庆72周年之际，集团公司举办以“赓续红色血脉，汇聚文化力量，推进世界一流综合性国际能源公司建设”为主题的企业文化系列成果发布会。会上传达集团公司董事长、党组书记戴厚良批示指出，集团公司企业文化建设将始终以习近平新时代中国特色社会主义思想为指导，大力弘扬石油精神和大庆精神铁人精神，着力建设彰显时代特点、富有石油特色、符合现代企业治理的石油文化，切实把企业政治优势文化优势转化为竞争优势发展优势，为奋进高质量发展、建设世界一流企业提供强大精神动力，为建设社会主义文化强国作出新贡献。

这是中国石油天然气集团有限公司成立以来的第一次企业文化发布盛会，发布“中国石油纪念日”“‘石油魂’宣讲”履行文化责任突出成果、新版《企业文化手册》、中国石油首批工业文化遗产、《员工手册》、新款工装等6项企业文化成果；现场向有关单位和员工颁发“‘石油魂’宣讲”履行文化责任突出成果牌匾、《企业文化手册》《员工手册》和新款工装等，并将9月25日确定为“中国石油纪念日”。

第三届中俄能源商务论坛召开

2021年11月29日，第三届中俄能源商务论坛以线上与线下结合方式在北京和莫斯科两地举行。国家主席习近平同俄罗斯总统普京分别向第三届中俄能源商务论坛致贺信。

习近平指出，2021年以来，中俄双方以共同庆祝《中俄睦邻友好合作条约》签署20周年为主线，推动全面战略协作和全方位务实合作取得新的丰硕成果。能源合作是两国务实合作重要方向，双方克服新冠肺炎疫情影响，实现能源贸易逆势增长，顺利推进重大合作项目，不断拓展合作新领域新方式。双方能源合作的显著成绩诠释了中俄新时代全面战略协作伙伴关系的广阔发展潜力。中方愿同俄方一道努力，打造更加紧密的能源合作伙伴关系，共同维护能源安全，应对全球气候变化挑战。

普京在贺信中表示，当前，俄中新时代全面战略协作伙伴关系处于前所未有的高水平。作为两国关系的重要组成部分，近年来俄中能源合作取得积极进展，两国跨境油气管道稳定运行，能源贸易稳步扩大，北极地区液化天然气开发及合作建设核电机组等一批重大项目顺利实施。希望双方企业加强对接，探讨能源信息化、绿色能源等合作新方向，为俄中能源合作注入新的内涵。

中共中央政治局常委、国务院副总理韩正出席开幕式，宣读习近平主席贺信并致辞。韩正表示，在习近平主席和普京总统的战略引领下，中俄新时代全面战略协作伙伴关系保持高水平发展。能源合作一直是两国务实合作中分量最重、成果最多、范围最广的领域。在两国元首的亲自关注和推动下，中俄能源合作保持积极发展的良好态势，取得一系列务实成果。双方要落实好两国元首重要共识，打造更加紧密的能源合作伙伴关系，推动中俄能源合作实现长期可持续高水平发展。

韩正就深化中俄能源合作提出四点建议。一是加快形成上下贯通、横向协同的合作格局，促进能源贸易、投资、技术与服务合作协调发展。二是积极拓展能源合作新领域新内涵，加强能源领域新技术试点和应用合作，深化能源标准对接和互认合作。三是进一步为企业创造一个良好合作环境，提供优质服务，引导和促进双方能源企业扩大投资。四是共同推进能源绿色低碳转型，深化可再生能源、氢能、储能、智慧能源等领域合作，携手践行全球发展倡议，为应对气候变化作出积极贡献。

俄罗斯联邦政府副总理鲍里索夫，副总理诺瓦克，俄罗斯总统能源发展战略和生态安全委员会秘书长、俄罗斯石油股份公司总裁谢钦出席开幕式。谢钦宣读俄罗斯总统普京的贺信并致辞，诺瓦克致辞。中国国家能源局局长章建华主持开幕式。中国石油天然气集团有限公司董事长戴厚良出席开幕式并致辞。

诺瓦克表示，俄中两国能源领域合作逐步发展达到前所未有的高水平。我们看到在当前全球形势下，加强合作的必要性进一步凸显，希望论坛成为俄中能源领域合作的新起点。

谢钦表示，经过多年发展，俄中两国在发展全方位合作、巩固双边关系方面取得历史性成就，能源为进一步提升贸易额提供基础。为挖掘经贸合作和投资合作潜力，俄中能源企业需要在能源合作领域寻找新的增长点。俄罗斯有意愿使俄中能源合作提升到全新水平。

戴厚良表示，中俄能源合作正驶上全方位发展的快车道。中国石油作为全球最大的油气生产商和供应商之一，将不断深化和扩大与俄罗斯同行的油气及新能源领域的合作，认真执行好中俄两国能源合作战略大项目，发挥好在双方经贸合作中的领航作用；持续深化双方互利合作，推动新项目合作早日开花结果；积极开展双方企业碳管理、碳捕集和封存利用，环境、社会与公司治理，新能源开发利用以及绿色金融、科技创新等领域协作，携手共建绿色低碳能源生态圈；积极开展双方企业在员工培训、企业治理、人文等领域的交流，以能源商务合作促进民心相通。

本届论坛包括开幕式、战略合作前景展望、前沿技术与融资合作、闭幕式四个环节。与会代表讨论中俄天然气、新能源、电力、清洁能源、煤炭、核能领域合作，并就能源绿色低碳转型、人工智能等话题进行交流。论坛期间签署 15 份成果文件，并发布《中俄能源合作投资指南(俄罗斯部分)》。

本次论坛由中国石油天然气集团有限公司和俄罗斯石油股份公司联合主办，中国国家能源局和俄罗斯总统能源发展战略和生态安全委员会为协调单位。中俄两国 100 余家单位 300 余位代表参加论坛。双方商定，第四届中俄能源商务论坛将在俄罗斯举办。

（任洁江　刘倩倩）

油气勘探开发与新能源

综　述

【概述】 中国石油国内油气勘探与生产业务、新能源业务、储气库业务及国内勘探开发合资合作业务由中国石油天然气股份有限公司勘探与生产分公司（简称勘探与生产分公司，1999 年 12 月组建成立）统筹负责。截至 2021 年底，勘探与生产分公司归口管理大庆油田有限责任公司、辽河油田分公司、长庆油田分公司、塔里木油田分公司、新疆油田分公司、西南油气田分公司、吉林油田分公司、大港油田分公司、青海油田分公司、华北油田分公司、吐哈油田分公司、冀东油田分公司、玉门油田分公司、浙江油田分公司、中石油煤层气有限责任公司、南方石油勘探开发有限责任公司、储气库分公司等 17 个单位。

2021 年，国内油气勘探取得 5 项战略突破、15 项重要发现。新增探明石油地质储量 10.45 亿吨，连续 16 年超过 6 亿吨；新增探明天然气地质储量 10951 亿立方米（含页岩气 6355 亿立方米、煤层气 762 亿立方米），连续 15 年超过 4000 亿立方米；新增探明油气地质储量当量连续 15 年超过 10 亿吨。控制石油、天然气地质储量分别完成 8.04 亿吨、8262 亿立方米，预测石油、天然气地质储量分别完成 24.41 亿吨、16338 亿立方米。全年生产原油 10365.08 万吨（含塔木察格），同比增加 139.76 万吨、增长 1.4%。其中，自营区产油 9668.56 万吨，合作区产油 696.53 万吨。生产天然气 1377.93 亿立方米，同比增加 71.91 亿立方米、增长 5.5%，再创历史新高。

（宣　言）

【生产经营指标】

1. 勘探开发工作量

2021 年，油气勘探二维地震 5832 千米、三维地震 14535 平方千米，钻井 1464 口，进尺 468.2 万米；原油开发钻井 8775 口，进尺 1654.4 万米；天然气开发三维地震 2451 平方千米，钻井 2393 口，进尺 723.8 米；完钻水平井 2568 口（以上数据均不含对外合作）（表 1）。

2. 油气储量

2021 年，新增探明石油地质储量 10.45 亿吨、天然气地质储量 1.1 万亿立方米，美国证券交易委员会（SEC）口径油气储量当量接替率 0.71（60 美元 / 桶）。

表 1　2021 年勘探开发工作量

项　目			2021 年	2020 年	同比增减
勘探	二维地震（千米）		5832	7652	−1820
	三维地震（平方千米）		16986	19420	−2434
	钻井（口）		1464	1658	−194
	进尺（万米）		468.2	509.4	−41.2
开发	原油	钻井（口）	8775	8779	−4
		进尺（万米）	1654.4	1507.1	−147.3
	天然气	钻井（口）	2393	2193	200
		进尺（万米）	723.8	689.7	34.1
	完钻水平井（口）		2568	2503	65

注：（1）表中均为自营区数据；（2）勘探地震中含天然气前期评价工作量。

3. 油气产量

2021 年，生产原油 10365.08 万吨（含塔木察格 54.5 万吨）、天然气 1377.93 亿立方米，分别同比增加 140 万吨、72 亿立方米；油气产量当量 21345 万吨、增产 714 万吨，再创历史新高。

4. 经济效益指标

2021 年，销售收入 4886.6 亿元，税前利润 601.6 亿元，净现金流 426.2 亿元。

5. 安全环保

2021 年，安全环保形势总体稳定，减排“四项指标”及节能节水均完成集团公司下达指标。

【勘探开发主要成果】

1. 新增探明油气地质储量当量创历史新高

2021 年，大力实施高效勘探专项行动，油气勘探多盆地、多领域、多类型、多点开花，三级储量大丰收，资源基础不断夯实。强化勘探研究，狠抓重点盆地、重点地区勘探研究顶层设计，在海相碳酸盐岩、深层超深层碎屑岩、页岩油气等成藏理论认识方面取得一批创新性成果，在多个盆地准备一批具有战略意义的规模储量区和重大接替领域。强化风险勘探和甩开预探，突出海相碳酸盐岩、深层超深层、陆相页岩油、前陆、新区等领域方向，取得5项战略突破、15项重要发现，开辟油气勘探新领域。其中，新疆呼探1井打开准噶尔盆地南缘天然气勘探新局面，长庆米探1井在鄂尔多斯盆地奥陶系盐下天然气勘探取得重大突破，大庆平安1井实现四川盆地侏罗系石油勘探历史性突破，四川泸州深层页岩气、鄂尔多斯盆地东部准东深层煤层气勘探取得重大突破。强化集中勘探，着眼规模效益增储，深化精细勘探与高效评价，落实11个亿吨级油、12个千亿立方米级气共23个规模储量区，进一步夯实高质量发展的资源基础。其中，鄂尔多斯庆城探明国内首个10亿吨级页岩油田，塔里木盆地富满形成10吨级大场面，四川泸州形成国内首个万亿立方米级深层页岩气储量区，塔里木博孜—大北基本落实万亿立方米规模，四川川中古隆起北斜坡展现万亿立方米天然气勘探大场面。

2. 油气产量当量再创历史新高

2021年，各油气田公司瞄准目标任务，克服新冠肺炎疫情、极端天气、限电等影响，精细制订计划，精心组织生产，原油产量连续3年回升，天然气产量持续保持快速增长，油气产量当量再创历史新高。实施效益建产专项行动，坚持“事前算赢、事中干赢”，强化方案设计优化和效益倒逼，推广大井丛平台式集约化建产新模式和水平井规模应用，钻井11928口、进尺2707万米，新建石油、天然气产能1185万吨、245亿立方米，按照阶梯油价和现行气价评价，产能建设项目整体内部收益率原油6.83%、天然气14.78%，整体实现达标建产。实施大井丛平台1835个，建石油产能950万吨、天然气产能164亿立方米，其中6口井以上平台井数占比57%；完钻水平井2568口，完成水平井体积压裂2005口，均创历史新高，新建产能石油403万吨、天然气139亿立方米，水平井以18%的投产井数贡献48%的产能；地面工程建设推进标准化设计、工厂化预制、模块化建设、标准化施工，大、中、小型站场标准化设计覆盖率分别为93.0%、98.5%、99.7%。实施老油气田稳产专项行动，精确把握开发状况，精准实施分类治理，精益开展生产管理，油气田递减得到较好控制，油气藏精细描述增加石油可采储量2700万吨、天然气可采储量234亿立方米，精细注水完成主干工作量4.3万井次，注水井分注率、分注合格率和水质合格率分别同比提高0.3个百分点、4.3个百分点、0.7个百分点；低产低效长停井治理恢复油气水井分别为4454口、1283口和839口，全年增油91.9万吨、增气13.9亿立方米、恢复注水405.7万立方米；油气井措施工作量16万井次，全年增油536万吨、增气54.6亿立方米；持续强化油藏分类治理，“双高”油藏综合递减和自然递减率同比分别下降1.5个百分点和0.5个百分点，“双低”油藏单井产量1.2吨、采油速度0.25%，同比基本持平；持续抓实油气田提高采收率工作，化学驱年产规模保持在1200万吨以上，稠油年产量保持在1000万吨以上，二氧化碳驱具备百万吨年注入能力，天然气驱和减氧空气驱取得明显效果，克深8深层高压有水气藏和台南多层疏松砂岩气藏试验进入现场实施。原油自然递减率9.59%，同比持平；综合递减率4.22%，同比下降0.65个百分点；综合含水率89.75%，同比持平。

3. 天然气生产保供能力持续提升

2021年，面对“淡季不淡、旺季更旺”用气需求，反复优化生产运行，多次调整运行安排，加快新井投产节奏，精心维护老井能力，保供期气田高峰月日均产气3.86亿立方米，同比增加0.24亿立方米，国产气冬季保供量630.2亿立方米，同比增加24.9亿立方米，发挥“压舱石”作用。突出三大气区，着力推进7个天然气重点产能项目，加快建设节奏和地面工程配套，加快新井投产，当年新井产量113亿立方米，贡献率同比提高2个百分点。做好储气库建设和运行管理，已建库21口扩容达产井2021年按计划投运，新建库将于2022年陆续投运，全年完成注气量120亿立方米，新增调峰能力15亿立方米（权益调峰能力9亿立方米），累计调峰能力139亿立方米（权益调峰能力65.6亿立方米），再创新高；保供期储气库高峰月日均产气量1.57亿立方米，同比增加0.23亿立方米，采气115.8亿立方米，同比增加6.0亿立方米。精心编制保供方案，扎实落实各项措施，针对性地超前制订各种极端情况下的应急预案。统筹协调做好地面检修，2021年完成检修天然气处理厂102座、装置163套、储气库集注站8座，完成率100%，推进两年一检、不停产分列检修，节约检修时间163个工作日，同比减少产量影响10亿立方米。

4. 页岩油气勘探开发取得重要新进展

2021年，认真贯彻落实习近平总书记重要指示批示精神，集团公司党组多次专题研究部署，成立以董事长戴厚良为组长的领导小组和主要部门参加的工作专班，集团公司领导多次到现场调研指导、协调推进相关工作；按照“加强基础、搞清资源、突出重点、攻关试验、积极推进”的工作思路，编制“十四五”页岩油加快发展实施方案，论证完成5个页岩油试验方案；设立大庆古龙陆相页岩油国家级示范区、规模效益开发国家重点实验室和科技重大专项，编制完成非常规油气效益开发指导意见，构建地质工程一体化协同研究与决策平台和“一全六化”管理模式，一体化推进页岩油气勘探开发工作。长庆庆城、大庆古龙、新疆玛湖、青海英雄岭、大港沧东等地区页岩油及川南泸州深层页岩气取得重要新发现新进展，呈现“多点开花”势头；全年新建页岩油产能155.1万吨，产量268万吨，同比增长44.1%，完成规划首年目标；新建页岩气产能75.39亿立方米（含四川、重庆非控股公司），产量129亿立方米，同比增加13亿立方米、增长11.2%，实现较快增长。庆城建成百万吨页岩油整装示范区，实现大平台1年整体投产，单井井筒工程费用控制到2000万元；吉木萨尔示范区58号平台创造单井加砂量、一次性拉链式作业井数、单日施工级数等多个国内第一，单井投资控降至4506万元，下降40.1%；古龙页岩油先导性试验获重大进展，完成钻井压裂的1号井组12口井均见油，最高单井日产油40.9立方米，单井投资由设计的4200万元控制至4000万元以下；川南页岩气克服地震等影响，强化与地方沟通协调，生产页岩气129亿立方米，同比增加13亿立方米，泸州深层页岩气百亿立方米上产工程全面启动。

5. 新能源新产业实现良好开局

2021年，开展油区地热、风能、太阳能、伴生矿资源调查评价和产业发展顶层设计，制订完善“十四五”新能源业务发展规划及清洁替代、清洁电力、天然气提Xai、二氧化碳捕集利用与封存（CCUS）等专项规划及碳达峰碳中和措施方案；按照“清洁替代、战略接替、绿色转型”三步走路径，推动大庆绿色低碳可持续发展示范基地、玉门清洁转型示范基地等“六大基地”建设；以战略资源开发工程、清洁替代工程、CCUS示范工程、氢能产业链示范工程等“四大工程”为抓手，进一步拓展对外清洁供能市场。对外清洁电力新增光伏装机20万千瓦，实现对外清洁电力供应“零”的突破；以大庆、长庆、新疆、吉林为重点，开展CCUS全环节配套建设，深化二氧化碳混相驱理论认识，加快推进二氧化碳混相驱工业化试验，打造CCS/CCUS产业化基地。2021年建成投产项目24个，新增清洁能源利用量41.3万吨标准煤/年，比2020年底累计规模增长255.6%。其中，地热新增供暖面积892万平方米，对外清洁电力新增光伏装机20万千瓦，对内清洁替代新增风光发电装机5.75万千瓦、余热装机1.79万千瓦。

6. 提质增效“升级版”打造成效显著

2021年，实施低成本专项行动，制定提质增效“升级版”实施方案，细化落实八个方面38项具体措施、132项业务量化提升目标，从开源和节流两端发力，持续提升“两利四率”水平。坚持严谨投资、效益投资、精准投资，强化效益排队优选，坚持投资向勘探开发主营业务和效益好的油田、项目倾斜，长庆、大庆、塔里木、西南、新疆等效益较好的油气田投资占比75.7%，同比提高1.2个百分点；持续优化方案部署，杜绝“三不达”项目，对效益不达标的202万吨原油产能进行效益倒逼，优化后内部收益率6.5%，同比提高2个百分点，全年共控降投资88亿元。倒排成本费用，对区块成本效益进行分级管理，加强重点成本要素管控，降本增效37.4亿元，2021年原油、自营天然气完全成本分别为55.52美元/桶、814元/千米^3，剔除折旧折耗影响完成考核指标，单位运行成本创“十二五”以来最低。把亏损治理作为提质增效工作的重中之重，制订治理方案、细化工作措施，2021年全级次子企业171户，15户亏损、亏损面9%、亏损额134.26亿元，同比亏损户数减少18户、亏损面降低9个百分点、亏损额减少411.25亿元，亏损面和户数为近11年最低，亏损额为近9年最低。贯彻落实集团公司营销会议工作精神，进一步增强市场意识、经营意识、效益意识，加强市场价格研判，科学掌控销售节奏，实现营销创效，天然气推价增效27.8亿元，原油市场化外销增效2.6亿元。强化油气生产系统持续提效，机械采油系统抽油机井平均系统效率、平均泵效分别同比提高0.2个百分点和0.5个百分点，注水系统采出水处理站水质合格率、井口水质合格率、注水系统效率同比分别提高0.73个百分点、0.63个百分点、0.23个百分点，集输系统密闭率、系统负荷率、原油稳定率、伴生气处理率分别同比提高3.5个百分点、2.0个百分点、5.0个百分点、8.0个百分点。全年提质增效同比增加202亿元。

7. 企业动力活力不断增强

2021年，深入贯彻落实集团公司科技与信息化创新大会精神，立足高水平科技自立自强，实施创新发展专项行动，打造“陆上油气资源勘探开发”原创技术策源地，核心技术攻关取得重要进展，全面推广“两宽两高一单点”三维地震采集，深化“双复杂”目标、走滑断裂、复杂储层精细刻画等技术攻关，采集效率提高10%、有效频带拓宽10赫兹以上，复杂构造成像和储层识别精度大幅提升；钻井加强攻关复杂构造、深层超深层、页岩油气钻完井技术，库车博孜—大北地区机械钻速同比提高 21.4%、钻井周期缩短 25 天，西南高石 001-X52 井试验五级双分支井取得成功，分支井眼完钻井深超过 6400 米；完成水平段 2000 米以上水平井 206 口，长庆致密气靖 51-29H1 井水平段长 5256 米，创亚洲陆上水平段最长纪录；储层改造持续攻关升级超深高温高压及非常规储层压裂工艺技术，水平井体积压裂 2.0 工艺应用超过 500 口井，有自主知识产权可溶桥塞和趾端滑套突破 7000 千米超深井和 3000 米超长水平段连续管作业；油气开发提高采收率等技术攻关取得新进展，化学驱油、稠油开发技术持续向高效低成本转换，二氧化碳驱油、剩余油动态监测等进一步完善配套，聚合物驱油、精细分层注水、带压作业等成熟技术得到规模化、工业化推广；数字化转型智能化发展持续推进，勘探开发梦想云平台、数据湖技术能力和服务水平提升，建成专业软件共享云环境，地震资料自动化解释追踪、基于抽油机井电参数的机械采油系统智能化管理等智能化技术取得长足进步，塔里木油田数字化转型试点启动业务场景建设，长庆、塔里木、西南等 12 家油气田实现数字化全覆盖。

推进改革三年行动，专业公司层面 37 项改革任务全部完成，16 家油气田企业及储气库分公司 1134 项改革任务完成率 96%，均提前完成 70% 的实施方案阶段目标；持续构建完善与“油公司”模式相配套的扁平化组织机构，各油气田企业从严控制员工总量，系统压减管理层级，优化生产组织模式，全年压减二级、三级机构 414 个，压减比例 3.25%；推进三项制度改革，落实与企业效益联动的员工总量和新增员工计划核定机制，持续推进用工方式转型，全年减员 22120 人，同比下降 4.14%；“业务归核化”提前一个月完成集团公司的年度改革任务目标，取得实质性进展。对标世界一流管理提升行动，专业公司 69 项任务全部完成，16 家油气田企业及储气库分公司 966 项任务，完成 965 项，完成率 97%，超额完成集团公司要求 2021 年底前完成 80% 的工作目标。

已探明未开发储量效益动用稳步推进，发布指导意见，建立区块池，开展评价选区、储量分类评价和复算等工作，已有 26 个区块入池，初步评价筛选出 6 个区块作为推进效益开发的首批目标。完成新一轮矿权优化配置，涉及 4 大盆地、11 个区块、2.86 万平方千米，完成协议签署、资料移交、资产划转，研究、部署、现场工作快速启动，四川仪陇、准噶尔吉木萨尔等地区已取得新突破新进展。

8. 新冠肺炎疫情防控和安全环保形势保持稳定

2021 年，强化新冠肺炎疫情管控，严格落实集团公司和属地政府防控规定和管控措施，加强员工和场所管理，加强疫苗接种和核酸检测，实现办公、生产场所零感染。强化安全生产管理，全面贯彻习近平总书记关于安全生产的重要论述，认真落实“四全”“四查”和“三个管住”的工作要求，推进安全生产专项整治三年行动，积极开展“四不两直”检查和反违章专项整治，高质量高标准开展 HSE 体系建设，加强重点领域、要害部位、敏感时段管控，首次实现安全生产责任事故“零”死亡。强化绿色环保管控，全面贯彻习近平总书记生态文明思想，坚持“在保护中开发、在开发中保护、环保优先”，开展绿色企业建设，持续推进绿色矿山创建，累计有 95 个单位（167 个矿权）通过国家、地方或股份公司验收；COD、氨氮、二氧化硫、氮氧化物四项污染物排放及节能节水全部完成集团公司下达指标任务；持续开展原油稳定、零散气回收等，做好 VOCs 和甲烷排放管控；全面整改完成前两轮中央环保督察发现问题，历史遗留污泥全面“清零”。强化质量管理，强化源头控制和过程管理，抓好采购产品、自产产品、井筒和地面系统质量管控，突出抓好井筒质量专项整治三年行动，实现产品质量“零缺陷”。强化员工健康管理，制定并实施“健康油气田 2030”规划方案，职业健康体检率 100%、职业病危害检测率 100%；坚持生命至上，将员工生命安全放在第一位，全年发生非生产亡人 665 人，同比减少 64 人、下降 9.6%。

9. 开展党史教育学习，党的建设持续加强

始终把政治建设摆在首位，全面贯彻“第一议题”制度，第一时间跟进学习习近平总书记最新重要指示批示和讲话精神，专题学习习近平总书记“七一”重要讲话和十九届六中全会精神，着力深化对“两个确立”这一党的十八大以来最重大政治成果的认识，进一步增强“四个意识”、坚定“四个自信”，“两个维护”更加坚决。高标准高质量推进党史学习教育走深走实，并与深入开展“转观念、勇担当、高质量、创一流”主题教育活动相结合，扎实推进“我为员工群众办实事”实践活动，取得一系列新成果新成效。勘探与生产分公司党委坚持谋全局、议大事、抓重点，坚持民主集中制，严格执行“三重一大”决策制度，勘探与生产分公司党委的科学决策能力、组织协调能力、推动落实能力持续提高，“把方向、管大局、促落实”的作用得到充分发挥。按照总部组织体系优化调整安排，完成原对外

合作经理部相关业务划转、人员转隶及公司“三定”工作。坚持干什么学什么，缺什么补什么，持续抓好能力培训，着力增强干部员工队伍“八项本领”、提高“七种能力”，打造政治坚强、本领高强、意志顽强的干部员工队伍。持续深化中央巡视和国家审计发现问题的整改，深入贯彻落实中央八项规定精神和集团公司党组要求，坚决纠治“四风”问题。大力弘扬“三个面向、五到现场”等石油工业优良传统作风，切实抓好“总部作风建设提升年”活动方案的有效落实，各党支部与基层党支部开展结对共建，相互借鉴、筑牢堡垒，想在一起干在一起。坚持用石油精神和大庆精神铁人精神育人铸魂，有力保障各项工作部署的落地实施，凝聚“我为祖国献石油”的强大动力，为推动高质量发展加快发展提供坚强保障。

（范文科　向书政）

油气勘探

【概述】 2021年，股份公司分层次设置油气预探项目（石油预探项目39个、天然气勘探项目26个、内部流转勘探项目8个）和风险勘探项目，其中重点勘探项目21个。油气勘探系统坚决贯彻落实习近平总书记大力提升勘探开发力度系列重要指示批示精神和集团公司党组决策部署要求，解放思想、攻坚克难、砥砺前行，取得5项重大战略突破、15项重要发现，落实11个亿吨级和12个千亿立方米级储量规模区，为国内原油产量稳中有升，天然气产量快速增长奠定扎实的资源基础。

油气勘探突出“五油三气”重点勘探，推进高效勘探，加大风险勘探力度，开展盆地基础研究和整体研究，持续强化科技攻关，强化重点领域集中勘探和成熟探区精细勘探，加快天然气勘探，加强页岩油气探索，形成庆城页岩油、塔北超深层、古龙页岩油、准噶尔盆地阜康东环带、临河坳陷、川中古隆起北斜坡、博孜—大北地区、准噶尔盆地南缘、泸州深层页岩气、沙溪庙组致密气等10个增储大场面，以及鄂尔多斯平凉北、镇庆、奥陶系盐下，准噶尔玛湖二叠系，柴达木英雄岭页岩油，四川盆地合川—潼南，开鲁盆地陆家堡等一批新的规模储量区。

【勘探任务完成情况】 2021年，二维地震6787千米，三维地震11063平方千米，探井840口、进尺288.66万米，试油交井659口，新获工业油气流井402口，综合探井成功率56.50%。全年新增探明石油地质储量104526.52万吨（含凝析油1212.22万吨）、技术可采储量14656.25万吨（含凝析油421.57万吨），新增探明天然气地质储量10950.53亿立方米（含页岩气6354.94亿立方米、煤层气762.08亿立方米）、技术可采储量3744亿立方米（含页岩气1417.28亿立方米、煤层气381.04亿立方米）。

【渤海湾盆地主要勘探成果】 渤海湾盆地辽中凹陷秦皇岛地区秦探1井岩性油藏风险勘探取得重要突破。为了探索秦皇岛区块生烃及岩性圈闭成藏条件，部署的风险探井秦探1井在东营组三段3878.6—4053.8米井段测试获日产油61.5立方米高产，首次实现渤海海域辽中凹陷斜坡带岩性地层油气藏勘探突破，进一步坚定在该区油气勘探的信心。

辽河西部凹陷东部陡坡带精细勘探取得新成果。近年来不断创新断裂带油气成藏新认识，强化陡坡扇砂体精细刻画，新井部署与老井试油结合，7口井新获工业油流，其中2口井获日产油14.88—21.13吨高产。新落实沙河街组二段、三段砾岩含油面积36.2平方千米，对辽河油田原油稳产具有重要意义。

大港探区歧口凹陷中低成熟度页岩油勘探取得新成果。积极探索歧北斜坡沙一段中低成熟度烃源区页岩油含油性，部署实施的风险探井歧页1H井在沙一段下亚段3782—5250米井段压裂，4毫米油嘴测试获日产油49.86吨高产，试采140天稳产效果较好，油压11兆帕，日产油24.3吨，累计产油3729吨，开辟歧口凹陷中低成熟度页岩油勘探新领域，为渤海湾盆地沙一段下亚段页岩油勘探提供重要依据。

大港探区滨海和歧北斜坡区石油勘探取得新成果。持续加强综合地质研究，强化沉积体系和砂体精细刻画，在滨海斜坡区部署钻探的8口井均获工业油流。其中：唐东9X2等3口井在东三段和沙一段分别获日产油61—223.2吨高产；歧北斜坡区埕107X1井在沙二段获日产油324立方米、气19.8万立方米高产。新增探明石油地质储量2739.39万吨，对大港油田增储建产发挥积极作用。

饶阳凹陷蠡县斜坡精细勘探取得重要成果。近年来持续深化蠡县斜坡中南段岩性油藏精细勘探，创新构建斜坡外带浅层岩性成藏模式，加大预探外甩力度，发现规模效益储量。部署上钻的高67X井在馆陶组获日产43.6立方米高产油流，开辟浅层勘探新层系，高69X井在沙一段上亚段获15.78立方米工业油流，高77X井在东营组钻遇厚油层并获41.13立方米高产油流，取得新区带新层系勘探突破。同时，在斜坡中内带新增探明石油地质储量1611万吨，蠡县斜坡勘探场面持续扩大，夯实老区增储稳产资源基础。

南堡凹陷2号构造火山碎屑岩油气勘探取得新成果。开展南堡2号构造中深层岩性油气藏整体勘探，构建火山碎屑岩成藏新模式，积极探索低隆带东营组火山碎屑岩含油气性，部署的南堡2-49井在东三段上亚段3956.6—3968米井段压裂，10毫米油嘴测试获日产油70立方米、日产气7.4万立方米高产；南堡203-50井在沙三段老井压裂试油，8毫米油嘴测试获日产油129.4立方米、气8.67万立方米高产，展现南堡凹陷火山碎屑岩领域具较大的勘探潜力。

【松辽盆地主要勘探成果】 松辽盆地古龙页岩油勘探取得重要成果。近年来持续深化古龙页岩油“甜点”评价，探索有效动用工艺技术，勘探开发一体化实施，成效显著。古页油平1井等3口水平井试采保持长期高产、稳产，古页1区块5口水平井试油均获高产，日产油8.9—30.5吨，8口直井获工业油流，进一步落实青山口组一段Q1—Q4油层含油面积1413.5平方千米，实现陆相页理型页岩油勘探历史性突破，展现出规模效益开发潜力，将成为大庆百年油田建设的战略资源。

松辽盆地北部大庆长垣周边中浅层精细勘探取得新成果。突出长垣老油区北部萨尔图油水过渡带再认识、南部葡萄花再评价、萨零组薄窄砂体再刻画，精细滚动挖潜，24口井新获工业油流，其中13口井获日产油10吨以上高产，葡斜4347井在葡萄花油层获日产油117吨高产，新增探明石油地质储量3999.06万吨，老区精细勘探取得显著成效，对大庆油田原油稳产发挥积极作用。

松辽盆地南部大情字井石油勘探取得新成果。推进大情字井地区富油区青山口组精细勘探，创新源上厚层砂体复合规模成藏和源内高砂地比区带岩性油藏认识，一体化部署探井10口，7口井新获工业油流，其中3口井获日产油8.95—23.48吨高产，新增探明石油地质储量1003万吨，对吉林油田增储建产将发挥积极作用。

松辽盆地南部德惠断陷致密气勘探取得新成果。加强德惠断陷致密气藏地质深化认识及富集模式构建，强化圈闭落实与“甜点”刻画，加强水平井提产和勘探开发一体化实施，完钻的9口水平井在火石岭组三段凝灰岩均获工业气流，日产气6万—15万立方米。新增探明天然气地质储量145亿立方米，建产能1.53亿立方米，对吉林油田天然气增储上产发挥积极作用。

【鄂尔多斯盆地主要勘探成果】 鄂尔多斯盆地奥陶系盐下取得重大突破。加强奥陶系盐下岩相古地理重新认识，强化台内滩和台内丘的精细刻画，部署钻探风险探井米探1井，在马家沟组四段2616—2714米井段加酸压裂，15毫米孔板测试获日产气8.45万立方米。初步落实马家沟四段有利勘探面积2.4万平方千米，奥陶系盐下有望形成鄂尔多斯盆地天然气勘探新接替领域。

盆地太原组天然气勘探取得重要发现。积极探索新领域，加强太原组灰岩和铝土岩储层形成机理研究，探索太原组天然气勘探潜力，部署上钻的风险探井榆探1H井和预探井陇47井分别在太原组灰岩和铝土岩两大领域取得突破。榆探1H井在3409—4731米石灰岩井段试气获日产54.86万立方米高产气流，试采31天，日产气4万立方米，压降0.08兆帕/日，试采效果好。初步预测有利面积1.5万平方千米；陇47井在4103—4115米铝土岩井段获日产15.32万立方米高产气流，初步落实有利面积约1.4万平方千米，开辟盆地天然气勘探新领域。

庆城页岩油勘探取得重要进展。2021年整体推进页岩油勘探，加快集中勘探长7_{1+2}油层，部署探井45口，新获工业油流井21口，高产井8口，新增探明石油地质储量5.5亿吨，累计探明石油地质储量10.52亿吨，探明国内最大的页岩油大油田，已建成陇东百万吨整装国家示范区，“十四五”规划新增探明石油地质储量10亿吨，有效支撑长庆油田6000万吨稳产上产。

天环向斜平凉北石油勘探取得新发现。近年来不断深化地质认识，提出平凉北地区仍发育长7烃源岩的新认识，加强含油砂体分布预测和有效储层精细刻画，孟52等7口井在长8油层、长$_{4+5}$油层获日产油5.36—83.56立方米，平均日产油9.9吨，落实含油面积627.9平方千米，发现一个新的亿吨级规模储量区。

盆地浅层侏罗系石油高效勘探取得重要成果。近年来强化新采集三维地震资料处理解释攻关，加强盆地浅层侏罗系微幅构造精细刻画，深化油气成藏认识，部署探评井450口，完试145口，新获工业油流井76口，22口井日产油20—30吨，9口井日产油大于30吨，新发现姬塬高地、庆西古河道两侧等多个高产油藏群，落实有利面积80平方千米，浅层侏罗系已成为油田效益增储重要层系。

玉门环庆探区合道油田精细勘探取得新成果。通过三维地震资料精细处理解释，加强合道油田侏罗系高地古支沟微幅构造和长8砂体精细刻画，部署探评井26口，9口井新获日产4.3—30吨工业油流，其中环庆96井侏罗系长8_1油层获日产油30吨高产，新增探明石油地质储量1211.75万吨，对于玉门油田重上百万吨具有重要意义。

大宁—吉县太原组深层煤层气勘探取得新进展。近年来，立足2000米以深太原组煤层气主力层段，创新深层煤层气“微构造控藏”富集成藏认识，形成“控液增砂”储层改造配套技术，4口直井试采日产气量均在0.4万立方米以上。落实含气面积171.6平方千米，新增探明煤层气地质储量359.54亿立方米，有望形成新的煤层气增储上产领域。

苏里格天然气规模勘探取得新成果。苏里格地区召13区块二叠系395口井获工业气流，井均累计产气2063万立方米，新增探明天然气地质储量1230.58亿立方米，青石峁地区44口井获工业气流，新增探明天然气地质储量1840.24亿立方米，镇庆地区新增探明天然气地质储量103.58亿立方米，为鄂尔多斯盆地天然气快速上产夯实资源基础。

【四川盆地主要勘探成果】 四川盆地大庆探区仪陇—平昌区块页岩油勘探取得重大突破。为探索四川盆地侏罗系页岩层系含油气性，部署的风险探井平安1井，在凉高山组2892—3940米井段压裂测试，获日产油112.8立方米、气11.45万立方米高产。试采105天，产量、压力稳定，油压16.1兆帕，日产油18.24立方米、气2.03万立方米，累计产油2682立方米、气298万立方米。该井是四川盆地中国石油矿权内第一口侏罗系页岩油高产井，揭示盆地侏罗系湖相页岩油良好的勘探潜力，对推动四川盆地石油勘探具有重大意义。

泸州地区深层页岩气勘探取得重大成果。积极探索评价川南地区3500米以深页岩气资源规模，在泸州地区深层部署的23口探评井均获工业气流，平均日产气28.7万立方米，落实含气面积1169平方千米，新增探明页岩气地质储量5138.09亿立方米，形成国内首个万亿立方米深层页岩气规模储量区，对四川盆地实现天然气快速上产和提高我国西南地区天然气供给能力具有重大意义。

川中古隆起北斜坡风险探井角探1井茅二段勘探取得重要发现。强化盆地茅口组岩相古地理和沉积相研究，加强茅二段高能滩体精细刻画和孔隙型白云岩储层预测，部署的风险探井角探1井茅二段6155—6175米井段测试，34毫米孔板，获日产气112.8万立方米高产，落实含气面积912.7平方千米，进一步证实川中古隆起北斜坡海相多层系立体勘探潜力巨大。

大庆川渝区块灯影组四段、茅口组二段多层系立体勘探取得重要成果。加强灯四段岩溶和茅口组白云岩储层认识及地震分布预测，深化成藏规律认识，部署的合深5井在灯四段获日产气120.4万立方米；潼深4井、潼深3井、合深6井在茅二段分别获日产气205.16万立方米、187.95万立方米、118万立方米，合平1井在茅二段获日产气16.1万立方米，证实茅口组储层具有成层性规模发育特征。新增探明天然气地质储量312亿立方米，落实形成一个千亿立方米规模储量区，为大庆油田川渝探区增储上产奠定较好资源基础。

盆地侏罗系沙溪庙组致密气勘探取得新成果。系统开展侏罗系沙溪庙组致密气“甜点”区富集规律研究，精细刻画侏罗系沙二段河道相砂体和沙一段三角洲前缘相砂体，新井钻探和老井上试相结合，完试探井21口/26层均获工业气流，单井日产气最高51万立方米以上，井均日产气19.13万立方米。新增探明天然气地质储量647.7亿立方米，展示四川盆地浅层致密气良好勘探前景和效益开发潜力。

浙江太阳区块超浅层页岩气取得重要发现。加强超浅层页岩气成藏条件研究，强化超浅层水平井产能攻关，优选浅层海坝区块勘探部署实施，完试井25口均获工业气流，平均单井日产气5.1万立方米，其中YS153H1井组和YS137H4井组在500米以浅均获日产气超6万立方米高产，实现500米以浅页岩气工业性发现。落实含气面积234.93平方千米，新增探明天然气地质储量1217亿立方米。

【准噶尔盆地主要勘探成果】 2021年，准噶尔盆地阜康凹陷风险探井康探2井二叠系勘探获重要发现。近年来加强盆地二叠系整体研究和基础研究，不断探索坡下近源勘探领域，部署钻探的康探2井在芦草沟组4936—4960米井段压裂测试，4毫米油嘴，获日产油83.41立方米高产，同时，甩开勘探阜中凹槽，4口井新获工业油流，阜49井在上乌尔禾组获日产油102.55立方米高产，落实含油面积132.9平方千米，阜康凹陷有望形成新的规模储量区。

白家海凸起风险探井彩探1H井取得重要发现。为探索盆地煤岩常规储层天然气勘探潜力及水平井提产效果，优选白家海凸起部署上钻的风险探井彩探1H井在西山窑组2561—3517米水平段压裂，12毫米油嘴测试获日产5.7万立方米工业气流，试采146天，获日产气2.15万立方米稳定产量，累计产气373万立方米，对国内煤岩天然气领域勘探具有重要意义。

腹部石炭系油气勘探取得新进展。近年来持续开展石炭系顶部风化壳和内幕储层刻画研究，不断深化腹部石炭系成藏规律认识，在石西地区部署上钻的石西161_H井在石炭系5028—5561米水平井段压裂，10毫米油嘴测试获日产油189立方米、气18.9万立方米高产，进一步证实腹部深层石炭系具备良好油气成藏条件，深化石炭系天然气勘探的地质认识。

玛湖凹陷二叠系油气勘探取得重要进展。近年来坚持玛湖斜坡区岩性油藏勘探思路，强化扇三角洲沉积体系、沉积相研究和砂体精细刻画、构造精细解释和储层预测，持续开展滚动勘探评价，玛湖1区块上乌尔禾组二段完钻探评井77口，40口井获工业油流，日产油4.33—31.6吨，平均日产油10.87吨，水平井平均单井日产油23.9吨，新增含油面积147.85平方千米，新增探明石油地质储量11663.62万吨。

吐哈油田准东探区吉南凹陷风险探井萨探1井获重要发现。近年来强化地震攻关和圈闭落实，深化吉南凹陷油气成藏研究，部署钻探的风险探井萨探1井在二叠系多层系发现油气层，在井井子沟组3307.6—3316米井段常规测试获日产油24立方米工业油流，试采168天，日产油30.4立方米，累计产油4653.62立方米。落实含油面积26.6平方千米，整体展现亿吨级油气勘探场面，有望成为吐哈油田准东探区规模增储的重要领域。

【塔里木盆地主要勘探成果】 塔北地区奥陶系深层发现3条新的油气富集断裂带。加强塔北地区走滑断裂整体研究与三维地震精细处理解释，部署钻探的富源3井、满深7井、英西1井在一间房组分别获日产油869立方米、782立方米、150立方米，日产气39.84万立方米、21.4万立方米、0.24万立方米，新发现$F_1$16、$F_1$19和$F_1$3三条油气富集断裂带，估算资源均超亿吨。甩开勘探$F_1$17断裂带，满深2井、满深3井、满深4井分别获日产油气当量181吨、1690吨、1006吨高产。完试17口井均获高产，其中千吨井5口、百吨井8口，新增探明石油地质储量1.54亿吨，为塔里木油田4000万吨上产夯实资源基础。

库车坳陷大北4井超深层天然气勘探取得重要发现。持续强化库车坳陷地震资料精细目标处理解释，深化油气成藏及富集规律研究，大北4井在白垩系巴什基奇克组8022—8143.35米井段，4毫米油嘴中途测试，获日产19.29万立方米工业气流，落实含气面积56.2平方千米，新发现一个超深层千亿立方米整装规模气藏，证实库车坳陷8000米以深碎屑岩仍可发育优质储层，大大拓展天然气勘探空间。博孜1构造博孜10井、博孜24井获工业油气流，博孜3—博孜17构造博孜17井、博孜1202井、博孜1203井获工业气流，评价落实一个3000亿立方米规模储量区，新增探明天然气地质储量840.5亿立方米、石油地质储量775万吨，进一步夯实博孜—大北地区形成万亿立方米大气区的资源基础。

塔西南山前侏罗系勘探取得新发现。近年来加强塔西南山前带地震攻关和基础地质研究，在构造相对平缓区部署钻探的甫沙8井，在侏罗系3859.5—3877.5米井段压裂，6毫米油嘴测试获日产油20.4立方米、气1938立方米，发现侏罗系勘探新层系，试采63天，日产油12吨，累计产油767吨，试采效果较好。塔西南山前侏罗系油气勘取得新发现，进一步增强对塔西南山前勘探的信心。

【柴达木盆地主要勘探成果】 柴达木盆地英雄岭凹陷干柴沟组页岩油勘探取得重要发现。立足英雄岭凹陷良好油源条件，积极探索源内页岩油勘探，加强E_3^2页岩油“甜点”段和“甜点”区评价，探索Ⅳ—Ⅵ油组页岩油含油气性，部署上钻的柴902井在2800—2803米、3192—3200米井段试油分别获日产油32.53立方米、15.9立方米；柴903井在E_3^2 3451—3461米井段试油获日产油14.17立方米；柴平1井4毫米油嘴放喷获日产油109.84立方米、气1.38万立方米，落实页岩油含油面积33.9平方千米，柴达木盆地西部页岩油勘探展现出良好前景和巨大勘探潜力，有望形成高原千万吨油田建设重要增储上产领域。

阿尔金山前东段昆特依构造带天然气勘探获新进展。加强阿尔金山前东段昆特依构造带勘探，甩开钻探的昆 101 井在基岩 7278—7288 米井段压裂，4 毫米油嘴测试获日产气 12.3 万立方米；昆 1-1 井在 7278—7288 米井段压裂，5 毫米油嘴测试获日产气 11.5 万立方米。落实昆 2 区块含气面积 16.11 平方千米，新增探明天然气地质储量 314.33 亿立方米，证实昆特依构造一号圈闭具备整体含气条件，对青海油田后续天然气稳产具有重要意义。

柴达木盆地西部柴深构造带深层勘探取得重要发现。为探索柴达木盆地深层 E_3^2 湖相碳酸盐岩含油气性，在英中地区柴深构造带部署狮 303 井，对 5336.0—5350.0 米井段试油，获日产油 227.39 立方米、气 6.6 万立方米，突破英雄岭 E_3^2 湖相碳酸盐岩 5000 米以深勘探界限的认识，勘探领域进一步向腹部深层延伸，证实柴深构造带成藏条件优越，进一步坚定柴达木盆地西部湖相碳酸盐岩深层勘探的信心。

【河套盆地主要勘探成果】 河套盆地临河洼槽区石油勘探取得重要发现。加大河套盆地北部三维地震勘探部署，强化构造圈闭落实和洼槽区油气成藏研究，在洼槽区钻探的风险探井河探 1 井在 6112.4—6120.2 米井段试油，8 毫米油嘴，获日产油 302.4 立方米高产，突破河套盆地 6000 米以深高产关，首次发现新近系五原组厚烃源岩；向洼槽方向甩开部署的预留井兴华 12 井和兴华 11 井均发现 150 米以上厚油层，落实含油面积 33.6 平方千米，进一步证实临河坳陷洼槽区仍具较大的勘探潜力，为河套盆地上产 200 万吨夯实资源基础。

【二连盆地主要勘探成果】 二连盆地煤层气勘探取得新成果。吉尔嘎朗图凹陷兼探煤层气的 7 口井获工业油流，其中 4 口井获日产油 12.7—27.2 立方米高产，圈定低阶煤层分布范围。吉煤 3 井、吉煤 4 井获低煤阶煤层气突破，落实含气面积 35.7 平方千米，新增探明天然气地质储量 100.75 亿立方米，对国内低煤阶煤层气勘探提供宝贵经验。

【其他中小盆地主要勘探成果】 北部湾盆地福山凹陷朝阳—永安构造精细勘探取得新成果。坚持新区带预探和富油区带评价相结合，部署的永 8-16X 井在流沙港组一段 8 毫米油嘴测试获日产 238 立方米高产油流，创福山凹陷单井日产油最高纪录，永 101 井获日产油 61.2 立方米高产，朝 6-608X 井钻遇 300 米以上厚油层，新增探明石油地质储量 1148.54 万吨，对南方公司原油稳产和可持续发展具有重要意义。

辽河探区开鲁盆地陆家堡凹陷石油勘探取得新成果。加强基础研究和深化地质认识，建立浅水湖盆连续型油藏成藏模式，强化白垩系九佛堂组岩性油气藏精细评价研究，实施勘探开发和地质工程一体化攻关，6 口井新获日产 5.0—10.0 吨工业油流，前河和交力格地区落实含油面积 102.27 平方千米，新增探明石油地质储量 3154.41 万吨，开拓外围盆地油气勘探新区带。

沁水盆地煤层气勘探取得新成果。近年来持续探索高煤阶煤层气成藏条件研究和水平井提产工艺攻关，在沁水盆地高煤阶落实含气面积 101.5 平方千米，新增探明天然气地质储量 154.07 亿立方米，对国内高煤阶煤层气勘探提供重要借鉴。

【风险勘探工作及成果】 面对风险勘探对象日趋复杂及工程技术挑战，持续解放思想，瞄准战略性、全局性、前瞻性重大领域和目标，大胆构思、精细论证，加快目标落实和实施推进，2021 年部署风险探井 46 口，完钻 34 口，完试 30 口，14 口井获工业油气流，取得 3 项重大战略性突破和 9 项重要发现。其中，准噶尔盆地南缘中段呼探 1 井中下组合、鄂尔多斯盆地米探 1 井奥陶系盐下、四川盆地平安 1 井侏罗系页岩油获重大战略性突破，川中古隆起北斜坡角探 1 井二叠系茅口组、阜康凹陷南洼槽康探 2 井二叠系芦草沟组、准噶尔白家海凸起彩探 1H 井西山窑组煤岩气、玛湖凹陷玛页 2 井风城组页岩油、准东吉南凹陷萨探 1 井二叠系井井子沟组、河套盆地临河坳陷北部洼槽区河探 1 井、鄂尔多斯盆地榆探 1H 井太原组灰岩、渤海湾盆地辽中凹陷北斜坡秦探 1 井东营组、歧口凹陷歧页 1H 井沙一下段页岩油获重要发现。超额完成年度目标，为 2022 年油气勘探开辟新战场。

【中国石油 2021 年度油气勘探年会】 2021 年 12 月 13—14 日，中国石油天然气集团有限公司 2021 年度油气勘探年会以视频形式召开。此次会议是在中国共产党成立 100 周年、开启第二个百年奋斗目标新征程的重大时间节点召开的一次重要会议，也是在“十四五”开局起步及党的十九届六中全会胜利召开之后，持续深入贯彻落实习近平总书记关于大力提升油气勘探开发力度系列重要指示批示精神和集团公司党组对油气勘探决策部署总体要求的一次重要会议。会议全面总结 2021 年高效勘探重大成果和勘探管理好经验好做法，广泛交流 2021 年油气勘探成果及提质增效主要做法和勘探管理经验，深入分析油气勘探面临的新形势新任务，进一步明确2022年油气勘探重点工作和部署安排。会议传达集团公司董事长、党组书记戴厚良和总经理、党组副书记侯启军对油气勘探工作的重要批示。集团公司党组成员、副总经理焦方正，股份公司副总裁、总地质师孙龙德，股份公司副总裁兼勘探与生产分公司执行董事、党委书记李鹭光，股份公司副总裁朱国文及来自集团公司和股份公司总部有关部门、勘探与生产分公司、工程技术分公司、16家油气田公司、中国石油勘探开发研究院、东方地球物理勘探有限责任公司及其他工程技术服务企业等单位勘探系统的400多名代表以视频形式参加会议。

（孙瑞娜　范土芝）

勘探工程技术

【概述】 2021年，物探业务围绕集团公司提质增效工作部署，突出重点盆地重点领域，继续深化物探工程精细管理，强化核心技术创新和瓶颈技术攻关，推进物探业务数字化转型，为上游业务持续稳健发展提供技术支撑。

【物探资料采集】 2021年，完成油气勘探、评价、开发、储气库等二维地震7137千米，三维地震16451平方千米；完成三维重磁资料面积37136平方千米，二维时频电磁剖面长度3262千米，二维微生物化探295千米；完成井中地震235口，其中零井源距VSP 113口、非零井源距VSP 34口、Walkaway VSP 14口、三维VSP 9口、微地震井中和地面监测65口。

通过强化设计、优选技术，科学组织生产，精益管理，打造物探提质增效“升级版”。（1）以勘探开发一体化、技术经济一体化为原则，突出立体勘探，针对不同地质目标提出优化技术方案：针对复杂构造目标，强化高密度、宽方位技术应用，满足高精度成像需求；针对复杂岩性目标，强化宽频、宽方位技术应用，提高储层识别精度；针对非常规目标，强化井震激发、单点接收技术应用，突出地质工程一体化。在地震采集项目施工过程中，强化宽频可控震源、高灵敏度单点检波器和节点仪器等先进技术装备应用，提高施工效率，控制采集成本。准噶尔盆地盆5井区三维地震针对复杂岩性目标采用宽频可控震源激发拓宽地震资料频带，波组特征更加清晰，成像精度明显提升；浙江油田YS106井区三维地震针对非常规目标采用节点仪器接收，保障物理点到位率，提高地震资料品质，主要目的层龙马溪组层间信息丰富，断点清晰；鄂尔多斯盆地合水三维地震针对黄土山地研发小型可控震源和气动风钻等装备提高地震采集生产效率10%以上，地震资料有效频带拓宽20赫兹以上，信噪比、分辨率明显提高，层间信息更加丰富，有力支撑庆城油田5.5亿吨页岩油探明储量提交。在鄂尔多斯、准噶尔和塔里木等盆地组织开展超高灵敏度单点检波器接收试验，地层弱信号响应明显。（2）强化表层调查，针对山前冲积扇、巨厚黄土区和大沙漠等复杂地表区开展近地表速度、岩性、吸收衰减调查，夯实复杂构造准确成像基础。准噶尔盆地南缘呼探1井区三维地震充分运用微测井和深微测井等近地表调查资料精细刻画浅表层低速、高速砾岩空间展布，建立准确速度模型，南缘构造主体首次实现前侏罗系较完整成像。（3）科学组织生产，提高综合效益。地质条件类似且相近工区加强统筹协调，做到地震采集技术方案、技术要求、生产组织、企地协调和资料成果归口管理等五个方面统一，实现地震采集提质增效。同处于川南的太安1井、黄205井和自215井区块探矿权分别属于浙江油田、西南油气田和吉林油田，地震地质条件类似，按照“五统一”要求组织实施，比计划提前10天安全、优质、高效完成野外采集任务，生产综合日效提高25%。（4）加强智能化数字地震队建设，推广数字化信息化质控技术，强化过程监督，确保质控的科学性和准确性。综合应用GIS信息、影像监控和数字分析技术，实现实时、定量、全面、智能质控。

【物探资料处理解释】 2021年，推广“双复杂”“双高”和“去噪”技术应用指导意见，处理二维地震12.01万千米、三维地震10.51万平方千米；解释二维地震26.70万千米、三维地震33.95万平方千米，发现落实圈闭6211个，面积11.14万平方千米，提交井位7279口，采纳3662口，支撑部署风险井位

46 口，油气重大突破与发现参与率 100%，为油气高效勘探和低成本开发提供有力支撑。通过周密组织协调、优化技术方案、严谨合规招标和把控安装环节等措施，完成股份公司地震处理解释能力建设，股份公司各油气田企业和科研院所工作环境改善明显，服务能力大幅提升，CPU 集群算力整体较原有设备提升近 10 倍，GPU 集群算力提升近 7 倍，功耗下降约 45%；各油气田企业完成最新版处理软件安装，勘探开发研究院完成解释软件云化部署，实现软件资源利用率最大化，更好服务油气勘探生产。

塔里木油田针对博孜—大北地区复杂构造，强化全深度速度建模和精细构造解释，重新落实大北 4 号圈闭，上钻大北 4 井获重大突破；完成塔中—塔北三维地震叠后连片拼接处理，精细刻画走滑断裂 34 条、总长度 1300 千米，落实资源量石油 6.76 亿吨、天然气 2580 亿立方米，支撑富满地区 2021 年原油产量突破 200 万吨。西南油气田应用“双高”地震处理技术大幅度提高泸州深层页岩气地震成像精度，实现浅中深层地震反射由模糊到清晰的转变，水平井 I 类储层钻遇率由 80% 提高到 92%，支撑探明国内深层规模最大的泸州页岩气田；应用井控宽频处理和多次波压制等技术，川中古隆起碳酸盐岩成像精度明显提升，准确刻画蓬莱气区灯二组、灯四组、沧浪铺组、龙王庙和茅口组岩性圈闭面积 1.2 万平方千米，支撑提交天然气控制和预测地质储量各超 2000 亿立方米；应用“双高”地震处理技术准确刻画沙溪庙组 10 期合计 14600 平方千米河道空间展布，落实金秋气田和天府含气区等优质储层发育区带，支撑提交探明天然气地质储量 648 亿立方米、控制天然气储量 1836 亿立方米。长庆油田应用近地表 Q 补偿、地质统计学反演等技术在庆城地区开展大面积连片三维地震处理解释，综合评价页岩油“甜点”，全面支撑水平井轨迹设计。2021 年庆城地区三维地震支撑水平井部署 206 口，平均砂层钻遇率 92.3%，平均油层钻遇率 84.5%，同比提升 12 个百分点；华 H90-3 井水平段 5060 米，刷新亚洲陆上最长水平段纪录。大庆油田创新形成面向烃源岩品质和工程地质需求的地震预测技术体系及井震融合综合评价方法，支撑齐家古龙地区落实页岩油含油面积 1413 平方千米，新增页岩油预测储量超 10 亿吨，在储量核心区设立陆相页岩油国家级示范区。华北油田强化表层精细建模和宽频处理，准确刻画河套探区地层构造及断裂展布，支撑兴华 1 区块、临华 1 区块上交探明储量超亿吨。

【物探技术攻关】 2021 年，针对前陆冲断带、碳酸盐岩、构造岩性和老区精细勘探四大领域，设立 18 个物探技术攻关项目，处理二维地震 1300 千米、三维地震 2926 平方千米，解释三维地震 463 平方千米。其中，前陆冲断带领域重点攻关准南缘、川西北、吐哈火焰山和酒泉窟窿山等“双复杂”探区地震成像技术，落实勘探目标；碳酸盐岩领域重点攻关塔中寒武系盐下、鄂尔多斯乌审旗古隆起奥陶系盐下、川中和川东等碳酸盐岩储层描述技术，落实钻探圈闭；老区精细勘探聚焦松辽中央凸起、渤海湾盆地深层和福山凹陷等成熟探区，拓展勘探战场；构造岩性领域重点攻关准噶尔深层、川中致密气、柴达木冷湖和河套盆地等构造岩性目标精细成像，落实钻探目标。

按照“基础是静校正、关键是去噪、核心是速度、目标是成像”总体要求，紧扣近地表吸收补偿、多次波压制和全深度速度建模等关键环节，持续完善复杂构造成像、复杂储层描述技术系列，取得良好应用效果。准噶尔盆地南缘高陡构造领域攻关复杂地表高精度表层结构反演和全深度速度建模技术，准确刻画浅中深层全深度速度场分布，地层关系更清晰，中深层构造形态和断裂成像更准确，为该区油气精细勘探夯实资料基础；四川盆地磨溪北斜坡碳酸盐岩领域完善多次波压制和叠前裂缝预测等技术，准确刻画深层裂陷槽边界和台缘带展布规律，支撑蓬莱气区勘探部署；成熟探区深入开展井控宽频处理，利用表层 Q 补偿消除近地表吸收衰减导致的波形畸变，低频补偿 + 反褶积增强低频弱信号能量，综合提高地震分辨率，满足薄储层识别技术需求；构造岩性领域应用全频“双高”处理技术与“甜点”预测技术，精细刻画储层空间展布，取得准噶尔盆地西北缘玛 131 井区风城组“非常规—常规”油藏共生新认识。利用物探攻关成果，2021 年发现落实圈闭 92 个，面积 1655 平方千米，建议井位 62 口，有力支撑吉探 1 井、风云 1 井、夏云 1 井等风险探井部署，指导玛页 1-H 井等井轨迹设计。

【物探科研与应用】 2021 年，聚焦生产急需前沿技术方法研究，按照基础研发、瓶颈攻关、前沿探索三个层次设立 12 个物探科研项目，突出智能物探、双复杂目标采集处理和复杂储层精细描述研究，取得四方面技术突破。完成地震储层预测质控方法和系统研发，实现与岩石物理等系统数据接口，完善储层预测风险综合评估系统，编制发布《地震储层预测技术与质量控制规范》企业标准，为全面推广奠定重要基础；智能处理解释技术不断深化，智能初至拾取实现工业化应用，多信息速度建模效率提高100倍以上，层序地层解释效率提高10倍以上且精度改善明显，地震相识别取得重要进展；建立面向巨厚黄土区地震波场分析的物理模型，创新开展固体表面近似模拟陆地资料采集，突破水槽采集模式局限性，可采集到近地表各层的直达波、折射波，为黄土区地震波场分析提供重要资料基础；前瞻性研究利用面波估算近地表速度及Q值，推导面波频散曲线理论公式，提出互相关相移面波频散成像新方法，明显提高面波频散成像的品质，实际工区测试获三维近地表横波速度模型。

【GeoEast国产物探软件推广应用】“十三五”以来，分两个阶段推动GeoEast处理解释软件等国产软件应用，增强自主创新能力。根据第一阶段“157工程”推广效果和油气勘探生产实际需求，2019—2021年深化软件推广应用“188”目标（即GeoEast应用人员熟练掌握率100%，处理解释平均应用率达到80%，国内勘探重大发现参与率超过80%）。2021年，GeoEast软件在股份公司19家油气田企业和科研院所全面推广应用，应用人员熟练掌握率100%，处理二维地震16214千米、三维地震6216平方千米（处理应用率84.3%），解释二维地震30983千米、三维地震177660平方千米（解释应用率85%），国内勘探重大发现参与率82.4%，完成GeoEast软件推广应用“188”目标，地震核心技术更加安全可控。

【物探技术交流】 2021年，组织召开中国石油“十三五”物探技术成果交流会，系统总结集团公司“十三五”物探技术进展及取得的突出成效，深刻分析当前油气勘探开发面临的形势与挑战，部署“十四五”物探技术发展重要工作。面对“十四五”国内油气勘探开发新形势，组织召开地震采集提质增效工作研讨暨物探监督座谈会，打造国内物探业务提质增效“升级版”；组织召开井中地震处理技术专题研讨会，推动井中地震技术在提升复杂构造成像和复杂油气藏描述精度当中发挥关键性作用；组织召开中国石油首届页岩油气地球物理技术研讨会，总结交流页岩油气勘探开发物探技术应用实践经验，讨论页岩油气效益开发所面临的问题与挑战，确定页岩油气物探技术攻关方向。

（易维启　刘依谋）

【水平井钻井技术】 2021年，完成水平井钻井2645口，占钻井总井数的20%，应用领域主要集中在致密油气、页岩气、煤层气、碳酸盐岩等非常规油气藏。通过强化油气藏精细刻画、强力推进先进适用工程技术应用，水平井技术应用水平及开发效果均取得良好效果。（1）水平井规模应用有效提升新井单井产量。2021年完钻原油水平井新建产能403万吨，水平井以15%的投产井数贡献34%的产能，创10年来最好水平；天然气投产水平井790口，井均日产同比提高15%，新建产能139亿立方米，水平井规模应用带动原油和天然气新井单井日产量增长。（2）水平井技术的进步推动非常规油气藏资源的有效动用。2021年完成页岩油水平井钻井365口，平均水平段长1816米，新建产能154.8万吨，全年产量268万吨，同比增长42.5%，其中庆城示范区建成国内最大的百万吨整装页岩油示范区。吉木萨尔页岩油通过井身结构优化、压裂参数优选等措施，在水平段长同比增加100多米情况下，完井周期同比缩短13%，其中58号平台8口井提产试验效果显著高于前期水平井。大庆古页油平1井见油自喷生产近400天，其中1号先导试验井组12口井均见油，试采取得重大进展。川南页岩气通过强化水平井整体开发、平台化部署工厂化作业，集成应用“地面降温+高温旋导+欠平衡钻井+强化参数”配套技术，平均水平段长同比增加104米、钻井周期缩短13天，特别是泸州深层水平井钻井周期由初期的170天缩短至111天，单井EUR较先导试验阶段提升15%，支撑页岩气百亿立方米长期稳产。富满油田通过应用水平井快速建成百万吨油田，完钻水平井平均井深7741米、平均钻井周期181天，成功率100%，支撑富满油田高效勘探开发。

水平井钻井技术日趋成熟，保障能力进一步提升。（1）通过强化钻井参数、细化提速模板等举措，大庆古龙、新疆玛湖、陇东页岩油及苏里格致密气等水平井重点区块提速提效显著。古龙页岩油通过四轮持续攻关，钻井周期由64.5天缩短至21天，GY2-Q1-H4井钻井周期13.8天；玛湖深层二叠系水平井平均工期降至74.8天，同比缩短25.2天。（2）水平段钻井指标稳步提高。2021年平均水平段长1091米，全年完成段长2000米以上水平井229口，其中长庆华H90-3井水平段长5060米、靖51-29H1井水平段长5256米，分别创页岩油和致密气水平井最长纪录。国内陆上最大水平井平台华H31（31口），平均水平段长2008米，平台钻井周期大幅缩短，实现大平台当年钻井、压裂、投产。西南油气田完成2口五级分支井，初步掌握分支井眼套管内选择性重入核心技术，其中高石001-X52井获高产。大庆油田实施50口超短半径水平井，具备曲率半径25米、水平段长200米施工能力，增油效果显著。塔里木油田完成8口盐下大斜度/水平井，其中博孜3-K2井应用前探地质导向技术实现盐底精确卡层。川庆钻探研发的旋转导向工具在川渝、长庆页岩油致密气等区域开展66口工业化应用，性能参数全面达到国外同类产品能力。

【欠平衡钻井技术】 2021年，实施欠平衡、气体钻井、精细控压钻井138口，在裂缝性储层保护、研磨性地层的钻井提速、窄密度窗口的防漏治漏和固井等方面取得显著成效。

推广应用精细控压钻井技术保障复杂地层的安全钻井。西南油气田在太和、高石梯—磨溪、双鱼石等区块开展精细控压钻井技术37口井，其中灯影组裂缝平均钻井液漏失量、平均复杂处理时间较常规钻井分别下降75%、82%；在双鱼石区块应用该技术实现茅口组、栖霞组高低压互层合打，避免目的层小井眼完井并节约一层套管。川南页岩气实施控压降密度提速试验，平均漏失量、损失时间较区块平均分别下降41%、38%，井底循环温度较邻井降低6—10℃，直径215.9毫米井眼平均钻井周期较区块年度平均缩短51%。新疆油田在玛湖、准噶尔盆地南缘等窄窗口地层应用精细控压钻井技术12口井，解决漏溢同层、井漏等井下复杂问题，实现钻达目的井深，准噶尔盆地南缘乐探1井五开进入田格庄组后通过该技术逐步拓宽安全密度窗口，实现顺利完井。青海油田2021年在狮70等15口井上应用控压钻井技术，合理控制井底压力，区域漏失最严重的E_3^2地层与未使用控压井相比，平均单井漏失量和损失时间分别下降68.8%、77%。

精细控压压力平衡固井提升超深井固井质量成效显著。西南油气田2021年在高石梯—磨溪、双鱼石等区块开展精细控压固井32井次，平均合格率72.9%，形成以井筒压力控制为核心，实现“压而不漏、放而不涌”的自动控压固井技术，实时动态监控固井过程浆柱结构运移状态，实现井筒压力自动闭环控制。该技术在蓬深1井等7口井进行现场试验与应用，成为提高窄安全密度窗口固井的技术利器。塔里木油田2021年在博孜、富满等油田应用控压固井技术26口井，其中在山前盐层段推广控压+随钻扩眼+韧性水泥的组合固井技术，单井平均减少钻井液漏失87立方米、承压堵漏20—25天，固井井底ECD降低0.1克/厘米^{3}左右，固井质量合格率由65.9%增至94.3%。青海英雄岭、干柴沟等区块复杂压力层段应用该项技术，油层尾管固井质量合格率90%以上，优质率近60%，为后期作业提供优质井筒条件。准噶尔盆地南缘天安1井五开尾管固井创国内陆地直径219.1毫米套管最深固井纪录（7263米）。

实现储层保护。西南油气田通过精细控压技术释放地层压力、恒定井底压力控制方式，保障钻井安全，有效保护储层，成功保障蓬探101等五口井高产顺利完钻，其中蓬探101井创四川盆地灯影组测试产量新纪录。大港油田在唐东等区块控压钻井11井次，通过控压钻井技术，实现较低密度钻井液钻开储层，边点火边控压钻进，在保障安全的前提下有效保护储层，其中滨122X1井应用精细控压钻井，钻井液密度由1.65克/厘米^{3}降至1.50克/厘米^3，初期日产油120.45立方米。

气体钻井大幅度提高研磨性高等难钻地层钻井速度。西南油气田针对九龙山、大兴场上部大尺寸井眼钻井速度慢、恶性漏失严重的问题，现场应用气体钻井3井次，其中龙004-6井蓬莱镇至沙溪庙组应用空气/氮气钻井技术，进尺1400米，平均钻速9.12米/时；在大探1井等2口井采用空气雾化钻井技术，解决常规钻井技术无法正常钻进的难题，有效避免钻井液窜漏带来的环境影响。塔里木油田2021年在博孜1302井、博孜701井应用空气钻井提速技术，其中博孜701井使用空气钻井段3088—5000米，进尺1912米，单趟钻最长进尺1080米，创博孜区块空气钻单趟进尺最长纪录，节约周期30天。

【垂直钻井技术】 2021年，在塔里木、新疆、青海、四川等油气田应用垂直钻井92井次，其中塔里木油田应用77井次、进尺13.9万米，斯伦贝谢Power-V工具实施49口井、进尺10.47万米。在博孜—大北砾石含砾地层推广应用Power-V+大扭矩螺杆工具，配合减震器和高抗冲击混合布齿钻头开展钻井提速，单只钻头进尺提高113%，机械钻速提高37%，其中博孜1302井创博孜区块直径333.4毫米井眼单只钻头进尺纪录；持续提升工具及电子元件抗高温高压性能，Power-V HP垂钻工具（耐温175℃、耐压207兆帕）满足山前超高温超高压条件下防斜打快需求。西南油气田2021年在蓬探2等4口井中开展垂直钻井试验，其中针对老鹰岩构造地层倾角大（倾角>40度）、常规钻进易斜、机速慢的难题，在鹰探1井直径444.5毫米井眼须家河组—嘉陵江组二段第三层开展“复合钻头/PDC+Power-V+大功率螺杆”防斜打快试验，井斜角控制在0.5度以内，进尺1237米，机械钻速4.90米/时，钻速比鹰1井提高53%。新疆油田针对准噶尔盆地南缘上部地层倾角大、井眼质量难控制等问题，在天湾1等5口井使用垂直钻井系统，较好地解决防斜打快难题，提高深井井眼质量，其中呼6井二开、三开优选“个性化钻头+垂钻+螺杆”提速技术，二开平均钻速10.1米/时、最大井斜0.4度、中完工期10天，三开安集海河组平均机速11.4米/时，5.6天钻进996米，创准噶尔盆地南缘超深井多项钻井指标。

国产大尺寸垂直钻井系统性能不断提高。渤海钻探研发的BH-VDT垂直钻井技术服务23井次，进尺2.95万米，应用井深至5000米以上，工具平均工作寿命提高到188.5小时，天湾1井创单趟钻最长入井时间416小时纪录，初步形成VDT3000—6000系列，6000型垂钻工具在昆探1井中一趟钻完成进尺1095米，入井时间273小时，较邻井同井段提速3倍以上，刷新国产垂直钻井工具在直径558.8毫米以上井眼最长入井时间和单趟进尺纪录。

【大井丛工厂化钻井技术】 2021年，完成3口井以上平台数1708个、钻井井数7446口，占开发井数的60.92%，其中10口井以上大平台78个、共791口井。依托大井丛部署，开展平台井设计优化、整体组织实施、标准化技术规范、共享物资和人力资源等，大幅度提高建井效率，节约资源，实现精益化管理，降低工程投资。

长庆油田通过开展技术创新，完善大平台开发技术，实现1000米以上偏移距钻井的突破（华H100-29偏移距1266米），平台井数由6口增加至31口（最大能力32口），最大控制储量1020万吨；推进双平台长制度，持续升级工厂化作业模式，其中华H100平台部署31口水平井，相比常规作业，人员减少25%，设备减少36%，综合提速40%，较华H60平台建井周期缩短1年，提效降本效果显著。新疆油田在产能建设中依托工厂化批量钻井，推行大小钻机组合，固化人员和设备，实现平台整体提速，艾湖2井区油藏埋深增加385米、水平段长增加情况下，在旋导进尺占比下降9%、平均水平段增加100米的前提下，三开钻进工期由32天缩短至28.7天，在玛湖常压区推行标准化设计，推广应用小二开结构，平均单井节约百万元以上。川南页岩气继续推进大平台部署，2021年平台布井数平均同比增加0.6口井，井均钻前工程费用下降15%，开展钻井日费制试验，发挥“油公司”模式，坚持工程技术甲方主导，长宁区块日费制井完钻井平均钻井周期44天，比总包井缩短49%。金秋致密气借鉴页岩气井以“钻机快速平移、批量化钻井、标准化运作”为核心的工厂化作业模式，有效提高作业效率和钻井液利用率，其中金浅815平台5口井一开批钻作业，同比节约周期13天，单井节约钻井液用量55%。辽河油田2021年完成3口井及以上平台219个（利用老井场136个），钻井572口，以大平台为基础，持续优化简化井身结构、井眼轨迹、井场布置等措施，优化减少征地1333亩、井场道路建设165千米、井场管线建设141千米，为油田整体提质增效发挥重要作用。吐哈油田在吉28块芦草沟组上下“甜点”开展立体部署，平台布井由3口增加至6口，全井段推进“一趟钻”优快技术，通过三轮次提速攻关，水平井钻井周期由60.83天缩短至34.67天，整体平均钻井周期48.3天，平均油层钻遇率92.5%。大平台工厂化作业在各油气田公司已全面推广，成为油田公司效益建产、实现降本增效的重要举措之一，也为集团公司实现清洁生产、高质量发展发挥重要作用。

（叶新群）

【高精度成像测井和扫描测井技术】 2021年，中国石油536口探井应用成像测井（不含阵列感应和阵列侧向），探井覆盖率39.5%，其中阵列声波/声波扫描、电成像、核磁共振、元素俘获/岩性扫描、MDT/XPT/CHDT和旋转式井壁取心的作业井次分别为347井次、348井次、380井次、134井次、40井次和85井次，分别占探井测井总数的25.6%、25.7%、28.0%、9.9%、2.9%和6.3%。

成像测井和扫描测井主要应用：（1）在松辽盆地古龙、准噶尔盆地玛湖、四川盆地川中和柴达木盆地英雄岭等区块页岩油“甜点”评价中，突出应用二维核磁共振和岩性扫描等测井技术，精确评价岩性岩相和宏观结构，准确计算有效孔隙度和可动油饱和度等，提高储层品质、源岩品质及工程品质的可靠性；（2）在准噶尔盆地南缘与阜康凹陷以及塔里木盆地库车深层等复杂碎屑岩评价中，重点应用核磁共振、油基电成像和岩性扫描等技术，精细评价储层孔隙结构和裂缝有效性，准确识别储层流体，支撑康探2和大北4等重点探井的突破；（3）在四川盆地川中地区、柴达木盆地风西地区和塔里木深层等缝洞碳酸盐岩评价中，重点应用电成像、岩性扫描和阵列声波测井技术，准确计算矿物组分，精细刻画孔洞缝特征和有效储层，精确识别流体，助力蓬101等井获高产油气。

【风险探井测井采集与解释评价】 2021年，针对储层特征与井筒环境，完成55口风险探井测井采集设计，完井测井资料录取率96%（扣除客观因素）、优等品率87%，夯实复杂油气藏测井评价的资料基础。强化成像测井和扫描测井资料的目标化处理，深入提取孔隙结构、可动油饱和度、孔缝洞连通性以及脆性指数等关键信息；精细组织每口井解释评价，反复论证试油层段，一次解释符合率73.7%，准确确定出获高产油气流的呼探1、米探1、萨探1、平安1和曙页1等井的试油层段，有力支持风险勘探重大发现。

【MDT技术的提质增效作用】 2021年，MDT测井在大庆、新疆、塔里木、西南和青海等油气田应用98井次，提质增效作用明显。大庆油田应用60井次，解释符合率97%，产能预测符合率90%，减少52个试油层，节省直接成本约1560万元；新疆油田应用MDT-速星技术6井次，其中在呼6井中成功泵抽含水率70%的地层流体，据此取消后续试油工作，缩短完井周期30天，节省费用1200余万元；四川长宁页岩气应用XPT快速测压技术8井次，快速准确获取页岩储层的孔隙压力，解决一直难以获取地下真实孔隙压力的瓶颈问题，有力支持钻井液密度优选，有效推进“甜点”段和“甜点”区优选工作；南方公司应用CHDT技术2井次，完成8个测试层的流体识别及产能评估，单层测试作业时间最快2小时，快速明确储层流体性质与产能，支撑后续井位部署工作。

【二维核磁共振技术的页岩油气“甜点”评价】 2021年，在松辽盆地古龙、四川盆地川中、柴达木盆地英雄岭和渤海湾盆地曙光等区块的页岩油勘探评价中，集中应用二维核磁共振测井CMR-NG 20井次，并结合全直径岩心二维核磁共振现场实验测量数据（505.2米/7口井），精确评价有效孔隙度、可动孔隙度和孔隙结构等物性参数，准确计算可动油饱和度和脆性矿物含量，大力提升页岩油“甜点”段评价的可靠性。

【高性能存储式测井技术的取全取准资料】 2021年，高性能存储式测井在川渝页岩气、长庆致密油气与页岩油、塔里木富满、新疆玛湖以及大庆页岩油等领域应用442井次，技术应用广度和深度得到进一步提升，安全高效地获取高质量的常规、偶极声波与电成像等资料。相比于钻具输送测量方式，提高测井时效近50%，且资料精度与电缆测井基本一致，满足水平井储层品质与工程品质评价。塔里木富满地区应用直推式测井50井次，测井资料的井采集率由2020年的33.33%提升至2021年的66.67%，解决高温高压、溢漏同存及复杂井眼轨迹条件下准确快速、安全高效测井资料采集的难题。

【高性能套后饱和度测井的剩余油深化评价】 2021年，推进应用自主研发和针对性引进的高性能套后剩余油饱和度测井，应用成效显著。脉冲中子全谱测井（PNST）应用108井次，措施成功率90.8%，累计增油2.19万吨、增气82.49万立方米；青海油田应用PNN+测井65井次，优选潜力层72小层/34口井进行补孔，措施层成功率76.5%，平均单井日增油2.21吨，全年增油9728吨；华北油田应用四中子测井23井次，解释符合率83%，岔15-177X井中优选潜力层并实施措施，分采后日增油2.0吨，含水率由96%下降至64%，为老油田稳产提供技术支撑。

（刘国强）

油田开发

【概述】 截至2021年底，股份公司累计动用地质储量213.89亿吨，可采储量62.24亿吨，标定采收率29.1%；年末日产油水平27.29万吨，年产油10311万吨，累计产油48.37亿吨；地质储量采出程度22.57%，可采储量采出程度77.57%，地质储量采油速度0.48%，剩余可采储量采油速度6.79%，储采比

14.73；老井自然递减率 9.69%，综合递减率 4.29%；年产液 9.42 亿吨，油田综合含水率 89.75%；日注水 309.6 万立方米，年注水 11.26 亿立方米，月注采比 1.04，累计注采比 1.04；采油井总井数 257626 口，开井 193722 口，平均单井日产油 1.41 吨；注水井总井数 101017 口，开井 76063 口，平均单井日注水 40.7 立方米（储量、产量、井数及指标均不含大庆塔木察格）（表 2）。

表 2　2021 年采油、注水情况

项　目	2021 年	2020 年	同比增减
采油井总井数（口）	257626	255495	2131
采油井开井数（口）	193722	188010	5712
平均单井日产量（吨）	1.41	1.41	0
注水井总井数（口）	101017	99852	1165
注水井开井数（口）	76063	75162	901
平均单井日注水（立方米）	40.70	41.79	-1.09

【原油生产】 2021 年，生产原油 10310.8 万吨（含液化气 142 万吨），其中自营区产油 9668.8 万吨、合作区产油 642 万吨；原油商品量 10203.6 万吨（表 3）。

表 3　2021 年原油产量、商品量

项　目	2021 年	2020 年	同比增减
原油产量（万吨）	10310.8	10225.3	85.5
自营区（含风险作业）原油产量（万吨）	9668.8	9500.6	168.2
合作区原油产量（万吨）	642	724	-82
原油商品量（万吨）	10203.6	10118.0	85.6

大庆油田强化水驱和聚合物驱挖潜、扩大复合驱规模、加快外围有效动用，年产原油 2945.49 万吨，累计生产原油 24.6 亿吨，继续发挥中国石油原油产量“压舱石”的作用；长庆油田加快长 $_7$ 油层页岩油开发建设，加大低产低效区块治理力度，年产原油 2536.01 万吨，继续保持产量增长；新疆油田加快推进玛湖 500 万吨原油上产工程，强化老区挖潜，年产原油 1370.01 万吨，实现产量快速增长；辽河油田依靠老区精细注采调控和规模应用二元驱、SAGD 及火驱等接替技术，年产原油 1008.01 万吨；塔里木油田推进评价建产一体化，碳酸盐岩油藏实现高效开发，年产原油 638.03 万吨，产量不断攀升。吉林、华北、玉门、吐哈、南方等油田通过艰苦努力，克服汛期、冰雪极端天气和新冠肺炎疫情的不利影响等困难，为股份公司产量的持续较快增长贡献力量，原油产量超计划完成，分别超产 5 万吨、2 万吨、2 万吨、0.2 万吨和 0.16 万吨（表 4）。

表 4　2021 年各油气田原油产量

万吨

油气田	2021 年	2020 年	同比增减	油气田	2021 年	2020 年	同比增减
股份公司总计	10310.8	10225.33	85.27	大港油田	393.80	415.02	-21.22
大庆油田	2945.49	3001.03	-55.54	青海油田	234.00	228.50	5.5
长庆油田	2536.01	2467.20	68.81	吐哈油田	135.25	157.01	-21.76
新疆油田	1370.01	1320.02	49.99	冀东油田	120.55	127.50	-6.95
辽河油田	1008.01	1004.26	3.75	玉门油田	59.02	49.02	10
塔里木油田	638.03	602.01	36.02	南方公司	31.02	30.58	0.44
华北油田	424.00	416.00	8	西南油气田	6.22	5.16	1.06
吉林油田	407.00	400.00	7	浙江油田	2.16	2.00	0.16

【原油产能建设】 2021 年，自营区计划钻井 8435 口，进尺 1721.97 万米，建产能 1243.13 万吨。全年完钻井 8354 口，进尺 1684.47 万米，新建产能 1154.1 万吨。

各油田公司坚持“先算后干，算赢再干”，控制生产节奏，确保质量和效益。大庆油田、冀东油田、塔里木油田、辽河油田、华北油田和南方公司完成率超过 100%。完成率较低的有吉林油田、玉门油田、青海油田和大港油田，主要因为大井丛平台井比例增大、批钻批压周期较长以及安全评价、环境影响评价等。

产能贡献率 42.2%，为近 6 年最高。其中新区产能占比 63%，近 3 年连续超过 60%。2021 年投产油井 8824 口，平均单井日产量 3.1 吨。老区产能完成 437.9 万吨，完成率 103.5%，同比提高 13.5 个百分点；老区新井单井日产油 2.83 吨，整体达到设计产能。

【精细油藏描述】 2021 年，完成精细油藏描述 89 个区块单元，覆盖地质储量 17.78 亿吨，地质建模 15.81 亿吨，支撑编制各类方案 233 个，提供产能井位 6000 余个。精细油藏描述已覆盖石油储量 195.2 亿吨、建模储量 183.2 亿吨，分别占总量的 94.3% 和 88.5%，为老油田稳产发挥重要作用。

精细油藏描述技术取得部分创新成果：（1）优势方位低级序断层识别法提高微构造研究精度，支撑老油田挖潜见实效。大港友谊油田断距识别精确达到 5 米，紧靠小断层部署庄 1605-5 井，钻遇油层 29.6 米 /10 层，初期产油超百吨。（2）沉积成因指导薄储层定量预测，砂体预测精度达到米级，成果支撑老油田增储。大庆长垣油田完钻水平井 3 口，其中萨平 1082 井，水平段长度 628 米，含油砂岩钻遇率 100%。落实有利区面积 273.45 平方千米，增储潜力 5775.93 万吨，展现良好前景。（3）整体建模数模技术大幅度提高数模精度，实现“百层万井千万节点”剩余油表征。大庆杏北开发区整体剩余油精准量化表征，网格节点 3400 万个，拟合累计产油与综合含水率误差分别控制在 1.66% 和 0.32%。（4）中国石油自主研发的多功能一体化油藏数值模拟软件 HiSim 4.0 具有地质建模、黑油模拟、组分模拟、非常规油气藏模拟以及提高采收率模拟功能。已在 14 家油气田公司安装上千套，培训学员千余名，在大庆油田、长庆油田开始试用。

【精细注水工程】 按照“有方案、有设计、有效果”的原则，注水专项资金集中治理潜力大的重点区块。以精细注采调控为核心，突出含水控降和低效无效注水治理。2021 年完成注水专项主干工作量 4.3 万井次。夯实注水工作基础，完成套损更新 496 口井、检管重配 16756 口井、注水井大修 2045 口井，新投注水井 2985 口井；完成产吸剖面测试 29499 井次、压力监测 30152 井次、测试调配 139737 井次、井口水质检测 64230 井次。

分注水平稳步提高，分注率 63.8%，同比提高 0.3 个百分点；分注合格率 84.8%，提高 1.8 个百分点；井口水质达标率 92.2%。注水开发效果得到持续改善，产液量同比增长 1.66%，注入量下降 0.64%，含水率上升率 0.12%，月注采比 1.04，累计注采比 1.04，吨油耗水量 11.34 立方米，存水率 0.26，指标均保持在合理范围，水驱储量控制程度、动用程度同比提高。精细注水正在向有效注水转变。

开展注水工作检查，重点检查大庆、冀东、玉门、青海、塔里木、新疆和吉林等油田注水方案的制定和实施。主要指标未达到方案设计要求的，考核不予剔除。

【重大开发试验】 2021 年，推进重大开发试验工程，不断提高老油田采收率。（1）二氧化碳驱重大试验项目累计注入突破 450 万吨，累计产油量突破 150 万吨。2021 年注入二氧化碳 56.7 万吨，年产油 17.1 万吨，规模持续保持国内领先；截至 2021 年底，累计注入二氧化碳 451.2 万吨，埋存率 82.7%，累计产油 157 万吨，换油率 2.88。大庆油田主要在榆树林油田和海拉尔油田二氧化碳驱油，覆盖储量 2065 万吨，年注入二氧化碳 13 万吨，2021 年产油 9 万吨，提高采收率 9.2%；吉林油田主要在大情字井油田进行二氧化碳驱油，覆盖储量 1183 万吨，年注入二氧化碳 28 万吨，2021 年产油 6 万吨，提高采收率 13.8%。（2）化学驱产量持续稳产，2021 年产量 1209 万吨。大庆油田突出聚合物驱提效益，吨聚增油 42.4 吨，高于计划 6.7 吨，节约干粉 1.86 万吨、2.23 亿元，化学驱油产量持续稳定在 1068 万吨。辽河中高渗透砂岩、新疆砾岩、大港复杂断块油藏开展二元驱工业化推广，覆盖地质储量 5558.9 万吨，预计提高采收率 17.2 个百分点，最终采收率可以达到 60% 以上，开发对象由整装构造油藏向复杂断块和砾岩油藏拓展，成为中高渗透油藏绿色战略接替技术。（3）稠油老区开发方式结构调整取得进展，持续提高采收率能力增强。辽河曙光油田通过转换开发方式，新增可采储量 4568.2 万吨，提高采收率 25.1%，45 美元 / 桶油价内部收益率 7.96%。超稠油蒸汽驱油技术攻关及试验取得突破，黏度上限突破 20 万厘泊。辽河超稠油 SAGD 老区通过综合调整持续保持稳产，新疆Ⅲ类油藏 SAGD 攻关和试验成效显著，吨油操作成本大幅下降，预期采收率 50% 以上。火驱工业化试验逐步扩大，年产持续保持在 40 万吨以上。

【老油田“二三结合”工程】“二三结合”年产油由2015年324.4万吨增长至2021年412.5万吨，其中稀油“精细水驱＋二元驱/气驱”产量规模快速攀升，由83.7万吨升至158.6万吨。实施区块平均采油速度1.42%，是集团公司平均水平（0.49%）的2.9倍，平均桶油完全成本44.8美元，增储提质提产规模效果显著。

大港港西“二三结合”工业化应用，助力老油田提质增效。港西油田经过55年的注水开发和多轮次调整，整体进入特高含水开发阶段，面临储采失衡、套损套变等挑战，通过实施“二三结合”工业化方案，产量止跌回升，实现50万吨稳产50年，原油完全成本由43.4美元/桶降至40.9美元/桶。

青海尕斯中浅层“二三结合”立体优化，打开薄互层油藏调整新局面。尕斯中浅层油藏Ⅳ上层系开辟试验，打破现有层系分段开发模式，实现纵向储层“分类开发、分类调整”，Ⅳ上层系为主力层（180米）和次非主力层（150米）两套井网开发。连续五年产量5万吨以上，水驱采收率由39.6%提高到45.5%，提高5.9个百分点。试验的成功，为花土沟、油砂山等2.68亿吨同类油藏进一步提高采收率提供可以借鉴的经验。

【油藏分类治理】“双高、双低”油藏单元共有253个，动用储量143亿吨，占比接近集团公司动用储量的70%。2021年按照“双高”油藏突出控水稳油、“双低”油藏突出提速增产、“双负”油藏突出降本增效的原则，以重点区块为引领，结合老区产能建设、整体调剖调驱和油井单井措施，持续推进油藏分类治理工作。

2021年，重点治理产量大于10万吨的“双高”油藏47个、“双低”油藏29个，通过精细论证方案，加快实施进度，完成各类工作量2.3万井次，同比增加2523井次。

“双高”油藏强化精细注采调控，综合递减率和自然递减率分别为2.9%和8.1%，分别同比下降1.5个百分点和0.5个百分点，综合含水率94.5%，同比上升0.1个百分点，同比减缓。“双低”油藏突出提速提产，单井产量1.2吨，采油速度0.25%，同比基本持平。

【长停井治理】2000年股份公司上市之初油水井总数10.8万口，其中采油井8.1万口、注水井2.7万口。2021年油水井总数上升到35.8万口，其中采油井25.7万口、注水井10.1万口。经过20年的发展，油水井总数增长3.3倍，其中采油井增长3.2倍、注水井增长3.7倍；平均单井日产油由4.2吨下降到1.4吨，下降66.7%；平均单井日注水由83立方米下降到43立方米，下降48.2%。

2021年进一步突出效益优先，按照“重新认识地下、重新评价油藏、重新制定开发对策”的工作原则，强化长停井恢复与井网完善相结合、单井措施挖潜与油藏综合治理相结合、生产管理与经营管理相结合，推广应用先进成熟技术，保证措施有效、增产高效。全年治理井数5293口，年增油91.88万吨，恢复注水405.7万立方米。

【“大幅度增加经济可采储量”专项行动】2021年，“大幅度增加经济可采储量”专项行动持续推动见成效。提出已开发油田战略实施“三大工程”增加经济可采储量14亿吨总目标，提出10项重点工作、12家油田工作部署，制定《大幅度增加老油田经济可采储量专项行动方案》，2021年6月22日召开工作推进会。制定《中国石油经济可采储量评价工作指导意见》，设计基础参数表、可采储量评价表等9套报表，研发“经济可采储量评价数据库平台”，为工作有序推动奠定扎实基础。12家油气田公司均完成“摸家底”工作。

【原油开发对标】2021年，股份公司5大类油藏有油藏单元494个，年产量9826.6万吨。其中：标杆类单元18个，年产量1027.8万吨，占比10.5%；Ⅰ类单元73个，年产量4173.4万吨，占比42.5%。两类共占比53%，整体保持较好水平。通过持续推进开发水平分级与油藏对标工作相结合，以及实施相关配套措施，共有73个油藏单元实现开发水平升级，产量645万吨。

【油藏动态监测】2021年，完成各类动态监测工作量84135井（组）次，同比增加3119井（组）次。各分项完成情况如下：地层压力完成37641井次，其中采油井23773井次、注入井13868井次；油气水界面监测134井次；生产测井完成45698井次，其中产出剖面4242井次、注入剖面27547井次、工程测井13090井次、饱和度测井654井次；井间监测完成662个井组，其中干扰试井52个井组、井间示踪530个井组。

【中国石油2021年度油气田开发年会】2021年12月20—22日，集团公司以视频形式在北京召开2021年度油气田开发年会，深入学习贯彻习近平总书记重要指示批示精神，全面总结油气开发成果经验做法，分析面临的新形势新任务，安排部署下一步重点工作。会议传达集团公司董事长、党组书记戴厚良，总经理、党组副书记侯启军的批示。会议强调，要深入落实集团公司党组对油气田开发工作的总体要求，坚定不移实施稳油增气降本提效，推进上游业务高质量发展加快发展，发挥保障油气安全主力军作用。

（曹　晨）

天然气开发

【概述】 2021 年，天然气开发以集团公司天然气发展战略和“十四五”规划为指导，围绕集团公司提质增效和提高经济可采储量行动方案，按照油气开发年会的总体要求，立足三大气区，有序推进新气田效益建产工程和老气田稳产工程，常非并举，新老并重，持续推进天然气业务高质量发展。

【天然气生产】 2021 年，生产天然气 1377.9 亿立方米，同比增加 71.9 亿立方米、增长 5.5%。其中，气层气产量 1310.0 亿立方米，溶解气产量 67.9 亿立方米。天然气商品量 1251.1 亿立方米，同比增加 69.7 亿立方米（表 5）。

表 5　2021 年天然气产量及商品量

亿立方米

油气区	天然气工业产量			天然气商品量		
	2021 年	2020 年	同比增减	2021 年	2020 年	同比增减
总　计	1377.9	1306.0	71.9	1251.1	1181.4	69.7
长庆气区	465.4	448.5	16.9	433.2	415.1	18.1
西南气区	354.2	318.2	36.0	338.3	303.2	35.1
塔里木气区	319.3	311.0	8.3	301.2	293.2	8.0
青海气区	62.0	64.0	−2.0	55.6	57.4	−1.8
大庆油区	50.2	46.6	3.6	34.1	30.9	3.3
新疆油区	34.9	30.0	4.8	10.7	7.3	3.4
煤层气公司	25.6	24.6	1.0	25.4	24.4	1.0
华北油区	18.1	16.1	2.0	17.6	15.6	2.0
浙江油区	16.8	15.8	1.1	16.2	15.1	1.1
吉林油区	11.0	10.8	0.2	8.3	8.0	0.3
其他油气区	20.4	20.4	0	10.4	11.1	−0.7

致密气。2021 年产量 380.3 亿立方米，同比增加 20.5 亿立方米、增长 5.7%。长庆气区致密气有生产井 19265 口，开井 15980 口，年产量 348.7 亿立方米。西南气区致密气有生产井 522 口，开井 365 口，年产量 9.8 亿立方米。煤层气公司致密气有生产井 557 口，开井 513 口，年产量 17.2 亿立方米。大庆气区致密气有生产井 249 口，开井 183 口，年产量 2.5 亿立方米。吉林气区致密气有生产井 71 口，开井 59 口，年产量 1.7 亿立方米。

页岩气。2021 年产量 128.6 亿立方米，同比增加 12.5 亿立方米、增长 10.7%。西南气区页岩气有生产井 977 口，开井 927 口，年产量 111.7 亿立方米。浙江气区页岩气有生产井248口，开井239口，年产量16.9亿立方米。

煤层气。2021年产量23.2亿立方米，同比增加1.4亿立方米、增长6.2%。华北气区有生产井4392口，开井3585口，年产量13.5亿立方米。煤层气公司有生产井2289口，开井1860口，年产量8.4亿立方米。浙江气区有生产井449口，开井398口，年产量1.2亿立方米。

【天然气产能建设】 2021年，钻井3163口，新建产能245.88亿立方米（表6）。其中，苏里格气田钻井1237口，新建产能57.3亿立方米；长宁页岩气田投产井73口，新建产能24.6亿立方米；威远页岩气田投产井59口，新建产能21.4亿立方米；博孜—大北气田投产井17口，新建产能15.1亿立方米；靖边气田钻井276口，新建产能14.8亿立方米；安岳气田投产井19口，新建产能14.0亿立方米；神木气田钻井278口，新建产能13.0亿立方米；克深气田投产井11口，新建产能8.9亿立方米；涩北气田钻井206口，新建产能5.5亿立方米。

表6 2021年天然气产能建设

油气区	钻井（口）			进尺（万米）			新建产能（亿立方米）		
	2021年	2020年	同比增减	2021年	2020年	同比增减	2021年	2020年	同比增减
总 计	3163	3163	0	981	1043.4	-62.4	245.88	301.90	-56.02
长庆气区	2128	2077	51	771	748.9	22.1	111.3	116.2	-4.9
塔里木气区	47	74	-27	3.2	10.3	-7.1	32.4	41.3	-8.9
西南气区	161	370	-209	51.8	152.3	-100.5	79.1	112.6	-33.5
青海气区	219	190	29	21	20.5	0.5	6.1	6.5	-0.4
大庆油区	6	11	-5	2.8	4.4	-1.6	2.9	2.8	0.1
新疆油区	4	6	-2	2	2.6	-0.6	1.1	1.1	0
煤层气公司	148	208	-60	44.7	59.3	-14.6	3.7	8.1	-4.4
华北油区	388	151	237	64	26.2	37.8	1.9	3.4	-1.5
浙江油区	27	27	0	7	8	-1	5.1	7.4	-2.3
吉林油区	8	15	-7	3.3	5.8	-2.5	0.9	1.3	-0.4
其他油气区	27	34	-7	10.2	5.3	4.9	1.39	1.3	0.09

致密气。2021年钻井2106口，新建产能105.3亿立方米。长庆气区致密气钻井2017口，新建产能96.0亿立方米。西南气区致密气钻井14口，新建产能5.0亿立方米。煤层气公司致密气钻井69口，新建产能3.5亿立方米。吉林气区致密气钻井5口，新建产能0.5亿立方米。大庆气区致密气钻井1口，新建产能0.3亿立方米。

页岩气。2021年投产193口井，新建产能56.9亿立方米。长宁区块新投产73口井，新建产能24.6亿立方米；威远区块新投产61口井，新建产能22.4亿立方米；昭通区块新投产44口井，新建产能5.1亿立方米。截至2021年底，累计投产井1227口（含评价井），日均产气规模达3685万立方米，折合年产能121亿立方米。

煤层气。2021年钻井466口，投产299口，新建产能1.85亿立方米。沁水煤层气田的樊庄郑庄区块进行稳产综合调整钻井210口，投产107口，新建产能0.76亿立方米；成庄和马必两个合作区块产能建设钻井177口，投产107口，新建产能0.8亿立方米。鄂尔多斯东部保德煤层气区块钻井30口，投产30口，新建产能0.02亿立方米。

【气藏评价】 常规气及致密气。2021年，完成三维地震采集处理解释699平方千米；二维地震老资料处理解释5300千米、三维地震老资料处理解释6355平方千米；完钻评价井40口，3口评价井因地质原因调整为老井上返试采。以深化气藏地质认识、优选产能建设区块、落实开发可动用储量和主体开发技术为重点，部署29个开发评价项目，评价探明天然气地质储量4071亿立方米，控制储量4034亿立方米，预测天然气地质储量3717亿立方米。通过评价，优选产能建设区块17块，落实可动用储量6502亿立方米，预计可建产能133.7亿立方米。2021年已动用储量2876亿立方米，当年建产能50亿立方米。立足三大气区，加强重点项目评价，其中，米脂气田初步评价叠合有利区面积1000平方千米，编制完成米脂气田15亿米³/年开发方案和神木气田佳县区块南区18亿米³/年初步开发方案，推动产能建设；川中致密气攻关形成“水平井＋多簇射孔＋高强度加砂压裂”技术，27口水平井井均测试产量36万米³/日、无阻流量86万米³/日，产量较直井提高7倍；库车山前带持续加强资料录取和先导试验，形成库车山前高压气井排水采气技术、库车山前高压气井清防蜡技术、库车山前高压气井非酸性解堵技术等一系列配套开发技术，完成克深10、大北12、博孜3等区块开发方案，有力支撑产能建设18亿立方米。

页岩气。围绕川南泸州深层（泸203—阳101—黄202井区）、太阳气田扩边区及海坝区块增储，按照勘探开发、地质工程一体化模式，完成三维地震采集处理解释2592平方千米。以拓展评价、建产区评价、超深层、探明储量4个方面为目标，实施评价井31口，当年完钻16口，跨年正钻15口。新增探明储量6355亿立方米（泸州5138亿立方米、太阳气田海坝区块1217亿立方米）；新增预测天然气地质储量7695亿立方米（泸州区块），合计1.4万亿立方米。川南深层页岩气评价取得重大突破，2021年10口评价井井均测试产量13万—50万米³/日、估算最终采气量（EUR）0.87亿—1.84亿立方米。

【长庆气区天然气生产】 2021年，长庆气区天然气工业产气量465.4亿立方米（其中气层气463.7亿立方米、溶解气1.7亿立方米），同比增加16.9亿立方米；天然气商品量433.2亿立方米，同比增加18.1亿立方米。钻井2128口，进尺771.3万米，新建产能111.3亿立方米。

气层气井口年产量467.2亿立方米、累计产量5151.3亿立方米，已开发气层气剩余可采储量采气速度3.2%、储采比30.9。

【塔里木气区天然气生产】 2021年，塔里木气区天然气工业产量319.3亿立方米（其中气层气312.9亿立方米、溶解气6.4亿立方米），同比增加8.3亿立方米；天然气商品量301.2亿立方米，同比增加8.0亿立方米。钻井50口，进尺4.7万米，新建产能32.4亿立方米。

气层气井口年产量330.5亿立方米、累计产量3824.8亿立方米，已开发气层气剩余可采储量采气速度6.4%、储采比15.7。

【西南气区天然气生产】 2021年，西南气区天然气工业产量354.2亿立方米（其中气层气354.0亿立方米、溶解气0.2亿立方米），同比增加36.0亿立方米；天然气商品量338.3亿立方米，同比增加35.1亿立方米。钻井305口，进尺71.5万米，新建产能79.1亿立方米。

气层气井口年产量361.7亿立方米、累计产量5452.2亿立方米，已开发气层气剩余可采储量采气速度5.6%、储采比17.9。

【气田开发大调查】 按照“开发调查寻问题、动态分析找矛盾、开发试验定对策、开发调整保稳产”的工作思路，2021年常态化开展气田开发大调查、专项动态分析等工作，完成苏里格气田、靖边气田、克拉2气田、安岳气田龙王庙气藏等多个重点气田的开发调整，为集团公司天然气未来10年的高效发展奠定坚实的基础。

苏里格气田通过普查发现其动静比较低，专项动态分析后确定井控程度较低为开发的主要矛盾；选取苏36-11、苏14等试验区进行井网加密试验，明确井网具备进一步加密潜力；采用“已开发区井网非均匀加密、未开发区大井组立体开发”的调整对策，新钻气井19590口，上产到年产规模300亿立方米，稳产至2032年。

克拉2气田通过普查发现其动态标定技术可采储量较方案设计技术可采储量减少近1000亿立方米，专项动态分析后确定非均匀水侵分割气藏为开发的主要矛盾；通过开展“高控低排”的排水试验、顶部低渗透层水平井挖潜试验，落实气藏具备进一步降低废弃压力、提高采收率的潜力；采用“老井边部排水、高部位水平井挖潜”的调整对策，新部署采气井5口、检查井1口、回注井4口，保持年产规模52亿立方米，稳产至2025年。

安岳气田龙王庙气藏通过普查发现其动静比偏低、动态标定技术可采储量较方案设计技术可采储量减少近1000亿立方米，专项动态分析确定主体区舌进水侵和边水相对均匀推进为开发的主要矛盾；开展主动排水试验和外围区试采评价，明确气藏具备降产实现长期稳产的潜力；采用“科学控产、强化治水、外围补充”的调整对策，新部署气井10口，预计2023年降产至年产规模60亿立方米，稳产至2029年。

【天然气提高采收率现场开发试验】 2021年，天然气提高采收率现场开发试验全面启动，设立台南气田、克拉苏气田克深8区块、苏里格致密砂岩气藏、长宁页岩气、太阳页岩气和柯克亚凝析气藏尾矿注空气6个提高采收率现场开发试验项目。2021年批复实施2项，其中克深8气藏开展边部强排水、井筒解堵等试验，预计试验区采收率可提高13.1%，2021年实施边部4口井排水，有效遏制水侵速度，气藏保持年产规模25亿立方米稳产；台南气田开展水侵区挖潜、均衡排采等试验，预计试验区采收率可提高5.2%，2021年实施防砂升级等工艺试验23井次，有效率78.3%，年增气2280万立方米。

【天然气保供】 2020年11月—2021年3月冬季保供期，天然气产量605.5亿立方米，同比增加55.9亿立方米，天然气商品量545.6亿立方米，同比增加50.1亿立方米；冬季高峰月（2021年1月）日均产量41656万立方米，同比增加3620万立方米。2021年12月日均产量41018万立方米，同比增加855万立方米。

（谭　健　俞霁晨）

矿权管理

【概述】 2021年，面对日益严峻的矿权新形势、新挑战，矿权管理围绕集团公司资源发展战略，立足深化评价强基础、精细退转保有利、竞争新区拓空间、合规管控防风险，组织地区公司和勘探院创新管理，主动作为，扎实有效推进矿权管理工作，为上游业务可持续发展夯实矿权资源基础。

【矿权登记状况】 2021年全国石油天然气（含煤层气）矿业权统计情况见表7。

表7　2021年全国石油天然气（含煤层气）矿业权统计表

矿权人	探矿权		采矿权		合计	
	数量（个）	面积（平方千米）	数量（个）	面积（平方千米）	数量（个）	面积（平方千米）
中国石油	315	917574	527	148855	842	1066429
中国石化	178	387534	267	36685	445	424219
中海石油	240	1341856	101	8024	341	1349880
中联公司	29	14945	4	323	33	15268
延长石油	33	30831	8	849	41	31680
其　他	133	23739	15	815	148	24554
总　计	928	2716480	922	195550	1850	2912030

注：数据来源于自然资源部矿业权管理司，统计截止日期2021年12月31日。

【矿权年检缴费】 加强诚信自律管理，客观实际公示年度勘查开采信息。依照自然资源部开展矿业权勘查开采信息公示工作的有关规定，2021年度矿权年检工作以“认真履行矿权人法定义务，客观实际反映年度勘查开采状况，维护公司矿权权益和形象信誉”为目标，通过精心组织，克服新冠肺炎疫情影响，用时3个多月，完成258个探矿权、486个采矿权区块的勘查开采信息填报与公示。

2021 年度参检探矿权 258 个、面积 732 万平方千米中，统计用于矿权区块勘探投入的资金共计 357 亿元；完成法定勘查投入面积 48.7 万平方千米，未完成法定勘查投入面积 25.5 万平方千米。

加强矿权缴费管理，为及时取得矿权许可证提供支持。按照自然资源部矿权登记要求，2021 年度探矿权、采矿权使用费按照年度分批（年度矿权发生变化领取许可证前缴纳）和集中（年度矿权无变化）两种缴纳方式，共缴纳 7.49 亿元。其中，分批缴纳 2.55 亿元，集中缴纳 4.94 亿元。

【矿权改革】 矿权储量部署联动统筹谋划扩大采矿权。通过矿权储量部署三联动，加快探矿权内提交探明储量的工作节奏，同时充分利用政策空间，近两年净增 1.98 万平方千米采矿权面积，年增幅较往年提高 3—5 倍。以塔里木盆地玉东地区为例，综合考虑 3 个已有采矿权、21 块 351 平方千米分散探明储量区分布情况，采取整合连片登记扩大采矿权措施，最终获批复采矿权面积 1143 平方千米。

持续推进矿权优化配置取得显著成效。2021 年选取可快速见效的矿权区块实施优化配置，针对性扶持长期亏损企业，第三批涉及矿权 15 块，面积 3.4 万平方千米，进一步激发勘探开发活力。

截至 2021 年底，配置区内累计提交探明石油地质储量 18590 万吨、天然气 1612 亿立方米，控制石油地质储量 3823 万吨、天然气 255 亿立方米，预测石油地质储量 46038 万吨、天然气 1311 亿立方米；累计建成原油产能 112 万吨、天然气 12 亿立方米；生产原油 112.3 万吨、天然气 30 亿立方米。

积极竞争矿权获阿克陶东探矿权。2021 年参与自然资源部在新疆塔里木盆地、准噶尔盆地 3 轮油气挂牌出让。为努力获取有价值的勘探区块，多次组织勘探院及塔里木、新疆、吐哈等油田公司开展区块综合地质评价论证与价值评估工作。在第二轮挂牌出让中竞得塔里木盆地阿克陶东探矿权，区块面积 507 平方千米，竞拍价 13336 万元。

【合规管理】 探矿权转采工作进展顺利。2019 年 10 月经自然资源部确认，104 个探矿权内因有油气探明储量要求必须在 2 年内对已探明储量完成采矿权登记。2021 年通过勘探与生产分公司多次发文并召开专题会议督促各油气田企业加快推进探转采工作，总体进度 92%，9 家油田完成整改，剩余工作量保证在规定时限内完成。此外，针对 32 个探矿权涉及 83 个储量区块，因与生态红线重叠、涉及资源纠纷或省管煤层气项目无法按期完成整改的，向自然资源部主管部门提交相关情况说明，得到自然资源部矿业权司的理解与支持。整改工作保障 104 个（41.8 万平方千米）优质探矿权延缓 2 年执行 25% 的硬退减政策，新增采矿权面积 1.56 万平方千米。

超前部署，完成 2022 年探矿权退减预案编制。按照《关于推进矿产资源管理改革若干事项的意见（试行）》（自然资规〔2019〕7 号）文件精神和自然资源部要求，2022 年到期探矿权 132 个、证载面积 49.57 万平方千米，应退减面积 12.01 万平方千米。利用已退减保护地和陕北委托区抵扣、采取提前注销区块降低退减基数措施后，还需退减 9.99 万平方千米。为贯彻落实集团公司矿权保护工作要求，依据矿权区块分类评价排队结果，结合卫星遥感技术确定无法勘探区和同一盆地统筹置换政策，本预案优先退出无法勘探区（即生态保护区、城镇区、禁限区及地表施工难度大等无法开展实物勘探的区域）2.73 万平方千米后，再退减低勘探潜力区（即根据盆地区带和区块分类评价排队结果，结合矿权登记政策，按Ⅳ类、Ⅲ类、Ⅱ类、Ⅰ类倒序退出地质条件相对较差的低勘探潜力矿权区）7.26 万平方千米。综合评估分析，7.26 万平方千米低勘探潜力区中，Ⅳ类矿权面积占比 63%、Ⅲ类占比 33%；除满足自身到期延续退减外，其中 57% 的面积用于置换同盆地应退减的优质矿权区，退减区域总体地质条件较差、风险可控。2021 年到期延续探矿权核减面积预案编制实施，为集团公司上游业务实现高质量发展保护优质矿权资源，为后续科学有效开展年度矿权核减工作积累经验。

推进地质资料汇交管理。地质资料汇交是矿政管理的重要内容，是矿业权人必须履行的法定义务。2021 年勘探与生产分公司推进汇交工作，涉及矿权 1040 个，钻井 160028 口，成果资料 214593 件，取得地质资料汇交凭证 360 个。其中正常汇交矿权 318 个、钻井 15313 口、成果资料 31012 件，年度正常汇交率 100%，实现历史欠账清零，得到自然资源部和全国地质资料馆一致好评。

（王玉山　曾少华）

储量管理

【概述】 2021年，储量管理围绕股份公司高质量发展战略，加强储量管理与评价体系建设，落实提质增效升级版工作方案，持续转变储量管理理念，以经济可采储量为核心，严把新增储量入口关，实施“SEC增储工程”，实现油气效益规模增储，保证储量业绩指标和工作目标完成。股份公司储量管理主要包括国内新增三级储量，探明储量复（核）算，已开发可采储量标定，储量分类评价和SEC证实储量以及储量数据信息管理、标准体系制定。

【新增探明储量及特点】 2021年，新增探明石油地质储量103314.30万吨，技术可采储量14235.68万吨，经济可采储量11889.45万吨，其中已开发石油地质储量5023.21万吨、技术可采储量831.54万吨、经济可采储量650.39万吨；新增溶解气地质储量1396.61亿立方米，技术可采储量188.67亿立方米，经济可采储量158.57亿立方米。新增探明石油地质储量大于1亿吨的油田有3个，为鄂尔多斯盆地的庆城油田、塔里木盆地的富满油田和河套盆地的巴彦油田。截至2021年底，累计探明石油地质储量266.89亿吨（扣除塔木察格地质储量3.30亿吨），技术可采储量70.54亿吨（扣除塔木察格技术可采储量0.67亿吨），经济可采储量63.86亿吨（扣除塔木察格经济可采储量0.56亿吨）。

新增探明气层气地质储量3833.51亿立方米，技术可采储量1859.76亿立方米，经济可采储量1417.38亿立方米，其中已开发气层气地质储量14.69亿立方米、技术可采储量7.19亿立方米、经济可采储量5.70亿立方米；凝析油地质储量1212.22万吨，技术可采储量420.57万吨，经济可采储量391.45万吨。新增探明气层气地质储量规模为大型的气田有3个，为四川盆地的安岳气田、鄂尔多斯盆地的米脂气田和塔里木盆地的克拉苏气田。截至2021年底，累计探明气层气地质储量10.78万亿立方米，技术可采储量6.04万亿立方米，经济可采储量4.68万亿立方米。

新增探明页岩气地质储量6354.94亿立方米，技术可采储量1417.28亿立方米，经济可采储量1191.37亿立方米。新增探明页岩气地质储量规模为大型的气田有2个，为四川盆地的泸州页岩气田和太阳页岩气田。截至2021年底，累计探明页岩气地质储量16965.40亿立方米，技术可采储量3977.82亿立方米，经济可采储量2819.44亿立方米。

新增探明煤层气地质储量762.08亿立方米，技术可采储量381.04亿立方米，经济可采储量197.41亿立方米。新增探明煤层气地质储量规模为大型的气田有1个，为鄂尔多斯盆地的大吉煤层气田。截至2021年底，累计探明煤层气地质储量5445.87亿立方米，技术可采储量2676.44亿立方米，经济可采储量2015.19亿立方米。

新增探明储量特点。新增探明石油地质储量连续16年超过6亿吨，股份公司上市以来首次突破10亿吨；新增探明天然气地质储量连续15年超过4000亿立方米，上市以来再次超过1万亿立方米。储量管理与矿权管理密切结合，在探矿权内提交探明石油、天然气地质储量分别为45708万吨和10840亿立方米，占新增探明油气储量的44%和99%。矿权优化配置区块积极作为，增储效果全面显现；华北油田、玉门油田在流转矿权内新增探明石油地质储量11076万吨。新增油气探明大型规模储量占比高。大型规模油田3个，新增探明石油地质储量8.04亿吨，占新增探明地质储量的77%；常规大型规模气田3个，新增探明气层气地质储量2983.98亿立方米，占新增气层气地质储量78%。非常规页岩气、煤层气储量呈现规模储量，是增储上产的重要领域。大型页岩气田2个，新增探明页岩气地质储量6354.94亿立方米，技术可采储量1417.28亿立方米；大型煤层气田1个，新增探明煤层气地质762.08亿立方米，技术可采储量381.04亿立方米。页岩气、煤层气新增探明地质储量7117.02亿立方米，占新增探明地质储量的65%。中西部油区新增油气储量占绝对主体，是集团公司未来增储上产的主力战场。中西部新增探明石油地质储量9.10亿吨，占新增探明石油地质储量的87%；新增探明气层气地质储量3732.50亿立方米，占新增气层气探明地质储量97%。探明石油地质储量整体储层物性差、特低孔隙度及致密储层储量（小于5毫达西）占比 80.6%，采收率持续下降，平均采收率 13.8%；探明天然气地质储量特低孔隙度及致密储层储量（小于 1 毫达西）占比 94.1%。

【可采储量标定结果】 2021 年，新区动用石油地质储量 71418.86 万吨，技术可采储量 12469.79 万吨，经济可采储量 9799.21 万吨；老区增加技术可采储量 2626.56 万吨，经济可采储量 2668.83 万吨。

截至 2021 年底，已开发油田 322 个，比 2020 年底增加新投入开发油田 2 个，实际标定已开发石油地质储量 2133808.81 万吨，技术可采储量 618953.48 万吨，经济可采储量 575937.51 万吨，平均技术采收率 29.0%。

新区动用气层气地质储量 5483.57 亿立方米，技术可采储量 2835.28 亿立方米，经济可采储量 2087.45 亿立方米；老区增加技术可采储量 3.88 亿立方米，经济可采储量 11.49 亿立方米。

截至 2021 年底，已开发气田 200 个，比 2020 年底增加新投入开发气田 3 个，实际标定已开发气层气地质储量 80756.70 亿立方米，技术可采储量 46359.92 亿立方米，经济可采储量 36802.17 亿立方米，平均技术采收率 57.4%。

新区动用页岩气地质储量 4976.66 亿立方米，技术可采储量 1199.84 亿立方米，经济可采储量 780.19 亿立方米。

截至 2021 年底，已开发页岩气田 4 个，比 2020 年底增加新投入开发页岩气田 2 个，实际标定已开发页岩气地质储量 7760.99 亿立方米，技术可采储量 1871.83 亿立方米，经济可采储量 1156.19 亿立方米，平均技术采收率 24.1%。

新区动用煤层气地质储量 1032.41 亿立方米，技术可采储量 472.97 亿立方米，经济可采储量 303.11 亿立方米。

截至 2021 年底，已开发煤层气田 4 个，实际标已开发定煤层气地质储量 1876.53 亿立方米，技术可采储量 858.55 亿立方米，经济可采储量 614.13 亿立方米，平均技术采收率 45.8%。

【SEC 证实储量】 2021 年 12 月 31 日为储量评估基准日。2021 年，国内上游业务总证实石油储量 70621 万吨，其中证实已开发储量 64686 万吨、证实未开发储量 5935 万吨。SEC 证实石油储量变化因素：主要受油价上升、轻烃挖潜、降本增储等影响修正新增证实储量 15336 万吨；扩边与新发现新增证实储量 5069 万吨，老区提高采收率新增证实储量 1630 万吨。国内上游业务石油储量接替率 2.15，储采比 6.90。

2021 年，国内上游业务总证实天然气储量 20802 亿立方米，其中证实已开发储量 11708 亿立方米、证实未开发储量 9094 亿立方米。SEC 证实天然气储量变化因素：溶解气受油价影响、天然气转轻烃、开发变差、降本等影响修正核减证实储量 641 亿立方米；扩边与新发现新增证实储量 1382 亿立方米，老区提高采收率新增证实储量 77 亿立方米。国内上游业务天然气储量接替率 0.68，储采比 17.40。

【储量管理改革】 2021 年，围绕提质增效升级版工作方案，推进储量精益管理，完善储量管理与评价体系，以地质储量为基础、经济可采储量为核心，转变增储理念，提升股份公司储量资产价值创造力。国内储量管理突出储量可动用性和经济性，严把新增储量入口关，提高新增储量的可靠性。加强储量评估与矿权保护的结合，加强储量评估与勘探开发部署的结合，加强储量评估与财务经营的结合。具体措施：优先上报已开发储量和探矿权内新增探明储量；突出依法合规管理，对事实已开发的储量全部申报新增探明储量；无近 3 年开发动用计划的储量原则不申报探明储量；新增页岩油和页岩气储量，执行单独审查制度；新增探明储量评价要充分结合开发建产需求，开展经济性评价；储量开发方案和动用安排要通过开发部门审查，并向股份公司提交储量开发方案审查意见。

持续推进国内储量精细化和动态化管理，以“整体部署，有序实施，矿储联动，动静结合”为原则，组织编制“十四五”石油天然气储量复算规划方案。改善存量储量品质，缓解储量动静矛盾，提升储量开发水平。

配合“矿权保护工程”，实施矿权、储量和部署联动机制，每月召开一次碰头会，结合特殊项目清单开展全面排查，形成到期预警制度，确保已有探明储量探转采。

2021 年，推进“SEC 增储工程”，坚持“合规增储”及“四应四尽”SEC 准则储量评估原则，实施“精准深入挖潜”和“源头效益增储”，加强组织协调，开展 SEC 准则储量自评估工作。具体措施：深入油田现场调研，全面动员宣贯落实 SEC 准则增储理念；超前谋划，创新评估技术体系，形成 4 大类 42 项精细增储措施；统一审查原则、精细技术评估，优化评估方案、精准实施对策；压实责任，精心安排组织，专业间深度融合。

【储量管理体系】 2021 年，按照股份公司总体工作要求，进一步加强和完善储量管理体系建设，组织制定《中国石油天然气股份有限公司石油天然气储量管理办法》，明确国内标准储量和 SEC 准则储量管理的机构、信息披露、评估流程、储量价值评估和数据库及资料管理等要求，满足国家、股份公司和资本市场不同层面的储量管理需要。

为规范 SEC 准则油气证实储量数据库建设的流程、数据项以及数据项取值，组织编制《SEC 准则油气储量建库技术规范》企业标准，夯实 SEC 准则储量评估基础，提高数据管理的规范性、准确性和完整性。

加强和完善储量信息化工作，深化勘探开发梦想云平台储量工作室建设。基于梦想云平台建设的“SEC 储量成果管理”系统，实现存量 PD、PUD 权益储量管理等模块升级和页岩油储量单独管理，有效支持和保障半年和年度 SEC 储量评估工作。在梦想云平台上开发“未开发储量分类评价成果”工作室，建成储量区块池，推动未动用储量效益建产。

【新增探明石油地质储量大于 1 亿吨的油田】 2021 年，新增探明石油地质储量 32 个油田，其中新命名的油田 4 个（富满、巴彦、南港和英雄岭）、新增探明石油地质储量大于 1 亿吨的油田 3 个（庆城、富满和巴彦）。

庆城油田。2021 年 6 月 3—4 日，自然资源部油气储量评审办公室评审通过庆城油田西 253 区块三叠系延长组长 7 油藏新增探明含油面积 1435.60 平方千米，探明石油地质储量 55005.96 万吨，技术可采储量 5802.62 万吨，经济可采储量 4812.82 万吨。

该油藏构造上处于鄂尔多斯盆地伊陕斜坡西南部，为一西倾的平缓单斜。长 7_1、长 7_2 油层主要为半深湖—深湖重力流沉积；储层岩性为细粒岩屑长石砂岩和长石岩屑砂岩，储集空间类型以长石溶孔为主；有效储层孔隙度中值 8.3%，渗透率中值 0.07 毫达西，属于特低孔隙度、致密储层。油藏埋深 1632—2528 米，为弹性溶解气驱的岩性油藏。

富满油田。2021 年 12 月 20—21 日，自然资源部油气储量评审办公室评审通过富满油田满深 1 井区、富源 210H 井区、跃满 20—跃满 23 井区奥陶系一间房组—鹰山组、哈得 25-H6 井区奥陶系一间房组新增探明含油面积 396.63 平方千米，探明石油地质储量 15376.95 万吨，技术可采储量 2306.55 万吨，经济可采储量 2029.02 万吨。

该油藏构造上处于塔里木盆地北部坳陷阿满过渡带，构造整体呈西北高、东南低的斜坡。奥陶系一间房组和鹰山组，发育碳酸盐岩开阔台地相和台地边缘相沉积；储层岩性以颗粒灰岩为主，储集空间类型为洞穴型、裂缝—孔洞型和裂缝型；有效储层孔隙度中值 3.16%，渗透率中值 0.49 毫达西，属缝洞型储层。油藏埋深 6760—7655 米，为弹性驱及水驱的缝洞型油藏。

巴彦油田。2021 年 12 月 25—26 日，自然资源部油气储量评审办公室评审通过巴彦油田兴华 1、临华 1x 区块古近系临河组一段、临河组二段新增探明含油面积 20.16 平方千米，探明石油地质储量 10020.18 万吨，技术可采储量 2729.89 万吨，经济可采储量 2217.39 万吨。

该油藏构造上处于河套盆地临河坳陷巴彦淖尔凹陷北部兴隆构造带。古近系临河组一段和二段，主要发育辫状河三角洲沉积；储层岩性主要为岩屑长石砂岩，储集空间类型以原生粒间孔为主；有效储层孔隙度中值 16.2%，渗透率中值 262 毫达西，属于中孔隙度、中渗透储层。油藏埋深 3320—5055 米，为天然能量及水驱的构造油藏。

【新增探明天然气地质储量规模为大型的气田】 2021 年，新增探明天然气（含页岩气和煤层气）储量 13 个气田，其中新命名的气田 3 个（中佳、昆特依、泸州页岩气田）、新增探明天然气地质储量规模为大型的气田有 6 个（泸州页岩气田、太阳页岩气田、安岳气田、米脂气田、克拉苏气田、大吉煤层气田）。

泸州页岩气田。2021 年 6 月 16—17 日，自然资源部油气储量评审办公室评审通过泸州页岩气田泸 203 井区、阳 101 井区和黄 202 井区奥陶系五峰组—志留系龙马溪组一段新增页岩气探明含气面积 513.21 平方千米，探明页岩气地质储量 5138.09 亿立方米，技术可采储量 1173.91 亿立方米，经济可采储量 1049.96 亿立方米。

该气藏构造上处于四川盆地川南低陡构造带，区内发育螺观山等多个窄背斜和福集等多个宽缓向斜。奥陶系五峰组—志留系龙马溪组一段发育为深水陆棚相页岩沉积；页岩段储层岩性主要为黑色富有机质硅质页岩、黑色黏土质页岩、灰黑色粉砂质泥岩，储集空间类型以有机孔、无机孔和微裂缝为主；有效储层孔隙度中值 4.34%，渗透率中值 0.0109 毫达西，属于低孔隙度、特低渗透页岩储层。气藏埋深 3150—

4300 米，为弹性气驱的页岩气藏。

太阳页岩气田。2021 年 6 月 16—17 日，自然资源部油气储量评审办公室评审通过太阳页岩气田 YS152、YS143 井区奥陶系五峰组—志留系龙马溪组一段新增页岩气探明含气面积 234.93 平方千米，探明页岩气地质储量 1216.85 亿立方米，技术可采储量 243.37 亿立方米，经济可采储量 141.41 亿立方米。

该气藏构造上处于四川盆地台坳川南低陡褶带与滇黔北坳陷北部相接部位，发育太阳背斜、云山坝向斜、海坝背斜。奥陶系五峰组—志留系龙马溪组一段主要为深水陆棚亚相页岩沉积；页岩段储层岩性以硅质页岩、钙质硅质页岩、富有机质粉砂质页岩为主，储集空间类型以有机孔、无机孔和微裂缝为主；有效储层孔隙度中值 5.19%，渗透率中值 0.0048 毫达西，属于低孔、特低渗透页岩储层。气藏埋深 200—2726 米，为弹性气驱的页岩气藏。

安岳气田。2021 年 12 月 18—19 日，自然资源部油气储量评审办公室评审通过安岳气田高石 1 井区、磨溪 129H 井区、磨溪 29 井区、磨溪 31X1 井区气藏新增探明含气面积 641.13 平方千米，探明天然气地质储量 1282.74 亿立方米，技术可采储量 618.22 亿立方米，经济可采储量 501.65 亿立方米。

该气藏构造上处于四川盆地川中古隆起平缓构造区的威远至龙女寺构造群，属川中古隆中斜平缓带向川东古斜中隆高陡断褶带的过渡地带。震旦系灯影组二段、震旦系灯影组四段、寒武系龙王庙组、二叠系栖霞组主要发育碳酸盐岩台地相沉积，储层主要发育藻丘、颗粒滩优势沉积亚相；储层岩性主要为藻凝块白云岩、藻叠层白云岩、砂屑白云岩和残余砂屑白云岩，储集空间类型以粒间（溶）孔、晶间（溶）孔、粒内溶孔为主。有效储层孔隙度中值 3.15%，渗透率中值 0.133 毫达西，属于低孔隙度、特低渗透储层。气藏埋深 4451—5531.3 米，灯二段气藏为水驱的构造气藏，灯影组四段气藏为弹性气驱的构造—地层气藏，龙王庙组、栖霞组气藏为弹性气驱的岩性气藏。

米脂气田。2021 年 9 月 23—24 日，自然资源部油气储量评审办公室评审通过米脂气田大佛寺区块盒 8 气藏新增探明含气面积 1591.46 平方千米，探明天然气地质储量 1037.83 亿立方米，技术可采储量 518.93 亿立方米，经济可采储量 313.26 亿立方米。

该气藏构造上处于鄂尔多斯盆地伊陕斜坡和晋西挠褶带，为一平缓的西倾单斜构造。二叠系下石盒子组盒 8 气藏为三角洲前缘水下分流河道沉积；储层岩性主要为中—粗粒岩屑石英砂岩，储集空间类型以岩屑溶孔、粒间孔为主，有效储层孔隙度中值 7.7%，渗透率中值 0.332 毫达西，属于特低孔隙度、特低渗透储层。气藏埋深 1480.40—2738.45 米，为弹性驱动的岩性气藏。

克拉苏气田。2021 年 12 月 20—21 日，自然资源部油气储量评审办公室评审通过克拉苏气田博孜 12、大北 14、大北 9 和大北 17 井区白垩系巴什基奇克组—巴西改组气藏新增探明含气面积 64.95 平方千米，探明天然气地质储量 663.41 亿立方米，技术可采储量 330.47 亿立方米，经济可采储量 293.74 亿立方米。

博孜 12 井区构造位于拜城断裂带博孜—阿瓦特构造变换带，大北 14、大北 9、大北 17 井区构造位于克深断裂带大北—博孜构造变换带。白垩系巴什基奇克组主要为辫状河三角洲、扇三角洲沉积，巴西改组主要为辫状河三角洲沉积；储层岩性主要为中细粒岩屑长石砂岩、长石岩屑砂岩、岩屑砂岩，储集空间类型以残余原生粒间孔、粒间溶蚀扩大孔为主；巴什基奇克组有效储层孔隙度中值 6.4%，渗透率中值 0.707 毫达西，巴西改组有效储层孔隙度中值 5.0%，渗透率中值 0.243 毫达西，属于特低孔隙度、特低渗透储层。气藏埋深 4790—7290 米，为边底水构造气藏。

大吉煤层气田。2021 年 12 月 16—17 日，自然资源部油气储量评审办公室评审通过大吉煤层气田大宁—吉县区块大吉 3-7 向 2 井区二叠系下统太原组 8 号煤层煤层气新增探明含气面积 308.40 平方千米，煤层气探明地质储量 762.08 亿立方米，技术可采储量 381.04 亿立方米，经济可采储量 197.41 亿立方米。

大宁—吉县区块构造上处于鄂尔多斯盆地晋西挠褶带南端与伊陕斜坡东南缘的西部斜坡，构造形态为南东高北西低的单斜，断层不发育，地层平缓，构造类别为简单型，勘查类型为Ⅰ类一型。太原组 8 号煤层厚度为 5.4—11.4 米，主体厚度 7.0—10.0 米，平均 7.9 米，煤层全区发育稳定，煤层结构简单到较简单，连续性好，煤层稳定程度属于一型（稳定型）。储层孔隙度中值 3.59%，渗透率中值 0.037 毫达西，属于特低孔、特低渗透储层。煤层气藏埋深 1820—2520 米，为深层单斜煤层气藏。

（张亚庆）

油藏评价

【概述】 2021年，油藏评价立足增加经济可采储量，提供效益建产目标，突出探明储量的经济性和可动用性，突出规模储量集中评价、中浅层优质储量效益评价、非常规资源进攻性评价，实现新增探明储量规模与质量双提升；新区原油产能建设强化方案设计，技术攻关，示范引领，达标达产，努力实现效益建产，为集团公司原油上产稳产发挥重要作用。

【新增探明储量】 2021年，新增探明石油地质储量104527万吨，可采储量14656万吨，其中已开发储量5023万吨，占年度新增探明储量的5%。新增探明储量中渗透率小于5毫达西的低—特低渗透储量83222万吨，占新增探明储量的80%。

【油藏评价主要成果】（1）长庆油田强化页岩油地质、地球物理、测井、工程等多学科一体化攻关，加强长7页岩油整体部署，50口井获工业油流，新增探明石油地质储量5.5亿吨，探明国内首个10亿吨页岩油大油田——庆城油田，建产能287万吨，原油年产量超百万吨。（2）长庆油田通过地质研究引领、三维地震应用、老井复查挖潜、工艺技术提效四项工作，长3油层以上浅层获工业油流井190口，落实高效储量1.01亿吨，建产能78万吨。实现用1/5投资，建成1/4产能，完成1/3产量的中浅层高效勘探开发模式。（3）塔里木油田持续深化深大断裂控藏规律认识，勘探开发一体化快速探明富满油田超深层碳酸盐岩油藏高效储量，累计完钻井43口，投产35口，平均单井日产油61吨，新增探明石油地质储量15377万吨，其中FI17断裂南段满深4–满深502H段，断裂带长31千米，3口评价井均获日产百吨以上高产油流，探明石油地质储量1.05亿吨。（4）华北油田大力推进巴彦—河套盆地流转区规模增储，高效探明兴华1、临华1构造优质储量，完钻评价井7口，4口井试油获日产百万立方米以上高产工业油流，试采4口井，平均单井日产油42吨，新增探明石油地质储量10020万吨，新增储量具有油层厚度大、储层物性好、储量丰度高、单井产量高的特点。（5）新疆油田坚持准噶尔盆地西北缘滚动评价，构建四期火山岩发育模式，通过新井钻探和老井复试，发现一区石炭系内幕油藏，新获工业油气流井25口，含油高度增加至630米，新增探明石油地质储量3080万吨，实施水平井35口，单井日产油15.1—22.3吨，建产能16.3万吨。（6）青海油田干柴沟构造继柴9井获高产油流后，加强油藏特征分析及构造圈闭精细刻画，明确E_3^2 Ⅱ油组为具有多套油水系统的层状边水构造油藏，具有高压、高产的特点。一体化部署钻井13口，已投产11口井，平均单井日产油22.2吨，建成产能7.3万吨，探明石油地质储量1362万吨，溶解气地质储量56亿立方米。（7）辽河油田陆东凹陷构建浅水湖盆连续型油藏成藏模式，后河构造带河21区块按照直井控面、水平井提产思路，实施评价井9口，7口井获工业油流，5口直井落实油层展布，4口水平井提产效果显著，单井日产油5.2—16.7吨，九佛堂组新增探明地质储量2985万吨。

【油藏评价管理】（1）优化年度部署，夯实高效评价工作基础。按照突出探明储量的经济性和可动用性，努力增加经济可采储量，提供效益建产目标的工作思路，集中审查油田公司年度部署方案，优化调整评价部署和储量结构。项目优化，优化部署层次，适度加强培植准备项目部署；储量优化，突出新增储量可动用性，优化调减非常规及低效储量评价；井位优化，压减投资高、风险大以及低效评价井。（2）强化老井复查挖潜，带动规模增储建产。通过成藏富集规律再认识，结合新工艺技术提产攻关，推动老井复查，完成老井复查试油179口，121口井获工业油流，预计落实储量规模9619万吨，可建产能82.7万吨。（3）推进探明未开发储量加快动用专项行动。筛选新疆车471、大庆茂2、华北留93、大港滨23X1和长庆新475区块5个项目，采用新的管理机制进行产能建设，方案设计动用地质储量1025万吨，钻井74口，新建产能15万吨。

【新区原油产能建设】 2021年，动用石油地质储量43755万吨，可采储量6832万吨，完钻开发井4044口，投产油井3727口，投转注水井943口，平均单井日产油6.3吨，建成产能744.4万吨。完钻水平井1435口，平均水平段829米，投产油井1022口，平均单井日产油9.7吨。

【重点项目实施效果】（1）塔里木富满油田坚持“正地貌+主干断裂+长串珠”高效井部署原则，实现快速高效建产。完钻井30口，成功率97%，高效井比例69%。2021年产油量突破200万吨，成功打造集团公司原油效益建产示范区。（2）长庆庆城油田长7页岩油开发示范区完钻水平井170口，投产113口，平均单井日产油10.7吨，新建产能81万吨。示范区累计完钻水平井607口，投产334口，建产能287万吨，2021年原油产量124.6万吨。（3）新疆玛湖地区深化大平台、集团式、工厂化建产模式，推广成熟钻井学习曲线和压裂工艺参数，水平井钻井工期同比提速9.6%，体积压裂同比提效6.6%，完全成本同比控降8.5%。完钻井231口，投产油井221口，平均单井日产油23.3吨，建产能167.4万吨，实现规模高效开发。（4）新疆吉木萨尔页岩油推进“一全六化”生产组织模式，组建新型高效管理团队，实行自主经营，投资成本单列、单独考核，单井投资由7527万元控降至4506万元，下降40%。完钻水平井36口，投产水平井36口，平均单井日产油29.0吨，年产油42.6万吨。其中，58号平台8口水平井探索超大规模体积压裂，平均单井入地液量73123立方米，加砂量7191立方米。5月下旬投产，峰值日产油57吨，截至2021年底，平均单井日产油19吨，单井累计产油6947吨。（5）华北吉兰泰增储建产快速推进，2021年完钻开发井77口，累计新钻开发井193口，建产能50.6万吨，共投产油井141口，平均单井日产油6.8吨，是方案设计的1.3倍，累计产油40.8万吨。

【新区原油产能建设管理】（1）细化专项行动方案，落实提质增效具体措施。按照效益优先原则，调整优化新区产能建设结构，大幅减少非常规、低渗透、深层等投资高、效益差项目，增加中浅层高效产建项目，2021年调减投资29.1%、开发井3.6%、进尺8.0%。全过程全要素控投降本，通过高效率现场组织，钻井提速、压裂提效，实施工程总承包、扩大市场化等多项措施，节约投资40.9亿元。全面推广大井丛布井，实施丛式井7255口，节约土地1.2万亩，节约征借地、道路等工程投资约5.6亿元。扩大水平井应用规模，力争少井高产，完钻水平井1435口，平均单井日产量9.7吨。（2）编制新区五大上产工程“十四五”规划方案。到2025年原油产量达1700万吨，占股份公司年产量的16%。2025年玛湖地区年产油500万吨，塔里木富满油田400万吨，庆城页岩油300万吨，吉木萨尔页岩油160万吨，巴彦—河套盆地200万吨。（3）组织开展产能建设达标达产分析。448个区块投产油井8279口，平均单井日产油4.4吨，整体达到方案设计，建成产能1183万吨。其中，达标区块385个，新建产能1089万吨，产能占比91.9%。（4）强化源头控制，抓好方案优化，确保效益建产。重点强化五个方面工作：强化源头控制，持续优化方案指标、确保效益。强化技术进步，推进三维地震、水平井、体积压裂、提高采收率技术的创新升级，提高单产。强化模式优选，推广大井丛、工厂化集约建产模式，带动油田开发方式、方案设计思路、建设组织模式、生产管理方式的变革。强化示范引领，总结推广效益建产示范工程的经验成果，持续推进技术进步和管理创新。强化效率提升，优化组织，缩短建设周期，降低建设成本。（5）加强示范引领，推广效益建产示范区经验。尤其是大井丛、多层系、多井型、立体式、工厂化效益建产模式，大庆致密油效益开发龙西模式；长庆页岩油平台化生产组织、工厂化施工作业、全生命周期项目管理模式。依靠理念变革、技术进步、管理创新，推动超低渗透和非常规资源经济动用。（6）狠抓部署落实，组织开展2022年原油产能建设部署安排论证。组织召开2022年原油产能建设安排视频会议。加强实施跟踪和产能达标达产情况分析；突出达标建产，做好方案优化，从源头上抓好效益建产。

（邢厚松）

采油工程

【概述】 2021年，采油采气工程系统坚决贯彻执行集团公司决策部署，加强采油采气新技术攻关，加大先进成熟技术推广，全力支撑国内上游业务加快发展高质量发展，为保障国家能源安全作出积极贡献。

【井下作业】 2021年，井下作业总工作量230349井次，其中维护作业143845井次、增产增注措施68741井次、大修5138口、其他12625井次（表8）。

表8　2021年井下作业主要指标

时　间	总工作量（井次）	单井年作业次数（井次/口）	维护工作量（井次）	年维护次数（井次/口）	油水井措施（井次）	大修（口）	其他（井次）
2021年	230349	0.675	143845	0.422	68741	5138	12625
2020年	204016	0.606	127464	0.379	60531	3571	12450
同比增减	26333	0.069	16381	0.043	8210	1567	175

在油水井总数逐年增长的情况下，井下作业总工作量、维护作业、措施与大修作业等完成较好，为股份公司完成油气生产任务作出积极贡献。

持续推进带压作业规模应用，促进井下作业技术升级换代。2021年实施油气水井带压作业6116口井，累计减少注入水排放138万立方米，提前恢复注水184.5万立方米，增产原油12.5万吨，增产天然气1.2亿立方米，创经济效益5.83亿元；

推进连续油管作业，提高施工效率，降低成本。2021年实施各类连续油管作业4415井次，实现增产原油2.01万吨，增产天然气2038万立方米，节约成本1.6亿元。

推进井下作业视频监控平台建设，依托平台推广井下作业电子监督和承包商管理系统，实现承包商的自动量化考核，对提高井下作业管理、缓解监督不足矛盾、保障安全生产发挥良好作用。到2021年底各油田公司视频监控平台均已建立，内部作业队伍视频监控配备基本到位。

抓好套损井专项治理，截至2021年底，股份公司套损井存量19452口，新增套损井2370口；页岩油气压裂丢段率0.14%、控制在1%以内，均超额完成考核指标。2021年完成套损井治理施工5852口井，修复成功5170口，成功率88.3%，累计增油54.77万吨、增气2910万立方米、增注683.2万立方米。

【机械采油】 推进新井高效举升、低产井间抽和老井系统改造提效，机械采油井系统效率、泵效进一步提升，分别为26%、45.5%，分别同比提高0.5个百分点和0.7个百分点，总耗电量基本持平。

推进大平台高效无杆举升技术应用，促进效益建产。2021年在长庆华庆、新疆吉木萨尔等5个新建产能区块应用无杆举升电潜螺杆泵、超长冲程抽油机等高效举升技术196口井，平均系统效率30.6%，平均泵效65.2%，较常规抽油机举升工艺分别提高5.6个百分点和22个百分点。

推进老井机采系统改造提效，实现提质增效。2021年大庆、长庆、新疆老油田机械采油提效示范区实施老旧抽油机更新改造、短周期井综合治理、数字化改造等各类措施共2842口井，机械采油系统效率提高1.6个百分点、延长检泵周期100天以上。规模实施5.1万口低产液井间抽，同比增加1469口，其中推广应用智能间抽1万口井以上，系统效率平均提高3.1个百分点，年节电2.39亿千瓦·时。在大庆油田建立超长冲程抽油机应用示范区，应用93口井，与常规抽油机相比，泵效由21.9%提高至64.9%，系统效率由12.8%提高到22.6%，节电率55.4%。

【采气工艺】 2021年，试验推广2英寸连续管完井采气一体化技术，按照采气工艺全生命周期管理的理念，完井时一次配套采气工具，气井高压期节流生产，中压期速度管柱生产，后期柱塞气举生产。2021年长庆气区应用110口井，累计应用300口井以上，相对常规完井，气井自然连续生产时间延长1—2年，实现增气、减少措施和降低作业成本。

加大柱塞气举应用力度，提升技术配套，实现排水采气提质增效。2021年新增柱塞气举技术应用840口井，减少人工泡沫排水工作量12400井次，节约泡沫排水措施费用1.22亿元。柱塞气举累计应用4989口井，全年增产气量15.53亿立方米，增产占比42.04%，超泡沫排水8.34个百分点。

【分层注水】 2021年，在推进“桥式偏心、桥式同心+电缆高效测调”成熟分注技术应用的基础上，扩大第四代分注技术试验与应用，总体分注率63.93%。

2021年增加缆控式和波码通信第四代分注技术应用840口井，新增示范区4个，在大庆、长庆等10个油田累计试验和应用井数超过2200口井，分注合格率均保持在90%以上，全年节约人工测调费用1.2亿元。

大庆油田坚持自主研发升级缆控式第四代分注技术，工艺成本下降20%，远程部署能力提升至1000口井。2021年新增第四代分注井300口，累计应用503口井，最长运行时间超过4年，最高层段数7段。

长庆油田持续改进波码通信第四代分注核心工具，不断扩大适用范围，为全面推广奠定基础。2021年增加波码通信分注技术应用442口井，累计应用1294口井。

【储层改造】

1. 推动储层改造技术进步，推动提产提效

体积改造2.0优化设计及施工技术进步，工艺指标进一步提升。强化“多簇裂缝均匀扩展、裂缝网络高效支撑”为核心的密切割高强度改造理论及优化模式，压裂关键参数进一步提升。对比2020年，水平井改造平均单段簇数由4.7簇增至5.2簇，簇间距15.8米缩短到12.7米，加砂强度由2.17吨/米提高到2.57吨/米。

老井重复压裂、水平井井筒重构技术取得进步。直井定向井以“油藏工艺一体化、技术集成协同增效”为思路，长庆油田2021年实施老井重复压裂1379口，措施增油22.7万吨，实施区综合递减下降3%。水平井试验成功$4^1/_2$英寸井筒重构加体积复压，川平50-15井压裂26段77簇，日产油20吨，较初次压裂产量提产1倍以上。

国产压裂设计软件FrSmart 1.0初步研发成功，开始在部分油田试验应用。自主软件瞄准国际先进水平，实现地质力学建模、非平面三维裂缝模拟、压后产能模拟等地质工程一体化优化设计，8家油田及钻探企业开展应用。

2. 压裂工艺2.0推广应用取得新进展、新成效

长庆致密气扩大体积压裂2.0工艺应用，单段射孔簇数由前期1—2簇增至4.1簇、簇间距由60—100米减至21.3米、加砂强度由0.5吨/米增加至1.2吨/米，无阻流量由40—60万米^3/日增加到72万米^3/日，产量百万立方米以上井100口以上，占完试井比例34%，其中两口井试气无阻流量突破300万米^3/日。

新疆吉木萨尔页岩油在58号平台推进压裂工艺2.0应用提升，单段平均7.6簇，平均用液强度38米^3/米，簇间距5—6米，加砂强度6吨/米，初期日产油50—60吨，见到显著效果。玛湖MaHW6243重点试验井压裂后见油时间更早，含水率下降更快，比邻井累计产量提高1倍。

川南深层页岩气进一步强化簇间距及加砂强度取得新突破，足203H2-1井压裂段长2424米，簇间距7.5米、加砂强度4.37吨/米，预测最终可采储量1.8亿—2.03亿立方米。

3. 推进石英砂替代陶粒，降低成本

大庆油田、吉林油田、长庆油田、新疆油田等页岩油实现石英砂全替代，页岩气、致密气应用比例上升，2021年石英砂用量占比86%，同比提高7.5个百分点，节约成本近4亿元。

【试油】 2021年，围绕塔里木、四川、准噶尔、鄂尔多斯盆地等重点探区，开展“三高”、超深、复杂岩性等试油技术攻关，完成试油1347井/2420层，获工业油气流919井/1503层，试油一次成功率98.1%，有力支撑三级储量任务完成。

通过强化试油管理，推进试油提质增效。开展重点地区试油周期和试油成本对标分析，挖掘试油增效潜力，采取强化排液求产周期管理、升级风险探井试油管理等措施，2021年试油周期同比下降5.5%，单层试油成本稳中有降，疑难井的试油复杂大幅减少。

【采油工程管理工作】 2021年，组织召开采油采气新技术交流会，对“十三五”以来采油采气工艺技术取得的进步进行全面总结和交流，集团公司副总经理焦方正作讲话，对采油采气工程技术发展提出

“六提升、六创新”的工作要求，股份公司副总裁李鹭光参加会议，会后制订贯彻落实会议精神的工作方案。

标准规范制修订。组织启动采油工程管理规定、采气工程管理规定修订，已完成初稿及征求意见。组织制修订采油采气行业标准10项、企业标准3项、标准研究项目2项。

组织实施已报废井封井。下发文件明确实施4069口井封井工作目标，实际完成4339口井封井工作量，超额完成工作任务目标。

组织技术培训与技能竞赛。组织开展试油、井下作业中级监督培训班及现场压裂工程师培训班。

重点方案审查把关。组织重点井、高风险井试油方案，疑难井封井方案和储气库老井处置方案审查等工作。

（邱金平）

地面工程

【概述】 2021年，新建原油产能1220万吨、天然气产能230亿立方米，地面建设总投资409.08亿元。实施项目3682项，完工2513项；建成各类站场87座、管道2.01万千米。截至2021年底，各油气田累计建成各类站场、管线等数量见表9。

表9　集团公司各油气田累计建成站场、管线数量

时间	油田				
	计量站（座）	转油站（座）	注水站（座）	采出水处理站（座）	集中处理站（原油联合站）（座）
截至2021年	8700	1884	1216	512	253
截至2020年	8774	1914	1206	514	240
增减	–74	–30	10	–2	13

时间	油田	气田			
	各类管线（千米）	集（输）气站（座）	清管站（座）	增压站（座）	污水处理站（座）
截至2021年	269228	745	87	25	22
截至2020年	264061.53	746	87	26	23
增减	5166.47	–1	0	–1	–1

时间	气田	
	天然气净化厂（处理厂）（座）	各类管线（千米）
截至2021年	84	103823
截至2020年	82	88910.92
增减	2	14912.08

【地面建设管理】 2021年，油气田地面建设工程质量稳步提高，建设投资得到有效控制，基础工作进一步加强，全年整体工作顺利推进。

4月，组织召开油气田地面工程建设与标准化设计工作推进视频会，总结交流2020年工作，安排部署2021年重点工作。5月，组织发布《油气田地面建设标准化承包商HSE检查技术手册》，并开展培训。6月，组织国内上游业务油气田地面建设提质增效工作，并进行专项汇报。7—9月，组织大庆油田、辽河油田、新疆油田、塔里木油田、华北油田、吉林油田、吐哈油田、玉门油田2019年油气生产物联网建设工程上线验收。10月，组织16家油气田地面工程建设前期、基建管理、标准化设计及工程实体质量年度检查，查出各类问题817个，并按期整改。10—11月，组织油气田地面工艺技术与标准化设计、智能化建设高级培训班和油气田地面建设与管理高级培训班。12月，组织编制发布《重大开发方式地面工程标准化设计技术规定　化学驱》《中国石油碳酸盐岩油田地面建设标准化设计技术规定》《中国石油稠油SAGD地面建设标准化设计第二批定型图》《油气藏型储气库标准化设计定型图通用部分发布文件目录》。

【地面建设重点工程】 2021年，确立油田产能、气田产能、油气管道、提质增效及老油气田改造、页岩气/煤层气、储气库、新能源等7大类56项重点工程。重点地面项目有序推进，确保按期投产。重点工程建成投产为实现油气产量目标、天然气冬季保供和提质增效打下坚实基础。

油田产能建设重点项目9项：华北吉兰泰、南方福山油田莲4凝析气藏与莲21高含二氧化碳气藏协同开发先导试验二期，塔里木富满、新疆吉木萨尔、长庆庆城长7页岩油、长庆合水、长庆马岭等产能建设工程，新疆克拉玛依七中区砾岩二元驱、辽河油田庙5空气火驱先导试验等开发试验工程。

天然气产能建设项目5项：长庆苏里格气田、靖边气田、长庆神木气田等产能建设工程，塔里木博孜—大北天然气产能建设工程，西南高石梯—磨溪震旦系天然气产能建设工程。

油气管道工程8项：西南威远、泸州区块页岩气集输干线，西南威远—乐山页岩气集输气管道，长庆页岩油外输系统调整，塔里木博孜油气外输管道，塔里木博孜—大北气田油气输送管道，塔里木富满油田开发地面骨架工程，南疆利民管网天然气增压工程，新疆克拉玛依—独山子输油管道增输改造工程。

提质增效与老油气田改造工程14项：塔里木天然气乙烷回收、长庆加热炉燃气替代燃油（煤）（二期）工程，新疆陆梁和石西原油密闭处理与稳定改造工程，青海涩北气田开发调整地面系统适应性改造工程，和田河气田天然气净化及综合利用工程，大庆红压油气处理厂天然气净化工程，西南重庆天然气净化总厂万州分厂产品气质量升级改造工程，长庆原油稳定与伴生气综合利用（三期）工程，新疆采油二厂51号、81号原油处理站密闭改造及原油稳定工程，大庆萨南油田南六区地面优化工程，新疆准东地面改造工程，大港第三采油厂地面调整工程，浙江油田黄金坝、紫金坝地面集输系统优化调整工程，冀东油田NP403X1LP地面系统节能改造工程。

页岩气/煤层气工程3项：西南威远页岩气田50亿立方米产能建设工程、西南泸州页岩气田产能建设工程、煤层气鄂东气田保德区块保8井区1.1亿米^3/年滚动扩边地面工程。

储气库工程14项：辽河双台子一期、长庆苏东39-61、吉林双坨子二期、新疆呼图壁调整工程二期、大港驴驹河、华北文23等储气库工程，大庆四站、吐哈温西一、西南铜锣峡、华北叶县盐穴等先导试验工程，辽河双6、西南相国寺、大港板南、华北苏桥库群储气库等扩容达产工程。

新能源工程3项：冀东山东德州武城地热供暖工程，大庆采油九厂龙一联地区余热、风电、光伏、光热综合利用工程，玉门油田玉门东镇200兆瓦光伏并网发电示范项目。

【项目前期管理】 2021年，以"项目全生命周期效益最大化"为目标，强化地上地下协同优化，地面总体布局、工艺流程、配套系统、设备选择优化，开展技术创新，推广设备材料国产化。全年审批地面工程项目461项（其中可行性研究263项、初步设计198项）、审查率100%，报审投资438.09亿元、审减44.79亿元，审减比例10.22%。其中：一类、二类、三类项目55项，报审投资271.33亿元，审减31.42亿元，审减比例11.62%；四类项目406项，报审投资166.79亿元，审减13.39亿元，审减比例8.03%。

组织编制油气外输、天然气提氦、物联网、数字化交付、智能化油气田等专题"十四五"规划，形成总报告1册、分报告103册。"十四五"规划计划完成石油7520万吨、天然气1751亿立方米产能建设，确保石油10800万吨、天然气1780亿立方米产量目标实现，"十四五"末井、站、管线总量分别为38.77万口、1.73万座、54.11万千米。

组织编制6项地面骨架工程规划：长庆庆城300万吨页岩油和苏里格气田300亿米^3/年天然气地面骨架调整完善工程、新疆玛湖（致密油）和吉木萨尔（页岩油）500万吨、塔里木富满油田400万吨和博孜—大北气田100亿立方米地面总体规划、西南上产500亿立方米地面骨架工程规划，确保"十四五"油气上产和外输畅通。

【标准化设计】 2021年，标准化设计工作继续向更深层次、更高水平发展，基础工作进一步完善，模块化建设取得新突破。

2021年，油气田大、中、小型站场标准化设计覆盖率分别93%、98.5%、99.7%，推广一体化集成装置1579套，替代中小型站场680座。预制化率80%，油气田大型站场一体化模块化建设覆盖率分别为55%和100%，平均缩短建设工期28.2%。节约投资17.48亿元，节省用地4902亩，减少用工6224人。推行标准化设计13年来，累计节约投资179.5亿元，减少新增生产定员44862人，节约用地31502亩。

组织编制标准化设计系列规定42项，其中管理规定14项、技术规定28项，标准化设计定型图由2020年的14类增加到2021年的17类；高效一体化集成装置由2020年的27类、138种增加到30类、151种，推广应用一体化装置1579套，替代680座站场；与常规设计相比，建设工期缩短51%，节省投资15%，节约土地50%。

【数字化建设】 2021年，开展低成本物联网产品研发和技术优选，修订企业标准，并升级为行业标准。

2021年，完成2.1万口井、1560座站场数字化建设，减少一线用工4200人。累计建成数字化井19.4万口、站场2.02万座，井、站数字化覆盖率分别为68%、78%。2275座中型站场、1.69万座小型站场无人值守改造，无人值守率分别为35%、87%；578座大型站场实现少人集中监控，累计减少用工3.6万人。

"油气生产物联网系统示范工程建设与应用"获中国石油和化工自动化应用协会科学技术进步奖特等奖、集团公司科学技术进步奖一等奖。

【企业标准发布】 2021年，发布油气田地面建设标准、规定7项，包括《中国石油化学驱油田地面建设标准化设计技术规定》《中国石油碳酸盐岩油田地面建设标准化设计技术规定》《中国石油页岩气田地面建设第三批标准化设计名录》《中国石油稠油SAGD地面建设标准化设计第二批定型图发布文件目录》《油气田地面工程数字化交付技术规定》《油气藏型储气库标准化定型图通用部分发布文件目录》《中国石油油气田地面建设工程施工图审查管理规定》。

【地面工程科技攻关】 2021年，针对制约油气田地面建设高质量发展的重大问题，加大先进成熟技术推广力度，开展非常规油气田开发绿色高效地面工程技术攻关，组织装置大型化、国产化攻关与应用，研发天然气乙烷高效回收工艺技术、高含有机硫天然气达标处理技术，并取得显著成果。

深化"不加热集油、油井软件量油、气井井下节流、稳流配水和非金属管道"五项成熟技术推广应用，2021年节约投资23.48亿元，节约运行成本1.16亿元。

创新形成低渗透气田"井下节流、中低压集气"和油田"油井数字计量、串接集油"的低成本非常规油气集输工艺，该项技术获中国石油和化学工业联合会2021年度科学技术进步奖一等奖。

储气库集注站采气装置单列规模由750万米^3/日增加到1800万米^3/日；储气库大功率高压离心式和天然气处理厂多股流、高压大功率冷箱实现国产化，第一批储气库采用往复压缩机，最大排量200万米^3/日，最大功率4.5兆瓦；双台子储气库选用国产离心压缩机，单台排量800万米^3/日，电机功率30兆瓦，压力28兆帕，排量是往复压缩机的4倍，节省投资20%，节省建筑面积50%，运行时率高、维护成本低、操作更方便。

研发形成"丙烷（混合冷剂）预冷+膨胀机制冷+RSV"高效乙烷回收工艺技术，分别用于塔里木油田乙烷回收工厂和长庆油田上古天然气处理总厂；乙烷设计收率均为92%，投产至2021年底生产乙烷80.52万吨、液化气56.8万吨、轻烃17.8万吨，实现利润12亿元。

研发COS水解催化剂、有机硫全脱型脱硫剂与工艺包，应用于龙王庙净化厂、万州净化厂天然气气质升级及尾气排放达标改造工程，减少工艺包及脱硫剂引进费3500万元，占工程总投资20%。

【地面建设竣工验收管理】 按照集团公司按期完成建设项目竣工验收的工作要求，2021年勘探与生产分公司按计划完成326个项目竣工验收，其中二类项目 10 个、三类项目 31 个、四类项目 285 个，完成率 100%。其间，消除不合规事项，完成 577 个环保、安全、水土保持、土地利用、消防等专项验收，消除违规、违法事项，减少企业外部纠纷和干扰，使企业轻装上阵转入正常生产经营，同时维护中国石油的社会声誉。

10 个二类竣工验收项目：西南油气田相国寺储气库配套管道工程、高石梯—磨溪区块应急净化装置工程，长庆油田第七采油厂 2018 年 53 万吨产能建设地面工程、页岩油项目组 2018 年 50 万吨产建地面工程、第一采气厂 2018 年 23.5 亿米^3/ 年产能建设地面工程、第二采气厂 2018 年 27 亿米^3/ 年产能建设地面工程、第三采气厂 2018 年 22 亿米^3/ 年产能建设地面工程，新疆油田克拉美丽气田增压及深冷提效工程、玛河气田增压及深冷提效工程、风城油田吞吐开发区密闭集输改造二期工程。

（班兴安　苗新康）

海洋工程

【概述】 2021 年，辽河、大港、冀东三个海上油田生产原油 189.92 万吨、天然气 3.90 亿立方米。海上自营油田生产原油 106.1 万吨、天然气 3.83 亿立方米（表 11）。海上对外合作区块油田生产油 83.82 万吨、天然气 685 万立方米（表 12）。

表 11　2021 年海上自营油田原油、天然气产量

时　间	辽河海上		大港海上		冀东海上		合　计	
	原油（万吨）	天然气（亿立方米）	原油（万吨）	天然气（亿立方米）	原油（万吨）	天然气（亿立方米）	原油（万吨）	天然气（亿立方米）
2021 年	9.55	0.16	29.45	2.21	67.1	1.46	106.1	3.83
2020 年	9.6	0.22	28.46	2.62	78.3	1.76	116.36	4.60
同比增减	–0.05	–0.06	0.99	–0.41	–11.2	–0.3	–10.26	–0.77

表 12　2021 年海上对外合作区块油田原油、天然气产量

时　间	月东	赵东		合　计	
	原油（万吨）	原油（万吨）	天然气（万立方米）	原油（万吨）	天然气（万立方米）
2021 年	49	34.82	685	83.82	685
2020 年	43.02	44.48	584	87.50	584
同比增减	5.98	–9.66	101	–3.68	101

截至 2021 年底，中国石油环渤海滩浅海矿区内建人工岛（井场）22 座、固定钢平台 11 座、海底管道 92.1 千米、海底电（光）缆 120.06 千米。

【海上油气上产】 2021 年，按照国家大力提升油气勘探开发力度的要求，中国石油继续加大海上油田勘探开发的工作力度。

1. 大港海上埕海新区Ⅰ期项目

2021 年，完成埕海 1-1 平台主体海上安装、12 千米混输与注水管道铺设和 17.5 千米 35 千伏光电复合缆铺设。项目总体进度完成 96.6%，包括主要设备设施 166 台套、电缆 15 万米、工艺管件与阀门 3.1 万件。截至 2021 年底，平台处于海上连接与调试阶段。里程碑事件：5 月完成平台全部专业施工图评审，9 月 9 日完成下部基础与南侧井口平台海上安装，10 月 17 日上部组块完成陆地建造与调试，装船出海，11 月 6 日东西模块与生活楼海上就位完成。

多措并举保障海上老区增产稳产。开展油田精细油藏描述及有利目标区评价、油藏压力分布与安全注水界限参数、断层封闭性及稳定性评价等上产稳产项目研究。年度完钻新井 12 口，总进尺 2.58 万米，实现水平井油层钻遇率 98%，新建产能 11.2 万吨，在 C/D 平台实施的新井初期日产油 550 吨。利用数值模拟方法优化分层配注方案，实施油井转注、补层、油水井酸洗、动态调控 79 井次，实现日增注水 3420 立方米，累计增油 9000 吨。

2. 冀东南堡 1-29 储气库先导试验

冀东南堡 1-29 储气库位于河北省唐山市南堡外浅滩，距曹妃甸西北约 20 千米，主要功能为季节调峰，目标市场为京津冀地区。冀东南堡 1-29 储气库整体建成后有效库容量 18.9 亿立方米，有效工作气量 8.4 亿立方米。

南堡 1-29 储气库先导试验主要建设内容：先导试注规模为 130 万米^3/日。NP1-2D 利用 3 口老井作为试注试采井，同时新建 1 口水平井。配套新建注采阀组 4 套、单井计量橇 1 座及井口电加热器。新建过滤分离器 2 台、利旧中国石油双坨子闲置压缩机组 1 台、租赁压缩机 4 台、租赁增压机 2 台。配套新建 1 具闭式排放罐、新建 1 具放空筒、利旧 1 具仪表风储罐。利旧南堡联合站新建外输计量汇管至 NP1-1D 平台 D711 天然气管道联络管道和 NP1-1D 平台至 NP1-2D 平台 D355 供水管道联络管道。

2021 年 3 月 19 日，南堡 1-29 储气库先导试验方案获勘探与生产分公司批复。4 月 23 日，地面工程初步设计获勘探与生产分公司批复。3 月 5 日，完成施工图 A 版。8 月 11 日，完成冀东南堡 1-29 储气库先导试验工程（补充设计）施工图 A 版。

6 月 16 日，南堡 1-29 储气库 4 台租赁压缩机（5 万米^3/日）开始注气投产。10 月 1 日，普帕克压缩机组试运行投产。10 月 19 日，增注压缩机投产。南堡 1-29 储气库先导试验工程注气能力 130 万米^3/日，2021 年注气 8112 万立方米。

3. 冀东南堡堡古 2 储气库先导试验

冀东南堡堡古 2 储气库位于冀东油田堡古 2 平台，设计有效库容 18.61 亿立方米，垫底气量 9.7 亿立方米，工作气量 9.03 亿立方米。

堡古 2 储气库先导试验主要建设内容：先导试验注气 15 万米^3/日，注气结束后利用 24 口老井排液采气。老井试注试采 3 口，新钻注采井 1 口，老井处理 2 口。新建 4 条注气管道和 4 条采气管道，租赁 5 台压缩机组，新建压缩机配套流程和试注试采设施，安装放空、排污等生产辅助系统。

2021 年 3 月 18 日，勘探与生产分公司下达《关于冀东堡古 2 储气库先导试验方案的批复》；4 月 23 日，下达《关于冀东堡古 2 储气库先导试验地面工程初步设计的批复》；4 月底完成施工图 A 版设计；5 月 27 日投产 3 台压缩机，实现 15 万米^3/日注气能力。

堡古 2 储气库先导试验地面工程共投产压缩机 5 台，注气井 4 口，形成 40 万米^3/日的注气能力，2021 年注气 2139 万立方米。

4. 冀东南堡 NP1-3 区块 Nm-Ed1 滚动开发项目

项目暂停。

5. 北部湾盆地 23/29 合作区

地震资料处理。2021 年 6 月上旬，联管会组织验收组对 23/29 区块三维地震资料处理项目和资料处理监督项目进行验收，确认处理单位按合同要求完成地震数据的处理工作。

地震资料解释。8 月下旬，联管会组织验收组对东方地球物理勘探有限责任公司海洋物探分公司承担的 23/29 区块三维地震资料解释项目进行验收。

地质研究方面。11 月，通过地质与工程相结合，完善福海 1x 井的新轨迹优化及钻井地质设计。完成三维区地震资料解释，构造、沉积地层条件分析，开展油气成藏条件研究，评价优选 3 个有利目标，初步提出 2022 年探井部署建议。

钻井方面。完成福海 1x 井设备动迁及安装、材料采购、钻前工程、设计方案及施工方案审查、钻井工程启动保障会、资质审核、承包商准入、井控风险评估、电代油服务等开钻前准备工作。

采办方面。11 月底，完成福海 1X 井 11 项合同的编制并提交合作双方进行审批。

资金计划方面。编制并上报第五批投资计划，对于福海 1X 井，申请调减常规石油预探探井 1 口、进尺 0.5 万米及投资，同时申请增加风险勘探钻井 1 口、进尺 0.59 万米及投资。编制 2021 年合同区工作计划和预算调整方案和 2022 年合同区工作计划和预算调整方案并报送中国海油。累计确认三维地震项目工作量 100%。

【人工岛分级管理】 2021 年，海上油气生产设施（人工岛、钢平台、海管、海缆）总体运行在役状态安全、稳定、可控。按照《滩海人工岛构筑物管理规范》（Q/SY 18003—2017），对人工岛和进海路分级管理，路岛设施基本为一级、二级状态。

路岛安全监测。辽河油田、冀东油田和大港油田组织以人工岛、进海路等油气生产设施在位稳定状态进行检测和监测，包括沉降位移变形监测等方面。整体趋于稳定，局部存在沉降位移，总体可控，需持续监测。

【海底管道完整性管理】 2021 年，冀东油田组织完成 2 条海底混输管道内检测，对于发现有较重缺陷管道处，组织开挖验证。开展海底混输管道风险评价，包括腐蚀成因分析、适用性评估、综合风险评估以及完整性效能评价。

大港油田开展海底混输管道和注水管道内检测，依据检测评价结果完成 173 个金属损失点、4 个环焊缝异常点腐蚀情况验证及补强修复工作，经完整性评估确保管道安全运行。针对外检测发现的管缆交叉、近平台端冲刷、埋深不足裸露等问题，已完成综合治理研究，通过中国船级社 CCS 批准开展现场施工整治。

【海洋工程标准体系建设】 2021 年，完善海洋工程标准体系，完成集团公司企业标准修订，分别为《滩浅海海底管道检测技术规范》《海底管道混凝土配重层技术规范》。

参与《海洋石油安全生产监督管理规定》《应急管理部海洋石油安全生产监督管理办公室工作规则》《海洋石油生产设施（固定平台）安全风险评估指南（试行）》和《海洋石油天然气开采安全规程 第 4 部分滩海》等法规、标准的研讨与审查工作。

【专题技术研究】 依靠科技引领和保障，提高海上设施本质安全管理水平。2021 年，针对中国石油滩海油田实际生产中出现的技术难题和安全隐患，以为生产服务、安全环保为目标，组织开展滩海人工岛构筑物在役状态评估关键技术研究和吹填砂人工岛局部失稳维护技术研究等 2 项专题技术研究，对保障设施安全平稳运行具有指导保障作用。

冀东油田组织开展滩海吹填地基运行期稳定性评价与对策研究，以评估冀东南堡油田吹填地基长期服役稳定为目标，分析影响吹填地基长期稳定的因素，建立海洋环境下滩海吹填地基变形稳定的数值计算模型，深入分析软弱下卧层影响、涨落潮和降雨渗流影响、设备振动影响。研究滩海吹填砂地基长期沉降特点，建立滩海地基长期服役稳定性评估方法，提出控制措施，为滩海设施隐患治理与安全预防提供科学依据和技术支撑。

加快推进油藏数字化、智能化建设，完成赵东平台生产测试数据实时监控、电泵运行实时监控等重点信息化项目，完善生产数据智能分析与预警设计，为科学决策提供支撑。

【冬季冰情预报和监测】 做好冬季冰情预报和监测工作。动态掌握冰情信息，从国家海洋预报中心动态发布、实时通过传真、邮件和短信等方式获取渤海湾冰情信息，指导冬季油田海上安全生产。2020—2021 冬季渤海冰情为 2.5 级，海上油气生产运行正常。

（苏春梅　沙　秋）

新　能　源

【概述】 2021 年，勘探与生产分公司响应国家“双碳”目标和集团公司“清洁替代、战略接替、绿色转型”三步走战略部署，积极推进新能源新产业各项工作。2021 年建成新能源项目 24 个，新增清洁能源利用量 41.3 万吨标准煤，新增地热供暖面积 892 万平方米、对外清洁电力光伏装机 20 万千瓦、对内清洁替代新增光伏发电装机 5.75 万千瓦及余热装机 1.79 千瓦。累计建成地热供暖能力 1516 万平方米、光伏风电装机 28.8 万千瓦、余热装机 9.09 万千瓦，累计建成新能源利用规模 57.42 万吨标准煤 / 年。

【“十四五”新能源规划编制】 2021 年，编制完成勘探与生产分公司《新能源新产业“十四五”发展规划》及《地热业务“十四五”专项规划》《油气田生产用能清洁替代“十四五”专项规划》《上游清洁电力“十四五”规划》《天然气提氦“十四五”专项规划》和《CCUS-EOR“十四五”专项规划》等 5 个专项规划。

《勘探与生产分公司新能源新产业“十四五”发展规划》明确新能源和新产业发展布局：新能源立足 3 类能源（地热、风能、太阳能），瞄准 2 个方向（对外供能、清洁替代），开拓 3 大市场（生产用能替代、清洁供暖 / 制冷、清洁电力外供）；新产业布局两大战略资源，开拓两大减碳产业（氢能、CCUS）。到“十四五”末，新能源开发利用总量折合标准煤 1172 万吨 / 年，地热供暖 15000 万平方米、制冷面积 500 万平方米，对外清洁供电装机容量 843 万千瓦，油区生产用能清洁替代折合标准煤 263 万吨 / 年；绿氢产能达到 5 万吨 / 年，CCUS 年注入二氧化碳 500 万吨左右，年埋存二氧化碳 400 万吨左右。

启动六大基地建设。京津冀地热供暖示范基地。“十四五”规划目标建成地热供暖 / 制冷面积 8000 万平方米。2021 年在推进矿权区内地热能开发利用规模的同时，努力开拓北京市地热供暖市场，两个项目进入可行性研究报规阶段。建成地热供暖 / 制冷项目 5 个，增加供暖面积 657 万平方米，累计地热供暖 / 制冷面积 1261 万平方米，折算年替代天然气 2.18 亿立方米，折合 29 万吨标准煤、减排二氧化碳 75.4 万吨，为京津冀蓝天保卫战和冬季天然气保供贡献力量。

吉林绿色协同发展示范基地。发挥区位风光资源优势，依托集团公司和政府支持，实现油、热、电绿色协同发展，“十四五”规划 600 万千瓦清洁电力装机，并开展对内清洁替代和 CCUS 等工作，预计“十四五”末，实现年减排二氧化碳 1570 万吨、注入二氧化碳 138 万吨。2021 年，大情字联合站清洁能源综合利用工程以区域内地热 / 余热替代生产用热为主、风光发电替代网电为辅的技术路线，探索老油区绿色低碳发展路径，组织初步设计和工程建设；15 万千瓦自消纳风光发电项目完成开工建设的前期工作；55 万千瓦上网风力发电项目优化完善可行性研究方案，为 2022 年建成投产奠定基础。

大庆绿色低碳可持续发展示范基地。“十四五”规划新能源装机规模 200 万千瓦以上，新能源储能能力 20 万千瓦，年埋存二氧化碳 100 万吨以上，清洁能源替代率 20% 以上。2021 年，以葡二联和龙一联两个清洁替代先导示范项目为抓手，探索风电、光电、地热、余热和光热多能互补的清洁生产模式；组织头台油田茂 8 区块地下换热功率数值模拟、地热能力利用方式和压裂工艺改造的前期试验，攻关解决低渗透储层地热利用的技术瓶颈；加快推进星火水面光伏和喇嘛甸油田低碳示范区建设方案编制。

青海清洁电力生产基地。“十四五”期间，规划建设 600 万千瓦光伏、120 万千瓦气电、75 万千瓦储能设施。完成英东作业区 6.9 兆瓦分布式光伏电站建设，为后续光伏规模化开发积累经验；青海油田典型区块清洁替代先导示范区建设项目完成可行性研究方案编制。

玉门清洁转型示范基地。“多能互补一体化”项目建设实现电、氢业务快速起步，“十四五”规划清洁电力建成装机 1000 万千瓦、绿氢产能 5 万吨 / 年，率先建成千万千瓦级清洁电力基地。2021 年 12 月 28 日，玉门油田东镇 20 万千瓦光伏发电项目并网发电；可再生能源制氢项目和气光融合清洁替代示范项目通过发展计划部审查，待正式批复后组织实施。

新疆绿色能源产业化发展示范基地。完成新疆绿色能源产业化发展示范基地建设规划，依托新疆区位与自然资源优势，发挥驻疆企业产业集群特点，统筹考虑风电、光电、光热、氢能等新能源开发利用，“十四五”期间，将建成吐哈、准噶尔和塔里木盆地三大清洁电力供应中心，清洁电力装机达到 1210 万千瓦，年发电量 298 亿千瓦 · 时。

【地热供暖】 2021 年，建成投产地热供暖项目 6 个，增加供暖面积 892 万平方米，累计建成供暖项目 31 个，供暖能力 1516 万平方米，实现清洁替代 40.8 万吨标准煤 / 年。

华北油田建成地热供暖项目 2 个，容东片区供热（冷）项目建设运营管理服务项目新建中深层地热井 44 口，其中完工 17 口，正钻井 4 口；浅层井设计 1000 口，完成 657 口；2021 年建成 590 万平方米供暖面积。霸州市华隆矿区油田余热供暖扩建项目完钻地热井 2 口，新增供暖面积 4.59 万平方米。任丘市万锦新城与石油新城（二期）地热供暖项目总供暖面积 78.76 万平方米，处于施工建设阶段。

冀东油田建成地热供暖项目2个，山东德州市武城县地热供暖项目新钻26口地热井，供暖面积235万平方米，2021年11月6号投产。曹妃甸新城地热供暖项目（二期）完钻井15口，完成高热8、高热10两个平台基础工程，新增地热供暖56万平方米。

大港油田建成地热供暖项目2个，第五采油厂院区浅层地热供暖制冷工程项目（1.8万平方米）和勘探开发研究院院区浅层地热供暖制冷工程项目（4.65万平方米）。

【风光发电】 2021年8月，玉门油田份率先争取到酒泉市"十四五"第一批20万千瓦光伏发电上网指标，玉门东镇20万千瓦光伏并网发电示范项目总投资7.4亿元，设计年均发电量约4亿千瓦·时，相当于年产8.5万吨原油的陆上"油田"，年可节约标准煤11.34万吨、减排二氧化碳28.4万吨，电站光伏装机交流侧容量200兆瓦、直流侧容量242.61兆瓦，共安装540峰瓦单晶PERC双面双玻光伏组件45万块，配套新建1座110千伏升压站，43天完成项目前期各项工作，60天完成主体工程建设，12月28日并网发电，成为集团公司单体装机容量最大的集中式光伏并网发电站，标志着中国石油大规模外供清洁电力的新突破；吉林油田11月获吉林省70万千瓦风光发电指标，年内建成3兆瓦光伏并网发电。

【清洁能源替代】 生产用能清洁替代主要利用地热、余热、太阳能、风能、生物质能、压差能等替代油气生产中原油、原煤和天然气的消耗。2021年，新增清洁能源利用量6.23万吨标准煤，减排二氧化碳16.20万吨。

辽河油田欢三联地热利用项目2021年6月建成投产，利用8口长停井改造为地热井，4采4灌2备用，同层回灌；新建2台吸收式热泵，总供热负荷14.86兆瓦，光伏装机规模2.8兆瓦；实现年替代天然气931.5万立方米，占原用气量的71%，折合1.21万吨标准煤，减排二氧化碳1.88万吨，清洁替代率58.2%。大庆油田龙一联地区清洁能源综合利用工程、葡二联地区小型分布式电源集群应用示范工程、吉林油田大情字联合站辖区清洁能源综合利用工程、冀东南堡油田清洁能源先导示范项目、高尚堡河西区块清洁能源利用工程、华北大王庄油田清洁替代项目、辽河高升稠油区块清洁替代项目等重点工程进展顺利。

上游全过程清洁低碳行动。要求各油田在勘探开发过程中的每项工作、每个环节，都要进行瘦身和清洁替代，并加强减碳措施的系统性研究、示范和规模推广。专项行动以低碳示范、低碳建产、天然气提高商品率、原油提高商品率、"电代油"、节能瘦身、清洁替代和减碳工程等9大工程为抓手，23项指标为评估依据，加快实现油田生产全过程的清洁低碳化。截至2021年底，16家油（气）田向勘探与生产分公司上报各家全过程清洁低碳行动控制指标表。23项指标中有15项超额完成、6项达标、3项未达标。

油气田低碳示范区建设。2021年9月下发《关于编制油气田企业低碳示范区建设方案的通知》要求，各油田公司组织开展低碳示范区建设方案的编制。通过采用"优化简化、清洁能源利用、负碳技术"三步法以经济效益为前提实现零碳或低碳目标。10月组织专家进行方案集中审查，并组织编制"低碳示范区建设方案编制大纲"；16家油气田上报低碳示范区建设方案31个，清洁能源装机量1.11吉瓦，清洁利用90.28万吨标准煤，总减排二氧化碳268.68万吨。

【管理体系建设】 2021年5月在华北油田召开新能源工作推进会，2021年7月在辽河油田召开新能源半年工作会议。通过推进会和半年工作会议和现场参观，总结工作，交流经验，找问题和差距，落实工作目标和工作措施。

组织机构建设。各油气田企业成立专业机构或领导机构，负责组织实施新能源新产业相关工作。筹建勘探与生产专标委新能源分标委。已初步完成筹建方案，确定职责、专业组、委员组成等。

绩效考核正向激励。在油气田企业主要领导三年任期绩效考核中，增加新能源绩效考核指标，发挥绩效考核激励导向作用。加大对外清洁供能的权重，鼓励油气田企业积极开拓外部市场。

方案审查规范合规。严格遵守集团公司项目前期工作管理有关规定，严把方案审查关。2021年完成项目可行性研究审查28个、项目批复13个，在审项目15个。

管理制度完善。组织编制上游新能源利用模拟市场交易管理办法、清洁电力项目管理规定、光伏和风电项目可行性研究报告编制规定。组织开展新能源业务对标分析，本着找差距、找原因、定对策、促提升的目的，分地热供暖、清洁电力和余热利用3个业务领域开展对标分析，华北基岩和冀东砂岩热储水量大、水温高、单位投资成本较低，玉门东镇20万千瓦光伏项目度电成本较低，提高新能源项目的方案论证、设计建设和运行管理水平。

科研管理创新务实。按照突出重点领域、聚焦核心技术攻关、明确依托工程、杜绝重复立项等原则，强调工业化和产业化，重点围绕新能源和伴生资源利用科技工程开展工作。2021年科研课题重点组织油气田清洁能源利用、地热、伴生矿、氢能、储能/新材料和煤炭地下气化等领域的科技攻关和战略研究，为集团公司双碳战略及政策研究发挥决策参谋主力军作用。

模拟市场交易筹划启动。创新设计新能源内部模拟市场交易的运行机制与流程，2021年进行油气田企业间的新能源模拟市场交易桌演，2022年正式施行，通过经济杠杆统筹协调油气田企业间新能源利用力量。

（苏春梅　沙　秋）

储气库

【概述】 2021年，储气库业务继续深入贯彻落实国家关于加快天然气产供储销体系建设的一系列工作要求，按照集团公司储气库“达容一批、新建一批、评价一批”总体规划部署思路，重点围绕储气库生产与运行、建设与评价、技术攻关、标准体系建设及业务合资合作等五方面工作，积极推进，完成年度既定工作任务，实现储气库整体工作气量139亿立方米目标（全口径，且含先导试验库），同比新增工作气量15亿立方米，增长12%，高月高日储气库最大采气量15734万立方米，同比新增采气量2351万立方米。

【储气库建设】 2021年，实施储气库建设项目22个，其中在役库扩容达产项目5个、新库建设项目7个、先导试验项目10个；整改及隐患治理项目4个。计划完钻井85口，老井处理36口，实际完钻井154口，处理188口，三维地震采集469平方千米，地面处理能力新增3000万米^3/日。其中：双台子储气库群（一期）1800万米^3/日采气处理装置建成投运，新增调峰能力1400万米^3/日；呼图壁调整工程（二期）1200万米^3/日采气处理装置建成投运，新增调峰能力200万米^3/日；相国寺储气库新增调峰能力400万米^3/日；苏桥储气库群新增调峰能力300万米^3/日；四站、双坨子储气库主体工程建成，注采气系统试运投产，文23储气库注气系统投运。

【储气库注采运行】 2021年，11座在役储气库群注气109.43亿立方米，同比增加24.4亿立方米（表13）；11座在役储气库群年度（自然年）采气95.69亿立方米，同比增加9.82亿立方米（表14）。

表13　2021年中国石油在役储气库注气量

亿立方米

时　间（自然年）	大港大张坨	华北京58	江苏金坛	江苏刘庄	新疆呼图壁	西南相国寺	辽河双6	华北苏桥	大港板南	长庆陕224	辽河雷61	合　计
2021年	17.28	4.02	7.16	0.71	23.43	19.06	18.06	11.44	3.17	3.41	1.69	109.43
2020年	14.69	3.05	6.28	0.76	18.36	13.66	10.76	10.64	3.49	2.76	0.54	84.99
同比增减	2.59	0.97	0.88	–0.05	5.07	5.40	7.30	0.80	–0.32	0.65	1.15	24.44

表 14　2021 年中国石油在役储气库采气量

亿立方米

时间（自然年）	大港大张坨	华北京 58	江苏金坛	江苏刘庄	新疆呼图壁	西南相国寺	辽河双 6	华北苏桥	大港板南	长庆陕 224	辽河雷 61	合计
2021 年	15.49	3.42	4.6	0.58	19.93	14.81	20.72	10.29	2.98	2.72	0.15	95.69
2020 年	14.25	3.14	6.93	0.68	21.78	15.54	9.69	8.24	3.04	2.58	0	85.87
同比增减	1.24	0.28	−2.33	−0.10	−1.85	−0.73	11.03	2.05	−0.06	0.14	0.15	9.82

（李　彬）

油气勘探开发科技信息

【概述】 2021 年，深入贯彻党的十九大、十九届历次全会精神，贯彻习近平总书记关于科技创新和数智化转型的重要论述，编制油气与新能源中长期科技发展规划，发挥科技“支撑当前、引领未来”的作用。贯彻落实集团公司科技与信息化创新大会精神，制订行动方案，确保集团公司党组决策落地生根。紧密围绕“提质增效、转型升级、高质量发展”核心目标，遵循“价值导向、战略引领、创新驱动、平台支撑”总体原则，持续完善创新体制机制，推进科技创新，开展数字化转型、智能化发展工作，推进“油公司”组织运营模式转型，全力抓好关键核心技术攻关，支撑油气与新能源业务高质量发展。

【科技管理】 2021 年，组织编制油气与新能源中长期科技发展规划。集团公司党组部署，首次编写集团公司中长期科技发展规划。由勘探与生产分公司牵头，组织勘探开发研究院、经济技术研究院、工程技术研究院、安全环保院、规划总院、中油国际、工程技术分公司、东方物探、中油测井、昆仑数智等相关单位，编制油气与新能源中长期科技发展规划。针对油气勘探开发、新能源新产业和工程技术面临的挑战，总结出 18 个科学问题、10 个方面的技术问题和 8 个工程问题，提出部署 14 项基础研究、68 项关键核心技术、16 项重大科技工程的建议。9 月 10 日，股份公司副总裁孙龙德主持召开专家咨询会，听取院士专家意见，形成规划建议稿，提交集团公司科技与信息化创新大会讨论。

贯彻落实集团公司科技与信息化创新大会精神，制订行动方案，部署科技攻关工作。落实集团公司油气与新能源中长期科技发展规划和“十四五”科技规划，围绕油气和新能源主营业务需求，设立 10 大科技工程，统筹安排研究、现场试验和推广应用，针对生产实践中凝炼的科学技术难题，建立科技项目群，按照三级科技创新管理体系，分为重大科技专项、勘探与生产分公司重点科技项目和油气田企业科技项目，统筹推进科技攻关，并进行三级科技投入预算。

编制勘探与生产分公司 2021 年科技计划并组织实施。落实勘探与生产“十四五”科技发展规划，紧密围绕重点工作部署，坚持业务主导，2021 年安排项目 21 个，课题 170 个，其中在研课题 67 个、新开课题 103 个，投资预算 25835 万元。加强合规管理，组织开题论证、中期检查和验收，新开课题进行“三新”认定，“三新”课题占 98%。

加强顶层设计，推进 3 个重大工程科技创新专项立项论证。立足支撑当前，突出业务主导，聚焦重点领域，突出关键核心技术攻关，解决制约主营业务发展的重大技术瓶颈，强化科研与生产紧密结合，推进科研成果快速转化为现实生产力，强调工业化、产业化和规模效益产出。组织有关油气田企业调整重大工程科技创新专项设置，由 8 个专项调整为 10 个。完成“大庆古龙页岩油勘探开发理论与关键技术研究”专项开题论证，组织第三方审查经费预算；完成“储气库高效建设与安全运行关键装备与技术研究”专项立项建议和顶层设计专家咨询；组织编写“大幅度降低原油开发成本关键技术集成研究与试验”专项立项建议及顶层设计。

推进研发费用投入考核工作。统一研发费用投入统计口径，2021 年 16 家油气田企业研发费用投入 86.6 亿元，同比增加 12.05 亿元。

推进技术成果共享和转化应用。编制并印发《中国石油勘探与生产分公司技术共享指导意见》，为油气田企业搭建技术交流平台，促进技术互通、共享。4 月 22 日和 5 月 19 日，组织两次视频培训，宣贯《集团公司科技成果转化创效奖励办法（试行）》，解读科技成果创效奖励政策。2021 年 11 家油气田企业共推广新技术新产品 76 项，完成转化增值 3.51 亿元，助力提质增效。

【信息化管理】 持续夯实数据湖与云平台基础。（1）数据湖的建设与应用，构建上游数据资源目录、数据资产目录，落地区域数据湖，支撑数字化转型试点建设。进一步推进数据入湖，以数据湖支撑上层业务应用，构建上游统一开放的数据服务出口，合计提供 7000 余个数据服务接口，为协同研究平台、勘探项目投资管理等 100 余个应用提供 3 亿多次数据访问服务。（2）技术平台建设与应用，升级技术底台、构建业务服务中台，为促进信息孤岛集中治理奠定平台基础，支持专业软件按租赁与服务计量模式云化共享应用。通用底台提升硬件资源利用率 30%，服务中台公共组件复用降低采购成本 20%，云原生及服务中台共享能力提升开发效率 30%。（3）大力开展专业软件云化应用相关工作，降低专业软件采购成本，提高许可利用率，提升协同研究环境专业软件支撑能力，已取得阶段性成果。（4）勘探开发梦想云代表中国石油数字化转型智能化发展的核心成果成功亮相中国国际服务贸易交易会，获得国内外业界的关注和好评；勘探开发梦想云参加第三届中国工业互联网大赛，在全国总决赛中获得“领军组”第 3 名，获二等奖，成为大型企业数字化转型典范。

加大物联网建设力度，夯实数字化基础。2021 年完成 3.67 万口井物联网部署和 3478 座站场数字化建设，累计完成 19.4 万口井（占比 68%）和 2.02 万座站场（占比 78%）的数字化覆盖，实现无人值守的大中型站场 225 座（占比 35%），小型站场 1328 座（占比 87%）。实现长庆、西南、塔里木等 12 家油气田数字化全覆盖，减少一线用工、优化组织架构，长庆油田减少约 1.5 万人、新疆油田减少约 0.11 万人。

强力推动数字化转型试点建设。按照集团公司总体部署，先后开展塔里木、西南、大港、大庆 4 家试点油气田方案编制和转型试点建设实施工作，在基本完成 2021 年转型建设任务的同时，优化编制 2022 年转型工作方案。塔里木油田已正式开展转型建设实施，西南油气田、大港油田在持续优化方案、开展初步示范，大庆油田持续优化完善建设方案。为进一步促进转型试点建设、发挥示范作用、形成可复制可推广成果，组织专题研讨会，总结交流建设经验、查找问题与不足、分享场景建设及应用成果，逐步建立数字化转型体系和标准规范，指导高效开展、落到实处。

提质增效，持续加强业务应用建设。采油与地面工程运行管理系统（A5）2.0 建设，按期完成全部建设任务并正式上线运行，促进采油与地面工程业务全覆盖，提高工作效率和管理水平。原油产销综合管理系统，完成全部建设任务，保障原油结算工作顺利开展。勘探开发项目投资管理信息系统，初步完成数据聚集和标准化，单井数据采集应用完成开发与测试等，在大港油田上线试运行。油气水井生产管理系统（A2），新增天然气开发单元管理功能，扩充煤层气、页岩气管理业务。矿权储量系统，实现全线上矿权登记、年检和地质资料汇交，支撑储量评审，为储量区块动态化管理奠定基础。地面工程模块，已完成全部模块建设，支撑从年度管理向季度、月度、周度的精细化生产管理，提升数据检查工作效率 50% 以上，提高数据质量。生产运行数据统一采集模块，实现数据源头唯一、避免重复采集、深化数据应用、提升数据质量，加强数据共享与协同能力，有效支撑集团公司生产运营管控能力。委托大港油田完成油田开发领域顶层设计实施方案编制，全面梳理油气开发管理、协同研究两大领域的业务流、数据流，提炼、归纳共性需求，形成油气田开发领域通用应用及服务目录实施方案，指导“十四五”开发领域信息化建设工作。

战疫情、保安全、强培训、稳运行。应对新冠肺炎疫情给生产、研究等业务带来的不便和影响，以信息化手段支撑业务高效率、低成本运行。日常管理中加强应急演练，配合完成2021年度护网等网络安全保障相关工作。举办第五期油气田信息化技术与管理培训班，各油气田企业、勘探院等15家单位信息管理与技术人员66人参加。完成A1、A2、A5、A6、A8、D2、A11等7个信息系统运维工作，在持续强化信息安全、确保平稳、高效运行的同时，持续提高已建信息化系统的功能及性能，促进业务应用。

（方　辉　丁建宇）

炼油化工与新材料

综　述

【概述】 中国石油是国内第二大成品油生产商和石油化工产品供应商。炼油与化工业务是中国石油产业链承上启下、增值创效的重要环节，为上游生产后路畅通和下游产品市场供给提供保障，是提高中国石油竞争力的重要领域。中国石油天然气股份有限公司炼油与化工分公司（简称炼油与化工分公司）主要负责中国石油的炼油、化工生产和化工产品销售业务的管理。2020 年 6 月，为优化生产经营管理，适应炼化业务转型升级，促进炼油小产品和润滑油产销业务高质量发展，股份公司决定将中石油燃料油有限责任公司（简称燃料油公司）和润滑油公司由销售公司调整到炼油与化工分公司，业务上由炼油与化工分公司归口管理。塔里木石化和独山子石化业务重组。炼油与化工分公司归口管理单位由 31 家变为 33 家，包括 25 家炼化企业、6 家化工销售公司、燃料油公司及润滑油公司，业务指导 4 家油田炼化企业。

2007 年以前，炼油与化工业务分立运行，其间，完成兰州、大庆地区炼油业务的整合，庆阳石化、宁夏石化划归中国石油；2007 年，炼化和销售业务重组整合，形成炼化一体化发展格局；2008 年，10 家炼化上市企业、未上市企业重组整合，上市和未上市业务实现统一管理；2009 年，收购未上市炼化企业与主业关联度高的资产，突出主营业务，减少重复建设，降低管理成本。同年，大庆油田化工有限公司等油田所属炼化业务纳入炼油与化工分公司业务管理，炼化业务实现在同一管理模式下的集中发展和专业化管理。

2007 年后，统筹国内外两种资源，建立与国内资源和四大战略通道相匹配的炼油化工体系，北方重点是调整结构、优化升级、消除隐患，南方是加快布局、规模发展，相继关停 9 座小炼油厂，关停炼油能力 1105 万吨 / 年，建成大连石化、云南石化、抚顺石化、兰州石化、独山子石化、四川石化、广西石化、大连西太平洋石化、华北石化、吉林石化、大庆石化 11 家千万吨级炼油基地，独山子石化、大庆石化、抚顺石化、吉林石化、四川石化、兰州石化和辽阳石化 7 家乙烯生产基地，乌鲁木齐石化、辽阳石化、四川石化 3 家芳烃生产基地等一批特色炼化企业。

“十三五”期间，按照集团公司《落实油气体制改革意见开展相关专题研究工作方案》部署，研究形成《中国石油炼化业务转型升级规划》；适应新时代中国经济发展由高速增长阶段转向高质量发展阶段要求，落实习近平总书记在辽阳石化视察时的重要指示精神，研究形成《中国石油炼化业务高质量发展规划》；准确把握新发展阶段、新发展理念、新发展格局要求，编制《炼化业务“十四五”发展规划》《炼化公司市场营销工作指导意见》和《落实集团公司营销工作会议精神三年行动实施方案》，确定建成国际知名国内一流化工产品和有机材料贸易商的战略目标。

2021 年底，炼油与化工分公司资产总额 4539.4 亿元，同比增长 3.6%。用工总量 17.34 万人，同比减少 7550 人。

2021 年，中国石油国内炼油能力 2.04 亿吨 / 年，占国内总能力的 22%，位居国内第二、世界第三；乙烯产能 741 万吨 / 年，占国内总产能 17%，位居国内第二、世界第六。

【经营业绩】 2021 年，炼油与化工分公司国内加工原油 1.67 亿吨，生产成品油 1.09 亿吨。保持高效化工装置高负荷运行，生产乙烯 671 万吨、同比增长 5.8%，合成树脂、合成橡胶和化肥产量增长明显。化工产品销售量 3716 万吨，“中油 e 化”系统上线试运行。

经营效益有新突破。账面盈利 473 亿元，创炼化有史以来最好业绩，同比增加 504 亿元；净利润 377 亿元，同比增加 415 亿元，所有生产与销售企业全部盈利。炼油盈利 372 亿元，化工盈利 110 亿元，化工利润刷新历史。净利润超 30 亿元的有 3 家，分别是四川石化、大连石化和大庆石化；20 亿—30 亿元的有 5 家，分别是吉林石化、独山子石化、广西石化、克拉玛依石化和兰州石化。净利润超 10 亿元的企业占总生产企业的 61%。

提质增效有新成效。提质增效效果深入人心，持续深化，全年量化效果 58 亿元。105 户全级次企业，亏损户同比减少 13 户，同比减亏 105 亿元。

技经指标上新台阶。21 项技术经济指标改善，炼油 12 项，化工 9 项。炼油完全加工费同比下降 3.1 元 / 吨，创历史最好水平。综合商品率同比提高 0.3 个百分点，综合能耗同比降低 1.02 千克标准油 / 吨；高密度聚乙烯、线性低密度聚乙烯、聚丙烯和化肥装置能耗物耗均有下降。装置运行平稳率 99.71%，同比提高 0.02 个百分点；二级以上非计划停工同比减少 7 次。

结构调整有新进展。控减汽油、柴油产量，汽油、柴油收率同比降低 2.1 个百分点；汽油、柴油产量比预算少 319 万吨。增产炼油特色产品，生产航空煤油 1128 万吨，同比增加 107 万吨；润滑油基础油 117 万吨，同比增加 13.5 万吨；石蜡增加 19.5 万吨，增长 17%；炼油芳烃增加 72 万吨，增长 24%；炼油丙烯增加 32 万吨，增长 12%。增产适销高效化工产品，合成树脂产量 1088 万吨，同比增加 66 万吨；合成橡胶产量 104 万吨，同比增加 4 万吨；化肥产量 241 万吨，同比增加 25 万吨。生产化工新产品 83 个牌号 37.4 万吨，首产牌号 30 个 9.9 万吨。

发展建设有新成就。长庆、塔里木两套乙烷制乙烯建成投产，当年见效，标志着中国石油承担国家示范工程开车成功，炼化业务转型升级步入快车道。辽阳石化 30 万吨 / 年聚丙烯、大连石化和大港石化烷基化等一批项目建成投运。广东石化炼化一体化项目、吉林石化、广西石化新建乙烯项目等重点工程有序推进。

市场营销有新成果。销售化工产品 3716 万吨，扩销 170 万吨，电商 158 万吨，出口 33 万吨；直销率 69.4%，同比提高 2.6 个百分点；与中国石化“落袋价格”对标缩差 7 亿元。销售低硫保税船用燃料油 145 万吨，同比增加 79 万吨。润滑油公司销售润滑油及车辅产品 178 万吨，同比增加 13 万吨。

深化改革有新作为。稳步推进改革三年行动，33 家企业完成年度计划的 123%。三项制度改革成效超过预期。新建联合车间完成年计划的 260%，压减二级、三级机构完成 210%，退出非主营、低端低效业务完成 161%。

党建工作有新提升。全面贯彻新时代党的建设总要求和新时代党的组织路线，以党的政治建设为统领，统筹组织庆祝建党 100 周年、党史学习教育、全国国有企业党建工作会议精神“回头看”，服务炼化生产经营、改革发展，取得积极成效。推进党建“三基本”建设与传统“三基”工作有机融合，深入开展“我为员工群众办实事”实践活动，基础工作不断增强，工作作风持续转变。

【助力冬奥会】 实施油品质量升级。落实油品保供工作，组织华北石化、大港石化、锦州石化，为北京及周边地区提供更清洁的京ⅥB 标准车用汽油、柴油，助力提升 2022 年北京冬奥会、冬残奥会空气质量。安排哈尔滨石化生产 –50 号低凝柴油 120 吨直供冬奥会。统筹优化协调总部相关部门及相关企业，为企业生产运行平稳、成品油保供做好准备。

提供清洁能源。为增强 2022 年北京冬奥会、冬残奥会期间氢能供应保障，组织华北石化超前攻关、统筹协调，2021 年完成华北石化 2000 米^3/ 时氢气提纯项目和 500 米^3/ 时侧线氢气提纯项目的可行性研究批复、施工和建成。其中：500 米^3/ 时侧线氢气提纯项目 2021 年 12 月 6 日投用，产出纯度为 99.999% 的高纯氢，送至中国石油金龙综合能源服务站，为“相约北京”测试赛提供清洁能源；2000 米^3/ 时氢气提纯项目 2021 年 12 月 10 日建成中交，24 日产品鉴定合格。华北石化氢气提纯项目投用标志着集团公司炼化业务高纯氢供应取得重要突破，为中国石油氢能供应迈出重要一步，为满足 2022 年北京冬奥会、冬残奥会纯氢需求提供有力支持。

组织相关家企业抓好安全生产和环保达标排放。重点关注制订冬奥会、冬残奥会期间生产调整方案，按照 2022 年北京冬奥会、冬残奥会空气质量保障核心区、重点保障区、一般保障区、应急联动划分区，共涉及 12 家企业。安排相关企业完成赛事期间生产调控方案，确保严格达标排放。

（王翔洲）

炼化生产及主要产品

【炼油生产】 2021 年，中国石油有 26 家国内炼厂，加工原油类别主要是大庆原油、长庆原油、新疆原油、俄罗斯原油、哈萨克斯坦原油和海上进口原油等。

炼油生产装置主要包括常减压蒸馏、催化裂化、加氢裂化、延迟焦化、催化重整、芳烃分离、加氢精制等。其中：常减压装置 41 套，2021 年总加工量

16471 万吨；催化裂化装置 40 套，总加工量 6064 万吨；加氢裂化装置共有 17 套，总加工量 2202 万吨；延迟焦化装置共有 16 套，总加工量 1474 万吨。

炼油产品主要包括液化气、汽油、煤油、柴油、炼油芳烃、润滑油、石蜡、沥青、石油焦等。炼化生产主要以市场为导向，以效益为中心，以整体效益最大化为目标，以集团公司产业链平稳顺畅运行为基础，坚持以销定产、以产定供、以产促销，加强产销联动，紧盯国内成品油消费变化趋势，把握阶段性市场机会，继续深入开展减油增化工作。

2021 年，原油加工量 1.67 亿吨，同比增加 672 万吨；成品油产量 1.09 亿吨，同比增加 169 万吨。增产炼油特色产品，出台船用燃料油和沥青的相关补贴政策，为进一步增产炼油特色产品创造良好条件，2021 年生产保税船用燃料油 407 万吨，同比增加 209 万吨；沥青 353 万吨，同比减少 8 万吨；石蜡 134.7 万吨，同比增加 19.5 万吨，润滑油基础油 202 万吨，同比增加 32.6 万吨。炼油芳烃 367 万吨，同比增加 80 万吨；化工轻油产量 2003 万吨，同比减少 16 万吨（表 1）。

表 1　2021 年国内原油加工量、炼油产品产量

万吨

项　目	2021 年	2020 年	同比增减
原油加工	16674.0	16001.6	672.4
汽油、煤油、柴油	10891.5	10723.4	168.1
其中，汽油	4938.5	4628	310.4
煤油	1128.3	1023.4	104.9
柴油	4824.5	5071.9	−247.4
润滑油	201.9	169.3	32.6
石蜡	134.7	115.3	19.4
沥青	352.7	361.0	−8.3
石油焦	341.0	336.6	4.4
低硫船用燃料油	481.2	245	236.2

【化工生产及主要产品】 化工产品主要包括有机原料、合成树脂、合纤原料及聚合物、合成纤维、合成橡胶和化肥等。2021 年，7 家乙烯企业共有乙烯裂解装置 13 套，乙烷制乙烯装置 2 套，聚乙烯（PE）装置 22 套，聚丙烯（PP）装置 29 套，丁醇 / 辛醇生产装置 3 套，可生产顺丁橡胶、丁苯橡胶、丁腈橡胶、乙丙橡胶和氯磺化聚乙烯五大类橡胶产品的合成橡胶装置 10 套，化肥生产包括合成氨、尿素、复合肥及丙烯腈装置副产的硫铵，其中尿素装置 4 套。抓市场机遇，优化计划安排，稳定生产运行，增产高效、高附加值化工产品。乙烯产量创出新高、持续保持 ABS、丁辛醇、高压聚乙烯、乙丙橡胶、丙烯腈、烷基苯、环氧乙烷等装置高负荷生产。

2021 年主要化工产品产量 2578.46 万吨（表 2）。

表 2　2021 年化工主要产品产量

万吨

项　目	2021 年	2020 年	同比增减
乙烯	671.3	634.5	36.8
合成树脂	1088.2	1028.7	59.5
合成橡胶	104.4	100.1	4.3
合成纤维	2.2	2.5	−0.3
尿素	241.5	216.3	25.2
合成氨	200.1	185.7	14.4
对二甲苯	203.99	209.68	−5.69
丁醇	41.88	32.43	9.45
辛醇	24.89	21.43	3.46

（焦丽菲）

新　材　料

【概述】 按照集团公司党组关于炼化业务新能源新材料部署，2021 年 3 月 5 日成立以副总裁杨继钢为组长的炼油与化工分公司新能源新材料事业领导小组，制定炼油与化工分公司新能源新材料业务发展规划，协调推进新能源新材料业务。随后，设立炼油与化工分公司新能源新材料业务事业部，接受炼油与化工分公司新能源新材料业务领导小组管理，负责落实新能源新材料发展重点任务，贯彻落实炼油与化工分公司新能源新材料业务领导小组的决策部署；组织地区公司统筹开展新能源新材料业务发展工作，确保上级决策部署有效落实。

石油化工研究院、独山子石化、兰州石化、辽阳石化、吉林石化、锦州石化、燃料油公司、润滑油公司等重点企业根据业务特点，成立相应组织机构、技术攻关团队，积极推动工作。其中，石油化工研究院5月18日组建氢能、生物化工、新材料三个研究所，启动三个新领域的重点研发任务。

2021年12月28日，上海新材料研究院在上海临港新片区挂牌成立。围绕国家、上海市和中国石油产业重大需求，以“三新三化”为建设原则，构建高效运营管理机制，对标国际先进，瞄准科技前沿，重点打造新材料技术研发中心和原创技术策源地。

2021年，功能性合成树脂、高性能合成橡胶、特种纤维、高端碳材料、专用化学品等新材料产量56.4万吨。

【规划编制】 2021年，完成《“十四五”新材料业务发展规划》编制与修订。聚焦7类26种新材料，预计“十四五”末产能达到300万吨/年以上，按照完善规划、项目建设、合资合作、工业试验、研发攻关、新产品开发等环节，落实新材料提速工程。

研究《炼化业务碳达峰碳中和实施路径》，制订《炼化业务碳达峰碳中和行动方案》，形成《炼化业务CO_2捕集与利用方案》，启动二氧化碳回收项目可行性研究报告编制。完成全部炼化企业实物碳平衡测算和低中高浓度碳源摸底，组织14家企业CCUS实施方案专题研究。健全碳资产管理体系，7家企业以较低成本买入配额547万吨，均价42.3元/吨，完成年度履约任务。“十四五”规划炼化业务共规划部署减碳措施220项，其中节能降耗项目约180项，二氧化碳捕集利用项目约20项，清洁替代项目约20项，估算投资270亿元，可减排二氧化碳当量1700万吨/年以上，确保炼化业务按期实现碳达峰及碳排放总量控制要求。

规划氢能项目19项，其中华北石化氢能项目2021年建成投产，其余18项在实施或待实施，全部实施后可外供纯氢2.9万吨/年。

【重点项目】 2021年，独山子石化SSBR和华北石化氢提纯装置建成投产，辽阳石化CHDM完成中交。在吉林石化、广西石化等新建乙烯和扩能改造项目中，增产化工特色优势产品和化工新材料。

与化工新材料头部企业合资合作取得重要突破。与河南盛源开展聚碳酸酯产业发展合作，与中海化学开展聚甲醛项目合作，与宁德时代开展负极材料专用焦生产合作，加快化工新材料发展步伐。

【新材料开发】 2021年，完成官能化溶聚丁苯等12项工业试验，官能团结构及在分子链中位置可控的溶聚丁苯橡胶制备技术，在独山子石化3万吨/年生产装置实现工业应用。试制轮胎经欧盟专业机构测定，滚动阻力达到A级，抗湿滑达到B级。长链支化稀土顺丁橡胶生产技术，完成单一活性中心稀土催化剂制备，中门尼及高门尼两个牌号产品性能达到国外同类产品水平。开展9个高端产品中试开发平台建设，完成千吨POE中试可行性研究报告编制，完成茂金属聚烯烃连续中试试验、降冰片烯单体小试制备等科研项目，完成Ⅳ型储氢瓶实验样瓶内胆制备和内胆注塑模具加工。阻尼用特种丁腈橡胶NBR25D、耐油高腈NBR4105丁腈橡胶、茂金属聚乙烯人工关节中试等进展良好。

【新产品开发】 组织生产、销售、科研单位共同攻关，加快化工产品提档升级，2021年开发生产83个牌号37.4万吨化工新产品。其中：聚乙烯20个牌号，产量13.8万吨；聚丙烯38个牌号，产量14.6万吨；合成橡胶13个牌号，产量4.7万吨；ABS及其他12个牌号，产量4.3万吨。首次试产30个牌号，合计产量9.9万吨。

高端产品提档创优成效显著，开展茂金属催化剂、管材料、电缆料、高端纤维、医用料、车用料、合成橡胶等14个产品提档创优攻关。茂金属催化剂技术进步明显，完成12吨/年茂金属聚丙烯和100千克/批茂金属聚乙烯催化剂放大装置设计，开展设备采购等工作。医用料开发取得新成效，完成热封层乙丙丁三元无规共聚聚丙烯产品EPB05M中试开发，中试产品性能达到进口乐天化学SFC750D水平，在科伦研究院完成加工和安全性评价测试。轮胎专用橡胶取得突破性进展，冬季胎专用SSBR1040溶聚丁苯橡胶中试产品试验胎滚阻及湿滑满足目标值要求，与进口产品JSR553同等水平。

具有较好市场潜力的产品有11个，分别是独山子石化星型胺基官能化溶聚丁苯橡胶SSBR72612F、PE-RT（Ⅱ）地暖管DGDZ4620、抚顺石化聚乙烯大中空专用料8255A、承压瓶盖专用料FHP5060、兰州石化微晶电子保护膜专用料2420H、高结苯充油丁苯橡胶SBR1721、高流动高抗冲低气味车用聚丙烯专用树脂SP532、大庆石化淋膜专用树脂19G、旋转成型中空专用树脂MPER3405、高模量聚丙烯缠绕管专用料H2483、吉林石化高流动ABS树脂HF681。

（刘晓舟　朱光宇）

化工产品及炼油小产品销售

【概述】 2021年，炼油与化工分公司落实集团公司市场营销工作会议精神，按照“24字工作方针”和“六个坚持”的基本遵循，紧密围绕三年行动方案103项措施和对标会重点任务，深化对标，强基固本，以“产品—客户—市场”为主线，狠抓关键指标提升，持续提升化工营销能力，引导生产和销售企业共同向市场发力，着力打造效益工程、品牌工程。

全年统销化工产品2472.8万吨，同比增加145万吨（其中：合成树脂销量1063.8万吨，同比增加56.8万吨；合成橡胶销量99.1万吨，同比增加4.6万吨；有机产品销量967.2万吨，同比增加63.4万吨）；高端产品销量46.2万吨，同比增长28%；扩销170万吨，同比减少125万吨；直销率69.4%，同比提高2.6个百分点；合成树脂专用料比例53.1%，同比下降0.6个百分点（其中：聚乙烯专用料比例48.3%，同比提高0.4个百分点；聚丙烯专用料比例59.7%，同比下降2.2个百分点）；提质增效16亿元（其中产销优化增效1.3亿元；产品区内增销和流向优化36.7万吨，增效1.3亿元；增产增销厚利产品石油苯、丁醇、辛醇、ABS、石蜡等产品，同比增效13.4亿元）；完成出口50万吨（其中石蜡43万吨），实现电商业务量160万吨。

【统销管理】 扎实推进集团公司市场营销工作会议三年行动方案。制定《炼油与化工分公司落实集团公司市场营销工作会议精神三年行动计划实施方案》，2021年共33大类103项措施，通过全年推进和三次专题总结落实，夯实一年打基础、二年见实效目标。优化营销业务模式，建立“销售事业部+产品线+技术服务中心”的销售管理架构和“产品经理+客户经理+执行经理”的销售运行模式，制定《产品线客户经理和执行经理考核方案》，实现营销管理和运营有机整合。完善品牌建设工作方案，对“22+N”品牌产品的情况每月回顾总结，进行原因分析和通报，加大新产品市场推广力度，持续提升产品竞争力。强化市场引领，产销密切结合，实施M+2动态优化，抢抓市场阶段性商机，增产市场所需且效益较好的产品，实现产销优化增效约1.3亿元。持续开展提质增效，从产销优化增效、增产增销高效产品增效、流向优化增效、扩销增效四个方面发力，打造提质增效升级版。深化市场研究研判，深入客户调研，落实以市场为导向的要求，编写《化工市场研报》89期，为产销提供决定依据。拓展终端网络，开发直供客户，累计新开发直供客户484家，直销量同比增加80万吨，直销率提高2.6个百分点。积极为新项目摸排市场，超前准备营销方案，两套乙烷制乙烯项目产品顺畅入市，广东石化产品入市方案逐步明晰。增强石蜡产品的特色优势，销售石蜡130万吨，同比增加21万吨，实现量效齐增。丰富营销方式，拓展国际市场、扩销业务，探索期货业务，推进由供应商向贸易商转变。

（范学民）

【炼油小产品销售】 2021年，燃料油总销量2028.6万吨，销售沥青864.7万吨，保税船用燃料油145万吨（表3）；销售润滑油及相关产品178万吨，其中车用油21.4万吨、工业油31.6万吨、特种油56.8万吨（表4）。

表3　燃料油销量

万吨

项　目	2021年	2020年	同比增减
销量	2028.6	4599	−2570.4
其中，沥青	864.7	1092	−227.3
保税船用燃料油	144.9	66.2	78.7

表4　润滑油销量

万吨

项　目	2021年	2020年	同比增减
销量	178	165.1	12.9
其中，车用油	21.4	21.2	0.2
工业油	31.6	29.2	2.4
特种油	56.8	52.6	4.2

（焦丽菲）

【化工物流】 2021年，化工营销系统发运统调产品913.3万吨，同比增加40.7万吨，调运计划完成率100%，刚性确保生产企业后路畅通。打造提质增效升级版，6家化工销售公司通过持续推进公路运费招标、优化运输结构、强化仓储管理、加强自备车管理、治理铁路运空亏吨、争取铁路运费优惠政策等37条措施，通过日跟进周讲评月调度跟进和督办，全年降费9157万元，超额完成1844万元。

【化工品电子销售建设项目】 化工品电子销售建设项目完成系统等级保护测评、保密测评及备案，稳步推进网站ICP备案与“中油e化”商标注册。实现现货交易、竞拍、闪购、拼单等多种线上交易模式以及产品物流跟踪，建立化工品互联网全渠道、端到端的线上客户服务。2021年4月开始系统前期试运行，9月6日在六家化工销售公司全面开展试运行，包括PC买家端、PC卖家端、APP买家端、APP卖家端所有模块功能以及总部数据大屏、灵活报表分析等功能。截至12月底，各销售大区3321名客户全部上线试用，平台累计下单数量41981单，下单总量244万吨，订单总金额190亿元。通过电销平台优化产品定价，降低交易成本，助力精准营销，全面实现化工品“互联网+”销售业务模式的变革。

【化工品物流管理系统】 化工品物流管理系统完成资源配置、调运管理、运输管理、仓储管理、配送管理、资质管理、综合展示和平台管理等8个模块的功能开发和测试工作，覆盖炼油与化工分公司、6家化工销售公司及所属40家分公司、运输合作方、仓储合作方等单位，实现与电子销售、ERP、国铁运输系统、中油运输公路运输管理系统、中远海集运船讯网等内外部9个系统的集成和数据采集，完成系统等保测评、保密测评及备案。2021年4月开始自备车管理、仓储合作方等分模块上线试运行，2021年9月6日在六家化工销售公司全面开展试运行，6家化工销售公司所有物流业务、公铁海在途跟踪、152个市场库、3679辆铁路自备车等全部转移到新系统运行，优先完成吉林石化、大庆炼化、锦州石化、大连石化、榆林石化等五家企业的包装二维码跟踪质检单等信息，全面提升产品运输过程管控能力和精细化水平。

（单松辉）

【原油市场分析】 2021年，国际油价在经历2020年大幅下跌之后大幅反弹，全年布伦特原油期货均价70.95美元/桶，较2020年上涨64%；WTI原油期货均价68.11美元/桶，较2020年上涨73%。

2021年，在全球广泛推进新冠肺炎疫苗接种并连带经济改善的背景下，全球石油需求增长，加上产油国继续实施限产，供需基本面从2020年的供应过剩状态转变成供不应求的局面。随后，全球主要石油消费国协同释放石油储备及奥密克戎变异病毒的出现导致油价在11月大幅回落，但随着市场对奥密克戎病毒担忧情绪消退，布伦特油价在12月回升逾10%。

分季来看，2021年前三个季度连续上涨，在四季度出现回落。一季度因OPEC+产油国持续限产，尤其是沙特阿拉伯自愿在2月至4月期间额外减产100万桶/日以及席卷美国大部分地区的极寒天气减少流入市场的石油供应，同时美国经济刺激方案的落地导致美元走软，国际油价较2020年四季度攀升约23%。

二季度油价延续震荡上升趋势，环比上涨18.2%。主要原因是也门胡塞武装再次袭击沙特阿拉伯石油设施，利比亚石油产量短暂下降，网络攻击致使Colonial管道系统短暂关闭，美国石油库存显著下降，以及新冠肺炎疫苗接种率的升高导致防疫限制措施放松，这些利好因素推动布伦特油价突破76美元/桶。

三季度油价剧烈震荡后企稳，环比上涨4.5%。OPEC+在7月18日达成从8月开始逐步放松限产，再加上新冠肺炎变异病毒德尔塔的持续传播加剧全球需求放缓的担忧，致使布伦特油价在7月19日大幅下跌约7.0%，随后经过连续7个交易日的下跌后，在8月中旬进一步跌至5月以来的最低点。在这之后，国际基准油价逐渐反弹，因墨西哥石油平台着火导致其石油产量下降，美国墨西哥湾地区的石油生产受飓风影响中断1个月，致使原油库存连续7周下降，同时在全球抗疫旅行限制的放松导致石油需求上升之际，欧洲电荒导致其能源价格飙升，尤其是天然气价格，这些多重因素导致全球原油市场处于供应紧张的状况，从而推动布伦特油价在9月底攀升至79美元/桶的水平。

四季度油价在10月末突破年内高点之后，震荡下跌，虽然在最后一个月油价回升逾10%，但本季度布伦特油价仍小幅收低0.9%。在北半球取暖季节临近之际，煤炭和天然气价格高企推高石油作为发电替代燃料的需求，围绕更广泛能源市场供应紧张的担忧推动布伦特油价在10月末飙升至年内高点86美元/桶上方，但随着OPEC+石油产量不断增长，全球供应吃紧形势有所缓解情况下，美联储缩减债券购买规模的举动导致美元不断走强，全球主要石油消费国决定协同释放石油储备，新型变异毒株奥密克戎的出现及防疫封锁措施引起需求的担忧，以及伊朗11月底重启核协议谈判，燃起伊朗油重返市场的憧憬，这些利空因素使布伦特油价在12月初跌破69美元/桶。不过，随着市场对奥密克戎病毒担忧情绪消退，中东的紧张局势、厄瓜多尔、利比亚和尼日利亚发生不可抗力事件以及美国原油库存连续数周下降，这些利好因素推动油价在年末回升至80美元/桶附近（表5、图1）。

表5　2021年基准油种价格变化

美元/桶

基准油种	平均价格	最高价格	最低价格	价格变化
WTI	68.11	84.65	47.62	37.03
布伦特	70.95	86.40	51.09	35.31
阿曼	69.49	84.60	50.50	34.1

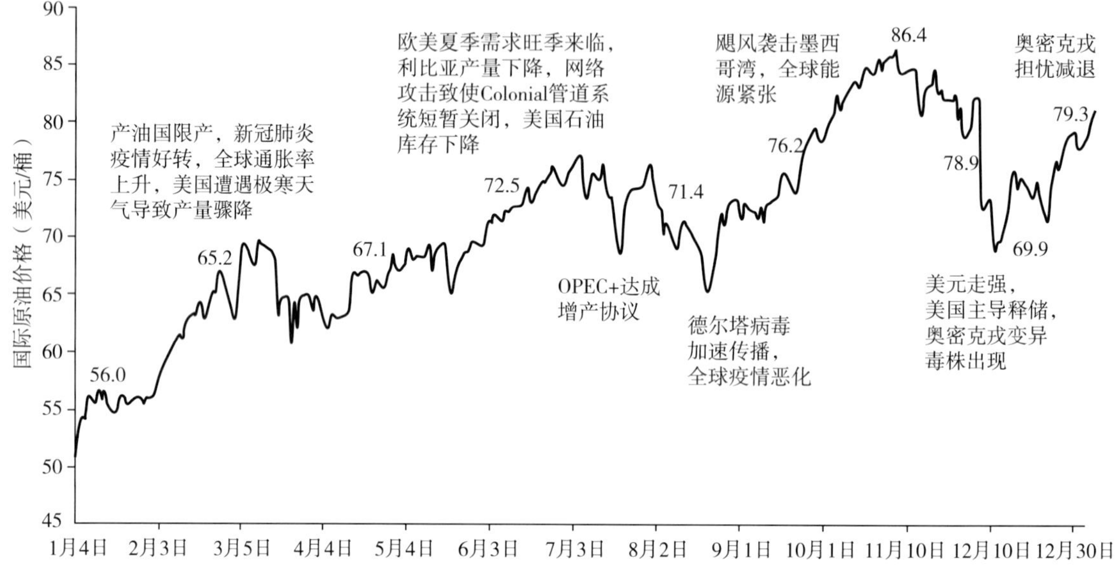

图1　2021年国际原油价格走势

（李　伟）

【化工市场分析】 2021年，国内化工市场整体价格重心跟随原油价格上移为主，化工产品价格指数年均值同比上涨29.8%，但低于原油年均价格同比上涨的63.3%。受美国严寒、新冠肺炎疫情反复、通胀预期、国内外扩产延期等因素的影响，国内化工产品价格大起大落，部分品种价格创近5—10年的新高（表6）。

表6　2021年主要化工产品价格变化

元/吨（含税）

产　品	平均价格	最高价格	最低价格	价格变化
LDPE	11313	13931	9309	4622
HDPE（拉丝）	8860	10009	7945	2064
HDPE（注塑）	8262	9765	7329	2436
LLDPE	8515	10085	7626	2459
PP(拉丝)	8638	10184	7852	2332
ABS	16983	18383	13901	4482
腈纶短纤	18112	20025	15325	4700
顺丁橡胶	13051	14908	10142	4766
丁苯橡胶	13042	14500	11100	3400
精己二酸	10859	13692	7613	6079
甲苯	5585	6912	3708	3204
溶剂级二甲苯	5620	6990	3872	3118
PX	6598	7300	4700	2600
丙烯腈	14507	16188	11788	4400
醋酸	6555	9094	3841	5253
苯酚	8888	10038	5922	4116
乙二醇	5287	7384	4374	3010
辛醇	14106	18805	9170	9635
丁醇	12376	16360	7355	9005
苯	7104	8775	4305	4470
苯乙烯	8927	10885	6252	4633
环氧乙烷	7790	9975	6800	3175
尿素	2415	3085	1817	1268

2021年国内合成树脂市场整体价格重心跟随原油价格上移为主，因多套新装置推迟开车，进口到货量大幅下降，市场供需矛盾并不突出，价格波动主要是受美国严寒、新冠肺炎疫情反复、通胀预期、国内外扩产延期等因素的影响，合成树脂价格大起大落，部分品种价格创近5—10年的新高。2月美国极端天气导致美国石化装置大面积停车，欧美石化产品暴涨，国内聚烯烃产品价格大幅跟涨。4月在高库存的压力下，市场进入长达两个月的调整期，多数品种回吐节后的大部分涨幅，6月中旬部分品种价格创年内新低，6月下旬在成本的支撑下，市场止跌反弹。9月国内“能耗双控”政策继续发酵，国内动力煤价格创历史新高，国际原油价格在煤炭和天然气价格飙升的带动下，价格大幅上涨至近5年的高位，国庆节前后国内合成树脂市场在塑料期货拉动下，多数品种价格连续大幅上涨至近3年的新高，其中ABS和LDPE价格涨至近10年高位。10月煤炭价格屡创历史新高，19日国家发改委出台严格的监管政策，动力煤期货大幅暴跌，国内合成树脂市场价格高位快速下跌。11月、12月在高成本的支撑下，聚烯烃价格窄幅整理为主，ABS因新产能投放，市场供大于求，价格一路下滑至年内低点（图2）。

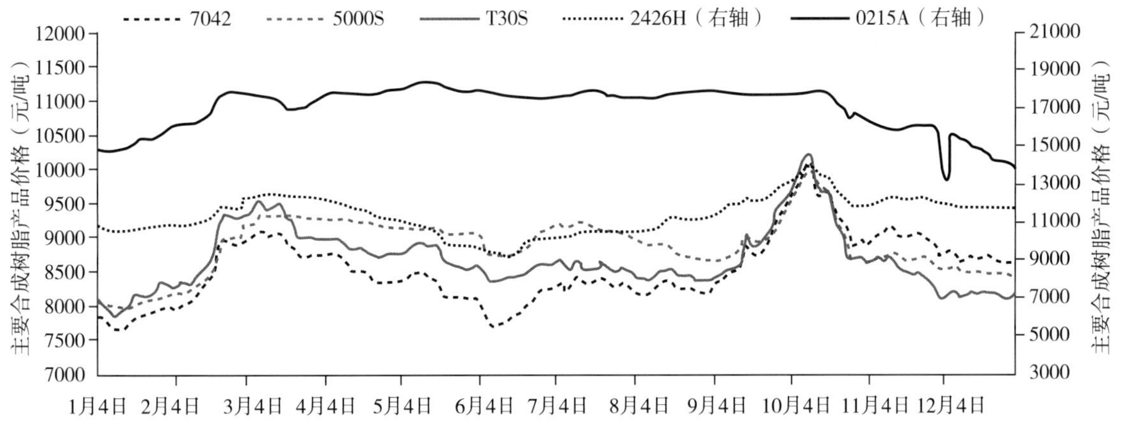

图2　2021年主要合成树脂产品价格走势

牌号说明：7042（线性聚乙烯薄膜料）、5000S（低压聚乙烯拉丝料）、T30S（聚丙烯拉丝料）、2426H（高压聚乙烯薄膜料）、0215A（ABS通用料）

2021年是合成橡胶行业供需变化较大的年份，公共卫生事件的逐步控制增强市场对终端需求恢复的信心，但与此同时部分码头资源紧张，海运费高涨，依然对合成橡胶及其上下游产品贸易流向产生较大影响。装置方面，上半年扬子丁苯装置意外停车，顺丁橡胶两套主要装置接连发生意外事故，5月顺丁橡胶开工率不及50%，供应面史无前例的收紧。三季度装置检修叠加原材料价格大幅走高的影响，合成橡胶价格拉涨至年内高位水平。但由于下游轮胎市场上内销市场走货慢、需求弱、外销海运费昂贵、货柜紧张等内忧外患的表现，则对合成橡胶涨势形成持续拖拽，四季度合成胶价格重心逐步下移为主（图3）。

2021年纯苯自2020年低位强劲反弹，上半年下游新增产能集中投放，而纯苯国内装置维稳，导致市场供需失衡明显，加之国际原油反弹成本支撑，欧美市场受极寒天气影响全球供需失衡外围市场价格飙升，多重利好叠加推动上半年纯苯价格涨至五年历史新高。下半年纯苯下游投产进度放缓，浙江石化二期等纯苯新增装置陆续投产，供需环境改善，三季度价格有所回落。苯乙烯作为化工界的“魔鬼产品”，年内价格几度突破万元，行情波动频率高、幅度大是市场的主要特征。2月、3月欧洲装置检修、欧美极寒打乱全球供应格局及流向，中国苯乙烯出口量创历史新高。下半年成本强势支撑利好逐步消化，苯乙烯新产能投放、装置检修等消息多空博弈，市场高频宽幅震荡延续，但未能突破前高。正丁醇市场价格一度突破多年以来高点，上半年山东出厂最高价触碰至16300元/吨。2021年度正丁醇市场价格高频率波动，且涨跌幅度明显，市场波动风格转变，使得1—8月市场贸易氛围十分活跃。市场走势发生明显转变

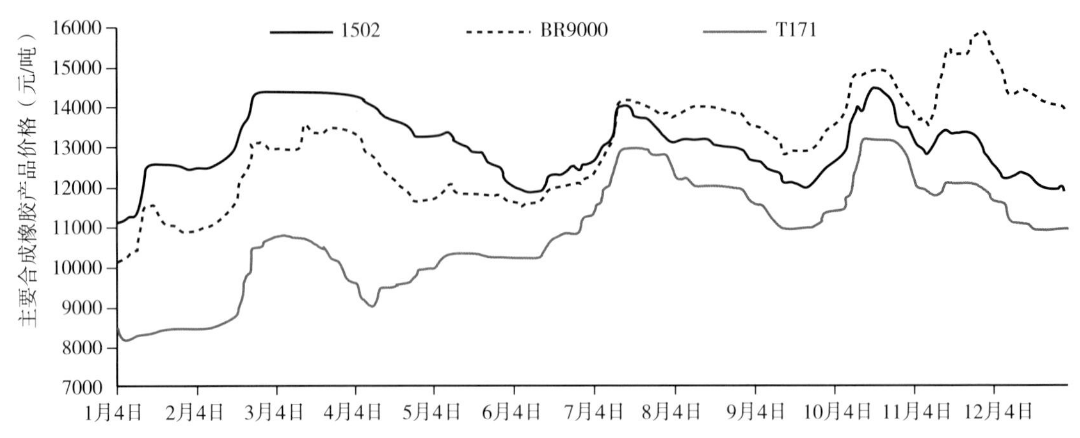

图 3　主要合成橡胶产品价格走势

牌号说明：1502（丁苯橡胶）、BR9000（顺丁橡胶）、T171（热塑性弹性体）

主要影响因素有：全球通胀、下游丙烯酸丁酯出口订单增加、工厂装置检修、厂家销售策略调整、限电限产等。9 月中旬，在国内各地区限电限产政策影响下，江苏省丙烯酸丁酯及醋酸丁酯大厂集中停车，导致市场需求在短期内快速下滑，国庆节前工厂让利出货较为迫切，价格大幅走低。2021 年，纺织服装行业需求增加，带动下游 PTA 消费。而 PX 供应端年内仅有中化泉州 80 万吨 / 年装置投产，浙江石化二期一套 250 万吨 / 年装置投产后，因原料不足，迟迟未见放量。下半年因 PTA 端仍有新装置投放，PX 市场维持高位震荡，与石脑油价差触及 280 美元 / 吨高点，企业利润可观（图 4）。

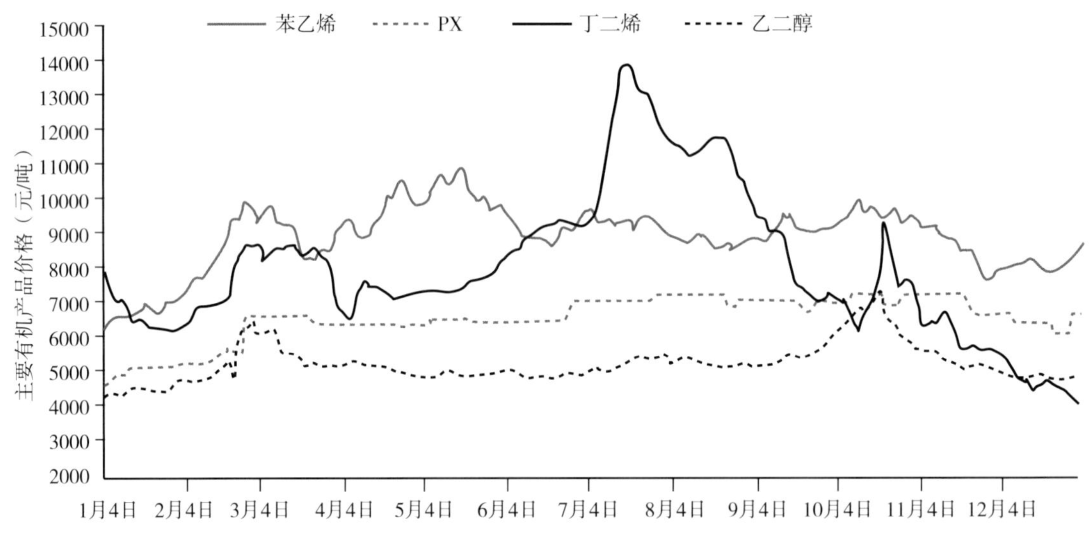

图 4　2021 年主要有机产品价格走势

（单松辉）

炼化工程建设

【概述】 2021年，炼油与化工分公司按照集团公司关于炼化业务“解放思想、志存高远、高标准、严要求、上台阶、创一流”要求，围绕高质量发展主题，紧扣供给侧结构性改革主线，高质量完成《炼油与化工业务“十四五”发展规划》，加快推进吉林石化等四个新建乙烯项目和四川石化等四个乙烯脱瓶颈改造项目的前期工作，全方位推动合资合作，布局化工新材料、氢能、CCUS等项目，超额完成投资计划，确保重点项目投资需求。抢抓机遇加快重点工程建设，长庆油田和塔里木油田乙烷制乙烯项目、华北石化副产氢提纯和抚顺石化丁苯橡胶异味治理项目等按期建成投产，广东石化炼化一体化、吉化（揭阳）ABS、广东520万立方米原油商储库等重点工程有序推进。

【炼化业务发展规划】 做好顶层设计，高质量完成炼化业务“十四五”规划编制工作。根据集团公司“十四五”发展规划纲要，结合国家出台的相关规划和政策文件精神及工作要求，与集团公司安全环保、新能源新材料等专项规划和新疆、海南等区域规划积极衔接，与36家炼化销售企业规划充分衔接，对炼化业务“十四五”发展规划进行优化调整和补充完善，提出：“十四五”期间，炼化业务将深入落实转型升级产业战略、“基础＋高端”产品战略、化工营销品牌战略和绿色低碳可持续发展战略，重点实施减油增化工程、减油增特工程、新材料提速工程、化工营销品牌工程和碳达峰碳中和行动，加快从“燃料型”向“化工产品和有机材料型”转化，逐步迈向产业链和价值链中高端，推动炼化业务转型升级和高质量发展，到2025年基本实现高质量发展。2021年11月，炼化业务“十四五”发展规划通过集团公司党组审议。

加快推进重大乙烯项目前期工作。按照“有资源、有市场、有技术、有人才、有竞争力”标准，对吉林石化和广西石化新建乙烯项目的可行性研究报告进行深度优化，对大连西中岛炼化一体化项目和塔里木乙烯二期预可研报告进行深化论证。吉林石化新建乙烯项目预可行性研究报告6月10日获集团公司批复，可行性研究报告12月23日通过集团公司党组和董事会审议，上报国家发改委。广西石化新建乙烯项目预可行性研究报告3月17日获集团公司批复，可行性研究报告9月通过专家审查。成立集团公司辽宁地区炼化企业转型升级领导小组，专项研究大连西中岛炼化一体化项目布局和建设的可行性。塔里木乙烯二期项目预可行性研究报告12月17日通过专家初审。

乙烯脱瓶颈改造项目有序推进。按照“不追求产量最大化、追求整体最优化”的原则，优化调整四川石化、大庆石化、兰州石化和抚顺石化4个乙烯脱瓶颈改造项目的可行性研究方案，减少投资56%。截至12月底，四川石化、大庆石化和兰州石化乙烯脱瓶颈改造项目可行性研究报告获集团公司批复。

落实减油增化、减油增特工程，推动一批结构调整项目实施。大庆石化ABS、独山子石化聚丙烯235线、宁夏石化航空煤油管道、华北石化航空煤油扩能、广东石化和辽河石化低硫船用燃料油等项目可行性研究报告获批复。乌鲁木齐石化催化裂解、辽阳石化特色聚酯及原料配套工程等项目完成可行性研究报告审查。

落实碳达峰碳中和行动方案，启动氢能和CCUS项目建设，加快推动炼化业务向绿色低碳转型发展。依托炼厂富余氢气产能，推进乙烷制乙烯项目副产氢高效利用，规划建设环渤海、陕甘宁、华南、西南、新疆、黑龙江、吉林等7个区域供氢中心，到2025年形成10万吨/年高纯氢供应能力。2021年12月，华北石化氢气提纯项目建成投产，中国石油首个高纯氢项目正式投用，高纯氢产品送至中国石油金龙综合能源服务站和张家口崇礼太子城服务区加氢站，为北京“绿色冬奥”增强氢能保障。按照集团公司“清洁替代、战略接替、绿色转型”三步走总体部署，提出炼化业务2030年实现碳达峰、2050年支撑集团公司碳中和的战略目标和实施路径。2021年启动大庆石化、吉林石化和华北石化二氧化碳捕集利用项目，二氧化碳回收产能超过100万吨/年以上；新建大型乙烯项目全部消纳绿电，电气化率大幅提升。

2021年完成投资计划132%，确保广东石化炼化一体化、长庆和塔里木乙烷制乙烯项目、吉林石化揭阳ABS、锦州石化和锦西石化资源替代转型升级项目等重点项目的投资需求，加快推进在建项目建设。同时，加大项目审查力度，加强投资项目效益效果分析。全年审查批复18个限下项目，平均压减投资11%；研究并取消或暂缓实施项目10项。完成安全环保专项投资计划107%，优先保障VOCs治理项目的投资需求。

（缪　超）

【炼化工程重点建设项目】 2021年，集团公司安排炼化重点工程5项、冬奥相关项目2项。

长庆乙烷制乙烯项目：2019年2月15日批复可行性研究，2020年4月23日批复最终基础设计，概算总投资928809万元，2019年6月28日开工建设，2021年6月30日工程中交，8月2日80万吨/年乙烯装置投产、8月4日40万吨/年高密度聚乙烯装置投产、8月10日40万吨/年全密度聚乙烯装置投产。

塔里木乙烷制乙烯项目：2019年2月15日批复可行性研究，2020年3月5日批复最终基础设计，概算总投资804189万元，2019年6月19日开工建设，2021年7月17日工程中交，8月30日60万吨/年乙烯装置投产、9月2日30万吨/年全密度聚乙烯装置投产、9月6日30万吨/年高密度聚乙烯装置投产。

广东石化炼化一体化项目：2018年11月19日批复可行性研究，2021年2月2日批复最终基础设计，概算总投资6541896万元，2019年6月30日开工建设。截至2021年底，设计完成100%、采购进度99.7%、施工进度81.9%。全项目192个主项单元，21个完成工程中交。

吉化（揭阳）60万吨/年ABS项目：2018年11月26日批复可行性研究，2019年11月1日批复基础设计，概算总投资649405万元。2020年10月18日开工建设。截至2021年底，设计进度100%、采购进度86%、施工进度63%。工艺设备安装2833台、占88%，工艺管道预制安装985270当量、占77%。

广东揭阳520万立方米原油商储库工程：2021年2月4日批复可行性研究，估算总投资698080万元；2021年3月23日完成库区部分的基础设计批复。截至2021年底，设计进度100%、采购进度87.7%、施工进度39.9%。

华北石化副产氢提纯项目：2021年7月16日重新由股份公司批复可行性研究，9月12日批复基础设计，概算总投资2827万元。500米^3/时氢提纯单元2021年11月14日工程中交，19日引重整氢开工，12月6日氢气装车出厂；2000米^3/时氢提纯单元，2021年9月13日开工建设，12月11日工程中交，15日引重整氢开工，24日产品鉴定合格。

抚顺石化烯烃厂丁苯橡胶异味治理项目：2021年6月9日批复可行性研究，7月23日批复基础设计，概算总投资16317万元。新建2套120000米^3/时异味处理装置RCO。2021年8月20日开工建设，12月21日工程中交、28日RCO炉点火、30日达标排放。

【炼化工程项目管理】 基础设计审批管理。2021年完成基础设计审批15项，批复概算总投资723.76亿元，较上报概算核减117.05亿元，审减率16.2%。其中，2021年10月27日完成广东石化炼化一体化项目最后一个主项20万吨/年聚丙烯装置Ⅱ基础设计批复，自2018年9月15日开始第一批审查，历时3年共分17批次，完成广东石化全部192个主项及项目总投资审批。

建设项目QHSE管理。2021年组织开展两次建设项目QHSE检查活动，先后完成广东石化炼化一体化项目、长庆乙烷制乙烯项目、塔里木乙烷制乙烯项目、吉化（揭阳）60万吨/年ABS项目、抚顺石化通用加氢催化剂项目和烯烃厂丁苯橡胶异味治理项目等6项重点工程的QHSE检查，覆盖5家建设单位、22家设计单位项目部、26家监理单位项目部、39家总承包单位项目部、88家施工单位和29家无损检测单位项目部，共发现问题1916项（质量问题1332项、HSE问题584项），其中严重问题18项。

【炼化工程竣工验收】 2021年，完成竣工验收435项，其中一类项目1项、二类项目6项、三类项目36项、四类项目392项。辽阳石化俄罗斯原油加工优化增效改造项目完成竣工验收；华北石化炼油质量升级与安全环保改造工程未完成竣工决算审计，竣工验收推迟。

（罗汉华）

专业管理

【安全环保】 2021年，坚持以习近平安全生产理念和生态文明思想为指导，落实集团公司统一部署，推进落实“管业务管安全”的直线责任，以QHSE体系运行和安全生产专项整治三年行动计划实施为主线，突出环保问题限期治理，加强专业管理和过程管控，着力抓好短板专业、高风险企业的督导检查，做好风险研判和隐患治理，加强风险作业预约及周末敏感时段作业管控，提高QHSE审核有效性，进行事故事件分享排查，加强员工身心健康管理，通过识别大风险，消除大隐患，杜绝大事故，不断夯实本质安全环保基础，努力实现“装置设备零泄漏、施工作业零伤害、生产指挥和操作零违章”，安全环保基本受控。

全面完成主要污染物排放总是控制目标，COD排放总量4781.2吨，同比减排339.8吨；氮氧化物排放总量38203.8吨，同比减排2813.2吨；挥发性有机物排放总量70646.9吨，同比减排8099.1吨（表7）。

表7 炼化企业主要污染物减排情况

吨

项　目	2021年	2020年	同比增减
COD	4781.2	5121	−339.8
氮氧化物	38203.8	41017	−2813.2
挥发性有机物	70646.9	78746	−8099.1

全面落实安全环保责任制，实现管业务管安全。结合2021年3月1日刑法修正案（十一）和2021年9月1日新安全生产法颁布实施，按照国家法律法规及集团公司要求，组织修订炼油与化工分公司安全环保责任制，8月11日正式下发《炼油与化工分公司机关安全生产与环境保护管理职责规定》和《炼油与化工分公司领导班子成员安全生产责任清单》。责任制方面做到“一岗一清单”，确保责任覆盖全面、边界清晰、有效衔接。

加强QHSE体系审核，不断提高审核有效性。2021年上半年组成8个审核组和3个专项组，历时两个半月，对37家企业19个油库进行审核，发现问题6477项，其中严重不符合110项，末次会讲评1750项，对12家企业15项重大风险和严重问题下发三期通报，形成8个审核组总结报告和10个专业总结报告。2021年下半年组成8个审核组和3个专项组，审核与防疫并重，对37家企业13个炼化油库进行量化审核。下半年审核发现7639项问题，其中严重不符合113项，在审核末次会上讲评典型问题1596项。对4家企业4项严重问题下发通报。

加强作业管控和安全监督，减少承包商事故。实施作业预约加安全监督，要求各企业每日研判作业风险。2021年6月24日针对建党百年下发《关于特殊敏感时期严禁实施行为的通知》明确，除大检修、生产急需和连续施工的独立建设项目外，夜间和周六、周日禁止生产区域内施工作业。严禁属地车间自行安排生产区内施工作业。2021年，30家炼化企业预约作业总数424526项，同比下降30%以上，上报炼油与化工分公司重点关注高风险作业2571项，对风险较大、防范措施不十分把握的10项作业及时叫停，督促企业重新研判。“七一”前夕，对大庆石化、大庆炼化、吉林石化、大连石化、大连西太、四川石化、云南石化、兰州石化等8家企业进行“四不两直”检查，查出问题400余项。9月至11月开展为期3个月反违章专项工作，组织检查23376次，发现违章行为44258次，违章指挥310次，安全记分4308分，考核527万元，组织处理62人，行政处分22人，所有违章行为都实现立查立改，及时通报；先后完善生产、设备、安全、环保、人事等各专业管理制度789项，建立各专业机制221项，修订完善操作规程工艺卡片等2982项，消除隐患9802项。各企业累计安全生产记分9040人，总积分9676分。

加强安全风险研判预警和隐患排查治理工作。先后下发18个风险提示、通知、通报。从2020年5月11日开始，炼油与化工分公司每天对企业报警信息进行统计分析。27家炼化企业共接入重大危险源报警点位数13568个，其中一级6267个、二级1315个、三级2660个、四级3326个。2020年共有4437个点位报警52558次，可燃有毒气体报警次数5784次；2021年，共有5262个点位报警27560次，可燃有毒气体报警次数2630次。平均报警数由2020年的6570次/月次降为2021年的2297次/月，下降65%，可燃有毒气体报警由2020的723次/月下降为2021年的219次/月，下降69.7%；自7月以来，可燃有毒气体报警保持在150次左右。自2017年以来企业共排查出重大隐患188项，截至2021年底，整改156项。炼油与化工分公司组织排查出的重大隐患119项，116项完成整改，3项正在组织整改；2021年上半年体系审核出的重点隐患30项，23项已完成整改；2021年企业自查重大隐患39项，17项完成整改。

持续开展安全生产专项整治三年行动计划。2020年排查出的问题隐患31284项，整改完成30536；2021年排查问题隐患28286项，整改完成26852。两年累计排查问题隐患59570项，整改完成57388项，综合整改完成率96%，未整改问题及隐患2182项。

严格落实国家要求，加强环境保护工作。按照中央环保督察要求，完成治理任务。2021年共20家企业迎接三批次中央督察（第二轮第三批、第二轮第四批、第二轮第五批），10家企业接信访举报31件，已全部办结。2021年5月起，生态环境部重点区域空气质量改善监督帮扶检查涉及7家企业，共反馈问题34项，已整改33项，剩余1项已落实项目进行整改，最迟将于2022年3月整改完成。2021年集团公司和炼油与化工分公司督办挥发性有机物限期治理项目159项，其中由于提标类项目等原因申请撤销督办9项，剩余150项完成147项，锦西石化1项、格尔木石化2项未按要求完成，均已制定相应措施。2020年12月，炼油与化工分公司组织30家炼化企业排查环保问题954项，完成880项，占比92%。按照集团公司党组（扩大）会议纪要（2021年第2期）和《2021年生态环境保护督查工作方案》（安委〔2021〕2号）安排部署，9月4—29日，对大庆炼化、云南石化、呼和浩特石化开展帮扶督查工作，现场帮扶督查指出各类问题87项，已整改75项，问题主要集中在水污染防治、大气污染防治、固体废物污染防治、环境监测、排污许可管理等5方面。

（绪　军）

【生产运行】 强化信息化应用，提升管理水平，持续深化MES系统应用，进一步提升生产运行管控能力，进一步优化预警监控规则，提高监控准确性、灵敏度，优化预警逻辑规则，监控关键装置负荷变化趋势，判断装置运行工况，提高装置监控的及时性、准确性；推进可视化调度平台建设，进一步完善生产应急体系，提高平台应用的全面性、稳定性能力；强化生产管控，提升平稳运行水平，加强非计划停工管理，深入分析非计划停工原因，落实整改措施，持续做好非计划停工事件分享工作；加强隐患装置管控，引导企业做好预知停工检修，完善监护运行措施、制订生产应急预案、落实隐患处理计划，持续做好隐患跟踪；持续做好极端天气预警与应对工作，强化应急信息获取能力，针对雷电、暴雨、台风、暴雪、高温、极寒、地震等极端天气与自然灾害，向相关企业及时预警，下发提示，要求做好检查、落实，加强领导干部值班值守，做好应急准备，落实应急防范措施；完成2021年两次体系审核，针对生产运行对各企业非计划停工及生产波动管控、核心装置运行管控、生产应急响应、装置开停工管理、生产运行过程管控五项内容进行重点审核，针对审核发现主要问题，提出加快“一分钟”应急处置能力建设、加强开停工过程界面交接及能量隔离、杜绝非计划停工、强化一体化管控的下一步提升措施；加强催化、乙烯、聚烯烃装置运行管控，从装置运行、工艺、机电仪设备、催化剂等各方面进行认真梳理，实现对15套乙烯、28套聚乙烯、29套聚丙烯、39套催化共111套装置运行状况密切监控跟踪；加强新建项目生产准备，统筹推进项目开工，完成两套乙烷制乙烯生产准备工作并顺利投产，完成辽阳石化聚丙烯、大港石化聚丙烯等项目生产准备与开工过程管控并顺利开工；做好广东石化等重点项目关键节点，全面协调、统筹新建项目生产准备工作。

2021年发生非计划停工33次，同比减少8次，下降19.5%，损工时数增长0.5%。

【生产优化】 科学统筹生产计划安排。以保障集团公司产业链平稳顺畅运行为前提，以效益为中心，多方面沟通协调，提升资源与市场需求数据的准确度，为生产计划编制打好基础。挖掘APS总部模型优化测算功能，按照“两上两下”工作流程，对月度计划多方案比选，确保“事前算赢”。对计划周期内各炼化企业整体加工边际贡献情况、单油种加工边际贡献情况对比排名，把“加工负荷向效益好的企业倾斜”的原则落实到生产计划安排中。

优化产品结构，压减汽油产量，应对市场变化。针对受新冠肺炎疫情影响，成品油销售不及预期，通过降低烷基化和MTBE装置负荷，收储液化气；优化增加芳烃、石脑油、乙烯原料等互供，增产PX、苯等化工产品；停止石脑油（重整原料）外采；优化催化装置运行，停止柴油回炼，优化催化和焦化装置之间负荷；优化渣油加氢、蜡油加氢、催化裂化等汽油加工路线中间物料库存等措施优化调整，减少汽油产量。

优化海上进口原油采购工作流程。完善企业“原油篮子”，为原油优选降本提供支持。组建原油业务行动组，构建海上进口原油采储预知优化管理和金融衍生工具应用“一体两翼”协同优化的管理体系。负责原油市场研判、海上进口原油采购优化、套期保值及24小时盯市、原油库存管理和计划配置优化。加强海上进口原油测算对标，实现采购降本。推动海上进口油企业通过“原油篮子”优化比选、把握采购节奏、上海期货交易所原油交割、抢抓机会油种、借助商储库容优化运作和计价管理（点价、锁价、转计价月、换计价油种等）等方式降低采购成本，完成海上进口原油年度考核目标。

（焦丽菲）

【工艺技术管理】 2021年，围绕核心装置组织开展生产技术攻关，推进核心装置长周期运行管理。基本解决催化裂化装置沉降器结焦、油浆系统结垢等问题，省煤段结盐装置明显减少；连续重整装置在原料管控、精准注硫注氯、脱氯流程完整性等精细化管理水平提升；针对仍然存在的乙烯装置裂解气压缩机段间压差高、催化装置分馏塔结盐、工艺腐蚀自动控制、环管工艺聚丙烯优化等问题进行分析，提出解决措施和工作要求。组织流程模拟项目组每月督促炼化企业开展优化方案研究，编制月度典型应用案例分析报告供企业学习参考，全年制订优化方案400余个，增效超过4亿元。

组织完成上、下半年两次QHSE体系审核中工艺和质量专业审核部分，查出工艺技术管理、工艺防腐、化验分析等方面问题1763项。对于工艺变更管理、一分钟应急操作卡编制、工艺过程能量隔离等重点环节提出规范要求；对催化分馏塔顶结盐、乙烯裂解气压缩机段间压差高、工艺防腐自动控制等提出解决措施和工作要求；对所有审核问题进行分类研究，针对其中的重点、共性问题下达整改要求，向排名靠后的企业提出专业整改意见，督促落实。

加强工艺报警管理和HAZOP分析工作。持续组织物料互窜、能量隔离、石脑油罐区氮封、加热炉点火等专项排查，制定和落实整改措施。梳理重大危险源工艺类报警点11700余个，整定无效和不合理报警点1000余个，通过督导企业进行报警原因分析，报警数量由200余次/日下降至约70次/日。完成26家企业1800余套装置HAZOP分析情况的全面摸底。组织成立HAZOP分析工作专家组，指导地区公司开展分析，完成大庆炼化、长庆石化、润滑油公司、燃料油公司等单位的HAZOP分析质量检查，发现问题30余项；组织HAZOP分析人员培训4次。

加强工艺防腐管理工作和装置开停工管理及指导。针对2021年大检修企业，下发《大检修开停工生产受控管理指导意见》和《关于做好2021年大检修开停工生产受控管理的几点提示》，对大检修开停工生产受控管理提出要求。协调24名专家到检修企业进行停工界面交接检查、开工前条件确认，以及指导部分重点装置开工。组织专家对两套乙烷制乙烯项目的乙烯、全密度聚乙烯、高密度聚乙烯和丁烯–1/己烯–1装置试车方案、单试方案等资料进行联合审查，并开展现场指导、服务，密切跟踪装置运行情况，对出现的生产问题及时予以指导，保证装置“开得起、稳得住、长周期”。

组织重点装置关键工艺技术攻关，保证装置长周期、满负荷生产。逐家企业研究乙烯装置满负荷优化方案，加强长周期运行管理，2021年召开乙烯装置优化视频研讨会7次，解决碳二加氢反应器选择性低、分离系统易结垢等多个难题。

（王君达）

【设备管理】 2021年，围绕炼化安全生产中心任务，全面深化落实大检修全生命周期管理理念和工作措施，狠抓大检修统筹管理，推进机泵“两治理一监控”，开展无泄漏装置、大机组、腐蚀防护、电气、仪表专项攻关，装置安全稳定长周期运行水平有了新的提高。

全力保证装置安全稳定运行。围绕四年/五年一修的长周期运行目标，积极应对炼油低负荷、化工满负荷以及新冠肺炎疫情影响等内外部条件变化，加强设备运行维护保障工作，积极组织重点装置、设备运行攻关，隐患排查以及加强巡检、特护、监控等多种措施，保证生产平稳运行。组织对偏离工况较大的设备问题进行排查，排查低负荷运行设备问题423项。

加强事故事件分析和专项排查，对重点事故事件进行12期专项通报，督促企业举一反三进行整改排查。下发30期设备工作简报促进信息共享，提升基础管理。深化长周期运行瓶颈问题梳理，从企业和装置两个层级梳理出722项问题。通过各项长周期提升措施，27家炼化企业（广东石化在建）全部实行整厂大修；已实现四年一修的企业7家（其中有4家企业本周期力争实现五年一修）；本周期按照四年一修运行企业16家（在2025年可全部实现）；按三年一修运行企业2家。

强化大检修各项工作，完成吉林石化、大港石化、抚顺石化和格尔木炼厂4家企业大检修工作。加强对检修企业的总结分析，组织2020年大检修的5家企业和2022年、2023年大检修的8家企业进行工作讨论会，总结经验教训。加强2021年大检修企业的对接督导和现场检查。研究编制《中石油炼化企业大检修管理指导意见》。成立催化、重整和加氢等11类炼化主要装置设备工作小组，促进炼化企业同类装置设备人员沟通交流、提升生产一线设备管理水平。进行2022年大检修准备工作，包括检修计划审查、同步实施技改项目论证审查并跟踪前期进展、协调优化检修时间等。按季度通报各企业大检修全生命周期考评情况。加强修理费管理，“十三五”期间，炼化修理费由104.1亿元下降至86.6亿元，下降16%。

持续推进机泵及大机组风险管控。持续推进机泵“两治理一监控”和机泵精修，机泵安全运行得到本质提升。A、B区运行比例99.9%，其中A区占比69.9%，C区运行机泵由142台降至56台，消灭D区运行机泵，治理流量偏离机泵78台。机泵MTBR稳步提升，高危泵MTBR由年初的71.2个月上升至80.9个月，所有泵MTBR由年初的92.2个月上升至102.6个月。加快推进机泵在线监测系统建设，在线监测系统机泵的比例由2019年的4.1%提升至11.9%，7家企业机泵在线监测系统覆盖率超过20%。开展动设备状态监测工作调查评价，对各企业动设备状态监测工具及系统的配置情况、使用情况和管理情况进行专项调查和评价，编制《2021年炼化企业状态监测调查评价总结报告》，并以通报会议形式向企业发布。加强大机组管控，包括及时通报分享5起大机组事故事件、利用体系审核检查督促各企业加强大机组特护管理、与中国石化联合举办催化烟机视频会等。加快总部层面的动设备状态监测中心建设，包括加快炼化设备中心监测平台建设、发布动设备状态监测月报/季报16份、开展状态监测技术咨询服务和专家帮扶52次、建立炼化企业动设备典型故障案例库等。加强催化烟机运行管控，包括编制烟机运行情况月报表12份、强化监测诊断分析和现场技术指导98次、对各企业烟机运行管理实行量化考核等。

开展防腐蚀防泄漏工作。支持各企业“无泄漏装置”创建工作。对27家企业进行腐蚀专项审核和专家帮扶。加快推进腐蚀在线监测系统建设。开展腐蚀专项调研，形成专项报告7份、指导意见2项。针对典型腐蚀事件进行现场技术诊断2次，供其他炼化企业借鉴。

深化推进电气仪表专业管理。电气管理方面，推进继电保护和反事故措施制度的落实，针对性排查发现问题334项；针对5起典型事故事件及时组织开展电气专业排查；开展5家企业电气专家诊断和专业帮扶；加强电气专家组工作，组织完成《电气设备检维修策略》《兰州石化公司设备专业数字化转型建设方案》审查，参加电气专业培训授课6人次。仪表管理方面，推进仪表主动维护工作，将云南石化、长庆石化等先进管理经验进行全系统共享；持续抓好联锁、自控和报警管理，仪表自控率97.44%，13家企业达到99%以上，联锁投用率99.02%，25家企业达到100%，较前两年有较大进步；日报警数量（仪表系统+电气系统+大机组系统）由3871次下降至58次；完成SIL评估工作，加速SIL完善工作；加强仪表专家组工作，完成《中国石油炼化企业仪表失效数据库建设指南》审核，修订完善2021年下半年HSE体系审核条目和HSE体系审核评分表，制定现场仪表主动维护工作措施，对4家企业进行仪表专项帮扶，参加仪表专业培训授课9人次。

组织开展QHSE体系审核，促进专业工作深化，加强审核方案制订和审核人员配备，及时跟踪审核过程中的问题，并开展专家诊断和专业帮扶。机电仪及防腐四个专业发现问题4148项，持续督导整改，立足问题导向，推进管理提升。对2021年炼油与化工分公司设备工作要点的贯彻落实情况进行调查摸底，集中对大机组、防泄漏、检维修策略、抗晃电等重点方向和问题进行分析总结，进一步促进机电仪专业的深化落实。

开展降库和联合储备。在2020年四类物资（备品备件、仪器仪表、电工材料及元器件、钢材库存）降库16.66%的基础上，继续压降四类物资库存资金19.46%，并逐步推进区域联合储备。下发《2020年炼化企业降库增效完成情况分析》《上半年炼化企业降库存工作情况通报》《炼化企业第三季度降库存工作情况通报》，督促各企业深化提质增效降库工作。

开展专业培训和技能竞赛。完成机电仪专业培训班6批次，其中设备主任、继电保护人员和动设备状态监测三个方面的培训班较有特色，深受参培学员的好评。首次组织催化设备员和继电保护人员技能大赛，极大调动两类专业人员学专业、学技术的积极性，并形成相应的培训体系和培训力量。依托设备中心和防腐中心开展网上培训和到厂培训1007人次。

推进设备信息化建设。组织设备标准与信息化规划编制，包括召开炼化企业设备管理信息化研讨会、成立炼化设备信息化专家组、编制《炼化板块设备信息化规划方案》等。统一建立设备管理及信息化标准，包括建立仪表失效数据库建设方案、编制电气设备检维修策略库指导意见、开展设备信息化基础标准的编制与发布、开展炼化设备管理KPI指标及设备故障/缺陷标准库的建设等工作。

（高志杰）

【装置达标】 2021年，炼化工艺技术达标工作深入落实集团公司“四精”工作要求，坚持问题导向，坚持技术引领，持续深化达标对标管理，取得较好效果。炼化达标工作重点开展提升综合商品率、全流程节能降碳、增产炼油特色产品、改善经济技术指标、装置长周期运行等专项攻关活动，核心装置运行不断优化，关键指标持续改善，其中常减压装置脱后含盐小于2毫克/升指标的合格率平均为69%，同比提高1个百分点；催化裂化装置丙烯收率6.25%，同比提高0.37个百分点；连续重整装置辛烷值桶91.65，同比提高0.51个单位；纯氢产率3.74%，同比提高0.07个百分点；乙烯收率32.83%，同比提高约0.2个百分点。

2021年，26家企业参与专业达标，10家企业实现炼油专业达标，达标率38%。135套炼油装置中70套达标，达标率52%，其中常减压21套、催化裂化19套、加氢裂化6套、连续重整18套、延迟焦化6套。59套化工装置中28套实现达标，达标率47%，其中乙烯6套、聚乙烯7套、聚丙烯9套、合成橡胶6套。

（杨　砾）

【质量与标准】 推进化工产品质量提升攻关活动，2021年主要化工产品产量合格率同比提高0.07个百分点。吉林石化正丁醇质量攻关成效显著，满足下游高端用户的使用要求，成为高效产品。加强化工品牌建设，“22+N”品牌工程产品质量提升全面启动，84个品牌产品收窄指标，涉及的10家考核企业中，大连石化、四川石化等5家企业质量管控水平较2020年提升0.2—1.4σ，独山子石化、大庆石化等6家企业质量管控水平达到4.0σ以上。完成大庆石化等18家企业900余项产品的昆仑商标申请的技术审查。

开展标准实施监督抽查工作，对照《3号喷气燃料》（GB 6537—2018）、《车用柴油》（GB 19147—2016）及其修改单和《塑料 拉伸性能的测定第1部分：总则》（GB/T 1040.1—2018）等3项重点标准，以企业自查和现场检查相结合的形式，在组织企业开展自查的同时，重点对锦西石化、华北石化、大港石化等3家企业的实施情况进行现场综合检查。

主导制修订国家、行业和团体标准30余项，参与修订完成《车用汽油环保技术要求》（DB 11/238—2021）和《车用柴油环保技术要求》（DB 11/239—2020）2项北京市地方标准，为首都提高环境质量、保障2022年北京冬奥会召开贡献力量。持续跟踪ASTM D02/D16/D20/D32等4个分技术委员会，参与网上标准投票200余项。成功筹建全国塑料标准化技术委员会塑料碳中和工作组(SAC/TC/15/WG1)，中国石油承担秘书长、副主任委员、秘书等职位，负责中国塑料领域碳中和相关标准制修订工作。提出6项标准提案在国家标准委员会立项审核，涉及塑料装置碳足迹计算、塑料碳排放计算方法和限额等标准。完成《重整生成油中芳烃组分的快速分析法》等6项集团公司企业标准制修订，对《薄壁注塑聚丙烯树脂》（Q/SY 03054—2017）等18项标准进行复审。

（姜　凯）

【节能节水】 2021年，节能量34.4万吨标准煤，节水量545万立方米，分别占集团公司完成量的46.6%、52.6%（表8）。

表8　2021年集团公司炼化企业节能节水情况

指　标	2021年	2020年	同比增减
节能总量（万吨标准煤）	34.4	39.5	–5.1
节水总量（万立方米）	545	552	–7

炼油综合能耗59.5千克标准油/吨，同比降低1个单位；单因耗能7.41千克标准油/（吨·因数），降低0.19个单位；新鲜水单耗0.48吨/吨，降低0.04个单位。乙烯燃动能耗566千克标准油/吨，降低5个单位（表9）。

表 9 2021 年集团公司炼化企业能耗情况

项 目	2021 年	2020 年	同比增减
炼油单因耗能[千克标准油 /（吨·因数）]	7.41	7.60	–0.19
炼油综合能耗（千克标准油 / 吨）	59.5	60.6	–1.1
炼油新水单耗（吨 / 吨）	0.48	0.52	–0.04
乙烯燃动能耗（千克标准油 / 吨）	566	571	–5

2021 年，炼油与化工分公司落实提质增效工作要求，通过开展能源结构调整、专项节能科技攻关、实施节能专项投资项目、加强对标和生产精细化管理等工作，节能工作取得显著的效果，能效水平持续提高。

加强对节能工作的组织领导，建立完善的节能管理、组织机构，落实责任，建立健全节能工作的长效考核激励机制。

开展炼化全流程和全厂炼油能耗实物量消耗的对标分析工作，安排长庆石化、锦州石化、兰州石化等企业依托智能化工厂建设优化级能源管控信息平台，利用信息化手段进行企业用能监测，利用 MES 系统实现重点耗能设备和重要参数的在线监测，建设燃料气、蒸汽、循环水等系统能效分析及对标功能。

应用流程模拟等技术手段，实施全流程用能优化，切实降低燃动成本。哈尔滨石化利用流程模拟数字模型提供的数据支持，实现常减压装置减压炉停运、加氢裂化装置进料炉停运以及气分装置丙烯塔热源低温热全替代，节约燃料气 18.4 吨 / 日，节约蒸汽 168 吨 / 日。

采用先进绿色工艺，开展装置改造和优化运行工作，提高主要炼化装置用能水平，降低工艺总用能。通过换热网络优化，提高原料的换热终温，大港石化实施催化 MIP 改造和二再扩容改造，增加发汽量 10 吨 / 时，减少燃料气消耗约 900 米 ^{3}/ 时；兰州石化深入开展乙烯装置优化运行攻关，大乙烯气相炉、液相炉周期达到 50 天。

开展设备提效工作。通过开展加热炉专项攻关，实时关注加热炉运行状况，实施采用空气预热器、炉管强化传热等改造措施提高加热炉、裂解炉热效率。抚顺石化实施完成加氢裂化、柴油加氢、焦化等装置加热炉提效、80 万吨 / 年乙烯装置裂解炉强化传热技术和炉墙高效节能喷涂技术改造等项目，实现节能量 1.1 万吨标准煤，加热炉效率同比提高 0.5 个百分点。

开展余热余压的高效利用。加强高温管线保温，实施蒸汽系统平衡优化和有功减压，优化蒸汽管网运行。建立和完善全厂或区域低温热回收系统，实现热水伴热与维温，削减罐区蒸汽维温；推进装置热进料，实现上下游装置热联合。大港石化催化裂化装置解析塔热源利用过剩低低压蒸汽替代低压蒸汽，年减少低压蒸汽消耗 8640 吨；锦西石化建成投用全厂低温热回收利用项目，节能增效约 6000 万元 / 年。

（杨 砾）

【科技创新】 贯彻集团公司科技创新工作部署和市场营销工作会议精神，落实炼化业务“减油增化、结构调整、科技创新”重点任务，坚持技术引领，以高端特色优势产品为突破口，以“卡脖子”和新材料业务技术攻关为重点，加强新技术应用，推进新业务布局，为炼化业务高质量发展提供有效的科技支撑。完成新产品开发、应用新技术 KPI 指标 22 项。开发石蜡、沥青、油田化学品、高档润滑油及特种用油等炼化特色产品；研究新材料、生物化工等新业务及新方向。

积极筹备科技计划。2021 年是集团公司改革大年，炼油与化工分公司及科研单位精心组织制订三批科技计划，科技创新工作取得重要进展。（1）编制新材料中长期科技发展等规划。围绕集团公司“创建世界一流示范企业”和“2035 年基本建成世界一流综合性国际能源公司”等战略目标，立足资源优势，积极应对市场需求、能源转型和产业升级的变革，加快炼化转型升级和新能源、新材料、新业务布局。在减油增化、减油增特、重点化工技术、化工新材料、绿色低碳和用能优化技术、分子管理及其数字化等 6 个领域，部署基础研究 18 项、关键核心技术 50 项，部署 50 项重点产业化任务，按照“有资源、有市场、有技术、有人才、有竞争力”的判定标准，重点部署 24 项重大科技工程。（2）关键核心技术取得突破。关于“1025 专项”，开发官能团结构及在分子链中位置可控的溶聚丁苯橡胶制备技术，在独山子石化 3 万吨 / 年生产装置实现工业应用。试制轮胎经欧盟专业机构测定，滚动阻力达到 A 级，抗湿滑达到 B 级。长链支化稀土顺丁橡胶生产技术。完成单一活性中心稀土催化剂制备，中门尼（45 ± 5）及高门尼（60 ± 5）两个牌号产品性能达到朗盛 CB24EZ 水平。（3）加强炼油催化剂和工艺技术应用。乌鲁木齐石化完成 60 万吨 / 年连续再生重整工业试验，一次开车成功。柴油加氢精制 / 裂化组合催化剂在大港石化220万吨/年柴油加氢装置应用，装置开车一次成功。

炼化技术创新取得丰硕成果。“催化裂化汽油超深度加氢脱硫—烯烃分段调控转化成套技术”获国家科学技术进步奖二等奖。10项科研项目获2021年度中国石油天然气集团有限公司科学技术奖。其中，兰州中心石油炼制所完成的“金属物种修饰的低晶胞高活性Y型分子筛平台技术的构建”获技术发明奖一等奖，兰州中心化工催化剂所牵头完成的“高稳定性裂解汽油加氢系列催化剂及应用技术开发”获科学技术进步奖一等奖，大庆中心炼油所牵头完成的“功能化规整复合载体材料创制及其在清洁柴油生产技术中的应用实效”获炼化领域基础研究奖；参与完成的2项获奖成果中，清洁燃料研究室参与完成的“千万吨级大型炼厂成套技术研究开发与工业应用”获科学技术进步奖一等奖，合成树脂研究室参与完成的“高端纤维专用料的开发技术及应用”获科学技术进步奖二等奖。累计申报炼化技术专利225项，其中申报发明专利191项，申请实用新型专利34项，发明专利申请占比84.9%；授权专利152项，其中发明专利授权111项、实用新型专利授权41项，发明专利授权占比73.03%。

技术推广应用成效显著。完成46项“四新技术”推广应用实施，其中首次在工业生产装置试产新产品15项，增效1253万元；新工艺新技术新设备推广试用25项，创效27430万元；开发6项中试新产品，包括1-辛烯共聚POF膜专用料DQHO 2110、3525，液体口服药物包装瓶专用料H02M-S，超高熔指透明聚丙烯RPE100I，耐油高腈NBR4105丁腈橡胶以及阻尼用特种丁腈橡胶NBR25D等，为下一步工业装置试产以及市场开发打下良好的技术储备。推广已有自主成熟技术，包括轻汽油醚化技术、FCC催化剂、加氢裂化催化剂、全白土催化剂和碳二、碳三、碳四以及裂解汽油加氢系列催化剂。

油转化开创新局面。开发深度降低汽油烯烃的灵活催化裂化（CCOC）工艺技术、重质柴油分区反应催化裂化（DCP）工艺技术，分别在庆阳石化和兰州石化工业应用。开发催化裂解多产低碳烯烃（ECC）工艺技术，建成ECC中试装置，并形成工艺包。

（王桂轮）

【信息化管理】 2021年，重点开展数字化转型试点实施工作，推进长庆乙烷制乙烯、塔里木乙烷制乙烯、广东石化等新建企业智能炼厂建设工作，深化信息系统的应用。成立炼油与化工分公司数字化转型智能化发展工作领导小组，建立决策机制，落实集团公司各项部署要求，确定主要工作目标、主要任务，保障资金投入和协调解决重大事项。

3月，推荐兰州石化作为首批重点示范实施单位，开展数字化转型智能化发展试点建设。5月27日，组织召开兰州石化数字化转型智能化发展试点实施方案审查会，方案通过审查。启动集团公司数字化转型科技项目炼化领域课题3个，并按照试点企业数字化转型计划完成需求分析和详细设计。10月29日，完成兰州石化数字化转型智能化发展试点详细方案设计评审。

长庆乙烷制乙烯项目完成智能工厂规划系统的基本建设实施并上线试运行。重点是借助数字化技术解决方案，持续推进核心业务的数字化，开展以数据驱动的运营智能化。应用5G、大数据、云平台等技术，依托三维数字孪生，打造生产管控、安全环保、机电仪一体化管控平台，实现高效智能化、可视化的数据融合共享、一体化协同，为企业生产经营提供辅助决策依据。

塔里木乙烷制乙烯项目35个系统与应用已上线运行，初步赋予企业“全面感知、安全受控、生产智能、全厂优化、高效经营”的信息化能力，与工程建设“三同时”，为企业生产经营提供全方位服务。

广东石化全力推进全厂智能化项目工作，按照“三同时”要求与工程项目同步建设。数字化中心机房（信息中心机房）、网络系统、云平台、网络安全等基础设施项目已投用。24个系统完成详细设计并全面进入开发实现阶段，其中APS、MES、安全环保管控、设备综合管理、视频监控、门禁和一卡通等10个系统已投用部分功能，支持工程建设阶段业务应用。

开展炼化信息系统深化应用，形成36项深化应用工作，完成22项，信息系统应用逐步深入，信息化对各炼油与化工分公司和炼化企业改革创新、高质量发展的支撑作用日益显著。

9月6日，化工品电子销售和化工品物流管理两个系统全面试运行，有效支撑化工销售业务。

11月24日，炼油与化工分公司组织召开炼化数字化转型智能化发展工作研讨会，启动独山子石化、广西石化、四川石化、云南石化、长庆石化5家企业数字化转型试点工作。

12月16日，炼油与化工分公司组织召开炼化数字化转型智能化发展炼油工艺技术专家组研讨会。围绕“打造数字化转型新标准，形成可复制可推广的流程型企业示范工程”的目标，突出工艺引领作用，进一步明确 9 个亮点和 12 项重点工作。为深入研究工艺技术的数字化转型方法，成立两级炼油工艺技术专家组织。

（李志良）

【专业技术培训】 落实新冠肺炎疫情常态化防控期间培训工作要求，结合炼化业务中心工作、队伍现状和发展需要，有针对性开展炼化专业技术培训班。精准编制培训计划，围绕人才强企工程中关于各类人才的培养目标任务，紧贴炼化业务发展需求和队伍建设情况，分专业、多角度开展培训需求调研，按照“内容充实饱满、专业特色鲜明”原则，编制 2021 年炼化专业技术培训班计划，并通过“中油 e 学”平台，完成培训项目录入、审核和意向计划选报、调整等工作，实现培训项目全流程线上管理。根据工作需要，追加“油品国际贸易及相关金融衍生品实务培训提高班”计划，切实提高培训的针对性和实效性。2021 年，计划培训项目 22 个，其中 A 类项目 1 个、B 类项目 21 个，计划培训 1590 人。受部分地区零星疫情因素的影响，实际举办培训项目 12 个，培训人数 840 人。

持续与中国石化合作开展联合培养项目，为炼化企业培养核心装置及全流程领军型技术人才。2021 年，举办催化装置专家培训班和总流程专家培训班，炼化企业 20 名技术骨干人员参加培训。

组织炼化专业职业技能竞赛，以赛促学、以赛促训，提升一线员工职业素养、专业知识和技术能力水平。组织完成 2021 年炼化专业职业技能竞赛 12 项，其中炼油与化工分公司主办 3 项竞赛（国家级 1 项、集团级 2 项），参加 9 项竞赛。涉及聚丙烯、聚乙烯、加氢裂化、催化裂化、继电保护、化学检验员、化工总控工等专业，涵盖 26 家炼化企业。各项赛事按计划举办完成，参赛选手取得较好成绩，有 5 人获“全国技术能手”称号。

（于晶华）

商储油业务

【概述】 商储油储存、购销、借还和商储设施租赁，以及国家商业储备任务由中国石油天然气集团有限公司商业储备油分公司（简称商储油分公司）承担。商储油分公司是经国务院批准、财政部以资本金注入的方式建立的原油商业储备公司。2007 年，商储油分公司在北京市西城区注册成立，先后挂靠集团公司财务资产部、财税价格部及大港石化全面管理，依托大港石化业务相对独立运作。2018 年，集团公司对商储油分公司管理体制进行调整：炼油与化工分公司作为商储油业务的运行管理责任主体，承担全部经营责任和所属地区公司安全环保综合监管责任，在炼油与化工分公司商储油业务生产经营计划和考核指标单列。商储油分公司作为独立运行单位，挂靠炼油与化工分公司。商储油分公司作为生产经营主体，相对独立运作，独立核算、单独考核，重点强化商储油的商务运营职能；运行协调、资源配置等职能纳入炼油与化工分公司一体化管理，党建、人事、行政等综合职能依托炼油与化工分公司。商储库基地日常管理和安全按照属地管理的原则，由相关企业负责。商储油分公司设综合管理处和设备与安全环保处，人员编制 10 人。2019 年，商储油分公司完成营业执照、危险化学品经营许可证、银行账号、财务账户、销售证书、仓储证书、印章等变更工作，完善组织机构，规范业务流程，商储油经营运作步入规范化轨道。2020 年，按照“安全环保、规范运作、保障服务、适度经营”的工作原则，扩大经营业务量，与炼厂紧密合作，有效履行原油储备功能、生产运行应急保障功能和经营创效职责。

2021 年，商储油分公司以依法合规管理为基础，围绕提高运营水平、强化运行监管、持续降本增效等方面积极开展工作，有效地履行原油储备功能、集团公司生产运行应急保障功能，为集团公司的整体创效和相关炼化企业的平稳运行作出贡献。

【经营管理】 2021 年，商储油分公司盈利 0.11 亿元，同比减亏 42 亿元，若剔除 2020 年计提 28.29 亿元的减值后，同比减亏 13.71 亿元。

加强市场研判，合理购销。经营性购销原油 214 万吨，在油价持续上涨过程中，采购 56.4 万吨，离岸价格 69 美元 / 桶；抓住有利时机，销售 160.2 万吨，毛利 16.1 亿元，吨油毛利 1006 元。

强化服务意识，发挥调节作用。配合炼油与化工分公司采购巴士拉重份额油 42 万吨，将加工效益好的份额油留在系统内，为相关炼厂创造加工效益；在高油价下，为规避风险，按照集团公司和炼油与化工分公司安排，减少炼厂海上进口原油采购，安排商储油出库供炼厂加工 130 万吨。炼厂采购商储油与采购市场原油相比，减少支出 2.86 亿元；在四季度陆上进口资源紧缺以及低凝柴油、航空煤油终端需求增量的矛盾，结合原油市场价格走高，商储油分公司加大商储油出库力度，配置给炼厂 106.5 万吨，保障调增生产计划的用油需求，起到至关重要的资源保供效用，为集团公司整体创效贡献力量；为解决炼厂年底“两金”压降，配合广西石化代购原油 13.8 万吨；转储铁岭商储库 15 万吨商储油至林源商储库，保障吉林石化和抚顺石化检修期间大庆原油存储。

持续推进依法合规经营。为取得各商储库区危险化学品经营资质，实现依法合规运营，申请设立 13 个库分公司，并取得集团公司授权，以大港商业储备库为试点，有续推进各库区办理工商注册，组织各受托企业完成库分公司负责人推荐，汇总上报人力资源部，获得批复，为取证工作打下坚实基础。并与多部门研讨沟通委托管网集团管理的 4 个商储库的合规问题。

服从大局，勇于担当。为强化集团公司托管的 GC 库的管理，理顺工作流程，厘清各方职责，根据集团公司领导指示要求，由商储油分公司代表集团公司进行统一管理。面对沟通协调困难、管理流程不清、责任划分不明确、人员配备不足等问题，商储油分公司提高政治站位，履行职责，组织各受托企业和代储企业完成《GC 原油物资报表台账》征求意见和《2022 年 GC 原油资金补贴申请》填报，并汇总上报。

（刘如杰）

【安全环保及风险防控】 2021 年，商储油分公司按照“安全是天，质量是命”和“全员、全过程、全天候、全方位”的原则，把“识别大风险、消除大隐患、杜绝大事故”作为重中之重，以风险管理为抓手，以安全受控为宗旨，强“三基”、反“三违”，严肃“三项纪律”，严守“四条红线”，聚焦“物料介质、能量隔离、风险预警、作业监督、应急处置”五个方面，安全环保、储罐检维修等各项工作稳步推进。

以风险管控为中心，推进各项安全管理基础工作。每季度召开 1 次视频会议，研讨托管油库安全管理、技改技措、隐患治理、管理创新等方面好的经验做法，解决普遍存在问题。《安全生产法》《大型油气储存基地安全风险评估指南》等 12 部相关文件要求在托管油库得到有效落实。集中精干力量完成商储、国储、燃料油共计 20 个石油库上下半年 QHSE 体系审核；完成大连、大港、陕西、宁夏 4 个托管油库 HSE 标准化站队验收；完成 14 个托管油库安全风险深度评估，并通过应急管理部督查；编辑出版《大型外浮顶储罐典型事故分析与风险防控对策》，指导托管油库安全生产。

体检把脉，全面诊断治理硬件隐患。防腐管控方面，完成大连、冀东、大港、广西、兰州 5 个托管油库 RBI 检测与完整性评价，剩余 8 个托管油库有序推进；防雷防静电管控方面，委托大连安环院对 14 个托管油库持续开展防雷防静电专项检测，截至 2021 年底，检测储罐一次、二次密封腔内可燃气体浓度 18000 余次，本安型人体静电消除器 4000 余处，接地引下线 15000 余处，高中频雷电流分路器 26000 余处，防爆电气接地 20000 余处，四孔螺栓法兰跨接 3000 余处，罐上金属附件等电位跨接 16000 余处，中低频雷电流分路器 9500 余处；防爆电气管控方面，委托川庆钻探安检院完成托管油库防爆电气检测全覆盖，检测设备 10469 台，排查问题 14275 个。

稳步推进储罐大修工作。2021 年下达专项资金 18543 万元，用于托管油库大修，针对影响储罐长周期运行的中央排水、储罐密封等关键设备，委托中国石油物资采购中心进行集中采购，从源头把控质量。建立储罐管理平台，动态更新储罐检修情况、RBI 检验数据以及 QHSE 体系审核问题，实现“一罐一档”信息化管理。

防雷管控，总结可行有效的“六重保护”方案。其中雷电预警包括：安装 ATSTORM 本地雷电预警系统，以托管油库为中心 24 小时不间断监测雷云对地面的电场强度变化，2021 年发出预警次数 2100 余次，预警准确率 100%；引入广域闪电定位系统，监测托管油库 30—60 分钟短时临近雷电，划定“三级四色”预警，下发《雷电预警避险动作清单指导意见》，分级管控雷电风险。2021 年监测、预警库区雷电活动 1786 次，其中黄色预警 703 次、红色预警

333 次，通知 3000 余人次。

采用新技术，解决储罐一次、二次密封可燃气浓度超标隐患。使用高效密封，减少密封腔可燃气体集聚，降低点火能量，林源、铁岭、大连、锦州、大港、四川、兰州、鄯善、独山子等托管油库得到较好应用。采取主动防护技术，设置油气挥发抑制主动防护系统，广西、冀东、陕西、宁夏等托管油库完成改造投用。

针对沿海储罐腐蚀问题，开发环保型高性能防护材料。依托“兰州腐蚀与防腐工作中心”和“安环院设备腐蚀研究所”共同合作，在集团公司科技部立项，开发环保型高性能防护涂层材料，施工零污染，一次涂装，可实现 15 年以上使用寿命。2021 年完成锦州商储库、大连商储库各 1 具储罐喷涂试验，效果较好。

（王金龙）

销　　售

综 述

【概述】 中国石油成品油、天然气、非油、车用润滑油及其他炼油小产品的销售业务，加油（气）站、光伏电站、加氢站、充换电站、油气氢电非综合服务站等的建设与运维由中国石油天然气股份有限公司销售分公司（简称销售分公司）负责组织管理。销售分公司是中国石油专业分公司之一，归口管理31家省级销售企业，东北销售、西北销售两家资源配置型大区公司和昆仑好客1家专业公司。

2021年是成品油销售业务“十四五”规划的开局之年，也是全力打造“国际知名、国内一流”油气氢电非综合服务商的起航之年。销售分公司深入贯彻集团公司党组对销售业务的部署要求以及市场营销工作会议精神，千方百计克服新冠肺炎疫情反弹、人民群众就地过年、部分地区竞争加剧、国家收紧汽柴油出口等不利因素，全力以赴保运行、提销量、增效益，整体经营运行好于预期。

【经营业绩】 2021年，销售分公司销售成品油11172万吨，其中自营纯枪销量6410万吨，非油业务店销收入248.7亿元、毛利总额45.8亿元，加油卡累计发行量2.03亿张，沉淀资金330.6亿元，费用总额478.8亿元，税前利润32.6亿元，净利润22.8亿元，扭转连续亏损局面，较好完成集团公司党组下达的提质增效目标任务（表1）。

表1 2021年销售分公司主要经营业绩

指 标	2021年	2020年	同比增减
国内成品油销量（万吨）	11172	10499	673
其中，纯枪	6410	6464	-54
批发	4762	4035	727
税前利润（亿元）	32.6	-129.8	162.4
净利润（亿元）	22.8	-142.1	164.9
营业收入（亿元）	7814	6156	1657
其中，非油收入	272.5	244.9	27.6
资产总额（亿元）	2882	2892	-10

成品油业务

【概述】 2021年，面对油价波动、新冠肺炎疫情散发、市场竞争激烈等不利因素，销售企业认真贯彻落实集团公司各项部署要求，在炼化子集团的统筹协调下，践行“24字”营销工作方针，以市场为导向、效益为目标，抓住经济快速恢复、市场需求回升、油价波动上行等有利时机，积极主动作为，突出抓好批发、直销终端客户开发，推进零售业务提质创效，成品油销售总量同比增幅整体跑赢大势。

【市场特点】 2021年，国内成品油价格累计调整25次（14涨7跌4搁浅），其中汽油累计上调1000元/吨（2020年下调1295元/吨）、柴油上调970元/吨（2020年下调1250元/吨）（图1）。

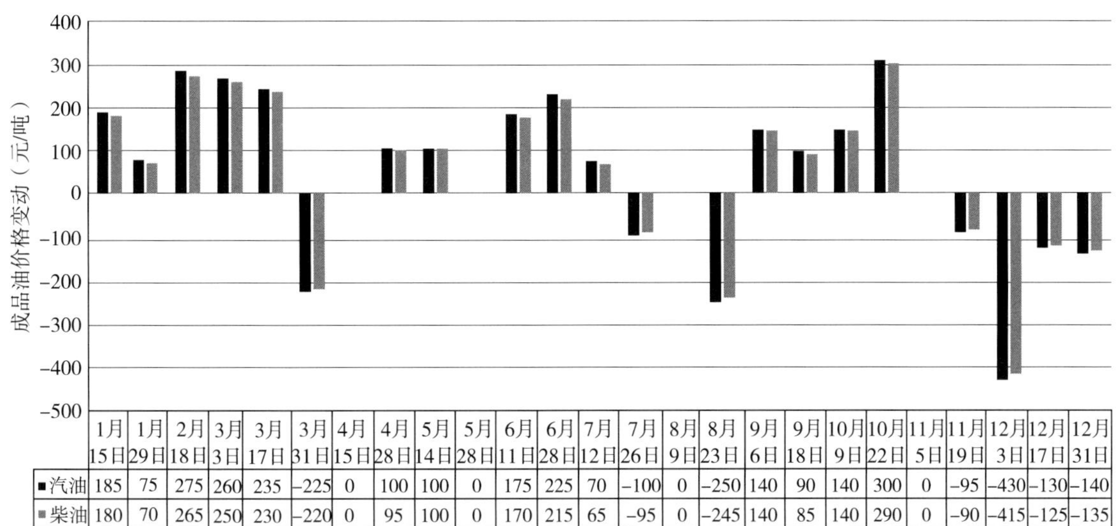

	1月15日	1月29日	2月18日	3月3日	3月17日	3月31日	4月15日	4月28日	5月14日	5月28日	6月11日	6月28日	7月12日	7月26日	8月9日	8月23日	9月6日	9月18日	10月9日	10月22日	11月5日	11月19日	12月3日	12月17日	12月31日
■汽油	185	75	275	260	235	-225	0	100	100	0	175	225	70	-100	0	-250	140	90	140	300	0	-95	-430	-130	-140
■柴油	180	70	265	250	230	-220	0	95	100	0	170	215	65	-95	0	-245	140	85	140	290	0	-90	-415	-125	-135

图 1　2021 年国内成品油调价情况

2021 年，国内成品油表观消费量 3.4 亿吨，考虑调和油影响因素后，可比口径同比增长 1%。汽油表观消费量 15469 万吨，同比增长 4.9%；柴油表观消费量 15820 万吨，同比下降 3.9%。一季度受上年同期基数较低影响，成品油消费呈高速增长态势，同比增长 19%；二季度增速逐渐回落至正常状态，同比下降 1.6%；三季度因多地新冠肺炎疫情暴发、能耗双控力度加大等原因，成品油表观消费量同比下降 3.8%；四季度受资源紧张、LNG 价格飙升以及隐性资源减少等利好因素影响，成品油表观消费量好转，需求同比增长 4.3%。

国家出台规范成品油市场管理的举措，对国内成品油市场向公平、有序方向发展产生良好效果。地炼份额首次下降，进口调和资源退市。地炼原油加工量与汽油柴油产量自 2015 年获得双权以来首次回落，全年地炼原油加工量和成品油产量份额同比回落 1.8 个百分点。剔除汽油柴油出口，主营单位汽油柴油供应占国内供应量的份额分别提高 4.1 个百分点和 1.4 个百分点。

【市场营销】 全力以赴扩销上量。持续加强市场研判，精细营销策略，全力用好炼化子集团“汽油出口转内销、增加柴油额外量”等支持政策，实现销量与份额“双提升”。2021 年，成品油自营批发直销量 3777 万吨，同比增加 567 万吨，批发直销相对市场份额 37.4%，同比提高 1.5 个百分点。

加快变革批发直销营销模式。下发《关于加强成品油直销和批发业务体系建设的指导意见》，发挥销售分公司、省区公司、地市公司三层合力，健全完善批发直销营销体系，加强整体策略和区域间营销协调，批发直销营销运行更加顺畅、运作更加高效。

实施差异化区域营销策略。坚持以资源流向效益为指引，实施“一省一价”市场化价格政策，差异化营销助力重点地区销量增长，2021 年西北、西南片区自营批发、直销量较 2019 年分别增长 14.2% 和 14.9%，东北片区降幅收窄至 1.7%。

加大客户开发与维护。构建“网格化、全覆盖、责任制”客户开发维护体系，做大客群规模，做稳终端渠道，批发直销活跃客户数 5.5 万个，与 2020 年及 2019 年比分别增长 19.9% 和 12.6%；集团公司内部自用油销售 64.3 万吨。

加强批发直销 APP 推广应用。2021 年，线上认证客户 5.8 万个，线上销量突破 1000 万吨，12 月线上销售占比达 72%，上线“油易贷”金融服务模块，客户体验持续提升，客户满意度和忠诚度显著提高。

加强客户经理队伍建设。按照网格化管理要求，省区公司客户经理人数从年初的 1402 人增加至 1474 人；组织召开“百名优师”客户经理培训师培训班，来自 31 家地区公司的 62 名客户经理参加培训，培养出第一批客户经理培训师。

【零售运营】 2021 年，销售分公司着力提升零售营销水平，分类施策，精准开展纯枪提量创效工作，针对不同的客户群体设计零售营销方案，先后开展汽油柴油客户开发、区内柴油份额保卫战等活动，带动纯枪增量超过343万吨；深入开展“10惠”、会员日等品牌促销活动，利用非油爆款商品，在重要节假日开展促销活动，“五一”小长假期间汽油纯枪销量环比增长15%—20%；开发邮政、一汽解放等全国性客户，用油份额稳步提升；与197家汽车厂商开展合作，基本覆盖全国年销千辆汽车以上车企，新增销量7.6万吨；进一步整合营销资源，不断推进与银行、支付宝、微信的联合营销，实现客户资源共享，扩展营销活动覆盖面，全年引入外部促销资源超过16亿元，有效节约促销成本、优化营销支出。

加油站服务功能不断提升，加大洗车网点布局，累计运营洗车网点4120座，拉动洗车站点汽油销量增长2%；新投运加气站90座，LNG销量同比增长70%；在北京、河北、广东、上海、重庆、海南等地区开展加氢站以及综合能源服务站试点建设，2021年建成8座加氢站，北京、河北按照冬奥加氢保供要求，如期建成投用保供加氢站点。

管理精细化水平不断提升，对加油站、加气站规范及操作手册进行修编完善，提升规范化水平；强化管理规范和服务标准宣贯，开展视频巡站、“四不两直”检查，加大日常检查频次和力度；重视客户投诉，认真查找原因，严格督导考核，持续提升加油站服务质量；推进全流程诊断与优化工作，开展线上诊断优化14万站次，站点覆盖率提高至59%；实施专项治理，提高加油站运行效率。

稳步推进加油站管理系统3.0项目建设，提高零售营销手段的信息化水平，电子加油卡、小程序、集团客户开发等功能上线运行，互联网渠道应用加快迭代，丰富营销手段，提升客户体验。

【资源调运】 统筹资源组织，提升价值贡献。2021年，物流专业线发挥子集团优势，凝聚炼销合力，协调炼化企业调整产业布局，统筹多种资源优化，强化运行组织，推动管理提升，用优化消化增量，向优化要回效益。全年交货计划兑现率100%，成品油运费188.64亿元，较预算节约8.84亿元，按可比口径下降9.1亿元；吨油运费168.85元，较2019年、2020年分别下降5.5%、3.7%，连续三年硬下降。

推动重点地区资源优化。依托东北销售公司与中国石化华北公司试点串换，2021年在黑龙江、内蒙古、辽宁、北京等七省一市完成串换58.1万吨，节省运费1.03亿元；组织西北销售公司编制《新疆地区资源串换方案》《西南地区物流优化分析》，在新疆、西南等地串换86.2万吨，节约运费1.57亿元；在山东、苏北、皖北等仓储物流薄弱地区与中国石化、中国海油等主营单位开展互供，完成串换91.7万吨，节约运费0.6亿元。

巩固提高跨区配送。细化省区毗邻地区物流优化组织，2021年在云南—贵州、内蒙古—黑龙江、四川—云南、宁夏—甘肃、江苏—山东、湖北—陕西等11省（自治区）交界区域完成跨区配送量75.8万吨，同比增加11.7万吨，节约运费0.5亿元。

持续加大一次地付进站力度。与炼油与化工分公司共同研究完善炼化企业储运设施，协调推动兰州石化、宁夏石化完成改造方案并组织实施，同时坚持用足地付发运能力，2021年地付1812万吨，占国内交货量19%，节约运费约8000万元。

严格管控运输杂费。与铁路部门协调对接，降费1.73亿元。其中：取消沈、哈两局路车联运代理服务费，调整运费代垫措施，修改计费依据，协调兰州铁路局取消点对点运费上涨等合计降费0.39亿元；退租自备车684辆，节省租金0.45亿元；紧密跟踪优惠降费政策，协调减少铁路保价费0.89亿元。

持续优化水运模式。打通芜湖三山油库“海进江”运行，实现沿江油库共用和跨区主动配送，补充“海进江”库容的同时节约江运费、租赁费约0.33亿元；打通组分油“海进江”中转通道，较铁路远距离运输节约费用1470万元。

非油业务

【概述】 2021年，锚定高质量发展目标不动摇，全力克服新冠肺炎疫情影响，有效应对百年一遇特大洪水冲击，主动适应新零售市场变局，在利益相关者加快资源争夺、便利店数量和进店顾客规模性缩减等诸多不利条件下，各项工作取得新成绩展现新气象。全年非油店销收入 248.7 亿元、非油毛利 45.8 亿元，同比分别增长 12.3% 和 18%，实现“十四五”良好开局（表 2）。

表 2　2021 年非油业务主要经营指标

项　目	2021 年	2020 年	同比增减
非油收入（亿元）	272.5	244.9	27.6
其中，店销收入	248.7	221.4	27.3
毛利（亿元）	45.8	38.8	7
毛利率（%）	16.8%	15.8%	1 个百分点
非油利润（亿元）	20.6	18	2.6

【便利店运营】 2021 年，以持续推进昆仑好客运营体系落地为主线，升级便利店精益管理。分片区打造示范店，门店整体运营质量效率不断提高，年收入百万元以上店 6839 座，同比增长 12%。开展一体化营销，创办昆仑好客购物节，精选 600 多款畅销品和 30 款“爆品”组合“油卡非润”大礼包，历时 3 个月在全渠道分阶段统筹推进，全面开展销售竞赛和陈列创意大赛，打造 2299 座示范店，8 大促销品类毛利同比增长 43%；开展冬奥主题、年货节、后备厢计划等 30 多项全国营销活动，连续两年参与“全国消费促进月”活动。

【自有商品开发】 2021 年，统筹规划提升管理，严格规避低水平重复开发，开发“好客童品”“昆觅”以及赣南脐橙等 58 个系列新品；着力运营推广，突出“大单品”引领，打造优选 + 大米、好客壹生纸等亿元级“爆品”，带动 10 余款千万级畅销品，优化商品毛利结构；积极与高校和专业机构合作，共建咖啡与茶饮料研发培训中心，加快产研销一体化探索。2021 年销售自有商品 11.7 亿元，同比增长 56%。

【运营管理提升】 坚定不移推进两级集采。2021 年，全面落地第三期集采结果，全国合作品牌由 88 家增至 136 家、SKU 达 2600 多个，集采规模 21 亿元，综合采购成本下降 11%。规范指导地区公司二级集采业务，明确选商、入围、品控等工作标准，将 27 家公司 150 个区域品牌纳入全国集采，满足差异化需求，提升运营质量，降低采购成本。试点推进供应链与物流优化，与头部企业合作，线下在京津冀地区试点供应链优化，订货满足率和响应速度大幅提升、物流费率和门店库存明显降低；线上尝试开展到家业务，试点运行电商物流仓。

【业务拓展】 加快建设线上营销渠道。2021 年，上线运营中油即时通信内购商城，完善天猫旗舰店功能，149 款商品入驻石油 e 采平台，组织直播带货 350 多场，促进内部员工、加油卡客户和公域渠道流量变现，全年线上销售收入 8502 万元，带动油卡充值 15 亿元。

发展延伸业务。新建汽车服务网点 1814 座，促进所在站点油品销售平均增幅超过 2 个百分点，汽车服务业务销售收入 6 亿元，同比增长 60%。探索“化肥 + 植保 + 金融 + 产成品”经营模式，推动农业产业链一体化发展，农资业务销售收入 28.5 亿元、毛利 1.3 亿元，均创历史新高。立项肯德基快餐项目 30 个，新投运 15 座，单店销量稳步提升，因地制宜拓展奶茶、馄饨等餐饮项目。

拓展业务渠道。稳步做大传统销售渠道，开发新客户 130 多家，联合地区公司共建京外大客户开发模式，在多地打通服务渠道，自有商品打入航空、高铁等新领域，2021 年销售收入 7966 万元，同比增长 150%。快速推广果蔬生鲜销售，有序打造 24 小时药品专柜，紧盯电信类积分商城市场，尝试便利店品牌输出，效益支撑点进一步增加。

【非油品牌建设】 助力乡村振兴履行央企责任。响应中央发展特色产业、推动地方做实做强做优实体经济号召，2021 年在江西、内蒙古等地开发消费帮扶自有商品，策划赣南脐橙、内蒙古牛羊肉等特色农副产品全国营销活动，打造“从田间到餐桌”的消费帮扶产业链。高质量承办集团公司消费帮扶产品展销会，将 7 个地区 23 种帮扶商品纳入全国集采平台拓宽销路，助力销售企业完成消费帮扶金额 6.5 亿元。

多渠道开展品牌推广。抓住 2022 年北京冬奥会、冬残奥会机遇，赞助“相约北京”体育赛事，在北京城区主干道、公共交通工具加大品牌展示，组织地区公司建立 490 个冬奥特许商品专柜；与电台、报社、网站等媒体合作，以商品为载体加大全媒体宣传，自有品牌水、酒、纸、咖啡等商品多次亮相高端展销会；举办开放日活动，通过新华网、人民网等主流媒体吸引 300 多万网友“围观打卡”。“昆仑好客”品牌知名度不断提升，获“2021 我喜爱的中国品牌”称号，品牌价值超过 134 亿元，名列行业前茅。

加油卡业务

【概述】 2021年，持续发挥加油卡桥梁纽带作用，推进会员体系建设，推广加油卡移动支付应用，实施互联网业务专业化运营。截至2021年底，累计发卡量20321万张，实名活跃客户2963.8万户；沉淀资金330.6亿元，同比下降5.2%；卡销比46.0%，同比下降1.2个百分点。

【加油卡发行管理】 发挥加油卡营销促销媒介作用，加大记名卡发行力度。2021年，发行冬奥主题加油卡，发行量超过100万张。推广发行电子加油卡，个人电子卡分两批实现全国推广，车队电子卡在四川、重庆、北京、河北四省（直辖市）试点上线157座站点，助力冬奥车队无接触加油加氢。截至2021年底，累计发行电子卡291.5万张，其中新客户办卡182.2万张，占比62.5%。

加强异常卡核查监管，强化加油卡套现套积分微腐败治理。落实集团公司要求，全面筛查2016—2021年异常卡情况，风险核查单累计核实率97.6%，2021年追回金额18.88万元，罚款65.33万元，查处违规事件833起，解除劳动合同违规人员590名，员工廉洁从业承诺书签订率100%。未按规定时间完成的单位，予以通报批评。编发加油卡风险周报55期，月度事件总数从年初的60起降到年底的14起，加油卡微腐败行为明显减少。

【互联网业务】 2021年，完成对中油好客e站APP、支付宝小程序的UI改版工作，形成“微信公众号+中油好客e站三端”（APP、支付宝及微信小程序）为主体的互联网营销渠道。客户线上充值金额超过700亿元，同比增长52%；线上充值比例28.4%，同比提升6个百分点。移动支付金额274亿元，同比增长159%；汽油移动支付比例9%，同比增长4个百分点。推出微信小程序，积累用户23万户，充值576万元，加油消费636万元。支付宝小程序上线移动支付、电子卡功能，用户400万户，日均9万笔。推出车队版APP，在北京、河北及四川、重庆四地试点。

【营销传播】 2021年，积极拓展平台业务，销售分公司总部层面上收中油九洲北斗股权，形成中油北斗全国业务拓展方案，注册成立中油北斗陕西公司，继续与G7、中交兴路加强沟通，就电子卡对接、LNG、物流园油非供应探讨合作。省区公司与“以客促油”模式的平台探索合作，坚决不与“团油”等“以油引客”模式的平台合作。及时关注国家法律法规及阶段性政策，降低风险。拓展社群营销，31家省区销售公司在加油站层面建立客户微信群3.25万个。其中，24家单位建立基于企业微信的客户群3.18万个，合计群内客户720余万人，2021年带动汽油纯枪销量37万吨、非油收入2.8亿元。

【会员体系建设】 2021年，整合“油卡非润气”、线上线下等多维度客户，建立零售客户、直销与批发客户全口径会员洞察及维系体系；推进数字化会员管理，统一入口，统一后台管理数据库，完善会员等级评定，动态维护会员级别，完善和优化会员积分规则；研究会员权益设计方案，构建会员服务新生态，制定线上线下全渠道的会员服务标准，提升客户忠诚度。截至2021年底，通过APP进行中油好客e站首次注册用户数1505万户，全国纯枪汽油吨油APP注册用户0.38人，线上注册用户超9100万户，绑卡用户3100万户。

气、电、氢业务

【概述】 2021年，瞄准“国际知名、国内一流油气氢电非综合服务商”的发展定位，积极探索、加快推进气电氢业务，网点建设、增收创效等取得阶段性成果。

【天然气业务】 发挥存量资产效能，统一规划LNG布点，跨区整合主要国道干道沿线LNG业务站点布局，形成整体市场合力。坚持市场先行和效益优先原则，保证必要的客户规模和稳定气源，确保高质量发展。坚持油气合建原则，与存量网络充分结合，利用现有油站场地增设 LNG 加注设施。坚持全资站为主，控股站为辅，暂不考虑租赁型站点。坚持整体统筹规划、有序推进，在重卡集中的跨省干线物流通道、两条以上的国省道交汇处优先布点，加快实施市场、资源靠实的项目。保持合理间距，综合考虑 LNG 车辆续航里程，科学控制布点间距。2021 年新投运加气站 90 座，LNG 销量 101 万吨，同比增长 70%。

【充换电及加氢业务】 2021 年，编制《销售业务“十四五”新能源发展规划》，全面启动并初步建立与充换电头部企业的沟通交流渠道，制定《销售企业库站光伏业务发展实施方案》，印发《销售企业库站光伏业务高质量发展指导意见》。全年建成 8 座加氢站，建设光伏利用加油站 70 座、充换电站 66 座、综合能源服务站 3 座。初步形成氢、电、光伏利用等新能源业务多模式、多区域全面试点的发展局面，上汽车电分离合资项目等重点项目初步取得突破。

投资管理与网络建设

【概述】 贯彻落实集团公司高质量发展方针和建设世界一流综合性国际能源公司的战略目标，进一步优化投资结构和网络开发政策，坚持优存量、控增量，2021 年新开发加油（气）站 300 座，投运 305 座。

【投资管理】 全力保障重点，优化投资策略，改善投资结构。聚焦计划刚性控制和结构优化，2021 年投资 121.2 亿元，其中加油站 97.2 亿元、油库 3.3 亿元、其他 20.7 亿元；强化区域差异化投资策略，7 个区内重点创效区投资占比超 35%，12 个全国重点区域合计占比超 52%；强化存量网络功能提升，加油站改造 59 座、投资 1.8 亿元，LNG 项目 149 个、投资 8 亿元，司机之家项目 65 个、投资 1606 万元，汽车服务项目 581 个、投资 2.4 亿元，餐饮项目 31 个、投资 9422 万元。

【网络开发】 主动放缓节奏，提升开发质量。2021 年，根据市场环境变化，动态调整开发策略、权限政策，主动调整常规加油站开发规模，以自主新建为主、鼓励合资合作，严格控制收购和租赁项目，着重控制投资成本。全年新开发加油站 300 座，同比减少 125 座；新开发项目比例中，新建站提高 4.5 个百分点，控参股站提高 5.1 个百分点，租赁站下降 2.9 个百分点，收购站下降 6.7 个百分点。全年平均单站投资 2168 万元，同比下降 27.9%；吨油投资 156 万元，同比下降 9.5%。

【库站工程建设】 2021 年，积极稳妥推进油库项目建设，湖北宜昌油库新建项目、辽宁东梁油库场地污染治理项目、西藏 725 油库扩容改造项目取得阶段性成果。完成加氢站项目建设 3 座，分别是上海平霄路、广东罗格、河北崇礼北 3 座油氢合建站。推进标准建设，编制《加油站建设标准——LNG 加气站分册》《加氢合建站建设标准》《库站分布式光伏系统建设标准》。完成综合能源站新形象方案设计，依托专业品牌形象设计研究机构开展综合能源站新形象设计工作，新形象在张家口崇礼北站、重庆双溪站落地。规范有序组织物资采购，一级物资（加油机）集采招标有序推进，开展 2021 年加油机集中采购招标，中标价比同类企业采购价平均低 8.64%；二级物资规范监管全面加强，按照集团公司招标采购评审系统《操作手册》，对地区公司 2020 年度招标采购工作进行逐家打分排名，印发《关于加强招标采购合规性管理的通知》，通报招标采购典型问题；建立专项抽查、企业互查自查机制，开展检查“回头看”，逐步实现监督检查常态化、全覆盖。

专业管理

【HSE 建设与管理】 2021 年，开展两轮全覆盖 QHSE 体系审核，按照“一体化、精准化、差异化”审核要求，坚持“审核不停、力度不减、转变方式、疫情防控为前提”原则，突出重点，优化方式，创新应用审核移动端，高标准、高效率、高质量完成审核工作，销售企业量化审核平均得分首次突破90分，体系运行效果持续提升。

开展油库安全深度评估。深入贯彻落实国家应急部和集团公司要求，组织各地区公司认真开展对标自评，组建专家评估组开展深度评估，选派专业技术人员参加应急部督导核查并组织做好迎检，完成246座油库安全风险深度评估，64座油库接受应急部督导核查。召开油库安全暨基础管理提升会议，总结评估成果，推出评估辅助工具包，建立常态化评估机制，制定三年提升行动方案，确定7项研究性课题，有效提升油库基础及安全管理水平。

深入抓好环保工作。组建11个VOCs检测中心，开展中央环保督察、生态环境部夏季督导"帮扶"、冬奥会期间空气质量保障前置督查工作，提前治理超标问题，有效保障库站油气回收设施达标运行，全年未发生通报情况。制定《加强挥发性有机物管理指导意见》《销售企业VOCs管控五项禁令》，开展"油气味"整治，按期完成冬奥会会期间空气质量保障任务。结合《排污许可管理条例》实施，推进排污许可问题整改，对国家生态环境部督办集团公司304项排污许可取证问题，逐一印发督办函，对排污许可问题逐项督办，明确整改措施及时限，无法取证的库站采取限时补办相关手续或关停、退租等方式，推动问题整改，2021年初304个库站许可取证问题全部完成整改销项。

妥善处置突发新冠肺炎疫情事件。坚持防疫信息日报机制，通过周督促、月通报，推进疫苗接种率，全口径用工接种率97.62%，未发生疑似或确诊病例。抓实常态化日常检查，开展"四不两直"检查12348次，组织开展为期3个月的反违章专项整治，连续三年未发生生产亡人事故。

【计量管理】 把"最大降耗空间"作为全过程损耗管理水平的评价标准，开展计量管理专项行动，启动损耗一体化智能管控平台建设，建立分环节、分品种、分牌号的全过程、全环节、全覆盖的计量损耗管理体系。自动化管理程度持续提升，储罐液位、温度、密度自动计量，通过安装在线温度测量设备，在公路付油环节部分实现V20付油，逐步实现监测数据自动采集上传。东北销售公司、西北销售公司两家资源配置型专业公司管理的油库，从流量计检定、流量计系数修正、空气浮力修正以及信息系统油量计算软件的修正着手，率先推行"零误差"付油。强化加油站销售环节油品油温管控，开发使用油温自动采集和集成软件，持续提升计量和损耗管理的精细化水平。有序推进车载液位仪安装，出台《车载液位仪使用管理规定（试行）》。2021年，销售企业下海油（直炼资源）、铁路（直炼资源）、公路运输损耗率分别控制在0.075%、0.008%、0.007%，创历史新水平。

【质量与标准化管理】 2021年，强化购进、运输、储存、销售全环节油品质量监管，开展质量提升百日专项行动，明确"六抓一创"（抓严油品质量全环节管控、抓细非油商品质量全流程管控、抓精服务质量全方位提升、抓实挥发性有机物全过程管控、抓强质量管理全链条责任提升、抓好质量管控体系全要素升级、争创一流质量管理企业）重点和"五个一"（一次质量管理提升大讨论、一次质量问题隐患大排查、一次全员质量知识大培训、一次质量管理大对标、一次质量监督大检查）措施，开展五轮视频巡查督导，重点加强京VIB标准油品质量升级、外采油品质量计量管理、汛期及换季质量计量管理、节假日及重大活动期间的质量计量管理等重点工作，坚决守住成品油质量管理红线。将非油业务纳入质量体系审核，持续强化非油商品质量管理。提升服务质量，完成95504与956100客服电话切换，定期下发服务质量监督通报，客户服务质量综合平均得分97.37分，全年开展神秘顾客访问9000站次，平均得分85.8分。

标准化方面，完成车用乙醇汽油调合组分油内控指标、新建油库投用管理规范、柴油酸度的测定（电位滴定法）、变性燃料乙醇中铜的测定（显色法）、柴油尾气净化液加注机现场校准方法、销售企业非油业务自有商品质量管理规范（食用油类）、销售企业非油业务自有商品质量管理规范（日用品类）、销售企业非油业务自有商品质量管理规范（粮食类）、车用乙醇汽油中乙醇含量的测定等9项集团公司级标准制定，完成车用乙醇汽油中甲醇快速测定（比色法），汽油、柴油中氯含量的测定（微库仑法）等2项集团公司级标准复核。

【油库管理】 加强油库规范管控。2021年，按照一次、二次物流和仓储费用整体最优的原则，对低效、新建、改扩建油库量化分析测算，编制完成《十四五油库布局优化方案》。狠抓油库安全环保、运行保障、运行效率、成本费用、经营管理等工作，推进储运公司建设，31家省区公司有25家成立储运（仓储）分公司，其中15家实现人财物集中统一管理，10家（四川销售、广东销售、内蒙古销售、新疆销售、山东销售、甘肃销售、河南销售、浙江销售、山西销售、宁夏销售）完成部分职能的集中统一管理。持续推动油库关停退租，全年关停退租24座、库容75万立方米。建立油库设备分级分类管理标准，研究制定《油库设备分级分类管理标准》，明确油库设备设施分级工作目标、定级标准、分类评级方法和分级评价流程，构建起覆盖运行、成本、可靠性、后果危害4大类管理要点以及成本、维修等11项评价子要素的分析评价框架，进一步厘清地区公司、仓储公司（地市公司）、基层油库的设备设施分级管理职责界面，助力销售企业油库运营管理水平迈上新台阶。

【财务管理】 完善全面预算管理机制。2021年，优化完善预算政策，改进预算运行机制，强化政策导向引领，坚持以市场为导向、以效益为中心，强化零基预算、量入为出，坚持事前算赢，以预算引领生产经营的优化。在现有集采不变的前提下，取消市场化试点政策，确保大区公司不亏损。协同分解预算指标，业务与财务部门协同配合，共同确定预算政策，优化资源流向，传导经营压力，分解年度预算指标。加强分析管控，业财深度融合，分析实际经营数据与预算、同期、环比相关变化情况及背后原因，加强预算过程管控，引导企业追赶进度。严格预算指标考核，客观评价企业经营情况，发挥预算激励导向作用。

深入开展经营运行分析。坚持问题导向、效益优先，持续优化完善经营活动分析体系。做好月度经营分析，从毛利、费用、利润角度，围绕成品油、非油等业务，突出资源、产品、流向效益，为经营决策提供依据。开展全方位、多层次分析，强化与中国石化的对标分析，查找资源结构、销售能力、价格水平等方面的差距，提出改善优化方案；按月分析通报销售企业提质增效指标完成情况，对比主要指标与提质增效目标进度差距，督促推动销售企业做好提质增效工作。着眼当前难点、热点问题，开展专题分析，按月进行资源流向效益分析，推进营销策略优化，找准盈利重点，及时堵住出血点。

极限压控成本费用。开展成本费用核查，核查范围包括省区公司两级机关、经营部、加油站、油库及股权企业，核查全口径费用项目，推动企业实现费用硬下降。将费用压减指标分解到专业线，持续优化一次、二次物流，在成品油销量同比上升673万吨的情况下，运费同比减少0.3亿元。落实全口径人工成本管控，加快推进大部制改革和三项制度改革，2021年底直接用工13.95万人，比2020年底减少1.02万人。深入开展炼销企业储运设施优化研究，开展成品油计量管理专项行动。降低微信、支付宝支付佣金费率，稳步推广数字人民币结算试点，佣金手续费同比减少0.6亿元。加强财税政策研究，推广山东销售公司消防用地土地使用税减免等先进经验，辽宁、甘肃等销售公司取得批准减免土地使用税，新疆、湖北等销售公司招用退役军人取得增值税减免，陕西、重庆、海南等6家销售公司延续或争取所得税享受15%优惠税率政策。

加强对标管理工作。完善对标体系，统一对标口径，落细对标维度，靠实对标结果，突出数据采集的客观性、准确性、及时性及有效性；销售分公司层面以与中国石化对标为主，省区公司层面以内部对标为主，地市公司以及加油站和油库层面打破区域限制，开展全系统对标。搭建销售对标平台系统，按照“通用指标共用、专业化指标快速迭代”的方式，快速复制推广，实现源头规范化、过程自动化、结果可视化、管理精细化，助力销售企业内部对标工作常态化。召开精益管理研讨会，系统梳理销售企业“十三五”以来经营情况，围绕成本费用极限管控，精益刻画每家销售企业“成本费用”画像，分析企业存在的不足，点评提出改进提升建议，持续提升对标管理水平。

推进提质增效“升级版”及亏损企业治理。强化目标引领，坚定市场导向，突出量效兼顾，落实提质增效及亏损企业治理目标任务。制订下发提质增效专项行动实施方案及亏损企业治理工作方案，确定五大类43项重点措施。加强市场营销，盯住零售、批发直销、非油三个销售端，统筹处理竞合、量价、批零、油非等关系。加强成本费用极限管控，进行重点费用措施落实及完成情况分析，定期通报控费情况，视频会约谈人工成本、修理费等超支单位。发布排名榜，对省区公司主要经营指标进行排名，督促追赶提质增效目标进度。实施销售分公司领导挂点联系分工指导，召开亏损治理视频会议，与相关亏损企业逐家对接督导，压实目标任务。全级次亏损企业户数和亏损面同比分别减少9户和下降20个百分点，亏损额度合计下降77.9%，超出集团公司年度减亏目标47.9个百分点。

【信息化管理】 以销售分公司信息化建设“十四五”规划为指引，围绕销售业务中心工作，开展销售业务数字化转型、项目建设和应用、网络安全和系统运维等工作。2021年，编制数字化转型智能化发展方案，启动河北销售试点实施，确定7个转型场景、28个子场景，完成电子加油卡、零售小程序、视频智能识别等13个子场景上线应用。开展加油站管理3.0项目需求分析和详细方案设计，完成个人、车队电子卡和微信小程序上线应用。零售会员体系上海试点在客户招募、会员规则、营销、权益等业务领域梳理需求106项，在中后台数据可视化分析等技术领域梳理462个功能点，完成需求分析评审。启动销售物联网项目，同步开展需求分析、损耗和设备一体化平台模块在云南销售和广西销售试点上线运行。强化数据应用工作，完成数据资产梳理和认责，建立数据资源目录和指标体系。持续做好大数据应用支持，完成广东、广西、甘肃、湖北、黑龙江和四川6家销售公司共性应用模型部署，满足销售企业客户加油轨迹和消费习惯分析功能。突出抓好科技研究工作，在前期市场研究工作基础上，快速开展“国内成品油市场滚动研究”课题立项工作。组织加油机器人项目研发和标准制定工作，完成首座科研试验站打造，在河北销售和河南销售开展落地应用工作。

【合规管理】 推进依法治企，2021年组织召开销售企业法律工作会议，重点梳理“十三五”期间销售企业的纠纷案件、合同管理及法律人员队伍建设等方面的工作，总结成绩、分析问题、明确方向，取得较好效果。强化制度建设，研究出台资产出租、纠纷案件、办公用房、公务用车、客户开发管理、加油卡微腐败治理等制度和指导意见。根据销售分公司规章制度，结合销售企业实际，制定下发销售企业纠纷案件管理细则，抓重点纠纷案件处理，按照销售分公司纠纷案件管理“减存量、控增量、提质量”的工作要求，以重大纠纷案件应对处理为突破口，以点带面提升销售企业纠纷案件总体管理上水平。对平安银行广州天河支行诉揭阳中油油品经销有限公司金融借款合同纠纷案件、广西销售诉广西心海投资有限公司阳鹿高速合同纠纷案、河南销售陈艳非法集资案系列民事诉讼、黑龙江省建设装饰工程有限公司诉中国石油黑龙江销售分公司石油大厦工程款纠纷案、青海销售宁夏宝塔票据承兑系列诉讼案件开展督导推进工作，各重点案件处理都取得显著效果。纳入2019年“三年清零”目标的存量案件，除个别案件尚未结案外，均已结案，较好完成销售企业案件减存量任务。抓案件分析促进管理提升，销售企业特点是“点多面广”，2万多座加油站，遍布全国各地，直接面对市场、客户，交易多，风险点多，发生纠纷不可避免。实践中，几乎每一起纠纷案件都或多或少地暴露出企业管理中存在的问题，要求各销售企业妥善处理好已发案件，做好案件分析，总结经验，以点带面，以案促管。11月，组织省区公司编写销售企业典型案例分析，并以不同形式进行经验分享，促进销售企业整体提升管理水平。强化合同管理，做好合同管理信息系统维护，明确销售分公司内部合同审签流程、会签原则及责任，避免线下合同、事后合同，用好合同范本，风险防范条款全面到位，做到销售企业合同从签订到履行程序全面合规。重大合同根据需要及时介入，与业务部门密切配合，完成销售分公司与管道公司成品油管输合同、支付宝服务协议、南方航空集采合作、上汽新能源合作、加油站管理3.0项目开发等重大合同谈判及签订工作，保障销售企业经营工作顺利开展。

【培训管理】 2021年，实施市场营销关键人才培训培养计划，培训培养计划覆盖一级副（省区公司班子副职）、二级正副（机关处室负责人、地市公司经理及后备干部）、三级正（省区公司业务骨干、地市部门经理及后备干部）、基层经理人（加油站经理与客户经理）等四个层级。启动市场营销专家队伍建设，明确专家职数，填补销售企业没有专业技术序列人员的空白。建设网络培训平台开展线上线下一体化培训，编制培训体系“十四五”建设规划，全面推进培训组织体系、制度体系、教材体系、师资体系、运行体系和资源体系建设。

【考核激励】 完善地市公司分级分类办法。2021年，将地市公司综合发展能力评价结果直接用于地市公司分级分类评定，一年一评定，并将评定结果与地市公司的工资总额和机关人员编制，领导班子薪酬和动态管理直接挂钩，提升组织管理效能，激发动力活力。全面推行以升油含量工资制为主的加油站薪酬分配制度，升油含量工资以主营业务（油和非油）效益贡献为加油站员工工资收入的基本核算依据，突出效率分配和精准激励，有效激发加油站员工的经营主动性和工作积极性。持续开展全系统的劳动竞赛，通过竞赛持续深化管理对标、业务对标，比指标、比工作、比措施、比效果。

【技能鉴定】 2021年，紧扣集团公司新要求，结合销售业务发展新形势，高质量推进技能鉴定工作，进一步优化鉴定中心的管理职能，抓住制度、流程、资源等鉴定质量管控的关键环节，加强督导，做好全年鉴定工作，为高技能人才发挥作用搭建平台、创造条件。2021年底，销售分公司有技师、高级技师150人，集团公司技能专家10人，建成技师工作室超过30个。

（李　军）

天然气销售

综 述

【概述】 中国石油天然气股份有限公司天然气销售分公司（简称天然气销售分公司）是中国石油旗下的专业化天然气销售公司，与昆仑能源有限公司实行一套班子、两块牌子，内部称谓为天然气销售分公司（昆仑能源有限公司），按直属企业管理，作为中国石油的天然气销售业务一体化运营管理平台和投融资平台、天然气销售业务的管理主体和经营主体，是天然气销售业务的利润中心、经营管理中心和资本运营中心。批发分销和终端零售业务实行“分别经营、分账核算”，批发分销业务在天然气销售分公司项下运营，终端零售业务在昆仑能源有限公司项下运营。天然气销售分公司同时加挂天然气与管道分公司牌子，作为中国石油的专业公司之一，代表中国石油对国家管网集团履行出资人管理职能，统筹协调管道规划布局、预算及投资、天然气输销衔接等工作。总部设在北京市，设有天然气销售北方、东部、西部、南方4个区域事业部，下设黑龙江、吉林、辽宁等30家天然气省公司，东北、华北等5家液化石油气公司，京唐、江苏LNG接收站以及燃气技术研究院等42家企业。同时，对天然气销售川渝分公司实施业务管理和考核。

昆仑能源有限公司由中国石油控股，境外注册，在香港联合交易所主板上市，是中国石油天然气业务发展融资平台、投资主体。先后获能源行业最受尊崇企业第一名、“十三五”中国企业文化建设优秀单位、第四届“金港股”之“最佳基建及公共事业股公司”奖、“第六届最佳投资者关系公司（大市值公司）”奖、能源行业最佳投资者关系团队第一名、能源行业最佳ESG第一名，名列MSCI（明晟）中国公用事业板块前十大成分股，被国务院国有企业改革领导小组评估为A级“双百企业”。2021年，入选国务院国资委“央企ESG·先锋50指数”，MSCI评级由B级调升至BB级；在第三十五届ARC国际年报大奖中，首次获银奖；获“最佳投资者关系团队”“最佳投资者关系企业”“最佳环境、社会及治理”等奖项；获国际权威刊物《投资者关系》杂志大中华区“最佳投资者关系公司”与“最佳公用事业公司”两个奖项，连续两年获评“能源行业最受尊崇企业”；连续五年获中国证券“金紫荆”奖项。

2021年，天然气销售分公司（昆仑能源有限公司）认真落实集团公司党组决策部署，遵循“四个坚持”兴企方略和“四化”治企准则，抓住国内天然气市场紧平衡有利时机，着力稳增长、调结构、提质量、增效益、防风险，重点抓实积极推动新时代新思想在天然气销售领域落实落地、坚守人民群众温暖过冬政治底线、加快市场营销体系转型升级、夯实企业高质量发展根基、打造一体协同与竞合共赢企业发展生态五件大事，超额完成各项任务目标，开创销量首次突破2000亿立方米、批发业务自大规模引进进口气以来首次扭亏的两个历史性局面。

（田　超　赵　艺）

【经营业绩】 2021年，股份公司天然气销售2029.3亿立方米，同比增长9.9%。

【油气体制改革】 2021年2月，股份公司印发《关于调整优化天然气销售业务管理体制的通知》，调整天然气销售区域公司功能定位，天然气销售北方、东部、西部、南方分公司改设为天然气销售北方、东部、西部、南方事业部（统称区域事业部），做实业务运营组织管理职能，对外沿用“中国石油天然气股份有限公司天然气销售××分公司”名称。区域事业部是天然气销售分公司的下属机构，作为机关业务管理职能的延伸，根据授权，承担区域天然气销售、液化石油气销售和LNG接收站等单位（统称二级单位）业务运营组织管理职能，负有实现区域效益最大化责任，赋予其对二级单位经营类指标的考核权。将天然气销售福建分公司从福建销售公司分离，与天然气销售分公司福建项目部合并，组建新的天然气销售福建分公司，纳入南方事业部业务管理范围，列入天然气销售分公司二级单位序列。按照“一项业务、一个运营主体”原则，自2021年4月1日起油气田周边天然气资源纳入天然气销售分公司统一管理，油气田周边市场由天然气销售分公司和油气田企业共同经营，所需天然气资源实行单独申报、计划单列。天然气销售川渝分公司暂由西南油气田公司管理，业务由天然气销售分公司归口管理并考核。推进天然气和煤层气资源统筹，将煤层气纳入天然气资源统一配置，其销售业务由天然气销售分公司归口管理并考核。销售分公司、天然气销售分公司共同组织编制各省车用天然气发展规划，加强加油站、加气站统一开发和运营，天然气资源由天然气销售分公司（昆仑能源有限公司）统一配置和供应，并将车用天然气终端市场开发纳入成品油销售企业业绩考核指标。昆仑能源有限公司加气站原则上由成品油销售企业按市场化方式（租赁等）运营，新增项目由成品油销售企业负责开发和运营。天然气供应由天然气销售分公司统一负责组织。

2021年3月，完成昆仑能源有限公司管道资产交割，国家管网集团全面接管北京管道和大连LNG接收站的运营管理。本次交易后昆仑能源有限公司宣布向绿色综合能源供应商转型，带动公司市值大幅增长。

2021年，按照国务院国资委和集团公司改革三年行动工作部署，制定《天然气销售分公司改革三年行动实施方案》，明确改革总体思路及任务目标，推进5个方面42项重点任务，并将推进“双百行动”综合改革工作纳入改革三年行动，同部署、同落实。全年完成42项具体任务举措中的39项，成果完成率92.86%；对照国务院国资委12项重点考核任务，全面完成相应改革任务。

（刘璘璘　赵　艺　刘玮婧）

天然气批发销售业务

【概述】 2021年，新冠肺炎疫情得到有效控制，宏观经济快速复苏，叠加“双碳”政策等因素影响，4月始天然气市场需求旺盛，呈现“淡季不淡、旺季更旺”特点。天然气销售分公司以高质量发展为引领，坚持产业链协同，全面开展国内外资源采购与批发端市场营销工作，支持产业链优化运行，利用需求增长契机，开发高端用户市场，推动天然气销售量效齐升。

（闵俊豪）

【资源池结构及优化】 2021年，天然气销售分公司同勘探与生产分公司、中油国际公司、国际事业公司协同合作，将国产、进口、长贸、现货资源优化结合，以满足国内市场需求为目标，立足稳定资源供应，支持国内增储上产，优先保障国内自产气全产全销，进口气不触发照付不议，参与进口气价格复议，持续优化资源池结构，有效保障市场稳定供应和产业链顺畅运行。

（李　然）

【天然气批发销售流向及结构】 2021年，天然气销至全国32个省（自治区、直辖市）及香港特别行政区，覆盖中国七成以上地级市主城区，保持较高市场份额。天然气销售结构中，城市燃气占比70.3%，发电占比8.6%，工业燃料占比4.4%，化肥占比3.7%，化工占比3.1%，LNG工厂占比3.4%，CNG占比1.7%，LNG装车占比1.2%，其他占比3.6%。

（周　澜）

【天然气批发市场开发】 2021年，天然气销售分公司夯实市场开发工作基础，按照“规划一批、储备一批、开发一批、投产一批”整体开发策略，做好优质项目的跟踪与储备，同时利用管销分离契机，提前谋划最优供气路径，精准拓展高端市场，确保天然气销售业务价值最大化。与相关电力集团、燃气集团建立沟通协作机制，巩固存量市场、锁定需求增量，进一步稳固并提升中国石油天然气市场份额。将满足客户需求作为工作的出发点和落脚点，提供高质量商品供给和高品质服务，维护中国石油天然气品牌价值。全年投产新客户158家，新增客户销量45.6亿立方米，形成年度用气规模约96亿立方米。

（赵鹏程）

【天然气保供】 2021—2022年冬季，天然气销售分公司坚守人民群众温暖过冬政治底线，多措并举组织落实“冬季保供”总体要求，从市场形势、资源配置、安全管控等方面持续发力，超前谋划，一体化统筹，密切关注天气变化、上游资源上载、储气库采气、接收站气化等实时情况，多措并举稳定资源供应、灵活应变掌控销售节奏，科学细分用气结构、精准实施压非保民，全力保障冬季保供和2022年北京冬奥、冬残奥会期间市场平稳用气，收到国家部委、地方政府及大型企业感谢信132封，获赠锦旗53面。

（闵俊豪　王　威）

天然气终端销售业务

【概述】 2021年，天然气终端销售业务认真贯彻落实集团公司市场营销工作会议部署要求，以“二十四字”营销工作方针为基本遵循，准确把握加强市场营销工作的思路目标和重点任务，制订全员营销行动方案，抓住经济回暖契机，克服下半年资源紧张和市场气价上涨的压力，不断优化销售运行，大力开发终端客户，持续优化客户服务，加强价格管理，推进一批新项目投产并表，推动城市燃气综合能源项目形成初步规模，完成年初确定的经营目标。

【天然气终端销售量】 2021年，天然气终端销售与管输气量完成计划的103%，同比增长14%。其中，天然气销售量增长9.3%，管输气量增长45.2%。

【天然气终端销售流向及结构】 2021年，天然气终端销至全国31个省（自治区、直辖市）。天然气终端销售结构中，管道气占比65.4%，CNG占比5.1%，LNG占比12.7%，管输气占比16.8%。

【天然气终端销售策略】 2021年，积极应对新冠肺炎疫情和市场供需矛盾，强化市场竞争能力，持续优化销售和资源结构，夯实营销业务基础，各项指标持续向好。紧密跟踪市场形势变化，充分发挥量价调节作用，采取积极营销策略，扩大销售规模，疏通资源后路。一季度气候转暖资源紧张局面缓解后，各终端企业积极推动工业用户恢复用气，广元、兰州等LNG工厂开工。二季度抓住资源宽松机会，积极对接用户，扩销增量，畅通后路。三季度资源偏紧时，优化销售结构，保障零售用户的足额供气，帮助终端用户解决资源缺口。四季度加强寒潮期间运行对接，保障民生供气安全。

（马　军）

【天然气终端市场开发】 2021年，聚焦省会城市和重点城市，大力开发终端燃气项目，推动新疆、宁夏、辽宁等地一批城镇燃气项目落地；推进城市燃气企业下游终端客户开发，开展工业客户挖潜、商服客户“扫街”、老旧小区改造、燃气“下乡”等专项行动。在四川等地加强油气合建站建设，推进LNG和CNG资源统一供应。加快发展城镇燃气综合能源业务，装机规模229兆瓦。

（韩　杰）

液化石油气销售业务

【概述】 2021年，液化石油气销售业务以“二十四字”营销工作方针为根本遵循，按照“保障后路畅通，实现价值最大化”的整体要求，深化实施“四个延伸”营销思路，拓展资源采购渠道，推进终端网络建设，深化降本增效，创新经营模式，强化合规管理，规范液化石油气营销和库存管理日趋规范，经营效益和管理质量迈上新台阶。全年销售液化石油气同比增长15%，其中终端销售增长0.4%。

（张尔嘉）

【液化石油气销售流向及结构】 2021年，液化石油气批发销售占69%，终端销售占31%。其中，东北区域占36.8%，华北区域占20.4%，西北区域占20%，西南区域占 15.7%，其他区域占 7.1%。

（谢红梅）

【液化石油气销售策略】 2021 年，克服采购成本上涨和新冠肺炎疫情反复等不利因素，优化液化石油气销售结构，扩大终端市场份额。持续推广智能钢瓶 + 零售信息化平台应用，零售终端直营量同比增长 11%。持续改进客户管理，提高服务质量，综合服务满意度超过 97%。准确研判市场，把控销售节奏和量价存关系，抓住有利市场时机，扩大销量。开展进口资源价格对标，研究液化石油气期现结合业务模式，启动期货仓单交易。

（李艳平）

【液化石油气资源拓展及市场开发】 2021 年，提高集团公司内资源规模，拓展国内其他资源渠道，聚焦国外资源采购创新突破，通过优化资源结构，实现资源来源多元化。强化资源协调，促进生产企业增加商品量，集团公司炼化企业液化石油气全部纳入统销。实现相关石化企业加工俄罗斯原油所产资源的购销，协调相关炼销公司提高资源串换量，稳步开展液化石油气延伸产品购销业务。多措并举推动终端网络建设，董家口 LPG 库完成码头施工建设，盐城 LPG 库岸线使用权审批通过，依托福建福清 LNG 项目共建 LPG 库完成内部可行性研究评估，进口库建设有序开展。参与区域市场整合，利用品牌和物联网技术优势，创新开发思路，拓宽合作方式，推动落地项目加快投运形成终端销售量。

（毛小军　赵宏图）

LNG 接收站业务

【概述】 2021 年，运行江苏、唐山 2 座 LNG 接收站，LNG 接收能力 1300 万吨 / 年。在建工程方面，唐山 LNG 接收站应急调峰保障工程 2021 年 8 月 26 日试运投产成功，江苏 LNG 接收站扩建（三期）工程 2021 年 9 月 26 日试运投产成功。

【接卸外输量】 2021 年，江苏、唐山 2 座接收站接收进口 LNG 同比增长 24.6%；总外输量同比增长 15.8%，其中气化外输量增长 35.0%，液态装车量下降 59.4%。

（刘筠竹）

【新建 LNG 接收站布局及项目前期工作】 2021 年，天然气销售分公司在福建、广东、山东、江苏等地规划布局 LNG 接收站项目，并推进项目前期工作。福建 LNG 接收站核准附件齐备，向国家发改委申办核准工作；粤西 LNG 接收站推进合资公司组建工作；揭阳 LNG 接收站纳入全国 LNG 接收站码头布局规划；江苏 LNG 项目三期配套码头工程获江苏省发改委核准批复，并推进合资公司组建工作；江苏 LNG 增建储罐项目开展方案研究工作；威海、日照 LNG 项目开展前期研究工作。

（刘　峰）

新能源业务

【概述】 2021 年，坚持“立足实际、突出重点、集中力量、试点先行”原则，依托资源和终端业务优势，以气电调峰为突破口，重点推进基地侧气电与新能源融合业务，开展常规风电光伏业务、终端侧综合能源服务和常规气电业务。结合国家行业政策及新能源发展形势，建立完善新能源项目开发管理体系，研究探索新能源项目相关标准规范，编制项目开发手册3本；推进新能源项目开发，持续深入开展相关科技专题和规划研究工作。

【新能源业务发展方向】 2021年，立足天然气资源、终端网络和上市公司平台优势，放眼全国市场，以气电与新能源融合发展为切入点，重点发展天然气与新能源融合、终端综合能源、常规新能源三大业务，构建多能融合和新能源两大业务链价值链，加快试点、示范项目落地投产，形成天然气与新能源融合发展、接续发力、持续增长的新态势，推动企业绿色低碳转型，打造绿色能源综合供应商。

（黄晓光　王　迪）

【新能源试点项目前期工作】 2021年，气电与新能源融合发展方面，通辽一体化项目开展方案编制工作。常规新能源和综合能源方面，四川广元LNG工厂分布式光伏项目、上海屋顶光伏项目完成可行性研究评估；新疆吉木萨尔县50兆瓦光伏项目、拉萨LNG气化站分布式光伏项目、济宁风光气氢储试验项目开展方案研究和前期工作。气电项目方面，完成江苏镇江热电等4个参股项目投产，新增装机容量303万千瓦；完成费县新时代等可行性研究批复，并推进实施控参股或工程建设。规划研究方面，完成新能源业务发展规划、综合能源业务前景及发展机会研究。完成“低碳排放天然气化学链重整制氢技术和氢能综合利用研究”“集中式天然气发电与风光储融合发展关键技术研究及示范应用”两个科技专题的开题工作，并按计划开展相关研究工作。

（黄晓光）

增值业务

【概述】 增值业务包括燃气延伸、客户增值、电子商务、金融保险、技术服务、资源利用六大类业务。2021年，按照“资产轻量化、运营公司化、效益最大化、产业规模化”原则，加强自主品牌管理与平台化运营，强化品牌战略，注册昆仑雪源饮用水、昆仑格尔燃气具、昆仑格尔燃气配套设施、昆仑丽尔工装、昆仑慧享+线上线下电子商城五大自主品牌。昆仑雪源（北京）饮品有限公司、昆仑泰客（大庆）技术服务有限公司、国昆广源科技服务有限公司、昆仑安健（北京）科技有限公司注册成立并开展运营，为增值业务公司化、市场化、平台化、专业化发展提供有力依托。

【销售业绩】 2021年，增值业务收入完成年度预算指标的106%，同比增长33.0%。毛利润完成年度预算指标的103%，增长19.4%。

【非气业务发展方向】 2021年，以“依托两气资源、促进两气发展，打造天然气产业链未来增长极，实现整体价值最大化”为主旨，以市场为导向，以客户为中心，以服务终端用户为目标，着眼平台赋能、数字赋能、科技赋能、服务赋能、投资赋能，搭建线上线下服务体系和专业化服务平台，构建“城市燃气+综合能源+生活服务”的燃气2.0转型新模式，着力打造“互联网+能源+生活”多业态生活圈，为天然气产业链价值发展提供新动能。

（翟羽达）

天然气销售专业管理

【概述】 2021年，面对新冠肺炎疫情反复、价格动荡、资源缺口等严峻形势，认真落实集团公司党组各项决策部署，聚焦天然气销售业务高质量发展，抢抓天然气需求旺盛有利时机，持续稳增长、调结构、提质量、增效益、防风险，创天然气销售业务历史最佳业绩。超额完成集团公司下达的业绩考核指标，全面完成 QHSE 责任指标，未发生一般 A 类及以上生产安全责任事故。

（赵　艺）

【规划管理】 2021 年，全面贯彻落实集团公司“十四五”规划部署，以新发展理念引领“十四五”规划编制，深入对接集团公司发展战略和区域规划，与规划总院多次衔接论证，组织院士、专家进行专题研讨，进一步明确业务定位、发展方向，优化规划目标和部署，科学编制“两级三类”共 85 项规划及天然气与新能源融合发展研究等 10 项配套专题，完成“十四五”规划编制工作。2021 年 12 月，天然气销售与储运业务“十四五”发展规划通过集团公司规划领导小组审查。聚焦核心业务，滚动开展天然气销售规划、储运设施规划、新能源业务规划等专项规划编制工作，进一步分解规划目标、细化工作部署、明确工作任务；结合业务发展需要，深入开展 LNG 接收站规划、储气调峰规划等专题研究，统筹谋划设施布局，优化资源配置，提升调峰保障能力，推动“十四五”规划目标有序落地。

（赵　俊）

【投资管理】 2021 年，按照集团公司“油气和新能源业务是公司核心竞争力所在，要大力发展”的定位，坚持以“十四五”规划为引领，聚焦天然气与新能源两条业务主线，打造天然气高质量发展生态系统、打造天然气与新能源互促发展路线，坚守严谨投资、精准投资、效益投资的理念，坚持量效兼顾、有保有压的原则，持续优化实施年度投资计划，注重向效益好的项目和高端高效区域市场倾斜。持续开展开源节流、提质增效工作，确保集团公司要求和规划部署落实到位。

（隋海波）

【预算管理】 2021 年，坚持以市场为导向、以效益为中心，强化零基预算、坚持事前算赢，以预算引领生产经营的优化和提质增效工程，坚持资源“标签化”管理，坚持价格优化增效益、加大力度治亏损、强化管控防风险，推动落实提质增效升级版，经营业绩勇创新高，实现有质量的销售、有效益的规模、有质量的发展。建立“三个三”滚动利润预测，精准开展月、旬、季度滚动及年度效益动态预测，确保年度业绩目标完成。牢固树立以价值创造为核心的预算管理理念，强化预算执行过程控制，坚持低成本战略，建立月度分析及对标管理长效机制，实时跟踪找问题、动态分析找差距、强化对标补短板，以精益管理推动落实“一切成本皆可降”的目标。

（孙　鲲）

【财务管理】 2021 年，围绕公司“十四五”发展战略目标，坚持精益管理理念，强化价值导向，持续对标管理，扎实推进提质增效、亏损企业治理专项工作，聚焦价值引领，坚持内外兼顾，全力夯实企业高质量发展坚实根基。

（邱子睿）

【资产管理】 2021 年，以集团公司三年改革行动计划为导向，有序开展资产分类评价，分析高效、常效、低效、负效资产总体占比情况，制定低效无效及闲置资产清理计划，进一步细化考核细则，研究资产处置途径和方法，通过合作经营方式推动长期闲置加气站恢复运营，通过对外处置、资产调剂、资产出租等方式盘活资产，有效提高资产管理创效能力。通过推动长期无动态工程重新开工建设、长期停工在建项目对外处置以及长期挂账在建工程转资等方式清理长期无动态工程项目，超额完成集团公司下达的低效无效资产清理处置任务。

（刘　妍）

【资本运营】 2021 年，坚持规模效益并重，稳步推动股权投资项目落地。全年取得股权可行性研究批复项目 47 个，其中新增法人项目注册（变更）落地 40 个、存量法人增资扩股项目 7 个。推进法人压减工作，促进业务结构调整，全年完成法人压减处置项目 61 家。

（李　喆　孙憬明）

【股权管理】 2021 年，组织开展股权投资收益及分红预算编制工作，超额完成集团公司下达的考核指标；进一步夯实管理基础，实现精细化、信息化股权管理。围绕合资公司章程梳理、董监事委派及履职等六个方面开展法人治理专项整治。按照国务院国资委及集团公司有关要求，精准发力推动参股企业整改工作持续深入开展。

（王佳怡　周雯雯）

【生产运行】 截至 2021 年底，在役城镇燃气管网总里程 8.5 万千米，在役支线管道 4412 千米，各类场站 1368 座，生产设备 22 万余台，设备完好率保持 99% 以上，支线管道完整性管理覆盖率 100%。管道完整性管理稳步加强，开展城镇燃气管网隐患排查整治工作，生产管理系统 2021 年 11 月全面上线运行，全年管道数字化率超过 70%，A 类设备运行状态监控覆盖率 100%，为公司全面加强安全风险防控数字赋能，成为有效推动安全生产管理向数字化、智能化、集约化转型的重要手段。通过系统的全面推广和深化应用，推进安全生产专项整治三年行动计划和城镇燃气专项整治目标落实落地，全面提升安全风险管控能力和本质安全水平，夯实高质量发展基础。着力推进维抢修体系建设，编制完成《2022—2026 年天然气销售分公司维抢修体系建设规划》，深入推动维抢修企业化运作，完成二级维抢修队企业化运作效果评估验收。同时，以业务为驱动、问题为导向，开展无人化场站课题研究工作，逐步完善专业技术标准。

（王　凡）

【工程管理】 2021 年，建成 LNG 接收站应急调峰、LNG 接收站扩建及支线、城市燃气、加气站等建设项目 56 个。其中，唐山 LNG 接收站应急调峰保障工程、江苏 LNG 接收站三期工程、湖南岳阳—临湘支线等 33 个项目建成投产，潮州市天然气高压管道等 23 个项目建成待投产，全年建设管道里程 550.24 千米。城市中压管道完成 977.55 千米，居民用户安装完成 50.99 万户，公福用户完成 2146 户，工业用户完成 455 户。严格三检制和现场监督检查，全线焊口无损检测一次合格率 99.33%，工程质量合格率 100%。批复永清—保定天然气输气管线、揭东区天然气利用工程和湖北天然气维抢修中心基地 3 个项目初步设计，完成 20 个项目竣工验收任务。瓦房店—长兴岛天然气支线管道工程获 2021 年度中国石油工程建设协会石油优质工程金奖（省部级），该项目推行工程建设管理系统（PCM）、智能化管道建设，推行全数字化录入，项目试运投产后实现全数字化移交，为运营期管道完整性管理工作夯实基础，是天然气销售分公司首家实施应用 PCM 系统的试点工程项目。

（张金源）

【物资管理】 2021 年，天然气销售分公司继续加大物资集中采购力度，编制 18 项招标文件标准文本，完成 17 类二级物资集中招标采购工作，编制 12 项集采物资技术规格书，提高采购标准化水平。强化重点招标项目过程监管，实现依法合规阳光采购。加强集团公司电子招标平台信息系统推广应用，提高招标报审、报表统计运用信息化管理水平及工作效率。强化供应商管理，确保集中采购中标供应商考察全覆盖。加强电子采购 2.0 系统推广应用，推进采购业务全面线上运行，强化非生产性物资电子超市采购管理，加强系统中供应商库数据动态管理。2021 年，物资采购金额 14.79 亿元，两级集中采购度 92.3%，网上采购率 88.79%，期末库存降低率 6.96%。

（赵　晶）

【安全环保】 2021 年，加大安全生产专项整治三年行动攻坚力度，以防泄漏为核心，治理重大安全环保隐患 590 项。全要素开展 2 次体系审核，严肃安全生产记分制度，问责处级干部 83 名、管理人员 1473 名。创新体系审核成果应用，开展末位穿透式指导帮扶，升级优秀站 110 座、示范站 10 座，常熟、马驹桥场站获评集团公司“百千示范工程”示范站，广元 LNG 工厂获评四川省青年安全生产示范岗。实施科技兴安战略，完成潮州支线项目无人化值守试点建设，以生产管理系统为载体提升设备管理、管道完整性等业务管控能力，本质安全水平迈上新台阶。健康环保管理持续提升。持续抓好常态化新冠肺炎疫情防控工作，守住办公和生产场所“零疫情”底线。强化员工健康管理，云南、华南等 8 家公司通过健康企业创建验收。开展生态保护红线和环境敏感区全覆盖隐患排查，消除生态环境隐患 122 项，全面完成冬奥会空气保障治理任务。

（于海娟）

【计量管理】 2021 年，严把计量红线，坚守诚信计量，未发生重特大计量事故，未出现严重影响生产运行、交接结算的计量争议和纠纷事件。全年各类强检计量设备送检率 100%。逐步开展用户在线计量交接建设，推动贸易计量交接电子化。推动管道下载点形成托运商、批发客户和代输方三方计量交接模式。

（赵晨阳）

【科技管理】 2021 年，深入落实集团公司科技与信息化创新大会精神，围绕批发和终端业务高质量发展要求，坚持问题导向，强化创新驱动，为安全生产、精准营销、数字化转型和标准引领等工作提供科技支持。完成“十四五”科技发展规划编制工作，为“十四五”科技工作有效开展奠定基础。承担和参与城镇燃气管道完整性、天然气客户特性分析与市场仿真等 11 项集团公司课题立项实施工作，启动低温密封检测技术国产化、天然气品质检测优化、资源配置与优化、精准营销、新能源与综合利用等 13 项技术攻关研究，运行控制、数字化、资源配置等技术研究成果得到应用和推广。智慧无人值守站技术成果为广东潮州天然气高压管道项目无人值守站的建设提供支撑；车船加注LNG燃料指标研究为天然气销售分公司牵头编制国家标准《车船加注用液化天然气》提供支持；全数字化编码标准成果构建城镇燃气输配工程实体树模型，在天津工程项目进行试点应用；智慧燃气实施策略研究为山东分公司数字化转型智能化发展试点建设实施方案编制提供依据；智能燃气表研究为推动基于NB-IOT技术的燃气表在天然气销售分公司大范围应用提出解决方案，同时为国家标准《物联网面向智能燃气表应用的物联网系统技术规范》的编制提供技术支持；天然气市场跟踪滚动研究、天然气资源市场优化配置、国际天然气贸易价格、资源采购潜力分析等研究成果为把握市场动态、调整营销策略和销售价格预测、优化资源采购等提供重要支撑和决策依据。加强技术总结提炼和知识产权保护，取得《一种基于最小检测代价的无人机高程误差双门限修正方法》等发明专利3项。

（冯立德）

【信息化管理】 2021年，深入落实集团公司科技与信息化创新大会精神和集团公司党组《关于数字化转型、智能化发展的指导意见》，完成天然气销售数字化转型顶层设计，推进“上云用数赋智”，促进数据共享、业务协同、风险预控和商业模式创新，构建智慧销售体系。在智能运营方面，启动天然气大数据分析平台建设，拉通业务与财务数据，实现业财数据融合，建立经营测算模型。在智能营销方面，天然气销售运行管理系统（A13）实现天然气资源平衡、批零销售计划、冬季保供运行、智能计量管理等功能，提高天然气销售运行精准化能力；电子销售系统（C2）线上生成结算单，加强天然气销售业务整体风险管控能力；天然气零售系统（A10）覆盖991万终端客户，实现51%业务量线上自助办理，NB-IOT智能燃气表应用数量270余万台；启动昆仑能源LNG加注站管理系统建设。在智能运行方面，昆仑能源生产管理系统试点项目全面上线，生产动态、设备管理和应急管理在全公司推广应用，运行监视、管道完整性、安全管理和综合展示功能在5家试点单位上线应用，完成25万余台套设备资产信息化、6万余千米支线及城燃管道数字化，提升生产安全管控能力。在智能场站方面，启动山东分公司数字化转型智能化发展试点建设，打造示范工程。

（江　鹰）

【标准管理】 2021年，天然气销售分公司围绕安全生产、经营管理需求，加强标准体系建设和标准制修订工作。完成“十四五”标准发展规划编制及技术标准体系表修订，为各项业务高效开展提供技术标准支撑。编制并发布企业标准17项，为基层站队标准化工作提供依据；参与编制并发布实施《燃气储运工》等国家标准2项、《液化天然气汽车加气装置检验规则及气体损耗评价方法》行业标准1项、《城镇燃气输配工程投产前安全检查规范》等团体标准3项。

昆仑能源有限公司作为中国城市燃气协会标委会的主任委员单位，围绕燃气行业发展，组织制修订《燃气服务导则》等5项国家标准和《燃气自闭阀》1项行业标准；《直埋式地下燃气调压装置》等6项团体标准立项，发布实施《燃气分布式能源站调试及验收规程》等8项团体标准。组织2021年会员大会暨标准化赋能行业共创、共享、共赢发展论坛，来自政府、行业协会、燃气企业等430余名代表参加会议，为行业搭建高质量交流平台，全面提升昆仑能源有限公司在燃气行业的话语权和影响力。

（刘金岚）

【培训工作】 2021年，结合新冠肺炎疫情防控形势变化，灵活组织集中面授和线上培训，及时协调优化培训方案，确保培训计划到位率100%。选派716人次参加集团公司88个培训项目；组织实施天然气销售分公司C类培训项目43个（含线下转直播），培训员工6931人次（其中网络直播培训2530人次）。持续加强党的创新理论跟进培训，举办习近平新时代中国特色社会主义思想、党的十九届五中全会精神、习近平法治思想教育、习近平总书记“七一”重要讲话精神4个网络专题培训班，累计培训14779人次，强化了思想理论武装，增强了队伍凝聚力、战斗力。充分依托中油E学网络平台开展全员赋能提素培训，全年网络参训16175人次，人均学习时长20小时以上，助推员工改善知识结构、提高专业本领。

（杨立成）

【资本市场管理】 2021年，组织召开凤凰项目股东特别大会、股东周年大会、董事会会议及相关专业委员会会议。适时披露北京管道和大连LNG接收站股权出售等重大信息，发布四川华盛投资成立合伙企业等35个公告及通函。高质量开展投资者关系工作，组织期内业绩发布和路演，140余家机构及分析师参加，促成管理层与投资者有效沟通。持续加大投资者关系沟通力度，参加摩根士丹利、瑞信、花旗等证券公司的投资峰会（电话）。完善以股价日表现、股价周（双周）报、股价表现月度分析、投资者关系工作月报为主要内容的资本市场信息跟进收集、分析与报告机制。维持公司评级稳定，以突出公司优异流动性和发展空间为核心，惠誉、标普对公司信用评级达到“A”级。

（田　超）

工程技术与工程建设

工程技术

【概述】 集团公司2017年12月组建成立中国石油集团油田技术服务有限公司（简称中油技服），管理中国石油集团西部钻探工程有限公司、中国石油集团长城钻探工程有限公司、中国石油集团渤海钻探工程有限公司、中国石油集团川庆钻探工程有限公司、中国石油集团东方地球物理勘探有限责任公司、中国石油集团测井有限公司、中国石油集团海洋工程有限公司7家子公司，同时负责集团公司所属其他工程技术服务企业以及科研机构的业务管理、指导与协调。中油技服作为重组后的油田服务业务管理主体，主要承担决策、协调、监督、党建和服务五类职能，是利润中心和经营管理中心，对7家成员企业以“战略管控+部分运营管控”模式进行分级授权管理。

截至2021年底，主要专业施工队伍6615支。按专业分：物探队197支，钻井队1191支，测井队826支，录井队1517支，井下作业队1821支，固井、定向井、钻井液等技术服务队伍1063支。按市场分：国内5327支，国外1288支。用工总量14.67万人，其中合同化员工10.8万人、市场化员工3.2万人、劳务工0.67万人。资产总额1702亿元，资产负债率41%。

2021年，三维地震采集8.65万平方千米、钻井进尺2308万米、测井8.9万井次、录井10151口、井下作业8.37万井次，同比分别增长1.3%、9.7%、5.2%、1.4%和3.8%。天然气商品量103.8亿立方米，同比增长4.8%，实现连续三年增长。收入同口径增长3%，7家成员企业全部盈利。中油技服和各成员企业均超额完成集团公司下达的考核指标。

【深化改革】 2021年，中油技服突出第一责任，牢牢把握改革正确方向。以新理念指导改革，围绕“一体两面”定位，瞄准服务增储上产降本目标，准确识变、科学应变、主动求变，抓住“工程技术能力不足与低成本条件下高效勘探效益开发需求”之间的主要矛盾，突出保障能源安全的历史责任，明确价值追求、实现路径和服务理念，为改革行动树立航标。加强顶层设计，立足破解主要矛盾、提升服务能力，将改革行动纳入“十四五”规划，从深化专业化重组、创新激励约束机制、健全资源共享机制等方面进行系统规划。

抓住第一要务，优化完善治理体系。强化公司治理，修订公司章程，突出党委在治理结构中的法定地位。实施5个方面21项治理能力建设任务，新增制度25项，制度总量137项，建立起完备规范的制度体系。优化业务结构，坚持“有所为有所不为”，实施业务归核化，测井业务彻底完成专业化整合，成员企业内部固井、钻井液等专业公司能合尽合，钻前、运输等辅助业务能退尽退。狠抓三项制度改革，完善《组织机构设置规范》，撤并二三级机构77个，较2021年初压减2.2%；内部调剂1.8万人次，从业人员总数减少1.1万人，较2021年初下降7%。实施一体化统筹，国内建立起长庆、川渝等四大区域协调共享机制；国际推行“六统一”管理，成立10个重点国家联合项目部，全力打造BGP、GWDC、CNLC三大海外品牌。

依靠第一动力，持续增强科技支撑能力。坚持技术立企，成立工程技术专业委员会，以及物探、钻井等4个分专业委员会，加快打造原创技术策源地。优化两级科研院所设置，设立5个井下作业技术中心，构建“一个整体、各具特色”的协同创新平台。出台科技预算、科技奖励等管理办法，规范三级创新项目管理。加快数字化转型，建成3级69个工程作业智能支持中心，支撑2.6万口井高效作业，钻井同比提速5.2%、压裂提效12.4%、事故复杂时率下降26%。创新生产组织模式，推广“项目制+专业化”“双平台长制”等集约高效建产模式，刷新指标300余项，华H100平台创亚洲陆上最大水平井平台纪录，作业效率达到北美水平。完善考核政策，优化全员劳动生产率、百元收入营业成本等考核内容，增加客户满意度、事故复杂控制、亏损企业治理等考核指标。

用活第一资源，进一步激发内生动能。树立“人才是第一资源”的理念，打通基层人才成长通道，出台《基层队负责人职级聘任指导意见》，优秀基层队长通过考核可直接被聘为三级职务。优化干部队伍结构，坚持“优秀者优先、有为者有位”，修订《中油技服中层管理人员管理办法》，建立本部与成员企业干部交流机制，新选拔处级干部中40岁左右占56%。加强专家库建设，制定《井筒技术专家管理办法》，聘任首批专家49名，搭建起两级600余人的共享专家库。

【市场开发】 国内市场开发。2021年，贯彻落实集团公司市场营销工作会议精神，组织召开市场工作研讨会，制定《中油技服市场开发实施方案》，出台28项具体举措，构建符合集团公司党组要求、有利于油气田发展的市场营销架构。调研中国石化、中国海油国内市场一体化统筹运作模式，分析国内市场现状，以集团公司利益最大化为出发点和落脚点，形成强化油气工程项目一体化统筹运行管理的机制。出台《中油技服国内市场管理办法》，引导成员企业将主要精力从承揽工作量转向安全优质高效完成工作量，助力油气高效勘探、效益开发。举办集团公司第一期市场管理培训班，培训50人次，提升工程技术服务市场管理和开发水平。继续落实市场开发激励政策，评选出5家市场开发先进单位、209名市场开发先进个人，提升成员企业市场开发的积极性。通过上下共同努力，市场工作成效显著，整体服务保障率83.7%，收入贡献率80%以上，服务保障主体地位持续巩固。

国际市场开发。2021年，国际业务锚定高质量发展目标，克服全球新冠肺炎疫情影响，市场开发逆势增长，海外新签合同额同比增长20%。土库曼斯坦、哈萨克斯坦、墨西哥、古巴、沙特阿拉伯、科威特等12国新签合同额超亿美元，占新签合同额62%。其中，川庆钻探新签土库曼斯坦阿姆河第六轮钻井一体化服务合同，东方物探签订阿联酋3/4区块OBN采集和科威特科西及穆特里巴三维地震勘探多个大额合同。哈萨克斯坦、土库曼斯坦、伊拉克艾哈代布等中油国际市场合同额占新签合同额的39%。长城钻探首次进入古巴油基岩屑深度处理市场和秘鲁固井服务市场。东方物探中标ENI公司阿联酋物探采集项目，首次进入阿联酋非ADNOC市场。渤海钻探新签2部钻机项目，首次进入印度尼西亚国家石油公司市场。西部钻探打破当地公司对MMG修井市场垄断，实现钻修井协同发展。川庆钻探与中国海油伊拉克公司签订伊拉克米桑油田三级井控服务项目合同，为中油技服在中东油气市场的业务转型探索出一条新路。西部钻探与哈萨克斯坦当地公司成立投标联合体，成功中标MMG公司5年钻井大包项目和5年修井项目。东方物探联合海洋公司中标科威特海上井场地质调查项目。长城钻探分别与大港油田和工程院合作，为尼日尔项目提供智能注水先导和地质导向服务。川庆钻探联合土库曼斯坦天然气康采恩和中联油，探索出使用对华供气贸易款作为项目工程款的新模式，解决甲方资金短缺困难，赢得复兴气田3口续钻井项目，该项目获中国驻土库曼斯坦使馆、集团公司、土库曼斯坦天然气康采恩等各方高度赞许，8月23日土库曼斯坦总统出席项目开工庆典仪式。

【经营管控】 2021年，中油技服围绕“创新、市场、低成本、一体化”发展战略，完善预算、资金、税务、资本运营、财务分析、内控管理全方位经营管控体系。深入推进全面预算管理，持续开展月度盈利预测、滚动预算、季度预算，定期组织生产经营分析会，通报预算完成进度，发挥预算引领作用。关联交易资金结算取得显著成效，应收账款余额降至历史最低。发挥中油技服统筹作用，推动国内外重点项目应收账款清收，海外陈欠清收取得积极进展。外部市场应收账款超额完成集团公司管控目标。加强财税政策研究，在增值税留抵退税、科研费用加计扣除等方面引导企业应享尽享政策红利，综合所得税率降至22%。

以高质量发展为主题，以更高标准、更严要求对集团公司提质增效专项行动进行再落实、再部署，分解下达7大类20项奋斗目标，制定30项具体措施，全力打造提质增效“升级版”，高质量、高标准推进中油技服2021年提质增效工程。将亏损治理与法人压减作为提质增效的重中之重，协同部署、共同推进，制定专项方案和配套奖惩措施。亏损企业亏损额下降75%，亏损面下降9个百分点，完成集团公司下达的奋斗目标；压减法人10户，超额完成集团公司下达的任务目标，完成数量为历年最多。推进单井安全提速创效工程，建立以基层队为经营实体的管理体系，向基层队下放5项权利，配套6项保障机制，构建“两挂钩一否决”考核激励机制，推动全员提质增效，鼓励基层队从“打井”向“经营井”转变。

【生产组织运行】 建立完善两级协调机制。2021年，中油技服加强同勘探与生产分公司沟通对接，协调落实工作量、队伍资质等相关事宜；组织成员企业到长庆、塔里木、西南、大庆等油气田对接10余次，助力重点区域增储上产。

推进区域资源共享。成立长庆、川渝、塔里木、大庆古龙等区域生产保障协调组，出台服务保障方案，编制川渝、塔里木项目压减方案，推进“五统一、六共享”，构建“区域化统筹、一体化运营、市场化运作、集约化发展”新格局。与西南油气田签署

《深层页岩气效益合作总承包框架合同》，以总承包方式承担深层页岩气工作量并对单井 EUR 作出承诺，协同提速降本增效；川渝地区深井钻机保障及时到位，旋转导向维护保养集中共享取得积极进展。塔里木市场连续中标多口深井，深井钻机全部有效动用。

强化重点项目管理。进一步靠前协调、靠前组织，强化川渝页岩气、玛湖吉木萨尔、长庆陇东、大港沧东、大庆古龙页岩油和塔里木等重点项目支撑保障，协调落实钻机 287 部（其中 ZJ70 及以上深井钻机 192 部）、压裂车组 67 套、气井带压作业设备 50 套。落实长庆、川渝和塔里木等重点地区提前实施工作量 258 万米，部署钻机和压裂车组加快组织实施。明确流转区块由矿权接收方原属地企业跟进服务保障，保障流转区块高效勘探、效益开发。

开展劳动竞赛。研究制定川渝和塔里木地区劳动竞赛方案，强化精准考核激励，持续提升企业积极性和主动性。分区域、分钻机类型对近三年单队单机作业效率情况分析研究，明确工作目标，制定具体举措。响应长庆油田冬季保供会战，开展气井带压作业劳动竞赛，保障 538 口井投产。

优化生产组织模式。推广大平台建产模式，在陇东页岩油、川渝页岩气、玛湖吉木萨尔等地区，推广大平台工厂化作业模式，实施 1421 个平台、6810 口井，降低建产成本。强化协同配合，与油田共同落实“六个不等”，强化企地关系协调，加强企业间、专业间协同配合，实现各环节无缝衔接，国内钻机利用率提高 4 个百分点。优化辅助作业模式，开展钻机拆搬安、压裂备压、钻井液转换等专业化队伍建设，辅助作业效率提升 8%。塔里木地区油基钻井液转换效率提升 70%，平均每口井节约 16 个小时。

【井控管理】 2021 年，召开两次集团公司井控和工程技术资质管理领导小组工作会议，印发《井控管理规定》和《页岩气钻井井控管理办法》，完成 16 个油气田钻井井控实施细则评审。印发《井控风险评估分级管理指导意见》，创新实施“三评估三分级”，全面推行队伍井控能力与井控风险级别匹配管理。坚持立足基层，多查问题，查关键问题，深入开展井控隐患排查，组织井控专项大检查，塔里木油田、新疆油田井控诊断评估，海上作业专项隐患排查，矿权流转区块专项督查，铁山坡高含硫气田检查验收，查改问题 1524 项，停工整改 8 支队伍，2021 年动态跟踪高风险井 128 口。压实各级防控责任，落实“司钻是现场关井第一责任人”规定，推动区域高密度钻井液储备和压裂车值班，规范处置程序、强化专家支持，溢流次数、处置时间均大幅下降，溢流险情得到有效遏制。召开两次集团公司溢流风险分析会，组织塔里木、西南、长庆、新疆等地区溢流专题分析，深入总结溢流规律和处置经验。组织分级定点培训班 9 期，井喷压井技术培训班、井控教师培训班和井控标准宣贯培训班各 1 期。组建 456 人的井控专家库，明确五项职责，三级井控专家队伍体系基本形成。稳步推进井控应急中心建设，人员到位 148 人，设备研发引进和采购按计划运行，井控应急关键装备与配套技术重大课题立项研究，组织开展联合带火实战应急演练。开展井控工作先进单位和先进个人评选，4 家油田技术服务企业、6 家油气田企业和 2 家海外企业获“集团公司井控工作先进企业”称号，227 人获“集团公司井控工作先进个人”称号。

【“四化”建设】 2021 年，围绕“五省”（省人、省心、省力、省时、省钱）目标，持续推进“四化”建设，钻机、压裂车组、物探装备等重点关键装备自动化水平大幅提升，一线劳动强度显著降低，作业环境明显改善，安全性大幅提升。

钻机自动化水平不断提升。2021 年更新自动化钻机 16 部，电动化改造钻机 12 部，自动化钻机总量 191 部。二代自动化钻机在川庆钻探投用，为后续智能钻机的研发提供借鉴。升高改造钻机底座 83 套，更好满足深井钻机井控装置安装高度要求。推广二层台机械手、钻台面机械手、铁钻工、动力卡瓦台、动力猫道，钻机平移装置等自动化装备 143 套，井场自动化程度大幅度提升。全年应用直驱绞车 4 台、直驱钻井泵 49 台、直驱顶驱 1 部，大幅简化传动结构、降低产品重量、节约维护保养成本。

压裂提速提效装备持续推广。2021 年新购 2500 型压裂车 20 台，大功率电驱压裂车 16 台，自有压裂车组总功率 202 万水马力，标准化程度、技术性能指标均大幅提升，有力保障页岩油气工厂化作业提速增效。全面推广不锈钢泵阀箱、单通道压裂井口管汇、免破袋连续输砂装置等提速提效装备，压裂现场机械化、自动化水平实现跨越式提升，助力压裂作业实现提速提效。

物探自动化装备不断发展。高精度可控震源、eSeis 智能节点仪器规模应用，物探无人机、自动化山地钻机、外骨骼穿戴设备成功研制样机，作业效率和自动化水平不断提升。推广应用 10 套可控震源智能作业系统，实现智能搬点、自动行走、自动跟车、姿态控制、轨迹跟踪，智能激发、时间同步控制、冗余安全保护等功能，比人工驾驶效率提高 10%，激发点精度提高50%；研制2台节点仪器自动布放系统，有望实现采集排列的智能化无桩号高效布设，确保大道数采集作业高效实施；开展有效载荷200千克大载重无人机运送一期试验，取得阶段性进展。

【地球物理勘探】 人员、队伍状况。2021年，物探专业用工2.56万人。物探队伍197支，其中地震作业队165支、非地震作业队21支、VSP队11支（表1）。

表1　2021年集团公司物探队伍及动用情况

项　目	2021年	2020年	同比增减
物探队伍（支）	197	196	1
其中，地震作业队	165	164	1
非地震作业队	21	22	–1
VSP队	11	10	1
动用各类作业队伍（队次）	141	233	–92
国内，地震队	74	114	–40
非地震队	16	23	–7
VSP队	8	17	–9
国外，地震队	38	56	–18
非地震队	5	9	–4
VSP队	0	2	–2

装备状况。有地震遥测仪器199台套，主机控制单元199个，总道数1819057道。其中：国内地震遥测仪器106台套，总道数822622道；国外地震遥测仪器93台，总道数996435道。非地震仪器765台，其中重力仪21台，磁力仪56台，电法仪686台。资料处理解释集群1.93万个CPU（18万核），可控震源721台，车装钻机959台，人抬钻机1359台，推土机207台。各类物探测量仪器3106台套，其中卫星定位仪2545台、卫星导航仪208台、全站仪353台；深海地震勘探船6艘（表2）。

表2　2021年集团公司地球物理勘探装备情况

项　目	2021年	2020年	同比增减
地震遥测仪器（台套）	199	178	21
主机控制单元（个）	199	178	21
总道数（万道）	181.9	171.3	10.6
平均每台仪器（道）	9140	9623	–483
采集站（万个）	127.5	108	19.5
非地震仪器（台）	765	620	145
其中，重力仪	21	12	9
磁力仪	56	40	16
电法仪	686	566	120
资料处理解释集群	1.93万个CPU（18万核）	1.74万个CPU（15.57万核）	增加0.19万个CPU（2.43万核）
可控震源（台）	721	727	–6
车装钻机（台）	959	1019	–60
人抬钻机（台）	1359	1506	–147
推土机（台）	207	221	–14
物探测量仪器（台）	3106	3049	57
其中，卫星定位仪	2545	2500	45
卫星导航仪	208	196	12
全站仪	353	353	0

地震采集工程。2021年，二维地震采集3.46万千米，三维地震采集8.65万平方千米（表3、表4）。

表3　2021年集团公司二维地震、三维地震采集情况

项　目	2021年	2020年	同比增减
二维地震采集（万千米）	3.46	1.80	1.66
其中，国内	0.91	0.84	0.07
三维地震采集（万平方千米）	8.65	8.54	0.11
其中，国内	2.15	2.24	–0.09

表4　2021年集团公司国内外物探野外采集工作量

项　目		2021年	2020年	同比增减
国内勘探	二维地震施工（队次）	34	42	–8
	生产记录（万张）	41.52	43.29	–1.77
	地震剖面（万千米）	0.91	0.84	0.07
	三维地震施工（队次）	97	72	25
	生产记录（万张）	402.29	427.27	–24.98
	采集工作量（万平方千米）	2.15	2.24	–0.09
	VSP工作（队）	8	7	1
	VSP测井（口）	232	122	110
国外勘探	二维地震施工（队次）	14	13	1
	生产记录（万张）	159.33	38.53	120.8
	地震剖面（万千米）	2.54	0.96	1.58
	三维地震施工（队次）	49	55	–6
	生产记录（万张）	4980.44	5210.23	–229.79
	采集工作量（万平方千米）	6.50	6.30	0.2
	VSP工作（队）	0	2	–2
	VSP测井（口）	0	5	–5

地震资料处理。2021年，二维地震资料处理8.16万千米，同比下降34.8%，野外记录192.32万炮，同比下降17.9%；三维地震资料处理10.63万平方千米，同比下降12.8%，野外记录2141.84炮，同比增长43.7%。

资料解释及综合研究。2021年，二维地震解释60.5万千米，同比下降19%；三维地震解释44.8万平方千米，同比增长16%。发现圈闭5166个，总面积7.54万平方千米；复查落实圈闭8323个，总面积7.52万平方千米。

核心软件。（1）GeoEast V4.0软件经过两年集成测试、流程测试和专项测试，已具备正式应用条件；OBN数据处理技术完成15项新技术研发、15项技术完善，基本形成全流程深水OBN处理能力，实现国外软件替代；中东高端处理技术完成11项高端新技术研发，在多次波压制、特殊噪声压制、复杂介质建模及偏移成像等方面大幅提升技术实力；研发形成DAS-VSP处理和3D-VSP处理技术系列，应用效果显著，为井中业务增长提供重要技术支撑。（2）KLseis Ⅱ采集工程软件开展地震采集作业推演技术、eSeis节点数据质控配套技术、近地表建模与静校正和物探基础数据库建设重点技术的方法攻关和软件研发，初步形成多源信息矢量化地物信息平台、地震采集方案经济评估、采集方案作业桌面推演、eSeis节点数据共接收点数据质控与评价、基于初至时间拟合的剩余静校正等特色技术，在国内外多个重点项目发挥重要作用。

装备研发。（1）大吨位宽频横波可控震源取得突破，实现SH与SV波转换激发，激发能级35000磅，激发频带3—120赫兹。（2）eSeis节点仪器技术持续发展，完善升级10万道节点单元，研制便携式测试仪、节点智能布设与回收系统等eSeis节点仪器高效作业配套技术，全方位提升eSeis仪器的综合应用效果。（3）智能化地震队研发钻机视频AI识别、民爆管理、钻井质量检查等系列功能模块，进一步推动地震数据采集生产智能化发展。（4）海底勘探综合导航系统实现升级换代。开发搭建海洋OBC&OBC海上石油地震勘探综合导航定位技术平台GeoSNAP-Dolphin Ⅱ系统，形成七大技术系列16个应用模块，完成高精度导航等硬件更新换代，首创单船多源独立激发导航作业，满足高效率海洋节点勘探多船多源高精度激发采集和安全生产需要。（5）合作研发浅水型GPR300节点，在国内实现工业化量产，18000个GPR300节点在ADNOC TZ项目获大规模应用，满足生产需求。自主研发eSeis节点仪器初步具备产业化生产条件，200毫瓦芯片级原子钟、2000米深海压电检波器完成样机试制，通过验证其性能均满足设计要求。（6）400千瓦超大功率恒流电磁发射系统在新疆完成野外实地试验验收，并和井中瞬变电磁仪分别完成由石油工业仪器仪表质量监督检验中心的测试鉴定。

物探技术集成配套。（1）“两宽一高”地震勘探技术在国内外规模化推广应用成效显著。超大节点采集配套技术更加完善，研发共接收点道集质控技术和软件，节点应用项目占比从43.8%提升至57.6%；复杂地表区观测设计技术解决地物智能识别的瓶颈问题，建立更加合理的物理点设计理论与方法，高难山地、大型城区点位设计符合率由71%提高到83%；强化装备应用技术创新，打造以EV56高精度可控震源、动态滑动扫描、VPM自主网激发系统为核心的可控震源高效采集技术序列，针对丘陵、黄土塬等特殊地形研制窄体震源20台，可控震源应用比率从61.7%提升至75.1%，平均日效提速23%；国际上首次创新形成集激发、接收和作业管理与质控为一体的大道数节点超高效混采工业化生产能力，阿曼PDO项目成为世界范围内首个突破2万道级节点可控震源高效采集项目，且首次实现大道数节点采集排列实时管理，单组震源作业平均日效由2000炮提升到2500炮，创造新的纪录；海洋OBN地震勘探技术不断集成配套，多震源高效混采、节点收放、高精度导航定位等技术成果的应用促进提质增效。（2）针对复杂地质目标的处理解释技术逐步完善，技术服务保障能力进一步提升。丰富发展“真”地表叠前深度偏移技术，全（分）方位网格层析技术取得显著进展，建立基于PG2018全方位角度域道集的全方位层析流程和基于ToMogui软件的分方位层析技术流程，开发GeoEast-Diva和Paradigm两套软件的正交晶系建模与偏移技术流程，实现该项技术的工业化。基于记录子波的振幅补偿技术全面推广应用；加大表层Q建模及补偿技术推广应用，在东部、西部各探区针对岩性勘探目标加大Q-PSTM、Q-PSDM推广应用力度；进一步完善微地震监测现场综合解释技术，微地震监测地质工程一体化软件在西南探区应用36项目51井次，基本实现压裂监测施工现场的地震、测井、微地震监测等成果的综合解释，更加有效支撑页岩气压裂现场施工。

制定《陆上纵波地震勘探资料处理技术规程》《海底节点地震资料采集技术规程》2项石油物探行业推荐标准，修订《地震资料构造解释技术规程》《海洋可控源电磁法勘探技术规程》《陆上多波多分量地震资料采集技术规程》3 项石油行业推荐标准。

【钻井】 人员、队伍状况。2021 年，钻井专业用工总量 7.68 万人。钻井队伍 1191 支，其中陆上钻井队 1178 支、海洋钻井平台 13 座。

主要技术服务装备和井控装备。有各类水泥车 688 台，旋转防喷器 / 旋转控制头 167 台，制氮装备 17 套，压缩机 100 套；各类防喷器 5260 台，其中单闸板防喷器 1753 台、双闸板防喷器 1871 台、环形防喷器 1586 台、其他防喷器 50 台。控制系统 1994 套，节流压井管汇 2726 套。

工作量完成情况。2021 年，集团公司钻井队伍在国内外市场开钻 9740 口井，完井 9603 口，钻井进尺 2308 万米。其中：在集团公司内部市场开钻 8796 口井，完井 8679 口，钻井进尺 2084 万米；在国内集团公司外部市场开钻 212 口井，完井 203 口，钻井进尺 62 万米；在国外市场开钻 732 口井，完井 721 口，钻井进尺 162 万米（表 5）。

表 5　2021 年集团公司钻井工作量

项　目	2021 年	2020 年	同比增减
开钻总井数（口）	9740	9127	613
完井总井数（口）	9603	9350	253
其中，国内	8882	8686	196
国外	721	664	57
钻井进尺（万米）	2308	2103	205
其中，国内	2146	1956	190
国外	162	147	15

提速提效工具研发应用成效显著。围绕 CG-STEER 旋转地质导向钻井系统井展技术升级迭代，突破伽马分区及采集、高精度鉴幅鉴相、双柱塞液压单元控制、高造斜率结构设计等 6 项关键技术，完成方位伽马、电阻率测量功能扩展，现场实钻最大造斜率 12.51 度 /30 米。2021 年在川渝页岩气、川中致密气、长庆页岩油等区块规模化应用 53 口井，作业总进尺 7.7 万米，平均单趟钻进尺 889.81 米，平均作业趟次 1.64 趟；在华 H100-28 井创单趟进尺最长 2331 米的国产系统纪录。持续推动“钻、测、固、完”全过程精细控压关键技术攻关，实现规模化应用。推进精细控压固井技术攻关，实时动态监控固井过程浆柱结构运移状态，突破井筒压力自动闭环控制等 4 项核心技术，形成“压而不漏、放而不涌”的自动控压固井系统。研发直径 311.2 毫米和直径 215.9 毫米致密气专用 PDC 钻头，在四川地区金浅、秋林等区块现场应用 29 口井，整体提速效果明显；自主研发齿形“负前角星型齿”钻头刷新页岩油小井眼一趟钻纪录，单只钻头最长进尺 3332 米。在长庆区域推广应用全尺寸水力振荡器 423 井次，平均单井使用 1763 米、146 小时，降低摩阻 20% 以上；推广应用漂浮接箍 83 套，2000 米以上长水平段入井 54 次，降低摩阻 23%。攻关高钢级、大壁厚、超深井套管开窗技术，在双探 102 井 155V 钢级、15.83 毫米壁厚套管开窗试验成功，首创业内超深井高钢级、大壁厚套管开窗业绩。

钻井模板推广应用助力提速提效。强化区块钻井提速模板推广应用，组织重点井技术方案论证，玛湖、吉木萨尔、川渝页岩气等重点区域分别提速 14.27%、13.53% 和 23.2%，刷新钻井周期、趟钻进尺等 50 余项纪录；大庆古龙页岩油试验区指标不断刷新，开发井钻井周期平均 26.1 天，其中 GY2-Q1-H4 井，井深 5156 米，水平段长 2546 米，钻井周期 13.77 天，创古龙页岩油钻井周期最短纪录。陇东页岩油创全井技术指标 6 项、单项技术指标 11 项，机械钻速从整体的 19.5 米 / 时提升到 22 米 / 时。强化事故复杂管控，编制川渝页岩气卡钻、井漏防治技术手册 3.0 版，加强五类井事故复杂管理，2021 年五类重点井提速 17.1%，钻井和压裂事故复杂时率分别下降 26% 和 23.1%。

钻井指标纪录不断刷新。中寒 2 井刷新集团公司取心井深最深（8668—8676 米）纪录；天安 1 井创新疆准噶尔盆地最深井（8140 米）纪录；SN0034-09 井完钻井深 4042 米，位移 1519.88 米，钻井周期 10 天，刷新集团公司 4000—4500 米钻井周期纪录。足 203H2-1 井，创页岩气井最深（7318 米）纪录；宁 209H72-2 井钻井周期 24.38 天，创页岩气超长水平段（3100 米）钻井周期最短纪录。磴探 1X 井创华北油田井深最深（6460 米）纪录。泸 203H2-3 井完钻井深 5420 米，钻井周期 63.6 天，钻完井周期 77.8 天，刷新川渝页岩气泸 203 井区施工周期最短纪录。庆 H37-12 井完钻井深 4775 米，水平段长 2572 米，钻井周期 14.96 天，创长庆区域 2500 米水平段水平井钻井周期最短和水平段长一趟钻最长纪录。华 H100-4 井完井井深 4416 米，水平段长 2035 米，钻完井周期 12.7 天，创陇东页岩油水平井钻完井周期最短纪录。华 H90-3 井完钻井深 7339 米，水平段长 5060 米，钻井周期 75.13 天，钻完井周期 91.54 天，刷新亚洲陆上水平井最长水平段纪录。华 H100-

31 井完钻井深 3829 米、水平段 1535 米、钻井周期 8.96 天，华 H100-30 井完钻井深 3895 米、水平段 1595 米、钻井周期 7.75 天，连续刷新陇东页岩油示范区 1500 米水平段水平井钻井周期最短纪录。合 H9-18 井完钻井深 4776 米、水平段长 2609 米、钻完井周期 17.92 天，合 H9-17 井完钻井深 4971 米、水平段长 3001 米、钻完井周期 17.67 天，水平段均一趟钻完成，连续刷新"一趟钻"进尺最长及最短钻完井周期纪录。

【测井】 人员、队伍状况。2021 年测井专业用工总量 11674 人，同比减少 757 人。测井专业队伍总量 826 支，同比减少 2 支。其中：国内市场 710 支，同比减少 5 支；国外 116 支，同比增加 3 支，分布在 18 个国家和地区。

专业设备。主要专业设备 991 套，同比减少 75 套。其中：裸眼井测井设备 581 套，同比减少 106 套；生产测井设备 167 套，同比减少 27 套；射孔取心设备 204 套，同比减少 1 套；LWD 设备 39 套，同比持平。

工作量。2021 年完成工作量 89152 井次，其中国内 85086 井次、国外 4066 井次。因井况、路况测井未成功 7144 井次，占总工作量的 7.40%（表 6）。测井解释探井 21.86 万层，开发井 104.01 万层，解释成果油层 10.35 万层、气层 1.94 万层。老井复查 6446 井次，发现油气层 7985 层。探井解释符合率 86.96%，开发井解释符合率 96.75%。

表 6　2021 年集团公司测井工作量

井次

项　目	2021 年	2020 年	同比增减
工作总量	89152	84721	4431
其中，裸眼测井	19215	20064	-849
生产测井	14034	13925	109
工程测井	24399	22733	1666
射孔	30140	27999	2141
国内工作量	85086	81692	3394
国外工作量	4066	3029	1037
因故测井未成功	7144	6736	408

技术进展。成套装备 CPLog 亮相"十三五"科技创新成就展。常规一串测系列全面升级，实现高温高压 175℃ @20 小时长时间工作，过钻具测井仪投产应用，有效解决长水平段、复杂井况测井难题。全域成像系列形成样机，微电阻率精度从 5 毫米提升至 2.5 毫米。175℃声波换能器完成 6 井次现场试验，205℃声波换能器形成样机。高温测井芯片系列实现 200℃连续 4 小时工作；高性能中子管实现 MZ30C 型和 CSNT2451 型仪器定型，175℃ /Φ25 寿命测试超过 100 小时，刷新国内预制靶测井中子管寿命时长纪录。三维感应在长庆、大庆等 7 个油田推广，2021 年测井 73 井次，解释符合率 94.3%，9 口井试油验证均见成效；偏心核磁在青海、吐哈、长庆等油田开展试验与应用，测井 13 口，在吐哈萨探 1 井解决大井眼、盐水钻井液核磁测井难题；MCI 微电阻率成像在剑阁 1 井创 149.2 毫米最小井眼、173.8℃最高温度纪录，宽动态微电阻率成像在吉林、新疆等油田应用 20 余口井，在青海油田柴 904 井高矿化度钻井液环境测井成功，资料优于国外同类仪器。施工作业记录推广过钻具存储式测井、爬行器、桥射联作 2.0、旋转导向等技术和工艺，在施工作业中创造 83 项纪录，完成塔里木油田轮深 3 井、大北 4 井，西南油气田永探 1 井，新疆油田天安 1 井，青海油田昆 101 井等井高效施工。建成远程作业支持中心，实现远程测井、专家技术支持等功能。37 支队伍具备远程测井能力，完成 403 井次远程测井任务。

【录井】 人员、队伍状况。2021 年，录井专业在册员工总数 7123 人，同比下降 6.7%。录井队伍 1517 支，主要录井技术装备 4120 台，同比下降 2.5%。技术装备新度系数 0.28。综合录井仪 1198 台，新度系数 0.28。其中：国产综合录井仪 1158 台，新度系数 0.28；进口综合录井仪 40 台，新度系数 0.07。

市场分布。录井市场主要分布在国内 16 个油气田，以及国外亚太、中亚、非洲、中东、美洲等地区的 18 个国家。服务于国内的综合录井仪 1070 台。其中，集团公司内部综合录井仪 1065 台，集团公司外部综合录井仪 5 台。国内综合录井仪主要分布在长庆油田、西南油气田、新疆油田、塔里木油田等；服务于国外的综合录井仪主要分布在中东、美洲和非洲地区。

工作量。2021 年录井 10151 口，同比增长 1.4%。其中：国内录井 9756 口，同比增长 0.6%，国外录井 395 口，同比增长 27.0%；综合录井 5760 口，同比下降 2.6%，气测录井 2020 口，同比增长 21.9%，地质录井 2371 口，同比下降 2.8%。完成录井 22206 井次，同比下降 1.5%。录井仪器（综合录井和气测录井）施工总天数 337703 天，同比增长 4.8%（表 7）。

表 7　2021 年集团公司录井工作量

项　目	2021 年	2020 年	同比增减
录井总口数（口）	10151	10011	140
其中，国内录井	9756	9699	57
国外录井	395	312	84
综合录井	5760	5914	-154
气测录井	2020	1657	363
地质录井	2371	2440	-69
录井仪器施工总天数（日）	337703	322185	15518

技术指标。2021 年，在 688 口探井上发现并评价油气显示 156840.21 米 /20968 层，在 4291 口开发井上发现并评价油气层 707279.26 米 /80325 层，为集团公司油气田勘探开发作出应有贡献。应用常规录井技术 + 特色录井技术，全年油气显示发现率 100%，探井剖面符合率 85.42%，开发井剖面符合率 93.24%，工程异常预报及时率 100%、准确率 99.97%，水平井优质储层钻遇率 88.95%。

技术与应用。（1）综合录井技术。2021 年综合录井技术应用 5760 口井，占总工作量的 56.7%，同比下降 2.3%。综合录井技术作为集团公司油气勘探开发中的常规录井技术，广泛应用于国内外录井市场。（2）特色录井技术。三维定量荧光、地化录井、元素录井、伽马录井、地质综合导向、核磁录井、岩心岩屑扫描成像技术等在油气勘探开发中广泛推广应用，连续轻烃、红外光谱和岩矿扫描等特色录井技术作为常规录井技术的补充和延伸，已开始推广应用，极大提高岩性和层位识别、油气显示发现和储层评价能力。（3）工程录井技术。充分发挥综合录井仪的工程录井作用，在实时监测钻井参数、及时预报工程异常基础上，推广应用井口流量、井筒液面和井眼清洁等监测技术，极大提高钻井过程中溢流漏失早期快速监测能力，以及井筒风险的分析和预警能力，降低钻井作业风险和成本，确保钻井施工安全提速。全年监测工程异常 27105 次，异常预报符合率 99.97%。（4）信息化技术。应用信息化技术，建立工程作业智能支持平台，发挥以平台为依托的专家支持与决策作用，形成远程智能管理模式与作业方式，提升技术支持能力、管理效率，降低生产成本。

【井下作业】　人员、队伍状况。2021 年，井下作业用工总量 5.7 万人。井下作业队伍 1821 支，其中大修队 258 支、侧钻队 49 支、试油队 214 支、小修队 723 支、测试队 236 支、压裂酸化队 171 支、带压作业队 170 支。

装备状况。2021 年，井下作业系统有修（通、钻）井机 2366 台，其中车载修井机 1640 台，占总量的 69.3%。1000 型以上压裂泵车 1047 台，共计 227.6 万水马力，2000 型及以上压裂泵车 924 台。连续油管车 124 台，制氮车 43 台，液氮泵车 52 台，带压作业设备 174 套。

2021 年，井下作业工作量 8.37 万井次，试油 9783 层。其中：国内完成井下作业工作量 8.21 万井次，试油 6280 层；国外完成井下作业工作量 1614 井次，试油 3503 层（表 8）。

表 8　2021 年集团公司井下作业工作量

项　目	2021 年	2020 年	同比增减
井下作业工作量（万井次）	8.37	8.06	0.31
其中，国内井下作业（万井次）	8.21	7.89	0.32
国外井下作业（井次）	1614	1633	-19
压裂（井次）	16759	14082	2677
酸化（井次）	1120	1022	98
小修（井次）	60393	60774	-381
大修（井次）	5154	4479	675
侧钻（井次）	288	196	92
试油（层）	9783	9998	-215
其中，国内试油	6280	6513	-233
国外试油	3503	3485	18

试油测试技术。川庆钻探针对超高压井测试作业，探索出“双 RDS 阀 + 安全接头 + 完井封隔器”联作工艺，在角探 1 井、峰探 1 井成功应用。西部钻探持续改进井下测试工具性能，优化管柱组合与配置，多阀一封测试工艺不断成熟，首次在准噶尔盆地南缘高泉 6 井、乐探 1 井等高温高压井采用射孔—测试—压裂联作工艺，高泉 6 井获百吨高产工业油流，乐探 1 井创集团公司最高地层测试压力（155.42 兆帕）纪录。渤海钻探研发高凝油深排试油测试一体化技术，解决巴彦油区深层探评井储层易出砂，原油凝固点高，常温下流动性较差等难题，高效完成临华 2X 井、兴华 2 井等 26 口重点井 69 层施工，其中 17 层获得日产百立方米以上工业油流。

压裂酸化技术。川庆钻探推广应用“长段多簇 + 暂堵匀扩 + 控液增砂”体积压裂 2.0 技术，创新分级暂堵工艺，有效提高多簇裂缝开启程度，提升单井测试产量和 EUR，威远风险合作区平均单井测试日产量 22.5 万立方米；自主研发的 CQ-CTY 连续油管底封拖动压裂工具，提升抗冲蚀能力，减少钻具遇卡、钻具冲蚀等异常发生，在亚洲陆上最大水平井丛华 H100

平台成功应用。西部钻探持续攻关水平井暂堵转向重复压裂技术，在玛湖 14 口井采用“注水增能 + 驱油剂驱油 + 暂堵转向 + 尖端干扰”压裂工艺，平均单井日增油 6.3 吨，比常规压裂工艺产量提升 2.5 倍。渤海钻探在 4 口井成功应用纳米双疏排驱压裂液体系，压裂液返排率平均为 77.56%，平均试气无阻流量 11.1 万立方米，压裂后排采效果显著。长城钻探全面推广致密气水平井套管压裂技术，复制页岩油气储层改造经验，加砂强度提高 47.1%，单井裂缝数提高 38.1%，实现立体改造；针对薄层区，通过强化地质研究，采用“点—面—体”协同一体优化压裂段簇设计，产量较邻井提高 30%。

修井技术。川庆钻探试油完井工具打捞技术不断进步，结合电缆泵送校深切割穿孔技术，形成覆盖完井封隔器、测试封隔器、裸眼封隔器等各类入井频次高且结构复杂的试油完井工具的成熟打捞处理技术，在磨溪 146 井耗时 8 天捞获永久式悬挂封隔器及下部 39 根油管，创川渝地区大斜度深井永久式封隔器打捞最短周期纪录。长城钻探应用井下电视、电磁成像等技术，施工周期下降 13%，作业成功率提升 24.6%。曙 2-6- 更 004 井套管损坏严重，井下工具砂埋，28 天完成打捞作业。大庆钻探针对油田开发后期老井产量递减，剩余储量开采困难等问题，综合应用高造斜率双弯导向螺杆、高弯曲度 T 形筛管等 20 余项关键技术，应用 7 口井，侧钻后日均增油 2—10 倍，取得明显的增油效果，其中茂加 44- 斜 741 井侧钻后压裂，通过缝网与暂堵相结合的压裂工艺，压裂后日产油 7.5 吨，较施工前增加 6.9 吨，取得明显的增油效果。

连续油管作业技术。川庆钻探采用“内穿动力电缆连续油管 + 电潜泵 + 测井仪器”方式，解决水平井连续油管快速找水测试技术难题，为水淹水平井综合治理提供可行的找水技术方案。底封工具井筒试压技术在威 204H54-6 井首次实现井筒试压 70 兆帕，通过优化坐封工具、改进试压流程，有效减少连续油管作业趟数，提高压裂前井筒准备效率。西部钻探完成玛湖 106 井变径悬挂井筒近 4800 米的盐结晶疏通作业，在长宁 H22-3 井完成最大井斜 99.19 度、水平段长 2100 米水平井中钻磨桥塞作业，首次在新疆油田完成压力系数 0.83 的低压漏失井氮气泡沫冲砂作业，MaHW6470 井创集团公司连续管水平井下深 6669.65 米最深纪录。

施工纪录。川庆钻探在泸 203H6A 平台历时 33.4 天完成 110 段压裂，平台压裂效率 3.29 段 / 日，创川渝深层页岩气压裂效率最高纪录；在靖 45-23 井组历时 23 小时 33 分完成压裂 30 段，刷新长庆区域桥射联作工艺平台井单日压裂段数纪录；在长庆油田桃 2-33-8H2 井（水平段长 4466 米）完成 40 段 152 簇桥射联作压裂施工，创亚洲陆上气井压裂最长水平段纪录；在陇东页岩油华 H100-14 井，采用自主研发的连续油管底封拖动压裂工具 CTY，单套工具完成 59 段压裂，创国内连续油管底封拖动压裂单套工具最多施工段数纪录；在长庆油田致密气区块陕 187 平台历时 5 天完成压裂 48 段，平台日均压裂 9.6 段，创长庆油田单机组平台压裂效率最快纪录。西部钻探在玛湖区域 FNHW4055 井等 8 口井平台 24 小时完成 12 段压裂，创玛湖致密油区域桥射联作压裂工艺单机组单日压裂层段数最多纪录。

【风险作业】 2021 年，西部钻探、长城钻探、渤海钻探、川庆钻探等四家企业分别在苏里格致密气、威远页岩气开展风险作业服务业务。风险作业面积 16906 平方千米，三级地质储量 22021 亿立方米。其中：苏里格致密气面积 15545 平方千米，三级地质储量 14882.8 亿立方米；威远页岩气面积 1361 平方千米，三级地质储量 7138.4 亿立方米。四家企业下设 6 个风险作业服务项目部，建成 51 座集气站，投产气井 5688 口，累计生产天然气 1072.7 亿立方米。东方物探在柴达木盆地台南、涩北、哑叭尔地区 3 个区块开展风险勘探作业，区块面积 1.41 万平方千米，下设 1 个项目部。中油技服风险作业服务业务人员 1376 人。

2021 年，完钻气井 506 口，进尺 194.1 万米，压裂 487 口、投产 466 口。生产天然气商品量 103.83 亿立方米，同比增长 4.8%，创历年产量新高，苏里格生产凝析油 7.14 万吨（表 9）。

主要指标。2021 年，苏里格直斜井平均井深 3553.6 米，平均有效储层厚度 14 米，静态Ⅰ+Ⅱ类井比例 90.1%，首年平均单井日产天然气 1.1 万立方米。水平井平均井深 4570 米，平均水平段长度 1120 米；平均砂体、有效储层钻遇率分别为 90.4%、66.4%，首年日产天然气 4.1 万立方米。威远页岩气区平均井深 5129 米，水平段长度 1825.1 米，事故复杂 3.94%，龙一$_1^1$小层钻遇率 97%，丢段比例 0.15%；完成测试 66 口，平均单井测试产量 21.9 万米^3/ 日。2021 年新建产能贡献率 44.7%，综合递减率 24.5%。

表 9　2021 年风险作业产量完成情况

气区	单位	投产			产量				
		井数（口）	进度（%）	同比增长（%）	井口量（亿立方米）	进度（%）	同比增长（%）	商品量（亿立方米）	凝析油（吨）
苏里格	西部钻探	32	114.3	−59.5	9.01	114.1	5.5	8.40	17902
	长城钻探	148	88.1	8.0	27.61	103.4	10.2	25.63	25224
	渤海钻探	111	100.9	−7.5	15.03	105.8	3.4	14.01	17206
	川庆钻探	100	117.6	22.0	18.80	106.8	1.2	17.54	11030
	小　计	391	100.0	−6.5	70.45	106.1	5.6	65.59	71362
威远	长城钻探	24	100.0	−36.8	14.90	99.3	1.0	14.27	—
	川庆钻探	51	100.0	15.9	25.30	102.8	4.8	23.98	—
	小　计	75	100.0	−8.5	40.20	101.5	3.3	38.25	—
合　计		466	100.0	−6.8	110.65	104.4	4.8	103.83	71362

（方　慧）

工程建设

【概述】 2021 年，中国石油集团工程股份有限公司（简称中油工程）以习近平新时代中国特色社会主义思想为指引，认真落实集团公司党组各项决策部署，传承红色基因，全面加强党的建设，践行绿色理念引领发展全新布局，坚持人才强企筑牢一流企业成长根基，统筹推进新冠肺炎疫情防控和生产经营，各项工作实现良好开局，深化改革年度目标圆满收官，科技创新驱动发展能力持续增强，品牌影响力进一步提升，在 2021 年度国际承包商 250 强、全球承包商 250 强榜单中，分别位列第 33 名和 39 名，在十大国际油气工程公司中位列第四名。营业收入 877.8 亿元、同比增长 11.2%，净利润 3.6 亿元（表 10）。

表 10　2021 年中油工程主要经营指标

亿元

指　标	2021 年	2020 年	同比增减
签订合同额	1011	1058	−47
收入	877.8	789.7	88.1
利润	3.6	9.2	−5.6
税费	15.39	12.55	2.84

中油工程有中国石油管道局工程有限公司、中国石油工程建设有限公司、中国寰球工程有限公司、中国昆仑工程有限公司、北京项目管理公司 5 家所属企业，主要面向国内外石油化工工程市场提供全产业链的“一站式”综合服务，业务范围覆盖油气田地面工程、炼油化工工程、油气储运工程、LNG 工程、非常规油气地面工程、煤化工工程、海洋石油工程等上中下游工程全产业链；服务能力涵盖项目咨询、FEED、项目管理、设计、采购、施工、开车、试运、生产服务、培训及保运、投融资服务等全价值链。中国石油集团工程服务有限公司（简称工程服务有限公司）由参与重组改制上市企业的辅业剥离组建而成，有管道局、斯派克商务服务中心、寰球和创、中纺院、西南工程建设分公司等 5 家所属企业。

【重点工程建设】 2021 年，一批重点工程高质量建成，两个乙烷制乙烯，阿穆尔天然气处理厂第一列、第二列装置投产。一批建设成果赢得多方赞誉，青藏管道广大参建员工在生命禁区挑战极限彰显新时代铁人担当，广东石化跑出建设加速度刷新模块化和吊装等多项行业新纪录，石油储备库高质量建设为国家能源安全战略实施再添利器。“中俄东线天然气管道工程”等3个项目获国家优质工程金奖，唐山30万吨苯乙烯工程等6个项目获国家优质工程奖。依托重点工程深入推进“六化”建设，形成重要成果8项。持续强化承包商和施工装备管理，发布实施工程建设承包商管理办法，深入落实安能帮扶，累计帮扶合同额17.28亿元。

【市场开发】 2021年，新签合同7618个，合同额10亿元以上项目15个、合同额384.1亿元，管道局新签合同额贡献率32.8%。江苏丰海丙烷综合利用、尼贝原油外输管道、伊拉克祖拜尔密什里夫脱气站扩建、泰国国家石油公司第七天然气处理厂和天津南港国内首个LNG薄膜罐接收站等大型项目为生产经营奠定市场基础。市场结构不断优化，海外和集团公司外部市场新签合同占比分别为24.4%和62.7%，同比分别增长4.3%和41.5%。工程建设公司、管道局海外市场新签合同占比分别为44.7%和44.4%，为巩固海外市场作出重要贡献；寰球公司在集团公司外部市场新签合同占比78%，创历史最好水平。市场营销水平显著提高，践行市场营销“一把手”工程和“总部对总部”机制，发布客户关系管理办法，与销售分公司、昆仑数智、浙能集团等签署战略合作协议，完成18个重点国家市场调研报告，升级市场管理信息系统，参加阿布扎比国际石油展，及时规范披露上市公司信息，市场营销层次和成效不断提升。

【新能源新材料业务发展】 2021年，深入落实国家碳达峰、碳中和部署和绿色低碳战略，紧跟集团公司“三步走”路径指引，新能源新材料新业务发展迈出坚实步伐。聚焦集团公司“六大基地”“五大工程”示范项目建设，创新模式抢抓市场机遇，新签新能源新材料业务合同169项，合同额56.7亿元。聚焦市场需求和行业前沿，组建27个专项科研团队，加快布局启动新业务技术攻关。加大资金支持力度，跟进保障集团公司绿色转型发展，一批典型项目高效实施，玉门油田200兆瓦光伏示范项目并网发电，海南省第一套CCUS项目按期投产运行，华北石化副产氢提纯项目顺利装车为2022年北京冬奥会增添清洁能源新保障。

【科技创新】 2021年，聚焦油气工程建设、新能源新材料和数字化转型，全力布局攻关产业链核心技术和“卡脖子”技术，参与的“400万吨/年煤间接液化成套技术创新开发及产业化”项目获国家科学技术进步奖一等奖，直径1422毫米X80管线钢管研制及应用技术获集团公司科学技术进步奖特等奖。油气工程核心技术加快突破，百万吨乙烷制乙烯工艺包实现工业化应用，大炼油和炼化转型升级具备验收条件，特色芳烃重大科技专项通过中期评审，大乙烯完成进度计划的85%，800万吨级LNG取得关键突破。低成本提氦等重点领域14项重大关键核心技术，以及覆盖油气工程全产业链、新能源等7个领域的250项前瞻性、基础性、战略性研究完成部署。创新平台和创新品牌建设明显提速，油气管道输送安全国家工程实验室正式纳入“国家工程研究中心”序列管理，工程建设公司取得国家和中关村高新技术企业双证书，寰球公司成为集团公司首批“科技创新型企业”。数字化转型智能化发展加快推进，寰球公司北京分公司五大应用场景建设全面启动。

【质量安全环保】 2021年，全面贯彻国家新《安全生产法》，统筹开展“安全生产专项整治三年行动”“三个月巩固提升”“重复性问题专项整治”和“反违章专项整治”等活动，升级特殊时段安全生产管理，采用“区域+企业”的模式组织2次QHSE体系一体化审核，突出“四不两直”检查，开展各类检查13535次，查改各类问题25966项，QHSE管理体系运行质量不断提升，安全生产形势创近10年最好水平。推动健康企业创建，开展员工差异化体检、重点地区传染病防控、接害岗位职业病危害识别与防控，员工健康保障能力不断提升。狠抓质量管理，推动落实工匠精神，将“创建优质工程”贯穿项目建设全过程，创优成果持续显现。以人为本常态化开展新冠肺炎疫情防控，组织视频巡检1545次，查改问题484项，组织海外员工倒班轮岗7272人次，占集团公司总数的40%；全员疫苗接种率95.7%，疫情防控成果持续巩固提升。

（郝海波）

国际业务

海外油气业务

【概况】 1993年，中国石油天然气总公司执行中共中央、国务院“利用两种资源、两个市场”战略方针，坚持走出国门实施国际化经营，成立中国石油国际勘探开发有限公司（简称中油国际公司），中油国际公司是授权负责海外油气投资与经营作业的专业子公司。截至2021年底，中油国际公司在全球30个国家运营管理87个项目，建成中亚—俄罗斯、中东、非洲、美洲和亚太五个海外油气合作区，形成以油气勘探开发为核心，集管道运营、炼油化工、油品销售于一体的完整油气产业链。中油国际公司设本部部门21个，国内单位7个（包括后勤保障中心、专家中心、技术研究中心、海外人力资源共享服务分中心、海外财务共享服务分中心、海外HSSE技术支持中心、中油锐思技术开发有限公司），海外大区公司7个，海外中方项目公司72个（其中海外直属项目8个）。中方员工4078人，资源国雇员和国际雇员65900人（全口径）。

2021年，面对地缘政治局势日趋紧张、变异新冠肺炎病毒全球蔓延、资源国合作环境复杂多变等严峻挑战，中油国际公司聚焦主责主业，推进提质提效，油气勘探连获重大突破，亿吨效益产量持续巩固，海外油气业务勘探取得多项重大突破，获两个十亿吨级、四个亿吨级储量规模发现，创“走出去”近30年来重量级大发现最优纪录。克服新冠肺炎疫情、OPEC+限产，精心组织生产和产能建设，完成油气权益产量当量10098万吨，其中原油7592万吨、天然气315亿立方米，油气权益产量当量连续三年保持1亿吨以上稳产。经营效益大幅提升，资产优化成效显著，重大商务问题有效解决，天然气供应保障有力，质量健康安全环保总体平稳，实现“十四五”良好开局。

【海外油气勘探】 2021年，海外油气勘探坚持资源战略，聚焦重点勘探区块，加强地质研究，强化勘探方案部署，油气勘探连续取得两个十亿吨级、四个亿吨级重大发现，成为集团公司海外油气业务发展史上勘探成果规模最大、重量级发现最多的年份。巴西阿拉姆区块勘探获重大突破；俄罗斯亚马尔项目大力推进新层系风险勘探，储量规模不断靠实；尼日尔毕尔玛区块查克斯构造带风险勘探持续获重大发现；乍得多赛欧坳陷风险勘探再获新发现，储量规模进一步夯实；乍得邦戈盆地M-P构造带滚动勘探亿吨级规模场面进一步夯实；阿克纠宾阿克若尔构造带甩开勘探展现亿吨级规模场面。此外，布兹奥斯项目、PK项目、北极LNG2项目、尼日尔项目A区块、阿曼5区岩性勘探等获一系列重要进展。全年新增探明油气地质储量上亿吨、权益可采储量3241万吨。

【海外油气开发生产】 2021年，海外油气开发高效落实“一项目一策”，“保亿吨”权益效益产量工作圆满完成。克服全球新冠肺炎疫情持续蔓延、OPEC+限产、美国制裁等不利因素影响，加强统筹协调，保持海外油气产量稳中有升。加强油藏管理和生产优化，强化油田精细注水，加强与政府沟通，做好限产补偿确认工作，有效应对商务问题挑战，保障油田生产平稳运行。在限产和制裁等不可抗力因素影响权益产量350万吨的情况下，全年油气权益产量10098万吨，其中原油7592万吨、天然气315亿立方米，超计划完成亿吨产量任务，为巩固集团公司三个“一亿吨”格局和天然气保供奠定坚实基础。鲁迈拉、哈法亚、印度尼西亚、阿克纠宾、PK、安第斯等29个项目超额完成计划，阿姆河、乍得上游、MPE3等项目为完成天然气保供和亿吨效益产量作出突出贡献。

【海外重点工程建设】 2021年，海外的重点工程建设持续优化执行策略，加强工程质量管理，3项重点产能建设工程建成投产，7项重点工程有序推进。乍得PSA项目六个油田地面工程2月全面投产，新增产能49万吨/年；阿姆河项目B区东部二期地面工程11月全面完工，新增产能30亿米^3/年；亚马尔LNG项目第四条生产线5月正式投产，为亿吨产量目标又添新保障；尼日尔二期一体化项目有效应对新冠肺炎疫情、安全、商务、人员动迁等多重困难挑战，按时实现实质性启动，“六化”建设实施方案、数字化交付方案与工程施工同步实施，新能源试点建设稳步推进。巴西里贝拉项目梅罗1单元、莫桑比克4区科洛尔FLNG、澳大利亚箭牌苏拉特一期戴维气田等工程进入完工投产阶段；北极LNG2项目、加拿大LNG项目、哈法亚项目天然气处理厂工程进度超50%。

【海外管道运营及炼油化工】 2021年，海外管道运营及炼化项目生产稳步推进，油气输送和天然气保供成效明显。重点加强油气资源组织协调，科学优化管道运行方案，持续开展安全隐患排查整治，不断提升管道完整性管理水平，缅甸伊江穿越备用管道水下悬空隐患彻底消除，乍喀原油管道停输、土库曼斯坦天然气康采恩断电及设备故障、乌兹别克斯坦冬季气荒等突发事件实现有效应对，确保油气平稳输送。中哈、中缅、西北、激流原油管道全年累计输送原油2786万吨，超额完成输送计划；中亚天然气管道、中缅天然气管道全年输气514.4亿立方米，为国内天然气保供作出重要贡献。西北管道反输实现哈萨克斯坦原油资源“西油东送”，中亚天然气管道D线塔国1号隧道工程通过最终竣工验收，哈萨克斯坦南线150亿米^3/年扩容工程、乍得管道去瓶颈工程、哈法亚项目LPG外输管道按计划有序推进。

海外炼化加工及LNG生产安全平稳。奇姆肯特炼厂提前5天完成大检修，HSSE工作再创佳绩，获哈萨克斯坦石油第六届总经理论坛“生态环境保护杰出贡献奖”；乍得炼厂强化安全生产，各项KPI指标创历史新高，完成换汇还贷及支付历史分红款；尼日尔炼厂优化生产运行，做好产销衔接，妥善解决税收争议，有效保障上下游一体化项目平稳运行。亚马尔项目LNG生产线持续高负荷安全运行。

【海外项目开发及转让】 2021年，海外项目开发突出战略导向，抓住低油价有利机遇，聚焦工作重点。新项目开发获新业绩。全年完成1项重大股权收购、1个重大项目交割和5个优质项目合同延期。获取鲁迈拉项目BP公司部分权益并成立中方控股合资公司，完成巴西布兹奥斯项目5%权益交割，实现哈萨克斯坦62号、49号合同和印度尼西亚佳步区块合同等延期。

海外资产处置取得新突破。2021年退出3个国家、5个项目（区块），关闭8家企业，资产处置创历年最好成绩。阿塞拜疆K&K项目、突尼斯2个项目转让，实现对规模小、风险高、低效益资产的有效剥离。完成阿尔及利亚438B项目的退出工作，转让中加公司北湍宁区块、庄海勒区块等资产。以对外转让、内部整合、关闭注销等多种方式完成亚马逊公司、丝绸之路公司、特纳尔公司、突尼斯公司以及原PK项目荷兰和卢森堡中间层级公司等8家企业的剥离处置。

【海外经营管理】 2021年，提质增效和亏损企业治理工程深入实施，经营效益大幅增长。按照“一地区一方案，一项目一策略”原则，制定实施提质增效和亏损治理专项工作方案，各项工作取得显著成效。中东地区开展套期保值试点，中亚地区加大增量补供，尼罗河地区狠抓清欠增收，拉美地区应对制裁稳油增产，西非地区加强扩销推价，俄罗斯地区突出LNG全产业链增效，国际管道持续优化运行，累计采取提质增效措施374项，全级次子企业78户中净亏损20户，同比减少13户。亏损企业剔除减值、汇兑等影响后亏损额下降，完成集团公司亏损治理目标，其中加拿大公司、澳大利亚公司亏损治理取得阶段性成效。中东公司、中亚公司、尼罗河公司、拉美公司、西非公司在体制机制改革过渡期，尽心履职，积极作为，协调有力，为海外实现经营效益目标作出突出贡献。

【企业改革】 2021年，企业改革三年行动和人才强企工程稳步推进，发展动力不断增强。持续加大改革统筹推进力度，聚焦改革瓶颈，突出系统性顶层谋划，实行穿透式推动督办，开展点线面宣传引导，全年完成改革任务66项，实现改革任务目标96%以上，超额完成年度任务。“‘一带一路’油气合作战略管理”入选国务院国资委国有重点企业管理标杆项目，成为共建“一带一路”倡议的优秀实践案例。召开人才强企工程推进会，专题研究部署中油国际公司人才强企工程各项工作任务，制修订《招聘管理办法》《员工退出管理办法》，全年优化调整各单位主要领导岗位人员及部门正职32人；“80后”年轻干部在新提拔中层领导中占比三分之一；推动完成11名领导人员提前退出现职领导岗位；完成57家二级单位领导班子成员《任期岗位聘任协议和经营业绩责任书》签订，领导班子和干部队伍建设取得新成效。此外，人才激励政策、人才选拔配置机制持续优化，职业经理人选聘试点逐步展开。

【科技与创新】 2021年，中油国际公司三个国家重大科技专项、三个集团公司“十三五”重大科技项目通过验收，在复杂裂谷盆地、超深水盐下湖相碳酸盐岩、改善开发效果与提高采收率技术等方面取得多项重大标志性成果，为西非、拉美、中亚等地区效益勘探开发提供有力技术支撑。“中非复杂叠合型裂谷油气勘探关键技术与重大发现”获中国石油和化学工业联合会科学技术进步奖特等奖，“阿布扎比低渗碳酸盐岩油藏开发关键技术及应用”和“哈萨克让纳若尔带凝析气顶碳酸盐岩油藏稳产500万吨开发关键技术”分别获集团公司科学技术进步奖一等奖、二等奖；迪拜研究院成功筹建并于12月28日正式挂牌，

13 项新技术新产品在哈法亚、阿克纠宾、乍得、尼日尔等 8 个海外项目得到推广应用，实现增值创效。

海外信息化、数字化、智能化发展实现海外勘探开发、炼化等信息与集团公司三大数据平台集成，工作效率和数据价值大幅度提升；海外工程作业智能支持中心（EISC）在尼日尔上游、乍得上游、哈法亚等五个项目试点应用，为海外项目井下复杂处置提供有力技术保障；全面实行全球安全移动协同办公，搭建保密办公平台和文件加密传输通道，网络安全防护能力大幅提升，以科技手段推动保密工作走在集团公司前列。

海外研究中心持续强化研究支撑效能、提升科技创新能力，完成重点探井部署 80 口，开发方案编制、可行性研究报告和新项目评价 98 项，决策参考和智库报告 17 篇，在推动勘探重大突破、亿吨权益效益产量、新项目和延期签约上发挥重要作用。专家中心构建“专人专项”股东行权模式，推进澳大利亚箭牌、加拿大油砂、秘鲁 58 区等重点难点项目治理，持续开展重点项目商务支持，举办“提质增效专家论坛”，撰写优质专家建言 14 篇，举办专家论坛 11 场，智库参谋作用稳步提升。后勤保障中心持续推进制度化、标准化、信息化建设，制定并发布《中国石油海外项目营地建设规范》；完成集团公司档案管理系统与中油国际公司协同办公系统的集成开发。

【海外新冠肺炎疫情防控与 QHSE 管理】 2021 年，海外新冠肺炎疫情常态化防控成果持续巩固。细化工作任务，压实属地责任，动态更新常态化疫情防控工作方案。推动超期员工动迁和员工轮休，成立集中动迁工作专班，安排尼日尔、伊拉克、哈萨克斯坦、土库曼斯坦专航动迁 6 架次 102 人。海外中方员工疫苗接种率 100%、当地雇员疫苗接种率 92%，守住疫情防控底线，实现“三零”目标。

2021 年按照“立足于防、从严管理、全面覆盖、以人为本”总体要求，扎实推进质量健康安全环保各项工作，QHSE 管理水平稳步提升。狠抓安全生产责任落实，全面推进专项整治三年行动攻坚，深化风险分级管控与隐患排查治理双重预防机制，完成哈法亚、阿克纠宾等 16 家单位排查。做好关键领域安全生产管理，落实井控管理各项措施，全年未发生井喷事件。全面加强社会安全风险管控，加强预案备案，开展应急演练，稳妥应对乍得、缅甸、苏丹等突发政局动荡，有力保障中方人员安全，得到外交部驻外使领馆的充分肯定。持续强化海外项目环保合规管理，完成海外 56 个在产项目（区块）碳排放数据分析与核算，曼格什套、安第斯等项目重点隐患治理有序进行，哈法亚项目在国家发改委“一带一路”绿色项目研讨会上作典型交流。持续深化员工健康管理，始终把保护员工生命安全和身心健康放在首位，统筹职业健康与员工健康管理，组织远程会诊 164 人次、咨询 5398 人次，加拿大公司等 8 家海外项目通过集团公司健康企业评审。稳步提升质量管理工作，尼贝管道强化施工质量，尼日尔二期一体化、加拿大等项目狠抓设备设施完整性，管理水平稳步提升。全年海外油气业务实现“六个杜绝”，损工伤害率 0.024，总可记录事件率 0.082，好于 2020 年同期。

【企业文化建设】 2021 年，中油国际公司举办建党 100 周年系列庆祝活动。以“石油工人心向党、建功奋进新时代”为主题召开表彰大会暨专题党课，组织建党 100 周年征文、书画、摄影等群众性系列文体活动，歌咏比赛获集团公司金奖，中油国际公司党建研究成果获集团公司一等奖等。

建立完善“第一议题”制度，将党史学习教育部署与“转观念、勇担当、高质量、创一流”主题教育活动融合，微纪录片《回“家”》被新华网、学习强国转载，点击量超 500 万次，辐射传递石油精神和石油文化。落实中宣部“中国书架”行动，开辟国际传播工作新途径。在第二届“一带一路”能源部长会议上，“中亚天然气管道 AB/C 线”“亚马尔 LNG”“尼日尔阿加德姆上下游一体化”3 个项目获“能源国际合作最佳实践案例”，为中国石油的国际品牌传播增光添彩。开展“我为员工群众办实事”119 项，解决 59 号楼产权办理等群众“急难愁盼”历史问题，建立海外超期工作员工及家属关爱慰问帮扶机制，关心关爱退休员工，员工群众的获得感、幸福感、安全感大大增强。

【重点项目运行】

1. 中油国际（加拿大）公司

2021 年，中油国际（加拿大）公司加强新冠肺炎疫情防控，实现 2503 天损工伤害率为零，继续保持优良的 HSSE 业绩。完成权益油气产量当量 160.3 万吨（其中原油 98.9 万吨、天然气 9 亿立方米）。

高度重视提质增效和亏损治理工作，明确治理目标，编制亏损治理措施方案，制定工作时间表、路线图，落实责任人。加强组织协调，推动 LNG 项目产业链建设。LNG 项目紧密围绕一期建设、提升 CGL 管道建设管控、落实上游气源和下游销售、二期方案四个方面开展工作。LNG 项目液化厂完成工程进度 57%，CGL 管道完成工程进度 58%，与 Murphy 就

100 百万英尺 ^{3}/ 日（1 百万立方英尺 =2.8317 万立方米）供气达成合同关键条款，落实 NGTL100 百万英尺 ^{3}/ 日工作量。推动麦凯河项目实验方案和都沃内 FDP 审批。都沃内项目完成并提交开发调整方案。提前筹划，精心组织，实现都沃内项目平稳接管和高效运行。9 月 1 日完成正式接管，项目运作和油气生产顺利进行。强化“一井一策，科学调控”，推动麦凯河项目稳产增产。协调建立与勘探院和辽河油田的生产双周会制度，开展麦凯河项目生产优化，完成 5 口高压差生产井放大生产压差，3 口 ICD 电泵井调升 Subcool，7 口井降低注气压力，1 口井安装 ICD，上述措施增产约 318 桶 / 日；10 口 ICD 井组开展蒸汽吹扫，增油 942 桶 / 日。研究优化钻完井设计，降低新井钻完井成本。加强商务策略研究，解决项目经营中的难点问题。中加公司资产处置和法人压减工作全面推进，资产处置取得实质性进展。

2. 中油国际（澳大利亚）公司

2021 年，中油国际（澳大利亚）公司克服新冠肺炎疫情、FID 推迟、征地困难等不利因素影响，实现生产运行平稳并取得良好经营业绩，生产煤层气 13.7 亿立方米，完成权益投资。苏拉特一期工程建设稳步推进，箭牌项目获澳大利亚石油大会年度安全卓越成就奖，中外员工及家属“零疑似、零感染”。

推进落实箭牌项目亏损治理 32 条措施，与 Alinta 签订售气协议实现增收。加大气电联动力度，多渠道提升销售收入，优化高根北一期地面工程方案，苏拉特一期 65 条降本措施，实现节省投资成本。苏拉特一期钻完井作业、地面工程按计划推进，Daandine 入口调整装置和 David IPF 机械完工。完成 Daandine CGPF 去风险项目。优化方案和研究策略，持续优化苏拉特一期井发方案并完成方案的跟踪评价。制订苏拉特二期开发策略，启动 2.1 期开发方案编制。持续优化布劳斯项目基础方案并完成《天然气加工协议》核心条款修改，制修订 6 项管理制度。

3. 中油国际（印度尼西亚）公司

2021 年，中油国际（印度尼西亚）公司克服印度尼西亚新冠肺炎疫情二次暴发、BGP 处理设施故障、油田设备老化、稳产工作量不足、老井递减加剧等严峻挑战，突出抓好佳步区延期、提质增效、疫情防控等关键工作，统筹好生产与安全、经营与防疫的关系，全年油气作业产量当量 298.9 万吨。

中油国际（印度尼西亚）公司实施多种防控措施，中外方员工疫苗接种率基本达 100%。连续保持 3667 天无生产事故，无亡人事件，无中方人员感染新冠肺炎事件，无聚集性感染事件，全面保障生产经营形势的安全稳定。2021 年，中油国际（印度尼西亚）公司继续获得印度尼西亚政府颁发的各类嘉奖数十项，并再次获取绿色环保等级证书，创建新的安全生产里程碑，QHSE 管理迈上新台阶。中油国际（印度尼西亚）公司通过前后 3 年多的通力协作、共同推进，最终于 2021 年 9 月 10 日获印度尼西亚能矿部的正式批复信函，11 月 12 日与 SKK Migas 正式签署佳步区块新 PSC 协议，11 月 22 日印度尼西亚能矿部部长在已签署延期协议上签字批准生效，标志着延期工作获得成功。新合同期 20 年，保持 PSC 合同模式不变，中国石油将继续担任作业者，体现佳步区块合作伙伴、SKK Migas 和印度尼西亚能矿部对中国石油专业水平和经营管理能力的充分肯定，也是中国石油过去 19 年来与印度尼西亚政府及相关主管部门长期互信合作的必然结果。

4. 中油国际（哈萨克斯坦）阿克纠宾公司

2021 年，中油国际（哈萨克斯坦）阿克纠宾公司统筹做好新冠肺炎疫情防控和生产经营重点工作，取得好于预期的成效。原油产量 400 万吨，天然气产量 59.73 亿立方米。

2021 年，油气勘探再获重大突破，完钻井钻探成功率 100%，甩开勘探展现亿吨级规模场面。塔克尔构造水平探井 T–H101 井分段加砂酸化压裂改造后获高产油流，该井为储量实现经济开发奠定基础。塔克尔构造的试采方案获批。肯基亚克盐上油田巴列姆油藏全面投入开发，2017—2021 年累计投产 267 口井，累计注蒸汽 95.6 万吨，累计产油 44.5 万吨。针对生产井井筒和地面管线堵塞等突出问题，引入自气举解堵技术。通过一体化压缩机设备，将气体增压升温后以脉冲的形式泵出，从而达到气举、解堵和增产的效果。累计完成 13 口井作业，措施后平均产液量增长 57.83%，与措施前相比，平均产油量增长 55.33%。76 号石油合同延期。北特鲁瓦油田综合治理先导性试验 KT–I 层系 6 个井组完成调剖剂注入工作，累计注入量 17.6 万立方米，注水井恢复正常注水。

5. 中油国际（土库曼斯坦）阿姆河天然气公司

2021 年，中油国际（土库曼斯坦）阿姆河天然气公司完成天然气作业产量、外输商品气量分别为 145.63 亿立方米、134.27 亿立方米。完成凝析油产量 27.43 万吨。全年未出现一起安全环保责任事故，实现“零事故、零伤害、零污染、零缺陷”目标，实现安全生产人工时 1132 万小时，累计总安全生产人工时 2.71 亿小时。

通过新建产能投产、酸化补孔、老井复产、科学排产、强化检维修、提高商品率等一系列措施，日增供气 300 万立方米，确保冬季保供日供气从 3700 万立方米提升到 4000 万立方米，完成全年冬季保供任务。实行开发 / 试采方案多节点审查制度，重点气田多轮次审查，提高方案质量。麦捷让、基尔桑等 4 个气田开发方案和萨曼杰佩、南霍贾姆巴兹等 9 个气田储量复算全部通过康采恩审查。坚持“一田一案、一井一策”，深入开展精细化地质模型和数模研究，实时跟踪 28 个气田生产特征，及时分析开发动态规律。通过方案优化和精准施策，A 区萨曼杰佩气田地层压力年递减率控制到 14.3%；B 区中部别—皮气田、扬—恰气田整体平稳；东部气田高产稳产能力强，符合方案预期。秉持发展共谋、项目共建、责任共担、成果共享、合作共赢“五共方针”，坚持在土库曼斯坦企业发展、行动、效益“三个一体化”，促进国内外、甲乙方、中土方合作共赢。

6. 中油国际（伊拉克）哈法亚公司

2021 年，中油国际（伊拉克）哈法亚公司原油作业产量 2073.1 万吨，完成中方权益投资率 99.6%；全年百万工时损工伤害率 0.11，总可记录事件率 0.77，均低于国际油气生产商协会（IOGP）HSE 指标标准。

中油国际（伊拉克）哈法亚公司与米桑石油公司（MOC）开展多轮磋商，实现 2021 年所有月度产量及补偿量双签确认；针对天然气处理厂（GPP）项目产品外输瓶颈问题，开展管线建设策略研究与风险、效益评估，并与伊拉克石油部、米桑石油公司（MOC）和投资伙伴加强沟通，推进项目持续开展；通过调整投资计划、严控成本支出、开展合同复议和改进招标策略等措施，推进降本增效战略实施。开展各油藏评价，优化配产。调减 J+K 油藏产量近三分之一，减缓油水界面推进；提高主力油藏 Mishrif 局部地层压力恢复区产量，控制平均月递减率 1% 左右；继续评价难动用储层 Sadi 产能，开展水平井分段压裂现场试验 3 口井，并实现单井日产油 1300 桶以上；开展 MA1 风化壳储层识别和分布研究，指导井位部署；开展高部位兼探 Rumaila 储层，挖掘稳产潜力。强化油田动态管理。加强油藏压力与含水监测，指导油水井动态调整；提高主力油藏 Mishrif 注水区域注采比，全年投注 12 口注水井；开展小油藏注水先导试验，分别在 NahrUmr 和 Khasib 油藏投注 3 口井和 2 口井；加速注水工程建设，增压泵站 2 号已投运。

7. 中油国际（伊拉克）艾哈代步公司

2021 年，中油国际（伊拉克）艾哈代布公司通过精细化油藏管理和稳油控水策略，油田综合含水由 2020 年 60.4% 下降到 57.4%，年产量递减率由 25.4% 逐渐控制在 15%。完成产量 260 万吨。截至 2021 年底，油田累计实现油气作业产量当量 6315.82 万吨。综合损工伤害率为零，总可记录伤害率 0.111，均低于 IOGP 水平。实现年初“三零”目标，达到“六个杜绝”的要求。

中油国际（伊拉克）艾哈代布公司推进 AD2 区的 9 采 6 注不稳定交替注采试验井组。9 口井累计含水率下降 7.6%，2021 年增油 3.3 万吨，有效期内增油 23.4 万吨，提高井组地质储量采出程度 1.45%，开发效果显著。截至 2021 年底，有注水井 154 口，其中 Kh2 层 121 口井，下部层系 33 口井。完成中油国际（伊拉克）艾哈代布项目独立后评价报告；完成项目自评价报告，并通过集团公司组织的评审；完成项目可行性研究方案报告。稳步推进并完成低压玻璃钢施工，进一步改善注水系统腐蚀状况；完成真空脱氧塔改造、WS1 设施维护、生活污水处理厂建设、加油站改造、站外穿管、井场安防维护以及油田腐蚀检测等 10 余项重点任务。“艾哈代布油田大规模水平井精细注采优化技术研究及应用”项目成果获中油国际公司科学技术进步奖一等奖。

8. 中油国际（乍得）上游项目公司

2021 年，中油国际（乍得）上游项目公司统筹安排生产经营、安全环保、新冠肺炎疫情防控工作，深入开展主题教育活动和提质增效专项行动，完成各项生产经营目标任务。勘探发现取得重要成果，完成全年储量任务的 125%；原油作业产量 542 万吨，超额完成全年各主要生产经营指标，进一步夯实高质量发展基础。

中油国际（乍得）上游项目公司强化责任落实，筑牢常态化新冠肺炎疫情防控防线，持续完善 HSE 管理体系建设，扎实做好社会安全风险防控，科学有序开展危机应对，成功应对“4 · 20”社会安全突发事件。科学部署、精心组织，重点领域风险勘探和滚动评价取得重要进展，Doseo 坳陷储量规模进一步扩大；Bongor 盆地 Moul-Pavetta 地区顺向断块勘探取得新发现；Bongor 盆地西部重点风险探井实现地质目的。动态优化井位部署，加强油藏动态监测和剩余油潜力研究，持续加大扶躺控躺力度，稳步推进主力区块注水实施，提高效益开发水平。重点工程建设稳步推进，PSA 合同区首批油田投产，Delo 油田建设工作全面启动，Baobab FPF 改扩建项目完工并投产，Ronier 机场跑道扩建项目、Ronier 电站扩建项目和营地扩建项目按计划推进，“数字化转型、智能化发展”工作高效开展。管道运行安全高效，乍喀原油管道停输事件得到迅速妥善处置，去瓶颈工程复工建设稳步推进，炼厂原油重金属超标问题有效解决。多措并举加大合同复议力度、加强库存领用和修旧利废有效降低成本；通过积极扩销推价，首次实现全年升水销售。

9. 中油国际（尼日尔）上游项目公司

2021 年，中油国际（尼日尔）上游项目公司面对持续蔓延的全球新冠肺炎疫情和异常复杂的资源国政治、经济、社会安全形势，落实提质增效“升级版”，一期生产平稳有序，二期建设全面启动，主要生产经营指标和重点工作全面超额完成，实现“十四五”平稳起步。油气作业产量完成全年计划的 105%，新增探明原油可采储量完成全年计划的 125%，地面工程建设进度 25.54%。

2021 年，中油国际（尼日尔）上游项目公司各项重点工作按计划有序推进。Bilma 区块勘探部署实施，规模效益勘探成果显著，Trakes 南第二个规模储量区得以夯实。实施油田精细管理，加大新技术新工艺推广应用，一期油田实现持续稳产。落实重大开工条件，10 月二期地面工程现场实质启动，年底综合进度 25.54%。加强组织管理，二期开发钻井作业有序实施，累计完钻井位 100 口。开展提质增效“升级版”专项行动，发展质量持续提升。10 月 28 日，集团公司批复尼日尔二期一体化项目开工报告，阿加德姆区块油田二期地面工程全面实质性启动。全年新冠肺炎疫情防控实现无聚集性、群发性事件发生，无因疫情导致员工死亡病例，HSSE 管理保持“四零”目标、实现“六个杜绝”，二期建设安全防线牢固。

10. 中油国际（委内瑞拉）MPE3 公司

2021 年，中油国际（委内瑞拉）MPE3 公司协调外部资源，推动“带疫”生产经营，主要财务指标同比大幅增长，实现新冠肺炎疫情防控“三零”和社会安全“三保”、QHSE“四零”。6 月 24 日，中油国际（委内瑞拉）MPE3 公司组织召开稳产增产工作计划及措施保障研讨会，剖析油田面临形势和存在主要问题，研究制定稳产上产策略，精准绘制“行动路线图”。作业产量同比增长 77%，扭转原油产量连续五年下滑的被动局面，全年净恢复躺井数、开井率和日产水平分别同比增长 151%、115% 和 153%。累计增油 567.2 万桶，实现增收；通过压控投资、修旧利废、减本降费等成本控制举措，保持年度投资规模整体可控，减少资金支出。重点商务和历史遗留问题解决成效显著，强化财税管理，实现管理增效。

11. 中油国际（巴西）公司

2021 年，中油国际（巴西）公司实施高效勘探，阿拉姆项目第一口探井获重大发现。里贝拉项目通过储量复算，储量实现再升级。布兹奥斯项目年内交割并开始提油回收。FPSO 重点工程建设有序推动，中国石油派员进驻船厂督造。开展“提质增效”升级版和“亏损治理”专项工作，项目效益显著提升。阿拉姆项目首口探井获重大发现，通过调整里贝拉项目 Mero 油田 5 口新完钻开发井动态，储量再升级。持续开展里贝拉 EPS1 措施优化，推动稳产多产，EPS2 提前 15 天投产。布兹奥斯 9 月 1 日交割后实现稳产、高产。选派 9 名海洋工程和 HSE 专家前往中国船厂建造场地支援里贝拉和布兹奥斯项目 FPSO 工程建设。实施稳产增油、技术创新、设计优化、投资控减、税务管理等 8 大举措 25 项具体措施，措施增效和权益投资控减成果显著，亏损治理取得重要进展。完成集团公司合规管理示范创建验收。

2021 年 3 月 1 日，中国石油首艘期租动力定位穿梭油轮在中远舟山船厂切割第一块钢板，进入现场建造阶段，油轮命名为 Daqing（大庆）Knutsen。12 月 9 日，里贝拉项目跨界油藏联合作业协议及开发方案获巴西国家石油局批准，梅罗油田正式进入整体开发阶段。

12. 中油国际（南苏丹）3/7 区项目公司

2021 年，中油国际（南苏丹）3/7 区项目公司面对异常严峻的新冠肺炎疫情防控形势、南苏丹 60 年不遇特大洪灾、政府强推新人力资源政策导致的当地员工罢工频繁、土力油田大面积长时间被淹、油田产量快速递减和项目经营风险陡增等诸多困难和挑战，油田关键生产设施平稳运行，未发生环境污染事件，原油作业产量 569 万吨，取得好于预期的经营性成果。实现中方员工“零感染”，回国人员核酸检测阴性率 100%。

中油国际（南苏丹）3/7 区项目公司全力保全油田生产设施，安全渡过 60 年不遇特大洪灾，未发生环保事故。精心组织优化运行。生产井开井数保持在 580 口以上，产量恢复到灾前 95.5%。加大工作量增产量，新增 1 部钻机，提前完成全年钻井计划，新井产量贡献 13 万吨。快速启动 2 部修井机，加大措施和修井力度，全年措施增油 26 万吨。达尔油销售再创佳绩。深化提质增效，高质量推进“一项目一策”，投产新井平均单井初产 666 桶 / 日。措施 74 井次，平均单井初增油 217 桶 / 日。全年综合含水率由年初 81.3% 上升至年底 82.8%。钻扩边井 5 口，单井初产 487 桶 / 日。完成 Gumry 简易注水站建成投产和 C/D 泵改造，实现 Gumry 油田产出水全部回注。

13. 中油国际（南苏丹）1/2/4 区项目公司

2021 年，中油国际（南苏丹）1/2/4 区项目公司坚持效益核心理念深入推进提质增效工作，勇担责任使命，为夺取新冠肺炎疫情防控和生产经营“双胜利”奠定基础。全年生产原油 228 万吨，取得较好的经营业绩。严格落实各项疫情防控措施，实现中方员工零感染目标，HSE“三零”目标。

2021 年，中油国际（南苏丹）1/2/4 区项目公司面临油田产量低迷、上产疲软的不利形势，通过合理安排油井恢复、修井和油田各类作业，通过优化复产井序、调整运行效率、加强供电监测等多措并举，确保 Toma South 和 Unity 两大主力油田生产运行平稳，同时加快推进 Unity 已钻井投产工作，努力加大油田的生产力度，克服欠产带来的影响。勘探方面结合前期研究成果，完成 El Harr 地区 3 口滚动探井井位优选论证，重点优选 El Harr、Khairat NE 地区 3 口探井并提交钻井设计，同时推动联合公司“全区（1A/2A/4S）区勘探目标优选及勘探潜力评价和勘探策略研究”项目的授标工作尽快完成。高度重视新冠肺炎疫情对全球原油消费带来的巨大冲击，持续开展提质增效工作。开源方面，加强原油销售推价工作，统筹规划，合理安排船期。降本方面落实制定的低成本发展思路，针对年初已经大幅优化后的预算方案，以效益效率为导向加强预算全面管理工作，从全流程复核各项费用支出。调动各方力量研究分析，全力配合地区公司推动商务问题妥善解决。

14. 中油国际（俄罗斯）亚马尔公司

2021 年，中油国际（俄罗斯）亚马尔公司天然气产量突破 300 亿立方米，LNG 产量突破 1900 万吨。6 月完成 BSI 颁发的 ISO14001:2015 环境管理体系最新版认证，9 月通过国际融资机构独立环境代表对项目的 HSSE 审核。全年识别环境隐患 35 项，完成整改 34 项。通过实施奖惩措施，推动员工新冠肺炎疫苗接种，全员新冠肺炎疫苗接种率 97.6%。

完成陆上 700 平方千米三维地震采集以及部分区块快速处理和解释工作。加大钻井现场管控力度，优化钻井措施，提前做好油套管、井口等材料储备，有效保障钻井工作安全有序进行。优化气井投产方案和气井生产制度，避免个别生产井含水上升。完成三条 LNG 生产线 120% 产能提升改造试验，三条生产线试验结果均达到预期目标。新增完全采用俄罗斯工艺设备和诺瓦泰克公司自有液化工艺技术的第四条 LNG 生产线于 2020 年 12 月 29 日产出第一滴 LNG，2021 年 5 月 31 日在完成 223 个分系统试车后，经过 72 小时连续性能测试，达到设计产能要求，正式投运。6 月 17 日，由亚马尔 LNG 股份公司子公司萨贝塔机场公司承建和运营的北极 LNG2 项目晨曦机场正式投运。亚马尔 LNG 项目销售海运有 15 艘 ARC7 冰级 LNG 运输船、11 艘常规 LNG 运输船、2 艘凝析油运输船参与运营。亚马尔 LNG 股份公司继续在泽布吕赫（Zeebrugge）港进行船—罐—船或船—码头—船的转运作业，全年共完成 49 次船对船转运。

15. 中油国际中缅油气管道公司

2021 年，中油国际中缅油气管道公司聚焦“社会安全、疫情防控、安全生产、提质增效”重点难点，统筹推进各项工作全面开展，有力保障油气管道安全平稳运行。马德岛港口保持运行平稳，全年安全靠港 39 船油轮，卸载原油 1032.2 万吨，向中国输送原油 999.6 万吨。天然气管道上游接气 52.1 亿立方米，缅甸境内下载 11.2 亿立方米，在新冠肺炎疫情及社会动荡局势下，在缅甸需求依然保持较高的历史水平，完成全年输气指标任务的 101%。单位完全管输成本符合控制要求。全年投资综合完成率 100.18%，“两金”压控克服困难持续推进，符合考核要求。中油国际中缅油气管道公司效益优良，进入商业运营期后，创造良好的效益和稳定的现金流。

2021 年缅甸政局突变引发一系列社会安全事件，中油国际中缅油气管道公司启动Ⅲ级社会安全突发事件应急响应，第一时间制定 18 条应对措施，各驻地实施社会安全升级管理，与驻站警察保持密切沟通，加强值班调度安排，确保油气生产平稳安全。持续抓好常态化新冠肺炎疫情防控，严防死守，保持“人员零感染、场所零疫情”防疫目标。缅甸籍在岗员工疫苗接种率 100%。维护“入缅特殊通道”，打通木姐—瑞丽陆路通关回国通道，通过绿色通道进入缅甸动迁 13 次，成功进入缅甸 550 人次，动迁回国 582 人次。创新开展管道巡护管理，李勇卫星地灾监测等新技术，G132、G114 大型滑坡风险治理及米河护岸侵蚀治理项目有序推进。做好提质增效“升级”专项行动，强化造价审核，全年完成 35 个项目的费用审核，审减率 11.5%。

16. 中油国际中乌天然气管道公司

2021 年，中油国际中乌天然气管道公司坚持高质量发展，统筹兼顾，应对新冠肺炎疫情等多种不利因素影响，动迁21批112人次回国休假，30批144人次返岗工作，实现员工旅途“零感染、零输入”，完成员工新冠肺炎疫苗接种率100%。完成各项生产经营和绩效考核任务，输气392.2亿立方米，实现“十四五”开门红。

中油国际中乌天然气管道公司持续稳固提升管道运行能力，全力保障冬季运行安全平稳。超额完成全年输气任务，同比增长20.8%。优化提升调控运行管理水平，稳步推进A/B线站控转中控，同步推进数字化转型及信息化建设。自主完成合资公司成立以来最长的大口径管道建设项目——BC线CL02互联工程，实现全线能耗控减3.6%以上。通过ISO 55001和ISO 26000体系认证，其中ISO 26000认证为中亚地区首家获得单位。妥善化解乌兹别克斯坦采办新政影响，确保工程建设和改扩建工程顺利进行。12月23日完成新调控中心项目最终验收，通信SCADA系统提前100天完成搬迁工作。EAM一期、压缩机远程终端建设等技改项目均按计划有序开展。消除重大经营风险，全年实现降本增效完成率290%。解决管输费零税率增值税返还问题。深度参与《乌兹别克斯坦独立30周年暨乌中经贸合作专刊》编制，协助集团公司策划海外社交媒体“一带一路”系列专题宣传，宣传中乌文化融合成果，全面展示合资公司“合金文化”。

（魏　巍）

国内油气勘探开发国际合作

【概述】 2021年，面对新冠疫情影响，国内对外合作勘探与生产业务狠抓现有项目执行，强化有效合规性管理，注重技术引进和推广，通过稳油增气、提质增效、强化管控，扎实推进各项工作，全面完成年度生产经营任务，实现“十四五”的良好开局。

2021年，国内对外合作油气产量当量1194万吨，其中原油产量284.69万吨、天然气产量114.13亿立方米，再创历史新高。完钻勘探（评价）井、开发井731口，钻井进尺161.75万米。截至2021年底，有对外合作项目29个（不含履行终止手续的高升项目），合作面积1.43万平方千米，全部是产品分成合同。

【原油项目运作】 截至2021年底，有原油项目14个，其中赵东、孔南、冷家堡、海南—月东、州13(1–2)、州13(3–6)、肇413、大安、莫里青、庙3、民114和两井等12个项目处于生产期，九$_1$—九$_5$、扶余1号项目处于开发期。

1.大港赵东项目

2021年，赵东项目生产原油34.82万吨、天然气686万立方米，为大港油田主要超产项目。赵东项目处于综合治理阶段，整体步入高含水开发阶段，通过发挥技术特色，项目攻关，开展综合治理以确保油田产量相对稳定，有效避免产量快速递减。以赵东平台延长服役期工作为契机，从平台结构、海底管缆、容器腐蚀、动静设备防爆电器的基础信息、维护保养、变更管理等环节完成系统建立，有力促进平台设备设施失效风险预警能力，提高资产完整性管理能力。

2.大港孔南项目

2021年，孔南项目生产原油6.66万吨。孔南项目通过开展小井距井网加密及滚动扩边，择优措施挖潜，提升单井产量，控制老井递减；2021年投产新井4口，初期日产油46吨，新井年累计产油6441吨；实施措施7井次，增油3755吨；与2020年原油产量6.63万吨相比多产油0.03万吨。

3.辽河冷家堡项目

2021年，冷家堡项目生产原油52.20万吨，商品量49.59万吨。2021年冷家堡项目开展低阻层再认识和目标精细评价，洼59侧平井油层钻遇率100%，洼59井新层日产油15吨，增储108万吨；利用老井位实施冷35-34-60C评价井，测井解释油层10.4米/6层，冷35井扩边增储126万吨；开展沉积微相与水淹规律研究，在冷602边水区，措施7井次，增油6726吨；优化注汽方式论证，扩大集团注汽规模，实施35井组，核减注汽量1.2万吨，增油1.6万吨。2021年产量稳中有升，比2020年产量多0.4万吨。

4.辽河海南—月东项目

2021年，海南—月东项目生产原油49.02万吨，商品量47.65万吨，完钻新井24口，进尺5.35万米。

2021年，海南—月东项目开展精细油藏研究，新增石油地质储量353.9万吨。定向井平均钻遇油层62.2米，差油层13.2米，水平井油层钻遇率90%以上；持续优化新井管柱设计，对25口井加深泵挂，22口井上提泵挂；超前做好新井投产各项准备工作，确保新井投产一次成功率100%；开展蒸汽吞吐方式优化，改善蒸汽吞吐开发效果，不断改善化学堵水工艺，全年化学堵水开井33井次，年增油1.9万吨；开展层系内调整挖潜和层系归位，完成6口调层，措施后日增油34.9吨，年增油1135.4吨。封层措施井3口，措施后日增油12.4吨，年增油376吨。2021年原油产量比2020年新增6万吨，实现产能快速接替。

5. 大庆州13项目[包括州13（1-2）区块、州13（3-6）区块和肇413区块]

2021年，州13项目生产原油14.31万吨，中方取得权益商品量7.31万吨，项目管理合规率100%。新投产4口采油井，老油井转水井10口，老水井转油井3口，新建产能0.23万吨。

2021年9月，中外双方就弃置费计提事宜达成一致意见，同意设立弃置资金银行账户，于2021年11月起将计提费用存入弃置资金专户。

6. 吉林大安项目

2021年，大安项目生产原油50.72万吨，新钻井154口，新井投产131口。

2021年，大安项目加强老井稳产，保持规模效益开发，注重注水与开发管理工作，完善注采井网，精细注水调整，改善水驱效果，提高水驱控制程度；持续开展井筒挖潜工作，井筒挖潜实施128井次，有效116井次，有效率90.6%，井口累计增油3647吨。措施增产明显，老井增产措施实施31口井，29口井有增产效果，累计增油6638吨，平均单井增油229吨。补孔压裂、缝网重复压裂单井增产量较高。

7. 吉林莫里青项目

2021年，莫里青项目生产原油11.63万吨，新钻井15口，进尺4.66万米，投产井12口。开展新井、老井压裂改造、氮气驱油工艺，效益建产效果较好。针对储层水敏的地质特征，应用防膨缩膨剂代替氯化钾，有效提高防膨效果；大规模缝网干扰压裂，优化老井措施及新井投产节奏，采取相邻新老井同时缝网压裂，相互干扰，提高裂缝复杂程度，进一步扩大改造体积，提高缝网压裂效果，提质增效明显。

8. 吉林庙3项目

2021年，庙3项目生产原油2.28万吨。重复缝网压裂已经成为庙3项目的主要上产措施，完成老井重复压裂8口，当年增油1219吨。进一步加强注水管理，通过采取对于地层能量补充不足的井组、主产层储层物质基础好产出低的油井加强注水，补充能量；油井压裂前、压裂后进行补水，延长措施井有效期；密切关注高产井动态变化，前瞻性控制注水，延长油井高产稳产期；注采反应敏感的井实施周期注水，控制含水上升速度等方法，稳定老井产量，2021年自然递减率5.0%。

9. 吉林民114项目

2021年，民114项目生产原油1.22万吨。因汛期洪水影响停产124天，影响产量1.06万吨。同时，合同者因资金紧张，产能建设和压裂措施工作暂未安排。

10. 吉林两井项目

2021年，两井项目生产原油121吨，由于两井项目经营权不明确，自2021年1月中旬开始进入停产状态。

11. 吉林扶余1号项目

2021年，扶余1号项目投资1179.46万元，生产原油0.14万吨。委托吉林油田研究院所重新编制永平油田开发总体方案。

12. 新疆九$_1$—九$_5$项目

2021年，九$_1$—九$_5$项目生产原油54.22万吨。开展精细化管理，进攻性措施，新井初始产量好于预期。坚持滚动勘探评价，利用精细三维地震掌控资源，秉持“横向到边、纵向到底”和“风化壳下找内幕”的勘探思路，部署评价井10口，2021年完钻5口井。创新应用地质工程一体化钻井技术，开展钻井和抢投会战，统筹安排钻井、地面、射孔、压裂、投产和配钻进度，根据潜力优化钻井顺序，提前预判钻井风险，强化油层识别及录井测井跟踪工作，及时调整井位及进尺，在冬季历时两个月完钻110口井，进尺5.47万米，新建产能5.05万吨，完成石炭系压裂投产。

2021年，中国石油与联合石油就高升项目石油合同终止协议全部条款达成共识，并完成中国石油内部三级法律论证、合同流程审定，于2021年12月10日获勘探与生产分公司批复。

【天然气项目运作】 截至2021年底，有天然气项目7个，分别为长北、苏里格南、川东北、川中、迪那1、吐孜、喀什北，全部项目处于生产期。2021年生产天然气109.06亿立方米，生产凝析油7.51万吨。

1. 长庆长北项目

2021年，长北项目一期生产稳定运行，二期产能建设顺利推进。坚持以"天然气、轻烃"产量为中心全力推进产能建设，平均日产890万立方米，年产天然气32.7亿立方米、凝析油1.2万吨，持续14年产量超30亿立方米，冬季保供期间日产天然气量始终保持在1000万立方米以上，极端日产量达1092万立方米，实现"十四五"良好开局。长北项目二期落实第一阶段ODP实施，2021年新投产气井13口（水平井4口），生产天然气2.43亿立方米，积极准备第二阶段ODP编制。强化研究，提升气藏精细化管理水平。全面完成场站检修、电气春检、干线清管、气井保养、防洪防汛、冬防保温等工作，认真组织设备完整性、管道完整性精细管理，消除困扰长北项目多年的管道运行合规风险；强化过程控制，对关键环节严格管控，确保生产各环节有序衔接，调控能力持续增强，轻烃产量大幅提升，气井产能充分发挥。

2. 长庆苏里格南项目

2021年，苏里格南项目加大工作量投入和新工艺应用，产量稳中有升，生产天然气31.66亿立方米、凝析油3.20万吨，超额完成年度天然气生产任务，其中冬季保供调峰产量1150万米³/日。全年钻完井128口，压裂试气90口井192层，新建井丛11座，投产连井100口，新建产能7.18亿立方米。历时两年技术论证，7月道达尔高层批准40亿立方米开发方案的修订；8月提交中国石油审批。

3. 西南川东北项目

2021年，川东北项目产量创历年新高，效益明显提高。全年生产天然气23.81亿立方米、商品量23.05亿立方米，分别超年度目标0.75亿立方米和0.47亿立方米；在2020年扭亏为盈基础上再增加近6000万元，超年度目标约2500万元；完全成本进一步降至每1000立方米1119元，较移交前下降约25%。精细气藏管理，系统开展气藏动态监测和分析，核实气藏动态储量798.28亿立方米；加深地质认识，完成罗家寨三维地震资料精细解释410平方千米，对构造东段处理解释100平方千米，支撑井位论证及靶体优化，4口补充开发井通过部署审查；精细运行管理，加强生产组织，月均计划符合率99.7%，2021年满产运行289天，有效生产时率由移交前75%提升至99.5%。

4. 西南川中项目

2021年，川中项目生产天然气3.61亿立方米、凝析油0.59万吨，完成年度计划目标3.0亿立方米的120.4%。持续加强精细化生产管理，将产量递减率控制在10%以内。由川中项目本地团队组织实施的角71-1H井和角68-3H井获得良好成果。其中：角71-1H井是川中项目历史上见气最快，初期产量最高的井，日产天然气48万立方米，生产平稳；角68-3H井日产天然气13万立方米。

2021年5月17日，洛克石油收购EOG中国100%股权，成为川中项目新任作业者。

5. 塔里木迪那1项目

2021年，迪那1项目生产天然气5.8亿立方米、凝析油2.34万吨。精细组织迪那1气田产能建设，DN1-4井完井试油苏三段获产能，证实苏三段含油气性，苏一段获高产，增加产能40万米³/日；重新计算迪那1气田天然气地质储量179.2亿立方米，较探明天然气地质储量增加86.05亿立方米，其中苏三段增加天然气地质储量25.25亿立方米；组织DN1-3井酸洗解堵作业，酸洗解堵后增加产能10万米³/日，项目生产运行平稳。

6. 塔里木吐孜项目

2021年，吐孜项目生产天然气6.13亿立方米、凝析油0.18万吨。为了解决吐孜气田井口压力大幅下降，无法进站问题，2021年1月6日完成吐孜气田增压站建设并正式投产，气田日增气40万立方米，吐孜项目生产运行平稳。

7. 塔里木喀什北项目

2021年，喀什北项目生产天然气5.32亿立方米，钻井3口投产2口。完成二维地震处理解释，正钻康苏6井，并部署乌西3井，完成阿克6井井位论证，组织钻前施工；乌东1井探井转开发生产，加砂压裂改造停泵压降14.42兆帕改造效果明显，9月15日投产，6毫米油嘴生产，油压16兆帕，日产气8万立方米；AK1-H8井试油日产气9.33万立方米，日产水88.8立方米，无法进站生产，通过组织临时流程建设，11月2日投产，增加产能8万米³/日。

【煤层气项目运作】 截至2021年底，有煤层气项目8个，其中韩城、保田青山、石楼南、紫金山4个项目处于勘探期，马必、成庄、三交、三交北4个项目处于生产期。2021年生产煤层气4.82亿立方米。

1. 华北马必项目

2021年，马必项目建立联合攻关机制，提高新井产量，加强产建效果保障，产能到位率由70%提高至90%以上，实现高效开发；优化工艺技术流程，加速开发产建进度，新井投产提前约30天。全年生产煤层气1.06亿立方米。

2. 华北成庄项目

2021年，成庄项目深挖老井潜力，综合递减率控制效果显著，较 2020 年下降 11 个百分点；开展精细地质研究，对 9 号煤层进行重新评价，措施有效率大幅提升，累计实施 9 号煤开新层 6 口井，见效 5 口井，平均单井日增气 1000 立方米。全年钻井 5 口，投产 1 口，生产煤层气 0.62 亿立方米。

3. 煤层气公司三交项目

2021 年，三交项目完钻 29 口多分支水平井，平均钻井周期 41.7 天。多分支水平井平均煤层钻遇率 94.54%，较 2020 年提高 1%。全年生产煤层气 1.27 亿立方米。

4. 煤层气公司三交北项目

2021 年，三交北项目 SJB7-50H1 井日产气量 4.3 万立方米，实现水平井产量新突破。平均钻遇气层厚度 16.38 米，同比提高 20%，有效储层预测符合率 83%，其中一口以盒 6 段为目标层的水平井砂岩钻遇率 100%。全年生产天然气 1.6 亿立方米。

5. 煤层气公司韩城项目

2021 年，韩城项目生产煤层气 45 万立方米，没有实物工作量。2021 年 7 月 5 日签署韩城项目第五次修改协议。

6. 煤层气公司保田青山项目

2021 年，保田青山项目除 1 口修井工作外，无其他实物工作量。该项目勘探期已到期，中外双方虽经数轮谈判尚未就勘探期延期协议达成一致。

7. 煤层气公司石楼南项目

2021 年，石楼南项目没有实物工作量，石楼南煤层气探矿权已过期，处于申办状态。

8. 煤层气公司紫金山项目

2021 年，紫金山项目钻井 9 口，进尺 2.16 万米，生产煤层气 10.0 万立方米，增列致密气矿权处于办理状态。

【人员培训】 2021 年，因受新冠肺炎疫情影响未组织国外培训，利用对外合作项目提供的培训费和培训资源，组织开展国内线上、线下培训近 300 批次，参加人数 3380 人次，发生培训费 826.69 万元。

（孙幼林）

国际贸易

【概述】 中国石油油气国际贸易业务及贸易运作平台的投资建设和经营管理以及境内外期货业务由中国石油国际事业有限公司 / 中国联合石油有限责任公司（简称国际事业公司）负责归口管理。2016 年 12 月，集团公司明确赋予国际事业公司国际贸易专业分公司职能，加挂国际贸易分公司牌子，负责统筹优化海外权益油销售、油气资源进口、国内油气供需平衡，内部仍按实体运作。国际事业公司牢牢把握“服务集团、创造价值”的核心使命，切实履行“保供、降本、增效”三大职责，着力提升“服务、营销、交易”三种能力，有效利用“两种资源、两个市场”，发挥专业优势，完善网络布局。截至 2021 年底，国际事业公司在全球 28 个国家和地区建立贸易营销网络并设立 57 家分支机构，业务遍及 80 多个国家和地区，交易油气上百种，基本建成集“贸易、加工、仓储、运输”四位一体的亚洲、欧洲、美洲三大油气运营中心以及中东、中亚—俄罗斯资源市场地。资源优化配置能力和市场影响力持续提升，从油气贸易的参与者成长为位居行业前列的重要力量。2021 年，根据集团公司组织体系优化调整实施方案，国际事业公司纳入炼化销售和新材料板块（炼化子集团）。

【原油业务】 2021 年，原油业务有效拓宽海外上游服务深度，优选优供中国石油炼厂。实施“一企一策”原油采购模式，有效推动广东石化原油进口代理协议落实落地。持续提升原油产业链效益，深化价值管理服务，降本增效成果丰硕。以提供“原油超市”、点价增值等手段创新地炼合作模式，创新开展新兴凝析油业务。自主搭建完善油价分析模型，发挥国际贸易身处市场前沿和交易中心的优势，形成对中短期油价和市场结构的专业化判断，有效服务集团公司生产经营优化和风险防控。

【成品油业务】 2021 年，成品油业务优质高效完成出口任务，统筹安排国内外资源，妥善应对出口配额大幅缩减，全力保证合同履行。紧急向蒙古国出口成品油，有效缓解其油品短缺。紧抓低硫船用燃料油需求复苏契机，克服物流仓储方面不利因素，推动中国石油低硫船用燃料油出口规模上台阶。“海陆空”终端销量逆势上扬，同比增长12%。保持上海期货交易所保税燃料油最大交割商和香港机场最大供油商地位。

【化工品业务】 2021年，化工品业务继续保持全球石蜡最大出口商的地位。首次将中国石油高密度聚乙烯膜出口至日本；首次通过中欧班列、散货船运输等方式出口聚丙烯至欧洲和东南亚市场。聚焦炼化全产业链和化工原料轻质化两条主线，各主营产品线盯市利润显著提升。

【天然气业务】 2021年，天然气业务落实冬季保供主体责任，筹措进口天然气资源总量同比增长17%，增量资源较进口LNG现货相比大幅降低成本，并利用保值工具锁定进口LNG现货成本。提前分析中亚地区近期天气情况，及时沟通境外资源方，督促保证供气稳定；协调应对恶劣天气致多港口暂停接卸情况，保障中亚管存、LNG接收站罐存等重点指标实现。推动“十四五”期间进口天然气返税政策落地。抢抓新兴市场供气机会，实现供应缅甸市场零的突破。

【新能源业务】 2021年，新能源业务实现良好开局，挂出全国碳市场首个买单，助力集团公司成为获“全国碳市场首日交易集团证书”的10家企业集团之一。全年代理采购碳配额完成整体履约进度的123%，采购价格低于市场平均水平。与壳牌签署行业内首单长期碳中和LNG贸易协议，全年进口碳中和LNG抵消碳排量113万吨。

【海运业务】 2021年，海运业务助力实现超大型油轮（VLCC）首靠钦州30万吨原油码头的历史性突破。密切跟踪局势变化，全力协调中远海运恢复执行中东至缅甸航线包运合同。LNG造船项目一期建造工作进展顺利，项目二期可行性研究获集团公司审批，将为集团公司畅通运输渠道、满足海外LNG全产业链高效运行提供坚实保障。

【全球油气运营中心建设】 2021年，亚洲、欧洲、美洲三大油气运营中心和中亚—俄罗斯、中东核心贸易区不断增强资源优化和市场开拓能力，合力拓展全球贸易版图。亚洲运营中心重点发挥资源调节保供功能，提升交易能力，深耕纸货运作，普氏窗口迪拜基准油交易量稳居市场前三。实现27万吨超大型油轮超低硫柴油亚洲至欧洲跨市业务零的突破，实现首船LR型油轮超低硫柴油从印度跨市销往欧洲。再次摘得“船用燃料油供应商”榜单首位。欧洲运营中心进一步优化资产运行，与伦敦渣打银行完成欧洲首单绿色可持续发展贸易融资，迈出绿色转型新步伐。开拓生物柴油业务，蝉联国内最大的生物柴油出口商和欧洲排名前三的贸易商。美洲运营中心完成首船100万桶巴西布兹奥斯份额油的提油作业，并完成该船份额油的国际销售工作，标志着集团公司深海提油销售机制走向成熟。中亚—俄罗斯贸易区重点落实资源，保障中哈管道原油资源和中亚进口管道天然气资源稳定供应，开拓中亚地区终端市场，成为区域有较强竞争力的能源贸易商。中东贸易区服务集团公司“做大中东”战略，认真制定阿布扎比期货交易所穆尔班原油期货上市的相关交易策略，达成首单交易，成为穆尔班原油期货合约首日开盘价创造者，并将该穆尔班原油资源装运回上海国际能源交易中心（INE）注册成为可交割INE仓单，实现国内外期货基准油联动运作。

【世界一流风控体系建设】 强化市场风险监控工作，自行开发代码，打通技术瓶颈，实现每2秒一次的日内实时盈亏监控。2021年，首次设计衡量公司整体信用风险的预计损失模型，测算不同维度的客户违约概率及预期损失。启用穆迪客户舆情监控产品，提升信用舆情监控能力，及时揭示客户相关履约风险。

【世界一流信息支撑体系建设】 2021年，着力打造“智慧国际贸易”，大宗商品贸易区块链贸易平台合资项目（TradeGo）在第四届中国国际进口博览会期间正式签约落地，标志着数字化转型探索创新迈出坚实一步。新一代全球LNG业务管理系统开始上线运行，新一代油品业务管理系统完成招标选商和系统设计，“先锋”系统持续优化升级，SAP系统进一步完善。

【世界一流财务管理体系建设】 2021年，聚焦亏损治理，着力打造提质增效“升级版”，制定6个方面28项亏损治理具体措施，全面完成年度亏损企业治理目标。完成大连船代、广州锦华货代和新加坡石油印尼公司的压减工作。组织全系统实施股利分配，落实股东回报。

【世界一流法律支持体系建设】 2021年，切实履行法治建设第一责任人职责，完善“三重一大”涉法事项法律论证审核机制，落实总法律顾问制度。开展合同管理机制变革，主动性、专业性和时效性显著提升，合同全生命周期管理机制初步建立。完善重点领域合规制度流程，建立全系统合规信息共享和沟通机制。

【世界一流国际化人才队伍建设】 加大优秀年轻干部选拔使用力度，2021年新提拔“80后”经理二级以上干部占比超过70%，打通管理序列和专业序列发展通道，建立员工退出岗位管理机制，打开“下”的渠道。加强“师带徒”考核测评，强化青年人才全方位、专业化培养；突出效益效率导向，加大重大专项奖励，切实增强人力资源价值回报。

【HSE管理】 全面开展“反违章”专项整治活动，建立应对社会不稳定局势三级防控体系，集团公司海外社会安全五维绩效考核达优秀级标准。建立数据库，不断推进员工疫苗和加强针接种，织密织牢防护网。按照“一国一策、一项目一策、一人一策”原则，差异化落实境外新冠肺炎疫情防控工作，海外中方员工无一人感染。

（彭川涵）

国际合作与外事工作

【概述】 2021年，面对新冠病毒变异下全球疫情反复，大国博弈下能源地缘政治动荡加剧，境外安全风险迭起下经营环境更加复杂，碳减排大势下行业绿色转型加快，集团公司在党中央、国务院的正确领导下，以高质量发展为落脚点，以境外业务总体安全为底线，统筹推进新冠肺炎疫情防控和生产经营各项工作。在国际油价企稳向好的情况下，境外疫情整体受控、产能建设平稳推进、经营效益总体良好。

截至2021年底，集团公司油气投资业务在全球32个国家管理运作91个油气合作项目，构建起涵盖中亚—俄罗斯、中东、非洲、美洲和亚太五大油气合作区的投资与生产网络，2021年油气权益产量当量1.01亿吨、连续三年稳产在1亿吨以上，其中超过80%的产量来自“一带一路”沿线国家（19个国家51个项目）。保障横跨我国西北、东北、西南和东部海上四大油气战略通道的能源供应安全，依托覆盖“一带一路”核心区域的中亚天然气管道、中哈原油管道、中俄油气管道、中缅油气管道和东部海上通道等跨国运输管网，2021年进口原油7300万吨、天然气540亿立方米，有效推进能源结构绿色转型，并成为“一带一路”基础设施互联互通建设的旗舰工程。国际贸易业务遍布全球80多个国家和地区，已建成的亚洲、欧洲和美洲三大油气运营中心的运营能力持续提升，2021年贸易量4.9亿吨。工程技术、建设和装备出口业务大力开拓新市场新业务，培育稳定高效的规模市场，促进全产业链协同发展和全价值链协同创效，2021年新签合同额110多亿美元，累计完成合同额70多亿美元。

截至2021年底，集团公司境外有中外方员工12万人，包括当地和国际化雇员10万人，平均本土化率86%，其中投资业务本土化率95%。

【“一带一路”油气合作】 2021年，集团公司深入贯彻中央关于高质量共建“一带一路”要求，围绕优化发展和高质量发展主题，坚持稳中求进的工作总基调，持续强化提质增效，深入推进重点项目建设和市场开拓，不断深化互利共赢和可持续发展，推动“一带一路”油气合作取得系列积极成果。

生产经营稳健增长。集团公司以油气合作为载体，以高端合作机制为平台，实现与俄罗斯、伊拉克、哈萨克斯坦、印度尼西亚等10多个节点国家合作伙伴一批重要协议、重点项目和重大标志性工程的签署、获取和投运，以及与沿线重点资源国油气技术、标准和规范的兼容、互认和对接。在“一带一路”沿线19个国家参与运作管理着51个油气合作项目，全年油气权益产量当量8500万吨，占集团公司海外油气权益产量当量的80%以上，同比稳定增长。依托全球运营网络，与沿线50多个国家开展油气贸易合作，全年贸易量约2.6亿吨，占集团公司国际贸易量的53%，同比持平。充分发挥油气产业链上下游一体化优势，工程服务和装备出口业务强化市场开发和精益管理，不断拓展国际市场空间，在沿线30多个国家新签和完成合同额接近集团公司境外工程服务和装备出口合同总额的70%。

积极履行社会责任。集团公司将公司发展融入当地社会，通过负责任的运营为当地有效创造就业、依法透明税收，满足当地能源供给，促进当地社会发展和经济繁荣。在俄罗斯、哈萨克斯坦、尼日尔等地打造多个造福民生的样板工程，获当地政府和媒体好评。“中亚天然气管道”“俄罗斯亚马尔 LNG”和“尼日尔上下游一体化”等项目在第二届“一带一路”能源部长会议上获评能源国际合作最佳实践案例。

截至 2021 年底，集团公司在“一带一路”地区共有中外方员工 10 万人，包括当地和国际化雇员 9 万人，平均本土化率接近 90%，其中投资业务本土化率超过 95%。

【配合国家能源外交活动】 2021 年，集团公司配合国家主场外交，办好能源外交品牌活动。充分利用国际舞台和场合，参与气候变化与能源转型等行业热点讨论，分享能源转型叠加能源短缺形势下石油公司的发展战略、绿色低碳与能源安全相互协同的新路径，为集团公司国际业务营造更为有利的发展环境，拓展发展空间。

集团公司与俄罗斯石油股份公司联合主办第三届中俄能源商务论坛，论坛以线上与线下结合方式在北京和莫斯科两地举行，习近平主席和普京总统为论坛致贺信。中俄两国 100 余家单位的 300 余位代表应邀出席论坛，就中俄天然气、新能源、电力、清洁能源、煤炭、核能领域合作，以及能源绿色低碳转型、人工智能等话题进行交流。期间共签署 15 份成果文件，并发布《中俄能源合作投资指南（俄罗斯部分）》。

在第四届中国国际进口博览会期间，集团公司主办第四届中国石油国际合作论坛暨签约仪式（全英文），来自集团公司主要业务领域的合作伙伴、国际咨询机构、新能源企业及供应商相关负责人等 160 多位代表，围绕“‘双碳’目标驱动下的能源转型与国际合作”主题开展深入交流，与 33 家全球合作伙伴签署采购协议。同时，集团公司协助商务部外贸发展事务局，举办第十届中国国际石油贸易大会，承办首场“挖掘区域石油和天然气贸易合作新机遇”专题讨论会，为深化国际油气合作发挥积极作用。

在 2021 年博鳌亚洲论坛年会上，集团公司董事长戴厚良担任“逆势上扬的‘一带一路’合作”分论坛发言嘉宾，与六位政府官员、智库代表及商业精英就建设信任、绿色、品牌、健康的“一带一路”进行深入探讨。

集团公司作为迪拜世博会中国馆官方合作伙伴参与布展，在世博会期间讲好中国石油故事，全面展示集团公司作为全球能源行业重要参与者的综合实力，以及在“一带一路”倡议下国际业务发展成果。

【外事外联与对外合作交流】 2021 年，集团公司坚定不移推进开放合作，始终秉承“共商、共建、共享”的国际合作理念，与合作伙伴积极开展线上线下多种形式的交流与合作，就新冠肺炎疫情背景下的油气合作、绿色低碳、能源转型等交换意见，在国际能源新秩序、新格局的构建中贡献中国石油智慧。

集团公司适应“云外事”新常态，2021 年分别与荷兰皇家壳牌石油公司（Shell）、俄罗斯石油公司（Rosneft Oil）、俄罗斯天然气公司（Gazprom）等合作伙伴，以及哈萨克斯坦、乌兹别克斯坦、伊拉克、尼日尔等资源国政府高层进行线上视频会议，深化国际合作及伙伴关系，打造更为紧密的油气合作利益共同体。全年举行集团公司领导外事活动 55 场，其中线上活动 47 场、线下活动 8 场，包括出席国家领导人外事活动 5 场；在第四届中国国际进口博览会期间成功主办第四届中国石油国际合作论坛，与俄罗斯石油股份公司联合主办第三届中俄能源商务论坛。

以线上线下相结合的方式，参与世界石油理事会（WPC）、国际天然气联盟（IGU）、金砖国家工商理事会（BBC）、石油和天然气气候倡议组织（OGCI）等国际组织的相关活动，参加阿联酋阿布扎比首席执行官圆桌会议暨国际石油展览博览会（ADIPEC）、圣彼得堡国际经济论坛、剑桥能源周（CERAWeek）等国际能源组织与行业学会框架下的对话与交流，借助国际高端平台加强双多边对话，在国际能源新秩序、新格局的构建中积极主动发声，增进理解互信，不断提升集团公司的国际形象和话语权。

持续深化与道达尔集团（Total）、英国石油公司（BP）的战略合作伙伴关系，召开战略合作指导委员会定期会议，推动双边务实合作进一步走深走实。与马来西亚国家石油公司（Petronas）、挪威艾奎诺公司（Equinor）等行业知名企业在低碳绿色能源转型方面开展深入交流，与战略合作伙伴开展专题研讨 20 余场。

【国际业务管理】 2021 年，集团公司强化责任担当，认真贯彻落实中央及国家相关部委文件规定，按照总部规划、专业公司管理、驻外机构统筹协调的原则，着力抓好境外市场协调与合规管理。

调整完善境外工程服务项目立项报备与分包工作

机制。修订印发集团公司《境外服务项目管理办法》和《境外服务项目分包管理办法》，落实国家相关部委新提出的监管要求，完善境外服务项目全生命周期管理，防范化解后疫情时代各项风险，维护良好市场秩序。同时，在新时期突出合规管理和价值导向，进一步提升工程服务企业的国际化运作能力、本地化水平，推动迈向产业链更高端，实现高质量、可持续、安全发展。

开展对标世界一流管理提升行动，加强国际业务发展顶层设计，制定印发集团公司《国际化经营能力评价管理办法（试行）》，组织开展所属涉外单位国际化经营能力评价，引导涉外单位建立健全标准化管理体系，全面提升集团公司国际业务可持续发展能力、资源创效能力、关键技术研发能力、高端市场开发和风险防控能力。

指导督促各涉外单位强化合规经营意识，提高合规经营能力，组织梳理海外各大区重点国家的法律、商务、合同、税收、汇率等风险，并滚动监测，将生产经营过程中的风险自查排查工作常态化、全过程化。对于重点舆情进行有效的风险识别和评估，并及时预警，组织有关单位做好防范处置工作。

持续推进国际化经营战略和热点问题跟踪研究，着力提升政策建议水平。紧跟加速演变的国际地缘政治经济形势、疫情衍生风险，围绕重点国家投资环境变化和地区热点问题，以及“碳中和”远景、能源转型等开展国际业务发展相关研究，多份高质量研究报告被中共中央办公厅、国务院办公厅和国务院国资委采用。

【境外社会安全管理】 2021 年，集团公司牢固树立“员工生命安全高于一切”的理念，持续保持全年境外社会安全“零”亡人事件优良纪录，连续第二年保持境外中方员工新冠肺炎“零确诊”标杆纪录。

构筑境外新冠肺炎疫情防控坚固防线。对全球疫情发展进行实时监测，并根据变化情况及时更新完善疫情防控管理体系。对防控措施落实情况进行视频巡检，发现隐患、组织整改。截至 2021 年底，境外在岗中方员工疫苗接种率 99.99%，在岗当地雇员疫苗接种率超过 99%，集团公司各层级疫情防控培训 2.1 万人次；统筹商业航班和包机资源实现境外人员倒班轮换，全年累计回国近 8000 人次。集团公司实现境外中方员工“零确诊”、疫情“零输入”。

强化社会安全风险评估。持续跟踪重点国家和项目的安全形势，动态调整 4 个国家（地区）的国别风险等级，有效管控境外项目运营风险。针对疫情衍生的政局变动和社会安全风险，会同有关单位，与国际安保专家进行 4 场专题研讨，推动安保资源共享，提高风险应对能力。

妥善应对突发事件。针对部分国家发生恐怖袭击事件，组织所有涉外单位和项目进行风险排查，落实各项目风险等级、应对措施、疫情形势及医疗资源情况，严格相关管理要求。针对部分国家武装冲突、政局变动等突发情况，密切跟踪形势发展，迅速启动应急响应，指导境外项目升级驻地安保，细化完善应急预案，落实应急资源，确保人员和设施安全。

持续开展社会安全管理绩效考核。按照《国际业务社会安全管理五维绩效考核暂行办法》，29 家涉外单位和 17 个境外项目参加考核，167 个社会安全管理体系和突发事件应急预案通过备案审查，进一步夯实到高风险国家市场分级准入的管理基础，涉外单位社会安全管理水平得到有效提升。

严格开展防恐安全培训。适应疫情新形势，用线上培训模式替代线下集中培训。2021 年组织防恐安全培训班 121 期，培训 8769 人次，其中管理班 20 期 954 人、操作班 101 期 7815 人次。

深化出国人员健康管理。严格执行集团公司《出国人员健康体检及评估管理规定》，2021 年完成 1.68 万人次的健康体检评估，发现健康高风险人员 1488 人，其中 720 人通过采取健康促进措施，调整生活方式和医疗干预，改善身体健康状况，达到出国健康要求。建立健全境外员工健康档案，逐步完善境外员工全周期健康管理，全年跨国医疗转运 6 名突发重症患病员工，协助员工安全回国。截至 2021 年底，集团公司境外百人以上项目 100% 建立或依托标准化医务室，境外项目 100% 接入中央企业远程医疗平台，境外中方员工 100% 开通并激活康桥互联 APP。

深入实施员工帮助计划（EAP）。印发集团公司《国际业务员工帮助计划（EAP）管理体系程序文件》，持续强化国际业务员工心理健康管理，规范化、系统化推进员工帮助计划（EAP）。心理咨询专家团队全年为境外员工提供心理健康服务热线逾 1000 小时，处理 6 例特殊个案和 21 例危机干预个案，化解员工心理健康风险。EAP 咨询服务已经成为大多数境外员工和家属接受并信赖、寻求心理帮助的有效手段。

【出国（境）管理与服务】 2021年，集团公司积极应对新冠肺炎疫情新常态，优化调整因公出国（境）审批流程，严控非必要、非紧急团组派出。全年受理因公出国（境）项目申请4376个，办理证照4320本，签证3381个，出境证明7841份。审核取消无实质性任务出访团组73个，压缩调整90个团组的在外时间、派出人数。发布更新驻华使领馆领事服务信息48期、航班动态信息90期，做好国际机票票务服务，为境外项目员工有序轮换提供支持。全年出国（境）费用支出同比增长近30%。

【外事队伍建设】 2021年，集团公司创新构建国际合作与外事管理人员职业发展培训晋级体系，推动外事翻译人员职业发展晋级体系试点实施，为国际业务和外事管理人员的成长提供全面的评价体系支撑，为加快人力资源向人力资本转化提供制度保障。

强化国际化人才培养力度，举办“一带一路”建设、国际合作与交流、英语俄语翻译专题培训班，提升国际业务管理人员对“一带一路”国际化经营的认识、跨文化交流能力和全球化视野，加强翻译人员梯队建设。

【国际业务新冠肺炎疫情防控工作】 2021年，集团公司强化责任担当，对全球新冠肺炎疫情发展进行实时监测，并根据变化情况及时更新完善新冠肺炎疫情防控管理体系并严格执行，为境外疫情防控提供有力保障。2021年，集团公司境外项目未发生聚集性疫情，实现境外中方员工“零确诊”，回国人员疫情“零输入”。

全力落实中央“外防输入、内防反弹”决策部署，千方百计做好境外“双稳”工作。监测全球200余个国家（地区）疫情数据，建立完整的疫情动态数据库，自动判别疫情高发态势国家。根据疫情变化情况及时更新完善疫情防控管理体系，印发5项相关制度文件。组织国际业务疫情防控和社会安全视频巡检，接受巡检的75个国家（地区）300余个项目单元，发现550项隐患问题，持续改进完善44项建议，现场解决69项难题。统筹商业航班和包机资源实现境外人员倒班轮换，全年回国近8000人，境外工作时长超过1年的员工数同比下降40%。截至2021年底，境外在岗中方员工疫苗接种率99.99%，在岗当地雇员疫苗接种率超过99%。

组织境外全员疫情防控培训，加强与国家部委的交流合作。组织集团公司层面各类疫情防控培训5期8场次，2.1万人次参加；开展国际旅行防疫知识专项培训48场次，7000余人次参加并通过考核。落实与海关总署签署《境外卫生检疫合作备忘录》，加强双方信息交流共享，共同研究在非洲开展传染病监测合作的可行性。

【第四届中国石油国际合作论坛暨签约仪式】 第四届中国国际进口博览会期间，2021年11月5日下午，第四届中国石油国际合作论坛暨签约仪式在上海举行。本届论坛以“‘双碳’目标驱动下的能源转型与国际合作”为主题，由集团公司以全英文形式主办，来自集团公司主要业务领域的合作伙伴、国际咨询机构、新能源企业及供应商相关负责人等160多位代表参加。

集团公司总经理侯启军出席论坛并做题为《坚持绿色低碳发展、大力深化开放合作，为实现“双碳”目标贡献力量》的主旨演讲。他指出，中国石油作为一家综合性国际能源公司，高度重视气候变化与能源转型问题，全面参与和推动“清洁低碳、安全高效”现代能源体系建设，全面参与油气行业气候倡议组织（OGCI）各项工作，积极探索绿色发展之道；中国石油愿继续与各国合作伙伴、各界朋友一起，在能源转型领域加强互利合作。

主旨演讲结束后，举行“低碳转型与创新发展高层对话”和签约仪式。在高层对话中，6位国际知名企业高管和专家围绕“双碳”目标下国际油气合作的机遇与挑战、天然气与新能源融合发展、能源转型中的国际合作等议题展开深入交流。在签约仪式上，集团公司分别与梅赛尼斯、斯伦贝谢、哈里伯顿等33家合作伙伴签署采购协议。

【第三届中俄能源商务论坛】 2021年11月29日，第三届中俄能源商务论坛以线上与线下结合方式在北京和莫斯科两地举行，习近平主席和普京总统为论坛致贺信。

本届论坛由集团公司与俄罗斯石油股份公司联合主办，国务院副总理韩正，俄罗斯副总理鲍里索夫、诺瓦克，俄罗斯总统能源发展战略和生态安全委员会秘书长、俄罗斯石油股份公司总裁谢钦出席论坛开幕式并致辞，国家能源局局长章建华主持开幕式。

集团公司董事长戴厚良出席开幕式并致辞。戴厚良表示，中国石油作为全球最大的油气生产商和供应商之一，将不断深化和扩大与俄罗斯同行的油气及新能源领域的合作，认真执行好中俄两国能源合作战略大项目，发挥好在双方经贸合作中的领航作用。

本届论坛包括开幕式、战略合作前景展望、前沿技术与融资合作、闭幕式四个环节，中俄两国 100 余家单位的 300 余位代表应邀出席。与会代表讨论中俄天然气、新能源、电力、清洁能源、煤炭、核能领域合作，并就能源绿色低碳转型、人工智能等话题进行交流。论坛期间签署 15 份成果文件，并发布《中俄能源合作投资指南（俄罗斯部分）》。

（蒙　萌）

科技与信息

科技发展

【概述】 2021 年，集团公司科技工作全面贯彻落实国家创新驱动发展战略和集团公司创新战略，组织召开科技与信息化创新大会，谋划中长期科技发展，全面启动实施“十四五”科技发展规划，加快改革完善科技创新体制机制，加快突破关键核心技术，取得系列创新成果，实现“十四五”良好开局。

【国家级科技项目】 集团公司作为国家油气重大专项牵头组织单位，联合中国石化、中国海油、中科院和相关高校，集聚全社会优势力量协同创新，全面完成各阶段任务和专项总体战略目标，油气科技自主创新能力大幅提升，实现原油产量长期稳产和天然气跨越式发展，为保障国家能源安全作出重要贡献。国家“十三五”科技创新成就展于 2021 年 10 月 21—27 日在北京举行，习近平总书记亲临国家油气重大专项“科技创新支撑我国天然气产业高质量发展”展台，观看沙盘模型并询问油气勘探开发技术等有关情况。

【集团公司重大科技项目】 2021 年，集团公司科技项目以集团公司“十四五”科技发展规划为指导，针对“科学问题、技术问题、工程问题”，按照“探索一批、研发一批、转化一批”总体要求，分“基础超前、攻关试验、配套推广”三个层次，部署集团公司专项、关键核心技术、前瞻性基础性、重大试验、推广专项五类科技项目，涵盖油气与新能源、炼化销售与新材料、支持与服务各业务领域。

勘探开发领域，围绕高效勘探、效益开发、七年行动计划、提质增效等重大工程，发展和完善非常规油气勘探、老油田提高采收率、致密油气、页岩气规模效益开发理论技术，支撑油气产储量稳定增长；创新深层 / 超深层、古老海相碳酸盐岩和陆相页岩油地质理论与勘探开发技术，引领我国深层 / 超深层油气战略接替、推动页岩油气规模开发。

炼油化工领域，开发应用千万吨级炼油、百万吨级乙烯、系列 α－烯烃、溶聚丁苯橡胶等成套技术，开发生产炼油系列催化剂、高档润滑油、高附加值合成材料等炼化特色新产品，技术进步显著，为集团公司炼化布局调整、产品结构优化、技术经济指标提升提供自主技术支撑；高端医用聚烯烃材料、聚烯烃弹性体（POE）等研发取得重要成果，将引领集团公司化工新材料业务发展。

工程技术领域，持续攻关、技术迭代升级，自主研发成功 CG STEER 旋转地质导向钻井系统、我国首套一键式人机交互 7000 米自动化钻机，油田工程技术服务装备基本实现自主化，部分高端技术装备打破国外垄断，技术能力、服务保障实力和市场竞争力大幅提升，促进装备制造和工程技术业务快速发展，物探业务走向全球行业领军地位，石油测井综合实力迈入世界前三，陆地深井超深井钻井能力达到国际领先水平。

新能源新业务与绿色低碳方面，围绕地热、氢能、生物质能、储能、太阳能、风能、天然气水合物、页岩油原位转化、煤炭地下气化、伴生资源、CCS/CCUS、安全环保节能等新能源与绿色低碳领域，加快推进科技攻关和示范应用。创新形成地热井改造、热储压裂改造、中深层地热综合利用等关键技术，支撑建成欢三联地热应用等多项示范工程。500 米^3/ 时炼厂副产氢提纯技术试验取得成功，华北石化高纯氢生产能力达到 1500 吨 / 年。二氧化碳捕集、驱油与埋存技术持续保持国内领先，具备开展百万吨级规模工业应用试验条件。非常规油气开发废液处理与循环利用技术助力长宁页岩气开发“近零排放”和长庆油田废液资源化 2 个示范区建设，引领绿色油气田建设升级。

【科技成果推广转化】 2021 年，集团公司研究制定促进科技成果转化若干措施，研究完善科技成果转化创效奖励办法。科技成果转化创效显著，奖励力度持续增强。针对完成现场试验且核心技术基本定型或成熟的重大新技术，组织实施“侧钻井技术示范与推广”等 4 个重大推广专项。

【科技改革】 积极推进打造原创技术策源地。推进成立集团公司科技工作领导小组，转变科学技术委员会职能，成为学术机构。成立迪拜研究院、深圳新能源研究院、上海新材料研究院。修订科技项目经费管理办法，明确总部、专业公司、所属企业三级科技投入预算机制。完善重大科技专项分级分类，明确各类专项基本定位、项目组织方、经费投入和立项管理程序。扩大集团公司科技奖励范围，增设突出贡献奖、技能人才奖、创新团队奖，提升技术发明奖和基础研究奖的奖励力度。修订印发科技经费管理办法，明确三级科技投入预算机制，简化预算流程，优化预算科目。北京石油机械有限公司、中国石油天然气管道工程有限公司作为“科改示范企业”取得显著改革成效。

【基础条件平台】 2021年，集团公司参与国家科技条件平台优化整合工作，进一步提升集团公司科技创新能力和行业影响力。煤层气开发利用、物探软件、钻井工程、管道输送安全4个国家工程研究中心、实验室纳入新的国家平台序列。致密油气研发中心等7个平台通过国家能源局组织的考核评价，其中2个为优秀。天然气质量控制和能量计量、石油管及装备质量安全重点实验室获批国家市场监管重点实验室。国家发改委大数据安全国家工程实验室石油石化行业大数据安全研究中心落户中国石油。国务院批准集团公司为全国第三批“大众创业、万众创新”示范基地，推动形成“产学研用”协调融合的创新格局。研究制定上游业务领域技术研发中心建设方案，开展氢能重点实验室、CCUS、碳中和等一批新能源、新领域重点平台建设，提高集团公司创新能力。

【科技交流与合作】 2021年，集团公司创新科技交流与合作模式，积极营造开放合作共享环境。中国石油—常州大学创新联合体揭牌成立，首批科技合作项目正式启动实施；中国石油—西南石油大学创新联合体推进管理创新，召开学术委员会第二次会议。与俄罗斯天然气工业股份公司标准和合格评定互认合作不断深化。开展《煤层气开发方案技术要求》第三批互认标准编制。协助尼日尔政府建立石油管道国家标准体系。推动中国管道设计、建设和运维标准转化为尼日尔国家标准。与俄罗斯石油股份公司在聚合物驱提高石油采收率技术、RN-GRID压裂设计软件等方面的研发合作取得阶段进展。与道达尔能源集团、艾奎若、马石油等公司在能源转型、新能源等领域开展广泛的专题技术交流与合作潜力研讨，公司间战略合作伙伴关系建设持续巩固。

【知识产权管理】 加强集团公司知识产权管理顶层设计，印发集团公司“知识产权工作高质量发展实施方案”。集团公司新版知识产权管理信息平台上线运行，2021年集团公司申请专利5016件，其中发明专利4779件，发明专利申请占比由2020年68.5%提高到95.3%；授权专利4277件，其中发明专利1728件，授权发明专利占比由2020年29.8%提高到40.4%；首次制定发布集团公司对外技术许可清单（2021年版）。

【科技奖励】 2021年，集团公司获中国专利奖银奖1项、优秀奖5项。集团公司组织评审出杰出成就奖1人（表1），基础研究奖一等奖2项、二等奖1项、三等奖2项（表2），技术发明奖一等奖2项、二等奖4项、三等奖8项（表3），科学技术进步奖特等奖1项、一等奖16项、二等奖34项、三等奖41项（表4），专利金奖6项、银奖11项、优秀奖16项（表5）。

表1　2021年度中国石油天然气集团有限公司杰出成就奖

姓　名	工作单位
周英操	中国石油集团工程技术研究院有限公司

表2　2021年度中国石油天然气集团有限公司基础研究奖

序号	项目名称	主要完成单位	主要完成人员	奖励等级
1	粒子冲击钻井破岩机理及关键技术	中国石油集团工程技术研究院有限公司、中国石油集团川庆钻探工程有限公司、中国石油大学（华东）、油气钻井技术国家工程实验室	纪国栋　汪海阁　韩烈祥　赵　健　李伟成　张富成　周卫东　崔　猛　崔龙连　万夫磊	一等
2	纳米智能驱油剂研制	中国石油天然气股份有限公司勘探开发研究院、中国石油天然气集团有限公司纳米化学重点实验室	罗健辉　雷　群　吕　伟　管保山　王平美　肖沛文　姚　斌　邬国栋　王光义　杨占德	一等
3	四川页岩气套管变形机理和防控方法	中国石油集团工程技术研究院有限公司、中国石油天然气股份有限公司西南油气田分公司、油气钻井技术国家工程实验室	陈朝伟　田中兰　项德贵　曾　波　乔　磊　付　利　宋　毅　王　倩	二等

续表

序号	项目名称	主要完成单位	主要完成人员	奖励等级
4	功能化规整复合载体材料创制及其在清洁柴油生产技术中的应用实效	中国石油天然气股份有限公司石油化工研究院、中国石油大学（北京）	王　丹　曾鹏晖　温广明　宋金鹤　张文成　张全国	三等
5	地面工程配套关键技术研究与应用	中国石油天然气股份有限公司辽河油田分公司	周立峰　李泽勤　林　琳　刘振宁　赵慧铃　王岫蔚	三等

表 3　2021 年度中国石油天然气集团有限公司技术发明奖

序号	项目名称	推荐单位（专家）	主要完成人员	奖励等级
1	复杂油气井管柱工况模拟试验评价与应用技术	中国石油集团石油管工程技术研究院	韩礼红　杨尚谕　王建军　李东风　李方坡　王　航　王　蕊　薛承文　王建东　潘志勇	一等
2	金属物种修饰的低晶胞高活性 Y 型分子筛平台技术的构建	中国石油天然气股份有限公司石油化工研究院	孙书红　郑云锋　谭争国　张海涛　段宏昌　刘　涛　黄校亮　潘志爽　曹庚振　刘明霞	一等
3	钼基复合金属氧化物催化剂高性能调控技术	中国石油天然气股份有限公司石油化工研究院	南　洋　刘肖飞　常晓昕　杨红强　赵玉中　何　颖　高杜娟　笪敏峰	二等
4	复杂储层多尺度数字岩石评价技术	刘合（专家推荐）	金　旭　姜　林　王晓琦　李建明　江　航　田　华　薛华庆　刘晓丹	二等
5	高速信息传输钻杆系统关键技术及配套装备研制	中国石油集团工程技术研究院有限公司	胡永建　孙成芹　史宏江　孙　琦　李铁军　张国田　赵　博　路胜杰	二等
6	VSP 高精度储层预测及钻井导向技术与应用	中国石油集团东方地球物理勘探有限责任公司	李彦鹏　蔡志东　艾维平　张文波　刘聪伟　贾衡天　付检刚　张铁强	二等
7	复杂地表宽方位偏移成像技术及应用	中国石油集团东方地球物理勘探有限责任公司	岳玉波　王狮虎　金守利　张建磊　王成祥　赵长海	三等
8	长庆老油田低产低效井复合增产改造技术	中国石油集团川庆钻探工程有限公司	李　勇　邹鸿江　武　龙　蒋文学　万向辉　王　坤	三等
9	复杂压力系统油藏固井防水窜技术与工业化应用	中国石油天然气股份有限公司大港油田分公司	唐世忠　李　娟　吴　华　步宏光　吕照鹏　杨　涛	三等
10	羧基丁腈橡胶新技术及工业产品开发	中国石油天然气股份有限公司石油化工研究院	张志强　张元寿　钟启林　桂　强　李　晶　于　奎	三等
11	适用于高温酸化作业的缓蚀剂研究	中国石油集团海洋工程有限公司	李玲杰　杨耀辉　解蓓蓓　王宇宾　韩文礼　徐鸿志	三等
12	高效中温还原脱硝催化剂（PRN-101）制备关键技术与应用	中国石油天然气股份有限公司石油化工研究院	邓旭亮　李玉龙　张志翔　徐显明　杜龙弟　王凤荣	三等
13	高温高盐油藏调剖调驱关键技术	中国石油天然气股份有限公司辽河油田分公司	李　瑞　陈小凯　王龙飞　刘　强　马昌明　朱秀雨	三等
14	基于计算机三维技术平台的工程施工技术研究与开发	中国石油天然气股份有限公司兰州石化分公司	翟德宏　罗晓军　张　勇　张俊玲　仇军华　侯学刚	三等

表 4　2021 年度中国石油天然气集团有限公司科学技术进步奖

序号	项目名称	主要完成单位	主要完成人员	奖励等级
1	超深海相断控缝洞型碳酸盐岩富满油田高效勘探开发关键技术及应用	中国石油天然气股份有限公司塔里木油田分公司、中国石油集团东方地球物理勘探有限责任公司、中国石油天然气股份有限公司勘探开发研究院、西南石油大学	杨学文　汪如军　邓兴梁　昌伦杰　张丽娟　张银涛　阳建平　宋周成　邱　斌　李世银　蔡振忠　万效国　陈学强　刘　勇　王　琦　朱永峰　邬光辉　秦　可　刘永雷　李　飞　姚　超　吉云刚　袁敬一　罗　枭　陈新卫　苗　青　谢　舟　刘依谋　何思龙　张　浩　李相文　严东寅　袁晓满　李　婷　王　轩　杨　磊　廖伟伟　任利华　冯　凯　康鹏飞　闫　婷　周　飞　李二鹏　郑多明　张　琪　曹　文　肖春艳　袁安意　马小平　刘美容	特等
2	蒙西新区石油勘探理论技术与河套盆地重大突破	中国石油天然气股份有限公司华北油田分公司、中国石油集团东方地球物理勘探有限责任公司、中国石油集团测井有限公司	张锐锋　李拥军　王少春　张以明　刘喜恒　唐传章　杨德相　刘　静　王会来　吴晨林　陈树光　张万福　曹兰柱　史原鹏　肖　阳　蔡文渊　吴健平　王泽丹	一等
3	阿布扎比低渗碳酸盐岩油藏开发关键技术及应用	中国石油天然气股份有限公司勘探开发研究院、中国石油国际勘探开发有限公司	魏晨吉　张　剑　吴淑红　赵向国　刘双双　童　敏　高　严　邓西里　熊礼晖　彭　晖　李佳鸿　李正中　杨　戬　韩如冰　赵　航　王春鹏　吴波鸿　罗　洪	一等
4	物联网和大数据驱动的油气井高效智能生产技术及工业化应用	中国石油天然气股份有限公司勘探开发研究院、中国石油天然气股份有限公司吉林油田分公司、中国石油天然气股份有限公司长庆油田分公司、中国石油天然气股份有限公司浙江油田分公司、中国石油天然气股份有限公司大港油田分公司、大庆油田有限责任公司	师俊峰　熊春明　张建军　赵瑞东　刘广胜　曹光强　张喜顺　陈丙春　甘庆明　潘宏文　梁　兴　孙大奎　李　辉　韩岐清　苗国晶　彭　翼　李　楠　陈诗雯	一等
5	大庆油田二、三类油层组合弱碱三元复合驱油技术及工业化应用	大庆油田有限责任公司	程杰成　梁文福　陈金凤　白文广　叶　鹏　黄文庆　赵　卿　曹春光　冯耀国　刘小波　李国桥　高　鹏　李佰广　侯兆伟　陈文若　吴科俭　王家祥　韩　羽	一等
6	安岳气田超深低孔复杂岩溶型气藏高效开发关键技术及规模化应用	中国石油天然气股份有限公司西南油气田分公司、中国石油天然气股份有限公司勘探开发研究院、中国石油集团东方地球物理勘探有限责任公司	谢　军　胡　勇　郭贵安　徐　伟　邓　惠　周　朗　彭　先　唐青松　张华礼　万玉金　罗文军　赖　强　于　磊　闫海军　吕宗刚　周长林　楚玉映　林　煜	一等
7	超低渗透油藏转变开发方式大幅提高采收率技术与工业化应用	中国石油天然气股份有限公司长庆油田分公司、中国石油天然气股份有限公司勘探开发研究院、低渗透油气田勘探开发国家工程实验室	李松泉　张矿生　田昌炳　史成恩　李宪文　程启贵　万晓龙　雷征东　张　祺　何善斌　齐　银　李建山　李洪畅　李立标　王文雄　平　义　郭西锋　任　勇	一等

续表

序号	项目名称	主要完成单位	主要完成人员	奖励等级
8	基于 AnyCem 系统的自动化固井技术与装备	中国石油集团工程技术研究院有限公司、中国石油集团长城钻探工程有限公司、中国石油集团川庆钻探工程有限公司、中国石油集团渤海钻探工程有限公司、油气钻井技术国家工程实验室	靳建洲 刘硕琼 李　勇 李连江 王兆会 常占宪 和建勇 林志辉 孙宝玉 曲从锋 江　乐 邢鹏举 于永金 丁志伟 刘子帅 张　华 张怀文 黄　昭	一等
9	深水天然气水合物试采浅软地层水平井钻井技术研究及工程应用	中国石油集团海洋工程有限公司、中国地质调查局天然气水合物工程技术中心、中国石油大学（华东）	马宝金 叶建良 张贺恩 秦绪文 孙宝江 魏士鹏 谢文卫 曹　飞 张新伟 单正锋 梁　川 蔡德军 王志远 王　剑 王鄂川 邸建伟 马永乐 王贤斯	一等
10	高性能钻杆研发及检测评价技术研究	中国石油集团石油管工程技术研究院、中国石油天然气股份有限公司塔里木油田分公司、中国石油集团渤海石油装备制造有限公司	冯　春 白小亮 刘永刚 朱丽娟 刘洪涛 李　宁 蒋　龙 徐　欣 王新虎 冯　娜 路彩虹 艾裕丰 葛明君 韩　军 陈长青 樊治海 耿海龙 杨　鹏	一等
11	准噶尔盆地沙漠区深层岩性地层油藏高精度地震勘探技术及成效	中国石油天然气股份有限公司新疆油田分公司、中国石油集团东方地球物理勘探有限责任公司	潘　龙 范　旭 郑鸿明 娄　兵 邓　勇 王俊怀 王　峰 罗　勇 马军茂 徐文瑞 蒋　立 毛海波 林　娟 刘宜文 刘宏杰 钟厚财 谭　佳 宋志华	一等
12	中国高含汞气田汞污染控制技术及应用	中国石油天然气股份有限公司勘探开发研究院、中国石油天然气股份有限公司塔里木油田分公司、中国石油天然气股份有限公司新疆油田分公司、中国石油工程建设有限公司	李　剑 严启团 蒋余巍 韩中喜 陈彰兵 东静波 荣少杰 王用良 陈亚兵 吴　昊 赵建彬 赵　琼 李　斌 魏西尧 刘百春 张洪杰 葛守国 国建英	一等
13	准噶尔盆地油田采出水资源化利用关键技术与工业化推广应用	中国石油天然气股份有限公司新疆油田分公司、中国石油工程建设有限公司	张　锋 樊玉新 王乙福 黄　强 马　尧 宫兆波 袁　亮 杨萍萍 严　忠 薛兴昌 郑　帅 梁爱国 胡远远 葛苏鞍 汪　洋 陈　贤 王扶辉 李晓艳	一等
14	高稳定性裂解汽油加氢系列催化剂及应用技术开发	中国石油天然气股份有限公司石油化工研究院、中国石油四川石化有限责任公司、中国石油天然气股份有限公司抚顺石化分公司、中国石油天然气股份有限公司大庆石化分公司、中国石油天然气股份有限公司辽阳石化分公司、中国石油天然气股份有限公司兰州石化分公司、中国石油天然气股份有限公司吉林石化分公司	孙利民 马好文 谢　元 胡晓丽 吕龙刚 展学成 李元明 王　斌 李明久 海产盛 刘树青 吴　伟 池　亮 向永生 柏介军 李平智 巩红光 尹玲玲	一等
15	千万吨级大型炼厂成套技术研究开发与工业应用	中国寰球工程有限公司、中国石油天然气股份有限公司石油化工研究院、中国石油工程建设有限公司、中国昆仑工程有限公司、中国石油集团渤海石油装备制造有限公司、中国石油四川石化有限责任公司、中国石油天然气股份有限公司广西石化分公司	李胜山 王书旭 夏少青 张敬敏 谢恪谦 刘统华 聂　程 毕治国 王铁刚 邵　文 辛若凯 张　靖 张健民 王启宇 张玉峰 兰　玲 徐云阶 胡于中	一等

续表

序号	项目名称	主要完成单位	主要完成人员	奖励等级
16	数字油气藏关键技术与工业化应用	中国石油天然气股份有限公司大港油田分公司	蔡明俊 龙 涛 陈 哲 王洪雨 王宏伟 芦凤明 孙 琦 王元赤 刘文钰 范德军 李 石 曲 宁 杨宣林 张 琼	一等
17	稠油污泥处理与资源化成套技术及应用	中国石油集团安全环保技术研究院有限公司、中国石油天然气股份有限公司新疆油田分公司、中国石油天然气股份有限公司辽河油田分公司	仝 坤 王国斌 刘 杰 伊其明 刘光全 曾 魏 谢加才 李慧敏 袁良秀 吴百春 罗双涵 谢水祥 潘贵和 钟成冬 张明栋 张燕萍 任 雯 张 全	一等
18	断陷盆地页岩油勘探理论技术创新与重大突破	中国石油天然气股份有限公司大港油田分公司、中国石油集团东方地球物理勘探有限责任公司、中国石油大学（华东）	蒲秀刚 韩文中 陈长伟 官全胜 时战楠 姜文亚 王 娜 卢刚臣 刘学伟 陈世悦 郭淑文 鄢继华	二等
19	古隆起东侧奥陶系马家沟组天然气成藏富集规律研究	中国石油天然气股份有限公司长庆油田分公司	董国栋 包洪平 赵会涛 阎荣辉 史云鹤 章辉若 黄正良 贾 丽 高 星 廖建初 李雪梅 陈娟萍	二等
20	鄂尔多斯盆地大型低渗碳酸盐岩气藏80亿米^3/年高效稳产关键技术及应用	中国石油天然气股份有限公司长庆油田分公司、低渗透油气田勘探开发国家工程实验室、中国石油天然气股份有限公司勘探开发研究院	王 华 刘海锋 贾浩民 何亚宁 薛云龙 徐 文 冯 敏 李义军 王继平 谢 姗 吕利刚 程立华	二等
21	渤海湾极浅海赵东油田持续效益开发关键技术	中国石油天然气股份有限公司大港油田分公司、中国石油大学（北京）、中国石油集团海洋工程有限公司	李 涛 何书梅 王贺强 李国发 刘利勤 杨 岭 白雪峰 卫 宪 刘言理 张彦军 赵金玲 郭海涛	二等
22	井下作业井筒流体控制技术研究	大庆油田有限责任公司	蔡 萌 徐德奎 刘崇江 黄有泉 姚 飞 杨铁峰 宋兴良 徐晓宇 王鹏程 王 群 刘钰川 林忠超	二等
23	哈萨克让纳若尔带凝析气顶碳酸盐岩油藏稳产500万吨井发关键技术	中国石油国际勘探开发有限公司、中国石油天然气股份有限公司勘探开发研究院	范子菲 张宝瑞 吴学林 宋 珩 赵文琪 郝峰军 张宪存 孙 猛 陈烨菲 林雅平 王进财 傅礼兵	二等
24	克拉美丽改造型复杂火成岩气藏规模高效稳产工程	中国石油天然气股份有限公司新疆油田分公司	王 彬 冉启全 石新朴 邱恩波 刘念周 池 明 杜 果 陈 超 刘 涛 仇 鹏 李 波 闫利恒	二等
25	连续油管水力喷射环空加砂压裂研产一体化关键技术研究与应用	大庆油田有限责任公司	王金友 刘玉喜 李 琳 南志学 张宏岩 贾岩学 张春辉 郑善军 张晓川 李立国 毛庆波 马梓涵	二等
26	超深超高压高温气井安全生产保障技术研究与应用	中国石油天然气股份有限公司塔里木油田分公司	张 宝 张雪松 魏军会 何银达 齐 军 张宏强 涂志雄 易 俊 吴红军 景宏涛 孔嫦娥 刘己全	二等
27	致密油藏不返排压裂技术研究	大庆油田有限责任公司	王贤君 唐鹏飞 张 浩 张明慧 肖丹凤 刘 宇 孙志成 任 伟 李 伟 裴 涛 王永昌 吴浩兵	二等
28	长垣东部扶杨油层探明未开发储量综合地质评价及开发对策	大庆油田有限责任公司	王永卓 樊晓东 李恒双 宋子学 王 瑞 史晓东 谢明举 尚云志 刘 森 郭思强 汪秀一	二等

续表

序号	项目名称	主要完成单位	主要完成人员	奖励等级
29	层状岩盐储气库钻完井及造腔工程关键技术	中国石油集团工程技术研究院有限公司、中国石油天然气股份有限公司华北油田分公司、 油气钻井技术国家工程实验室	袁光杰 夏 焱 班凡生 齐奉忠 庄晓谦 安国印 李景翠 金根泰 王元庆 路立君 李国韬 万继方	二等
30	复杂地层广谱封堵油基钻井液与废弃物无害化处理成套技术与应用	中国石油集团长城钻探工程有限公司、中国石油集团安全环保技术研究院有限公司、 中国石油大学（华东）、中国石油大学（北京）	左京杰 李树皎 姚如钢 张 鑫 许 毓 李 燕 王 刚 邵志国 黄贤斌 杨丽丽 王晓军 华桂友	二等
31	超深裂缝性致密砂岩储层保护技术与工业化	中国石油天然气股份有限公司塔里木油田分公司、中国石油集团工程技术研究院有限公司、西南石油大学	张 震 晏智航 王 涛 刘锋报 尹 达 王建华 熊汉桥 张 洁 刘 毅 徐 强 程青松 宋明哲	二等
32	特殊螺纹油套管检测评价及应用技术	中国石油集团石油管工程技术研究院	刘文红 申昭熙 林 凯 闫 凯 娄 琦 邝献任 罗华权 李孝军 蓝 蓉 张 丹 张 乐 刘 青	二等
33	塔里木盆地深层复杂井固井技术研发及规模应用	中国石油集团海洋工程有限公司、中国石油天然气股份有限公司塔里木油田分公司、 中国石油集团西部钻探工程有限公司、中国石油集团川庆钻探工程有限公司	宋有胜 冯少波 杨吉祥 余 纲 夏元博 袁吉祥 王银东 朱海金 李鹏晓 熊钰丹 邓 强 石凌龙	二等
34	复杂地质条件高效水基钻井液完井液研究及规模化应用	中国石油集团渤海钻探工程有限公司、中国石油天然气股份有限公司青海油田分公司、 中国石油天然气股份有限公司塔里木油田分公司、中国石油天然气股份有限公司大港油田分公司	张民立 赵 冲 陈安亮 邢 超 庄 伟 刘 鑫 陈庭贵 赵 丹 孙所栋 马 红 刘 强 王磊磊	二等
35	超深穿透、大孔径深穿透及自清洁深穿透射孔器研制与规模应用	大庆油田有限责任公司	姜彦东 高 璐 石 前 董 庆 于开勋 张 云 顾孝勇 李作平 薛 辉 许俊明 刘玉坤 刘 桥	二等
36	等孔径多簇射孔技术及工业化应用	中国石油集团测井有限公司	郭 鹏 雷新华 杜明章 任国辉 赵世华 张清彬 涂 良 杨登波 杨清勇 聂靖雯 刘玉龙 叶忠琼	二等
37	薄互层地震波阻抗反演理论方法与应用	大庆油田有限责任公司	于承业 姜传金 韦学锐 林旭东 韦裕琳 孙显义 陈亚军 周志才 金瑞锋 扈玖战 康德江 初海红	二等
38	我国天然气产供储销体系建设关键技术及应用	中国石油天然气股份有限公司规划总院	李 广 刘 勇 周淑慧 梁 鹏 郭海涛 沈 鑫 田 瑛 郜 婕 郝迎鹏 刘定智 魏开华	二等
39	油气田节能提效技术集成与规模化应用	中国石油天然气股份有限公司规划总院、中国石油天然气股份有限公司长庆油田分公司	徐 源 王林平 朱英如 晏耿成 吴 浩 吕莉莉 王 曼 魏江东 林 冉 刘 博 陈由旺 郑 刚	二等
40	原油流量溯源及油气计量配套技术	大庆油田有限责任公司	肖 迪 罗再扬 赵成海 陈 亮 张宝坤 房福生 安树民 阮增荣 韩春红 马 琳 刘宪英 赵 帅	二等

续表

序号	项目名称	主要完成单位	主要完成人员	奖励等级
41	双金属复合管失效控制关键技术及应用	中国石油集团石油管工程技术研究院、中国石油天然气股份有限公司塔里木油田分公司	李发根 李为卫 李亚军 赵新伟 杨专钊 马卫锋 赵志勇 刘 琰 聂向晖 李 磊 李文升 燕自峰	二等
42	高端纤维专用料的开发技术及应用	中国石油天然气股份有限公司大连石化分公司、中国石油天然气股份有限公司华南化工销售分公司、中国石油天然气股份有限公司石油化工研究院、中国石油天然气股份有限公司广西石化分公司	苏战国 陈元琦 闫功臣 张凤波 陈兴锋 王 刚 邴德志 冯文才 崔 亮 任顺年 徐春燕 李学刚	二等
43	劣质稠油生产高粘度指数150BS光亮油工艺技术开发	中石油克拉玛依石化有限责任公司	李 静 甄新平 李 辉 尹 宏 孙进法 王雪梅 胡志军 黄新平 朱路新 刘 钊	二等
44	过氧化氢对孟烷引发体系乳聚丁苯橡胶无磷制备成套技术开发	中国石油天然气股份有限公司石油化工研究院、中国石油天然气股份有限公司抚顺石化分公司、中国石油集团工程有限公司北京项目管理分公司	赵志超 李洪国 龚光碧 张文静 王永峰 李 辉 邵 卫 王 虎 胡育林 燕鹏华 李旭晖 宋喜霖	二等
45	PE100管件专用树脂开发及应用	中国石油天然气股份有限公司独山子石化分公司、中国石油天然气股份有限公司西北化工销售分公司、中国石油天然气股份有限公司华南化工销售分公司	龚毅斌 李 冀 朱 军 赵士河 王晋军 王多鹏 解利军 吴春霜 李志峰 闫维鹏 杨永生 莫明·克尤木	二等
46	再生器强化烧焦和沉降器旋分直连成套技术在催化裂化装置的开发及应用	中国石油天然气股份有限公司长庆石化分公司、中国寰球工程有限公司	魏广春 李雅华 袁晓云 夏志远 赵虎子 吕连杰 武彦勇 陈兵孝 辛全礼 吴 科 张明泮 凌荣佳	二等
47	乙烯裂解炉模拟优化平台开发与工业应用	中国石油天然气股份有限公司石油化工研究院、中国石油天然气股份有限公司兰州石化分公司、清华大学	李 博 田 亮 崔吉海 邱 彤 程中克 张生芳 王小强 何启伟 毕可鑫 杨利斌 李长明 孟 宏	二等
48	新疆油田智能化发展理论创新与实践	中国石油天然气股份有限公司新疆油田分公司	石国伟 曾 颖 赵金玲 贾 鹿 李清辉 陈仕意 叶 铭 石 峰 王利君 蒋能记 李国荣 李嗣旭	二等
49	基于工业互联网的HSE风险一体化管控平台	中国石油集团安全环保技术研究院有限公司	吴顺成 王顺义 李金城 李剑颖 沙宗伟 栗玉华 阎红巧 杜志虎 余 飞 黄 佳 王 辉 王 伟	二等
50	川渝地区天然气产业一体化发展模式及应用	中国石油天然气股份有限公司西南油气田分公司	谭敬明 周 娟 李 季 王富平 李森圣 罗旻海 付建华 张锦涛 王尊友 李孜孜 曾 勇 陶 蓉	二等
51	集输管材应力导向氢致开裂腐蚀行为与选材图谱研究	中国石油集团石油管工程技术研究院	李厚补 戚东涛 齐国权 徐 婷 方 伟 蔡雪华 韩 燕 熊庆人 丁 晗 许晓锋 张 华 孔鲁诗	二等
52	松南致密气成藏研究与规模储量发现	中国石油天然气股份有限公司吉林油田分公司	邵明礼 王立贤 杨 亮 曾凡成 赵玉涛 薛 松 董常春 江秋菊	三等
53	准噶尔盆地石炭系火山岩喷发环境识别及油气勘探实践	中国石油天然气股份有限公司新疆油田分公司	连丽霞 王 剑 杨 召 孔垂显 陈 俊 李二庭 邓 泳 雷海艳	三等
54	沧东凹陷致密油勘探理论技术创新与规模增储	中国石油天然气股份有限公司大港油田分公司、中国石油集团东方地球物理勘探有限责任公司	王文革 牟连刚 吴雪松 杨 朋 张 伟 丁娱娇 吴振东 田福春	三等

续表

序号	项目名称	主要完成单位	主要完成人员	奖励等级
55	复杂断块高温高含水油藏提高采收率关键技术研究及应用	中国石油天然气股份有限公司冀东油田分公司、中国石油大学（华东）	刘泉海 罗福全 侯 健 乔孟占 张雪娜 刘晓旭 崔 建 曹亚明	三等
56	稠油调剖封窜关键技术研究与应用	中国石油天然气股份有限公司辽河油田分公司	郭斌建 黄 腾 匡旭光 郎宝山 刘江玲 李学良 赵长亮 门琦淏	三等
57	抽油机井智能控制系统研究与应用	中国石油天然气股份有限公司华北油田分公司	金学锋 张胜利 常鹏刚 杨 松 刘战营 李一凡 邱亮亮 曹 飞	三等
58	冀东复杂断块油藏精细注水开发技术研究	中国石油天然气股份有限公司冀东油田分公司	宋显民 徐 波 刘 京 王迎华 刘 彝 王玲玲 朱福金 胡慧莉	三等
59	葡萄花油田扶余油层探明未开发储量分类评价及有效动用方式研究	大庆油田有限责任公司	张 冲 于广文 张 禹 侯 广 蒋成刚 曾志林 赵 强 邹春雷	三等
60	海拉尔复杂断块油田油藏富集规律及滚动潜力研究	大庆油田有限责任公司	李建民 姜习权 刘 利 孔祥亭 秦培锐 齐林海 于 航 刘 阳	三等
61	大位移活性错断井修复技术	大庆油田有限责任公司	艾教银 刘冬雪 张 永 兰乘宇 王晓雯 张鹤巍 董丽华 弓剑竹	三等
62	光面电缆直读试井技术研究与应用	中国石油集团西部钻探工程有限公司	张文哲 宋志同 李献宾 段文广 魏少波 刘世昌 谭宗华 陈 方	三等
63	低渗透油藏储层综合表征与高效开发技术研究	中国石油天然气股份有限公司辽河油田分公司	吕媛媛 姚 睿 董凤龙 张向宇 李 蔓 郭子南 盖潇征 马 哲	三等
64	四川盆地低孔低渗砂岩气藏增产改造关键技术及应用	中国石油天然气股份有限公司西南油气田分公司、中国石油天然气股份有限公司勘探开发研究院	王 洋 车明光 曾 嵘 桑 宇 刘 威 叶颉枭 王晓娇 颜 洁	三等
65	连续管作业监测预警与评估系统	中国石油集团工程技术研究院有限公司、油气钻井技术国家工程实验室	汤清源 于志军 徐云喜 谭多鸿 王文军 刘 丹 莫同鸿 李子英	三等
66	保温保压密闭取心技术研究与应用	中国石油集团长城钻探工程有限公司、中国石油天然气股份有限公司浙江油田分公司、 中国石油天然气股份有限公司勘探开发研究院	罗 军 苏 洋 孙少亮 蒋立伟 施连海 周尚文 刘兴欣 王子臣	三等
67	稠油水平井分段热采技术研究与应用	中国石油集团长城钻探工程有限公司、大庆油田有限责任公司	高 玮 罗 欢 高清春 叶西安 张 脊 李 达 马 勇 李 晴	三等
68	连续管钻井工具系统在老井侧钻中的研究与应用	中国石油集团工程技术研究院有限公司、中国石油集团长城钻探工程有限公司、油气钻井技术国家工程实验室	张燕萍 吴千里 尹方雷 罗 勇 何 坤 侯福祥 李 寅 曹 川	三等
69	伊拉克米桑油田水平井提速及安全钻井技术研究	中国石油集团渤海钻探工程有限公司	李小飞 于 琛 李剑华 赵树清 钟德华 刘学松 梁成祥 郑珺升	三等
70	高效钻头研制	大庆油田有限责任公司	陈绍云 王春华 李玉海 耿晓光 孟庆双 纪 博 李相勇	三等
71	BH-ASP 可酸化溶解封堵水泥浆固井技术研究	中国石油集团渤海钻探工程有限公司	党冬红 王 野 吴朝明 刘振通 高 飞 宋志强 刘金鹏 任 强	三等
72	吐哈油田钻井提质增效优化研究与推广应用	中国石油天然气股份有限公司吐哈油田分公司	雍富华 肖 华 杨立军 王品德 戢能斌 陈 芳 李慎越 赵久平	三等

续表

序号	项目名称	主要完成单位	主要完成人员	奖励等级
73	地层吸收结构地震反演与高分辨率成像关键技术研究与应用	中国石油天然气股份有限公司大港油田分公司、中国石油大学（北京）	刘次源　翟桐立　李　皓　国春香 姚建军　倪金忠　彭雪梅　刘进平	三等
74	复杂地表复杂目标观测系统优化技术及应用	中国石油集团东方地球物理勘探有限责任公司	何宝庆　白志宏　黄兴贵　彭　晓 隆　波　章多荣　吕盼盼　朱旭江	三等
75	海上油气设施弃置关键技术研究	中国石油集团海洋工程有限公司	罗晓健　蓝　天　田　凯　阎贵文 唐　彪　冯　超　季　鹏　李冬梅	三等
76	聚丙烯锂电池隔膜专用料开发	中国石油天然气股份有限公司独山子石化分公司、中国石油天然气股份有限公司华北化工销售分公司	谌基国　赵劲操　赵　泽　刘继新 张　宇　吴利平　王　博　单鹏飞	三等
77	风城超稠油延迟焦化深度裂解技术开发与应用	中石油克拉玛依石化有限责任公司、中国石油大学（华东）	田凌燕　杨军卫　刘建山　雷　亮 王　华　魏　军　熊春珠　肖家治	三等
78	FIZ-5分子筛清洁化生产工艺技术研究	中国石油天然气股份有限公司抚顺石化分公司	张爱军　焦章迪　杨　燕　刘全新 李振兵　翟亚涛　贾春赋　宋祥平	三等
79	溶聚丁苯橡胶污水治理提高回用水率应用研究	中国石油天然气股份有限公司独山子石化分公司	肖鹏仪　秦　军　周文凡　王静丽 张宇春　郭　庆　杨海燕　熊戈铀	三等
80	克劳斯尾气氧化工艺的改进与工业化应用	中国石油天然气股份有限公司华北石化分公司	齐建勋　梁晓乐　陈　刚　赵志飞 呼玉芳　吴　勇　石凤勇　雷勋茂	三等
81	新型有机热载体系列产品的研制	中国石油天然气股份有限公司润滑油分公司	魏朝良　邵腾飞　董　莹　杨　超 马永宏　高显振　孙成杰	三等
82	MTBE装置联合脱硫技术开发与工业应用试验	中国石油天然气股份有限公司乌鲁木齐石化分公司	杨胜年　李博渊　姚　林　郭林超 蔡海军　肖　明　王　磊　魏书梅	三等
83	适应多组分的膜分离技术在富氢气体回收中的弹性工况工艺开发和应用	中国石油天然气股份有限公司长庆石化分公司	陈　洪　张继昌　李振华　刘　刚 闫　华　王文平　杨立强　陈九龙	三等
84	油藏智能诊断与预警大数据分析技术研发及应用	中国石油天然气股份有限公司长庆油田分公司	邹永玲　王　娟　姚卫华　陈　鹏 苟永俊　韩兴林　陈　雷　李建霆	三等
85	大数据全球能源信息系统建设及应用	中国石油集团经济技术研究院	戴倚霞　侯新然　周大通　林东龙 李若思　闫　勇　张春华　李　哲	三等
86	地震数据管理和服务技术研究	大庆油田有限责任公司	赵春宇　熊华平　刘方伟　刘瑞超 杨晓波　张鸣歌　刘　淼　李　伟	三等
87	油田废水微电解处理技术研究与应用	中国石油天然气股份有限公司长庆油田分公司、低渗透油气田勘探开发国家工程实验室	薛建强　穆谦益　刘　宁　冀忠伦 蒋继辉　李　岩　同　霄　刘沛华	三等
88	炼化企业设备、管道焊接工艺优化研究与应用	中国石油天然气股份有限公司青海油田分公司	杨永磊　淡明昌　洪晓煜　曾传刚 陈家岭　段　强　李海强　余成武	三等
89	天然气在新领域大规模高效利用与评价关键技术	中国石油天然气股份有限公司规划总院	孙　慧　黄　龚　王占黎　梁　严 赵忠德　孙春良	三等
90	玛湖致密砾岩油藏群效益建产模式研究与应用	中国石油天然气股份有限公司新疆油田分公司	李晓山　张　军　王　硕　宋俊强 张　蔓　潘　虹　李　洪　陈　程	三等
91	我国油气体制深化改革重点难点问题研究及应用	中国石油天然气股份有限公司规划总院	唐国强　何秀文　徐　东　葛雁冰 赵连增　付　迪　付定华　孙春芬	三等
92	科研开发仪器分析及情报调研服务	中国石油天然气股份有限公司兰州石化分公司	刘海生　王树利　席永盛　高晓燕 崔嘉敏　陈世龙　史学义　李　延	三等

表 5　第三届中国石油天然气集团有限公司专利奖获奖项目

序号	专利号	专利名称	完成单位审核人员	所属单位审核人员	发明人	专利权人	推荐单位	奖励等级
1	ZL201811275530.1	储盖组合测井评价方法和装置	徐海英	马文杰	窦立荣　肖玉峰　李国平	中国石油天然气集团有限公司、中国石油国际勘探开发有限公司	中国石油国际勘探开发有限公司	金奖
2	ZL201410597334.1	一种页岩气扩散能力检测方法、装置及系统	吴建发　王星皓　杨　柳	党录瑞　邹小龙　孔　波	李武广　钟　兵　冯　曦　杨洪志　刘义成　杨学峰　吴建发　刘　勇	中国石油天然气股份有限公司	中国石油天然气股份有限公司西南油气田分公司	金奖
3	ZL201510349577.8	多层油藏整体产量预测的方法	王　琦　魏晨吉　高　严	曹　宏　杨胜建　宋文枫	李　勇　李保柱　朱怡翔　钱其豪　田昌炳　宋本彪	中国石油天然气股份有限公司	中国石油天然气股份有限公司勘探开发研究院	金奖
4	ZL201310157620.1	一种注水井调剖剂、制备方法及其应用	管保山　王　哲	曹　宏　杨胜建　宋文枫	刘平德　魏发林　张　松　熊春明	中国石油天然气股份有限公司	中国石油天然气股份有限公司勘探开发研究院	金奖
5	ZL201710573213.7	一种油井水泥的自修复剂及其制备方法和测试方法	杨决算　贾维君　万　征	金岩松　王立哲　孙俊杰	王旭光　杨智光　杨决算　徐永辉　吴广兴　肖海东　杨秀天　贾维君　段治华　马淑梅　邢欣欣	中国石油天然气集团公司、大庆石油管理局有限公司	大庆油田有限责任公司	金奖
6	ZL201310689379.7	非常规致密及泥页岩储层含油性评价实验方法	付百舟　姜　红	金岩松　李扬成　孙俊杰	张居和　冯子辉　方　伟　霍秋立　王淑芝　孙先达　张博为　李景坤　张学军	中国石油天然气股份有限公司、大庆油田有限责任公司	大庆油田有限责任公司	金奖
7	ZL201710701578.3	一种聚磺钻井废弃物无害化处理剂及其制备方法与应用	李兴春　张晓飞　漆　娟	雍瑞生　陈宏坤　贾选红	谢水祥　任　雯　孙静文　仝　坤　许　毓　张明栋　刘晓辉　李树森	中国石油天然气集团公司、中国石油集团安全环保技术研究院	中国石油天然气股份有限公司安全环保技术研究院	银奖
8	ZL201310503350.5	适用于 CT 扫描岩心驱替实验且能模拟油藏条件的加热恒温系统	黄　佳　贾宁洪　周新宇	曹　宏　杨胜建　宋文枫	吕伟峰　张祖波　刘庆杰　马德胜　吴康云　李　彤　冷振鹏　罗蔓莉	中国石油天然气股份有限公司	中国石油天然气股份有限公司勘探开发研究院	银奖
9	ZL201210226318.2	一种利用流量监控实现井底压力控制的钻井装备与方法	蒋宏伟　付加胜　李　牧	刘岩生　唐纯静　范春英	石　林　刘　伟　周英操　方世良　王　瑛　赵　庆　杨雄文　罗良波　王　凯　郭庆丰　翟小强　朱卫新	中国石油天然气集团公司、中国石油集团钻井工程技术研究院	中国石油集团工程技术研究院	银奖

续表

序号	专利号	专利名称	完成单位审核人员	所属单位审核人员	发明人	专利权人	推荐单位	奖励等级
10	ZL201610877818.0	快速转向阀的开关控制方法及装置	常宏岗　熊　钢　王道成	党录瑞　邹小龙　孔　波	任　佳　段继芹　王　强　周　芳　韦　颜　陈荟宇　樊兰蓓　陈晓科	中国石油天然气股份有限公司	中国石油天然气股份有限公司西南油气田分公司	银奖
11	ZL201710696639.1	一种清除乳胶状沉积物的清洗剂及其制备方法和应用	常宏岗　熊　钢　王道成	党录瑞　邹小龙　李武广	江晶晶　余华利　张　强　谷　坛　窦丽媛	中国石油天然气股份有限公司	中国石油天然气股份有限公司西南油气田分公司	银奖
12	ZL201510852245.1	采集脚印的确定方法和装置	王彦峰	蔚宝强　霍　禹	王乃建　梁向豪　陈学强　周　翼　苏欢欢　朱运红　张　岩	中国石油天然气集团公司、中国石油集团东方地球物理勘探有限责任公司	中国石油集团东方地球物理勘探有限责任公司	银奖
13	ZL201510133758.7	一种丙烯酰胺类聚合物增稠剂及其制备方法和压裂液	李楼楼　李宪文　刘汉斌	刘　静　方国庆　郭自新	李　楷　李忠兴　慕立俊　赵振峰　李宪文　张矿生　薛小佳　吴　江　吕海燕　刘　锦　范华波　徐创朝　郭　钢	中国石油天然气股份有限公司	中国石油天然气股份有限公司长庆油田分公司	银奖
14	ZL201611140511.9	一种滑动钻井方法	白　璟　邓　虎　周长虹	徐　文　杨晓峰	刘　伟　黄崇君　谭清明　贾利春　连太炜　黄　兵　谢　意　杨晓峰	中国石油天然气集团有限公司、中国石油集团川庆钻探工程有限公司	中国石油集团川庆钻探工程有限公司	银奖
15	ZL201210250418.9	一种复杂结构井约束三维密度层序反演方法	张　岗	蔚宝强　霍　禹	刘云祥	中国石油天然气集团公司、中国石油集团东方地球物理勘探有限责任公司	中国石油集团东方地球物理勘探有限责任公司	银奖
16	ZL201811129781.9	确定油藏的合理井网密度的方法和装置	林火养	张　琼　易继贵	何书梅　王建富　魏朋朋　马子麟　程　立	中国石油天然气股份有限公司	中国石油天然气股份有限公司大港油田分公司	银奖
17	ZL201410593514.2	超深碳酸盐储层三维地质力学场建立方法和系统	袁文芳　杨学君　张　勇	朱卫红　赵丽宏　刘　源	张　辉　田　军　杨海军　蔡振忠　尹国庆　陈　胜　琚　岩　杜治业	中国石油天然气股份有限公司	中国石油天然气股份有限公司塔里木油田分公司	银奖
18	ZL201410827062.X	冷冻机油组合物及其制备方法	于曙艳	耿亚平	张霞玲　柯友胜　刘　燕　王凯明	中国石油天然气股份有限公司	中石油克拉玛依石化有限责任公司	优秀奖

续表

序号	专利号	专利名称	完成单位审核人员	所属单位审核人员	发明人	专利权人	推荐单位	奖励等级
19	ZL201310248750.6	一种适用于重质油品加氢的催化剂及其制备和应用	于双林 赵愉生	郑丽君 王建明 胡 杰	赵元生 赵愉生 刘元东 周志远 张志国 王 燕 阎立军 崔瑞利 范建光 于双林 李兆飞 陈芬芬 俞 昊 王东明	中国石油天然气股份有限公司	中国石油天然气股份有限公司石油化工研究院	优秀奖
20	ZL201010560506.X	一种有效信号无污染的空间采样间隔确定方法	王明亮	蔚宝强 霍 禹	胡永贵 蔡锡伟 李培明	中国石油天然气集团公司、中国石油集团东方地球物理勘探有限责任公司	中国石油集团东方地球物理勘探有限责任公司	优秀奖
21	ZL201710909940.6	一种油田用油溶性无磷缓蚀阻垢剂及其制备方法	罗凌燕 王登莲 雷启鸿	刘 静 方国庆 郭自新	王伟华 龙永福 徐艳丽 王 涛 张文来 李海燕 刘秀华 高 挺 白 川 吴启元	中国石油天然气股份有限公司	中国石油天然气股份有限公司长庆油田分公司	优秀奖
22	ZL201510404879.0	一种岩性识别方法	林火养	张 琼 易继贵	周立宏 蒲秀刚 王文革 韩文中 肖敦清 张 伟 时战楠 肖 枚 柳 飒	中国石油天然气股份有限公司	中国石油天然气股份有限公司大港油田分公司	优秀奖
23	ZL201510632938.X	一种压裂酸化用助排剂及制造方法、使用方法	曾晓辉 秦飞翔	张 琼 易继贵	陈紫薇 李晓娟 隋向云 贾云鹏 王 娟 李伯芬	中国石油天然气股份有限公司	中国石油天然气股份有限公司大港油田分公司	优秀奖
24	ZL201811019201.0	管道流量控制装置及方法	梁晓亮 曹小梅	张 琼 易继贵	闫云贵 庄永涛 徐国安 柳 敏 朱火军 张传干 邢立国	中国石油天然气股份有限公司	中国石油天然气股份有限公司大港油田分公司	优秀奖
25	ZL201410643111.4	一种耐高温共聚物油井水泥缓凝剂及其制备方法	曲从锋 王兆会 张 华	刘岩生 唐纯静 范春英	于永金 夏修建 刘硕琼 靳建洲 齐奉忠 袁进平 徐 明 冯宇思	中国石油天然气集团公司、中国石油集团钻井工程技术研究院	中国石油集团工程技术研究院	优秀奖
26	ZL201511021042.4	适用于膨胀管钻井的机械液压双作用膨胀装置	张全立 杨 毅 杨斯媛	刘岩生 唐纯静 范春英	徐丙贵 郭慧娟 吕明杰 刘志同 贾 涛 杨兆亮 王 剑 王 雪 田 毅 王爱国 刘 洋 蒲晓莉	中国石油天然气集团公司、中国石油集团钻井工程技术研究院	中国石油集团工程技术研究院	优秀奖

续表

序号	专利号	专利名称	完成单位审核人员	所属单位审核人员	发明人	专利权人	推荐单位	奖励等级
27	ZL201710547804.7	一种实验装置	彭　先　曾云贤　郝　煦	党录瑞　邹小龙　李武广	王　丽　丁　钊　张地洪　唐大卿　杨学锋　刘　彤　万　莹	中国石油天然气股份有限公司、四川科力特油气技术服务有限公司	中国石油天然气股份有限公司西南油气田分公司	优秀奖
28	ZL201310240759.2	无表层约束层析反演静校正方法	吴　迪	蔚宝强　霍　禹	王海立　宁宏晓　马立新　于宝华　赵荣艳	中国石油天然气集团公司、中国石油集团东方地球物理勘探有限责任公司	中国石油集团东方地球物理勘探有限责任公司	优秀奖
29	ZL201610823150.1	裂缝内支撑剂运移规律可视化实验装置及方法	张华礼　何轶果　王晓娇	党录瑞　邹小龙　李武广	王　良　桑　宇　马辉运　杨　建　彭钧亮　韩慧芬　彭　欢　王　斌	中国石油天然气股份有限公司	中国石油天然气股份有限公司西南油气田分公司	优秀奖
30	ZL201711348935.9	控制压力敏感性地层环空当量密度的尾管固井方法	管　彬　刘世彬　陈明忠	徐　文　杨晓峰	冯予淇　陈　敏　鲜　明　余才焌　聂世均　刘　洋　吴　朗　赵常青　杨向宇	中国石油天然气集团有限公司、中国石油集团川庆钻探工程有限公司	中国石油集团川庆钻探工程有限公司	优秀奖
31	ZL201610324041.5	超高分子量聚乙烯催化剂及其制备方法	程光剑　吕　洁　李志宇	史　君　赵纯革　南圣林	王　健　崔　月　冯文元　张利仁　王　博　张利粉　张光辉　崔　勇　王大明　郭洪元　王永年　刘志军　徐丽艳　王俊荣　焦金华　孙辉宇　王永帮	中国石油天然气股份有限公司	中国石油天然气股份有限公司辽阳石化分公司	优秀奖
32	ZL201610843655.4	一种利用状态空间模型解释油田水淹层的方法及装置	孙洪军　扈　阔	于　勐	温　静　张新培　王玉娟　蔡　超　孟令娜　杜文拓　陈　雪　盛　聪　吕媛媛　张晓露	中国石油天然气股份有限公司	中国石油天然气股份有限公司辽河油田分公司	优秀奖
33	ZL201210326599.9	一种烯烃聚合催化剂及其制备方法与应用	高玉李　张明革　义建军	郑丽君　王建明　胡　杰	义建军　胡徐腾　李红明　黄启谷　朱百春　黄海兵　张明革　刘　智　王永刚　李志飞	中国石油天然气股份有限公司	中国石油天然气股份有限公司石油化工研究院	优秀奖

注：上述“完成单位”“所属单位”及“审核人员”具体内涵与公司知识产权管理办法及专利管理办法一致。

【科技与信息化创新大会】 2021年9月23—24日，集团公司召开科技与信息化创新大会。会议深入学习贯彻习近平总书记关于科技创新的重要论述，全面总结“十三五”科技工作成果，研究部署“十四五”及中长期科技创新目标任务和重点举措，动员全体干部员工深刻认识新阶段新使命新要求，坚持支撑当前、引领未来，着力高水平科技自立自强，建设国家战略科技力量和能源与化工创新高地，为我国建成世界科技强国贡献智慧和力量。中国石油天然气集团有限公司科技与信息化创新大会发布的十大科技成果见表6。

【2021年中国石油十大科技进展入选项目】 2021年中国石油十大科技进展入选项目见表7。

表6 中国石油天然气集团有限公司科技与信息化创新大会发布的十大科技成果

序号	技术名称	主要贡献单位
1	EV56 高精度宽频可控震源	中国石油集团东方地球物理勘探有限责任公司
2	多功能一体化油藏数值模拟软件（Hisim 4.0）	中国石油天然气股份有限公司勘探开发研究院
3	AnyCem 自动化固井技术与装备	中国石油集团工程技术研究院有限公司
4	一键式人机交互 7000 米自动化钻机	宝鸡石油机械有限责任公司
5	CPLog 多维高精度成像测井系统	中国石油集团测井有限公司
6	陆相页岩油地质理论与勘探开发技术	中国石油天然气股份有限公司勘探开发研究院、中国石油天然气股份有限公司新疆油田分公司、大庆油田有限责任公司、中国石油天然气股份有限公司长庆油田分公司、中国石油天然气股份有限公司大港油田分公司
7	CG STEER 旋转地质导向钻井系统	中国石油集团川庆钻探工程有限公司
8	第四代精细分层注水工艺技术	中国石油天然气股份有限公司勘探开发研究院、大庆油田有限责任公司、中国石油天然气股份有限公司长庆油田分公司、中国石油天然气股份有限公司吉林油田分公司
9	百万吨级乙烷制乙烯成套技术	中国寰球工程有限公司、中国石油天然气股份有限公司兰州石化分公司、中国石油天然气股份有限公司独山子石化分公司
10	灵活切换生产 1- 丁烯 /1- 己烯成套技术	中国石油天然气股份有限公司石油化工研究院、中国石油天然气股份有限公司兰州石化分公司、中国寰球工程有限公司

表7 2021年中国石油十大科技进展入选项目

序号	专业	项目名称	简　介
1	地质	复杂碳酸盐岩油气藏地质认识和技术创新助推超深层油气重大发现	（1）创新形成超深层海相碳酸盐岩断裂控储成藏地质理论。建立坳陷区走滑断裂破碎带控储、分段差异富集的油藏模式，深化碳酸盐岩油气成藏和富集规律认识，指导坳陷区超深层断裂断控油气藏勘探重大突破。（2）创新形成以“断层—岩性控圈、立体成藏、复式聚集”为核心的斜坡区超深层白云岩大面积立体成藏理论。提出断裂与丘滩体联合控圈，断裂高效疏导，震旦纪—古生代多层系、多期次立体成藏、复式聚集。（3）创新超深层复杂断控缝洞型碳酸盐岩储层定量描述技术、超深层弱信号高保真恢复成像白云岩岩性圈闭精细刻画技术

续表

序号	专业	项目名称	简　介
2	开发	多功能一体化油藏数值模拟软件实现国产化替代	（1）融合计算科学与数据科学新技术，创新形成智能多条件约束地质建模、一体化多模态复杂渗流数学建模、多组分超大规模高效预处理数值求解、智能流体相平衡数值计算等关键核心技术，支撑实现亿级自由度、千万级节点、米级网格精细油藏数值模拟。（2）形成适用于中国油气藏类型和开发方式的多功能一体化油藏数值模拟软件系统，拥有地质建模、黑油模拟、组分模拟、裂缝模拟、化学驱模拟、热采模拟等10大功能模块，与同类软件对比，具有规模大、速度快、精度高的特点，在注水开发老油田、注气提高采收率、致密油气/页岩油气开发模拟上具有优势。（3）软件实现从建模到数模、从黑油到组分、从常规到非常规、从新油田开发到老油田提高采收率的模拟全覆盖，成为助力油气田高效开发的关键核心工具
3	物探	超大型地震处理解释一体化系统GeoEast实现升级换代	（1）在平台方面突破PB级海量地震数据管理、大规模并行计算、云计算等关键技术，实现2000节点以上大规模异构集群集中管理和调度，达到国际领先水平。（2）在处理方面突破稀疏反演混采数据分离、各向异性建模/偏移、Q层析/偏移、全方位层析等技术瓶颈，创新上下行波场分离、镜像偏移等技术，形成以高精度地震成像为代表的12大地震资料处理技术系列。（3）在解释方面突破叠前地质统计学反演、三维复杂构造地质建模、基于AI的高效构造解释等技术，形成集构造解释、储层预测、井震联合地质分析、叠前五维解释及人工智能为一体的综合地震地质解释系统
4	物探	iPreSeis复杂构造成像和定量储层预测技术取得重大突破	（1）在速度建模与成像方面，以匹配静校正代替常规静校正，在全球率先实现近地表与中深层速度整体建模并初步智能化；从地表小平滑面出发开展叠前深度偏移，提高速度模型保真度和叠前成像精度。达到国际领先水平。（2）在储层与流体定量预测方面，突破复杂孔隙介质岩石物理理论模型和叠前弹性参数反演两大难题，实现岩石物理分析与叠前储层参数预测、流体检测的有机统一，形成复杂多孔储层多尺度预测、多域烃类检测及含气饱和度定量预测等特色技术，引领技术发展方向
5	测井	低饱和度油气层测井评价技术创新突破增储上产效果显著	（1）原创低饱和度油气层成因机理分析技术，有效指导饱和度分布规律评价研究。（2）基于研发的核磁共振测井的可动水饱和度计算与孔隙结构表征处理新方法，创建油相和水相渗透率测井计算新方法，明确不同成因低饱和度油气层的油水赋存与产出规律。（3）建立不同储层品质的含水率计算模型，突破压裂产能测井预测精度差的瓶颈问题
6	钻井	CG STEER旋转地质导向钻井系统推动非常规油气开发关键技术自主可控	（1）攻克导向模块设计与制造、非接触电能/信息传输等六大关键核心技术瓶颈。（2）独创平衡趋势造斜率预测模型，造斜能力突破12.5度/30米。（3）突破狭小空间电路优化和抗振结构设计，近钻头伽马零长2.1米。（4）优化磁干扰补偿模型，开发零度井斜造斜功能，实现“直—增—平”全井段作业，作业时效高。（5）创新压力反馈控制算法，设计复合滑动轴承，突破高转速精确测控难题，适应转速达到200转/分。（6）产品模块化设计，满足多样化需求
7	钻井	“一键式”人机交互7000米自动化钻机显著提升钻井自动化水平	（1）攻克多设备联动协同控制等技术瓶颈，实现钻井关键工艺流程“一键式”操控。（2）首创具有并联作业模式的独立建立根系统，实现建立根与钻进并行。（3）突破虚拟重构、视觉识别等关键技术，开发智能安全管控系统，实现动态防碰管控与重点区域智能报警功能。（4）建立钻机在线监测与远程运维平台，实现钻机设备健康状态在线实时监测和诊断服务
8	储运	天然气集输管网腐蚀及风险防控技术体系研究与应用取得突破性进展	（1）基于酸性气田复杂输送介质环境下，建立酸性气田管材、腐蚀缓蚀剂、氢致开裂评价模型与方法，形成地面设施腐蚀防护机制，开发安全评价系统，有效提高酸性气田地面设施安全管理水平。（2）形成集输站场工艺系统冲蚀进化理论，建立站场工艺系统冲蚀速率动态预测模型，开发天然气管道站场风险识别控制系统。（3）开发含腐蚀缺陷的集输天然气管道风险评价系统，创建基于贝叶斯网络的复杂管网系统安全风险动态评价方法，确定管网各区域的安全边界条件

续表

序号	专业	项目名称	简　介
9	炼油	全球首套超重力硫酸烷基化新技术工业试验成功	（1）首创超重力烷基化大型反应器。创新设计兼具强化传质与瞬时撤热功能的反应器新型结构，实现微观反应场所的酸烃传质与温度控制，满足低温下高选择性、高转化率定向反应。（2）自主设计千吨级超重力烷基化反应系统，巧妙实现第二反应区和第一反应区内低温耦合控制，达到两种烯烃原料、不同主反应速度下的最大化反应协同和烷基化油生产效率与质量最优的工艺策略
10	化工	百万吨级乙烷裂解制乙烯成套技术工业应用成功	（1）20 万吨大型气体炉工业化应用处于国内领先水平。（2）乙烯收率大于 83%，达到国际先进水平。（3）采用强化传热炉管，清焦周期可达 140 天以上。（4）采用高效三级裂解气急冷换热器回收余热，节能效果明显。（5）采用中石油裂解炉烟气 SCR 脱硝技术，NO_x 含量降低 70% 以上。（6）原料增湿塔配汽技术，吨乙烯能耗降低 10 千克标准油。（7）“捕焦 + 气浮 + 聚结”组合除焦除油工艺，保证工艺水品质。（8）脱乙烷塔与裂解气压缩机热泵工艺，两级膨胀机制冷和高效回收乙烯工艺，降低综合能耗。（9）废碱氧化 + 蒸发结晶工艺技术，实现废碱液近零排放

（史洺宇）

标准化工作

【概述】 2021 年，集团公司标准化工作认真贯彻落实《国家标准化发展纲要》，按照集团公司标准化“十四五”规划部署，完善企业标准化组织管理体系，加强标准化工作研究，高质量推进标准国际化工作，进一步巩固提升油气行业上游领域标准化管理机构的主导地位。全年主导制定国际标准 2 项，制修订国家、行业标准 105 项；完成中国石油学会标准化工作委员会的组建；在 ISO 申报的提高采收率分技术委员会通过委员会投票，取得新的重要突破，实现集团公司“十四五”标准化工作的良好开局。

【标准制修订】 2021 年，集团公司牵头完成国家标准 19 项、行业标准 86 项，新承担国家标准、行业标准 184 项；下达集团公司企业标准计划制修订计划 144 项。发布企业标准 119 项，公布企业标准复审结论 212 项，现行有效的集团公司企业标准共 1739 项。推动落实国家深化标准化工作改革要求，完成中国石油学会标准化工作委员会的组建工作，分两批下达标准制修订计划 12 项，通过构建团体标准体系，完善团体标准工作机制，力争成为石油工业最佳标准贡献者；加强车用汽油、柴油标准升级工作的组织与协调，稳妥应对京Ⅵ B 车用汽油、柴油标准升级工作，为确保按时为 2022 年北京冬奥会顺利供油打下基础，同时参与车用乙醇汽油国家标准修订工作，为产品质量管控提供依据。

【标准实施监督】 2021 年，集团公司确定勘探与生产、炼油与化工等 6 个专业、23 项重点标准实施工作，确保标准规定的技术和管理要求有效落地。开展第五届集团公司优秀标准奖评选。持续推进集团公司标准化信息系统建设，在底层平台设计、标准制修订流程、标准实施评价等方面进一步进行优化，推动标准化工作信息化、数字化和智能化。

【标准化研究工作】 2021 年，在总结《集团公司“十四五”标准化规划研究与编制》研究成果的基础上，印发《中国石油天然气集团有限公司“十四五”标准化发展规划》，系统提出“十四五”标准化工作指导思想、原则、目标和重点任务。开展“集团公司重点领域标准体系优化及 2035 年标准化远景规划研究”“下阶段车用汽柴油及车用乙醇汽油标准关键指标限值研究”等 4 项课题的研究工作，进一步发挥标准的支撑和引领作用。按照国家能源局要求，组织开展“石油领域标准质量提升专项研究”，为构建石油领域新型标准体系提供技术支撑。

【国际标准化工作】 2021 年，集团公司牵头制定并发布《塑料—聚丙烯树脂等规指数的测定　低分辨脉冲核磁法》(ISO 24076：2021)、《塑料　聚乙烯、聚丙烯—金属含量的测定　ICP-OES 法》(ISO 24047：2021)国际标准 2 项。继续加强国际标准制修订培育计划项目管理，17 个项目纳入国际标准培育计划。组织推进在 ISO/TC67 下成立提高采收率分技术委员会工作，通过委员会的投票，实现集团公司在勘探开发核心业务领域主导国际标准化技术组织取得的新突破。同时在 ISO/TC193/SC3 下成立 WG3“水合物”和 WG8“滑溜水测试”两个工作组，不断拓展国际标准化工作的深度广度。稳步推进与俄罗斯天然气工业股份公司的标准与合格评定结果互认工作，在前期《工业离心泵通用技术条件》《连续油管》两批互认标准工作基础上，开展第三批互认标准《煤层气开发方案技术要求》的编制，为双方在煤层气业务领域开展国际合作创造了有利条件。

（邵　男）

信息化工作

【概述】 2021 年，集团公司信息化工作全面贯彻新发展理念，遵照“价值导向、战略引领、创新驱动、平台支撑”总体原则，加强顶层设计，坚持试点先行，强化协同推进，完成智能运营中心等 21 个项目建设，新开展数据治理等 9 个项目实施，启动数字化转型、智能化发展试点，各业务领域信息系统应用持续深入，信息基础设施和网络安全保障能力不断加强，信息化对集团公司高质量发展和新冠肺炎疫情防控发挥重要作用，“数字中国石油”建设取得一系列重要成果，实现“十四五”良好开局。

【信息系统建设】 2021 年，集团公司数字化转型、智能化发展迈出新步伐，14 家单位围绕 108 个应用场景，大力推动试点建设。智能运营中心建成投运，以“横向统筹优化、纵向穿透到底”为目标，集成 24 个信息系统 484 项生产经营指标，实现全产业链统筹优化、生产经营辅助决策、生产运营业务协同、生产应急调度指挥。国资动态监管体系持续完善，完成聘用第三方服务机构、改革在线督办、采购管理等 3 项新增监管应用建设，构建横向到边、纵向到底、全面协同的数字化智能化监管体系。大数据分析平台建成应用，汇聚内外部 66 个信息系统 55 太字节（TB）的数据资源，在管理驾驶舱、财会监督、审计等领域研发与业务紧密融合的数学模型，实现对海量数据的深度挖掘、智能处理和关联分析。共享业务深度广度快速拓展，财务共享承接国内 83 家单位核算、报表和资金支付 3 项业务，在海外 186 个项目（公司）推广共享服务，累计研发国内共享机器人 7 类 374 个，年均节省 700 余人工作量；人力资源共享完成薪酬、员工服务等首批业务全覆盖，实现同类业务集中化、集约化、标准化处理。工业互联网体系初步建成，统一管理 2000 台关键生产设备的预警预测和健康评估，开发工业模型 18 万个，汇集工业数据超过 30 太字节（TB），入选中央企业网络安全和信息化优秀案例。油气价值链优化能力持续增强，支持生产经营事前算赢和产业链一体化优化，形成 180 多版专题分析方案、170 多项优化方案，实现市场预测、计划优化、效益测算、综合分析等的统筹管理。综合统计管理系统提升完善数据采集、集成、预警和分析 4 方面能力，推动统计业务由数据采集汇总向数据分析预警转变；危险化学品油气泄漏监测预警系统集中管理 2000 余个重大危险源、3.4 万余个点位的实时监测数据，重大危险源风险预警模型以及油品泄漏等 18 种视频智能分析算法为企业安全生产提供重要支撑。

【信息系统应用】 2021 年，集团公司总部各部门、各专业公司、各地区公司推动信息系统持续深化应用，信息化对主营业务的支撑作用不断增强。

“智慧党建”品牌影响力不断提升，“中国石油”学习强国号正式上线，“铁人先锋”党建信息化平台广泛汇聚向上向善力量，确保 6 万个党工团组织、50 余万党员始终生活在学习之中、组织之中、制度之中、文化之中，最高日活跃用户 56 万人，获 2021 年数字中国创新大赛党建赛道冠军。电子销售服务领域不断扩大。构建油品、化工品、天然气和非油等业务线上交易和服务平台，吸引各类客户1.46亿户，在优化销售布局、加强异业合作、提升客户体验等方面取得初步成效。

勘探与生产领域，持续提升勘探开发梦想云技术能力，60余年5拍字节（PB）的勘探开发数据共享应用不断深入，作为集团公司展览的核心内容亮相中国国际服务贸易交易会。采油与地面工程运行管理基本实现信息化全覆盖，油气井生产时率和完整性管理水平明显提升。制定勘探开发知识图谱技术规范。

炼油与化工领域，化工品物流管理系统实现资源配置与市场需求的高效联动、产品库存的动态管理、公路铁路海运多种运输方式实时跟踪，在生产运行、计划优化、工艺分析、现场安全监控、流程模拟与仿真等领域持续开展信息系统深化应用。

成品油销售领域，全面推广移动支付、电子发票等互联网应用，信息系统在持续优化业务流程、强化内部管控、提升精细化管理水平、提高服务质量、降低物流成本等方面发挥重要作用。

天然气销售领域，多角度分析客户用气规律和用气结构，实时监测资源、销售、库存等信息，动态调整供气策略，为2021—2022年冬季保供工作提供系统支持。

海外勘探开发领域，构建海外全球协同办公和生产经营决策管理信息化体系，加快推动信息系统深化应用与数据共享服务，提升海内外单位间信息共享水平和数据资产价值。

贸易领域，持续推进海外分支机构资金集中管控，加强全球能源贸易业务全过程跟踪与风险管控，不断提升业务运营支持、实时风控和财务监控管理能力，有效规避万亿级贸易风险事件发生。

工程技术领域，推进工程作业智能指挥中心建设应用，开展工程预警预判、邻井资料分析、工程模拟计算等方面应用，建立工程作业主动发现、提前预警、高效处置的新模式。

工程建设领域，制定工程材料和物资编码统一规则，应用工程设计云共享软件资源，标准化设计能力持续提升。深化信息系统应用，推动生产经营管理网络化运行。

金融领域，优化核心业务系统，加大线上应用开发和互联互通，线上线下协同能力进一步提升，融资渠道进一步拓展。

装备制造企业，不断扩大信息系统应用范围，持续提升生产过程数字化、精益化、协同化和智能化水平。

办公管理方面，综合办公应用更加广泛，综合办公管理平台实现收文和简报业务的内网办理及移动化审批，在总部及有关单位完成公文、督办、会议、资料、保密、办公资源等业务上线运行；统一整合客服电话资源工作取得阶段性进展，956100客服热线正式运行；信息门户、视频会议、电子邮件和即时通信等为日常办公提供便捷、安全的手段。

【信息系统维护】2021年，不断提升信息系统运行维护能力，定期组织开展信息系统应急演练，完善应急预案，保障信息系统平稳运行。

【信息技术基础设施建设】 2021年，集团公司总业务传输带宽37.9万兆，10座卫星主站、800余座卫星小站运行稳定，形成有线无线相结合、多种接入方式互补的立体网络系统。北京昌平、北京勘探院、吉林、克拉玛依等4个集团公司级数据中心共部署机柜6620个，信息技术设备17694万台（套）。建成拥有31.6万核计算（7.9万标准虚拟机）和65.5拍字节（PB）存储能力的云计算资源池，实现100个集团公司统建信息系统云化迁移。

【信息安全建设】 2021年，全面落实国家网络安全法律法规，持续完善网络安全防护体系。完成建党100周年、全国“两会”等重大活动网络安全保障工作，完善网络安全通报机制，优化联防联控体系，推进风险隐患闭环管理，实现情报信息全网共享。开展关键信息基础设施保护专项行动，提升关键信息基础设施安全运行保障能力。常态化开展网络安全大检查、实网检查等工作，针对31类近3000个网络安全隐患持续开展治理。建立工控系统态势感知平台，对工控系统网络安全风险、漏洞、威胁等开展监测告警与态势预测分析。网络安全检查平台为各单位提供高效的漏洞扫描、基线核查等在线检查服务。定期举办网络安全宣传周、网络安全攻防大赛，宣贯政策法规，发布典型案例，提升全员网络安全意识。

【信息标准化建设及信息化管理】 2021年，持续完善信息技术标准体系。制修订企业标准11项、行业标准5项。召开科技与信息化创新大会。强化顶层设计，持续优化完善“十四五”数字化转型、智能化发展规划。

（张云辉）

安全环保与质量节能

新冠肺炎疫情防控

【概述】 新冠肺炎疫情发生以来，集团公司党组坚决学习贯彻习近平总书记重要指示批示精神，坚决落实党中央、国务院决策部署，始终坚持把员工生命安全和身体健康放在第一位，始终坚持“国内和国际业务并重、中方员工和外籍雇员并重、员工和家属并重”，带领百万石油人，外防输入、内防反弹，采取切实有效措施，做到疫情防控和生产经营“两不误”，保证员工健康安全和生产经营平稳有序。

【组织保障】 2021 年，集团公司组织召开新冠肺炎疫情防控工作领导小组例会 110 次，统一指挥、统一部署、统一协调疫情防控工作。集团公司总部有关部门、专业公司和所属单位快速响应集团公司党组要求，聚焦员工生命安全和身体健康、生产经营和油气保供，严格落实疫情防控工作部署。各单位主要领导坚守岗位、关口前移、靠前指挥，充分展现石油人守土有责、守土担责、守土尽责的精神品格。

【运行保障】 2021 年，集团公司结合重点地区新冠肺炎疫情防控形势变化，先后组织对四川、新疆、内蒙古、黑龙江、河北、江苏、浙江等重点地区重点企业视频巡检，协调督导企业落实落细落地疫情防控措施。根据风险地区和政策变化更新完善“疫情防控数据管理系统”，提高各类信息报送的及时性、准确性，增强信息共享、强化数据应用、减轻基层负担，为推进常态化疫情防控和应急处置有机结合提供信息保障。成立驻陕企业疫情防控工作协调督导组，统筹协调驻陕企业疫情防控工作，帮助驻陕企业解决疫情防控和安全生产中的困难和问题。

【制度保障】 2021 年，集团公司结合国内疫情防控形势变化，更新完善中国石油《新冠肺炎疫情防控工作指导手册（第七版）》，指导各单位做好疫情常态化防控工作。突出常态化时段和特殊敏感时段，更新完善《新冠肺炎疫情防控常态化工作方案（第三版）》，制定《新冠肺炎疫情防控特殊敏感时段升级管理方案》和《突发新冠肺炎疫情事件应急处置预案》，统筹协调各专业公司、各企业同步完善两个方案和一个预案，坚持差异化、精准化和可操作。准确把握境外新冠肺炎疫情发展趋势，及时更新出台《中国石油国际业务新冠肺炎疫情常态化防控工作指导意见（第四版）》。

【资源保障】 2021 年，集团公司坚决落实国务院国资委要求，把防疫物资生产保障作为政治任务，22 条口罩生产线根据市场需求及时调整医用口罩产量。2021 年，累计生产口罩 1.29 亿只。

（黄力维　张睿哲）

安全生产与应急管理

【概述】 2021 年，集团公司学习贯彻落实习近平总书记安全生产重要论述，落实党中央国务院关于安全生产工作部署，统筹发展与安全，紧密围绕集团公司发展战略，狠抓安全生产责任落实，坚持“四全”原则，严格“四查”要求，扎实推进安全生产专项整治攻坚，全年未发生较大及以上工业生产安全事故事件，安全生产控制指标再次实现突破。

【安全生产责任制】 2021 年，集团公司贯彻落实新《中华人民共和国安全生产法》，修订完善集团公司党组领导、集团公司总部机关和专业公司全员安全生产责任清单，修订集团公司《总部安全生产与环境保护管理职责规定》，全面落实“管行业必须管安全、管业务必须管安全、管生产经营必须管安全”要求。持续强化以企业领导干部为重的全员安全生产责任落实，2021 年开展 44 名新任职企业主要负责人安全述职工作，组织对 27 家重点企业领导班子成员安全生产责任清单评审，全面执行安全生产记分管理，在全系统开展《生命重于泰山——学习习近平总书记安全生产重要论述》电视专题片学习，促进全员安全生产履职尽责。

【安全监管】 2021 年，集团公司深入推进安全生产专项整治三年行动任务攻坚，顺利通过国务院安委办督导专班年度督查，突出油库罐区、储气库、城镇燃气、硫化氢与有毒有害气体防护、油气井井控等 5 个重点领域安全集中整治，开展高含硫气田开发等重点业务安全诊断评估。落实国家部委要求，组织开展大型油气储存基地安全风险对标自评和集团公司总部深度评估，制定“一库一策”整改提升方案。突出直接作业环节安全监管，出台《工程建设及大检修作业现场安全网格化监管方法实施指南》，推广实施网格化安全片区长制。加强安全风险研判和精准防控，针对季节变化、极端气候、重要节假日等时间节点及时发出风险预警，对专业公司主要负责人调整及时发出安全风险提示函，对建党百年庆典、中央重大会议等特殊敏感时段实施安全风险升级管控。强化安全监督检查和督导帮扶，对 2 个乙烷制乙烯建设工程、4 家炼化企业大检修实施现场安全督导，对广东石化建设工程进行月度安全督导检查，开展全系统 3 个月反违章专项整治活动，共查处各类“三违”行为 17 万人次，促进企业完善管理制度 8000 余项、修订操作规程 2.5 万余项。

【事故管理】 2021 年，集团公司发生一般 A 级工业生产安全亡人事故 6 起，死亡 6 人，与 2020 年同期相比，事故起数和亡人数分别下降 14.3% 和 25%；年度亿工时事故死亡率 0.14，同比下降 22%。强化事故教训汲取，召开 6 次生产安全事故分析会，督促事故企业开展 3 个月安全专项整顿。制作中国石油典型事故案例警示片，召开“12・23”事故警示教育视频会。每季度坚持召开全系统事故案例教育警示视频会，事故企业主要负责人在集团公司会议上作检查。执行事故单位负责人“先免后查”制度，责令“先免后查”企业二级单位负责人 6 人，责令对事故相关的 66 名责任人严肃追责。

【道路交通安全】 2021 年，集团公司持续强化道路交通安全基础管理，修订集团公司《道路交通安全管理办法》，印发《关于进一步加强道路交通安全管理的通知》，从制度层面强化道路交通重点风险管控、隐患排查整治、驾驶员管理、车辆动态监控和事故应急管理。全面加强车辆动态监控系统建设应用，加快各企业运输车辆接入集团公司车辆动态监控系统，入网车辆 11.9 万台，危险品运输车辆实现智能监控。扎实推进三年行动道路交通安全专项整治，开展危险化学品道路交通安全专项督导，对危险化学品装卸、运输、停车场、待进场等重点环节安全隐患进行排查治理，不断提升道路交通本质安全水平。

【海洋石油安全监管】 2021 年，集团公司组织审查 40 家涉海单位的海上安全生产许可证取换证材料，对 7 项新改扩建项目、21 座设施和 11 艘船舶进行备案审查登记，组织开展赵东平台、海南 24 导管架平台、月探 1 井口保护桩的延期服役评估。组织开展海洋石油井控、设施安全风险隐患排查整治和季节性安全生产专项检查，开展应急演练。组织安全生产监管执法人员、海洋石油企业主要负责人和安全管理人员、涉海作业人员等安全培训考核工作，共计 6766 人次通过有关安全培训和能力考核。组织海上应急救援响应中心参加渤海湾蓬勃“4・5”钻井平台着火事故应急处置，检验救援队伍应急救援和处置能力。

【生产安全应急管理】 2021 年，集团公司修订《集团公司突发事件总部应急预案》，形成“1+21”应急预案体系。完成国家危险化学品应急救援昆明基地现场验收，12 个国家级应急救援基地全部验收投运。落实国家指令组织专职消防队伍完成河北沧州“5・31”罐区着火事故应急救援、河南新乡抗洪救灾任务，3 人获首届“全国优秀应急先进工作者”称号。制定《专职消防队专业化建设考核评估标准》，开展 32 支专职消防队能力考评。完成 2021 版《集团公司应急资源目录》编制，促进突发事件应急资源快速调运。在春节、“七一”、国庆节等特殊敏感时段前，对在京生产经营企业的重点加油站、油库、天然气站场等易燃易爆场所和办公楼宇等人员密集场所进行消防安全监督检查。

【集团公司质量安全环保节能先进企业】 2021 年度集团公司质量安全环保节能先进企业见表 1。

表 1　2021 年度集团公司质量安全环保节能先进企业

企业类别	企业名称
油气田企业（14 家）	大庆油田有限责任公司、新疆油田分公司、塔里木油田分公司、长庆油田分公司、西南油气田分公司、辽河油田分公司、华北油田分公司、南方石油勘探开发有限责任公司、浙江油田分公司、中石油煤层气有限责任公司、吐哈油田分公司、冀东油田分公司、青海油田分公司、大港油田分公司
炼化企业（15 家）	辽阳石化分公司、独山子石化分公司、大连石化分公司、长庆石化分公司、中国石油四川石化有限责任公司、大港石化分公司、吉林石化分公司、华北石化分公司、广西石化分公司、乌鲁木齐石化分公司、锦州石化分公司、哈尔滨石化分公司、庆阳石化分公司、大庆炼化分公司、锦西石化分公司
成品油销售企业（13 家）	东北销售分公司、西北销售分公司、山东销售分公司、北京销售分公司、浙江销售分公司、河北销售分公司、云南销售分公司、甘肃销售分公司、河南销售分公司、吉林销售分公司、四川销售分公司、辽宁销售分公司、重庆销售分公司
天然气销售企业（1 家）	昆仑能源有限公司
海外企业（5 家）	中国石油国际勘探开发有限公司、中国石油中亚公司、中国石油西非公司、中国石油拉美公司、中国石油中东公司
国际贸易企业（1 家）	中国石油国际事业有限公司
油田服务企业（5 家）	中国石油集团东方地球物理勘探有限责任公司、中国石油集团西部钻探工程有限公司、中国石油集团测井有限公司、中国石油集团海洋工程有限公司、中国石油集团渤海钻探工程有限公司
工程建设企业（3 家）	中国石油管道局工程有限公司、中国寰球工程有限公司、中国昆仑工程有限公司
其他企业（3 家）	中国石油集团济柴动力有限公司、中国石油集团安全环保技术研究院有限公司、中国石油集团渤海石油装备制造有限公司

注：资料来源于集团公司文件。

（靳　鹏　宋昌雨）

环境保护

【概述】 2021 年，集团公司党组坚持把学习贯彻习近平生态文明思想和党中央关于生态环境保护重大决策部署作为重要政治任务，学习贯彻习近平总书记关于生态环境保护重要指示批示精神，作为第一议题，第一时间贯彻落实。2021 年，未发生较大及以上环境事件，化学需氧量、氨氮、二氧化硫、氮氧化物排放量持续下降，生态环境保护各项工作稳步推进。

【生态环境保护强化措施】 2021 年，集团公司突出抓好重点流域生态环保工作。印发《集团公司长江经济带生态环境保护强化工作方案》，部署生态保护、清洁生产、“三废”污染防治、土壤和地下水污染防治、环境风险防控、环境监管等 8 个领域强化措施。印发《关于进一步落实黄河流域生态环境保护工作的通知》《关于进一步落实黄河流域、长江经济带生态环境保护工作方案要求的通知》，严格重点流域污染治理任务跟踪督办。

开展生态环境保护内部帮扶督查。印发《集团公司生态环境保护督查方案》《集团公司生态环境保护督查工作规范》，对照中央生态环境保护督察要求建立内部督查制度，进一步规范督查程序、细化督查内容；采用集团公司总部、专业公司两级督查和企业自查相结合的方式，对重点企业进行督查帮扶。2021

年，累计完成33家企业现场帮扶督查工作。

做好中央生态环境保护督察协调调度和问题整改。2021年第二轮第三批、第四批和第五批中央生态环境保护督察涉及集团公司85家所属企业。集团公司成立专项工作组，召开迎检工作部署会，梳理下发重大风险预警清单，建立信息周报机制，及时跟踪企业迎检信息，强化问题分析研判，指导并督促企业立查立改。所属企业未发生通报案例。

【《各级党组织生态环境保护重大事项议事规则》印发】 2021年，按照集团公司党组印发的《各级党组织生态环境保护重大事项议事规则》，总部各部门、专业公司各司其职，各企业强化生态环境保护主体责任，所属企业党委召开议事会议229次，健全任务层层分解、责任层层落实、压力层层传导的工作机制，细化污染防治攻坚措施，切实推动生态环境保护重大问题解决。

【污染防控】 2021年，集团公司强化生态环境隐患排查治理整改。印发《生态环境隐患排查治理实施规范》，建立生态环境隐患调度平台，实现隐患上报和治理进度信息化管控。组织开展生态环境隐患全面排查，形成重大生态环境隐患治理清单，纳入生态环境隐患调度平台跟踪治理情况。

加强集团公司排污许可证管理。印发《关于进一步加强排污许可管理工作的通知》，组织企业全面开展取证、执行报告和限期整改问题排查，建立集团公司排污许可管理平台，按月开展排污许可证申领情况跟踪调度，并督促企业加大限期问题整改力度，加快剩余排污许可证办理进度。组织开发执行报告提交信息上报系统，督促企业严格落实执行报告制度，强化证后管理。

开展“挥发性有机物管控能力提升百日专项行动”，针对炼化、销售企业实施一轮强化现场管控，努力打造“无异味工厂”；强化重点时段、重点地区大气污染防控，燃煤锅炉淘汰、燃气锅炉低氮改造、北京地区国Ⅵ标准运输车辆升级、挥发性有机物强化管理等重点任务按期完成。2021年，炼化挥发性有机物排放同比下降7.4%。

【环境风险控制】 2021年，集团公司开展含油污泥专项治理和环境敏感区违规生产退出。印发《关于开展含油污泥专项整治工作的通知》，各企业深入开展排查，核清基数、建立动态台账，制订清零工作方案，在集团公司固体废物管控平台逐个点位、逐笔转移量进行调度。2021年底，9家企业排查上报的历史遗留含油污泥全部清零。督促涉及敏感区存在生产设施的企业有序加快退出生产设施，并协调政府合理调整保护区区划。

【环境保护宣传与培训】 2021年，集团公司在“6·5”世界环境日发布《2020年度环境保护公报》。公报从生态环境保护、绿色低碳发展、央企担当等方面，全方位展示中国石油在环境保护领域的成就和发展。举办“公众开放日”活动，向社会公众、媒体展示绿色、低碳、创新发展的石油企业形象，深化企业与政府、媒体和公众之间的友好关系。集团公司举办环境统计培训班，80个企业的132名环境统计业务人员参加培训并通过考核，取得环境统计上岗证。

（陈昌照　梁兵兵）

低碳管理

【概述】 2021年，集团公司围绕国家“碳达峰”“碳中和”目标，提出力争2025年左右实现碳达峰，2050年左右实现近零排放的总体目标，按照“清洁替代、战略接替、绿色转型”三步走总体部署，开展绿色企业创建，建立完善温室气体排放管控制度体系，强化碳排放总量和强度双控考核约束，严格碳资产管理，参与国际国内应对气候变化合作，加快集团公司绿色低碳发展转型。2021年，集团公司温室气体排放当量1.79亿吨，同比下降4.3%。

【应对气候变化】 2021年，集团公司印发《绿色企业创建行动指导意见》，完成油气田、炼化、油品销售业务绿色企业评价标准编制工作，从绿色产品和服务、绿色生产和工艺、绿色文化和责任3个方面，引导企业加快绿色低碳发展转型。2021年完成首批8家绿色企业认定。

制定《关于加强温室气体排放管控工作的指导意

见》《碳交易管理办法》《温室气体排放统计考核管理办法》等制度，设立“集团公司温室气体核查核算中心”，强化碳考核约束机制，参与全国碳交易市场建设，完善碳资产管理，完成碳排放权交易履约工作。

布局碳汇林建设，完成集团公司首个碳中和林二期工程建设，大庆油田马鞍山碳中和林已达 510 亩，新疆油田营造碳汇林 500 亩。

【二氧化碳捕集利用封存】 2021 年，集团公司系统规划推进碳捕集、利用与封存（CCUS）示范工程建设，松辽盆地 200 万吨二氧化碳注入规模进入工程实施阶段，长庆油田姬塬油田、南方石油勘探 CCUS 先导试验区建设投运，吉林油田 CCUS 示范工程稳定运行 13 年，累计埋存二氧化碳 209 万吨。2021 年，集团公司埋存二氧化碳 56.7 万吨。参与国际合作，在油气行业气候倡议组织（OGCI）合作中，出版《OGCI 中国 CCUS 商业化白皮书》，推动 CCUS 商业化运作，为国际油气行业低碳转型贡献中国石油智慧。

【甲烷管控】 2021 年，集团公司按照《甲烷排放管控行动方案》部署泄漏检测修复（LDAR）工作、消灭常规火炬排放、深化整体密闭流程改造综合治理等重点措施，在油气田企业开展甲烷控排试点。强化甲烷管控合作研究，2021 年 8 月，集团公司“油气田甲烷 / VOCs 协同监测技术研究”立项；参与国家甲烷监测试点工作，发起成立“中国油气企业甲烷控排联盟”。2021 年，集团公司甲烷排放强度同比下降 8.9%。

（梁兵兵）

HSE 体系管理

【概述】 2021 年，集团公司继续坚持以 HSE 体系建设为主线，做好 HSE 管理体系审核工作，持续推进 HSE 管理体系建设，规范 HSE 管理体系有效运行。

【HSE 制度标准制修订】 2021 年，集团公司持续强化 HSE 制度、标准基础建设，完成《安全生产监督管理办法》《道路交通安全管理办法》《重大危险源安全管理办法》等 18 项 HSE 制度的制修订工作，制修订《工业生产安全事故调查工作规范》《环境统计技术规范》等 15 项 HSE 企业标准，进一步夯实 HSE 管理基础。

【HSE 宣传培训】 2021 年，集团公司组织安全总监、处级干部、体系审核员、安全监管人员、应急消防以及健康管理人员等集团公司总部层面各类培训 20 余期，培训学员 2000 余名。充分利用各种培训资源，线下培训与线上培训相结合，根据新冠肺炎疫情防控工作要求，适时组织开展线上培训，并通过在线监控、当堂测试等多种形式，确保线上培训质量。针对培训工作中暴露出培训走形式、考试把关不严格等问题，进一步规范培训班管理，严把培训质量关。

【HSE 体系审核】 2021 年，集团公司立足严格监管现状实际，坚持“三不审核”原则，深化落实“一体化、差异化、精准化”审核要求，对 120 家生产经营企业实施 2 次全覆盖的 QHSE 审核，发现问题 45956 项，督办企业分析原因，举一反三，对因履职不到位而导致严重问题的有关人员实施考核问责。6 月 10 日、12 月 17 日集团公司分别召开上、下半年 QHSE 审核总结视频会，总结审核情况，对审核发现存在突出问题的企业点名通报。

【HSE 标准化建设与员工履职能力评估】 2021 年，组织实施基层站队 HSE 标准化建设“百千示范工程”，指导企业对标改进，优中选优，评选出 20 个集团公司级和 181 个企业级基层 HSE 标准化示范站队并印发表彰通报，强化示范引领，推动企业提升基层站队标准化建设整体水平。坚持把基层 HSE 标准化建设和员工安全环保履职能力评估作为夯实基层基础工作的有效途径，各企业 2021 年对 48751 名企业新提任科处级干部、新上岗员工开展安全环保履职能力评估，推动关键岗位人员能岗匹配、主动履职。

【HSE 信息管理】 2021 年，集团公司持续加强 HSE 信息系统深化应用。新增“四不两直”检查、安全记分管理等 6 项模块，为安全环保责任的落实归位、重大风险管控提供技术支撑；危险化学品油气泄漏监测预警子系统全面建成，接入2000余个重大危险源实时数据，实现重大危险源在线监控和分级预警，危险化学品安全生产风险防控能力进一步提升；完善新冠肺炎疫情防控数据管理系统，为集团公司疫情防控工作提供全面保障；污染源在线监测子系统联网污染源排放口总量由530个扩展实施至700余个，国务院国资委考核指标“污染源自动监测控制系统数据完整率”为100%。

（张睿哲　宋昌雨）

节能节水

【概述】 2021年，集团公司强化把节能作为第一能源的理念，健全完善节能节水管理制度和标准规范，加强责任目标落实，持续深化能源管控，努力实现能耗总量有效控制和能效水平持续提升。制定实施《集团公司能源节约与能效提升工作方案（2021—2025年）》，印发《集团公司关于进一步推进合同能源管理的意见》《集团公司节能节水督查管理办法》。2021年，节能74万吨标准煤、节水1049万立方米。

【能源管控】 2021年6月，集团公司印发《关于持续深化推进能源管控工作的通知》，坚持“总部统筹、专业主导、企业实施”原则，进一步明确推进思路、推进方式和保障措施。11月12日，印发《“十四五”能源管控工作计划》，推进16家油气田企业、23家炼化企业、4家钻探企业能源管控工作。

【节能节水重点工程】 2021年，集团公司安排资金，重点实施油气田企业系统提效、天然气回收与余能利用、稠油油田节能提效，以及炼化企业系统优化、耗能设备节能改造以及装置工艺改造等节能节水技术改造项目。

【节能节水型企业建设】 2021年，集团公司强化能源消耗总量和消耗强度控制，对油气田、炼化和工程技术服务企业下达能源消耗总量控制指标，将节能量和节水量指标纳入各企业领导人员业绩合同，逐级分解落实。落实国家重点行业企业节能降碳承诺，董事长签署《重点行业企业节能降碳承诺书》，总经理录制承诺宣传视频片。加强节能源头管控，对国家发展改革委员会《固定资产投资项目节能审查办法》施行以来的新建、改建、扩建固定资产投资项目节能审查情况进行全面梳理，确保建设项目管理合法依规。8月5日，下发《关于加强固定资产投资项目节能审查工作的通知》，贯彻落实国家坚决遏制高耗能项目盲目发展的要求。9月29日，中国石油和化学工业联合会公布2020年度石油和化工行业耗能产品能效“领跑者”、水效“领跑者”标杆企业名单和指标，中国石油独山子石化公司（年110万吨乙烯装置）位列2020年能效“领跑者”标杆企业乙烯生产企业第一名，位列2020年水效“领跑者”标杆企业乙烯生产企业第三名；独山子石化公司塔里木石化分公司（以天然气为原料生产企业）获得水效“领跑者”合成氨生产企业第二名。中国石油和化学工业联合会授予中国石油所属15家企业节能先进单位称号、7个节能技术机构优秀服务单位称号、100人节能先进个人称号。

【节能节水统计监测】 2021年，集团公司实施节能节水定期统计制度，对能源利用状况和节能节水情况逐月统计分析。对油田注水系统、抽油机和炼化加热炉等重点耗能设备的能源利用状况进行监测，监督重点单位和利用能。

【节能节水标准化建设】 2021年，集团公司发布《能源管控　第7部分：钻井作业技术规范》（Q/SY 09004.7—2021）、《石油化工工艺加热炉节能监测方法》（Q/SY 09066—2021）、《油田生产过程能量系统优化实施指南》（Q/SY 09349—2021）、《油气田用往复式天然气压缩机组节能监测方法》（Q/SY 09821—2021）、《油田固定资产投资项目节能报告编写规范》（Q/SY 09822—2021）5项节能节水标准，自2021年11月15日起实施。废止《油气管道固定资产投资项目节能评估报告编写规范》（Q/SY 09466—2017）1项节能节水标准。

（李武斌）

职业健康

【概述】 2021年，集团公司坚持把员工健康放在优先发展的战略地位，坚持预防为主、防治结合，努力实现员工职业健康和身心健康的相互促进、同步提高，员工健康管理水平有效提升。

【职业健康管理】 2021年，集团公司进一步完善健康管理机制，制定印发《职业卫生和员工健康管理规定》《员工健康体检管理办法》和《员工非生产亡人事件管理办法》，健全“大健康”管理的顶层制度。大力推进健康企业建设，印发《建设健康企业十项措施》《健康企业建设推进方案》《健康企业建设标准》和《健康企业建设验收标准》，2021年有13家单位通过集团公司健康企业建设达标验收。先后举办3次健康企业建设经验交流和培训宣贯，分享工作经验，发挥典型企业示范引领作用，推进集团公司各项健康管理制度和措施落实落地。

（黄力维　张睿哲）

质量管理与监督

【概述】 2021年，集团公司坚持“诚实守信，精益求精”的质量方针，追求“零事故、零缺陷，国内领先、国际一流”的质量目标，按照经营上精打细算、生产上精耕细作、管理上精雕细刻、技术上精益求精的“四精”要求，加强质量管理体系建设，严格过程质量管控，狠抓供给质量提升，为推动集团公司建设基业长青世界一流企业、提升“中国石油”品牌价值作出应有贡献。

【质量管理体系建设】 2021年，集团公司按照问题导向、目标导向、结果导向的原则，组织实施QHSE体系一体化量化审核，实现质量体系审核全覆盖，发现问题5500多项；依据审核结果，对发现的问题进行深层次分析，找出管理原因并组织系统整改，梳理完善管理文件，修订各项管理制度，持续推进管理体系有效运行。

【油品质量控制】 2021年，集团公司严把成品油质量管控3个重要关口，即出厂前100%检测、进入中转油库前100%检测、配送至加油站100%检测，确保油品质量全面受控。根据北京市油品质量升级计划安排，集团公司组织制定并严格实施京ⅥB标准油品质量升级计划，确保北京2022年冬奥会油品供应优质达标。据统计，2021年各级政府有关部门组织对集团公司所属加油站抽查17832批次，经检验全部合格，“中国石油”的良好品牌形象进一步展现。

【品牌培育】 2021年，集团公司坚持把高质量作为品牌的基石和灵魂，树立质量就是品牌的核心意识，加大对品牌的宣传和保护力度，以打造具有市场影响力的品牌产品为重点，持续推进关键指标收窄，培育一批具有高质量、高效益和高市场占有率的品牌产品。油品销售系统深入推进开口营销、微笑服务、亲情服务体系，顾客满意度综合测评得分持续增长，中国品牌力指数（C-BPI）连续五年位居榜首，中国顾客满意度指数（C-CSI）排名第一。

【产品质量认可】 2021年，集团公司受理339家油化剂生产企业2910项产品质量认可申报，开展标准盲审、交叉审核、背对背审核，严格执行5项不通过原则，提高认可工作公正性。严把集团公司油化剂产品质量准入关口，经过业绩和标准审查、现场视频连线核实、集中会审、异议复核、领导审批等程序，281家企业的1654项产品通过认可，产品淘汰率43.16%。

【产品驻厂监造】 2021年，集团公司按照新版制度要求，组织完成2家企业复查换证备案审核、1家企业增项审核以及5家企业的首次备案审核，严格按照备案审核要求以及人员能力、资质、业绩等具体要求，对8家企业进行全面评审，5家企业通过审核，通过率62.5%；完成1565名监造人员资质和任职条件审查，发现68人不满足岗位任职要求，不予备案，监造企业和技术人员能力水平得到有效保障，为提高集团公司大型装备产品采购质量打下坚实的基础。

【产品质量监督抽查】 2021年，集团公司围绕井筒质量提升三年行动计划，结合套损套变等井筒质量突出问题，开展重点区域入井材料专项抽查，抽取钻采设备及配件、油田化学剂、防腐材料等重点物资311批次；围绕重点工程建设和炼化检维修工作进展，把握工程建设和炼厂检维修时间节点，开展工程项目和检维修采购物资质量专项抽查，抽取相关产品561批次；围绕京ⅥB标准油品质量升级，开展炼化和销售企业油品质量专项抽查，抽取汽油、柴油184批次，2021年累计发现不合格采购产品67批次，发布采购物资质量监督抽查通报7期，物资采购部门根据通报要求对相应供应商采取退换货、停止采购、暂停交易权限等措施。

【井筒工程质量管理】 2021年，修订《中国石油天然气集团有限公司井筒质量管理规定》，制定《中国石油天然气集团有限公司井筒质量监督管理办法》。集团公司首次将井筒质量指标纳入油气田和钻探企业领导业绩考核，2021年存量套损套变井比计划多减少973口，新增套损套变井比计划少增加566口，页岩油气井压裂丢段率由1.3%下降到0.13%，井身质量合格率、固井质量合格率分别提高到97%和91%，分别提高9.8个百分点和18.7个百分点，全面完成井筒质量考核年度目标。强化超深井钻井液质量管控，组织开展钻井液处理剂第三方检测评价，发布首批15项超深井钻井液处理剂产品内控指标，开展超深井钻开油气层钻井液专项抽检311批次。成立井筒质量检测中心和超深井钻井液质检中心，16家油气田企业监督站全部挂牌成立；2021年累计抽查和巡查油气水井1.2万口，约4万井次，设置11.6万个质监点并全部巡查到位，质监点到位率100%；发现质量问题19794个，整改完成比例98.6%。

【质量管理培训】 2021年，集团公司围绕质量管理体系、质量奖与卓越绩效模式、质量管理工具与方法、质量管理小组活动准则等培训内容，组织一期质量管理处级干部培训班，来自油气田、炼化、销售、天然气与管道、工程技术服务、工程建设、装备制造和科研等69家单位的92名质量管理部门领导及业务骨干参加培训。2021年开展两期井筒质量巡查监督资格证线下培训和一期线上培训，培训巡查监督人员315人，实现上岗监督人员100%取证。

【群众性质量活动】 2021年集团公司登记注册QC小组11211个，取得QC成果8494项，创造直接经济效益16.57亿元；参与质量信得过班组活动员工约5.1万人，开展质量信得过班组2385个，广大基层员工成为质量改进的主导力量。11个班组获全国质量信得过班组，7项QC活动成果获国优QC小组称号，两项成果分别获第三届央企QC小组成果发表赛一等奖和三等奖。在集团公司主页“质量月”专栏中对获集团公司QC小组活动一等奖的38项成果以及申报全国质量信得过班组的8项建设经验成果进行线上发布，扩大成果的宣传效果和推广应用范围。组织148家企业开展全面质量管理知识竞赛答题活动，超过55万名员工参与竞赛活动，干部员工的质量意识进一步提高。

（祁国栋）

计量工作

【概述】 2021年，集团公司计量工作围绕服务油气主营业务发展，强化交接计量管理，推进计量检定能力建设，加强计量交流与合作，计量工作的支撑保障能力和水平不断提升。

【计量基础管理】 2021年，中国石油昆仑润滑检测评定中心华东实验室等2个实验室通过国家资质认定首次评审、中国石油大庆特种设备检验中心等23个实验室通过复查评审、中国石油管道局工程有限公司环境监测中心站等26个实验室通过扩项评审，集团公司组织对塔里木油田分公司实验检测研究院等15个实验室进行抽查审核，进一步规范实验室的管理。推进石油专用计量监督管理等7个工作项目开展，为持续强化计量基础管理提供有力支撑。

【交接计量管理】 2021年，开展集团公司天然气能量计量实施应对策略研究，推进天然气能量计量试点。编印《天然气能量计量50问》，开展天然气能量计量宣贯。推动制定《油气交接计量指南》行业标准，进一步理顺交接计量关系，规范油气交接计量过程，为油气贸易顺利开展提供支持。

【油气计量检定能力建设】 2021年，完善国家石油天然气大流量计量站组织机构，国家市场监管总局批复同意集团公司副总经理黄永章兼任国家石油天然气大流量计量站站长。推进国家产业计量测试中心、国家市场监管重点实验室筹建，集团公司天然气质量控制和能量计量重点实验室被列为国家市场监管重点实验室。开展计量技术研究，“原油流量溯源及油气计量配套技术”研究项目获集团公司科学技术进步奖二等奖，“油气计量技术研究”项目列入集团公司“十四五”科技发展规划并开始研究。

【计量技术交流】 2021年，参加中俄总理定期会晤委员会经贸合作分委会标准计量认证和检验监管常设工作组能源计量分组第十次会议，集团公司代表中方作《体积管标准表法溯源技术及应用》《天然气发热量直接测定技术现状和发展计划》《天然气能量计量发展现状及展望》3个技术报告，促进中俄油气计量交流与合作。

【油气计量标准制修订】 2021年，集团公司发布《石油专用计量器具量值溯源指南》（Q/SY 14015—2021）、《双极同步螺纹量规检测方法》（Q/SY 14016—2021）和《石油专用螺纹计量器具配备规范》（Q/SY 14578—2021）3项计量标准，自2022年3月1日起实施。编制完成《天然气能量计量实施规范》《储罐自动测量装置计量技术规范》《成品油交接计量规范》和《油气交接计量设施功能确认规范》等4项集团公司企业标准。

（焦学锋）

企业管理与监督

集团公司法人治理

【概述】 集团公司由国家单独出资，不设股东会。国务院国资委依照《中华人民共和国公司法》《中华人民共和国企业国有资产法》《企业国有资产监督管理条例》等法律和行政法规，以及国务院国资委有关规范性文件规定，代表国务院履行出资人职责。董事会是集团公司经营决策机构，对国务院国资委负责，下设战略发展委员会、提名委员会、薪酬与考核委员会、审计与风险管理委员会等4个专门委员会。

2021年，集团公司董事会以习近平新时代中国特色社会主义思想为指导，深入学习贯彻习近平总书记重要指示批示精神、党的十九大和十九届历次全会及中央经济工作会议精神，全面落实党中央、国务院重大决策部署和国务院国资委工作要求，严格按照公司章程履行职责、规范运作，有效发挥定战略、作决策、防风险的作用，推动企业发展改革，着力稳增长、调结构、提质量、增效益、防风险，油气两大产业链安全平稳运行，绿色低碳转型迈出坚实步伐，国企改革三年行动目标任务超额完成，高水平科技自立自强取得一批标志性成果，打造提质增效“升级版”成效明显，安全环保和疫情防控扎实推进，履行责任使命更加坚定有力，在建党百年大庆之年、“十四五”开局之年交出一份优异成绩单。

【集团公司董事会运作】 董事会建设情况。2021年配备5名董事会成员：5月，李建红、石岩、杨亚、高云虎任外部董事；7月，侯启军任董事。截至2021年底，董事会由9人组成：董事长戴厚良，董事侯启军、段良伟，外部董事李建红、王用生、石岩、杨亚、高云虎，职工董事杨华。

董事会和专门委员会会议情况。2021年召开董事会会议10次，审议通过议案27项；召开董事会专门委员会会议6次，其中战略发展委员会会议2次、薪酬与考核委员会会议1次、审计与风险管理委员会会议3次。

董事履职尽责情况。董事会全体成员自觉用习近平新时代中国特色社会主义思想武装头脑，坚决贯彻落实习近平总书记重要指示批示精神，党中央、国务院决策部署和国务院国资委工作要求，根据公司章程、董事会及各专门委员会工作规则，充分发挥参与决策和咨询指导作用，共同促进董事会功能的有效发挥，忠实维护国家利益、出资人和企业的合法权益。外部董事为集团公司发展提出多项建设性意见，为集团公司高质量发展作出积极贡献。

董事会与经理层之间、董事之间沟通情况。董事会听取经理层所作生产经营报告、董事会授权决策及执行情况报告、董事会决策重大投资项目执行情况报告等专题报告。历次现场董事会和专门委员会会议均有经理层成员列席，董事会与经理层成员沟通交流，为经理层提供指导。董事会成员听取相关战略情况报告并进行深入研讨；听取专题汇报；参加董事会议案沟通会议。加强董事之间的沟通交流，2021年组织4次董事会现场会议、5次专门委员会现场会议、4次集体调研。董事长与外部董事通过面谈、电话等方式沟通，董事之间的线上、线下沟通交流充分。

外部董事履职保障情况。印发集团公司外部董事履职保障方案，持续提升外部董事履职保障工作水平。大力支持并参与重要活动。组织外部董事到现场调研、听取集团公司业务工作汇报。邀请外部董事参加集团公司重要会议。严格执行集团公司议案管理办法，持续提升议案质量。完善会前沟通机制。聚焦重要决策事项，加强与外部董事的会前汇报沟通，确保重要决策事项得到充分研究、审慎决策。完善议案汇报机制。坚持经理层成员向董事会报告议案，结合董事会会前沟通及专门委员会召开情况，议案汇报突出重点，给董事更多充分发表意见的时间，有效提高决策效率。

【集团公司董事会会议】 集团公司第三届董事会第九次会议（书面方式）于2021年1月13—17日召开，审议通过集团公司2021年度重大风险评估结果报告。

集团公司第三届董事会第十次会议（书面方式）于2021年4月2—7日召开，审议通过深化集团公司管理体制改革的议案。

集团公司第三届董事会第十一次会议于2021年4月27日召开，审议通过以下议案：

（1）集团公司“十四五”发展规划；

（2）集团公司2020年度财务报告；

（3）集团公司2020年度审计工作报告；

（4）集团公司2020年度内控体系工作报告；

（5）集团公司董事会2020年度工作报告；

（6）关于境外项目融资方案的议案；

（7）关于出资设立中国石油集团昆仑资本有限公司的议案。

集团公司第三届董事会第十二次会议（书面方式）于2021年5月31日至6月4日召开，审议通过以下议案：

（1）关于解聘李凡荣集团公司总经理职务的议案；

（2）关于调整集团公司董事会专门委员会成员的议案。

集团公司第三届董事会第十三次会议（书面方式）于2021年7月2—7日召开，审议通过以下议案：

（1）关于聘任任立新为集团公司副总经理的议案；

（2）关于赞助陕西省举办第十四届全运会的议案。

集团公司第三届董事会第十四次会议（书面方式）于2021年7月22日召开，审议通过关于向河南省政府捐款2000万元支持防汛救灾工作的议案。

集团公司第三届董事会第十五次会议于2021年8月17日召开，审议通过以下议案：

（1）关于聘任侯启军为集团公司总经理的议案；

（2）关于调整集团公司董事会专门委员会成员的议案；

（3）集团公司2021年中期审计工作报告；

（4）关于核准集团公司专业公司及所属企业金融衍生业务资质的议案；

（5）关于将工程建设公司所属宁波中油重工有限公司象山基地闲置土地有偿移交地方政府事项的议案。

集团公司第三届董事会第十六次会议于2021年10月28日召开，审议通过关于解聘吕波集团公司副总经理职务的议案。

集团公司第三届董事会第十七次会议（书面方式）于2021年11月26日至12月2日召开，审议通过中国石油集团金融业务优化调整专项行动工作方案。

集团公司第三届董事会第十八次会议于2021年12月23日召开，审议通过以下议案：

（1）2022年业务发展与投资计划；

（2）2022年生产经营计划；

（3）2022年度预算报告；

（4）关于吉林石化炼油化工转型升级项目可行性研究报告的议案；

（5）关于2022年度债务融资工具一般性授权的议案；

（6）《中国石油天然气集团有限公司董事会授权管理办法（试行）》。

（龙海涛）

股份公司法人治理

【概述】 2021年，股份公司严格遵守《中华人民共和国公司法》《中国石油天然气股份有限公司章程》（简称《公司章程》）及上市地相关法律、法规和监管规则、证券监管规则并结合股份公司实际情况，不断制定、完善和有效执行各项工作制度和相关工作流程。股份公司治理的实际情况符合各上市地监管机构及证券交易所发布的有关上市公司治理的规范性文件要求。股份公司通过股东大会、董事会及相应的专门委员会、监事会以及总裁负责的管理层协调运转，有效制衡，实施有效的内部控制管理体系，股份公司内部管理进一步规范，管理水平不断提升。股份公司及时、真实、准确、完整地进行各项信息披露，确保所有股东享有平等的机会获取股份公司相关信息，持续提升股份公司治理透明度。

【“公司日”活动】 由于新冠肺炎疫情，2021年未举办“公司日”活动。

【股东大会运作】

1. 股份公司股东大会职责

股东大会是股份公司最高权力机构，行使下列职权：

（1）决定股份公司的经营方针和投资计划；

（2）选举和更换董事，决定有关董事的报酬事项；

（3）选举和更换由股东代表出任的监事，决定有关监事的报酬事项；

（4）审议批准董事会的报告；

（5）审议批准监事会的报告；

（6）审议批准股份公司的年度财务预算方案、决算方案；

（7）审议批准股份公司的年度利润分配方案和弥补亏损方案；

（8）对股份公司增加或者减少注册资本做出决议；

（9）对股份公司合并、分立、解散、清算或者变更股份公司形式等事项做出决议；

（10）对股份公司发行债券做出决议；

（11）对股份公司聘用、解聘或者不再续聘会计师事务所做出决议；

（12）修改股份公司章程；

（13）审议代表股份公司有表决权的股份百分之三以上（含百分之三）的股东的提案；

（14）审议批准法律、法规和本章程规定需要股东大会审批的担保事项；

（15）审议股份公司在一年内购买、出售重大资产超过股份公司最近一期经审计总资产30%的事项；

（16）审议批准变更募集资金用途事项；

（17）审议股权激励计划；

（18）法律、行政法规及股份公司章程规定应当由股东大会做出决议的其他事项。

股东大会可以授权或委托董事会办理其授权或委托办理的事项。股东大会对董事会的授权，如所授权的事项属于普通决议事项，应由出席股东大会的股东（包括股东授权代理人）所持表决权的二分之一以上通过；如属于特别决议事项，应由出席股东大会的股东（包括股东授权代理人）所持表决权的三分之二以上通过。

2. 股份公司股东大会会议召开情况

2021年，股份公司召开1次年度股东大会，1次临时股东大会，形成19项决议。

2021年6月10日，股份公司2020年年度股东大会在北京北辰五洲皇冠国际酒店召开。会议以投票方式表决，以二分之一以上赞成批准《公司2020年度董事会报告》《公司2020年度监事会报告》《公司2020年度财务报告》《公司2020年度利润分配方案》《关于授权董事会决定公司2020年中期利润分配方案的议案》《关于公司更换2021年度境内外会计师事务所的议案》《关于公司2020年相关担保事项的议案》等7项普通议案；以三分之二以上赞成通过《关于给予董事会发行债务融资工具一般性授权事宜的议案》1项特别议案。

2021年10月21日，股份公司2021年第一次临时股东大会在北京塔里木石油酒店召开。会议以投票方式表决，以二分之一以上赞成批准《关于选举公司董事的议案》1项普通议案。

（佟魁杰　梅　媛）

【董事会运作】

1. 股份公司董事会职责

根据《公司章程》，股份公司设董事会，董事会由11至15名董事组成，设董事长1人，副董事长1至2人，独立（非执行）董事至少占三分之一。董事由股东大会选举产生，任期3年。董事任职期满，可以连选连任，但独立董事连任时间不得超过6年。董事任期自股东大会决议通过之日起计算。董事长、副董事长由全体董事会成员的过半数选举和罢免。

根据《公司章程》或股东大会授权，股份公司董事会行使下列职权：

（1）负责召集股东大会，并向股东大会报告工作；

（2）执行股东大会的决议；

（3）决定股份公司经营计划和投资方案；

（4）制订股份公司的年度财务预算方案、决算方案；

（5）制订股份公司的利润分配方案和弥补亏损方案；

（6）制订股份公司增加或者减少注册资本的方案以及发行股份公司债券或其他证券及上市的方案；

（7）拟订股份公司收购本公司股票或者合并、分立、解散及变更公司形式的方案；

（8）决定股份公司内部管理机构的设置；

（9）聘任或者解聘股份公司总裁，根据总裁的提名，聘任或者解聘股份公司高级副总裁、副总裁、财务总监及其他高级管理人员，决定其报酬事项；

（10）制定股份公司的基本管理制度；

（11）制订股份公司章程修改方案；

（12）管理股份公司信息披露事项；

（13）股东大会授予的其他职权。

2. 股份公司董事会组成情况

根据《香港联交所上市规则》对董事会构成的相关规定，股份公司董事会中至少三分之一董事会成员为独立非执行董事，其中至少1名独立非执行董事必须具备适当的专业资格，或具备适当的会计或财务管理专长。2021年底，股份公司董事会由11名成员组成（表1）。

表 1　股份公司董事会成员

姓　名	性　别	年　龄	职　位
戴厚良	男	58	董事长
侯启军	男	55	副董事长
段良伟	男	54	非执行董事
刘跃珍	男	60	非执行董事
焦方正	男	59	非执行董事
黄永章	男	55	执行董事、总裁
任立新	男	54	执行董事、高级副总裁
梁爱诗	女	82	独立非执行董事
德地立人	男	69	独立非执行董事
西蒙·亨利	男	60	独立非执行董事
蔡金勇	男	62	独立非执行董事
蒋小明	男	68	独立非执行董事

注：段良伟于 2021 年 3 月辞去本公司总裁职务，由执行董事调任为非执行董事。

3. 股份公司董事会专门委员会

股份公司董事会下设 5 个专门委员会：提名委员会、审计委员会、投资与发展委员会、考核与薪酬委员会可持续发展委员会，专门委员会的主要职责是为董事会进行决策提供支持。参加专门委员会的董事按分工侧重研究某一方面的问题，为股份公司管理水平的提升提出建议。

2021 年底，股份公司董事会各专门委员会成员见表 2。

表 2　股份公司董事会专门委员会成员

董事会专门委员会	主任委员	委　员
提名委员会	戴厚良	蔡金勇、蒋小明
审计委员会	蔡金勇	刘跃珍、蒋小明
考核与薪酬委员会	梁爱诗	刘跃珍、德地立人
投资与发展委员会	侯启军	段良伟、西蒙·亨利
可持续发展委员会	黄永章	焦方正、任立新

4. 股份公司独立董事履职情况

2021 年，股份公司独立董事严格按照境内外有关法律、法规及《公司章程》规定，认真、勤勉地履行职责，认真审阅公司提交的各项议案及相关文件，积极参加股东大会、董事会会议及专业委员会会议，独立及客观地发表意见，维护全体股东，特别是广大中小股东的合法权益。独立董事能够认真审阅股份公司定期报告，在年度审计师进场审计前后、董事会召开前与审计师进行沟通，督促股份公司按照相关法律、法规和股份公司信息披露管理制度的有关规定进行信息披露，保证股份公司信息披露的真实、准确、完整。2021 年，独立董事未对股份公司董事会议案及其他事项提出异议。独立董事学习相关法律法规和各项监管规定，通过参阅股份公司编发的专题情况报告了解股份公司重大项目进展情况。

2021 年受新冠肺炎疫情管控影响，股份公司独立董事无法开展实地调研，但都克服疫情、时差等各种困难，通过视频会议、高层交流、信函往来，主动了解股份公司经营现状、财务表现和重大项目情况，积极为股份公司董事会运作和业务发展出谋划策，切实践行勤勉义务。独立董事持续关注碳达峰碳中和、一季度营运资金、成立昆仑资本、新能源新材料新业务等问题，就股份公司业务发展、财务表现以及设立产业资本投资公司，提出相关问题、意见和建议。董事长戴厚良要求相关业务部门研究形成专题报告，书面回复独立董事的关切。执行董事兼总裁黄永章与计划、财务等部门，就股份公司新能源业务发展和 2022 年投资计划等与独立董事召开专项交流会议。通过深入探讨交流，达成理解和共识。

5. 股份公司董事会会议及形成的决议

按照《公司章程》及《董事会议事规则》的规定，股份公司 2021 年召开 6 次董事会会议，其中 3 次为董事会现场及视频会议、3 次为以书面传签方式召开的临时董事会会议，共形成 31 项董事会决议。

按照《公司章程》相关规定，2021 年股份公司董事会审议批准财务报告、分红预案、投资计划和财务预算报告等例行常规议案；突出绿色低碳发展，将健康、安全与环保委员会更名为可持续发展委员会，调整职能和议事规则，加强董事会层面管控职能，进一步完善治理体系建设；按照《公司章程》和董事提名政策要求，完成增补股份公司董事、选举副董事长，相应地调整董事会专门委员会成员；按照管理层提名程序和任期制要求，聘任总裁、高级副总裁、副总裁和总工程师等管理层。审议批准独立董事薪酬调整、设立产业资本投资公司等议案，履行更换会计师事务所审议程序，听取“十四五”发展规划、收购项目行权情况报告等重要事项。

2021 年 3 月 24 日，股份公司第八届董事会第八次会议以现场会议及视频连线方式召开，审议通过《公司2020年度总裁工作报告》《公司2020年度财务报告》《公司2020年度利润分配预案》《公司2020年度报告及业绩公告》《关于公司总裁2020年度经营业绩考核及2021年度业绩合同制订情况的报告》《公司2020年度内部控制工作报告》《公司2020年度环境、社会和治理报告》《关于提请股东大会给予董事会决定公司2021年中期利润分配方案的议案》《关于提请股东大会给予董事会发行债务融资工具一般性授权事宜的议案》《关于公司2021年度相关担保事项的议案》《关于公司更换2021年度境内外会计师事务所的议案》《关于董事会健康、安全与环保委员会更名及职能扩展的议案》《关于召开2020年年度股东大会的议案》《关于聘任公司总裁的议案》《关于调整独立董事薪酬的议案》15项议案并形成决议。同时听取《关于董事会授权收购项目管理小组行权情况的报告》和《关于公司"十四五"发展规划的报告》。

2021年4月29日，股份公司第八届董事会第九次会议以书面传签方式召开，审议《公司2021年第一季度报告》《公司2020年度20-F年报》《关于聘任公司总工程师的议案》《关于拟参与设立产业资本投资公司的议案》4项议案并形成有效决议。

2021年7月20日，股份公司第八届董事会第十次会议以书面方式召开，审议《关于聘任公司高级管理人员的议案》1项议案并形成有效决议。

2021年8月25日，股份公司第八届董事会第十一次会议以现场会议及视频连线方式召开，审议《关于公司2021年中期财务报告的议案》《关于公司2021年中期利润分配方案的议案》《关于公司2021年半年度报告及中期业绩公告的议案》《关于选举公司董事的议案》《关于聘任公司高级副总裁的议案》《关于召开临时股东大会的议案》6项议案并形成有效决议。同时听取《公司2020年度储量评估特别报告》。

2021年10月28日，股份公司第八届董事会第十二次会议以书面方式召开。审议《关于公司2021年第三季度报告的议案》《关于选举公司副董事长的议案》《关于公司董事会专门委员会组成人员调整的议案》3项议案并形成有效决议。

2021年12月21日，股份公司第八届董事会第十三次会议以现场会议及视频连线方式召开，审议《公司2022年度业务发展与投资计划》和《公司2022年度预算报告》2项议案并形成有效决议。

（佟魁杰　梅　媛）

【监事会运作】

1. 股份公司监事会职责

根据《公司章程》，股份公司设监事会由9人组成，其中1人出任监事会主席。监事会由股东推荐的代表和股份公司职工代表组成，其中职工代表担任的监事不少于三分之一。股东代表监事由股东大会选举和罢免，职工代表监事由股份公司职工民主选举和罢免。监事任期3年，可连选连任，监事任期自就任之日起计算。监事会主席的任免，应当经三分之二以上监事会成员表决通过。监事会主席任期3年，可连选连任。

根据《监事会组织和议事规则》，股份公司监事会向股东大会负责，并依法行使下列职权：

（1）对董事会编制的公司定期报告进行审核并提出书面审核意见；

（2）检查股份公司的财务；

（3）对股份公司董事、总裁、高级副总裁、副总裁、财务总监及其他高级管理人员执行公司职务的行为进行监督，对违反法律、行政法规、《公司章程》或者股东大会决议的前述人员提出罢免的建议；

（4）当股份公司董事、总裁、高级副总裁、副总裁、财务总监及其他高级管理人员的行为损害公司的利益时，要求前述人员予以纠正；

（5）核对董事会拟提交股东大会的财务报告、营业报告和利润分配方案等财务资料，发现疑问的，可以股份公司名义委托注册会计师、执业审计师帮助复审；

（6）提议召开临时股东大会，在董事会不履行《公司法》规定的召集和主持股东大会职责时召集和主持股东大会；

（7）向股东大会提出提案；

（8）代表股份公司与董事交涉或者依照《公司法》第一百五十一条的规定，对董事、总裁、高级副总裁、副总裁、财务总监及其他高级管理人员提起诉讼；

（9）发现股份公司经营情况异常，可以进行调查；

（10）会同董事会审计委员会对外部审计师执业表现进行年度审核，向股东大会提出聘用、续聘、解聘外部审计师及其审计服务费用的建议；

（11）对关联交易的合规性进行监督；

（12）《公司章程》规定的其他职权。

2. 股份公司监事会组成情况

根据《公司章程》，监事会由股东推荐的代表和股份公司职工代表组成，其中职工代表担任的监事不少于三分之一。2021年底，股份公司监事会由8名成员组成（表3）。

表 3　股份公司监事会成员

姓　名	性　别	职　位
吕　波	男	监事会主席
张凤山	男	监事
姜力孚	男	监事
卢耀忠	男	监事
王　亮	男	监事
付锁堂	男	职工代表监事
李家民	男	职工代表监事
刘宪华	男	职工代表监事

注：2021 年 5 月 28 日，李文东辞去股份公司职工代表监事职务。

3. 股份公司监事会会议召开情况

2021 年，股份公司召开 4 次监事会会议，其中现场会议 2 次、以书面传签方式召开 2 次，形成 13 项决议。

2021 年 3 月 23 日，股份公司第八届监事会第六次会议在北京中国石油大厦召开。监事会主席吕波主持会议。会议审议通过《监事会关于公司 2020 年度财务报告审查意见书》《监事会关于公司 2020 年度利润分配预案审查意见书》《监事会关于公司总裁 2020 年度经营业绩考核意见书》《关于公司更换会计师事务所的议案》《公司 2020 年度监事会报告》《监事会 2020 年度工作总结和 2021 年工作计划》《2020 年度环境、社会和治理报告》《公司 2020 年度报告及业绩公告》8 个议案并形成决议。

2021 年 4 月 29 日，股份公司监事会以书面传签方式召开第八届监事会第七次会议，审议通过《股份公司 2021 年第一季度报告》并形成决议。

2021 年 8 月 24 日，股份公司第八届监事会第八次会议在北京中国石油大厦召开。监事会主席吕波主持会议。会议审议通过《监事会关于公司 2021 年中期财务报告的审查意见书》《监事会关于公司 2021 年中期利润分配方案的审查意见书》《公司 2021 年半年度报告及中期业绩公告》3 项议案并形成决议。

2021 年 10 月 28 日，股份公司监事会以书面传签方式召开第八届监事会第九次会议，审议通过《股份公司 2021 年第三季度报告》并形成决议。

4. 股份公司监事会参加其他会议及其他工作开展情况

参加股份公司股东大会 2 次。其中，2021 年 6 月 10 日参加股份公司 2020 年年度股东大会，向大会提交《公司 2020 年度监事会报告》和《关于公司更换 2021 年度境内外会计师事务所的议案》，获审议通过；2021 年 10 月 21 日参加股份公司 2021 年第一次临时股东大会，听取大会审议《关于选举公司董事的议案》，获审议通过。

列席股份公司董事会会议 3 次。听取董事会审议股份公司 2020 年度和 2021 年中期财务报告及摘要、利润分配，公司管道重组交易，关联交易，以及 2022 年度预算、投资计划等有关议案。监事会在会上发表关于审查本公司财务报告、利润分配方案（预案）、总裁经营业绩考核等意见书 5 份，提出加快新能源业务发展、强化股份公司治理能力建设、持续做好股份公司提质增效和亏损企业治理攻坚工作等建议。

召开听证会 2 次。听取股份公司财务总监、财务部、改革与企业管理部、审计部、纪检监察组、人事部、毕马威会计师事务所等有关报告 17 个，对股份公司财务、利润分配、关联交易、总裁经营业绩考核等情况进行审查并发表相关意见。

股份公司监事会还开展了以下工作：

（1）加强组织，全力做好监事尽职调查工作。按照中国境内、香港特别行政区，以及美国有关证券法律的规定，股份公司每年向中国境内、香港特别行政区，以及美国有关证券监管机构报备法定年度报告并向投资者发布该年度、半年度报告。为了确保股份公司 2020 年年报和 2021 年中期报告披露的内容及时、完整、准确、无误导性，监事会办公室对照法律尽职调查问题和文件清单，审核确认并及时反馈。按照信息披露要求，做好监事对股份公司中报、年报签字确认工作，以保证股份公司相关定期报告披露工作正常进行。

（2）强化现场监督，有效开展监事巡视调研工作。为落实监事巡视工作计划，监事会主席吕波专门部署，确定巡视专题、明确巡视对象、落实巡视人员。7 月上旬，由监事卢耀忠带队，总部机关财务部和监事会办公室相关人员先后对青海销售、玉门油田、青海油田进行专项巡视，听取企业工作情况汇报，与企业部分班子成员、机关部门代表、基层单位代表集中座谈交流，面对面听取企业反映深化改革、谋划发展、生产生活等方面的问题和建议。巡视结束后形成《关于青海甘肃部分企业监事巡视报告》，提出加快推进新能源业务发展、积极开展新能源业务发展模式试点探索、加快推进天然气市场拓展布局、坚持互惠互利促进企地协同发展、加大对资源濒临枯竭企业扶持力度等 5 项建议。

（3）加强组织协调，积极参加监管部门专题培训。组织监事参加专题培训，6 位监事参加 4 期北京证监局和上市公司协会举办的董事监事专题培训班。

（4）强化基础工作，完成文件资料整理汇编。完成《监事会大事记》和《文件汇编》，共计约35万字。

（佟魁杰 徐 楠）

【业绩路演】

1. 股份公司2020年度业绩发布及路演

2021年3月25日，股份公司在北京中国石油大厦以电话会议及网络直播的形式召开2020年度业绩发布会，26日在北京中国石油大厦以电话会议形式进行业绩路演，并于3月30日至4月1日在北京、上海、深圳、广州等地开展线下路演。股份公司董事长戴厚良、董事段良伟、执行董事兼总裁黄永章、副总裁李鹭光、副总裁田景惠、财务总监兼董事会秘书柴守平、副总裁杨继钢以及相关部门负责人参加业绩发布会，相关领导出席路演活动。

2. 股份公司2021年1季度业绩发布及路演

2021年4月30日，股份公司在北京中国石油大厦以电话会议及网络直播的形式召开2021年1季度业绩发布会，并在北京中国石油大厦以电话会议形式进行业绩路演。相关部门人员出席业绩发布会和路演活动。

3. 股份公司2021年度中期业绩发布及路演

2021年8月26日，股份公司在北京中国石油大厦以电话会议及网络直播的形式召开2021年中期业绩发布会，27日在北京中国石油大厦以电话会议形式进行业绩路演，并于8月30日至9月1日在北京、深圳、广州等地开展线下路演。股份公司董事长戴厚良、执行董事兼总裁黄永章、执行董事兼高级副总裁任立新、副总裁李鹭光、副总裁田景惠、财务总监兼董事会秘书柴守平、副总裁兼总工程师杨继刚以及相关部门人员参加业绩发布会，相关领导出席路演活动。

4. 股份公司2021年3季度业绩发布及路演

2021年10月29日，股份公司在北京中国石油大厦以电话会议及网络直播的形式召开2021年3季度业绩发布会，同日在北京中国石油大厦以电话会议形式进行业绩路演。相关部门人员出席业绩发布会和路演活动。

5. 反向路演工作

由于新冠肺炎疫情原因，本年度未安排反向路演相关工作。

（朱彤楠）

【中国石油A股股价月度表现】 2021年1月，中国石油股价震荡下跌。A股市场波动加大，股票价格指数（以下简称股指）在创出5年新高后于月底快速回落。月初，退市制度正式落地、管理层推动内需扩大、对财政以及货币政策的表态打消市场的疑虑，加上基金、北向资金为市场注入流动性，股指连续强势上行；月中，经济数据显示四季度GDP同比增长6.5%，全年增长2.3%，投资消费等多项数据均表明我国经济持续复苏，提振市场信心，但机构抱团的白酒、新能源等回调引发市场对抱团股走势的分歧，市场波动加大；月末，央行连续收紧流动性令担忧情绪上升，加上一季报爆雷潮再起，市场加速回调。1月，中国石油A股收于4.09元，月跌幅为1.45%。全月最高为1月13日的4.40元，最低为1月29日的4.08元，相差0.32元。本月日均股价为4.24元，平均日成交量为10512万股。2021年中国石油A股与上证指数走势图见图1。

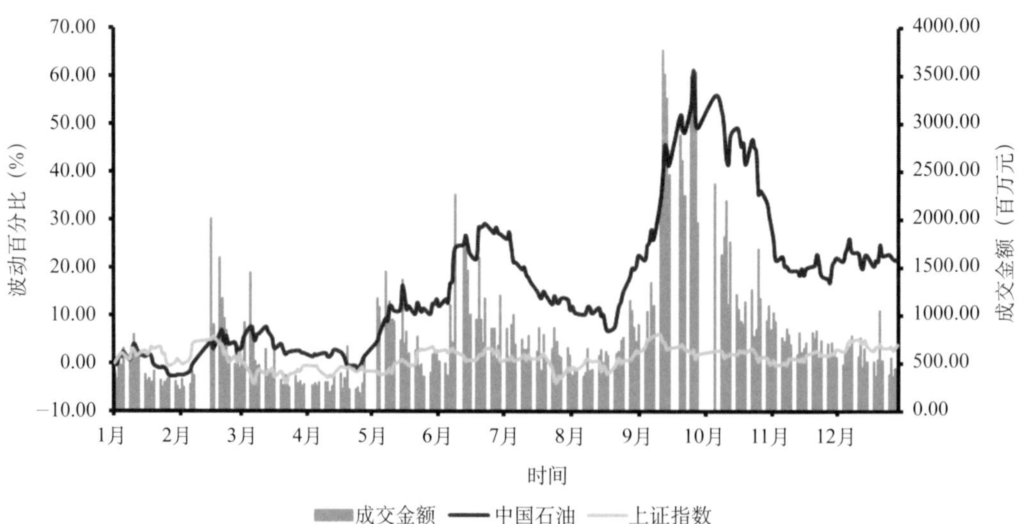

图1 2021年中国石油A股与上证指数走势图

2月，中国石油股价大幅回调。A股市场先扬后抑，在2月18日创下阶段新高后，各指数开始震荡下行。月初，官方制造业PMI继续保持在荣枯线以上、中国人民银行连续两日净投放、证监会批准深交所主板和中小板合并，市场做多热情被激发，股指连连攀升；长假期间外围股市整体表现抢眼，但在全球经济复苏预期下，市场担心流动性收紧，A股大幅高开后回落，并引发连续调整，机构抱团股持续走弱；月末，港股和美股市场的单日大跌再次令A股承压。2月，中国石油A股收于4.36元，月涨幅为6.60%。全月最高为2月23日的4.54元，最低为2月4日的4.05元，相差0.49元。本月日均股价为4.35元，平均日成交量为16159万股。

3月，中国石油股价走势震荡，小幅收跌。A股市场震荡调整，交投情绪低迷，主要股指出现不同幅度的调整。月初，A股市场受外围市场影响震荡加剧，多个行业板块涨跌不一，医药、食品饮料等消费类板块明显回落。月中，A股市场逐渐企稳，抱团股、碳中和等板块轮番表现，推动市场小幅反弹。中国人民银行行长表示中国货币政策始终保持在正常区间，在提供流动性和合适的利率水平方面具有空间，证监会主席也表示市场杠杆风险总体可控，将坚持资本市场对外开放，有助于稳定市场信心，主要股指继续震荡上扬，但中美谈判现不和谐声音，进一步令市场担忧情绪升温，股指连续震荡回落，一度呈现普跌格局。月末，在碳中和等行业板块带动下，机构抱团股强势反攻，推动股指强势上行，市场出现一定程度的反弹。3月，中国石油A股收于4.30元，月跌幅为1.38%。全月最高为3月8日的4.58元，最低为3月24日的4.26元，相差0.32元。本月日均股价为4.39元，平均日成交量为11682万股。

4月，中国石油股价震荡下行。A股市场整体呈“V”形走势，月末维持高位震荡，主要股指分化强烈。月初前两日，权重股推升指数，A股迎来开门红，连续2天上涨。清明节后首周，抱团股连续回调导致指数表现不佳。随后一周市场表现仍然相对弱势，继续呈震荡走势。月中，美股三大指数集体收涨，道指与标普500指数齐创历史新高，随着A股一季报预报陆续披露，核心资产集中性调整基本结束，叠加中国一季度GDP增速大幅回升等多重利好，A股探底回升，市场呈现普涨格局。月末，A股节前避险情绪浓厚，市场维持小幅震荡后小幅下跌，指数表现分化明显，深成指显著走强。4月，股份公司A股收于4.25元，月跌幅为1.16%。全月最高为4月16日的4.32元，最低为4月27日的4.12元，相差0.20元。本月日均股价为4.24元，平均日成交量为7364万股。

5月，中国石油股价大幅上扬，上涨超8%。A股市场表现整体呈震荡上行走势，三大股指集体收涨。五一节后，市场风格出现转变，4月PMI指数回落，显示经济复苏增速放缓，大盘短期内出现下调走势。月中，市场重新寻求确定性，板块间切换较为频繁，煤炭、养老、医美、军工概念轮动，带领大盘逐步走强。但因炒作路径切换过快，市场难有持续发力之标的，大盘无法维持涨势，出现回调。下旬，海外货币宽松继续，叠加人民币升值，外资加速流入A股，5月25日陆股通北上资金流入217亿元再次刷新历史纪录，金融、医疗、白酒齐涨，推动三大股指再度走高。5月，中国石油A股收于4.62元，月涨幅为8.271%。全月最高为5月18日的4.89元，最低为5月6日的4.27元，相差0.62元。本月日均股价为4.62元，平均日成交量为18262.93万股。

6月，中国石油股价随油价强势上涨。A股市场表现整体呈“V”字形趋势，股指表现分化。月初，A股维持高位震荡趋势，各指数表现分化，板块整体为轮动格局，市场上无明确主线，继续延续结构性的行情。月中，A股先抑后扬，前半段重挫下行，后半段反弹上升。17日起，资金交投情绪活跃度提升，市场大幅反弹。下旬，两市成交量继续维持万亿元上方，充分显示出结构性行情下交投的活跃性，市场风险偏好稳步提升，股指走势震荡上扬。本月，上证指数整体呈震荡走势，小幅收跌。6月，中国石油A股收于5.29元，月涨幅为16.52%。全月最高为6月25日的5.46元，最低为6月1日的4.53元，相差0.93元。本月日均股价为5.13元，平均日成交量为19480.51万股。

7月，中国石油股价大幅回调，震荡下行。A股市场整体宽幅震荡，月末大幅跳水后反弹。月初首周，A股市场存在投机资金出逃的迹象，主要股指均出现下跌。至月中旬结束，市场震荡幅度明显加大，走势反复，始终保持震荡态势，板块以及个股的表现呈现割裂状态，热点轮动较快，延续性较差。月末，在海外中概教育股全线重挫情绪传导下，A股三大指数低开后单边下行，三大指数集体大幅收跌，盘中跌幅一度超5%，市场空头情绪高涨。北向资金全天净卖出128.02亿元，创一年来单日最大卖出。29日，在半导体和新能源产业链强势带动下，市场小幅回升，但整体反弹力度表现一般。7月，中国石油

A 股收于 4.68 元，月跌幅为 11.53%。全月最高为 7 月 2 日的 5.44 元，最低为 7 月 28 日的 4.58 元，相差 0.86 元。本月日均股价为 4.89 元，平均日成交量为 14856.35 万股。

8 月，中国石油股价震荡上涨。A 股市场整体呈震荡态势，月底各指数分化明显，上证指数走强收涨，深成指及沪深 300 小幅收跌。8 月初，A 股市场迎来开门红，市场主要指数首周涨幅均超过 1%，上涨股票数量达三分之二，大部分板块实现飘红。至月中，主要指数涨跌互现，成交量小幅萎缩，板块轮动依然较快，无明显主线。第三周，A 股市场整体承压，行情较弱，创业板已接近前期低点，周下跌幅度 4.5%，行业板块跌多涨少。月末，主板基本收复前一周的跌幅，创业板则整体呈现冲高回落趋势，市场的资金的风险偏好开始下降，呈现出明显追涨意愿不强的特征。8 月，中国石油 A 股收于 4.94 元，月涨幅为 5.56%。全月最高为 8 月 31 日的 4.95 元，最低为 8 月 20 日的 4.37 元，相差 0.58 元。本月日均股价为 4.61 元，平均日成交量为 13015.84 万股。

9 月，中国石油股价大幅上涨，市值重回万亿元。A 股市场先扬后抑，整体呈震荡态势。月初，A 股市场指数分化，沪市价量齐升，成交量创出 6 年新高，蓝筹股上涨推升上证指数。第二周，各板块全面开花，大盘蓝筹股延续上涨态势，周期类资源股煤炭、化工、钢铁、有色金属等板块涨幅居前，资金对科技和大消费的态度仍趋谨慎。第三周，A 股大幅回调，煤炭、钢铁、有色金属、化工锂电池产业链、光伏等前期上涨板块均大幅下调，沪深股市各指数全线下跌；另一方面，医药板块、消费板块则在周下旬大幅上涨，机构调仓致板块轮动明显，两市日成交额连续 43 个交易日突破万亿元。中秋小长假期间，海外股市出现大幅震荡，节后 A 股全线低开，随后虽偶有回涨，但总体保持下跌态势。30 日，A 股市场迎来普涨行情，创业板领涨，但节前市场资金参与意愿不高，两市成交额缩量至 9500 亿元，中断了 A 股连续 49 个交易日成交额过万亿元的纪录。9 月，中国石油 A 股收于 6.01 元，月涨幅为 24.43%。全月最高为 9 月 28 日的 6.49 元，最低为 9 月 1 日的 4.87 元，相差 1.62 元。本月日均股价为 5.73 元，平均日成交量为 37004 万股。

10 月，中国石油股价出现回调。A 股市场整体宽幅震荡。节后首个交易日，受国庆期间外围市场影响，A 股节后高开，但受煤炭、电力等板块下跌拖累，市场情绪逐渐趋于谨慎。第二周，受国内经济数据以及全球通胀预期升温影响，A 股各大指数持续缩量调整，盘面整体凝聚性较差。第三周，市场在周内首个交易日探底后迎来震荡反弹。同时，市场迎来三季报的高峰期，业绩不及预期的个股成了此周大跌的主力军，部分个股因为业绩不及预期，在财报披露后大幅下挫。本月最后一周，经济增速放缓引发市场忧虑，A 股市场各大指数呈现普跌局面，29 日 A 股触底反弹，创业板领涨，市场小幅反弹。10 月，中国石油 A 股收于 5.48 元，月跌幅为 8.82%。全月最高为 10 月 8 日的 6.47 元，最低为 10 月 29 的 5.33 元，相差 1.14 元。本月日均股价为 5.87 元，平均日成交量为 23379 万股。

11 月，中国石油股价大幅回调。A 股市场整体呈现震荡上涨的行情。本月首周，各指数走势分化，新股接连破发，市场对新股信心大幅下降，市场行情较不明朗。第二周，市场开始明细回暖，主要估值均出现不同程度的上涨，个股表现活跃，同时新股破发情况发生逆转。第三周，北交所正式开市，10 只上市新股高开低走，沪深市场小幅震荡，主要股指涨跌互现。月末，市场依旧维持小幅震荡走势，三大指数呈震荡下行后回升走势，小幅收涨。11 月，中国石油 A 股收于 4.71 元，月跌幅为 14.05%。全月最高为 11 月 1 日的 5.51 元，最低为 11 月 29 日的 4.64 元，相差 0.87 元。本月日均股价为 4.92 元，平均日成交量为 15850 万股。

12 月，中国石油股价震荡上涨。A 股市场走势分化，各大股指均实现不同程度的上涨。本月首周开盘，各指数走势分化，伴随着上证指数的小幅收红，A 股三大股指喜迎开门红。第二周，中国人民银行宣布降准，释放长期资金约 1.2 万亿元，货币宽松的空间打开，流动性将逐步趋于宽松，对市场形成一定正向刺激，包括金融股在内的大盘蓝筹股开始发力，上证指数、深证成指上扬，房地产板块强势拉升。第三周，白酒、新能源、生物医药及半导体等权重板块股价回落，拖累主要指数震荡走弱，市场在结构性回调下整体下行。第四周，沪深主要指数小幅下跌，窄幅震荡，市场成交量继续保持万亿元水平以上，宁德时代以及相关产业链的新能源板块跌幅明显，对创业板造成显著冲击。最后一周，北向资金连续流入提振市场情绪，PMI 再次上升，对于经济回升的预期给市场带来支撑和提振，各指数震荡上行。12 月，中国石油 A 股收于 4.91 元，月涨幅为 4.25%。全月最高为 12 月 9 日的 5.09 元，最低为 12 月 1 日的 4.69 元，相差 0.40 元。本月日均股价为 4.93 元，平均日成交量为 11800 万股。

【中国石油 H 股股价月度表现】 2021 年 1 月，中国石油股价震荡下跌。1 月，由于纽交所将 3 家中资电讯公司摘牌、国际指数公司剔除部分中资企业、新冠肺炎疫情形势严峻，加上市场持续关注美国新政府上任对中美地缘政治风险的影响，中国 H 股股价随大市震荡，走势上呈先升后回落态势。整体表现不及同业和大市。中国石油 H 股报于 2.35 港元，月跌幅 2.08%。全月最高为 1 月 20 日的 2.66 港元，最低为 1 月 4 日的 2.33 港元。2021 年中国石油 H 股与恒生指数走势图见图 2。

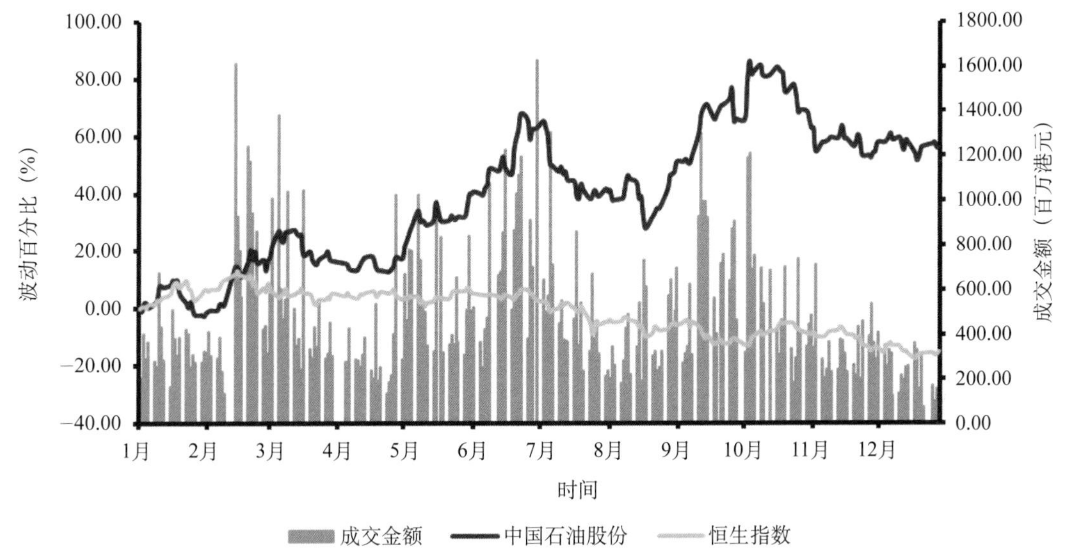

图 2　2021 年中国石油 H 股与恒生指数走势图

2 月，中国石油股价大幅上涨。受惠于南下资金持续流入以及外围股市造好带动，月初港股显著上扬。月中，美国总统拜登与国家主席习近平通电，是拜登上台以来两人首度会谈，市场憧憬中美关系缓和，令恒生指数于春节假期前重上 3 万点。月末，香港公布财政预算案，市场忧虑增加股票印花税等措施或会影响香港作为国际金融中心的地位，和令港股未来交投量减少，导致港股下挫，按月升幅显著收窄。本月，受惠各地陆续安排民众接种新冠肺炎疫苗、美国纾困方案出台以及国际油价大幅攀升，中国石油 H 股股价随大市回升，整体表现不及中国海油，但优于中国石化和大市。2 月，中国石油 H 股收于 2.78 港元，月涨幅 18.30%。全月最高为 2 月 24 日的 2.97 港元，最低为 2 月 1 日的 2.23 港元。

3 月，中国石油股价走势震荡，小幅收涨。港股震荡下跌。月初，恒指公司公布旗下指数改革咨询结果，恒生指数成分股将在 2022 年中前增加至 80 只，最终数目固定为 100 只。市场憧憬未来恒生指数将更能反映港股市场表现，刺激港股造好。月中，美国 10 年期国债收益率上升，利率贴近 1.6% 创逾一年新高，促发大量高估值股份暴跌，令港股急挫。月末，美国证监会引入新措施，部分中资企业可能会因未符合审计标准而需要除牌，消息导致不少中资股下跌，拖累港股表现。中国石油 H 股股价先升后回落，整体表现优于中国石化、中国海油和大市。3 月，中国石油 H 股收于 2.81 港元，月涨幅 1.08%。全月最高为 3 月 8 日的 3.19 港元，最低为 3 月 2 日的 2.70 港元。

4 月，中国石油股价呈震荡趋势。港股轻微上涨。月初，随着中国加快疫苗接种计划，市场憧憬经济逐渐复苏，并预期对原材料将会有强劲需求，刺激港股造好。月中，中国政府针对科网企业进行反垄断行动，引起市场忧虑相关企业前景，促发大量科网股份暴跌，拖累港股下跌。月末，美联储表示暂时无意缩减量化宽松，令投资情绪造好，然而印度新冠肺炎疫情暴发令市场忧虑经济复苏步伐，令港股升幅收窄。中国石油 H 股股价先跌后回升，整体表现优于中国石化、但逊于中国海油和大市。4 月，中国石油 H 股收于 2.83 港元，月涨幅 0.71%。全月最高为 4 月 30 日的 2.92 港元，最低为 4 月 28 日的 2.68 港元。

5 月，中国石油股价大幅上扬。港股轻微上涨。

月初，印度新冠肺炎疫情持续恶化，市场忧虑经济复苏进程或有变数，拖累港股显著下跌。月中，美国公布4月消费物价指数高于预期，触发市场对通胀升温的顾虑，导致美股急挫，连带拖累港股下跌。月末，港股在人民币强势以及外资涌入推动下向好。中国石油H股股价则受惠国际油价向好，整体表现优于中国石化、中国海油和大市。5月，中国石油H股收于3.417港元，月涨幅12.01%。全月最高为5月19日的3.30港元，最低为5月3日的2.76港元。

6月，中国石油股价持续上行，大幅收涨。港股反复下跌。印度新冠肺炎疫情持续恶化，市场忧虑经济复苏进程或有变数，拖累港股显著下跌，恒指自6月开市便一直向下。月中，美国联储局调高通胀预测及提早预计加息时间，消息加剧美股跌幅，连带拖累港股下跌。月末，港股一度跟随美股反弹，但由于市场通胀担忧情绪仍未退散，港股月末未能扭转疲弱姿态。中国石油H股股价受惠于国际油价回升，加上公司开采业务盈利改善，同时减少进口气，整体表现优于中国石化、中国海油和大市。6月，中国石油H股收于3.78港元，月涨幅22.85%。全月最高为6月25日的3.91港元，最低为6月1日的3.16港元。

7月，中国石油股价出现回调，大幅下跌。受新冠变种病毒德尔塔及内地相关政策的影响，港股反复下跌。月初，国家监管部门调整针对科技企业相关政策，影响指数表现。月中，国家市场监管总局再次调整政策，无条件批准腾讯控股收购搜狗公司股权，拉动科技股股价，港股持续反弹连升3日。7月下旬，港股出现大幅波动，由多个因素导致，先有网约车平台赴美上市后，却因未能符合网络安全要求，而被勒令下架手机程序。随后，国务院发布新规要求学科类培训机构不得上市融资，并严禁资本化运作，以致教育股股价大幅下挫。7月，中国石油H股收于3.24港元，月跌幅14.29%。全月最高为7月2日的3.96港元，最低为7月20日的3.16港元。

8月，中国石油股价小幅回升。港股波动，整体呈下跌趋势，官媒发文批评网络游戏危害社会，以及受内地最新卖地政策调整、恒大或卖资产套现的消息影响，相关行业带动港股整体浮动。受美股波动影响，加上市场持续忧虑美联储加息及内地反垄断监管持续，港股整体下跌。中国石油H股股价受国际油价波动影响，市场对新冠肺炎疫情避险情绪有所缓和，加上股份公司于月底发布2021年上半年业绩，创下七年同期最好水平，优异的业绩表现提振市场信心，中国石油H股表现好于大市及中国海油，稍弱于中国石化。8月，中国石油H股收于3.41港元，月涨幅5.25%。全月最高为8月12日的3.45港元，最低为8月20日的2.94港元。

9月，中国石油股价持续上涨。港股波动，整体呈下跌趋势，本月港股波动主要受恒大地产危机持续发酵影响，拖累地产板块整体大幅下跌，外加全球能源危机，内地实行限电措施，多个省份限电停电，市场忧虑有关措施恐波及全球供应量，影响内地经济复苏的速度，港股整体走势下跌。中国石油H股股价受国际油价波动影响，由于OPEC减产计划和墨西哥飓风，全球能源供应紧张，石油和天然气需求不断增强，国际原油及天然气价格持续飙升。中国石油H股表现好于大市及中国石化，稍弱于中国海油。9月，中国石油H股收于3.69港元，月涨幅8.21%。全月最高为9月28日的3.94港元，最低为9月9日的3.32港元。

10月，中国石油股价继续探底，月末跌幅缩窄。上旬，香港新一波新冠肺炎疫情暴发令港股走势反复。月中，市场憧憬深圳特区成立40周年的一系列政策利好有望进一步支持大湾区发展，港股走势向好，但市场传言蚂蚁集团被列入美国贸易黑名单，触发投资者避险情绪再度升温，拖累港股下跌。月末，蚂蚁集团上市带动资金博弈氛围浓厚，刺激港股上升，加上中国石油三季度业绩符合/超出预期，提振中国石油股价。中国石油H股开盘2.27港元，报收于2.17港元，月跌幅4.45%。全月最高为10月23日的2.32港元，最低为10月30日的2.16港元。

11月，中国石油股价震荡回调。港股走势先小幅上涨后持续下跌，政府公布香港第三季本地生产总值（GDP）表现，市场预期按年增长5.7%，增长逊于上半年，加上内地新一波疫情暂未平息，并且市场静待美联储议息结果，投资者表现审慎，港股市场呈现下跌趋势。随着党的十九届六中全会的结束，香港特别行政区行政长官林郑月娥表示，新一届立法会在爱国者治港的前提下，做好反映民意及监督政府的工作，港股市场受到鼓励，持续走高，达到本月顶点。月末，市场对加息预期升温，同时内地对多个行业加强监管，以及由于内房债务问题，投资者入市信心不大，港股又连续呈现下跌趋势，达到本月最低点。11月，中国石油H股收于3.39港元，月跌幅9.84%。全月最高为11月1日的3.75港元，最低为11月30日的3.39港元。

12月，中国石油股价震荡收涨。港股走势先涨后跌，随后趋向平稳。月初，人民银行降准放水及中国进出口增幅超预期，提振市场气氛，港股一度走高，达到12月最高点。随后，美联储加速缩减购债，并发布制裁中国生物科技行业的消息，科技股一度走低，对港股市场产生负面影响。月末，科技及内房股回暖，市场对内房的信心和预期修复，带动港股市场走高并趋于平稳。12月，中国石油H股收于3.47港元，月涨幅2.36%。全月最高为12月9日的3.65港元，最低为12月21日的3.33港元。

（朱彤楠）

【信息披露】 2021年，股份公司一贯重视信息披露工作，严格遵守上市地各项证券监管规定，建立信息披露管理制度，及时合规披露信息，明确内幕消息披露工作的负责部门，禁止利用内幕消息进行交易或建议他人交易。报告期内，股份公司及时、真实、准确、完整地进行各项信息披露，确保所有股东享有平等的机会获取股份公司相关信息，持续提升股份公司治理的透明度。

2021年，股份公司信息披露工作按照境内外监管规定，严格落实《中国石油天然气股份有限公司信息披露管理规定》等制度，未发现内幕信息知情人违规买卖股份公司股票的情况。2021年编制发布股份公司年度报告、20-F报告、环境社会和治理报告、一季度报告、中期报告、三季度报告；根据上市地监管规定和股份公司业务情况，2021年披露临时报告150份。

（周云鹏）

【中国石油在资本市场获奖情况】

2021年，中国石油在资本市场获奖情况见表1。

表1　2021年中国石油在资本市场获奖情况

奖　项	评选机构	评选结果
2020年中国上市公司品牌500强	Asia Brand	第7位
2021福布斯全球企业2000强	《福布斯》	第63名
第十一届“亚洲卓越成就奖”亚洲最佳CFO	《亚洲企业管治》	柴守平
第十一届“亚洲卓越成就奖”最佳投资者关系企业		
第十一届“亚洲卓越成就奖”最佳环境责任企业		
第十一届“亚洲卓越成就奖”最佳投资者关系负责人		魏方
2021亚洲油气行业最受尊崇公司	《机构投资者》	第1名
2021亚洲油气行业最佳CFO		第2名（柴守平）
2021亚洲油气行业最佳投资者关系专业人员		第1名（魏方、邢冲）
2021亚洲油气行业最佳投资者关系团队		第1名
2021亚洲油气行业最佳投资者关系企业		第2名
2021亚洲油气行业最佳环境、社会及治理（ESG）		第2名
第十一届“中国证券金紫荆奖”最佳上市公司	香港大公文汇传媒集团	
第十一届“中国证券金紫荆奖”最佳上市公司CEO		黄永章
第十一届“中国证券金紫荆奖”最佳上市公司董秘		柴守平
第五届“中国卓越IR评选”最佳信披奖	路演中、卓越IR	
第五届“中国卓越IR评选”最佳资本市场沟通奖		
2021年全球品牌价值500强	Brand Finance	第45位
2021年全球品牌价值500强石油和天然气		第3位
2021年中国上市公司百强排行榜	华顿经济研究院	第16位
2021年大中华区评选能源行业最佳投资者关系	《投资者关系》	

续表

奖　项	评选机构	评选结果
第五届金港股年度颁奖盛典最佳能源与资源公司	智通财经、同花顺财经	
2021 中国能源碳中和先锋评选年度碳中和典范企业	《中国经营报》	
上市公司信息披露工作评价结果（2020—2021）	上海证券交易所	A
央企 ESG 先锋 50 指数及 ESG 优秀案例	国务院国资委《中央企业上市公司 ESG 蓝皮书（2021）》课题组	
北京上市公司 ESG 优秀实践案例	北京上市公司协会	
2021 中国 ESG“前沿奖”年度社会（S）机构奖	中国金融前沿论坛	

（邢　冲　周云鹏）

品牌管理与社会责任

【概述】 中国石油始终坚持将企业发展与业务所在地可持续发展结合起来，关注民生和社会进步，与当地分享发展机遇和资源价值，积极参与社区建设，促进经济和社会和谐发展，做当地优秀的企业公民。中国石油连续 3 次获国家民政部颁发的“中华慈善奖”。在中国新闻社、《中国新闻周刊》主办的第十七届中国·企业社会责任国际论坛上，中国石油获评“2021 年度责任企业”。

【冬奥工作】 2021 年，中国石油作为“双奥企业”，参与北京 2022 年冬奥会筹备工作，从油、气、氢、餐、宿 5 个方面为冬奥会提供立体服务保障。优选 26 座加油站作为冬奥会专供站点，建造 5 座移动橇装加油站专为高海拔地区服务；建造 4 座加氢站为冬奥会氢燃料电池车提供服务；华油集团组建 1357 人服务团队提供餐宿服务。选拔推荐 20 名冬奥会火炬手、10 名冬残奥会火炬手、6 名冬奥志愿者。设计和制作中国石油冬奥口罩、徽章、旗帜，为集团公司全体干部员工配发冬奥徽章。组织做好中国石油及相关单位观赛组织工作。开展北京 2022 年冬奥主题加油卡发布活动、中国石油首座综合能源新形象站揭牌仪式、“赋能冬奥、加油未来”走进冬奥系列主题宣传活动、冬奥火种展示活动等。10 月 20 日，中国石油成为北京 2022 年冬奥会合作伙伴俱乐部轮值主席单位，发布《中国石油冬奥保障计划》。12 月，中国石油自愿向北京冬奥组委赞助 20 万吨国家核证自愿减排量（CCER），以实际行动支持北京 2022 年冬奥会的筹办工作。

【助力乡村振兴】 2021 年，集团公司深入学习贯彻习近平总书记关于乡村振兴的重要论述，坚决落实党中央国务院决策部署，严格落实“四个不摘”要求，遵循“因地制宜、科学规划、分类指导、因势利导”工作思路，强化组织领导，加大资金投入，创新帮扶举措，集团公司层面 2021 年投入帮扶资金超 2.05 亿元、引进帮扶资金 792 万元，累计培训 7.05 万人（基层干部 2.44 万人、乡村振兴带头人 2.37 万人、专业技术人才 2.24 万人），消费帮扶金额超 9.66 亿元（其中采购 3.12 亿元，帮销 6.54 亿元），全面高质量完成定点帮扶和对口支援 13 个县（市、区）工作任务；所属 73 家单位在全国 25 个省（自治区、直辖市）222 个村投入帮扶资金近 1 亿元、援建项目 483 个，派出 984 名帮扶干部接续奋战乡村振兴。

2021 年 2 月 6 日，集团公司成立“乡村振兴和对口支援工作领导小组”，党组书记、董事长戴厚良担任小组组长，高位推进乡村振兴工作。2 月 26 日，戴厚良主持召开“全国脱贫攻坚先进个人和先进集体代表座谈会”“2021 年度乡村振兴和对口支援工作领导小组会”，第一时间传达学习贯彻习近平总书记在全国脱贫攻坚总结表彰大会上的重要讲话精神，安排部署全年重点工作，并与先进个人和先进集体代表座谈。4 月 25 日，印发《中共中国石油天然气集团有限公司党组关于巩固拓展脱贫攻坚成果同乡村振兴有效衔接工作指导意见》，明确助力乡村振兴指导思想、目标任务和主要原则，提出7项帮扶措施，助力地方巩固拓展脱贫攻坚成果，实现同乡村振兴有效衔接。5月19日，集团公司党组书记、董事长戴厚良到贵州习水县调研定点帮扶工作，看望慰问脱贫群众，实地考察帮扶项目，要求深入学习贯彻习近平总书记关于乡村振兴重要论述，助力当地巩固拓展脱贫攻坚成果同乡村振兴有效衔接。6月25日，集团公司举行庆祝中国共产党成立100周年表彰大会，集团公司党组领导为脱贫攻坚先进个人和先进集体代表颁奖，100名脱贫攻坚先进个人和50个脱贫攻坚先进集体受到表彰。12月9日，集团公司党组副书记、总经理侯启军视频调研定点帮扶新疆察布查尔县，深入学习贯彻习近平总书记关于乡村振兴重要论述，部署助力乡村振兴工作任务。

2021年中国石油定点扶贫与对口支援工作领导小组办公室、塔里木油田分公司获“全国脱贫攻坚先进集体”；中国石油援藏干部梁楠郁、西北销售分公司卜鹏洲获“全国脱贫攻坚先进个人”。集团公司获第十一届“中华慈善奖”捐赠企业。集团公司“用消费帮扶为脱贫地区可持续发展加油”入选国家发改委2021年全国消费帮扶助力乡村振兴入围典型案例。

【品牌和社会责任管理】 2021年，集团公司开展品牌传播推介，强化社会责任履行，积极展示中国石油发展成果和品牌形象。参加中国自主品牌博览会、西部国际投资贸易洽谈会、青海绿色发展投资贸易洽谈会、中国国际服务贸易交易会、中国国际进口博览会5场展示展览活动。编制印发《关于加强对外商业合作中品牌声誉风险管理工作的通知》，中国石油在Brand Finance发布的2021年“全球品牌价值500强”中列能源行业第3位，连续5年在《财富》世界500强排行榜排名第4位，列2020年中央企业品牌建设能力第3位。连续15年发布《企业社会责任报告》并获评“金蜜蜂2021优秀企业社会责任报告·长青奖三星级”，连续10年发布《中国石油优秀社会责任实践案例集》。

（赵沿旭）

【社会责任】 支持教育事业。中国石油持续通过设立奖学金、助学金等方式支持教育事业。2021年中国石油奖学金设奖高校17家，捐赠总额447万元，奖励学生685人。

中国石油探索新模式，促使全社会关注并携手解决教育公平问题。与中国扶贫基金会、腾讯公益等机构合作，开展公益助学项目，帮助更多贫困地区的学子实现求学梦想。

助力地方发展。中国石油在持续为经济发展提供稳定能源供应的同时，自身的发展也离不开政府、社区和广大居民的理解支持与帮助。坚持开放合作、互利共赢，在上中下游领域全面扩大与地方的合资合作，在建设运营中培养本地供应商和承包商，创造就业岗位，带动关联产业，实现“以产促城、以城兴产、产城融合”。

青年志愿服务。中国石油弘扬和倡导志愿精神，聚焦生态文明、乡村振兴、抗击疫情、社区服务等方面组织开展“宝石花”青年志愿服务活动。2021年，中国石油共有3027个青年志愿服务者组织、13.9万余名青年志愿者，开展各类青年志愿服务活动8969次。

海外社区建设。中国石油尊重业务所在地的文化习俗，致力于与东道国建立长期稳定的合作关系，成为当地社区的优秀企业公民。将公司发展融入当地经济社会发展，打造命运共同体，积极创造社会经济价值，共同促进当地社区的繁荣发展。

加强社区沟通。中国石油重视与业务所在国社会各方特别是利益相关方的沟通，在海外许多地区设有环境保护和社区关系协调机构，与当地政府、非政府组织、社区代表等建立起多种形式的沟通机制，通过会议、报告和走访等方式，加强沟通协调，增进相互理解，实现合作共赢。通过负责任的运营，对社区发展发挥积极影响。这种影响不仅体现在创造就业、贡献税收以及为当地供应商带来商机，还包括保护当地自然环境、维护社区居民人权、开展公益事业等。

参与社区公益。中国石油帮助改善社区居民生活条件，通过资助教育、医疗等公益事业，提升居民的文化知识水平，为当地社会可持续发展打下基础。

面对持续蔓延的新冠肺炎疫情，2021年中国石油继续通过捐赠防疫物资、提供疫苗接种服务、分享防疫经验、与当地政府和社区建立联防联控机制等方式，同各业务所在国一道抗击疫情。向当地政府和医院提供资金，用于购买抗疫所需医疗设备；向当地社区捐赠口罩、防护服、氧气设备等防疫物资；配合当地卫生部门为周边社区疫苗接种工作提供帮助；向当地困难家庭发放米面粮油等生活必需品，帮助他们度过疫情。

保护当地环境。中国石油严格遵守业务所在国环境保护法律法规和相关国际准则，坚持“在开发中保护、在保护中开发”的可持续发展原则，最大限度减少生产活动对当地自然生态的影响。

促进本土化运营。中国石油积极落实本土化战略，优先考虑采购和使用当地产品和服务，为当地承包商及服务商提供参与项目服务的机会，支持当地中小企业和社区创业者发展，为当地创造就业机会。

依法透明纳税。中国石油严格遵守运营所在地法律法规，依法透明向当地政府缴纳税收，助力地方经济发展。在伊拉克、蒙古国等实施采掘业透明度行动计划（EITI）的国家，积极参与利益相关方团体，向社会公开项目及向政府纳税情况，超过 EITI 最低信息披露要求。支持并响应反税基侵蚀和利润转移，遵循《中国石油税收政策》，承诺在经济活动发生地和价值创造地依法纳税，在为社会经济发展做出应有贡献的同时，实现公司可持续发展。2021 年，集团公司境外累计实现税费 614.7 亿元。

尊重原住民权益。中国石油在项目开工前，对当地原住民需求、人权影响、文化遗产和非自愿移民等社会、经济及环境影响进行评估，并参考当地政府、合作伙伴及原住民的意见制定补偿方案，尽最大可能保障原住民各项合法权益。

社会责任报告发布。2021 年，连续第 15 年发布集团公司社会责任报告，从可持续的能源供应、负责任的生产运营、重人本的员工发展、促民生的社会贡献 4 个方面，系统介绍中国石油履行经济、环境、社会责任的年度进展情况（表 2）。

表 2　2017—2021 年集团公司社会公益投入

万元

业绩指标	2021 年	2020 年	2019 年	2018 年	2017 年
主要公益总投入	80779	71795	85432	72092.6	108572
其中：扶贫帮困	40291	23224	24388	23291	21817
赈灾捐赠	4784	1271	4421	1154	7975
支持教育	7396	10544	8269	4937	10091.9
公益捐赠	24189	30264	43933	37806.6	46611.8
环保公益	4119	6492	4421	4904	22076.3

（卞相珊　王　子）

发展计划

【概述】 2021 年是“十四五”开局之年。集团公司发展计划工作始终把坚决学习贯彻落实习近平总书记重要指示批示精神和党中央方针政策作为首要政治任务，完整、准确、全面贯彻新发展理念，认真落实集团公司党组决策部署，高水平完成战略规划、业务布局、投资管理三大任务，为推动集团公司高质量发展和绿色低碳转型发展拼搏进取、履职尽责。

【规划管理】 2021 年，集团公司以“立足新发展阶段、贯彻新发展理念、构建新发展格局、推进高质量发展”为根本遵循，编制发布“十四五”发展规划纲要，明确“两个阶段、各三步走”的总体部署，构建高质量指标体系，制定两大发展路径，提出新发展阶段五大战略、业务发展部署安排，制定由大到强的重大举措和保障措施。深入对接国家规划，以规划纲要为统领，组织编制 34 个专业专项和区域规划，深化细化分专业、分领域发展思路目标、部署举措，特别是完成新能源新业务发展的顶层设计，建立“1+8”专项规划体系，制定落实集团公司绿色低碳战略的路线图。围绕重点业务领域开展一系列专题规划研究，编制集团公司首个国际业务五年规划，阐释国际化战略新的内涵，开展炼化业务转型发展思路和框架方案研究，组织编制天然气业务全产业链中长期发展规划，完成 LNG 接收站布局优化方案，认真研究金融业务、昆仑资本发展定位，提出海南自贸港业务布局优化方案，进一步健全和增强主营业务发展部署和路径举措。

（丁世强）

【投资管理】 2021 年，集团公司坚持实施“严谨投资、精准投资、效益投资”，严控投资总量，持续优化投资结构，开展投资管理提升专项工作，持续提高投资管理水平和质量效益。

多措并举控制投资规模，2021 年下达投资有效控制在集团公司党组批准的规模总量内，突出主营业务发展，加大国内勘探开发力度，炼化转型升级见到明显成效，绿色转型实现快速起步。开展“三不达”项目清理解剖，总结经验教训，提出改进措施。组织修订集团公司投资管理办法，从全口径投资管理、风险管控等方面进一步优化规范程序、明晰权责，从制度上堵塞管理漏洞。组织编制工程造价管理办法，修编基础计价依据，加强物探钻井造价管理，实现市场化计价规则全面应用。加强效益管理，靠实投资计划下达边界条件和效益指标，强化对标分析和投资估概算审查，项目投资核减率 9.9%；推进新投产项目增效考核，将新增投资回报纳入财务预算体系，保障新增投资对效益的正向贡献。创新投资管理机制，开展建立“量入为出、自我约束”约束机制和投资授权动态调整机制方案研究。

（邓海成）

【项目管理】 2021 年，集团公司着力提升前期工作的前瞻性、计划性，加强项目前期工作计划管理，制定下达两批次一类、二类项目前期工作计划，有效保障战略规划落地实施。

国内勘探开发。全力落实大力提升国内油气勘探开发力度要求，突出高效勘探、效益开发，强化项目前期工作，坚持事前算赢和多情景压力测试，有效规避风险，批复威远页岩气田产能建设稳产方案、富满油田油藏开发概念设计、博孜—大北区块开发概念设计等重点项目，全力推进 16 家油气田重大项目备案，15 个省（自治区、直辖市）的 642 个国内油气产能项目获得备案，为项目建设创造条件。

（徐 晖）

工程技术与装备。以保障急需为原则，深入论证批复 15 台深井钻机、2 套压裂设备、1 台 2000 吨级履带式起重机等关键设备，保障重点区域油气增储上产和大型炼化工程实施。大力支持关键核心技术科技攻关，持续跟踪关键核心技术科技攻关研制的旋转导向工具、二代 7000 米钻机、7000 型电动压裂泵的现场应用情况，及时协调解决问题，并纳入重点装备购置计划，在企业内外部推广应用。及时批复物探采集设备，确保已中标项目按期实施，提升企业高端市场份额，增加企业效益。落实国家决策部署，组织论证批复集团公司井控应急救援中心建设项目，持续提升井控应急管理能力，满足国家和集团公司对井控风险管控要求。优化生产基地布局，批复四川油建内江石油容器厂整体搬迁项目可行性研究，满足城市发展规划及地方政府相关要求。

（曾 博）

炼化与销售。长庆、塔里木两个乙烷制乙烯项目顺利建成投产，按计划推进广东石化炼化一体化等重大项目建设。吉林石化、广西石化乙烯项目前期工作顺利推进，“十四五”乙烯布局项目取得实质性突破；论证批复独山子石化溶聚丁苯橡胶、大庆石化 ABS 装置等项目可行性研究，促进化工新材料等中高端产品发展，推动支持炼化业务升级；四川销售燕儿窝油库搬迁等项目可行性研究论证批复，支持成品油销售设施优化；论证批复华北石化副产氢气提纯项目和河北销售、上海销售、四川销售 3 座加氢站项目，平稳启动集团公司氢能业务发展。

（张桐郡）

新能源。按照《新能源新业务发展专项规划》部署，围绕新能源“六大基地”和“五大工程”建设实施，加大力度推动一批重点项目落地实施，组织启动包括清洁替代、地热、清洁电力、氢能、伴生资源、新材料等 55 个项目开工建设，建成投产新能源新产业项目 39 个，新增清洁能源开发利用能力 350 万吨标准煤。玉门 20 万千瓦光伏发电项目建成投产，实现对外清洁电力供应零的突破。建成地热供暖项目 7 个，新增对外供暖面积 1000 万平方米，为“十三五”期间的两倍。建成加氢站项目 8 座，北京 2022 年冬奥会崇礼场馆核心区内首座加氢站——太子城服务区加氢站为“绿色冬奥”供应清洁能源。开展 CCS/CCUS 产业布局，推动试验项目完成二氧化碳注入量 56 万吨，驱油产量 20.4 万吨。新能源新业务快速起步。

（韩百琨）

天然气与储运。坚持事前算赢原则，积极推进集团公司天然气产供储销体系建设，完成 3 个项目可行性研究批复、4 个项目可行性研究评估，按国家要求完成阶段性储气能力建设目标；协调国家部委、地方政府及国家管网集团保障骨干管道按期建设，确保油气田上产、资源引进和储气库外输后路畅通。

（刘爱国）

海外油气。强化境外投资项目前期工作计划管理，严格把控研究报告质量，加强上下游一体化项目统筹协调，合规高效推进项目审查批复工作。2021年开展7个项目前期工作，2个项目完成国家核准备案，3个项目完成集团公司决策或审议。

（刘瑞杰）

信息化。支撑加油站数字化、智能化发展，提升加油站现场客户服务质量，满足加油站精准营销、精细管理需要，办理批复加油站管理系统3.0项目可行性研究报告，加强线上、线下一体化营销执行，完善油站支付体系，新增汽车服务、餐饮、便利店自有商品、广告管理等新兴非油业务的支持，提升非油销售管理、供应链管理、库存管理、便利店运营、促销管理等功能，促进智慧油站基础生态圈建设。

（赵　轶）

【业务管理】 金融与股权投资。坚守以融促产定位，规范金融投资业务，按照统一规划、分类管理的原则，梳理金融业务与产业资本投资业务，启动编制金融投资管理办法。按照把握投资方向、严控投资风险的工作原则，审查油气产业气候倡议组织昆仑股权投资基金、大庆电能增资等15个项目，统筹考虑、落实国家管网集团改革决策部署、妥善解决历史遗留问题，推动与国家管网集团的储气库合资项目。

（向　婧）

对外合作。围绕集团公司发展战略和目标，与地方政府、重点高校、国内外知名企业开展合作洽谈，成功签署11份战略合作框架协议。与中国石化开启铁山坡高含硫天然气委托加工合作，构建能源合作利益共同体，为企业发展营造良好环境。按照“严控前端、规范中端、督实后端”的管理理念，规范协议签署工作程序，督促协议落实落地，评估协议执行情况，不断提升集团公司战略合作管理成效。

（杨　冬）

造价工作。坚持低成本发展战略，优化管控工程建设投资，2021年审查和复核项目估算、概算65项。夯实基础工作，建章立制，制定《集团公司工程造价管理办法》，着眼于制度顶层设计，推进工程造价管理工作制度化、规范化；打造高质量的工程造价计价依据体系，全面修编石油建设安装工程预算定额、费用定额、概算指标和其他费用计价方法与费用标准等基础计价依据，调整计价依据人工单价和消耗量，合理真实反映工程建设各要素的市场价格变化和施工技术的发展；强化技术支持力度，构建快速反应、高效管理的投资参考指标新体系，编制完成160余个投资对标指标。服务基层，扎实推进为基层办实事工作，加强设备材料价格分析预测和科学研判并发布综合参考信息，推进信息资源共建共享；深入用户一线，组织开展工程造价信息化技术现场支持与推广应用，协助开展内部单位结算争议协调与鉴定；组织召开工程造价管理工作会议，响应企业诉求，共同提高工程造价管理工作水平。

（张建斌）

后评价工作。在组织企业开展项目自评价全覆盖基础上，聚焦重点项目开展15个典型项目详细后评价，并按照“典型项目引领，专项研究提升”的工作思路，完成柴达木盆地勘探业务、风险勘探业务、钻井业务高质量发展等6个专项后评价，针对各业务层面存在的问题，提出理顺机制体制、提升管理水平、落实降本增效、推进技术进步等后评价意见建议40余条。

（邵　阳）

统计工作。生产经营活动分析不断创新，聚焦国内原油新增储量上产难度、天然气产建节奏、炼化加快转型、油气销售市场和新能源等工作进展，及时发现矛盾和问题，提出措施建议。及时准确发布统计月报、年报、摘要等产品，完成各类调查报告、信息披露等近200份，有效发挥信息窗口作用；编写各类资本市场信息披露报告25份，积极、客观反映集团公司全力回报社会、回报股东的正面形象。结合集团公司新能源、新材料等新业务发展进程，重点关注天然气业务全产业链运营情况，突出页岩油勘探开发及对口援建内容，新增修订统计报表制度百余张。坚持提升信息化水平，统计系统2.0正式上线运行；勘探开发项目投资管理信息系统正式启动，完成16家油气田企业数据采集模块培训。编制集团公司领导与各省会见备参60余份，为协调企地关系、助力企业发展提供支持。完成中国石油学会石油统计专业委员会换届工作。

（罗大勇）

财务资产管理

【概述】 2021年，集团公司财务工作坚持稳健发展方针，全面贯彻新发展理念，落实高质量发展要求，坚持以市场为导向、以效益为中心，强化决策支持、价值引领、财务运营创效和风险防范，持续推动改革创新，增强价值创造能力，实现生产经营稳中向好、经济效益稳中加快、运行质量稳中有升、风险防控稳中加固，完成“两利四率”、自由现金流、“两金”占用等年度管控目标，集团公司经济效益重回行业首位，央企排名位居前列，财务状况总体保持健康稳健，实现“十四五”良好开局。集团公司实现收入28072.8亿元，达到历史最好水平；利润总额1654.8亿元、净利润1002.6亿元，分别为近年最好水平。

股份公司财务工作认真落实“企业管理以财务管理为中心”要求，适应外部宏观形势变化，坚持以市场为导向、以效益为中心，聚焦战略型、价值型部门建设，勇担推动绿色低碳发展、支撑国家战略、防范化解风险等方面重大职责使命，坚持“稳中求进”工作总基调，聚焦高质量发展主题，狠抓提质增效和风险防控工作，增强价值创造能力，实现“十四五”的圆满开局。股份公司收入26143.5亿元，创历史最好水平；利润总额1582亿元、净利润1147亿元，平均投资资本回报率7.5%、营业收入利润率7.0%，分别为近年最好水平。

【提质增效专项行动】 2021年，面对复杂多变的外部环境和艰巨的转型发展任务，坚持将提质增效作为推动高质量发展的长期性战略举措，把亏损治理作为重中之重。从提质与增效两端发力，向市场升级、质量升级、管理升级和创新驱动要效益，围绕财务绩效、市场供给、管理运营、创新与成长4个维度，大力实施31项提质增效举措，全力打造提质增效“升级版”，坚决打赢亏损企业治理攻坚战，推动集团公司高质量发展迈上新台阶。围绕“两利四率”等18项关键效益目标和100项提质增效重点监测指标，层层部署动员，层层传导压力，层层抓好执行落实。全面落实“四精”管理，把经营上精打细算、生产上精耕细作、管理上精雕细刻、技术上精益求精的要求，体现在具体工作措施和行动上，强化责任落实、过程管控和工作督导，确保完成全年目标任务。提质增效专项行动见到明显成效，吨油完全加工成本同比下降1.1%，其间费用总额及所占营业收入比重均为近5年同期最低。通过实施提质增效专项行动，累计实现增效128亿元。

股份公司坚持把提质增效专项行动作为长期性战略性举措，着力稳增长、调结构、提质量、增效益、防风险，主动向市场升级、管理升级、质量升级要效益，持续优化油气两大产业链运行。确保油气产业链平稳运行，通过旬、月、季度滚动预算以及生产经营协调会的方式，加强与生产经营部门的沟通协调，关注和优化生产经营安排，深化财务预算和生产经营计划的紧密衔接，主要产品同比量价齐升，天然气和化工产品销量创历史新高；优化完善低成本长效驱动机制，按照“一切成本均可降”的理念要求，强化成本对标管理和要素分析，查找制约低成本发展的突出问题和薄弱环节，提出针对性的成本统筹压降建议策略。持续推动管理理念转变，坚持“四精”理念，把精益管理作为关键，追求效益、提升质量、创造价值，不断提升财务管理水平，推动企业由“生产型”向“经营型”转变。

【亏损企业治理】 2021年，以脱贫攻坚的方法抓好亏损企业治理，制定下发《2021年亏损治理专项工作方案》，明确任务目标，细化方案措施，压实工作责任。牢固树立“企业不消灭亏损、亏损终将消灭企业”的理念，坚持“养人不养亏损企业”的原则，强化“减亏就是增效”的意识，按照“减亏、扭亏、合理回报”三步走路径，一企一策确定亏损企业治理分阶段目标。按照管理提升一批、重组整合一批、转让移交一批、关停退出一批的策略，确定具体改革方式，将改革措施任务细化分解到企到户，对号入座、分类整治。按照精准识别、精准分析、精准谋划、精准施策、精准推进、精准考核的要求，强化标本兼治。细化明确企业本质扭亏的时间表、路线图、任务清单，齐抓共管、综合施策，真治亏、真减亏，坚决走出循环治亏的怪圈，杜绝数字减亏、虚假减亏。高度关注同比增亏、由盈转亏、亏损额小的企业，坚决防止亏损反弹、扩大。坚持“抓重点带一般”“抓两头促中间”，持续关注亏损企业治理成果，对减亏增盈因素进行跟踪分析，对预期完不成减亏目标的单位进行重点督导，确保完成2021年任务目标。严格亏损治理考核，对亏损企业实行八项禁令：严禁新增非生产性投资，严禁装修改造和新增租用非生产性用房，严禁新增购置公务用车，严禁无效注资和输血，机构编制和职数只减不增，用工总量只减不增，管理性支出只降不升，亏损治理未达标及薪酬高于板块平均水平的亏损企业人均薪酬不增长，切实消除“等、靠、要”思想，推动本质扭亏。集团公司全级次子企业累计净亏损147户、亏损面16.8%、净亏损额696.58亿元，同比分别减少47户、下降4.4个百分点、减亏533.51亿元。亏损户数、亏损面、亏损额均为近10年同期最低水平。国务院国资委重点督导的88户亏损子企业55户扭亏为盈，亏损治理成效显著。

【预算管理】 2021年，强化全面预算管理，发挥预算引领作用。拓展全面预算管理。完善三级预算管理体系，理清集团公司总部、板块、专业公司预算管理界面。按照应纳尽纳的原则，确保实现预算全覆盖、无死角。健全预算管理机制，科研、事业单位实施全面预算管理，研究制定取消经费补贴和补亏机制。稳步实施“零基预算”管理。打破预算和资金分配中存在的“基数”观念，全面实施零基预算管理。有效衔接计划、生产、财务三大预算，细化预算编制分析颗粒度，加强业务预算与财务预算衔接，注重实物量、工程量与价值量有机结合完善“事前算赢”预算管理体系。健全完善3个月滚动预算、3个季度预算和3年滚动预算的“三个三”运行机制，推动财务预算和生产经营计划深度融合。调整直属科研院所预算和考核激励机制。对直属科研院所推行科研项目制管理，全成本预算，全成本核算，差异化考核，进一步激发直属科研院所动力活力，促进集团公司科技创新能力和投入产出效益提升。完善更加突出业务主导的科技管理体制，优化科技创新机制，强化产学研用一体化管理，科研经费投入实行矩阵式管理，建立总部、子集团、企业对科研院所费用分担的激励约束机制，着力高水平科技自立自强。保质保量编制完成2022年财务预算。突出价值导向，聚焦提质增效，衔接三大计划，坚持业务和财务预算目标按照“十四五”规划年度目标和近三年平均值孰高原则确定，确保指标科学先进、持续向好。

股份公司持续强化成本费用管控，加强预算目标刚性约束，深化全员、全要素、全过程目标成本管理，深入挖掘产业链、供应链、作业链各个环节降本增效潜力，提升股份公司低成本竞争优势。优化预算目标管理，基于油价、汇率和市场变化，结合生产经营情况，及时调整预算目标并配套相关考核政策，推动各业务持续优化生产经营，助力股份公司完成2021年效益目标。强化财务预测与分析，健全完善“三个三”的预算管理体系，结合实际效益与预计差异，详细分析增减利因素，并提出相应的措施建议，促进效益预期管理水平提升，累计完成27期旬度、12期月度和季度滚动预算简报。强化预算执行监控，结合每月生产经营活动分析，密切跟踪重点环节和关键指标进度，使预算执行监控成为发现问题、挖掘潜力、提质增效的重要手段；开展原油完全成本、进口气、成品油销售亏损等专题分析，为生产经营优化提供决策支持。强化预算价值引领作用，坚持问题导向、目标导向、结果导向，鼓励各单位围绕预算目标采取措施，努力应对新冠肺炎疫情影响，促进股份公司高质量发展，精简预算调整事项清单，优化完善2021年预算考核政策。推动实现科研经费管理精细化，贯彻落实股份公司科研经费管理新机制，加大对股份公司科技项目经费支持力度。完善对外捐赠预算管理规范和制度，持续优化对外捐赠预算管理工作程序，严格组织股份公司日常对外捐赠预算管理，规范审批流程，参与制定股份公司对外捐赠管理办法。

【会计报表及核算管理】 2021年，全力开展2020年集团公司财务决算工作，完成69户二级单位报表合并，960户子企业、3万余张决算报表和5000余份附报文档的审核工作并通过财政部和国务院国资委决算审核，得到国务院国资委的充分肯定和财政部的通报表扬。分析国有资本增减变化主客观因素，编制完成2020年国有资本保值增值情况报告。以实质性控制原则为基础，重点排查报表合并范围，详细梳理往来款项和存货清理、减值计提合理性、收入费用确认准确性、长期无动态在建工程等方面问题，有力推动决算审计程序前移，统筹安排特殊处理事项和历史遗留问题，做好2021年财务决算准备工作。进一步拓展财务决算成果应用，深度挖掘财务数据内涵，科学评价经营成果，推动企业优化生产经营和资源配置；以业财融合为导向，建立健全全层级财务分析体系，打造关联强、效率高、逻辑清晰的数据仓库，明确降本增效的业务和方向，全力支持稳油增气、减油增化、精细营销。坚持问题导向，提升效益管控，每月发布《企业经济运行动态》，通报所属各单位效益排名和亏损情况，督促企业以效益为中心，推进亏损企业治理。

高质量完成股份公司2021年财务决算工作，股份公司财务报告连续21年获标准无保留意见审计。及时、准确完成股份公司118家直接合并报表单位及2000家所属全级次企业的报表合并报送工作。完成股份公司2020年度董事会、监事会、审计委员会及股东大会财务报告，获股份公司领导和董事、监事的充分肯定。顺利更换股份公司2021年度审计师，组织前后任审计师平稳衔接，实现过渡期间重大会计政策和会计处理前后一致。修订下发《2021年中国石油财务决算指导手册（股份公司分册）》，修订完善《股份公司会计手册》《股份公司资产减值管理办法》。建立股份公司月度财务报告通报制度，督促地区公司提高各期财务报表及分析资料上报的及时性和准确性。开展衍生品业务套期会计研究，规范衍生品核算，减少非管理性盈利波动，帮助管理层更加全面、宏观掌握既有衍生品风险。

【会计准则体系建设】 2021年，为适应国内外会计准则和集团公司生产经营的变化，进一步规范会计核算，提高会计信息质量，根据2019年以来财政部发布的准则、应用指南、解释公告、实施问答，财税政策变化及地区公司意见，对《中国石油天然气集团有限公司会计手册（2019）》进行修订，下发《中国石油天然气集团有限公司会计手册（2022）》，进一步夯实规范核算根基，不断提高会计信息质量。稳步实施新租赁准则，规范业务处理方式，确保新旧准则衔接顺畅。作为财政部会计准则技术联络小组成员，参与国内外会计准则修订讨论，不断提高集团公司话语权。重新梳理集团公司总部主要业务流程，编制完成《集团总部主要业务操作手册》，对15大类52项明细业务明确流程概述、流程图、流程描述、会计核算及凭证附件等示例内容，进一步厘清集团财务部与共享运营公司间工作界面，增强业务指导。

【推进会计工作转型升级】 2021年，推动会计工作由传统向数字化、智能化转型。与共享运营公司合作，创新开发股份公司统一报表平台，实现报表编制时间提前的阶段性目标。持续优化财务报表体系，梳理报表审核关键节点，固化财务制度要求，强化报表审核力度，提高全级次报表报送的准确性和及时性。组织对股份公司FMIS报表进行修订，根据修订要求开展科目标准化核算调整工作。与共享运营公司协作，建立租赁业务管理系统，降低新租赁准则实施难度，实现租赁业务的全流程、全生命周期规范管理，满足监管需求。推进股份公司经济活动分析平台开发应用，利用大数据分析技术，梳理股份公司上市以来关键指标数据，实现数据实时动态更新和可视化展示。

推动会计工作由价值核算向价值管理转型。围绕股份公司高质量发展战略和提质增效客观需求，建立完善股份公司财务会计报告和经济活动分析框架体系，及时预警经营风险，深入推进业财融合，为管理决策和生产经营运行优化提供依据。完成股份公司财务部月度分析，重点开展客存管理、亏损企业治理、油气完全成本管控、进口天然气亏损以及“两金”管控等专题分析并提出管理建议和决策支持，深度和广度不断提升。精细管理年度利润和效益预期，通过事先筹划预测，推动财务工作重心由事后分析向事前控制转移。聚焦价值管理，组织股份公司价值分析会议及材料，突出产业链关键指标的改善，持续优化各专业公司价值管理指标体系。

【资本市场信息披露】 2021年，组织完成股份公司2021年法定信息披露工作。按照三地上市监管要求，全面高效完成2020年度报告及业绩公告、美国版20-F年报，2021年季度报告、半年度报告及业绩公告的编写及披露工作，完成各季度、半年度、年度上交所XBRL编报，以及美国版20-F年报XBRL编报工作。编写完成2020年度及2021年中期路演材料，参加2020年度、2021年半年度业绩发布和路演以及季度业绩发布电话会工作。完成股份公司2020年末期股息和2021年中期股息宣派工作，切实维护广大股东利益。开展国内外可比股份公司对标分析，通过月度经济活动分析或专项分析报告等方式报股份公司领导参阅。组织及时回复SEC就股份公司2020年度20-F提出的质询问题。

【资产管理】 2021年，推动资产分类评价管理创效落实落地。结合不同业务的战略定位和业务特点，从资产负债表资产要素角度，制定集团公司资产分类评价试行标准。组织部分所属企业开展试点工作，按照试行标准对资产进行梳理分类，重点针对低负效资产，从技术工艺提升、资源优化配置、内部调剂整合、成本费用管控等方面，研究制定提效创效措施，全面提升资产质量和创效能力，促进实现“负效资产变有效、低效资产要提效、优良资产多创效”的目标。持续推进资产结构优化。加大资产结构优化力度，完成资产结构优化498亿元，其中：报废资产净值245.7亿元，出租资产净值172.4亿元，内部调剂调拨资产净值64.7亿元。严格资产评估审查备案。

完成资产评估审查备案548份，备案项目账面净资产194.2亿元，评估后净资产461.6亿元，评估增值267.4亿元，审核效益6.7亿元。开展储气库合资合作审计评估工作，支持推进与国家管网对新疆呼图壁等5座储气库的合资合作；组织完成7家事业单位资产清查；开展社会化职能分离资产移交工作。

股份公司持续推进资产结构优化和管理创效，下达2021年度低效无效及闲置资产盘活清理处置计划，将完成情况纳入股份公司改革行动计划考核；通过控制投资规模、处置低效无效资产、盘活运营土地资产、闲置资产调剂、优化物资采购管理等措施，2021年实现轻资产近千亿元。持续推进资产评估工作制度化、标准化、规范化，股份公司全年审核资产评估报告520份，完成资产评估项目备案337项，备案项目账面净资产174.2亿元，评估后净资产311.51亿元，评估增值137.31亿元，审核效益3.6亿元。制定《股份公司资产评估项目专家评审办法》，组织开展16次专家评审会。研究信息化统建项目转资和管理问题，明确存量项目转资要求和新建项目管理规定。组织研究确定大连石化基地搬迁补偿方案和谈判策略。全面参与油气合资合作项目清理工作。

【财产保险管理】 2021年，统筹做好财产保险工作，降低保费10.92%，制定实施2022年保险集中管理方案，扩大内部保险公司承保份额。将原《商业保险管理办法》《工程保险管理办法》《商业保险公司准入管理办法》《保险经纪公司准入管理办法》进行整合，取消人身保险内容，下放保险管理权限，明确集团公司总部统保险种和非统保险种的内容和管理方式，修订完成《商业财产保险管理办法》。首次采用公开招标方式确定2021—2023年准入商业保险公司和经纪公司。准入财产保险公司共计18家，较2018—2020年增加2家，包括14家中标保险公司、中信保和美亚财险2家特殊险种供应商、专属保险和中意财产2家内部保险公司，英大泰和、永诚财险、亚太财险和鼎和财险为准入新增保险公司；准入保险经纪公司共计4家，较2018—2020年减少1家，包括3家中标经纪公司和昆仑经纪。

股份公司通过市场化招标手段，实现保障扩大、保费降低，锁定2022年成品油和化工销售货物运输保险保费单价成本大幅下降。进一步提升保险集中度，实现所属企业海外雇主责任保险全覆盖；开展油气田企业财产保险统保方案研究，提升国内保险内部保险机构保险份额。积极适应新《中华人民共和国安全生产法》，不额外增加保费成本，落实2022年安全生产责任保险单独出单；出具安责险保险等险种证明数百份，涉及30个省份，协助地区公司完成属地安责险出单工作。组织昆仑经纪启动保险信息系统开发。完成所属企业其他非统保险种和工程险项目审核批复。组织地区公司保险培训工作，参训人员上千人。

【关联交易管理】 2021年，严格执行会计准则和资本市场监管规定，进一步规范关联方认定，确保关联交易披露合法合规。认真审核关联交易报表，持续性关联交易运行规范平稳，各项关联交易金额控制在上限总额范围内。设计与国家管网集团关联交易报表，规范所属单位与国家管网集团关联交易核算，确保关联交易报表金额完整、准确。关联交易披露工作合法合规，关联交易各项审批及披露程序符合会计准则、各上市地监管规则要求，向审计师提供股份公司与集团公司及其他关联人士2020年度及2021年中期的关联交易情况，向董事会审计委员会、监事会提交公司持续性关联交易情况报告，在公司年度报告及半年报中披露关联交易相关信息。各项披露工作取得外部审计师、律师的确认。

【财务合规管理】 2021年，为贯彻落实财政部、国务院国资委关于加强内控监管的有关要求，全面摸排财务运营管控中存在的各类风险和隐患，严肃财经纪律，健全财务监督体系，在全集团范围内组织开展以资金管理、会计信息质量等为重点的财务大检查。检查分时间节点按自查、抽查、报告、整改、总结评价等5个阶段组织实施，其中135家单位自查查出问题1896项，对17家单位抽查发现问题345项。

组织相关单位加强问题整改，逐项销账，举一反三，通过制度完善、手段优化等建立常态长效的监督管控机制。持续推进巡视审计发现问题整改，对照审计署审计报告指出的问题、定性依据及审计意见，高度重视、严肃对待，组织制定整改方案，明确审计整改的责任单位，层层压实整改责任；就其中涉及的燃料油公司违规转售进口原油等问题作为专项进行部署，深入自查并组织研究制定整改方案，配合国家调查组调查，坚决彻底进行整改。建设大数据财会监督平台，完成重点业务风险场景监督功能开发，利用大数据分析技术，通过数据汇集、模型搭建，逐步发挥全过程伴随式监督作用。股份公司结合日常稽查、检查中发现的问题，总结梳理近年来会计管理方面存在的重大风险点，编制典型案例，制定控制措施，为各级单位防范会计管理风险提供范本。2021年股份公司审计问题整改完成率97.5%。

按照国务院国资委《关于加强中央企业资金内部控制管理有关事项的通知》要求，印发《中国石油天然气集团有限公司资金内部控制管理规定》，突出完善资金内控制度，利用司库系统加强资金内控管理，构建第一道防线的业务监管和第二道防线的内控部门监督评价两大资金内控监管架构，形成一级抓一级，层层抓落实的工作机制。

【审计监督检查】 2021 年，构建股份公司财务管理流程和制度体系，开展股份总部业务流程梳理优化，修订 109 项业务流程，编制财务部门权限指引手册，梳理股份总部财务管理制度，集中废止不适用制度，提出健全制度体系工作计划。开展财会监督业务数字化转型试点，整合集成 18 类内部系统和启信宝等外部数据接口，构建以大数据技术为驱动的风险识别模型，涵盖 13 个财会监督主题、77 个风险模型，打造 7 大应用，全面支撑风险可视化预警监督。强化监督检查成果转化，提升风险治理效能，印发实施《中国石油财务风险防控手册》，涵盖 9 大类 114 项共 157 个风险点、242 条典型案例、251 项控制措施。做好财务中介机构备选库管理，结合股份公司“三独立”“五分开”规范管理要求，优化财务中介机构管理模式，有序更新中介机构备选库，严把临时入库关。夯实合规管理，确保风险受控，梳理部门“三重一大”决策和运行监管系统用户权限，组织开展内控管理层测试、外部审计测试和年度财务报告控制测试等工作，做好内控监督发现问题整改督导。

【财政政策】 2021 年，积极争取落实一批财税优惠政策，争取到特定地区进口勘探开发作业的设备仪器免征进口关税政策、境外中方机构发放全年一次性奖金适用单独计税政策，以及用于非常规油气勘探开发技术、二氧化碳驱油与埋存利用技术和天然气提氦冷链技术的资金支持；通过国家税务总局、中俄能源协调机制，推动中俄双方签署政府间协议，降低亚马尔和北极 2 项目享受预提税优惠税率，保障集团公司权益和可持续发展。

推动国家延续进口天然气增值税返还政策至 2025 年并将长贸气增值税返还比例提升至 70%。延续页岩气资源税减征 30% 政策至 2023 年 12 月。落实非常规天然气支持政策，推动非常规天然气增储上产。向国家税务总局上报 2021 年度石脑油定点直供及调整计划，落实石脑油连续加工乙烯、芳烃免征消费税政策。

【税收管理】 2021 年，大力实施税收筹划创效，推进税率优化、研发费加计扣除、总部费用分摊、事业单位改制等工作，节约税费支出。持续加强国际税收风险管控，研究完成国际业务税收风险防控报告，更新税收风险事件数据库，全面提升风险防控水平；开展 BEPS 应对工作，完成国别报告分析与审核，进一步加强风险筛查；跟踪重点国家税收管理情况，持续协调推动税收争议问题有效解决。配合国家税务总局税收稽查，规范财税政策执行，推进集团公司总部和股份公司总部税收稽查争议问题妥善关闭。修订消费税返还管理办法，规范自用成品油消费税返还政策执行。

【价格政策与管理】 2021 年，进一步健全完善内部价格市场化机制，通过创新储气库储转费定价方法、完善天然气出厂和内部调峰价格机制等方式，推进股份公司内部天然气价格市场化改革。完善以协商为核心的炼厂汽柴油出厂价格市场化形成机制，通过引导炼销双方以市场为导向，调整完善炼厂柴油市场化出厂价格、炼厂汽柴油出口补贴以及低凝点柴油出厂价格等机制，实现产销双方有效衔接，提高集团公司成品油产销业务的整体抗风险能力和市场竞争力。通过建立原油销售价格波动风险传导机制，实现油价波动风险的合理分担和有效传导。

2021 年 1 月 6 日，股份公司下发《关于调整储气库储转费的通知》（油财务〔2021〕3 号），发布储气服务结算价格。按照“准许成本 + 合理收益”原则，采取两部制（容量费和使用费）收费方式制定储转费。

2021 年 6 月 7 日，国家发改委发布《天然气管道运输价格管理办法（暂行）》和《天然气管道运输定价成本监审办法（暂行）》（发改价格规〔2021〕818 号），主要内容包括：对现行运价率按管道区域进行简化，运价率由现行的 15 个调整为 4 个；未来准许收益率将统筹考虑国家战略要求、行业发展需要、用户承受能力等因素进行动态调整，首次核定价格仍按 8% 确定；管输定价的管道折旧年限由 30 年延长至 40 年。

2021 年 7 月 16 日，股份公司下发《关于完善公司天然气出厂及内部调峰价格机制的通知》（油财务〔2021〕112 号）。对油气田企业生产的超计划天然气，根据“供小于求、供求平衡、供大于求”不同市场供求状况，分别实施上浮 30%、不浮动和下浮 10% 的天然气出厂价格浮动政策，引导油气田科学合理地安排生产，以适应国内天然气需求变化；对满足调峰条件的内部企业，通过制定冬夏季差异化的调峰价格政策，即采暖季（11 月至次年 3 月）上浮 30%、非采暖季（4—10月）下浮10%，利用价格杠杆调动内部企业参与天然气冬季调峰的积极性。

【土地管理】 2021年，加强土地管理，多措并举加大低效闲置土地盘活处置，实现土地处置收益18.7亿元；做好大连石化基地搬迁补偿专项工作，制定《搬迁补偿专项工作方案》，指导方案测算、比选和分析，为推动搬迁工作取得实质性进展打下坚实基础；根据集团公司土地管理工作实际需要，结合国家土地管理新政和集团公司土地业务现状，指导解决集团公司土地管理现实问题，修订印发《集团公司土地管理办法》，明确土地业务归口管理部门，强化专业公司土地管理责任。开展《石油天然气工程项目用地控制指标》修订评估工作。为进一步加强和规范集团公司土地管理，组织开展2021年土地清查，全面调查土地基本情况及利用状况、土地权属情况和土地管理情况，掌握油气用地组卷报批、权属登记各阶段数据，为促进依法取得、合理利用、有效保护土地奠定基础，切实服务于中国石油高质量发展。

参加自然资源部"净矿出让""推进交通能源水利等基础设施项目建设全过程节约集约用地"等政策研究，取得相关司局对油气业务用地的理解和支持。参加《油气类生产矿山土地复垦与生态修复方案编制指南》《油气类生产矿山土地复垦与生态修复技术导则》《矿山生态修复技术规范第七部分：油气矿山》编制，纳入油气业务专业意见。《自然资源部关于规范临时用地管理的通知》（自然资规〔2021〕2号）中对油气资源探采合一开发涉及的钻井及配套设施建设用地方式进行明确。督导地区公司抓好节约集约用地，认真履行土地复垦义务，2021年节约建设用地11.20平方千米，复垦土地82.80平方千米，退出建设用地0.61平方千米。

【财务人才队伍建设】 2021年，组织开展2020年度中国石油所属单位总会计师述职评议，持续做好中国石油所属单位总会计师和财务机构负责人管理。规范财务机构负责人双重管理审批流程，组织完成15家中国石油所属企业财务机构负责人的审批，实施年度考核结果备案制，提升财务机构负责人素质和履职能力。组织开展集团公司2020年度正高级职称（会经统审专业组）评审工作。沟通协调做好中国总会计师协会及石油分会的日常工作，石油分会4人获中国总会计师协会2021年度"特级管理会计师"称号，推荐成果在中国总会计师协会2020年度立项研究课题中获得一等奖1项、二等奖5项、三等奖2项。选派1人参加国务院国资委中央企业财务"菁英"班培训。组织举办财税、资产等业务培训6期，培训相关业务骨干1000余人。组织部门员工完成2021年中央国家机关会计人员继续教育。

（程小舟　韩　涛）

资金管理

【概述】 2021年，集团公司资金管理工作牢固树立底线思维，突出资金的价值引领，将防范资金流动性风险放在首要位置，应对新冠肺炎疫情和油价大幅波动给集团公司现金流带来的影响，持续实施资金紧平衡管控，继续推行市场化资金配置政策，加强自由现金流分析，强化风险控制，深入策略研究，境外资金集中管理进一步加强，金融衍生业务管理体系初步建立，人民币国际使用取得突破性进展，汇率管理平稳风险可控，资金风险管控不断强化，集团公司资金安全平稳受控运行，财务状况总体保持稳健。

【资金计划管理】 2021年，深入推进资金配置政策市场化运行。在总结前期资金配置政策市场化改革阶段性成效的基础上，攻克难点、打通堵点，推进未上市企业资金配置政策市场化运行，实现全覆盖，倒逼企业增强现金流意识和资金成本意识。新的实施方案对成立直管单位、油气勘探开发、天然气销售、直属科研单位、商业油气储备设施、集团公司总部部门经费、总部统建项目等业务的资金政策进行全面调整和规范，明确集团公司总部支持业务和支持方案，削减难以产生效益的各类拨款，除规定的拨款业务外，其余资金一律由企业自行承担，从根本上激发企业改革创效的动力和活力。坚守自由现金流为正底线目标，逐级分解下达现金流管控指标，按企业、用途、时间3个维度，分级次、分类别、分业务，全面强化"年预算、季预测、月计划、周控制、日安排"资金计划管控机制，深入实施资金紧平衡管控；加强财务分析，定期研判地区公司现金流运行状况，加强监控及督导，对现金流较差的单位及时下达预警通知，对重点单位适时开展约谈，提出管控要求和整改方案，有效保障资金受控、高效、稳健运行；加强资金预算与投资计划、股权计划的有效衔接，坚持投资与股权“一本账”管控，按规定比例及时上收生产投资产生的利润，督导股权投资项目按时足额分红，深入推进投资及股权的投入产出“双闭环”管理。2021 年集团公司累计实现自由现金流 1016 亿元，同比增加 1954.5 亿元，剔除金融、贸易、中俄原油贸易预付款等影响后，实体企业累计自由现金流 620 亿元，同比增加 163 亿元。

股份公司坚持底线思维，将防范资金流动性风险放在首位。按照提质增效行动方案以及相应考核指标，与各地区公司逐一沟通，确保 2021 年资金计划科学准确、切合实际。通过年计划控制月计划，月计划管控周、日计划，按月汇总分析各企业资金计划执行情况并进行指导，确保企业资金安排能够始终按照年初既定目标执行。2021 年实现自由现金流 798.5 亿元（披露后公布业绩有关数字）。应对突发情况，2021 年处理各类紧急用款 1078 笔，金额合计近 600 亿元。

【货币资金管理】 2021 年，不断加强总部资金头寸精细化管理，协同资金计划和投融资安排，紧密结合生产经营需求和资金收支季节性波峰波谷的特点，逐步减少集团公司总部外部银行资金备付，提高内部金融企业存款占比，保障集团公司资金流动性。夯实境内人民币资金集中管理，持续加大资金集中力度，加强沉淀资金分析，严控沉淀资金，督促企业对可集中资金应归尽归，集团资金集中度继续保持 90% 以上；进一步完善优化资金集中管理模式，研究中油工程上市企业建立独立境内人民币资金池，保障关联方资金往来合规，规避上市企业监管风险。全面加强银行账户监管，下发《关于压减银行账户的通知》，落实账户压减工作，督导各单位全面梳理本外币账户，制定账户压减目标，清理冗余账户，同时核实完善司库系统中账户信息，对未录入系统的账户进行集中补录。进一步强化账户风险管理，加强账户冻结事项监管，针对 2021 年集团公司所属部分企业频繁发生账户冻结事项，实行 72 小时内上报机制，建立账户冻结事项台账，定期逐笔进行跟踪落实；向企业发送《关于银行账户冻结风险提示函》、约谈重点单位，督促企业增强风险意识。推进金融企业账户纳入司库管理，以各金融企业昆仑银行账户为基础搭建账户架构，通过集中授权、线下直联签约，实现账户直联应用。截至 2021 年底，集团公司银行存款余额 4062 亿元，环比减少 342 亿元，比年初增加 766 亿元、增长 23%。其中：集团公司总部及非金融实体企业 966 亿元，比年初增加 258 亿元、增长 36%；股份公司 1709 亿元，增加 166 亿元、增长 11%。

股份公司进一步加强银行账户管理并严格执行账户审批制度，及时审批企业开立、变更、撤销、划转等银行账户申请。2021 年完成审批账户开立 1807 个（其中补录 1067 个），账户撤销 823 个，账户变更 405 个，账户划转 106 个。密切关注生产经营动态，通过加强资金精细化管理，灵活运用财务公司循环信贷和商业银行法人透支额度，合理配置资金头寸，保障了股份公司生产经营的资金需求。

【内部结算管理】 2021 年，按照董事长“完善关联交易结算政策、明确结算周转指标”的要求，联合印发关于进一步加快关联交易结算进度的通知函，对已挂账、已完工及存在争议的各类未结算情形明确结算政策，提出结算进度和指标要求。协调地区公司财务部门联合投资、法律、业务等相关部门，按照“谁的堵点谁负责”的原则共同发力，推进关联交易结算制度化、规范化，提升关联交易结算速度，推进关联交易结算取得实效。2021 年油气主营业务向支持服务业务支付关联交易结算资金 2990 亿元，同比增加 571 亿元、增长 23.6%。

召开两次推进关联交易内部结算会议，连续下发《关于持续推动关联交易结算进度的通知》《关于进一步加快关联交易内部结算进度的通知》，要求已开票挂账往来款实现当月挂账、当月清零，已完工项目甲乙方加快办理竣工验收手续、未完工项目及时确认实施进度，2021 年国内 16 家油气田企业应付油服企业账款余额降至历史最低。

【“两金”压降】 2021 年，制定“两金”压控专班、专人、专项“三专”管理制度，将一年以上应收账款及存货余额前十家单位分项目、目标、进展、措施等逐项列明工作清单，分级分类，督导推进。拟定“两金”压控长效机制指导意见方案，将“两金”压控纳入日常化、标准化、科学化管控。强化跟踪与督导，按月分析“两金”完成情况，对发现的问题逐一落实，对工作进度不达标单位下发警示函，要求强化工作力度，制定切实可行方案实现局面扭转。加强与生产经营管理部、工程和物装管理部的信息共享和沟通协调，明确存货管控责任，提出细化管控任务，形成合力推进“两金”压控。开展应收账款坏账核销，针对集团公司所属企业与其兴办的多种经营企业之间形成的应收款项，明确提取准备、证据收集、责任追究等工作规则，进一步规范财务核销业务。截至2021年底，集团公司“两金”余额3121.9亿元，比年初增加202.2亿元、增长6.9%，“两金”余额增幅比营业收入增幅34.5%低27.6个百分点，超额完成国务院国资委下达的“两金”管控目标。其中，应收账款余额1108.5亿元，比年初增加47.7亿元，增长4.5%；存货余额2013.4亿元，比年初增加154.5亿元，增长8.3%。

股份公司反复对三种油价下的“两金”压降预算方案进行测算，研究制定2021年“两金”预算调整方案及2022年预算方案；每月与可比公司进行对标分析；下达2021年地区公司“两金”压控考核指标；每季度通报地区公司“两金”考核指标完成情况，对下一步工作提出具体要求；对“两金”增幅超过收入增幅的单位及时跟踪督导；做好年底“两金”压降目标任务管控，要求重点单位对其“两金”压降情况进行3个月滚动预测，年末最后时点要求进行日滚动预测。截至2021年底，股份公司“两金”净额2005.1亿元，“两金”周转率13.7次，为上市以来最高。

【融资管理】 2021年，研究建立集团公司内部信用评价体系，结合集团公司业务发展定位，从经营现金净流量、盈利能力、资产质量、债务风险和经营增长5个维度选取12项指标，设置指标权重和年度权重，综合考虑重大风险事项，对所属企业内部信用进行综合评价，将企业分成ABCD四类并发布集团公司所属企业内部信用评价结果，运用评价结果对所属企业融资进行差异化管理，促进企业提升高质量发展能力。根据《银行间债券市场非金融企业债务融资工具信息披露规则（2021）版》，组织修订集团公司债务融资工具信息披露管理办法。2021年，股份公司总部对外人民币融资500亿元。其中，发行超短融资券170亿元；进出口银行借款330亿元。

股份公司通过精心筹划，以发行债券、争取优惠贷款等融资方式，为股份公司筹集低成本资金，保障公司生产经营。在银行间市场累计发行债券2只，募集资金170亿元；借入中国进出口银行优惠利率贷款330亿元，与境内同期LPR下浮10%相比，当年节约财务费用348亿元，存续期可节约财务费用15.33亿元；完成吉林石化揭阳分公司60万吨/年ABS及其配套专项融资56亿元和兰州石化大庆乙烷制乙烯74亿元专项融资，助力炼化企业转型升级。

集团公司海外业务融资2021年安排资金129.7亿美元，包括北极LNG2项目融资95亿欧元、CNODCI借款16亿美元，中亚管道项目建设前期资金借款2.7亿美元。面对疫情、地缘政治、环保环境等诸多挑战，在各股东和项目公司的共同努力下，完成北极LNG2项目融资方案并于2021年4月27日通过集团公司董事会批准。第一批俄资银团融资于2021年4月28日完成签署工作并实现提款；第二批国际银团融资最终于2021年11月30日完成签约工作，标志着北极LNG2项目110亿美元等值欧元（95亿欧元）的外部融资方案圆满收官，成功锁定多元化资金来源，保障项目长期、稳定、更为优惠的资金需求。

股份公司结合海外项目进展情况，稳步推进海外融资业务，安排所属企业海外融资24亿美元。推进中哈南线、伊拉克鲁迈拉、哈萨克KMK等项目融资，跟进做好中亚天然气管道D线融资前期工作。

为巩固债券市场投资者关系，夯实境外融资渠道，组织完成集团公司2022年度国际信用评级年审，维护集团公司市场形象。2021年，穆迪、标普、惠誉分别给予集团公司评级为A1、A+、A+，展望均为“稳定”，集团公司已连续11年保持中国主权级评级和境内企业最高评级。

【债务管理】 2021年，加强在月末、季末、年末有息负债指标跟踪和管控。通过滚动计划和点对点对接，精准确定每家重点管控单位的债务规模，及时跟踪落实情况。提前做好资金筹措，落实到期债务兑付方案，持续优化完善债务结构。累计归还到期债务780亿元，提前归还高利率借款308亿元。2021年末有息负债3405亿元。

【境外资金管理】 2021年，稳步推进境外资金集中管理，结合企业、地区、行业等特点，分业务板块对外汇资金集中管理工作进行重点推进，基本实现各板块可集中资金的全面归集，外汇资金池整体实现综合效益4.9亿美元。随着国际形势日趋复杂，为应对突发情况，研究制定境外资金池应急预案，完成备用主账户资金收付测试，制定成员企业账户和资金迁移方案，多渠道保障成员企业外汇资金安全和境内外结算通道顺畅。推动人民币国际使用，海外项目份额气结算实现重大突破，签订以人民币计价和结算的工程技术服务合同取得实质性进展，帮助企业解决境外资金滞留以及资金跨境困难等难题，为推动人民币在境外投资等更大领域内的国际使用创造有利条件。

【汇率风险管理】 2021年，针对人民币汇率弹性增强，呈现双向波动特征的近况，按照国家外汇管理部门倡导企业树立汇率风险中性管理理念的指导精神，指导企业多措施应对，做到汇率风险整体可控。加强汇率走势分析研判，定期组织召开汇率管理研讨会，制定集团公司整体应对方案；发挥中油资本和经研院两家专业机构研究能力，按季度进行汇率市场情况分析及预测，为集团公司及所属企业汇率管理提供参考，进一步提高汇率管理水平。及时发布汇率风险提示，强化汇率风险管理。通过各项措施多项并举，增强企业汇率风险管理意识，不断优化汇率管理方案，回收境外应收账款，使用当地货币结算消耗存量，适当运用金融衍生工具管理汇率交易风险，选择有利窗口开展结售汇业务，降低汇率风险敞口，最大限度降低汇率波动影响。

2021 年，集团公司汇兑净损失 71.8 亿元人民币，股份公司全年汇兑净收益 5.4 亿元。

【产融结合】 2021 年，落实党中央国务院和国务院国资委关于金融服务实体经济要求，进一步优化金融业务布局结构，有效防范化解风险，加强产融结合风险管理，引导金融企业稳健发展。深入贯彻落实中央财经委员会第十次会议精神，组织召开集团公司防范化解重大金融财务风险研讨会，集团公司党组成员、总会计师刘跃珍出席。会议重温习近平总书记在全国金融工作会议上的重要讲话，共同学习国务院国资委《关于加强中央企业金融业务管理和风险防范的指导意见》，通报集团公司金融财务风险管控情况；落实集团公司党组决策部署，持续推进集团公司重大金融财务风险的防范化解工作，始终把防范化解金融和财务风险摆在突出位置，明确职责、压实责任，坚决打好防范化解重大风险攻坚战；筑牢合规管理底线，守住经济和金融安全运行防线，严格财经纪律高压线，当好合规管理“守门员”和风险预警“吹哨人”；既要高度警惕“黑天鹅”事件，也要防范“灰犀牛”事件；既要有防范风险的先手，更要有应对和化解风险挑战的高招和实招；既要打好防范和抵御风险的有准备之战，也要打好化险为夷、转危为机的战略主动战，不断提升财务金融风险防控能力和水平。

【票据管理】 2021 年，按照市场化运作、专业化管理、一体化运行的模式，保持票据池业务的规范、科学、高效运行，充分挖掘票据管理价值。持续鼓励收票单位主动入池、付款单位用票出池，推进销售企业油品互供票据结算，组织地区公司办理票据再贴现、转贴现，抓住资本市场有利窗口集中开展票据贴现，提高内部金融企业存量票据运营效益效率，2021 年累计实现票据集中运营创效 15.7 亿元。严密防范票据风险，组织开展近三年票据业务管理与风险自查，夯实票据管理质量。

股份公司累计开立票据 430 亿元，协调昆仑银行、财务公司为长庆油田等地区公司办理票据集中再贴现及转贴现，审核通过地区公司票据贴现申请 180 笔，发挥总部优势开展总部集中贴现。票据管理累计创效约 7.2 亿元。

【年金管理】 截至 2021 年底，中国石油企业年金净值 1556 亿元，比年初增加 126 亿元，增长 8.8%。2021 年确定为养老资产管理公司“管理精益年”，牢牢把握“努力建设国内一流的养老受托机构，为提高石油员工退休生活的幸福指数贡献力量”的使命担当，坚持“安全至上、稳健增值”的投资原则，继续强化“六个管理体系”建设，年金管理精益求精、企业管理精打细算、信息管理精雕细琢，推动集团公司精益化管理和高质量发展，不断提高市场化、专业化水平，确保企业年金在复杂的市场环境中持续安全稳健增值，2001 年投资收益率 3.98%。

【授信与担保】 按照最新发布的《中华人民共和国民法典》中《第二编 物权》《第三编 合同》中担保相关内容，结合国务院国资委下发的《关于加强中央企业融资担保管理工作的通知》(国资发财评规〔2021〕75 号)以及《集团公司董事会授权管理办法》，修订集团公司担保管理办法，进一步规范担保行为、明确审批权限及流程，特别是对融资担保管理提出更高要求。下发《关于加强融资担保管理工作的通知》，要求集团公司所属各级企业认真贯彻执行国务院国资委对于融资担保管理工作的要求，完善管理制度、开展年度融资担保计划、严格限制融资担保对象及规模、明确禁止事项、开展违规融资担保整改等。截至 2021 年底，集团公司获综合授信额度 26391 亿元，期末占用额度 2217 亿元，剩余可使用额度 24174 亿元。2021 年累计办理综合授信业务 10165 亿元，平均减少保证金占用 746 亿元。集团公司期末担保余额 8932 亿元。其中：授信业务担保 535 亿元、履约担保 7163 亿元、融资担保 1234 亿元。国资委口径融资担保余额为 832 亿元，占集团公司净资产比重为 3.5%，远低于国务院国资委 40% 的管控目标。

股份公司与上海银行签订 200 亿元人民币综合授信协议，与交通银行签订 300 亿元人民币综合授信协议，与北京银行签订 100 亿元人民币综合授信协议，与花旗银行签订授信额度备忘录及安慰函。截至 2021 年底，股份公司获总授信额度 5247 亿元，期末占用额度 876 亿元。本年累计办理授信业务 3266 笔、金额7566亿元，平均减少保证金占用370亿元，节约利息支出13亿元。

股份公司对外担保计划通过股份公司董事会及股东大会审议，批准股份公司2021年度对外担保计划2436亿元人民币。截至2021年底，股份公司对外担保余额1905.38亿元，其中授信担保237.5亿元、融资担保106.07亿元、履约担保1561.81亿元。

【货币类金融衍生业务管理】 2021年，结合国务院国资委对金融衍生业务管控要求和集团公司实际业务开展情况，搭建“严格管控、规范操作、风险可控”的金融衍生业务管理体系。成立集团公司金融衍生业务领导小组，负责金融衍生业务的资质、年度计划审核、特殊事项审批，明确集团公司财务部、股份公司财务部牵头负责货币类金融衍生业务管理，生产经营管理部牵头负责商品类金融衍生业务管理，法律和企改部牵头负责金融衍生业务的风险控制，集团公司各专业公司负责金融衍生业务的日常管理。根据国家法律法规、国务院国资委《关于切实加强金融衍生业务管理有关事项的通知》《关于进一步加强金融衍生业务管理有关事项的通知》以及集团公司有关规定，制定下发金融衍生业务管理办法，加强集团层面管控，规范企业业务操作，要求严守套期保值原则，强化监督检查，规范重大风险报告机制。

组织核准金融衍生业务资质及审批2021年度计划，经所属企业报送并经集团公司董事会审批，核准18家企业商品类金融衍生业务资质、10家企业商品类金融衍生业务委托资质、28家企业货币类金融衍生业务资质，交易品种包括原油、成品油、外汇等，交易工具包括期货、远期、掉期等，审批38家企业商品类和货币类年度计划。

股份公司所属企业报送并经集团公司董事会审批，核准14家企业商品类金融衍生业务资质、9家企业商品类金融衍生业务委托资质、15家企业货币类金融衍生业务资质。审批26家企业商品类和货币类年度计划。

【资金合规管理】 2021年，按照国务院国资委《关于开展网银U盾等印鉴自查工作的通知》要求，组织开展集团公司网银U盾等印鉴管理自查专项行动，自下而上，逐级排查，重点对网银U盾、财务印鉴、票据等关键风险点的管理、不兼容岗位隔离设置以及管理制度建设和执行情况进行全面梳理排查，不走过场，不留死角，确保全覆盖、无遗漏；各所属单位按照有序推进、明确责任、分级负责、持续改进、稳步提高的检查思路，通过内部自查、交叉检查、突击检查的方法，扎实做好自查工作；对存在的问题认真分析原因，提出针对性的整改措施，切实构建资金风险管控防范长效机制。全面开展海外资金业务摸底，对所属海外企业资金业务进行全面调查摸底，收集整理26家海外企业所属单位（项目）信息，结合所在国政治环境和企业自身情况，从开户银行、资金从业人员、资金支付业务、银行业务管理、现金业务管理、资金归集等方面分析存在的资金风险，研究推进海外资金管控及共享方式。

【司库管理】 2021年，中国石油“以金融资源集约化为核心的司库管理体系”被国务院国资委确定为标杆项目。参与国务院国资委司库推广工作，配合起草《关于全面推进中央企业加快司库建设的通知》，对中央企业司库建设的总体要求、主要内容、风控管理功能、系统开发建设、司库体系建设保障措施和信息系统数据标准规范方面进行详细说明。启动资金监控平台建设工作，对货币资金、账户、资金收支、资金计划、电子票据、风险监控等业务进行统计分析，深度挖掘司库系统和报表系统数据价值，增强数字信息资产的价值创造能力。2021年底，资金监控平台基本完成系统开发并具备上线条件。

【降杠杆减负债】 按照国务院国资委2021年央企资产负债率目标要求，结合集团公司提质增效工作任务和2021年预算安排，研究制定股份公司、各专业公司和未上市企业2021年降杠杆减负债责任目标，有效分解目标任务；进一步加强全级次高负债子企业资产负债率管控，落实企业主体责任，分解年度目标任务，要求企业强化管控，制订措施和工作方案，推动全级次子企业负债率回归合理水平。强化有息负债管控，结合油价和自由现金流情况，及时调整债务管控策略，通过盘活存量和优化调整融资成本的方式，及时归还到期债务。提高无息负债管理力度，细化落实管控责任，持续加强对占比较大的应付账款、应缴税金、应付工资、预提费用等无息债务分类要素的分析，强化要素管控，提升资产负债率全方位、全要素管理水平。加强重点单位监控，对债务额度大、增减变化幅度大的企业进行重点跟踪和管控，通过滚动计划和点对点对接，精准确定每家单位的有息负债规模，确保有息负债、资产负债率控制在目标范围内。截至2021年底，集团公司有息负债5464亿元，比年初减少230亿元、下降3.9%，为近十年来最低水平；加权平均融资成本2.81%，比年初下降0.11个百分点；财务费用220.2亿元，同比减少33.8亿元、下降13.3%。

股份公司资产负债率43.7%，比年初下降1.4个百分点；资本负债率19.5%。

【清理拖欠民营企业账款专项工作】 2021年，进一步提高政治站位，贯彻党中央、国务院重要决策部署，加快健全完善防范拖欠长效机制，严格执行《保障中小企业款项支付条例》，采取有力措施，加强应付账款和应付票据管控，规范供应链金融业务，严格清欠考核奖惩，扎实做好线索核实，做深做实集团公司清理拖欠中小企业、民营企业账款和农民工工资支付工作。持续深入推进民营企业欠款清理，全面排查民企欠款，对无分歧欠款务必及时支付，对有分歧欠款加强沟通、协调和督促，逐笔对接欠款形成原因，逐一解决有关争议，逐家制定清理方案，提出解决问题的时限、目标等要求，要求做到应付尽付。2021年清偿民企逾期有分歧欠款11.8亿元，无新增无分歧民企逾期欠款和农民工工资。

股份公司连续下发《关于进一步加强民企逾期欠款清理工作的通知》《关于进一步做好民企逾期账款及农民工工资清欠工作的通知》，加强通报、督导力度并形成专题报告报公司领导。组织所属企业督促承包商全面梳理排查总包商、分包商支付农民工工资情况。截至2021年底，除涉及诉讼等客观原因外，有分歧逾期民企欠款已全部清零，无分歧逾期民企账款和农民工工资保持余额为零。

（程小舟　韩　涛）

组织人事管理

【概述】 2021年，集团公司组织人事工作坚守组织路线服务保障政治路线的职责定位，紧紧围绕建设世界一流综合性国际能源公司目标，以落实“十四五”人力资源规划为抓手，以推进实施人才强企工程为牵引，统筹抓好领导班子和干部队伍建设、员工培训和人才队伍建设、组织优化和三项制度改革、绩效考核和薪酬分配等各项工作，把党史学习教育和庆祝建党百年激发出的热情转化为推进组织人事工作的强大动力，完成“十四五”开局之年各项工作任务。集团公司人力资源部被授予“全国工人先锋号”称号，人力资源部党总支获评集团公司先进基层党组织。

【领导班子建设】 2021年，集团公司选优配强领导班子。落实“两个一以贯之”要求，对49家分公司领导体制进行优化调整。突出政治标准，注重选拔使用担当作为、苦干实干，基层历练扎实、实践经验丰富，专业本领高强、工作业绩突出的干部。选拔专业素质过硬、历练扎实的65名班子副职到主要领导岗位任职，所属企业“一把手”接替矛盾得到有效化解。围绕加强部分单位主营业务领导力量，选配配备25名专业技术总师进班子任职。加大竞争性选拔力度，为部分炼化、销售、金融企业选拔配备19名总会计师和班子副职。

提升实干担当本领。大力实施“三强”干部素质和本领提升计划，高质量举办第74期党校班、第一期新进领导班子成员政治能力提升班，不断加强干部政治训练、知识更新、能力培训和实践锻炼。聚焦增强专业本领，组织举办首期市场营销培训班、第二期领导本领提升班。围绕提升实践实干本领，有计划地安排112名领导人员跨单位、跨地域交流任职，其中正职34名。

做好年轻干部工作。研究制定《大力发现培养选拔优秀年轻干部实施方案》，扩大中青班办班规模和层级，推动所属企业和集团公司总部机关干部双向挂职锻炼，推荐干部援疆、援藏挂职锻炼，组织开展首批53名优秀年轻干部挂职交流锻炼。坚持“三个1/3”梯次配备思路，2021年新提拔50岁及以下党组管理干部109人，占比68.1%，两级班子年龄结构得到初步改善，“预备队”和“战略预备队”培养取得初步成效。

【人才队伍建设】 2021年，集团公司加强人才强企顶层设计。集团公司党组将人才强企工程放在战略全局来组织推动，首次以组织人事工作和人才强企工程为主题召开年中领导干部会议。以“十大人才专项工程”“生聚理用”人才发展机制为核心内容，研究制定《人才强企工程行动方案》，配套出台《人力资源价值评价办法（试行）》《新能源新材料新事业发展人才专项工程推进方案》等制度文件，保障人才强企工程顺利实施。强化组织运行，聚焦“十四五”和年度目标任务，制定人才强企工程“施工图”“运行表”，编发《人才强企工程百问》，全力抓好政策宣贯、指标分解和落地实施。

多措并举培养领军人才。大力实施科技领军人才、“石油名匠”等重点人才培育计划，针对不同层次人才开展精准培养，大庆油田程杰成当选中国工程院院士，2 人获中华技能大奖，3 人获全国第四届杰出工程师奖，2 人当选中国化工学会会士，8 人入选“大国工匠”，14 人获全国技术能手。强化引才组织领导，成立以董事长任组长的海外高层次人才引进领导小组和以党组副书记任组长的工作小组，分层细化梳理引才岗位，打造全球化引才信息平台，引进高层次人才 15 人。

创新人才培养方式。组织实施核心骨干人才能力素质提升计划及 5 类专项人才培训计划，集团公司层面统一举办重点培训项目 134 个 252 期次，线下培训 2.1 万人。大力推进“互联网 + 培训”模式，50 余万人上线学习中油 e 学。启动经营管理人员岗位标准化培训建设工作，完成集团公司总部机关 17 个部门涉及的 26 个管理岗位培训标准。实施新入职员工基础培养计划和集团公司总部储备生培养计划，董事长为新入职员工讲授第一课。坚持以赛促练、以赛促建，开展首届实训师大赛，举办各类技能竞赛 17 场，获国家级赛事金牌 28 枚、银牌 34 枚、铜牌 45 枚，创历年最好成绩。

完善人才评价机制。深化职称制度改革，探索建立“与人均劳效挂钩、分级分类测算”的职称指标动态调控机制，指标分配重点向人均劳效高、主力上产和技术密集型单位倾斜。修订《集团公司职业技能等级认定管理办法》，完成国家 10 个技能等级认定标准修订，技能等级认定 11 万人次。开展院士战略咨询和学术交流活动，组织高层级专家到企业开展咨询会诊。新创建 5 个国家技能大师工作室，成立全国首支技能人才创新基金，资助 56 个一线生产难题攻关和成果推广。组织技能领军人才到企业开展提质增效专项行动，2021 年攻克一线难题 531 项，成果获国家发明专利 53 项，应用转化 193 个。

【组织机构管理】 2021 年，完成集团公司总部部门组织体系优化调整。平稳实施职能划转、机构人员转隶和集团公司总部部门及专业公司“三定”工作，优化调整总部部门职责界面，总部部门数量减少 25%，内设处室压减 20%，人员编制精简 10%，价值型总部建设迈出坚实步伐。组建四大业务板块（子集团），成立统筹协调委员会，业务板块重大事项总体谋划、统筹协调、整体推进和督促落实作用有效发挥。集团公司总部机关选拔配备 14 名集团级专家和 108 名部门级专家，进一步拓宽干部成长渠道。

推进管理体制调整和业务重组整合。调整天然气销售业务管理体制，将 4 个区域公司改设为区域事业部，理顺油田周边天然气销售和加气站管理。重组北京石油管理干部学院和广州石油培训中心，整合对外合作职能撤销对外合作经理部，将信息技术服务中心划入共享运营公司管理，整合船舶燃料销售渠道、调整中国船舶燃料有限责任公司中国石油方管理主体，推动业务专业化发展。组建昆仑资本，成立 3 个新能源新材料研究院，支持保障新事业发展。

推进生产组织模式创新。组织制定销售业务生产组织模式创新指导性实施大纲，构建形成油气田新型采油气管理区（作业区）、炼化联合运行部、成品油“大部制”改革、工程服务“专业化 + 项目制”等生产组织模式创新体系。系统压减管理层次和机构人员初见成效，油气田企业新型采油气管理区（作业区）建设到位率 60% 以上，炼化企业联合运行部建设有序推进，成品油销售企业“大部制”改革机构调整到位，2021 年，二级、三级机构分别压减 3.9%、6.6%。

【劳动用工管理】 2021 年，集团公司严控员工总量，重点压减人员规模大、人均劳效低、长期亏损企业。严把人员入口，新增用工需求优先立足内部调剂，新增员工计划重点向主营业务、新兴业务、重点项目、关键岗位倾斜。修订《高校毕业生招聘管理办法》，加大校园宣讲和高层次毕业生招聘力度，优化引进毕业生学历、专业、院校结构，2021 年公示录用毕业生 6500 余人，硕士及以上学历占比 40.5%、“双一流”高校占比 42.2%。盘活冗员，通过内部转岗、跨企业输出、开拓外部市场等方式，组织企业富余人员创收创效。员工总量降至 107.8 万人，新增优化盘活 3.2 万人，促进全员劳动生产率提高 4 个百分点以上。

【薪酬绩效管理】 2021 年，集团公司全面落实业绩考核重点任务。修订《企业领导人员业绩考核办法》，构建以“两利四率”为引领的高质量发展指标体系，着力引导企业努力实现质量更高、效益更好、结构更优的发展。研究制定天然气供应保障奖惩政策，明确“给予突出贡献单位考核奖励”等 6 项措施。开展与国际一流企业全面对比分析，编制形成《石油石化行业中央企业高质量发展分析报告》，得到国务院国资委考核分配局的肯定。

健全完善业绩考核激励约束机制。优化科研单位考核机制，将效益指标调整为“净利润”和“横向收入总额”，增设“授权发明专利数量”等指标，引导科研单位提升关键核心技术攻关和科技成果转化创效能力。加大亏损企业考核约束，将“亏损企业治理”纳入领导人员业绩合同。全面实施领导人员任期业绩考核，突出对企业价值提升、人才强企工程、科技自立自强等重点工作和中长期发展指标的考核，研究制定专业公司和企业主要领导2020—2023年任期经营业绩责任书。

推进市场化薪酬分配改革。研究制定优化调整薪酬结构实施意见，差异化调整基本工资标准。印发《中长期激励实施意见（试行）》，指导符合条件的13户科技型企业开展分红激励，推进昆仑能源健全完善上市公司股权激励方案。制定《2021年提质增效及亏损治理专项激励约束办法》，强化考核牵引，体现盈亏差异。强化劳动力市场价位对标结果应用，建立基于市场价位对标的工资水平调节机制。加强人工成本峰值管理，从严从紧核定各单位人工成本计划，强化人工成本监控和预警，保持人工成本增减与效益变动相匹配。

【人事制度改革】 2021年，集团公司扎实推进改革三年行动重点任务，将集团公司改革三年行动涉及组织人事工作3个方面17项改革任务及纳入国务院国资委重点考核的3个方面5项考核指标，实施挂牌督办，确保全部任务如期完成。全面推行经理层成员任期制和契约化管理，纳入实施范围的子企业完成户数占比100%。研究制定董事、监事选聘和管理暂行办法，建立专职董事、监事人才库。推进“管理人员退出”改革，通过竞争方式聘任管理人员比例49.59%，管理人员末等调整和不胜任退出的比例4.2%。推行公开招聘，除政策性安置和特殊专业需求外，新入职员工公开招聘比例99.97%。对2.5万余名违规违纪及不胜任岗位等员工依法依规解除（终止）劳动合同，市场化退出率2.33%。

【组织人事监督】 2021年，集团公司强化干部监督专项检查。分两批次派出8个检查组对26家所属企业选人用人工作同步开展专项检查，针对突出问题约谈有关单位组织人事部门负责人，对共性问题适时通报，查核466人，查核一致率89.27%，同比提高10.66个百分点，对报告存在问题的领导干部进行组织处理。规范领导干部配偶、子女及其配偶经商办企业行为，制定印发规范行为办法。狠抓干部人事档案专项整治，基本完成中组部要求的13万余人档案专项审核任务，对存在造假问题的干部进行组织处理。

做实做细日常监督。持续做好“一报告两评议”工作，集团公司党组2020年度选人用人工作总体评价“好”的比率97.2%、从严管理监督干部情况评价“好”的比率96.9%，两项指标均创历史最好成绩。所属单位选人用人工作逐年向好，民主评议结果稳中有升。加强测评结果应用，对所属企业年度“一报告两评议”选人用人工作“好”率低于75%的13家单位党委书记进行约谈，督促抓好整改落实。

【组织人事基础管理】 2021年，集团公司推进共享服务建设。拓展人力资源共享服务应用范围，推广和试点的业务累计7类46项，实现集团公司薪酬及员工服务等首批业务全覆盖。完成人力资源共享服务平台试点项目建设和评估验收，新版员工自助平台上线运行，电脑端、移动端访问量2092万人次。

强化队伍自身建设。从严管理组织人事干部，印发《所属单位组织部长综合考核评价暂行办法》，加强企业组织人事部门负责人考核管理。全面推进人力资源管理岗位标准化培训体系建设，印发《人力资源管理岗位标准化培训体系建设实施方案（试行）》，试点开展人力资源管理岗位高、中、初级培训项目25期、培训认证1034人。完成17个业务模块82个岗位的任职资格标准编写，开发9个模块41门标准化线下课程和142门理论知识类线上微课。

加强政策业务研究。组织编制完成“十四五”人力资源专项规划，高质量完成集团公司人才强企工程、经营管理人才有序接替、“十四五”人力资源战略举措研究、价值型总部建设等4项软科学课题研究任务，全部获评集团公司优秀课题。完成《中国石油组织史资料（1949—2020）》续编修订和出版发布工作。

（于维海）

生产经营

【概述】 2021年是集团公司“十四五”规划开局之年，面对国内外复杂多变的外部环境，在集团公司党组的正确领导下，集团公司抓住国际油价回升、中国经济持续稳定恢复等有利时机，充分发挥油气两大产业链一体化优势，优化经营组织，突出能源保供，突出效益提升，油气两大产业链平稳受控运行，经营业绩创造新的里程碑。

【市场营销】 2021年，集团公司按照“市场导向、客户至上，以销定产、以产促销，一体协同、竞合共赢”的“二十四字”营销工作方针和坚持把市场战略作为行动引领、坚持把市场占有作为关键指标、坚持把量效齐增作为根本目的、坚持把数字化平台作为重要支撑、坚持把改革开放作为关键一招，全面推进市场营销各项工作。持续加强市场研判工作力度，建立完善季度市场分析会、月度油气价格与市场分析会、周生产经营例会和专题分析会“3+1”的市场研判机制，深入解读国家与行业政策，专业化分析市场、前瞻性预判市场、针对性拓展市场；紧密跟踪油价和市场形势，针对突发事件、油价大幅波动、政策变化等情况快速响应，及时调整生产经营策略。稳步推进油气资源开放式配置，合规开展系统外用户原油市场化销售。千方百计扩销量、增份额，成品油国内销量同比增长4.5%，市场份额同比提高0.4个百分点，近10年来首次止跌回升；利用新项目投产契机开拓市场，加大高端产品开发力度，2021年统销化工品销量同比增长6.2%。大力提高油气及炼化商品率，组织成立提高商品率工作小组，统筹协调推进各项工作任务，定期编制月报、召开季度推进会，强化对标、传导压力，2021年天然气、原油商品率和炼油综商同比分别提高0.34个百分点、0.01个百分点和0.32个百分点。扎实开展客户服务管理专项工作，组建客户服务管理专班，首次系统梳理客户服务管理工作，研究编制集团公司加强客户服务管理指导意见；统一整合客户服务电话，956100于2021年11月12日正式上线；启动客户关系管理系统（CRM）2.0建设，提升客户服务信息化管理能力。

【生产经营计划】 2021年，集团公司按照“事前算赢”的原则，充分发挥原油、天然气产业链优化模型作用，在滚动编制实施3个季度、3个月生产经营计划的基础上，进一步统筹油气主营与支持服务、金融业务计划管理，推动油气两大产业链向全口径全面转变，推动生产型向经营型转变向纵深发展。抓住油价高位有利时机，努力增产高效原油，2021年国内原油产量比年初计划增加65.6万吨；针对国内“淡季不淡”的市场环境，大力推进国内天然气增储上产，实施以气补油，2021年天然气产量比年初计划增加39.9亿立方米，国内油气当量产量稳定在2亿吨以上，超额完成“七年行动计划”（2019—2025年国内勘探与生产加快发展规划）任务目标。国内加工原油同比增长4.2%，生产成品油同比增长1.6%，炼厂2021年平均加工负荷、成品油收率分别比年计划低2.5个百分点和1.3个百分点。原油加工分月计划执行率100.0%，成品油生产计划执行率100.3%，成品油产调率100.1%，出口计划执行率101.4%。

【资源优化配置】 2021年，集团公司坚持事前算赢，以市场为导向，以效益为中心，统筹原油加工和外销，开放式优化配置，优先向炼化一体化等高效炼厂倾斜。打通大连石化通过铁锦线锦西石化支线转运大庆原油通道，既满足大连石化石蜡基原油资源需求，又节约管输费。安排乌鄯线满负荷外运北疆原油、西南管道按计划掺混长庆原油，保障原油配置顺畅运行。组织呼和浩特石化试炼二连临河高凝原油，增加炼厂原油资源来源。抓住油价相对高位时机，在满足国家动用上限要求前提下累计动用商储油208万吨，既保障炼厂加工资源需求，又为后期低价补库腾出空间。按效益原则优化调整海上进口原油节奏，综合采取转计价、上海期货交易所原油运作、大船拼装、海外份额油增供等措施降低采购成本。动态调整生产柴汽比，确保市场稳定供应。新建长庆乙烷制乙烯、塔里木乙烷制乙烯项目一次开车成功，持续保持乙烯、芳烃等装置高负荷运行，持续优化轻烃液化气资源配置，努力保障乙烯装置原料供应，2021年乙烯产量同比增长5.8%。大力推进减油增特，2021年低硫船用重质燃料油、润滑油基础油、石蜡产量同比分别增长 125.6%、13.0% 和 16.9%，特别是低硫船用重质燃料油产量、出口量均突破 400 万吨，有力支持开拓保税船用燃料油市场。抢抓国内航空运输阶段性恢复契机，全力加大航空煤油销售，2021 年同比增长 8.1%，供中航油份额同比提高 1.6 个百分点。合理优化天然气资源结构和节奏，推进中俄东线冬季提前增量，缅甸天然气 2021 年按计划稳定供应，努力推动长贸 LNG 资源向冬季倾斜，不断优化现货 LNG 采购方案，2021 年累计进口天然气同比增长 24.5%。多措并举、精准施策，结合不同阶段产销形势，有针对性优化销售策略，实现增销不增亏，2021 年销售天然气同比增长 11.3%。持续推进储气库扩容达容工程，优化注采气方案，2021 年实现净注气 22 亿立方米，为保证天然气产业链安全平稳运行和冬季天然气保供发挥重要作用。

【生产运行协调】 2021 年，集团公司坚持问题导向，多措并举化解生产运行重点难点问题。周密组织炼厂检修，超前部署，优化错时错峰检修，完成吉林石化、抚顺石化等 5 家炼油厂检修和复产。及时解决长庆乙烷制乙烯原料供应、塔里木油田液化气产销等运行矛盾。统筹优化宁夏石化化肥装置检修及冬季复产，有效缓解化肥供应紧张和天然气资源阶段性富余形势。加强铁路运力协调力度，8 月格尔木炼厂检修期间，向兰州石化运送青海原油 15.5 万吨，达到检修前运量的 3 倍。统筹冀东原油运行计划，2021 年拉运 50 船次 112 万吨，保障炼油厂加工资源和油田后路畅通。刚性交货保后路，全力增接直炼资源，同比增长 7.9%。加大冬季低凝点柴油促销，充分把产能优势转变为竞争优势，2021 年低凝点柴油销量同比增长 11.1%。针对 9—10 月柴油阶段性供应紧张局势，迅速筹集原油资源，全力增产增供增销，两个月内连续 7 次调整计划，增炼增产市场急需的柴油 67 万吨、增加交货 91 万吨，有效有力保障柴油稳定供应。细化效益与成本测算，分区域、分品种开展串换，2021 年完成 941 万吨，降低物流成本近 10 亿元。坚持库存经营与库存价值管理理念，统筹产销贸优化库存管控，2021 年原油、成品油库存较年初分别下降 73 万吨和 135 万吨，成品油客存已降至 2019 年以来最低，超额完成“两金”压控任务。

2021 年 7 月建成投用智能运营中心，实现线上生产经营计划下达、运行监控、预测预警功能，辅助优化原油产销、成品油供销、天然气资源、管网运行 4 个方面平衡，完成 24 个信息系统 484 项生产经营数据集成，升级完善日指定计划管理、运行数据监控、值班管理等系统功能。针对“11・23”西三线泄漏事件，迅速制定《西三线 44 号阀室—瓜州站泄漏处置产销平衡方案》，连续下达 7 个生产调度令有效调整上载管网气量，配合国家管网集团维修与复产工作。快速应对河南汛情和台风“烟花”，召开防汛救灾工作协调会 12 次，了解受灾情况、统筹救灾组织、指导复工复产、保障油气资源稳定供应。组织开展首次全产业链“压非保民”实战演练，参加国家发改委组织全国“压非保民”合成演练。

【对外沟通协调】 2021 年，集团公司对口国家发改委、工信部、自然资源部、交通运输部、商务部、国务院国资委、海关总署、国家能源局、国家粮储局、中国石油和化学工业联合会等部委（局、协会），利用参加季度、月度经营形势分析会等沟通平台，反映生产经营遇到的困难和问题，争取政策支持。协调推进集团公司储气库等工程建设，及时报送天然气冬季保供专项报告，反映天然气冬季保供存在的困难和诉求，创造良好的外部氛围。持续推动国家部委在加强成品油市场监管、加大地炼进口原油管理、征收轻循环油等进口环节消费税等方面出实招。不断完善与国家管网集团沟通协调机制，有效应对西三线断供、中亚天然气短供、进口 LNG 延期等突发事件，联合开展原油盘库、储气库运行管理、国家管网新建管道投产、天然气调峰等工作，保障双方生产经营安全平稳有序。持续加强与国家铁路集团公司沟通协调，加大调运组织力度，保障炼油厂加工资源。12 月 30 日，致函国家发改委，及时协调解决川庆钻探工程有限公司在土库曼斯坦天然气合作项目，采购国内 2000 余吨工程物资铁路装车发运，有效保障阿姆河一期、二期、复兴气田 100 亿立方米项目等重大工程正常运行，以及钻修井新项目开工建设。

【运行管理机制】 2021 年，集团公司生产经营工作坚持“日例会 + 周例会 + 月度分析会 + 专题协调会”常态化沟通协调机制，持续开展日跟踪、周平衡、旬检查、月分析，并将生产运行日碰头会、成品油保供日例会、天然气冬季保供日例会三会合一，及时协调解决运行难题。2021 年召开生产运行日例会 141 次、生产经营周例会 50 次，组织天然气冬季保供专报 5 期、天然气冬季保供工作日报 83 期，报送动态 306 项，下达生产调度令 11 份。逐步完善内部价格市场化机制，5 月开始调减柴油基础量 2 万吨 / 日，2021 年累计减少 490 万吨；6 月开始实施出口汽油转国内按出口价格结算政策，累计完成 284 万吨；继续执行低凝柴油按照 0 号柴油结算政策，不断传导市场压力，营造产销双方共同应对市场的良好氛围。成立以总经理为组长的冬季保供领导小组，建立冬季保供工作专班机制，牵头建立总体协调专班，各专业公司按照业务分别建立4个工作专班。其中，LNG接卸专班推动交通运输部接卸专班组织各港口建立冬季保供LNG资源绿色通道，累计协调解决2船涉疫资源和13船因天气原因延期资源靠卸问题；中亚天然气稳定和增供专班强化运行监测预警和沟通协调，从法律和商务两个层面督促各资源方稳定供应，打造中亚资源“稳定器”，提前实现阿姆河项目4口新井投产；需求侧管控专班引入大数据分析手段，按照智能运营中心要求滚动更新销量预测，不断增强供应调节的预见性和灵活性；国内资源增产增供专班持续优化内部流程、滚动更新储气库运行曲线，全力组织国产天然气增产上量、储气库应采尽采，兼顾保供和效益。依法合规经营的制度基础进一步夯实，组织制定印发《集团公司原油销售管理办法（试行）》《集团公司轻烃液化气乙烷销售管理办法（试行）》《海上进口原油成本考核实施细则》和《天然气运行及销售管理规定》，油气运行与销售更加依法合规。研究出台进口长贸气亏损全产业链分担机制，引导相关单位多措并举进一步降低进口成本、减少进口天然气亏损。开展生产运行调度指挥体系建设研究，编制并下发《智能运营中心运行协调机制（试行）》《生产运行调度指挥管理办法（试行）》，初步建立“一个整体、两个层次”的生产运行调度指挥管理体系，实现场所公用、业务共商、信息共享、指令共发、责任共担，从制度上保障集团公司各项生产运行协同高效、经营决策快速精准。研究建立集团公司冬奥会和冬残奥会保障运行机制，组织编制工作方案，成立运行领导小组和工作专班，落实落细涉奥各项保障服务工作。

【天然气产供储销体系建设】 2021年，集团公司在国产天然气增储上产、进口天然气稳定供应、储气调峰能力建设、强化市场供应保障等方面精心组织、狠抓落实，全力推进天然气产供储销体系建设。天然气资源量同比增长11.8%。贯彻落实国家打好污染防治攻坚战要求，持续优化资源配置和销售结构，增量资源重点向北方7个省、市等重点地区倾斜，保障“煤改气”和民生用气需求。2021年“迎峰度夏”期间，加强区域市场销售平衡，优化资源调配，全力保障东部、南方地区高峰时段电厂调峰用气。推进进口国别多元化、进口天然气源多样化，建立稳定多元的进口天然气供应格局，优化中亚天然气进口节奏，协调中俄东线进口俄罗斯天然气提前增量，开展进口LNG长约价格复议，降低进口天然气成本。加快推进在役库扩容达产工程、新库建设与现场试验工作，重点开展5座现役储气库扩容达产、启动7座新储气库建设。唐山LNG接收站2座16万立方米储罐顺利投产，江苏LNG接收站新建2座20万立方米储罐，自有LNG接收站储存能力进一步增加。统筹优化资源配置，多措并举开展冬季天然气供应保障工作。集团公司领导先后召开10余次专题会议研究今冬明春天然气保供方案，筹措天然气保供资源。按照保民生、保公用、保重点原则，落实合同签订方案，分级制定应急保供预案，梳理非居民可中断调峰用户清单，编制4种类型、7种情景应急预案并制定资源侧极限增供及需求侧极限压减预案。

【应急协调管理】 2021年7月21日，按照《集团公司总部组织体系优化调整实施方案》，生产应急管理职能划转生产经营管理部（智能运营中心）。12月31日，集团公司HSE（安全生产）委员会会议决定，集团公司应急领导小组办公室设在生产经营管理部（智能运营中心）。应急协调管理职能调整后，累计接报突发事件21起，其中Ⅱ级以上突发事件16起，有效应对处置“7·20”河南郑州特大暴雨灾害。制定印发《生产应急突发事件总部应对工作流程》，对内建立突发事件报告机制，对外建立联动响应工作机制；依托综合办公管理平台项目，组织开发投用突发事件信息呈抄系统，实现集团公司总部层面突发事件信息线上办理和闭环管理。修订应急协调管理制度，建立包含1项应急信息管理制度、1项应急通信管理制度和2件应急预案的“1+1+2”制度体系。在《应急信息工作管理办法》中，建立涵盖突发事件电话报告、书面报告、视频图像、地图资料、抢险方案等多种载体形式的大信息管理格局；在《应急通信系统管理办法》中，将车载应急通信、船载应急通信、便携应急通信装备纳入一体化管理，将应急通信网络从陆上延伸至海上；在《突发事件总体应急预案》《自然灾害突发事件专项应急预案》中，优化应急领导小组的组织架构，明确集团公司总部的应急响应启动条件，落实自然灾害突发事件日常管理措施及要求。深入研究、积极推动集中视频智能监控项目和应急通信系统升级项目，为生产调度和应急指挥提供可靠支撑。

（曲文星　李石大　许　驰　王洪虎　张　超）

资本运营

【概述】 2021年，集团公司资本运营工作突出深化改革，配合公司治理体系和治理能力现代化、专业化推进，统筹做好股权全生命周期管理，加快清理退出低效无效股权，着眼市值管理，加大资本运营力度，持续提升专职董监事履职能力，推动资本运营工作再创佳绩。股份公司资本运营管理坚持稳中求进，突出战略引领、价值导向和效益优先，完成法人压减、参股公司自查整改、境外未经营法人机构清理以及特殊目的公司清查整改、金融业务优化调整等专项任务和重点工作，做好股权管理基础工作，加强投资收益管理，落实分红资金到位等，切实发挥资本运营在财务管理体系中的重要作用。

【市值管理】 创新思路，主动有为，完善市值管理体系，在集团公司内部树立以提高内在价值为核心的市值管理理念，持续开展所属四家上市公司“市值奖励指标”考核，积极推动所属上市公司建立激励机制，促进上市公司高质量发展，推动树立上市公司良好形象，建立高效的市场沟通机制，提升上市公司市场价值。注重资本运营创效，积极研究推进非交易过户、央企间无偿划转、换购ETF产品等事项，优化上市公司股权结构，提升公司价值，全年实现浮盈52.3亿元，到账分红7.3亿元，年度收益率为22.0%。加大对资本运作等环节的风险排查和整治力度，突出标本兼治，强化源头治理和精准治理，防范化解重大资本风险。

【法人压减】 集团公司围绕年度法人压减任务目标，创新方式方法，推进综合施策，将法人压减与亏损企业治理、“两非”剥离、境外特殊目的公司清理和未开展业务机构清理退出等专项工作有机结合，持续推进法人压减工作，全年累计完成法人压减80家，提前超额完成国务院国资委下达的任务目标。

股份公司清理摸排出140家低效无效股权企业作为重点对象推进压减。努力克服新冠肺炎疫情影响，通过进展通报、召开视频会、现场督导等多种方式，以股权管理信息系统为平台，以“双周报”制度和股权处置“1+3”计划做抓手，使法人压减和亏损治理、“处僵治困”“两非”剥离等专项工作有效衔接。全年完成法人压减70户，超额完成年度任务指标。通过压减，当年累计回收现金1.16亿元，实现减亏16.36亿元，有效清理退出一批低效无效股权，解决部分历史遗留问题，提升了股权企业管控效率和经营效益。

【股权管理】 加强分红管理，建立各层级法人企业股利分配全流程闭环管理体系，继续加大各层级法人企业股利分配，要求分配比例不低于下限，能分尽分；2021年集团公司项下全层级分红260家，到账金额476.6亿元。股份公司及时掌握被投资企业运营效益，督促企业依据公司章程和股份公司要求，规范履行“三会”程序，确保按时分红，及时回收资金。2021年股份公司收到各级股权企业分红420亿元，（披露后公布业绩有关数字）；分红比例为2020年度净利润的62%。首次开展编制2022年度股权投资项目分红预算。

加强存量股权日常管理，推进参股经营投资自查整改，实现问题整改实时在线监控，252户参股企业完成401项问题整改，完成率72%；退出25家与油气主业协同性不强、亏损的参股股权。股份公司共发现329个问题，已完成整改267个，并完成28家参股企业股权处置，整改完成率81%。经组织企业自查，股份公司产权序列共有617家参股公司，各地区公司所属的参股公司名称及户数、股东及持股比例、管理关系等现已全部梳理完毕。

持续推进民企挂靠国资问题整改，对2020年自查发现虚假合资、挂靠经营、假冒国企等问题，加强组织领导和工作督办，督导相关企业全部完成问题整改，对涉及的假冒国企问题，联合地方市场监督管理部门发布假冒企业工商注销登记的公告；对2021年新发现的25家假冒国企，第一时间向公安机关和市场监督管理部门报案，并同步在集团公司主页和微信公众号对假冒国企发布声明。

加强产权登记基础工作，严格境内境外产权登记管理，逐级申请办理产权登记，应登尽登，确保及时、完整、准确掌握境内境外国有产权情况。强化股权管理考核，将全口径、各层级的控参股企业股权投资收益纳入集团公司预算“总盘子”管理，提前谋划，正向引导，完成控参股企业股权投资收益预算；2022 年控参股企业股权投资收益率预算 11%，比 2021 年年初预算提高个 3 个百分点，比 2021 年全年预计提高 1.1 个百分点。完成股权管理信息化平台全面升级改造，优化 273 个字段，在 15 家试点企业顺利运行的基础上，11 月 15 日各单位全面上线运行。通过信息化平台，进一步规范业务流程，建立完善完备的国有产权关系家谱图，动态呈现股权投资、日常管理及股权处置，为领导决策提供强有力的决策支持。

【完善专职董监事制度体系】 按照“先内部，后法定”的原则，集团公司专职董监事认真履职，对集团公司总部直管公司“三会”议案进行认真审查，在与总部业务人员进行充分沟通的基础上，就议案内容提出处理意见和管理建议。以加强董事监事队伍建设为主要目标，依托中油 E 学网上培训平台，与北京石油管理干部学院合作开发外派董监事线上岗前培训课程体系，全面提升董监事合规履职意识和履职能力，促进控参股公司规范运作，助力国有企业高质量发展。为适应集团公司战略发展需要，规范控参股公司外派股东代表、董事、监事及控参股公司的股权管理工作，完善股权管理从业人员业务培训体系，持续提升集团公司股权管理水平，编写出版《中国石油控参股公司股东代表、董事、监事履职实务》。

【中国石油集团昆仑资本有限公司成立】 2021 年 6 月 28 日，中国石油集团昆仑资本有限公司（简称昆仑资本）揭牌仪式在北京举行，集团公司董事长、党组书记戴厚良和集团公司董事、党组副书记段良伟共同为昆仑资本揭牌。昆仑资本是集团公司落实党中央、国务院关于扩大战略性新兴产业投资、培育壮大新的增长点增长极的决策部署，加大集团公司战略性新兴产业投资力度，构建多能互补新格局、推动业务转型升级迈出的重要一步，是推动集团公司高质量发展的生力军。

昆仑资本以服务集团公司战略转型为核心，通过财务投资发现投资机会，重点布局新能源、新材料、节能环保、智能制造等战略性新兴产业，以及碳补集、利用和封存等新技术，助力科技成果转化，兼顾短期投资回报和为集团公司提供长期战略价值，为集团公司事项转型升级和高质量发展抢抓新机遇、厚植新优势、培育新动能。

昆仑资本注册资本为 100 亿元人民币，由中国石油天然气集团有限公司、中国石油天然气股份有限公司、中国石油集团资本股份有限公司以现金出资，按市场化方式组建，股权结构比例分别为 51%、29%、20%。昆仑资本设立股东会、董事会、监事会和经营管理层，同时把党的领导融入公司治理各环节。

（程小舟　韩　涛）

石油金融

【概述】 集团公司党组大力支持金融业务发展，2021 年资本和金融板块列为集团四大板块之一，将中国石油集团资本股份有限公司（简称中油资本）作为集团公司产融结合的专业化管理平台，发挥融通资金、整合资源、价值增值重要作用，进一步夯实高质量发展基础。面对 2021 年新冠肺炎疫情反复、金融风险上升、行业息差收窄以及金融监管趋严等复杂环境，中油资本落实集团公司党组工作要求，在战略规划、市场营销、改革创新、提质增效、人才强企、风险防控、科技赋能、品牌塑造等方面取得成效，国企改革三年行动目标任务超额完成。截至 2021 年底，中油资本管理总资产 1.3 万亿元，表内资产总额超 9900 亿元，实现经营利润 169.8 亿元、经营净利润 143 亿元。

【公司治理】 2021 年，中油资本优化完善公司治理体系，按照银保监会要求，出具股东规范行权承诺，出台外派董监事及“三会”（股东大会、董事会、监事会）议案审议管理办法，健全完善三会工作机制、制度体系、评价体系，与中意人寿和中意财险合资方公司治理谈判取得实质性突破，领导人员任期制和契约化改革全面推行。

【产融结合、融融协同】 2021 年，中油资本持续深化市场营销、产融结合。高质量定制市场营销三年实施方案，通过对标行业一流，深挖集团公司油气主业需求，制定具体措施和目标。加强与成员单位合作，与股份公司销售分公司、规划总院、中国石油报社签署全面战略合作协议。克服新冠肺炎疫情影响，与国家管网集团、驻兰州石油企业等内外部单位开展业务对接。成功举办 2 期综合金融知识培训班，编制年度产融结合案例集，大力宣传金融产品和服务。评选金融企业产融结合先进，突出典型引领和带头作用。进一步加强与外部银行合作，与中国银行、交通银行、中信银行等 13 家银行建立战略合作关系。

【人才强企】 2021 年，中油资本完成专业公司人才强企工程顶层设计，实现专业化、特色化系统解读并出台指导意见。所属金融企业全面启动人才强企工程，取得阶段性成果。昆仑银行员工总量净减少 124 人，对公客户经理数量增长 45%，强化市场营销激励机制，全面激发业务人员闯拼动力；注重干部队伍年轻化建设，31 名年轻干部双向交流挂职，实现部门内设机构负责人刚性退出机制。专属保险公司面向社会选聘总精算师，市场化运营机制不断健全。中意财险公司员工总量下降三分之一，人均保费和人均利润实现翻番，人力效能显著提升。石油金融企业三项制度改革走在集团公司前列，中油资本是唯一在集团公司 2021 年领导干部会议作经验交流发言的专业公司。

【金融风险管控】 2021 年，中油资本压紧压实风险排查、风险管控责任。贯彻中央财经委关于做好重大金融风险防范化解的决策部署，开展风险排查，摸清风险底线，明确重点单位重点领域，并向集团公司党组专题汇报。面向金融企业落实“挂牌督办、盯住不放、精准拆弹，确保不发生大的风险”原则要求，建立月跟踪、季报告机制，完善“两级管理、三道防线”风险管控架构，突出重大项目风险管控，持续做好负面客户清单共享。压实金融企业主体责任，务求抢前抓早，推进风险化解，部分涉险项目化解处置取得进展。严格落实审计署审计整改要求，完成整改任务，强化审计成果应用，健全规章制度和长效机制，进一步夯实内控合规管理基础。

【金融业务数字化】 2021 年，中油资本有序推进科技赋能，金融数字化转型。有序推进金融业务数字化转型、智能化发展，配合集团公司圆满完成科技与信息化创新大会期间相关部署，充分展示金融企业“十三五”科技信息成果。完成供应链金融服务平台可行性研究工作，启动中油资本财务分析信息系统二期建设。

【金融企业对标】 2021 年，中油资本各金融企业资产、收入、利润稳步增长，规模实力显著增强。通过选取资产规模、营业总收入、ROE、风险指标等进行同业综合排名，所属 8 家金融企业中，中油财务公司、专属保险公司处于行业一流水平（同业综合排名 5% 以内），昆仑金融租赁公司、昆仑保险经纪公司处于行业上游水平（同业综合排名 5%—20%），中意人寿公司、昆仑银行处于行业中上水平（同业综合排名 20%—40%），昆仑信托公司处于行业中等水平（同业综合排名 40%—60%），中意财险公司处于行业中下水平（同业综合排名 60%—80%）。

【石油金融品牌影响力】 2021 年，中油资本突出品牌建设，资本市场形象良好。号召所属金融企业履行社会责任，加大绿色业务资源投放力度，开展小微、涉农等普惠金融业务，协助拓展农产品销售渠道，向贵州贫困学校扶贫捐赠，助力乡村振兴。坚持诚信合规经营，规范开展信息披露。2021 年获行业相关机构荣誉 11 项，分别是第五届时代金融金桔奖“高质量发展上市公司”（广东时代传媒集团主办）、第 16 届中国上市公司董事会金圆桌论坛“董事会治理特别贡献奖”“董秘好助手奖”（《董事会》杂志主办）、天马奖“中国上市公司投资者关系最佳董事会”“中国上市公司最佳新媒体运营奖”（证券时报社主办）、“上市公司 2020 年报业绩说明会优秀实践案例”（中国上市公司协会主办）、第 15 届中国上市公司价值评选“中国上市公司社会责任奖”（证券时报主办）、中国上市公司百强奖评选“中国百强企业奖”“中国道德企业奖”、第 5 届中国卓越 IR“最佳信披奖”（由 Roadshow China 路演平台主办）以及深交所信息披露考核 A 级评价（深圳证券交易所）。董事会秘书郭旭扬获“中国百强优秀董秘奖”（中国上市公司百强高峰论坛组委会发起）。

（朱德操　陈若莲）

法律工作

【**概述**】 2021年，集团公司法律工作以围绕中心工作、服务发展大局为主旨，以贯彻集团公司党组重大决策部署为主线，聚焦法治央企建设目标任务，强化问题导向、目标导向、结果导向，进一步在抓落实、补短板、强基础、重实效方面狠下功夫，着力提升法律业务专业化精细化水平，持续增强法律管理针对性实效性，在强管理、防风险、保权益、促发展中发挥新的更大作用。

【**法治建设**】 2021年，集团公司围绕贯彻落实“四个坚持”兴企方略，研究提出“十四五”依法合规治企基本思路和目标任务，相关内容纳入集团公司“十四五”发展规划纲要。围绕落实国务院国资委《关于进一步深化法治央企建设的意见》，制定印发《关于深化依法合规治企加快建设世界一流法治企业的实施意见》，围绕“优化八个体系、提升八种能力”对法治建设组织推动和法律专业支持、合同管理、制度管理、案件管理、组织建设等各项业务管理工作进行系统谋划，为“十四五”时期加强法治建设工作提供基本遵循。制定印发集团公司“八五”普法规划，为指导企业扎实开展普法工作提供遵循。组织举办习近平法治思想网络专题班，精心设计课程，做好课件把关，组织二级副以上干部参加学习，收到良好反响。组织开展2020年度企业法治建设年度检查，进一步调整完善2021年度企业法治建设检查指标，较好地起到激励督促作用。针对法律专业队伍存在的突出问题，组织对集团公司法律队伍现状进行摸底，结合外部调研，形成专题报告，提出措施建议。

【**依法合规管理**】 2021年，集团公司组织修订《诚信合规手册》，印发全员学习并签订承诺书。制订《关于进一步完善国际业务合规体系强化合规风险管控的通知》，组织编制国际投资、贸易、工程建设和技术服务三类业务合规指引，持续强化海外业务合规建设。对照法律法规变化，更新《通用法律禁止性强制性规范指引》，为业务合规提供依据和指导。继续推进17家单位合规管理示范创建工作，通过现场和视频会议等形式加强督导，较好地发挥示范引领作用。编制形成“合规是底线”“合规从我做起”两个主题共8个微电影故事，通过合规平台组织全员培训和考试，进一步提升合规意识。组织开展大庆路桥受制裁事件应对，并通过组织全系统风险排查、发布提示函等方式加强风险防范。组织督促各单位通过多种媒介广泛开展合规知识竞赛、演讲比赛、合规作品征集，部分单位组织“合规能力提升年”活动，强化合规文化培育。

【**制度建设**】 2021年，集团公司法律工作围绕治理体系能力提高，持续加强制度管理和企业管理体系融合。着力优化制度体系。围绕推进集团公司治理体系和治理能力现代化要求，全面梳理集团公司制度现状，设计形成集团公司“三个层级、五个类别”的制度体系架构，为制度体系优化奠定框架基础。着力优化各层级各类别制度。集团公司总部层面2021年审查制度150余项，完成制度审定印发122项，组织完成制度管理办法、法律授权管理办法修订工作。按照集团公司总部组织体系优化调整安排，梳理集团公司总部规章制度和业务流程，印发《新组织架构下制度和流程优化完善工作方案》，通过逐一对接、重点督促等方式组织集团公司总部各部门落实。继续推进最后一批42家生产经营单位管理体系融合，有39家进入试运行。

【**重大事项法律参与**】 2021年，集团公司法律工作注重质量和效率，持续深化法律论证把关和涉法问题处理。针对投融资项目、重大改革、国际业务等重大事项，开展法律研究论证，全年出具法律意见191份。审核出具直属经营性机构章程批复46份，组织申请商标注册218件，完成法律法规研究提出意见23件，为规范管理、防范风险、维护权益提供法律专业保障。注重预防和警示，着力优化完善法律合规风险防范机制。组织跟踪研究国内外法律法规和上市地监管规则，编印《法规要情简报》12期。成立应对国际制裁法律联合工作小组，强化法律信息共享，加大研究分析力度，有效应对法律风险，为依法决策、风险受控提供有力支持。组织编制“境外项目紧急撤离法律工作指引”，受到国务院国资委高度评价，并印发各中央企业应用。参与资本市场重大法律问题处理，研判法律风险，在应对质询、审查年度报告、信息披露等方面进行法律把关，有效确保相关事项依法合规。注重依法合规及集团公司权益维护，深度参与审计发现问题整改。成立工作专班，参与审计发现问题整改，组织法律论证，在整改方案制订、谈判及实施过程中，有效发挥法律专业支持把关作用。

【合同管理】 2021年，集团公司围绕提升签约履约能力，持续加强合同管理。修订《集团公司合同管理办法》，制订完成服务类、承揽类合同示范文本23个，持续完善合同管理系统2.0功能并强化培训，定期开展合同信息分析，持续提升合同标准化信息化水平。进一步强化事后合同治理，全年事后合同率0.25%，同比下降0.8个百分点。印发《关于开展合同管理突出问题专项治理的意见》，组织启动为期三年的专项治理，突出重点单位强化工作督导。

【案件管理】 2021年，集团公司围绕“减存控增、以案促管、以管促效”，持续加强案件管理。组织对重点企业、重点领域和重点案件进行集中督导，会商研究重点案件和问题360件次，多起国务院国资委和集团公司督办的重大案件取得胜诉。强化纠纷案件申报管理，落实案件季报制度，发布新一批20件典型案例汇编，持续提升案件管理规范和深度分析水平。强化案件处理指导和计划执行，在有效避免或挽回经济损失、切实维护集团公司正当权益方面取得显著成效。

（黄珍涛）

工程和物装管理

【概述】 2021年，集团公司工程和物装管理工作坚持“合规、质量、效率、效益”理念，持续完善“统一管理、分级负责、管办分离、全程监督”的体制机制，注重工程建设项目过程管控，注重物资集中采购质量效率，注重招标业务集约高效，注重装备全生命周期管理，注重“零库存”理念落地生根，注重供应商承包商资源优化，注重信息化建设集成应用，注重基础工作和队伍建设，管理水平和服务能力取得长足进步。2021年，集团公司重点工程项目建设顺利推进，物资采购总额1900亿元，期末物资库存同比下降8%，工程、物资、服务总招标率82%。

【工程项目管理】 2021年，集团公司以加强工程建设全过程管控为重点，构建“5667”工程管理体系，即突出勘察设计、采购、施工、试运投产、竣工验收“五个环节”，抓好质量、安全、进度、投资、合同、廉洁“六大控制”，推进标准化设计、规模化采购、工厂化预制、模块化建设、信息化管理、数字化交付“六化建设”，强化制度标准、业务规划、信息系统、工程质量监督、资质、承包商、招标“七项管理”。稳步推进制度标准体系建设，印发《工程建设项目管理规定》以及9项配套制度和标准。4项国家项目率先整体转入施工建设阶段，项目建设管理协调成绩显著。围绕集团公司重点工程项目有序开展关键环节的审批、协调和监督，发挥一体化统筹优势，推进重点工程项目建设，塔里木乙烷制乙烯项目、长庆乙烷制乙烯项目、江苏LNG接收站（三期）项目、唐山LNG应急调峰项目、西南油气田长宁页岩气田50亿立方米开发项目建成投产。

【工程质量监督】 2021年，集团公司按照“建规章、立标准、强监管”的定位，印发《工程建设项目质量监督管理办法》《工程建设项目监理管理办法》《工程质量检查管理细则》，开展工程质量监督检查及“大排查、大整治”活动，对在建的9项集团公司重点工程和5项国家重大工程开展全面监督检查，抓住关键节点，确保重点工程项目质量安全总体受控。工程质量监督总站和27个监督站等工程质量监督机构认真履职，从各方责任主体质量行为、工程实体质量两个方面开展监督检查，确保工程质量监督到位。持续推动异地监督模式，解决部分企业工程建设项目的监督不到位问题。

【物资采购管理】 2021年，集团公司出台《2021年物资采购提质增效专项行动十项措施》，聚焦物资供应链稳定高效运行和总成本降低，强化采购业务协同，强化供应风险防控，本着“跑赢市场、跑赢指数”，“一物一策”加强物资品类策略管理，推进物资采购标准化集约化，全链条多措并举挖潜增效，打造物资采购提质增效“升级版”。完善物资供应管理运行机制，发布《集团公司一级物资管理目录（2021

版）》，编制《一级物资集中采购管理手册（2021版）》，规范物资采购行为，丰富集中采购机制。探索与中国石化、中国海油开展三方联合采购；推动非生产物资电商采购，完成石油 e 采、京东等 6 家自营及社会电商框架协议签订，折扣率在上期基础上再降低 4.8%。

【招标管理】 2021 年，集团公司持续深入落实中央巡视问题专项整治、经济责任审计发现问题整改，压紧压实责任，督导责任单位整改，加强长效机制建设，推进招标工作从注重程序向质效并重转变。推广第一批 50 个招标文件标准文本应用，启动编制第二批标准文本，理顺完善招标统一管理和协同运行机制，强化项目审核、可不招标事项审批、异议处理、投标人异议提起以及失信行为公示等业务管理。持续推进招标专业化队伍建设，提升从业人员合规意识与专业素质，认定 31 家集团公司招标专业机构名单，明确职能定位及业务承揽范围。优化招标计划管理，推进集约化招标，最大限度发挥集中规模招标优势，提高招标质量效率。深化电子招标平台应用，推进全流程电子招标，通过远程异地和同地异室评标等方式，促进阳光招标、智慧招标。2021 年完成招标项目 30255 个，招标金额 3054 亿元，节资率 8%。

【装备管理】 2021 年，集团公司贯彻落实国企改革三年行动方案部署，出台《集团公司重大技术装备推广应用实施意见》，聚焦油气业务关键核心技术装备攻关，提升集团公司重大技术装备创新与自主可控能力，积极应对“卡脖子”问题。组织评审发布两批共 23 项集团公司首台（套）重大技术装备目录，组织实施 11 项重大技术装备推广应用计划。组织开展集团公司 2021 年装备管理工作检查，与专业公司协调推进，实现国内业务全覆盖，以检查促推装备管理效率效能提升。落实《集团公司对标世界一流管理提升行动实施方案》，推进装备制造精益管理实践，打造出 20 个集团公司装备制造精益工厂（车间）、培育 20 名集团公司装备制造精益管理内训师。坚持市场导向、效益中心，组织编制装备制造业务“十四五”发展规划，指导督促装备制造企业推进提质增效、治理亏损，增强装备制造企业技术创新能力和市场竞争力。

【供应商管理】 2021 年，集团公司印发《物资供应商管理办法》，明确 3 种公开准入方式的管理要求，优化供应商资源，促进充分竞争，完善供应商考评体系，强化考评结果应用，新增战略供应商管理，提升战略协同水平，新增诚信合规管理，细化退出程序和时限要求，防范采购风险。供应商新增准入工作班车制运行，组织完成 18 个项目 107 项物资 63 个标包新增准入。动态管理供应商库，刚性压减一级物资代理商 298 家、同比下降 29%，压减二级物资代理商和贸易商 3105 家、同比下降 32%，引导采购向优秀供应商集中。及时处理问题供应商，暂停 79 家、92 批次因质量抽查不合格供应商产品交易权限，对 46 家涉案供应商依规处理。

【承包商管理】 2021 年，集团公司印发《工程建设承包商管理办法》《工程建设承包商管理实施细则》。按照“市场开放、公开资审、库内选商、动态考核”原则，以公开招标资格评审方式建立集团公司工程建设承包商资源库，实现资源共享。营造规范开放、公平公正的工程建设市场环境的同时强化承包商过程管控，形成联合闭环的承包商监管机制。组建集团公司承包商评审专家库，提高承包商管理团队的人员素质和业务水平，为工程建设提供优秀的建设资源和服务保障力量。

【物资仓储物流管理】 2021 年，集团公司制定库存压降和积压处置工作方案，将库存压降和积压处置工作分为控增量、减存量两个部分重点推进。日常管理控增量，多种方式减少储备库存，提高库存周转，实现库存压降；专项解决减存量，通过落实责任、强化考核、多方协作，推进加快积压处置工作。持续按月展示企业物资库存整体情况和指标完成情况，半年度组织推广交流优秀企业降库利库工作亮点和成效，促进企业找差距、补短板和寻找有效措施完成降库工作目标。采取典型示范形式，推广宣传长庆油田仓储管理扁平化工作主要做法和成效，以资源共享共用为核心，以信息化手段为支撑，通过压缩管理层级，缩短管理链条，利用工厂到现场、领料变送料等多种方法构建及时物流圈，不断提高工作效率和物资保供能力。

【工程和物装管理信息化】 2021 年，集团公司持续推进系统深化应用，全面支持招标和采购业务在线运行，不断优化提升系统功能，加强系统运维确保安全平稳运行，推进电子采购系统 2.0（二期）项目，筹备全面提升电子招标投标功能，大力推进数据仓库应用，提高数据应用能力。推进信息化建设，推动工程材料和物资编码一体化融合，电子采购系统 2.0 全面应用，内部用户 3.1 万个，外部供应商 2 万家，实现资源共享、过程受控。

【采购管理对标】 2021 年，参加国务院国资委央企采购管理对标评估，长庆油田代表集团公司展示油田精神与奋斗历程、标准化设计与采购、国产化自主装备研发、仓储管理扁平化与区域共享等工作亮点，招标中心西北分中心展示区域招标整合、远程异地分散评标等成果，中国石油在年度评估中，位列小组第二名。借鉴国务院国资委经验做法，持续优化完善内部采购管理对标评估指标体系和评估规则，提升评估信息系统功能，组织 98 家国内企业和 22 家境外投资项目单位开展年度采购管理对标工作。组织开展采购管理对标世界一流课题研究立项前期论证工作，形成建设世界一流采购管理体系的指导意见和行动方案，为推动中国石油采购管理率先实现世界一流提供政策指导和工作指引。

（左　莹）

纪检监察

【概述】 2021 年，在中央纪委国家监委和集团公司党组领导下，纪检监察组带领各级纪检监察机构围绕党中央重大决策部署和集团公司重点工作履职尽责、主动作为，发挥监督保障执行、促进完善发展作用，为集团公司实现“十四五”良好开局提供坚强纪律保证。

【政治监督】 2021 年，纪检监察组下沉到长庆油田等主力油气田调研督导，了解“七年行动计划”执行落实情况，压实增储上产各项措施，推动践行保障国家能源安全职责使命。两次到勘探院等科研院所调研督导，对加快“卡脖子”关键核心技术攻关提出建议，部署制定针对性监督激励政策措施，推动国家和集团公司科技创新政策措施落实。在全系统部署开展天然气保供专项监督，到智能运营中心调研了解油气保供全产业链运行情况，压紧压实保供单位主体责任。先后 2 次部署新冠肺炎疫情防控专项监督，严查疫情防控有关问题，以严肃问责倒逼防控责任落实。学习贯彻中央关于加强对“一把手”和领导班子监督的意见，协助集团公司党组制定实施细则，督促各责任主体履职尽责、齐抓共管，推动各级“一把手”和领导班子严格自律、严负其责、严管所辖。

【纪检监察体制改革】 2021 年，纪检监察组制定深化纪检监察体制改革工作要点，细化明确 7 个方面 34 项改革任务，定期督办跟踪问效。落实中央纪委国家监委关于扩展垂管单位纪检监察体制改革的部署要求，强化组织领导和顶层设计，制定关于持续深化纪检监察体制改革的实施方案，部署 7 方面 30 项改革任务，推动党的领导监督一贯到底、“两个责任”层层落实。持续完善“室组内地”（“室”指中央纪委国家监委监督检查室，“组”指中管企业纪检监察组，“内”指企业内设纪检机构，“地”指地方纪委监委）联合办案机制，主动与地方监委对接重点案件，开展联合审查调查，指导企业纪委与地方纪委监委加强协作配合，联合办案模式日趋成熟。规范有序推动监察权落地，查处职务违法犯罪能力在央企纪检监察机构保持领先。推进中央纪委国家监委首批中管企业审理联系点试点，制定“自述规则”操作规程并试行，初步形成“推定规则”理论研究成果，得到中央纪委国家监委案件审理室充分肯定。

【日常监督】 2021 年，健全完善同集团公司党组及集团公司党组工作部门通报反馈、协作配合机制，及时向集团公司党组传达中央纪委国家监委重要会议精神和领导讲话要求，定期汇报党风廉政建设和反腐败工作情况，党员干部处理意见报集团公司党组集体审议，及时提示提醒苗头性倾向性问题并提出防范风险意见建议，为集团公司党组履行主体责任当好参谋助手。做实党风廉政建设和反腐败工作协调小组，加强与组织人事、巡视、审计、财务等部门沟通协调，推动构建“大监督”工作格局。进一步厘清与部门监管职责界面，与 10 个集团公司总部部门建立协调配合机制，编制协调沟通事项清单。贯彻“三个区分开来”要求，贯通运用“四种形态”，精准把握政策策略，激发党员干部干事创业的内生动力。

【“四风”纠治】 2021 年，纪检监察组建立涉及违反中央八项规定精神和“四风”问题线索快查快办机制，紧盯重要节点常态化开展明察暗访和专项监督检查，严肃查处公车私用、违规吃喝、违规收送礼品礼金等突出问题，以及快递收送土特产礼品等隐形变异问题，通报曝光典型问题，坚决防止反弹回潮。紧盯巡视巡察整改、安全环保、油气保供等重点部署强化监督检查，严查贯彻落实中的形式主义官僚主义问题，确保执行不偏向、不变通、不走样。完善纠“四风”树新风长效机制，召开集团公司总部部门作风建设座谈会，到基层重点单位现场督导，对宾馆酒店、在京机构和房产问题清理情况进行“回头看”，督促相关部门和单位修订完善制度、堵塞漏洞，构建标本兼治的长效机制。

【一体推进不敢腐、不能腐、不想腐】 2021年，纪检监察组学习贯彻习近平总书记关于加大国有企业反腐力度的指示要求，紧盯重点领域重点问题，严肃查处凌霄、玄昌伟、陈庆勋、宓龙彪等人严重违纪违法问题，形成了利剑斩腐的强烈震慑。建立以案促改与案件查办工作“四同步”工作机制，制定以案促改制度化常态化工作办法，推动落实“一案两书三报告”，向集团公司总部部门、相关企业发放纪检监察建议书，推动压实责任、加强监管、完善制度、防范风险。分层分类开展警示教育，对新提任集团公司党组管理领导人员开展“五个一”任职廉洁从业教育，选取典型案例编印警示录，组织全系统二级副以上干部观看警示教育片《利剑啸歌》，教育引导党员干部知敬畏、存戒惧、守底线，筑牢拒腐防变的思想防线。

【巡视巡察全覆盖】 2021年，集团公司党组巡视办公室落实党组巡视工作五年规划，编制《深化政治巡视模块化清单》，将“四个落实”细化为“19个方面、124个是否”，聚焦“五个更加突出”强化政治监督，精准查找政治偏差。2021年开展两轮巡视，对28家炼化、成品油销售企业开展常规巡视，结合成品油销售业务特点，开展客存油、加油卡套现等问题专项检查，“回头看”2家单位，累计完成巡视全覆盖任务的90.28%，实现油气田、炼油化工、成品油销售、海外企业、工程技术、工程建设、装备制造和金融等8个业务领域巡视全覆盖。贯彻落实国务院国资委党委要求，加强对被巡视单位开展靠企吃企专项整治情况的监督，切实防范国有资产流失。持续深化“三位一体”巡视成果运用机制和“一责任三把关”巡视整改责任落实机制，研究制定《企事业单位党组织落实巡视整改主体责任实施细则》，不断推动巡视整改走深走实。开展内部巡视整改情况问卷调查，被巡视单位班子成员、中层干部、员工代表参与，整改满意和基本满意率99.7%。落实集团公司党组巡视机构与纪检监察组及组织人事、审计等有关部门协调配合机制，坚持领导体制统揽、谋划部署统筹、制度标准统一、人员力量统调、监督成果统享，构建“大监督”格局，增强监督质效。贯彻落实中央加强巡视巡察上下联动要求，研究制定《企业党委落实巡察工作主体责任实施细则》，编制完成工程技术、工程建设、装备制造和金融等4个业务领域《政治巡察工作操作指引（试行）》，指导各单位精准落实政治巡察要求、依规依纪依法开展巡察工作。结合两轮巡视任务，对28家被巡视单位党委巡察工作开展专项检查。

【队伍建设】 2021年，纪检监察组把党史学习教育作为贯穿全年的重要政治任务抓紧抓实，认真研读习近平总书记《论中国共产党历史》等指定书目和参考资料，贯通学习党史、新中国史、改革开放史、社会主义发展史以及纪检监察史、石油工业发展史，引领广大纪检监察干部学史明理、学史增信、学史崇德、学史力行。执行民主集中制和“三重一大”决策制度，重大事项全部集体研究、民主决策。充实加强纪检监察组机关、中心人员力量，及时调整配备企业纪委书记、副书记，队伍年龄结构、专业结构更加优化。全员全覆盖开展业务培训，选派业务骨干参加中央纪委国家监委、地方纪委监委审查调查及相关工作，纪法双施双守能力素质持续提升。完善纪检监察干部监督制度体系，修订纪检监察组干部“十不准”行为规范等制度，建立健全相互制约内控机制，严肃处置纪检监察干部问题线索，刀刃向内清除“害群之马”，坚决防止“灯下黑”。

（李哲宇　安益石）

内部审计

【概述】 2021年，集团公司审计工作坚持“经济体检”职责定位，加强审计资源管控，稳步推进审计全覆盖，做到应审尽审、凡审必严、严肃问责，在促进令行禁止、推动深化改革、促进依法治企、推进廉政建设等方面发挥积极作用。

2021年底，集团公司设置审计机构224个，其中一级审计机构7个、二级审计机构147个、三级审计机构70个。从业人员1894人，其中一级机构194人、二级机构1498人、三级机构202人。审计队伍中大学及以上学历1755人，占总人数92.67%；中高级技术职称1579人，占总人数83.37%；具有注册会计师、国际注册内部审计师、注册造价师等职业资格452人，占总人数23.86%。

【审计项目管理】 2021年，集团公司各级审计部门组织开展审计项目1765项，审计资金2.2万亿元，发现和揭示各类问题12427个，通过调整账目、清理债权债务、内部收缴等手段纠正问题12373个，形成直接经济成果13.97亿元。出具审计要情24份，促进修订及完善规章制度693个。

深化经济责任审计。持续推进“任中为主，离任必审”，对683名领导干部开展经济责任审计，任中审计98项，其中党组管理干部48人，任中审计14项。修订完善经济责任审计工作方案，深入推进管理效益理念在经济责任审计中的运用，关注混合所有制改革、三年行动计划落实、企业法人治理、法律诉讼及生态环境保护等情况，严格落实好“三个区分开来”重要要求，揭示重大违规违纪问题185个，促进领导人员履职尽责，促进企业加强合规管理，全面提质增效。

推进投资与基建审计。组织开展工程项目结算、竣工决算和跟踪审计612项，审减工程结算费用7.32亿元，其中集团公司总部开展一类、二类项目竣工决算审计45项，有效保障集团公司重大工程竣工验收任务顺利推进。选取9个投资额大、管理层关注、与生产经营密切相关的重大建设项目实施跟踪审计，揭示问题121个，边审边改、立查立改，提升重大项目合规管理和风险防范水平。

坚持远程开展国际业务审计。集团公司总部适应海外新冠肺炎疫情防控形势，以远程审计方式开展海外审计16项，探索实施甲乙方联动审计，重点关注国家重大部署和政策落实情况、重大投资效果等情况，促进提升国际化经营水平和抗风险能力；组织开展国内对外合作项目审计16项，揭示问题353个，有效维护集团公司合法权益。全面梳理近年来对外合作项目审计情况，系统总结分析审计查出问题、提出审计建议，为集团领导科学决策提供支持。

做深做实专项审计。密切跟踪生产经营运行中的新情况新问题，组织开展专项审计470项，其中集团公司组织开展票据管理、维稳费用、加油站建设及达销、股权管理、科研经费等专项审计11项、发现问题65个，有效促进企业提质增效、防范风险。

【审计管理】 2021年，集团公司审计资源统筹、审计信息化建设不断创新，审计质量管控、审计整改和问责追责不断加强。

科学统筹审计资源。强化资源统筹和资源保障能力，发挥审计服务中心4个分中心的区域优势，协调101人次参与专项工作和审计任务，确保完成一级审计计划和集团公司各项重点配合工作。明确委托集团公司总部实施审计项目工作流程，帮助解决审计能力不足、规模较小或业务单一单位的委托审计需求。

稳步推进科技强审。扎实推进审计信息化建设，推进大数据分析和远程审计，持续补充数据仓库各类数据，优化提升数据分析建模工具，加大审计信息化业务培训力度，组建完成集团公司数字化审计专家团队，通过物资采购价格大数据审计探索审计模式创新。

加强审计质量管控。制修订内部专项审计、信托业务审计等9项审计规范，持续完善“制度、规定、办法、标准”4个层次的审计质量控制制度体系。持续推进集中审理制度，坚持重大问题领导班子集体审理，做到事实清楚、问题精准，确保审计项目质量。

强化审计整改和问责追责。牵头编制审计署经济责任审计发现问题整改方案，强化责任担当，压实整改责任，严格整改验收，整改工作取得突出成效；首次对内部审计发现的问题在集团公司工作会议上进行通报，研究建立整改长效机制，将审计整改落实情况纳入企业年度业绩考核，一级审计发现问题一次整改率99%；稳步开展违规经营投资责任追究，完善制度体系和工作机制，配合完成监督追责系统建设，开展问题线索核查，提出追责建议。

【优秀审计项目和论文】 2021年，集团公司组织开展优秀审计项目评审，经专家现场评审，评选出集团公司2020年优秀审计项目80个，其中大庆石化分公司原总经理离任经济责任审计、宁夏石化年产45万吨合成氨80万吨尿素项目竣工决算审计、大庆油田工会部分专项资金管理审计等15个项目获一等奖，25个项目获二等奖，40个项目获三等奖。

组织开展优秀审计论文评审，在片组评选推荐的基础上，评选出集团公司2021年审计优秀论文102篇，其中《基于价值链分析的国有企业内审咨询服务功能探析》《内部审计为服务发展和维护安全发挥增值作用的实践探索》《建设工程节点一体式大数据审计平台的构建路径与应用探析》等 22 篇论文获一等奖，34 篇论文获二等奖，46 篇论文获三等奖。

【审计队伍建设】 2021 年，集团公司加强学习教育，持续改进和加强作风建设，扎实开展党史学习教育，倡导“马上就办，担当尽责”，严格审计“十不准”工作纪律，对口联系点和支部共建等工作取得阶段性进展，审计人员的政治意识、大局意识、服务意识进一步增强，作风形象明显转变。组织“新时期集团公司审计工作创新与发展”等 3 个软科学课题及“大数据审计项目组织模式和实施方法研究”等 8 个审计理论课题成果交流和推广应用，全面提升审计理论水平和指导实践的能力。

2021 年举办各类审计培训班 89 个，培训 2045 人次。集团公司总部在广州举办审计数据仓库应用技术培训班，在四川举办审计部门负责人培训班，2 期共培训审计人员 279 人次。

加强学习交流和经验推广，利用集团公司审计部门户网站分享先进单位经验 42 篇，编辑出版《中国石油天然气集团有限公司 2021 年度优秀审计论文集》《2021 年审计理论研究课题成果》《软科学课题研究报告》和 4 期《中国石油审计》杂志，每周推出 1 期“中国石油审计”微信精选内容。

（白雪莲）

改革与企业管理

【概述】 2021 年，改革与企业管理工作深入贯彻集团公司党组决策部署，统筹推进全面深化改革，推动重点难点改革攻坚，持续加强内控与风险管理，扎实开展矿区改革协调工作，强化对标管理与管理提升，各项工作取得积极进展。

【深化改革】 2021 年，集团公司统筹推进国企改革三年行动方案落地。建立重点改革任务工作推进台账，组织逐一审查 132 家企业改革三年行动方案，全力推动落实落地。组织建设改革在线督办系统和考核评估机制，按月通报重点任务完成情况和企业排名排序。改革工作考核办法，将任务落实等情况纳入各级领导班子和领导人员业务考核。分主题组织召开改革三年行动月度例会，分片区召开改革三年行动督导推进会，推动改革进程。截至 2021 年底，集团公司改革三年行动确定的 86 项重点改革任务，完成 79 项，完成率 91.9%，超过国务院国资委确定的 70% 目标要求。

全力推动重点难点改革任务破题攻坚。推动全民所有制企业公司制改革收尾，实行“挂牌督战、销项管理”，一月一通报，一月一督导，聘请专门机构为企业提供政策咨询和工作指导，截至 2021 年底，23 家企业的 86 户全民所有制企业完成改革任务 85 户。持续深化“双百企业”“科改示范企业”综合改革，组织开展“双百企业”扩围，润滑油公司成功纳入国务院国有企业改革办公室“双百企业”综合改革范围，组织召开“双百企业”“科改示范企业”改革专题推进会议，重点推动改革措施落实落地。探索推进子企业董事会建设，制定印发集团公司《加强子企业董事会建设工作方案》、集团公司《落实子企业董事会职权工作方案》，明确子企业董事会应建标准和应建清单，从依法设立企业董事会、规范企业董事会运行以及董事会职权落实等方面提出工作安排和要求等。

稳妥推进混合所有制企业改革。制定印发集团公司《混合所有制改革管理办法（试行）》，突出“完善治理、强化激励、突出主业、提高效率”改革要求，明确总部部门职责分工，规范混合所有制改革的管理流程和决策审批程序。稳慎推动油气辅助业务混合所有制改革，批复渤海装备修井机业务混合所有制改革方案，积极推动落实“混资本”和“改机制”等措施落地。研究制定集团公司《混合所有制企业员工持股管理办法（试行）》，为混合所有制企业建立健全激励约束长效机制、推动混合所有制企业改革经营机制转换提供长久支持。

扎实推进厂办大集体改革。严格贯彻落实国务院国资委和集团公司工作部署，明确年度工作目标，突出重点任务，制订工作计划。组织召开视频工作会和现场督导，协调解决难点问题，加大工作推进力度。规范工作程序，强化企业改革方案审查备案，制定改革完成工作标准，加强改革闭环管理。组织企业开展工作自查，确保全面完成改革任务，全年工作取得实质性进展。截至2021年底，纳入改革范围的571户企业，彻底完成产权改革的达到496户，其中当年完成344户。

【内控体系建设】 2021年，集团公司持续优化完善内控体系。整合优化公司“1+N”内控制度体系构成，将内控手册优化为管理篇和执行篇，梳理确立海外内控体系建设目标。组织17个总部部门全面启动业务流程梳理，优化完善公司业务流程架构和通用流程目录（1—3级），编制总部权限指引，均取得阶段性成果。修订集团（股份）公司《内控和风险管理评价办法》，制定《业务流程与控制设计规范》管理标准。组织召开集团公司内控风险工作视频会，总结“十三五”工作，表彰先进单位和个人，安排部署“十四五”工作。组织优化集团公司内控手册和总部内控手册，指导企业完善本单位内控手册。全面调研集团公司海外业务内控风险管理现状，组织起草海外业务内控体系建设指引。完善信息系统内部控制等级划分标准和权限控制矩阵。集团公司连续9年开展内控体系有效性自我评价，并向国务院国资委报送报告。

全面加强内控监督评价。高效组织管理层测试，全面分析企业在内控体系建设和执行方面存在的问题，优化测试方案，编制测试操作手册。组织总部相关部门、130家企业完成内控体系有效性自查，按时向国务院国资委报送《内控体系有效性自查自纠工作报告》。配合外部审计，协调做好外部审计师轮换。组织开展测试发现例外问题整改，通过内控监督工作情况报告、改进意见书进行重点提示和风险警示，全面分析测试发现，分类提出改进建议，形成工作报告、问题通报、整改通知和专题报告，推动问题整改，切实提升内控执行力。股份公司内控体系连续15年通过外部审计，确立和维护了中国石油在资本市场的良好形象。

【风险管理】 2021年，集团公司持续开展年度重大风险评估。完成集团公司公司年度重大风险评估，组织制定2021年重大风险应对措施，编制集团公司公司2021年度风险管理报告，按季度形成重大风险指标体系表、风险事件分析报告，将集团公司公司I级风险事件纳入重大经营风险事件分析范围。开展风险事件动态管理，按季度开展54组风险预警指标监控，按时报送国务院国资委，在强化重大风险监测与预警方面取得较好成效。

【剥离企业办社会职能】 2021年，集团公司组织开展剥离企业办社会职能“回头看”。系统梳理所属企业“应交未交”业务的基本情况，“一对一”开展沟通交流和工作对接，建立集团公司“应交未交”业务工作台账，强化跟踪督导和工作检查，实行月度通报、销号管理、年终考核，从总部层面继续给予相关企业“应交未交”业务移交政策支持。截至2021年底，集团公司所属企业“应交未交”业务实现清零销号，纳入统计移交范围内的剥离移交业务全部实现移交。

持续深化退休人员社会化管理。建立退休人员社会化管理跟踪统计半月报制度，及时了解和掌握企业新退休人员随退随交机制建立、专用活动场所实质性移交、管理服务职能交接等工作进展情况。对东北、西北、华北片区内12家重点企业退休人员社会化管理工作情况开展现场调研，督促部分企业协调解决新退休人员异地随退随交问题。

深化医疗卫生机构改革工作。落实国务院国资委要求，督导协调管道局、东方物探对7所社区医疗机构开展深化改革工作。稳妥推进宝石花医疗深化改革，邀请中国医药集团有限公司、华润（集团）有限公司、中国通用技术（集团）控股有限责任公司等3家央企与华油集团开展对接，组织召开宝石花医疗深化改革动员会，印发相关文件支持和配合宝石花医疗深化改革。

【移交业务监督协调和服务支持】 2021年，集团公司规范相关业务分离移交。为确保相关业务“真移交、真改革”，结合审计署发现部分企业存在问题的整改要求，组织开展“三供一业”等业务规范移交督导工作，对可能存在相关业务剥离不彻底、移交不到位问题的12家企业下发专门通知，提示存在风险、督促整改规范，协调审计、巡视部门将剥离企业办社会职能工作纳入专项审计和常规巡视。

强化移交业务服务保障。专题调研宝石花物业和宝石花热力两大业务接收机构，协调督促做好移交业务服务保障和质量提升。指导企业加强与业务接收单位联络联系，建立常态化沟通协调机制，及时处理和化解移交业务运行中出现的矛盾问题，满足职工家属生活需要。加大协调督导工作力度，指导大庆油田、乌鲁木齐石化等企业稳妥处理“四供一业”移交后出现的个性化问题。

组织开展住房专项维修资金调研。针对职工家属区物业服务移交社会机构的实际情况，组织开展由企业负责管理的职工住房维修资金专项调研，全面了解情况，深入分析问题，提出意见建议。

加强生产后勤服务管理研究。研究企业生产后勤服务保障业务的组织管理和运行模式，助力未上市企业和托管企业改革。牵头开展职业教育深化改革研究和推进工作等。

【帮助职工解决住房困难】 2021年，集团公司组织开展“新形势下企业帮助职工解决住房问题的途径和模式”软科学课题研究，对国家和重点省市住房保障政策进行系统梳理，借鉴典型案例，探索企业可利用的政策途径。落实国务院《关于加强保障性租赁住房建设的意见》政策要求，协调有关机构对接北京市相关部门，调研北京地区相关地块情况。组织召开北京地区保障性住房建设专题研讨会，形成专题报告呈报集团党组决策参考。结合市场房屋租赁变化等情况，研究下发《关于规范企业领导人员异地交流期间周转住房管理的通知》，进一步解决异地交流人员住房后顾之忧。

【管理创新企业发展能力评价】 2021年，集团公司持续完善企业发展能力评价体系。组织开展2020年度企业发展能力评价，发布集团公司评价总报告及企业分户报告，结合“十三五”收官和高质量发展、业务转型等要求，在原有评价分析的基础上，扩展评价维度，深耕评价深度，对集团公司“十三五”规划完成情况进行全面分析，并推动报告应用和向企业延伸，发挥决策参谋作用。制定《企业发展能力评价》企业标准。初步研究管理能力评价内容和指标。组织完成的“特大型企业集团促进高质量发展多维度能力评价与管理诊断提升”课题，获中国企业联合会2021年度管理创新课题一等奖。

【管理提升与管理创新】 2021年，集团公司扎实推进对标世界一流管理提升行动。协调召开集团公司对标提升行动工作推进会，将对标提升行动纳入企业绩效考核，制定考核实施细则，2021年底前对标提升清单目标完成率达到80%，重要分公司、子公司实现全覆盖。建立常态化推进机制，完善对标管理信息化平台，按季度梳理存在问题并通报进展，加强管理提升标志性成果检查验收，推动管理提升措施落地见效。截至2021年底，集团公司总部36项管理提升任务全面推进实施，平均任务推进进度90.3%，9家专业公司、121家企业平均任务推进进度91.5%，超额完成国务院国资委确定的年度任务目标。

协调加强精准对标分析。组织开展集团层面横向和纵向对标，横向选取5家国际石油公司和4家国家石油公司进行对标分析，纵向选取集团公司近十年数据开展自我趋势分析，编制形成集团公司2020年度对标分析报告。按照“谁主管业务、谁负责对标”原则，组织9家专业公司开展年度对标分析，形成专业公司年度对标报告。协调指导企业构建符合自身业务特点的对标指标体系，加强横向纵向对标，近80家企业选择100余家领先企业进行横向对标，九成以上企业通过对比自身历史数据进行纵向对标，明确提升潜力，找准着力点。

持续组织开展管理创新。强化管理创新实践项目化、成果有形化长效工作机制，进一步构建管理创新项目、成果、专家、对标的全过程信息化闭环信息化管理平台。围绕对标管理、提质增效、市场营销等重点管理领域，立项下达年度27个管理创新研究与实践项目。组织评审200多项年度管理创新成果，综合确定2021年度管理创新一等奖、二等奖、三等奖，推动形成一批可借鉴推广和共享应用的管理创新成果，有效激发和提高各企业各层级管理创新创效积极性。

选树管理标杆交流推广先进经验。按照国务院国资委创建国有重点企业管理“三个标杆”要求，推动长庆油田、独山子石化、东方物探3家企业入选国务院国资委管理标杆企业，“以金融资源集约化为核心的司库管理体系”和“‘一带一路’油气合作战略管理”入选国资委管理标杆项目，标杆总数在央企中名列前茅。组织优选确定17家企业作为集团公司对标提升管理标杆企业，推进标杆示范向各层级延伸。以“市场化经营机制”和“精益管理”为主题，举办两期企业改革管理讲堂，发布企管工作动态300余篇、“他山之石”30篇，管理创新专栏点击量超过9万次，有效发挥典型经验的示范效应。

【队伍建设】 2021年，在全集团公司范围内，组织实施2021年度改革与企业管理部门负责人培训班、改革与企业管理业务培训班，举办两期流程与测试培训班，有超过600名各单位改革与企业管理部门负责人、业务骨干参加培训。集团公司改革与企业管理队伍得到锻炼，工作得到加强和推进。

（刘　影）

维稳信访与综合治理

【概述】 2021年，集团公司维稳信访安保防恐工作坚持以人民为中心的发展思想，坚持稳中求进总基调，围绕中心、服务大局，牢牢把握“稳定工作是基础的基础，要更加可靠，更不能出问题”总要求，把确保建党100周年大局和谐稳定放在第一位，以统筹推进平安企业建设为立足点，扎实推进平安建设基础年活动，以信访法治化、安保防恐标准化建设为切入点，坚决防范化解重大稳定风险，为保障集团公司高质量发展营造和谐稳定环境。

（王　越）

【维稳信访】 2021年，集团公司维稳信访系统以习近平总书记关于加强和改进人民信访工作的重要思想为统领，多措并举、综合施策，各项工作取得积极成效。

严格落实集团公司党组部署，开展“我为群众办实事”活动，逐一对标“作风建设提升年”5个方面18项措施要求，发挥基层党建对维护稳定的助力作用，增强干部队伍的服务意识和能力。按照集团公司党组部署，集团公司网上信箱更名为党组信箱并与党建信息化平台捆绑运行，协同办理各类群众来信，在倾听民意、疏解矛盾、源头防范、基层化解方面发挥重要作用。各企业党政班子把涉及员工群众利益的“眼前事”“身边事”“重点事”“关键事”摆在突出位置，做到哪里有维稳任务，哪里就有党建融入。

畅通多元信访渠道，积极应对新冠肺炎疫情防控给维稳信访工作带来的挑战，引导信访人通过网上信访、书信、来电等方式安全便捷反映信访诉求，让“信息数据多跑路，让职工群众少跑腿”。严格执行北京市和集团公司疫情防控规定，多措并举保持信访秩序正常有序，对接待场所实行全过程、全链条、全方位防控。

集中开展治理重复信访、化解信访积案专项工作，32家企业全面建立“四个一”机制：一件重复信访事项或信访积案明确一位包案领导、一个机构牵头组织、一个具体单位负责、一套化解稳控方案，一级抓一级，层层抓落实。把专项工作纳入企业领导人员稳定工作考核，跟踪督办、精准督查，组织召开视频会议，对积案化解工作一月一调度、逐案研究方案，化解进度定期通报企业包案领导和责任部门，提前完成国务院国资委下达的年度积案攻坚任务，工作成效受到国务院国资委领导的肯定。

全面提升对深化改革的服务保障能力，在集团公司各项改革推进过程中，主动做到“三个同步”（改革举措与稳定风险评估工作同步安排、同步落实、同步跟进）。各企业在推进改革中均开展稳定风险评估工作，2021年全系统没有出现一起在稳定风险评估后发生的群体上访，发挥“风险过滤器”作用，夯实防范基础，保障改革平稳推进。定期开展不稳定风险排查，将风险排查与群体摸底相结合、与积案攻坚相结合、与形势研判相结合、与维稳信息情报工作相结合、与“我为群众办实事”活动相结合。密切与国家有关部委和地方公安整体联动，联手企业开展一系列网情监测和现实处置工作，提前消除重大不稳定风险。

2021年，未发生大规模进京聚集，未发生涉访个人极端行为，未发生因信访问题引发的负面炒作。在各重点敏感阶段，杜绝100人以上进京群体访和企业当地300人以上群体访，实现全年各重点敏感阶段万无一失，保障大局和谐稳定。

（王　越）

【综合治理与保卫】 2021年，集团公司综合治理与保卫工作按照国家反恐办、部际联席会议工作部署，服务大局，突出重点，立足长远抓当前，治标治本相结合，各方面工作取得明显成效。

国家重大活动安保防恐。全面做好建党100周年、全国“两会”、北戴河暑期安保、上海进博会、党的十九届六中全会等重大活动期间安保防恐工作，特别是在建党100周年重点阶段，集团公司党组专门作出批示，要求“以万无一失的要求担负起维护一方平安、确保一方稳定的重大政治责任”。全系统召开视频会议，强力部署落实。按照国家反恐办部署，集团公司组成督导检查组，对新疆维吾尔自治区所属18个公安机关开展迎接“建党100周年”反恐专项督查。全年各重点敏感阶段未发生涉油气暴力恐怖事件和重特大涉油气刑事案件，保障大局和谐稳定。

驻疆企业安保防恐工作。坚决落实党中央治疆方略，围绕新疆维吾尔自治区重点地区社会稳定和长治久安，打好“组合拳”。加强与新疆维吾尔自治区公安厅反恐、治安部门工作联系，参加新疆维吾尔自治区油气田及输油气管道联席会议，围绕反恐怖防范、涉油案件侦办、企警联合培训等方面深化沟通协作，促进整体防控、协同防控、精准防控，进一步增强反恐维稳合力。针对驻疆企业安保防恐建设和问题隐患整改，对塔里木油田、新疆油田、吐哈油田等重点企业推进政策落实给予资金支持。指导和支持塔里木油田安保防恐数字化转型、智能化发展试点。充分发挥驻疆企业安保防恐工作联席会议作用，定期召开会议，总结交流经验，研讨共商问题。

重点油气治安要素管控。紧盯散装汽油实名制管理，在集团公司开展散装汽油服务的加油站中安装“实名登记信息管理系统”；紧盯成品油流通领域“三黑”治理，配合地方公安严厉打击取缔“黑窝点”、查获非法油品、查处违法犯罪嫌疑人，成品油销售市场的秩序得到进一步净化；紧盯民用爆炸品管理，协调地方政府、公安机关清理、收缴、销毁震源弹。联合集团公司总部有关部门，对92家企业集中开展“大起底、大排查、大整改”工作。加强自助加油环节监管，确保风险可控、受控。

“反内盗”长效防范治理机制建设。开展“反内盗”专项治理，组织为期一年“反内盗”工作，严惩治、树正气、强管理、固根基。2021年9月30日启动反内盗“百日攻坚”专项行动，召开驻疆企业“反内盗”工作会，先后对塔里木油田20余家基层单位和外包单位进行实地督查。“8·14”案中涉案公司和个人分别纳入“承包商黑名单”和“外雇用工黑名单”。通过集中开展“反内盗”专项行动，2021年，全系统查破“内盗”案件43起，查获涉案人员77人。对10家涉“内盗”问题的单位，给予扣减业绩和取消年终评先选优处理；对31名企业责任人给予党纪政纪处分；对11家承包商给予列入“黑名单”永不雇用和罚金处理，有效净化内部环境。

国家行业标准达标建设。按照国家反恐办工作要求，牵头承担“治安反恐防范工作的国家标准”的体系建设任务，对7个省（自治区）的10家重点企业实地调研，向4家兄弟央企的86家下级单位广泛征求意见，按期圆满完成起草阶段的任务。在达标建设方面，对16个省（自治区、直辖市）68家企业的167个一级重点目标达标项目进行全覆盖、实地督导检查。持续推动二级、三级目标达标工作，建立企业分管领导、保卫部门、基层单位、重点目标“四级责任制”，并纳入年度考核。建立完善“三同步”机制，把重点工程项目安保防恐建设纳入集团公司《工程建设项目管理规定》，明确“安全防范系统与主体工程同步设计、同步施工、同步投产使用”，全面推进物防、技防设施、设备纳入集团公司新建、改建、扩建项目工程的“一体建设”。2021年，安防建设纳入集团公司的34个重大项目可行性研究评审，确保全系统未达标的重点目标在持续减少“存量”的同时，有效控制“增量”。

保卫业务数智化体系化建设。把“安保防恐体系建设”作为“平安企业建设”的一个重要支撑点，起草制订《集团公司安保防恐工作管理规定》，统筹协调、一体推进安保管理体系建设重点工作。对7家企业开展“安保防恐体系建设”试点工作，实践先行，充实顶层设计。把“智能化升级”作为平安建设的另一个重要支撑点，加快推进“集团公司保卫信息系统”建设，建立起14大类、33项数据标准化台账，起草保卫业务信息化平台数据采集和应用标准。

国家行业和企业标准建设。受国家反恐办委托，集团公司牵头组织中国石化、中国海油、国家管网、中国中化4家单位起草国家行业标准《石油石化系统治安反恐防范要求　第6部分：石油天然气管道企业》，召开4次专项工作会议集中研讨，对全国7个省（自治区、直辖市）10家石油石化行业单位开展实地调研，向中国石化、中国海油、国家管网、中国中化4家单位和集团公司内部86家企业广泛征求意见建议，召开国家公共安全行业标准起草工作领导小组会议，正式会签报送公安部第一研究所。启动国家标准和集团公司企业标准《石油石化企业安保防恐防范规范》（Q/SY 15004）1至6部分的修订工作，履行立项报审和发布实施程序，国家标准和企业标准2021年底正式发布。

健全完善安保防恐制度机制。持续强化制度建设，落实《集团公司安保防恐管理规定》，科学设计安保防恐业绩考核指标并正式纳入集团公司企业领导人员绩效考核体系，推进安保防恐风险防范标准化、管理规范化、队伍专业化建设。建立完善“黑吉辽”“津冀鲁”“陕甘宁蒙”“川渝滇藏”区域企业油气安保工作联席会议机制，推动各省级组长单位建立完善省级区域联席会议机制，支持区域联席会议机制常态化运行。

开展保卫业务评先选优工作。2021年3月启动集团公司2019—2020年度安保防恐工作先进集体和先进个人评选推荐工作。经94个企业评选和公示、14个集团公司总部部门和专业公司推荐，审核评选出先进集体172个、先进个人600名。通过开展全系统评先选优活动，起到鼓舞士气、激发干劲、推动工作的作用。

总部机关保卫工作 。始终将确保集团公司总部绝对安全目标作为重中之重任务，机关保卫大队坚持“平战结合、强化素质、高严细实、保障有力”工作方针，严格执行北京中国石油大厦各项防疫管控措施，对集团公司总部安保防恐、维稳处置、交通保障、人员管控和车场、门禁管理等实行全面升级管控，确保万无一失。2021年，开展治安巡查3000余次，查验车辆16万辆次、人员52万人次，办理智能卡业务申请2500余次，确保集团公司总部机关安全稳定。

（乔旭烁）

保密工作

【概述】 2021年，集团公司保密工作紧紧围绕政治高站位、管理高标准、队伍高素质、服务高水平的“四高”总目标，积极克服新冠肺炎疫情带来的不利影响，聚焦重点环节、重点领域、重点内容，夯实工作基础巩固“大保密”；强化谋篇布局安排“十四五”；突出创新发展推进商业秘密保护；加强升级改造推进网络保密；严格执行标准做实保密检查；紧扣大事要事狠抓宣传教育。完成2021年工作任务，全年未发生重大失泄密事件，集团公司保密密码工作继续保持安全可控、稳步提升、持续向好的发展态势。

【保密委员会（密码工作领导小组）工作】 2021年2月5日，集团公司党组成员、总会计师、保密委员会主任刘跃珍主持召开集团公司保密委员会（密码工作领导小组）会议，对集团公司保密委员会（密码工作领导小组）部分组成人员进行调整。会议研究部署2021年的保密密码重点工作。

【制度建设】 2021年，集团公司修订印发《集团公司涉密计算机及移动存储介质保密管理办法》《集团公司商用密码使用管理办法》，制定印发《集团公司商密移动终端保密管理办法》，编写保密管理规定13个保密制度的学习实践培训课件和讲义。集团公司保密管理制度进一步健全，进一步贴近工作实际。

【监督检查】 2021年，集团公司对广域网敏感信息外发和北京中国石油大厦广域网计算机终端违规存储进行实时监控，在线检查集团公司总部办公计算机30651台次，月平均检查率74%，全年检查覆盖率99%。集团公司全年发现敏感信息违规外发同比下降53.2%。组织对东北、西北、华东、华南、京津等地区39个企业和6个总部部门进行保密密码工作现场调研检查。依据《保密工作检查评价规范》，针对组织机构、责任制落实、制度建设、宣教培训、涉密人员、定密管理、载体管理、信息系统及设备管理、技术防护设施设备管理、要害（重点）部门部位管理、涉密会议（活动）管理、信息公开保密审查等内容进行检查。检查部门205个，检查专网计算机和涉密单机合计61台，检查广域网计算机642台。提出问题和整改意见128条。组织对信息系统涉密项目、新闻宣传保密管理、涉密测绘成果资料管理等开展专项保密检查。专项检查指导有效帮助相关单位解决实际问题。

【保密技术】 2021年，集团公司内容审计平台终端管控安装用户总数为38万余人，局级单位机关客户端安装覆盖率95%。推进办公专网系统自主创新替代，协调项目组补充完善项目保密工作方案，组织开展自主创新替代项目保密专项检查。持续推进涉商密信息系统测评，2021年完成6个普通商密信息系统测评，集团公司有核心商密系统1个、普通商密信息系统11个。统筹做好电子政务内网电子认证基础设施升级完善与密码设备换装工作，完成终端信创设备的购置和部署联调，确保电子政务内网系统使用无缝切换；协调信息技术服务中心开展国务院国资委商密视频会议系统及国资监管网升级工作。

【宣传教育】 2021年，组织“庆祝中国共产党成立100周年”“全民国家安全日”等主题宣教活动，动员各单位参加中央保密办、国家保密局庆祝建党100周年保密知识竞赛和保密宣传教育作品征集，获奖数量位居国资央企前列，均获优秀组织奖。将保密教育内容纳入集团公司员工入职教育以及各类业务培训，在培训期1个月以上的培训项目中开设保密专题课程、1 个月以下的培训项目中植入保密相关内容。组织保密专家录制涉商密人员、定密管理、商业秘密保护、内部资料保护等 4 个保密视频课件。

【保密标准化工作】 2021 年，集团公司发布实施《保密工作现场检查评价规范》（Q/SY 26620—2021 替代 Q/SY 25620—2018）。完成《商业秘密定密工作指南》标准编制，包括 10 项具体标准：定密、商业秘密事项目录清单编制、解密、保密风险评估、载体制作、载体传递、密载体销毁、信息传输、商密信息系统建设及运行维护等工作指南。

【商业秘密保护管理体系建成实施】 2021 年，集团公司印发《集团公司商业秘密保护管理体系管理手册（2021 年版）》和《集团公司商业秘密保护管理体系实施方案》，成立集团公司商业秘密保护管理体系推进工作组，依托保密专家成立 6 个项目组，负责在各自项目业务范围内研究推进体系实施的政策、机制、方法、措施和技术，为各单位建立和运行商业秘密保护管理体系提供具体指导意见，解决实际问题，建立长效工作机制。梳理印发管理体系支持文件目录和程序文件参考目录，印发涉密岗位操作规范和技术秘密保护方案示范模板，在保密授课中安排管理体系专题内容，在日常工作通过电话、网络等为各企事业单位答疑解惑，为全面实施体系管理奠定基础。

【集团公司保密密码工作会议召开】 2021 年 7 月 26 日，集团公司首次保密密码工作会议在北京召开。集团公司党组对召开会议高度重视。党组书记戴厚良作出批示，提出“要坚定不移贯彻习近平总书记重要指示批示精神和党中央决策部署，坚定不移落实党管保密原则，坚定不移加强管理和技术创新”的要求。集团公司党组成员、总会计师、保密委主任刘跃珍出席会议并讲话，系统阐述做好保密密码工作的 5 个关系，对保密密码战线的党员干部提出 5 点工作要求。集团公司董事会秘书、保密委副主任、保密总监、综合管理部主任徐新福作工作报告，全面总结回顾“十三五”保密密码工作，安排部署“十四五”重点任务。会上安排部署商业秘密保护管理体系建设任务，表彰“十三五”期间保密密码工作先进单位 40 个、先进集体 82 个和先进个人 338 人。

“十三五”期间，集团公司保密密码工作坚持以习近平新时代中国特色社会主义思想为指导，认真贯彻全国保密事业发展规划和国务院国资委安排部署，在集团公司党组领导下强化责任落实、完善体制机制、健全制度体系、创新方式方法、夯实基础管理，保密密码工作实现新突破、取得新成效。集团公司保密密码工作保持安全可控、稳步提升、持续向好的良好态势，国家保密局、国家密码局、国务院国资委在现场保密检查中对集团公司给予充分肯定，在中央企业保密管理对标评价中连续 3 年被评为标杆企业。（1）全面落实习近平总书记关于保密密码工作的重要指示批示精神，党管保密原则进一步落实。集团公司党组高度重视保密密码工作；保密委员会发挥强有力领导作用；各单位切实履行保密责任。（2）构建“大保密”工作格局，保密体制机制进一步完善。保密部门牵头把总和组织协调作用充分发挥；保密工作机构职能作用充分发挥；协作组桥梁纽带、参谋助手和交流平台作用充分发挥。（3）强化合规管理，保密制度体系进一步健全。顶层设计持续完善；重点领域管理办法持续完善；企业规章制度持续完善。（4）注重系统防范，商业秘密保护进一步加强。商业秘密技术防护体系不断健全；信息内容审计平台上线运行；商业秘密保护管理体系基本建成。（5）把握重点领域，保密创新成果进一步凸显。重点难点课题攻关取得新进展；涉密信息传输和密码管理取得新成效；非涉密重要资料信息管理取得新突破。（6）坚持多措并举，保密宣教培训进一步拓展。突出领导干部保密责任意识教育；突出保密专业化人才培养；突出保密文化建设。（7）线上线下结合，保密监督检查进一步做实。定期开展现场检查；认真组织常态化在线检查；不断完善责任追究机制。

（黄照富）

档 案 管 理

【概述】 2021 年，集团公司档案工作认真学习贯彻落实习近平总书记重要批示精神以及全国档案局长馆长会议、集团公司工作会议精神，围绕中心、服务大局，全面推进档案治理体系、资源体系、安全体系和利用体系建设，推进档案管理创新升级，加强重点史志和年鉴编研，确保“十四五”开好局起好步。

2021年集团公司共有专兼职档案人员9418人，其中专职档案人员2802人、兼职档案人员6616人；馆藏全部纸质档案近2600万卷、4600多万件，总排架长度110多万米；档案管理系统保管数据4亿多条，数据存储总量300多TB；全年利用档案21万多人次，利用档案近250万卷次；编研公开出版物37种、2100多万字，内部发行618种、3100多万字。

【学习贯彻落实习近平总书记重要批示】 2021年8月16日，集团公司党组召开党组会（扩大）及董事长办公会，认真学习贯彻习近平总书记重要批示和中央领导同志有关要求，听取传达贯彻习近平总书记关于档案工作重要批示有关情况汇报，集团公司党组书记、董事长戴厚良强调：“要认真学习习近平总书记关于档案工作的重要批示精神，落实好新修订的《中华人民共和国档案法》，加强档案资源、利用、安全和治理体系建设，推动数字化转型，保持集团公司档案工作继续走在央企前列。特别要用好公司红色档案，讲好自力更生、艰苦奋斗的创业故事，增强‘我为祖国献石油’的使命担当。”集团公司综合管理部印发《关于转发〈国家档案局关于认真学习贯彻习近平总书记重要批示的通知〉的通知》，就深入学习贯彻习近平总书记重要批示提出具体要求。中国石油档案馆第一时间召开全体员工会议，传达学习习近平总书记重要批示及通知精神。组织集团公司档案系统持续深入学习贯彻习近平总书记重要批示和国家档案局通知精神，迅速掀起学习热潮。做好相关宣传报道，集团公司党组学习贯彻总书记重要批示有关信息在《中国档案报》《档案工作简讯》刊发，各单位学习情况在档案馆网页和“石油档案”微信公众号等连续22期进行报道。

【档案业务指导与归档利用】 2021年，集团公司档案工作加强顶层设计和业务指导。召开2021年档案工作视频会议，印发《集团公司2021年档案工作要点》，研究编制《集团公司档案工作2035远景目标及“十四五”规划》，指导各单位做好2021年度档案史志工作。印发《集团公司工程建设项目档案管理规定》《关于集团公司建设项目档案管理有关情况的通报》，制定集团公司重大工程档案管理检查计划，规范建设项目档案管理的程序性。组织参加广东石化炼化一体化项目、辽阳石化俄罗斯原油加工优化增效改造等重大建设项目档案验收，指导大庆石化、湖北销售、勘探院开展档案预验收或验收。制定《集团公司科学研究与技术开发项目档案管理办法》，制定国家科技重大专项档案整理标准及评分细则，与集团公司科技管理部建立协同机制，配合完成2020年结题的“十三五”期间71个项目258个课题档案绩效评价，有力保障国家科技重大专项顺利完成国家验收任务，从档案方面支撑集团公司科技创新战略。

指导新成立单位有序开展档案工作，协助所属各单位做好敏感档案管理，做好国家管网集团管线前期文件移交。举办集团公司档案史志工作能力素质提升培训班，组织开展对陕西片区8家企业档案与史志工作调研。围绕建党100周年，组织参加《中国档案》杂志感言征文，收集34家单位160篇稿件。组织档案工作微视频征集评选，征集47家单位156部作品，其中3部微视频入围国家档案局100部展播作品，13部微视频入围目录。组织开展集团公司档案工作微视频评选，征集集团2021年度经济科技档案资源开发利用案例45个，向国家档案局报送优秀案例12个，获评一类案例1个、二类案例1个、三类案例2个、入围案例4个。

完成集团公司总部归档，2021年接收档案文件37395卷/件，整理归档文件、机要文件、公司呈批件7772卷/件，整理人事管理资料3614条，装盒、消杀、上架901盒、质检数据15457条。接收昆仑银行、中油国际等单位档案89565卷/件。整理、编辑各单位提交的关于中国石油文献档案史料照片2700余条。全面梳理、整理、核对东直门库房、科技园库房所有实物档案2320件。切实发挥档案馆对外服务窗口作用，实现网上查阅，简化利用程序，提供利用13658人次，复制11027页，利用8610卷/件，为经营决策、巡视巡查、税收检查、法律诉讼、员工社保补缴、编研等各项工作提供有力的资料和证据支持。按照中央档案馆统一安排，配合开展中央档案馆馆藏的燃料工业部石油管理总局时期（1950—1955年）历史档案开放鉴定工作，2021年完成19000件历史档案开放鉴定。

【持续推进年度重点编研项目】 2021年，深入挖掘红色档案资源，开展档案编研，与石油企业协会联合编纂出版《石油经典永流传·数说经典》《石油经典永流传·图说经典》系列图书，选取100件大事、100张经典瞬间图片，讲好石油档案故事，重温党史中的石油经典，展现“石油工人心向党”的坚实足迹，弘扬“我为祖国献石油”的使命担当。2021年7月13日在第一届石油石化企业基层党建创新论坛发布。

与中国石油大学（北京）举行“思想政治教育基

地”挂牌暨《家书·油情》出版座谈会,《家书·油情》围绕“家国情怀”主题，以习近平总书记给中国石油大学（北京）克拉玛依校区毕业生回信为开篇，收录155篇书信内容、60个信封、157幅图片、9个微视频。这是全国首个行业家书开发利用活动。组织召开集团公司年鉴工作会议，制定细化到条目的指导性组稿篇目，严控稿件质量。组织年鉴编辑部优化运行计划，加强节点控制，提高组稿效率，加快编审节奏，2021年9月完成《中国石油天然气集团有限公司年鉴2021卷》出版发行工作，比往年提前半年时间。参与编纂出版《中国石油组织史资料（1949—2020）》，组织编写《中国石油档案故事》。

【持续加强数字档案馆建设】 2021年，以服务与利用为导向，推动档案信息资源开放利用，创新服务形式、强化服务功能、加大共享方位、提升数据管理。档案系统有效统筹推进前端业务系统数据归档集成，各项指标数据整体稳中有增。截至2021年底，档案系统保管数据同比增长59%，数据存储总量同比增长16.39%，业务系统（公文、会计、合同）接口归档数据同比增长近3.8倍，集团公司档案数据资源库进一步充实。以档案管理系统2.0建设为契机，落实国家企业数字档案馆建设标准和试点要求，创新集团型企业数字档案馆建设模式，高质量建成集团公司统一应用的数字档案管理系统，数字档案馆项目顺利通过国家档案局试点验收，为央企集团数字档案馆建设树立标杆。完成电子会计档案推广应用，实现电子公文接口升级和电子合同在线集成归档试点工作，完成档案管理系统云化改造，健全档案信息化标准规范体系和安全保密体系，通过公安部信息系统安全等级保护三级测评。

（任洁江　刘倩倩）

党建、思想政治工作与企业文化建设

党建工作

【概述】 2021年，集团公司党组坚持以习近平新时代中国特色社会主义思想为指导，全面学习贯彻党的十九大和十九届历次全会精神，落实新时代党的建设总要求和新时代党的组织路线，围绕庆祝中国共产党成立100周年、全国国企党建会召开5周年，持续巩固深化全国国企党建会精神落实成果，深入学习贯彻中央企业党的建设工作座谈会精神，落实“中央企业党建创新拓展年”部署，坚定不移抓党建强党建，推动党建工作质量不断提升，引领保障企业高质量发展。

截至2021年底，集团公司共有基层党组织32571个，其中党委2447个，党总支1925个，党支部28199个；有党员500802人，其中在岗职工党员484981人，退休党员7889人，女党员123069人；2021年发展党员20196人。

【庆祝中国共产党成立100周年活动】 2021年，集团公司围绕爱党爱国爱社会主义主题，统筹开展系列庆祝活动。“七一”前，集团公司党组书记带头为全系统党员干部讲授专题党课，2万余人在主会场、分会场参会，超过10万人在线收看，其他集团公司党组成员到分管部门和单位、基层一线讲党课，“党课开讲啦”活动累计讲党课4.6万次；作为党的百年历史上重要代表性地点之一，铁人王进喜纪念馆与井冈山等革命圣地同步举行新党员代表宣誓活动；组织“百年庆·石油红”线上系列活动，广泛开展歌咏比赛、书画摄影展等群众性文体活动，营造共庆百年华诞浓厚氛围。组织全系统为符合条件的4万余名老党员颁发“光荣在党50年”纪念章，“七一”期间走访慰问生活困难党员、老干部和烈士遗属、因公殉职党员干部家属等3.4万人次。召开集团公司庆祝中国共产党成立100周年表彰大会，表彰1000名优秀共产党员、600名优秀党务工作者、600个先进基层党组织。4名个人、1个集体获全国“两优一先”表彰，17名个人、13个集体获中央企业“两优一先”表彰，数量位居央企前列，李新民作为“全国优秀共产党员”代表在全国“两优一先”表彰大会上发言，辽河油田公司兴隆台采油厂采油作业三区女子采油队党支部作为“中央企业先进基层党组织”代表在中央企业“两优一先”表彰大会上作交流。

【全国国企党建会精神落实情况“回头看”】 2021年，集团公司按照国务院国资委党委部署，一体推进党组层面和所属单位党委层面对标自查，召开工作协调推进会，细化梳理26项重点任务，采取上下结合的方式，全面摸清贯彻落实全国国企党建会精神情况，系统盘点5年来党的建设经验成效，对照7个方面主要内容深入查找工作中的短板弱项，并结合国务院国资委党委中央企业党建工作责任制考评反馈问题，有针对性地抓好整改工作。参与完成“中央企业永远跟党走——全国国有企业党的建设工作会议召开五年来国资委党委中央企业党的建设工作展”素材征集、解说词撰写、布展参展等相关工作，展览18处涉及中国石油内容。

【“11363”党建工作总体思路】 2021年初，集团公司党建工作会议谋划“十四五”期间“11363”党建工作总体思路，即锚定“一个目标”：不断巩固集团公司党的建设走在中央企业前列的领先地位，推进各单位党的建设全面走在所在地区前列；突出“一个导向”：牢固树立大抓基层鲜明导向；推进“三个全面”：基层党建和基层管理全面融合、全面进步、全面过硬；实施“六项工程”：筑牢堡垒工程、固本强基工程、岗位实践工程、先锋示范工程、群团聚力工程、形象塑造工程；坚持“三步走”：2021年聚力夯基础，2022年至2023年蓄势再提升，2024年至2025年创优树标杆，进一步适应集团公司高质量发展要求，推动新征程新阶段党的建设工作质量不断提升。

【基层党建“三基本”建设与“三基”工作有机融合】 2021年，集团公司深入研究基层党建“三基本”建设与石油传统“三基”工作如何有机融合的问题，组织召开基层党建工作推进会，制定《关于推进基层党建“三基本”建设与“三基”工作有机融合的指导意见》及基层党支部工作考核办法，创新提出8项机制和27条具体举措，建立涵盖基本组织建设、基本队伍建设、基本制度执行、基础管理工作、“五型”班组建设、改革发展业绩的基层党支部工作“六位一体”量化考评体系，明确基层党支部达标的安全、环保、质量、廉洁、稳定“五条底线”，广泛搭建党建协作区、“党支部＋经营”等党建与生产经营融合载体，选树表彰108个“百面红旗”党支部，编辑发布《标尺》《旗帜》《筑基》《榜样》基层党建系列丛书，深化“量化考评、分类定级、动态管理、晋位升级”党支部达标晋级管理机制，构建定标准、建机制、抓考核完整闭环，推进基层党建与基层管理全面融合全面进步全面过硬。

【基层党建指导服务】 2021年，集团公司从全系统选调26名党建业务骨干组成8个基层党建指导服务小组和1个联络协调组，以政策宣贯、督促指导、工作调研、协调服务、支持帮扶为主要内容，对126家单位开展为期两个月、全覆盖指导服务。累计召开宣讲会78场，覆盖19673人，下沉到360个基层党支部，访谈2823人，帮助挖掘总结基层创新实践典型案例224个，通过指导服务，摸清基层党建工作现状，找准查实并解决一批问题，总结提炼一批基层鲜活经验。此次基层党建指导服务不以“考核”为目的、不以“留痕”为印证，崭新的形式、热情的服务、务实的作风得到基层高度认可和欢迎。

【基层党组织建设】 2021年，集团公司加强基层党组织换届分类指导，8435个基层党组织如期完成换届。通过调整发展党员指标、优化班组设置、党员联系班组等方式，“七一”前实现5.3万个班组党员全覆盖。坚持以“三懂三会三过硬”（懂党务、懂业务、懂管理、会解读政策、会疏导思想、会总结经验，政治过硬、作风过硬、廉洁过硬）标准选优配强党支部书记，落实党员教育培训工作规划举措清单，连续5年举办行政干部“一岗双责”、基层党支部书记和党建业务骨干示范培训班，全系统轮训党组织书记3.2万人次。开展“石油工人心向党、建功奋进新征程”岗位实践活动，搭建党员先锋岗、党员责任区等载体，组织38.7万名员工岗位讲述，激励干部员工履职尽责、岗位建功。各级党组织和广大党员积极投身防汛救灾，在油气保供、应急抢险、救灾物资供应等方面发挥作用、彰显石油担当。

【党建工作责任制考评】 2021年，集团公司组织开展2020年度党建工作责任制考核，参照国务院国资委《2020年度中央企业党建责任制考核工作梳理清单》，坚持围绕“党委班子凝聚力、党员干部执行力、员工队伍战斗力、企业发展成长力”标准，应用“铁人先锋”党建信息化平台开展在线考核和结果反馈，发挥考评激励约束作用。开展所属单位党委书记抓基层党建述职评议，组织5场现场述职评议考核会议，38名党委书记、9名党委副书记进行述职，评议考核结果纳入党建工作责任制考评，与单位业绩考核挂钩。跟进落实中组部、国务院国资委党委最新部署要求，修订完善党建工作责任制考核办法和党委书记抓基层党建述职评议考核办法，规范完善党建工作责任“述评考用”机制。

【党建工作研究】 2021年，集团公司在集团层面设立“‘三基本’建设和‘三基’工作有机融合研究”“加强混合所有制企业党的建设研究”软科学课题研究，编印《2020年度党建课题研究成果专刊》交流展示党建成果；围绕党建工作重点难点问题，下发32项研究参考选题，指导113家单位开展500多项课题研究。理论文章《建党100年来党的建设的宝贵经验——以中国石油大庆油田为例》入选中组部、全国党的建设研究会举办的庆祝中国共产党成立100周年党的建设历史经验研讨会。组织召开推进党建研究工作座谈会，8家单位围绕推进党建研究探索实践作交流发言，全国党建研究会秘书处有关负责人出席会议并对中国石油党建研究工作取得成绩给予充分肯定。

（姜嘉彤　卢长威）

【基层建设】 2021年，集团公司基层建设工作围绕推动基层党建“三基本”建设和“三基”工作有机融合主线，从相融引领共发展、联盟共建聚合力、提升素质强队伍、应对新局出妙招、破解难题固堡垒、文化育魂汇同心等6个方面总结提炼出百篇典型案例，覆盖集团公司所属单位，反映出近几年集团公司基层建设的最新成果和总体风貌，并合集为《筑基》出版，对基层党建“三基本”建设和“三基”工作全面融合全面进步全面过硬起到促进作用。在铁人先锋平台开设“三基”栏目，将各单位“三基”工作动态报送和典型案例展示全面数字化，基层投稿踊跃，起到“搭平台促工作”的效果。借助庆祝建党百年的契机，从强化基层培训提升员工基本素质的角度，策划举办石油劳模智慧讲堂系列活动，作为庆祝建党百年系列活动之一，被列入集团公司“我为群众办实事”的一项成果上报中宣部。2021年在部分油气田企业、炼化企业、销售企业举办10期活动，现场和在线观看受众达百万人以上，取得良好的传播效果。以大庆油田劳模工匠为主体的宣讲团队，以生动鲜活的讲述方式，讲创新思维、“四精”理念、工作方法和奋斗故事，启发思考，催人奋进，活动受到基层的普遍欢迎。2020年度新晋党组管理的高级领导干部签订职业道德确认书近百份。

（任继凯）

【党建信息化平台】 2021年，集团公司党建信息化平台实现党工团业务一网集成，组织动员一呼百应，线上“大党建”新平台作用得到充分发挥，考核评价、组织生活、答题活动、党费缴纳、报表数据上报、积分管理的热点效应明显。支持集团公司开展工作责任制考评，仅用47天完成131家单位责任制在线考评工作，比平台上线前用时缩短65%；采取线上线下相结合的方式开展作风建设测评，仅用26天完成171家单位在线测评和结果统计工作，比平台上线前用时缩短70%；统计报表共支持3次集团公司数据上报需求，平均每次用时7天，较线下收集报表模式效率提升60%。建设“党史学习教育”“党员云课堂”“月月学”“专题学”等专题学习模块，通过学、练、测3种形式深化学习效果，点击量超过550万人次，较好地支撑集团公司党史学习教育活动开展。围绕建党100周年、主题教育、党的建设等工作开展主题宣传和系列活动，线上参与活动超过2700万人次，集中展示中国石油取得的成就和良好社会形象，强化中国石油的品牌价值输出。

【党组信箱】 2021年，集团公司开通“党组信箱”，实现员工留言征集、分发、办理、反馈的全流程管理，聚焦员工群众急难愁盼问题，确保条条有反馈、事事有回音、件件有着落，成为“我为员工群众办实事”的“直通车”和党组联系基层的“连心桥”。对具体问题实行清单式闭环管理，累计收到9577条，办结率97.7%；组织专项工作组一盯到底，重点摘要工资福利等15个方面102个典型问题，综合研究提出60条建议，组织10期“专题学”集中回应留言关注；注重发挥“直通车”“连心桥”作用，面对每一条留言，做到讲时效、用真情、真见效，确保留言“直通”、处理“畅通”，让留言“收上来、分下去、解决掉”。

【员工手册】 2021年9月，集团公司首次发布《员工手册》，以“职业”为核心，凝练6个方面36项基本要素，明确员工基本行为规范、工作纪律、工作秩序、工作礼仪，作为员工行为规范和指南，百万石油员工完成学习和签收，12月接续发布中英文版本。考虑到集团公司总部机关员工的工作性质和特点，以办公座位挂牌的方式发布《总部员工守则》，号召集团公司总部机关员工努力争做“五个表率”，厚植集团公司总部形象内涵，进一步夯实集团公司总部机关作风建设提升年的实践成果。

【直属党组织党史学习教育】 2021年，集团公司以处级以上党员领导干部为重点，覆盖全体党员开展学习教育，配发习近平《论中国共产党历史》《习近平新时代中国特色社会主义思想学习问答》等指定学习参考材料1.4万本，举办两期党史学习教育培训班，303名二级正职人员参加培训。组织1000多名党员集体参观中国共产党历史展览馆，指导各部门开展主题党日260余次。围绕习近平总书记在庆祝中国共产党成立100周年大会上的重要讲话精神等内容开展专题学习研讨840次，征集文章170余篇。组织集团公司总部机关各部门党组织书记、委员讲授专题党课122次。以“党员大会”和“党小组会+党员大会”等形式，召开党史学习教育专题组织生活会，党员在会上交流分享学习体会，开展党性分析、查摆差距不足、制订整改目标。按照集团公司党组统一部署，依托集团公司党史学习教育第四指导组做好总部部门、相关单位领导班子党史学习教育专题民主生活会督促指导工作，聚焦会议主题，突出重点内容，把握关键环节，扎实做好会前、会中、会后全周期督促指导，实现党史学习教育专题民主生活会高起点起步、高质量推进。

【“我为员工群众办实事”实践活动】 2021年，集团公司制定下发《“我为员工群众办实事”实践活动工作方案》《关于深入推进“我为员工群众办实事”实践活动的通知》《关于充分发挥基层党组织战斗堡垒作用和党员先锋模范作用 进一步深化党史学习教育“我为员工群众办实事”实践活动的通知》等通知，各级党组织累计开展实践活动4.9万余次，推进落实重点民生项目2500多项，解决员工群众急难愁盼问题11.4万件次。编印《“我为员工群众办实事”实践活动百篇案例选编》，逐步建立《关于巩固拓展脱贫攻坚成果同乡村振兴有效衔接工作指导意见》《员工健康体检管理办法》《帮扶工作管理办法》等20余项制度机制，推动为员工群众办实事常态化、长效化开展。

【直属党组织庆祝建党百年系列活动】 2021年，集团公司组织在京单位采取会议颁发、上门慰问等多种形式，确保每名符合条件的党员在7月1日前获颁“光荣在党50年”纪念章。组织直属各级党组织在元旦、春节和“七一”前夕分两次对获党内功勋荣誉表彰的党员、生活困难党员群众、老党员、工作在艰苦地区和脱贫攻坚一线的援藏、援疆、援青挂职党员干部走访慰问，2996人次，发放慰问金941.47万元。推荐润滑油公司企业一级技术专家伏喜胜入选全国优秀共产党员表彰对象，推荐新发展党员代表、“光荣在党50年”纪念章颁发对象代表等不同类别的党员代表参加新党员代表集中入党宣誓、庆祝中国共产党成立 100 周年大型文艺演出、庆祝中国共产党成立 100 周年大会等系列活动。组织开展直属“两优一先”评选工作，表彰直属优秀共产党员 235 名、直属优秀党务工作者 128 名、直属先进基层党组织 117 个。

【直属基层党组织建设】 2021 年，集团公司制定《关于进一步加强总部党支部标准化规范化建设的指导意见》，从组织设置、队伍建设、制度落实、作用发挥 4 个方面对集团公司总部党支部建设提出标准。围绕集团公司治理体系和治理能力现代化要求，理顺部分直属党组织隶属关系，在集团公司总部机关优化调整和企业改革期间同步出台政策指导，推动党组织设置运行与功能定位相一致、与改革发展相适应、与管理幅度相协调，保持党组织健全率和党员受教育率“两个 100%”。定期开展换届督促提醒，指导 15 家直属单位党委开展换届选举工作。持续深入推动基层党员班组覆盖工作，直属 5280 个班组实现党员全覆盖，连续保持发展党员计划指标完成率 100%。

（卞相珊　卢长威　曾　鹏）

思想理论工作

【概述】 2021 年，集团公司思想理论工作坚持将学懂弄通做实习近平新时代中国特色社会主义思想作为首要政治任务，深入学习贯彻党的十九大和十九届历次全会精神，扎实推进党史学习教育，抓实理论武装，深化思想教育，教育引导广大干部员工在理论上更加清醒、政治上更加坚定、思想上更加统一、行动上更加自觉，为集团公司建设世界一流综合性国际能源公司奠定坚实理论和思想基础。

【集团公司党史学习教育】 2021 年，集团公司党组第一时间成立领导小组及办公室，召开动员大会，制定“一案两表”(《集团公司党组党史学习教育实施方案》《集团公司党组党史学习教育重点工作安排表》《集团公司党史学习教育重点任务安排表》)，推进各项工作。及时跟进学习贯彻习近平总书记在动员大会、建党 100 周年庆祝大会、党的十九届六中全会上的重要讲话精神等，印发 23 项学习宣传贯彻通知，持续深化党史学习教育。集团公司党组以上率下，坚持“第一议题”跟踪学、制定计划专题学、实地调研现场学、重点内容上下联学，2021 年“第一议题”跟踪学习 52 次、党组理论学习中心组集中学习 12 次、全系统上下联学 6 次。各单位党委开展学习研讨 2.8 万次。集团公司党组书记作党史学习教育宣讲、党的十九届六中全会精神宣讲，在“七一”前讲授党课。各级党组织组建宣讲团，开展线上宣讲、理论讲堂等活动，宣讲 4 万场次。各单位开设教育课程 6300 余项，利用石油精神教育基地等红色资源进行培训。集团公司党组成员参加所在党支部组织生活会，2.8 万个党支部、48 万名在岗党员开展谈心谈话，进行自我批评与批评，制定清单推动问题整改。开展“党史下的石油史、石油史中的党史”研究，93 家单位围绕 15 个课题形成研究成果 97 项，119 家单位撰写“七一”重要讲话精神体会文章 287 篇，在《人民日报》《求是》《学习时报》等重要理论阵地刊发集团公司党组和党组书记署名文章 8 篇。紧盯员工“急难愁盼”，开通“党组信箱”，推进 11 项重点民生项目；各单位确定 2505 个民生项目、办实事超 11.4 万件。围绕社会需求，开展冬季天然气保供，调拨物资驰援地震灾区、抗洪一线，推动脱贫攻坚与乡村振兴有效衔接，履行社会责任。组织内部媒体开设专题专栏 328 个，外部媒体刊发、转载相关信息 3.2 万条，编发党史学习教育简报 206 期、学习资料 22 辑，先后 4 次在央企会议上、31 次在中央和国务院国资委简报上交流分享经验。中央企业党史学习教育第二指导组 17 次到集团公司指导，集团公司组建 4 个指导组全覆盖指导 156 个单位和部门，各级党委逐级开展指导 9287 次。中国石油党史学习教育总体好评率 99.67%，一系列经验做法得到中央企业党史学习教育第二指导组充分肯定。

【理论武装】 2021 年，集团公司印发党组理论学习中心组年度集体学习计划，明确各单位党委理论学习中心组专题学习内容，发挥理论学习中心组学习示范作用，深入、系统、及时学习习近平新时代中国特色社会主义思想，读原著、学原文、悟原理，进一步提高领导干部理论素养和运用党的创新理论指导实践、推动工作的能力。2021年党组理论学习中心组集中学习16次，各单位党委理论学习中心组平均学习17次。

【“转观念、勇担当、高质量、创一流”主题教育】 2021年，按照集团公司党组部署，以“转观念、勇担当、高质量、创一流”为主题，开展第19次“形势、目标、任务、责任”教育，并与党史学习教育、扭亏脱困、提质增效融合，推进理论学习、层层宣讲、广泛讨论、对标查改、岗位实践5项任务，编发简报53期，各单位围绕主题研讨1.4万次、宣讲3.5万次，51.1万名干部员工参与主题大讨论，汇聚起开新局、创伟业的强大力量。

【中国石油高质量发展大讲堂】 2021年，集团公司举办4场高质量发展大讲堂。3月3日，举办“志存高远，率先打造世界一流”东方物探专题报告会。5月25日，邀请中国科学院院士邹才能、谢在库分别讲授石油勘探开发、炼油和石油化工科技前沿进展专题讲座。6月17日，举办“以习近平新时代中国特色社会主义思想为指导，弘扬伟大精神，推动高质量发展大讲堂”长庆油田专题报告会，中组部干部五局有关人员，《人民日报》、新华社、中央广播电视总台等媒体记者以及集团公司干部员工1.5万人在主、分会场参会。9月29日，邀请中国工程院院士王金南讲授“生态文明建设与实现双碳目标要求”专题讲座，教育引导广大干部员工以学促行推动高质量发展。

【意识形态工作责任制】 2021年3月23日，集团公司党组召开会议专题研究意识形态工作，强调要深入学习贯彻习近平总书记关于宣传思想工作的重要思想，坚持党管意识形态，牢牢把握正确政治方向、价值取向、舆论导向。加强意识形态阵地管理，组建工作组，集中开展敏感信息清查行动；召开期刊管理工作会议，系统梳理和清理各级各类期刊，补充完善网络备案信息，排查集团公司对外投资创办期刊，停办注销19家发行量较小、影响力较弱的期刊，加强新闻从业人员管理，做到守土有责、守土负责、守土尽责。

【中国石油延安精神研究会】 2021年5月14日，中国石油与中国延安精神研究会在北京共同举办“延安精神进石油”党史学习教育专题报告会，宣布成立“中国石油延安精神研究会”并举行揭牌仪式，集团公司党组书记、董事长戴厚良和中国延安精神研究会常务副会长兼秘书长、中联部原副部长艾平共同为中国石油延安精神研究会揭牌。中国石油延安精神研究会将在集团公司党组领导下开展工作，组织开展延安精神的理论和实践研究、调研考察、交流研讨、学术交流、成果推广应用等活动，举办传承弘扬延安精神的讲座、展览，编辑出版宣传延安精神的读本读物，参加中国延安精神研究会和有关部门组织的学术交流活动等。

（赵沿旭）

新闻舆论工作

【概述】 2021年，集团公司新闻舆论工作围绕中心、服务大局，因势而谋、应势而动、顺势而为，紧盯中央主流媒体，围绕建党百年、勘探开发、高质量发展、绿色低碳、科技创新、重点工程、党的建设等主题，打造精品新闻报道、短视频等，集团公司稳妥开展舆情管控，2021年在中央主流媒体刊发报道739篇、重点新闻网站刊载8000余篇，全网相关信息量68.4万条，客观正面报道占比95.1%，为历年最好水平。

【新闻宣传】 2021年，集团公司打造“媒体眼”“企业风”“知晴雨”“同心圆”“出海口”5件套。“媒体眼”发布各单位外部媒体报道4500条，“企业风”发布各单位内部媒体报道2.5万条，实现重要新闻二次传播，提升各单位宣传工作积极性。“知晴雨”优化舆情管理机制，实现敏感负面舆情及时有效处置，向集团公司总部部门、专业公司、相关单位预警36件、处置敏感负面舆情50件，向基层单位预警634件、督办处置215件。“同心圆”借助宣传活动、展览展会等，邀请2500余名社会人士下载使用“铁人先锋”。“出海口”对接中央主流媒体，在学习强国号、“央视频”平台、《人民日报》党媒平台发布信息2930条、浏览量超过730万。评选2020年度“十大新闻”，协调央视财经开展董事长高端专访，制作“回家”“倒班”“石油工人心向党”等系列短视频134集，推出40集文献纪录片《典藏大庆》，配合中央广播电视总台摄制播出《信物百年》纪录片。推荐西藏销售公司双湖加油站列入中宣部宣传重点。集团公司获“百年铸辉煌，央企谱华章”第四届中央企业故事创作展示活动优秀组织奖。举办第四季“中国石油开放日”活动、第六届新媒体创作大赛等。参与主题外宣活动，开展海外项目线上“云开放”活动。10月28日，在国务院国资委新闻通气会上作新闻宣传工作交流发言。11月3日，召开集团公司首次新闻通气会，总结亮点、明确要求、部署工作。

【舆情管理】 2021年，集团公司修订《新闻突发事件应急预案》，完善《海外舆情管理办法》，下发《关于进一步严肃新闻工作纪律的通知》，持续加强和规范舆情应急管理和新闻发布工作。重点管理全国“两会”“七一”建党百年、十九届六中全会、中央环保督察、集团公司领导干部会议、股份公司业绩发布等时段舆情，跟踪抓好专项舆情，保持全年舆情平稳受控。快速处置网络不实信息，打赢舆情防控阻击战。开展“天然气冬供”宣传引导，开展“宝石花温暖万千家”专题报道，全网发布信息近3.5万篇。

【媒体建设与管理】 2021年，《中国石油报》刊发稿件超7000篇，开设专栏26个。石油手机报发行230期，覆盖154家集团公司总部部门和企业1.7万多个重点用户。中国石油网日均发布信息约2.3万篇，开设专题专栏370个。集团公司官方新媒体发布信息1.6万条，粉丝总数超823万，浏览量突破30亿次，其中短视频浏览量突破23亿、位列央企首位。集团公司官方新媒体账号连续5年获国务院国资委评选的“中央企业最具影响力新媒体账号”称号。4月9日，中国石油“学习强国”号上线，发布信息1230条，浏览量超400万。通过海外社交媒体传播矩阵，刊发报道2500条，总阅读量近5000万，粉丝总量51万。

（赵沿旭）

企业文化与品牌管理

【概述】 2021年，集团公司企业文化与品牌管理工作持续实施文化强企战略，强化品牌与社会责任管理，推动文化转型不断升级、品牌影响力持续提升，具有中国石油特色的企业文化品牌影响更为广远。加强文化品牌战略规划研究，编制完成《集团公司“十四五”企业文化建设规划》《集团公司“十四五”品牌建设规划》，明确总体思路、工作目标、重点任务，为进一步提升中国石油文化优势品牌优势提供保障。

【弘扬石油精神和大庆精神铁人精神】 2021年国庆前夕，大庆精神铁人精神被纳入中国共产党人精神谱系第一批伟大精神正式发布，《人民日报》、新华社等主流媒体在重要版面、重要栏目集中报道，全网转载7000余篇。6月11日，习近平总书记关于大力弘扬石油精神重要批示五周年学习座谈会暨第四届石油精神论坛在中国石油科技交流中心举行，由中国石油主办，中央党校（国家行政学院）科研部和中国石油国家高端智库承办，中宣部及有关央企、石油高校、国家高端智库等单位领导和专家参与，直播收视100万人次。打造“石油魂”宣讲党史版，连续11年宣讲730余场，2021年受邀到中共中央党校（国家行政学院）、国家能源局等单位宣讲。出版《弘扬石油精神和大庆精神铁人精神论文集》。

【典型选树】 2021年，在庆祝中国共产党成立100周年之际，中国石油李新民、伏喜胜被评为“全国优秀共产党员”，魏兴波、李雪莹被评为“全国优秀党务工作者”，兰州石化公司党委获“全国先进基层党组织”称号。梁楠郁、卜鹏洲获2021年“全国脱贫攻坚先进个人”称号，中国石油定点扶贫与对口支援工作领导小组办公室、塔里木油田获2021年“全国脱贫攻坚先进集体”称号。伏喜胜获第六届“央企楷模”称号。长庆油田、玉门油田老君庙油矿旧址入选中宣部命名第七批“全国爱国主义教育示范基地”，其中长庆油田是全国首次作为单一生产企业整体入选。铁人王进喜纪念馆、大庆油田历史陈列馆、长庆油田展览馆、毛泽东主席视察隆昌气矿纪念馆、新疆石油地质陈列馆入选国务院国资委首批中央企业爱国主义教育基地。克拉玛依油田入选第五批国家工业遗产。

【企业文化系列成果发布】 2021年9月27日，集团公司以“赓续红色血脉，汇聚文化力量，推进世界一流综合性国际能源公司建设”为主题，举行企业文化系列成果发布会，发布中国石油纪念日、“石油魂”宣讲履行文化责任成果、新版《企业文化手册》、中国石油首批工业文化遗产、《员工手册》、新款工装6项文化成果。确定9月25日为“中国石油纪念日”，命名中国石油首批29个工业文化遗产，实现16年来百万石油员工首次集中大换装。这次企业文化成果发布会是集团公司成立以来第一次企业文化发布盛会。

（赵沿旭）

工会工作

【概述】 2021年，集团公司工会工作坚持以习近平新时代中国特色社会主义思想为指导，深入推进新时期产业工人队伍建设改革，认真贯彻落实集团公司党组决策部署，围绕中心服务大局，团结带领广大员工为建设基业长青的世界一流综合性国际能源公司贡献力量。

【开展劳动和技能竞赛】 2021年，集团公司联合中国能源化学地质工会、新疆维吾尔自治区总工会在准噶尔盆地重点探区开展“建功准噶尔、助推高质量”主题劳动和技能竞赛，通过成果展示、经验交流，带领广大员工全力建设准噶尔盆地大油气区，助推企业高质量发展。与中华全国总工会中国能源化学地质工会、中国石化等单位联合开展长庆油田分公司“岗位建功‘十四五’，油气跨越6800”劳动和技能竞赛、新疆地区油气勘探开发“建新疆大庆、扬石油精神、立时代新功”主题劳动和技能竞赛、西南地区油气勘探开发“建设气大庆、建功‘十四五’，奋进新征程”主题劳动和技能竞赛，3个竞赛被中华全国总工会定为全国引领性劳动和技能竞赛。

【困难帮扶送温暖活动】 2021年，为适应新形势新要求，进一步提高集团公司帮扶工作管理办法的指导性和实效性，确保帮扶工作适应企业改革发展需求和实际，有效解决困难群体现实问题，切实维护企业发展稳定，修订《中国石油天然气集团有限公司帮扶工作管理办法》。印发《关于做好2022年困难帮扶送温暖工作的通知》，要求各单位党委针对帮扶资金渠道的改变，切实做好政策的宣传和解释，制订扶贫帮困送温暖工作方案，确保帮扶标准不降、帮扶范围不减、帮扶工作不断，全力保障困难人员基本生活、维护企业发展稳定。

【直属工会工作】 2021年，开展庆祝建党百年群众性活动，举办“心歌颂党”在京单位庆祝中国共产党成立100周年歌咏比赛。在京31个直属单位、3000余人踊跃参加；组织员工书画、摄影网上展览和短视频作品征集和展播活动，征集82个单位报送的书法美术摄影及短视频作品1455件。开展职工健康促进活动，组织“助力劳动者健康8堂课”“送给石油人8堂身心健康课”“提升石油人免疫力8堂课”3期系列讲座，邀请国内中西医知名专家为员工讲授心理健康、高尿酸血症、鼻炎、糖尿病和心血管等疾病的防治知识，累计观看量突破200万人次，并将内容进行梳理编辑，作为石油人健康指导手册发放给石油员工；落实集团公司党组“学党史办实事，送健康到一线”工作安排，组织医护人员到北京销售、广东石化、石化研究院等基层单位和海外员工家属开展送健康幸福活动，提供心肺复苏急救知识培训、心理健康讲座、常见病诊疗以及心理咨询等服务，为基层一线班组赠送急救药箱和药品，持续开展12场送健康下基层活动，受到基层石油员工的一致好评，组织集团公司总部机关心肺复苏急救技能培训12场，325人参加，帮助员工掌握科学急救技能。

开展员工合理化建议和经济技术创新成果征集活动，组织动员广大员工围绕提质增效建言献策，收到提报员工优秀合理化建议142项、经济技术创新成果148项。开展“提质增效促发展、服务基层转作风”优秀工作案例征集活动，促进集团公司总部机关服务企业发展的工作质量效率不断提升。做好扶贫帮困工作，为42家直属单位下拨资金1821万元，及时把组织的温暖送到困难员工身边。贯彻落实集团公司扶贫工作要求，在采购春节、端午节和中秋节会员慰问品中，选择的扶贫产品种类和支出金额均占70%以上，采购扶贫产品153.86万元，超额完成集团公司扶贫办公室下达任务指标。加强员工身心健康管理，结合体检情况，做好一对一健康咨询答疑，制定员工身心健康促进方案，通过开展心理健康援助、职工健身活动等途径，促进提升员工健康水平。

（薛光磊　袁　明）

共青团和青年工作

【概述】 2021年，集团公司共青团和青年工作围绕服务集团公司高质量发展工作主线，着力保持和增强政治性、先进性、群众性，推进团的各项工作和建设，提升组织力、引领力、服务力，团结带领广大团员青年为建设基业长青的世界一流企业贡献青春智慧和力量。

截至2021年底，集团公司有35岁以下青年26万人，共青团员4.81万人，共青团干部1.48万人。集团公司党组下设青年工作领导小组，集团公司团委下设团总支389个，团总支6477个。

【青年工作领导小组成立】 2021年，集团公司党组从政治高度谋划团青工作，加强团青工作顶层设计，成立青年工作领导小组，组长戴厚良，副组长段良伟，成员李越强、杨华、徐新福、张明禄、蔡勇、匡立春、赵颖、李家民、李懂章、张劲。

青年工作领导小组下设办公室，办公室设在党群工作部（直属党委），李家民兼任办公室主任。

【党建带团建】 2021年，集团公司深入推进党建带团建工作落实，制定《关于加强中国石油党建带团建工作的实施意见》，明确基层组织建设、团干部队伍建设、团组织经费保障等制度。集团公司党组书记带头落实领导责任，亲自研究部署新员工培训方案，为新招收毕业生讲授入职第一课；“五四”前夕寄语石油青年，专门召开青年科技工作者座谈会，勉励石油青年志存高远、勇担重任。

【思想政治工作】 2021年，集团公司坚持把铸魂育人作为青年工作的首要任务，紧抓建党百年重要节点，深入开展“学党史、强信念、跟党走”学习教育，组织主题演讲、红歌大赛、重温入团仪式、祭奠革命烈士、讲述党史故事等“沉浸式”红色教育活动3100余场，进行网上学习答题超30万人次。推进青年大学习行动，组织广大团员青年及时跟进学习贯彻习近平总书记重要讲话和寄语回信精神，特别是习近平总书记关于能源行业和中国石油的重要指示批示精神、习近平总书记在胜利油田考察调研时的重要讲话精神等，开展报告宣讲、主题团日、团课超过5万场次，覆盖团员青年30万人次。启动实施青年马克思主义者培养工程，举办第一期示范培训班，推动60家所属单位率先实施企业级“青马工程”，选拔培训优秀青年骨干1855名。构建团属新媒体矩阵，创办“中国石油青年”官微，50家单位团委建立微信公众号，17家团委开设抖音号。

【岗位建功活动】 2021年，集团公司引领青年担当作为，围绕生产经营、工程建设、安全生产等领域急难险重新任务组建青年突击队近5700支，参与人次超过10.8万人。广泛开展“青年文明号”“青年岗位能手”“青年安全生产示范岗”争创活动，13个青年集体获“全国青年文明号”称号，9个青年集体受到央企团工委表彰。深入推进青年创新创效活动，举办第五届勘探开发青年学术交流会、第三届直属青年岗位创新大赛，召开炼油化工科技创新青年论坛暨青年创新创效推进会。面向35岁以下青年科技骨干设立青年创新基金项目，在大庆石化等10家企业试点建设青年创新工作室。持续推进“宝石花志愿服务队”建设，着眼生态文明、抗击新冠肺炎疫情、北京冬奥等领域，组织开展各类志愿服务活动5400余次，参与超过13.4万人次。

【服务青年工作】 2021年，集团公司高度重视青年成长成才，持续深化入职教育、导师带徒等特色品牌，广泛开展技能比武、青年论坛等主题活动，组织技能竞赛800余场，参与人数超过5.3万人。培养选树青年典型，组织评选第十一届集团公司“十大杰出青年”，表彰2020年度集团公司“两红两优”。规范开展“推优入党”工作，1726名青年经团组织推荐光荣入党。推进“我为青年做件事”主题实践活动，组织集体婚礼、联谊交友、文艺汇演、运动健身等活动，开展普法教育、心理辅导，建设青年之家，改善青年住宿、通勤条件，为广大青年提供实实在在的具体服务。各级团组织2021年开展思想调研1431次，慰问困难青年6737人，为青年解决困难8113项。

【团青组织建设】 2021年，集团公司团委牢固树立大抓基层的鲜明导向，推进团组织规范化建设，优化设置8个共青团工作协作区，制定《集团公司所属企业团委换届选举工作指导手册》，指导9家单位团委按期换届选举，各单位656个团组织按期完成换届。持续创新青年工作组织形态，集团公司总部部门成立17个青年工作组，持续拓展工作覆盖面，各单位针对团员少、青年多的现状建立青工委、青年工作组（站、队），部分企业探索公寓建团、项目建团。提高团青工作制度化、规范化工作水平，印发集团公司团委工作规则，建立团的重大事项请示报告机制，完善共青团工作协作区工作职责，明确在地方的企业团组织隶属关系。加强团干部教育培训，在线举办2021年度团委书记培训班，各企业举办196个培训班，培训团干部6300余人。

（宗　囡）

光荣榜

【2021年全国优秀共产党员】 2人：

李新民　大庆油田中东分公司党总支副书记、经理，DQ1205钻井队队长

伏喜胜　润滑油公司企业一级技术专家

【2021年全国优秀党务工作者】 2人：

魏兴波　华北油田分公司二连分公司宝力格采油作业区采油班党支部书记、采油一班副班长

李雪莹　大庆油田第一采油厂第三油矿中四采油队党支部书记

【2021年全国先进基层党组织】 1个：

兰州石化分公司党委

【2021年中央企业优秀共产党员】 11人：

李　勇　塔里木油田分公司勘探开发研究院院长、党委副书记

万丙乾　新疆油田分公司开发公司总地质师

唐建荣　西南油气田分公司总经理助理兼蜀南气矿党委副书记、矿长

刘金刚　吉林石化分公司丙烯腈厂第三丙烯腈车间党支部副书记、主任

陈　颖　辽阳石化分公司聚酯厂副厂长

王　聪　辽宁销售分公司葫芦岛分公司兴海北路加油站经理

乔　炯　甘肃销售分公司甘南分公司宫巴加油站经理

李洪玺　川庆钻探公司地质勘探开发研究院一级工程师

张　怡　寰球工程公司北京分公司总经理助理兼管道室党总支书记、主任

李保柱　勘探开发研究院油田开发研究所党支部副书记、所长

成忠良　中东公司副总经理兼哈法亚公司总经理

【2021年中央企业优秀党务工作者】 6人：

齐行飞　大港油田分公司党委组织部副部长、人力资源处副处长

谢天宇　华北油田分公司第五采油厂辛集采油作业区晋93采油站党支部书记、副站长

李　春　四川销售公司自贡分公司机关第一党支部书记、机关工会主席、综合管理部副主任

李　刚　东方地球物理勘探公司党委组织部部长、人事处处长

李秉政　工程技术研究院党委宣传部部长

侯冀香　天然气销售公司山东分公司山东中石油昆仑燃气有限公司党支部书记、副总经理

【2021年中央企业先进基层党组织】 13个：

大庆油田有限责任公司井下作业分公司压裂大队压裂一队党支部

辽河油田分公司兴隆台采油厂采油作业三区女子采油队党支部

长庆油田分公司第一采气厂党委

兰州石化分公司化工储运厂党委

独山子石化分公司炼油厂党委

润滑油公司兰州润滑油研究开发中心党委

黑龙江销售分公司哈尔滨分公司香坊油库党总支

湖北销售分公司武汉分公司东西湖党支部

注：光荣榜引用单位名称均依据获奖文件。

长城钻探工程公司钻井二公司党委
渤海钻探工程公司第三钻井工程分公司 70111 钻井队党支部
昆仑银行股份有限公司运营服务中心党委
石油化工研究院重油加工研究室党支部
运输公司新疆塔里木运输分公司党委

【2021 年度全国青年文明号】 13 个：
安徽芜湖销售分公司开发区加油站
长庆油田分公司第一采油厂王窑采油作业区王二转中心站
塔里木油田分公司油气生产技术部电力检维修中心
吉林石化分公司化肥厂合成氨车间主控岗位
新疆销售分公司乌鲁木齐分公司宝山路加油站
大庆油田有限责任公司井下作业分公司作业二大队作业 204 队
独山子石化分公司炼油厂第一联合车间
四川销售分公司成都分公司蜀龙加油站
华北油田华北石油通信有限公司物联网青年创新工作室
云南大理销售分公司富海加油站
兰州石化分公司化肥厂动力车间 AB 锅炉岗位
玉门油田分公司鸭儿峡采油作业区（油矿）鸭东采油中心
乌鲁木齐石化分公司炼油厂芳烃车间

【2021 年度全国五四红旗团委（团支部）】 1 个：
长庆油田第二采油厂南梁作业区梁四增井区

【2021 年度全国优秀共青团干部】 2 人：
张　静　辽河油田分公司金海采油厂团委书记
胡　晓　云南曲靖销售分公司团委书记

【2021 年度全国优秀共青团员】 1 人：
张家鑫　吉林石化分公司炼油厂催化裂化三车间工艺员

【2021 年度全国向上向善好青年】 1 人：
刘　鑫　大庆油田有限责任公司勘探开发研究院非常规勘探研究室项目组组长

【2021 年度全国青年岗位能手标兵】 1 人：
罗灵力　独山子石化分公司乙烯厂乙烯一联合车间副主任

【2021 年度全国青年岗位能手】 9 人：
潘志榆　管道分公司生产处主管
杨　希　锦州石化分公司设备员
潘若生　吉林油田分公司油气工程研究院三次采油研究所副所长
张兆琦　大庆油田有限责任公司钻探工程公司钻井二公司钢铁 1205 钻井队副队长
唐永亮　塔里木油田分公司勘探开发研究院天然气所库车评价开发室主任
张　实　吉林石化分公司建修公司副班长
黄珂珂　中国石油天然气第一建设有限公司第一工程处电焊工
薛正才　中国石油天然气第三建设有限公司第一工程处电焊工
李　鑫　吉林石化分公司建修公司班长

【2021 年度中央企业五四红旗团委（团支部）】 9 个：
天然气销售分公司团委
兰州石化分公司团委
长庆油田分公司团委
新疆油田分公司团委
华北油田公司勘探开发研究院冀中勘探研究所团支部
西南油气田公司勘探事业部团支部
华油集团有限公司华油阳光出行（北京）旅游有限公司团支部
辽宁销售分公司大连庄河销售分公司团支部
寰球工程有限公司华东设计院电控室团支部

【2021 年度中央企业优秀共青团干部】 6 人：
冯　专　大庆油田有限责任公司团委副书记
杨　亮　吉林油田分公司团委副书记
王　平　大港油田分公司团委书记
谢　磊　昆仑银行股份有限公司大庆分行团委学习委员
李星烨　天然气销售北方分公司团委副书记
魏佳琦　大庆油田有限责任公司第二采油厂团委书记

【2021 年度中央企业优秀共青团员】 6 人：
戴瑞瑞　煤层气有限责任公司勘探开发事业部井位部署岗科员
宋志国　抚顺石化分公司石油三厂加氢车间工艺一班操作工
陈　涛　成都销售分公司锦华片区剑南加油站副经理
邓琳灿　川庆钻探有限公司国际工程公司中东分公司助理工程师
朱江坤　东方地球物理勘探有限责任公司研究院库尔勒分院技术员
郑　超　工程建设有限公司第一建设公司第一安装分公司 113 队电焊工

【2021 年度中央企业青年文明号】 9 个：
管道局工程有限公司研究院管道施工装备与非开挖技术中心
大庆油田有限责任公司物资公司萨尔图仓储分公司机电设备材料库
辽河油田分公司兴隆台采油厂采油作业三区兴 60 站

新疆油田分公司采油二厂油田地质研究所动态管理室
塔里木油田分公司克拉油气开发部克拉处理站
青海油田分公司井下作业公司作业二大队
吉林石化分公司合成树脂厂 1PBL 装置外操岗位
北京销售第一分公司新景都市加油站
湖北销售分公司武汉销售分公司宏图大道加油站

【2021 年度中央企业青年岗位能手】 8 人：

黄　博　长庆油田分公司第十采油厂元城采油作业区采油工
王思萌　吉林油田分公司松原采气厂万宝采气队采气工
唐和军　大港油田分公司第四采油厂（滩海开发公司）地质所三级工程师
陆　杨　大庆石化分公司炼油厂仪表车间仪表工
杜晓东　兰州石化分公司合成橡胶厂备员
洪　琨　独山子石化分公司乙烯厂乙烯一联合车间运行工程师
李明星　长城钻探工程有限公司钻井一公司国内合作部副经理
王晓琦　勘探开发研究院新能源研究中心储能新材料研发部负责人

【2021 年全国五一劳动奖状】 4 个：

大庆油田有限责任公司装备制造集团
新疆油田分公司风城油田作业区
渤海钻探工程有限公司定向井技术服务分公司
管道局工程有限公司第四分公司

【2021 年全国五一劳动奖章】 14 人：

张　晶　大庆油田有限责任公司钻探工程公司钻井二公司 1205 钻井队队长
韩　冰　辽河油田建设有限公司施工作业管理中心自动焊五队电焊工
库尔班江·吐尔逊（维吾尔族）　塔里木油田分公司塔西南勘探开发公司泽普油气开发部柯克亚采油作业区党支部副书记
赵厚川　西南油气田分公司党委常务副书记
喻成刚　西南油气田分公司工程技术研究院井下工具研究所所长、党支部书记
邓鲁宁　大港油田分公司井下作业公司培训学校（井控培训学校）工人
张　峰　青海油田分公司井下作业公司助理工程师
刘美红　华北油田分公司第三采油厂饶阳采油作业区集输工高级技师
熊先钺　中石油煤层气有限责任公司勘探开发处处长
姜大为　大庆石化分公司化工一厂裂解车间值班长、高级技师
余　超　陕西销售分公司武功服务区加油站加油站经理
李张林　重庆销售分公司投资计划处处长
刘建明　四川销售分公司总经理、党委副书记
徐　杨　中油（新疆）石油工程有限公司油建分公司管道事业部总工程师

【2021 年全国工人先锋号】 23 个：

辽河油田分公司曙光采油厂采油作业五区地质室
辽河油田建设有限公司中俄东线天然气管道工程（长岭—永清）第三标段项目部
长庆油田分公司第二输油处曲子输油站
新疆油田分公司重油开发公司采油作业五区采油六班
大港油田分公司第五采油厂第二采油作业区西二联合站
玉门油田分公司油田作业公司修井二队 D08864 队
渤海钻探工程有限公司第三钻井工程分公司 70152 钻井队
川庆钻探工程有限公司川西钻探公司 80002 钻井队
川庆钻探工程有限公司重庆运输总公司长庆运输事业部
东方地球物理勘探有限责任公司物探技术研究中心超大型油气勘探软件 GeoEast 研发团队
大庆炼化分公司炼油生产一部加氢作业区柴油加氢装置运行一班
呼和浩特石化分公司第一联合车间
湖北武汉销售分公司宏图大道加油站
黑龙江齐齐哈尔销售分公司泰来片区第一加油站
山西销售分公司太原柳溪街加油站
内蒙古乌海销售分公司西湖加油站
青海西宁销售分公司彭家寨加油站
中国石油天然气管道第二工程有限公司中俄东线天然气管道工程（长岭—永清）第七标段项目部
中油管道检测技术有限责任公司数据分析中心
中国石油天然气第一建设公司第五工程分公司
渤海石油装备制造有限公司天津石油专用管分公司制管三厂
中国石油天然气集团有限公司人事部
中石油铁工油品销售有限公司本部

【能源化学地质系统能源楷模】 2 人：

马　婷　湖北武汉销售分公司宏图大道加油站经理
柴龙泰　天然气销售甘肃分公司金昌中石油昆仑燃气有限公司维抢修中心主任

【中华全国总工会命名第三批全国示范性劳模和工匠人才创新工作室】 6 个：

辽河油田分公司赵奇峰创新工作室

长庆油田分公司杨义兴创新工作室
塔里木油田分公司刘洪涛创新工作室
兰州石化分公司卢朝鹏创新工作室
锦州石化分公司高颖明创新工作室
宝鸡石油钢管有限责任公司彭建军创新工作室

【全国三八红旗集体】 1个：
大庆油田有限责任公司第四采油厂第一油矿北六队

【全国巾帼文明岗】 4个：
大庆油田有限责任公司试油试采分公司射孔大队射孔四队
大港油田分公司第五采油厂第二采油作业区
青海油田分公司采油一厂计量检定中心压力班
新疆油田分公司风城油田作业区风城采油二站张玉华班组

【全国巾帼建功先进集体】 2个：
西南油气田分公司工会女职工委员会
克拉玛依石化分公司炼油化工研究院原油评价与化验中心

【全国五一巾帼标兵岗】 5个：
锦西石化分公司李秋艳职工创新工作室
大庆油田有限责任公司第三采油厂第二油矿采油201工区
西藏销售分公司拉萨公司功德林加油站
兰州石化分公司五一巾帼志愿服务分队
玉门油田分公司水电厂燃运车间煤场综合管理班

【全国五一巾帼标兵】 5人：
李　杰　辽河油田分公司特种油开发公司集输大队特一联合站党支部书记
李　健　大港油田分公司第三采油厂集输作业区技师
王玮琦　大庆炼化分公司电仪运行中心电仪聚丙烯作业区高级主管、高级工程师
刘美红　内蒙古销售分公司党群工作处干事兼党支部宣传委员、高级政工师
魏　娜　重庆销售分公司党群工作处处长、团委书记、高级政工师

【全国脱贫攻坚先进集体】 2个：
中国石油定点扶贫与对口支援工作领导小组办公室
塔里木油田分公司

【全国脱贫攻坚先进个人】 2人：
梁楠郁　中国石油援藏干部
卜鹏洲　西北销售分公司

【中国能源化学地质系统大国工匠（第六季）】 5人：
李亚庆　塔里木油田分公司塔西南泽普油气开发部柯克亚处理站工艺大班班长
肖　刚　新疆油田分公司油气储运分公司北三台站“肖刚班”班长
史　昆　青海油田分公司采油一厂采油班长
岳景春　辽阳石化分公司建修公司维修二车间维修一班班长
牛连山　管道局工程有限公司电焊工

【中国能源化学地质系统大国工匠（第七季）】 8人：
张有兴　大庆油田有限责任公司第一采油厂第四作业区中十四采油班采油工
魏　诚　长庆油田分公司第四采油厂采油工艺研究所工人
李海军　新疆油田分公司新港公司员工培训组组长
刘　辉　西南油气田分公司重庆气矿工艺研究所高级技师
李曙光　中石油煤层气有限责任公司首席技术专家
张凤光　抚顺石分公司仪表维修工
王　峰　大港石化分公司第三联合车间“王峰”班班长
赵增权　渤海钻探工程有限公司井下技服公司井下作业工

【集团公司第十一届十大杰出青年】 12人：
张　晶　大庆油田有限责任公司钻探工程公司钻井二公司深井项目部1205钻井队队长
费世祥　长庆油田勘探开发研究院天然气开发二室主任、长庆油田致密气项目组副经理
郇志鹏　塔里木油田油气田产能建设事业部副经理兼总地质师
赵长虹　新疆油田公司风城油田作业区副总地质师
张军涛　国际勘探开发有限公司乍得上游项目部开发部副经理
王晓琦　勘探开发研究院新能源研究中心储能新材料研发部负责人
康　辉　渤海钻探工程有限公司四川页岩气项目管理部副经理
李　鑫　吉林石化建修公司中部检维修二车间钳工班长
王　建　抚顺石化工程公司维修一车间机泵维修钳工
马　婷　湖北销售武汉分公司宏图大道加油站经理
白景阳　寰球工程公司吉林化建安装公司电焊班长
濮媛媛　昆仑银行西安分行泾河园支行副行长

【2021年度集团公司先进集体】 40个。
油气和新能源板块（油气子集团）（16个）
勘探与生产分公司
大庆油田有限责任公司
辽河油田分公司
长庆油田分公司

塔里木油田分公司
西南油气田分公司
大港油田分公司
青海油田分公司
华北油田分公司
中石油煤层气有限责任公司
天然气销售分公司（昆仑能源有限公司）
中国石油国际勘探开发有限公司（海外勘探开发分公司）
中国石油集团西部钻探工程有限公司
中国石油集团渤海钻探工程有限公司
中国石油集团东方地球物理勘探有限责任公司
中国石油集团测井有限公司

炼化销售和新材料板块（炼化子集团）（15 个）

吉林石化分公司
辽阳石化分公司
独山子石化分公司
大连石化分公司
大庆炼化分公司
广西石化分公司
中国石油四川石化有限责任公司
长庆石化分公司
西北销售分公司
云南销售分公司
辽宁销售分公司
甘肃销售分公司
重庆销售分公司
四川销售分公司
中国石油国际事业有限公司

支持和服务板块（支持服务子集团）（6 个）

中国寰球工程有限公司
中国昆仑工程有限公司
中国石油集团安全环保技术研究院有限公司
中国石油中东公司
中国石油中亚公司
中国石油拉美公司

资本和金融板块（资本金融子集团）（1 个）

中油财务有限责任公司

总部部门（2 个）

综合管理部
发展计划部

【2021 年度集团公司先进工作者名单】 500 人。

大庆油田有限责任公司（31 人）

李文亮　钻探工程公司钻井二公司 1202 钻井队队长
丛子博　第一采油厂第一作业区北一采油班班长
滕少臣　第二采油厂数字化运维中心自控仪表室主任
程延庆　第三采油厂第八作业区注采 805 班副班长
朱广海　第四采油厂第二作业区注采 202 班采油工
姚毅立　第五采油厂数字化运维中心副主任
周　磊　第六采油厂地质研究所所长、党委副书记
郑双庆　第七采油厂第六作业区注采 7 班敖六注水站岗长
曲　森　第八采油厂油田管理部主任
闵　锐　榆树林油田开发有限责任公司第二作业区党总支书记
张增政　呼伦贝尔分公司油田运行管理部主任
张海龙　采气分公司气田管理部副主任
潘兴宇　天然气分公司油气加工二大队萨南深冷一套操作班副班长
年云柱　储运销售分公司储运技术服务中心主任
杨光风　工程建设有限公司国际工程事业部管道第二工程部经理、党支部副书记
王长江　井下作业分公司修井一大队 107 队队长
刘超群　试油试采分公司试油大队副大队长
王　瑞　勘探开发研究院非常规勘探研究室主任
唐鹏飞　采油工程研究院企业技术专家
金海波　中油电能热电一公司燃料部主任
尹学军　化工有限公司轻烃分馏分公司轻烃分馏车间党支部书记
李哲锋　水务公司水务环保工程公司副经理
纪德伟　信息技术公司北京分公司党委副书记、副经理
曹　娜　物资公司银浪仓储分公司机械二队卸砂机二班卸砂机司机
尤立明　装备制造集团吉林分公司大庆项目部经理
陈　亮　昆仑集团开普公司萨南化工分公司经理
宋明利　热源服务公司登峰供热分公司热源客服部电工班班长
于洪波　页岩油勘探开发指挥部工程技术组副组长
车艳利　大庆职业技能鉴定中心题库建设科副科长
马　锐　公司财务资产部资金科科长
王海涛　公司质量安全环保部 QHSE 管理科科长

辽河油田分公司（19 人）

周　鹰　曙光采油厂厂长、党委副书记
檀德库　储气库公司经理、党委副书记、主任
梁永宏　油田建设有限公司党委书记、副经理、党委委员
卢　敏　质量安全环保部主任

刘兆鹏　特种油开发公司采油作业一区党总支书记
高怀玺　兴隆台采油厂地质研究所副所长
崔占东　欢喜岭采油厂采油作业二区欢新5站站长
李传民　沈阳采油厂采油管理科副科长
韩　锁　锦州采油厂采油作业四区副区长
郭　坤　高升采油厂采油作业一区雷一计站站长
桂烈亭　冷家油田开发公司地质研究所所长
单忠利　金海采油厂采油作业二区注18站站长
卞　勇　茨榆坨采油厂采油作业三区文建明注水站站长
曹　超　开发事业部开发规划科副科长
刘　勇　勘探开发研究院院级专家
张　俊　钻采工艺研究院压裂酸化技术中心主任
熊　健　燃气集团公司压缩分公司盘锦CNG母站站长
白玉飞　辽河工程技术分公司应急救援大队应急一队队长
李可忠　石油化工技术服务分公司天然气回收利用公司经理

长庆油田分公司（21人）

李　健　总经理助理兼页岩油产能建设项目组经理
王振嘉　第一采气厂厂长、党委副书记
朱广社　第二采油厂厂长、党委副书记兼陇东天然气项目部经理、党委副书记
刘学民　党委宣传部（企业文化部、团委、新闻办公室、机关党委）部长（主任）
程艳红　第一采油厂杏南采油作业区杏十六增压点站长
邵晓岩　第三采油厂地质研究所所长兼党总支书记
焦　滔　第五采油厂地质研究所所长
梁　楷　第七采油厂山城采油作业区经理、党总支副书记
辛胜杰　第十采油厂乔河采油作业区技术员
王联国　第十一采油厂油田开发一级工程师
古　亮　长庆实业集团有限公司地质工艺研究所党支部书记、副所长兼工会主席
张　涛　第二采气厂地质研究所二级工程师
南　洁　第三采气厂党委宣传部部长、团委书记
张　磊　第四采气厂质量安全环保部主任
王加伟　第六采气厂作业一区高-11集气站站长
田建峰　气田开发事业部安全副总工程师
唐梅荣　油气工艺研究院压裂技术研究一室主任、党支部副书记
邱　鹏　长庆工程设计有限公司一级工程师
任晓洲　新能源项目部庆北动力大队检修班班长
龙学莉　西安长庆化工集团有限公司井下助剂公司副经理
杨　刚　西安工业服务处信访保卫科科长

塔里木油田分公司（13人）

汪如军　油气田开发（地质）首席技术专家
文　章　总经理助理、生产运行处处长
莫　涛　勘探开发研究院天然气所库车评价开发室副主任
李国娜　油气工程研究院地面所油气净化室主任
刘锋报　勘探事业部井筒技术部党支部书记、副主任
王海涛　油气田产能建设事业部塔北项目经理部党支部书记、副主任
王小培　塔西南勘探开发公司博大油气开发部油气藏地质研究所书记、副所长
朱松柏　克拉油气开发部油气藏地质研究所党支部书记、副所长
张振涛　哈得油气开发部哈得一联合站站长、党支部副书记
杨俊琦　新疆巴州塔里木能源有限责任公司设备技术部副主任
李志国　油气运销部经理助理兼阿克苏油气储运中心主任、党总支副书记
杜锋辉　应急中心前线服务中心主任
买尔旦·图尔逊江（维吾尔族）　塔西南勘探开发公司维护稳定工作办公室综合治理办公室副主任

新疆油田分公司（20人）

李　晶　准东采油厂沙南作业区采油班长
蒲钰龙　采油一厂油田地质研究所所长
李红伟　采油二厂党委书记、副厂长、工会主席
王晓磊　采气一厂副总工程师、工艺研究所所长
黄发大　百口泉采油厂玛湖第一采油作业区党支部书记、经理
武治岐　重油开发公司采油作业四区区队长
米　翔　石西油田作业区研究中心主任
陈玉琨　陆梁油田作业区研究中心主任
单朝晖　风城油田作业区经理、党委副书记
宋多培　吉庆油田作业区（吉木萨尔页岩油项目经理部）安全生产管理办公室副主任
欧阳云丽　新港公司油藏工程科副主任
柯　丽　油气储运分公司交油队输油工
宋　永　勘探开发研究院党委副书记、院长
李建民　工程技术研究院工程方案研究所所长
贾　鹿　数据公司副总工程师兼软件研发中心主任
经德利　物资供应总公司设备工程科设备主管

艾白布·阿不力米提（维吾尔族） 应急抢险救援中心副总工程师兼研究所所长
黄　鸿　勘探事业部南缘项目经理部经理
程　豪　开发公司第一项目经理部党支部书记兼经理
蔡　利　维稳信访工作办公室（武装部、保卫部）主任

西南油气田分公司（18人）

马　鑫　川中油气矿工艺研究所天然气管道评价组组长
邱蜀峰　铁山坡气田飞仙关组气藏开发地面工程建设项目部副总工程师兼集输工程部部长、川东北气矿基建工程管理部主任
卿　阳　川中北部采气管理处生产安全办公室主任
李力民　储气库管理处生产技术科副科长
罗　斌　中石油安岳天然气净化有限公司生产一班班长
李　鹂　四川长宁天然气开发有限责任公司生产运行部副部长
周　刚　勘探开发研究院区域地质研究所所长
徐　璇　安全环保与技术监督研究院四川天宇公司环境评价三级工程师
严　博　四川华油集团有限责任公司成都天府新区华天兴能燃气有限公司经理
胡　军　成都天然气化工总厂液化天然气分厂厂长
张　飞　物资分公司川东北高含硫项目部副经理、川东物资供应公司达州中心站站长
汪晓星　勘探事业部地质技术科副科长
肖红林　致密油气勘探开发项目部地质工程一级工程师
刘文平　气田开发管理部页岩气开发管理科科长
葛　枫　致密油气勘探开发项目部经理
杨洪志　气田开发管理部主任
杨　涛　财务处副处长
赵容容　勘探事业部副经理、总地质师

吉林油田分公司（10人）

何增军　扶余采油厂工艺所副所长
梁锦华　乾安采油厂党群工作科科长兼工会副主席
李克伟　英台采油厂采油二队党支部书记
王艳平　新立采油厂工艺所注水组组长
黄贵林　松原采气厂长岭采气作业区运行四班班长
陈　栗　勘探开发研究院院长助理兼油藏研究所所长
潘若生　油气工程研究院三次采油研究所副所长
孙　震　工程技术服务公司大修十三队队长
许　志　物资供应处器材总库副主任
周云峰　公用事业管理公司油旺服务队维修班班长

大港油田分公司（9人）

马建英　勘探开发研究院企业技术专家
李彦普　第一采油厂厂长、党委副书记
周洋洋　第六采油厂第二采油作业区采注一组副组长
刘利勤　对外合作项目部（赵东作业分公司）地质油藏中心主任
张晓萌　对外技术服务公司综合管理科科长
薛　斌　电力公司科技信息中心副主任
李　哲　土地管理服务公司治安管理中心汽车驾驶员
石　坚　新闻文化中心新闻采访部主任
杜胜辉　人力资源处（党委组织部）人事监督科科长兼组织机构科副科长

青海油田分公司（9人）

李　杰　采油一厂安全副总监
李志军　采油三厂狮子沟采油作业区经理
才让多杰　采气一厂生产运行中心主任
谢　琳　勘探开发研究院油田开发研究二所副所长
郭生亮　格尔木炼油厂工艺三班班长
师成灿　井下作业公司试油测试大队大队长
单永乐　测试公司测井一大队大队长
孙　勇　气田开发处气藏开发科科长
吴德令　党委宣传部（思想政治工作处）副部长

华北油田分公司（11人）

刘蓓蓓　第一采油厂地质研究所副所长
闻　伟　第二采油厂文西采油作业区苏一天然气处理站维修班班长
吴晨林　巴彦勘探开发分公司地质工程研究中心副主任
刘春春　山西煤层气勘探开发分公司地质研究所煤层气开发地质岗一级工程师
刘国华　工程技术研究院工程措施所公司二级技术专家
刘　辉　经济技术研究院副院长兼审计中心主任
张　磊　质量安全环保监督中心监督管理科科员
张洪宝　电力分公司用电管理所计量班班长
赵爱民　天津石油职业技术学院党委书记
程晓东　勘探部新矿权区勘探开发管理科科长
刘文勇　开发部油藏工程科副科长

吐哈油田分公司（5人）

罗劝生　勘探事业部党委书记、经理
杨　春　开发事业部副总地质师

王　征　准东勘探开发项目经理部安全副总监
李艳明　勘探开发研究院企业技术专家
谢　安　办公室（党委办公室）党委工作科科长

冀东油田分公司（2人）
高广亮　储气库建设项目部副总地质师
王佳音　陆上油田作业区副总工程师兼油田开发管理中心主任

玉门油田分公司（5人）
王禄友　环庆采油厂环庆作业区副经理
杨军朝　炼油化工总厂副总工程师
罗小强　水电厂党委书记、工会主席、副厂长
魏　涛　勘探开发研究院开发室主任、党支部书记
景江华　乍得有限责任公司CNPCIC项目采油厂运行总监

浙江油田分公司（2人）
王合安　西南采气厂厂长、党委副书记，泸州油气开发有限公司执行董事、经理、党委书记
夏　辉　天然气勘探开发事业部地面工程部主任、第二党支部书记

中石油煤层气有限责任公司（2人）
李　伟　勘探开发建设分公司地面工程科科长
张海峰　临汾采气管理区生产指挥中心生产调度岗

南方石油勘探开发有限责任公司（1人）
张晓东　质量安全环保处副处长

储气库分公司（1人）
周冬林　盐穴储气库技术研究中心地质方案室副科长

天然气销售分公司（昆仑能源有限公司）（4人）
谢海强　总调度部副总经理，调控中心（应急中心）主任
王　鉴　天然气销售江苏分公司、中石油昆仑燃气有限公司江苏分公司总会计师
王晨朝　华油天然气广元有限公司总经理、党支部书记
黄　波　荆门中石油昆仑燃气有限公司总经理

中国石油国际勘探开发有限公司（海外勘探开发分公司）（3人）
徐　冰　副总经济师、董事会秘书、办公室（党委办公室）主任
赵　涛　后勤保障中心物业房产部党支部书记、经理
吴　浩　中油国际（英国）赛宁公司总经理兼安全总监

中油国际管道公司（2人）
刘支强　中油国际管道公司中缅油气管道项目马德岛皎漂管理处新康丹泵站站长
向志雄　中哈天然气管道项目AB线7号站站长

中石油阿姆河天然气勘探开发（北京）有限公司（1人）
王敬章　中油国际（土库曼斯坦）阿姆河天然气公司检维修中心经理

中国石油集团西部钻探工程有限公司（7人）
陈　芳　克拉玛依钻井公司人事组织科主管
张龙龙　吐哈钻井公司西南钻井工程项目部经理
钟宁龙　青海钻井公司工程技术科科长兼第一项目经理部经理
徐　腾　国际工程公司阿克套项目部经理
刁　俊　井下作业公司压裂YS43294队队长
蔡永辉　试油公司工会副主席、党群工作科科长
刘　飞　苏里格气田分公司经理助理、纪委副书记兼办公室（党委办公室）主任

中国石油集团长城钻探工程有限公司（8人）
王　波　钻井三公司经理兼党委副书记
骆小虎　苏丹项目部经理
于泽利　钻井一公司新疆项目部70186队队长
高　东　钻井二公司辽河项目部50013队队长
刘发明　西部钻井有限公司党委委员、副经理
谢建国　国际钻井公司GW80钻井队队长
柯友爱　压裂公司页岩气压裂二项目部副经理
雷　虎　录井公司国际业务项目部副经理

中国石油集团渤海钻探工程有限公司（10人）
李玉群　国际工程分公司党委书记、经理
张曙光　井下技术服务分公司党委书记、经理
杨正斌　第一钻井工程分公司70010钻井队队长、党支部副书记
张伟鹏　第二钻井工程分公司国外项目部副经理兼BHDC—33钻井队平台经理
沈兆超　第三钻井工程分公司40538钻井队队长
刘　江　第四钻井工程分公司国际项目经理部BHDC52钻井队平台经理
唐　锋　井下作业分公司煤层气项目部经理
乔宏实　定向井技术服务分公司国际项目经理部伊拉克项目经理
齐　奔　第二固井分公司专业技术岗位序列技术专家
徐明磊　工程技术研究院副总工程师兼新疆项目部主任

中国石油集团川庆钻探工程有限公司（12人）
杨　柳　川东钻探公司80025队司钻
周　文　川西钻探公司50004队队长
张汉信　长庆钻井总公司总经理、党委副书记

许丰平　新疆分公司塔中前线指挥部经理兼党支部副书记
李　波　国际工程公司土库曼斯坦分公司物资采购仓储中心主任
刘成钢　苏里格项目经理部第一作业区经理
赵智勇　井下作业公司泸州分公司经理、基层党委副书记
费节高　长庆井下技术作业公司副总工程师
魏周胜　长庆固井公司一级工程师
徐忠祥　钻采工程技术研究院空气钻井技术服务公司经理
李香华　地质勘探开发研究院院长、党委副书记
李彦超　页岩气勘探开发项目经理部页岩气地质工程研究所副所长、党支部副书记

中国石油集团东方地球物理勘探有限责任公司（10人）

马德才　国际勘探事业部厄瓜多尔项目部副经理
刘永雷　研究院库尔勒分院公司高级技术专家
张建磊　公司高级技术专家、物探技术研究中心处理技术研发部主任
罗　辑　西南物探分公司物探211队经理、党支部副书记
张晓峰　海洋物探处东方勘探二号船队经理
胡　军　塔里木物探处推土机操作手
陈旭东　新疆物探处277队经理、指导员（党支部书记）
刘卫宁　长庆物探处287队队经理、党支部副书记（兼）
季中华　大庆物探一公司生产管理科科长
任文静　西安物探装备分公司高级技术专家

中国石油集团测井有限公司（3人）

张亚洲　长庆分公司经理助理兼陇东项目部经理
崔　雷　国际公司尼日尔作业区项目经理
程道解　地质研究院塔里木分院党支部书记、常务副院长

中国石油集团海洋工程有限公司（2人）

卢　山　钻井事业部中油海16平台经理、党支部书记
左怀森　中油海工船舶（天津）有限公司船长

勘探开发研究院（3人）

袁圣强　非洲研究所一级工程师、高级工程师
李建明　新能源研究中心氢能与燃料电池研发部负责人
高建虎　西北分院地球物理研究所所长

中国石油集团工程技术研究院有限公司（2人）

郭庆丰　钻井工艺研究所所长助理
曹　利　北京石油机械有限公司加工中心高级技师

大庆石化分公司（10人）

陈树相　副总工程师、安全环保处处长
白天相　副总工程师、机动设备处处长、设备维修中心党委书记
刘春岩　炼油厂技术科科长
邢通达　化工一厂乙烯车间值班长
徐　明　化工二厂丁辛醇造气车间班长
范铁生　塑料厂高压联合车间主任
滕中华　水气厂空分车间一空分主操作、技师
范　宝　信息技术中心经营管理项目部主任
张海龙　机械厂容器制造车间主任
熊小凤　客运服务中心石化宾馆党支部书记、经理

吉林石化分公司（12人）

朱　涛　炼油厂厂长、党委书记
胡红旗　丙烯腈厂厂长、党委副书记
王　强　电石厂生产技术科科长兼生产联合党支部书记
关东义　有机合成厂乙烯动力联合车间主任
冯　戈　吉化（揭阳）分公司生产管理部（安全环保部）设计管理组组长
郭罕智　铁路运输部经理助理兼安全环保科科长
刘洪录　质量检验中心经理助理、技术质量科科长
沈正星　乙烯厂乙烯联合车间值班长
王　巍　化肥厂合成氨车间化工二班值班长
崔　岩　建修公司东部检修车间班长
潘　方　电仪中心（检测中心）西部电仪一车间一次变电所电气值班员
王宇超　合成树脂厂ABS树脂研发中心试验责任工程师

抚顺石化分公司（10人）

李　贺　石油一厂酮苯四车间主任
吴海涛　石油二厂供水车间水道班班长
孙大力　石油三厂油库车间主任
徐志勇　烯烃厂乙烯车间值班主任
马洪驰　乙烯化工厂乙烯车间副主任
乔　力　储运厂储运站白班班长
吴　伟　研究院炼油化工研究所副所长
尹　毅　信息管理部系统运维站站长
王旭升　工程建设有限公司第二检修维护中心经理
佟　益　北天安全防护制品公司经理、党委副书记

辽阳石化分公司（8人）

梁小宇　热电厂汽机车间副主任
崔久伟　芳烃厂重整车间班长
王　亮　工程管理部主任

陈多会　建修公司检修一车间班长
郑　重　炼油厂加氢三车间操作工
刘　革　烯烃厂乙二醇车间值班长
石洪波　研究院标准检测研究室副主任
曾宪友　油化厂一联合车间渣油加氢班长

兰州石化分公司（12人）
杨永纳　炼油运行二部运行工程师
金　龙　化肥厂空分车间榆林空分项目组班长
任　荣　石油化工厂聚烯烃联合车间主任
管东红　合成橡胶厂丁苯橡胶车间操作工
裴永稚　催化剂厂三套分子筛车间操作工
王希革　榆林化工有限公司机动设备部主任
周家虎　化工储运中心铁路运输车间主任
陶志宝　建设公司安装公司副经理
刘澄宇　机动处电仪组组长
金　勇　质检部资深高级主管
于国滨　乙烯厂副厂长
马力飞　国际事业公司副经理

独山子石化分公司（8人）
曹　然　炼油一部工艺负责人
刘泽涵　乙烯一部设备副总工程师
田奇超　聚烯烃一部副经理、安全总监
田多明　信息网络公司聚合西区班长
杨昌辉　橡胶部副经理
庞　通　塔里木石化高密度聚乙烯生产部副经理
闫　蓉　研究院合成橡胶研究所二级工程师
纳赛尔·热依木（维吾尔族）　仓储运输中心主任助理

乌鲁木齐石化分公司（6人）
崔　强　炼油厂加氢车间主任、加氢裂化车间主任
孙　艳　研究院工艺室主任
崔良义　信息管理部系统运维室系统运维岗位工程师
吴保玉　炼油厂炼油二车间主任
杜昌明　热电生产部锅炉车间运行二班班长
艾合买提江·买买提（维吾尔族）　炼油厂精制车间党支部书记

宁夏石化分公司（2人）
赵永斌　化肥一部主任、党委副书记、纪委书记
张顺平　炼油一部横二班催化班长

大连石化分公司（6人）
颜世闯　生产运行处副处长
黄永昌　第五联合车间化二装置主任、第二党支部书记
董晓峰　第一联合车间技术科科长、第九党支部书记
焦大勇　第四联合车间烷基化装置主任、第四党支部书记
朱宇硕　动力二车间污水区域主任、第一党支部书记
王作声　检维修中心一区班长

大连西太平洋石油化工有限公司（2人）
刘　伟　运行四部运行一班班长
陈玉明　储运部运行一班班长

锦州石化分公司（3人）
杨朝峰　炼油五联合车间生产组组长、安全总监
张　旭　炼油二联合车间班长
徐永涛　化工三联合车间生产组运行工程师

锦西石化分公司（3人）
杨振巍　炼油联合三部主任
刘征宇　企管法规处招标中心主任
宫建国　炼油联合一部班长

大庆炼化分公司（4人）
王国庆　生产技术处处长
李凤宇　炼油生产一部机动设备组高级主管
宋廷伟　化工生产一部丙烯酰胺作业区管理
陈宝君　电仪运行中心维修电工

哈尔滨石化分公司（2人）
谷立岩　第三联合车间值班长
曲大亮　生产技术处主管

广西石化分公司（2人）
于　朋　生产二部仪表工程师
陈克念　生产一部催化醚化装置运行四班班长

中国石油四川石化有限责任公司（4人）
张　杨　安全环保处处长
袁　辉　生产运行处高级主管
陈马奔　生产二部副班长
刘　强　生产五部操作工

广东石化分公司（2人）
胡军印　POX运行部经理
顾宗军　公用工程部经理

中石油云南石化有限公司（2人）
何　涛　催化联合装置工艺工程师
缑兵兵　制氢联合装置三班班长

大港石化分公司（3人）
谢国华　生产运行处高级主管
毛立力　第二联合车间班长
张国庆　第三联合车间二级工程师

华北石化分公司（2人）
彭　勇　一联合运行部常减压装置装置长

陈　亮　仪电运行部仪表工程师
呼和浩特石化分公司（2人）
王永辉　机动设备处高级主管
刘四辈　第一联合车间运行二班班长
辽河石化分公司（2人）
潘显良　第四联合运行部装置负责人
肖国营　第一联合运行部班长
长庆石化分公司（3人）
魏宏斌　运行一部主任、党支部副书记
李　辉　运行保障部技术组技术员
王崇文　质量检验部成品分析班班长
中石油克拉玛依石化有限责任公司（2人）
马晓伟　炼油第二联合车间操作工
孙进法　炼油第三联合车间主任、书记
庆阳石化分公司（3人）
杜学敏　运行一部工艺工程师
杨会芳　质检计量部分析工程师
余颖庆　生产技术处高级主管
中石油燃料油有限责任公司（2人）
代　勇　总经理办公室（党委办公室）总经理
时敬涛　研究院特种沥青研究室主任
润滑油分公司（3人）
吕会英　兰州研发中心党委书记、常务副主任
李　琪　产品设计中心高级工程师
李新照　济南销售分公司市场营销部经理
东北化工销售分公司（1人）
杨树臣　石蜡营销处处长
西北化工销售分公司（1人）
杨　涛　陕西分公司经理助理（挂职）兼榆林调运部经理
华东化工销售分公司（1人）
徐　浩　规划计划处处长
华北化工销售分公司（1人）
汪　锋　业务一处处长兼山东分公司总经理
华南化工销售分公司（1人）
陈超群　业务一处处长、党支部书记
西南化工销售分公司（1人）
李　研　四川分公司产品经理
东北销售分公司（1人）
徐振宁　大连分公司新港油库安全管理岗
西北销售分公司（1人）
韩啸宇　陕西分公司仓储安全环保部主任
中石油昆仑好客有限公司（1人）
白　云　经营部副经理
北京销售分公司（2人）
张松波　第三分公司延庆团队经理、第六党支部书记
周玉振　第二分公司朝阳中团队经理、第三党支部书记
上海销售分公司（2人）
洪　赫　浦西分公司虹梅莘加油站经理
孙　帆　浦东分公司金牌客户经理
湖北销售分公司（2人）
郭志兴　武汉销售分公司党委书记、纪委书记、工会主席、副经理
李鹏明　十堰销售分公司首达加油站经理
广东销售分公司（2人）
单宝恺　总经理助理、市场营销部经理
孙玉艳　广州销售分公司广园东加油站经理
云南销售分公司（2人）
金笃军　市场营销部经理
姚丽娟　昆明销售分公司张本荷加油站经理
辽宁销售分公司（3人）
纪红霞　大连销售分公司大连北站加油站经理
葛　蔓　鞍山销售分公司太平加油站经理
徐　振　锦州销售分公司凌西大街加油站经理
吉林销售分公司（2人）
张丽丽　党群工作处（党委宣传部）高级主管
徐　烽　长春销售公司凯旋油库主任
黑龙江销售分公司（4人）
许建勋　副总会计师兼市场营销部经理
林德彬　大兴安岭销售分公司北极村加油站经理
李东锋　绥化销售分公司上集加油站经理
贺文平　黑河销售分公司海南路加油站经理
天津销售分公司（2人）
白　刚　昆仑好客（天津）公司党委书记、总经理
东福瀚　静海分公司汇津加油站经理
河北销售分公司（2人）
王忠伟　邢台分公司第23加油站经理
王维娜　邯郸分公司第一加油站经理
山西销售分公司（1人）
钱沐春　长治销售分公司经理助理兼长治油库主任
内蒙古销售分公司（4人）
杨　爽　通辽销售分公司油库经理兼监督站主任
陈伯龙　阿拉善销售分公司额济纳旗经营部党支部书记、经理
李　硕　鄂尔多斯市销售分公司康巴什伊克昭街加油站经理

赵志刚　赤峰销售分公司市场营销运作部副主任

陕西销售分公司（3人）

王　飞　咸阳销售分公司陈阳寨加油站经理

白　磊　渭南销售分公司高田油库综合计量化验岗

张　浩　汉中销售分公司留坝联站加油站经理

甘肃销售分公司（4人）

李　娟　张掖分公司西二环加油站经理

张　新　庆阳分公司业务运作部非油营销岗

蒋治国　兰州分公司质量安全工程部副主任

王维远　市场营销处高级主管

青海销售分公司（2人）

颜世秀　格尔木销售分公司西大滩加油站经理

才仁吉藏（藏族）　玉树销售分公司西杭加油站经理

宁夏销售分公司（1人）

田　宁　固原销售分公司长城加油站经理

中石油新疆销售有限公司（4人）

马金玲　乌鲁木齐分公司银川路加油站经理

丁健国　阿克苏分公司党建工作部（人力资源部）主任

张玉成　昌吉分公司昌吉片区经理、党支部副书记

卢亚娜　塔城分公司塔城片区党支部副书记

重庆销售分公司（3人）

李玉龙　发展计划部（设备信息部）经理

吴观宇　江北分公司经理助理、业务经营部经理

刘璐蝶　永川分公司江津双湖加油站经理

四川销售分公司（4人）

李　勇　成都销售分公司总经理、党委副书记

何淑鹏　德阳销售分公司业务运作部副主任

王　凯　自贡销售分公司东延线南加油加气站经理

王小平　岷江销售分公司机关综合管理办公室宣传教育岗

贵州销售分公司（1人）

伍江林　观山湖区加油站联合党支部书记、观山加油站经理

西藏销售分公司（3人）

刘明大　林芝公司总经理、党委副书记

唐小川　储运分公司储运管理部经理

西加古加（藏族）　那曲分公司尼玛加油站经理

江苏销售分公司（2人）

孙佩珍　常州销售分公司黄河党支部书记

汪铃芝　苏州销售分公司吴中区域经理

浙江销售分公司（1人）

王真福　台州销售分公司业务运作部副主任兼椒江洪家加油站经理

安徽销售分公司（1人）

张宗风　仓储分公司总经理助理、大兴油库主任

福建销售分公司（1人）

肖保军　质量安全环保部经理

江西销售分公司（1人）

刘小林　萍乡销售分公司源新加油站经理

山东销售分公司（2人）

张　辉　济南销售分公司西城片区经理兼党支部书记

倪珊珊　烟台销售分公司莱山盛泉加油站经理

河南销售分公司（2人）

赵海洋　油品质量计量检测中心主任

张晶晶　新乡分公司德源路加油加气站经理

湖南销售分公司（1人）

陈　赛　长沙分公司党委书记、总经理

广西销售分公司（1人）

苏　丹　南宁分公司长福加油站经理

中石油海南销售有限公司（1人）

王秋霞　儋州东成加油站经理

中国石油国际事业有限公司（2人）

薛蓓蓓　天然气二部高级交易员

林华富　国际事业（香港）有限公司财务资产部资金组副组长

石油化工研究院（1人）

陈商涛　院士工作室创新团队经理、院级技术专家

中国石油集团工程股份有限公司（工程建设分公司）（1人）

陈晓晖　团委书记、党群工作部（企业文化部、党委宣传部）高级主管

中国石油管道局工程有限公司（5人）

米金鹏　亚太公司泰国东北部成品油项目副经理

姜振涛　三公司第三分公司副经理

曹　勇　通信公司青藏石油管道项目经理

崔志忠　西北管道公司执行董事、党委书记

焦文华　矿区服务公司工程维修部经理

中国石油工程建设有限公司（3人）

蒲黎明　国家能源液化天然气技术研发中心副总工程师、油气加工二室主任

雷　杰　第一建设公司大型设备吊装运输分公司起重机驾驶员

郭敬博　海湾地区公司巴布油田综合设施项目部副总经理

中国寰球工程有限公司（4人）

李耸峰　北京分公司总经理助理、特级项目经理

何运杰　第六建设有限公司西北分公司经理、党委

书记、塔里木乙烷制乙烯项目经理
郭　梅　新疆寰球工程公司工艺室工艺设计
张乃斐　广东石化总项目部总经理助理
中国昆仑工程有限公司（3人）
谢　萍　总部工艺设计部高级工程师
中国石油集团工程有限公司北京项目管理分公司（1人）
江陈琴　斯派克公司党委书记、总经理
中国石油技术开发有限公司（1人）
赵力云　非洲分公司总经理、党支部书记
宝鸡石油机械有限责任公司（2人）
李　磊　国家研究中心总经理助理
商　杰　钢结构分公司电焊工
宝鸡石油钢管有限责任公司（2人）
田小江　钢管研究院新能源技术研究所所长、工程实验室主任、检测评价所所长
李洪臣　宝世顺公司企业技能专家
中国石油集团济柴动力有限公司（1人）
张翠云　JC130、JC170发动机项目经理
中国石油集团渤海石油装备制造有限公司（2人）
吴亚军　巨龙钢管公司经理、党委副书记
贾俊娴　钻井装备公司潜油电泵制造厂黄玉梅班班长
规划总院（1人）
赵忠德　首席技术专家
中国石油集团经济技术研究院（1人）
陈　蕊　天然气市场研究所所长
中国石油集团安全环保技术研究院有限公司（1人）
王占生　首席技术专家
中国石油集团工程材料研究院有限公司（1人）
李德君　三环公司项目经理
中国石油中东公司（2人）
刘照伟　中油国际（伊拉克）哈法亚公司开发部副经理
赵向国　中油国际（阿布扎比）公司总经理助理兼生产作业部经理
中国石油中亚公司（1人）
王岩峰　中油国际（哈萨克斯坦）阿克纠宾公司总工程师
中国石油尼罗河公司（1人）
佟鑫森　中油国际（南苏丹）3/7区项目公司总经理
中国石油拉美公司（1人）
徐学忠　中油国际（厄瓜多尔）公司总经济师、党总支副书记
中国石油西非公司（2人）
刘青力　中油国际（乍得）上游项目公司油田总协调
赵玉飙　中油国际（尼日尔）上游项目公司FOC兼作业区管理部经理
北京石油管理干部学院（1人）
冼　静　广州石油培训中心培训管理处处长
石油工业出版社有限公司（1人）
高艳华　行政事务中心党支部书记、主任
中国石油报社（1人）
黄祺茗　新闻中心记者
中国石油审计服务中心（1人）
熊泽军　炼油与化工审计处处长、党支部书记
中国石油物资采购中心（中国石油物资有限公司）（1人）
张小锋　主任助理兼招标二处处长兼西北分中心主任
中国石油集团共享运营有限公司（1人）
陈红梅　财务流程标准部总经理
中国石油运输有限公司（3人）
李永明　甘肃分公司酒泉配送中心主任
史军强　长庆运输公司修理总厂修理工兼出厂检验员
钟金山　塔运司特车运输大队起重机驾驶员
中国华油集团有限公司（2人）
麻晓超　阳光酒店管理集团有限公司华油阳光出行（北京）旅游有限公司西南区域经理
杨　红　华东分公司无锡酒店项目部、宜兴度假村项目部经理、常州酒店项目部副经理
中油财务有限责任公司（1人）
何　玲　人事部（党委组织部）总经理（部长）
昆仑银行股份有限公司（1人）
程　霞　乌鲁木齐分行党委书记、行长
昆仑信托有限责任公司（中油资产管理有限公司）（1人）
王　磊　信托业务五部副经理
昆仑金融租赁有限责任公司（1人）
谢婷韫　国际业务部高级业务经理
中石油专属财产保险股份有限公司（1人）
武晓春　投资部资深经理
总部部门、纪检监察组、专业公司（6人）
郭振宇　政策研究室调研一处处长
杨惠明　集团公司财务部预算管理处处长
张德生　党组巡视办公室一处处长
傅骏雄　人力资源部综合处高级主管
刘　洋　国际部中亚俄罗斯处高级主管
曾　鹏　党群工作部机关党建处高级主管

（卞相珊）

机构与人物

中国石油天然气集团有限公司

组织机构

	单 位	地 址	备 注
一、总部部门（16个）			
1	综合管理部（党组办公室、董事会办公室、维稳信访工作办公室、综合治理办公室、保卫部）	北京市	
2	政策研究室	北京市	
3	发展计划部（对外合作办公室、新能源新材料发展办公室）	北京市	
4	财务部	北京市	
5	人力资源部（党组组织部、党组编制办）	北京市	
6	生产经营管理部（智能运营中心）	北京市	
7	法律和企改部	北京市	
8	质量健康安全环保部	北京市	
9	科技管理部	北京市	
10	数字和信息化管理部	北京市	
11	工程和物装管理部	北京市	
12	国际部（外事部）	北京市	
13	党组巡视办公室	北京市	
14	审计部	北京市	
15	党群工作部（直属党委）	北京市	
16	党组宣传部（企业文化部、新闻办公室）	北京市	
二、纪检监察组		北京市	
三、中国石油天然气股份有限公司		北京市	

注：本篇资料截至2021年12月31日。

续表

	单　位	地　址	备　注
四、油气和新能源板块（油气子集团）专业公司（企业）（21 个）			
1	大庆石油管理局有限公司	黑龙江省大庆市	
2	辽河石油勘探局有限公司	辽宁省盘锦市	
3	长庆石油勘探局有限公司	陕西省西安市	
4	新疆石油管理局有限公司	新疆维吾尔自治区克拉玛依市	
5	四川石油管理局有限公司	四川省成都市	
6	吉林石油集团有限责任公司	吉林省松原市	
7	大港油田集团有限责任公司	天津市	
8	华北石油管理局有限公司	河北省任丘市	
9	新疆吐哈石油勘探开发有限公司	新疆维吾尔自治区哈密市	
10	中国石油国际勘探开发有限公司	北京市	专业公司
11	中油国际管道公司	北京市	
12	中油国际俄罗斯公司	俄罗斯莫斯科	
13	中国石油集团油田技术服务有限公司	北京市	专业公司
14	中国石油集团西部钻探工程有限公司	新疆维吾尔自治区乌鲁木齐市	成员企业
15	中国石油集团长城钻探工程有限公司	北京市	成员企业
16	中国石油集团渤海钻探工程有限公司	天津市	成员企业
17	中国石油集团川庆钻探工程有限公司	四川省成都市	成员企业
18	中国石油集团东方地球物理勘探有限责任公司	河北省涿州市	成员企业
19	中国石油集团测井有限公司	陕西省西安市	成员企业
20	中国石油集团海洋工程有限公司	北京市	成员企业
21	中国石油集团工程技术研究院有限公司	北京市	
五、炼化销售和新材料板块（炼化子集团）专业公司（企业）（11 个）			
1	中国石油大庆石油化工有限公司	黑龙江省大庆市	
2	吉化集团有限公司	吉林省吉林市	
3	中国石油抚顺石油化工有限公司	辽宁省抚顺市	

续表

	单 位	地 址	备 注
4	中国石油辽阳石油化纤有限公司	辽宁省辽阳市	
5	中国石油兰州石油化工有限公司	甘肃省兰州市	
6	新疆独山子石油化工有限公司	新疆维吾尔自治区克拉玛依市	
7	中国石油乌鲁木齐石油化工有限公司	新疆维吾尔自治区乌鲁木齐市	
8	中国石油大连石油化工有限公司	辽宁省大连市	
9	中国石油锦州石油化工有限公司	辽宁省锦州市	
10	中国石油锦西石油化工有限公司	辽宁省葫芦岛市	
11	中国联合石油有限责任公司	北京市	
六、支持和服务板块（支持服务子集团）专业公司（企业）（33 个）			
1	中国石油集团工程股份有限公司	新疆维吾尔自治区克拉玛依市	专业公司
2	中国石油管道局工程有限公司	河北省廊坊市	成员企业
3	中国石油工程建设有限公司	北京市	成员企业
4	中国寰球工程有限公司	北京市	成员企业
5	中国昆仑工程有限公司	北京市	成员企业
6	中国石油集团工程有限公司北京项目管理分公司	北京市	成员企业
7	中国石油技术开发有限公司	北京市	
8	宝鸡石油机械有限责任公司	陕西省宝鸡市	
9	宝鸡石油钢管有限责任公司	陕西省宝鸡市	
10	中国石油集团济柴动力有限公司	山东省济南市	
11	中国石油集团渤海石油装备制造有限公司	天津市	
12	中国石油集团经济技术研究院	北京市	
13	中国石油集团安全环保技术研究院有限公司	北京市	
14	中国石油集团石油管工程技术研究院	陕西省西安市	
15	昆仑数智科技有限责任公司	北京市	
16	中国石油中东公司	阿联酋迪拜	
17	中国石油中亚公司	哈萨克斯坦阿拉木图	

续表

单　位		地　址	备　注
18	中国石油尼罗河公司	苏丹喀土穆	
19	中国石油拉美公司	委内瑞拉加拉加斯	
20	中国石油西非公司	乍得恩贾梅那	
21	离退休职工管理中心（老干部局）	北京市	
22	中国石油天然气集团有限公司咨询中心	北京市	
23	北京石油管理干部学院	北京市	
24	石油工业出版社有限公司	北京市	
25	中国石油报社	河北省涿州市	
26	中国石油审计服务中心	河北省廊坊市	
27	中国石油物资采购中心（中国石油物资有限公司）	北京市	
28	中国石油集团共享运营有限公司	北京市	
29	中国石油运输有限公司	新疆维吾尔自治区乌鲁木齐市	
30	中国华油集团有限公司	北京市	
31	中国石油天然气香港有限公司	香港特别行政区	
32	中国石油学会	北京市	
33	中国石油企业协会	北京市	
七、资本和金融板块（资本金融子集团）专业公司（企业）（7个）			
1	中国石油集团资本股份有限公司	新疆维吾尔自治区克拉玛依市	专业公司
2	中油财务有限责任公司	北京市	成员企业
3	昆仑银行股份有限公司	新疆维吾尔自治区克拉玛依市	成员企业
4	昆仑信托有限责任公司（中油资产管理有限公司）	浙江省宁波市（北京市）	成员企业
5	昆仑金融租赁有限责任公司	重庆市	成员企业
6	中石油专属财产保险股份有限公司	新疆维吾尔自治区克拉玛依市	成员企业
7	中国石油集团昆仑资本有限公司	海南省海口市	专业公司

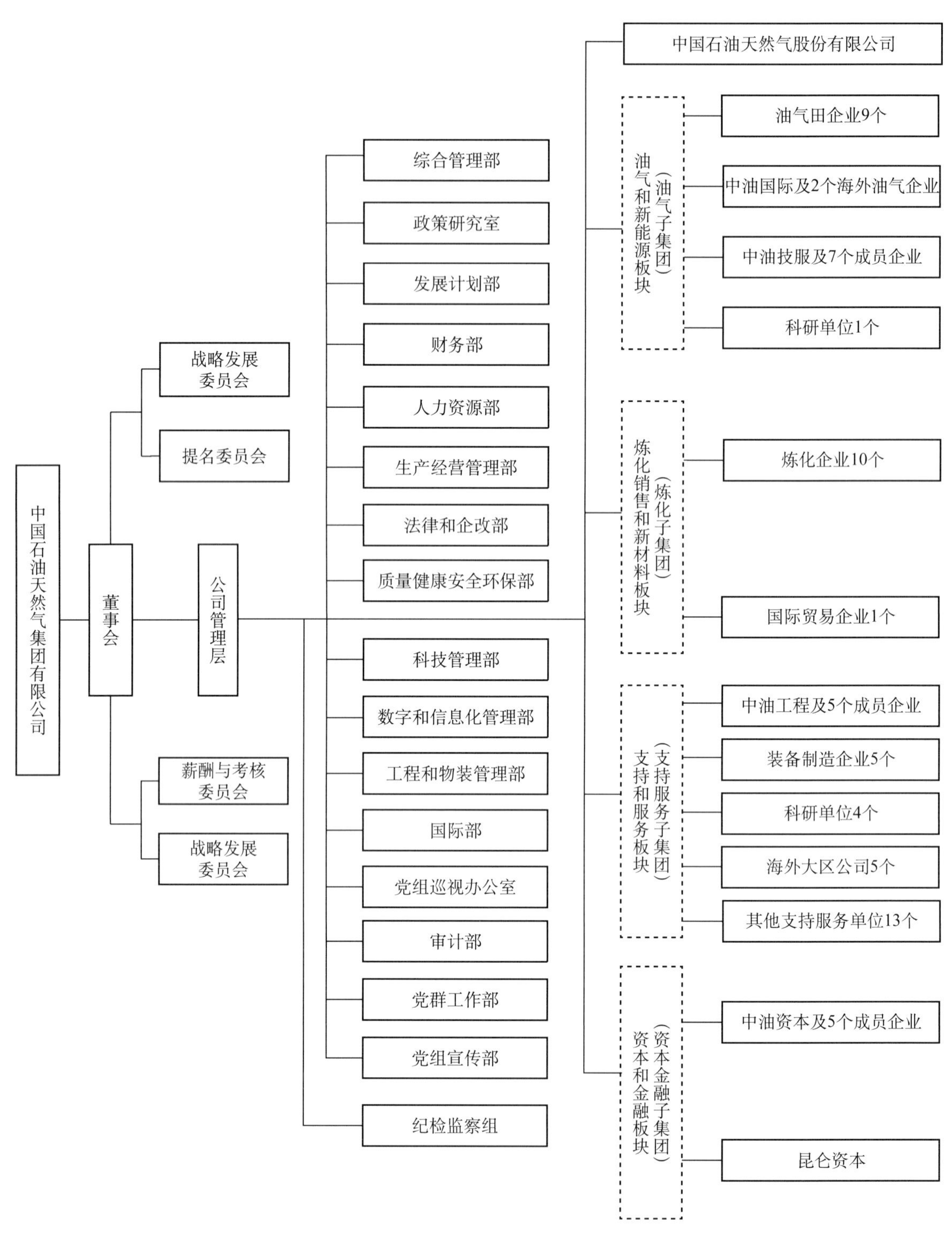

中国石油天然气集团有限公司组织机构图

董事会成员

序　号	姓　名	职　务
1	戴厚良	中国石油天然气集团有限公司董事长
2	侯启军	中国石油天然气集团有限公司董事
3	段良伟	中国石油天然气集团有限公司董事
4	李建红	中国石油天然气集团有限公司外部董事
5	王用生	中国石油天然气集团有限公司外部董事
6	石　岩	中国石油天然气集团有限公司外部董事
7	杨　亚	中国石油天然气集团有限公司外部董事
8	高云虎	中国石油天然气集团有限公司外部董事
9	杨　华	中国石油天然气集团有限公司职工董事

董事会秘书

姓　名	职　务
徐新福	中国石油天然气集团有限公司董事会秘书

集团公司领导

序　号	姓　名	职　务
1	戴厚良	中国石油天然气集团有限公司董事长、党组书记
2	侯启军	中国石油天然气集团有限公司董事、总经理、党组副书记
3	段良伟	中国石油天然气集团有限公司董事、党组副书记
4	刘跃珍	中国石油天然气集团有限公司党组成员、总会计师
5	焦方正	中国石油天然气集团有限公司党组成员、副总经理
6	黄永章	中国石油天然气集团有限公司党组成员、副总经理、安全总监
7	钱朝阳	中国石油天然气集团有限公司党组成员、纪检监察组组长
8	任立新	中国石油天然气集团有限公司党组成员、副总经理

总经理助理

序　号	姓　名	职　务
1	李越强	中国石油天然气集团有限公司总经理助理
2	杨　华	中国石油天然气集团有限公司总经理助理
3	张华林	中国石油天然气集团有限公司总经理助理
4	谢海兵	中国石油天然气集团有限公司总经理助理
5	姜力孚	中国石油天然气集团有限公司总经理助理

集团公司总部部门、纪检监察组主要领导

序　号	单　位	总经理（主任、部长、组长）
1	综合管理部（党组办公室、董事会办公室、维稳信访工作办公室、综合治理办公室、保卫部）	徐新福（兼）
2	政策研究室	张华林（兼）
3	发展计划部（对外合作办公室、新能源新材料发展办公室）	谢　军
4	财务部	蔡　勇
5	人力资源部（党组组织部、党组编制办）	杨　华（兼）
6	生产经营管理部（智能运营中心）	苏　俊
7	法律和企改部	赵　颖
8	质量健康安全环保部	张明禄（兼）
9	科技管理部	匡立春
10	数字和信息化管理部	古学进
11	工程和物装管理部	孙树祯
12	国际部（外事部）	李越强（兼）
13	党组巡视办公室	张晓东
14	审计部	王　亮
15	党群工作部（直属党委）	李家民
16	党组宣传部（企业文化部、新闻办公室）	李懂章
	纪检监察组	钱朝阳（兼）

集团公司所属企业主要领导

序号	单位名称	董事长（执行董事）	党（工）委书记	总经理（总裁、主任、院长、社长、会长）
1	中国石油天然气股份有限公司	戴厚良（兼）	（未设置）	黄永章（兼）
一、油气和新能源板块（油气子集团）专业公司（企业）（21个）				
1	大庆石油管理局有限公司	朱国文（兼）	朱国文（兼）	方　庆
2	辽河石油勘探局有限公司	李忠兴	（未设置）	李忠兴
3	长庆石油勘探局有限公司	何江川	（未设置）	何江川
4	新疆石油管理局有限公司	霍进（停职）	（未设置）	霍进（停职）
5	四川石油管理局有限公司	张道伟	（未设置）	张道伟
6	吉林石油集团有限责任公司	姜鹏飞	（未设置）	姜鹏飞
7	大港油田集团有限责任公司	赵贤正	（未设置）	赵贤正
8	华北石油管理局有限公司	修景涛	（未设置）	修景涛
9	新疆吐哈石油勘探开发有限公司	支东明	（未设置）	支东明
10	中国石油国际勘探开发有限公司	（暂空）	（暂空）	贾　勇
11	中油国际管道公司	（未设置）	孟向东	孟繁春
12	中油国际俄罗斯公司	（未设置）	（涉密）	蒋　奇
13	中国石油集团油田技术服务有限公司	张宝增	张宝增	胡欣峰
14	中国石油集团西部钻探工程有限公司	张忠志	张忠志	潘　登
15	中国石油集团长城钻探工程有限公司	马永峰	马永峰	周　丰
16	中国石油集团渤海钻探工程有限公司	刘光木	刘光木	汪国庆
17	中国石油集团川庆钻探工程有限公司	王治平	王治平	李雪岗
18	中国石油集团东方地球物理勘探有限责任公司	苟　量	苟　量	张少华
19	中国石油集团测井有限公司	金明权	金明权	胡启月
20	中国石油集团海洋工程有限公司	彭　飞	彭　飞	沈双平
21	中国石油集团工程技术研究院有限公司	冯艳成	冯艳成	刘岩生
二、炼化销售和新材料板块（炼化子集团）专业公司（企业）（11个）				
1	中国石油大庆石油化工有限公司	王一民	（未设置）	王一民
2	吉化集团有限公司	金彦江	（未设置）	金彦江
3	中国石油抚顺石油化工有限公司	李天书	（未设置）	李天书
4	中国石油辽阳石油化纤有限公司	白雪峰	（未设置）	白雪峰
5	中国石油兰州石油化工有限公司	吴　凯	（未设置）	吴　凯
6	新疆独山子石油化工有限公司	任军革	（未设置）	任军革

续表

序号	单位名称	董事长（执行董事）	党（工）委书记	总经理（总裁、主任、院长、社长、会长）
7	中国石油乌鲁木齐石油化工有限公司	王红晨	（未设置）	王红晨
8	中国石油大连石油化工有限公司	庞晓东	（未设置）	庞晓东
9	中国石油锦州石油化工有限公司	郝相民	（未设置）	郝相民
10	中国石油锦西石油化工有限公司	隋　昊	（未设置）	隋　昊
11	中国联合石油有限责任公司	田景惠（兼）	田景惠（兼）	武军利
三、支持和服务板块（支持服务子集团）专业公司（企业）（33 个）				
1	中国石油集团工程股份有限公司	白玉光	白玉光	王新革
2	中国石油管道局工程有限公司	孙全军	孙全军	薛枫
3	中国石油工程建设有限公司	李小宁	李小宁	武军
4	中国寰球工程有限公司	魏亚斌	魏亚斌	宋少光
5	中国昆仑工程有限公司	王德义	王德义	李利军
6	中国石油集团工程有限公司北京项目管理分公司	宋德琦	宋德琦	许贤文
7	中国石油技术开发有限公司	张晗亮	张晗亮	王洪涛
8	宝鸡石油机械有限责任公司	忽宝民	忽宝民	暂空
9	宝鸡石油钢管有限责任公司	舒高新	舒高新	冯文升
10	中国石油集团济柴动力有限公司	周　杰	周　杰	苗　勇
11	中国石油集团渤海石油装备制造有限公司	周荣学	周荣学	赵红超
12	中国石油集团经济技术研究院	张华林（兼）	张华林（兼）	余　国
13	中国石油集团安全环保技术研究院有限公司	闫伦江	闫伦江	朱圣珍
14	中国石油集团石油管工程技术研究院	刘亚旭	刘亚旭	赵新伟
15	昆仑数智科技有限责任公司	陈朝晖	杨剑锋	杨剑锋
16	中国石油中东公司	（未设置）	（涉密）	王贵海
17	中国石油中亚公司	（未设置）	（涉密）	卞德智
18	中国石油尼罗河公司	（未设置）	（涉密）	刘英才
19	中国石油拉美公司	（未设置）	（涉密）	黄　革
20	中国石油西非公司	（未设置）	（涉密）	刘合年
21	离退休职工管理中心（老干部局）	（未设置）	（未设置）	赵　波
22	中国石油天然气集团有限公司咨询中心	（未设置）	（未设置）	（暂空）
23	北京石油管理干部学院	（未设置）	钱兴坤	赵玉建
24	石油工业出版社有限公司	雷　平	雷　平	李俊军
25	中国石油报社	（未设置）	娄铁强	霍恚明
26	中国石油审计服务中心	（未设置）	钟显明	王　亮
27	中国石油物资采购中心（中国石油物资有限公司）	朱喜龙	朱喜龙	朱喜龙

续表

序号	单位名称	董事长（执行董事）	党（工）委书记	总经理（总裁、主任、院长、社长、会长）
28	中国石油集团共享运营有限公司	胡炳军	胡炳军	宫立新
29	中国石油运输有限公司	魏国庆	魏国庆	郭建设
30	中国华油集团有限公司	石清俊	石清俊	林　鹏
31	中国石油天然气香港有限公司	付　斌	（未设置）	付　斌
32	中国石油学会	（未设置）	（未设置）	焦方正
33	中国石油企业协会	（未设置）	（未设置）	王志刚
四、资本和金融板块（资本金融子集团）专业公司（企业）（7个）				
1	中国石油集团资本股份有限公司	谢海兵	蒋尚军	蒋尚军
2	中油财务有限责任公司	刘　德	刘　德	肖　华
3	昆仑银行股份有限公司	王忠来	王忠来	何　放
4	昆仑信托有限责任公司（中油资产管理有限公司）	王增业	王增业	吴　妍
5	昆仑金融租赁有限责任公司	桂王来	桂王来	贺金霞
6	中石油专属财产保险股份有限公司	魏国良	魏国良	吴永烈
7	中国石油集团昆仑资本有限公司	谢海兵（兼）	卢耀忠	卢耀忠

中国石油天然气股份有限公司

组织机构

单　位		地　址
一、股份公司总部		
（一）董事会、监事会机构（2个）		
1	董事会办公室	北京市
2	监事会办公室	北京市
（二）总部部门（14个）		
1	综合管理部	北京市
2	发展计划部（对外合作办公室、新能源新材料发展办公室）	北京市
3	财务部	北京市

续表

单　位		地　址
4	人力资源部	北京市
5	生产经营管理部（智能运营中心）	北京市
6	法律和企改部	北京市
7	质量健康安全环保部	北京市
8	科技管理部	北京市
9	数字和信息化管理部	北京市
10	工程和物装管理部	北京市
11	国际部	北京市
12	审计部	北京市
13	党群工作部	北京市
14	企业文化部	北京市
二、专业公司（6个）		
1	中国石油天然气股份有限公司勘探与生产分公司	北京市
2	中国石油天然气股份有限公司炼油与化工分公司	北京市
3	中国石油天然气股份有限公司销售分公司	北京市
4	中国石油天然气股份有限公司天然气销售分公司	北京市
5	中国石油天然气股份有限公司海外勘探开发分公司	北京市
6	中国石油天然气股份有限公司国际贸易分公司	北京市
三、油气田企业（17个）		
1	大庆油田有限责任公司	黑龙江省大庆市
2	中国石油天然气股份有限公司辽河油田分公司	辽宁省盘锦市
3	中国石油天然气股份有限公司长庆油田分公司	陕西省西安市
4	中国石油天然气股份有限公司塔里木油田分公司	新疆维吾尔自治区库尔勒市
5	中国石油天然气股份有限公司新疆油田分公司	新疆维吾尔自治区克拉玛依市
6	中国石油天然气股份有限公司西南油气田分公司	四川省成都市
7	中国石油天然气股份有限公司吉林油田分公司	吉林省松原市
8	中国石油天然气股份有限公司大港油田分公司	天津市
9	中国石油天然气股份有限公司青海油田分公司	青海省海西州
10	中国石油天然气股份有限公司华北油田分公司	河北省任丘市
11	中国石油天然气股份有限公司吐哈油田分公司	新疆维吾尔自治区哈密市

续表

	单　位	地　址
12	中国石油天然气股份有限公司冀东油田分公司	河北省唐山市
13	中国石油天然气股份有限公司玉门油田分公司	甘肃省酒泉市
14	中国石油天然气股份有限公司浙江油田分公司	浙江省杭州市
15	中石油煤层气有限责任公司	北京市
16	南方石油勘探开发有限责任公司	广东省广州市
17	中国石油天然气股份有限公司储气库分公司	北京市
四、炼化企业（33 个）		
1	中国石油天然气股份有限公司大庆石化分公司	黑龙江省大庆市
2	中国石油天然气股份有限公司吉林石化分公司	吉林省吉林市
3	中国石油天然气股份有限公司抚顺石化分公司	辽宁省抚顺市
4	中国石油天然气股份有限公司辽阳石化分公司	辽宁省辽阳市
5	中国石油天然气股份有限公司兰州石化分公司	甘肃省兰州市
6	中国石油天然气股份有限公司独山子石化分公司	新疆维吾尔自治区克拉玛依市
7	中国石油天然气股份有限公司乌鲁木齐石化分公司	新疆维吾尔自治区乌鲁木齐市
8	中国石油天然气股份有限公司宁夏石化分公司	宁夏回族自治区银川市
9	中国石油天然气股份有限公司大连石化分公司	辽宁省大连市
10	大连西太平洋石油化工有限公司	辽宁省大连市
11	中国石油天然气股份有限公司锦州石化分公司	辽宁省锦州市
12	中国石油天然气股份有限公司锦西石化分公司	辽宁省葫芦岛市
13	中国石油天然气股份有限公司大庆炼化分公司	黑龙江省大庆市
14	中国石油天然气股份有限公司哈尔滨石化分公司	黑龙江省哈尔滨市
15	中国石油天然气股份有限公司广西石化分公司	广西壮族自治区钦州市
16	中国石油四川石化有限责任公司	四川省成都市
17	中国石油天然气股份有限公司广东石化分公司	广东省揭阳市
18	中石油云南石化有限公司	云南省昆明市
19	中国石油天然气股份有限公司大港石化分公司	天津市
20	中国石油天然气股份有限公司华北石化分公司	河北省任丘市
21	中国石油天然气股份有限公司呼和浩特石化分公司	内蒙古自治区呼和浩特市
22	中国石油天然气股份有限公司辽河石化分公司	辽宁省盘锦市
23	中国石油天然气股份有限公司长庆石化分公司	陕西省咸阳市

续表

单　位		地　址
24	中石油克拉玛依石化有限责任公司	新疆维吾尔自治区克拉玛依市
25	中国石油天然气股份有限公司庆阳石化分公司	甘肃省庆阳市
26	中石油燃料油有限责任公司	广东省珠海市
27	中国石油天然气股份有限公司润滑油分公司	北京市
28	中国石油天然气股份有限公司东北化工销售分公司	辽宁省沈阳市
29	中国石油天然气股份有限公司西北化工销售分公司	甘肃省兰州市
30	中国石油天然气股份有限公司华东化工销售分公司	上海市
31	中国石油天然气股份有限公司华北化工销售分公司	北京市
32	中国石油天然气股份有限公司华南化工销售分公司	广东省广州市
33	中国石油天然气股份有限公司西南化工销售分公司	四川省成都市
五、成品油销售企业（34 个）		
1	中国石油天然气股份有限公司东北销售分公司	辽宁省沈阳市
2	中国石油天然气股份有限公司西北销售分公司	甘肃省兰州市
3	中石油昆仑好客有限公司	北京市
4	中国石油天然气股份有限公司北京销售分公司	北京市
5	中国石油天然气股份有限公司上海销售分公司	上海市
6	中国石油天然气股份有限公司湖北销售分公司	湖北省武汉市
7	中国石油天然气股份有限公司广东销售分公司	广东省广州市
8	中国石油天然气股份有限公司云南销售分公司	云南省昆明市
9	中国石油天然气股份有限公司辽宁销售分公司	辽宁省沈阳市
10	中国石油天然气股份有限公司吉林销售分公司	吉林省长春市
11	中国石油天然气股份有限公司黑龙江销售分公司	黑龙江省哈尔滨市
12	中国石油天然气股份有限公司天津销售分公司	天津市
13	中国石油天然气股份有限公司河北销售分公司	河北省石家庄市
14	中国石油天然气股份有限公司山西销售分公司	山西省太原市
15	中国石油天然气股份有限公司内蒙古销售分公司	内蒙古自治区呼和浩特市
16	中国石油天然气股份有限公司陕西销售分公司	陕西省西安市
17	中国石油天然气股份有限公司甘肃销售分公司	甘肃省兰州市
18	中国石油天然气股份有限公司青海销售分公司	青海省西宁市
19	中国石油天然气股份有限公司宁夏销售分公司	宁夏回族自治区银川市

续表

单　位		地　址
20	中石油新疆销售有限公司	新疆维吾尔自治区乌鲁木齐市
21	中国石油天然气股份有限公司重庆销售分公司	重庆市
22	中国石油天然气股份有限公司四川销售分公司	四川省成都市
23	中国石油天然气股份有限公司贵州销售分公司	贵州省贵阳市
24	中国石油天然气股份有限公司西藏销售分公司	西藏自治区拉萨市
25	中国石油天然气股份有限公司江苏销售分公司	江苏省南京市
26	中国石油天然气股份有限公司浙江销售分公司	浙江省杭州市
27	中国石油天然气股份有限公司安徽销售分公司	安徽省合肥市
28	中国石油天然气股份有限公司福建销售分公司	福建省福州市
29	中国石油天然气股份有限公司江西销售分公司	江西省南昌市
30	中国石油天然气股份有限公司山东销售分公司	山东省青岛市
31	中国石油天然气股份有限公司河南销售分公司	河南省郑州市
32	中国石油天然气股份有限公司湖南销售分公司	湖南省长沙市
33	中国石油天然气股份有限公司广西销售分公司	广西壮族自治区南宁市
34	中石油海南销售有限公司	海南省海口市
六、天然气销售企业（1个）		
1	中国石油天然气股份有限公司天然气销售分公司（昆仑能源有限公司）	北京市
七、海外企业（2个）		
1	中石油国际投资有限公司	北京市
2	中石油阿姆河天然气勘探开发（北京）有限公司	北京市
八、国际贸易企业（1个）		
1	中国石油国际事业有限公司	北京市
九、科研及其他单位（4个）		
1	中国石油天然气股份有限公司勘探开发研究院	北京市
2	中国石油天然气股份有限公司规划总院	北京市
3	中国石油天然气股份有限公司石油化工研究院	北京市
4	中石油香港有限公司	香港特别行政区

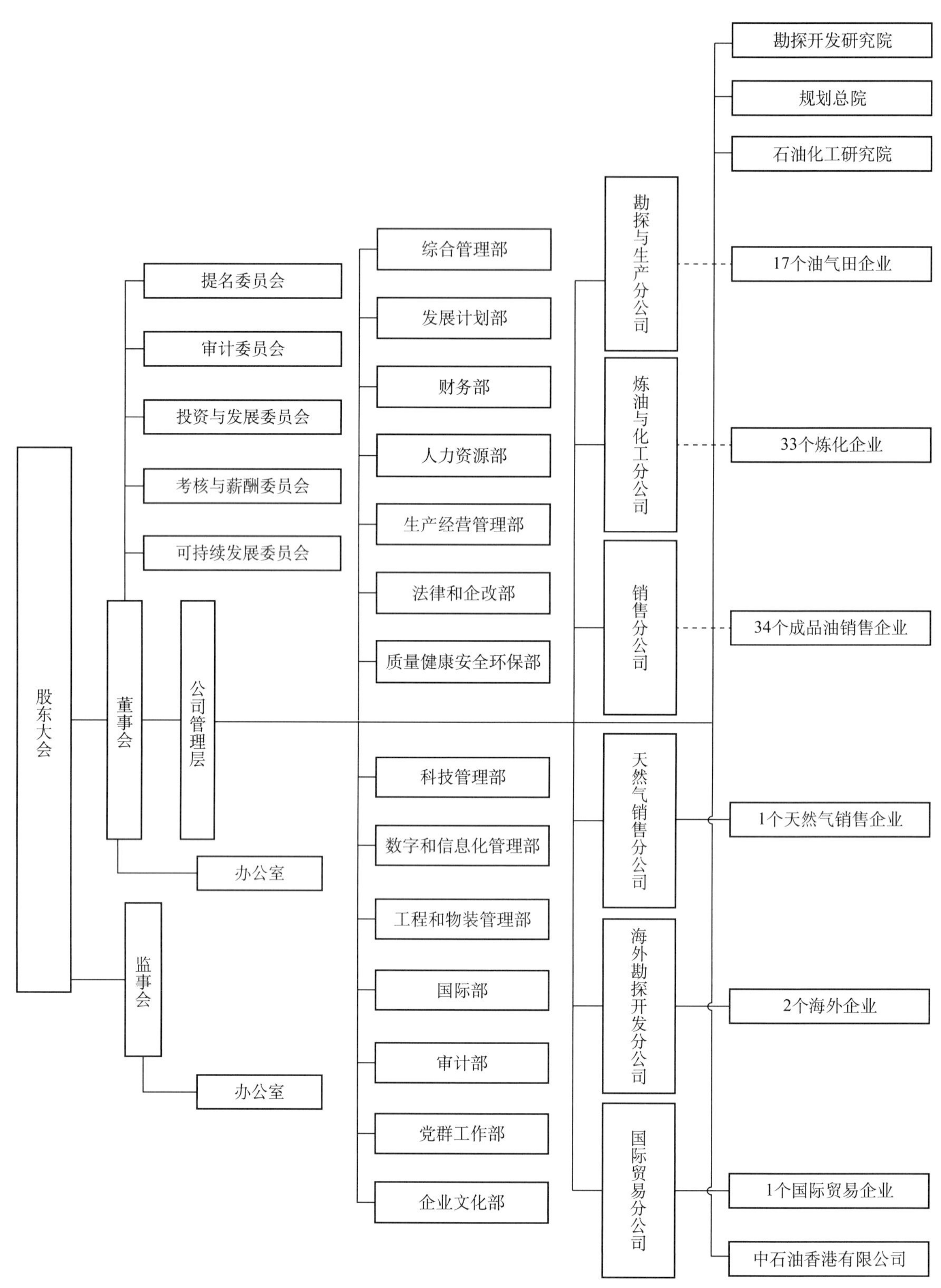

中国石油天然气股份有限公司组织机构图

股份公司董事会成员

序号	姓名	职务
1	戴厚良	中国石油天然气股份有限公司董事长
2	侯启军	中国石油天然气股份有限公司副董事长
3	段良伟	中国石油天然气股份有限公司董事
4	刘跃珍	中国石油天然气股份有限公司董事
5	焦方正	中国石油天然气股份有限公司董事
6	黄永章	中国石油天然气股份有限公司董事
7	任立新	中国石油天然气股份有限公司董事
8	梁爱诗	中国石油天然气股份有限公司独立董事
9	西蒙·亨利	中国石油天然气股份有限公司独立董事
10	德地立人	中国石油天然气股份有限公司独立董事
11	蔡金勇	中国石油天然气股份有限公司独立董事
12	蒋小明	中国石油天然气股份有限公司独立董事

董事会秘书

姓名	职务
柴守平	中国石油天然气股份有限公司董事会秘书

监事会成员

序号	姓名	职务
1	吕　波	中国石油天然气股份有限公司监事会主席
2	张凤山	中国石油天然气股份有限公司监事
3	姜力孚	中国石油天然气股份有限公司监事
4	卢耀忠	中国石油天然气股份有限公司监事
5	王　亮	中国石油天然气股份有限公司监事
6	付锁堂	中国石油天然气股份有限公司监事
7	李家民	中国石油天然气股份有限公司监事
8	刘宪华	中国石油天然气股份有限公司监事

总裁班子成员

序　号	姓　名	职　务
1	黄永章	中国石油天然气股份有限公司总裁
2	任立新	中国石油天然气股份有限公司高级副总裁
3	孙龙德	中国石油天然气股份有限公司副总裁、总地质师
4	李鹭光	中国石油天然气股份有限公司副总裁
5	田景惠	中国石油天然气股份有限公司副总裁
6	柴守平	中国石油天然气股份有限公司财务总监
7	杨继钢	中国石油天然气股份有限公司副总裁、总工程师
8	张明禄	中国石油天然气股份有限公司安全总监
9	朱国文	中国石油天然气股份有限公司副总裁

股份公司总部部门主要领导

序　号	单　位	总经理（主任）
1	综合管理部（董事会办公室、监事会办公室）	徐新福（兼）
2	发展计划部（对外合作办公室、新能源新材料发展办公室）	谢　军
3	财务部	王　华
4	人力资源部	杨　华（兼）
5	生产经营管理部（智能运营中心）	苏　俊
6	法律和企改部	赵　颖
7	质量健康安全环保部	张明禄（兼）
8	科技管理部	匡立春
9	数字和信息化管理部	古学进
10	工程和物装管理部	孙树祯
11	国际部	李越强（兼）
12	审计部	王　亮
13	党群工作部	李家民
14	企业文化部	李懂章

专业公司主要领导

序　号	单　位	执行董事	党委书记	总经理
1	中国石油天然气股份有限公司勘探与生产分公司	李鹭光（兼）	李鹭光（兼）	万　军
2	中国石油天然气股份有限公司炼油与化工分公司	杨继钢（兼）	杨继钢（兼）	李汝新
3	中国石油天然气股份有限公司销售分公司	兰建彬	兰建彬	廖国勤
4	中国石油天然气股份有限公司天然气销售分公司	付　斌	付　斌	钱治家
5	中国石油天然气股份有限公司海外勘探开发分公司	（未设置）	（未设置）	（暂空）
6	中国石油天然气股份有限公司国际贸易分公司	（未设置）	（未设置）	（未配备）

所属企业主要领导

序　号	单位名称	董事长（执行董事）	党（工）委书记	总经理（主任、院长）
一、油气田企业（17个）				
1	大庆油田有限责任公司	朱国文（兼）	朱国文（兼）	方庆
2	中国石油天然气股份有限公司辽河油田分公司	李忠兴	李忠兴	孟卫工
3	中国石油天然气股份有限公司长庆油田分公司	何江川	何江川	石道涵
4	中国石油天然气股份有限公司塔里木油田分公司	杨学文	杨学文	沈复孝
5	中国石油天然气股份有限公司新疆油田分公司	霍进（停职）	霍进（停职）	杨立强
6	中国石油天然气股份有限公司西南油气田分公司	张道伟	张道伟	何　骁
7	中国石油天然气股份有限公司吉林油田分公司	姜鹏飞	姜鹏飞	王　峰
8	中国石油天然气股份有限公司大港油田分公司	赵贤正	赵贤正	周立宏
9	中国石油天然气股份有限公司青海油田分公司	李战明	李战明	李国欣
10	中国石油天然气股份有限公司华北油田分公司	修景涛	修景涛	朱庆忠
11	中国石油天然气股份有限公司吐哈油田分公司	支东明	支东明	梁世君
12	中国石油天然气股份有限公司冀东油田分公司	杨盛杰	杨盛杰	汤　林
13	中国石油天然气股份有限公司玉门油田分公司	刘战君	刘战君	来进和
14	中国石油天然气股份有限公司浙江油田分公司	汪鉴定	汪鉴定	王希友
15	中石油煤层气有限责任公司	齐振林	齐振林	任文军
16	南方石油勘探开发有限责任公司	夏义平	夏义平	麦　欣
17	中国石油天然气股份有限公司储气库分公司	（未设置）	熊建嘉	熊建嘉

续表

序　号	单位名称	董事长（执行董事）	党（工）委书记	总经理（主任、院长）
二、炼化企业（33 个）				
1	中国石油天然气股份有限公司大庆石化分公司	王一民	王一民	于　强
2	中国石油天然气股份有限公司吉林石化分公司	金彦江	金彦江	刘振宏
3	中国石油天然气股份有限公司抚顺石化分公司	李天书	李天书	何晨光
4	中国石油天然气股份有限公司辽阳石化分公司	白雪峰	白雪峰	李贵合
5	中国石油天然气股份有限公司兰州石化分公司	吴　凯	吴　凯	王晓路
6	中国石油天然气股份有限公司独山子石化分公司	任军革	任军革	徐文清
7	中国石油天然气股份有限公司乌鲁木齐石化分公司	王红晨	王红晨	秦本记
8	中国石油天然气股份有限公司宁夏石化分公司	陈　坚	陈　坚	韦　勇
9	中国石油天然气股份有限公司大连石化分公司	庞晓东	庞晓东	刘国海
10	大连西太平洋石油化工有限公司	陈　志	陈　志	朱文军
11	中国石油天然气股份有限公司锦州石化分公司	郝相民	郝相民	袁庆斌
12	中国石油天然气股份有限公司锦西石化分公司	隋　昊	隋　昊	刘元圣
13	中国石油天然气股份有限公司大庆炼化分公司	姜国骅	姜国骅	刘喜民
14	中国石油天然气股份有限公司哈尔滨石化分公司	宋大勇	宋大勇	李秀伟
15	中国石油天然气股份有限公司广西石化分公司	李善春	李善春	宗义山
16	中国石油四川石化有限责任公司	（暂空）	（暂空）	李　铁
17	中国石油天然气股份有限公司广东石化分公司	康志军	康志军	周　健
18	中石油云南石化有限公司	鲍永忠	鲍永忠	张建新
19	中国石油天然气股份有限公司大港石化分公司	默新社	默新社	季德伟
20	中国石油天然气股份有限公司华北石化分公司	王　强	王　强	周世岩
21	中国石油天然气股份有限公司呼和浩特石化分公司	刘至祥	刘至祥	胡晓荣
22	中国石油天然气股份有限公司辽河石化分公司	相养冬	相养冬	姜昌泉
23	中国石油天然气股份有限公司长庆石化分公司	李力斌	李力斌	廉金龙
24	中石油克拉玛依石化有限责任公司	许立甲	许立甲	从　飙
25	中国石油天然气股份有限公司庆阳石化分公司	（未设置）	桑运超	桑运超
26	中石油燃料油有限责任公司	赵　勇	（暂空）	赵　勇
27	中国石油天然气股份有限公司润滑油分公司	肖宏伟	肖宏伟	孙树好
28	中国石油天然气股份有限公司东北化工销售分公司	石振东	石振东	王　博
29	中国石油天然气股份有限公司西北化工销售分公司	陈　磊	陈　磊	（暂空）
30	中国石油天然气股份有限公司华东化工销售分公司	崔柳凡	崔柳凡	高铁岩
31	中国石油天然气股份有限公司华北化工销售分公司	刘　杰	刘　杰	杨天奎

续表

序　号	单位名称	董事长（执行董事）	党（工）委书记	总经理（主任、院长）
32	中国石油天然气股份有限公司华南化工销售分公司	马宗立	马宗立	邢默飞
33	中国石油天然气股份有限公司西南化工销售分公司	戴　永	戴　永	金建江
三、成品油销售企业（33个）				
1	中国石油天然气股份有限公司东北销售分公司	李长安	李长安	李天峰
2	中国石油天然气股份有限公司西北销售分公司	刘守德	刘守德	赵振学
3	中石油昆仑好客有限公司	刘　刚	刘　刚	刘　刚
4	中国石油天然气股份有限公司北京销售分公司	王广生	王广生	张国宏
5	中国石油天然气股份有限公司上海销售分公司	杨昌陶	杨昌陶	汤成刚
6	中国石油天然气股份有限公司湖北销售分公司	张用军	张用军	姜　涛
7	中国石油天然气股份有限公司广东销售分公司	赵剑春	赵剑春	王明富
8	中国石油天然气股份有限公司云南销售分公司	刘启然	刘启然	杨声武
9	中国石油天然气股份有限公司辽宁销售分公司	王智利	王智利	袁　全
10	中国石油天然气股份有限公司吉林销售分公司	罗中华	罗中华	付红斌
11	中国石油天然气股份有限公司黑龙江销售分公司	梁生光	梁生光	吕成才
12	中国石油天然气股份有限公司天津销售分公司	李向宇	李向宇	李　涛
13	中国石油天然气股份有限公司河北销售分公司	周德军	周德军	郝　京
14	中国石油天然气股份有限公司山西销售分公司	梁国斌	梁国斌	林喜东
15	中国石油天然气股份有限公司内蒙古销售分公司	郭　春	郭　春	李储龙
16	中国石油天然气股份有限公司陕西销售分公司	杨子清	杨子清	刘　苏
17	中国石油天然气股份有限公司甘肃销售分公司	贾鸿武	贾鸿武	王　强
18	中国石油天然气股份有限公司青海销售分公司	宋健强	宋健强	郑国玉
19	中国石油天然气股份有限公司宁夏销售分公司	蒋杨贵	蒋杨贵	于东阳
20	中石油新疆销售有限公司	刘宪华	刘宪华	王斌全
21	中国石油天然气股份有限公司重庆销售分公司	吴恩海	吴恩海	蔡向阳
22	中国石油天然气股份有限公司四川销售分公司	赵厚川	赵厚川	（暂空）
23	中国石油天然气股份有限公司贵州销售分公司	鲁凤浩	鲁凤浩	魏秋冬
24	中国石油天然气股份有限公司西藏销售分公司	郭广海	郭广海	冯术坤
25	中国石油天然气股份有限公司江苏销售分公司	（未设置）	张　永	张　永
26	中国石油天然气股份有限公司浙江销售分公司	王长根	王长根	严志军
27	中国石油天然气股份有限公司安徽销售分公司	徐金良	徐金良	曲　豫
28	中国石油天然气股份有限公司福建销售分公司	陈正惠	陈正惠	高贤才
29	中国石油天然气股份有限公司江西销售分公司	马铁钢	马铁钢	（暂空）

续表

序　号	单位名称	董事长（执行董事）	党（工）委书记	总经理（主任、院长）
30	中国石油天然气股份有限公司山东销售分公司	张海云	张海云	周　强
31	中国石油天然气股份有限公司河南销售分公司	刘星国	刘星国	董　海
32	中国石油天然气股份有限公司湖南销售分公司	杨　杰	杨　杰	苏红卫
33	中国石油天然气股份有限公司广西销售分公司	曹景军	曹景军	朱　磊
34	中石油海南销售有限公司	韩　非	韩　非	韩　钊
四、天然气销售企业（1个）				
1	中国石油天然气股份有限公司天然气销售分公司（昆仑能源有限公司）	付　斌	付　斌	钱治家
五、海外企业（2个）				
1	中石油国际投资有限公司	（暂空）	（未设置）	（暂空）
2	中石油阿姆河天然气勘探开发（北京）有限公司	陈怀龙	（涉密）	陈怀龙
六、国际贸易企业（1个）				
1	中国石油国际事业有限公司	田景惠（兼）	田景惠（兼）	武军利
七、科研及其他单位（4个）				
1	中国石油天然气股份有限公司勘探开发研究院	（未设置）	窦立荣	马新华
2	中国石油天然气股份有限公司规划总院	韩景宽	韩景宽	徐英俊
3	中国石油天然气股份有限公司石油化工研究院	（未设置）	何盛宝	何盛宝
4	中石油香港有限公司	黄永章（兼）	（未设置）	（未设置）

专家队伍

中国石油天然气集团有限公司两院院士

序　号	姓　名	院士类别	单　位
1	李德生	中国科学院院士	中国石油天然气股份有限公司勘探开发研究院
2	王德民	中国工程院院士	大庆油田有限责任公司
3	翟光明	中国工程院院士	中国石油集团工程咨询有限责任公司
4	郭尚平	中国科学院院士	中国石油天然气股份有限公司勘探开发研究院
5	李庆忠	中国工程院院士	中国石油集团东方地球物理勘探有限责任公司

续表

序　号	姓　名	院士类别	单位
6	戴金星	中国科学院院士	中国石油天然气股份有限公司勘探开发研究院
7	胡见义	中国工程院院士	中国石油天然气股份有限公司勘探开发研究院
8	李鹤林	中国工程院院士	中国石油集团石油管工程技术研究院
9	邱中建	中国工程院院士	中国石油天然气集团有限公司
10	韩大匡	中国工程院院士	中国石油天然气股份有限公司勘探开发研究院
11	贾承造	中国科学院院士	中国石油天然气集团有限公司
12	苏义脑	中国工程院院士	中国石油集团工程技术研究院有限公司
13	袁士义	中国工程院院士	中国石油集团工程咨询有限责任公司
14	童晓光	中国工程院院士	中国石油国际勘探开发有限公司
15	孙龙德	中国工程院院士	中国石油天然气股份有限公司
16	胡文瑞	中国工程院院士	中国石油天然气股份有限公司勘探开发研究院
17	黄维和	中国工程院院士	中国石油天然气股份有限公司
18	赵文智	中国工程院院士	中国石油天然气股份有限公司勘探开发研究院
19	戴厚良	中国工程院院士	中国石油天然气集团有限公司
20	邹才能	中国科学院院士	中国石油天然气股份有限公司勘探开发研究院
21	刘　合	中国工程院院士	中国石油天然气股份有限公司勘探开发研究院
22	孙金声	中国工程院院士	中国石油集团工程技术研究院有限公司
23	李　宁	中国工程院院士	中国石油天然气股份有限公司勘探开发研究院
24	程杰成	中国工程院院士	大庆油田有限责任公司

注：按当选时间先后排序。

中国石油天然气集团有限公司高级专家

序　号	姓　名	单　位（部门）	职　务	备　注
1	秦永和	集团公司总部	集团公司石油工程首席专家	参照集团公司副总师
2	伍贤柱	川庆钻探工程有限公司	集团公司井控抢险首席专家	参照一级正
3	邹才能	勘探开发研究院	集团公司新能源首席专家	参照一级正
4	周爱国	集团公司质量健康安全环保部	集团公司 QHSE 首席专家	参照一级正
5	于润涛	大庆油田有限责任公司	集团公司油气开发高级专家	参照一级正
6	宋新民	勘探开发研究院	集团公司油气开发高级专家	参照一级正
7	巴恒飞	集团公司发展计划部	集团公司战略与规划高级专家	参照一级副
8	展恩强	集团公司发展计划部	集团公司战略与规划高级专家	参照一级副

续表

序　号	姓　名	单　位（部门）	职　务	备　注
9	杨会杰	集团公司财务部	集团公司财务管理高级专家	参照一级副
10	陈克全	股份公司财务部	集团公司财务管理高级专家	参照一级副
11	李　林	集团公司人力资源部	集团公司人事管理高级专家	参照一级副
12	刘墨山	集团公司生产经营管理部	集团公司生产运营高级专家	参照一级副
13	王学文	集团公司质量健康安全环保部	集团公司 QHSE 高级专家	参照一级副
14	于建宁	集团公司科技管理部	集团公司科技创新管理高级专家	参照一级副
15	罗　超	集团公司工程和物装管理部	集团公司物装管理高级专家	参照一级副
16	锁海兵	集团公司工程和物装管理部	集团公司工程管理高级专家	参照一级副
17	王忠桥	集团公司国际部	集团公司合资合作高级专家	参照一级副
18	陈红兵	集团公司审计部	集团公司审计高级专家	参照一级副
19	宋新辉	集团公司党群工作部	集团公司党群管理高级专家	参照一级副

（王洪伟）

中国石油天然气集团有限公司技能专家

序　号	姓　名	专　业	工　种	工作单位
1	刘　丽	采油采气	采油工	大庆油田有限责任公司
2	刘洪俊	采油采气	采油工	大庆油田有限责任公司
3	赵海涛	采油采气	采油工	大庆油田有限责任公司
4	张有兴	采油采气	采油工	大庆油田有限责任公司
5	宋宝玉	采油采气	采油工	大庆油田有限责任公司
6	杨海波	采油采气	采油工	大庆油田有限责任公司
7	张朋娟	采油采气	采油工	大庆油田有限责任公司
8	胡延军	集　输	集输工	大庆油田有限责任公司
9	王运成	集　输	集输工	大庆油田有限责任公司
10	罗贤银	集　输	集输工	大庆油田有限责任公司
11	王惠玲	集　输	集输工	大庆油田有限责任公司
12	付荣娟	集　输	集输工	大庆油田有限责任公司
13	孙雨飞	采油采气	采油地质工	大庆油田有限责任公司
14	汲红军	采油采气	采油工	大庆油田有限责任公司
15	王亚军	采油采气	采油工	大庆油田有限责任公司
16	邹继艳	采油采气	采油工	大庆油田有限责任公司

续表

序 号	姓 名	专 业	工 种	工作单位
17	汤 凯	采油采气	采油工	大庆油田有限责任公司
18	祁战宝	采油采气	采油工	大庆油田有限责任公司
19	李殷海	机械修理	注输泵修理工	大庆油田有限责任公司
20	李 沫	集 输	集输工	大庆油田有限责任公司
21	金广军	集 输	集输工	大庆油田有限责任公司
22	赵国刚	集 输	集输工	大庆油田有限责任公司
23	庞庆梅	集 输	集输工	大庆油田有限责任公司
24	代玉梅	集 输	综合计量工	大庆油田有限责任公司
25	裴庆银	天然气加工	轻烃装置操作工	大庆油田有限责任公司
26	李旭东	工程技术	井下作业工	大庆油田有限责任公司
27	周恒仓	工程技术	井下作业工	大庆油田有限责任公司
28	李洪亮	工程技术	井下作业工	大庆油田有限责任公司
29	赵春海	工程技术	井下作业工	大庆油田有限责任公司
30	齐志民	工程技术	石油钻井工	大庆油田有限责任公司
31	徐义千	工程技术	钻井液工	大庆油田有限责任公司
32	田兆义	工程技术	钻井液工	大庆油田有限责任公司
33	丁洪涛	工程技术	采油测试工	大庆油田有限责任公司
34	杨凤凯	工程技术	采油测试工	大庆油田有限责任公司
35	李春辉	工程建设	变电检修工	大庆油田有限责任公司
36	卫 东	工程建设	电工	大庆油田有限责任公司
37	王召军	工程建设	电焊工	大庆油田有限责任公司
38	都宏海	工程建设	电焊工	大庆油田有限责任公司
39	刘忠波	工程建设	电焊工	大庆油田有限责任公司
40	金铁钢	工程建设	电焊工	大庆油田有限责任公司
41	郭建明	工程建设	电焊工	大庆油田有限责任公司
42	司英建	工程建设	电焊工	大庆油田有限责任公司
43	王 汀	工程建设	继电保护工	大庆油田有限责任公司
44	笪祖朋	工程建设	石油金属结构制作工	大庆油田有限责任公司
45	刘可夫	工程建设	维修电工	大庆油田有限责任公司
46	张洪军	工程建设	维修电工	大庆油田有限责任公司
47	姜 平	工程建设	维修电工	大庆油田有限责任公司
48	刘国昌	工程建设	维修电工	大庆油田有限责任公司

续表

序　号	姓　名	专　业	工　种	工作单位
49	任传柱	工程建设	维修电工	大庆油田有限责任公司
50	张振增	工程建设	油气管线安装工	大庆油田有限责任公司
51	林士军	工程建设	油气管线安装工	大庆油田有限责任公司
52	孔德生	工程建设	油气管线安装工	大庆油田有限责任公司
53	许　斌	机械制造	车　工	大庆油田有限责任公司
54	郑希权	机械制造	钳　工	大庆油田有限责任公司
55	谢仕洪	机械制造	车　工	大庆油田有限责任公司
56	马喜林	仪器仪表安装修理	仪表维修工	大庆油田有限责任公司
57	李庆峰	机械修理	轻烃装置维修工	大庆油田有限责任公司
58	邢恩福	仪器仪表安装修理	仪表安装工	大庆油田有限责任公司
59	杨振东	采油采气	采油工	辽河油田分公司
60	高文斌	采油采气	采油工	辽河油田分公司
61	单忠利	采油采气	采油工	辽河油田分公司
62	朱明哲	采油采气	采油工	辽河油田分公司
63	徐志强	采油采气	采油工	辽河油田分公司
64	代新勇	采油采气	采油工	辽河油田分公司
65	郭发德	采油采气	采油工	辽河油田分公司
66	赵奇峰	采油采气	采油工	辽河油田分公司
67	曹建新	采油采气	采油工	辽河油田分公司
68	杨　波	采油采气	采油工	辽河油田分公司
69	柳转阳	采油采气	采油工	辽河油田分公司
70	陈伟东	采油采气	采油工	辽河油田分公司
71	张　云	采油采气	热注运行工	辽河油田分公司
72	孙　洁	集　输	集输工	辽河油田分公司
73	靳庆凯	采油采气	采油工	辽河油田分公司
74	邹洪超	采油采气	采油工	辽河油田分公司
75	饶德林	采油采气	采油工	辽河油田分公司
76	杨立华	采油采气	热注运行工	辽河油田分公司
77	李桂库	工程技术	井下作业工	辽河油田分公司
78	张　明	工程技术	井下作业工	辽河油田分公司
79	吴晓媛	工程建设	变电站值班	辽河油田分公司
80	张金平	工程建设	电焊工	辽河油田分公司

续表

序号	姓名	专业	工种	工作单位
81	于占勇	工程建设	配电线路工	辽河油田分公司
82	杨　玲	采油采气	采气工	长庆油田分公司
83	刘美萍	采油采气	采油工	长庆油田分公司
84	丁巨龙	采油采气	采油工	长庆油田分公司
85	李永宏	采油采气	采油工	长庆油田分公司
86	梁庆辉	采油采气	采油工	长庆油田分公司
87	于建平	采油采气	采油工	长庆油田分公司
88	孟亚莉	采油采气	采油工	长庆油田分公司
89	张　华	采油采气	采气工	长庆油田分公司
90	王德宽	采油采气	采气工	长庆油田分公司
91	杨　君	采油采气	采油工	长庆油田分公司
92	李眉博	采油采气	采油工	长庆油田分公司
93	胡忠太	采油采气	采油工	长庆油田分公司
94	曹庆红	采油采气	采油工	长庆油田分公司
95	郝颖平	采油采气	采油工	长庆油田分公司
96	魏　诚	采油采气	采油工	长庆油田分公司
97	梁东平	工程技术	井下作业工	长庆油田分公司
98	赵瑞元	工程技术	井下作业工	长庆油田分公司
99	杨义兴	工程技术	井下作业工	长庆油田分公司
100	李亚庆	集　输	集输工	塔里木油田分公司
101	张　明	工程建设	电　工	塔里木油田分公司
102	王爱民	炼　油	合成氨装置操作工	塔里木油田分公司
103	朱建雄	采油采气	采气工	新疆油田分公司
104	张　杰	采油采气	采气工	新疆油田分公司
105	陈其亮	采油采气	采油工	新疆油田分公司
106	李海军	采油采气	采油工	新疆油田分公司
107	朱安江	采油采气	采油工	新疆油田分公司
108	寇秀玲	采油采气	采油工	新疆油田分公司
109	张　军	采油采气	采油工	新疆油田分公司
110	颜福新	采油采气	采油工	新疆油田分公司
111	魏昌建	采油采气	采油工	新疆油田分公司
112	叶长新	采油采气	采油工	新疆油田分公司

续表

序　号	姓　名	专　业	工　种	工作单位
113	林　伟	采油采气	采油工	新疆油田分公司
114	肉孜麦麦提·巴克	采油采气	采油工	新疆油田分公司
115	陈林政	采油采气	热注运行工	新疆油田分公司
116	靳光新	集　输	集输工	新疆油田分公司
117	卢风光	集　输	集输工	新疆油田分公司
118	丁　建	集　输	集输工	新疆油田分公司
119	肖　刚	集　输	输气工	新疆油田分公司
120	杨　豪	集　输	输油工	新疆油田分公司
121	杨文学	采油采气	采油工	新疆油田分公司
122	张玉华	采油采气	采油工	新疆油田分公司
123	陈相国	工程技术	井下作业工	新疆油田分公司
124	夏仲华	采油采气	采气工	西南油气田分公司
125	刘　辉	采油采气	采气工	西南油气田分公司
126	姜婷婷	采油采气	采气工	西南油气田分公司
127	李忠良	采油采气	采油工	西南油气田分公司
128	李　强	机械修理	天然气压缩机修理工	西南油气田分公司
129	宋殷俊	采油采气	采气工	西南油气田分公司
130	王川洪	采油采气	采气工	西南油气田分公司
131	陈蓉萍	集　输	输气工	西南油气田分公司
132	谢宗宝	集　输	输气工	西南油气田分公司
133	王　帅	工程建设	电焊工	西南油气田分公司
134	鲁大勇	仪器仪表安装修理	仪表维修工	西南油气田分公司
135	郑立东	仪器仪表安装修理	采输气仪表工	西南油气田分公司
136	宋成立	采油采气	采油工	吉林油田分公司
137	景　伟	采油采气	采油工	吉林油田分公司
138	王瑞东	采油采气	采油工	吉林油田分公司
139	张海山	采油采气	采油工	吉林油田分公司
140	安文霞	采油采气	采油工	吉林油田分公司
141	李　英	采油采气	采油工	吉林油田分公司
142	臧鑫赫	采油采气	采油工	吉林油田分公司
143	陆　辉	采油采气	采油工	吉林油田分公司
144	田大志	集　输	集输工	吉林油田分公司

续表

序 号	姓 名	专 业	工 种	工作单位
145	鞠岳军	集 输	集输工	吉林油田分公司
146	周小东	采油采气	采油工	大港油田分公司
147	周忠军	采油采气	采油工	大港油田分公司
148	赵常明	采油采气	采油工	大港油田分公司
149	苏建斌	采油采气	采油工	大港油田分公司
150	尤立红	采油采气	采油工	大港油田分公司
151	李 健	集 输	集输工	大港油田分公司
152	于兴才	采油采气	采油工	大港油田分公司
153	张润进	集 输	集输工	大港油田分公司
154	宋忠利	集 输	集输工	大港油田分公司
155	孙国海	工程技术	井下作业工	大港油田分公司
156	邓鲁宁	工程技术	井下作业工	大港油田分公司
157	王普军	工程建设	维修电工	大港油田分公司
158	张树起	工程建设	维修电工	大港油田分公司
159	张华先	采油采气	采油工	青海油田分公司
160	姜 宏	集 输	集输工	青海油田分公司
161	王富满	采油采气	采气工	青海油田分公司
162	史 昆	采油采气	采油工	青海油田分公司
163	张 峰	工程技术	井下作业工	青海油田分公司
164	杨永磊	工程建设	电焊工	青海油田分公司
165	王锡军	工程建设	油气管线安装工	青海油田分公司
166	陈向平	化 工	甲醇装置操作工	青海油田分公司
167	郭连升	采油采气	采油工	华北油田分公司
168	杨培伦	采油采气	采油工	华北油田分公司
169	胡东华	采油采气	采油工	华北油田分公司
170	王振东	采油采气	采油工	华北油田分公司
171	闻 伟	采油采气	采油工	华北油田分公司
172	王爱法	采油采气	采油工	华北油田分公司
173	李秉军	采油采气	采油工	华北油田分公司
174	李 明	采油采气	采油工	华北油田分公司
175	冯 松	集 输	集输工	华北油田分公司
176	徐立东	集 输	集输工	华北油田分公司

续表

序 号	姓 名	专 业	工 种	工作单位
177	曾庆伟	集 输	集输工	华北油田分公司
178	黄 树	工程技术	井下作业工	华北油田分公司
179	孙连会	工程技术	井下作业工	华北油田分公司
180	李彦超	工程建设	变电站值班员	华北油田分公司
181	冉俊义	工程建设	电焊工	华北油田分公司
182	徐志民	采油采气	采油工	吐哈油田分公司
183	顾仲辉	采油采气	采油工	吐哈油田分公司
184	陈 述	集 输	集输工	吐哈油田分公司
185	江 龙	集 输	集输工	吐哈油田分公司
186	金勇才	采油采气	采油工	吐哈油田分公司
187	张 浩	集 输	集输工	吐哈油田分公司
188	赵松柏	采油采气	采油工	冀东油田分公司
189	李魁芳	集 输	集输工	冀东油田分公司
190	张立群	天然气加工	轻烃装置操作工	冀东油田分公司
191	刘春杰	采油采气	采油工	玉门油田分公司
192	陈全柱	工程技术	井下作业工	玉门油田分公司
193	华玉林	工程建设	维修电工	玉门油田分公司
194	贾洪彬	工程建设	司炉工	大庆石化分公司
195	包忠臣	炼 油	催化裂化装置操作工	大庆石化分公司
196	马宏伟	化 工	聚乙烯装置操作工	大庆石化分公司
197	左成玉	化 工	乙烯装置操作工	大庆石化分公司
198	姜大为	化 工	乙烯装置操作工	大庆石化分公司
199	王立明	科研与分析化验	化工分析工	大庆石化分公司
200	潘大龙	仪器仪表安装修理	仪表维修工	大庆石化分公司
201	周 军	炼 油	催化裂化装置操作工	吉林石化分公司
202	姜 涛	炼 油	乙烯装置操作工	吉林石化分公司
203	赵景林	化 工	合成氨装置操作工	吉林石化分公司
204	刘忠梅	炼 油	汽（煤、柴）油加氢装置操作工	吉林石化分公司
205	李宏光	化 工	二甲苯装置操作工	吉林石化分公司
206	侯英杰	仪器仪表安装修理	仪表维修工	吉林石化分公司
207	李永翔	机械修理	机泵维修钳工	吉林石化分公司

续表

序 号	姓 名	专 业	工 种	工作单位
208	崔宏鑫	工程建设	维修电工	抚顺石化分公司
209	韩 威	炼 油	加氢裂化装置操作工	抚顺石化分公司
210	边 江	化 工	酮苯脱蜡装置操作工	抚顺石化分公司
211	田 军	化 工	丙烯腈装置操作工	抚顺石化分公司
212	李 俊	炼 油	催化裂化装置操作工	抚顺石化分公司
213	贾 亮	炼 油	常减压蒸馏装置操作工	抚顺石化分公司
214	张风光	仪器仪表安装修理	仪表维修工	抚顺石化分公司
215	郭建勇	机械修理	机泵维修钳工	抚顺石化分公司
216	刘 牧	工程建设	电焊工	辽阳石化分公司
217	崔启福	炼 油	加氢裂化装置操作工	辽阳石化分公司
218	陶贵金	炼 油	汽（煤、柴）油加氢装置操作工	辽阳石化分公司
219	徐艳敏	科研与分析化验	化工分析工	辽阳石化分公司
220	郑 重	炼 油	加氢裂化装置操作工	辽阳石化分公司
221	杨柏林	炼 油	催化重整装置操作工	辽阳石化分公司
222	刘 东	炼 油	乙烯装置操作工	辽阳石化分公司
223	任国焱	仪器仪表安装修理	仪表维修工	辽阳石化分公司
224	岳景春	机械修理	机泵维修钳工	辽阳石化分公司
225	吕仲光	工程建设	电焊工	兰州石化分公司
226	杨子海	工程建设	锅炉运行值班员	兰州石化分公司
227	孙青先	化 工	乙烯装置操作工	兰州石化分公司
228	卢朝鹏	炼 油	催化裂化装置操作工	兰州石化分公司
229	管东红	化 工	丁苯橡胶装置操作工	兰州石化分公司
230	宋俊鸿	化 工	丁腈橡胶装置操作工	兰州石化分公司
231	巩国平	炼 油	常减压蒸馏装置操作工	兰州石化分公司
232	黄开炳	化 工	乙烯装置操作工	兰州石化分公司
233	吉 宁	仪器仪表安装修理	仪表维修工	兰州石化分公司
234	杜 亮	工程建设	电焊工	独山子石化分公司
235	薛 魁	化 工	乙烯装置操作工	独山子石化分公司
236	杜胜利	炼 油	加氢裂化装置操作工	独山子石化分公司
237	张全军	化 工	聚乙烯装置操作工	独山子石化分公司
238	潘志强	科研与分析化验	化工分析工	独山子石化分公司

续表

序　号	姓　名	专　业	工　种	工作单位
239	张健新	炼　油	催化重整装置操作工	独山子石化分公司
240	徐凯军	炼　油	常减压蒸馏装置操作工	独山子石化分公司
241	谢文奋	仪器仪表安装修理	仪表维修工	独山子石化分公司
242	陈文忠	机械修理	机泵维修钳工	独山子石化分公司
243	许战军	化　工	精对苯二甲酸装置操作工	乌鲁木齐石化分公司
244	孙　燕	科研与分析化验	化工分析工	乌鲁木齐石化分公司
245	张卫红	炼　油	催化裂化装置操作工	宁夏石化分公司
246	杨学智	炼　油	合成氨装置操作工	宁夏石化分公司
247	张业涛	炼　油	常减压蒸馏装置操作工	大连石化分公司
248	张守前	炼　油	催化裂化装置操作工	大连石化分公司
249	荣　征	炼　油	催化裂化装置操作工	大连石化分公司
250	崔　健	炼　油	酮苯脱蜡装置操作工	大连石化分公司
251	隋广鑫	化　工	聚丙烯装置操作工	大连石化分公司
252	刘丛堂	仪器仪表安装修理	仪表安装工	大连石化分公司
253	孙泳峰	仪器仪表安装修理	仪表维修工	大连石化分公司
254	褚继勇	炼　油	催化重整装置操作工	锦州石化分公司
255	盖保权	炼　油	催化裂化装置操作工	锦州石化分公司
256	徐　凯	机械修理	机泵维修钳工	锦州石化分公司
257	侯传江	炼　油	催化裂化装置操作工	锦西石化分公司
258	王尚典	机械制造	车工	锦西石化分公司
259	荀　巍	机械修理	机泵维修钳工	锦西石化分公司
260	王　健	工程建设	维修电工	大庆炼化分公司
261	王东华	炼　油	催化裂化装置操作工	大庆炼化分公司
262	徐　涛	仪器仪表安装修理	仪表维修工	大庆炼化分公司
263	张世凯	机械修理	机泵维修钳工	大庆炼化分公司
264	林树国	工程建设	维修电工	哈尔滨石化分公司
265	刘　强	炼　油	催化裂化装置操作工	哈尔滨石化分公司
266	张林涛	化　工	乙烯装置操作工	中国石油四川石化有限责任公司
267	陈军舰	机械修理	机泵维修钳工	大港石化分公司
268	王　峰	炼　油	催化裂化装置操作工	大港石化分公司
269	陶新建	炼　油	延迟焦化装置操作工	大港石化分公司
270	肖国营	炼　油	延迟焦化装置操作工	辽河石化分公司

续表

序　号	姓　名	专　业	工　种	工作单位
271	盖永强	炼　油	催化裂化装置操作工	辽河石化分公司
272	周　强	机械修理	机泵维修钳工	辽河石化分公司
273	马晓伟	炼　油	制氢装置操作工	中石油克拉玛依石化有限责任公司
274	韩胜显	炼　油	催化裂化装置操作工	中石油克拉玛依石化有限责任公司
275	张俊晓	炼　油	延迟焦化装置操作工	中石油克拉玛依石化有限责任公司
276	陈淑建	炼　油	催化重整装置操作工	中石油克拉玛依石化有限责任公司
277	于红伟	炼　油	酮苯脱蜡装置操作工	中石油克拉玛依石化有限责任公司
278	吴占关	工程技术	井下作业工	中国石油集团西部钻探工程有限公司
279	张晓亮	工程技术	井下作业工	中国石油集团西部钻探工程有限公司
280	谭文波	工程技术	井下作业工具工	中国石油集团西部钻探工程有限公司
281	张耀先	工程技术	石油钻井工	中国石油集团西部钻探工程有限公司
282	赵　辉	工程技术	钻井柴油机工	中国石油集团西部钻探工程有限公司
283	潘鹏飞	工程技术	石油钻井工	中国石油集团西部钻探工程有限公司
284	艾尼·库尔班	工程技术	钻井柴油机工	中国石油集团西部钻探工程有限公司
285	武东生	工程技术	石油钻井工	中国石油集团西部钻探工程有限公司
286	周哲文	工程技术	钻井液工	中国石油集团西部钻探工程有限公司
287	高　峰	工程技术	钻井液工	中国石油集团西部钻探工程有限公司
288	孙　斌	工程技术	钻井液工	中国石油集团西部钻探工程有限公司
289	妥　红	工程技术	综合录井工	中国石油集团西部钻探工程有限公司
290	肖　胜	工程技术	录井工	中国石油集团西部钻探工程有限公司
291	朴红光	工程技术	石油钻井工	中国石油集团长城钻探工程有限公司
292	王振军	工程技术	钻井柴油机	中国石油集团长城钻探工程有限公司
293	鲁政权	工程技术	钻井液工	中国石油集团长城钻探工程有限公司
294	张　良	工程技术	钻井地质工	中国石油集团长城钻探工程有限公司
295	赵增权	工程技术	井下作业工	中国石油集团渤海钻探工程有限公司
296	李　龙	工程技术	井下作业工	中国石油集团渤海钻探工程有限公司
297	张　勇	工程技术	石油钻井工	中国石油集团渤海钻探工程有限公司
298	王金广	工程技术	钻井柴油机工	中国石油集团渤海钻探工程有限公司
299	王　信	工程技术	钻井液工	中国石油集团渤海钻探工程有限公司
300	尚旺涛	工程技术	钻井液工	中国石油集团渤海钻探工程有限公司
301	陈祖红	工程技术	钻井液工	中国石油集团渤海钻探工程有限公司
302	李爱忠	工程技术	石油钻井工	中国石油集团渤海钻探工程有限公司

续表

序号	姓名	专业	工种	工作单位
303	杨砚杭	工程技术	钻井柴油机工	中国石油集团渤海钻探工程有限公司
304	方福君	工程技术	井下作业工	中国石油集团川庆钻探工程有限公司
305	王国锋	工程技术	井下作业工	中国石油集团川庆钻探工程有限公司
306	张　勇	工程技术	石油钻井工	中国石油集团川庆钻探工程有限公司
307	田　军	工程技术	作业工	中国石油集团川庆钻探工程有限公司
308	王亚红	工程技术	钻井柴油机	中国石油集团川庆钻探工程有限公司
309	闵光平	工程技术	石油钻井工	中国石油集团川庆钻探工程有限公司
310	黄述春	工程技术	石油钻井工	中国石油集团川庆钻探工程有限公司
311	李　缨	工程技术	石油钻井工	中国石油集团川庆钻探工程有限公司
312	刘贵义	工程技术	石油钻井工	中国石油集团川庆钻探工程有限公司
313	张　杰	工程技术	石油钻井工	中国石油集团川庆钻探工程有限公司
314	李　刚	工程技术	钻井柴油机工	中国石油集团川庆钻探工程有限公司
315	朱亚峰	工程技术	钻井柴油机工	中国石油集团川庆钻探工程有限公司
316	唐润平	工程技术	钻井液工	中国石油集团川庆钻探工程有限公司
317	高　强	工程技术	钻井液工	中国石油集团川庆钻探工程有限公司
318	邵友勤	工程技术	地层测试工	中国石油集团川庆钻探工程有限公司
319	汪　敏	工程技术	采气测试工	中国石油集团川庆钻探工程有限公司
320	郑　永	仪器仪表安装修理	仪表维修工	中国石油集团川庆钻探工程有限公司
321	许绍俊	仪器仪表安装修理	仪表维修工	中国石油集团川庆钻探工程有限公司
322	孙祖强	工程技术	地震勘探工	中国石油集团东方地球物理勘探有限责任公司
323	赵　帅	工程技术	可控震源维修工	中国石油集团东方地球物理勘探有限责任公司
324	郑家志	工程技术	石油物探测量工	中国石油集团东方地球物理勘探有限责任公司
325	杨新勇	交通运输	汽车修理工	中国石油集团东方地球物理勘探有限责任公司
326	石庆平	工程技术	测井工	中国石油集团测井有限公司
327	马　营	工程技术	测井工	中国石油集团测井有限公司
328	刘秀庆	工程技术	测井工	中国石油集团测井有限公司
329	王　琦	工程技术	射孔取心工	中国石油集团测井有限公司
330	牛承东	工程技术	测井仪修工	中国石油集团测井有限公司

续表

序　号	姓　名	专　业	工　种	工作单位
331	刘春斌	工程技术	测井工	中国石油集团测井有限公司
332	吴依东	工程技术	测井工	中国石油集团测井有限公司
333	张光洲	工程技术	测井工	中国石油集团测井有限公司
334	杨　平	工程建设	电焊工	中国石油集团工程股份有限公司
335	汪　明	工程建设	电　工	中国石油管道局工程有限公司
336	邵洪波	工程建设	电焊工	中国石油管道局工程有限公司
337	王建才	工程建设	电焊工	中国石油管道局工程有限公司
338	王以兵	工程建设	电焊工	中国石油管道局工程有限公司
339	董俊军	工程建设	电焊工	中国石油管道局工程有限公司
340	陈　强	工程建设	电焊工	中国石油管道局工程有限公司
341	刘　智	工程建设	电焊工	中国石油管道局工程有限公司
342	高继宏	工程建设	电焊工	中国石油管道局工程有限公司
343	牛连山	工程建设	电焊工	中国石油管道局工程有限公司
344	陈献明	工程建设	配电线路工	中国石油管道局工程有限公司
345	孙洪业	工程建设	气焊工	中国石油管道局工程有限公司
346	饶雪飞	工程建设	石油金属机构制作工	中国石油管道局工程有限公司
347	张　宁	工程建设	石油金属结构制作工	中国石油管道局工程有限公司
348	陈兆坤	工程建设	电焊工	中国石油工程建设有限公司
349	赵承先	工程建设	电焊工	中国石油工程建设有限公司
350	王俊峰	工程建设	电焊工	中国石油工程建设有限公司
351	裴先峰	工程建设	电焊工	中国石油工程建设有限公司
352	慕香奎	工程建设	电焊工	中国石油工程建设有限公司
353	蒋国辉	工程建设	电焊工	中国石油工程建设有限公司
354	曹遂军	工程建设	电焊工	中国石油工程建设有限公司
355	刘新儒	工程建设	石油金属结构制作工	中国石油工程建设有限公司
356	刘树权	工程建设	石油金属结构制作工	中国石油工程建设有限公司
357	丁自力	工程建设	电焊工	中国石油工程建设有限公司
358	王振平	工程建设	电焊工	中国石油工程建设有限公司
359	刘新海	工程建设	电焊工	中国石油工程建设有限公司
360	刘永华	工程建设	工程设备安装工	中国石油工程建设有限公司
361	王业民	技术监督	无损探伤工	中国石油工程建设有限公司

续表

序 号	姓 名	专 业	工 种	工作单位
362	王兴平	工程建设	电焊工	中国寰球工程有限公司
363	赵 辉	工程建设	电焊工	中国寰球工程有限公司
364	陈君龙	工程建设	电焊工	中国寰球工程有限公司
365	张仕经	工程建设	起重工	中国寰球工程有限公司
366	张 杰	机械制造	车 工	宝鸡石油机械有限责任公司
367	信华滨	机械制造	镗 工	宝鸡石油机械有限责任公司
368	刘均让	机械制造	钳 工	宝鸡石油机械有限责任公司
369	茆建军	工程建设	维修电工	宝鸡石油钢管有限责任公司
370	彭建军	机械制造	钳 工	宝鸡石油钢管有限责任公司
371	胡德虎	机械制造	埋弧焊管自动焊工	宝鸡石油钢管有限责任公司
372	强会明	技术监督	无损探伤工	宝鸡石油钢管有限责任公司
373	张传勇	机械制造	加工中心操作工	中国石油集团济柴动力有限公司
374	何 伟	机械修理	天然气压缩机修理工	中国石油集团济柴动力有限公司
375	林 海	机械修理	内燃机装调工	中国石油集团济柴动力有限公司
376	王海生	工程建设	电焊工	中国石油集团渤海石油装备制造有限公司
377	白国文	机械制造	车 工	中国石油集团渤海石油装备制造有限公司
378	厉彦东	机械制造	钳 工	中国石油集团渤海石油装备制造有限公司
379	祝国政	机械制造	车 工	中国石油集团渤海石油装备制造有限公司
380	刘 东	交通运输	汽车修理工	中国石油运输有限公司

中国石油天然气集团有限公司国家级技能大师工作室

序 号	工作室名称	单 位
1	任相财技能大师工作室	大庆油田有限责任公司
2	刘永庆技能大师工作室	大庆油田有限责任公司
3	王汀技能大师工作室	大庆油田有限责任公司
4	杨海波技能大师工作室	大庆油田有限责任公司
5	胡延军技能大师工作室	大庆油田有限责任公司
6	崔启福技能大师工作室	辽阳石化分公司
7	李桂库技能大师工作室	辽河油田分公司

续表

序　号	工作室名称	单　位
8	赵奇峰技能大师工作室	辽河油田分公司
9	柳转阳技能大师工作室	辽河油田分公司
10	束滨霞技能大师工作室	辽河油田分公司
11	梁东平技能大师工作室	长庆油田分公司
12	肖刚技能大师工作室	新疆油田分公司
13	宋成立技能大师工作室	吉林油田分公司
14	周小东技能大师工作室	大港油田分公司
15	赵常明技能大师工作室	大港油田分公司
16	王锡军技能大师工作室	青海油田分公司
17	刘春杰技能大师工作室	玉门油田分公司
18	陈全柱技能大师工作室	玉门油田分公司
19	左成玉技能大师工作室	大庆石化分公司
20	赵林源技能大师工作室	抚顺石化分公司
21	孙青先技能大师工作室	兰州石化分公司
22	谭文波技能大师工作室	中国石油集团西部钻探工程有限公司
23	冉鹏技能大师工作室	中国石油集团川庆钻探工程有限公司
24	张勇技能大师工作室	中国石油集团渤海钻探工程有限公司
25	王建才技能大师工作室	中国石油管道局工程有限公司
26	曹遂军技能大师工作室	中国石油工程建设有限公司
27	赵辉技能大师工作室	中国寰球工程有限公司
28	王兴平技能大师工作室	中国寰球工程有限公司

中国石油天然气集团有限公司技能专家工作室

序　号	工作室名称	单　位
1	刘丽采油技能专家工作室	大庆油田有限责任公司
2	齐志民钻井技能专家工作室	大庆油田有限责任公司
3	王召军焊接技能专家工作室	大庆油田有限责任公司
4	张有兴采油技能专家工作室	大庆油田有限责任公司

续表

序　号	工作室名称	单　位
5	罗贤银集输技能专家工作室	大庆油田有限责任公司
6	林士军管工技能专家工作室	大庆油田有限责任公司
7	李殷海泵修技能专家工作室	大庆油田有限责任公司
8	张云热注运行技能专家工作室	辽河油田分公司
9	吴晓媛变电站值班技能专家工作室	辽河油田分公司
10	杨振东采油技能专家工作室	辽河油田分公司
11	孙洁集输技能专家工作室	辽河油田分公司
12	丁巨龙采油技能专家工作室	长庆油田分公司
13	梁庆辉采油技能专家工作室	长庆油田分公司
14	杨玲采气技能专家工作室	长庆油田分公司
15	杨义兴井下作业技能专家工作室	长庆油田分公司
16	张明电工技能专家工作室	塔里木油田分公司
17	王爱民合成氨装置技能专家工作室	塔里木油田分公司
18	新疆油田采油技能专家工作室	新疆油田分公司
19	新疆油田采气技能专家工作室	新疆油田分公司
20	集输技能专家工作室	新疆油田分公司
21	热注技能专家工作室	新疆油田分公司
22	西南油气田采气技能专家工作室	西南油气田分公司
23	西南油气田天然气净化技能专家工作室	西南油气田分公司
24	西南油气田输气技能专家工作室	西南油气田分公司
25	邓鲁宁井下作业技能专家工作室	大港油田分公司
26	李健集输技能专家工作室	大港油田分公司
27	周忠军采油技能专家工作室	大港油田分公司
28	杨永磊设备维修技能专家工作室	青海油田分公司
29	史昆采油技能专家工作室	青海油田分公司
30	华北油田采油集输技能专家工作室	华北油田分公司
31	华北油田井下作业技能专家工作室	华北油田分公司
32	冉俊义电焊技能专家工作室	华北油田分公司
33	李彦超供电技能专家工作室	华北油田分公司
34	吐哈油田采油技能专家工作室	吐哈油田分公司

续表

序号	工作室名称	单位
35	赵松柏采油技能专家工作室	冀东油田分公司
36	华玉林维修电工技能专家工作室	玉门油田分公司
37	姜涛乙烯技能专家工作室	吉林石化分公司
38	候英杰仪表维修技能专家工作室	吉林石化分公司
39	李永翔机泵维修钳工技能专家工作室	吉林石化分公司
40	抚顺石化机泵维修钳工技能专家工作室	抚顺石化分公司
41	仪表维修技能专家工作室	抚顺石化分公司
42	辽阳石化机泵维修钳工技能专家工作室	辽阳石化分公司
43	吕仲光技能专家工作室	兰州石化分公司
44	杨子海锅炉运行技能专家工作室	兰州石化分公司
45	兰州石化化验分析技能专家工作室	兰州石化分公司
46	机泵维修钳工技能专家工作室	独山子石化分公司
47	焊接技能专家工作室	独山子石化分公司
48	许战军化工技能专家工作室	乌鲁木齐石化分公司
49	刘丛堂仪表维修技能专家工作室	大连石化分公司
50	锦西石化机泵维修钳工技能专家工作室	锦西石化分公司
51	林树国电气技能专家工作室	哈尔滨石化分公司
52	陈军舰机电仪技能专家工作室	大港石化分公司
53	王峰催化裂化技能专家工作室	大港石化分公司
54	周强机泵维修钳工技能专家工作室	辽河石化分公司
55	武东生打捞技能专家工作室	中国石油集团西部钻探工程有限公司
56	井下作业技能专家工作室	中国石油集团西部钻探工程有限公司
57	长城钻探钻井技能专家工作室	中国石油集团长城钻探工程有限公司
58	李爱忠石油钻井技能专家工作室	中国石油集团渤海钻探工程有限公司
59	王信钻井液技能专家工作室	中国石油集团渤海钻探工程有限公司
60	杨砚杭钻井柴油机技能专家工作室	中国石油集团渤海钻探工程有限公司
61	刘贵义油气井抢险技能专家工作室	中国石油集团川庆钻探工程有限公司
62	高强钻井液技能专家工作室	中国石油集团川庆钻探工程有限公司
63	杨新勇汽车修理技能专家工作室	中国石油集团东方地球物理勘探有限责任公司
64	赵帅可控震源技能专家工作室	中国石油集团东方地球物理勘探有限责任公司

续表

序　号	工作室名称	单　位
65	孙祖强石油地震勘探技能专家工作室	中国石油集团东方地球物理勘探有限责任公司
66	牛连山焊接技能专家工作室	中国石油管道局工程有限公司
67	邵洪波焊铆管技能专家工作室	中国石油管道局工程有限公司
68	孙洪业焊铆管技能专家工作室	中国石油管道局工程有限公司
69	王业民无损探伤技能专家工作室	中国石油工程建设有限公司
70	张仕经起重技能专家工作室	中国寰球工程有限公司

（胥　勇）

绿色发展　奉献能源

为客户成长增动力　为人民幸福赋新能

大庆油田有限责任公司

大庆油田有限责任公司是中国石油天然气集团有限公司下属的全资子公司。大庆油田是世界上为数不多的特大型砂岩油田，开发建设60多年来，累计生产原油24.6亿吨，上缴税费及各种资金2.9万亿元，为维护国家石油供给安全、支持国民经济发展做出了高水平贡献。大庆精神铁人精神第一批纳入中国共产党人的精神谱系，成为引领激励油田上下砥砺奋进的强大力量。

全力打好新时代页岩油新会战，2021年8月28日，大庆古龙陆相页岩油国家示范区建设推进会暨示范区揭牌和古页油平1井揭碑仪式举行，标志着大庆油田古龙页岩油发展进入新阶段

大打油气勘探进攻仗，四川盆地大庆仪陇一平昌区块平安1井页岩油勘探等3项勘探成果分别获集团公司勘探重大发现奖特等奖、一等奖和二等奖

三次采油年产量连续20年保持1000万吨以上，建成全球规模较大的三次采油生产基地，天然气产量迈上50亿立方米新台阶，连续11年稳定增长，为“气化龙江”战略提供强力支撑

2021 年，大庆油田深入学习贯彻习近平总书记重要讲话指示批示精神，全面践行新发展理念，切实履行“当好标杆旗帜、建设百年油田”的重大责任，全力抓好高质量原油稳产、大力弘扬严实作风、发展接续力量“三件大事”，牢牢端稳端好能源“饭碗”，开创了新时代油田高质量发展新局面。全年完成油气产量当量 4300 万吨以上，实现油气产量“双超产”、收入利润“双增加”，在“十四五”开局之年交出了高质量发展的“大庆答卷”。

聚焦“双碳”目标，启动大庆油田绿色低碳可持续发展示范基地建设，加快新能源先导示范项目落地实施；坚定不移“走出去”，国内外市场签约额同比实现双增长

坚持科技自立自强，关键核心技术不断创新发展；大力弘扬严实作风，全面加强企业党的建设，坚决当好“两个确立”的忠诚拥护者、“两个维护”的标杆示范者

站在新起点，大庆油田将始终高举习近平新时代中国特色社会主义思想伟大旗帜，坚持稳中求进工作总基调，突出高质量发展主题，积极构建稳油增气、内外并举、多能互补、绿色发展新格局，持续巩固保持全国陆上大型原油生产基地地位，力争国内外油气产量当量达到 4500 万吨以上，努力建成世界一流绿色可持续发展的综合性能源强企、基业长青的百年油田！

地址：黑龙江省大庆市让胡路区 **邮编：163002**
电话：0459-5999255 **传真：0459-5973125**

中国石油辽河油田公司

中国石油辽河油田公司为中国石油所属地区分公司，是以石油、天然气勘探开发为主，储气库业务、工程技术、工程建设、燃气利用等多元经济协调发展的大型联合企业，行政上由中国石油天然气股份有限公司直接管理，业务上由勘探与生产分公司归口管理，总部机关坐落在辽宁省盘锦市。

辽河油田矿权区域横跨辽宁省、内蒙古自治区、陕西省、甘肃省及海南省，勘探领域包括辽河探区、鄂尔多斯探区和深海探区，其中辽河探区是勘探开发主战场，年产量占全油田 90% 以上，是全国大型稠油、高凝油生产基地。油田油藏类型多样、油品性质各异，开发方式从天然能量开发、水驱、稠油蒸汽吞吐到蒸汽驱、SAGD、火驱等方式转换，形成了 9 种主要开发方式及配套技术，涵盖陆上石油的全部开发方式。拥有东北地区大型的储气中心——辽河储气库群，被纳入国家“十四五”发展纲要和石油天然气基础设施重点工程，担负着东北和京津冀地区天然气季节调峰任务，日调峰能力已突破 3000 万立方米。

2021 年 2 月 26 日，辽河油田公司召开庆祝中国共产党成立 100 周年党史学习教育暨“转观念、勇担当、高质量、创一流”主题教育动员部署大会，辽河油田公司执行董事、党委书记李忠兴讲主题党课

2021 年 7 月 1 日，辽河油田公司隆重举行“唱支山歌给党听”建党百年庆祝活动，8 支合唱队、3000 名党员干部在机关大楼前广场用群唱、合唱的方式为党祝福，表达辽河石油人对党的赤诚心声，唱响“我为祖国献石油”主旋律

2021 年 4 月 25 日，辽河油田风险探井——马探 1 井顺利完井，完钻井深 5877 米，刷新辽河盆地纪录

2021 年 11 月 12 日，辽河油田双台子储气库群——双 6 储气库扩容上产工程 1800 万立方米采气处理装置历时 15 个月建成投产，创造国内同等规模储气库建设周期新纪录

2021 年，辽河油田积极应对新冠肺炎疫情持续影响，战胜洪潮和暴风雪等诸多困难，研究实施“三篇文章”“五项战略工程”“五个一体化”等一系列重点思路举措，圆满完成年度各项目标任务，上市与未上市实现“双盈利”，进入集团公司“先进集体”行列，实现“十四五”良好开局。新增石油三级储量 1.6 亿吨以上，探明石油地质储

地址：辽宁省盘锦市兴隆台区石油大街98号　　邮编：124010
电话：0427-7298001　　传真：0427-7822545

量创近 10 年新高，生产油气产量当量 1074 万吨，自 1986 年原油产量突破 1000 万吨以来，连续 36 保持千万吨规模稳产，储气库日调峰能力从 1500 万立方米提升至 3180 万立方米，日调峰能力增量位居国内前列。

2021 年，辽河油田公司被集团公司确定为“CCUS 工程试点单位”

2021 年 10 月 22 日，辽河油田公司与中国石油国际勘探开发有限公司共建的“海外稠（重）油技术支持中心”正式揭牌

2021 年国庆节前夕，辽宁省出现强场次降雨，辽河油田遭遇 30 年不遇洪涝灾害，造成油井关停 646 口，影响日产油高达 1921 吨。辽河油田公司科学部署，有效应对，数百名干部员工放弃国庆长假，开展堤坝加固、设备抢修工作，最终于 11 月初关停油井全部复产，原油日产攀升至 27154 吨，基本恢复到洪灾前水平

2022 年，辽河油田将坚持以习近平新时代中国特色社会主义思想为指导，认真落实集团公司党组决策部署，锚定“加油增气”工作目标，精心做好千万吨油田稳产、百亿方气库建设、外围区效益上产“三篇文章”，大力推进党建提升、人才强企、创新驱动、提质增效、绿色低碳、民生改善“六项战略工程”，全面开展“管理提升年”，努力实现资源储量、油气产量、经营业绩 3 个箭头向上，以优异成绩迎接党的二十大胜利召开。

2021 年 4 月至 10 月，辽河油田公司举办首届培训项目设计大赛，共有 39 家单位、107 个培训项目参赛，涵盖管理、技术和技能 3 个类别，累计参与人员 500 余人

2021 年 9 月，辽河油田公司举办“迎建党百年、强健康体魄、展辽河风采”职工田径运动会

中国石油长庆油田公司

中国石油长庆油田公司是我国产量规模较大的油气田企业，主要在鄂尔多斯盆地开展油气勘探开发及新能源等业务，公司总部位于陕西省西安市，工作区域横跨陕、甘、宁、内蒙古四省（区）。长庆油田公司的前身是成立于 1970 年的长庆油田会战指挥部，历经重组改制、重组整合等组织机构改革，现有采油单位 14 个、采气单位 10 个、输油单位 3 个以及其他科研、生产辅助单位，用工总量 6.8 万人。

2021 年 11 月 28 日，中国共产党长庆油田分公司第二次代表大会在西安召开

2021 年 8 月 30 日，长庆油田公司执行董事、党委书记何江川深入长北作业分公司调研

50 余年来，先后发现并成功开发 34 个油田、13 个气田，累计生产原油 4.2 亿吨、天然气 5155 亿立方米，实现油气当量 8.2 亿吨，为保障国家能源安全和优化能源消费结构做出了突出贡献。近年来，长庆油田持续加大油气勘探开发力度，每年新增探明油气地质储量占全国新增探明储量的三分之一以上，油、气年产量分别占全国八分之一和四分之一，油气当量年均增幅近 300 万吨，2020 年跨越 6000 万吨，创造了我国油气田产量当量纪录，2021 年实现油气当量 6245 万吨，再攀新高峰，创造了低渗透油气田高效开发的世界奇迹。

2021 年 1 月 11 日，自然资源部发布公告将安塞油田纳入全国绿色矿山名录，为长庆油田实现高质量发展注入绿色动能

2021 年，庆城页岩油大油田累计探明石油地质储量突破 10 亿吨，实现我国陆相页岩油勘探开发重大飞越，为长庆油田高质量发展提供新的资源基础。图为亚洲陆上大型页岩油长水平井平台——国家页岩油示范区华 H100 平台

2021年，长庆油田油气勘探取得重大突破，获集团公司特等奖1项、一等奖2项，新增探明油气地质储量保持国内领先。油气开发再攀新高峰，全面建成陇东千万吨油气生产基地和首个百亿立方米采气大厂。

2021年，长庆油田安全生产保卫战打了“翻身仗”，全年未发生一般B级以上生产安全事故和环境事件，顺利通过中央环保督察“国之大考”，获集团公司“质量健康安全环保节能先进企业”“绿色企业”两项大奖。长庆救援队千里驰援河南洪灾，受到国家应急管理部表彰。新冠肺炎疫情防控阻击战守住“零底线”，面对年末西安突发疫情，众志成城、共克时艰，在极限状态下保持生产经营正常运行。冬季保供攻坚战展现“硬实力”，排除万难增产增供，最大日生产能力1.55亿立方米，连续四年高峰期日产量保持1000万立方米增长，彰显了大气区保万家温暖的责任担当。

2021年，长庆油田被中宣部评为“全国爱国主义教育示范基地”，央企首个“延安精神示范教育基地”落户长庆。“高质量建成西部大庆”专题报告会走进北京，获中组部高度肯定。中国共产党长庆油田分公司第二次代表大会胜利召开，从集团公司战略路径中找准定位，制定“率先实现高质量发展、建设基业长青的百年长庆”目标愿景，汇聚起广大干部员工建功新时代的强大合力。

2021年9月9日，长庆油田公司总经理、党委副书记石道涵深入采气一厂调研

2021年6月19日，在庆祝中国共产党成立100周年之际，中央宣传部新命名111个全国爱国主义教育示范基地，长庆油田作为单一生产单位整体入选全国爱国主义教育示范基地在全国尚属首次，充分体现了长庆油田在保障国家油气供应安全中的突出地位

地址：陕西省西安市未央路151号　　邮编：710018
电话：029-86596666　　传真：029-86599999

中国石油冀东油田公司

中国石油冀东油田公司是股份公司所属地区分公司，坐落于素有中国近代工业摇篮、凤凰涅槃之称的河北省唐山市，勘探区域包括唐山、秦皇岛及南部渤海海域、鄂尔多斯东北部神木—佳县，投入开发高尚堡、柳赞、老爷庙、唐海、南堡、蛤坨6个油田，主营业务包括石油、天然气、地热的勘探、开发、生产、销售、科研，以及油田工程技术、机械制造、电力通信、油田化学、海上应急救援等业务。现有10个机关职能处室、2个直属部门、23个二级单位。

近年来，在中国石油天然气集团有限公司党组坚强领导和地方政府大力支持下，公司党委和公司团结带领冀东石油人坚守初心、勇担使命，砥砺笃行、攻坚克难，贡献了巨大物质财富，创造了丰硕精神食粮。继承弘扬以“苦干实干”“三老四严”为核心的石油精神，形成了“见红旗就扛、遇排头就站、有第一就争”的荣誉观。先后荣获全国“五一劳动奖状”“模范职工之家”“企业文化建设优秀单位”“绿化模范单位”，河北省“先进基层党组织”“思想政治工作优秀企业”“百强企业”“文明单位”，集团公司“科技进步特等奖”“油气勘探重大发现特等奖”“基层建设百个标杆单位”“质量安全环保节能先进单位”等荣誉。

进入“十四五”以来，面对新形势新任务，冀东油田坚持以习近平新时代中国特色社会主义思想为指导，全面贯彻党的十九大及历次全会精神，深入落实习近平总书记重要指示批示和讲话精神，按照中国石油天然气集团有限公司党组的决策部署，立足新发展阶段，贯彻

冀东油田公司领导班子

中国共产党中国石油冀东油田公司第三次代表大会胜利召开

陆上油气生产现场

南堡2号人工岛生产现场

西部探区开钻井

储气库群项目开工

新能源利用（曹妃甸新城供暖项目）

南堡、陆上等 4 个矿权通过唐山市绿色矿山创建评估验收

新发展理念，构建新发展格局，遵循“四个坚持”兴企方略和“四化”治企准则，坚持党的全面领导，做强做优做精油气主业，大力推进储气库建设，积极发展新能源产业，着力深化改革调整，推动创新引领，强化安全环保，保障民生福祉，努力实现公司高质量发展，建设以油气勘探开发为主体，以储气库、新能源为两翼，以技术服务保障、多元经济发展为支撑，多区域协同发展的新型清洁能源公司，为保障国家能源安全和中国石油建设世界一流综合性国际能源公司做出新的更大的贡献。

冀东油田公司执行董事、党委书记杨盛杰在西部探区调研

冀东油田公司总经理汤林在南堡采油一区调研

地址：河北省唐山市新华西道51甲区　　**邮编：063004**
电话：0315-8766065

中石油煤层气有限责任公司

中石油煤层气有限责任公司是股份公司独资设立的从事煤层气业务的专业化子公司，成立于 2008 年 9 月，总部位于北京市，主要从事煤层气、致密气、页岩气资源的勘探、开发以及技术服务、技术咨询、信息咨询等业务。工作区域横跨山西、陕西、内蒙古、宁夏、新疆、湖南、贵州、黑龙江等八省区（自治区），规模生产区域主要位于晋陕两地的鄂尔多斯盆地东缘。

2021 年，煤层气公司全面落实集团公司党组决策部署，坚定“硬增储、稳上产、低成本、强党建”的根本战略和“重人才、重创新”的基本战略，坚守“党建统领、市场为王、资源为根、价值为本、夯实基础、创新驱动”6 个战略定力，苦干实干，攻坚克难，圆满完成各项工作任务，实现“十四五”良好开局。全年生产天然气 25.63 亿立方米，连续第 7 年获得集团公司业绩考核 A 级，获集团公司首届先进集体荣誉称号；QHSE 体系评级由 B2 下游升至 B2 上游，连续第 7 年获得“集团公司质量安全环保节能先进企业”；2 项科技成果分别获省部级一等奖和三等奖，3 项管理创新成果分别获国家级一等奖、二等奖和省部级一等奖。

站在新起点，煤层气公司坚持以习近平新时代中国特色社会主义思想为指导，完整、准确、全面贯彻新发展理念，加快构建新发展格局，以“一中心十二核心要素”为支撑，科学编制公司“十四五”发展规划，明确发展任务目标，到 2025 年实现天然气产量 35 亿立方米，油气当量达到 300 万吨以上，开启高质量发展的“起跑线”。

中国共产党中石油煤层气有限责任公司第二次代表大会在北京召开

深层煤层气超大规模极限压裂施工现场

煤层气国家工程研究中心

第一时间打响“抗洪救灾保卫战”

战暴雪、保冬供

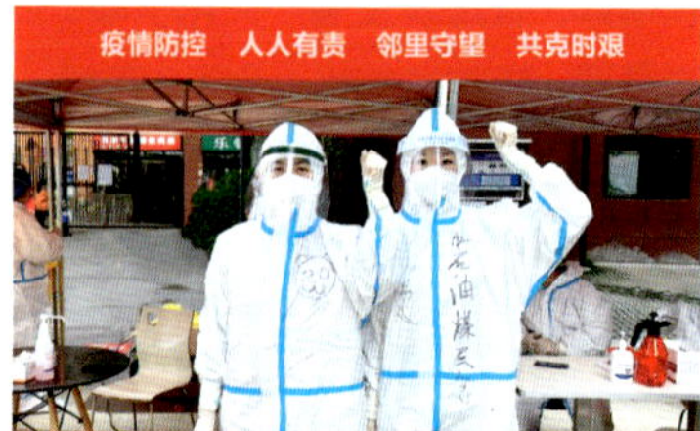

联防联控、同心抗疫

地址：北京市朝阳区太阳宫南街中油丰和大厦　邮编：100028
电话：010-63591288　传真：010-63591188

中国石油乌鲁木齐石化公司

中国石油乌鲁木齐石化公司地处乌鲁木齐市米东区。前身筹建于1971年1月，始建于1975年4月，是集炼油、化肥、芳烃等业务于一体的综合性石油化工生产基地，为中国石油天然气集团有限公司一级二类企业。

至2021年底，乌鲁木齐石化可生产30余种石油化工产品。原油一次加工能力为850万吨/年，对二甲苯生产能力为100万吨/年。可年产合成氨75万吨、尿素130万吨、精对苯二甲酸9.6万吨、塑料编织袋3240万条、聚丙烯10万吨。产汽能力1670吨/时，发电能力125兆瓦。工业污水处理能力3258米^3/时。具有石油化工工程设备制造安装维修、科研开发、工程监理、分析测试、计量检定、设备检验、物资供应等生产保障业务职能，以及职业教育、员工服务等职能。员工总数7932人，固定资产原值226亿元。

2021年，乌鲁木齐石化加工原油619.32万吨，整体实现营业收入327.85亿元，盈利9.97亿元，上缴税费80.57亿元。

2021年7月16日，成为集团公司第一批参加碳交易的单位

2021年，全力打造提质增效“升级版”，全面完成生产经营任务

2021年，扎实开展党史学习教育

2021年12月8日，中国共产党乌鲁木齐石化公司第三次党员代表大会在乌石化俱乐部召开

地址：新疆维吾尔自治区乌鲁木齐市米东区　　邮编：830019
电话：0991—6901522　　传真：0991—6908888

中国石油宁夏石化公司

中国石油宁夏石化公司位于宁夏回族自治区银川市，是集石油炼制、化工及化肥生产为一体的大型石化企业，具备年加工原油 500 万吨，生产尿素 200 万吨、聚丙烯 10 万吨的生产能力。

2021 年，宁夏石化以习近平新时代中国特色社会主义思想为指导，认真贯彻落实宁夏回族自治区党委、集团公司党组决策部署和炼油与化工分公司工作要求，坚持稳健发展方针，着力加强党的建设，着力防范化解重大风险，着力提升发展质量效益，着力深化改革提升治理能力，经营业绩好于预期，各项目标任务圆满完成。全年共加工原油 422.9 万吨，生产汽油 191.05 万吨、柴油 142.11 万吨、合成氨 39.05 万吨、尿素 64.32 万吨、聚丙烯 10.49 万吨。实现营业收入 255 亿元，账面利润 5.46 亿元；上缴税费 85 亿元，高质量发展取得新成效。

新阶段赋予新使命，新格局呼唤新作为。宁夏石化将全面贯彻新发展理念，突出抓好创新驱动、绿色低碳、智能提效和人才强企，着力推动人员优势向人才优势转变、自动化向数字化智能化转变、精细管理向精益管理转变，打造一流业绩、一流管理、一流队伍、一流文化，为集团公司建设基业长青的世界一流企业做出新的贡献，以高质量发展新局面迎接党的二十大胜利召开。

中国共产党中国石油宁夏石化公司第三次代表大会在公司会议中心召开

积极响应宁夏回族自治区党委紧急安排，组织成立新冠肺炎疫情防控党员服务队，助力地方战疫工作

举行庆祝建党 100 周年职工诗歌诵读大赛，隆重纪念中国共产党 100 周年诞辰

着力推动人员优势向人才优势转变、自动化向数字化智能化转变、精细管理向精益管理转变

强化生产受控，围绕工艺技术、设备保障、达标对标等重点难点破题解题，取得疫情防控阻击战和生产保运攻坚战双胜利

地址：宁夏回族自治区银川市西夏区文昌南路中国石油宁夏石化炼油厂　邮编：750021
电话：0951-2972361　传真：0951-2021379

中国石油锦州石化公司

中国石油锦州石化公司隶属于股份公司，始建于1938年，是一家以炼油为主、化工为辅的燃料化工型企业，是我国重要的润滑油添加剂科研生产基地和辽西地区较大的原油、成品油储备基地，也是国内首家生产国Ⅳ标准汽油、京Ⅴ标准汽油的企业。新中国第一滴人造石油、第一块合成顺丁橡胶都在这里诞生。公司拥有54套炼油化工生产装置，原油一次加工能力750万吨/年，固定资产总额151亿元，可生产44个品种81个牌号的石油化工产品。拥有长输管线、铁路、陆路、海上“四位一体”原油成品油输送通道，产品畅销国内外。公司有员工6214人，下设12个处室、5个直属单位、23个基层单位。

2021年，公司提质增效、对标先进、强化管理，资源替代转型升级项目150万吨/年渣油加氢装置实现中交，新建中央控制室交付使用，100万吨/年连续重整和两套3万吨/年硫磺装置、120吨/时含硫污水装置及系统配套工程按计划推进，安全环保VOCs治理项目全部投用。在新冠肺炎疫情反复，成品油国内市场需求不足、出口总量大幅削减等多方面压力下，及时调整生产计划，落实控油增化各项措施，加强供产销储贸各个环节，确保顺畅运行。全年加工原油541万吨，实现营业收入301.18亿元，利润16.57亿元，圆满完成生产经营任务。

渣油加氢装置中交仪式

渣油加氢装置

新重整装置

硫磺回收装置

庆祝建党百年

针状焦产品

与杉杉集团签订战略合作协议

中央控制室

微博

微信

地址：辽宁省锦州市古塔区重庆路一段二号　　邮编：121001

电话：0416-4152240　　传真：0416-4567532

中国石油大庆炼化公司

中国石油大庆炼化公司作为股份公司所属地区分公司，主要生产装置 48 套，原油加工能力 600 万吨 / 年，可生产汽柴油、航空煤油、液化气、石蜡、润滑油基础油、聚丙烯酰胺、石油磺酸盐、聚丙烯、白油等 26 个品种 279 个牌号的石油化工产品，是以大庆原油为加工原料，集炼油、化工于一体的综合性石油石化生产企业。

2021 年，大庆炼化公司以习近平新时代中国特色社会主义思想为指导，以庆祝建党 100 周年和开展党史学习教育为强大动力，全面落实集团公司党组决策部署，不断发挥生产工艺优势、产品特色优势和企业管理优势，走出一条精品炼油、高档润滑油基础油、油田化学品和高品质聚丙烯的特色发展道路。炼油产品结构持续改善，石蜡产量 30 万吨，低分抗盐聚合物实现首次工业化生产，聚丙烯酰胺 DS2500 产品批量生产，聚丙烯 EP548R、PA14D-3 等新产品研发、生产和推广加速推进，聚丙烯 EP548R、PA14D-2 产品分别获炼油与化工分公司新产品创新奖、优质稳定二等奖，丰富了产品种类，释放了特色优势，实现“十四五”良好开局，获集团公司先进集体，连续获集团公司质量健康安全环保节能先进企业。全年加工原油 505 万吨，实现营业收入 323.96 亿元，上缴税费 82.91 亿元，考核利润 20.1 亿元，圆满完成各项工作任务，高质量发展迈出坚实步伐。

大庆炼化公司全国工人先锋号班组员工发扬大庆精神铁人精神，共同探讨环保低碳生产问题

大庆炼化公司员工正在精心操作，为保证国家能源安全生产做贡献

增产石蜡项目的投产使大庆炼化公司的石蜡产能从 15 万吨 / 年跃升到 30 万吨 / 年

航空煤油产品成为大庆炼化公司又一个效益增长点

聚丙烯产品库房

地址：黑龙江省大庆市让胡路区马鞍山
邮编：163411
电话：0459-5689275
传真：0459-5616111

中国石油呼和浩特石化公司

中国石油呼和浩特石化公司位于内蒙古自治区首府呼和浩特市，从1988年开始筹建，1990年7月29日破土动工，1992年9月29日一次投产成功，占地200万平方米。呼和浩特石化炼油加工规模500万吨/年，固定资产原值81.97亿元，14套炼油装置、1套化工装置及配套系统；配套建设有长庆—呼和浩特原油管道和呼和浩特—包头—鄂尔多斯成品油管道。主要生产汽油、柴油、航空煤油、燃料油、液化石油气、聚丙烯树脂、石油苯、工业硫磺等6大类13种产品，主要满足内蒙古中西部、山西及河北周边地区市场需求，并出口蒙古国。截至2021年底，在册员工1652人，大专以上学历1087人；设有11个机关处室、5个直属单位、10个二级单位。2021年，呼和浩特石化加工原油392.51万吨，销售收入217.94亿元、税费71.41亿元，盈利14.71亿元。

2021年是呼和浩特石化全面贯彻新发展理念、积极构建新发展格局、奋力开创“十四五”发展新局面的一年，是广大干部员工坚定“双存”战略，砥砺奋进，满载收获的一年。呼和浩特石化以推动高质量发展为主题，遵循“四个坚持”兴企方略和“四化”治企准则，紧紧围绕“12237”（紧盯一个目标，坚定“双存”战略，强化“两条”主线，推进“三个”转变，抓实“七项”重点工作）工作思路，坚持“业务主导、协同增效、管理提升”工作理念，突出党建引领、安全环保、提质增效、转型升级，加大改革创新力度，勠力同心、真抓实干，创造了良好的生产经营业绩，圆满完成生产经营任务。呼和浩特石化获中国企业培训示范基地、“十三五”石油和化工行业节能先进单位、集团公司“十三五”内控与风险管理工作先进单位等称号。

2022年是呼和浩特石化装置大检修之年，是党的“二十大”召开、北京冬奥会举办之年，也是呼和浩特石化全面推进人才强企、智能化发展的关键之年。呼和浩特石化将以习近平新时代中国特色社会主义思想为指导，深入学习贯彻落实党的十九大、十九届历次全会和中央经济工作会议精神，认真贯彻落实集团公司工作会议精神，按照股份公司炼油与化工分公司的工作部署，全面加强党的领导党的建设，坚持稳中求进总基调，坚持高质量发展，坚定“双存”战略，坚守三条底线，明确三阶段目标，大力推进“人才强企”工程，坚决打赢装置大检修攻坚战，全面完成生产经营任务，高质量打造受人尊重的一流企业。

2021年6月22—25日，举办中国石油2021年首届东部企业联赛化学检验员职业技能竞赛

2021年3月5日，股份公司副总裁、炼油与化工分公司总经理、党委书记杨继钢到公司调研指导工作

2021年5月19日，与中国航油集团物流有限公司签订呼和浩特新机场场外航空煤油输油管线首站投资建设框架协议

获“中国企业培训示范基地”称号

呼和浩特石化提升能源利用率，打造提质增效“升级版”

地址：内蒙古自治区呼和浩特市金桥开发区呼和浩特石化公司　邮编：010070
电话：0471-3351041　传真：0471-3310881

中国石油庆阳石化公司

中国石油庆阳石化公司位于甘肃省庆阳市西峰区董志镇工业园区，前身为庆阳石油化工厂，成立于1971年9月，隶属原庆阳地区管理；1984年5月划归甘肃省石化厅行业管理；2001年8月整体划转中国石油天然气集团公司，2004年12月划转中国石油天然气股份有限公司。

庆阳石化为燃料型炼厂，加工能力370万吨/年，有主辅装置20套，主要产品有汽油、柴油、煤油、聚丙烯等3大类10种28个牌号。设机关管理部门10个、直属部门4个、二级单位10个。截至2021年底，在岗员工1063人，资产总额79.06亿元，资产负债率29%。

2021年加工原油352.52万吨，生产汽油162.52万吨、柴油139.99万吨、航空煤油6.6万吨、聚丙烯11.52万吨，实现营业收入205.97亿元（同比增加39.72亿元），实现考核利润18.21亿元（同比增加6.48亿元），吨油利润513.09元/吨（同比增加183.03元/吨），炼油完全加工费考核完成243.2元/吨，吨油利润列板块前列，实现税费73.08亿元，累计增效1.91亿元。醚化装置按节点一次开车成功，聚丙烯新产品首次走出国门出口土耳其、哈萨克斯坦等国，装置连续安全平稳运行2500天以上。全年主要经济指标在逆境中实现突破式增长，党的建设、产品升级、提质增效、高质量发展、疫情防控等各项工作积极有序推进，公司连续两年获评集团公司业绩考核A级单位，连续三年获集团公司质量健康安全环保节能先进企业，被评为国家“支持老区建设先进单位”、国家“守合同重信用”企业，获“全国五一劳动奖状”“全国文明单位”、甘肃省“企业推动高质量发展突出贡献奖”。

百年大党风华正茂，千秋伟业再启辉煌。庆阳石化全体干部员工更加紧密团结在以习近平同志为核心的党中央周围，高举习近平新时代中国特色社会主义思想伟大旗帜，加快建设效益突出的城市型精品炼化企业，努力为集团公司建设基业长青世界一流企业做出新的更大贡献，以优异成绩迎接党的二十大胜利召开！

隆重召开庆祝中国共产党成立100周年表彰大会，开展专题党课教育

庆阳石化成立50周年文艺晚会

聚丙烯新产品首次出口国外

4月24日，新建30万吨/年轻汽油醚化装置一次开车成功

生产装置整体实现“四年一修”目标

连续三年获集团公司质量健康安全环保节能先进企业

地址：甘肃省庆阳市西峰区董志镇　　邮编：745002
电话：0934-8368106　　传真：0934-8368582

中国石油西藏销售公司

中国石油西藏销售公司前身为西藏自治区石油公司，成立于1962年1月27日，1998年11月上划至中国石油天然气股份有限公司。主要从事西藏地区成品油及石油液化气、润滑油的批发、零售、运输、储存及非油品经营等业务。下辖9个部室、8个二级公司和10个合资公司。在册人员总数1233人，其中藏族及其他少数民族员工占比67%。营运加油站183座，其中61座海拔在4000米以上。

西藏销售与西藏自治区政府签署《国资央企助力西藏高质量发展项目合作协议》，“十四五”期间计划启动或实施项目43项，规划投资约7.5亿元。与幸投集团成立合资公司，借助其政府授权经营背景、土地资源、协调能力等优势加大新建项目开发力度。试点功德林、贡嘎机场、珠峰北、和平机场站4个光伏项目。拉萨中和站试点充电桩项目，拉萨机场高速站成功试点加油机器人暨智能识别提枪技术。完成投资3.04亿元，整体投资完成率提升5个百分点。清理历史遗留问题，完成项目决算转资161个，转资4.37亿元。

坚持以党的建设和改革创新为统领，紧紧围绕“安全、稳定、发展”三大主题，大力推进“强基固本、和谐稳定、1115”三项工程，各项工作取得显著成绩，保持了箭头持续向上、发展势头强劲的良好局面，在实现高质量转型发展的进程中迈出了坚实有力的步伐。全年购进总量127.4万吨，销售总量133万吨，销售收入突破100亿元，实现利润2.6亿元。全年新开发加油站17座，投产运营11座。

公司秉承“奉献能源，创造和谐”企业宗旨，传承“爱国、创业、求实、奉献”企业精神，大力弘扬苦干实干、三老四严“石油精神”和老西藏精神，充分发挥企业文化引领作用，以企业文化凝聚战斗力、强化执行力、增强战斗力。2021年获得全国城市困难职工解困脱困重要贡献集体奖，是石油系统内唯一获此殊荣的单位。日喀则公司工会获“全国模范职工之家”荣誉表彰。西藏销售双湖加油站首登中央电视台《新闻联播》，次旦巴宗作为青年典型登上CCTV-1《瞬间中国》，功德林加油站荣获全国五一巾帼标兵岗，日喀则公司荣获西藏自治区五四红旗团委称号，金珠加油站荣获集团公司青年文明号，形成了以“团结、乐观、奋进、一流”为核心的新时代西藏石油精神。

2021年8月25日，西藏自治区党委常委、自治区人民政府常务副主席、党组副书记白玛旺堆到山南雅拉香布实业有限公司调研指导工作

2021年9月16日，集团公司董事长、党组书记戴厚良到西藏调研

开展庆祝中国共产党成立100周年系列活动

2021年12月23日，西藏销售首座加油站充电桩正式投运

2021年12月29日，国内首台高原室外防爆加油机器人落户西藏拉萨

西藏销售捐赠2370箱格桑泉矿泉水驰援河南灾区

地址：西藏自治区拉萨市北京中路71号　　邮编：850000
电话：0891—6955561　　传真：0891—6955561

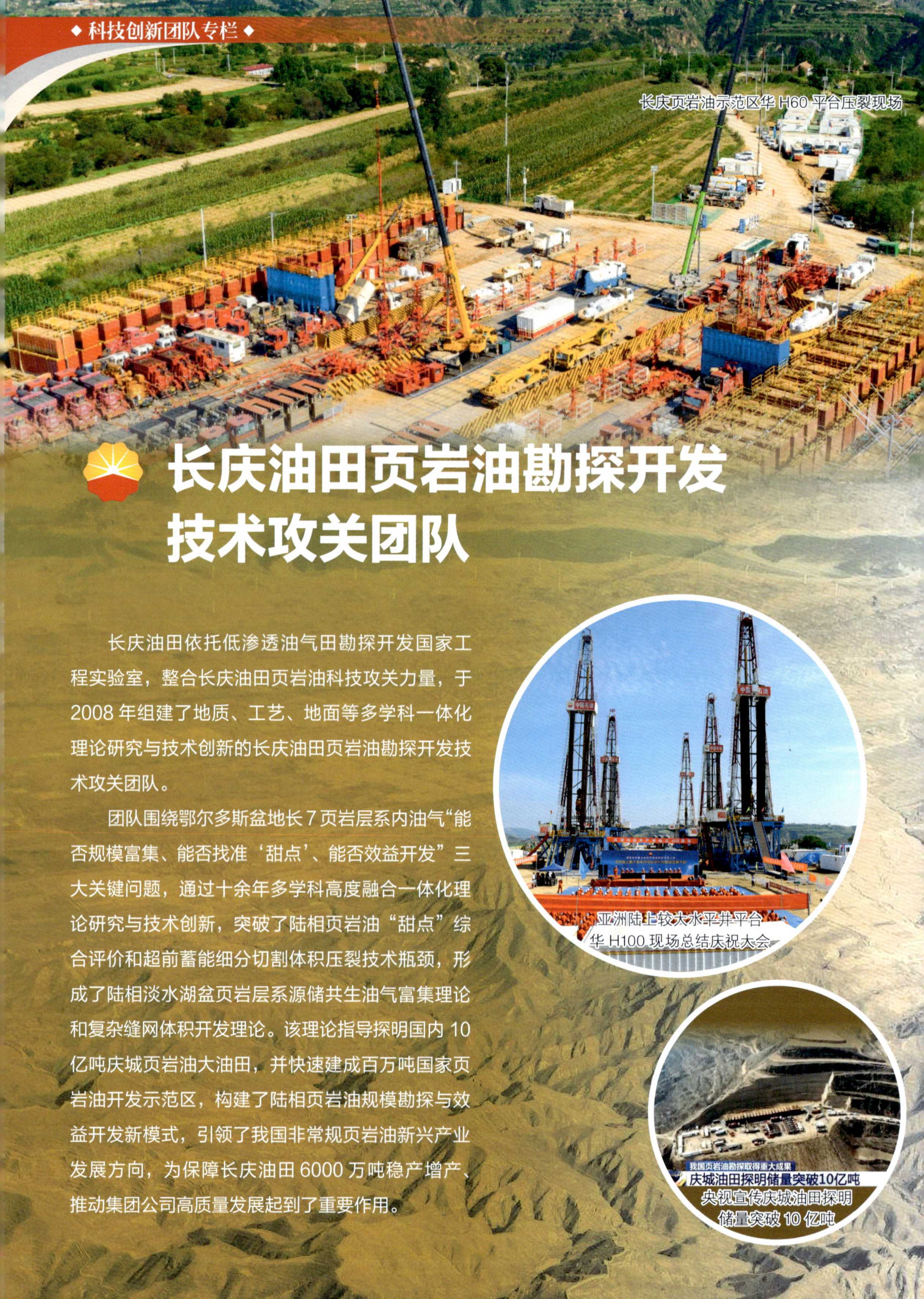

长庆页岩油示范区华 H60 平台压裂现场

亚洲陆上较大水平井平台华 H100 现场总结庆祝大会

央视宣传庆城油田探明储量突破 10 亿吨

长庆油田页岩油勘探开发技术攻关团队

长庆油田依托低渗透油气田勘探开发国家工程实验室，整合长庆油田页岩油科技攻关力量，于 2008 年组建了地质、工艺、地面等多学科一体化理论研究与技术创新的长庆油田页岩油勘探开发技术攻关团队。

团队围绕鄂尔多斯盆地长 7 页岩层系内油气“能否规模富集、能否找准‘甜点’、能否效益开发”三大关键问题，通过十余年多学科高度融合一体化理论研究与技术创新，突破了陆相页岩油“甜点”综合评价和超前蓄能细分切割体积压裂技术瓶颈，形成了陆相淡水湖盆页岩层系源储共生油气富集理论和复杂缝网体积开发理论。该理论指导探明国内 10 亿吨庆城页岩油大油田，并快速建成百万吨国家页岩油开发示范区，构建了陆相页岩油规模勘探与效益开发新模式，引领了我国非常规页岩油新兴产业发展方向，为保障长庆油田 6000 万吨稳产增产、推动集团公司高质量发展起到了重要作用。

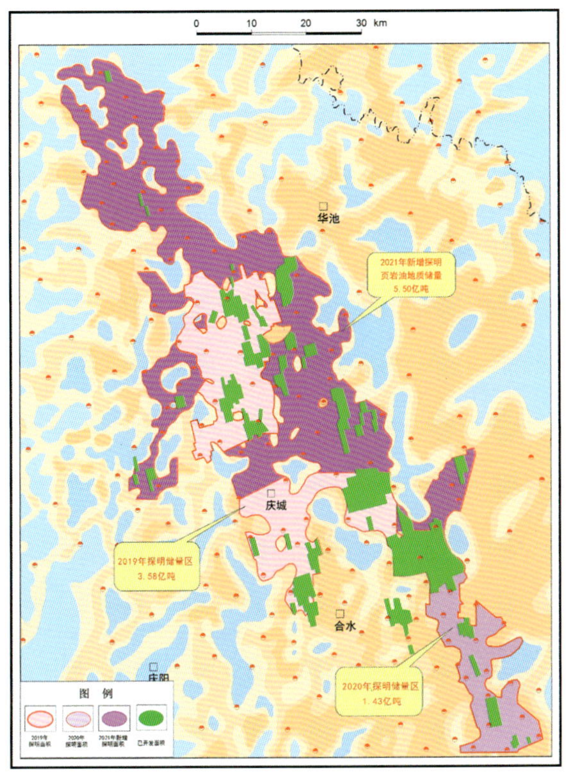

庆城十亿吨页岩油大油田勘探开发成果图

自然资源部专家在陇东开发示范基地调研

页岩油大平台智能采油配套技术图

团队形成了以油田公司学科领军人物为核心，以科研骨干为主体，专业人才梯队建设的人才培养模式，组建了一支拥有 50 名成员的一流团队，团队创新活力及发展力不断增强。团队成立以来，获授权发明专利 43 件，软件著作权 8 项，出版专著 5 部，发表论文 98 篇，发布标准 10 项，自主创新重要装备 2 套，获省部级科技进步特等奖 2 项、一等奖 10 项、二等奖 11 项、三等奖 2 项，以及中国地质学会年度十大找矿成果奖 1 项、中国石油勘探重大发现一等奖 1 项。

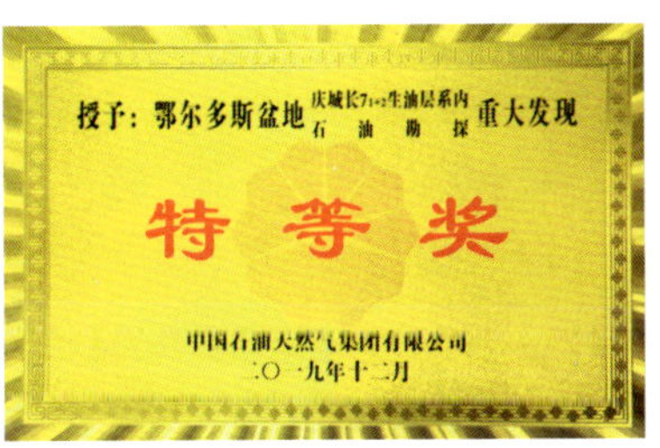

庆城大油田的发现获 2019 年度中国石油勘探重大发现特等奖

荣获中国石油天然气集团公司科学技术进步奖特等奖

团队形成的主要创新成果和关键技术对我国陆相页岩油资源勘探开发具有示范引领作用，陆相页岩油资源的勘探突破和效益开发对保障国家能源安全具有重要的战略意义！

川南页岩气地质工程一体化创新团队

西南油气田分公司页岩气研究院以保障国家能源安全重大需求为己任，依托知识集成、技术集成和组织集成，组建了川南页岩气地质工程一体化创新团队，实现从地震、测井、地质、数模、钻井、压裂、地质力学、试井等多专业协同工作、协同研究。

获奖集体

团队围绕页岩气勘探开发瓶颈，先后主持国家、集团公司科研项目 20 余项，形成地质工程一体化思路，构建一体化软件平台，实现数据全面共享管理、软硬件集中优化部署，将三维地质建模、三维地应力建模、压裂模拟和产能模拟技术等无缝衔接，储层纵向刻画精度由 5 米细化至 0.3 米，断裂体系识别符合率由 40% 提升至 60%，缝网表征与微地震监测吻合度 80%，生产动态预测符合率由 60% 提升至 85%，成功打造“透明页岩气藏”，填补国内“天然裂缝 + 压裂缝网”定量预测的技术空白，建立地质工程一体化高产井培育方法。

研究成果复制推广至 700 口页岩气井，井均 EUR 提升 20% 以上，助推川南页岩气年产 128 亿立方米，近五年累计节能减排煤炭、CO_2、SO_2 数千万吨，积极响应国家“绿色发展、循环发展、低碳发展”号召；促成三元富集理论、压裂工艺 2.0 等多项地质工程一体化成果成型，带动整个非常规油气领域一体化技术快速发展，实现从“跟跑北美”向“并跑国际、领跑全国”的跨越。

组建团队

实验分析

聚力攻关

远程指挥

地址：四川省成都市成华区府青路一段1号　邮编：610051　电话：028-86018027

高一磨地区勘探开发技术创新团队

安岳气田为特大型碳酸盐岩气田，寒武系和震旦系是现存较为古老的沉积地层，高石梯—磨溪区块深层碳酸盐岩气藏具有构造低幅且储层孔隙度低、厚度薄的特点，其中寒武系气藏超压且水体活跃，震旦系气藏为典型微生物岩气藏，储层强非均质性极为明显，该类气藏的高效勘探开发属于世界难题。“十三五”以来，西南油气田公司创新管理模式，组建成熟技术创新团队，针对高石梯—磨溪气藏持续开展勘探开发相关理论、关键技术和高效开发模式的创新攻关，取得了一系列关键成果。

创新建立叠合盆地古老碳酸盐岩“四古”成藏理论，支撑部署探井 52 口，6 年时间高效探明安岳气田 8812 亿立方米储量；创新低孔小缝洞碳酸盐岩储层定量描述与预测、提高单井产量技术系列，支撑部署开发井 95 口，成功率 100%，建成产量规模 150 亿立方米；创新特大型低孔强水侵碳酸盐岩气藏非均匀水侵动态预报、开发智能管控技术及全生命周期递进式控水开发模式，支撑强水侵气藏实现高产与稳产动态平衡，标定采收率 65%，居世界领先水平；创建低孔强非均质碳酸盐岩气藏高效开发目标优化设计及规模效益开发模式，支撑强非均质气藏用 36 亿立方米工作量建成 60 亿立方米产能规模，项目内部收益率由 11.8% 提高至 29.7%。

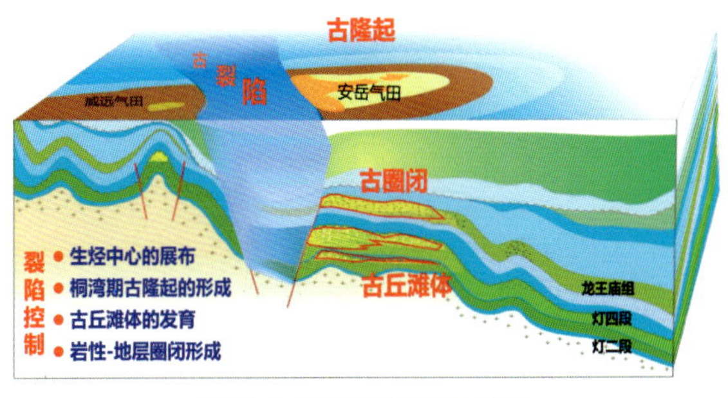

“四古”成藏理论模式示意图

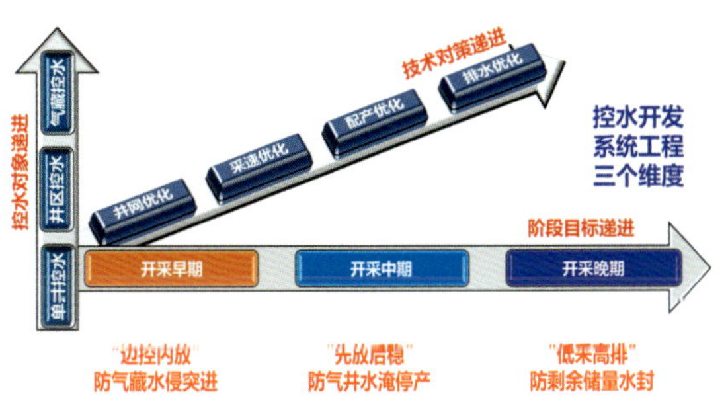

全生命周期递进式控水开发模式示意图

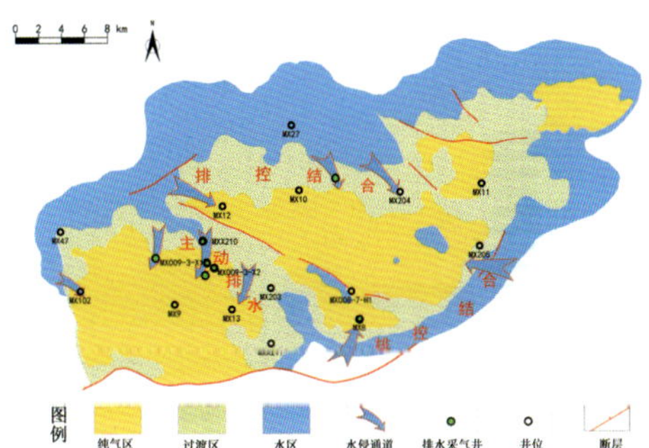

寒武系龙王庙组气藏水侵通道及治水对策

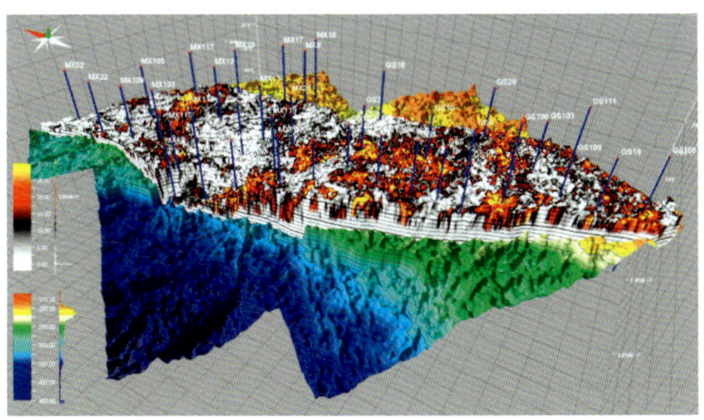

震旦系丘滩发育有利区属性预测图

研究成果获国家科技进步奖二等奖，集团公司科技进步奖特等奖 1 次、一等奖 1 次，四川省科技进步奖一等奖 2 次，其余省部级奖励 20 余次；发布国际标准 3 项、石油行业标准 10 项，授权发明专利 35 件，发表 SCI 与 EI 论文 50 余篇，出版专著 5 部。强力支撑了西南油气田发现万亿级储量大气田，建成 300 亿立方米战略大气区，安岳气田累产气超 780 亿立方米，为推动成渝双城经济圈建设、保障国家能源安全和落实国家“双碳”目标战略提供重要支撑。

 东方地球物理公司 eSeis 节点仪器

“eSeis 节点采集系统”是东方地球物理公司根据国家“补强能源技术装备短板”重要战略部署，依托国家科技重大专项“百万道级地震采集系统研发与应用”自主研发的无线节点地震勘探仪器。系统由节点单元、充电下载一体柜、立体质控单元和地震数据处理系统构成，在关键核心技术方面取得了高精度采集、立体化质控、系统高效作业、海量数据合成等 4 项重大突破，具备稳定的全地形、全天候采集能力，适用于复杂山地、沙漠、城区、丛林等各类野外环境。已建成“涿州研发、西安制造、全球推广应用”的全产业链模式，以“研、产、用”闭环产业生态打造独特竞争优势，全面推动国内勘探装备制造及勘探采集领域产业升级，不断巩固行业领导力和产业优势，补齐创建世界先进企业的技术装备短板，有力保障国家能源安全。“eSeis 节点采集系统”的研发打破了核心采集仪器长期依赖进口的被动局面，实现了我国石油物探几代人装备自主研发的梦想，成为物探人叩开地下迷宫的“利器”。集团公司科技成果鉴定委员会一致认为 eSeis 节点地震仪器总体处于国际领先水平，并入选 2021 年中国石油十大科技进展和 2020 年中油油服十大技术利器，eSeis 节点地震仪器

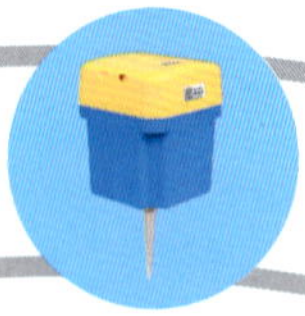

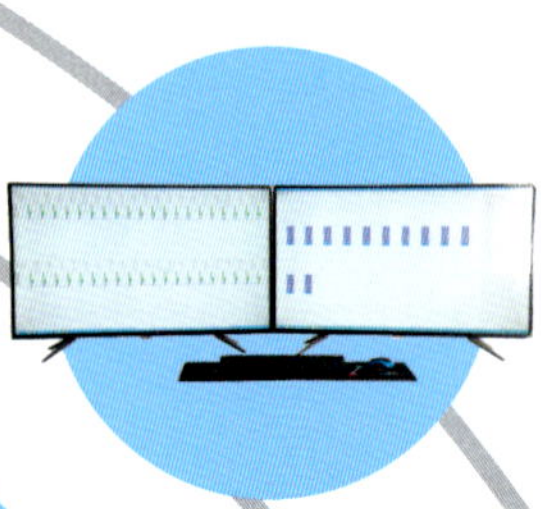

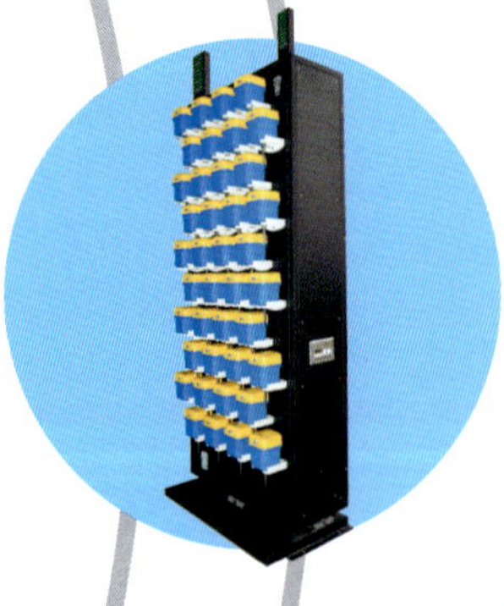

eSeis 节点仪器在塔里木探区古木 1 三维项目应用

集团公司董事长戴厚良听取东方地球物理公司党委书记苟量介绍 eSeis 节点仪器

勘探与生产分公司副总经理赵邦六现场调研 eSeis 节点仪器应用情况

东方地球物理公司总经理、党委副书记张少华指导 eSeis 节点仪器研发

eSeis 节点仪器在大庆合川 149 项目应用

eSeis 节点仪器参加国家“十三五”科技成就展

eSeis 节点仪器在长庆探区应用

研发团队获“中国石油天然气集团有限公司科技创新团队”荣誉称号。

eSeis 节点地震仪器主要包括内置式和外接式两种，具有精度高、集成高、质控强、搜星强、成本低的独特优势，在工业化推广应用中表现出“两提、两降、四化、五省、一增强”的亮点，全面提升了地震勘探生产效率和效益，降低了作业成本和风险，使地震勘探向标准化、专业化、机械化、信息化的建设目标迈出了跨越式步伐，做到了省人、省钱、省时、省力、省心，进一步增强了集团公司在上游勘探领域的核心竞争力。已建成日产 2000 道的自动化节点生产线，工业化生产制造 21 万道。

截至 2021 年 11 月底，eSeis 节点地震仪器已在 32 个地震勘探采集项目规模化应用，覆盖华北、长庆、西南、塔里木 4 大探区，累计使用超过 110 万道次，完成三维采集工作量 1.78 万平方千米和二维采集工作量 0.35 万千米，节省进口设备购置成本 2.73 亿元，节约设备租赁费用亿元以上。eSeis 节点地震仪器全面推动了地震勘探采集提质增效，采集人员数量可降低 30% 以上，采集效率提高 30% 以上，作业成本降低 20% 以上，是集团公司以创新驱动科技自立自强的一项重要成果，也是国内地震勘探实现数字化转型、智能化发展的一座重要里程碑。应用代表项目有：完成塔里木盆地库车三维采集项目，被中国石化西北油田分公司授予“优秀工程”，评价该项目为打造“中中合作”的典范；优质高效完成鄂尔多斯盆地合水 1500 平方千米的全节点三维采集任务；首次进入西南探区，完成合川 149 山地雨林规模化应用，被大庆油田授予“精品工程”。eSeis 节点地震仪器在推广应用过程中屡获甲方认可，以其高稳定性、强适应性及低廉价格成为实至名归的探勘利器，将全面引领国内地震勘探迈入节点采集时代。

连续管作业技术与装备创新团队

连续管作业技术与装备创新团队以创新为驱动，以现场需求为导向，持续自主创新，推动集团公司连续管技术的高质量发展，为实现集团公司提质增效目标做出重要贡献。在“十三五”期间承担和参与国家项目3项、集团公司项目10项、股份公司项目4项，研制3类8种结构连续管作业成套装备，其中有7项装备获集团公司“自主创新重要产品”称号；形成4大类90余种工具和5大类作业工艺。装备最大能力2英寸至8000米，长水平段作业能力超3000米，形成超深气井解堵、不动管柱快速修井、带压完井管柱、水射流径向钻井、双气合采等多项作业技术，在采油修井一体化、钻井、高温高压作业等技术走在国内前列，应用范围实现从陆地到海洋全覆盖，从油气领域到环保、煤气化、水合物的跨行业拓展。“十三五”共研制推广连续管装备72台（套），连续管作业分析软件25套，工具2888套，产值13亿元以上。团队共获授权专利54件，其中发明专利31件（含3件国际专利）、实用新型23件。制定行业标准1项、集团公司企业标准3项；登记软件著作权14项，发表相关论文71篇，知识产权成果突出。

自动化连续管作业机井场试验

连续管复合钻机

超深井连续管作业机现场作业

超深井连续管作业机

地址：湖北省荆州市沙市区豉湖路12号　　邮编：434001
电话：027-83567926　　传真：0716-8222483

固定床渣油加氢创新团队

固定床渣油加氢创新团队紧密围绕国家重油高效转化重大需求，依托集团公司清洁燃料重点实验室、加氢催化剂与工艺工程试验基地，先后承担国家973项目“重油梯级分离与高效转化的基础研究”和集团公司炼油催化剂重大专项Ⅰ期和Ⅱ期等课题30余项。团队由催化、工艺、工程、分析等7个专业的26名成员组成，通过多年攻关，理论和技术取得重大突破，创新形成了孔结构灵活调控、活性金属非均匀分布等6项催化剂制备技术，设计并研制出具有梯度、双峰、通畅、集中孔道集成特色的4大系列12个牌号PHR系列渣油加氢催化剂并实现优化级配，通过了国际公认的第三方中国台湾中油A级认证，先后在3套装置实现5次应用，成功推广3套，成功开拓中国台湾省市场，为企业创造经济效益3.34亿元。与中国寰球华东设计分公司等单位合作，成功开发了PHR固定床渣油加氢成套技术，应用于锦州石化和锦西石化新建装置建设。总体技术水平达到国际先进。获得集团公司科学技术进步奖一等奖1项、二等奖1项，获得集团公司专利优秀奖1项，授权专利70余项，认定技术秘密30余项，发表论文30余篇。“PHR系列渣油加氢催化剂工业应用试验获得成功”获2016年中国石油十大科技进展。2021年获“集团公司科技创新团队”称号。

中国石油天然气集团有限公司科学技术进步奖
CNPC Science and Technology Progress Award Certificate

证 书

为表彰中国石油天然气集团有限公司科学技术进步奖获得者，特颁发此证书。

获奖项目：固定床渣油加氢催化剂（PHR系列）研制开发与工业应用

获奖单位：石油化工研究院（中国石油清洁燃料重点实验室、中国石油加氢催化剂与工艺工程试验基地）

奖励等级：一等奖

证书号：2018-KJ-1-10-D01

2018年11月

团队集体照

PHR系列固定床渣油加氢催化剂

2021年集团公司基层党建百面红旗

2021年中央企业先进基层党组织

2021年集团公司科技创新团队

合成橡胶中试装置

官能化 SSBR72612F 在独山子 10 万吨 / 年 SSBR 装置工业试验现场考核

自主开发的 NBR3308E

国家重点研发计划“高性能合成橡胶产业化关键技术”评审会

合成橡胶科技创新团队集体照

高性能合成橡胶科技创新团队

高性能合成橡胶科技创新团队长期致力于合成橡胶的机理研究、成套技术及新产品开发工作。开发了 6 个高性能溶聚丁苯橡胶新牌号并实现产业化，其中官能化溶聚丁苯橡胶技术和产品填补国内空白，开创国产溶聚丁苯橡胶在轮胎领域大规模使用的先河，并在轮胎市场占有率长期保持 80% 以上，加快了国内“绿色”轮胎产业升级步伐；开发低、中、中高、高结合腈 4 个系列 13 个牌号丁腈橡胶产品，建立环保丁腈橡胶技术平台，环保产品国内市场占有率 44%；针对知名轮胎企业个性化需求，开发 9 个牌号乳聚丁苯橡胶，实现合成橡胶的高端定制化，推动我国合成橡胶行业全产业链的转型升级。近 5 年承担各类项目共计 69 项，其中包括“十三五”期间合成橡胶领域唯一的国家重点研发计划项目“高性能合成橡胶产业化关键技术”，国务院国资委“1025”专项，国防科技工业局项目及中国石油重大科技项目等 27 项。获得省部级奖励 18 项，申请发明专利 148 件。获批建设国家溶聚丁苯橡胶、丁腈橡胶原创技术策源地，2021 年获中国石油天然气集团有限公司“科技创新团队”称号。

榆林灵活切换生产 1- 丁烯 /1- 己烯装置

1- 己烯中试装置

评为石化行业"线性 α- 烯烃产业技术创新中心"

集团公司重大科技专项"1- 己烯工业试验及成套技术开发"项目评审会

塔里木 3 万吨 1- 丁烯装置

科技创新团队

中国石油天然气集团有限公司
二〇二一年九月

团队在中试基地照片

α- 烯烃创新团队

α- 烯烃创新团队围绕为集团公司高端聚乙烯、高品质润滑油提供优质原料保障的目标，聚焦 1- 己烯、1- 丁烯、1- 辛烯、1- 癸烯等 α- 烯烃生产成套技术攻关。2007 年承担集团公司首项炼化重大科技专项"1- 己烯工业化试验及成套技术开发"，攻克催化剂生产、关键设备工程放大、工艺节能降耗、产品质量提升等难题，在大庆石化、独山子石化建成 2 套工业装置，累积降本增效超 6 亿元，增强了中国石油在 α- 烯烃合成技术领域的影响力。2019 年，首次提出"1- 丁烯 /1- 己烯柔性生产"理念，首次全面攻克产业化共性难题，率先建成首套 3 万吨 / 年工业装置，生产出能全面满足高端聚烯烃苛刻要求的工业产品，性能优于唯一的技术竞争对手，提高了国家示范工程的自主化创新水平。2022 年，建成国内首套 1- 辛烯工业装置，填补我国线性长链 α- 烯烃技术空白，解决了 PAO、POE 等原料短缺问题。团队突破聚乙烯产品高端化的技术瓶颈，成功打造出中国石油炼化自主技术品牌，在业内获得极大的赞誉，有力支撑炼化企业聚乙烯高端化升级。自主研发的"1- 己烯成套技术开发及工业应用"获 2018 年中国石油天然气集团有限公司科学技术进步奖特等奖，以及省部级以上科技奖励 5 项。团队 2021 年获中国石油集团公司"科技创新团队"称号。

规划总院油气田地面工程提质增效创新团队

规划总院油气田地面工程提质增效创新团队是一支人员素质高、凝聚力强、作风过硬、善于攻坚克难的科技研发队伍。“十三五”以来，油气田地面工程提质增效创新团队认真贯彻执行集团公司科技发展战略，紧紧围绕中国石油业务发展的难点、痛点、热点以及技术瓶颈问题，不畏困难、勇于挑战，群策群力，卓有成效地组织开展地面科研攻关工作，先后主持完成国家重大科技课题“山地页岩气地面工艺技术优化集成及现场应用”及集团公司重大科技专项“油气地面工程关键技术研究与应用”“节能节水关键技术研究与推广”“油气田高效加热炉及热力系统提效技术与应用”“油田地面工程能量系统优化关键技术研究与应用”等课题，共开展集团（股份）公司级、板块公司级科研项目 91 项，成果已在集团公司全面推广应用，取得重大经济效益和社会效益，引领油气田地面科技发展，为有效降低地面工程建设投资和运行成本、支撑绿色安全高质量发展提供强有力的技术支撑。

地址：北京市海淀区志新西路3号中国石油规划总院　　邮编：100083　　电话：010-82383184

研发的多功能合一高效除油设备应用与推广

吐哈油田鲁中联合站对标帮扶现场调研

吉林油田新立采油厂 16 号平台现场调研

相国寺储气库现场调研

“十三五”以来，共获各类科技进步和管理创新奖 58 项，专利 22 件，软件著作权 16 件，技术秘密 17 件，制定各种规范 40 余项，形成著作 15 余部，发表论文 150 余篇。团队先后获“集团公司先进集体”“集团公司先进党组织”“集团公司节能节水先进基层单位”“标准化设计工作先进集体”“完整性管理技术支持先进集体”“一体化集成装置推进工作先进单位”等多项荣誉称号。

多功能合一高效除油设备

油气和新能源板块

大庆油田有限责任公司（大庆石油管理局有限公司）

【概况】 大庆油田有限责任公司（大庆石油管理局有限公司）简称大庆油田，是中国石油天然气集团有限公司重要骨干企业。大庆油田1959年发现，1960年投入开发，是迄今国内陆上最大的原油生产基地，也是世界上为数不多的特大型砂岩油田之一。大庆油田位于黑龙江省中西部，松嫩平原北部，由萨尔图、杏树岗、喇嘛甸、朝阳沟、海拉尔等油气田组成。国内勘探范围包括黑龙江松辽盆地北部、依舒等外围盆地、内蒙古海拉尔盆地、新疆塔东区块、川渝矿权流转区块等领域，海外业务覆盖中东、中亚、亚太、非洲、美洲等区域。业务有上市、未上市两大部分，包括勘探开发、工程技术、工程建设、装备制造、油田化工、生产保障、矿区服务等。

大庆油田开发建设60多年来，累计生产原油24.6亿吨，上缴税费及各种资金2.9万亿元，为维护国家石油供给安全、支持国民经济发展作出高水平贡献。孕育形成大庆精神铁人精神，成为中国共产党和中华民族伟大精神的重要组成部分。创造领先世界的陆相油田开发水平，主力油田采收率突破50%，比国内外同类油田高出10—15个百分点，三元复合驱年产量突破400万吨，使中国成为世界唯一大规模工业化应用的国家，油田勘探开发与“两弹一星”等，共同载入中国科技发展的史册。涌现出以“三代铁人”为代表的一大批先进模范人物，锤炼了一支“三老四严”、永创一流的英雄队伍。发挥国有大企业的辐射拉动作用，有力地带动地方经济社会发展，催生了一座现代化油城。对于大庆油田的历史性贡献，党和国家给予充分肯定和高度评价。

2021年，大庆油田上下深化党史学习教育，扎实推进振兴发展实践，突出抓好“三件大事”，战略擘画高质量发展新蓝图，各项事业呈现新面貌新气象。原油3000万吨稳产，页岩油勘探取得重大标志性成果，改革攻坚力度之大前所未有，绿色低碳发展布局全面展开，大庆精神铁人精神第一批纳入中国共产党人精神谱系，展现了新时代大庆风采、大庆力量、大庆贡献。2021年，完成油气产量当量4300万吨以上，实现油气产量“双超产”、收入利润“双增长”，在“十四五”开局之年交出高质量发展的“大庆答卷”。

大庆油田主要生产经营指标

指　标	2021年	2020年
原油产量（万吨）	3000.01	3001.03
天然气产量（亿立方米）	50.18	46.59
新增原油产能（万吨）	190.04	176.95
新增天然气产能（亿立方米）	2.93	2.80
三维地震（平方千米）	762	1272
探井（口）	239	166
开发井（口）	3387	3265
钻井进尺（万米）	540.13	499.44
勘探投资（亿元）	35.06	31.64
开发投资（亿元）	178.78	183.65

【资源勘探】 2021年，大庆油田坚持油气并举、常非并重、海陆相并进，聚焦重点领域，敢于突破禁区，树立大目标，大打勘探进攻仗，超额完成三级储量任务，SEC储量大幅增长，实现油气储采平衡“四川盆地大庆仪陇—平昌区块平安1井页岩油勘探”“四川盆地大庆川渝区块灯四段、茅口组多套层

系立体勘探”“松辽盆地北部大庆长垣周缘中浅层精细勘探”分获集团公司勘探重大发现奖特等奖、一等奖、二等奖。

古龙页岩油取得战略突破。举全油田之力建设古龙页岩油“1号工程”，勘探开发一体部署，试验井组高效建立，钻井纪录不断刷新，古页2HC井、古页3HC井等多口井获高产，新增预测石油地质储量12.68亿吨，国家能源局批复设立大庆古龙陆相页岩油国家级示范区，开启古龙页岩油勘探开发新篇章。

川渝探区呈现大场面。平安1井、潼深3井、合深5井等多口井获高产工业油气流，实现四川盆地侏罗系页岩油的历史性突破，获集团公司勘探重大发现特等奖。合川潼南区块震旦系灯影组、二叠系茅口组多口井获高产工业气流，基本形成千亿立方米天然气储量规模，展现川渝探区良好发展前景。

富油凹陷常规油焕发新活力。长垣老区实施“金边工程”，西部斜坡带从源上至远源分层次部署，滚动挖潜源上三肇凹陷葡萄花油层，海拉尔主攻“贫泥砂砾岩”，获一批日产10吨以上高产井，老探区展现出3个亿吨级增储潜力区。

松北（松辽盆地北部）致密油规模增储成效显著。针对河道砂储层类型多、错叠连片的特点，以示范区为引领，强化“技术+管理”双轮驱动，实现低品位资源有效转化，一体化增储建产成效显著，成为支撑外围油田稳产上产的重要力量。

【油气生产】 2021年，大庆油田应对新冠肺炎疫情、洪涝、暴雪、限电、塔木察格限运等诸多不利因素影响，辩证认识和准确把握油田开发矛盾与潜力，坚定稳产目标不动摇，大力实施精准开发，全面推行效益建产，注重提高运行质量和应急能力，全力以赴抢产夺油，实现原油“硬稳定”、天然气“快上产”。

精准开发水平持续提升。实施水驱控递减，深化精细油藏描述，分类研究、分类调整、分类治理，水驱自然递减率、年均含水上升值均得到有效控制。实施“三采”提质提效，坚持“效果与效益并重，技术与管理并举”，优化方案设计，应用新型体系，强化对标调整，实现“对象变差、效果不降”。

规模效益建产稳步推进。按照“建成产能200万吨、贡献率40%、投资正向拉动效益”工作目标，统筹老区与新区储量有效动用，全面推行高产探评井快速建产、致密油龙西模式和稠油勘探开发一体化，倒排节点、按周推进，抢前抓早、高效运行，建产效率创近年最高水平。

天然气产量再创历史新高。松辽本土加强管理提效率、优化新区增产能，川渝区块多层系探索上产，天然气产量迈上50亿立方米新台阶。完成四站储气库群主体工程和喇嘛甸储气库改造建设，年注气1.36亿立方米、采气1亿立方米。

新能源加快布局。编制实施大庆油田绿色低碳可持续发展示范基地建设方案、清洁低碳行动方案，构建新能源建设总体构架，启动多能互补和分布式光伏工程建设，葡47区块微光伏先导试验项目实现并网发电，落实广西风电项目，绿色低碳发展步伐进一步加快。

2021年，大庆油田原油产量3000万吨、天然气产量50.18亿立方米，其中海外权益产量933万吨，主要开发指标创出历史高水平，三次采油年产量连续20年保持1000万吨以上，天然气年产量连续11年稳定增长。

【科技创新】 2021年，大庆油田坚持“抓创新就是抓发展，谋创新就是谋未来”，推进重点领域核心技术攻关，科技与信息化创新取得明显成效。

勘探理论技术取得突破。发展完善古龙页岩油原位成藏理论，形成页岩油分级评价、一体化布井、水平井优快钻完井、复合压裂等技术，推动古龙页岩油和四川盆地页岩油勘探取得重大进展。深化川渝地区气藏成藏理论研究，攻关形成薄储层地震预测和酸压增产改造技术，支撑川渝气区多井高产落实规模储量区。

油田开发技术创新发展。创新发展高效无碱复合体系，室内实验表明，可比现有强碱三元体系多提高采收率10个百分点以上。创新发展第4代分注工艺技术，注水井测调周期缩短至1个月以内，注水合格率保持90%以上。创新发展沉降式同井注采技术，先导性试验区块地面综合处理液量下降70%，含水下降32.3个百分点。

工程配套技术持续完善。发展完善复杂缝压裂改造技术，研发高效精细分段压裂工具，应用全自动工厂化施工模式，压裂改造技术系列实现提档升级。研制推广外围零散区块采出液一体化集成处理技术，可有效节省地面建设成本。

信息技术应用稳步推进。智慧指挥中心、云数据中心健全完善，油气生产物联网建设推进实施，数字油田建设全面提速，应用领域不断延伸拓展，数字化转型、智能化发展步伐进一步加快，推动生产模式和管理方式变革，大庆油田成为集团公司首批数智化转型试点示范单位。

创新体系逐步完善。修订科技项目课题制管理办法，推进实施“创新联盟”“揭榜挂帅”，开展“产学研用”一体化攻关，激发创新内生动力。新增中国工程院院士1人，建设形成以2名院士、48名省部级以上专家、187名油田专家为骨干的科技领军人才队伍，科技创新人才支撑力持续增强。2021年获省部级以上科技奖励29项、国家发明专利授权76件，牵头成立ISO（国际标准化组织）提高采收率分技术委员会获TC67通过，提升中国在国际石油行业的话语权。

【提质增效】 2021年，大庆油田树立全员效益观念、成本意识，深入开展“转观念、勇担当、高质量、创一流”主题教育活动，大力实施专项行动，全力打造提质增效“升级版”，营业收入、净利润同比大幅提升，取得良好的经营业绩。

投资管理不断优化。以基准内部收益率达标为底线，推行效益倒逼和百万吨产能投资“双控制”，实施“三优一简”和市场化运作，单井投资同比下降25.5%，实现投资对效益的正向拉动。

成本费用有效控制。坚持事前算赢，推进低成本发展，实施资产“轻量化”、SEC储量“增量化”，强化管理挖潜与能耗控制，储量、产量、油价、投资、成本一体化联动，油气运行成本持续降低，大庆油田用水量连续8年、用电量连续5年硬下降。加大“两金”压降力度，加快内部结算，强化政策导向，实施甲乙方联动，缓解未上市资金紧张矛盾。

扭亏治亏成效明显。坚持“一企一策”精准治理，分级分类采取管理提升、关停退出、转换经营模式等措施，配套人员分流、绩效考核、干部任免等政策，全级次子企业亏损户数、亏损额实现“双下降”，重点亏损子企业全部超额完成治理目标。

【深化改革】 2021年，大庆油田坚持以市场化为导向，以业务归核为重点，以构建“油公司”模式为核心，统筹上市与未上市业务改革发展，一体推进业务重组、体制重塑、机制重建，改革三年行动全面提速、全力攻坚，提前实现集团公司下达进度目标。

油气主业归核全面推进。采油厂层面整合技术研究、监督管理等10余项相关职能，油气生产单位全部实现扁平化管理，新型采油气管理区作业区建设到位率100%，初步建成具有大庆特色的“油公司”模式。

支持保障业务结构和组织体系不断优化。油田层面整合井下作业、电力运维、工业物业等业务，重组合并昆仑集团与创业集团，调整优化工程建设、油田化工、装备制造等业务及组织机构，促进未上市业务“瘦身健体”，构建起“一对多”“多对多”的服务模式，全面提升支持保障能力。

内部市场化机制基本建立。制定实施油田内部市场化运行管理办法，构建起“甲乙方运作、价格动态调整、关联指标一体化考核”的市场化机制，内部市场有序放开，市场准入更加规范，“一体化+市场化”水平持续提升。加大简政放权力度，制定差异化授权管理清单，增强了企业市场行为能力。

“三项”制度改革持续深化。全面推行领导人员任期制和契约化管理，实施全员绩效考核与全要素量化考核，加大薪酬精准激励力度，推进企业办社会职能剥离移交收尾和退休人员社会化管理，攻坚突破厂办大集体平台改制、社会保险纳入地方管理等改革任务，企业管理体制和运行机制进一步完善。

【业务升级】 2021年，大庆油田坚持以市场为导向，优化业务结构，转换经营方式，油田未上市业务首次实现自由现金流为正。

技术服务水平进一步提升。钻探工程推行地质工程一体化，着力打造“四提”工程，钻速提高8.9%，创出古龙页岩油钻探17项新纪录，井身质量、固井质量合格率位居集团公司前列。工程建设突出设计、施工、预制全链条协同发展，区域化“一对一”定向服务，场站工厂化预制率大幅提升。

业务发展能力进一步增强。装备制造大力推行精益管理和服务型制造，推进生产数字化改造和产品智能化升级，市场服务能力进一步增强。化工有限公司深入实施“技工贸”一体化，拓展新型表活剂生产等业务，轻烃处理量创历史新高。水务公司坚持主业与新兴业务协同发展，含油污泥、压裂返排液处理等环保业务成为新的增长点。昆仑集团持续推进重组整合，加快优势业务提档升级，发展现代绿色农牧业。物资公司发挥资金杠杆作用和批量采购优势，保障油田物资供应，发展仓储经济。

产业升级步伐进一步加快。中油电能公司统筹推进发供电、售电、运维和新能源业务。信息技术公司打造“平台+生态”模式，拓展软件开发、网络安全、智能安防等业务。铁人学院持续深化资源整合，做强职前教育，做精特色培训，进一步提升产业化增值创效能力。文化集团着力构建涵盖新媒体、影视制作、红色文旅于一体的多维文化产业，市场化发展能力进一步增强。

【市场开发】 2021年，大庆油田坚持内外并举，抓住行业回暖的有利时机，持续加大市场拓展力度，坚定不移“走出去”，国际市场复苏向好，国内市场持续增长。

海外油气开发高效运营。全面加强哈法亚项目运作，全力推动塔木察格项目复产，建立长效沟通机制，调整新冠肺炎疫情期间生产运行模式，加大超期值守人员回国轮换力度，实现海外项目平稳运行，海外权益产量连续三年保持900万吨以上。

海外油服业务取得新突破。相继中标鲁迈拉钻井总包、哈法亚天然气处理厂等中国石油项目，获伊拉克B9区块钻井总包、注水先导及燃气轮机电站等非中国石油项目，潜油电泵等产品进一步站稳国际市场。深耕非洲取得突破，签约4.59亿元尼贝管道贝宁南段项目，达成东非原油管线终端储罐区项目签约意向，大庆油田海外基建业务首次进入国际高端市场。

国内市场业务实现规模增长。华南市场，中标广东揭阳商储库项目，首次实现工程建设、运行运维以及电缆等产品销售一体化发展。西南市场，与浙江油田签订首个上下游一体化风险合作项目。华北市场，井筒服务、大修压裂以及配套产品全面进入煤层气市场。

【基础管理】 2021年，大庆油田发扬大庆优良传统，坚持强管控、夯基础、防风险，着力在固本强基上下功夫。

岗位责任制综合管理体系正式运行。高质量推进体系融合，持续加强规章制度建设，完善升级新时代“四位一体”岗位责任制综合管理体系，扎实开展对标世界一流管理提升行动，公司治理体系和治理能力现代化水平进一步提高。

新时代岗检深入开展。牢牢把握“四条要求”，从严落实“五项措施”，高标准开展第107次新时代岗检，正向查问题、反向挖根源、同步立标准，将严实作风贯穿企业生产经营管理全过程，促进岗位责任制全面落实，大庆油田被选树为集团公司对标提升管理标杆企业。

安全环保平稳可控。深入贯彻学习新《中华人民共和国安全生产法》，扎实推进安全生产专项整治三年行动，强化承包商、危险化学品和高风险作业管控，坚决纠治“三违”行为，安全生产形势平稳向好。迎接中央生态环境保护督察，推进环境保护综合整治，实现生活污水处理全部达标，历史遗留含油污泥全部“清零”，建成集团公司首个510亩碳中和林。

依法合规治企扎实推进。大力规范法律论证、合同、招标与诉讼管理，全面加强审计监督，经营风险防范能力持续增强，高质量通过集团公司合规示范创建验收。企地协同严厉打击各类侵害油田违法犯罪行为，治安形势总体平稳，为油田发展营造良好环境。

疫情防控措施有力。坚持“外防输入、内防反弹”，压紧压实各级责任，分级分类精准防控，新冠肺炎疫苗应接尽接，保持生产场所零疫情、零感染。

【民生建设】 2021年，大庆油田践行以人民为中心的发展思想，开展“我为员工群众办实事”实践活动，发展成果更多惠及员工群众，员工群众的获得感幸福感安全感进一步增强。推进实施前线站点（场）建设、生活用水改造等重点工程，打造果午湖、马鞍山、老虎山等生态园区，员工生产生活环境进一步改善。优化调整薪酬结构，差异化提高各类人员岗位工资标准，员工收入较2020年实现稳定增长。实施送温暖工程，推进扶贫帮困，关注保障员工健康，广泛开展形式多样的线上线下活动，丰富员工精神文化生活。全面加强维稳信访工作，及时回应和处理群众诉求，维护和谐稳定的良好局面。加大培养培训力度，开展技能大赛、劳动竞赛、创新创效活动，加强科技创新团队和技能专家创新工作室建设，畅通专业技术、技能人员成长进步通道，涌现出以油田功勋集体、功勋员工为代表的一大批先进模范，促进员工与企业共同成长。

【企业党建工作】 2021年，大庆油田落实新时代党的建设总要求，全面加强企业党的建设，政治优势充分发挥。深入开展党史学习教育，举办庆祝建党100周年系列活动。组织各级党组织开展换届选举工作，健全完善“明责、履责、考责、问责”党建工作责任体系，探索“油公司”模式下党组织建设新思路，持续推进基层党建质量提升三年行动计划，推动基层党建全面进步全面过硬。突出“好干部”标准，调整中层领导人员，一批“80后”优秀年轻干部走上中层领导岗位，补充干部队伍“新鲜血液”，老中青梯次配备的年龄结构逐步改善。抓紧抓实两级巡察和巡视反馈问题整改，驰而不息正风肃纪，推动全面从严治党向纵深发展。继承发扬大庆精神铁人精神，大力弘扬严实作风，聚焦“四条要求”，落实“五项措施”，狠抓不严不实问题查摆、剖析、曝光、整改，广泛开展岗位“云讲述”活动，严实作风成为价值共识和行为标准，提升了队伍的凝聚力、执行力、战斗力。

（李　冬　陈娇红）

中国石油天然气股份有限公司辽河油田分公司（辽河石油勘探局有限公司）

【概况】 中国石油天然气股份有限公司辽河油田分公司（辽河石油勘探局有限公司）简称辽河油田，是全国大型稠油、高凝油生产基地，前身为1967年3月成立的大庆六七三厂，1970年4月组建辽河石油勘探指挥部，同年9月更名为三二二油田，1973年5月更名为辽河石油勘探局。经过1999年重组改制、分开分立和2008年上市业务与未上市业务两大板块重组整合，至2021年底，逐步形成油气主营业务突出，未上市辅助生产业务和多元经济协调发展的格局。业务范围涵盖油气开采、储气库业务、工程技术、工程建设、燃气利用、炼油化工、多种经营等领域。总部设在辽宁省盘锦市兴隆台区。

辽河油田1955年开展前期地质普查，1970年投入大规模勘探开发建设，1980年原油产量跨越500万吨，1986年突破1000万吨，1995年达1552万吨历史最高峰，到2021年连续36年保持千万吨规模稳产。辽河油田矿权区位于辽宁省、内蒙古自治区、陕西省、甘肃省、海南省等地区，勘探开发领域包括辽河本部探区、鄂尔多斯探区和深海探区，总探矿权面积20.2万平方千米，有油气田41个。其中辽河本部探区是勘探开发主战场，勘探开发建设50多年以来，先后发现兴隆台、曙光、欢喜岭等油气田40个，投入开发37个，年产量占总产量的90%以上，开发方式从天然能量开发、水驱、稠油蒸汽吞吐，到蒸汽驱、SAGD（蒸汽辅助重力泄油）、火驱等方式转换，形成9种主要开发方式及配套技术，基本涵盖陆上石油的全部开发方式。2021年底，设机关职能部室15个、机关直属机构5个、机关附属单位2个，所属二级单位50个。在册员工7.03万人。资产原值1863.12亿元，净值437.99亿元；资产总额544.36亿元，净资产197.94亿元。自1970年大规模勘探开发建设以来，累计探明石油地质储量25.44亿吨，天然气地质储量2184.68亿立方米。累计生产原油4.95亿吨、天然气903.4亿立方米。有东北地区最大的储气中心辽河储气库群，被纳入国家“十四五”发展纲要和石油天然气基础设施重点工程，担负着东北和京津冀地区天然气季节调峰任务，2021年冬季日调峰能力突破3000万立方米，日调峰能力增量居全国之首。

2021年，辽河油田新增探明石油储量4131万吨、控制储量5120万吨、预测储量7200万吨；新增控制天然气储量104亿立方米、预测储量208亿立方米。生产油气当量1071万吨，其中原油产量1008.01万吨、天然气产量7.9亿立方米。上市业务收入295.60亿元、盈利9.84亿元，未上市业务收入145.89亿元、盈利0.24亿元。辽河油田整体盈利10.08亿元，上缴税费46.67亿元、同比增加12.98亿元。

辽河油田主要生产经营指标

指　标	2021年	2020年
原油产量（万吨）	1008.01	1004.26
天然气产量（亿立方米）	7.9	7.24
新增探明石油地质储量（万吨）	4131	4089
新增控制石油地质储量（万吨）	5120	5158
二维地震（千米）	500	700
三维地震（平方千米）	470	415
探井（口）	72	70
开发井（口）	691	828
钻井进尺（万米）	135.67	147.41
勘探投资（亿元）	8.85	8.96
开发投资（亿元）	46.1	52.34
资产总额（亿元）	544.36	539.8
收入（亿元）	441.49	344.5
利润（亿元）	10.08	–60.12
税费（亿元）	46.67	33.69

【油气勘探】 2021年，辽河油田坚持“立足辽河、加快新区、稳油增气”的勘探思路，瞄准落实规模

优质储量，开展油气勘探进攻战，新增石油三级储量1.6亿吨以上，油气当量储量、控制储量、预测储量分别完成奋斗目标的103%、119%、148%，探明储量创近10年新高，超额完成三级储量任务，勘探费用比2020年节约2300万元，探井综合成本同比下降5%。

风险勘探展现良好苗头，马探1井、荣探1井顺利完成钻探目的，证实清水洼陷、荣胜堡洼陷深层具备规模天然气成藏条件与资源潜力。

精细勘探实现规模增储，雷121井、冷10-52-50井、欧31-H7井等多口探井获高产油气流，西部凹陷东部陡坡带新增控制石油储量5120万吨，东部凹陷中浅层欧利坨子地区新增预测天然气地质储量208亿立方米。

外围勘探取得重大进展，优化退出柴达木矿权，新增鄂尔多斯宜庆地区3200余平方千米矿权，开鲁地区首次实现亿吨级规模增储，陆东凹陷后河、交力格地区新增预测石油地质储量7200万吨。鄂尔多斯宁古4井、宁175-H3井、宁218-H1井、板24-H1井等多口井获工业油气流，新增控制天然气地质储量104亿立方米、探明石油储量385万吨。

滚动评价勘探获丰硕成果，河21区块、沈35区块、宁218区块等8个区块新增探明石油储量4131万吨，全部为稀油高凝油。开鲁盆地陆家堡、西部凹陷东部陡坡带勘探成果，分别获集团公司油气勘探重大发现二等奖、三等奖。

【油气开发】 2021年，辽河油田坚持上产与增效兼顾，优化产量结构、调整建产结构、精细老区挖潜、提升管理指标等“稳油增气”举措成效明显，稀油高凝油、天然气等效益产量分别上升3.7万吨、0.7亿立方米，百万吨产能投资减少1.1亿元，注水油田年产油375万吨、自然递减率下降0.4%。方式转换持续发挥稳产支撑作用，钻采指标呈现“四升九降”❶全面改善态势，桶油操作成本比集团公司指标减少3.12美元。油气产能建设高效推进，691口新井投产，新建产能96.5万吨，生产原油49.6万吨。油气开发调整科学有序，择优实施方式转换，新转井组27个，转换项目年产油241.3万吨。对标管理精细注水注汽，注水产量比2020年增加12万吨。强化吞吐优化注汽，稠油吞吐年产油351万吨，稠油吞吐油汽比保持在0.3。深挖天然气上产潜力，生产天然气7.9亿立方米，创2011年以来新高。实施项目制管理治理套损井495口，年恢复产量13.8万吨，产量效益实现“双丰收”。

加强运行协调、重点督办、系统衔接，统筹方案优化、钻机运行、作业施工、地面建设、油地协调等工作，强化电网检修、冬防保温、天然气保供组织，重点工作运行到位率、符合率分别提高到99%、94%。油田上下坚持“一盘棋”思想，系统联动、科学组织，夺取抗击绕阳河多年不遇洪涝灾害的全面胜利，迅速应对暴风雪侵袭、限电限气等困难挑战，最大限度减少经济损失。组织两次上产劳动竞赛，保障全年产量任务顺利完成。全面深化采油对标管理，举升单耗、吨液集油成本、吨汽单耗分别下降12.8%、14%、3%。

储气库建设坚持速度质量与高效运营并举，双台子储气库群建设全面铺开，双6储气库扩容上产工程顺利建成投产，创造国内同等规模储气库建设周期最短新纪录。推进雷61储气库达容达产，评价库前期工作有序实施。辽河储气库群日调峰能力从1500万立方米提升至3180万立方米，日调峰能力增量位居国内首位，东北及京津冀地区天然气调峰中心作用日益凸显。完成新一轮注气19.74亿立方米、阶段采气9.14亿立方米，调峰保供作用有效发挥。

【经营管理】 2021年，辽河油田贯彻落实集团公司党组“四精”工作要求，打造提质增效“升级版”，项目化实施10个方面50项提质增效工程，投资“六个优化”、成本“六个控降”等206项措施全面落地，管理挖潜创效42.41亿元，超额完成年度业绩指标。

严格项目前期论证和经济评价，压缩投资7.54亿元，主营业务投资占比稳定在95%以上，投资总量和结构实现“双优化”。践行效益投资理念，创新实施原油产能投资承包等管理模式，百万吨产能建设投资控制在40亿元以内。下达计划实施33项增效类项目，增效9027万元。强化预算统筹，坚持事前算赢，以桶油完全成本倒排高标准预算，超集团公司提质增效奋斗目标12.99亿元确定执行预算。重点实施电费、运行成本、能耗、资源消耗、管理费用及销售成本6个成本控降行动，油气单位操作成本29.25美元，桶油完全成本57.84美元。完善SEC储量评估机制，中期增加1084万吨，降低折旧折耗15.87亿元。

❶钻采主要技术经济指标“四升九降”指：固井质量合格率、分注合格率、注水系统效率、井口水质达标率4个指标上升；维护性检泵工作量、维护性作业费用、百米举升单耗、注汽单耗、集油吨液单耗、脱水吨液单耗、管道失效率、注水单耗、污水处理单耗9个指标下降。

加大原油分质分销、动态销售、市场化销售力度，增效 1.06 亿元。实施资产轻量化、设备利旧、低效无效土地盘活、专业化集中采购，挖潜 6.51 亿元。坚持油田整体利益最大化，内部市场占有率 93%。通过加大天然气自用减少外购、落实税收政策、审计审减，节约资金 1.89 亿元。

开展合规示范企业创建，25 项管理制度颁布实施，34 个部门单位管理界面进一步优化，重大涉法事项决策前法律审查率 100%，法律纠纷案件结案 49 起，避免和挽回经济损失 3000 余万元，获评集团公司法治建设先进单位。开展“反内盗”专项行动，堵塞生产经营管理漏洞。开展财务检查整改系统问题，市场管理、审计和内控等工作持续加强，获评“十三五”内控与风险管理工作先进单位。经营风险有效管控，“两金”总额对比年初减少 5.85 亿元，下降 9.2%，“两金”压降综合完成率 118%，全级次亏损子企业减少 2 户，账面同比减亏 70.2 亿元，资产负债率、自由现金流等关键指标全面完成集团公司考核任务。

加强外部市场规范管理，加大市场开发力度和结构调整，外部市场不断优化，市场开发量效齐增，带动 4000 余名员工走出去，实施外部市场项目 1022 个，收入 58 亿元、利润 2.8 亿元，同比增加利润 5400 万元。签订中俄东线南段、西气东输三线中段、伊奇克里克总包、中石油燃料油有限责任公司检维修等大型项目 73 个，累计合同额 80 亿元，外闯市场实现提档升级。

【企业改革】 2021 年，辽河油田坚持问题导向、稳准原则、统筹督导，着力提升企业治理能力，各项改革取得实质成效，改革三年行动任务阶段完成 77 项，完成率 94%，实现数量、成效“双达标”。

治理结构不断优化，完善党的领导与公司治理有机统一的体制机制，出台模拟法人运行规则，创新二级单位领导体制。优化股权公司管理体制机制，建立“1+N”（以深化人事劳动分配制度改革为中心，配套建立 19 项专项改革制度）规章制度体系。稳步推进领导人员任期制和契约化管理，二级单位覆盖率实现 100%。

组织结构持续优化，“5+7”（做强做优油气勘探开发、科研技术与数字化、油气储运与销售、储气库建设与运营、新能源开发业务等 5 类主营业务，做精修井作业、工程建设、生产供电、油田环保、物资供应、特种车辆、生产保障等 7 类辅助业务）业务归核化方案落实落地，完成辽河油田机关“三定”工作，重组整合概预算、经济评价、资本运营等业务，撤销两级资金结算机构，调整辽兴油气开发公司开发管理单元，新型采油管理区作业区建设稳步推进。全年压减二级机构 6 个、三级机构 52 个。加强机关功能建设，明确二级单位归口联系部门，调整钻井、油品销售等 17 项管理职能，实现“管办分离”。组建宜庆勘探开发指挥部，优化外围 6 个区块管理体制，实现统一、扁平化管理。

人力资源配置持续优化，围绕“控减压降”，实施措施减员 266 人、清退外雇劳务用工 1366 人、新增分流 2212 人。持续优化工效挂钩办法，全员劳动生产率 33.4 万元 / 人，同比提高 60%。突出“强优转提”，增补企业首席技术专家 2 名，选聘青年一级工程师 9 名，完成 19 家生产单位二级、三级工程师选聘。重点工程实施“项目化”管理，组建储气库建设、套损井治理等重点工程项目组，责任落实、工作落地和效率效益有效提升。5 项关键技术实行“揭榜挂帅”，加大“双序列”、专家负责制实施力度，激发科研人员攻关热情。全面推行对标管理，建立全要素指标体系、全方位对标体系，配套管理制度和责任机制，促进经济技术指标不断改善。

市场机制持续优化，推行服务采购和作业价格市场化，建立健全工程建设、井下作业、运输特车等业务市场化运行规则，推动市场交易“同价格、同标准、同考核”，内部市场化机制逐步建立。出台加强市场营销工作实施意见，油气营销创效 3.7 亿元。出台工效挂钩办法修订意见，形成与劳动生产率相适应、与经济效益相匹配的薪酬决定机制。

【科技创新】 2021 年，辽河油田强化创新驱动发展，出台“十四五”科技规划，召开辽河油田科技与信息化创新大会，明确十大创新领域和技术攻关清单。获省部级科技成果 6 项、授权发明专利 58 件。实现科技增油 240 万吨、增效 1.2 亿元。

加强科研力量配置，组建西部勘探开发研究中心、海外稠（重）油技术中心，在勘探开发研究院、钻采工艺研究院、中油辽河工程有限公司 3 家科研单位设立新能源研究所（室）。科技与信息化加快发展，关键技术攻关获得进展，10 个重大科技专项有效推进。攻克宜庆地区储层叠前叠后联合预测和超低渗—页岩油“甜点”评价优选技术，形成页岩油地质—工程“甜点”预测技术，蒸汽驱调控技术实现系列化，聚 / 表复合驱技术实现新拓展，有效支撑勘探开发生产。复杂类型油气藏建库技术实现新进展，水平井体积压裂关键技术指标达到国内先进水平。降本提效技术得到成熟推广，大修工程小修作业化、高凝油开采节电等14项优势技术推广实施。

数字油田建设持续推进，出台《辽河油田数字化转型总体框架方案》，勘探开发、生产经营、投资成本、地质工程、科研生产“五个一体化”平台建设顺利推进。辽兴油气开发公司奈曼地区、金海采油厂采油作业三区物联网建设顺利推进，油田井、站数字化覆盖率提升至34.5%、37%。完成RDMS测试环境搭建，启动生产指挥、经营管理信息系统建设，推进无纸化办公，机关协同办公环境初步建成。

【安全环保】 2021年，辽河油田坚持贯彻集团公司“四全”（全员、全过程、全天候、全方位）、“四查”（查思想、查管理、查技术、查纪律）工作要求，细化“五个用心抓”（用心抓“四全”“四查”工作落实落地、用心抓QHSE体系建设和责任清单管理、用心抓风险识别和隐患排查治理、用心抓“低老坏”重复性问题整治、用心抓承包商监督管理）措施，各类风险防控措施有效落实，质量健康安全环保形势稳定向好，QHSE体系运行保持良好B1级，位列集团公司上游企业第二名，获2021年度集团公司质量健康安全环保节能先进企业。

组织学习宣贯新《安全生产法》，巩固深化三年专项整治成果，压茬推进全员反违章整治，建立安全生产“低老坏”及重复性问题管理长效机制，查改违章问题6875个，违章数量同比下降14.3%。

深化安全生产专项整治行动，严抓井控、储气库、承包商、城镇燃气等领域集中整治，投入4.1亿元治理油气管道、压力容器、加热炉等隐患131项。修订辽河油田公司领导和机关部门QHSE责任清单，推行全员安全记分、高危作业区长制，加大追责问责力度。安全生产平稳受控，严抓严管态势继续保持，黄牌警告承包商142个，列入黑名单111人，违章处罚218万元，失职追责53人，一般C级事故同比下降50%。

开展绿色矿山创建，新增2家单位入选辽宁省绿色矿山示范企业名录。推进污水油泥治理，落实污染减排措施，排查治理环境风险隐患49项，绿色修井技术应用率100%，油泥源头减量2200吨，顺利通过中央生态环保督察，取得“零问题、零督办”成效。

稳步推进油气水井和地面工程建设项目质量三年整治行动，细化完善控制风险点和控制措施，健全井筒质量管理机制，严查工程、产品质量事件，严把自产和采购产品质量关口，查改工程质量问题735项，查处不合格产品52批次，挽回损失5700余万元，质量管控水平全面提升，井身、固井质量合格率分别提升至99.3%、86.8%。

落实“健康辽河2030”行动方案，开展健康企业创建、健康知识普及等11项活动，强化健康体检、慢性病干预、职业健康防护，员工因重大疾病死亡人数下降15.3%，6家二级单位完成健康企业创建。科学实施疫情防控，坚守零疫情底线，健全完善管控措施158项，排查人员流动轨迹4.2万人次，落实隔离及核酸检测措施8752人次，新冠肺炎疫苗接种率96%。

【低碳发展】 2021年，辽河油田将“绿色低碳”作为重点战略工程，规划布局、完善体制、研究立项同步实施。实施“绿色低碳613工程”，CCUS工程高效推进，加快推进二氧化碳驱油与埋存先导试验，扩大二氧化碳辅助吞吐。加大新能源发展力度，高质量完成专项规划顶层设计，“10+5”低碳示范区建设、勘探开发全过程清洁低碳专项行动、驻辽宁炼化企业清洁替代等专项方案编制完成，石化余热发电、“沈茨锦”风光发电项目、辽河油田90兆瓦光伏发电项目、曙光地热利用工程加快推进，“兴金高”光伏发电、沈采密闭脱水系统改造等项目开工建设，欢三联地热、锦45集输系统优化、SAGD污水热能利用等项目投产运行，形成节替标准煤能力5.45万吨，二氧化碳减排能力11.08万吨，生产综合能耗同比下降2.7%，COD、氨氮、氮氧化物排放量分别同比下降5.5%、15.6%、12%。通过20项措施，节能4.8万吨标准煤、节水55万立方米，能耗总量与强度分别下降2.7%、3.5%。

【企业党建工作】 2021年，辽河油田开展党史学习教育，坚持“六早”抓启动、聚焦“九率”抓推进，以党史为重点系统开展“四史”宣传教育，大力弘扬伟大建党精神。统筹推进庆祝中国共产党建党100周年系列活动，开展党史读书班、党史知识竞赛、“党建+”演讲比赛等活动，开展“我为员工群众办实事”实践活动，党史学习教育和系列活动成效得到集团公司党史学习教育指导组高度肯定。加强党的政治建设，严格落实“第一议题”制度，深入学习贯彻党的十九届历次全会精神和习近平总书记系列重要讲话精神，领会要求精准到位、落实部署不打折扣。坚持党委前置研究讨论制度化规范化，决策“三重一大”事项173个，辽河油田党委领导作用更加凸显。压紧压实责任，国家安全人民防线建设、意识形态领域管理、统战工作更加夯实，获集团公司保密工作先进单位。开展“转观念、勇担当、高质量、创一流”主题教育活动，突出“四讲好、六讲清”，两级领导班子带头宣讲1200余场次，思想教育引领入脑入心。深化社会主义核心价值观宣贯，坚持用石油精神铸魂育人，多维展示油田良好形象。发挥“党建带群建”作用，“一赛五金”、青年突击队及“一号四岗”创建成效明显。

加强干部人才队伍建设，成立人才强企专班，出台落实30项人才强企措施。鲜明树立选人用人导向，推进公开竞聘、挂职锻炼、序列转换，提拔中层领导人员74人、交流58人，进一步使用5人，总量减少50人，40岁以下年轻干部比例提高1.6%。加大员工培训、技能竞赛、人才评价力度，队伍整体素质不断提升。

制定落实党委工作、党建工作“两个要点”，推动基层党建“三基本”（基本组织、基本队伍、基本制度）建设与“三基”工作有机融合，创新“党建联盟”模式，丰富“党建+”载体，开展党建工作调研、巡回指导，党建质量明显提升。统筹推进二级党委换届和辽宁省党代表选举工作。出台加强托管企业党建实施意见，全面规范企业管理。培育“红旗党支部”20个、集团公司“百面红旗”2个，党组织46个、100名党员获省部级以上表彰，兴隆台采油厂女子采油队党支部获评中央企业先进基层党组织，并代表集团公司在国务院国有资产监督管理委员会“七一”表彰大会上交流发言。

加强党风廉政建设，强化提质增效、重大工程合规监督，深化专项管理审计，突出对“一把手”和领导班子监督，着力揭示生产经营管理重点领域典型问题和风险，构建符合石油企业特点的监督体系。实施“1+N”巡察，开展巡察反馈督导，整改问题216个。推进“以案促改、以案促治”，强化执纪问责，受理信访举报102件，纪律处分85人。巩固落实中央八项规定及其实施细则精神成果，深入纠治“四风”问题，推动两级机关为基层减负，队伍作风持续强化。

【和谐企业建设】 2021年，辽河油田落实以人民为中心的发展思想，将民生改善列为战略工程，实现油田大局稳定、油区团结共进、油地融合发展。民生实事有效落地，制定落实4大类12项民生工程，修订职工福利费管理办法，优化调整基本工资标准，集中解决看病就医、子女入学、物业服务等员工关切问题。实施健康辽河创建，开展心脑血管疾病防治等“五项行动”，在38家食堂建立健康餐饮试点，多措并举提升健康管理水平。发挥企业协调组组长单位作用，主动与长城钻探、辽河石化、锦州石化、锦西石化、测井公司等兄弟单位加强工作对接，研究“双碳”目标规划，打造“利益共同体”。落实维稳信访安保防恐责任制，修订完善《员工违法犯罪处理暂行规定》等规章制度。落实集团公司党组领导批示要求，协调辽河公安局、检察院、法院，开展“反内盗”专项行动，推进矿区治安治理、油气水电整治等工作。加强与相关地方党委政府沟通联系，深化与盘锦市创建油地“和谐典范”，加大储气库等重大项目合作，对一些历史难题形成解决共识，油地合作再上台阶。履行企业社会责任，在第一批14名干部驻村完成脱贫攻坚任务的基础上，再选派17名干部持续助力乡村振兴。

（沈明军　石　坚）

中国石油天然气股份有限公司长庆油田分公司（长庆石油勘探局有限公司）

【概况】 中国石油天然气股份有限公司长庆油田分公司（长庆石油勘探局有限公司）简称长庆油田，前身成立于1970年。长庆油田是中国产量规模最大的油气田企业，主要在中国第二大含油气盆地——鄂尔多斯盆地开展油气勘探开发及新能源等业务，总部位于陕西省西安市，工作区域横跨陕西、甘肃、宁夏、内蒙古4省（自治区）。

2021年是中国共产党成立100周年，也是长庆油田站在6000万吨新起点，凝心聚力、乘势而上，高质量发展成效卓著的一年。面对新冠肺炎疫情、油价波动和极端天气冲击，长庆油田围绕全年各项业绩目标，乘势而上，团结奋进，超额完成生产经营任务，多项业绩指标创历史新高，获评集团公司先进集体。

2021年，长庆油田生产原油2536.01万吨、天然气465.43亿立方米，均创油田历史新高。油气产量当量6244.63万吨，同比增加203万吨，再次刷新国内油气当量年产量纪录，经营效益创“十三五”以来最好水平，是集团公司唯一利润超200亿元的企业。全年未发生B级以上安全环保事件，节能51.3万吨标准煤、节水38.2万立方米，油气商品量能耗93.6千克标准煤/吨，能耗总量和能耗强度6年来首次下降。集团公司QHSE审核首次达到B1级。

【资源勘探】 2021年，长庆油田牢固树立"高质量发展首先是资源发现高质量"理念，明确风险勘探、规模勘探、效益勘探总体布局，成立重点领域五大专班，加快节奏、扩大成果，超额完成油气三级储量任务。奥陶系盐下、太原组灰岩、陇东铝土岩三大领域取得战略性突破。陇东页岩油一次提交探明石油地质储量5.5亿吨，创国内60年来单次提交新纪录。油气效益勘探实现高效储量分别突破1亿吨和1000亿立方米，当年分别建产78万吨、8.7亿立方米。庆城油田探明石油地质储量突破10亿吨，成为中国探明石油地质储量规模最大的页岩油整装油田。矿权管理新增采矿权3个区块4898平方千米。

长庆油田主要生产经营指标

指　标	2021年	2020年
原油产量（万吨）	2536.01	2467.2
天然气产量（亿立方米）	465.43	448.53
新增原油产能（万吨）	225.53	348.50
新增天然气产能（亿立方米）	111.33	125.97
三维地震（平方千米）	3092	4451
探井（口）	337	420
评价井（口）	265	358
开发井（口）	4087	3796
钻井进尺（万米）	1343.44	1271.02
勘探投资（亿元）	49.23	38.12
评价投资（亿元）	19.41	16.09
开发投资（亿元）	405.65	426.39
资产总额（亿元）	3735.50	3682.39
收入（亿元）	1472.00	1082.48
利润（亿元）	281.91	156.9
税费（亿元）	225.84	140.47

【油气开发】 2021年，长庆油田推行项目化管理，原油产量稳中有升，天然气快速上产，开发水平持续提高。原油产量创历史新高，生产2536万吨，同比增加69万吨。优化产能部署和生产组织，加大浅层和水平井建产，新井日产量同比增加0.4吨。紧扣控递减、提高采收率两条主线，狠抓精细注水，推进低产井、伴生气等4个专项治理，自然递减率控制在11.2%。上古天然气处理总厂平稳运行，年产石油液体104万吨。天然气保持快速上产，全年产气465.4亿立方米，同比增加16.9亿立方米。创新区域大项目组建设模式，推广多层系立体开发，完钻井数创新高，试气百万立方米水平井首次突破100口，新井日产气量同比提高0.13万立方米。深化气藏差异化管理，推进排水采气、低效井专项治理，综合递减率控制在20%。成立7个天然气保供专班，执行"七个一"工作方针，保供组织科学有序。新能源业务迈出坚实步伐，将新能源作为主营业务，健全机构完善职能，明确思路编制规划，加快姬塬油田、苏里格气田两个绿色低碳先导示范区建设，建成黄3区10万吨级国家CCUS示范基地，试点投运华池、靖边光伏发电项目。集乙烷、轻烃及液化气回收，液化天然气、Xai气、二氧化碳捕集于一体的绿色低碳项目——苏里格第七处理厂完成可行性研究。

【经营管理】 2021年，长庆油田围绕"两利四率"，用好财务"三张表"，推行全员、全要素、全过程管理，打造提质增效"升级版"，实现增效133亿元。控投降本精准有效。强化投资切块包干，严格效益排队，完善工程造价标准体系，规模推广小井眼钻井、石英砂替代陶粒等成熟降本技术，控降投资15.8亿元。深化成本精细管理，油气运行成本同比减少0.02美元/桶。着力用好财税政策支持，减少现金流出28.1亿元，获取补贴退税21.7亿元。产销协同增产增效，打造油气产品一体化营销平台，油气销售均价同比增加0.06美元/桶和0.013元/米^3。原油拓展洛阳石化推价、大连石油交易线上竞拍，增收6162万元。天然气突出超产扩销和周边直销，增收40.2亿元。资产管理优化升级，全面清查资产73.7万项，健全分级分类管理机制，调剂使用闲置物资2.79亿元，修旧利废再制造产值3.7亿元，油管以旧换新3.15万吨，"两金"同比压减3.6%和28.6%。

【企业改革】 2021年，长庆油田适应新业务发展和归核化要求，转型组建天然气评价项目部、油气营销事业部、新能源项目部；全面完成油气生产单位"大部制"改革、"复合型"岗位设置，压减三级机构16%；优化调整物资供应、培训实训等业务，平稳撤销10个物业服务项目部；提前完成国务院国资委督办的

“两非”（非主业、非优势业务）剥离治理任务，推进控参股企业产业结构调整和法人治理，明确混合所有制改革方向，超额完成国企改革三年行动年度目标。

【科技创新】 2021年，长庆油田坚持技术立企，科技支撑能力不断提高。基础研究取得新认识，新区新领域增产攻克新技术，页岩油“甜点”富集与评价技术集成应用，助推勘探重大发现。关键技术实现新突破，创造一系列水平井国内工程指标新纪录，亚洲最大页岩油平台华H100建成水平井31口，元284转变开发方式大幅度改善开发指标。科研管理激发新活力，优化“三院”（勘探开发研究院、油气工艺研究院、长庆工程设计有限公司）机构、增加编制1/3，实施“揭榜挂帅”7大项目，建设化工集团、机械制造总厂2个成果转化平台。数字化转型取得新进展，一体化集成装置智能制造持续升级，无人值守覆盖率83%，全域数据集中管理稳步推进，共享数据生态初现雏形，长庆油田被国务院国资委列入国企数字化转型典型案例。

【安全环保】 2021年，长庆油田稳步推进四个“三年行动”，有效落实QHSE责任，长庆油田获集团公司“质量健康安全环保节能先进企业”称号，以排名第一入选首批“中国石油绿色企业”。本质安全水平提升，将“三个一批”升级为“四个一批”，建立“黄黑两色”清单，处理“三商”1170家，列入黑名单288家，承包商总量同比下降10.2%。常态化开展“四不两直”检查，查纠违章行为1.46万起，大型储库问题整改76%，井控溢流同比下降91%，5.3万起高风险作业安全受控。突出入井材料质量监管，井身、固井合格率同比增长20%和15%。绿色发展态势向好，原油管道失效率下降50%，环境敏感区气井全面退出，加热炉烟气超标整治完成，历史遗留油泥实现“清零”，通过中央生态环保督察“国考”。减少油泥6811吨、废水68.2万立方米，节约用地2304亩，新增5个采矿权进入省级“绿色矿山名录”。员工安全健康更有保障，实施“健康长庆2030”行动，将承包商健康纳入油田管理体系，强化职业病防治，员工体检率、疫苗接种率等指标进一步提升，严防陕西及周边省（自治区）3轮疫情，守住零感染底线。

【生产运行】 2021年，长庆油田围绕生产任务目标，强化节点管控，严格督办考核，原油生产完成年度任务，天然气产量超计划19.4亿立方米。加强产运储销、场站检修、产能建设、措施增产全过程协同，执行产量“四级监控”，油气日产量分别突破7万吨和1.5亿立方米。深化产建“八包”模式，推广平台化管理、工厂化作业，水平井钻井周期下降10%，压裂效率提高15%。服务保障坚强有力，勘察设计与现场施工紧密结合，设计总量同比增长26%，源头保障工程建设。强化水电路讯“四保障”，推进资源调配共享，车辆利用率提升至92%，区域物资实现2小时直达。周密组织防洪防汛、应急抢险、冬防保温，最大限度降低高温汛期、拉闸限电、冰雪灾害等不利因素对生产的影响。外协支撑强力高效，获批土地10.25万亩，创近十年最高水平。天然气保供能力再创新高，按照“72字”工作方针和“七个一”工作要求，千方百计提产增量，储气库群形成工作气量4.2亿立方米，最大调峰能力530万米^3/日，气区最大生产能力1.55亿米^3/日。

【低碳发展】 2021年，长庆油田紧跟国家“双碳”战略，加强顶层设计，组建新能源工作组及11个专班，制定“十四五”专项规划，确立“节能降耗、清洁替代、战略储备”的发展布局，明确2026年碳达峰、2050年碳中和时间表。能耗管控初显成效，实行能耗总量和强度“双控”，优化机采注水系统，大力推动减排回收利用，长庆油田能耗总量、油气商品量单耗同比下降0.9%和4.4%。先导示范有序开展，姬塬黄3区以打造CCUS核心工程为主体，实施节能降耗、伴生气回收利用等9大项目，碳排放量下降至3.4万吨，年埋存二氧化碳3.8万吨，基本实现“碳中和”。苏里格苏东南区试气回收天然气4209万立方米，太阳能热水系统改造全面投产，全年节能5.2万吨标准煤，减排二氧化碳4.1万吨。清洁电力快速起步，投运华池分布式光伏发电站、靖边光伏发电机组，全年提供清洁电能58万千瓦·时。气田风光互补供电系统累计应用7200余座井场，实现单井清洁能源全覆盖。

【队伍建设】 2021年，长庆油田人才强企建设全面提速。强化顶层设计，细化制定覆盖各专业技术人才系列的“十大专项工程”，出台《保障技术专家进一步发挥作用的实施意见》。拓展“双序列”发展通道，聘任首席专家16名、技术专家22名、一级工程师92名，70名管理人员“回流”科研岗位。充实“双千工程”科研力量，签约毕业生501名，创近10年新高。搭建员工成长平台，打造杨义兴国家示范技能大师工作室，培养全国技术能手3名，获“国赛”团体金奖和个人奖9项，创新形成“五小成果”186项。

【和谐发展】 2021年，长庆油田始终把人民群众对美好生活向往作为奋斗目标，造福员工、回馈社会。

发展成果惠及员工，全员全方位共同努力提升业绩指标，挣回薪酬增量，公平公正考核兑现，增资总额创“十三五”以来新高。办好实事疏难解困，注重办好员工身边事，确立实施“我为员工群众办实事”项目920个，持续改善一线倒班点生活设施，全面提升员工食堂就餐水平，新开通22条油区通勤线路，解决58对一线夫妻两地分居问题。高度关注困难群体，强化大病医疗互助，协调开展应急就医、心理咨询、法律援助等服务，保障“一老一少”等重点对象的基本生活，全年入户帮扶2300余次，发放帮扶金1352万元。民生工程持续推进，成立长庆油田民生工程建设领导小组，启动第一批惠民项目23项，投入资金4000余万元。公租房开工建设706套，老旧住宅加装电梯51部。十大综合基地办公楼宇、文体场馆、公寓食堂实现区域整合共享。明确十八公里农场发展定位和管理方案，优质自产“庆米”供应油田。企地融合共促发展，建立常态化企地联系机制，与地方党委、政府沟通协调，解决陕西、甘肃10万亩土地报批等遗留问题。加大驻村帮扶、消费扶贫，积极参与地方灾后重建和抗旱保收，全力服务保障“十四运”，彰显石油人良好形象。

【企业党建工作】 2021年，长庆油田始终把党的领导作为长庆事业发展的主心骨，聚焦建党百年，完善“大党建”格局，党建工作获评集团公司A+。组织“第一议题”学习18次，开展“七一”重要讲话和党的十九届六中全会精神辅导讲座，举办习近平新时代中国特色社会主义思想“云宣讲”，推进“五红”系列宣传教育和“七大献礼工程”，联合《求是》杂志社开展“党的创新理论进班组”活动，中央党史学习教育简报4次摘录长庆油田特色做法，广大干部员工“两个维护”政治自觉更加坚定。党建工作质量稳步提升，坚持国有企业“两个一以贯之”，制定长庆油田工作规则和加强政治建设23条措施，完善“三重一大”决策机制，召开39次党委会研究重大事项213项，党委把方向、管大局、促落实的领导作用有效发挥，长庆油田入选中共中央资质部“贯彻国企党建会5周年精神典型单位”。制定推行党建“三基本”建设与“三基”工作有机融合138条举措，深化党支部达标晋级管理，1个基层党委获“中央企业先进基层党组织”，2个支部被授予“集团公司百面红旗”。坚持党建带工建带团建，选树省部级先进28项，长庆油田团委获评“中央企业五四红旗团委”。干部队伍建设坚强有力，选优配强各级班子，突出政治标准、业绩导向、员工认可和干部年轻化，加大各层级、各年龄段干部资源配置，干部梯次结构得到改善，全年新提拔二级管理人员54人，83%来自基层和科研单位，一批担当作为的“三强”干部走上领导岗位。从严治党向纵深推进，新一届领导班子制定加强班子自身建设的意见，新一届“两委”委员第一时间参观廉洁教育基地，接受警示教育，在严格自律上以身作则、带头示范。上下联动推进两级巡察，巡察覆盖率91.8%，高质量完成近四年巡察发现问题整改。强化监督执纪问责，聚焦疫情防控、冬季保供、“两委”换届等工作开展专项监督，深化违规经商办企业、招投标管理、微腐败“三个专项治理”，精准运用“四种形态”，推动以案促改制度化常态化，营造讲政治、守规矩、抓落实的良好政治生态。

（卢晓东）

中国石油天然气股份有限公司塔里木油田分公司

【概况】 中国石油天然气股份有限公司塔里木油田分公司（简称塔里木油田）前身是1989年4月成立的塔里木石油勘探开发指挥部，主营业务包括油气勘探、开发、集输、销售等。总部位于新疆维吾尔自治区巴音郭楞蒙古自治州库尔勒市，作业区域遍及塔里木盆地周边20余个县市，有探矿权面积12.14万平方千米、采矿权面积1.6万平方千米。2021年底，塔里木油田设置机关职能处室16个，直属机构2个，附属机构3个，二级单位26个，员工总数9744人。2021年12月，塔里木油田被国家民族事务委员会命名为第九批全国民族团结进步示范单位。

2021年，塔里木油田上下深入贯彻落实党中央、新疆维吾尔自治区党委、集团公司党组决策部署，突出发展油气主业，全力优化生产运行，纵深推进提质增效，超额完成各项生产经营指标，实现“十四五”良好开局。生产石油638万吨、天然气319亿立方米，油气当量3182万吨，同比增加102万吨；收入511亿元、税前利润170余亿元、经济增加值130亿元、投资资本回报率175%，上缴税费75亿元，经营业绩位居集团公司上游企业前列。

塔里木油田主要生产经营指标

指　标	2021年	2020年
原油产量（万吨）	638	602.01
天然气产量（亿立方米）	319	311.03
新增原油产能（万吨）	92	92.00
新增天然气产能（亿立方米）	32	41.25
二维地震（千米）	1195	1458
三维地震（平方千米）	3194	4714
作业探井（口）	39	66
开发井（口）	121	123
钻井进尺（万米）	93	75.10
资产总额（亿元）	1122	999.27
工业总产值（亿元）	478	407
收入（亿元）	511	427
税费（亿元）	75	68.69

【油气勘探】 2021年，塔里木油田大力实施“3+2”（加强寒武系盐下、塔西南山前、秋里格三大新区新领域勘探，推进库车天然气、塔北—塔中原油两大根据地建设）战略部署，开展高效勘探专项行动、圈闭质量提升行动、地震提质工程和矿权保卫工程，取得1个重大突破、13个重要发现，其中，“塔里木盆地塔北地区奥陶系深层发现3条新的油气富集断裂带”获集团公司油气勘探重大发现特等奖，“塔里木盆地库车坳陷大北4井超深层天然气勘探取得重要发现”获一等奖，“塔里木盆地塔西南山前侏罗系勘探取得新发现”获三等奖。富满地区形成10亿吨大油区。预探主干断裂，探索评价伴生断裂，新发现和落实3条亿吨级断裂带，满深2井、满深3井分别创盆地碳酸盐岩油柱高度最大纪录和单井日产量最高纪录，富满地区整体新增三级石油地质储量5亿吨，原油主力上产区的资源基础进一步靠实。博孜—大北形成万亿立方米大气区。强化失利井分析和目标优选，探索南部超深层，集中评价中部稳定区，大北4井首次在8000米以深发现千亿立方米高效整装气藏，解放一批超深层圈闭，博孜1—博孜3区块7口探评价井均获高产，落实1个3000亿立方米规模储量区，博孜—大北累计落实三级储量天然气近8000亿立方米、凝析油6000万吨，万亿立方米大气区基本靠实。新区新领域获重大突破。甩开预探昆仑山前，甫沙8井首次在塔西南侏罗系获突破。立体勘探库车北部构造带，吐东202井测获工业气流，迪北5井见到良好苗头，库车新区天然气勘探展现出广阔前景。矿权管理更加科学规范。全力打好矿权保卫战，竞获阿克陶东507.5平方千米探矿权，完成11个区块采矿权申报，新增采矿权面积7155平方千米。物探工作全面提质提速，采集三维3764平方千米，处理资料8293平方千米，新发现和重新落实圈闭100个。

【油气开发】 2021年，塔里木油田统筹新区上产、老区稳产、措施增产、管理促产，开展油气生产能力提升行动，原油、天然气日产量分别突破2万吨、1亿立方米。新区上产节奏持续加快。坚持勘探开发一体化、地面地下一体化，集中动用富满油田、博孜—大北优质资源，强化方案井位超前准备，推行区域专打、井型专打，全年新建产能原油92.2万吨、天然气27.6亿立方米，分别完成年计划的102.4%、106.6%。乙烷回收项目提前达产达销达效，日均生产乙烷2145吨、液烃1313吨。老区稳产基础有效夯实。以提高储量动用率和油气采收率为目标，深入推进老油气田二次综合治理，实施措施作业181井次、有效率95%，恢复产能原油38.9万吨、天然气22亿立方米，油田综合递减率下降至9.8%，气田负荷因子回归到1.01，油气开发步入良性循环。生产组织运行平稳高效。狠抓运行计划管理，加强钻完试投衔接，强化水电讯运保障，油气生产始终保持高位运行，博大油气开发部、巴州能源、哈得油气开发部实现较大幅度效益超产。精细组织装置检修，少影响产量石油2.5万吨、天然气0.7亿立方米。做好天然气保供，加快重点井、重点工程建设，制订3套应急调峰和“压非保民”方案，极限日产气量达1.03亿立方米，有力保障大管网上载和南疆民生用气。产能建设事业部抢建抢投博孜1—大北11集输管线、三岔压气站等重点保供工程，为打赢冬季保供攻坚战作出重要贡献。

【科技与信息化】 2021年，塔里木油田实施创新战略，成立“4+2”研究专班，靶向开展技术攻关，加快推进数字化油田建设，有力支撑增储上产。地质认识持续深化。加强盆地基础研究、整体研究，构建五横五纵盆地格架线，取得一批全新地质认识，新区新领域战略突破方向基本明朗。加强“中中合作”，建立碳酸盐岩走滑断裂控储控藏控富的成藏模式，富满油田钻井成功率和高效井比例分别达97.3%、69.7%。开发技术持续完善。探索建立碳酸盐岩高压注水重力驱油开发模式，在富源210断裂带试验成功、受效明显。实施克深气田100亿立方米稳产工程，持续攻关防水控水、防砂治砂、井筒解堵等技术，气田稳产期延长5年、采收率提高6.9个百分点。工程技术持续配套。加强高精度三维地震技术攻关，资料一级品率提高30%。推广应用巨厚砾石层、多套盐层优快钻井技术，钻井整体提速5%。攻关形成一体化改造技术，平均无阻流量提高5倍以上。大力推进物资设备国产化，140兆帕采气井口入选中国石油十项高端油气钻采新设备。数字化油田全面建成。上线运行塔里木智能网络协同工作平台——“塔油坦途”，建成投用生产指挥、钻完井远程管控支持中心（DROC）、油气调控3个智能运行中心，井场、站场数字化率分别达96%、100%，数字化油田建设实现从“0”到“1”的突破。专题召开科技与信息化创新大会，加快配套完善8000米工程技术，形成10项标志性成果，塔里木油田被评为集团公司科技创新型企业。刘洪涛创新工作室被命名为全国示范性劳动模范和工匠人才创新工作室。2021年，塔里木油田牵头承担国家专项项目1项，参与承担国家科技项目8项，牵头承担股份公司重大科技专项项目1项，联合承担集团公司与中国石油大学（华东）战略合作专项1项，参与承担课题3项、专题4项，承担勘探与生产分公司课题7项，实施塔里木油田科技项目33项。

【企业改革】 2021年，塔里木油田深化企业改革，强化经营管理，高质量发展的内生动力不断增强。企业改革纵深推进。提前完成国企改革三年行动任务。深化监督业务改革，推行区域总监负责制，打造专业化、职业化监督队伍，提升现场安全管控能力。建立领导体制调整配套制度，全面推行任期制和契约化管理，优化组织管理体系，3家单位完成“大部制”改革，新型采油气作业区达标率100%，有效提高管理效率。对标提升扎实开展。建立常态化立标、对标、追标工作机制，制订实施对标提升方案，配套形成111项指标体系和147项具体措施。提质增效成果明显。打造提质增效升级版，制定实施10个方面68项措施，优化投资18.45亿元、降低成本16.56亿元、创效增收6.74亿元。勘探开发系统坚持优化方案就是降低成本，严格方案井位三级审查，无效投资占比下降至2.9%，产建内部收益率提高6.7个百分点；深挖储量创效潜力，新增SEC储量石油500余吨、天然气200余亿立方米，控减资产折耗15.81亿元。地面系统推行标准化建设，节约投资9200万元，项目平均建设周期缩短40%。轮南油气开发部创新老井挖潜，综合递减率由16.1%降至6.9%，实现老油田效益开发。运销系统建立量价联动、产销协同机制，扎实推进原油分质分销、天然气扩销推价，稳步做大做优周边市场，创效4.98亿元。制定实施提质增效升级版，控投降本增效41.75亿元。

【安全环保】 2021年，塔里木油田扎实推进安全生产和油气水井质量三年整治行动，建立常态化全员隐患排查整改、承包商资质资格核查、安全生产记分等长效机制，着力补短板、堵漏洞、强弱项，安全生产形势实现稳定受控。隐患排查整改精准有效。构建形成统筹六项工作、建立一套机制、运用一个手段、用好多种工具的隐患排查整改“四全”管理体系，推进常态化全员隐患排查整改，排查隐患26万余项，整改率99.8%，有效遏制事故事件多发态势；首创安全环保领域形式主义官僚主义20种人排查，扎实开展反违章专项整治，促进安全环保执行力提升。风险管控能力持续提升。突出强化井控管理，建立井控装备现场保障2小时服务圈，组织井控专家评聘和井控人员培训，加强井控专项检查和现场应急演练，及时发现、有效处置溢流54井次。全面完成博孜3-1X井抢险救援任务，有效管控井控溢流风险。突出强化管道和站场完整性管理，全面推广无泄漏示范区建设，获股份公司完整性管理工作第一名。突出强化承包商管理，严把“开复工前现场核查、过程中监督检查、阶段性考评兑现”3个环节，全覆盖开展承包商资质资格核查和安全生产记分，停工整顿22支，限减工作量26支，清退承包商28家。绿色低碳发展加快推进。落实生态环境保护重大事项议事制度，全面推行清洁生产，提前完成油泥清零任务，高位推动绿色矿山和绿色企业创建，18座矿山完成自主验收，油田成功创建绿色企业。大力推行节能减排降耗，实施油气生产系统提效工程，全年节能3.5万吨标准煤、节水14万立方米，单位油气产量综合能耗同比下降1.4%。制定实施新能源业务发展规划，推进全过程清洁低碳行动，启动天然气综合利用、光伏发电工程，建设轮南、东河CCUS先导示范区。健康企业创建扎实开展。完善健康管理制度体系，优化员工健康体检方案，强化健康评估与干预。抓好常态化疫情防控，细化落实防控措施，实现零疫情、零感染。

【企业党建工作】 2021年，塔里木油田党工委政治建设持续加强。扎实开展党史学习教育，落实“第一议题”制度，深入学习贯彻习近平总书记重要讲话和党的十九届六中全会精神，举行庆祝建党100周年系列活动，制定提升政治能力“20个必须做到”。动态建立预备队和战略预备队，新提拔的中层干部“80

后”占68.7%。深入开展“转观念、勇担当、高质量、创一流”主题教育，推进基层党建“三基本”建设与“三基”工作有机融合，形成一批可推广借鉴的特色做法。建立干部员工打招呼事项登记报告制度，制定解决形式主义突出问题30条措施，高质量完成基层单位党委巡察全覆盖，对歪风邪气露头就打、对违纪违规寸步不让。加大高质量、超深层品牌宣传力度，发现满深3井的新闻登上除夕夜新闻联播，塔里木油田学习贯彻习近平总书记“七一”重要讲话精神的消息登上央视新闻头条，发现富满10亿吨级大油气田的消息被新华社和央视同时向全球发布。高位推进民族团结进步事业，创建全国民族团结进步示范单位。深入开展“反内盗”专项整治，维护治安秩序和塔里木油田利益。油地关系持续巩固。优选新一轮干部开展“访惠聚”驻村，做好产业帮扶和消费帮扶，实现巩固脱贫攻坚成果与乡村振兴有效衔接。深化油地沟通、干部挂职，打造油地融合发展示范点。高标准推进研发中心和新小区建设，实施幼儿园扩建、健身步道建设、生活设施完善等民生工程，扎实开展“我为员工群众办实事”实践活动，解决问题1900余项。1人获全国五一劳动奖章，1人获中央企业优秀共产党员，1人获中央企业优秀共青团员，1人获全国能源化学地质系统“大国工匠”称号。

【富满油田集中勘探获得全面发现】 2021年，塔里木油田富满油田高产井捷报频传，形成横向百里连片、纵向千米含油的10亿吨大场面。

一体化评价富满油田 $F_1$17断裂带，满深3井、满深2井、满深4井先后获高产，靠实2亿吨石油储量。2020年以来，塔里木油田按一体化部署探评井6口、开发井27口，截至2021年底完试的13口井均获高产，2021年新增探明石油储量1亿吨、控制石油储量1亿吨。2021年2月8日，满深3井在奥陶系一间房组7547—8010米井段完井测试，折日产原油1610.9立方米、天然气52.5万立方米，创塔里木盆地沙漠地区单井口产量的最高纪录，进一步证实富满油田油气沿主干断裂富集的地质认识和巨大勘探潜力；4月12日，满深2井在奥陶系一间房组垂深550米测试，折日产原油145立方米、天然气8.1万立方米，创塔里木盆地碳酸盐岩测试证实油柱高度最大纪录，进一步靠实富满油田 $F_1$17断裂带的储量规模；7月20日，满深4井对奥陶系一间房组7573—8202米井段酸压测试，折日产原油851立方米、天然气44.1万立方米。

预探富满油田 $F_1$16、富满油田 $F_1$19断裂带，富源3井、满深7井分别获高产，新发现两个亿吨级断裂带。$F_1$16、$F_1$19断裂带合计长109.5千米，石油资源量2亿吨。2021年8月29日，富满油田 $F_1$16断裂带富源3井7293—7646米酸压测试，日产原油869立方米、天然气39.8万立方米。2021年10月6日，富满油田 $F_1$19断裂带满深7井在奥陶系一间房组7812.8—8240米井段酸压测试，日产原油782立方米、天然气21.4万立方米。

预探富满油田 $F_1$3断裂带，英西1井裸眼常规测试获高产，新发现一条资源量6500万吨的富油气大断裂。2021年4月12日，塔里木油田英西1井对奥陶系一间房组7133—7380米求产，日产油150立方米，富满油田 $F_1$3断裂带首次获油气发现，新发现一条区域一级富油气大断裂，证实盆地西部阿瓦提凹陷也是一个富烃凹陷，进一步拓展塔北地区环阿瓦提凹陷找油找气领域。

【大北4井获新发现】 2021年，塔里木油田博孜—大北区块发现大北4国内最深的陆相碎屑岩千亿立方米大气藏，落实一个3000亿立方米规模储量区，靠实第二个万亿立方米优质高效大气区。2021年9月14日，大北4井在白垩系巴什基奇克组8022—8143.35米中途测试，折日产气19.3万立方米。经对大北4号构造重新落实和解释，圈闭面积56.2平方千米，幅度720米，天然气资源量1000亿立方米。大北4井获高产，克拉苏构造带新发现一个资源量超千亿立方米的天然气藏，证实8000米埋深仍然发育优质储层，解放一批南部区带超深圈闭目标，有望再落实1000亿—1500亿立方米规模储量。大北4井获工业气流后，对大北7井重新复查研究，重新解释气层、差气层共30米/10层、无水层。之后对白垩系巴什基奇克组裸眼常规测试，折日产天然气6.6114万立方米、日产原油10.87吨。

【甫沙8井获重大突破】 2021年，塔里木油田甫沙8井打破塔西南11年勘探沉寂，发现一个资源量4.7亿吨的全新层系。6月7日，甫沙8井在侏罗系3859.5—3877.5米井段加砂压裂测试，折日产原油21.78立方米、天然气2314立方米。初步刻画柯东构造带南部平缓区有利勘探面积110平方千米，石油资源量6000万吨，甫沙8局部断块有利勘探面积11.2平方千米，资源量600万吨。这是塔西南山前首次在侏罗系获工业油流，新发现一套含油气层系。

【塔里木天然气乙烷回收工程建成投产】 2021年8月16日，塔里木油田天然气乙烷回收工程一次投产成功。工程总投资16.2亿元，主要包括2列乙烷回收装置、2 列乙烷脱碳装置、辅助生产设施和公用工程，采用“丙烷预冷＋膨胀制冷＋双回流”工艺，是国内单列规模最大的乙烷回收装置之一，设计天然气处理规模 100 亿米^3/ 年，年产乙烷 76.2 万吨、液化气 36.6 万吨、稳定轻烃 7.5 万吨，为下游独山子石化乙烷制乙烯项目提供优质原料。工程于 2020 年 3 月 14 日开工建设，2021 年 7 月 16 日引气投产，7 月 20 日膨胀机投运，7 月 23 日产出合格乙烷产品，比原计划提前 8 天。经过近一个月投产试运，装置通过性能考核，实现达标达产达能，负荷 100%、轻烃收率 99% 以上、乙烷收率 90% 以上。

【南疆利民管网天然气增压输送工程三岔压气站建成投产】 2021 年 11 月 28 日，塔里木油田南疆利民管网天然气增压输送工程三岔压气站正式建成投产。南疆利民管网天然气增压输送工程分为一期工程喀什压气站和二期工程三岔压气站，总设计增压输气能力 760 万米^3/ 日。其中，三岔压气站在原三岔清管分输站基础上进行扩建，总投资 1.8 亿元，于 9 月 18 日开工建设，设计增压输气能力 400 万米^3/ 日，2021 年输气量 320 万米^3/ 日，较之前提高 109 万米^3/ 日，工程投产后有力促进南疆利民管网互联互通、互为补充多气源供气格局的形成，有效解决南疆天然气供需不平衡和冬供期间用气紧张局面，满足南疆各地州群众日益增长的用气需求。

【首套硫黄精制装置建成投产】 2021 年 11 月 24 日，塔里木油田首套硫黄精制装置一次性投产成功，产品质量达到国家一等品标准。塔里木油田塔中第三联合站新建硫黄处理工程总投资 2821 万元，设计处理量 20 吨 / 日，预计处理量 3500 余吨 / 年，主要依托原有硫黄成型设备及配套工程，新建硫黄上料及精制装置，将和田河、哈得和哈拉哈塘等地区生产的低纯度硫膏加热至熔融状态进行杂质分离，得到纯度高于 99% 的工业硫黄。该项目的成功投运，有效减少二氧化硫排放，降低硫膏库存积压安全隐患。

【新能源业务规划与布局】 2021 年，塔里木油田按照集团公司“清洁替代、战略接替、绿色转型”三步走总体部署，立足发展实际布局新能源业务，坚持新能源与油气协同发展，构建多能互补供给格局。高位推动，成立“一把手”挂帅的新能源管理领导小组，加快组建相应组织管理机构，建立完善新能源业务制度体系，抓实抓细规划落地，以专项行动、新能源业务发展规划工程重点项目为载体开展新能源业务建设。强化节能降耗减排，围绕能耗强度、碳排放强度、甲烷逸散等，落实节约优先，推进生产系统能效对标、能源管控，挖掘生产过程节能潜力，并抓好装置优化运行、节能设备应用、余热利用、零散气回收、检修减排管理等工作。打造英潜采油作业区和迪那区块节能降耗减排示范区。实施清洁能源替代，全力提高天然气商品率、新能源利用率，推进重点产能项目配套风电光伏落实落地，推进沙漠光伏基地建设。以源网荷储一体化和多能互补暨大型风电光伏基地规划方案为基础，坚持示范引领，重点推动塔中 100 兆瓦、迪那 50 兆瓦等光伏电站工程建设，加大清洁供能力度。分区分类分级开展太阳能、风能等可再生能源资源评价、技术攻关、现场试验和规模应用，一体化布局新能源光伏电站，加快推进轮南油田、塔中沙漠公路低碳示范区建设，稳步推进和田河等区块太阳能综合利用，构建形成多能融合的供给格局。攻关研究深层高温高盐油藏 CCUS-EOR 关键技术，加快实施轮南 2 区块、东河 6 区块碳驱油、碳埋存现场试验，推动 CCUS-EOR 工程在塔里木油田落实落地，在实现零碳排放的同时，大幅度提高老油田采收率，率先实现转型发展。系统普查原油、天然气、地层水中各类有价元素，明确地质成因，开展资源与经济评价，提出可行性开发利用建议。组织好塔西南天然气综合利用工程建设，开展采出水锂回收先导试验，配套完善低成本开发工艺技术，稳步推进伴生资源开发示范区建设。坚持以质量效益为中心，充分挖潜塔里木盆地资源优势，开展伴生矿产资源普查，不断探索甲乙双方、油地双方合资合作新模式，有序有效发展新能源业务。

【塔里木数字化油田全面建成】 “十三五”以来，塔里木油田创新设计数字化油田总体架构，实现勘探开发梦想云平台率先落地，建成塔里木油田智能网络协同工作平台——“坦途”，于 2021 年全面建成数字化油田。

2018 年 4 月，塔里木油田编制完成 2019—2025 年塔里木新一代数字化油田建设方案。2019 年 7 月，塔里木油田审核通过塔里木新一代数字化油田“3+3”新蓝图。2020 年底，塔里木油田基本建成数字化油田，在中国石油 16 家油气田企业中率先落地中国石油勘探开发“梦想云”，打造塔里木智能网络协同工作平台——“坦途”。建设过程中，塔里木油田坚持“七统一”原则，组建业务、技术、管理的综合团队，实施设备定型选商，选择昆仑数智科技有限责任公司作为主承包商，承包商主辅结合，严格规划计划、项目需求、技术论证、工程设计、项目建设、业务应用、系统运维等过程管控。

坚持急用先建、试点先行，推进主营业务数字化。科学研究实现协同研究，依托A6平台建立勘探、开发、工程协同研究环境，实现数据、成果、专业软件“三共享”，跨专业、跨部门、甲乙方、前后方“四协同”，数据准备时间缩短50%，科研效率提高30%。油气勘探实现在线管理，生产进展可视化，现场管控标准化，成果全面共享，地震采集组织效率上升15%。工程技术初步实现远程管控，搭建两级钻完井远程管控支持中心（DROC），油田、生产单位、作业现场三级纵向联动，多专业横向协作，远程多方会商，形成自动监测、异常报警、远程支持新模式。油气生产初步实现井站一体化管控，英买、迪那、轮南试点建立“1（调度中心）+N（控制中心）”管控模式，实现生产监控、作业安全管控、安保维稳监控“三位一体”，推进生产管控模式优化。生产运行实现可视化管控，生产动态可视、可监、可控，生产调度线上协同，生产保障、应急资源数字化管理，应急处置流程化联动。油气运销实现集中调控，形成“1调+4储”格局，库尔勒调控中心集中监控主要阀室，4个储运中心分区协同管理。安全环保实现远程监控，高风险作业、重点场所、重大危险源、环保监控点实时远程视频监督，作业票线上管理，部分实现不安全行为、状态、环境的视频智能分析报警，提高监督效率。经营管理实现转型提效，投资业务在线管理、计划在线编报、计划财务协同，投资完成率95%以上；财务与业务深度融合，从会计核算向财务管理转变，结算时效从120天降到30天，单井决算时效从4周降到1周；库存管理向仓储扁平化方式转变，物资仓储管理全业务在线，提升效率30%。协同办公实现集成应用，打造“坦途”门户，定制“个人工作间”，按岗位自动配置应用，自动推送任务，初步实现岗位定制、任务驱动，一般性业务审批线上流转，主要自建系统业务移动化审批。截至2021年底，单井数字化率96%，站场数字化率100%，建成油气生产、钻试修、物探、运销、水电等5类标准化工作信息平台，基本实现数据标准化采集全覆盖。

【富满油田入选央企十大超级工程】 2021年12月30日，国务院国资委新闻中心的新媒体统一平台“国资小新”，在微博、微信新媒体平台，国务院国资委网站及相关中央主流媒体网站发起投票，根据网友推荐和全网大数据分析从千余个项目中选出40个重大项目，综合各平台网友投票情况和专家评委推荐意见评选出“2021年度央企十大超级工程”“2021年度央企十大国之重器”，塔里木油田富满油田以“塔里木盆地新发现10亿吨级超深油气区”的标题入选年度央企十大超级工程。国务院国资委自2013年以来连续9年发起年度盘点，这是塔里木油田首次入选。

（滑晓燕）

中国石油天然气股份有限公司新疆油田分公司（新疆石油管理局有限公司）

【概况】 中国石油天然气股份有限公司新疆油田分公司（新疆石油管理局有限公司）简称新疆油田，前身是1950年成立的中苏石油股份公司，总部位于新疆维吾尔自治区克拉玛依市，主要业务包括科学技术研究、油气预探与油藏评价、油气开发与生产、油气储运与销售、新能源业务5类核心业务和13项辅助业务。截至2021年底，开发建设油气田33个（油田29个、气田4个），生产原油4.16亿吨、天然气951.4亿立方米。建成输油管道51条，总长2445千米，年输送能力3150万吨；建成输气管道60条，总长2067千米，年输送能力180亿立方米。设机关处室18个，直属机构6个，附属机构3个，基层单位38个，员工32791人，其中管理和专业技术人员13228人（副高级以上人数2650人，其中正高级82人）、技师及以上高技能人才1605人（高级技师409人），女员工10719人，平均年龄44.3岁。资产规模1386亿元。

2021年，新疆油田深入实施“六大战略”（资源掌控战略、技术创新战略、低成本发展战略、人才强企战略、市场化运营战略、和谐发展战略），系统推进油气增储上产和新能源发展，深化改革管理创新，超额完成全年各项生产经营任务，实现“十四五”良好开局。全年生产原油1370.01万吨、天然气34.87亿立方米，油气产量当量1647万吨，创历史新高。总收入552.51亿元，缴纳税费65.38亿元。节能4.62万吨标准煤、节水51万立方米。

新疆油田主要生产经营指标

指　标	2021 年	2020 年
原油产量（万吨）	1370.01	1320.02
天然气产量（亿立方米）	34.87	30.04
新增原油产能（万吨）	317.01	302.60
新增天然气产能（亿立方米）	1.15	1.07
新增探明石油地质储量（万吨）	17460	19210
新增探明天然气地质储量（亿立方米）	200	—
二维地震（千米）	899	900
三维地震（平方千米）	2403	2036
探井（口）	153	151
开发井（口）	695	1079
钻井进尺（万米）	280.06	219.94
勘探投资（亿元）	50.04	46.97
开发投资（亿元）	130.46	133.17
资产总额（亿元）	1386.14	1425.61
收入（亿元）	552.51	394.31
利润（亿元）	35.99	−49.95
税费（亿元）	65.38	39.43

【油气勘探】 2021 年，新疆油田聚焦“三油四气”七大重点领域（“三油”即玛湖、沙湾、阜康，“四气”即准噶尔盆地南缘下组合、盆 1 井西凹陷多层系、沙湾西斜坡、白家海煤岩气），大力实施高效勘探，取得 5 项重要成果，4 项重大发现成果分获集团公司 2021 年度油气重大发现成果特等奖和一等奖、二等奖、三等奖，获奖等级和数量居集团公司 16 家油气田企业首位。准噶尔盆地南缘中段呼探 1 井获重大突破，在白垩系清水河组试获天然气 61 万立方米、原油 106.3 立方米，“准噶尔盆地南缘中段下组合风险探井呼探 1 井获重大突破”获集团公司油气勘探重大发现成果特等奖。准东地区康探 2 井在二叠系芦草沟组获日产原油 83.41 立方米高产，新增预测石油地质储量逾亿吨，阜康凹陷有望形成新的规模储量区，“准噶尔盆地阜康凹陷风险探井康探 2 井获重要发现”获集团公司油气勘探重大发现成果一等奖。探索盆地煤岩常规储层天然气勘探潜力，风险探井彩探 1H 井在西山窑组测试获日产天然气 5.7 万立方米，“准噶尔盆地白家海凸起风险探井彩探 1H 井取得重要发现”获集团公司油气勘探重大发现成果二等奖。石西 161H 井在石炭系测试获高产，日产原油 189 立方米、天然气 18.9 万立方米，“准噶尔盆地腹部石炭系油气勘探取得新进展”获集团公司油气勘探重大发现成果三等奖。以落实规模优质储量为核心，油藏评价与滚动勘探在玛湖凹陷夏 202 井区、玛湖 123 井区、金龙 2 井区外围形成 3 个亿吨级规模储量区，落实夏 77 井区、玛湖 1 井区 2 个中浅层高效建产区，发现腹部石西 101、滴西 334、莫 019、滴西 149 等 4 个新油气藏。SEC 储量接替率大于 1。加强矿权管理，新增采矿权 6 个、面积 864 平方千米。

【油气开发】 2021 年，新疆油田推进新区效益建产，新建原油产能 317 万吨、天然气产能 1.2 亿立方米。推广应用“大平台、集团式、工厂化、大规模水平井”建产模式，玛湖地区年产能力突破 300 万吨，吉木萨尔页岩油建产 34.5 万吨。推进老油田千万吨稳产，围绕控制递减率和提高采收率两条主线，全过程优化注水注汽，含水上升率控制在 0.9%，稠油油汽比稳定在 0.11，全油田绝对油量递减率控制在 7.2%、同比下降 0.5 个百分点。开展春季百日原油上产和秋季效益开发会战，9 月底原油日产水平首次突破 4 万吨，创新疆油田开发历史新纪录。全年生产原油 1370.01 万吨、天然气 34.87 亿立方米，连续 7 年实现油气双超产。推进呼图壁储气库产能扩建，调整工程（二期）投产新井 6 口，最大调峰能力突破 3100 万米^3/日，形成 600 万米^3/日应急能力。建成投产陆梁、石西和采油二厂原油稳定工程，完成风南 4 转油站等 10 座场站改扩建工作，地面系统配套保障能力进一步提升。

【经营管理】 2021 年，新疆油田全面落实“四精”要求（经营上精打细算、生产上精耕细作、管理上精雕细刻、技术上精益求精），聚焦“两利四率”（“两利”即净利润、利润总额，“四率”即营业收入利润率、资产负债率、研发投入强度、全员劳动生产率），推进全面预算管理和目标成本管理，开展财务“三张表”培训、增储降耗会战、全员成本管控，控投降本 97.5 亿元。推进亏损企业治理，“一企一策”解困扭亏，全级次子企业实现全面盈利。推行集中招标、框架招标，节约资金 7.6 亿元。将市场营销工作方针贯穿发展全过程，健全市场营销体系，加强顶层设计和政策配套，优化油气及副产品销售策略，创收增效 7.2 亿元；推行“一全六化”非常规资源生产组织模式（“一全”即全生命周期管理，“六化”即一体化统筹、市场化运作、专业化协同、社会化支持、数字化管理、全生命期绿色化发展），吉木萨尔页岩油钻井、压裂费用分别同比下降55.5%、41.6%，单井平均投资同比下降40.1%；推进探明未动用储量效益开发，车471井区自主经营水平井单井投资同比下降31%；开拓国内外市场，落实重点项目25个，创收1.44亿元。

【改革创新】 2021年，新疆油田纵深推进国企改革三年行动和对标世界一流管理提升行动，任务完成率分别为96%、97%。推进现代化“油公司”建设，完成准东石油基地企业办社会职能移交、在京酒店及房产所有权与经营权分离，居民物业实现直管运营。搭建“1+N”改革基础框架，二级、三级机构和二级、三级职数分别控减2%。深化依法合规治企，健全完善体系制度和业务流程，梳理优化业务流程114项，制修订规章制度157项，妥善化解法律纠纷案件5件，全面完成“七五”普法任务，新疆油田获评集团公司法治建设、一体化协作、资质管理先进单位。推进“大科技”工程，发挥院士专家工作站、重点实验室等平台作用，完成科技项目攻关139项。全年获省部级及以上科技成果33项、其中省部级一等奖成果12项，申请发明专利181件，其中“高含黏土岩心的有效孔隙度测量方法与装置”和“吸附油和游离油含量连续表征的页岩油层分析方法及装置”两项专利获美国专利授权，实现国际专利“零突破”；“一种利用核磁共振测井资料连续定量评价储集层孔隙结构的方法”获第二十二届中国专利奖银奖。

【安全环保】 2021年，新疆油田严格落实安全生产主体责任，扎实推进QHSE体系建设，集团公司QHSE体系审核得分86.41分、定档B1级。开展安全生产、井筒质量、反违章3个专项整治行动，排查整改承包商、井控等重点领域风险隐患2017个。深化关键岗位HSE履职能力评估，开展基层站队“百千示范工程”建设，4个基层站队被评为企业级示范站队。新疆维吾尔自治区以新疆油田应急抢险救援中心为依托，挂牌成立北疆区域安全生产应急救援中心。深化绿色企业创建，吉庆油田作业区、石西油田作业区、准东采油厂、采油一厂6个矿权通过新疆维吾尔自治区验收。加强污染物排放管控，全面完成污染物和温室气体控减指标，化学需氧量、氮氧化物、温室气体分别同比减排6%、8%、2%，生产综合能耗总体受控，新疆油田通过新疆维吾尔自治区生态环保督察。抓好疫情防控工作，印发《新疆油田公司新冠肺炎疫情防控常态化工作方案（第二版）》，常态化加强人员、场所、活动管理，持续推进疫苗接种，员工疫苗接种率94%，实现“两个零”“两个不”目标（办公及生产经营场所零疫情、员工疫情零死亡，不发生项目聚集性疫情、不发生因疫情导致员工死亡病例）。

【社会责任】 2021年，新疆油田支持地方经济建设，缴纳税费65.38亿元，其中贡献克拉玛依财政20.6亿元。加大南疆“访惠聚”驻村工作和北疆托里县帮扶力度，投入资金500万元帮助南疆泽普县、叶城县等15个村完善基础设施、推广种植养殖、实施节水灌溉、开展环境整治等；完成托里县库普乡石油希望小学基础设施改扩建工作和智慧校园建设；加大消费扶贫力度，采购帮销泽普县和托里县优质农副产品3165万元。开展“我为员工群众办实事”活动，投入资金680万元修建准东石油基地与京新高速（G7）互通道路，有效解决准东基地2万余名居民“出行难”问题；开展爱心“一元捐”活动，筹集资金27.5万元，资助特殊困难家庭大学生55名。

【驻疆企业协调】 2021年，新疆油田发挥驻疆企业协调组组长单位职能作用，抢抓中央企业援疆工作会议暨国资央企助力新疆高质量发展会议在新疆维吾尔自治区召开有利时机，及时反馈需新疆维吾尔自治区协调解决的具体事项和关键问题24项。推动新疆维吾尔自治区成立以自治区党委常委、常务副主席陈伟俊为组长的天山北坡万亿立方米大气区工作协调小组，配合组织召开专题会议，建立问题协调长效机制，加快天山北坡万亿立方米大气区勘探开发进程。定期向新疆维吾尔自治区、集团公司报送驻疆企业动态及工作亮点，编发信息2篇，专题报告4篇，其中1篇信息和1篇报告分获新疆维吾尔自治区、集团公司主要领导批示。

【准噶尔盆地南缘中段呼探1井顺利投产外输】 2021年，新疆油田部署在准噶尔盆地南缘中段下组合大构造首获天然气勘探重大发现的风险探井呼探1井顺利投产外输，日产天然气38.33万立方米，日产原油56.45立方米。该井是准噶尔盆地完钻井深最深、压力最高的气井。

【新疆维吾尔自治区人民政府组织召开首次天山北坡万亿立方米大气区工作协调小组会议】 2021年，新疆维吾尔自治区党委常委、人民政府常务副主席陈伟俊主持召开首次天山北坡万亿立方米大气区工作协调小组会议，听取新疆油田及新疆维吾尔自治区有关厅局、地州市工作汇报，专题研究加快推进天山北坡万亿立方米大气区勘探开发建设工作。

【新疆油田原油日产量突破4万吨】 2021年，新疆油田树牢增产必增效理念，聚焦年度生产任务目标，围绕提高采收率和单井产量，“一井一策”“一藏一策”制订实施增产方案，持续抓好新井和跨年井投产、注水注汽、上返补层、压裂酸化等进攻性措施落实，加强现场组织协调与运行衔接，截至9月底原油日产量首次突破4万吨，创油田开发新纪录。

【呼图壁储气库日采气量突破3000万立方米】 2021年，新疆油田精细生产运行管控，加快呼图壁储气库（二期）调整工程建设步伐，第九采气周期共投运集注站1座、集配站3座、注采井40口，日采气量突破3000万立方米、达3050万立方米。

【新疆油田推进吉木萨尔页岩油市场化运营】 2021年，新疆油田贯彻落实集团公司市场营销工作会议，成立页岩油勘探开发工作专班，组建吉木萨尔页岩油项目经理部，按照市场化运营模式，下放方案审查、项目审批、招标管理、物资采购、现场组织、生产运行、投资管理、考核激励等12项自主权，面向内外部市场引入钻井队伍3家，压裂队伍8家，单井建产投资同比下降40.1%。

【玛湖油田建成首个“百人百万吨”新型采油气作业区】 2021年，新疆油田百口泉采油厂玛湖第三采油作业区年产原油85.5万吨、天然气2.2亿立方米，油气当量突破100万吨、达103万吨；在岗员工100名，人均管井数3.6口、劳动生产率达1.03万吨/人，建成玛湖地区首个“百人百万吨”新型采油气作业区。

（许　超）

中国石油天然气股份有限公司西南油气田分公司（四川石油管理局有限公司）

【概况】 中国石油天然气股份有限公司西南油气田分公司（四川石油管理局有限公司）简称西南油气田，为中国石油所属地区公司，1999年由原四川石油管理局改制重组后成立。西南油气田位于四川盆地，横跨四川省、重庆市，主要负责四川盆地的油气勘探开发、天然气输配及终端销售业务，以及中国石油阿姆河项目天然气采输和净化生产作业，具有天然气上中下游一体化完整业务链的鲜明特色，为西南地区最大的天然气生产供应企业，也是中国重要的天然气工业基地。2021年底，西南油气田设置机关职能处室17个、机关附属机构2个、直属机构11个、二级单位44个；在册员工29894人，其中合同化员工25284人、市场化用工4610人；资产总额1109.88亿元，上市业务收入580.8亿元，上缴税费45.42亿元。在四川盆地及周缘有12.81万平方米的勘探开采矿权（不含流转区块），累计探明天然气地质储量40083亿立方米（含页岩气）。有川中、重庆、蜀南、川西北、川东北5个油气主力产区，投入开发的气田112个，有生产井2246口，全年开井2025口。历年累计生产天然气超过5452.24亿立方米、石油171.19万吨。有集输和燃气管道55766千米，年综合输配能力达400亿立方米以上。建有西南首座应急日采气能力2850万立方米的储气库，区域管网通过中（卫）贵（阳）线和忠（县）武（汉）线与中亚、中缅、西气东输

西南油气田主要生产经营指标

指　标	2021年	2020年
原油产量（万吨）	6.22	5.16
天然气产量（亿立方米）	354.18	318.19
新增天然气产能（亿立方米）	66.72	120.22
新增探明天然气地质储量（亿立方米）	1883.45	2093.40
二维地震（千米）	1679.00	1911.00
三维地地震（平方千米）	3505.00	4988.00
探井（口）	53.00	45.00
开发井（口）	201.00	109.00
钻井进尺（万米）	74.97	112.04
勘探投资（亿元）	60.54	60.29
开发投资（亿元）	148.62	152.17
资产总额（亿元）	1109.88	1035.84
营业收入（亿元）	580.50	522.29
利润总额（亿元）	121.00	108.79
税费（亿元）	45.42	39.47

注：2021年利润总额含四川石油管理局有限公司当年利润1.53亿元。

等骨干管道连接，是中国能源战略通道的西南枢纽。天然气用户遍及川渝地区，有千余家大中型工业用户、1万余家公用事业用户及2500余万家居民用户，在川渝地区市场占有率78%。2021年，天然气工业产量354.18亿立方米，创历史新高；天然气销售量296.2亿立方米（含购气销售）；生产石油液体6.22万吨。

【油气勘探】 2021年，西南油气田在蓬莱气区、深层页岩气、盆地二叠系、陆相致密气勘探形成规模增储新阵地，获集团公司油气勘探3项大奖。蓬莱气区立体勘探再获重大突破，蓬莱气区灯二段台缘带蓬探101井测试获日产气231万立方米，创四川盆地灯影组测试新纪录；灯四段台缘带蓬深1井首次测试获气，东坝1井钻遇纯气层169米；蓬莱气区灯二段、灯四段、沧浪铺组落实天然气探明地质储量1.06万亿立方米，基本形成万亿立方米大气区。泸州深层页岩气勘探取得重大成果，提交天然气探明地质储量5138亿立方米，探明国内规模最大的深层页岩气田，基本落实三级储量2万亿立方米，获集团公司油气勘探重大成果特等奖。盆地二叠系勘探取得重要新进展，建立川北多期台缘带沉积新模式，在双鱼石栖霞组提交天然气探明地质储量510亿立方米；提出川西—川中茅二段缓坡型台缘新认识，角探1井、磨溪145井茅二段分别测试获日产气112万立方米、212万立方米，获集团公司油气勘探重要发现一等奖。致密气勘探开发一体化成绩突出，集中评价金秋气田沙二段，提交天然气探明地质储量648亿立方米；甩开预探天府气区沙一段，永浅6井测试获日产气36.5万立方米，创盆地沙溪庙组直井测试最高纪录。陆相致密气落实天然气地质储量4874亿立方米，展现出万亿立方米增储潜力，获集团公司油气勘探新成果二等奖。

【天然气开发】 2021年，西南油气田天然气开发在川南页岩气、安岳气田、金秋气田致密气和老区四大领域获重要新进展，天然气产量再上新台阶，生产天然气354.18亿立方米，同比增加36亿立方米。川南页岩气建成国内首个千万吨级页岩气田。中深层页岩气综合递减率控制在20%以内，长宁、威远外围区块评价效果优于预期，稳产基础持续夯实。深层页岩气产能建设全面展开，累计投产井112口，日产量突破500万立方米，实现国内深层页岩气产量持续领跑；加大勘探开发技术攻关及试验，泸州区块首批5口高产培育井井均EUR（最终可采储量）达1.75亿立方米，深层页岩气产量提升取得成效。安岳气田建成年产能规模150亿立方米。龙王庙组气藏实施整体治水和滚动扩边，实现90亿立方米年产规模稳产6年；灯四气藏台缘带用36亿立方米开发工作量建成60亿立方米年产能力。拉开多层系60亿立方米年产能建设序幕，灯四台内气藏3口评价井全部获百万立方米高产工业气流；推进灯二气藏先导试验，部署试验井5口；栖霞组气藏开发评价多点开花，探井试采效果好，高石001-X45井保持70万立方米稳产近50天。推进金秋气田致密气开发建设，形成以窄河道砂体为核心的地质工程一体化高产井培育技术，12口水平井无阻流量均超百万立方米；秋林16井区试采效果优于预期，用50万立方米工作量建成150万立方米的日产能力。老区稳产上产成效显著，年产气42亿立方米，综合递减率控制在8%以内；推进新领域上产工作，川西二叠系、三叠系建成年产能17亿立方米，罗家寨气田年产工业气23.8亿立方米，铁山坡气田开发“中中合作”（中国石油和中国石化合作）顺利落地，渡口河—七里北气田开发建设全面启动。

【天然气销售】 2021年，西南油气田发挥产、运、储、销一体化优势，精准靶向施策，加快绿色转型，构建多元化供应体系。天然气供应保障扎实有力，瞄准管网输配瓶颈，推动威远—乐山等3条输气管道、万华化学等6条供气管道建成投运，完成平桥输气站扩容改造，管网输气量突破400亿立方米，创历史新高。克服区域地震、资源吃紧等不利影响，按照“一方气不少”的原则，精细生产组织，科学调峰用气，筹措资源，冬季保供期间天然气日均稳产1亿立方米以上，外输天然气15亿立方米，为全国保供作出贡献。市场营销实现天然气销量和效益齐增，通过优化价格方案、健全“价价联动”机制、启动夏季价格复议等举措，增收超30亿元。配合地方人民政府招商引资，推动气电、绿色化工、煤改气等供气项目落地，新增市场规模24.5亿立方米。打造“铂金终端”，推动6家直供用户移交，通过既竞争又合作共赢模式开拓内江、雅安、绵阳等市场，持续扩大终端份额，终端销量超90亿立方米。全面启动新能源业务，明确“十四五”绿色能源业务发展规划，搭建三级组织管理架构，推动新能源业务快速起步。与地方人民政府建立战略合作关系，锁定“十四五”期间攀枝花境内优质光伏资源，落实分布式光伏发电项目4个。加快项目建设，建成投产攀枝花钒钛园区配气站分布式光伏项目和榕山输气站余压发电项目，实现新能源业务“零”的突破。推动技术研究，部署余压发电、管道掺氢输送、龙王庙气田水锂溴资源利用等一批研究项目，为形成相应技术体系和推广应用奠定基础。

【安全环保管理】 2021年，西南油气田以安全环保管控2.0版本为主线，构建安全环保长效机制，提升重点领域风险防控能力，安全环保风险全面受控。全面实施工程技术、开发生产等九大重点领域提升行动，深化基层安全生产执行力建设。攻坚安全生产专项整治三年行动，推行“责任清单执行无漏项”信息化监管，开展安全环保履职能力评估，全员安全环保意识和能力进一步提升。重点领域风险管控力度持续增强，聚焦井控重大风险管控，组建井控专家队伍，建成8个“两小时”应急保障圈，井控能力增强。开展终端燃气业务安全诊断，进一步完善燃气应急抢险、检维修管理流程，推进燃气安全管控能力提升。推进“安眼工程”建设，抓实重点产能区块、重点工程建设项目监督，为生产建设筑牢屏障。推进绿色矿山创建，完成17个矿权的国家级绿色矿山自评估，统筹部署绿色企业建设，推动集团公司第一批绿色企业创建试点，西南油气田被评为首批“中国石油绿色企业”。统筹推进污染物达标排放，加强甲烷与挥发性有机物（VOCs）协同管控，攻坚钻井过程污染防治，全年甲烷减排量超5000吨，提前半年实现历史遗留油基岩屑“清零”目标，重点排污单元全面达标。

【“油公司”模式改革】 2021年，西南油气田“油公司”模式改革稳步推进。围绕业务归核化方向，有序剥离物业业务、整合矿服业务，完成华盛公司改制和乘用车业务第一阶段整合。深化川中北部新型管理区改革试点，推动川东北次新区改革工作，全面启动新型采输气作业区达标建设，完善两级管理模式。推进井工程优化调整，整合工程技术资源，实施“公司—事业部”两级管理，运行效率和管控水平进一步提升。持续开展组织机构优化调整，撤并二级、三级机构26个，压减中层、基层领导职数2%以上，“瘦身健体”成效明显。开展薪酬分配体系优化调整，启动岗位价值评价工作，强化核心骨干激励力度，合理拉开收入差距，发挥薪酬的激励约束作用。

【经营管理】 2021年，西南油气田推动经营理念、组织模式、管理方式变革，提高资源配置效率，释放发展活力，精益管理水平稳步提升。在推进提质增效专项行动中，实施具体措施432条，提质增效44亿元，始终保持自由现金流为正。强化预算管控，实施降低油气完全成本三年行动计划，天然气完全成本同比减少21元/千米^3。优化钻前运行模式，钻前准备周期平均缩短20天。推广钻井“日费制”管理模式，长宁区块15口井钻井周期同比缩短43天、机械钻速同比提高112%。加强物资设备管理，持续推进零库存和电商采购，全年供货周期缩短10%，库存下降15%，采购资金节约12%。突出依法治企和合规管理，构建起“内控、风险、合规”三位一体内控体系，实现各项业务依法合规高效运行。

【科技发展】 2021年，西南油气田科技创新成果丰硕，两项国家重大科技专项圆满收官，在深层碳酸盐岩气藏、页岩气两大领域形成技术示范和引领。有序推进实验室平台建设，天然气质量控制和能量计量实验室成功升级为国家市场监管重点实验室，成为集团公司相关技术领域科技创新和成果转化新高地。科技成果培育效果显著，全年获省部级科技奖励14项，授权发明专利75件，牵头制定并发布国家标准4项、行业标准6项，企业核心竞争力和行业影响力不断提升。夯实数字化转型基础，在二级单位试点独立开展“两化”融合体系贯标评定，打造符合各单位特点的跨业务、跨领域创新型能力。开展物探、开发生产数据专项治理，初步完成西南区域湖测试环境部署，进一步满足数据归档、应用支持和生产需求。以“勘探开发工程技术一体化”为先期试点，形成覆盖“五院两所”（勘研院、天研院、工程院、安研院、页岩气研究院、集输工程所、经研所）的业务协同场景，为下一步实施流程化管理做准备。

【企业党建工作】 2021年，西南油气田全面贯彻落实新时代党的建设总要求和新时代党的组织路线，坚定不移提高党的建设质量，以高质量党建为“十四五”开好局起好步提供坚强保证。严格执行“第一议题”制度，巩固深化“不忘初心、牢记使命”主题教育成果，精心组织党史学习教育，扎实开展庆祝中国共产党成立100周年系列活动，召开西南油气田第三次党代会，用践行“两个维护”的新作为彰显政治担当。以完善党领导基层治理制度性安排为重点，全面落实党建工作责任制，持续推进基层党建“强基固本提升工程”，深化党建“三联”责任示范点、党支部达标晋级管理，解决党员空白班组问题，基层党组织政治功能和组织力有效提升。推进政治监督具体化常态化，坚持精准高效问责，健全完善纠治“四风”长效机制，强化巡察政治定位，构建上下联动工作格局，提升一体推进“三不”综合效应，企业良好政治生态进一步巩固。以保持和增强群团工作政治性、先进性、群众性为主线，组织主题劳动和技能竞赛，开展“青字号”学习实践活动，全心全意为职工群众办实事、做好事、解难事。

（孔令兴　闵　军）

中国石油天然气股份有限公司吉林油田分公司（吉林石油集团有限责任公司）

【概况】 中国石油天然气股份有限公司吉林油田分公司（吉林石油集团有限责任公司）简称吉林油田，为中国石油下属的地区公司，总部位于吉林省松原市。吉林油田于1959年9月29日发现，1961年1月17日建矿并正式投入开发建设。2021年底，有机关职能处室14个、机关附属机构3个、直属机构7个，所属二级单位47个。用工总量33431人，其中合同化员工27197人。2021年是中国共产党成立100周年，也是吉林油田建矿60周年，吉林油田上下以习近平新时代中国特色社会主义思想为指导，坚决执行集团公司党组决策部署，完成各项目标任务。全年油气当量产量494.90万吨（原油407万吨、天然气11.03亿立方米），比计划超产5.2万吨，同比增加8.8万吨，连续第四年超产增产。

吉林油田主要生产经营指标

指　标	2021年	2020年
原油产量（万吨）	407	400
天然气产量（亿立方米）	11.03	10.81
新增原油生产能力（万吨）	36.7011	40.38
新增天然气生产能力（亿立方米）	0.91	1.33
二维地震（千米）	209	308.54
三维地震（平方千米）	706	145
探井完成井（口）	48	52
开发井完成井（口）	570	624
钻井进尺（万米）	103.4486	144.13
勘探投资（亿元）	10.3758	13.2
开发投资（亿元）	43.5337	46.49
上市业务资产总额（亿元）	342	331.2023
未上市业务资产总额（亿元）	40.72	38.54
上市业务收入（亿元）	132	93.9539
未上市业务收入（亿元）	46.73	45.38
上市业务利润（亿元）	–21	–149.1961
未上市业务利润（亿元）	–1.78	–3.09
上市业务应交税费（亿元）	17	6.196
未上市业务应交税费（亿元）	1.15	0.93

【油气勘探】 2021年，吉林油田完钻探井47口（勘探21口、评价26口），完成三维地震276平方千米，提交石油预测地质储量3868万吨，提交石油控制储量1122万吨，提交石油探明储量2311.31万吨，提交天然气预测地质储量322.05亿立方米，提交天然气控制储量223.90亿立方米，提交天然气探明地质储量145.34亿立方米。

大情字井富油区带效益勘探主要取得以下成果：情西南地区青一段内前缘岩性油藏提交预测石油地质储量1211万吨；乾东地区青三段外前缘薄油层实现效益动用，提交探明石油地质储量1003万吨、预测石油地质储量2657万吨；落实建产区块8个，预建产能13.89万吨。

2021年，乾安外围新增探明石油地质储量1073万吨，实现持续增储建产；针对Ⅱ类“甜点”开展地质、地震、工程一体化技术攻关，指导评价开发一体化精细部署，整体部署17口水平井，实现致密油建产区不断扩大。

长岭页岩油攻关取得重要进展，黑页平4、黑页平5两口水平井自喷日产油大于10立方米。突出“甜点”评层选区，综合15项参数建立评价标准，选取4项关键参数，明确青一段下“甜点”3个最优“甜点”层，基本落实Ⅰ类“甜点”区面积1455平方千米，资源量10.7亿吨，“甜点”核心区面积755平方千米，资源量6.0亿吨。主攻大情字井和乾安“甜点”核心区，2个“甜点”层水平井提产试验见到好苗头，纯页岩型页岩油水平井提产试验取得突破，夹层型页岩油开发先导试验展现效益动用潜力。

德惠断陷是2021年天然气勘探的重点领域，天然气资源量3114亿立方米。其中致密气资源量1707亿立方米，占总资源量50%以上，攻关德惠断陷华家构造带火三段凝灰岩成藏主控因素研究，明确凝灰岩优质储层分布规律，深化气藏认识，建立“断控藏、优质储层控制富集”的成藏模式，落实有利区带及目标，一体化攻关水平井7口，落实含气面积38平方千米，探明天然气地质储量145亿立方米，新建产能0.9亿立方米，实现当年探明当年建产。

2021年4月初，集团公司党组将西南油气田四川盆地自贡区块优化配置给吉林油田。自贡区块构造位置位于四川盆地西南部，探矿权面积2838.46平方千米，其中可工作区面积2164.01平方千米。优化自贡区块“十四五”规划，提前实施三维地震500平方千米；完成自215水平井压裂及自216井直改平等工作，在有利区带部署探井4口。评价自205三维区向斜储层发育特征及产能水平，部署3口评价井，自205井区落实页岩气有利面积350平方千米，预测天然气地质储量规模3786亿立方米。

【油田开发生产】 截至2021年底，吉林油区探明油田24个，探明石油面积3108.09平方千米，探明石油地质储量16.78亿吨，技术可采储量3.47亿吨，探明油田中的长春油田和莫里青油田位于伊舒地堑，套保油田位于松辽盆地西部斜坡区，四五家子油田位于松辽盆地东南隆起区，其余油田均位于松辽盆地中央凹陷区。开发油田23个（永平油田未投入开发），动用石油地质储量11.56亿吨，探明储量动用率68.9%，动用石油可采储量2.49亿吨，标定采收率21.55%。

截至2021年底，累计生产原油18268万吨，累计产液量97073万吨；累计注水量143448万立方米。累计注采比1.23。地质储量采出程度15.81%，综合含水90%。储采比16.3。

2021年，有采油井26787口，采油井开井18118口，注水井8844口，注水井开井6555口，全年产油407万吨，地质储量年产油速度0.36%，全油田年产液量4070万吨，注水量5906万立方米，年注采比1.27，平均单井日产油0.5吨。

2021年，全油田新建产能48.6万吨，新井产油15.3万吨。其中自营区新建产能36.7万吨，新井产量9.0万吨；合资合作区新建产能11.9万吨，新井产量6.3万吨。2021年牢固树立经营油藏开发理念，坚持低成本开发战略，创新效益建产模式，强化精益开发管理，狠抓细分经营油藏单元挖潜增效，强力推动老油田“双十稳产”工程，主要通过优化投资结构，攻关低成本技术，实施工厂化作业，原油百万吨产能投资控降到80亿元以下；老区主要通过提升精细有效注水、区块分类治理以及措施增产增效等工作水平，自然递减率下降到11.0%，综合递减率下降到4.3%，老井含水上升率控降到1%以下。

【天然气开发生产】 2021年，股份公司下达吉林油田年度天然气产量计划11.0亿立方米，商品量8.0亿立方米，实际完成天然气产量11.0291亿立方米，完成年度计划的100.3%，商品量完成8.3004亿立方米，完成年度计划的103.8%。股份公司下达吉林油田年度天然气产能建设计划钻井8口，钻井进尺3.20万米，新建产能0.90亿立方米，投资2.5149亿元。根据产能建设区块整体部署安排及区块评价需要，实际在长岭、德惠等地区完成产能建设井位8口，钻井进尺3.28万米，新建产能1.0亿立方米，完成投资2.72亿元。

截至2021年底，投入开发气田10个，投产气井383口，开井215口，年产天然气11.0291亿立方米，累计生产天然气229.17亿立方米，2021年底配套能力10.56亿立方米，负荷因子0.97。气层气井口年产天然气11.6786亿立方米，井口累计生产天然气211.76亿立方米，采气速度2.64%。

【新能源业务】 2021年，吉林油田新能源业务加速推进。完成吉林省绿色协同发展示范基地顶层设计，规划建设千万吨级碳中和基地，成为吉林省企业绿色转型的引领者。编制完成600万千瓦风光发电规划，70万千瓦发电指标获批复，是集团公司获批指标最多的单位。15万千瓦自发自用项目正式启动，新能源项目部高效组织，建设吉林油田自主设计施工部分工作量，3000千瓦井场光伏实现并网发电，形成低成本特色的吉林建设模式。布局建设CCUS百万吨示范区，碳减排24万吨，“五精”（精雕细刻的油藏模式、精益求精的注采模式、精打细算的地面模式、精准高效的防腐模式和精心管控的生产模式）模式成效显著。大情字井一期CCUS方案首个通过审查，为集团公司打造标准样板，起到示范引领作用。在集团公司率先开展低渗透储层取热试验，浅层和井筒取热项目初见成效。绿色低碳发展布局得到集团公司和吉林省鼎力支持，为绿色转型赢得先机、创造条件。

【科技创新】 2021年，吉林油田重点领域油气藏研究取得新突破。形成陆相湖盆页岩油效益勘探开发配套技术，落实“甜点”区分布，为松南区块增储上产提供新支点。海相页岩气地震描述技术取得新进展，为川南区块快速建产和效益开发奠定基础。剩余油挖潜技术应用取得较好效果，找到老油田焕发青春的潜力点。“非常规气藏智能评价及效益开发关键技术与应用”获吉林省科学技术进步奖一等奖。主体技术水平全面提升。集约化建井技术达到国内领先水平，新215大平台建设投资下降5%、操作成本下降24%，提质增效成效显著。页岩油“甜点”密切割压裂、致密气三段式缝网压裂、常规油整体压裂提产均超过15%，成为提高油气产量的“利器”。带压作业技术规模化应用，在保持地层能量和清洁生产方面发挥重要作用。数字油田建设与主营业务深度融合。低成本井间物联网“吉林模式”成为集团公司最佳实践范例，促进开发管理水平提升。

【企业管理】 2021年，吉林油田企业改革全面深化。三年80项改革任务完成率96.3%，改革进度排在集团公司第一名。完成多源实业与松原国有资本股份制改造。建成新型采油管理区1个、作业区22个，压减二级、三级机构75个，“油公司”改革取得实质性成果。新一轮工编挂钩全面启动，员工总量得到有效控减，新增退养歇业等370人，全员劳动生产率大幅提升。增收创效成效明显。建立投资、作业、生产“三个费用管控体系”，实现油气完全成本、现金成本和操作成本同比硬下降。资产总量控制在合理规模，为下一步实现投资、资产、折旧折耗、自由现金流良性循环打下坚实基础。输出劳务规模保持4400人，签订对外技术服务合同3.5亿元，外委外雇转自营创效1.3亿元，开源创效多点开花，拓展效益发展空间。企业管理持续加强。改进基层建设评价方式，开展三轮指标对标提升。加强依法合规管理，法律纠纷案件胜诉率84%。加大质量管控力度，突出压裂材料、助剂和井筒质量监督，加强自采产品和乙供材质量检测，全年未发生重大质量事故。

【安全环保】 2021年，吉林油田安全环保形势保持稳定，未发生新增职业病，未发生质量事故，未发生井喷失控事故和环境污染事件，发生1起承包商火灾事故。全年排放氮氧化物513.5吨、二氧化碳194.8万吨、甲烷8382.5吨，全部控制在集团公司要求范围内。全年节能1.35万吨标准煤，完成指标的103.77%，节水10.21万立方米，完成指标的102.1%。集团公司将吉林油田确定为“吉林绿色协同发展示范基地”，依托千万千瓦级风光发电、百万吨标准煤地热余热、400万吨碳埋存三大工程，规划建设千万吨级碳中和基地。70万千瓦发电指标获批复，其中15万千瓦自发自用项目正式启动，3000千瓦井场光伏实现并网发电。率先开展低渗透储层取热试验。检定计量器具27505台，强制检定计量器具周检率100%。开展4轮大检查，组织安全生产、交通安全、反违章和消防安全4个百日专项整治，发现问题32251个。抽调11人组建井筒工程质量监督站，治理隐患43个，历史遗留和当年产生油土全部清零，顺利迎接第二轮中央生态环境保护督查。

【企业党建工作】 2021年，吉林油田党委“第一议题”学习贯彻习近平总书记重要讲话和重要指示批示精神，制定落实上级重大决策具体措施，在抓实意识形态、肃清流毒影响等方面坚守阵地、持续发力。党史学习教育扎实开展。把学习贯彻习近平总书记“七一”重要讲话和党的十九届六中全会精神贯穿其中，为员工办实事解难题2932件，得到集团公司第一指导组充分肯定。“三强”干部队伍锻造有力。推行领导人员分级分类、任期制和契约化管理，新提拔中层领导人员“80后”占比45%、基层领导人员“85后”占比32%，班子功能结构明显改善。管党治党深入推进。开展党组织书记述职评议，组织两轮常规巡察和两个领域专项巡察，突出重点部位专项监督，党建工作责任有效落实，政治生态得到净化。文化引领凝心聚力。广泛开展庆祝建党百年、建矿60周年系列活动和“转观念、勇担当、高质量、创一流”主题教育活动，深化“工字号”“青字号”品牌建设，汇聚起万众改革创新、全员提质增效的奋进力量。

【和谐企业建设】 2021年，吉林油田疫情防控精准到位。始终把员工生命安全放在第一位，闭环管控员工外出和人员来访，实现疫苗应接尽接、“第三针”接种1.42万人，巩固零疫情成果。维稳治安持续发力。化解重点群体性问题8个，破获盗油案件6起，打击盗电行为82起，治安稳定形势向好。民生实事落实落地。实现员工收入稳定增长，维修住房7832户，帮扶困难家庭7619户次，资助大病员工和贫困学生356人，投保重疾险惠及2006人，协调推动物业服务质量不降、离退人员待遇不变，实现油田医保并入国家平台、住房公积金“跨省通办”。

（李冬梅）

中国石油天然气股份有限公司大港油田分公司（大港油田集团有限责任公司）

【概况】 中国石油天然气股份有限公司大港油田分公司（大港油田集团有限责任公司）简称大港油田，是中国石油所属的以油气勘探开发为主，集储气库及油气管道运营、井下作业、物资供销、生产电力等业务于一身的地区分公司，总部位于天津市滨海新区。截至2021年底，矿权面积16787.89平方千米，地跨天津、河北、山东3省（直辖市）的25个区、市、县。大港油田员工总数20452人，设16个机关部门、5个直属单位、34个所属单位，资产总额567.38亿元。

2021年，大港油田统筹推进党史学习教育及“转观念、勇担当、高质量、创一流”主题教育活动和夺油上产、提质增效专项行动，各项工作有效开展，经营指标持续向好，被评为“2021年度集团公司先进集体”。

大港油田主要生产经营指标

指　标	2021年	2020年
原油产量（万吨）	394.02	415.02
天然气产量（亿立方米）	6.4	6.63
新增原油产能（万吨）	63.04	66.99
新增天然气产能（亿立方米）	0.53	0.62
新增探明石油地质储量（万吨）	2739.29	3223.57
钻井（口）	322	291
钻井进尺（万米）	79.43	82.21
勘探投资（亿元）	12.58	15.34
开发投资（亿元）	41.73	35.93
资产总额（亿元）	567.38	573.71
收入（亿元）	246.52	202.7
利润（亿元）	1.28	–21.19
税费（亿元）	18.59	8.61

【油气勘探】 2021年，大港油田以地质认识创新为引领，推动预探突破和效益增储。滨海斜坡唐东地区东营组发现新含油气层系，唐东9X2井等多口井获高产油气流，落实整装优质储量4000万吨，形成一个亿吨级规模增储战场；歧北斜坡沙二段发现单层50米厚油层，埕107X1井初期日产原油238立方米、天然气15万立方米，刷新大港油田陆上探评井单井日产量最高纪录；歧口凹陷沙一段实施页岩油风险勘探取得成果，歧页1H井连续高产稳产超过200天，黄骅坳陷三套页岩油层系勘探实现全面突破；沧东凹陷开展页岩油评价建产取得进展，接连钻获4口日产量百吨以上高产井，其中官页5–1–1L井日产量峰值208立方米，创中国页岩油单井日产量新高，实现当前油价下断陷盆地页岩油效益开发。新增原油三级储量7468万吨、SEC储量313万吨，分别完成年度计划的115%和120%。

【油气开发】 2021年，大港油田生产原油天然气444.8万吨当量。加大新老区产能建设力度，勘探新区新建产能13.2万吨，开发老区新建产能50万吨；加大老区综合治理力度，推进精细注水、“二三结合”、老井复查、二氧化碳吞吐等专项工程，治理区块自然递减同比下降1.8个百分点，增油10万吨；加大非常规油气生产力度，页岩油年产量首次突破10万吨；加大海上油田开发力度，赵东自营项目连获4口日产量百吨以上高产井，埕海1–1平台投产在即，油气开发呈现“新老并重、常非并举、海陆并进”新格局。

【提质增效】 2021年，大港油田加强投资成本管控，严格项目前期研究论证、优化证实已开发储量控降折旧折耗，控投降本14.6亿元；加强市场开源创效，推行原油市场化适价销售、强化天然气增产增销、加大闲置土地盘活力度、规范公有房屋租赁、拓展外部市场增利空间，增收4.3亿元；加强内部节支挖潜，深化项目自建运行管理、争取财税政策支持、规范研发费加计扣除、强化物资集中采购、推广低成本压裂等新技术，节支增效5.3亿元。收入246.52亿元，账面利润、自由现金流均保持为正，上市、未上市业务、同欣集团自重组整合以来首次实现全面盈利，职工收入普遍增长。

【改革创新】 2021 年，大港油田推进以构建"油公司"模式为统领的重点领域改革，第五采油厂探索形成"四部四中心"扁平化组织架构，厂办大集体混改走在集团公司前列，工程技术服务市场化取得实质性进展，退休人员社会化管理收官，精简二级、三级机构 54 个，盘活各类用工 661 人；推进以股份公司"三期"重大科技专项为统领的科技创新攻关，"陆相页岩油地质理论与勘探开发技术"入选集团公司 2021 年十大科技创新成果，地震储层预测、低渗储层高效改造等多项技术成效显著，获省部级以上科技成果奖 19 项、授权发明专利 76 件；推进以数智油田建设为统领的信息化建设，数智决策中心建成投用，数智油藏、数智井筒、数智地面、数智管理 4 个工程建设全面展开。公司改革三年行动任务完成率 94.6%，超出集团公司考核指标 24.6 个百分点。

【安全环保】 2021 年，大港油田树立绿色、安全发展理念，落实各级责任，宣贯新《安全生产法》，创新建立安全总监常态化"双述双评"机制，推行全员常态化安全生产记分管理，以责任归位促进各级责任到位；狠抓监管整治，组建成立质量健康安全环保巡察中心，以"第三方"身份常态化开展安全环保专项巡察和井筒质量监督检查，筹措 6515 万元治理城镇燃气、交通消防等重点领域安全环保隐患 108 项，"四不两直"查改问题 2 万余项，管道失效率同比下降 20%，固井质量合格率同比提升 5 个百分点，通过集团公司 QHSE 管理体系审核；推进清洁生产，大港油区中心区光伏项目并网发电 1275 万千瓦·时，采出液沉积物处理实现"动态清零"。节能 1.2 万吨标准煤、节水 7 万立方米，四类污染物全部达标排放，安全环保受控运行，大港油田被评为"2021 年度集团公司 QHSE 先进企业"。

【油区建设】 2021 年，大港油田开展"我为基层员工群众办实事"实践活动，在生产经营极为困难的情况下，持续保障改善民生、推进发展成果共享。开展健康企业创建，做好常态化新冠肺炎疫情防控，职工非生产亡人事件持续下降，全程疫苗接种率 97.3%，油区继续保持零疫情；改善油区生活环境，两级党委及时解决民生问题 149 个，协调地方政府成功开通三号院至滨海文化中心 974 路公交快线，建成天津首个碱蓬草"红海滩"观景长廊，提前 3 年完成大港油区内 3.6 万余户居民住宅"两证合一"，华幸等 14 个老旧小区纳入地方改造范围，群众反映强烈的道路照明、住宅维修等问题有效解决；构建和谐平安油田，组织庆祝建党 100 周年大型文艺汇演等文体活动 18 项，帮扶困难职工 6500 余人次，集团公司挂牌督办的历史信访积案提前销号，连续两年保持"零进京"越级访，涉油气案件同比下降 47%，各特别重点阶段"政治护城河"工作受到集团公司通电嘉勉。

【港 5 井入选中国石油首批工业文化遗产】 大港油田港 5 井是华北地区第一口发现井。1964 年 11 月 17 日开钻，12 月 20 日在第三系沙河街组三段上部获油气流，日产原油 19.74 吨、天然气 3.4 万立方米。港 5 井作为大港油田的发现井、功勋井，2006 年被命名为"中国石油企业精神教育基地"，2007 年入选天津市"十大不可移动文物"，2013 年被天津市人民政府评为"第四批文物保护单位"，2019 年入选第三批国家工业遗产名单，2021 年 3 月入选"天津市第一批不可移动革命文物"名录、9 月被评为"中国石油工业文化遗产"。

【储气库群冬季保供】 作为国内首座地下储气库，大港油田储气库群承担着京津冀地区天然气区域调峰、应急供气、战略储备等职能，是京津冀季节调峰的主要气源，22 个注采周期累计注气 323 亿立方米、采气 280 亿立方米，居全国储气库调峰之首。2021 年，大港油田储气库群注气 20.48 亿立方米。11 月 8 日，9 座地下储气库全部投运，71 口井转入采气生产，向京津冀地区供气突破 10 亿立方米，并创 3 项历史纪录，日采气量 2000 万立方米以上 67 天，历史最长；最高日采气量 2684 万立方米，历史最高；周期采气量 20.06 亿立方米，历史最多。《大港油田储气库群今冬明春京津冀天然气保供》在中央电视台新闻联播、中央二套经济信息联播、新华社和《经济日报》等媒体平台报道。

【博士后工作成效显著】 2021 年，大港油田加强油气勘探开发、数智油田建设、绿色低碳能源等关键领域高端科技人才引进与培育，实施企业"双导师"培养，在经费申请、实验室建设、成果转化等方面给予政策支持，博士后品牌建设取得明显成效。大港油田获批博士后独立招收资格，人才引育自主性、灵活性提升；创新项目"非常规能源高效改造技术"获第一届全国博士后创新创业大赛铜奖，成为该赛事唯一获奖的石油企业。

【国家级技能大师工作室创建】 2021 年，大港油田赵常明技能专家工作室获评国家级技能大师工作室，并成为集团公司驻天津企业唯一一家获评的技能专家工作室。该工作室创建于 2010 年，采取多种"师带徒”形式培养技能人才，并围绕降本增效、技改革新、创新成果研发等课题进行攻关，完成小改小革460余项，获国家级荣誉5人、省部级荣誉7人。2020年经升级改造，成为集技能大师办公、难题攻关、创新研讨、技术交流、技能及自动化培训等多功能于一体的花园式工作室。

（刘朝晖　覃爱群）

中国石油天然气股份有限公司青海油田分公司

【概况】 中国石油天然气股份有限公司青海油田分公司（简称青海油田）1999年6月成立，隶属于中国石油天然气股份有限公司。主要勘探开发领域在青海省柴达木盆地，地理面积25万平方千米，沉积岩面积约12万平方千米，平均海拔3000米，空气含氧量是平原地区的70%。1954年第一批石油勘探队伍挺进柴达木，1955年6月1日青海石油探勘局在西宁成立。1955年11月，柴达木盆地第一口探井泉1井出油，1958年9月，冷湖地中4井日喷原油800吨，1959年冷湖油田原油产量30万吨，约占当年全国原油产量的12%，成为国内四大油田之一。1964年在涩北发现国内最大的第四系生物气田，1977年发现亿吨级尕斯库勒油田，1998年油气产量突破200万吨。截至2021年底，柴达木盆地发现油田24个、气田10个，累计探明石油地质储量8.17亿吨，天然气地质储量4513.86亿立方米。年油气生产能力当量743.2万吨，其中原油240.4万吨、天然气63.1亿立方米，原油加工能力150万吨。累计生产油气当量1.46亿吨，其中原油6648万吨、天然气1003.2亿立方米，加工原油3399万吨。建成7条输油气管线，年输油能力300万吨、输气能力101亿立方米，天然气远输西藏、西宁、兰州、银川、北京等地。固定资产原值698.89亿元、净值323.18亿元；连续21年盈利，连续26年保持青海省第一利税大户和财政支柱企业地位。

青海油田有花土沟原油生产、格尔木天然气和炼油化工、敦煌科研教育生活3个基地；设有职能部门16个、直附属单位6个、二级单位35个，员工15908人，平均年龄41.1岁；在职党员7407人，占员工总数的46.56%。

2021年，青海油田生产原油234万吨、同比增加5.5万吨、完成年计划的100%，生产天然气62亿立方米、完成年计划的100%，加工原油141万吨、完成年计划的101%。收入164.3亿元，利润7.3亿元，提质增效21.74亿元。

青海油田主要生产经营指标

指　标	2021年	2020年
原油产量（万吨）	234	228.5
天然气产量（亿立方米）	62	64
新建原油产能（万吨）	33.56	31.61
新建天然气产能（亿立方米）	5.8	6.45
新增探明石油地质储量（万吨）	4653.39	2389.25
二维地震（千米）	1800	1000
三维地震（平方千米）	600	800
探井（口）	49	47
开发井（口）	598	228
钻井进尺（万米）	96.01	21.51
收入（亿元）	164.3	145.76
利润（亿元）	7.3	

【油气勘探】 2021年，青海油田勘探在英雄岭页岩油获新成果。干柴沟E_3^2 Ⅳ—Ⅵ油组完试7口井均获工业油流，柴平1井日产气量超百立方米，落实23个富集箱体，平面井控面积42平方千米，储量规模超3亿吨；柴深构造带狮303井、狮70井射孔后分别获日产油227立方米、25立方米的工业油流，估算资源量达5亿吨，该项成果获集团公司勘探重要发现一等奖。阿尔金山前昆特依构造部署昆1-1井、昆101井先后获日产气11.5万立方米、18.3万立方米的工业气流，新增探明天然气地质储量314亿立方米，为盆地近5年发现的最整装气田，该项成果获集团公司勘探发现三等奖。

英雄岭腹部页岩油、柴北缘侏罗系内幕岩性、阿尔金山前扇三角洲、祁连山前基岩潜山、三湖源内泥岩生物气等5个领域获股份公司批准，上钻6口风险井，创青海油田风险井部署纪录。2021年完成试油的阿探1井获日产油4.3立方米工业油流，新增有利勘探面积780平方千米。柴9井区E_3^2–Ⅱ油组探明石油地质储量1362万吨，建成产能10万吨，实现1年内发现—建产—探明的目标。切克里克钻探的切202H1井射后自喷日产油101立方米，切37井抽汲日产油26立方米，控制石油地质储量超2000万吨。

【油田开发】 2021年，青海油田深化老区地质研究，实现快速建产。尕斯N_1下段油藏部署产能4.52万吨，完成钻井42口，建成产能4.1万吨，年新井产量3.07万吨，具备年产15万吨的生产能力，新增探明石油地质储量1710.15万吨。花土沟油田北部扩边建产，新增含油面积1.37平方千米，预计新增探明石油地质储量127万吨。尕斯N_1–N_2^1油藏上盘Ⅰ下、Ⅱ下、Ⅲ、Ⅳ上层系部署加密井10口，日产油42.4吨，平均单井日产油4.2吨。跃进二号东高点七层系完钻7口井，平均单井日产量4.5吨。七个泉Ⅰ层系钻井47口，投产47口，平均单井日产量0.76吨，建成产能0.96万吨，采油速度提高0.69个百分点。2021年老区最终建成产能23.09万吨，新井当年产油17.48万吨，产能贡献率58.2%。

新区精细组织部署，实现高效建产。干柴沟E_3^2油藏Ⅱ油组部署产能井16口，计划部署产能9.36万吨，实际平均单井日产油27吨，建成产能9.79万吨，产能符合率104.6%，新增探明石油地质储量1361.31万吨。风西区块通过新井、老井的试油评价，针对N_2^1的Ⅲ–3优势“甜点”区，部署水平井3口，稳定日产油5吨，Ⅲ油组新增探明石油地质储量1574.3万吨，具备规模效益建产的潜力。

【气田开发】 2021年，青海油田气田开发工作紧紧围绕年度生产经营目标，强化开发生产组织。优选148口井进行均衡调控。严控检修影响气量，编制开关井方案，实施各类维护309井次，恢复日产量15万立方米。制定冬季保供6项措施，实现主力气田日增气135万立方米。涩北气田12个主力层组排水井数由61口增至109口，日排水量由2352立方米提升至3385立方米。开展产能建设、综合治理方案优化，实现油区天然气增量0.5亿立方米全产全销；效益建产5.6亿立方米，比预算压缩7966万元。以“事前算盈”和“成本倒逼”促使成本下降，综合治理减少高风险措施89井次，增加高收益作业1538井次，减少成本3450万元；优化动态监测方案，降本534万元。

【炼油化工】 2021年，青海油田炼化业务克服装置运行末期问题集中凸显的困难，狠抓安全平稳运行、装置大检修和提质增效工作，实现油田炼化史上第一个“三年一修”长周期运行目标，汽油产品升级至国Ⅵ B标准。加工原油141万吨，生产汽油49.68万吨，柴油63.47万吨，甲醇6.83万吨，聚丙烯2.37万吨；操作平稳率99.79%，综合能耗68.06千克·标准油/吨，综合商品率92.04%，加工损失率0.56%，均完成预算目标，轻质油收率78.2%，比计划指标低1.81%；炼油完全费397.5元/吨，比预算高24.09元/吨，炼化业务全年盈利186.07万元。

【工程技术】 2021年，青海油田动用钻机68部，其中青海钻井公司钻机53部，渤海钻探公司钻机15部。截至2021年底，开钻597口，完井596口，钻井进尺96.29万米。油田平均机械钻速13.11米/时，平均钻井周期15.81天，平均完井周期21.97天。

2021年，青海油田井下作业动用作业机107台套，其中井下作业公司39台套，中国石油23台套，民营45台套。全年通过2台套带压设备共完成5井次的带压作业工作量。

2021年，青海油田完成投产维护作业4341井次，同比减少145井次；大修167井次，同比增加49井次；连续管作业386井次；带压作业5井次，压裂完成322井次833层段，酸化完成382井次。弃置井处置237井次。

【安全生产】 2021年，青海油田安全生产工作持续稳健发展，亿工时工业生产安全事故死亡率为零；万台车事故死亡率为零；职业健康体检率100%，职业病危害因素检测率100%。组织9800余名岗位人员、1400余名驾驶员开展HSE履职能力评估，特种作业取证复审培训17期643人次，承包商主要负责人HSE知识培训535人，安全管理人员培训1107人，职业卫生管理人员取证复审培训89人。

严格落实两个“3%”工作要求，对不合格承包商“零容忍”，观察使用11家（8家承包商、3支队伍），黄牌警告率3.05%，列入不合格单位及队伍21家（4家承包商、17支队伍），淘汰率5.8%。开展城镇燃气、危险化学品、道路交通、消防重点部位、井控等各类检查79次，发现问题50025项。完成11家单位职业病现状评价，检测932个危害场所点，组织4120名接害员工体检。

【纪检工作】 2021年，青海油田严肃党内政治生活，现场督导9家单位民主生活会，现场监督27家单位巡察整改专题民主生活会。开展纪检检查155场次，发现问题121项，整改完成116项，推动5项问题持续整改。落实油田疫情防控总体部署，开展检查202场次，下达疫防类监督检查建议书11份。开展经商办企业信息筛查1.3万余条，发现问题线索1个。监督青海油田两级党委181项民生项目。制定先进集体党风廉政意见回复的指导意见，回复党风廉政意见192家单位、886人次。召开领导干部政治性警示教育大会，组织220名中层以上干部观看《利剑啸歌》。推进基层单位落实"5+N"党风廉政教育，督促各单位党委警示教育77场次、讲廉洁党课9场次，两级纪检部门负责人讲廉政党课36场次。受理信访举报28件，处置问题线索28件，立案13件，处分24人。收缴违纪款174.96万元，挽回经济损失200万元。

青海油田制定下发巡察工作要点，明确4个方面16项具体工作。常规巡察2家二级单位、机关党委及所属25个党支部，巡察"回头看"1家单位，开展全面从严治党主体责任落实情况、EPC总承包项目2个专项巡察，发现148个1149项问题，移交线索2个，实现对青海油田所有党组织第二轮次巡察全覆盖。

【科技管理】 2021年，青海油田组织开展各类科研攻关项目241项（含省部级及以上14项）。科研项目计划完成率97.47%，科技创新及成果转化应用率95%，获省部级及以上科学技术进步奖9项，国家授权专利34项，数字化油田建设推进计划完成率96.5%。

完成集团公司"柴达木盆地建设高原大油气田勘探开发关键技术研究与应用"重大科技专项现场核查验收和技术有形化成果的编制出版工作。国家专项顺利通过最终验收，其中子课题"柴达木复杂构造区油气成藏、关键勘探技术与新领域目标优选"综合评价为"优秀"。组织举办"青海油田昆仑高端学术讲坛"4期，专业技术讲座2期。承办"西部企业地质动态分析专业竞赛"，获1金2银共3枚奖牌。推荐10名科技及信息化技术人员参加各级别科技荣誉评选，其中1人获"孙越崎能源大奖"（李国欣），1人获集团公司"杰出青年创新人才"（吴颜雄）。

【数字化油田】 2021年，青海油田成立"数字化转型、智能化发展工作领导小组"。优化2022年油气生产物联网站场无人值守改造实施方案，统筹规划青海油田主干网络升级改造方案。完成17座站场现场调研，场站自动化升级改造、尕斯第一采油作业区地面集输系统及数字化建设以及2021年油气生产物联网建设等数字化项目按计划进行。推进采油与地面工程运行管理系统A5（2.0）项目上线，实现A4地理信息系统本地化部署。配合国家北斗导航推广政策，完成1564台车载GPS终端更换。参加集团公司网络安全攻防大赛，代表中国石油参加2021年工业信息安全技能大赛，完成全国"两会"期间网络安全保障工作。2021年通报网络安全事件12起，组织开展网络安全专项培训2次。利用现有资源开展内网弱口令排查整改12项，组织青海油田各单位治理网络安全高危漏洞2513个。

【企业文化建设】 2021年，青海油田企业文化着眼"培根铸魂"，理想信念教育不断深化。以党史学习教育为重点，运用"学习强国""铁人先锋"等网络资源，组织读书班383次，支部书记讲党课792次。开展形势目标任务责任主题教育和先进事迹巡回宣讲报告会91场次，视频连线50余个油田野外队站。通过党建平台进行主题教育答题，安排部署5项内容20项具体措施，答题人数累计8000余人次。

举办庆祝建党100周年暨第七届文化节，历时4个月，开展百场主题巡回宣讲、百名石油楷模推选、百万文学作品集结、百个文艺节目展演、百部红色电影展播等16项大型活动。设计制作10口功勋井明信片，开展文艺创作活动，编印《父亲的高原》《南八仙》《石油花》《铿锵》《高原铁军耀昆仑》5部共计200余万字纪实类文学作品，20余人次在省部级及以上文创活动中获奖。其中《南八仙》改编的现代京剧《生如夏花》入选"庆祝建党百年优秀舞台艺术作品展演"名单。

组织外媒记者开展"冬季保供""沿着高速看青海"等主题采访活动，各新闻媒体刊发系列报道、专访等4500余篇（条）。

【企业党建工作】 2021年，青海油田扎实开展党史学习教育。制定下发《青海油田公司党委党史学习教育方案》《青海油田公司党史学习教育重点任务安排表》，安排部署5个方面28项具体任务，将党史学习教育与生产经营同步推进，每周五与生产会结合召开党史学习教育读书班暨中心组学习会，组织集中学习20次，研讨发言4次，专题党课1次。编发党史学习教育简报24期，在油田三地组织党史学习教育巡回宣讲3轮100场次、线上线下专题讲座174期2万余人次。以"高原油田心向党·十个一百庆百年"为主题，结合"转观念、勇担当、高质量、创一流"主题教育活动，策划10个主题30项庆祝建党100周年系列活动。组织编制"我为员工办实事"实践活动方案，累计开展民生项目663项、解决提质增效难题

950 个、为员工群众办实事 2645 件。

积极推进基层党建“三基本”建设和“三基”工作有机融合，完善党建责任制考核体系，首次采用“铁人先锋”党建信息化平台开展党建责任制考核和发布结果，31 个党委整改问题 279 个。全面督导 362 个党支部的党史学习教育专题组织生活会，覆盖率 95% 以上。形成“党组织强体、党员塑形、党员创效”三项创建活动、“高原气田特色党小组”等党建品牌，完成党员攻关项目 236 个，创效 500 余万元。建成 52 个“党建室”和 293 个“党支部活动园地”，开展立项攻关、创新创效，节约创效 800 余万元。开展高原石油工匠论坛暨解决一线生产难题交流活动，征集立项并解决一线难题 96 项，创效近 1000 万元。

中国共产党青海油田公司第三次代表大会于 2021 年 12 月 1—2 日在甘肃敦煌召开，200 名党员代表和 34 名列席代表参加会议。会议总结青海油田公司第二次党代会以来取得的成绩，分析面临的形势，研究确立青海油田“十四五”及中长期发展的指导思想、“三步走”远景目标和“123456”发展路径，动员号召全体干部员工坚持两个“一以贯之”，打造高原石油铁军，为建设千万吨规模综合能源新高地而努力奋斗。

【工会工作】 2021 年，青海油田工会工作以“学党史、悟思想、办实事、开新局”主题教育为契机，职工之家建设为载体，投入 25 万元为员工配备图书。开展庆祝建党 100 周年“唱响新时代，颂歌献给党”歌咏比赛、“我讲故事给党听”音频故事征集等系列活动。举办“迎新年”长跑等形式多样的文体活动。青海油田获全国石油职工健步走网络公开赛 10000—20000 人组一等奖。

征集优秀合理化建议 92 条，评比优秀建议 20 条。9 个创新工作室取得技术革新成果 165 项，获专利授权 21 项。持续开展群众性安全监督活动，评选 200 名优秀安全监督哨。查找和整治安全隐患 2400 余项，上报 182 条较大及以上安全隐患，评比奖励 58 条 15.4 万元。维护员工权益，组织 14785 名员工健康体检，4682 名女工专项体检，健康疗养 10182 人。持续开展“送医送药送健康”活动，发放螺旋藻 151387 瓶，莱西 83710 瓶。实时跟踪员工健康状况，结合员工体检报告中患心脑血管疾病较多的实际情况，配发血脂灵 18764 瓶和血糖宁 12660 瓶。

慰问困难家庭 2648 户 1020 万元，救助低保户 37 户 59 人 38 万元、大病特困家庭 68 人 41 万元、死亡人员家庭 459 人 230 万元、特困学生 26 人 15 万元、社会救助人员 10 人 3 万元，互助基金救助 104 人 108 万元。

【矿区服务】 2021 年，青海油田矿区服务推进“油公司”模式改革，有序剥离和退出后勤服务“两低”“两非”业务，成立公共服务事业部，负责敦煌基地后勤服务业务改革后的移交业务监管、费用结算、资产和人员管理等。开展后勤服务保障、城镇燃气安全专项、公共聚集场所等安全专项整治及监督检查，做好重点时段升级管控，提升安全环保管理能力。启动民用、工业物业服务网格化全员监督管理新模式，开展基地设施“低老坏”、烟花爆竹燃放、楼道杂物清理、办公区车辆违规停放、环境容貌秩序等集中整治活动。组织全民义务植树 40 周年系列活动，植树 3524 株，新增种植面积 1.24 万平方米，开展树木病虫害防治普查和培训，巩固油田绿化成果。敦煌基地石油广场入选“冬奥文化广场建设”名录。严格油田基地四级疫情防控网格管理，完成两轮全员核酸检测 5.8 万人次，有序组织三大基地 3 岁以上人员疫苗接种 5 万余人次，油田员工非禁忌接种率 100%，建立油田整体免疫屏障。

（曹　芳）

中国石油天然气股份有限公司华北油田分公司（华北石油管理局有限公司）

【概况】 中国石油天然气股份有限公司华北油田分公司（华北石油管理局有限公司）简称华北油田，是中国石油所属的以常规油气勘探开发为主，同时有煤层气、储气库、燃气、地热以及生产服务等业务的地区分公司，油气勘探开发区域主要集中在渤海湾盆地冀中坳陷、内蒙古二连盆地、巴彦河套盆地和山西沁水盆地四大探区。前身为 1976 年 1 月成立的华北石油会战指挥部，总部位于河北省任丘市。1981 年 6 月，华北石油会战指挥部更名为华北石油管理局。1999年7月，重组分立为华北油田公司和华北石油管理局。2008年2月，油田上市与未上市业务进一步重组整合为现在的华北油田公司（华北石油管理局）。截至2021年底，华北油田资产总额为571.29亿元；累计探明石油地质储量16.25亿吨、天然气地质储量374.33亿立方米、煤层气地质储量2833.13亿立方米；累计生产原油2.95亿吨、天然气138.47亿立方米、煤层气100.88亿立方米；累计工业总产值（现价）3570.85亿元。设机关职能部门12个，直属单位9个，直管单位3个，二级单位37个。有员工2.67万人，其中，管理人员6895人，专业技术人员4508人，技能操作人员15317人；研究生及以上学历人员763人，大学文化程度人员16235人。

2021年，华北油田深入实施“十四五”战略规划，紧紧围绕“六大重点工程”，统筹抓好疫情防控和生产经营各项工作，年度目标任务超额完成，主要考核指标均达到卓越值：全年生产原油424万吨、天然气3.28亿立方米、煤层气13.55亿立方米，储气库注气15.7亿立方米、采气13.7亿立方米，收入223.83亿元、净利润5.99亿元。

聚力抓好党史学习教育。2021年，华北油田各级党组织扎实推进规定动作、创新实施自选动作，实现理论学习、研讨培训全覆盖，华北油田党史学习教育在片区36家单位中走在前列，得到集团公司第一指导组的充分肯定。加快推进河套盆地增储上产。仅用6个月钻探成功临华2、兴华2等6口超100立方米高产井。吉兰泰油田产建工作快速跟进，50万吨产能配套建成。创新推动燃气业务增收创效。多措并举排查异常用户、打击盗气行为，全力堵住供气出血点，累计增效1.1亿元，气损最高由21%下降至7.2%，燃气业务扭亏提效能力显著增强。全力开辟煤层气合作新区块。破解郑庄阳城3个矿权纠纷难题，通过油地企多方沟通谈判，全面达成补偿及联合开发协议，将合作区块每天30万立方米产量纳入华北油田统一销售，有效实现互利共赢、协同发展。协调雄安新区生产退出和产业融入事宜。实现油气生产由2021年底全部退出向分批有序退出的转变、产业发展由单极支撑向多元融入的转变，缓解60万吨原油产量骤减和2728名员工安置的压力。深入开展清欠维权专项工作。成功完成土地维权10.3万平方米，累计收回外部账款4700余万元、土地增值税退税5400余万元，处理纠纷案件挽回经济损失7700余万元，依靠法律手段坚决捍卫企业合法权益。着力解决民生遗留问题。创业家园A区3900余个房产证发放到位，廊坊、辛集矿区3100余户集资房分户登记即将落地，困扰员工群众多年的“有房无证”老大难问题得以解决。扎实推进重大典型选树。坚持精神激励、榜样引领，广泛宣传践行初心使命、传承石油精神的“中国好人”，河北省、集团公司脱贫攻坚先进个人，河北省扶贫脱贫“优秀驻村第一书记”于晨光同志先进事迹。

华北油田主要生产经营指标

指　标	2021年	2020年
原油产量（万吨）	424	416
天然气产量（亿立方米）	3.28	3.19
煤层气产量（亿立方米）	13.55	12.57
新增原油产能（万吨）	72	60.22
新增天然气产能（亿立方米）	0.3	0.51
新增煤层气产能（亿立方米）	1.56	2.94
新增探明石油地质储量（万吨）	10020	3443.65
新增探明煤层气地质储量（亿立方米）	0	189.03
二维地震（千米）	576	879
三维地震（平方千米）	350	293
探井（口）	85	103
开发井（口）	636	358
钻井进尺（万米）	150.67	107.88
勘探投资（亿元）	15.96	12.79
开发投资（亿元）	44.87	32.79
资产总额（亿元）	571.29	554.75
收入（亿元）	223.83	179.11
利润（亿元）	5.99	-15.96
税费（亿元）	26.07	15.14

【油气勘探】 2021年，华北油田狠抓原油上产，资源保障能力显著提升。勘探评价成果丰硕，巴彦河套新区实现由南部吉兰泰向中北部纳林湖、兴隆构造带的连片突破，17口井30个试油层获高产油流，其中12口井17层产量超100立方米，河探1井开辟洼槽

区超深层碎屑岩勘探新局面，上交预测储量7711万吨，一次性提交探明石油地质储量1亿吨、上交规模创华北油田40年之最，有力推动SEC储量替换率首次大于1。冀中、二连老区实现多点突破，高67X、阿尔58X等多口井获高产，清苑构造、罕乌拉洼槽区初步落实预测石油地质储量6000万吨，富油区带整体评价基本探明石油地质储量2000万吨。

【油田开发】 2021年，华北油田立足“四减四增”（未动用储量减、经济可采储量增，低效产能减、产能到位率增，无效注水减、水驱动用程度增，长停井数减、效益产量增），落实“三三方略”（打1/3的开发井、用2/3的投资、实现3/3的产量），围绕新井产量提升、老井资源盘活、开发方式转换，统筹抓好效益建产、精细注水、提高采收率等工作，全年新建产能72万吨，新增证实储量548万吨，恢复长停井324口、增油7.2万吨，“三注治理”见到明显成效，减少无效注水65.1万立方米，自然递减率和综合递减率稳中有降，油田稳产能力不断增强。

【天然气保供】 2021年，华北油田立足“无气不大、无气不富”，做强做优天然气业务，煤层气产量同比增长8%。文23储气库注气系统试运投产，苏桥储气库注采气量再创新高，华北储气库群单日应急调峰能力2000万立方米。入冬以来，华北油田深入贯彻集团公司有关部署，产供储销全线出击、协同发力，坚决打好迎峰度冬天然气保供主动战，让“宝石花”温暖千家万户。

【安全环保】 2021年，华北油田狠抓QHSE建设，风险防控能力显著提升。全力压实QHSE责任，深入推行班子成员分管业务安全总监化、各单位安全总监专职化、QHSE履职评估全员化，扎实开展新《安全生产法》培训宣贯，建立健全安全生产责任清单，做实做好QHSE联系点制度，“党政同责、一岗双责、齐抓共管”的责任体系更加完善。全力防治风险隐患，深入推进“双重”预防机制建设和“安全文化三年规划”实施，发挥第三方安全巡查、成立QHSE监督中心强化风险管控、提高QHSE绩效考核权重“三把利剑”作用，全面启动“安眼工程”，抓实抓细工程质量与井控安全监督、施工现场管理、绿色矿山创建，闭环整改各类问题4900余项，本质安全水平明显提升。全力抓好疫情防控，坚持“打防结合”，落实常态化防疫措施，压实包保责任，加强重点人群管控，加快疫苗接种速度，实现应接尽接人员覆盖率100%，牢牢守住“双零”底线。

【经营管理】 2021年，华北油田狠抓提质增效，经营创效能力显著提升。向市场升级要效益，精准研判油气市场形势，努力畅通原油销售渠道，加大煤层气推价力度，全年累计增效1.4亿元。盘活内部资源，坚持“非必要不外委”，油田生产服务业务量增加5.3亿元，内部市场占有率同比增长7.6%。严把“六道关口”，通过“减、并、引、调”等措施减少市场准入企业274家，“三商”结构进一步优化。向管理升级要效益，全面加强投资计划、项目运行和效果评价，投资完成率98.7%。强化控本降费，抓实“两金”压降，深化库存价值管理，深挖物资集中采购、工程服务集约招标潜力，节约资金3.15亿元，原油完全成本、单位操作成本控制在预算目标之内，自由现金流稳定向好。实施“一企一策”精准扭亏，9家全级次亏损企业全部盈利。向质量升级要效益，提高资产管理质量，推进闲置设备调剂利用，盘活低效无效资产，节约费用1.6亿元。提高工程管理质量，优化方案设计把关，推进地面系统减耗降本，累计增效1.2亿元。

【改革创新】 2021年，华北油田狠抓改革创新，综合竞争能力显著提升。扎实抓好业务归核化改革，统筹推进厂办大集体企业改制等工作，提前完成国企改革三年行动阶段目标任务。创新管理模式，打破条块壁垒，成立SEC增储、矿权流转、新能源开发等18个项目部攻坚克难，改革发展的动力活力显著增强。持续强化“卡脖子”技术攻关，取得砂岩油藏提高采收率、高温智能分层注水等15项标志性科研成果，煤层气国家重大专项通过验收。构建完善纵向发展贯通、横向转换畅通的岗位序列，选聘一级、二级技术专家67人、高级别技能人才83人。加强信息化建设，油气生产物联网覆盖率90%，油田数字化转型、智能化发展迈上新台阶。

【和谐稳定】 2021年，华北油田狠抓和谐共建，协同发展能力显著提升。着力深化对外合作，雄安新区容东供热项目正式签约落地，北京通州地区地热开发利用达成合作意向。着力履行社会责任，抽调1100余名志愿者协助属地政府防控疫情，协调力量支援沧州南大港灭火抢险、河南郑州和山西沁水抗洪救灾，展示国有企业良好形象。着力促进内部和谐，创业家园F区、万达春溪渡、育才小区等重点民生工程全部封顶，石油·海蓝城项目按时推进，外部市场暖心工程实施、员工健康管理中心投用、省内异地就医直接结算等惠民实事深得民心。警企联动、严厉打击涉油违法犯罪，完成建党100周年等重点敏感阶段维稳安保防恐任务，“护城河”“南大门”作用充分彰显。

【企业党建工作】 2021年，华北油田狠抓从严治党，党建引领能力显著提升。扎实抓好政治建设，深入学习贯彻党的十九届五中、六中全会精神，全面落实"第一议题"制度，高质量开展党史学习教育，健全完善《落实全面从严治党主体责任清单》。扎实抓好干部队伍建设，实施"五年行动、千人计划"，按照"三个1/3"配强班子、选好干部，举办4期中青年干部"三强"领导本领提升培训班，提拔二级干部106人，其中新提拔二级副干部73人、副提正33人，组织机关、基层双向交流101人，选派到集团公司、地方政府挂职锻炼7人，超前预备培养16人，公司40岁以下中层干部占比提升至13%，其中主营业务单位的占比23%。扎实抓好基层党建，持续深化党支部达标晋级管理，着力加强基层"三支队伍"建设，2人被评为全国、中央企业优秀党务工作者，1人获全国五一劳动奖章，22个基层党组织和48名个人获河北省委、集团公司党组"两优一先"称号。扎实抓好党风廉政建设，高标准组织两轮9家单位内部巡察，从严纠治党员干部"四风"问题和"微腐败"现象，一体推进"三不腐"机制建设，信访举报同比大幅下降、首次出现拐点，风清气正的政治生态持续巩固。扎实抓好作风改进，大力倡导"马上就办、担当尽责"，深入开展"模范机关"创建，积极构建"大督办"格局，杜绝"五重五轻"现象，革除积弊旧习、推进作风转变。扎实抓好宣传思想文化和群团工作，认真落实意识形态工作责任制，广泛开展文化理念实践体系宣贯、重大典型宣传，深入推进"四精"主题劳动竞赛，选树表彰功勋员工1名、功勋家庭2个、功勋团队6个，持续深化"青字号"工程品牌创建，有效凝聚干事创业强大合力。

（杨　英　孙洪建）

中国石油天然气股份有限公司吐哈油田分公司（新疆吐哈石油勘探开发有限公司）

【概况】 中国石油天然气股份有限公司吐哈油田分公司（新疆吐哈石油勘探开发有限公司）简称吐哈油田，是集油气勘探与生产、石油工程技术服务等多种业务于一体，跨国、跨地区经营的大型石油企业，前身为1991年2月成立的吐哈石油勘探开发会战指挥部，总部位于新疆鄯善县火车站镇。主要从事油气勘探开发、科研服务、油田建设、水电讯保障、机械制造、物资采购等业务。吐哈油田勘探领域包括吐哈、三塘湖、准噶尔、银额、总口子5个中小盆地，分布在新疆、内蒙古、甘肃三省（自治区），登记15个探矿权区块，探矿权面积4.16万平方千米。2021年底，有机关职能部门13个、直属机构4个、二级单位20个（含综合服务中心），用工总量9035人，其中合同化员工7217人、市场化用工1818人。累计探明石油地质储量58636.69万吨（含凝析油），探明天然气地质储量1091.99亿立方米（含溶解气）；累计生产原油6262.28万吨、天然气256.58亿立方米；上市业务资产总计104.34亿元，未上市业务资产总计31.95亿元。

2021年，吐哈油田落实"资源为王、效益至上、造福员工"发展理念，实施资源、创新、人本三大战略，统筹推进党的建设、增储上产、提质增效、改革创新、民生工程等各项工作，安全环保平稳受控，完成年度各项任务目标，实现"十四五"良好开局。新增控制石油地质储量1769万吨、预测石油地质储量1.04亿吨，新增SEC地质储量46万吨；新增控制天然气地质储量153.66亿立方米；生产原油135.25万吨、天然气2.9亿立方米。上市业务收入48.32亿元、账面利润-30.38亿元，较预算减亏3.26亿元；油气单位完全成本81.3美元/桶、操作成本24.47美元/桶，均控制在调整预算指标内。未上市业务收入20.05亿元，税前利润-1.9亿元，较预算减亏729万元。

【油气勘探】 2021年，吐哈油田石油及天然气预探完成三维地震234.09平方千米，完成VSP勘探2口（沁探1井、萨3井）。风险项目完成二维地震613.04千米，非地震完成时频电磁30千米。石油及天然气预探井完成17口，完成钻井进尺7.94万米；试油交井8口15层，获工业油气井数5口，预探井成功率41.67%。完成风险探井3口，完成钻井进尺1.73万米，试油交井1口3层，获工业油气井数1口，风险探井成功率100%。油藏评价完成钻井15口，完成钻井进尺 5.51 万米。新增控制石油地质储量 1769 万吨、预测石油地质储量 1.04 亿吨，新增控制天然气地质储量 153.66 亿立方米；完成扩边新发现 SEC 证实已开发储量 85.29 万吨、天然气 4.09 亿立方米。

吐哈油田主要生产经营指标

<table>
<tr><th colspan="2">指　标</th><th>2021 年</th><th>2020 年</th></tr>
<tr><td colspan="2">原油产量（万吨）</td><td>135.25</td><td>157</td></tr>
<tr><td colspan="2">天然气产量（亿立方米）</td><td>2.90</td><td>3.16</td></tr>
<tr><td colspan="2">新增原油生产能力（万吨）</td><td>19.53</td><td>17.76</td></tr>
<tr><td colspan="2">新增天然气生产能力（亿立方米）</td><td>0.3</td><td>0.2</td></tr>
<tr><td colspan="2">新增探明石油地质储量（万吨）</td><td>—</td><td>543.76</td></tr>
<tr><td colspan="2">新增探明天然气地质储量（亿立方米）</td><td>—</td><td>2.18</td></tr>
<tr><td colspan="2">二维地震（千米）</td><td>613.04</td><td>272</td></tr>
<tr><td colspan="2">三维地震（平方千米）</td><td>234.09</td><td>38.04</td></tr>
<tr><td colspan="2">完成钻井（口）</td><td>127</td><td>107</td></tr>
<tr><td colspan="2">钻井进尺（万米）</td><td>42.93</td><td>36.43</td></tr>
<tr><td colspan="2">勘探投资（亿元）</td><td>10.40</td><td>7.68</td></tr>
<tr><td colspan="2">开发投资（亿元）</td><td>14.79</td><td>12.21</td></tr>
<tr><td rowspan="2">资产总额</td><td>上市（亿元）</td><td>104.34</td><td>118.83</td></tr>
<tr><td>未上市（亿元）</td><td>31.95</td><td>28.49</td></tr>
<tr><td rowspan="2">收入</td><td>上市（亿元）</td><td>48.32</td><td>39.93</td></tr>
<tr><td>未上市（亿元）</td><td>20.05</td><td>19.35</td></tr>
<tr><td rowspan="2">利润</td><td>上市（亿元）</td><td>−30.38</td><td>−27.61</td></tr>
<tr><td>未上市（亿元）</td><td>−1.90</td><td>−1.66</td></tr>
<tr><td rowspan="2">税费</td><td>上市（亿元）</td><td>4.79</td><td>3.56</td></tr>
<tr><td>未上市（亿元）</td><td>2.06</td><td>2.23</td></tr>
</table>

实施资源战略，突出高效勘探，加大新区新领域风险勘探和甩开预探，2 项勘探成果入围中国石油 15 项新区新领域重大发现。阜康断裂带东段二叠系风险勘探部署萨探 1 风险井、萨 101 井发现四套含油层系、百米厚油层，在井井子沟组试油分获日产 31 立方米、18.5 立方米工业油流，萨 3 井获良好油气显示，准东井井子沟组地层岩性油藏具备整体勘探前景，预测含油面积 26.6 平方千米，上交预测石油地质储量 1.04 亿吨，获集团公司油气勘探重大发现二等奖。台北凹陷侏罗系源内致密砂岩油气藏勘探部署吉 7H 井获日产天然气 5.4 万立方米、原油 43 立方米高产油气流，风险探井沁探 1、葡探 1 井钻揭多套致密气层，初步落实有利圈闭面积 80.8 平方千米，预测天然气地质储量 505 亿立方米、凝析油 2249 万吨。吉木萨尔凹陷芦草沟组砂岩油藏勘探吉 3801H、红旗 331 井首次发现砂岩储层，分获日产 22 立方米、18 立方米工业油流，发现砂岩—岩性油藏，落实吉 38 三角洲扇有利勘探面积 54.3 平方千米，初步落实石油地质储量 3217 万吨。阜康断裂带东段、台北凹陷源内致密砂岩油藏、吉木萨尔岩性油气藏成为规模增储上产的主攻领域。

【油气开发】 2021 年，吐哈油田生产原油 135.25 万吨、天然气 2.9 亿立方米，分别完成计划的 100.2% 和 126%。

加快准东区域攻关评价节奏，深化台北、马朗富油区带精细评价及目标论证，获胜北 506H、红旗 3303H 等一批高产井，落实准东吉 28 和石树沟、吐哈胜北、三塘湖马 1 等建产区块。坚持效益标准，严格执行井位三级审查，一井一策优化方案设计，按照“水平井、密切割、低成本”的技术路线，加快准东和三塘湖页岩油、胜北致密气评价建产一体化进程，持续开展难采储量动用技术攻关，2021 年投产新井 86 口，新建产能原油 19.5 万吨、天然气产能 0.3 亿立方米，产能符合率 88.5%。与吉林油田、华北油田分别完成准东矿权流入、民和盆地矿权流出优化，预计新增采矿权 13 个、面积 405 平方千米。

实施老油田稳产，围绕控制递减率、提高采收率两条主线，持续强化技术攻关和专项治理。致密油深入开展井组渗析 + 驱替综合治理示范工程；稠油推进大孔道封堵治理，“二三结合”开发技术成熟配套并规模实施；稀油推进井网完善、欠注井治理和水质提升等工作，老区自然递减率控制在 20.6%，同比下降 1 个百分点。坚持以注气为主的提高采收率技术路线，强化技术配套攻关，在葡北天然气重力混相驱、玉果和红南油田减氧空气泡沫驱、温西三块纳米微球深部调驱、雁木西油田二元复合驱等领域取得重要进展，2021 年增油 7.8 万吨，试验区块自然递减率控减 5 个百分点。各类型油藏增产措施完成“三个转变”，实现常规向常非并举、单一增产向组合协同、单井挖潜向井组同步治理转变，实施油井措施 643 井次，平均单井日增油 2.28 吨、同比增加 0.22 吨，增油 9.3 万吨，投入产出比 1∶1.6，实现量效双提升。

【改革创新】 2021年，吐哈油田扎实推进国企改革三年行动，聚焦油、气、新能源业务发展的组织机构、市场化方向提高效益效率的激励机制基本完善。勘探、开发、新能源、储气库、气举、销售、科研、安全质量监督等业务归核基本到位，信息、水电、监测、物资供应、生产保障业务逐步精干，井下、运输专业化服务业务完成集团公司内部重组整合，设备制造维修业务完成内部整合，全面退出地面工程建设业务；全面剥离企业办社会职能，与宝石花物业公司签订《战略合作协议》，矿区服务业务专业化管理、市场化运行和社会化服务格局基本形成，国企改革三年行动完成率91.8%，超过国务院国资委和集团公司70%的考核目标。加大管理、技术、技能三支人才队伍建设，构建油田“老中青”三结合干部人才梯队，实现中层管理人员三年任期制管理，增设专业总师及主任工程师岗位；深化“双序列”改革，制定激发科技人才动力活力36条措施，选聘5名企业首席技术专家、12名企业技术专家和28名一级工程师，科研人员积极性创造性有效激发。

【提质增效】 2021年，吐哈油田聚焦高质量发展与高成本矛盾，全面落实“四精”要求，分解细化74项量化指标，落实9大类39项提质增效措施和45项亏损治理措施，完成国务院国资委亏损治理三年行动计划目标和全年提质增效目标。建立以产能建设项目为主的投资全过程跟踪评价机制，严控非生产性投资，强化设备设施利旧，节约投资0.98亿元。紧盯成本、利润、投资回报率、自由现金流、EVA等关键指标，落实9大类39项提质增效措施，实现增效3.9亿元。拓展外部市场，气举业务在中国石油塔里木油田、中国石化胜利油田、中国海油秦皇岛油田取得突破，外部劳务市场与塔里木油田、西部管道、浙江油田等企业建立长期合作关系，国内外部市场和海外市场签订合同额2.38亿元，收入1.8亿元，实现利润2912万元。

【安全环保、疫情防控】 2021年，吐哈油田坚持从严管理、精准施策，开展全覆盖QHSE量化审核，扎实开展安全生产专项整治三年行动、反违章专项整治、“安全月”等活动和燃气、交通管理等专项检查，定期开展“双盲”演练，严格危险作业现场管控。落实集团公司“套损套变井三年集中整治专项行动”部署，完成套损井治理60口。引进全过程“智慧”监控平台，强化承包商施工安全准入和施工现场门禁管理，处理违约违规供应商34家。深化绿色矿山建设，完成历史遗留含油污泥清零，完成干化池治理2.3万立方米，在吐鲁番胜南油田创建吐哈油田首个无泄漏示范区。吐鲁番采油管理区完成国家绿色矿山名录4个矿权的“回头看”自查自改，第二批申报单位完成资料创建。健康企业创建稳步实施，部署16项活动35项重点工作，增加40岁以上员工心脑血管疾病专项体检，配发硝酸甘油急救便携药盒，组织全体员工间操活动，保障员工身体健康。严格落实常态化疫情防控要求和“八项预警机制”，坚持“人、车、物、环境”同防，实现零疫情、零感染。

【科技攻关】 2021年，吐哈油田以关键瓶颈技术攻关和成熟技术配套完善为重点，着力解决制约当前和未来发展的技术难题。油气勘探加强探区盆地级构造整体研究，建立层序地震格架剖面，攻关形成准东阜康断裂带东段复杂断裂区岩性油藏勘探技术体系，创新构建丘东洼陷区下坡折带发育大面积源内致密砂岩气藏的新模式，指导部署萨探1风险井、吉7H井获重大突破。油田开发开展鄯善油田、雁20块等5个区块精描工作，制定多项剩余油挖潜技术对策，为改善稀油开发效果奠定基础。开展提高采收率与储气库协同建设、减氧空气重力驱等技术攻关，完善提高采收率技术系列。工程技术持续加强三维水平井优快钻井技术攻关，准东大平台丛式水平井组钻井规模由3口增加到6口；强化深井水平井钻井技术攻关，吉7H井创吐哈油田钻井水平井垂深最深、完钻斜深最长、裸眼段最长、侧钻点最深等纪录，推动台北凹陷源内致密砂岩油气藏的发现突破；开展储层改造关键技术攻关，推广体积压裂2.0，形成满足高温、高压深层致密砂岩压裂的技术体系；推广应用连续油管、一体化管柱等工艺技术，井下作业时效提高1.3%；攻关气井全生命周期气举工艺技术系列，吐哈油田气举技术入选集团公司重大科技成果规模化转化示范项目。信息化建设开展数据治理及区域湖建设，形成勘探开发数据中心库；深化油气生产物联网应用成效，推进数字技术与业务深度融合；搭建高效视频会议系统及移动办公环境，启用公司级生产调控中心，构建新型指挥体系。

【新能源业务】 2021年，吐哈油田以新能源和储气库项目为依托，推进新能源新产业发展。集团公司在新疆设立第六大清洁能源示范基地，吐哈油田组织编制《中石油新疆绿色能源产业化发展示范基地建设方案》，通过集团公司初步评审；在做好油区风、光等资源调查的基础上，开展先导示范工程，鲁克沁油田20兆瓦光伏发电、三塘湖油田8兆瓦风力发电项目通过集团公司评审批复；吐鲁番120兆瓦光伏源网荷储一体化项目进入新疆维吾尔自治区发改委评审阶段。温吉桑储气库群项目平稳推进，温西一气库钻井工程实行储气库专打，形成钻井管理和固井技术两个模板，地面工程推行设计、施工、监理和无损检测标准化，工程质量得到管控，工作量完成 70%。温八气库两口疑难井成功封堵，较设计周期提前 124 天。

【企业党建工作】 2021 年，吐哈油田党委认真落实“两个一以贯之”，压紧压实全面从严治党主体责任，党建工作质量不断提升。制定进一步加强党的政治建设 22 项重点措施，建立落实“第一议题”制度，分层级、全覆盖深入学习贯彻党的十九届五中、六中全会精神、习近平新时代中国特色社会主义思想及系列重要讲话精神，落实落地中国石油重要指示批示精神，健全油田党委议事规则、“三重一大”决策制度，规范会议前期论证、议题审核和决策程序。开展党史学习教育，明确 5 大类 36 项重点任务，两级党委中心组理论学习研讨 372 场次，开展专题宣讲 245 场次。开展庆祝建党 100 周年系列活动，召开吐哈油田第三次党员代表大会，选举产生新一届党委委员和纪委委员。夯实基层党组织建设，建立健全有机融合“八项机制”、党支部“六位一体”考评体系，探索党建协作区建设，搭建党员先锋队、“点区岗”、党小组与班组融合共建等载体。策划“吐哈记忆·讲述”、评选命名功勋油气井、推出系列文化产品等活动，组织系列主题劳动竞赛，评选表彰 10 名油田开发建设 30 周年劳动模范，举办大型职工文艺汇演。聚焦“两个维护”强化政治监督，探索实施派驻监督、专职监督，制定廉洁风险防控体系手册，深化大监督工作格局，开展公务车辆、加油卡及车库使用管理情况专项监督，开展专项巡察，严肃查处违纪违法案件 6 起、处分 7 人，挽回经济损失 58.4 万元。办好纪律教育大讲堂，开展第 22 个党风廉政教育月活动，用好用足党风廉政建设教育阵地，风清气正的发展环境持续巩固。

（朱晓龙　李艳蓉）

中国石油天然气股份有限公司冀东油田分公司

【概况】 中国石油天然气股份有限公司冀东油田分公司（简称冀东油田）成立于 1988 年 4 月，位于河北省唐山市。截至 2021 年底，冀东油田有油气矿业权 11 个，总面积 10570.14 平方千米。其中，探矿权 3 个，面积 9801.55 平方千米；采矿权 8 个，面积 768.59 平方千米。位于河北省唐山市东南部（包括渤海湾海域部分）以及秦皇岛东南部渤海海域的矿权 9 个，其中，探矿权 1 个，面积 4903.178 平方千米；已投入开发高尚堡、柳赞、老爷庙、唐海、南堡、蛤坨等 8 个油田，采矿权 8 个，面积 768.59 平方千米。位于陕西省榆林市神木县探矿权 1 个，面积 3232.475 平方千米；位于陕西省榆林市佳县探矿权 1 个，面积 1665.897 平方千米。冀东油田主营业务包括石油、天然气、地热的勘探、开发、生产、销售、科研，以及油田工程技术、机械制造、电力通信、油田化学海上救援等业务；设 10 个机关处室、2 个直属部门、23 个二级单位（分公司），员工 5883 人（合同化员工 4124 人、市场化员工 1759 人）。

2021 年，在集团公司党组的坚强领导下，紧紧抓住国际油价回升、西部勘探开发、储气库建设、新能源开发等有利条件，统筹推进党的建设、生产经营、亏损治理、改革创新、安全环保等各项工作，战略转型获得突破，生产经营业绩好于预期，实现“十四五”良好开局。生产原油 120.55 万吨、天然气 2.05 亿立方米，油气当量 136.88 万吨。

【油气勘探】 2021 年，冀东油田辽中凹陷秦探 1 井岩性油藏风险勘探和南堡凹陷 2 号构造带火山碎屑岩勘探两项成果分获集团公司油气勘探重大发现奖二等奖、三等奖，是 2008 年以来获勘探发现奖最多的一年。

秦探 1 井岩性地层油藏风险勘探获重要突破。该井东三段试油获日产 61.5 立方米工业油流，首次发现辽中凹陷北斜坡东三段岩性地层油气藏，形成规模增储新领域，展现斜坡带构造岩性与岩性地层油藏规模勘探潜力。

南堡凹陷火山碎屑岩油气藏勘探取得重要发现。中部低隆带预探井南堡 2-49 井获日产 143.9 立方米高产油气流，发现东三上亚段火山碎屑岩含油新层系，有望形成千万吨级规模增储场面。南堡 203-50 井沙三^{1}亚段老井试油获日产 216 立方米高产油气流，投产后平均日产油气当量稳定在百吨以上。火山碎屑岩油气藏成为高效勘探和集中勘探的重要领域。

冀东油田主要生产经营指标

指　标	2021 年	2020 年
原油产量（万吨）	120.55	127.5
天然气产量（亿立方米）	2.05	2.28
新增原油生产能力（万吨）	19.68	18
新增探明石油地质储量（万吨）	774.59	1963.63
三维地震（平方千米）	510	—
钻井（口）	112	156
钻井进尺（万米）	28.2	46.82
勘探投资（亿元）	5.3	5.1
开发投资（亿元）	15.5	17.06
资产总额（亿元）	133.32	143.39
收入（亿元）	48.5	35.48
利润（亿元）	0.2	−39.15
税费（亿元）	6.43	3.36

油藏精细评价取得重要成果。南堡 4 号构造中浅层富油区带再评价落实探明石油地质储量 330 万吨，为新区产能建设提供优质区块；南堡 5 号构造南堡 5–81 井东二段试油获日产 28 立方米油流，展现中深层增储建产潜力；南堡 2 号构造中深层火山碎屑岩油藏整体评价取得突出成效，南堡 203X31 井沙三 ^{1} 亚段试油获日产 45.7 立方米油流，通过精细研究带动老井试油，落实单层探明石油地质储量 101 万吨。

西部探区天然气勘探获重要进展。实施探井 3 口，其中，佳 2H 井压裂测试 10 毫米油嘴放喷稳定日产 4.95 万立方米，无阻流量 51.25 万米 ^{3}/ 日；佳 5H 井压裂测试 8 毫米油嘴放喷稳定日产 2.53 万立方米，无阻流量 16.43 万米 ^{3}/ 日；通过实施 3 口新井，结合老井和气藏再认识，在千 5 段新增天然气预测地质储量 289 亿立方米。同时，明确上古致密砂岩气、下古马四丘滩体、太原灰岩气、本溪煤层气 4 个勘探领域和增储方向。

【油气开发】 2021 年，冀东油田突出安全、平稳、受控，强化产运销储协调联动，美国证券交易监督委员会（SEC）油价下新增油气证实已开发储量 200 万吨。

实施效益建产工程。加强高效产能建设目标研究，持续优化产能建设结构；加大浅层老区侧钻建产力度，降低投资、提升效益；建立健全产能建设管理制度，强化效益建产理念，落实“先算后干、事前算赢”要求及“一井一工程”管理模式。动用石油地质储量 434.7 万吨，2021 年新建原油生产能力 19.7 万吨，产能建设完成率 109%。新井产量 13.6 万吨，产能建设贡献率 69%。新钻井单井平均日产 4.7 吨，同比提高 17.5%。强化源头控制，优化产能建设方案，百万吨产能建设投资降至 61.03 亿元，比 2020 年下降 27.2%。

实施老油田稳产工程。持续深化精细油气藏描述、油藏分类治理、注水专项治理、长停井治理、二氧化碳吞吐等基础工作，加强措施方案优化，强化井下作业技术和管理创新，自然递减率、综合递减率分别降至 18.4%、9.6%，分别同比下降 0.2 个百分点、0.6 个百分点；水驱储量控制程度、动用程度分别达 73.4%、58.1%，分别同比提高 1.8 个百分点、1.9 个百分点；地层压力保持水平 82.5%，同比提高 0.5 个百分点；含水上升率 0.8%，同比下降 2.2 个百分点。

实施提高采收率工程。探索不同类型油藏提高采收率主体技术路径，在柳赞北区、柳赞中区、高 66X1、蚕 2X1 断块 4 个目标区开展气驱提高采收率技术攻关与方案研究，覆盖石油地质储量 1413 万吨，预期提高采收率 22.1 个百分点。

加强采油工程管理。机采系统效率 23.82%，同比提高 1.37 个百分点。检泵周期延长 20 天、达到 821 天。强化井筒质量管理，治埋套损井 77 口，恢复产量 1.3 万吨、注水 7.43 万立方米。实施风险合作压裂井 7 口，增油 3326 吨。推进注水管柱优化简化，减少工作量 307 井次，节约资金 6391 万元。

加强地面工程管理。地面建设工程项目快速推进，完整性管理深度展开，天然气管网优化提效，设备设施一体化管理全面推广，油气集输密闭率 94%，同比提高 2.3 个百分点；管道失效率 0.025 次 /（千米·年），低于控制指标 40%。

【科技创新】 2021 年，冀东油田创新驱动深入推进。组织集团公司、冀东油田级科技项目 110 项，投入经费 8012.2 万元，获省部级科学技术进步奖 8 项、授权发明专利 8 件、计算机软件著作权 5 件，在核心期刊发表论文 43 篇。承担国家标准项目 2 项、行业标准项目 1 项，完成集团公司企业标准项目 1 项，冀东油田标准项目 33 项。推广新技术新产品 6 项，实现产值1.2亿元。成功申请并获批“集团公司地热能技术研发中心”“京津冀地热供暖示范基地”。

钻采工艺研究院获批建设集团公司纳米化学重点实验室深层低渗透油藏纳米技术应用研究室。机械公司建成集团公司地面工程试验基地燃烧设备分基地，并牵头建设集团公司油气集输加热炉技术研发中心。瑞丰化工公司、勘察设计与信息化研究院等单位新建职工创新工作室8个，新晋省级1个、市级2个。

油气勘探方面，火山碎屑岩油气藏的“成岩、成储、成藏”认识不断深化，通过开展关键控藏要素精深再认识、断裂与圈闭精准再落实，有力支撑潜力评价及目标优选。

油气开发方面，油藏精细描述技术不断完善，深层致密油藏渗流规律及开发对策研究逐步深入；高尚堡深层高66X1断块碳驱油碳埋存先导试验方案获专业公司批复，预计提高采收率30个百分点；研究攻关复杂断块油藏改建储气库库址筛选标准、圈闭密封性评价、建库与协同提高采收率增效扩容等技术方法，支撑储气库项目规划落地。

地热资源评价方面，首次建立中深层水热型地热资源评价体系。针对地热开发项目选区、立项准备、建设投运、生产开发四个阶段不同需求，对应研究建立涵盖区域评价、重点评价、精细评价、动态评价的方法体系，并申请中国石油企业标准《中深层水热型地热资源评价规范》，通过勘探与生产专业标准委员会立项审查。

信息化建设方面，实施信息化建设项目36个，覆盖基础设施、油气生产物联网、核心业务数字化和网络安全等方面，为生产组织方式变革和效率提升提供重要支撑。

【安全环保】 2021年，冀东油田安全环保形势稳定。未发生工业生产安全事故、环境事故、质量事故及其他具有较大负面影响的事件，冀东油田获“集团公司质量健康安全环保节能先进企业”。

强化安全生产责任落实。全面贯彻“四全”“四查”（四全：全员、全面、全过程、全天候；四查：查生产现场，查责任落实，查检查排查情况，查整改落实情况）管理要求，压实安全环保管理责任，严格质量健康安全环境（QHSE）绩效考核，实施管理失职和违章作业行为记分管理，记分241人次，问责32人。

深化“双控”（风险分级管控和隐患排查治理）机制建设。大力推进安全生产专项整治三年行动和重点领域安全专项整治，整改各类隐患问题5651项。狠抓重点领域、关键环节全过程监管，组织20次专项督查，消除问题隐患816个。严格承包商管控，黄牌警告和停工整治承包商32家，末位淘汰清退承包商13家。

加强生态环境保护管理。深入学习贯彻习近平生态文明思想，认真落实生态环境保护重大事项议事规则，推进绿色矿山创建工作，4个矿权进入唐山市绿色矿山名录。加大含油污泥合规处理力度，强化排污许可管理，持续推行清洁修井作业，提前完成11.4万吨历史遗留含油污泥“清零”。完成34台加热炉低氮改造，确保氮氧化物达标排放。加强环保隐患治理，完成南堡联合站等5个场站挥发性有机化合物（VOCs）泄漏检测与修复，环境保护工作不断夯实。

常态化抓好新冠肺炎疫情防控和职业健康工作。严格落实“四早”（早发现、早报告、早隔离、早治疗）原则和“四方”（属地、部门、单位、个人）责任，强化节假日等重点时段管控，加强重点人员、重点场所、重点单位及承包商队伍监管，严控中高风险地区人员往来，落实人员隔离、核酸检测、疫苗接种等措施，守住零疫情底线。树立“大卫生、大健康”理念，加强职业卫生管理，健康企业建设氛围日益浓厚。南34食堂被授予“国家级慢性病综合防控示范区健康食堂”称号，瑞丰化工公司被评为河北省职业健康企业。

加强质量管理和节能节水工作。强化产品质量管理，推进油气水井质量三年集中整治，质量管控能力不断增强。实现节能4700吨标准煤、节水2300立方米，节约成本2130万元。

夯实安全环保基础管理。深化QHSE管理体系建设，整改问题732项。推进A级基层站队创建工作，A1级达标基层站队29个，A2级达标基层站队11个。扎实开展反违章专项整治活动，查处违章行为1757次，处理420人次。

【经营管理】 2021年，冀东油田经营实现扭亏增盈。收入64.5亿元，利润3861万元，上缴税费7.53亿元。

增收创效0.85亿元。推进轻烃市场化销售39次、4.08万吨，增收2077万元；推进闲置土地收储，增收5427万元；加强闲置资产租赁和对外有偿服务，开展外供电专项治理，节约成本1000万元。

控减投资4.01亿元。严把项目立项审批关口，严控非生产性投资，立项阶段控减投资0.55亿元。加强项目方案论证和设计优化，加大现场工程量核实力度，大力盘活闲置资产，控减地面工程投资1.65

亿元；优化钻井工程方案，推进“一井一工程”，加大招标力度，优化生产组织，控减钻井投资1.69亿元。

控本降费5.9亿元。实施采油工程系统“四个增效”（管理增效、技术增效、优化增效、降本增效）方案，优化井下作业费2.7亿元；优化动态监测费2448万元；升级车辆集中调度，强化船舶精细运行，优化运输费5410万元；加强自主维修，推广整体承包，压控维修费用7930万元；以提高效率、降低单耗为核心，强化节点控制，压控动力费4813万元；坚持依法治企，严密组织造价、审计、招投标工作，大幅提高招标节支率，全面开展合同二次谈判，压降合同价格6600万元；加强自主创新，严控科研经费外协，减少经费预算2923万元、下降14.5%。

【企业改革】 2021年，冀东油田改革调整持续深化，持续提升公司治理效能，企业发展动力活力不断增强。

推进改革三年行动。按照集团公司要求，完善《改革三年行动实施方案》，明确79项任务目标，按月督办工作进度，改革任务完成率93.7%。

优化组织体系。实施“大部门制”改革和机构整合，优化整合8个二级机构，压减直属部门3个，理顺新能源、信息化、标准化等业务管理职责。推进新型采油管理区建设，压减三级机构23个。

推进业务归核化发展。成立西部勘探开发项目部，加大新区开发力度。组建储气库建设项目部，加快推进天然气业务。成立新能源公司，拓展光伏发电、地热供暖等新能源业务，培育新的经济增长极。配备117名业务骨干，有力推动新项目快速高效落地。

稳步推进用工方式转型。制定《用工方式转型实施方案》，直接用工向“管理+技术+核心技能岗位”转型，配套建立《冀东油田公司业务承包管理办法》等制度，进一步规范第三方用工。

完善薪酬分配体系。修订《冀东油田公司绩效考核管理办法》等制度，完善“基础+浮动”奖金考核体系，建立领导人员薪酬与绩效挂钩新机制，各类人员收入差距合理拉开。实施月度示警、季度预考核和年度总考核“三位一体”考核机制，加强考核过程管控，发挥激励约束作用。

健全完善市场化经营机制。出台《冀东油田公司推进西部探区建立健全市场化经营机制办法》《冀东油田公司法人企业建立以“五自”为核心的市场化经营机制实施意见》，推行内部单位产品与服务互供契约化交易，市场化交易规则、运行模式初步建立。

强化基础管理工作。开展第79次岗位责任制大检查，全面推进管理体系融合，完善内控体系建设，强化合规管理及风险管控，企业管理水平不断提升。

【队伍建设】 2021年，冀东油田人才队伍建设持续加强，完善技术人才激励政策，加大操作技能人才队伍培养力度。

管理人才队伍结构不断优化。坚持正确选人用人导向，严格执行选拔标准和程序，组织14次155人参加公开招聘，选拔优秀干部14人，占新提拔中层干部的75%；新进中层领导人员中40岁以下占77.3%；45岁以下正职占13%，干部队伍年轻化、梯次接替进程进一步加快。建立优秀年轻干部人才库和二级正副职后备干部库。加强干部监督考核，完善《冀东油田公司领导班子和领导人员综合考核评价管理办法》等7项制度，推行任期制和契约化管理。

专业技术人才力量不断壮大。实施专业技术岗位改革，选聘1名一级工程师、31名管道和站场完整性管理技术二级、三级专家。职称评审政策继续向一线倾斜，调动基层技术人员积极性。

技能操作人才能力不断增强。参加全国油气开发专业电工职业技能竞赛，获金牌1枚、铜牌1枚、团队赛二等奖，金牌选手获“全国技术能手”称号。3个项目获集团公司创新成果奖。

【和谐企业】 2021年，冀东油田持续推进和谐矿区建设，完善社区管理，配套服务设施，努力改善民生，增强员工家属的获得感、幸福感、安全感，和谐稳定局面持续巩固。

实施矿建工程3项，改善居民生活环境。处理房产历史遗留问题，1801户取得产权证，维护员工切身利益。投用大修基金解决500余户房屋漏雨或公共区域设施受损问题。依法加大维权力度，唐山市人大北街35套房屋取得产权。深入实施精准帮扶，帮扶325人次。组织员工参加唐山市职工重大疾病医疗互助活动，107人获助。关注员工身心健康，组织8860名员工、家属参加健康体检，聘请知名专家来油区坐诊96人次，组织患病员工到大医院就诊603人次，加强驻岛员工医疗服务，在人员聚集场所配备除颤仪28台。保障退休人员生活、政治待遇，退休人员社会化管理平稳有序。及时做好新冠肺炎疫情防控期间物资保障、生活服务和人文关怀，彰显中央企业责任担当。落实维稳安保措施，畅通信访渠道，妥善处理不同群体合理诉求，杜绝非正常上访和各种极端事件。

【企业党建工作】 2021年，冀东油田突出政治建设，聚焦发展主题，强化担当作为，党的建设全面强化。

抓好政治建设，发挥领导作用。建立实施第一议题制度（把传达学习贯彻习近平总书记重要讲话、重要指示批示精神作为党委会议、党委理论学习中心组第一议题），将其作为增强“四个意识”（政治意识、大局意识、核心意识、看齐意识）、坚定“四个自信”（中国特色社会主义道路自信、理论自信、制度自信、文化自信）、做到“两个维护”（坚决维护习近平总书记在党中央的核心、全党的核心地位，坚决维护党中央权威和集中统一领导）的重要举措，用马克思主义中国化最新成果指导发展实践。完善落实全面从严治党主体责任清单，明确进一步加强党的政治建设的重点措施，有效发挥党委对管党治党各项工作的领导作用。

强化思想建设，凝聚队伍共识。深入开展党史学习教育、“四史”（中国共产党党史、新中国史、改革开放史和社会主义发展史）宣传教育、“转观念、勇担当、高质量、创一流”主题教育、“共命运·同心干·促发展”主题实践活动，精心组织专题学习、专题宣讲、专题党课、专题组织生活会。组织“我为员工群众办实事”实践活动249次，解决员工群众“急难愁盼”事项1053项。坚持“两个巩固”（巩固马克思主义在意识形态领域的指导地位，巩固全党全国人民团结奋斗的共同思想基础）根本任务，宣传思想和意识形态工作保持向上向好态势。推进石油精神和大庆精神铁人精神再学习再教育再实践，广泛开展“青年先行”“文化育人”等群众性精神文明创建活动，重建南27发现井教育基地，冀东油田被评为“十三五”中国企业文化建设优秀单位，再次获“河北省文明单位”称号。

打牢组织建设基础，提升基层党建质量。召开第三次党代会，17个二级党组织按期换届。扎实开展建党百年系列庆祝活动，汇聚员工知史爱党、知史爱企、知责前行的力量。定标准、建机制、抓考核，推动基层党建“三基本”建设（夯实基本组织、建好基本队伍、执行基本制度）与“三基”（基层建设、基础工作和基本功训练）工作有机融合。二级党组织书记现场述职评议实现第二轮三年全覆盖。1个基层党支部被评为集团公司基层党建“百面红旗”。

坚持标本兼治，大力推进正风肃纪。加强警示教育，落实“五责联动”（党委主体责任、纪委监督责任、党委书记第一责任、班子成员“一岗双责”、基层党组织和各部门落实责任），压紧压实全面从严治党责任。持续纠治“四风”（形式主义、官僚主义、享乐主义和奢靡之风），巩固作风建设成果。紧盯重要节点，明察暗访、突击检查，严防公款吃喝、公车私用、“微腐败”等问题。

（韩　晶）

中国石油天然气股份有限公司玉门油田分公司

【概况】 中国石油天然气股份有限公司玉门油田分公司（简称玉门油田）开发于1939年，是中国石油工业的摇篮，炼油工业的发祥地。开发建设83年来，玉门油田为国家提供大量的石油资源，承担国家石油石化工业“三大四出”的历史重任，为全国输送10余万产业工人和技术人才，积淀形成以艰苦奋斗、三老四严、无私奉献为核心的玉门精神。进入新时代，油田上下观大势、谋全局、干实事，制定“十四五”及中长期发展规划，擘画“围绕一个愿景，推动两个转型，驱动三驾马车，做好四篇文章”的蓝图，突出“油气并举、多能驱动”的发展战略，着力打造中国石油转型发展示范企业，满怀信心建设基业长青百年油田，建成中国石油首个集中式光伏并网发电示范工程，在落实国家碳中和政策中迈出坚实步伐。玉门油田主要涵盖勘探开发、炼油化工、井下作业、水电供应、机械加工、生产保障、综合服务、物资供应、消防应急、清洁能源、海外生产等业务。先后投入开发老君庙、石油沟、鸭儿峡、白杨河、单北、青西、酒东、环庆8个油田，具有有效探矿权6个，矿权区块主要分布在河西走廊的酒泉和鄂尔多斯等盆地，面积1.23万平方千米。

2021年底，玉门油田设12个机关职能部门4个直属机构，16个二级单位。玉门油田在册员工9697人。其中，在岗员工7285人（管理人员1478人，占员工总数的20.29%；专业技术人员1492人，占员工总数的20.48%；技能操作人员4315人，占员工总数的59.23%）。公司资产总额214.86亿元，净值107.53亿元，净额56.63亿元。有各类设备52680台套，设备资产原值75.53亿元，净值34.55亿元，新度系数0.45。

2021年，玉门油田生产原油59.02万吨，新增原油生产能力20.06万吨，天然气产量771万立方米，原油加工量200.21万吨。新增探明石油地质储量1055.61万吨、预测石油地质储量3273万吨、SEC储量64万吨。利润-10.56亿元，同比减亏1.01亿元，收入137.86亿元，上缴税费40.49亿元。

2021年，玉门油田老君庙油矿旧址入选中央宣传部命名的全国爱国主义教育示范基地。玉门油田老君庙及一号井、玉门油田石油工人疗养院入列中国石油首批工业文化遗产名录。油田作业公司修井二队D08864队获评“全国工人先锋号”；水电厂燃运车间煤场综合管理班获评“全国五一巾帼标兵岗”；鸭儿峡作业区鸭东采油中心获“全国青年文明号”称号。

玉门油田主要生产经营指标

指　标	2021年	2020年
原油产量（万吨）	59.02	49.02
天然气产量（万立方米）	771	240
新增原油生产能力（万吨）	20.059	15.20
新增探明石油地质储量（万吨）	1055.61	1402.37
三维地震（平方千米）	400	292
石油钻井（口）	380	245
钻井进尺（万米）	98.23	62.09
原油加工量（万吨）	200.21	200.62
收入（亿元）	137.86	114.38
利润（亿元）	-10.56	-11.57
税费（亿元）	40.49	37.09

【油气勘探】 2021年，玉门油田油气勘探按照“油气并举、效益优先”的原则，勘探重心向环庆、宁庆区块转移。环庆区块勘探开发一体化实现快速增储上产，老区精细勘探实现四十万吨稳产。新增探明石油地质储量完成计划的106%，新增预测石油地质储量完成计划的218%。石油SEC储量67万吨，完成计划168%。完成预探井23口，预探井进尺7.56万米，完成计划的102%；完成评价井21口，正钻井1口，评价井进尺5.89万米，完成计划的102%。探井、评价井完成试油35口，19口获工业油流，探井综合成功率54%。

2021年，鄂尔多斯盆地环庆地区三维地震部署400平方千米，完成三维地震解释1288平方千米，全年发现圈闭18个，面积467平方千米，落实圈闭70个，面积230平方千米，提供井位34口，采纳井位20口。宁庆区块完成三维地震解释641平方千米，全年发现圈闭81个，面积647平方千米，提供井位34个。酒泉盆地完成三维地震资料解释226平方千米，全年新发现圈闭6个，面积36平方千米，落实圈闭10个，面积46平方千米，提供井位2口。

测井方面，围绕玉门老区40万吨稳产重任，2021年玉门本部完成22口井的完井测井作业，其中评价井2口，开发井20口。测井曲线502条，97632.89测量米；其中特殊测井项目13井次，井数下降63.3%，作业一次成功率提升至98.5%。

录井工作，2021年完成2口井的录井任务，录井进尺3406米，全年录井工作日121天。

【油田开发】 2021年，玉门油田开发工作按照“老区长期效益稳产、环庆新区快速上产”“油气并举”的开发工作思路，老区实现40万吨稳产，环庆新区实现快速上产，实现天然气产量“零”的突破。全年生产原油59.02万吨（含液化气2170吨），同比增加10万吨。玉门油田正式开始天然气计产，全年生产销售天然气509万立方米。投产新井175口，新建产能20.06万吨，新井产油8.61万吨。探明石油地质储量22339.61万吨，可采储量5603.85万吨，动用石油地质储量18646.33万吨，可采储量5047.33万吨，探明面积256.58平方千米，动用面积136.54平方千米。

2021年，玉门油田环庆区块根据探评井试油结果优化调整，减少侏罗系开发井31口，增加三叠系长8开发井23口，开发井成功率100%，快速建成14.4万吨原油生产能力。全年完钻213口井，投产144口井，日产水平由515吨上升至750吨。宁庆区块天然气生产和销售平稳起步。玉门老区老君庙油田产能建设从冲断带向效益更好的走滑断块转移，走滑断块L、M油藏部署开发井7口获成功，井均初产6吨/日，新落实N_2S_1油藏含油面积0.66平方千米，预测石油地质储量231万吨，成为老君庙下一步新的高效建产区。

开展注水专项治理，全年共实施注水治理主干工作量315井次，实施辅助工作量7223井次。环庆主力开发区块注采单元由57个增加至134个，单井注入强度由2.1米^3/（米·日）下降到1.5米^3/（米·日），自然递减率由15.3%下降至12.7%。老区自然递减率由 11.3% 下降至 10.8%。第 4 代智能分注率提升 2 个百分点，分注合格率 80% 以上。

【炼油化工】 2021 年，玉门油田加工原油 200.21 万吨，收入 106 亿元，创利润 2.7 亿元，提前 61 天完成炼油与化工分公司利润业绩考核目标。生产销售聚丙烯 3.83 万吨，创 2003 年以来历史新高；民用液压油 2301 吨，收入 1.51 亿元，创历史最好水平；石油焦收入突破 1.96 亿元，创石油焦销售以来的最好水平。全年落实提质增效项目 115 个，实现增收节支收入 4819 万元。转型升级取得重大突破，一次脱蜡反应降凝幅度达 55℃以上，低凝产品生产路线顺利投用高密度合成烃装置，生产的 500 余千克合格产品已提供给军方开展后续评价，为打造新的“拳头”产品奠定基础。9 项技术经济指标创“十二五”以来最好水平，炼油能耗比 10 年来平均水平降低 6.83 千克标准油 / 吨，同比降低 0.48 千克标准油 / 吨。单位加工费用创“十三五”以来最低水平，比“十三五”初期减少 99.46 元 / 吨，同比减少 11.07 元 / 吨。

2021 年，玉门油田炼化业务联合车间改革实施到位，成立炼化特种油品研究所，整合成立的“2 办 4 中心、7 部 1 公司、3 部 1 所”组织机构各司其职、无缝衔接，全厂机构减少 16 个，下降 53%，直接用工人员减少 581 人，下降 37%，初步实现“直接用工降至 1000 人以内”的改革目标。

【新能源业务】 2021 年，中国石油首个投资最大、规模最大的集中式光伏并网发电示范项目——玉门东 200 兆瓦光伏发电示范项目于 2021 年 12 月 27 日成功并网投运，年发电量约 4 亿千瓦・时，减排二氧化碳 28 万吨，创造 43 天完成前期工作、60 天完成主体工程建设的“玉门效率”，开创玉门油田重大工程建设史和中国石油新能源重大项目建设史的新速度、新纪录、新奇迹，被集团公司党组誉为“玉门模式”。

2021 年，玉门东 200 兆瓦光伏项目投运（朱俊霖　摄）

【工程技术】 2021 年，玉门油田乍得海外业务经受住新冠肺炎疫情围困、政局动荡等严峻考验，实现上、下游支持服务安全平稳运行。

油田井下作业新拓展浅层钻井、连续管作业、钻塞压裂等 11 个项目，实现产值 5100 万元，同比增加 1339 万元，增长 35.6%。实施浅层钻井完井 19 口，钻井进尺 27104 米，完成井下作业 1676 井次，压裂 122 井次，射孔 119 井次，特车服务 5604 台班，同比增加 414 台班，增长 10.20%。在酒东长 3–2 井大修过程中采用高压水层实施膨胀管套管补贴封堵水措施获一次性成功，首创国内深井最深、高温高压小眼井膨胀管补贴技术应用先例。

完成发电量 5.13 亿千瓦・时（火电 4.48 亿千瓦・时，水电 6449 万千瓦・时），供水量 927 万吨，供汽量 112 万吨。高质量完成演武北区块 8 万吨 / 年产能建设地面工程、供配电隐患治理及炼油厂双电源送电工程项目建设。新建的玉门东镇 200 兆瓦光伏并网发电示范项目创造水电人的“玉门速度”，项目获评玉门油田“优质项目”特等奖。

生产服务保障工作全年特车配合 588 台次，新井投产 22 口，钻前工程 19 口，炼油厂检维护 856 项，生产应急抢险 32 项，泥浆池固化处置 11 口井，承揽各类工程项目 32 项，其中跨年项目 3 项、完工 4 项。环庆油田演武北区块 8 万吨 / 年产能建设地面工程 6 月 18 日投运一次成功，再次创造油田产能建设环庆速度。

机械制造加大三抽设备供给和配套技术服务、维修等工作量承揽力度，做好柔性复合高压输送管配送安装，提高油管清洗的生产效率。环庆新区全面推广使用超长冲程抽油机，超长冲程智能机取得采油举升技术突破。外部市场稳定大庆东部市场，开拓长庆油田西部市场及新疆油田、青海油田、塔里木油田、大港油田、辽河油田、冀东油田等潜在市场。全年生产抽油杆 100.69 万米，同比增长 24.9%；生产抽油泵 2866 台，同比增长 105.9%；生产抽油机 338 台。

物资采购全年共签订采购合同 1082 份，物资采购额 13 亿元，招议标率 98.8%；对外市场创收 1173 万元；存煤 12.81 万吨，物资配送 12644 吨，为油田提供坚实有力的物资保障。

【重要成果】 2021 年，玉门油田《三次采油技术研究与应用》《逆掩推覆带优快钻完井技术研究与应用》两项成果获甘肃省科学技术进步奖。《有杆泵抽油系统设计计算软件 V2.0》获国家计算机软件著作权；《套管悬挂器》获国家专利局授权的实用新型专利。

【科技创新】 2021年，玉门油田承担三级科研项目45项，负责或参与集团公司总部科技项目“鄂尔多斯盆地环庆地区油气富集规律与勘探评价技术研究课题”“环庆区块低渗/超低渗油藏有效开发技术研究课题”等科技项目9项，专业公司课题1项；开展油田公司科研项目35项。其中，勘探、开发、工程类项目30项，炼油化工类项目10项，新能源类项目（课题）4项，其他综合类项目1项。精选涉及勘探开发一体化、老油田挖潜、储层改造技术、三次采油关键技术4个方面的9个科技攻关项目集中开展专项技术攻坚活动。

加强知识产权指导，贯彻落实《央企知识产权高质量发展指导意见》《集团公司知识产权工作高质量发展实施方案》，控制专利申请总量，提升发明专利占比。2021年获专利授权15件，其中发明专利1件。并获发明专利申请受理11件。完成《中国石油对外技术许可清单》编制、专利代理机构选聘和合同签订工作，新版知识产权管理信息平台上线运行，34项专利技术录入集团公司对外技术许可清单（2021版）。

按照标准化工作要求，调整玉门油田标准化技术委员会，编制印发公司2021年标准宣贯实施计划，订购下发相关标准文本1386本，完成17项企业标准的备案工作；对69项企业标准复审意见进行审查，其中继续有效42项，修订21项，废止6项。

【信息化建设】 2021年，玉门油田信息化建设重点开展低成本油气生产物联网（A11）项目建设、采油与地面工程运行管理系统（A5）2.0推广实施和玉门油田门户网站2.0建设实施。低成本油气生产物联网（A11）项目建设于6月27—28日通过股份公司勘探与生产分公司线上验收。鸭儿峡采油作业区5座计量站的无人值守改造顺利完成，环庆新区单井数字化覆盖率70%。全油田1855口油水井和36个站库实现数据自动采集、生产实时监控和智能电子巡检。采油与地面工程运行管理系统（A5）2.0推广实施项目于11月26日正式上线运行。玉门油田门户网站2.0建设实施项目于11月30日正式上线运行。

加强网络安全检查和重要时期网络保障，组织开展为期15天的“护网2021”网络攻防演习、全国“两会”、建党100周年庆祝活动、2021年“服贸会”及第十四届“全运会”重大活动期间的网络安全保障工作。

【安全环保】 2021年，玉门油田狠抓全员健康管理，加强井筒质量监督，加快节能技术推广，推进安全生产三年专项整治、绿色矿山建设和环保隐患治理，全面强化管理体系、安全文化建设，较好完成安全环保各项指标。

强化质量监察管理，开展质量管理体系审核2次，查改问题93项，钻井测完井192口，井身质量合格率98.4%，固井质量合格率96.1%；套损井存量408口，新增套损井8口，较好地完成集团公司井筒质量控制目标及套损套变井治理阶段目标。开展计量器具检定工作，全年检定计量器具18类1.7万件；推动QC小组活动开展，取得成果57项。

明确健康管理职责，对健康工作环境、健康管理、健康体检、健康档案、健康风险管理等5个方面作出具体的规定，对全部309个检测点开展监测、2247人完成职业健康体检。

严格落实国内重点地区旅居人员的排查上报、会议审批、外出报备等常态化新冠肺炎疫情防控措施，严格执行隔离、核酸检测、健康监测要求，全年外出报备5189人次，境外返回397人次，组织隔离观察2410人次。玉门油田属地范围内未发生输入性疫情。

推进安全生产专项整治，组织全员签订反违章承诺书7458份，开展各级检查1746次，查处违章指挥行为102项，查处违章操作行为896项，处罚1099人次，收取QHSE教育费7.6万元，安全记分138.5分。扎实开展交通安全专项整治活动，组织检查820次，查改各类问题841项；开展现场路查与线上监控，查处违章行为63起，收取QHSE教育费4万元，安全记分42分。

开展特种设备监察，对在用锅炉 11台、压力容器97具、电梯91部、起重机械 28台、厂（场）内专用机动车辆38辆、压力管道177条、各类气瓶16只、安全阀1468个、汽车式起重机36台进行定期检验，并对36849点（处）避雷装置及静电接地点进行

2021年，玉门油田水电厂安全警示日宣誓签名活动（戴睿　摄）

安全技术检测，并对发现问题及时进行整改，消除运行隐患，定检完成率100%，隐患整改率100%。

开展绿色矿山建设和清洁文明生产活动，油田废水全部达标回注实现零排放，炼化废水达标排放并保持90%以上回用率；工业废气排放全部达标；固体（危险）废物管理达到规范化要求；国控源环境信息上线公开合格。对重大生态环境保护事项进行挂牌督办。各采油作业区完成对“含油污泥合规储存、历史遗留含油污泥”全部清零目标。

【经营管理】 2021年，玉门油田以经济效益为导向，深化财务预算、投资规划与生产经营的有效衔接，以完全成本管控目标倒排成本费用，强化储量、产量、投资、成本、效益“五位一体”管理，勘探发现成本创“十三五”以来新低，油气单位操作成本实现硬下降，在国内上游16家油气田中同汇率同比降幅最大，炼油完全加工费连续5年硬下降。

紧跟市场形势变化优化生产运行和产品结构，有效应对汽油、柴油额外量增加和化工原材料价格走高的双重挤压，全年加工原油200.21万吨，实现经营利润2.91亿元。

推进组织机构优化和业务归核化，二级、三级机构减少14%，整体管控能力和基层单位增收创效的积极性持续提升。

加强设备管理，对全公司83台重点设备开展状态监测，对188台关键设备实施润滑检测。完成监测大型关键设备11263台次，油品检测分析1923台次。对炼化总厂78台机泵实施在线监测改造。制定设备管理提质增效实施措施，调剂利用车辆16辆，调剂利用闲置5型、8型和14型游梁抽油机22台，调剂发电机组液压、平台5台，调剂设备原值767.48万元。

加大外部市场开拓，全年实现外部收入4.27亿元。其中，油田作业公司全年外部市场创收5432万元、同比增加298万元、增长5.8%；水电厂成功签约目标客户35家，全年外部市场创收1.11亿元、同比增加1122万元、增长11.2%；生产服务保障中心全年外部市场创收4367万元、同比增加1998万元、增长45.7%；机械厂全年外部市场创收1.16亿元、同比增加2512万元、增长27.5%。

【企业管理】 2021年，玉门油田编制发布《玉门油田分公司改革三年行动实施方案（2020—2022年）》，形成9个方面83项改革工作任务，大刀阔斧“理机构”：勘探开发业务按照“油公司”模式，完成老区“三厂合一”、新区“两区合一”，重组生产服务保障中心；炼化业务实施联合车间改革；公司机关整合党委宣传部（工会、团委），两级机关完成“大部制”改革；物业管理由托管改直管，医疗保险、公积金管理等社会化职能顺利移交，快速实现集团公司确定的“113”目标，完成82项改革任务，改革三年行动工作任务完成率98%。“油公司”模式改革在开发年会上得到勘探与生产分公司的充分肯定。

制定法制教育第8个五年规划，持续开展普法宣传；成功注册“石油摇篮”6个类别商标，将玉门油田持有的“祁连”商标转让至玉门石油管理局有限公司；整合修订《内部控制与风险管理实施细则》，开展公司投资项目风险评估及程序性审核；加大合同管控力度，加强事后合同监管，加强合同规范审查和变更管理，2021年事后合同占比0.16%，远低于集团公司2%的事后合同产生率；优化完善招标管理制度体系，2021年玉门油田将11家违规投标人列入不诚信企业名单，并依据集团公司《投标人失信行为管理办法》，在中国石油电子招标投标网对相关企业失信行为信息进行公示。

【队伍建设】 2021年，玉门油田持续完善选人用人工作制度，专业技术人员、技能人才导向激励作用充分发挥。加强干部选拔任用工作，调整28个单位和机关部门领导班子，31人调整交流，42人提拔任用。畅通领导人员退出机制，2名二级正副职领导人员、36名三级正副职领导人员退出岗位。强化厂（处）级后备干部民主推荐，选拔优秀二级正副职干部42名、三级正职干部43名、三级副职及专业技术人员41名。1人被选拔为陇原青年英才，2人被补充遴选为甘肃省高层次专业技术人才。

专业技术人才队伍建设成效显著。制定《玉门油田分公司科研单位专业技术岗位序列改革工作实施方案》《玉门油田分公司专业技术岗位序列改革选聘工作实施方案》，选聘公司首席技术专家5人、公司技术专家10人、公司一级工程师14人。组织38名新入职员工参加集团公司首次新入职员工集中培训。考核转正毕业生26人，指导并审定见习计划38人。

组织“提质增效”暨技能专家一线生产技术技能现场巡诊服务活动和人才开发工作研讨。开展27个工种的技师、高级技师认定前学分制培训试点，积分达标48人。完成5个批次68个工种1081人次的职业技能等级认定，计划完成率135%。组织2000余人参与地质动态分析、井下作业工（井控技术）、汽轮机值班员、消防员、汽车驾驶员、炼化油品分析工（女工）等6个工种技术比武。完成3名集团公司技能专家、15名企业级技能专家和270名首席技师、高级技师和技师的聘期考核工作。

【企业党建工作】 2021年底，玉门油田党委有基层党组织210个，其中党委18个、党总支3个、党支部189个。有党员4732名，其中女党员1037名，占党员总数的21.91%；少数民族党员88名，占党员总数的1.86%；35岁及以下的党员620名，占党员总数的13.1%；大专以上学历的党员3691名，占党员总数的78%。全年发展党员151名。

2021年，玉门油田完成第二轮党委书记现场述职全覆盖和44个基层党支部换届选举工作，创建示范党支部16个。党委中心组组织集中学习34次，专题研讨5次。玉门油田两级党委共组织集中学习276次，专题研讨89次；累计举办读书班148天；开展专题宣讲228场次，覆盖7686人次；开展主题党日活动647场次、专题党课424场次。落实为员工群众办实事575项，油田党史学习教育入编党组党史学习教育《简报》2期，《中国石油报》头版做了报道，《玉门油田这样学党史》等8篇理论文章在集团公司核心期刊刊发。举办“波澜壮阔忆百年·基业长青砺征程”党史知识竞赛，开展“石油工人心向党、建功奋进新时代”党员岗位实践活动，常态化做好党建信息化平台2.0推广应用、党支部达标晋级动态管理，党建信息化平台2.0系统应用综合排名始终保持集团公司前列。

认真落实“第一议题”制度，公司党委全年落实“第一议题”制度29次，学习贯彻习近平总书记重要讲话、发表的重要文章等63篇，形成“第一议题”落实措施121项。两级纪委对拟提拔43名处级干部、168名科级干部、1081名先进个人提出党风廉政审查意见。

聚焦“关键少数”，建好用活二级正副职廉洁档案116份，对党风廉政建设责任履行不力的25人给予组织处理，责令2家单位向公司党委做出书面检查。对醉酒驾驶等10起违纪违法案件进行剖析，并点名道姓通报曝光。开展反腐倡廉教育384场次20630人次，参加警示教育基地10场次465人次，廉洁知识测试6377人次。

全年受理信访举报案件12件，同比下降66.7%；处置问题线索15件，同比上升50%；立结案9件，给予党政纪处分13人，挽回直接经济损失229.35万元。运用监督执纪“四种形态”追责问责71人次（处级11人、科级29人、一般人员19人），挽回经济损失495.9万元。对7家单位开展专项检查评估，发现“两个责任”落实、选人用人等3个方面9类边改边犯问题，全部督促整改落实。

2021年，玉门油田“红色基因·动力之源”党史学习座谈会（朱俊霖　摄）

（王振军　徐玉洁）

中国石油天然气股份有限公司浙江油田分公司

【概况】 中国石油天然气股份有限公司浙江油田分公司（简称浙江油田）于2005年7月由浙江勘探分公司与浙江石油勘探处重组成立。总部位于浙江省杭州市。主要从事常规和非常规石油天然气勘探、开发、生产、储运和销售等业务。工作区域主要分布在浙江、江苏、四川、重庆、湖南、湖北、云南、贵州8省（直辖市）。截至2021年底，设职能部门12个、二级单位11个，用工总量494人。

2021年，浙江油田持续深化实施“五五战略”，综合性清洁能源公司建设快速起步。受新冠肺炎疫情此起彼伏、国际油价急剧动荡、全球经济深度衰退、能源改革加速推进、新能源替代步伐不断加快等不利影响，生产经营面临挑战和压力前所未有。面对困难挑战，浙江油田保持战略定力，统一思想、坚定信心，锚定“五五战略”发展目标，扎实开展党史学习教育和“转观念、勇担当、高质量、创一流”主题教育，统筹推进疫情防控、增储上产等工作，安全环保、勘探开发、提质增效、转型发展、管理改革、科技攻关、党建引领等各方面重点工作取得阶段性成果。

浙江油田主要生产经营指标

指 标	2021年	2020年
原油产量（万吨）	2.15	2.00
天然气产量（亿立方米）	18.12	16.08
新增天然气产能（亿立方米）	5.61	8.21
新增探明天然气地质储量（亿立方米）	1216.85	0
三维地震（平方千米）	782.00	416.00
探井（口）	13	20
开发井（口）	47	46
钻井进尺（万米）	20.31	17.01
勘探投资（亿元）	9.01	1.98
开发投资（亿元）	16.77	20.66
资产总额（亿元）	97.78	97.55
收入（亿元）	23.84	20.19
利润（亿元）	−12.82	1.34
税费（亿元）	1	0.85

【疫情防控】 2021年，浙江油田发布新冠肺炎疫情防控手册2版、常态化疫情防控工作方案3版。推进疫苗接种，员工接种率96%以上，加强针接种193人。跟踪疫情发展态势，按照集团公司最新防控工作要求，结合属地政府防疫要求，完善落实各项防控措施，严格员工行程管控，出行返岗必报备，“三码一测”必落实，实现场所零疫情。

【油气勘探】 2021年，浙江油田完成探井钻井13口，实施三维地震勘探782平方千米，探明页岩气地质储量1216.85亿立方米，新增SEC储量20.9亿立方米。获璧山—合江探区大安区块矿权，面积1602平方千米。完成大安一期三维地震550平方千米，实施页岩气大安1井、大安2井，实施常规气大坝1井及云7井老井复查，常规和非常规天然气兼顾，见到好苗头。加快推进宜昌区块花林中浅层页岩气勘探，优选该地区龙马溪组页岩气Ⅰ+Ⅱ类“甜点”区3块，总面积184平方千米（其中Ⅰ类118平方千米）。探索宜昌探区常规气，深化地质认识。研究大安灯影组风险勘探领域及目标，初步优选灯影组风险目标2个。

【油气田开发】 2021年，浙江油田计划生产原油2万吨，实际完成2.15万吨；计划生产天然气17.2亿立方米（页岩气16亿立方米、煤层气1.2亿立方米），实际完成18.12亿立方米（页岩气16.91亿立方米、煤层气1.21亿立方米）。实施海坝YS137井区6大类29项地质、工程先导试验，编制海坝6亿立方米超浅层—浅层页岩气开发方案。编制黄金坝开发调整方案，优选三种类型15口井进行分步试验和实施，确保黄金坝4亿立方米稳产。常压低产页岩气排采试验取得良好效果，坚定常压井的勘探开发信心。实施页岩气工艺措施作业327井次，增产2.2亿立方米。实施原油措施作业23井次，增产1996吨。

【产能建设】 2021年，浙江油田页岩气产能建设完成钻井47口、压裂37口、投产48口，新建产能5.61亿立方米。其中黄金坝区块完钻4口；紫金坝区块投产2口，建产0.22亿立方米；太阳大寨区块完钻33口、压裂25口、投产30口，建产3.82亿立方米；海坝区块完钻10口、压裂12口、投产16口，建产1.57亿立方米。

【新能源开发】 2021年，浙江油田先后到河北、四川等厂家调研光热技术，到吉林油田现场考察单井光热应用效果，在苏北开展单井场光热清洁替代试验。基本摸清川南天然气氦气含量，开展BOG+管道天然气提氦业务的可行性研究论证。代表股份公司参与江苏省“十三五”结转海上风电项目竞争性配置。分别与华能国际、道达尔、盐城国际、江苏亨通、远景能源和海装风电组成联合体竞配射阳100万千瓦项目，中国石油占比17%；与国家能源投资集团、国网综合能源服务集团、盐城国能投、新疆金风科技组成联合体竞配大丰80万千瓦项目，中国石油占比27%；与国家能源投资集团、国网综合能源服务集团、新疆金风科技组成联合体竞配大丰85万千瓦项目，中国石油占比29%。对浙江、江苏等地热资源进行评价，掌握长三角地区地热能开发利用方式和方向，与江苏省海安高新区政府签订地热综合利用战略合作协议。多次到相关盐矿、储气库公司等开展调研交流，收集河南平顶山、江苏金坛等多个矿区资料，开展储气库前期评价，优选3个拟建库库址，与中盐集团、储气库公司分别签订战略合作协议。完成《浙江油田地热业务“十四五”发展规划》《浙江油田储气库业务“十四五”发展规划方案》《浙江油田全过程清洁低碳行动方案》《浙江油田公司双碳工作方案》《浙江油田低碳示范区建设方案》编制。组建浙江油田南方新能源开发公司（筹备）。

【质量安全环保】 2021年，浙江油田全面落实全员质量健康安全环保责任制，有序推进10个方面36项具体工作，健全完善QHSE责任清单，优化QHSE考核机制，开展全员“写风险”工作。持续推进QHSE体系建设，做好制度顶层设计，完成全年QHSE体系审核，开展QHSE关键岗位管理人员培训，开展QC和安全环保科技创新活动，深入推进基层站队HSE标准化建设，大力推动安全数字化建设。进一步夯实QHSE基础，持续推进安全生产专项整治三年行动计划，全面推进反违章专项整治活动，大力推进事故案例警示教育和分析，事故事件得到有效管控，总体呈下降趋势。突出重点领域、关键环节风险精准管控，强化特殊敏感时期升级管控，强化现场QHSE监督，加强井控管理和承包商监管，推进管道和站场完整性管理，规范消防安全管理，严格交通安全风险管控，开展应急能力评估和检查。突出清洁生产，完成中央环境保护督察第二轮第三、四、五批的迎检工作，开展绿色企业试点创建，推进环保隐患治理，完善环保合规管理，油田绿色发展环境持续改善。突出以人为本，开展健康企业建设，做好员工健康体检和职业卫生管理，推进大健康管理。逐步提升质量计量标准化工作精细化管理水平，突出节能降耗，强化源头管控、节能优化和技术改造，大力推进“双碳”工作。

【提质增效】 2021年，浙江油田从开源、节流、降本、增效四个方面，落实28项具体工作措施。页岩气商品量16.42亿立方米，超预算1.02亿立方米，带来增量收入1.34亿元。页岩气销售价格1.31元/米^3，较预算高0.04元/米^3，带来增量收入0.62亿元。煤层气销售价格1.28元/米^3（不含税），较预算高0.12元/米^3，带来增量收入0.14亿元。原油商品量超预算0.15万吨，价格较预算高918元/吨，合计带来增量收入0.23亿元。天然气单位操作成本0.17元/米^3，较预算低0.01元/米^3，减少成本支出0.18亿元。开展降息行动，向总部申请2019—2020年上交勘探费用资金返还，批复返还金额9615万元，降低年利息400万元。全年使用票据结算7500万元，减少资金占用，节约利息220万元。新增SEC储量超预算完成10.9亿立方米，减少折旧支出0.65亿元。合计增利3.22亿元，超额完成2021年初制定的1.5亿元提质增效目标。

【深化改革】 2021年，浙江油田继续贯彻落实国企改革三年行动方案，完成6个方面18项重点举措27项具体任务，推动“主业归核化、辅业专业化、大部制大岗位、管理一体化、智慧油田建设、干部任期制契约化”逐步落地。持续推进组织体系优化，推动管理方式转型，提升运行效率。持续完善薪酬激励机制，健全人才发展机制，激活员工内生动力。发挥集团公司产业链一体化优势，打造“一体两面”利益共同体，推进提质增效“升级版”。

【技术攻关】 2021年，浙江油田完成集团公司重大专项“深层页岩气有效开采关键技术攻关与试验”任务书规定的相关工作量和指标要求，形成页岩储层非均质性精细表征及“甜点”优选技术、深层页岩气水平井钻井复杂防治技术、高效低成本压裂技术、大液量排水采气技术，为页岩气评层选区、地质导向、优快钻井、高效压裂、返排测试等提供有力技术支持。承担的集团公司重大专项“井下光纤智能监测技术现场试验”取得重要阶段成果，形成光纤同井储层改造压裂作业的实时监测技术，实现由段的压裂评估到簇的监测能力提升。牵头的集团公司重大专项“浙江油田昭通示范区钻采工程技术现场”项目通过集团公司正式验收，综合绩效评价为优秀。牵头承担的《昭通页岩气勘探开发示范工程》通过国家综合绩效评价，评价结论为优秀。完成国家重点研发计划专题《示范区典型震例分析、风险防控及开发对策研究》任务书签订。完成国家重点研发计划课题《昭通页岩气开发现场及周边区域分布式光纤地震监测示范》申报、预算编制和任务书签订。完成集团公司前瞻性课题《昭通浅层页岩气藏储层微观特征及富存机理研究》立项。

【依法治企】 2021年，浙江油田推广应用合同系统2.0版本，合同管理规范化、标准化、信息化建设持续稳步推进，合同管理质量和效率持续提升。推进管理体系融合，制定制度18项，修订65项，废止153项，压减后制度数量328项。修订合规管理办法，把合规要求贯穿经营管理各领域、各环节，全员签订合规承诺书，基本确立起按合规要求开展业务的价值观念和行为导向。进行非制度类规范性文件合法合规性审核，保证规范性文件依法合规。修订招标管理办法，建立工程技术及地面工程领域招标文件标准模板，加强重点项目招标方案管控，加强评审专家队伍建设，不断夯实招标管理工作基础。提升纠纷案件管控力度，纠纷案件增量得到有效控制。注重风险和内控管理，修订流程170个，新建流程22个。对涉及的八大领域253个法律风险660个控制点进行全面梳理，重新在系统中建模，完成内控手册系统发布。开展年度内控自我测试，涵盖146个重要流程、238个关键控制点，纠正执行偏差，堵塞管理漏洞。落实2021年重大风险管控措施，开展2022年度重大风险评估，风险管理水平稳步提升。坚持管理创新，在精细化管理、市场化运作、基础管理、智慧油田建设、提质增效等方面，取得创新成果17项。《油气田企业战略转型的探索与实践》报告，获集团公司管理创新奖二等奖。

【员工培训】 2021年，浙江油田加强培训制度建设，夯实培训工作基础，提升培训管理水平。完善人才培养模式，分类分层次实施培训，提升员工素质能力。强化QHSE培训，稳固安全环保基础。开展能力素质评估和需求调查，依据评估和需求调查结果，制订年度培训计划。实施公司级培训项目29项，参培892人次。各单位部门开展各类培训393项，参培4509人次。送外培训81项，参培381人次。开展承包商各类培训158期，参培1441人次。参加集团公司级竞赛2次，获煤层气采气工竞赛个人项目银牌1人次，团队项目三等奖1次，优秀组织奖1次。参加集团公司培训师培训项目设计竞赛，获优秀组织奖，1人获最佳设计奖。开展技能等级认定，34人获技能等级晋升，其中17人通过高级工认定，14人通过技师认定。组织浙江油田第六届职业技能竞赛，以赛促提高。参加集团公司一线生产创新大赛，申报3个企业级难题，引进1项成果应用。组织4个“技术+技能”人员组成的攻关团队开展联合攻关，取得创新成果2项。

【智慧油田建设】 2021年，浙江油田贯彻落实集团公司科技与信息化创新大会精神，按照数字化转型、智能化发展指导意见，加快智慧油田建设。围绕管理高效化、技术智能化、运行无（少）人化，开发应用移动协同办公平台，上线管理流程93个，审查审批流程近5万条，极大提升管理效率和管理质量。推进治理体系和治理能力现代化建设。上线智联智能生产运行平台，融合20余个统建、自建系统，实现数据融合共享。上线勘探开发一体化协同研究平台，为“五好井”提供技术支撑。强化基础建设，加大数据治理力度，集团公司A系列统建系统按要求规范运行，完成1266口井历史数据的补充完善和当年全部新井数据的入库，物联网覆盖率100%、视频监控覆盖率100%、场站数字化率100%。开发页岩气产量单井劈分、自动报表统计、水拉运自动计量等系统，大幅减轻一线员工劳动强度，提高工作效率和工作质量。

【民生工程】 2021年，浙江油田践行“以员工群众为中心”的发展理念，把“我为员工群众办实事”当作一项民生工程、民心工程来抓，建立“办实事”通报机制，定期由党委班子成员轮流通报所主管的业务相关意见建议的整改情况，架起干群“连心桥”，针对可整改意见建议制定整改措施120项，落实112项，8项稳步推进。坚持走访、慰问制度，发放64.3万余元帮扶困难员工386人次，“金秋助学”37人，发放金额18.9万元，对一线300余人进行慰问。相关职能部门和基层一线单位加大对安全生产和员工健康卫生的投入，做好职工安全教育、职业健康体检，杜绝职业病的发生，保障职工劳动安全。

【党群工作】 2021年，浙江油田强化思想引领，筑牢信仰之基。两级中心组学习87次，各层次学习研讨480余次，各层次党课30余次，累计参与4500人次，收集、展播学习心得40余篇。配发《论中国共产党历史》等书籍，举办读书班，开展建党100周年职工书画展、线上党史朗诵赛、党史知识竞赛、总书记七一讲话征文等活动。发布2期形势任务宣传手册，编制多媒体课件电子书，制作文化墙1期，开展形势任务教育专项答题，开展“转观念、勇担当、高质量、创一流”主题教育。强化新闻宣传，把牢意识形态主阵地。浙江油田官方微信公众号发文250篇，党建公众号及“铁人先锋”推送文章1500余篇，撰写评论员文章70余篇，门户主页发布各类新闻近3000篇，环比增长15%，集团公司新闻采用率81%。落实意识形态工作责任制，将意识形态工作纳入党委会议事日程，纳入中心组学习重要内容，纳入领导班子和领导干部目标管理，形成党委统一领导、党政齐抓共管、党委宣传部组织协调、有关部门分工负责的意识形态工作格局。选聘30名青年构建舆情管控小组，处置舆情17次，开展网评176项，对网评员进行集中培训2次，舆情推演1次。围绕隆重庆祝建党100周年，开展形式多样的特色主题党日活动，拍摄制作《庆祝建党100周年专题MV》视频，启动青年安全文化作品征集，总结提炼绿色企业建设、新能源发展规划及党建工作亮点品牌拍摄形成宣传短片、宣传册，开展全员读书活动，完成职工电子书屋改进并实现上线运行。强化政治建设，坚定发展信心。做专信访维稳工作，做细统战工作，做实“我为员工群众办实事”主题实践活动。强化民主管理，营造和谐油区。充分发挥民主管理职能，充分发挥桥梁纽带作用，充分发挥服务帮助功能。强化“青字号”品牌建设，促进青年成长。启动“青力青为”主题岗位实践活动，把开展青年突击队、青年文明号、青年岗位能手、青年安全生产示范岗，职业技能竞赛、创新创效活动等作为提升团建质量的重要抓手，激励青年担当作为。

（罗新明）

中石油煤层气有限责任公司

【概况】 中石油煤层气有限责任公司（简称煤层气公司），是中国石油天然气股份有限公司独资设立的从事煤层气业务的专业化子公司，成立于2008年9月，总部位于北京市，主要从事煤层气、致密气、页岩气资源的勘探、开发以及技术服务、技术咨询、信息咨询等业务。工作区域横跨山西、陕西、内蒙古、宁夏、新疆、湖南、贵州、黑龙江等8省（自治区），规模生产区域主要位于山西、陕西两地的鄂尔多斯盆地东缘。

截至2021年底，机关设11个部门、2个直属机构、10个所属单位（勘探开发研究院、勘探开发建设分公司、韩城采气管理区、临汾采气管理区、忻州采气管理区、工程技术研究院、外围勘探开发分公司、物资管理分公司、中石油渭南煤层气管输有限责任公司、监督中心）。按照股份公司授权，负责管理中联煤层气国家工程研究中心有限责任公司。用工总量1096人。

煤层气公司主要生产经营指标

指　标	2021年	2020年
天然气产量（亿立方米）	25.63	24.62
新增天然气产能（亿立方米）	3.74	8.09
新增探明天然气地质储量（亿立方米）	762.08	429.03
三维地震（平方千米）	300	480
探井（口）	6	2
开发井（口）	120	267
钻井进尺（万米）	34.63	60.22
勘探投资（亿元）	0.91	1.51
开发投资（亿元）	14.89	16.41
税费（亿元）	2.27	1.72

2021年，煤层气公司坚定“硬增储、稳上产、低成本、强党建”根本战略和“重人才、重创新”基本战略，坚守“党建统领、市场为王、资源为根、价值为本、夯实基础、创新驱动”战略定力，全力以赴做好“十一篇文章”，完成各项工作任务，实现“十四五”良好开局，获集团公司首届先进集体称号。

【勘探增储】 2021年，煤层气公司谋划“十四五”及今后一个时期的勘探顶层设计，明确“立足鄂东、强化大吉、进军新疆、探索新区”的指导思想，确立以大宁—吉县区块为主战场的统筹规划发展战略。深层煤层气突破认识禁区，探明储量超千亿立方米。海陆过渡相页岩气具备效益开发产能。致密气勘探开发一体化取得突破，大吉—石楼致密气田成为储量超两千亿立方米的山西省最大整装致密气田。合作勘探多套新层系获新发现。

【气田开发】 2021年，煤层气公司构建科学开发秩序，首次构建全生命周期项目池，系统开展未动用储量分类评价，初步搭建20—30亿立方米循环优化的项目池和井位池。通过强化评价工作，基础理论研究和精细地质研究不断深化，水平井钻遇率和开发井成功率同比提升15%、10%。优化组织生产，采用大平台工厂化钻井模式，生产时效同比提高16.2%；推广应用大平台拉链式压裂施工，生产时效提高2倍以上；优化煤层气压裂与地面施工工序，确保下泵后7天内投产；大吉区块34口水平井砂岩钻遇率78.3%，打造致密气大井组水平井规模开发示范区。保8井区25口水平井钻遇率98.6%，建成全国首个亿立方米煤层气水平井规模开发大平台。

【气田管理】 2021年，煤层气公司产量25.63亿立方米，同比增长4.1%。精益日常生产管理，优选122口“三高三低”井科学合理调产，产量运行基本呈现“哑铃”型曲线特征；深化“四失”研究，进一步明晰递减控制因素，煤层气老井自然递减率9.6%，致密气老井自然递减率38.4%，同比分别下降3.6和10个百分点；持续优化采气工艺，煤层气井平均检泵周期同比延长35天；致密气井开井率90%。通过实施“一藏一策、一井一法”，综合治理老井措施有效率

88%，累计增产 4101 万立方米，投入产出比 1∶1.9；通过启动“5133”工程，精选 170 余口井搭建治理项目池，实施 8 口、投产 3 口，日增产 6.7 万立方米；通过开展地质、工程、地面大调查，系统分析气田开发状况、存在问题和开发潜力，进一步提高老区综合调整的针对性，编制完善 4 个老区 3—5 年的综合调整总体方案。

【提质增效】 2021 年，煤层气公司实施提质增效专项行动 8 大类 30 项措施，全年收入同比增长 21.4%。强化源头方案增效。从方案设计上优化钻井部署及钻井工艺，提高单井 EUR 和单井产能，实现投资硬下降，全年水平井部署数量同比增长 35%，累计亿立方米产能建设综合投资同比下降 5.3%，亿元投资新增 EUR 同比增长 14.7%；通过提高钻井工艺技术，节约工程投资 0.33 亿元。强化严格管控增效。扎实推进韩城采气管理区“五减三提”扭亏措施，全年同比减亏近 6000 万元。注重资产管控，开展资产清查工作，公司资产结构进一步优化。注重关键环节管控，精细管理严把招标、造价、审计关，节约投资超 1 亿元。

【科技创新】 2021 年，煤层气公司牵头承担的 2 项国家科技重大专项以优异成绩通过“十三五”综合绩效评价，参与股份公司重大项目 4 项，实施公司科技项目 7 项，推广新技术 8 项，授权专利 13 件，发布行业标准 10 项、集团公司标准 3 项，科技经费投入强度达 3.69%；共发布论文 98 篇，其中国家核心期刊论文 16 篇；2 项科技成果、3 项管理创新成果获省部级以上表彰。创新应用优快钻井技术，致密气水平井钻井提速 3 个百分点，保 8 井区煤层气大平台实现钻井提速 39%，平均完井周期缩短 36%；提出“大规模碎裂贯通式”储层改造新理念，创新形成“脉冲式超密缝网极限加砂体积压裂工艺”，3 口试验井单井产量提升 2—5 倍；研制国内首套适合低压气井的简易一体式带压作业装置，增加单井 EUR；推广煤层气顶板压裂改造技术，应用 13 口老井，平均单井日产提高 3 倍以上。气田生产物联网、综合数据可视化应用平台建设持续推进，采油与地面工程运行等管理系统 2.0 上线应用，重点项目建设信息化水平进一步提升。研发一代、应用一代、储备一代“三个一代”创新格局初步形成，设立攻关项目 49 个，完成开题设计论证 21 项。

【质量健康安全环保】 2021 年，煤层气公司未发生一般 B 级及以上生产安全事故和环境事件，安全生产形势平稳受控，连续第 7 年获集团公司 QHSE 先进企业。制订实施公司 QHSE 体系三年提质升级方案，强化问题专项治理，“低老坏”问题和屡查屡有问题同比分别下降 28% 和 15%。运用监督“四种形态”，开展安全监管提醒 27 次，做到抓早抓小“四不放过”。聚焦高风险环节、特殊敏感时期，升级管控 87 次；强化反违章专项整治，现场“三违”行为得到有效遏制、同比降低 46%。严把承包商准入关，实施承包商“短长灰黑”四个名单动态考核，末位淘汰承包商队伍 13 支。坚持绿色发展理念，部署实施环保“035”行动方案，实现致密气钻井泥浆“不落地”集中处理；先行整改问题 327 项，顺利通过中央环保督察组在山西、陕西下沉督察。强化质量源头管控，公司入井材料合格率同比提升 4.36%，供气质量满意度 100%。节能降耗取得新成效，“关停低效井”“气改电”等措施累计节约自耗气 3516 万立方米、实施零散气回收利用 488 万立方米，节约标准煤约 4.4 万吨，碳排放强度降低 2%。持续推进“健康企业”创建，创新菜单式劳保采购模式，推进差异化健康体检，配备完善健康设施，公司健康管理体系逐步建立；构建全方位、全时段、快响应、快处置的疫情防控体系，员工疫苗接种率 97%，保持公司“双零”目标。

【人才强企】 2021 年，煤层气公司注重班子功能强化提升，为 8 家所属单位党组织配备专职书记或副书记，全面提升班子抓党建强党建能力；推进机关与基层、生产经营与科研单位、经营管理与党委工作岗位之间横向交流，交流领导人员 11 人，推荐 2 名优秀年轻中层干部到塔里木油田挂职锻炼；注重班子结构优化完善，加大年轻干部培养选拔力度，中层干部平均年龄同比下降 1.2 岁。在 13 家所属单位全面推行任期制和契约化管理，对任期考核结果实行强制分布，打破“任用终身制”，年度考核定薪酬、任期考核定去留的导向更加鲜明。做强做优技术序列，按照“管理 + 技术”用工方式转型要求，横向上构建地质、工程、技术“三大技术体系”布局，纵向搭建 2 层 7 级专业技术岗位序列，推动 78 名专业技术人员从管理岗位归位，“3+2+1”队伍格局初步构建。持续强化培训提素，2 个项目获集团公司首届实操培训师大赛“最佳培训方案设计奖”，摘获中国石油 2021 年采气工（煤层气方向）行业技能竞赛金银铜奖牌 10 枚、占总奖牌数的 43%，获团体第一名和团队一等奖。涌现出“全国五一劳动奖章”获得者熊先钺，全国能源化学地质系统“大国工匠”李曙光，以及刘谦、张文龙团队等一批优秀技能人才，深部煤层气勘探开发及实验检验研究团队获集团公司“科技创新团队”称号，煤层气公司被认定为国家高新技术企业。

【市场营销】 2021年，煤层气公司坚持市场导向、价值导向、用户至上，加快构建现代市场营销体系，始终把握市场竞争的主动权。实施战略营销，市场布局和用户结构进一步优化。以讲政治的高度全力保障居民用气，同比增长11%，惠及晋陕地区15个市（县）300万居民；加强居民用气核查，剔除非民生用气，在履行社会责任的同时最大程度维护公司利益；稳定直供大工业用户，做优做实晋陕区域市场。实施差异化营销，打造“哑铃型”产销曲线，按照“春夏优建、夏秋稳投、冬春开满”的原则，持续优化生产运行和销售计划，冬夏峰谷产量比达1.4，利用5个月的采暖期完成全年45%的销量、创造全年53%的效益，实现生产运行与价值实现有机统一。实施“两种资源”利用营销，实现销售增值。

【合规管理】 2021年，煤层气公司实施“合规管理年”专项活动取得实效。针对近年来检查发现的风险管控问题，诊断梳理12个业务领域80类共性问题，形成《合规管理负面清单》，以下发《整改令》的形式突出问题警示和责任落实，系统开展问题梳理、培训宣贯、指导检查、责任追究等“四个专项”工作，制修订制度294项，宣贯培训4268人次，问题整改1507项次，建立修规明规、宣规贯规、执规守规的闭环管理机制，进一步营造“知规问纪”良好氛围。

【深化改革】 2021年，煤层气公司全面落实集团公司“改革三年行动”总体部署，细化6个方面22个重点领域67项具体任务，改革任务完成率98.5%，“油公司”模式建设持续深入，系统运行效率明显提升。持续深化两级机关“大部制”改革，严格机构编制定员管理，规范机构编制设置标准，机关机构、人数分别降低38.9%、38.4%。聚焦效益效率，配套实施业务流程优化再造、管理层级压减、机构和管理人员精简的要求，健全完善考核评价和激励约束机制，充分挖掘资源潜力，实现采气分公司向采气管理区的转型；持续推进组织体系优化，全年压减二级、三级机构25个，占机构总量20%。

【企业党建工作】 2021年，煤层气公司坚持党的领导，加强党的建设，党组织领导作用有效发挥，党建工作质量明显提升。公司党委获集团公司党建工作责任制考核“A档”。严格落实“第一议题”制度，深入学习贯彻习近平新时代中国特色社会主义思想、习近平总书记系列重要讲话和重要指示批示精神，进一步增强“四个意识”，坚定“四个自信”，做到“两个维护”。扎实开展“我为员工群众办实事”实践活动，在物质需求、精神需求、成长成才发展等方面提升了员工的获得感、幸福感、安全感。全方位构建“十四五”发展和党建工作规划体系，政治“三力”进一步提升。高效推进党史学习教育，深入学习党的十九届六中全会精神，坚持用党的理论武装头脑、指导实践，探索高质量发展的方向和路径，深入开展“转观念、勇担当、高质量、创一流”主题教育活动，分业务组织探讨交流5场。召开煤层气公司第二次党代会，选举产生公司第二届“两委”委员，新建、重组基层党组织21个，实现党组织健全率和党员班组覆盖率两个100%。完善“1+N”党建制度体系和责任体系，推进基层党建“三基本”建设与“三基”工作有机融合，梳理形成党建“四个清单”，推动党建制度优势向公司治理优势转化。稳妥推进纪检体制改革，完善派驻监督机构，实现纪检监督全覆盖。紧盯“关键少数”，综合运用述职述廉、“画像”评价、专项整治、经济责任审计等措施开展监督，“一把手”和班子成员履职行为进一步规范。深化政治巡视巡察，实现对所属12个党组织巡察全覆盖；做实整改提升“后半篇文章”，推动巡察成果转化为公司治理实效。

（纪　烨）

南方石油勘探开发有限责任公司

【概况】 南方石油勘探开发有限责任公司（简称南方公司），前身为中国石油天然气勘探开发公司，于1984年在北京注册成立，1991年迁至广州；1995年以“南方石油勘探开发有限责任公司”名称在广州注册；1997年划入中国石油天然气勘探开发公司管理；2008年9月，调整为中国石油天然气集团公司直属单位，业务上归勘探与生产分公司管理；2011年10月，中国石油天然气股份有限公司正式完成对南方公司的股权收购。总部位于广州，勘探区域覆盖广东、海南、广西、云南4省（自治区）。

2021年底，南方公司设10个机关部门、7个二级单位。在职员工167人（合同化91人，市场化76

人），平均年龄42岁，其中党员占62%，本科及以上学历占79%，中级及以上职称占68%，高级职称占41%，教授级高工4人。85%以上在油田现场工作。

2021年底，南方公司有探矿权5个，勘查面积5155.294平方千米，其中海南省2个、广东省1个、广西壮族自治区1个、云南省1个；另有采矿权4个，开采面积368.573平方千米，其中海南省3个，广东省1个。

2021年，南方公司液态烃产销量31.02万吨，天然气生产1.03亿立方米、销售8965万立方米；收入12.45亿元、税前利润2.74亿元；未发生安全生产事故和环保事件；党风廉政、合规经营、质量计量等方面未出现重大问题。

南方公司主要生产经营指标

指　标	2021年	2020年
液态烃（万吨）	31.02	30.58
天然气产量（亿立方米）	1.03	1.04
新增原油产能（万吨）	5.4	6
新增天然气产能（亿立方米）	0.09	0.07
二维地震（千米）	0	234
三维地震（平方千米）	0	331.9
探井（口）	11	13
评价井（口）	5	5
开发井（口）	23	29
钻井进尺（万米）	12.12	16.19
勘探投资（亿元）	2.20	3.04
开发投资（亿元）	2.97	3.62
资产总额（亿元）	54.35	54.03
收入（亿元）	12.45	8.71
利润（亿元）	2.74	0.25
税费（亿元）	1.66	0.76

【油气勘探】 2021年，南方公司坚持勘探开发一体化，探井成功率58%，评价井成功率80%，获集团公司油气勘探重大发现三等奖。福山探区刷新三个单井新纪录：朝阳区块整体探明千万吨级油田，朝6-608x井钻遇325米以上厚油层，创累计油层厚度之最；永安区块整体评价，发现高产高效储量富集区，永8-16X井发现33米巨厚单砂体油层，试油获日产油238立方米，打破单层厚度和试油原油日产量纪录，永101井试油获日产原油61.2立方米、天然气5.9万立方米。花场区块精细评价取得新发现，花139x井和花140x井试油均获日产30立方米以上高产油流，其中花140x井在流一段钻遇新含油层系。玉4Ax井、朝15x井、永22x井和永23x井均获成功，涠洲组成为福山凹陷又一高效接替层系。三水探区完成高1平1井体积压裂施工，放喷获工业油流，进一步坚定页岩油新领域勘探信心；盐穴储气库建设纳入国家石油天然气基础设施重点工程。推动与中国海油合作项目，重点风险探井福海1x井开钻。

【油气田开发】 2021年，南方公司创新编制国内首个全油田全生命周期二氧化碳重力混相驱CCUS产能建设方案，加快推进朝阳10万吨石油生产基地和20万吨碳封存基地建设。立足富油区效益建产，在花场、朝阳、永安、白莲地区新钻产能井23口，新建原油产能5.4万吨、天然气产能900万立方米，完成计划的100%。勘探开发建设全面提速，投产新井45口，产油3万吨，创历史新高。强化措施增产，作业19井次，措施有效率84%，累计增油6500吨、增气269万立方米。持续加强油藏注水，整体分注率提高至47%；精细注采调控，减少无效注水，增油5600吨。开展长停井、低产井治理，年增油2800吨、增气177万立方米。紧盯生产运行大表，跟踪督办重点工程。综合平衡产运销储，有效应对连续台风。强化水电路信保障，健全物资管理制度，库存余额同比下降5%，全面完成4项考核指标。2021年，南方公司生产油气当量43.3万吨（财务口径），主产区福山油田原油、天然气年自然递减率分别为12.4%和5.4%，保持在历史最低区间。

【工程技术】 2021年，南方公司全面推广压裂2.0技术和以柱塞气举为主体的排液采气工艺，累计增油1.72万吨、增气851万立方米。新能源业务平稳起步，开展花场油气处理中心地热能综合利用项目，制订分布式光伏发电项目实施方案，完成钻机“电代油”工程。引进分布式光纤传感技术加强井筒全生命周期管理，建成朝阳、美台无泄漏示范区，油气管道继续保持“零失效”。数字化油田更加成熟完善，示范项目顺利推进，福山油田运行指挥平台获评海南省“优秀工业互联网方案”；物联网建设应用持续深化，新建及改造无人值守井场13座，系统运维和信息安全管控水平不断提升。

【科研创新】 2021年，南方公司承担上级下达科技项目5项，自立21项，投入经费3505万元，“钻井废弃物随钻处理技术研发与资源化利用”获海南省科学技术进步奖二等奖，“海南福山复杂断块多薄储层高效压裂技术与规模化应用”获中国石油和化工自动化应用协会科学技术进步奖二等奖。创新集成并顺利建成年10万吨能力的福山油田CCUS工程。花107-100“采油航母”正式扬帆起航，推行集约化设计、工厂化施工，土地利用率提高42%、钻井速度提高46%、压裂效率提高50%。

【安全环保】 2021年，南方公司宣贯落实新《安全生产法》，强化QHSE体系建设，扎实推进安全生产专项整治三年行动和反违章专项整治，开展五个重点领域集中整治，升级特殊敏感时段管理，突出加强承包商管理和高危作业环节监管，不断完善应急体系。建成规范井控车间，首家通过集团公司井控细则评审。加快推进“双碳”工作，发布全国油气田企业首份碳评价报告，开展碳中和技术路线图和二氧化碳封存潜力研究，启动福山油田CCS/CCUS示范基地建设，落实集团公司与BP战略合作框架协议，启动海南绿色油田建设项目。推进绿色企业、绿色矿山创建，南方公司获评集团公司“绿色企业”，美台—永安油田入选海南省绿色矿山名录。抓好常态化疫情防控，及时分析研判疫情形势，动态调整防控措施，全员新冠肺炎疫苗接种率超过95%，牢牢守住“双零”底线。开展健康企业建设，获评集团公司和海南省首批“健康企业”。推进节能降耗，开展油气水井质量三年集中整治行动，节能节水、井身质量合格率、固井质量合格率均超额完成考核指标。连续4年获评集团公司质量安全环保先进企业，安全环保形势持续稳定。

【经营管理】 2021年，南方公司注重与海南自贸港重大发展战略的对接，突出特色优势，科学编制“十四五”规划。修订投资管理办法，升级规划计划管理系统，规范造价审核流程，加强项目跟踪和投资计划执行情况分析，完成投资5.18亿元，其中当年投资4.69亿元，为年度计划的99%，往年结转投资0.49亿元，消减51%，有关指标同比大幅提高，较好完成上级下达投资任务。深入推进“转观念、勇担当、高质量、创一流”主题教育活动，全力打造提质增效“升级版”，降本增效超过8000万元。实行单井投资“一井一策”管理，百万吨产建投资同比降低4.4%；紧抓控本降费，操作成本同比降低；持续提升资金效率，实现现金净流入8896万元，完成自由现金流、“两金”压控等指标；落实财税优惠政策，节约税费支出3290万元。广州基地总包管理，实现物业租赁利润847万元，同比增长12%。三亚项目稳健运营，收入3131万元。2021年，南方公司人均产值737万元，人均利润162万元。

【企业党建工作】 2021年，南方公司建立“第一议题”制度，跟进学习贯彻习近平总书记最新重要讲话和指示批示精神。扎实推进党史学习教育，引导广大党员干部员工学党史、悟思想、办实事、开新局，推动党史学习教育和中心工作齐头并进、全面起势。决策“三重一大”事项47项，党委领导作用充分发挥。精心组织党建活动，掀起认真学习贯彻习近平总书记“七一”重要讲话精神和党的十九届六中全会精神热潮。海南省电视台10次报道南方公司党史学习教育、油气安全生产、改革发展等方面的新成就，南方公司首次登上中央电视台新闻栏目，聚焦海南福山油田CCUS技术创新。创新高效党建考评模式，在庆祝建党100周年之际，组织开展“两优一先”评选，推进基层党建“三基本”建设与“三基”工作有机融合，建立党支部安全承包点制度，深化“融合式”党建实践。树立正确用人导向，突出优秀年轻干部培养选拔。深入落实意识形态工作责任，巩固和发展爱国统一战线，未发生意识形态领域问题。强化党风廉政教育，坚决防止“四风”问题反弹。组织党委巡察“回头看”，开展11项专项监督，加大执纪问责力度，实事求是运用“四种形态”，一体推进“三不”机制。

【企业文化建设】 2021年，南方公司开展“我为员工群众办实事”实践活动，制定十项重点措施，累计办实事193件。为员工搭建成长进步阶梯，选拔中层管理人员5人、高级主管5人，评审副高级职称5人。提升员工综合素质，培训1400余人次。强化业绩考核，调高岗位工资标准，普及全员疗养政策，人均收入稳中有升。深度融入自贸港建设大局，2人新任海南地方人大代表、政协委员。青年成长平台更加宽阔，两项成果分别获第五届中国石油勘探开发青年学术交流会一等奖和二等奖；首次评选表彰南方公司“十大杰出青年”和优秀青年。关爱退休老同志，组织健康体检，开展节日慰问，三名退休职工获颁“光荣在党50年”纪念章。职工活动丰富多彩，后勤保障更加有力，办公生活环境舒适有序。南方公司整体环境和谐稳定，员工干事创业劲头十足，共有9个单位、集体和34人次获省部级以上表彰和奖励。

（宋　佳）

中国石油天然气股份有限公司储气库分公司（中国石油集团储气库有限公司）

【概况】 中国石油天然气股份有限公司储气库分公司（中国石油集团储气库有限公司）简称储气库分公司，成立于2018年，其前身为中国石油天然气股份有限公司天然气销售储备气分公司。作为勘探与生产分公司的附属机构，储气库分公司以实现储气库专业化管理、市场化经营为目标；以打造储气库生产建设平台、合资合作平台为主线，主要承担储气库规划计划、建设与运营管理、技术开发应用、标准规范制修订、考核评价、合资合作及业务发展政策研究等工作。储气库分公司有中国石油天然气集团有限公司储气库评估中心、储气库专业标准化技术委员会秘书处两大平台，并设盐穴储气库技术研究中心。

2021年，储气库分公司统筹推进储气库生产建设、调峰保供、改革创新、提质增效、疫情防控等各项工作，完成各项目标任务，实现“十四五”良好开局。2021年各储气库计划注气118.78亿立方米，实际注气119.41亿立方米，计划完成率100.53%，注气量同比增加28.49亿立方米，增长31.34%。新增工作气量9.4亿立方米，完成计划的103.33%；新增调峰能力2650万米^3/日，完成计划的106%。

【企业管理】 2021年储气库分公司锚定储气能力建设目标任务，落实集团公司储气库建设规划，持续跟踪各油气田储气库建设进展情况，推动在役储气库扩容达产、新建储气库投产，完成年度目标任务。落实“温暖过冬”的责任担当，制订并落实储气库冬季保供工作方案，最大日采气量1.57亿立方米，创历史新高。储气库调峰能力占冬季调峰的42%，为冬季保供调峰和北京冬奥会天然气保供奠定坚实基础。全年储气库业务收入53.57亿元。

优化储气库建设管理机制，形成《关于进一步理顺储气库管理机制的建议方案》，进一步推进做专储气库分公司、做实储气库有限公司。发布储气库分公司“十四五”规划，明确发展目标和定位，统筹部署储气库商业运营模式、合资合作模式、盐穴储气库工程技术创新及储气库与新能源融合发展等工作。组织完成集团公司储气库“十四五”建设规划和科技发展等专项规划的编制，实现储气库分公司“十四五”规划与集团公司储气库专项规划的有序对接。

秉持合作共赢理念，发挥技术和管理优势，与地方盐业企业共同推动合资建设盐穴储气库。张兴储气库先导性试验方案于2021年6月获勘探与生产分公司批复，工程项目于12月28日如期开钻，合资公司于12月30日获集团公司批复，储气库分公司在做实的道路上迈出坚实一步。菏泽盐穴储气库、泰安盐穴储气库等各项工作稳步推进。与云南昆明盐穴储气库合作方沟通交流，加快推动项目落地。与南方勘探公司交流对接三水盐穴储气库项目，开展与油气田公司的战略合作。

【科技创新】 落实集团公司创新驱动发展工作部署，不断加大盐穴储气库科技攻关力度，研究中心人员参与的“盐穴储气库加快建产工程试验研究”科研课题，作为集团公司重大专项“地下储气库关键技术研究与应用”的子课题通过集团公司验收。储气库分公司形成盐穴储气库科研、前期评价、建设和运行等技术支撑能力。开展科技攻关，完成专利申报7项，其中发明专利6项，实用新型专利1项。做好行业标准的发布和宣贯，完成《储气库气藏管理规范》等11项储气库行业标准的发布工作，并在全行业组织开展宣贯工作。评估中心进一步深化库容评估等技术体系研究，有效指导油气田开展库存和完整性诊断及评价工作，持续推进国内外对标工作，支撑储气库业务提质增效等工作。

【企业党建工作】 认真落实“第一议题”制度，抓实党委中心组学习，抓严党支部学习，全年党委中心组学习习近平总书记重要讲话49篇、学习材料92篇，第一时间学习贯彻习近平总书记最新讲话和重要指示批示精神，深入学习贯彻党的十九届五中、六中全会精神，深入开展党史学习教育、庆祝建党百年系列活动和“转观念、勇担当、高质量、创一流”主题教育活动，坚定“能源的饭碗必须端在自己手里”的责任担当，把完成国家储气能力目标任务作为“两个维护”的试金石承担好落实好。

强化组织建设。开展换届选举工作，严肃换届纪律要求，严格遵循选举程序，召开党员大会，选举产生新一届党委委员和纪委委员。建立健全议事决策机制，落实“三重一大”决策制度，把党委研究讨论“三重一大”问题作为决策重大事项的前置程序，规范“三重一大”监测系统上线运行。推进基层党建“三基本”建设和“三基”工作有机融合，开展党支部标准化建设，调整完善7个党支部。不断实践优化党建工作“述评考用”机制，实现党支部书记抓党建专项述职全覆盖，确保储气库分公司党建工作责任制落实落地。

强化队伍建设。制定《人才强企工程行动实施方案》《中层领导人员任期制和契约化管理暂行实施细则》等保障措施，不断加强干部队伍建设的科学性、计划性。修改完善《领导人员管理办法》等制度，进一步规范选人用人标准、中层干部的考核、调整、退出等程序。层层签订业绩合同，实施全员差异化绩效考核，充分发挥薪酬分配的价值驱动作用。通过调整部门职能、理顺工作流程、优化人力资源等措施，员工队伍的年龄结构、专业结构、知识结构得到改善。认真落实“我为员工群众办实事”活动要求，征集员工意见建议，解决员工困难。充分发挥团员青年生力军和突击队作用，集团公司第一次团代会召开后，及时组织召开“青年干部勇担当，建功立业新时代，推进储气库公司高质量发展”主题座谈会。

强化纪律建设。加强警示教育，储气库分公司原党组管理干部因严重违纪违法被立案调查并移交司法后，储气库分公司党委第一时间召开党委会通报案件情况，规范并严格执行纪律处分宣布送达程序，认真组织召开民主生活会，深刻吸取教训，严格纪律要求，深化以案促改、以案促建、以案促治。严肃追责问责，制定印发《储气库公司关于受党纪政务处分（处分）的人员薪酬扣减实施意见》，进一步建立健全责任追究机制。进一步完善“大监督”格局，在集团公司审计部、审计中心的指导帮助下，组织开展研究中心主要领导离任经济责任审计。以转变会风文风为突破口，着力解决“四风”突出问题，细化并制定进一步改进和加强会风文风管理的21条措施，强化会议和文件管理。

（刘鑫林）

中国石油天然气股份有限公司勘探开发研究院

【概况】 中国石油天然气股份有限公司勘探开发研究院（英文缩写RIPED，简称勘探院）是面向中国石油全球油气勘探开发业务的综合性研究机构，是中国石油国内外油气业务发展的战略决策参谋部、重大理论与高新技术研发中心、技术支持与服务中心和高层次科技人才培养中心。

勘探院1958年成立。建院60多年来，勘探院直接参与中国陆上和海外大多数主力油气田的勘探发现与开发建设，有力支撑中国石油国内外上游业务的健康发展；建立并完善以中国陆相为主的石油地质与油气田开发理论技术体系，引领中国油气勘探开发理论技术持续创新发展；培养造就以19名两院院士、400余名教授为代表的一批专家队伍，打造一支敬业奉献、开拓创新的老中青科技人才队伍，为中国石油事业持续健康发展提供智力支撑；大力弘扬石油精神和大庆精神铁人精神，牢固树立新时代科学家精神，为石油优良传统在科技领域薪火相传提供滋养沃土。

勘探院包括北京总院（含廊坊院区）、西北分院和杭州地质研究院，业务领域涉及油气勘探、油气田开发、油气井工程、信息化与标准化、新能源勘探开发、技术培训与研究生教育等方面。2021年底，有员工2806人，其中在职两院院士4人、集团公司首席专家1人、集团公司高级专家1人、教授级高级工

勘探院主要成果

成果名称	2021年	2020年
中国专利奖（项）	1	1
集团公司科学技术进步奖（项）	10	15
集团公司技术发明奖（项）	1	1
集团公司基础研究奖（项）	1	2
其他省部级科技奖（项）	61	61
授权发明专利（项）	197	254
软件著作权登记（项）	93	170
制修订标准（项）	37	42
出版专著（部）	116	82
发表科技论文（篇）	1282	1168

程师168人、高级工程师1463人，硕士研究生以上学历2150人；建有提高石油采收率国家重点实验室、国家能源页岩气研发（实验）中心、国家能源二氧化碳驱油与埋存技术研发（实验）中心、国家能源致密油气研发中心和国家油气战略研究中心等5个国家级重点实验室（研究中心），以及19个集团公司级重点实验室，有众多国内外高精尖仪器设备，科研条件优越；与国内外知名油公司、研究机构和高等院校建立广泛的交流与合作关系，出版《石油勘探与开发》等一批优秀刊物，在国内外油气行业和科技界具有良好影响力。

【决策支撑】 2021年，勘探院聚焦国家和集团公司重大需求，加强能源绿色低碳转型、中长期发展战略、国内外重点领域勘探开发对策等重大问题研究，发挥决策参谋部作用。依托国家油气战略研究中心，承担中国工程院和国家能源局多项重大咨询项目和研究任务，支持集团公司国家高端智库建设，报送国家智库报告8篇，向中共中央办公厅、国务院办公厅和国家部委提交重要建议32篇，其中《我国页岩气开发面临挑战及有关建议》《油气战略接替资源发展前景及对策建议》获国务院领导批示。分析油气行业现状和未来发展趋势，完成《全国“十四五”油气勘探开发实施方案》《“十四五”页岩油勘探开发加快实施方案》编制任务，支撑集团公司“十四五”科技和业务发展规划编制工作，彰显战略支持实力与影响力。打造决策建议特色品牌，发布《全球油气勘探开发形势及油公司动态（2021年）》，向集团公司总部编报《决策参考》40篇，多篇获集团公司党组领导批示和国家部委采纳，为领导科学决策和重点工作推进提供重要依据。

【科研生产】 2021年，勘探院瞄准油气上游和新能源业务发展需求，加强理论技术创新和生产支持服务，完成各项科研生产任务，取得一大批标志性科技成果，为集团公司高质量发展、保障国家能源安全提供强有力科技支撑。

以资源发现为核心，勘探业务获新突破。强化风险勘探，围绕海相碳酸盐岩、岩性地层、前陆冲断带、页岩油气、火山岩与基岩、新区等6大领域方向，评价优选46个重点区带，加大自主风险勘探目标研究与推举力度，有力支撑多口重点井位取得战略突破和重要发现。加强重点盆地基础研究，创新古老海相碳酸盐岩、深层超深层、陆相页岩油与致密油等超前领域地质理论，发展薄层高分辨率地震储层预测、页岩油“甜点”区评价等关键技术，做优矿权和储量技术支持，有效推动规模效益勘探。推进特色技术及软件发展，研发多波多分量储层与含气性定量预测技术，创新全深度域建模技术和智能速度分析技术，打造勘探决策平台UPLAN，研制iMRT核磁测井仪探头，加大iPreSeis 2.0、CIFLog 3.0等软件推广应用，为复杂油气识别和评估提供技术利器。

以效益上产为重点，开发业务取得新成果。推进“二三结合”提高采收率重大工程，创新体系协同增效理论，研发高效低成本驱油体系，在新疆、辽河、大港等油田“双特高”（特高含水率、特高采出程度）区块应用成效显著，助力5个老区重新上产百万吨示范工程。加快低渗透油藏气驱开发方式转换，升级提高采收率潜力评价软件，形成“稳压促混、水气交替、周期注采、化学调剖”综合调控技术。加强非常规资源有效动用，形成不同类型页岩油开发“甜点”评价等关键技术，编制大庆古龙4个先导性试验区开发方案，创新致密油体积开发理论技术，破解页岩油与致密油效益开发难题。加强稠油老区开发方式转换攻关，火烧吞吐和人造泡沫油吞吐技术多井次试验效果显著，蒸汽辅助重力泄油技术在新疆Ⅲ类超稠油油藏试验成功，为稠油高效开发提供新途径。

以降本增效为追求，工程业务实现新发展。做强特色技术，创新发展老井柔性侧钻增产技术，为低渗透油田难采储量动用和提高单井产量提供低成本路径；原创形成纳米驱油技术体系，驱油材料、监测仪器及评价方法在长庆油田连续开展3年试验，实现有效增产。做亮特色产品，国内首套地质工程一体化压裂优化设计软件FrSmart 1.0 Beta版通过验收，具备发布条件；流量波控制注水关键工具研发取得重要突破，为油藏开发数字化提供技术支撑；可溶桥塞和趾端滑套持续升级，性能指标达到国内顶尖水平。优化生产管理，建成工程技术监督管理平台，推进压裂与风险探井远程技术支持中心建设，拓展工程技术标准体系，为油气田降本增效提供管理支撑。

以快速上产为原则，天然气业务做出新成绩。加强天然气开发理论技术创新，完善超深层气藏控水提采理论，建立裂缝综合表征方法，优化控水开发技术对策，支撑库车超深层上产。深耕气田开发方案编制，主导编制苏里格300亿立方米开发调整方案、泸州深层页岩气100亿立方米初步开发方案等12个天然气开发（调整）方案，支撑主力气区持续上产。推进气藏提高采收率重大开发试验，创新建立采收率定量评价模型，编制苏里格致密气、克深8超深层碎屑岩、台南疏松砂岩气田等提采试验方案，解放超致密和高含水区储量。创新建立气藏型储气库动态分析方法和储气库注采井井控诊断模型，提出“三区联动”（“三区”指核心高压注采区、中间辅助采气区、外围监测区）大型低渗透非封闭岩性气藏建库新模式，首创复杂断块油藏建库库容参数预测方法，完成国内首个海上油气藏储气库建设工程方案，推动储气库快速建设和高效运行。

以靠前服务为抓手，海外业务展现新作为。推动勘探优质规模增储，创新发展深水盐下碳酸盐岩大型油藏富集条件和西非裂谷走滑构造控藏规律，支撑巴西阿拉姆深水、俄罗斯北极地区侏罗系深层等探区取得10亿吨级重大发现。开展新项目评价，构建评价指标体系，建成综合研究与评价平台，高效评价海外新项目56项，推动多个项目进入谈判与报价阶段。加强开发方案全周期管理，推动重点项目产能建设，强化开发动态调整与优化部署，落实“一项目一策”，支撑海外油气权益产量1亿吨以上运行。加强中东项目效益稳产技术支持，强化哈法亚、艾哈代布重大调整方案编制，推动哈法亚油田2000万吨稳产，保障中东项目权益产量目标实现。

以转型发展为方向，新能源和信息化业务迈上新台阶。支撑和推进中国石油深圳新能源研究院挂牌建设，加强新能源研究力量，加大地热、氢能、储能、煤炭地下气化、CCUS等关键技术攻关力度，研制关键催化材料和“光伏电解水、太阳能光解水”制氢装备。加强大数据、云计算、人工智能等信息技术研究，支撑“数字中国石油”建设，推进勘探开发一体化协同研究及应用平台（A6）二期等项目实施，深化勘探开发知识成果共享和协同研究工作环境建设，推动信息技术与业务深度融合。

【成果专利】 2021年，勘探院获中国专利优秀奖1项，集团公司科学技术技术进步奖10项（其中特等奖1项、一等奖6项），北京市科技进步奖一等奖1项，其他省部级科技奖61项；获授权发明专利197件，其中国内发明专利162件、国外发明专利35件；登记软件著作权93项；出版著作116部；发表论文1282篇；制订、修订标准37项。“岩石薄片智能鉴定系统”获第三届中央企业熠星创新创意大赛一等奖，被国务院国资委推荐至全国“双创”周展示。牵头完成的“陆相页岩油地质理论与勘探开发技术”“多功能一体化油藏数值模拟软件HiSim 4.0”“第四代精细分层注水工艺技术”3项成果入选中国石油十大科技创新成果；牵头完成的“多功能一体化油藏数值模拟软件HiSim 4.0”“复杂构造成像与定量储层预测大型软件系统iPreSeis”两项成果入选中国石油2021年十大科技进展。

【管理提升】 2021年，勘探院坚持科技创新和管理创新“双轮驱动”，围绕科研生产中心工作，推进战略谋划、改革创新、强化管理以及环境建设等工作，提升管理科学化、规范化、精细化水平，以精益化管理和合规管理为高质量发展增添动力、保驾护航。

加强战略谋划，精心勾画未来发展蓝图。加强形势研判和顶层设计，按照“明确一个目标、扛起两项责任、突出三大业务、实施四个战略、推进五化发展”的“12345”总体发展思路，研究制定“建设世界一流研究院”战略目标和“三步走”战略路径，提出高质量发展、价值追求、精益化管理、以奋斗者为本和协同开放“五大理念”，实施“十大科技创新工程”和“五项保障支撑工程”。坚持开门问策和集思广益，对接集团公司“十四五”发展规划，召开多轮次专题咨询研讨会，广泛征集院士专家和各方面意见，制定勘探院“十四五”总体发展规划。强化对标对表和问题查找，开展培育世界一流研究院咨询项目，明确世界一流研究院建设重点施策方向。

深化改革创新，培育健康发展动能。抓好改革三年行动实施方案落地见效，围绕重点任务，推动改革向纵深发展。推进对标世界一流管理提升行动，围绕8方面27项任务，系统开展对标研究和问题分析，创新建立全要素管理能力框架，统筹实施各项达标措施，提升管理运行效率和整体效能。深化三项制度改革，完成机构压减年度目标，完善“干部能上能下、人员能进能出、收入能增能减”机制，推进领导干部任期制和契约化管理，完善绩效考核分配机制，合理拉开各级各类岗位收入。树立“一切费用皆可降”理念，制订提质增效专项行动实施方案，抓好控本降费和税收筹划，打造提质增效“升级版”。探索成果转化路径，制定促进科技成果转化10条措施，与大庆油田开普化工有限公司、深圳清华大学研究院等单位合作搭建科技孵化和产业化平台，选取优秀成果加速转化应用，申请集团公司科技成果转化创效奖励，激发创新活力。

强化管理升级，激发创新创效活力。加强科研项目管理，保障重大项目验收和新项目开题。稳步推进国家和集团公司重大专项“十三五”结题验收和“十四五”接续申报，“十三五”期间牵头承担的18项国家重大专项任务全部获评优秀，新落实国家自然科学基金项目8项、集团公司前瞻性基础性科技项目34项，获黑龙江省“古龙页岩油气勘探开发理论、关键技术及开发现场试验研究”重大科技攻关项目。优化科研管理体制机制，建立“国家、集团公司、勘探院”三级项目研发平台，推行项目分级分类管理，落实国家经费管理激励政策，构建差异化考核评价和精准激励机制，进一步提高科研人员积极性。构建“三级业务、两级行政”组织管理模式，设立勘探、开发、工程和非常规新能源业务部，加强研发过程专业化管理，推进简政放权，组织架构运转更加高效。实施业务布局优化调整，整合成立非常规研究所，组建渗流基础研究部，增强非常规和提高采收率研究力量。

注重环境改善，营造宜研宜居良好氛围。深化科技创新平台建设，推进提高石油采收率国家重点实验室优化重组，开展“CCUS”“地下储库”“碳酸盐岩储层”国家能源研发创新平台认定，推动集团公司“二氧化碳捕集、利用与封存”重点实验室以及地热能、勘探开发人工智能技术研发中心建设，有效支撑基础研究和学科建设。打造多元化对外合作平台，推进重点学科建设和创新能力提升，与冀东油田、中油测井、河南理工大学等单位签订战略合作协议，举办国际前沿能源科技系列讲座，参加国际学术会议，主办期刊《石油勘探与开发》SCI影响因子再创新高。加快推动现代化科技园区建设，推进智慧园区一期建设，加速实施“三供一业”移交收尾工作，如期完成职工第三餐厅、职工篮球场、石油共生大院周边环境改造工程，构建宜研宜居、安全和谐的环境。

【人才队伍建设】 2021年，勘探院牢固树立“人才是第一资源”的理念，坚定不移走人才强院之路，以高效组织体系和高素质人才队伍赋能世界一流研究院建设。加强统筹谋划和顶层设计，成立人才强院工作领导小组，推进组织体系优化提升、石油科学家锻造、创新团队汇智、领导干部培养选拔、超前紧缺与国际化人才集聚和考核分配机制深化改革“六大专项工程”，构建“大人才”工作格局。加速石油科学家、国际化人才和青年英才培育，1人当选集团公司首席专家，1人当选集团公司高级专家，1人获黄汲清青年地质科学技术奖。拓宽人才发展通道，畅通技术与管理岗位双向转换通道，推进双向交流挂职，推荐3名科研人才到油田挂职，妥善安排2名油田干部到勘探院挂职。推进国家引才引智示范基地建设，聚焦“高精尖缺”，精准引进3名海外高端人才，弥补关键核心技术攻关人才短板；对接引才清单，招聘79名优秀毕业生，筑牢人才储备“蓄水池”。加大年轻干部培养选拔力度，实施处级领导干部提前两至三年退岗机制，干部队伍年龄结构优化。

【企业党建工作】 2021年，勘探院制定《党委第一议题制度》，建立《党委学习贯彻习近平总书记重要指示批示精神落实机制》，开展12次中心组学习、4次专题讲座，学习贯彻习近平总书记重要指示批示精神和党的十九届六中全会精神，组织开展党史学习教育和“转观念、勇担当、高质量、创一流”主题教育活动，发挥院党委把方向、管大局、促落实作用。筑牢基层党建基础，健全完善党建科学化制度体系，制定、修订党内制度规范14项，以基层党组织换届为抓手落实行政领导班子成员与支委高度重合，推动党的建设与科研创新、提质增效、改革发展相融相促。强化党风廉政建设和反腐败工作，健全完善风险防控体系，开展两轮常规巡察和集团公司巡视反馈问题整改落实“回头看”检查，巩固发展清朗政治生态。组织建党100周年系列庆祝活动，传承弘扬老一辈石油科学家精神和优秀文化，倡导以奋斗者为本理念，凝聚干事创业强大合力。

（韩伟业　廖　峻）

中国石油天然气股份有限公司天然气销售北方分公司

【概况】 按照2016年11月中国石油天然气集团公司天然气销售业务管理体制改革的总体部署，中国石油天然气股份有限公司天然气销售北方分公司（简称天然气销售北方公司），是以原股份公司华北天然气销售分公司为基础，划入股份公司管道（销售）分公司东北地区及河北省廊坊市天然气销售业务，接收股份公司西气东输管道（销售）公司山西省天然气销售业务，整合股份公司天然气销售大庆分公司、吉林分公司、辽河分公司组建而成，2017年1月10日在北京正式成立。主要负责中国石油在役天然气长输管道和各油田输气管线进入黑龙江、吉林、辽宁、北京、天津、河北、山西、内蒙古（东部）等8省（自治区、直辖市）的天然气市场开发、营销管理、资源平衡、管道运行协调，终端销售业务协同、合资合作，天然气销售分公司授权下的管网规划建设等工作。主要气源来自中国石油长庆、塔里木、大港、冀东、华北、大庆、吉林、辽河等油气田的国产天然气，以及中亚长输管道进口天然气，大连、唐山LNG接收站进口LNG和大唐煤制气。区域内供气用户617个。

2018年10月，股份公司对天然气销售管理体制进行调整，按照《关于进一步调整优化天然气销售管理体制的通知》文件要求，天然气销售分公司（昆仑能源有限公司）内部实行“公司机关—省公司”两级管理为主、天然气销售区域公司协调监督为辅的管理模式。天然气销售北方公司定位调整为天然气销售分公司（昆仑能源有限公司）的派出机构，负责区域内的天然气销售业务规划协调、天然气资源组织、区域价格平衡、安全环保监督、审计监察等工作。协调监督范围为黑龙江、吉林、辽宁、内蒙古、山西、河北、北京、天津8省（自治区、直辖市）的15家单位。

2021年2月，股份公司再次决定进一步调整优化天然气销售业务管理体制及天然气销售区域公司功能定位，天然气销售方北公司改设为天然气销售北方事业部，对外沿用“中国石油天然气股份有限公司天然气销售北方分公司”名称，作为天然气销售分公司的下属机构，承担区域天然气销售、液化石油气销售和LNG接收站等单位运营组织管理职能，负有实现区域效益最大化责任，对二级单位经营类指标进行考核。党组织关系隶属天然气销售分公司党委，设立党总支。天然气销售北方公司负责黑龙江、吉林、辽宁、北京、天津、河北、山西7省（直辖市），7家天然气销售省公司、京唐液化天然气公司等10家单位的业务运营组织管理。

2021年，天然气销售北方公司克服资源阶段性短缺、煤改气持续推进带来的保供压力，克服进口长贸气价大幅上涨、LNG现货价格居高不下带来的成本压力，克服基础设施开放、市场主体多元带来的竞争压力，克服市场研究断档、基础数据缺失带来的优化压力，克服管理体制调整、办公场所搬迁带来的稳定压力，打造“数字北方、智慧营销、和谐团队、战斗堡垒”，完成各项工作任务，实现“十四五”良好开局。北方区域实现批发销量511.13亿立方米、同比增长5.25%，终端销量124.17亿立方米、同比增长8%，LPG销售341.11万吨、同比增长16.9%。实现利润总额31.92亿元。

【营销调运】 2021年，天然气销售北方公司支持天然气销售分公司资源流向调整，6—10月减控2.5亿立方米保障南方发电。量入为出优化资源配置，销量突破500亿立方米，继续保持区域第一，市场占有率维持70%以上，服务内部7家油田13家炼化企业产业链发展。天然气销售北方公司统筹区域量本利，精心组织运行，两次价格复议成效显著，综合推价率14.88%；批发业务应收账款余额较年初下降91.95%。建立10日滚动销售预测机制，理顺月计划、合同、线上交易与周平衡、日指定的逻辑关系，计划执行符合率提升至98.9%，将山西、天津富余资源调配到辽宁、河北补足缺口，通过区域内部平衡提高效益。周沟通机制推进合同签订，年度签订合同量完成101.5%，除北京外其他省（直辖市），均执行天然气销售分公司统一价格政策。16次市场化竞价交易成交3.5亿立方米，实现价格较门站价上浮37.4%；试点开展的冬季代采现货顺价、国庆期间定向增供专场交易成交1.44亿立方米；交易中心协议交易成交95.1亿立方米。专项推进中国海油夏季资源串供事宜，协调推动将中燃集团大连接收站资源统一纳入天然气销售公司资源池，增强外部资源统筹能力。

【市场开发】 2021年，天然气销售北方公司组织省公司网格化摸排，绘制区域市场竞争态势图，明晰基础条件、竞争环境和开发重点，逐步构建内外结合、上下联动的市场情报体系。新增国家管网下载点，打破鄂安沧、濮阳支线管输壁垒，进入邢台、邯郸等中国石化传统市场，新用户用气1.44亿立方米。召开区域终端市场开发推进会，到沈阳燃气、铁岭港华等40家重点用户了解要求，商洽合作，终端客户总体满意度超过90%。协同推进“气化龙江”战略，组织省公司与曼哈顿集团签订合作协议、洽谈飞鹤乳业克东基地项目合作，推进中俄配套支线建设投产，落实齐齐哈尔支线、嫩江支线和梅桦支线等项目托运商协议。协调推动加油加气终端一体化合作，向成品油销售25座加气站供气4392万立方米，推进78座在运CNG站、LNG站合作。8个开口项目实现地区管道同意，并向国家管网集团履行程序。批发业务年内投产新用户51家，销量7.3亿立方米，终端项目落地14个，新增终端零售能力8.7亿立方米。

【规划计划】 2021年，天然气销售北方公司坚持问题、目标、结果3个导向，绘制区域天然气和新能源业务发展蓝图。与13家内部单位、21家终端燃气公司、2家电力设计单位，以及地区管道公司建立机制定期沟通，完成“区域天然气产供储销系统适应性分析”“集团公司海上风电规划基础资料”等5个专项研究。组织省公司完成天然气业务滚动规划及新能源发展专篇，坚持开门问策、集思广益，组织视频评审，促进相互学习、共同提高；建立北方区域新能源项目数据库，储备分布式能源、风能光伏融合发展项目31项，推动规划成果转化。突出电厂支线、煤层气上载管道、“气化龙江”工程、东北天然气与新能源融合示范等项目，上报北方区域4批次投资建议计划，完成2022年投资框架建议计划。

【冬季保供】 2021年，天然气销售北方公司扛牢冬季保供政治责任，针对“双峰拉尼娜”可能带来的极寒天气，加强区域协同作用，坚持数据先行、方案先行、机制先行，超前谋划，为保供打下坚实基础。6月到市场一线调研36次，组织各类协调会议15次，主动对接地方政府16次，到中国石油3家油田、3家炼化企业调研，协调华北、东北先导储气库注气，组织编制区域及分省冬季保供手册、冬季应急减限方案、冬奥天然气保供方案，落实可中断调峰用户清单，夯实精准保供基础。建立与北京城管委、天津发改委、河北能源局、张家口市政府的政企信息沟通机制，与省公司及京唐LNG的调运联动机制，与油田和内部石化企业的储气库调峰及调运协调机制，与北京市燃气集团有限责任公司、天津陈塘热电有限公司等大用户的协商机制，以4套机制推动信息全面共享、运行联动协调。严格24小时值班值守，落实敏感时期“双值班”，指定专人监控重点用户供气动态，关注季节调峰用户执行情况，组织寒潮前重点用户错峰用气沟通，入冬以来运行平稳有序。

【监督保障】 2021年，天然气销售北方公司支持各监督中心工作，配合天然气销售分公司统一调度监督中心力量，保障监督业务的有序开展，各中心全面落实跨区域监督工作。第一质量安全环保监督中心对区域内14家二级单位和97家三级单位开展常规监督检查129次，完成专项监督任务44项，行程8.21万千米，监督覆盖率和完成率指标均100%；开展“四不两直”监督检查63次，完成率121%，发现问题1722项，完成整改1685项。第一工程监督中心开展日常监督检查15次，“四不两直”检查54次，行程5.65万千米，实现43个工程项目监督检查100%全覆盖，监督检查发现的268项问题，全部完成整改。第一审计中心完成11项年度审计工作任务和1项追加任务，远程开展江苏分公司离任审计。第一纪检监督中心实现案件初核20件，立案审查7件，挽回直接经济损失70余万元、间接损失460余万元，监督相关单位通过诉讼挽回损失6000多万元。

【基础工作】 2021年，天然气销售北方公司开展合同管理突出问题排查，深化合同管理系统2.0应用，全面提升合同签约质量和履约能力。信息化手段破除疫情影响，超额完成监督任务。发现各类问题隐患6401项，依据海因法则，等同有效避免21次安全、工程、经济事件事故，有力提升监督潜在绩效。移动办公先行先用，“知识库”“能源数据中心”探索攻关，集成应用、数据挖掘、可视化建模取得进展，数字化理念逐渐深入人心。制修订各类制度47项，制度体系更加科学完备。组织进行内控测试和年度风险评估，管理体系持续改进。按照集团公司部署，组织审计发现问题整改，精心制定新冠肺炎疫情防控、安全及舆情预案，协调解决员工出行、用餐等实际问题，安全平稳完成办公区整体搬迁。开展“6S”管理专项培训，从标准示范工位起步，推进“6S”管理工作在事业部全面展开。抓好疫情防控，疫苗接种率超过95%，针对在京单位突发疫情，有序组织单位留观及隔离监测，实现“双零”目标。建立例行安全经验分享机制，加强风险排查及应急演练，安全形势平稳向好。

【企业党建工作】 2021年，天然气销售北方公司把政治建设放在首位，严格执行“第一议题”制度，学习习近平新时代中国特色社会主义思想，跟进学习习近平总书记重要讲话，提升政治领悟力、政治判断力、政治执行力。研究党建“三基本”与“三基”融合方法，开展“转观念、勇担当、高质量、创一流”主题教育活动，自觉践行重要时段稳定责任，组织敏感时期7个站点的安全、工程“四不两直”检查，以“平安北方”庆祝建党百年。党总支讲授专题党课3次、专题研讨14次，党支部集中研学58次，组织井冈山“薪火相传”、党史馆参观等现场体验，解决员工群众“急难愁盼”实事8件，以“六个结合”（与深化党史学习教育的新要求结合起来，与天然气冬季保供结合起来，与高质量发展结合起来，与“转观念、勇担当、高质量、创一流”主题教育结合起来，与加快推进数字化转型智能化发展，建设结合起来，与新冠肺炎疫情防控和安全环保等具体工作结合起来）为抓手推动教育活动落实落地，1人作为宣讲人代表集团公司参加央企“伟大精神”宣讲团，多项报道被集团公司“铁人先锋”专栏选用。强化区域经营业绩指标对标管理，推进“比学赶帮超”活动走深走实，实现党建与业务同频共振。利用“学习强国”“铁人先锋”等平台线上学习，平台应用与竞赛成绩达到“双百”目标。落实“一岗双责”，组织逐级签订党风廉政建设责任书，组织清查清理，坚决肃清流毒影响，严格执行“三重一大”决策、廉政谈话制度，全面从严治党责任进一步压实。

（陈雨昕）

中国石油天然气股份有限公司天然气销售东部分公司

【概况】 中国石油天然气股份有限公司天然气销售东部分公司（简称天然气销售东部公司）是按照集团公司天然气销售管理体制改革部署成立的区域天然气销售分公司，以原西气东输一线东段销售机构为基础组建，由原西气东输销售分公司更名而来，在上海自贸区注册，自 2017 年 1 月 1 日正式运营。市场区域覆盖鲁、豫、皖、苏、浙、沪等六省（直辖市），主要负责区域内天然气市场开发与营销管理、资源平衡、产销衔接、输销衔接、终端销售业务合作协同及管网规划运行具体衔接协调等工作。2018 年底，集团公司调整天然气销售管理体制，区域公司调整为天然气销售分公司派出机构，重点承担管理协调和监督控制职能。2021 年初，集团公司再次调整天然气销售管理体制，区域公司改设为区域事业部，定位为天然气销售分公司的下属机构，作为机关业务管理职能的延伸，负有实现区域效益最大化责任，有对二级单位经营类指标的考核权，设立综合管理部、计划财务部、业务运行部 3 个业务部门，并承接质量安全环保监督中心、审计中心、纪检监督中心和工程监督中心的人事关系和党组织关系等。2021 年底，天然气销售东部公司有员工 67 人，负责区域内各省公司及江苏液化天然气公司等 7 家单位的业务运营组织管理。

天然气销售东部公司主要经营指标

指　标	2021 年	2020 年
批发销量（亿立方米）	502.3	459.3
批发利润（亿元）	33.9	2.78
零售销量（亿立方米）	176.6	140.7
零售利润（亿元）	42.2	31.9

2021 年，天然气销售东部公司坚决执行体制改革部署，落实业务运营组织管理职能，实施提质增效升级版工程，与各二级单位协调配合、优势互补，批发环节销售天然气 502.3 亿立方米，同比增长 9.4%，创造利润 33.9 亿元，同比增长 11 倍，超出目标值 13.8%；零售环节实现销量 176.6 亿立方米，同比增长 25.5%，创造利润 42.2 亿元，同比提高 27.1%，超出目标值 20%。

【资源组织】 2021 年，天然气销售东部公司由重市场轻资源转变为从资源和市场两端同时发力，保持集团公司主导地位。搭建资源组织体系，实施“竞合”策略，与新奥集团、申能（集团）公司等资源主体常态化沟通交流，通过资源串换、互保互供、使用 LNG 接收站窗口期等，实现资源的相互补台、一体统筹，提升话语权。与新奥集团串换天然气 3000 万立方米，利用时间差克服资源紧缺，满足浙江电厂临时用气需求。以 LNG 资源串换申能（集团）公司文 23 储气库资源 1.5 亿立方米，并协调申能（集团）公司和新奥集团预留洋山港、舟山 LNG 接收站 12 月和 2022 年 1 月 4 个窗口期，资源串换量 3.8 亿立方米，增强鲁、豫等北方省份冬季用气保障，缓解苏、浙、沪等省（直辖市）冬季管输瓶颈。

【市场营销】 2021 年，天然气销售东部公司构建有弹性可调节的营销体系，着眼于苏浙沪区域气电发达优势，加强与地方政府和电厂用户的沟通联系，巩固和深化合作关系，实现与政府互动、与用户互信，发挥燃气电厂削峰填谷作用。严肃销售计划执行，批发业务日指定执行率和终端销售月计划执行率均保持在 99% 以上。创新市场化交易品种，推出“预售”和“转售”，建立每周固定日期交易的新模式，预售 9.3 亿立方米、转售 4600 万立方米，参与用户 177 家，促进资源在用户间的双向流动。根据市场形势调节销售节奏，国庆节期间东部最高日销量 1.49 亿立方米，同比增长 20% 以上；12 月初全国气温普遍高于预期，日销量增至 1.62 亿立方米，日扩销 1000 万立方米以上，为产业链畅通作出突出贡献。做好通道优化、资源调度和应急响应，有效应对江苏燃气电厂顶峰运行、河南暴雨等紧急事件，保持上下游平稳运行。

【提质增效】 2021 年，天然气销售东部公司抓住市场紧平衡的有利契机，把资源优势转化为市场优势和效益优势。开展价格复议，在 7—10 月和冬季价格复议中复议率均 100%，增收 34 亿元。优化资源流向，向高端市场倾斜分配资源，增收2亿元；针对资源紧缺，按照合同底线向电厂供气，调剂资源至其他用户，避免短供赔偿；统筹平衡资源0.3亿立方米，协调天然气销售分公司筹措资源2.8亿立方米，按照LNG现货到岸价向江苏电厂顺价，增收4亿元；把用户盈余气量变更到位，"集腋成裘"进行线上交易，增收7.7亿元。优化管输路径，协调终端项目资源通道，7家公司通过优化路径下载气量2.3亿立方米，减少管输费1912万元；通过置换文23储气库资源，减少管输费用4500万元。精细股权管理，直接参与华电江苏公司经营，动态掌握运行状况，获投资分红2亿元。通过努力，批发环节实现综合价格2.09元/米^3，同比提高0.16元/米^3，增长8.5%；零售环节实现平均销售价格2.60元/米^3，增长18.9%，购销价差同比提高0.06元/米^3。

【市场开发】 2021年，天然气销售东部公司坚持批发带零售，抢占优质市场。批发环节开发项目78个，投产35个、用气25亿立方米。零售环节完成并表项目6个，新增终端年销售能力3.6 亿立方米；完成可行性研究批复项目8个、工商注册项目7个，终端年销售能力20亿立方米。利用与上海市的互动、互信优势，牵头组织上海燃气合同谈判，气量同比增加10亿立方米，电厂专项用气价格提升0.1元/米^3，市场份额同比提升7个百分点。带领浙江公司协调资源配置，进行量价谈判和管输路径协商，实现15家电厂直供。淡季合同25亿立方米，冬季合同1.6亿立方米，市场份额由不足10%提升至20%以上，淡旺季用气比超过6∶1。与国家管网集团、上海市发改委、江苏省发改委、上海燃气公司对接如崇线管输收费问题，协调海门昆仑在如崇线开口，项目成功投产。

【协调监督】 2021年，天然气销售东部公司以服务为立足点，加强管理协调和监督管控，为天然气销售业务健康发展提供有力保障。对山东分公司、上海分公司和浙江分公司48家项目单位开展财务大检查，发现问题631项、核查整改问题81个。常态化开展天然气销售检查、价格监督检查等，提升风险防控水平，堵塞管理漏洞。开展质量安全环保现场监督检查，派出332人次、行程11.4万千米，涉及二级单位7个、项目单位110个，发现问题1445个，实现"专项监督任务完成率"等4个关键指标100%，区域内各单位生产安全、环境污染和生态破坏事故均为零，新冠肺炎疫情零感染、零死亡。对34个项目进行工程监督，开展各种检查87次，发现问题346个，实现"区域内二级单位监督覆盖率"等8个指标100%，质量安全事故零发生。完成经济责任审计3项，发现问题222个，涉及问题金额3635万元，挽回经济损失140万元。组织经济责任审计4项，发现问题286个，涉及问题金额3656万元，挽回经济损失153万元。组织竣工决算审计5项，发现问题98个，审减费用819万元。完成纪检监察初核任务11件、立案审查2件、督办1件、了解情况2件，开展新冠肺炎疫情防控和冬季保供专项监督。

【企业党建工作】 2021年，天然气销售东部公司落实"第一议题"制度，精心组织党总支政治理论学习，集中学习28次，深刻领会习近平总书记重要讲话和中央重要精神，以及集团公司和天然气销售分公司有关要求。开展党史学习教育和"转观念、勇担当、高质量、创一流"主题教育活动，增强理论武装，转变思想观念，践行群众路线。推进"我为员工群众办实事"活动，解决大家普遍关注的员工体检、人才落户、新冠肺炎疫情防控、工会活动等7项问题。开展党建联建，组织区域"青春心向党、奋进新时代"主题演讲比赛，打造党建带团建、团建促党建的有利局面。与上海燃气联合举办"永远跟党走、携手新征程"喜迎建党100周年健步行活动，深化与上海燃气的互信合作关系。以"百年风华、奋斗先行"为主题，与华电江苏公司联合举办文艺汇演，促进与股权合作单位的深入交流。正面开展新闻宣传，联合《中国石油报》专题宣传提质增效和冬季保供，稿件获集团公司和天然气销售分公司官网转载。《多措并举、精准服务、在长三角高端市场彰显石油力量》刊发在中宣部"学习强国"微信公众号、界面新闻、网易新闻等12家权威媒体，获《石油商报》整版刊载，在新华社客户端单稿阅读量突破30万人次。

（朱慧子　沈　忱）

中国石油天然气股份有限公司天然气销售西部分公司

【概况】 中国石油天然气股份有限公司天然气销售西部分公司（简称天然气销售西部公司）注册在乌鲁木齐，2017 年初成立运行，历经 3 次改革调整，根据授权管理西部新疆、甘肃、青海、宁夏、内蒙古、陕西、西藏 7 省（自治区）天然气销售业务。2021 年 2 月，集团公司调整优化天然气销售业务管理体制后，作为天然气销售分公司机关业务管理职能延伸，对内改设为天然气销售西部事业部对外沿用天然气销售西部分公司名称。作为天然气销售分公司的下属机构，负责西部 7 省区天然气、液化石油气销售及昆仑系统终端项目开发运营。

2021 年底，天然气销售西部公司设业务运行、计划财务、综合管理 3 个部室，质量安全环保监督、审计、纪检监督、工程监督 4 个中心。定员 77 人、实有 62 人，其中，女员工 14 人、少数民族 4 人，本科及以上学历 58 人，中级及以上职称 55 人。党总支下设 7 个支部，党员 53 名、占比 85%。组织管理 10 家公司（6 家天然气省公司，1 家液化气公司，甘肃燃气、新疆博瑞 2 家控股公司，克拉玛依筹备组），从业员工近万人。

2021 年，天然气销售西部公司有效保持西部天然气产业链运行顺畅、西部人民群众温暖过冬，量价效指标创历史新高，全年天然气批发分销 411.7 亿立方米，终端零售 63.5 亿立方米。

天然气销售西部公司主要经营（运营）指标

指　标	批发分销		终端零售	
	2021 年	2020 年	2021 年	2020 年
天然气销量（亿立方米）	411.7	350.46	63.5	48.2
综合价格（元 / 米 ^{3}）	1.577	1.342	2.106	1.999
收入（亿元）	509.28	431.59	171.27	116.60
利润（亿元）	12.83	–40.01	7.08	2.9

【业务效益提升】 2021 年，天然气销售西部公司主动适应天然气销售优化调整，依靠每月一次区域例会统一思想行动，依靠每月一次业绩排行激发创效动力，紧跟供需变化平衡资源配置，紧跟突出运行问题协调公关，全员价值创造能力、西部天然气销售经济效益大幅提升，批发销售利润同比大幅增长。6 家省公司和 LPG 西北分公司终端销售利润同比增长 161%。天然气销量、市场化占比等 6 项指标创历史新高、走在区域前列。西部市场份额保持 80%，高出中国石油全国平均水平近 23 个百分点。

【线上交易】 2021 年，天然气销售西部公司推动 LNG 工厂用气和城市燃气用户合同外用气市场化，组织线上交易 55 场，成交气量 28 亿立方米、占比天然气销售分公司同类总量 50.9 亿立方米的 55%，实现均价 2.52 元 / 米 ^{3}、较基准门站价上浮 104%，推价增收 36 亿元、占比天然气销售分公司同类总额 61 亿元的 59%。线上交易成为西部区域主要利润来源，排名天然气销售分公司第一。

【提质增效】 2021 年，天然气销售西部公司依靠价格复议推价增收，价格复议非居民用气量 131.8 亿立方米，复议率 90%，淡季、冬季分别实现推价增收 3.3 亿元、11 亿元。依靠拓展内部终端增销，促成向西部成品油销售 58% 的 CNG、LNG 终端供气（107 座），新增销售 1.5 亿立方米。依靠价格监督减少损失，审慎否决 3 家省公司关于自有终端用户增量气价格下浮 5% 的要求，涉及气量 4.5 亿立方米，减少效益损失 2475 万元。依靠专项治理止血减损，按月通报“两金”压控，坚决控量清欠，陈欠收回 2.34 亿元、清理率 58%。每周督导法人压减，“一企一策”治理亏损，24 家亏损企业实现 10 家扭亏，8 个法人压减指标实际完成 9 家，超额完成指标。

【监督业务】 2021 年，天然气销售西部公司质量安全环保监督开展现场检查 65 次、专项检查 43 次，人均出差 237 天，发现问题 4342 个，占天然气销售分公司总数 50% 以上，问题整改复合率 100%；围绕区内城市燃气安全，全覆盖开展专项督查、做到限时可验证整改。审计监督落实天然气销售分公司审计项目 5 项、天然气销售西部公司审计项目 1 项，提出管理建议 21 条，人均外勤 93 天以上，超出计划两倍完成任务。纪检监督着力维护党规党纪的严肃性，初步核查信访件 18 个、函询件 1 个，立案审查 8 个、审查率 47%，开展 2 批 10 人培训。工程监督坚决守住工程质量和施工作业本质安全底线，开展日常监督 29 次，“四不两直”检查 24 次，全覆盖区内 7 个二级单位、51 个施工项目，整改闭环问题 299 项。

【冬季保供】 2021 年，天然气销售西部公司面对西部资源增幅低于全国平均水平 5.8 个百分点等挑战，主动向地方汇报保供准备，两次召开区域冬季保供专题会议，分日常运行、特殊阶段下达 7 个方面 14 条措施，通过提前排查需求、深入动员保供、未雨绸缪应急，平衡供需；依靠统筹冬季保供、争取理解支持，和谐各方关系；通过供需平衡频繁反转、突发寒流提前供暖、新冠肺炎疫情频发出行不便等考验，始终保持西部区域平稳供气，完成冬季保供重任。

【经营环境】 2021 年，天然气销售西部公司积极改变西部天然气销售与油田、地方等相关方积重难返、矛盾重重的局面，把稳妥处理各方关系贯穿始终，坚持“四个服务”（服务好集团公司能源保障战略、专业公司安排部署；服务好油气田勘探开发、后路畅通；服务好用户需求，推动天然气增值增效；服务好产供储销产业链运行平衡，第一时间聚合内外部力量保运行）理念做好天然气销售工作，以团结合作、做大蛋糕、共商共建为导向，整合产业合力。主动上门拜访、电话联络相关方，消除负面影响、争取正面支持。积极响应油田、炼化和成品油销售等系统内企业用气需求，坚持聚同化异处理与相关方的分歧。冬季保供、产业协作等工作受到 5 个省级能源主管部门、19 家上下游单位感谢肯定，感谢信数量创历史之最，为西部天然气事业发展营造和谐氛围。

【新能源业务发展】 2021 年，天然气销售西部公司与时俱进加强区域治理能力建设，组织编制西部区域中长期规划和新能源发展规划，动员抢抓西部资源优势发展新能源，把用户增量用气与西部事业部新能源发展需求相结合，明确每个省公司新能源发展目标：到 2022 年底，至少开建 1—2 个项目；用 5—10 年时间，再造一个与天然气业务同等当量规模的新能源业务，为西部绿色低碳转型发展奠定基础。

【企业党建工作】 2021 年，天然气销售西部公司把贯彻落实“第一议题”制度纳入每周工作例会议程，组织“第一议题”学习 35 次，学习习近平总书记最新讲话、指示批示精神 85 项。把党史教育和“转观念、勇担当、高质量、创一流”主题教育一体推进，组织每天线上答题，学习党史知识点 500 余条；外请专家辅导“四史”，开展《长征精神解读》等 2 场次专题讲座；通过帮扶慰问等措施，解决员工群众“急难愁盼”问题 6 条。开展岗位讲述、云走长征等系列活动，自选学习“以案说纪”等内容，全体党员干部在学思践悟中筑牢红色思想政治根基。修订《党总支落实全面从严治党主体责任清单》，建成投用党建活动室，推动“三会一课”等制度上墙，党建基层基础管理进一步规范。推送的《提高基层党支部主题党日活动质量研究》获集团公司党建研究二等奖，4 个部门、35 人次获评集团公司、天然气销售分公司先进。

（李金超）

中国石油天然气股份有限公司天然气销售南方分公司

【概况】 中国石油在南方地区的天然气主要由西气东输二线、西气东输三线、忠武线供应。2016 年底，按照集团公司改革发展部署，中国石油将天然气销售与管输业务分离，成立五大区域天然气销售公司。中国石油天然气股份有限公司天然气销售南方分公司（简称天然气销售南方公司）于 2016 年 12 月 15 日完成注册，2017 年 1 月 1 日正式上线运行，负责广东、湖北、湖南、江西、海南五省及香港特别行政区的天然气销售业务。

2018 年 10 月，中国石油再次对天然气销售管理体制进行调整，按照《关于进一步调整优化天然气销售管理体制的通知》文件要求，天然气销售分公司（昆仑能源有限公司）内部实行“公司机关—省公司”两级管理为主、天然气销售区域公司协调监督为辅的管理模式。区域公司定位调整为天然气销售分公司（昆仑能源有限公司）的派出机构，负责区域协调监督工作。天然气销售南方分公司协调监督范围为湖北、湖南、江西、广东、云南、贵州、广西、海南、四川、福建、重庆市 11 省（自治区、直辖市）及香港特别行政区；负责协调监督区域 15 家单位，并代表中国石油对广东省天然气管网有限公司、江西省天然气投资有限公司 2 家单位进行股权管理（2020 年 9 月 30 日移交国家管网集团）。2021 年 2 月，股份公司决定进一步调整优化天然气销售业务管理体制，天然气销售南方公司改设为天然气销售南方事业部，对外沿用中国石油天然气股份有限公司天然气销售南方分公司。作为股份公司天然气销售分公司的下属机构，承担区域天然气销售、液化石油气销售和LNG接收站等单位运营组织管理职能，对二级单位经营类指标进行考核。党组织关系隶属股份公司天然气销售分公司党委，设立党总支。南方事业部负责广东、湖北等9省（自治区）和香港的9家天然气销售省公司及华南液化石油气公司、西南液化石油气公司等11家单位的业务运营组织管理。

2021年，天然气销售南方公司实施“创新、市场、资本、低成本、绿色”战略举措，加快推动天然气销售业务新发展。南方区域实现天然气销量231.61亿立方米，同比增长15.5%；终端销量78.9亿立方米，同比增长23%。实现利润总额24.9亿元，其中天然气销售业务20.88亿元，同比增长365%；终端零售业务4.02亿元，剔除政策允许调整因素，保持稳步发展势头。实现天然气销售业务综合价格同比增长9.1%；实现推价收入64.69亿元。

【销售业务】 2021年，天然气销售南方公司发挥区域统筹优势，建立区域月度营销例会模式，形成高效沟通协调机制。强化精准营销，在市场变化中灵活调整、快速反应，根据不同供需形势下的运行矛盾，有针对性制定专题增销和压减方案，合理把控销售节奏，统筹区域错峰运行，有效提升精益化营销管理水平。发挥南方区域高端市场优势，推动完成合同价格复议，增收增效约8.57亿元；及时调整广东省年度合同营销策略，实现提价增效约6.5亿元。妥善平衡区域突增需求，率先研究采购现货顺价销售机制，实现贵州燃气、长沙新奥等用户合同外顺价销售1亿立方米，较合同价格增收约6200万元。加强销售运行管理，提升计划执行符合率，主动跟进云南地震、广东新冠肺炎疫情、湖北十堰爆炸等特殊情况，确保区域供需安全平稳。强化合规营销管控，妥善调整武汉高压管网、长岭石化以及湖北、湖南、广东、云南自有终端合同量；主动对接集团客户需求，及时规范省公司销售行为，确保整体效益最大化。抓紧抓实冬季保供，及时明确保供职责，成立冬季保供领导小组，构建中国石油、国家管网集团及地方政府、重点客户多方联动联保机制，确保各方协调有序。加强冬季保供升级管控，建立销售运行日报机制和区域信息交流共享平台，编制冬季保供工作手册，完善销售运行应急预案和三级减限方案，确保各项工作落实到位，保障民生供气安全。推进市场开发，组织省公司推进管道开口项目44个，实现新增客户44家，实现新增销量4.79亿立方米。坚持“客户关系也是核心竞争力”的服务理念，加强大客户对接服务，推进利用深圳燃气华安接收站窗口期实现中国石油资源上岸，打造合作新模式。组织省公司建立用户衔接交流机制，与地方政府主管部门、国家管网集团、国际事业公司、中油资本等单位，共同打造产业链沟通交流平台，满足用户的个性化需求，赢得用户支持。

【线上交易】 2021年，天然气销售南方公司优化区域资源流向，丰富市场化交易模式，实现线上交易量38.78亿立方米，考核指标完成率129.3%。率先开展非采暖季竞价交易，实现合同外市场化交易量6.71亿立方米，成交均价较综合门站价上浮68.4%，实现推价增收8.83亿元。线上交易产品及机制日趋完善，创新回购及配置线上交易资源方式，成交气量4625万立方米，直接增收约1.48亿元。超额完成线上预售交易，实现中远期仓单预售量10.9亿立方米，仓单二次转让交易成交9586万立方米，有效提高合同及计划执行率。开展2021—2022年冬季顺价预售交易，通过线上交易平台提前公开投放冬季资源，成交气量7282万立方米，有效化解冬季保供压力。精准研判行业需求及价格承受能力，开展“十一”假期挂牌交易专场、发电用户及城市燃气竞价交易专场，实现成交气量2.02亿立方米，增效2.45亿元，有效利用市场化手段平抑阶段性供需矛盾。

【终端业务】 2021年，天然气销售南方公司推动终端项目健康运行，为亏损企业出谋划策，促进省公司效益指标完成。优化黄冈LNG工厂运行销售机制，结合市场实际形成优化建议方案，争取更多资源配置，提升中国石油整体效益。加强终端市场调研，建立各省一对一联络机制，细化梳理区域各省天然气市场情况，指导终端业务发展。创新开展粤东LNG液态销售，打通“制度流、资金流、实物流”，提前布局新渠道，与漳州LNG接收站签订使用合作意向书，实现中国石油在广东地区陆上长输管道与沿海LNG接收站槽车外运天然气双重供应，增加终端槽车外销2.02万吨。实现海南LNG在广东登陆销售，打通海南富余LNG资源在广东以液态形式销售新渠道，销售天然气1156万立方米，实现终端增效850万元。协调终端油气一体化发展，推动区域内成品油13座加气站实现昆仑能源供气。有序推进综合能源市场开发，深入挖掘客户多元化服务需求和用能需求，跟踪开发综合能源项目7个。

【计划财务】 2021年，天然气销售南方公司发挥区域协调优势，规范投资计划编制，完成区域2022年投资框架建议计划，开展区域投资管理专项整治，确保投资计划有效落实。制定区域规划编制指南，推进并逐省对接天然气业务发展规划、新能源发展规划，将集团公司天然气业务发展规划融入地方“十四五”规划，获地方政府政策支持，促进天然气业务开展。编制的《天然气业务发展区域规划和新能源业务区域规划专篇》规划质量及规划成果得到股份公司天然气销售分公司表扬。与省市地方政府及相关业务主管部门建立沟通机制，有序推进“碳达峰”“碳中和”影响分析，编制完成南方区域影响分析报告。联合开展区域天然气产供储销系统适应性研究取得成效，提出解决系统瓶颈问题方案 30 个。强化亏损企业治理，及时梳理制定区域亏损企业治理工作方案，成立工作组和工作专班，对区域内 9 家省公司分片包干，强化亏损原因分析和“一企一策”工作方案审查，落实责任、明确任务，严格按照方案推动工作落实落地。加强亏损企业治理动态管理，运用专题汇报研讨与现场重点指导督导相结合方式，及时对接反馈纠偏，形成《关于优化黄冈 LNG 工厂运行及销售的建议》，提升黄冈工厂效益，增强亏损企业治理时效性。加强重点亏损企业现场调研和指导督导，督促广东分公司开展江门分公司、肇庆工厂持续经营和破产清算方案对比研究，从根本上解决止血问题，督导实现江门分公司欠款归还，防范资金损失风险 3000 多万元。以区域月度例会和季度经营活动分析为抓手，精打细算推动业务工作开展，强化区域内单位提质增效工作措施落实，推动区域内单位实现年度效益目标。规范财务管理，以积极配合股份公司天然气销售分公司财务大检查为契机，强化包括区域内 9 家单位及四川分公司在内的下属 64 家单位的合规管理和风险管控，核查及检查问题 179 项，加强问题整理分析，逐步提升管理水平。

【企业党建工作】 2021 年，天然气销售南方公司严格落实“第一议题”制度，结合职能定位，将党的创新理论及时应用指导实践。加强政治理论学习，专题学习研讨习近平总书记“七一”重要讲话及对能源企业重要指示批示精神等内容，组织开展党总支政治理论学习研讨会 12 次；学习贯彻党的十九届六中全会精神，开展宣讲 8 场，有效筑牢党员思想政治基础。组织参加党史学习教育和“转观念、勇担当、高质量、创一流”主题教育活动，结合自身实际将“规定动作”与“自选动作”相结合，利用新媒体建立微信公众号学习园地，组织开展党史知识竞赛、“红心向党，献礼百年”汇报演出等系列活动，讲授党史学习教育专题党课，掀起党史学习教育新热潮。强化区域党建联建，在已形成区域党建联盟基础上，与省公司、大型燃气公司党委联合开展党史学习红色教育，组织区域内单位开展党务管理培训，凝聚区域干事创业发展合力。利用“我为员工群众办实事”契机，解决员工群众“急难愁盼”问题 12 件，树立良好新风貌，员工幸福感、获得感不断增强。助力“乡村振兴”，完成消费帮扶 21.42 万元，超额完成 1.42 万元。加强宣传思想文化建设，专题制作党史、石油史、事业部发展史宣传展示墙，运用“两微一网”宣传阵地，讲好南方故事，为天然气销售南方公司形象建设注入正能量。做实做细日常廉洁监督，按月开展“以案说纪”活动，在岁末年初、传统节假日前进行廉洁提醒，纠正“四风”，未出现信访举报案件，保持风清气正浓厚氛围。

（韩　鹏）

中油国际管道公司

【概况】 2017 年 7 月，中油国际管道公司由原中亚管道有限公司与原东南亚管道公司合并组建，是集团公司旗下的海外油气管道专业化公司，投资运营管理 13 个境内外独资与合资公司，总部机关设在北京，建设和运行着 6 条天然气管道和 3 条原油管道，覆盖乌兹别克斯坦、哈萨克斯坦、塔吉克斯坦、吉尔吉斯斯坦、缅甸、中国六国，总里程超 1.1 万千米，年油气输送能力 1.05 万吨油当量，管输规模占中国现有陆上进口能力的 75%。

2021 年，中油国际管道公司以庆祝建党一百周年为强大动力，以开展党史学习教育为重要契机，抓住国际油价回升、国家经济稳步复苏的有利时机，着力加强党的建设，着力防范化解重大风险，统筹推进业务高质量发展，油气两大业务链平稳高效运行。2021 年，向国内供应天然气 486 亿立方米，向国内输送原油 2073 万吨。实现考核口径净利润同比增长 29.7%，创历史新高。自由现金流完成年度目标的 120.7%；降本增效完成年度目标的 173%。实现零事故、零污染、零伤害的良好安全绩效。

【管道运行】 2021年，中油国际管道公司发挥北京协调中心职能，与集团公司智能运营中心深度融合，在“淡季不淡，旺季更旺”的高输量形势下，克服康采恩、极寒天气、缅甸乱局等“六大难题”，完成2021年初冬季保供任务，获评2020—2021年集团公司天然气冬季保供工作先进单位。2021年底中油国际管道公司按照集团统一部署成立冬季保供工作领导小组，全面打响冬季保供攻坚战。高效完成昌平备用调控中心建设，哈萨克斯坦地区建立“两会一群”制度，精准部署保供措施，中乌天然气管道合资公司（ATG）建立“三地互备联动”，多方协调统一，实现冬季保供工作的平稳进行，有效完成保障民生，助力冬奥的重大政治任务。跨国调控体系建设持续完善。推动土库曼斯坦、乌兹别克斯坦、哈萨克斯坦和中国四国协调会签署运行调度协议，协调制定上中下游维检修计划。推动乌兹别克斯坦、哈萨克斯坦“站控转中控”管理模式落地，开展AB线在线管存计算系统建设，校正在线仿真模型，形成工况实时测算、实时调整的调控机制。关键技术攻关取得突出成绩，“长输管道压缩机异常震动原因分析及消减方案研究”获集团公司“石油技能人才提质增效行动”专项资助。完善完整性管理体系，加强地质灾害隐患监控治理，伊江穿越段安全受控，G114山体滑坡隐患得到排除，识别出748处高后果区。组织跨国应急演练，稳步提升应急处置能力。

【工程建设】 2021年，中油国际管道公司工程项目建设快速推进。哈国西北原油管道合资公司（MT）管道反输改造任务全面完成，达成600万吨反输能力。哈国南线天然气管道合资公司（BSGP）150亿米³/年扩容工程快速推进，解决压缩机组重大选型分歧，提前2个月实现巴佐伊压气站扩建开工，综合进度完成39%；别伊涅乌计量站提前实现验收投运。中哈油项目10号、11号泵站外电改造达到投产条件。ATG新建调控中心完成最终验收。塔吉克斯坦1号隧道9月29日完成最终验收。D线前期工作稳步推进。中国、土库曼斯坦天然气合作谈判得到重启，组建D线工作组和工作专班，建立工作月度推进机制，有序推动一系列前期工作，为D线项目全面实施打下基础。缅甸新项目开发有序推进。马德岛LNG项目开展预可行性研究评审，稳步推进曼德勒燃气电站开展可行性研究。跟踪缅甸天然气管网改造、明林羌气电一体化项目，开展效益测算，做好全维度决策支持和技术储备。

【经营管理】 2021年，中油国际管道公司经营管理能力显著增强。各项目平均单位现金管输成本稳中有降，资产负债率、营业收入率、净资产收益率、投资成本回报率改善，合并净利润11.2亿美元，在运项目股权投入回收率158%，债权投入回收率140%，全口径投入回收率85%。投资决策水平提升，加强项目前期审查及过程控制，保证投资完成与会计入账相匹配。强化WPB（Work Program & Budge，即工作计划与预算）理念，最大限度压减无效投资，控减框架投资近1.9亿美元。强化投资执行情况跟踪，并与绩效考核深度挂钩，多措并举提升投资完成率，11月底完成投资2亿美元（中方权益5748万美元），投资完成率74.9%。高效推动哈国南线天然气管道合资公司回购中亚输气公司（ICA）3座站场工作，控减支出8673万美元，全生命周期预计增收6.61亿美元。投入回收取得新突破。建立中哈原油管道合资公司（KCP）红利分配机制，推动BSGP贷款期盈余分配机制落地应用，实现在运项目“分红全覆盖”。优化中哈天然气管道合资公司（AGP）分红方案，再次分红回收9380万美元。推动SEAGP、SEAOP按照现有机制落实股东出资款返还、分红、股东贷款还款工作。完成东南亚管道参股CNPCIHK后首次分红246万美元资金入境接收。落实资本运营成果，实现东南亚管道公司退税1.99亿元。协调落实中乌项目增值税返还2780万美元，中哈项目增值税返还535万美元。各项目公司年度分红回收额超过1.6亿美元，达历史新高。完善股东事务管理制度。在新冠肺炎疫情常态化下，通过视频会议等形式建立与外方股东、合资公司各层级的常态化定期沟通协调机制，实现升级管理，通过能源分委会、合资公司董事会、监事会等平台推动包括预算批准、MT反输改造工程、哈南线压缩机选型、ATG采办政策豁免等一系列重点、难点问题的解决，保障合资公司日常生产经营开展。管理创新取得新成绩。管理创新成果获省部级奖项4项、中油国际公司奖1项，管理类论文获省部级奖项11项，其中一等奖2项。“中国—中亚天然气管道ABC线”获能源国际合作最佳实践奖。

【QHSE管理】 2021年，中油国际管道公司风险防控和应突水平不断提升。缅甸政局突变以来，各类风险叠加，第一时间成立专项应急领导小组，中缅项目立即启动Ⅲ级社会安全突发事件应急响应。妥善应对“5·5”事件、“6·1”事件，发挥中国石油缅甸地区协调组牵头单位作用，牵头制订《中国石油驻缅企业协调组应急转移预案》，巩固“四防”措施，保障人员财产安全、员工队伍稳定、生产安全有序。1月5日，哈萨克斯坦发生全国性的反政府暴乱。哈萨克斯坦地区协调小组第一时间启动社会安全突发事件应急预警和响应流程，发布社会安全四级蓝色预警，成立应急领导小组和专项工作组，在信息集发、安全保卫、医疗救援、生活后勤、通信联络方面多措并举，有效应对突发事件，在短期内实现"确保员工生命安全、确保冬季生产安全"的工作目标。哈萨克斯坦暴乱事件导致中哈原油和西北原油的肯阿和肯库管道停输，经多方努力协调，在25小时后重新复输，把损失和影响控制到最小。开展常态化新冠肺炎疫情防控工作。组织831人完成疫苗接种，接种率100%，加强针接种432人，核酸检测6000余人次。1467人完成轮换，实现双向动迁率超过100%。完成海外项目体系审核。全员签署安全环保责任书；ATG通过ISO 55001资产管理体系和ISO 26000社会责任指南认证，AGP完成ISO 45001体系转化，中油国际管道公司通过挪威船级社年度监督审核，BSGP等5家合资公司完成体系认证复审，中油国际管道公司体系建设全面提速。完善法律风险防控机制，强化法律环境监测分析。开展风险识别评估，筛查出14项法律风险，逐一制定应对措施并编制完成年度法律风险报告。有效应对商务风险，凝聚中哈双方合力，对哈萨克斯坦反垄断委员会要求KCP连续两年执行临时补偿管输费率的无理要求，推动KCP发起行政诉讼，取得案件最终胜诉，为中油国际管道公司在哈萨克斯坦所属单位主动依法维权、抵制政府机关不合理诉求开创良好范例。历时5年，乌兹别克斯坦采办新政终获突破。借助中乌能源合作分委会双边合作对话机制，取得乌兹别克斯坦政府对ATG与生产相关的部分采办事项的临时豁免。防范化解网络安全风险。成立网络安全与信息化工作领导小组，发布《中油国际管道公司网络安全管理办法》，开展工控网络安全研究，系统漏洞排查成果通过国家信息安全漏洞共享平台审核。在护网2021网络安全攻防演习，实现"零通报、零失分"的优异成绩，受到集团公司表扬。有序开展办公环境搬迁，恒毅大厦整改是审计署和集团公司党组都关注的重要事项。在重大活动的敏感期、冬季保供的关键期、年底工作的攻坚期、新冠肺炎疫情防控的相持期，精心筹划、严密组织，统筹推进恒毅大厦搬迁工作。稳妥推进解约谈判、合同签署、维稳安保、资产处置、办公家具和设备采购、通勤班车线路制定等工作，在确保冬季保供等各项生产经营工作平稳推进的前提下，实现总部按期、安全、高效、和谐搬迁。

【提质增效】 2021年，中油国际管道公司提质增效和企业管理卓有成效。研究制订提质增效专项行动方案，差异化开展全员读懂"三张表"培训，增强各级管理者财务思维与效益意识。落实"四精"管理要求，成本费用压降成果显著，通过预算管控、资金运作、税务筹划、运营优化、成本压控等措施，11月底，实现降本增效1.85亿美元，完成年度提质增效工作目标1.26亿美元的146.8%。哈国南线天然气管道合资公司开展业财融合，推进生产与财务信息双向通报机制，针对特种设备配置模式、站场回购策略、ERP模块建设方案等专题研究，促进经营与生产双向联动，推进经营管理从核算向决策支持进行转型。亏损治理见到明显实效。推动签署亏损治理责任状，保证中油国际管道公司合并各层级不返亏，对其范围和其他全级次主体实施分类管控，一企一策，减亏增盈，多措并举，每月"算账"，强化督促落实和风险防范。东南亚管道有限公司（SEAP）本部顺利扭亏，中塔天然气管道有限公司（TTGP）、中吉天然气管道有限公司（TKGP）同比减亏，实现SPI当前架构下的防亏保盈，长期治亏方案获批并推进。战略研究不断强化，与专业智库、机构开展合作，密切跟踪地缘政治、社会安全、行业动态等关键信息，编制关键信息参考周报，开展阿富汗局势对中亚天然气管道D线影响、缅甸局势和美国制裁影响、绿色低碳转型对业务影响、哈萨克斯坦局势分析报告，分析重大事件对业务造成的机遇和挑战，做好决策支持。与东北电力、中铁四院、中国石油报社等11家单位签署战略合作协议，在工程设计、项目管理、人才交流等方面与专业公司深化合作，实现优势互补，提升外部支持协作水平。

【改革与创新】 2021年，中油国际管道公司企业改革科技创新深化，推动三年改革行动，编制《中油国际管道公司改革三年行动实施方案》，包含25类94项改革任务，年内超额完成国企改革三年行动70%的阶段性目标。推进治理体系和治理能力现代化研究，开展推动"创一流"对标。开展"三重一大"决策机制和资金管理专项测试，开展中缅、中吉项目和新疆公司内控测试，首次将测试范围延伸至海外。加快科技创新步伐，组织第二届"五新五小"科技创新成果评审。部署15项成果的应用推广，其中5项成果在合资公司落地实施。推进技术标准体系建设，完成181项技术标准编制，标准体系搭建完成率70.1%。获评集团公司信息化工作先进单位，科技成果获省部级奖项1项、中油国际公司奖4项，获发明专利1项，实用新型专利2项；推动3项中国标准在项目所在国落地。稳步推进数字化转型。启动数字化转型顶层设计，编制数据管理办法，完成境外油气管道数字化转型方案研究、油气管道系统数据融合应用研究两个重点课题，中亚、中缅首批合资公司数字化转型试点正式开启。完善管道完整性管理信息系统，推进PIS地灾模块升级，完成工程建设数字化管理测试平台验收，启动巴站数字化建设试点。

【HR体系建设】 2021年，中油国际管道公司推进人才强企战略，促进员工成长成才。绘制人才发展蓝图，落实集团公司人才强企工程部署，出台《丝路国脉人才强企工程行动方案》，制定施工图、运行表，开展党建引领、活力释放、组织赋能、数智转型、人才开发、品牌塑响6个专项子工程，推进人才强企战略系统性落地。干部队伍建设迈上新台阶，全面推行企业经理层成员任期制和契约化管理，实现全覆盖。探索建立SPIBEST领导力模型，制订领导力测评方案。选拔优秀年轻干部，47名优秀年轻干部纳入“三个一批”名单，其中17人配备到二级副职管理岗位。完成中层干部轮换21人，一般管理人员轮换44人；调整任用中层干部75人、基层干部67人，促进各年龄段干部优化使用。人才激励措施成效显著。建立3E人力资源价值评价与提升管理体系，形成人力资源价值评价闭环管理。推进双序列人才发展通道建设，选聘集团公司技能专家2名；选聘认定高级主管、二级工程师52名，主管、三级工程师21名。霍尔果斯计量站成为集团公司首批20个“百优示范队站”创建单位之一，1项一线生产难题列为集团公司创新基金项目，2名技能大赛金牌选手被授予“中国石油技术能手”称号，3项技术创新成果获集团公司奖项。培训体系建设迈向国际化。挂牌成立中国石油海外管道人才评价中心，搭建海外管道人才开发、职业技能鉴定和国际认证的统一平台。印发《中国石油海外管道人才评价管理办法（试行）》，完成《天然气管道站场运行》中英俄3种语言、初中高3个等级18册教材和题库的开发。制订珠峰计划、英才计划、丝路计划实施纲要，推进北京、新疆、云南3大培训基地建设，组织CIOB英国皇家特许建造师、NEBOSH职业健康安全国际通用证书培训班等重点培训项目21个，培训人数929人次，累计时长41760小时。

【企业文化建设】 2021年，中油国际管道公司发布《跨文化融合建设纲要》《跨文化融合评估指导办法》，编制《企业传播策略白皮书（缅甸篇）》，打造可复制、可借鉴的跨文化融合模式。从共建“一带一路”出发，挖掘一个个“小而美”的管道故事，把“讲四史”延伸为“讲共赢”“讲发展”，参加第九届中国企业全球形象高峰论坛，引发大众对石油故事、中国故事的共鸣。举办“凝心聚力战疫情，砥砺奋进谱新篇”抗疫先进事迹报告会，展现国际管道人和衷共济、奋勇当先的抗疫精神。打破时间、空间束缚，将中油国际管道公司展厅制作成多语言讲解的数字化VR馆，扩大覆盖面，增加受众群体。印发《员工手册》，制作面向属地化员工的英文版特刊《SPI VISION》，开展属地化员工“我看中国”读书交流活动，把中外员工的心凝聚在一起，携手共绘同心圆。在《新乌兹别克斯坦发展之路》乌兹别克斯坦独立30周年经贸专刊上发表专题文章《中乌能源合作的旗舰和典范——中乌天然气管道项目成功运作十四周年》，当地政府和民众反响热烈。

【社会责任】 2021年，中油国际管道公司向缅甸各级政府部门、管道沿线村镇、社区、孤儿院、敬老院、寺院以及其他社会机构捐赠口罩16万个、洗手消毒液3000瓶、一次性手套15000副、防护服600套、大米3500千克、食用油900升。向曼德勒市方舱医院、皎漂市隔离中心捐赠现金，用于维持防疫重点机构正常运行，缅甸政府向中缅项目颁发防疫捐赠证书。中缅项目制作发布防疫知识短片和动画视频，向民众普及疫情知识，举办线上青年短视频挑战赛，为新冠肺炎疫情中的青年人加油打气。2021年9月21日，中乌天然气管道合资公司向乌兹别克斯坦布哈拉州政府捐赠第二辆救护车，布哈拉州立电视台、布哈拉“Istiklol TV”电视台等多家主流新闻媒体对捐赠仪式进行广泛报道，体现中油国际管道公司作为国际企业的社会责任担当，提升中国石油在当地的品牌知名度和企业形象。

（杨　帆）

中油国际俄罗斯公司

【概况】 2007年9月，集团公司成立中俄合作项目部。2014年4月，集团公司批准中俄合作项目部加挂中国石油天然气集团公司俄罗斯公司牌子。11月，集团公司撤销中俄合作项目部，俄罗斯公司单独列入集团公司直属企事业单位序列，行政由集团公司直接管理，业务归口海外勘探开发分公司管理。2017年7月海外油气业务体制机制改革，中国石油天然气集团公司俄罗斯公司更名为中国石油国际勘探开发有限公司俄罗斯公司（简称俄罗斯公司），归中国石油国际勘探开发有限公司管理。2018年9月，俄罗斯公司整体前移俄罗斯办公。俄罗斯公司作为中油国际公司的派出机构，在中油国际公司授权范围内，承担俄罗斯地区业务的协调、管理、监督、服务等职能，重点负责授权范围内项目运营的协调和支持、公共关系、HSSE监督、股东事务等工作，并作为集团公司俄罗斯地区企业协调组组长单位，负责指导和监督集团公司各驻俄企业生产经营和健康安全环保工作。2021年底，有员工51人，含9名外籍员工，设4个职能部门，分7个业务板块（综合板块、企业文化板块、计划财务板块、股东事务板块、技术支持板块、工程建设板块、采办销售板块）管理下属中油国际（俄罗斯）投资公司（简称投资公司）、亚马尔LNG项目、北极LNG 2项目，管理总资产80.76亿美元。

俄罗斯公司亚马尔LNG项目主要生产经营指标

指　标	2021年	2020年
天然气作业产量（亿立方米）	300.17	293.37
天然气权益产量（亿立方米）	60.08	58.67
凝析油作业产量（万吨）	88.87	104.6
凝析油权益产量（万吨）	17.78	20.92
LNG作业产量（万吨）	1951	1884
开发井（口）	187	174

2021年，俄罗斯公司科学动态实施新冠肺炎疫情防控措施，开展“转观念、勇担当、高质量、创一流”主题教育活动，推进提质增效升级工程、亏损治理和人才强企等专项工作，提升生产经营和股东行权管理水平，取得“十四五”良好开局。亚马尔LNG项目天然气生产突破300亿立方米，LNG年产突破1900万吨，油气当量突破2480万吨，侏罗系勘探获重大发现，全面投产3年后实现首次分红。北极LNG2项目按计划推进，总体进度累计完成59%。

【勘探开发】 2021年，俄罗斯公司亚马尔LNG项目完成陆上700平方千米三维地震采集以及部分区块快速处理和解释工作。完成侏罗系1口探评井钻井、压裂和试油，测试获高产天然气和凝析油，侏罗系勘探获重大发现。亚马尔LNG项目加大钻井现场管控力度，优化钻井措施，提前做好油套管、井口等材料储备，有效保障钻井工作安全有序进行。优化气井投产方案和气井生产制度，避免个别生产井含水上升。动用钻机5部，开发井开钻15口、完钻13口、完井13口，生产井平均建井周期35天，年钻机29.29台·月，单井平均钻机2.25台·月，平均1694米/（台·月），投产新井15口。

2021年，俄罗斯公司北极LNG2项目三维地震采集约3000平方千米，完钻2口探井，完成4口探井射孔试油。动用5部钻机，完钻开发井34口。

【工程建设】 俄罗斯公司亚马尔LNG项目3条LNG生产线分别于2017年11月、2018年7月和11月建成投产。2021年，完成3条LNG生产线120%产能提升改造试验，3条生产线试验结果均达到预期目标。全部采用俄罗斯工艺设备和诺瓦泰克公司自有液化工艺技术的第4条LNG生产线于2020年底生产出第一滴LNG，2021年5月底正式投运。6月17日，由亚马尔LNG股份公司子公司萨贝塔机场公司承建和运营的北极LNG2项目晨曦机场正式投运。

俄罗斯公司北极LNG2项目3条LNG生产线计划于2023年7月、2024年6月和2026年4月投产。2021年，北极LNG2公司各股东通过合同变更和优化模块建造安排，缩短三期混凝土重力式平台（GBS）建造时间10个月，从而将第三条LNG生产线计划投产时间提前至2025年5月底。2021年，北极LNG2项目总体进度完成59%；一期GBS上部模块及岸上设施完成进度86.94%，其中一期模块建造完成进度98.38%；一期GBS建造完成总进度68.21%，其中设计完成96.21%，建造完成63.56%；上游地面工程完成总进度43.60%；码头终端完成总进度83.24%。

【销售海运】 2021年，俄罗斯公司亚马尔LNG项目有15艘ARC7冰级LNG运输船、11艘常规LNG运输船、2艘凝析油运输船参与运营，销售200船长贸LNG、64船现货LNG和22船凝析油。有53船LNG运抵中国，其中28船经北极航道，25船经苏伊士运河。2021年，亚马尔LNG股份公司继续在泽布吕赫（Zeebrugge）港进行船—罐—船或船—码头—船的转运作业，完成49次船对船转运。为提高ARC7冰级船的使用效率和促进转运作业俄罗斯本地化，2021年将挪威霍宁斯沃格（Honingsvaag）转运站船对船转运作业转移到俄罗斯本土摩尔曼斯克（Murmansk）港，完成9次船对船转运操作。

2021年，俄罗斯公司北极LNG2项目完成LNG购销协议、转运站使用协议、凝析油船船运协议签署。4月，北极LNG2项目与全部股东关联买家按照各自股比签订购销协议；5月，批准北极LNG2项目与北极转运公司的转运站使用协议主要条款；12月，批准北极LNG2项目与日本商船三井1艘ARC7冰级凝析油船的船运协议主要条款。

【项目融资】 2021年，俄罗斯公司北极LNG2项目外部融资工作取得里程碑式进展和成果，落实15年期欧元外部融资方案。2月8日，北极LNG2项目股东大会批准外部融资计划；4月27日，股东大会批准外部融资方案；4月28日，北极LNG2项目与俄资银团（俄罗斯银行组成的贷款集团）签署融资协议，4月30日，首笔提款到账；7月29日，北极LNG2项目股东大会批准国际银团融资协议；11月30日，北极LNG2项目与国际银团签署融资协议。北极LNG2项目融资签约，降低股东投资风险和出资义务，保障项目建设期的稳定资金来源，提升北极LNG2项目在国际市场的价值和影响力。

【模块建造】 2021年，受新冠肺炎疫情影响，承担俄罗斯公司北极LNG2项目模块建造的各模块厂工期均有不同延误。4—5月，北极LNG2项目两名中方派员克服疫情防控困难，完成对6家中国模块厂调研，为北极LNG2项目制定有针对性赶工激励计划提供依据。2021年北极LNG2项目实施两次赶工激励计划（1—2月和5—7月），有效调动各类资源，激发模块厂赶工积极性。全年赶工让中国模块厂成功追赶落后近两年的一期工程进度，在2021年冬季来临前实现全部里程碑，一期模块全部按计划在7—12月相继装船启运，为2022年如期实现一期混凝土重力式平台（GBS）拖航和落位区安装奠定基础。7月26日，项目首个模块在中远张家港模块厂装船，8月16日项目第一批模块（包括第一个模块）从天津博迈科模块厂启运，经北极东北航道过白令海峡，9月14日安全运抵俄罗斯油田现场。截至12月底，一期模块65%完成安装，余下模块将在2022年2月前完成安装。北极LNG2项目二期模块2020年6月开始建造，三期模块2020年10月开始建造。

【股东事务】 2021年，俄罗斯公司参与亚马尔LNG项目董事会会议47次、股东大会3次，咨询委员会会议11次，审议董事会和股东会议题166项。

2021年，俄罗斯公司参与北极LNG2项目股东会11次，审议议题21项，咨询委员会会议11次。

2021年，投资公司召开股东大会5次，审议通过投资公司总经理任期延期、中油国际公司增资、治理机构优化、注册地址变更、章程修订、2020年年报和财务报告审批等议题，推动债务清理和治理结构优化，加强合同管理和授权管理。

【企业管理】 2021年，俄罗斯公司全面推进依法依规治企。发布新版《中油国际公司俄罗斯公司管理制度手册》，组织开展《中油国际公司俄罗斯公司股东事务管理工作实施细则（修订）》、投资公司合同管理办法（试行）、事后合同管理、风险管理和内部控制等制度文件宣贯培训；推进合规管理示范创建重点工作，研究落实制裁升级北极LNG2项目应对机制，管控反垄断合规领域转移定价合规风险，编写《合规示范创建总结工作提纲汇报》《合规管理办法实施细则（试行）》和《合规倡议书》，编制合规工作进展月报、重大法律合规风险和重大纠纷案件季报，编制2021年度海外企业重大风险排查表、风险损失事件季报，梳理亚马尔LNG项目、北极LNG2项目、投资公司所有协议涉及LIBOR条款并提出针对性风险防控措施，编制2022年度重大风险评估和风险管理报告；完成俄罗斯公司和投资公司企业内控体系有效性自查工作报告，调整风险防范与控制委员会成员，充实委员会职能，设立公司风险与控制工作组。

【QHSSE与疫情防控】 2021年，俄罗斯公司在QHSSE管理体系框架内编制1个标准10个手册，开展新冠肺炎密接、驻地火警演练，开展“安全生产月”宣传和安全生产专项整治三年行动，提升员工健康、安全和新冠肺炎疫情防护意识。与国际SOS签订服务合同，设立保健室，SOS常驻医生负责员工日常健康监测和快速核酸检测，预约专业机构上门核酸和抗体检测及疫苗接种，减少员工外出就医和检测风险。专辟独立健身空间，保证中方员工日常健身需求。2021 年 8 月，俄罗斯公司领导班子完成心理健康和谈心谈话培训，每名班子成员与 8—10 名员工逐一谈心谈话，了解员工工作、家庭情况，关心员工健康和心理问题，保障员工工作生活整体状态良好。通过采取“一人一策”“一事一策”“外事专项”“分区办公”等措施，实现疫情常态化科学管控。持续更新《疫情期间人员动迁指导手册》，指导员工通过动迁前后各层级审批和旅途、隔离酒店疫情防护，安排 43 人次休假，完成 103 人次动迁。推进疫苗加强针接种，有 22 名中方员工在俄罗斯接种当地疫苗加强针，17 名中方员工在国内完成加强针接种。加大核酸检测频次，实行司机和保洁一周一测、其他人员按需检测政策。全年未发生项目聚集性疫情，未发生因疫情导致员工损工或死亡病例。

2021 年 6 月，俄罗斯公司亚马尔 LNG 项目完成俄罗斯技术监督局对第四条 LNG 生产线提出的新旧管道连接、自动控制方式设计和自动检测装置调试等技术整改，同月获 BSI 颁发的 ISO14001：2015 环境管理体系最新版认证，9 月通过国际融资机构独立环境代表对项目 HSSE 审核。2021 年，亚马尔 LNG 项目识别环境隐患 35 项，完成整改 34 项。亚马尔 LNG 项目通过实施奖惩措施，推动员工新冠肺炎疫苗接种，全员疫苗接种率 99.1%。

【企业文化建设】 2021 年，俄罗斯公司发表新闻报道 50 余篇、65000 余字、图片 80 余幅，为中央电视台、集团公司、中油国际公司提供音视频材料 100 万字节。2021 年 9 月中国石油发布新版《企业文化手册》，亚马尔团队名列石油英模行列，亚马尔项目名列石油文化资源之“一带一路”重大工程企业教育基地名录；10 月，在主题为“携手迈向更加绿色、包容的能源未来”的第二届“一带一路”能源部长会议上，亚马尔 LNG 项目入选能源国际合作最佳实践案例。

（唐春梅）

中国石油集团西部钻探工程有限公司

【概况】 中国石油集团西部钻探工程有限公司（简称西部钻探）2007 年 12 月底成立，是中国石油按照集约化、专业化、一体化整体协调发展思路，整合新疆、吐哈、青海等油田工程技术服务业务而设立的首家专业化钻探公司。所属队伍起源于玉门油矿和独山子油矿，由原玉门、克拉玛依、青海、吐哈等区域钻探队伍融合发展而成，涌现出一批以大国工匠谭文波、全国五一劳动奖章获得者高维明为代表的先进模范，为油气事业发展作出突出贡献。西部钻探主要开展钻井、固井、录井、压裂、试油等工程技术服务，兼营油气合作开发、技术研发与产品研制等业务，可为油田提供从新井开钻到投产全过程一揽子解决方案和“交钥匙”服务。具备年钻井 800 万米、录井 3200 口、定向服务 1500 口、固完井服务 6000 井次、酸化压裂 11000 层（段）、大修侧钻 500 井次、油气测试 550 层的作业能力，苏里格气田合作开发年外输天然气 8 亿—9 亿立方米。

2021 年，西部钻探下设机关处室 14 个，直附属单位 12 个和二级单位 19 个。员工总量 1.51 万余人。其中，本科及以上学历占比 35.3%、少数民族占比 16.3%，享受国务院津贴 5 人，自治区天山英才 4 人，集团公司青年科技英才 9 人，各级技术专家 150 余人，各类技师近 800 人。有各类大型工程技术装备 1.6 万台套，工程技术服务队伍 1000 余支，资产总额近 300 亿元。

【生产经营】 2021 年，西部钻探加深对管理技术型企业建设的规律性认识，创新实施单井安全提速创效工程，在市场营销、提质增效、工程提速、科技创新等方面作出系列基础性、前瞻性的重大部署，实现营业收入 232 亿元，完成集团公司考核指标，维护员工利益。其中，全年开钻 2324 口井，完成钻井进尺 594 万米，同比增加 30.5%；井下作业 1.26 万层段，增加 4281 层段，增长 51.7%；试油试气 778 层，增加 392 层，增长 101.6%；固井 1482 口，减少 35 口，下降 2.3%；定向井技术服务完成 761 井次，减少 196 井次，下降 20.5%；录井 1909 口，减少 286 口，下降 13%；苏里格外输天然气商品量 8.4 亿立方米，增加 0.48 亿立方米，增长 6%；凝析油商品量 17902 吨，增加 1197 吨，增长 7.2%。

【市场开发】 2021 年，西部钻探立足“一体两面”定位，班子成员带头与各油田开展工作交流，强化资源保障，优化完善区域市场协调机制，建立生产运行

西部钻探主要生产经营指标

指　标		2021 年	2020 年
钻　井（口）		2324	1945
钻井进尺（万米）		594	517
完　井（口）		2260	2066
录　井（口）		1909	2195
固　井（口）		1482	1517
井下作业（层段）		12566	8285
试　油（层）		778	386
定向井（井次）		761	957
新签合同额	国内市场（亿元）	240.15	228
	海外市场（亿美元）	4.1	5.31
收　入（亿元）		232	211
利　润（亿元）		-6.98	2.58
税　费（亿元）		1.63	2.63

联络平台，跨区域调整自营钻机 28 部，满足各油田上产需求，保障勘探开发。在主体市场，履行属地主导责任，关联交易油田平均钻井市场占有率 90%，完成进尺同比增长 36%，专业服务市场占有率超线运行。新疆油田，整体市场占有率 90%。吐哈油田，统筹管理渤海、长城和大庆钻探 7 部钻机，市场占有率 100%。青海油田，钻井市场占有率 82.8%，其中探井占有率 76%。玉门油田，签订《合作共享协议》，夯实玉门本部、环庆新区主导地位。战略市场迅速扩大。塔里木市场，新投 3 部 ZJ90 钻机，新增零散天然气回收和现场信息化维护业务，接管山前管具业务，压裂、录井、测试占比稳居第一。长庆沿线市场，新签合同额 30.3 亿元，形成长庆油田、苏里格及周边、冀东、玉门、辽河优化配置区块“1+4”格局。川渝页岩气市场，进入大庆流转一体化服务、浙江油田连管、带压作业等新市场，钻井排名稳步提升，专业技术服务规模持续扩大。海外市场，签订 7.4 亿美元合同，其中阿克套市场先行先试 5 年期总包，成功签约中油国际哈萨克斯坦曼格什套公司（MMG）6.3 亿美元钻修井合同，中油阿克纠宾油气股份公司（AMG）32% 钻机占 51% 份额，突兹库油气公司（TMG）市场占有率提高到 78%，落实 MMG 钻井市场 5 年涨价方案，签约 TEPKE 高端市场 6 口深井，物资贸易实现增收 4000 万元。

【疫情防控】 2021 年，西部钻探严格落实集团公司和新疆维吾尔自治区常态化新冠肺炎疫情防控工作要求，统筹抓好责任落实、防疫物资保障、人员流动管控、海外疫情防控等工作，发挥疫情防控领导小组作用，紧急召开疫情防控工作会和海外疫情防控对接会，部署疫情防控工作。根据国内疫情形势和自治区防疫要求，紧急开展瑞丽、内蒙古等 10 余个省市旅居史和密切接触史员工信息统计。组织全员疫情防控知识答题和重点群体疫苗应接尽接，实现 100% 全覆盖。有序推进海外超期员工回国倒休 394 人次，补充防疫物资 32 余万件，配置制氧机、呼吸机 14 台。在疫情严管期间，按照新疆维吾尔自治区要求，在做好防疫工作的情况下，精细组织生产，管控布防，严格落实“一队一策、一站一策”防控要求，落实作业现场外来人员管理措施 11 项，维护员工生命安全，保障生产经营。

【服务保障】 2021 年，西部钻探在勘探方面：承担集团公司 37% 风险探井和 42%“五类重点井”，4000 米以深井钻机月速同比提高 15.61%，国内探井钻机月速提高 5.12%，水平井钻机月速提高 18.06%。在 2021 年集团公司油气勘探重要发现成果奖特等、一等奖占比 38.5%。新疆油田，呼探 1 井最高日产油 106.3 立方米、日产气 61 立方米，首次实现准噶尔盆地天山北坡下组合天然气勘探历史突破，获集团公司油气勘探重大发现成果奖特等奖。康探 2 井最高日产油 83.41 立方米，展现阜康凹陷二叠系芦草沟组储层的巨大油气勘探潜力，获集团公司油气勘探重大发现成果奖一等奖。彩探 1H 井在侏罗系山窑组测试获日产气 5.5 万立方米，突破国内低煤阶 1400 米以深不可勘探红线，获集团公司油气勘探重大发现成果奖二等奖。石西 101 井在石炭系测试获日产油 124.35 立方米，进一步扩大石西凸起石炭系勘探成果，获集团公司油气勘探重大发现成果奖三等奖。塔里木油田，承担试油测试施工的满深 4 井在奥陶系一间房组测试获日产油 851.28 立方米、气 44.11 万立方米，满深 501H 井在奥陶系一间房组测试获日产油 565.68 立方米、气 19.65 万立方米。塔北地区奥陶系深层发现 3 条新的油气富集断裂带，获集团公司油气勘探重大发现成果奖特等奖。试油测试的塔里木盆地库车坳陷大北 4 井超深层天然气勘探取得重要发现，获集团公司油气勘探重大发现成果奖一等奖。塔里木盆地塔西南山前侏罗系勘探取得新发现，获集团公司油气勘探重大发现成果奖三等奖。青海油田，狮303井在上干柴沟组测试获日产油227.39立方米、气6.25万立方米，在英雄岭地区柴深构造带源内勘探获重大突破，坚定英中地区获勘探突破的信心。柴达木盆地英雄岭凹陷干柴沟组页岩油勘探取得重要发现，获集团公司油气勘探重大发现成果奖一等奖。昆101井基岩日产气25.14万立方米，实现超深、超高温基岩储层试油的突破，柴达木盆地阿尔金山前东段昆特依构造带天然气勘探获新进展，获集团公司油气勘探重大发现成果奖三等奖。吐哈油田，萨探1井在二叠系井井子沟组测试获日产油30立方米，为准东新凹陷新层系勘探带来重大突破，获集团公司油气勘探重大发现成果奖二等奖。

开发方面：新疆油田，石西101井日产油124.35立方米，石西161H井日产油1044.48立方米、气104.38万立方米。莫171井，日产油241.71立方米、气8.25万立方米，前哨402-H井日产油136.2立方米、气61.156万立方米。GHW001井日产油227.71立方米、气9.7万立方米，红835井日产油123.34立方米。ZJHW201日产气70.52万立方米、油120.14立方米。青海油田，切202H1井日产油102.42立方米。推广71个区块提速模板，组织重点井技术方案论证170井次，整体提速8.39%，玛湖、吉木萨尔、川渝页岩气等重点区域分别提速10.28%、15.86%和19.52%，刷新钻井周期、趟钻进尺等50余项纪录，呼6井、满深501H井分别在与外部企业同台竞技中取得优胜。

【单井安全提速创效工程】 2021年，西部钻探围绕解决“单井”放权赋能不够、基层战斗力不强、积极性不高、成本居高不下、重生产轻经营等普遍问题，从搞活分配机制入手，创新实施单井安全提速创效工程。印发指导意见、编发配套考核细则，逐级编制单井工程实施方案30余项，分区域制定提速模板71个，有效建立“两挂钩、一否决”考核激励机制。实施宣传宣讲和座谈研讨，创新开展主题竞赛，有效提升员工认同感，签订单井责任书6134份，78.5%的井完成考核，周期考核达标率92%、节约工期6692天，成本考核达标率90%、节约成本2.6亿元，实现钻井提速12%，压裂提速20%，钻井每米成本下降11%，全体员工“经营井”意识逐步增强。主要领导2轮次深入基层、直插队站督导宣贯，召开座谈会20余场800余人次；机关部门围绕工程实施，制修订配套制度30余项，分区域制定提速模板51个，开展井控安全培训8000多人次，编制各类通报30余期，刊发稿件、分享典型案例780余篇；各基层单位单井考核时间由24天缩短到15天，兑现比例由60%提高到80%，部分单位实现100%，61名井队长因安全环保、工程质量和连续未完成单井指标等原因被问责；基层队站197支井队通过兼岗、工序优化等方式，调减用工659人，优化生产组织600余井次，采取“拼车”、自行维修、自主采购等措施，材料费用同比下降6.3%，提质增效4000多万元。

【科技创新】 2021年，西部钻探坚持创新引领，把握特色产品和技术研发、技术支持和推广定位，推进“两院四中心”建设，推进实施集团公司重大科技项目17项、中油技服项目19项，上级、公司本部和二级单位三级科技经费投入4亿元，创历史新高。其中，牵头组织的“复杂超深井安全优快钻完井技术集成与试验”“吉木萨尔页岩油国家级示范区水平井效益开发关键工程技术集成与试验”等2项集团公司重大现场试验项目进展顺利。西部钻探科技信息处段文广入选新疆维吾尔自治区第三期“天山英才”计划（2021—2023年），巴州分公司盛文博获中国石油和化学工业联合会科学技术进步奖特等奖。强化技术攻关，围绕重点区域技术难题和需求，破解准噶尔南缘、玛湖、青海英中英西、塔里木山前等区域钻探难题。其中，静磁随钻探测防碰系统突破井下微弱磁场探测技术限制，测距和误差均达到技术要求。XZ-XNJ油基钻井液用纳微米级无用固相絮凝清除剂有效解决低密度固相积累问题。XZ-OSD油基钻井液用封堵防塌剂有效提高井壁稳定性，试验井段工期较设计节省9天，平均井径扩大率2.61%。XZ-HEST高效抗盐型稠化剂集降阻、防膨、助排功能于一体，有效降低压裂液成本。新型低伤害煤粉悬浮压裂液体系在彩探1-H井成功应用，为煤层气开发再添利器。全自动无线远程控制固井水泥头试验成功，具备推广条件。加快成果转化，近钻头方位伽马地质导向系统进入浙江页岩气市场，服务85口井，储层钻遇率95%。XZ系列个性化钻头服务进尺6.59万米，刷新玛湖、阜康等区域多项纪录。精细控压系统向智能化一体式迈进，市场占有率75%以上。XZ油基钻井液服务98口井，进尺22万米，同比增长61%。光面电缆直读试井技术应用65口井80井次，同比增长66%，新疆油田市场占有率100%。雪狼综合录井仪制造16台，交付10台。

【管理创新】 2021年，西部钻探推进改革三年行动，形成任务实施、评价、提升高效闭环管理，完成任务58项，完成率95.1%，排名工程技术服务板块前列。深化改革，完成固井、钻井液专业化整合，压减三级机构5%。实施人才强企工程，制发人才强企工程行动方案，健全人才“生聚理用”机制，对14家单位领导体制进行调整，所属单位全部实现任期制契约化管理，坚持正确导向，新提拔40岁以下二级副职占60%、35岁以下三级副职占57%、30岁以下三级副职占11.4%，提前实现“十四五”末40岁左右二级和二级正职占比“1/5、1/8”目标，各级班子年龄结构、专业能力持续优化。优化人员结构，加快“管理+技术+关键岗位”用工转型，压减员工400余人，向国内分流海外富余人员200余人，完善成熟人才引进机制，择优选录、补充大专及以上社会化用工438人，员工总量下降，全员劳动生产率提高2%。深化提质增效，在各类减税政策退出、大宗材料上涨情况下，降本增效10亿元，其中供给端降价8%、设备增效1.3亿元，增强经营管控能力。

【井控管理】 2021年，西部钻探坚持严抓狠管导向，保持高压严管态势，树牢全员、全过程积极理念。制定井控“十条禁令”、队伍分级评估、坐岗管理规定、专家管理办法等9项规章制度，管理体系得到完善。开展井控检查6次，2次井控警示月专项活动，员工井控意识和技能显著提升。立足一次井控，严控起下钻溢流，强化溢流第一时间有效处置，处置时间同比下降43%，其中青海区域溢流管控成效显著，井控安全形势整体平稳受控。成立西部井控应急救援响应中心，统筹基建与作训，应急保障能力得到逐步提升。严抓“漏转溢、漏转喷”风险防控，落实“通报、问责、整改”管理要求，从工程技术方案入手，强化井下风险评估，细化预防措施和技术规程，开展井漏专项治理，引进3项治漏新技术，万米漏失量、单井损失时间分别同比下降34.2%和51.6%，工程事故同比减少64起。发挥EISC远程监控与技术支持作用，完成36项功能模块更新，落实专家分区管理、精准盯防、技术研讨，管控重点井123口，规避井下风险283井次，提升井控管理水平和能力。

【质量安全环保】 2021年，西部钻探以风险管控为核心，以制度规程落实为抓手，修订完善QHSE职责，制修订《员工健康体检管理规定》等7项制度办法。落实安全专项整治三年行动计划，理清各级QHSE职责界面，抓实风险集中整治、安全记分管理等工作，提升体系运行质量。开展体系内审2次、驻点审核重点单位3家，迎接中油技服体系审核2次、第三方监督审核1次，挂牌督办审核发现的21项严重问题，督导两级体系审核问题整改关闭1975项。推行监督“属地HSE承包制”，通过上不封顶、下不保底考核方式，实施“一否决、一降级、两挂钩”考核机制，查改问题19万项、制止违章2465起，筑牢第一道防线。强化承包商管理，举办承包商HSE管理人员取证培训10期837人次，开展QHSE管理评估，完成1289家承包商安全绩效考核评估，其中黄牌警告39家，末位淘汰40家。深化绿色作业，加大钻井液不落地、能源替代技术应用，减少碳排放25万吨。聚焦现场员工提素，构建“大培训”格局，创新“线上理论自学+实操视频辅导”模式，推进领导专家授课，压实监督现场培训职责，强化培训效果考核，促进全员提素。

【重要成果】 2021年，西部钻探获集团公司科技成果2项（二等奖1项、三等奖1项）。申报的5项新疆维吾尔自治区科技成果，全部通过自治区形式审查和网上专家评审。7项技术通过集团公司鉴定，其中“连续油管水平井带压直读精细分段测试技术”达到国际领先水平。申报集团公司自主创新重要产品认定项目8项。获专利授权62件，其中发明专利8件。获专利申请受理90件，发明专利发明占比100%。“塔里木盆地深层复杂井固井技术研发及规模应用”获集团公司科学技术进步奖二等奖；“光面电缆直读试井技术研究与应用”获集团公司科学技术进步奖三等奖。

【重大工程】 呼6井钻探工程。2021年，西部钻探承钻的新疆油田南缘呼6井高效完钻，完钻井深7280米，钻井周期197天，全井安全生产无事故，创下该区块最快完钻施工速度纪录。西部钻探深入推进单井安全提速创效工程，强化南缘重点井事故复杂防控和技术攻关，在呼6井发挥一体化技术服务优势，优选使用大尺寸减震器、混合钻头、360度旋转齿钻头、垂钻、高效随钻扩眼器、耐油抗高温螺杆等提速工具，以及抗高温高密度油基钻井液+油基高效堵漏技术、精细控压技术，科学强化钻井参数，精细化组织施工，创造深层随钻扩眼器单趟钻286小时使用时间最长、进尺677米最高等多项技术指标。

沁探1井钻探工程。2021年，西部钻探一体化服务的吐哈油田集团公司风险探井沁探1井安全高效完井，完钻井深5770米，钻完井周期119天，较设计提前35天。平均机械钻速7.21米/时，创胜北区块完钻井深最深、机械钻速最快、取心深度最深等多项纪录。施工过程中，贯彻“一井一案、一段一策”的钻井提速理念，加强钻头和提速工具的优选，开展全井段一体化提速总包服务，二开311毫米井眼采用个性化钻头+等壁厚大功率螺杆，两趟钻完成进尺，平均机速 13.47 米 / 时，三开采用高效钻头 + 等壁厚螺杆 + 耐高温仪器，平均机速为 5.78 米 / 时，较区块探井同比机速提高 204.21%，平均钻头进尺增长 125.00%。采用复合盐钻井液体系，引入成膜井壁封堵技术，解决侏罗系齐古组—七克台组泥页岩水敏性坍塌和侏罗系西山窑组—八道湾组大段煤系地层井壁失稳难题。强化地质工程一体化，采用元素录井准确卡层，开展地层压力、流体识别及评价技术攻关，保障井下安全。

昆 101 井钻探工程。2021 年，西部钻探一体化服务的青海油田昆 101 井，获日产 25.1 万立方米高产工业气流，实现青海油田超深、超高温基岩储层勘探重大突破，为青海油田天然气勘探开发打开新局面，刷新青海油田最深井（7350 米）、取心最深（7168.66 米）等 10 余项施工纪录。该井克服目的层易漏、易塌、高温（205 ℃）等多重挑战，五开基岩段优选个性化 PDC 钻头和提速工具，创青海油田 7000 米以深井最快机械钻速、钻遇基岩最长等多项纪录。自主研发抗 240℃高温水基钻井液体系和抗高温水泥浆及隔离液体系，有效保障井下安全和井筒质量。试油阶段，面对国内埋藏最深、温度最高的基岩气藏，动态优化测试方案，精准获取储层参数，局处两级专家驻井指导，加强单井全生命周期试油跟踪。创柴达木盆地测试实测最高温度、连管最大下深等多项纪录。

满深 501H 井钻井工程。2021 年，西部钻探承钻的塔里木油田满深 501H 井完井，完钻井深 8033 米，较设计周期提前 24.25 天，创西部钻探水平井最深、区块 1401 米趟钻进尺最高、机械钻速 7.2 米 / 时最快等 4 项纪录。钻完井周期 150.67 天，刷新区块周期纪录，在与集团公司外部队伍同台竞技中取得优胜。

玛湖、吉木萨尔区域钻井工程。2021 年，西部钻探在集团公司重点增储上产区块以提速模板为抓手，推进整体提速。形成“一区块一模板、一口井一方案、一趟钻一对策”模式，分区块优化完善钻井提速模板，强化提速模板培训和执行，玛湖、吉木萨尔等重点区域连续 3 年实现提速。玛湖区域平均钻完井周期由 2020 年的 85 天缩短至 75 天。吉木萨尔页岩油平均钻完井周期由 2020 年的 58 天缩短至 47 天，最短钻完井周期 29.31 天。

【企业党建工作】 2021 年，西部钻探建立“第一议题”制度，形成党委会、中心组“双学习”机制，集体学习习近平总书记“七一”重要讲话及指示批示精神 22 次、专题研讨 6 次。召开“三重一大”会议 47 次决策事项 198 项，做到科学决策、民主决策。以礼赞建党百年为主线，推进党史学习教育、“转观念、勇担当、高质量、创一流”活动，落实意识形态责任制，加强正面舆论引导和典型宣传。树立大抓基层导向，明确基层党建“三基本”建设与“三基”工作融合 24 项措施，建立党支部“442”考核评价体系，深化达标晋级管理，调整党组织 19 个、完成 146 个基层党组织按期换届，30554 党支部获集团公司基层党建“百面红旗”称号；胜利召开公司第三次党代会、第二次团代会，明确下一步工作思路，制定下一步工作举措。扛起从严治党责任，修订主体责任清单，优化调整纪检巡察机构，深化 7 个方面突出问题专项治理，推进巡视问题整改和内部巡察，巡视反馈问题整改率 99.1%，建立健全制度 50 项，追责问责 50 人。组织对 7 个二级单位开展内部巡察，发现问题 67 个，移交问题线索 6 个，联动巡察党支部 213 个，深化全面从严导向。建立“马上就办、担当尽责”、基层驻点调研等作风建设长效机制，提升服务基层、服务发展的能力，保密密码工作获评集团公司先进单位。

【和谐企业】 2021 年，西部钻探学习贯彻党的十九届六中全会精神和第三次中央新疆工作座谈会精神，做好民生保障工作，开建驻克区域生产指挥中心，开展“我为员工群众办实事”、健康企业创建等工作，完善健康风险评估及转岗退岗机制，慰问基层队站 1147 个、困难人员 771 人。实施文化铸魂行动，弘扬石油精神和大庆精神铁人精神，推进 32 个形象展示点建设。履行社会责任，加强稳定工作，组织开展“四重”不稳定因素大排查 5 次，答复留言 46 项，开展安保防恐“大排查、大督查、大整改”活动和“反内盗”工作，完成全国“两会”、建党 100 周年等特别重点阶段维稳安保任务。全面融入乡村振兴战略，严格落实重点工作安排，按照“访惠聚”驻村 7 项重点任务，投入 145 万元加快推进村庄美化、文化公园等项目，收集解决群众防疫诉求 639 件，消费帮扶 453 余万，资助 110 名大学生 11 万元，获新疆维吾尔自治区“脱贫攻坚先进集体”称号。西部钻探地质研究院邹泉勇获集团公司脱贫攻坚先进个人，行政事务中心吐尔逊 · 买买提获新疆维吾尔自治区脱贫攻坚优秀共产党员。积极响应号召，迅速组织参与呼图壁丰源煤矿透水事故救援，动用钻机 2 部、工程技术人员 138 人、车辆机具 274 车次、钻工具 511 项，完成 1 口生命信息探查井和 2 口救援井，得到新疆维吾尔自治区党委和政府高度肯定，展现央企担当。

（罗　凡）

中国石油集团长城钻探工程有限公司

【概况】 中国石油集团长城钻探工程有限公司（英文缩写GWDC，简称长城钻探），2008年成立，由原辽河石油勘探局钻探系统与中油长城钻井公司重组而成。主营业务包括工程技术服务和油气风险作业两大业务板块，业务领域涵盖地质勘探、钻修井、录井、井下作业等石油工程技术服务，并向油气田前期地质研究、勘探开发方案设计、天然气（煤层气、页岩气）开发、地热开发、油田生产管理等领域延伸。长城钻探定位于建设国际一流石油工程技术总承包商，确立打造石油工程技术典范企业的发展目标。有较高的市场化国际化水平，国内市场范围涉及近20个省（自治区、直辖市），主要服务于辽河、长庆等油田，以及川南页岩气等中国石油重点增储上产区域；海外业务遍及非洲、美洲、中东、中亚等区域27个国家，累计服务全球130多个客户。围绕业务发展实际和市场格局，建立总部机关统一管控，国际事业部统筹负责国际业务，国内东部、西部、西南三个生产指挥中心靠前支持的新型矩阵式管理架构，在国内设有21家二级单位，在海外设有20个项目部。

2021年底，用工总量16336人，各类工程技术服务队伍1400多支，主要工程技术装备7446台套，资产总额348.06亿元。

2021年，长城钻探以三届四次职代会确定的“六个提升”（提升发展活力动力、提升企业规模效益、提升科技创新能力、提升运行效率效能、提升QHSE本质水平、提升党建工作实效）为抓手，推动长城钻探由“生产型”向“经营型”转变，实现“十四五”良好开局。收入169.82亿元，超额完成集团公司下达的业绩指标。钻井进尺465.32万米，同比增长4.17%；天然气生产首次突破40亿立方米，达到42.6亿立方米，增长7%；技术服务各专业体现出良好成长性。

【市场开发】 2021年，长城钻探国际市场签订及中标待签合同额14.2亿美元，重回盈利正轨。将巩固核心业务作为重中之重，推进一体化总包项目，完修井与油田生产服务协同发展，尼日尔、古巴、科威特、伊拉克、阿曼等重点项目签约额超过5亿美元。多个项目深挖甲方需求，创新开展国际贸易，合同额同比增长19%。油田管理、地质研究、油田化学、废弃物处理等多个领域实现不同程度突破。

长城钻探主要生产经营指标

指　标	2021年	2020年
录井（口）	2507	2578
钻井（口）	2230	1867
钻井进尺（万米）	465.32	442.46
完井（口）	2152	1900
国内固井（口）	1535	1382
井下作业（井次）	2490	1932
试油（层）	4706	4176
国际市场签订及中标待签合同额（亿美元）	14.2	15.45
收入（亿元）	169.82	175.41

国内工程技术服务市场新增和扩容9个，完成减亏目标。履行辽河油田服务保障责任，创新“台长制”等措施，打造一批精品工程，用“一体两面”的服务意识、出色的施工能力和良好的沟通协同，巩固主体地位。压裂业务扭转近年来的萎缩局面，市场份额同比提高35%。着力扩大规模，新增新疆准东页岩油、重庆页岩气、吉林流转、冀东流转、华北煤层气等5个钻井工程总包市场，华北巴彦、辽河流转、吐哈油田、大庆油田等4个市场扩容，长庆市场总包工作量同比增长59.6%。

【工程技术】 2021年，长城钻探全面践行技术立企，搭建“总部总管、区域主战、专业主建”的技术管理构架，构建工程作业智能支持中心（EISC）平台，国内外技术支持实现一体化，专家的作用充分发挥，助推技术能力提升。

钻井技术方面，应用精细控压技术，解决辽河马探1井窄密度窗口小间隙高温深井尾管固井难题，化解威远长兴组圈闭气诱发的井控和井下安全风险；应用无源磁导向技术，完成吉林坨1井老井找眼和封堵，消除储气库地下泄漏隐患；推广低黏低切强封堵油基钻井液体系和顺层复合钻井技术，实现威远页岩气钻井周期缩短7.48%、长城钻川渝页岩气和吉木萨尔页岩油造斜段+水平段“一趟钻”。在中油技服

"四提"竞赛中，长城钻探川渝地区旋导进尺 64260 米，排名第一。利用工程作业智能化系统，助力伊拉克格拉芙总包项目提速 36.87%。

储层改造方面，推广压裂 2.0 工艺，威远页岩气平均加砂强度同比增长 19.2%，推广应用变黏滑溜水 105.3 万立方米，与常规滑溜水相比，最高加砂强度提高 20.1%，打造两个百万立方米平台；推广水平井套管压裂技术，苏里格致密气单井平均产量同比提高 17.2%。

试油测试方面，使用 APR+Navi 泵测试技术，解决尼日尔项目稠油井筒内流动性差难题，创单层产油 400 米^3/日、原油黏度 15000 厘泊两项纪录；利用高温高压防硫测试技术，助力塔里木果勒 302H 井获日产气 13 万立方米、日产油 703 吨重大发现。

2021 年 6 月 25 日，长城钻探 GW95 队最后一口井完井作业结束，长城钻探伊拉克格拉芙三期 3 口井钻井总包合同提前完成。三期合同 3 口井平均井深 3303 米，比二期合同平均井深增加 228 米；平均钻井周期 25.99 天，比二期 41.17 天减少 15.18 天，提速 36.87%；平均机械钻速 16.09 米 / 时，打破同区块最快纪录，连续创造区块最快钻速纪录。图为 PETRONAS 甲方向 GW95 队授予荣誉奖牌（李占超　摄）

2021 年，长城钻探国际市场将巩固核心业务作为重中之重，大力推进一体化总包项目，完修井与油田生产服务协同发展。图为长城钻探伊拉克项目部 GW20 队完成射孔作业后试油作业（吴广志　摄）

【科技创新】 2021 年，长城钻探承担国家、集团公司级科技项目 14 项，获省部级科技成果奖励 10 项，4 项科技成果通过专家鉴定，达到国际先进水平。

科技攻关和成果推广见效显著。"绿色清洁自动化井下作业技术及装备研究"通过论证，成为集团公司钻探企业中唯一一家牵头"十四五"上游领域前瞻性基础性研究项目的单位。GW-LWD 随钻测量仪完全自主研发，成本下降 50% 以上；非常规试油气录井技术在威远页岩气自营区块成功应用，实现国内首创；气井带压作业等特色技术推广应用创收 5 亿元。

科技平台建设取得新突破。向"两院"（工程技术研究院、地质研究院）倾斜科技资源，打造技术权威和技术高点，"两院"定位更加明确。中国石油录井技术研发中心，以及中油技服大修侧钻技术中心、压裂液分中心落户长城钻探，中国沙特"一带一路"联合实验室国际合作平台建设稳步推进，为提高长城钻探特色技术能力提供全新平台。

数字化优势加速形成。整合成立信息技术服务中心，信息化业务实现"管建分离、管运分开"；建成 EISC 11 个，"1+3+X"（即 1 个局级监控中心、3 个区域级监控中心及多个二级单位监控中心）格局基本形成；工程作业智能支持系统（EISS）实现国内全面应用和海外试点，工业视频监控系统平台搭建完成，海外作业管理系统升级，传统产业向数字化转型、智能化发展迈出坚实一步。

2021 年 4 月 11 日，长城钻探四川页岩气项目部 CC202-8 集气站投产。该集气站是长城钻探威远页岩气区块首个投产的集气站，将有效降低单井回压，解决威 202 区块页岩气进站能力不足的问题，同时增添新气源，标志着威远页岩气上产工作迈入新阶段。图为 CC202-8 集气站（杨龙　摄）

2021 年 4 月 19 日，长城钻探苏里格气田分公司苏10合作区块开发 16 年来，累计生产天然气突破 100 亿立方米（何欣　摄）

【质量安全环保】 2021 年，长城钻探开展安全生产专项整治三年行动，抓好安全生产“大反思、大排查、大整治”，修订安全管理制度 13 项，整改隐患问题 14675 项，制止人员违章 870 起，重复问题出现率同比下降 8.2%，危废全部合规处置。通过实施“专家近点巡检、EISS 远程支持、软件风险预警”等多元井控过程管理措施，井控安全平稳，特别是应用远程系统、升级处级干部驻井管理，实现对“五新”（新作业区、新组建队伍、新投用钻 / 修井机、新工艺、新技术）井、高含硫井的严格把控，14 起井控险情全部成功处置。

【企业管理】 2021 年，长城钻探科学开展“两化一升”（管理流程简化、优化、提升），强化流程框架顶层设计，重新梳理业务价值链，按照“3+N”（“3”指市场，苏里格致密气、四川页岩气“两气”和物资；“N”指其他领域）改革方向，以市场、“两气”、采购为重点，重新设计公司层面全部管理流程，打造长城钻探第一套同时覆盖国内外业务、体系完整的管理流程。着力完善管理机制，领导人员任期制和契约化管理改革全面完成，建立健全短期目标与长远发展有机统一的新型经营责任制。“双序列”改革促进形成“生聚理用”的人才发展机制，技术专家工作室相继建立，高层次科技创新领军人才有序引进，特别是专业技术人才队伍由 25 人扩大到 203 人。设立国际业务区域协调组和海外咨询中心，完善海外项目分级管控和市场开发机制，适应新形势的国际业务管控模式加速建立。精简组织机构，强化机构编制总量管控，部门人员编制压减 8%，三级机构压减 12 个，国内二级单位助理、副总师职数精简 21%。推进用工方式转型，累计调剂盘活 1448 人、分流安置 157 人。

管理效能方面：着力打造提质增效“升级版”，增效 6.1 亿元，助推长城钻探经营态势企稳向好。投资规模有效控制；百元收入营业成本同比降低 1.17 元，边际贡献率同比提高 1 个百分点；物资集采价格平均下降 11.3%，库存总额下降 15% 以上；资金管理创效 1.48 亿元；盘活闲置设备 63 台套；国内资金回笼同比增长 25.8%；亏损治理和法人压减超额完成集团公司下达的年度任务。着力提升培训能力，国内首家配套 70D 电动钻机培训基地建成启用，整体教学硬件国内领先。具备开展司钻取证、井控、岗位技能提升等实操培训的条件，为提高基层整体素质奠定基础。

2021 年，长城钻探着力提升培训能力。国内首家配套 70D 电动钻机培训基地建成启用，整体教学硬件国内领先。具备开展司钻取证、井控、岗位技能提升等实操培训的条件，为提高基层整体素质奠定坚实基础。图为实训基地揭牌仪式现场（高天宇　摄）

【企业党建工作】 2021 年，长城钻探聚焦党史学习教育，32 项重点任务高质量完成，两级中心组开展学习研讨 423 场次，组织专题宣讲和专题党课 1583 场次。庆祝建党 100 周年系列活动蓬勃开展，近万名员工参与“石油工人心向党”等主题活动，隆重表彰“两优一先”，两个基层党组织分别获中央企业先进基层党组织、集团公司基层党建“百面红旗”称号。两级党委班子开展“第一议题”学习 241 次，组织新一轮党组织书记抓基层党建述职评议考核，党建责任压紧压实。基层党建工作稳步推进，150 个党组织按期换届。开展主题教育宣讲 1965 场次，宣传思想文化阵地更加牢固。年轻干部占比增加，干部队伍结构优化。坚持做好执纪审查“后半篇”文章，排查堵塞廉洁风险点源 288 项，风清气正的政治生态巩固。保密、维稳等工作推进。

【获奖情况】 2021 年，长城钻探获集团公司及以上各项奖励 112 项。其中，集体奖项 41 项，个人奖项 71 项，获奖人数 325 人次。

（杨晓峰）

中国石油集团渤海钻探工程有限公司

【概况】 中国石油集团渤海钻探工程有限公司（简称渤海钻探）2008 年 2 月 27 日由原大港油田集团公司和华北石油管理局钻探业务重组成立，是集团公司全资子公司，总部位于天津市经济技术开发区。2021 年，用工总量 19912 人，其中研究生以上学历 465 人、大学本科学历 7333 人、大专学历 5976 人。

2021 年，渤海钻探面对工程技术服务价格持续低迷、原材料价格大幅上涨、渤海湾市场进尺锐减、国际市场严重等停、新冠肺炎疫情防控难度增大等困难和挑战，坚持稳中求进，在市场上拓增量，在管理上挖潜力，完成集团公司下达的各项经营指标。完成钻井进尺 506.75 万米，酸化压裂 7470 段，技术服务 9928 井次；完成天然气商品量 14.01 亿立方米；实现营业收入 185.21 亿元，利润 -14.06 亿元。

渤海钻探主要生产经营指标

指　标	2021 年	2020 年
录井（口）	2353	2383
钻井（口）	1714	1640
钻井进尺（万米）	506.75	473.25
完井（口）	1642	1677
固井（口）	1846	1806
井下作业（井次）	3836	4702
试油（层）	1765	1967
收入（亿元）	185.78	191.55
利润（亿元）	-14.06	2.05

【市场开发】 2021 年，渤海钻探国内市场坚持拓展与优化并举，跨区域优化调整钻机 56 部，完成进尺 498.7 万米，实现收入 167.38 亿元，分别同比增长 9%、1%；钻机利用率 75%，同比提高 8 个百分点。国际市场，克服新冠肺炎疫情蔓延和伊拉克市场工作量大幅压减等困难，创新商务模式，加强市场开发，新签合同额 35.78 亿元、创收 18.4 亿元。成功进入吉庆、大庆和吉林等页岩油市场，钻机达 15 部，增收 10.04 亿元。有效扩大巴彦、道达尔市场，分别增收 1.68 亿元、0.68 亿元。参与中国地质调查局等项目，成功开辟玉门、冀东、吉林、大庆油田等矿权优化区块市场，培育新的经济增长点。实施致密气风险合作，在西南油气田金浅 8、中浅 1 区块完钻 7 口。首次中标米桑酸化压裂服务项目，进入马季努恩市场开展无钻机增产服务，进入印度尼西亚国家石油公司市场，科威特市场新增 2 支作业队伍。井下及技术服业务收入同比增长 6%。塔里木市场技术服务收入占比提高 2.3 个百分点，实现油基钻井液业务零的突破，工程院固井工具业务市场占比近 70%。巴彦市场技术服务占比 100%。青海市场技术服务收入占比提高 3.4 个百分点。实现大港、大庆、吉林、吉庆页岩油全产业链总包，塔中钻完井试油、青海风西区块钻完井压裂一体化、张兴储气库钻修井以及米桑钻完井等总包。总包一体化收入占比 79%，同比增长 2 个百分点，有效拉动技术服务业务创收。

【技术管理】 2021 年，渤海钻探承担集团公司及各油田公司“1”字号探井 23 口，打出 253 项新纪录，彰显技术实力。其中，天安 1 井、天湾 1 井采用精细控压 + 随钻扩眼等技术，连续刷新新疆准噶尔盆地最深井纪录；河探 1 井优化水基钻井液性能，钻井液密度高达 2.55 克 / 厘米^3，突破国内水基钻井液密度极限。强化油气层保护，打出一批高产井，助力勘探开发。其中，塔里木满深 3 井油气当量 1690 吨 / 日；大港唐东 9X2 井日产油 230.49 立方米、气 2.99 万立方米；华北冀中安探 1-6X 井日产油 127.92 立方米、气 52.53 万立方米；巴彦兴华 2 井试油测试日产油 523 立方米，创巴彦油田最高纪录。85 口重点井开展工程地质一体化，37 口重点井实施井长制，EISC 预警 1798 次，事故复杂损失时率 3.85%，同比降低 2.08 个百分点。落实固井质量管理办法，强化施工过程跟踪，完成井井身质量合格率 98.3%，固井质量合格率 90.63%，完成集团公司下达的考核指标。开展单井安全提速创效工程，钻井同比提速 3.36%。强化深井提速，5000米以上深井钻完井周期同比缩短11.76%。推广“一趟钻”技术，开次占比35.01%，同比提高12.56%。落实“九改进九提升”要求，压裂提速15.46%。加强地质研究，优化井位部署，静态I+II类比例90%。加快产建进度，完钻115口，完试井平均无阻流量22.44万米^3/日。获无阻流量百万立方米高产气井5口，其中苏49-44-87X评价井获测试流量119.79万米^3/日，实现苏49区块重大突破；苏20-24-12X井无阻流量121.6万米^3/日。深度融合气井全生命周期管理与排水采气工艺，老井综合递减率控制在20%以下。加强采气管理，治理低产低效井169口，平均日产气量由0.13万立方米提升到0.23万立方米。加强躺停井治理，复产产量11.3万立方米，增产天然气2000万立方米。西南致密气首口水平井中浅204-9-H1井获日产32.31万立方米、无阻流量70.2万米^3/日高产气流。

【创新驱动】 2021年，渤海钻探获省部级科技奖励19项，通过集团公司、天津市科学技术成果鉴定各4项。制修订行业标准5项、集团公司企业标准12项。认定集团公司自主创新重要产品3项。申请专利115件，获授权专利142件。通过国家级高新技术企业、国家技术创新示范企业、国家级企业技术中心复审，获“天津市科技领军企业”称号。研发形成“175℃ LWD”等8种新工具、“微米级超细铁粉”等15种核心助剂、“抗腐蚀水泥浆”等7种井筒工作液体系。RSS2.0旋转导向现场试验13口井，提升工作稳定性，初步形成现场技术服务能力；完成VDT6000研发及VDT4000、VDT5000升级，年创收3600万元。征集全员淘金成果561项、推广应用64项、807套，建成淘金团队35个、劳模（工匠）创新工作室20个，直接创效4737万元。启动数字化转型、智能化发展工作，制定以数据中台为核心的信息化项目建设规划，推动大港油田数据共享应用。协同推进EISS应用，保障两级EISC运行，上线井下作业子系统。抓实网络安全管理，保障27套统建信息系统平稳应用。

【资源配置】 2021年，渤海钻探超前谋划投产90型钻机8部、70型钻机5部，租赁顶驱、动力机组等设备110台套，开展45J钻机、钻机电控系统等装备升级，启动京津冀区域电喷柴油机新购和柴油机电喷升级，应用电驱压裂装备、钻机网电系统等环保型装备近200台套，应用二层台机械手、铁钻工等成熟自动化装备118台套。人力资源配置：严控用工总量，压减用工600人。盘活用工存量，对外输出调剂176人，二级单位间调剂638人，退职技术干部返岗97人次。整合操作服务业务外包企业资源，合作企业由37家精简到10家。

【精益管理】 2021年，渤海钻探开展改革三年行动，任务完成率94.92%。实施任期制改革，实现中层领导人员契约全覆盖。推进同质化业务整合，压减钻井公司数量，重组管具与井控业务，优化市场布局。推进资源共享，在四川页岩气、巴彦市场施行“项目实体化+服务专业化+资源集中化”管控模式。撤销石油工程总承包公司，调整改进总包业务的管控模式。明确长庆事业部“巩固一个主体、做好两个保障、实施三个拓展”功能定位，强化长庆支柱市场的地位。加强东北市场管理，促进区域市场经营效果提升。开展提质增效升级行动，实现增效6.89亿元。其中，物资管理节支2.03亿元，装备管理节支1.03亿元，人力资源管理节支4810万元，压减车辆使用和运输成本1504万元，审计、巡察、专项检查增效3913万元，享受政府优惠政策2.35亿元。修订招标管理办法，出台招标工作责任追究实施办法，规范招标行为。编制30项业务的专业化招标模板，审核招标方案395个。严肃处理投标人失信行为26起，处理投标人41家。开展招标专项检查，发现问题103个，对12家单位和39名责任人进行处罚。完成招标项目367个，节资率9.84%。强化集中采购管理，物资两级集中采购度99.9%。强化电商采购管理，持续完善电商商品池，价格动态管理，实施线上线下比选采购。加强物资采购质量管理，物资一次入库检验合格率98.79%。强化供应商管理，暂停14家供应商16种产品的交易资格。开展陈欠“歼灭战”，收回陈欠1.59亿元。完善境外资金管控模式，逐个项目制订提升方案。严格合同管理，事后合同得到有效控制。开展重大涉法事项法律论证，加快法律纠纷案件处理，依法维护利益。开展经济责任审计、支出性合同审计、项目审计和专项审计，有效防范经营风险。

【安全环保】 2021年，渤海钻探制定并落实新冠肺炎疫情常态化防控方案，实施每日排查汇报制度，落实核酸检测、隔离等措施，保持“双零”态势。推进疫苗接种，确保应接尽接。开展体系综合审核、诊断评估和“驻点”审核，提出问题4776个、改进要求375项。投入1.2亿元治理67个重点隐患项目，推广应用16个安全技改项目。开展外部项目专项检查、重点敏感时段暗查抽查，严格新增和变更风险管控。开展反违章专项整治，查处特别严重违章行为和重复性问题358项。开展钻井、井下外包队伍专项检查，清退15支、停工整顿4支。强化海外安全管理，加强新项目风险评估，开展社会安全考核，整改问题65项。修订完善井控管理制度，落实带班队长和司钻岗位职责。落实坐岗制度，发现处理溢流41井次。对15个市场、205个作业现场开展检查，整改问题1271项。推进东部井控应急中心建设，具备初步抢险能力。开展井控风险评估分级工作，为市场开发提供强有力支撑。强化员工健康管理，推进健康企业建设。强化生态环境保护，修订废物污染防治管理办法，研究并落实冬奥会、冬残奥会空气质量保障措施，合规处置川渝页岩气遗留油基岩屑。加大节能减排力度，措施节能4700吨标准煤，节水9000余立方米，获“天津碳排放权交易所优秀会员”称号。

【人才队伍建设】 2021年，渤海钻探实施人才强企工程，统筹推进工程落地。优化人才引进机制，招聘大学毕业生134人，大学本科以上人才占比提高2%。加强法治人才队伍建设，制订实施方案，提高队伍素质。稳步推进“双序列”改革，建立动态管理机制。加强技能人才培养，获2021年全国创新方法大赛一等奖2项，集团公司一线创新成果奖一等奖2项、二等奖2项、三等奖1项。

【企业党建工作】 2021年，渤海钻探严格落实“第一议题”、党委理论学习中心组学习等制度。开展庆祝中国共产党成立100周年系列活动，将“四史”和新中国石油工业发展史学习教育覆盖到全体员工，为员工群众办实事4209件，做到学习教育与生产经营“两不误、两促进”。巩固拓展“四强化、四提升”主题实践活动，以“一支部一特色”推广“党建+”模式，重构基层党支部考评体系，促进基层党建“三基本”建设与“三基”工作有机融合，深化“学习强国”“铁人先锋”等网络平台应用，开展全体党员大轮训，基层党建进一步加强。制定下发党委落实全面从严治党主体责任清单，对6家二级单位进行巡察，紧盯重点领域、关键环节、作风建设开展监督，聚焦群众身边腐败和作风问题，处分10人。加强对权力运行的监督，落实《中共中央关于加强对“一把手”和领导班子监督的意见》，与15家单位领导班子进行集体访谈，约谈6家单位的“一把手”。坚持党管宣传、党管意识形态、党管媒体，始终把握正确导向。开展“转观念、勇担当、高质量、创一流”主题教育，凝聚干事创业力量。落实维稳安保防恐责任，维护和谐稳定的良好局面。坚持党建带工建、带团建，发挥党群组织联系职工群众优势，开展“三送”、帮扶救助慰问等活动，发放帮扶、慰问金1200余万元，传递组织关怀关爱。开展全员健康、渤钻青年勇担当等活动，桥梁纽带作用更加凸显。

（刘荣军　马　强）

中国石油集团川庆钻探工程有限公司

【概况】 中国石油集团川庆钻探工程有限公司（简称川庆钻探）2008年2月25日由原四川石油管理局、长庆石油勘探局及塔里木油田的工程技术等相关业务单位组建成立，是集团公司全资工程技术服务企业，享有独立对外经济贸易和经济技术合作业务权。主营钻井工程、录井、固井、储层改造、试油修井及油气合作开发等业务，国内主要服务于西南油气田公司、长庆油田公司、塔里木油田公司，分布于四川、重庆、陕西、甘肃、宁夏、内蒙古、新疆7个省（自治区、直辖市）；海外市场主要集中在土库曼斯坦、巴基斯坦、厄瓜多尔等国家，服务于壳牌、道达尔等国内反承包项目以及地方企业。2021年底，川庆钻探有二级单位25家，机关处室17个，机关附属机构8个，机关直属机构5个。

2021年，营业收入335.28亿元，利润总额-9.13亿元。川庆钻探在四川省企业100强中排名第27位，在成都市企业100强中排名第18位。

【工程技术服务】 2021年，川庆钻探分区域落实技服生产保障协调要求，推进提速提产提质，高效保障重点区域增储上产，服务西南、长庆、塔里木三大油气田油气当量再创历史新高，创造亚洲陆上最大水平井平台、最长水平段和国内页岩气井最长水平段等53项工程纪录。在川渝地区，与西南油气田携手推进“中国气大庆”建设，服务川中太和气区、川南页岩气、川东北高含硫等重点工程，完成蓬探101井、双探108井、秋林209-8-H2井等重大发现井和16口百万立方米高产气井，支撑川中太和气区、川西北深层和川中致密气勘探取得重大突破，保障西南油气田提前33天达产300亿立方米。在长庆地区，紧跟油田“二次加快发展”部署，建立“四个提前”（提

川庆钻探主要生产经营指标

指　标	2021 年	2020 年
录井（口）	937	899
钻井（口）	2058	1674
钻井进尺（万米）	661.58	577
完井（口）	1974	1729
固井（口）	3420	2839
井下作业（井次）	3042	2853
试油（层）	2139	2019
新签合同金额（亿元）	358	311.7
收入（亿元）	335.28	328.23
利润（亿元）	-9.13	3.58
税费（亿元）	2.63	2.89

前介入井位勘定、提前介入测量设计、提前介入土地协调、提前做好施工准备）运行机制，创新形成长水平段、大井丛开发方案，高效服务陇东页岩油、致密气、水平井等重点项目，试获 39 口超百万立方米高产气井，支撑长庆油田取得庆城油田探明地质储量超 10 亿吨、盆地东部落实新的万亿立方米大气区等多项重大发现。在塔里木地区，钻获跃满 3-H13 井、富源 303-H1 井等 13 口高产油气井，其中甫沙 8CS 井获塔里木油田油气勘探重大发现嘉奖；完成集团公司“一字号”工程博孜 3-K2 井，战胜中国石油发展史上风险最高、环境最险、难度最大的险情。

【油气风险合作开发】 2021 年，川庆钻探克服资源劣质化、投资紧张、外输不畅等困难，深化“三个一体化”（地质工程一体化、勘探开发一体化、技术经济一体化），加强开发全过程管理，实现产量效益双提升。威远区块完善“选好区、钻长段、打准层、压好井”高产井培育技术，优质页岩钻遇率 97.4%；优化第二代压裂工艺，甜蔗区完成测试的 36 口井平均产量 23.7 万米 ^{3}/ 日、开发效果同比提升 14.7%，4 个平台半支 4 口井测试产量超百万立方米，页岩气产量突破 25 亿立方米、再创历史新高。苏里格区块坚持“稳定中区、拓展西区”，强化“一区一策”地质基础研究，获无阻流量超百万立方米高产井 5 口；精细生产管理，推广大井丛方式布井、小井眼钻完井，新建产能 6.7 亿立方米，Ⅰ+Ⅱ类井比例 90%，生产天然气 18.8 亿立方米，连续 11 年稳产 18 亿立方米。致密气合作区块与西南油气田共同推进金浅 8 井区、中浅 1 井区合作开发，与渤海钻探、东方物探探索业务合作新模式，高效建成 7 个钻前工程平台、完钻 6 口、压裂 4 口，获无阻流量超百万立方米高产井 3 口，实现当年部署当年见气。

【提质增效】 2021 年，川庆钻探坚持开源与节流并重，部署推进 7 个方面 28 项措施。建立市场评估和开发奖励机制，拓展总包服务模式，泸州北和阳 101 深层页岩气总包、太和气区总包及老井挖潜、致密气风险合作等协议落地；海外市场开发逆势上扬，新中标阿姆河第六轮钻修井和复兴气田续钻井总包等一批高端项目。新签合同金额 358 亿元，同比增长 15%，其中海外市场 42 亿元、增长 27%、创近年新高；川渝地区关联交易、深层页岩气市场份额分别达 100%、35%，长庆地区水平井市场份额达 70%。强化资金、资产精细管理，实现创效 4.2 亿元；依法享受财税优惠政策，节税增效 5.3 亿元；开展“两金”（存货占用资金和应收款项占用资金）压控三年行动，以前年度欠款回收率 87%，存量存货压降率 80%。强化投资全过程闭环管理，节约资金 1.6 亿元。推进供应链管理体系建设，优化采购策略，节约资金 24.5 亿元。强化人员统筹调剂，盘活内部用工 1180 人，创新组织模式减配 315 人，分流安置 218 人。开展重点单位亏损专项治理，推进单井安全提速创效工程，实现工程技术业务控亏目标。

【改革与创新】 2021 年，川庆钻探成立关键核心技术攻关任务领导小组，优化 3 大工程技术中心管理运行机制，建成 16 个首席技术专家领衔的科技创新团队，深化 4 个企校创新联合体建设。投入科研项目经费 3.9 亿元，开展公司级以上课题攻关 373 项，新增成果 80 项，推广创新成果 191 项，创效 1.8 亿元。自研旋转导向钻井系统现场试验和产业化落地取得重大进展，综合性能达到国际先进水平。以超长水平井、大井丛高效钻完井为代表的页岩油勘探开发工程技术实现革命性跨越，创造亚洲陆上最大水平井平台（华 H100 页岩油平台）、最长水平段（5256 米）等纪录。数字化转型初见成效，建成运行两级工程作业智能支持中心（EISC），提供决策支撑 406 次，提高处置效率 18%；数字化作业现场、数字化气田管理高效推进。改革三年行动完成 63 项任务、整体进度 91%，获评集团公司三项制度改革考核优秀企业。与成华区政府签订合作协议，完成厂办大集体改革。开展“瘦身健体”，压减法人企业 2 个。成为钻探企业中唯一一家获评集团公司创新型企业的单位，再次通过国家高新技术企业认定。

【风险防控】 2021 年，川庆钻探宣贯新《安全生产法》，健全全员安全生产责任体系，推行安全生产清单制管理。深化 QHSE 体系建设，整改审核问题 3698 个。深刻吸取“1・25”事故教训，聚焦井控、高处作业、起重作业等重点领域，集中组织安全生产、反“三违”专项整治，完善双重预防机制，投入安全专项资金 1.8 亿元、整治隐患 104 项，事故起数下降 70%。建立川庆钻探及各单位生态环境保护重大事项议事规则，发布《长江经济带生态环境保护工作方案》，整治环境隐患 653 项。实施“碳中和、碳达峰”行动，电代油用电量 3.3 亿千瓦・时，工业废水废气达标排放率、固体废物处置率 100%。开展井筒质量三年专项整治，固井质量合格率 88.4%，井身质量合格率 94.6%。常态化开展新冠肺炎疫情防控，精心做好海外项目防疫和员工身心健康管理，应接人员疫苗接种率 100%，保持“零疑似、零确诊”良好态势。强化依法合规治企，统筹开展审计、重点领域监管、法律纠纷案件处置，挽回和避免直接经济损失 3954 万元。加强平安建设，做好维稳信访安保防恐工作，抓好海外社会安全，大局保持和谐稳定。

【企业党建工作】 2021 年，川庆钻探建立党委“第一议题”制度，学习习近平总书记重要讲话和重要指示批示精神；出台加强党的政治建设意见，肃清流毒影响，践行“两个维护”。融合推进党史学习教育和“转观念、勇担当、高质量、创一流”主题教育，完成 3 个阶段 9 项规定动作；开展“我为员工群众办实事”实践活动，投入专项资金 2454 万元，解决员工“急难愁盼”问题 100 余项。统筹党建“三基本”（基本组织、基本队伍、基本制度）建设与“三基”（基层建设、基础工作和基本功训练）工作，开展党员“四创四当”（比创先，当标杆旗帜先锋；比创新，当攻坚克难先锋；比创造，当价值贡献先锋；比创效，当精益管理先锋）主题实践活动，打造形成 45 个“党建 +”示范亮点工程。逐级压实党风廉政建设责任，一体推进“三不腐”（不敢腐、不能腐、不想腐），开展“作风建设年”活动，聚焦新冠肺炎疫情防控、提质增效做实监督，高质量开展两轮巡察，处置问题线索、立案审查、纪律处分数量分别同比下降 26%、65%、52%。严格落实意识形态工作责任制，建立石油精神学习宣贯长效机制，选树首个“川庆榜样”，开展攻坚文化课题研究，及时处置敏感舆情事件 41 起。

【人才队伍建设】 2021 年，川庆钻探启动实施人才强企工程，调整配备处级干部 97 人次，引进高层次人才 1 人，3 人入选国务院政府特殊津贴专家。开展系列劳动竞赛和专业技术比赛，考核奖励 2432 万元。涌现出“全国工人先锋号”2 个，省级先进集体 1 个、个人 5 人。

【扶贫帮困】 2021 年，川庆钻探切实关心关爱员工，投入资金 792 万元帮扶救助 1334 户。服务乡村振兴战略，投入 241 万元助力石渠县巩固拓展脱贫攻坚成果，消费扶贫 223 万元。

（汪亚军）

中国石油集团东方地球物理勘探有限责任公司

【概况】 中国石油集团东方地球物理勘探有限责任公司（英文缩写 BGP，简称东方物探）前身是 1973 年 7 月成立的燃料化学工业部石油地球物理勘探局。是集团公司的全资物探专业化子公司，是以地球物理方法勘探油气资源为核心业务，集油气陆上与海上勘探、资料处理解释、综合物化探、物探装备制造及软件研发等业务于一体的综合性国际化技术服务公司。是国家级企业技术中心、油气勘探计算机软件国家工程研究中心，国务院国资委深化人才体制机制改革示范企业和国家引才引智示范基地，国际地球物理承包商协会核心会员，欧洲地球物理学家与工程师协会、勘探地球物理学家协会主要会员。2002 年 12 月，东方物探成立以来，始终以为国找油找气为己任，围绕建设世界一流地球物理技术服务公司目标，实施“两先两化”（创新优先、成本领先，综合一体化、全面国际化）战略，做大做强油气勘探主业，加快发展资料处理解释、综合物化探、信息技术服务、深海勘探和软件、装备研发制造等业务，实现向物探全领域技术服务的转变。陆上勘探技术实力居国际领先地位，处理解释业务建立亚洲最大的地震勘探资料处理解释中心，综合物化探业务建立全球最大重磁电及地球化学勘探与综合地质研究服务中心，深海勘探打造形成全球领先OBN勘探作业能力，软件、装备研发制造能力居国际先进水平。为全球客户在石油勘探、油气田开发、固体矿产勘查、非常规能源勘查、水资源勘查、工程地质勘查等领域提供优质服务。

2021年，东方物探有1名中国工程院院士，10名享受国务院政府津贴专家，1名“百千万人才工程”国家级人选。在册员工25557人，其中合同化员工21046人，市场化用工4511人。按岗位性质划分，管理人员6366人、专业技术人员6486人、技能操作人员11664人、内部退养等不在岗人员1041人。按队伍结构划分，油气主营业务547人、工程技术服务16763人、工程建设94人、装备制造310人、生产服务1075人、矿区服务2162人、社会服务401人、科研与设计644人、国际业务1354人、机关及附（直）属2207人。具有中专及以上学历人员19247人，占员工总数的75.31%。员工平均年龄45.6岁。设备资产原值223.47亿元（含国内、国际子公司设备资产，不含无形和摊销资产），净值58.33亿元，新度系数0.26，其中国际设备原117.38亿元，占比52.53%，国内设备原值106.09亿元，占47.47%；国际设备净值26.25亿元，占45.45%，国内设备净值31.82亿元，占54.55%。

东方物探主要生产经营指标

指　标	2021年	2020年
落实市场金额（亿元）	304.83	344.71
新签合同金额（亿元）	237.47	248.87
二维地震采集（万千米）	3.46	1.80
三维地震采集（万平方千米）	8.65	8.54
收入（亿元）	184.74	205.14
其中：国内勘探	69.32	99.96
海外勘探	110.42	70.19
利润（亿元）	6.96	4.38
税费（亿元）	3.02	3.29

2021年，东方物探统筹生产经营和新冠肺炎疫情防控，统筹国内国际两个市场，加强党的领导、党的建设，强化创新驱动，狠抓精益管理，稳增长、提效益、防风险，全面完成集团公司下达经营指标。完成收入184.74亿元，实现利润总额6.96亿元。获2021年度集团公司先进集体，入选集团公司首批5家“科技创新型企业”。国际项目分布在阿拉伯联合酋长国（简称阿联酋）、沙特阿拉伯、科威特、阿曼、伊拉克、巴基斯坦、阿塞拜疆、缅甸、乍得、埃及、加纳、南非、坦桑尼亚、尼日利亚、苏里南、毛里塔尼亚、尼日尔、摩洛哥、秘鲁、巴西、阿根廷、圣多美、澳大利亚、印度尼西亚、乌兹别克斯坦25个国家及地区。国内施工区域主要分布在塔里木盆地、准噶尔盆地、三塘湖盆地、吐哈盆地、柴达木盆地、四川盆地、鄂尔多斯盆地、松辽盆地、二连盆地、河套盆地、华北盆地、冀中盆地、黔北盆地等20个含油气盆地及地区。

【地球物理勘探】 2021年，东方物探投入地震队112支，投产232队次，运作地震勘探项目196个。其中：二维地震勘探项目48个，完成二维地震采集工作量34565千米，生产炮200.84万炮；三维地震勘探项目148个，完成三维地震采集工作量86504平方千米，生产炮5382.53万炮。投入井中地震队伍8支，完成井中业务项目244个。

投入综合物化探队伍21支，投产51队次，实施46个采集项目。其中：重磁队投产19队次，实施14个重磁勘探项目；电法队投产12队次，实施12个电法勘探项目；工程勘探投产20队次，实施20个项目。完成海洋重力45625.9千米；海洋磁力45087.3千米，陆上常规重力50349.4千米、物理点140073个；陆上常规磁力53938.3千米、物理点151312个；二维电法剖面2329.3千米、物理点15137个；工程勘察13980.8千米、工程勘探点90179个。

完成地震资料处理项目175个，其中国内项目147个，国外项目28个。完成二维地震资料处理项目54个，测线1799条，剖面长度90161千米，同比增长11.1%，野外记录1593172炮，同比下降17.2%。三维地震资料处理项目121个，一次覆盖面积120270平方千米，满覆盖面积79239平方千米，同比增长25.3%。野外记录11814901炮，同比下降44.8%。产品交付合格率100%，项目验收一次通过率100%。收到感谢信76封、嘉奖令11封，优质（精品）工程证书4封，顾客满意度97.79%。

完成地震资料解释及综合研究项目372个，其中国内项目342个，国外项目30个。完成二维地震解释570651千米，同比下降23.3%；完成三维地震解释402130平方千米，同比增长4.4%；完成各种成果图件2597张。完成的项目均通过验收，成果交付合格率100%，项目验收一次通过率100%，客户满意度

97.79%。

新发现圈闭5166个，总面积75380平方千米；复查落实圈闭8323个，总面积75186平方千米；建议各类井位9395口，采纳5637口。在集团公司国内、海外油气重大发现成果参与率均100%。国内在风险勘探和甩开预探获突破，配合油气田取得准噶尔盆地南缘中下组合、塔里木塔中—塔北奥陶系深层、鄂尔多斯奥陶系盐下、四川大庆仪陇—平昌区块页岩油、四川泸州地区深层页岩气等5项重大突破和成果；重点地区和重点领域集中勘探取得新进展，配合油气田发现和落实11个亿吨级和12个千亿方级规模储量区。海外配合集团公司在乍得、尼日尔、滨里海盆地等实现勘探突破，为集团公司海外资源战略提供技术支撑。

建议二维地震采集21728千米，被采纳10554千米，由东方物探施工10554千米；建议三维地震采集37712平方千米，被采纳23430平方千米，由东方物探施工23430平方千米。

【市场开发】 2021年，东方物探秉承“以客户为中心”市场开发理念，创新“系统化、精准化、差异化、专业化”营销体系，大力提升市场营销工作质量。落实市场304.83亿元，同比增长5.7%，其中新签合同额237.47亿元，同比增长10.6%。

推进高层访问，推动落实主要领导带队拜访油气田企业，完成大庆、长庆、新疆、西南、塔里木、吐哈、南方、华北、青海、煤层气、吉林、大港、冀东、CNODC以及中国石油西北石油局、上海申能、年代能源、中国地质调查局油气中心等18家客户高层访问交流，高层访问完成率85.7%，直接推动大庆、塔里木、西南等探区的项目部署。海外客户走访采取前线人员拜访、总部线上约见等方式，保持新冠肺炎疫情下密切沟通，线上会晤ExxonMobil、BP和KOC等21家油公司高层；一线市场人员利用网络会议、电话会议等拜访客户240余次。通过设计审查、高层访问、技术交流等渠道收集客户需求建议，专题下发35期263项客户需求分解任务，年度客户满意度97.10%。加大新客户开发力度，勘探业务国内新增客户4家，国际新增客户7家。

突出技术营销，发挥技术专家对市场的推动作用，系统梳理油田需求，编制交流报告22篇，与华北、冀东、浙江油田开展“一对一”交流。突出成果带动，跟踪油田风险探井、重点预探井钻进动态，推动股份公司在四川、长庆、塔里木、新疆、青海、大庆等油田加快三维部署。2021年，国内落实市场139.12亿元、新签合同额119.16亿元，其中区外市场投标中标率81.9%，新签合同额13.71亿元，同比增长93.3%。海外实施“中东、环里海、拉美”市场开发战略，以“线上＋线下”方式完成技术推介49场次，参加EAGE、IMAGE等国际展会。完成20期国际杂志广告刊登，宣传品牌形象，展示东方物探特色技术。2021年，国际项目投标中标率79.8%，新签合同额118.31亿元，同比增长18%，获超亿元项目15个。

【科技创新】 2021年，依托国家、集团（股份）公司、中油技服重大科技项目，东方物探加强科研项目、信息化建设及知识产权管理，强化自主创新成果推广应用，推进高层次技术创新平台申建工作，提高找油找气服务保障能力。申请专利85项，获授权专利56项，其中发明专利26项；登记计算机软件著作权47项，转让软件著作权496项；获省部级科技奖励5项，其中，“一种电磁探测方法及装置”获第二十二届中国专利优秀奖，“深度域各向异性快速建模技术与工业化应用”获2021年中国地球物理学会科学技术进步二等奖，“2017年冀中探区杨税务—泗村店三维地震采集处理解释”获2021年中国地球物理学会地球物理工程奖银奖。在集团公司2021年科技与信息化创新大会上，东方物探获“集团公司科技创新型企业”“集团公司科技工作先进单位”称号，eSeis节点地震仪器研发团队、超大型油气地球物理勘探软件GeoEast研发团队（油气勘探计算机软件国家工程研究中心）获“集团公司科技创新团队”称号，生产指挥中心运营团队获“集团公司信息化工作先进集体”称号，康南昌、李道善、吴永国、徐朝红、宋强功获“集团公司优秀科技工作者”称号，易昌华、曾国强获“集团公司信息化工作先进个人”称号，“EV56高精度宽频可控震源”作为中国石油十大科技创新成果之一正式发布。

GeoEast软件在股份公司勘探领域处理、解释应用率分别达80%和81%，高精度叠前成像、人工智能层位断层解释、叠前反演、储层预测、井位论证等特色技术在国内8大盆地，山前复杂构造、碳酸盐岩、地层岩性、非常规储层、富油气精细勘探等5大领域取得突出地质效果。国内油气勘探重大发现参与率超过80%，为大庆油田古龙页岩油预测地质储量12.68亿吨、长庆油田铝土岩天然气气藏勘探有利区面积8500平方千米等重大油气发展和突破提供强力技术支撑。GeoEast软件用户群不断扩大，实现销售收入1.33亿元。

2021年9月23日，在集团公司科技与信息化创新大会上，东方物探获“科技创新型企业”称号（东方轩 金添 梁冰 摄）

KLSeis Ⅱ地震采集工程软件系统形成以地震采集设计、模型正演与照明、地震资料质控、可控震源配套技术和近地表建模与静校正等为特色的5大技术系列，创新研发海量低信噪比数据初至智能拾取软件Timer、节点工作状态质控与管理软件KL-NodeQM等，为高效地震采集业务提供全方位技术支撑。

eSeis陆上节点地震仪器为“双复杂”区勘探提供新技术手段。在32个地震勘探采集项目规模化应用，累计使用83万道，完成采集工作量三维1.3万平方千米、二维3200千米，节省进口设备购置成本2.73亿，节约设备租赁费用亿元以上。塔里木盆地库车三维采集项目，被中国石化西北油田分公司授予“优秀工程”，成为“中中合作”典范；优质高效完成鄂尔多斯盆地合水1500平方千米的全节点三维采集任务；在合川149山地雨林项目规模化应用，被大庆油田授予“精品工程”。eSeis节点地震仪器入选2021年中国石油十大科技进展和2020年中油技服十大技术利器。

GeoGME成为国际上首个重磁电震一体化处理解释系统，具有完全自主知识产权，具备重力、磁力、大地电磁、时频电磁、广域电磁法、瞬变电磁法、时间域激电法、可控源音频大地电磁法、可控源电磁压裂监测等资料处理能力，配套可视化人工交互处理、建模、实时正反演等模块，成为重磁电找油找气主力资料处理解释软件。

uDAS井中地球物理光纤采集系统仪器，创造套管外水平井下井深度3630米和直井下井深度5700米2项国内纪录。零偏VSP、Walkaway-VSP、井地联采与DAS近地表结构调查等油气藏静态精细描述技术获生产应用。精准储层改造工程监测、压裂微地震监测与生产长期动态监测等油气藏动态监测技术进入试生产阶段。管道、储气库与CCUS安全运维监测技术应用启动。

完善GeoEast-Diva叠前深度偏移速度建模软件功能，研发各向异性、全方位层析、约束层析等建模新方法。2021年新增推广应用项目24个，涵盖陆地、过渡带、海洋拖缆、黄土塬、复杂山地等各种地表类型。在塔里木库车、吐哈火焰山、四川龙门山等复杂山地见到良好应用效果。

优化智能化地震队总体架构，按照“一朵云、一块图、一张网、一个指挥系统、一系列智能化应用”设计，完成智能质控、智能排列、智能激发、指挥系统等功能研发和完善，发布智能化地震队GISeis V3.0，推广应用于60个采集项目，整体提效20%以上。

【企业改革】 2021年，东方物探推进国企改革三年行动，完成国务院国资委指标，三年行动任务完成率97%。

推进装备研发资源重组，将地震仪器研发项目组划转装备服务处管理，加速科研与生产有机结合，促进eSeis节点仪器及配套高效采集技术指标和产品性能提升，加快打造“百万道”全球超大规模陆上节点仪器研发、制造和应用全产业链。实施采集技术中心经营机制改革，由费用单位调整为内部经营单位，建立自主经营、自负盈亏和自我发展的市场化运作模式。推进中油奥博（成都）科技有限公司（简称中油奥博）市场化体制机制改革，中油奥博经理层成员任期制契约化管理签约，落实集团公司“重大科技成果规模化转化创效示范”，全力推进光纤智能油藏地球物理业务发展。推进集团公司共享运营有限公司人力资源、纸质会计档案共享服务，做好业务对接、场地建设等工作。深化矿区业务系统改革，撤销矿区服务事业部，成立公共事务管理中心，对矿区业务系统进行资源重组，促进矿区服务业务转变经营模式，增强自我发展能力。推动宝石花物业公司直管运行，落实集团公司宝石花医疗深化改革工作，有序完成退休人员社会化管理移交。

【企业经营管理】 2021年，东方物探开展率先打造世界一流战略研究，丰富“两先两化”战略内涵，科学谋划“十四五”发展规划。

2021年，东方物探量化目标、压实责任、强化管控，提质增效12.83亿元。开展亏损治理和法人压减，亏损户数减少12家，亏损金额减少4.34亿元、同比减亏86%；法人户数压减5家，获中油技服7600万元注资奖励。强化特大型项目全周期全要素管控，打造低成本竞争优势，百元收入营业成本同比下降1%；加强资金运营管控，资金回款率同比增长4%；加大昆仑商票使用力度，商票开立19.33亿元，节约财务费用2800万元；加强重点探区钻井承包商招标管控，节约采购资金1.91亿元；狠抓账款清欠，采取法律诉讼等手段收回高风险欠款2.36亿元。加大设备调剂力度，保障勘探生产需要，节点仪器周转率350%、可控震源周转率330%。开展法治央企建设，在集团公司法治建设考核中连续4年保持A类企业评级；强化合规管理，内控体系有效运行，获评集团公司“十三五”法治建设先进单位、内控管理先进单位。转变审计理念，以大数据、远程审计提升项目质量效率；通过对账销号、负面清单、集体约谈和责任追究提升治理效能，发挥审计监督服务作用。

【健康安全环保】 2021年，东方物探强化履职尽责，突出精准管控，保持良好的HSE业绩，百万工时可记录事件率0.12，获评生态环境部践行社会责任优秀企业、河北省安全生产先进企业、集团公司质量安全环保节能先进企业，在集团公司社会安全管理体系考核中保持“卓越级”成绩。

2021年，召开新冠肺炎疫情防控工作领导小组会议52次，开展43次疫情防控专项视频巡检，修订疫情防控方案、指导手册等，完善常态化疫情防控机制，实现零感染、零疫情目标。开展健康企业建设，对3168名慢性病患者建立“一人一档”健康档案。开展基层急救知识培训，提高院前急救能力，配置健康小屋11套、AED自动除颤仪89台，非生产亡人数同比下降11%。

升级HSE体系文件至H2.0版，通过第三方体系再认证。制修订标准4个、管理规定7个，优化作业程序16个，制定专项管控方案38个。完善安全生产责任清单，层层签订责任书。加强基层站队标准化建设，打造14个标准化示范站队。以“现场＋网络直播”形式召开第五次现场交流会，发布标准化成果30项，分享微视频16个。克服新冠肺炎疫情影响，审核机关和186个基层单位，发现问题3446个。对项目实行全过程监管，派出监督员104人次，对72支队伍、104个项目现场监督，上报隐患13950条，发出“隐患整改通知单”404份、“备忘录”122份。

开展安全生产专项整治三年行动，集中治理隐患585项，挂牌督办重大隐患4项，发出风险预警6次，形成制度措施80个。开展反违章专项整治活动，实施反违章检查294次，整治违章899个。识别治理隐患10万余条，投入1680万元隐患治理资金。对6个高风险项目进行升级管理，民爆物品全流程受控，形成“流程信息化、过程视频化、操作标准化、监控智能化、目标本质化”和“控制下药数量、控制下药范围”管理模式。加强交通全旅程电子化管理和车辆违章网络直报制度，实现安全行车7837万千米。加强安保防恐管理，有效应对巴基斯坦、乍得、缅甸等国家和地区社会动荡带来的风险。加强海上作业安全管理，建立BMS综合管理体系，打造FLAG信息管理平台。应用无人机、AI智能等技术，提升智慧安全管理水平。开展生态环境隐患排查治理、秋冬季大气污染综合治理等专项活动，控制移动源污染物排放和能源消耗总量，推进危险废物处置区域化管理，完成集团公司考核指标。

【企业党建工作】 2021年，东方物探及下属单位党委40个，党总支66个，党支部644个。发展党员383名，党员总数13716名，其中在岗党员12964名，离退休党员179名，其他党员573名。

2021年，制定实施“第一议题”制度，组织学习12期，学习议题95项。把党史学习教育作为首要政治任务，落实9项重点任务，两级党委集中宣讲1547场次，开展专题党课895场次，组织1.2万名党员进行红色研学，实施为员工群众办实事10大重点民生工程，得到中央指导组和集团公司指导组高度评价。坚持党管干部、党管人才，考察提拔48人，调整交流61人次；落实“三个三分之一”选配标准，提拔40岁左右年轻干部18名；实施人才强企工程，健全市场化引才机制，引进4名海外高层次人才，通过开展“优才开放日”选聘51名硕士、博士毕业生。召开第四次党代会，提出党建引领工程，开创改革发展和党的建设新局面；编撰《强根铸魂》等党建丛书，入选全国国有企业党的建设工作会议五周年成果展；修订标准化党支部考核实施办法，625个在职党支部达标，优秀占比35%；完成2020年度党组织书记述职评议，19家二级单位党委书记、632名基层党组织书记接受评议；推动基层党建“三基本”建设与“三基”工作有机融合，经验做法走进中央党校课堂；制定《关于进一步明确基层党建二十项工作的通知》，提高基层党建工作质量。强化对权力运行的制约和监督，强化对各级“一把手”以及班子成员监督，对4个二级单位党委开展常规巡察，组织处理24人。在2020年度党建责任制考核中获“A+”成绩，15个党组织、15名党务工作者、29名党员受到上级党组织表彰。

【和谐企业建设】 2021年，东方物探强化宣传思想文化建设，落实意识形态责任制，研究意识形态领域工作4次。开展“转观念、勇担当、高质量、创一流”主题教育活动，弘扬石油精神和大庆精神铁人精神，构建形成企业文化精神图谱。举办“中国石油开放日——东方物探站”活动，在《人民日报》、新华网、中央电视台等主流媒体刊发新闻28篇。发挥新媒体传播优势，发布“东方头条”253期。开展群众性创新创效活动，征集合理化建议2534件，取得技术改进成果575项。开展扶贫帮困、金秋助学、节日慰问和送温暖活动。东方物探3个职工书屋被中华全国总工会授予“全国职工书屋示范点”。加强统战和团员青年工作，凝聚干事创业合力。加强保密管理工作，被评为集团公司保密密码工作先进单位。做好维稳信访安保防恐工作，发挥“护城河”企业作用。巩固脱贫攻坚成果，推动脱贫攻坚政策体系和工作机制同乡村振兴有效衔接，启动美丽乡村建设，提升农民获得感、幸福感和安全感。获集团公司党组、河北省委表彰。

【eSeis入选2020中国石油十大科技进展】 2021年1月22日，东方物探“eSeis陆上节点地震仪器达到国际领先水平并实现产业化”入选“中国石油2020十大科技进展”。历时近7年攻关，东方物探地震仪器研发团队攻克业内多项关键技术，实现高精度、高效率数据采集和低成本制造，可任意扩展采集道数，大幅提升作业效率和数据质量，降低作业成本和安全风险，满足高精度勘探对超大道数、高密度的需求。该仪器工业化制造11万道，在新疆、长庆、华北等探区生产应用，数据回收率99%，减少放线作业人员50%以上。改变传统施工模式，引领地震勘探从人工有线勘探向智能无线节点发展。

【东方物探2项专利获集团公司专利奖】 2021年1月28日，集团公司第二届专利奖获奖名单揭晓，东方物探“一种地震属性的优化方法和装置”获集团公司专利奖银奖，“一种纵波和转换波地震数据匹配的方法及装置”获集团专利优秀奖。

“一种地震属性的优化方法和装置”，用归一化的类间差计算待优化地震属性的权重来定量优化敏感地震属性的方法，实现地震属性定量优化，为后期寻找有利储层、提高钻井成功率奠定基础。该专利技术随GeoEast软件在松辽、渤海湾、四川、塔里木等盆地以及乍得、尼日尔、哈萨克斯坦等多个国家探区的地震资料应用，得到用户高度认可。

“一种纵波和转换波地震数据匹配的方法及装置”，发明一种对大层间的小层进行精细匹配的纵波和转换波数据匹配方法，提高地震勘探精度。该专利技术随GeoEast-MC软件在长庆、四川等多波处理项目中应用，得到用户认可和好评。

【KLSeis Ⅱ V4.0通过国家评测认证】 2021年3月8日，经中国软件评测中心测试鉴定，KLSeis Ⅱ V4.0通过国家评测认证。KLSeis Ⅱ V4.0于2020年研发完成，形成以复杂观测系统设计、海量数据表层建模和超大道数海量数据采集实时质控为特色的采集工程软件系统，适用于陆上宽频高密度地震勘探，整体水平保持国际领先。

【陆上宽频高密度地震勘探配套技术通过集团公司验收】 2021年3月9日，在集团公司大型油气田及煤层气开发重大专项“十三五”项目（课题）/示范工程综合绩效自评价会议上，由东方物探采集技术中心牵头、7家单位共同承担的“十三五”项目子课题“陆上宽频高密度地震勘探配套技术”通过集团公司科技管理部的汇报验收，取得优秀评分。该技术历时4年多攻关，研发形成宽频勘探、高效采集、双复杂区勘探、地震地质实时导向4项关键技术系列。2019—2020年，在国内外近百个生产项目中推广应用，总面积达8万多平方千米，大幅提升地震采集作业效率，创造最高生产日效54947炮的新突破。

【集团公司GeoEast软件重大科技专项通过验收】 2021年4月23日，集团公司重大科技专项“大型地震处理解释软件平台开发与集成”项目在北京通过验收。该项目于2016年启动，东方物探联合勘探开发研究院和川庆钻探工程有限公司，历时4年，研发16项先进应用功能（软件），集成8套处理解释软件包，形成多学科一体化开放式软件平台GeoEast-iECO。申请国家发明专利40件、技术秘密24项、发表论文26篇。“十三五”期间，该软件在集团公司国内重大油气发现参与率100%，股份公司应用率超过70%，成为中国石油主流地震资料处理解释平台。

【GeoEast团队获“全国工人先锋号”称号】 2021年4月27日，东方物探物探技术研究中心超大型油气勘探软件GeoEast研发团队获中华全国总工会“全国工人先锋号”称号。2004年，该团队研发国内第一套有自主知识产权的一体化物探软件系统GeoEast，改变国家石油物探核心软件长期依赖进口的局面。近20年来，该系统在中国石油油气勘探重大发现参与率超过80%，累计节省国外同类软件购置费30亿元。被评为国家油气重大科技专项标志性成果、中国十大创新软件产品，获国家科学技术进步奖二等奖、河北省科学技术进步奖一等奖，成为中国石油地震资料处理解释主力平台。GeoEast V4.0，有3000多万行代码、900多个功能模块，形成19大技术系列，在国内70多家单位、国外42个国家和地区获应用，被30多所高校作为教学软件和科研平台，成为全球三大主流物探软件之一。

【东方物探董烈乾获河北省国资委“十大杰出青年”称号】 2021年4月27日，在2020年度国资委系统共青团和青年工作会议上，东方物探5个集体和10名个人受到表彰，其中国际勘探事业部董烈乾博士获第十七届河北省国资委“十大杰出青年”称号。2014年，董烈乾毕业于中国石油大学（华东），博士研究生。多年来，在阿尔及利亚、沙特等一系列重点勘探项目从事技术支持工作，先后作为项目负责人及主要技术骨干主持和参与国家级、集团公司和公司级多个科研项目。主要参与完成的集团公司级重点科研项目“可控震源超高效混叠地震采集处理配套技术研究与应用”成果，应用于阿曼PDO等海外重点勘探项目，大幅提升作业效率，项目平均日效在高效采集水平上提升3倍以上，入选中国石油2018年十大科技进展。主持负责的“基于稀疏域约束的非规则数据重构技术研究”“智能化地震队技术调研”等多个公司级和国际勘探事业部科研项目，获授权或受理发明专利10项，参与制定企业标准1项，获软件著作权2项，在SEG、EAGE等平台发表论文10余篇，获中油技服科学技术进步奖二等奖、东方物探科学技术进步奖特等奖等荣誉。

【国内最大单体页岩气泸201—202井区三维项目竣工】 2021年5月1日，东方物探西南物探分公司2116队承担的国内最大单体页岩气泸201—202井区三维项目竣工。该项目生产炮12万余炮，安全生产3392590工时，单炮一级品率超88%，创下“井震联合施工项目自然日效新高、同类地区单炮一级品率新高”2项新纪录。作为首个智能化地震队的推广运用单位，2116队建立“全数字化、信息化”质量监控室，首次应用“智能化地震队生产运营平台”，集任务管理、项目管理、GIS应用、智能质控、井炮监控、生产运营分析等功能于一体，提升项目质量、安全管理水平，大幅提升工作时效。

【海底节点GPR在国内正式投产】 2021年5月21日，新一代GPR海底节点生产线在河北赛赛尔俊峰物探装备有限公司（简称赛赛尔俊峰公司）启动，东方物探（BGP）和法国CGG公司联合研发的新一代海底节点仪器正式进入量产阶段。启动仪式在河北保定和法国巴黎、南特同步举行。在2019年第89届SEG年会上，BGP与CGG Sercel公司宣布推出联合研发的海底节点（OBN）GPR。历时1年多合作，克服新冠肺炎疫情影响，在赛赛尔俊峰公司建成生产线，首批生产18000只。GPR将在服务油气勘探的同时，为海底可燃冰等清洁能源探测、地下碳封存等减排措施提供技术支持，助力全球能源发展向绿色低碳转型。

【“大吨位低频可控震源广角地震采集技术”课题通过综合绩效评价】 2021年6月3日，由东方物探承担的国家重点研发计划“超深层重磁电震勘探技术研究”项目所属课题综合绩效评价会在河北涿州召开。由采集技术中心牵头，联合中国地质大学（武汉）、中国石油大学（北京）、中国科学院地物所、中国地质调查局油气资源调查中心等4家单位共同承担的课题三“大吨位低频可控震源广角地震采集技术”课题通过综合绩效评价。历时5年攻关，该课题获“大吨位低频可控震源低频、宽频信号激发与接收技术，宽线、超长排列广角地震采集观测系统设计与优化技术，可控震源高保真处理技术及拓展相对频宽方法，近地表全波形多尺度、双参数联合反演技术与软件”等4项重要成果。创新形成“基于弹性波动方程模拟广角反射模拟与分析技术，基于共聚焦分析量化评价的三维观测系统设计与优化技术，一种基于压缩感知新的样方采样及评价方法，近地表全波形多尺度、双参数联合反演技术”等4项关键技术。项目在设备研发、方法研究、数据采集、多信息联合反演、超深层油气资源评价等方面创新性与应用性兼备。主要研究成果在东方物探2017—2020年多个探区的生产项目应用，社会、经济等综合效益显著。

【“高精度地球物理勘探技术研发及应用”项目通过综合绩效评价】 2021年6月16日，受国家能源局委托，国家专项实施管理办公室在北京组织召开“十三五”国家油气重大专项“大型油气田及煤层气开发”项目18“高精度地球物理勘探技术研发及应用”综合绩效评价会议。该项目由东方物探牵头，于2017年正式实施。历时4年攻关，研发形成百万道级地震采集系统1项重大自主装备、新一代GeoEast多学科一体化平台及应用软件1项重大自主软件，以及陆上宽频高密度、油藏地球物理、非常规油气和多波地震勘探等4项重大配套技术；支撑中国石油新增探明储量近4年超过27亿吨，天然气地质储量近4年超过1.9万亿立方米；提升中国石油物探国际竞争力，为东方物探主营业务收入连续6年高位保持全球第一提供保障。

【东方物探获科威特过亿美元项目】 2021年6月19日，科威特石油公司（KOC）将超亿美元的科西及穆特里巴三维勘探项目授予东方物探科威特项目部。中标的2个项目，预计工期2年，全部使用东方物探具有自主知识产权的技术与装备，采用国际领先水平的大道数高密度全数字单道单检采集技术作业，包括G3iHD地震仪、SL11全数字检波器、INOVA可控震源、GeoEast处理软件系统、KLSeis Ⅱ地震采集工程软件系统等先进装备与技术，以及eSeis节点仪、uDAS分布式光纤传感仪等行业领先技术。

【东方物探扶贫脱贫工作获集团公司党组表彰】 2021年6月25日，在集团公司庆祝中国共产党成立100周年表彰大会上，东方物探驻顺平县台鱼乡葛庄子村扶贫脱贫工作组被集团公司党组授予“中国石油天然气集团有限公司脱贫攻坚先进集体”。“十三五”期间，东方物探组成2个驻村工作组对顺平县台鱼乡葛庄子村、燕子水村进行驻村帮扶，投入资金668.5万元，实施找水打井、修建道路、硬化街道、铺设饮水和灌溉管线、建设果品交易市场等19个基础设施建设项目，有效解决村民安全饮水、土地灌溉和道路出行等民生问题。2018年，葛庄子村贫困发生率由2016年2月的65.1%降至8.6%。2019年，葛庄子村和燕子水村实现全村贫困户和贫困人口全部脱贫目标。

【东方物探党建工作做法进入中央党校课堂】 2021年7月12日，东方物探执行董事、党委书记苟量应中共中央党校邀请，为中央企业提高党建工作能力培训班（第3期）讲授“加强组织体系建设，推进党的基层组织与企业管理组织有效融合，全面提升企业治理体系和治理能力现代化水平”课程，重点介绍东方物探推进党组织与管理组织有效融合、相互促进的方法途径。课程得到好评。

【石油物探行业首款智能节点收放系统下线】 2021年7月30日，在保定宏业石油物探机械制造有限责任公司设备制造车间，物探行业首款智能节点收放系统实现eSeis节点采集站智能收放。该系统由东方物探装备服务处震源服务中心智能节点收放研发团队自主研发，是一款集收、放功能于一体的智能节点布设装备。包含收放机械手、桁架结构、自动料库等3个自动智能环节，可一次性布设256个eSeis节点。能够实现高海拔地区高强度作业的高效节点智能布设与回收；整合测量无桩号施工，对于布设遇到障碍、回收站体遗失等状况，能够进行智能化判断和决策；站体布设满足“平稳正直紧”要求，收放成功率100%。

【中油奥博经理层中止劳动合同及任期制契约化管理签约】 2021年9月13日，中油奥博经理层成员中止劳动合同及任期制契约化管理签约仪式在涿州举行。2018年，东方物探与电子科技大学共同组建中油奥博公司，打造以uDAS为核心的系列装备和下井工艺，形成井中油藏地球物理技术系列，配合油气田在常规和非常规油气勘探开发领域取得重要突破，有力支撑东方物探从勘探向开发领域延伸。此次签约，是东方物探贯彻党中央、国资委国企改革三年行动决策部署，推进治理体系和治理能力现代化的实践；是落实集团公司“重大科技成果规模化转化创效示范”的综合改革；是率先打造世界一流，全力推进光纤智能油藏地球物理业务发展的关键举措。

【东方物探QC成果获中央企业QC小组成果发表会二等奖】 2021年9月17日，东方物探装备服务处仪器服务中心技术支持QC小组发布的成果“防重炮系统的研制”，获中国质量协会举办的第四届中央企业QC小组成果发表会二等奖。防重炮系统，针对塔里木探区3个地震队相邻施工而设计，在全球首次实现井炮作业相邻地震队同时施工无激发能量的相互干扰，每个地震队完全实现24小时自由施工，大幅提高施工效率。在东方物探西南物探分公司富源三维、塔里木物探处219队果勒三维以及中石化项目等3个项目应用中，189500炮生产任务，未出现重炮记录。

2021年9月17日，东方物探QC成果“防重炮系统的研制”获中国质量协会举办的第四届中央企业QC小组成果发表赛二等奖（赵楠　赵雷　申宇朋　摄）

【东方物探参加亚太页岩油气暨非常规能源峰会】 2021年10月20—22日，东方物探西南物探研究院参加ECF国际页岩气论坛2021第十一届亚太页岩油气暨非常规能源峰会。西南物探研究院4篇科研论文参与大会学术交流，分别涉及页岩气地震反演、页岩气断层识别、页岩气保存效果分析等，其中《机器学习算法在页岩气储层预测中的应用》获优秀论文奖，该论文提出基于粒子群的支持向量机的页岩含气量预测模型，可以有效提高页岩气储层含气量的预测精度，在四川盆地应用前景良好。

【东方物探8615B队承担的ADNOC项目竣工】 2021年11月3日，东方物探国际勘探事业部阿联酋项目部8615B队完成ADNOC项目。11月10日，举行合同完工庆典活动。自2018年9月开工以来，该队科学组织、无缝衔接，克服大沙漠、城区、军事区、盐沼等难题，完成5个区块的采集任务，产品交付合格率100%，创造890万安全人工时，安全驾驶旅程1732万千米，实现ADNOC项目整体优质高效运作，项目运作成果和新冠肺炎疫情防控成绩得到甲方和当地社区部门的高度赞誉。

2021年11月3日，东方物探8615B队完成ADNOC项目，该项目历时3年，完成5个区块的采集任务，产品交付合格率100%（徐立锋 聂明涛 摄）

【东方物探工会被命名为"2021年全国工会职工书屋示范点"】 2021年11月19日，东方物探工会被中华全国总工会命名为"2021年全国工会职工书屋示范点"。东方物探搭建起"三级特色职工书屋"体系：公司层面职工书屋1个，处级单位职工书屋21个，基层二线单位职工书架186个、野外一线作业队伍职工书箱291个。建设面积1651.4平方米，藏书136519册，报刊751种，实现职工书屋创建全覆盖。

（王朝辉）

中国石油集团测井有限公司

【概况】 中国石油集团测井有限公司（英文缩写CNLC，简称中油测井），成立于2002年12月6日，是集团公司独资的测井专业化技术公司，注册地在陕西省西安市高新技术开发区，党组织关系隶属于陕西省委。主营业务以测井技术研发、装备制造、技术服务、资料应用研究为主体，并为钻井、压裂、采油等业务提供相关技术支持。

2021年，中油测井通过深化改革，调整优化本部机关机构职能，推进辅助保障系统建设，整合资源，调整二级单位组织结构，设职能部门14个、二级单位19个。其中：工程技术服务单位12个，分别是长庆分公司、西南分公司、新疆分公司、天津分公司、辽河分公司、大庆分公司、吐哈分公司、华北分公司、塔里木分公司、青海分公司、吉林分公司、国际公司；技术创新单位3个，分别是测井技术研究院、地质研究院、制造公司；支持保障单位4个，分别是物资装备公司、质量安全监督中心、培训中心（党校）和生产服务中心（机关事务部）。在册员工11432人。其中合同化员工9622人、市场化用工1810人。高级职称及以上2124人，中级职称4277人；硕士博士942人，本科5341人。从事技术服务8070人（不含国际公司）、研究制造1017人。有各类作业队伍854支，其中裸眼测井队419支、射孔队200支、生产测井队114支、录井49支、随钻测井队38支、测试队21支。成套测井装备共计1052套，其中完井测井装备577套、生产测井装备217套、射孔装备182套、随钻装备37套、录井装备39套。有井下仪器26910支，工程技术服务车辆及拖橇2714台，含一体化测井车943辆、工程车774辆、拖橇49台，装备新度系数0.14。国内主要服务于集团公司16家油气田、5家钻探总包及合作区块，壳牌、道达尔等反承包项目以及中国石化、中国海油、延长石油及部分民营油公司等集团公司外部市场。海外主要服务于中亚、南亚、中东、非洲、南美的19个国家。射孔器材销往美国、土库曼斯坦、泰国等37个国家。

2021年，中油测井完成集团公司测井业务专业化整合和内部主体改革任务，国际国内协同高质量发展格局基本形成，经营业绩创历史最好水平。获集团公司先进集体、科技工作先进单位、质量健康安全环保节能先进企业等称号，实现"十四五"良好开局。

【生产经营】 2021年，中油测井完成各类作业87597井次，同比增长5.34%，其中裸眼测井20579井次、增长2.51%；生产测井13563井次、增长0.38%；工程测井24395井次、增长8.57%；射孔28573井次、增长7.44%；录井487口，下降4.32%。随钻测井

中油测井主要生产经营指标

指　标		2021 年	2020 年
总作业井次		87597	80310
裸眼井	探井（口）	1557	1496
	开发井（口）	13003	11978
	随钻（口）	222	192
生产测井（井次）		13563	13416
工程测井（井次）		24395	21204
射孔（井次）		28573	25866
录井（口）		487	509
快速与成像测井仪（支）		285	456
随钻测井及旋转地质导向仪（支）		13	22
生产测井仪（支）		106	145
射孔仪（台）		5	40
其他仪器仪表（支）		185	250
射孔枪（万米）		50.63	35.8
射孔弹（万发）		180	152.3
工艺工具类（支）		7	96
总产值（亿元）		105.2	94.46
收入（亿元）		92.20	78.57
利润（亿元）		2.21	2.44
税费（亿元）		2.02	1.43

222 口、增长 21.98%；桥射联作 2067 口 /20877 段，分别增长 17.11% 和 37.02%。仪器一次下井成功率 99.62%，测井一次成功率 97.95%，曲线优质率 99%。制造仪器 652 台（套 / 支）、射孔弹 180 万发、射孔枪 50.63 万米。完成总产值 105.2 亿元，同比增长 11.34%，实现收入 92.2 亿元、考核净利润 2.21 亿元，上缴税费 2.02 亿元，累计投资 9.28 亿元，完成集团公司下达的业绩考核指标。

【市场开发】 2021 年，中油测井推进市场开发工程，实施市场增量考核，与 13 家单位签订战略合作、关联交易协议，大庆油田实现测井业务链全覆盖，长庆油田随钻测井工作量同比增长 56.67%，华北油田实现低效井治理一体化大包服务，新疆油田、吐哈油田地质导向市场突破，海上项目产值同比增长 80.87%，储气库高端测井产值同比增长 84%。川渝页岩气市场占比提高 14%，苏里格市场占有率 100%。新市场开放区块工作量全部承揽，竞争性市场占有率稳中有升，高端技术产值占比 19.3%。开拓 28 个新市场，外部市场收入首次突破 2 亿元。

【国际业务】 2021 年，中油测井与长城钻探完成国际测井业务划转，整合内部国际业务，以 CNLC 品牌统一运营。召开中国石油海外业务测井技术与应用研讨会，与长城钻探、川庆钻探等企业签署联管协议，海外市场中标 113 次，新签合同额 2.74 亿美元。尼日尔、乍得、伊拉克市场工作量同比增长 30%，苏丹、南苏丹和古巴多个市场主力合同续签，海外收入同比增长 31.9%。乍得项目引入核磁测井，跨国装备协调 13 批次，装备利用率同比提高 12%。成功应对乍得、巴基斯坦、南苏丹等国家突发事件，海外市场本地化率 77.6%。完善海外项目升级管理和应急处置方案，实现境外社会安全零事故、零伤亡。中油测井境外社会安全在集团公司五维绩效考核中提升至卓越级。

【生产组织】 2021 年，中油测井加快测井生产智能支持系统 EISS 持续建设，以井为中心组织生产，基本形成 2 小时生产高效保障圈。推广过钻具存储式测井、旋转导向等技术，规模应用插拔式快速井口、模块化射孔器等工具，全面应用桥射联作 2.0、直推式和爬行器等工艺。在长庆苏里格、川渝页岩气、冀东油田等市场实行生产组织、后勤保障、市场开发、对外协调、技术支持、作业标准的六统一，以及队伍、装备、人员的三共享管理。开展重点区域大丛井“四提”（提质、提速、提产、提效）劳动竞赛，测井综合提速同比提高 3.45%，单队创效同比提高 8.8%，在施工作业中创 83 项新纪录。服务保障大庆古龙、长庆陇东、新疆吉木萨尔页岩油和川渝页岩气等区域非常规油气以及尼日尔、乍得等中国石油海外重点油区勘探开发。测井方面，自主研发的高温高压微电阻率成像测井，解决西南油气田剑阁 1 井高温高压小井眼测井“卡脖子”难题；刷新亚洲陆上最长水平段——长庆油田华 H90-3 井 5060 米旋转导向及最长裸眼存储式测井两项纪录，储层钻遇率 88% 和存储测井作业一次成功率 100%；在塔里木油田轮深 3 井创造 CPLog 系列区域 186.4℃高温纪录。射孔方面，在长庆油田靖 45-23 平台创 24 小时完成桥射联作施工 30 段、单机组单日完成桥射联作施工 10 段国内纪录；在西南油气田威 204H51-1 井实现一次入井 19 级点火（1 个桥塞 +18 簇模块化射孔枪）单次入井簇数最多的国内纪录；在新疆油田 JHW05811 井以单日最多施工 15 段打破 5500 米以上平台深井桥射联作施工单日段数最多纪录；在中国海油南海西部油田涠洲 11-2-C4H 井使用射孔弹 20827 发，实现单次下井射孔弹 11326 发，创国内单井和单趟使用射孔弹最多纪录；在西南油气田双探 6 井创下国内油管爆炸切割作业井深最深（斜深 7784.5 米 / 垂深 7449.3 米）、施工井底压力最高（139 兆帕）两项纪录。

【技术研发】 2021 年，中油测井打造 CPLog、CIFLog 两大品牌，设立科技创新基金，试点"揭榜挂帅"机制，实施科技型企业岗位分红激励和"平台 + 项目"管理模式，集中攻坚"1025 专项"、补强能源技术装备短板、关键技术"卡点"三类重大项目，高灵敏度声波换能器、高温测井芯片、高性能中子管、智能地质测导等一批关键核心技术取得新突破并成功应用，超高温高压小直径测井系统、随钻远探测电阻率成像装备取得重要研究成果。研制地下与井中地球物理勘探技术与装备，满足 3000 米深层矿产探测；开发测井智能化作业系统，仪器串井下作业在国际上率先进入"无人驾驶"时代；多维高精度成像测井系统发布，CIFLog-Lead 采集软件实现国际化，成像智能处理取得新突破，大数据平台建设取得新进展。中国石油测井院士工作站挂牌，以李宁院士团队为基础组建高层次研发平台；承办中国石油测井科技创新大会，与中科院、中国石油大学（北京）等 13 家高校院所签订长期战略合作框架协议，推进协同创新，测井生态圈建设步入"快车道"。承担国家、集团公司、专业公司以及地区公司等各级科研项目 103 项，研发投入强度 4.8%，授权专利 89 件、取得软件著作权 42 件。CPLog 多维高精度成像测井系统获集团公司十大科技创新成果，亮相国家"十三五"科技成就展。

【装备制造】 2021 年，中油测井聚焦装备制造五大体系建设，形成"制造 + 服务"新模式，梳理总结 4 大类 170 种产品目录清单；利用进口高端仪器联合制造、爬行器技术转让制造、RCD&RCB 固井质量测井仪联合制造等多种形式补齐短板技术制造能力；两条新建的大型机械加工和电路板焊接自动化生产线和射孔枪自动化加工线逐步投产运营。研制国内首个射孔弹传爆孔自动封贴装置；自制核磁探头、自主绕制三维感应、阵列感应线圈，打破插拔式井口快速连接装置国外公司垄断；APS 电磁波随钻仪钻铤与电路实现自主化；实现岩性密度探头、极板体、UPA 涡轮 3D 打印，形成超大件到超微细件金属 3D 打印能力；建立高速采集测井芯片封测工艺实现自主化封装，掌握 200℃封装工艺，初步形成高温厚膜电路封测制造和检修能力。制造仪器 652 台（套 / 支）、射孔弹 180 万发、射孔枪 50 万米。

【解释评价】 2021 年，中油测井围绕集团公司油气勘探开发重点区域和海外五大合作区，建立重点探井测井专家支持系统、井筒质量云服务等应用场景，加强标准化体系建设，深化测井数据库应用，实现测井数据定向安全共享；与油田签订横向课题 173 个，创新深层超深层领域复杂碎屑岩评价技术，攻关多类型页岩储层测井评价技术，推广应用低阻低饱和度评价技术，拓展测井地质综合研究和针对性攻关，增强靠前研究服务保障能力。创新页岩含油性评价技术，助力塔北富满、长庆环西、大庆古龙页岩油、准噶尔盆地南缘、川中太和气区等国内重点领域勘探突破以及巴西风险勘探区首口探井勘探发现，助力国内风险探井呼探 1 井、米探 1 井，角探 1 井、萨探 1 井等取得重大突破和发现。借鉴古龙页岩油测井解释评价思路，解释重大发现井平安 1 井；陇东地区通过成果共享完成 405 口老井复查，10 口井井位部署，有效促进鄂尔多斯盆地铝土岩天然气勘探快速突破，取得重要发现。围绕油气田开发老区开展测井再评价 21992 井次，发现潜力层 5816 个，见效井 732 口，落实有利区 95 个。完成 12 万余口老井数据入库，超额完成 2021 年入库治理目标 3 个百分点。完成集团公司、勘探与生产分公司、中油技服 11983 井次固井质量统计数据上报。裸眼井解释 15319 井次（国际 888 井次），同比增长 11.26%，解释油气层 218303 层 / 2054794.3 米，探井解释符合率 87.53%，开发井解释符合率 96.68%，成功解释发现井、高产井 133 口。

【数字转型】 2021 年，中油测井以建设"数字中国石油测井"为目标，将数字技术融入市场、研发、制造、采集、解释、安全、经营、党建全业务链。测井 EISS 上线应用。构建统一研发数字化平台，打造具有测井特色的车载岩心实验室。开展测井装备全生命周期管理系统建设，完成 PDM、MES、WMS 和 MRO 四个系统数据互联互通测试。建设测井专业软件云平台，实现 Techlog、Petrel、Eclipse 等专业软件集中共享和云化应用。完成 ERP 系统变更实施工作，保障经营运行和结算等工作，开展海外工程作业系统迁移。启动测井数据湖建设方案编制，测井数据湖试点运行；推进测井广域网 3.0 建设通过试点；协同办公系统、会议管理、招标管理等 7 个典型场景完成应用，扩展视频会议云化功能，实现海外员工远程在线交流、安全承包联系点例行远程检查、线上线下一体化同步培训等功能；开展5G网络建设，推进集团公司北斗导航能源安全生产综合系统建设，完成集团公司网络安全域3.0项目建设。

【质量安全环保】 2021年，中油测井推进安全生产和油气水井质量三年专项整治、反违章专项整治行动，强化安全生产记分管理，落实安全生产承包责任。引进挪威船级社（DNV）开展第三方审核，实现国内、海外QHSE管理体系一体化认证，建成测井专业井控培训中心。开展核酸检测30000余人次，疫苗接种超过12000人次，实现国内及海外、员工及家属零疫情、零感染工作目标。实现一般A级及以上生产安全事故、火灾爆炸事故为零的工作目标。依据国标升级更新环保型智能源558个；应用“互联网+”放射性物品安全管理模式纠正违章行为；送贮放射源76枚，检测放射源778枚，改造非亲磁性放射源13枚。民爆物品全过程运行数据实现在线管控。增加200套行车主动预警系统。突出大气污染物及温室气体减排、“三废”污染防治，危险废物全部合规处置，配置污水处理设施13套、危废暂存库25个、生产测井车载污水回注系统31套等，治理生态环境隐患17项，确保一般C级以上突发环境事件和环境违法违规事件为零，污染物控制指标达标。检测评估职业危害场所125个、辐射剂量计14048个（次），组织4010名员工进行职业健康体检，实现“零职业病”工作目标。

【深化改革】 2021年，中油测井以“国企改革三年行动”为契机，研究部署“深化改革年”10项重点改革任务，改革三年行动24项任务完成率91.5%。整合9个单位研发资源成立新的测井技术研究院，统一技术研发平台；整合7个单位制造业务成立制造公司，建设4个智能制造工厂；成立物资装备公司集中管理各单位物资装备工艺；成立物资采购中心建立物资集中采购管理运行机制；成立质量安全监督中心，整合专用计量检定、质量检验和QHSEE监督资源，实施全产业链“异体监督”；成立国际公司，整合4个单位的海外业务，形成非洲、中东、中亚、亚太、美洲五大区战略布局，建立“国际公司—大区—作业区”运行模式；将测井应用研究院更名为地质研究院，整合5家单位岩石物理试验资源；完成本部职能、二线领导项目制、任期制和契约化改革，二级、三级领导人员全部签订任期责任书和岗位聘任协议。调整本部部门职能，压减二级、三级机构5%，2560名员工平稳实现“人随业务走”，夯实五项职能基础。初步实现主营业务归核化、区域资源集约化、企业管理精益化、责任分工清晰化、队伍建设专业化。

【企业管理】 2021年，中油测井完成“十四五”总体规划、12个专项规划等编制。对标世界一流管理，实施提升治理能力的78项重点任务，综合管理体系正式运行。发布定额造价管理手册，加强税收筹划和资金运作，化解海外汇率风险，实现增收7.76亿元、节支3.65亿元、创效3.03亿元。完成国内财务共享业务全承接和海外共享业务上线运行，成为集团公司首家国内、国外共享业务全承接的单位。组建审计中心，建立健全大数据审计管理体系，采取嵌入式、“1+N”审计组织方式，集中开展经济责任等6类135个审计项目，审计资金140.73亿元，审计费用同比下降66.75%。基本建立中油测井雇主品牌核心价值体系，变更英文名称及中英文简称，规范以中油测井（CNLC）为主的三级品牌框架体系。在尼日尔项目推介CPLog品牌，参加第九届全国品牌故事大赛获二等奖，入选西安工业培育品牌企业。

【支持保障】 2021年，中油测井投入9126万元维修改造37个一线基地生产设施和31项用餐、住宿等生活配套设施维修改造。荔参1井测井试验基地按计划推进，轮台多功能工房、陇东民爆品库、定边生产工房等基建项目如期竣工。成立健康服务中心，对8353名40岁以上员工进行心脑血管疾病专项筛查体检，建立体检档案1.75万份；建成20个员工健康“小屋”，配备除颤仪、氧气瓶等设备。新建6口具有加温加压功能的固井质量标准井群和2口声波标准井，购置并安装10台水泥胶结刻度装置、2套感应刻度装置；完成自然伽马和中子孔隙度两项行业最高标准装置资质复审，研制国内首套可控源氘—氚量值传递仪器，保持测井计量先进性。

【企业党建工作】 2021年，中油测井开展党史学习教育活动，落实“第一议题”制度，专题学习研讨党的十九届六中全会、习近平总书记“七一”重要讲话以及关于中国石油和中国石油相关工作的重要指示批示精神。围绕党建“四化”任务及“四个优化提升”，强化党建工作“十项任务”。举办庆祝建党100周年10项庆祝活动。召开中油测井第四次党代会，完成“两委”换届选举，研究部署今后一个时期党建工作总体思路和目标任务。举办“四史”及新中国石油工业发展史专题读书班，组织体验式红色学习教育，推进“我为员工群众办实事”实践活动807项，其中重点民生问题83项。推进人才强企工程，研究实施组织体系优化提升、八类人才专项工程、人力资源价值提升、分配制度深化改革 4 方面 44 项措施，优化干部队伍结构，3 批次调整中层领导人员 226 人次；深化“双序列”改革，聘任专业技术岗位人员 4078 名，占比 35.4%；与西安交通大学联合筹建博士后创新基地，精准引进关键核心岗位高校毕业生 115 人，引进高精尖缺人才 29 人，共建共享全能型工程师队伍 103 人，构筑八级技能操作人员晋升通道。编制《推进基层党建“三基本”建设与“三基”工作有机融合实施方案》，细化 8 方面 28 项具体任务。迎接集团公司党组巡视和选人用人、巡察专项检查，对中油测井 5 家所属单位党委和本部党委、47 个党（总）支部开展巡察，受理信访举报和问题线索同比下降 42%。成立中国石油报驻中油测井记者站，推进媒体传播体系和舆情管控体系建设。组织第二批乡村振兴驻村工作队进驻燎原村。《党建工作与科研生产深度融合的探索实践》获集团公司党建研究成果一等奖。

【群团工作】 2021 年，中油测井落实 7 项职工代表提案及 30 项工作建议，引导职工主动参与企业治理。紧扣工程创优等 7 个方面开展劳动竞赛，建成职工创新工作室 20 个。帮扶低收入家庭 745 户次，发放帮扶金 276.7 万元，坚持 10 年为全体女工参加互助保障，4 项险种赔付 768 人次 74.13 万元。举办第十届陕西省“测井杯”职业技能大赛，举办青年骨干培训班，实施青年科技英才“人才 + 项目”培育。牛承东创新工作室获 2021 年陕西省示范性创新工作室，侯江涛获陕西省五一劳动奖章，谢小丽获集团公司“感动石油　巾帼风采”人物。

2021 年，中油测井援建的紫阳县东木镇燎原村食用菌基地

【社会责任履行】 2021 年，中油测井巩固拓展脱贫攻坚成果与乡村振兴衔接，完成驻村队员轮换，投入资金壮大集体经济，科学管理食用菌基地实现盈利，消费扶贫 499 万元，助力乡村振兴再发力，燎原村集体经济合作社食用菌基地边生产边建设，实现当年见效的良好开局。中油测井驻村工作队获“陕西省脱贫攻坚先进集体”、参与的汉中合力团获“全国脱贫攻坚先进集体”称号。

（蔡成定）

中国石油集团海洋工程有限公司

【概况】 中国石油集团海洋工程有限公司（英文缩写 CPOE，简称海洋工程公司）是根据集团公司加快海洋油气资源勘探开发步伐，持续推进专业化重组的战略部署，整合大港油田、辽河油田滩海作业队伍，于 2004 年 11 月组建的海上石油工程技术服务公司，注册地设在北京。2007 年 12 月，与原中国石油天然气第七建设公司和原中国石油集团工程技术研究院实施重组整合。2009 年 11 月实施持续重组，将原中国石油天然气第七建设公司划转中国石油集团工程建设公司。

海洋工程公司业务范围涵盖海洋钻完井、海洋工程、技术服务三大领域。在海洋石油工程领域取得一批国内、国际领先的技术成果，形成深水油气与可燃冰工程、浅滩海钻完井工程、复杂井固井、井下作业与试油测试、海洋工程、地面工程六大技术系列，打造深水天然气水合物试采浅软地层水平井钻完井、防窜增韧水泥浆固井、LNG 模块建造焊接、管道焊接及补口施工装备集成系统等 27 项技术利器，具备 120 米水深综合技术服务保障能力，初步具备深水海洋油气勘探开发工程技术。

2021 年，海洋工程公司用工总量 2501 人。其中：合同化员工 2005 人，市场化用工 496 人；硕士研究生以上学历 293 人，大学本科 1185 人；高级职称 401 人，中级职称 945 人；企业技术专家 15 人，企业管理专家 24 人；高级技师 3 人，技师 12 人。有 7 家所属单位，1 家直属单位，9 个职能处室。有钻井平台 12 座，模块钻机 1 套，作业、采油平台 5 座，各类船舶 21 艘。建成青岛海工建造和唐山生产支持两大基地。总资产约38.57亿元。有海洋工程重点实验室、海域天然气水合物工程重点实验室、钻井工程重点实验室——固井技术研究室、石油管工程重点实验室——涂层材料与保温结构研究室等4个集团公司重点实验室和研究室，其中固井技术研究室为油气钻井技术国家工程实验室的分支机构。中油技服固井材料与外加剂质量控制中心，设在海洋工程公司工程技术研究院。

2021年，5项成果获集团公司科学技术进步奖，其中一等奖1项、二等奖2项、三等奖2项。2021年获授权专利23件，其中发明专利18件；累计有效专利217项。

海洋工程公司主要生产经营指标

指　标	2021年	2020年
钻井（口）	96	108
钻井进尺（万米）	21.6	30.11
海上固井（井次）	12	58
酸化（层/井次）	2/2	5/5
压裂（层/井次）	5/4	10/9
大修（井次）	5	2
连续油管（井次）	10	10
试油（层）	5	11
新签合同金额（亿元）	12.65	24.35
收入（亿元）	27.80	33.08
利润（亿元）	0.22	0.17
税费（亿元）	0.64	0.75

【市场开发】 2021年，海洋工程公司深挖集团公司内部市场。动用4座钻井平台、4座试采作业平台、17艘船舶保障辽河油田、大港油田、冀东油田海上项目顺利实施；获赵东C4平台日费服务及赵东3海工设计、南堡1-29弃置、海南24井修井作业等项目；成立西部油气田勘探开发服务保障项目部，签署西南油气田中央古隆起8口井固井框架协议、川庆钻探战略合作框架协议；固井外加剂15个新品种获准进入塔里木油田市场。扩大行业市场，6座钻井平台、10艘船舶在中国海油日费收获率99%以上。8平台、9平台、10平台、62平台重返中国海油市场，中标海洋石油工程股份有限公司9座导管架建造和3年设计长协项目，开展22座导管架详细设计；与中海油服、海油工程签署战略合作协议，共同开拓国内外市场；与国家管网东部原油储运公司开展交流合作，推动册镇海管隐患治理项目有序开展。拓展国际市场，发挥海外海洋工程技术支持中心优势，优化设计方案，为集团公司节省境外投资1.8亿美元；SBM单点浮筒建造获市场滚动开发，签署香港海上LNG接收站铺管项目合同，实施科威特石油公司海上地质调查项目，迈出海调业务国际市场第一步。完成海外投标21项，新签合同10个，累计金额1.6亿元，为巴西阿拉姆风险勘探重大发现和缅甸区块探井降本增效提供钻完井技术保障。

【重点项目】 2021年，海洋工程公司埕海1-1平台EPC总包项目，组织实施自主设计、自主建造的中国石油首座采修一体化平台，动用船舶14艘，吊装总量5500吨，创造集团公司最大规模海上模块安装纪录。

中海油日费服务项目，完成探井24口、开发井36口，创中国海油1500米以下、4000—4500米探井钻井周期最短纪录。提供船舶服务2688天，262船在中海油湛江分公司年度考核中排名第一。获表扬信34封。

陆丰12-3导管架建造项目，承揽亚洲第三超大型导管架建造项目，导管架建造规模提升至253米、30000吨。

西部油气服务保障项目，发挥固井“产品+服务”特色优势，集成应用遇气自愈合水泥浆体系等技术，打造塔里木油田轮探3井、西南油气田蓬探103井等服务品牌，为中油技服整体固井质量合格率91%（考核指标81.2%），尤其是“三高”（高温、高压、高含硫）井固井质量合格率85.1%、优质率53.9%，分别同比提高6.6个百分点和6.4个百分点。蓬探103井水泥浆密度2.60克/厘米^3，固井质量优质率99.8%。蓬深3井7英寸尾管回接固井，合格率96%，优质率85.5%，消除B环空带压的隐患。

冀东油田井筒弃置项目，南堡132井首次实现海上无井口重新弃置作业，南堡1-29原斜97套损复杂井大修弃置作业时效较设计提高15.1%，助力集团公司首个海上储气库项目建设。

海上风电项目，2021年交付3座海上升压站，华能南4项目助力山东省首个海上风电场发出“第一度”电。

【质量安全环保】 2021年，海洋工程公司优化管理体系，发布E版质量健康安全环保节能管理体系文件，完善岗位《HSE责任清单》591份，梳理优化《岗位HSE检查清单》374份，QHSE管理评级继续保持良好级B1档。

增强安全管控能力，树立红线意识和底线思维，落实责任，发布C版《HSE风险防控手册》，开展专项整治三年行动和反违章专项行动，严格过程监管和隐患排查，查改问题近2万项，投入安全生产费用4482万元。2021年作业11.26百万工时，百万工时损工率4.97，百万工时总可记录事件率0.36。

提高井控管理水平，实行井控工作总工程师负责制，严格设计审批，组织井控风险专项排查，开展井控“七个一”警示月活动，提高全员井控意识和管理水平，整改隐患812项，完成井控装备配套和升级15台套。依托EISS开展公司级井控演习，应急处置能力全面提升。

加强生态环境保护，投入1000万元，对11座平台生活污水处理装置和工程技术研究院制冷供暖锅炉进行改造。开展污染物排放监测184次，投入904万元处置污染物3.5万吨，排放达标率100%。开展主要耗能设备节能监测，深挖潜力，2021年节能163.2吨标准煤、节水159.8立方米，节能工作被北京市评定为节能管理良好级。

强化质量风险管控，实施井筒质量保障措施，总包井井身和固井质量合格率100%。加强产品质量监督抽查，2021年完成41种、82批次抽检，检出严重不合格品3种，对3家供应商进行暂停交易处理。开展群众性质量活动，“提高大管径马鞍口切割效率”获集团公司优秀QC小组成果奖三等奖。

推进健康企业创建，制定员工健康管理制度，推进医务室、救护站、健康小屋建设。职业危害场所检测率和职业危害接害岗位员工健康体检率100%，职业危害因素超标场所和职业病病例保持“双零”。落实新冠肺炎疫情防控措施，下发防控文件18份，审核回国人员防控方案54份，组织核酸检测近8000人次，疫苗接种3407人，加强针接种1744人，投入费用390万元，员工及家属零感染。

【科技创新】 2021年，海洋工程公司深挖技术潜力，实施“四提”（提速、提质、提效、提产）工程。完善区块钻井提速模板，建立单井周期考核机制，强化技术方案审查和关键节点技术把控，推动关键技术攻关和成果应用。埕海3-2-8井用一只钻头完成二开全部2295.44米进尺，全井平均机械钻速34.89米/时。井下作业试油测试生产时效同比提高19.39%，探井单层试油周期与作业设计相比缩短22.77%。优化埕海1-1平台井口区设计，节约材料70余吨，施工周期缩短20%。

聚焦重大需求，强化科技支撑。组织集团公司、公司级课题论证36项，完成课题验收15项，提升大斜度井钻完井、海工建造与安装、密封完整性固井配套技术、焊接工艺评定等技术服务能力。攻关正压成膜钻井液体系等技术，解决渤海湾低压易漏、采油系统管道腐蚀和隔水管海上安装等生产急需难题。研发水不分散水泥浆和水性内减阻涂料等技术，赋予优势技术发展新动能。开展水合物试采技术理论、技术体系、井下工具与装置原理等基础性研究，助力集团公司抢占新能源发展先机。推广应用EISS，搭建固井实验数据在线处理系统，建立海工建造智能化管理平台，推动数字化转型、智能化发展。紧跟集团公司重点区域油气勘探开发需求，加强塔里木联合办院的技术力量，四川遂宁实验基地年内投入应用，保障研发工作贴近现场一线。

完善管理机制，激发创新活力。实施项目制管理，健全技术专家领衔制，推进科技创新及成果转化，打造双交联微凝胶深部调剖体系等5项技术利器，建立与绩效考核挂钩的成果转化和推广机制，5项成果获集团公司科学技术进步奖。自愈合水泥等6项成果规模应用，获集团公司科技成果转化创效奖。

【企业管理】 2021年，海洋工程公司深化改革创新，推进对标世界一流管理提升、改革三年行动、亏损治理、市场化改革等重点工作。完成改革任务54项、管理提升任务30项，整体完成率90%。推广管理创新成果，2篇论文分别获石油企协优秀论文一等奖、三等奖。

加强队伍建设，修订《海洋工程公司专业技术人才通道建设指导意见》，所属单位完成“双通道”“双序列”建设。制定《海洋工程公司专家管理办法》，新选聘专家34人，以39名企业专家为带头人的人才梯队初步建立。围绕关键岗位，调整用工结构，6名劳务用工择优转为市场化用工。

强化规划计划管理，完成“十四五”规划编制。推动海工基地装备购置等重点项目实施，完成投资1.43亿元。组织海上工程技术服务定额编制，开展工程试算，为市场开发、经营结算提供支撑。

加强物资装备管理，严格装备合规性检验，开展关键装备风险评估，强化设备预防性维护，提升现场设备可靠性。加强装备人员专业技术培训，开展“装备管理、检修经验共享”活动。修订《物资供应管理办法》和《招标管理实施细则》，推进采购管理标准化、规模化、信息化，落实供应链全生命周期管理，电子招标率100%。

优化制度体系，完善法人治理结构，修订两级法人章程，清理规章制度，推动制度体系融合向所属单位延伸，两级制度由596项精减至488项。

强化依法合规治企。推进海洋工程公司“八五”普法规划实施，开展党委中心组法治专题学习等活动13次。健全总法律顾问制度，设立常年法律顾问。严格重大项目法律论证，开展合同管理专项治理，首次实现支出合同零事后，合同审查效率同比提升20%。创新审计方法，开展和接受各类审计9次，报告问题37项，披露事项8项，问题整改完成率91.8%，避免、挽回直接经济损失925.4万元。

（张福来）

中国石油集团工程技术研究院有限公司

【概况】 中国石油集团工程技术研究院有限公司（简称工程院）2017年12月组建，由原中国石油集团钻井工程技术研究院有限公司和休斯敦技术研究中心强强联合、重组整合形成，是集团公司直属科研机构。发展定位为集团公司油气工程技术参谋部，油气工程基础前沿及高新技术研发中心，油气工程高端技术支持与服务中心，油气工程高端科技人才引进培养平台，油气工程高新技术产业化平台。主要从事井筒工程的基础和前沿技术、尖端工具和仪器、入井流体的研发和推广。

2021年底，工程院下设7个机关处室、10个研究机构、1个休斯敦研究中心、1个国际业务部、1个实验中心、2个直属单位、4个项目部。有油气钻井国家工程实验室、中国石油集团公司钻井工程重点实验室和试验基地，美国休斯敦非常规工程技术实验室。有员工1276人，其中，中国工程院院士2人、新世纪百千万人才工程国家级人选5人、享受国务院特殊津贴13人，教授级高工48人、高工389人，外籍专家52人，院两级企业技术专家31人。

【科研成果】 2021年，工程院承担国家和集团公司项目32项、课题158项，其中新立集团公司项目7项、课题68项，科研项目计划完成率100%；新增科技创新成果25项，新成果产业化应用率21.7%；获省部级科技奖励40项，其中特等奖2项、牵头一等奖2项；申请发明专利251件，其中国内专利240件、国外专利11件；授权发明专利38件；制修订标准81项，其中国家标准5项、行业标准32项、集团公司企业标准17项；登记软件著作权29项，认定技术秘密20项；出版专著7部，发表论文236篇。

装备方面，AnyCem自动化固井技术与装备实现高端软件自主化、成套装备信息化和工艺技术自动化，获CIPPE 2021产品创新金奖，在集团公司科技与信息化创新大会上隆重发布；连续管作业装备新形成2英寸6600米车装式、2英寸8100米拖装式和$2^3/_8$英寸8000米橇装滚筒，综合技术指标达到国际领先水平，在靖51-30H1井创造2英寸连续管最大作业深度6835米、最长水平段3500米纪录；有缆式连续管侧钻水平井技术与装备进入工业化试验；精细控压钻井系统向钻—测—固—完一体化拓展，在渤海湾海上作业推广应用。在井下工具方面，无源磁导向技术实现“从0到1”重大突破，成功处置坨1井等5口老井，攻克新井与老井“地下精准并轨重入”世界级难题，使吉林、冀东、辽河5块枯竭油气藏改建35亿立方米储气库成为可能，为储气库老井封堵、环保井治理和事故井救援提供核心技术支撑；膨胀管裸眼封堵技术在宁209H33-3井一次封堵756米，创年度世界最好成绩，跻身国际先进行列，成为复杂井打成打好新利器，奠定超深井井身结构拓展、井筒重构重复压裂技术基础；长寿命螺杆在新疆油田现场应用突破350小时。在井筒工作液方面，油基钻井液抗温抗盐性能实现新突破，在德胜1井创年度应用井温197℃最高纪录，在南缘呼6井实现单井“零漏失”；固井水泥浆实现抗600℃重大突破，在长庆页岩油原位转化现场试验；超低浓度高效降阻剂、可变黏度携砂降阻剂、200℃ 酸用缓蚀剂、绳结暂堵剂等4项核心助剂关键指标达到国际先进。在软件方面，SmartDrilling攻克多场多元耦合建模、复杂工艺多目标优化等瓶颈，建立钻头破岩评估、井眼轨道设计等8项功能模块，总体达到国际先进水平。

【技术支持】 2021年，工程院强化科研与生产深度结合，加快科技成果向现实生产力转化，持续为油气上游业务高质量发展赋新能。提升决策参谋水平，发挥院士领衔的战略人才智库作用，担纲完成科技管理部、国务院国资委、中国工程院等重大战略研究任务，形成《碳达峰、碳中和目标下的能源发展战略研究》《2035 油气国家科技重大专项接续》等重大报告；前瞻未来发展，全面参与集团公司、油气与新能源子集团、专业公司“十四五”规划，完成集团公司打造原创技术策源地建设思路和实施方案等重大任务，决策参谋支持展现新高度。提升支持服务格局，大庆项目部对古龙页岩油开发进行前后方一体化攻关、支持与服务；西南项目部高水平打快打好深层页岩气示范井；塔里木项目部转变工作模式、提升桥梁纽带作用；准噶尔项目部助力打成打好准噶尔盆地南缘复杂超深井；海外支持面对新冠肺炎疫情顶压前行，构建西非等重点地区国内外联动支持新模式；储气库井工程评估分中心高效运行，综合一体化能力跃上新台阶；康布尔“资质评价中心”职能作用进一步发挥。提升成果转化质量，确立 35 项成果转化与重点推广项目和 14 项产业化基金项目，完善激励科研团队和人员配套机制，推动“纸上成果”向“现实成果”快速转变，推进全可溶桥塞、长寿命螺杆科技创新创效试点项目。持续打造北京石油机械有限公司、江汉机械研究所、西安康布尔、信息中心四大高端产业平台，加快科研成果从样品到产品再到商品的转化速度，逐步健全研发、制造、服务、销售大产业体系。

【产业发展】 2021 年，工程院成果转化加速推进，产业规模持续放大。产业平台建设取得新进展，北京石油机械有限公司着力打造集团公司顶驱钻井技术中心、高端井下工具仪器和产业化基地，深化发展柔性生产线，承接旋转导向、全可溶桥塞、随钻工程参数测量系统等装备工具类成果转化，全可溶桥塞获批集团公司一级供应商甲级资质。江汉机械研究所打造集新技术研发与新产品研制、技术支持、实验检测评价、成果转化与推广、数据信息搜集与发布、人才培养等六大功能于一体的连续油管作业技术中心，形成武汉新区实验室、车间“智造”升级建设方案。西安康布尔公司完成注册地迁移、工商税务变更和基地建设等工作，取得安全生产许可证、质量管理体系认证和集团公司油化证、二级供应商资质等关键证照，具备工程院油化品生产和销售，钻井、修井、固井、压裂和监理等技术服务能力，实现当年注册、当年运营、当年盈利。特色技术服务取得新成效，针对超深、高温、高压、高盐等现场挑战和“一趟钻”等需求，提升核心技术适用性和可靠性，数字化转型智能化发展，重点推进 35 个成果转化与推广项目，控压钻井系统等 8 大装备智能调控水平大幅提升，连续油管形成 5 大系列 13 类和 30 种工艺技术，井筒工作液抗温能力由 180℃升至 220℃。强化优势技术产品的推广应用，油基钻井液和抗高温环保水基钻井液技术服务 82 井次；第二代高强度韧性水泥服务 80 余井次，漂浮接箍等新工具现场服务 74 井次；高性能膨胀管在川渝完成 4 井次裸眼封堵作业；近钻头地质导向服务 51 井次；长寿命螺杆钻具服务 156 井次；顶驱下套管累计作业 22 井次；连续油管完成作业服务 245 井次。产业化和市场营销能力持续提升，制修订《科技成果转化管理办法》《市场营销指导意见》《产业化基金项目管理与实施办法》，加速科技成果产业化培育与孵化进程；加强售后服务，搭建沙特阿拉伯、大庆等靠前服务站点，优化螺杆和连续管 10 支靠前服务队伍配置，提升综合技术服务能力；全可溶桥塞与长寿命螺杆 2 个创新创效激励试点项目稳步推进，逐渐成熟。强化多层次市场营销，组织参加中国国际石油石化技术装备展览会（CIPPE）和国际进口博览会，与 10 家单位续签新签战略合作协议，构建互利共赢的战略合作伙伴关系，市场格局取得新突破。

【休斯敦中心】 2021 年，工程院坚持优化管控模式，突出科技创新效能，推动休斯敦中心稳健运营。发挥区位优势和“外脑”作用，坚决推进国内外一体化融合，加速高端技术研发与国内落地转化，为集团公司海外研发机构建设提供借鉴。优化运行管控机制，针对美国法律、知识产权、税收、人员等风险，优化符合美国法律法规、国际惯例和集团公司决策程序的运营管控方式，形成相对成熟的当地化、国际化运行模式。重构管理机制，优化员工结构，提拔 3 名当地高管进入管理层，建立分级授权、完全项目制、远程例会等机制，提升复杂环境下的风险管控能力，在国企海外研发机构中率先实现全员复工。着重高端技术研发，主动承接重大科技任务，竞聘集团公司关键核心技术攻关项目，新开集团公司课题 10 项，创历史新高。建立完善“6 大团队、4 大技术系列、7 大主体方向”研发体系，提升非常规油气工程技术实验室能力和水平，着重基础前沿和关键核心技术突破，超硬金刚石等新材料取得标志性进展，自适应钻头、抗 175℃井下实时钻井参数测量工具等取得重大突破，申报中美两地发明专利 18 件。加强技术成果国内转化，以压裂降阻剂、特种橡胶材料等项目为抓手，与系统内企业打造上下游一体化创新联合体，形成“研发+生产+应用”的全链条转化模式。新型异型齿PDC钻头、微乳液驱油体系等高端成果陆续进入现场试验。按照项目收益分红方式，与北京石油机械有限公司、西安康布尔等签订成果转化协议，保障全可溶桥塞、新型调堵剂等高端产品在国内落地转化。

【企业治理】 2021年，工程院坚持深化改革攻坚，突出综合效能提升，提升科技型企业治理能力。聚焦重点领域和关键环节，着力科技创新体制机制改革，持续为工程院发展注入新动能。统筹推进专项改革，成立专项领导小组，细化年度任务，落实责任主体，按月督办，国企改革三年行动总体任务完成率96%，对标世界一流管理提升总体任务完成率89%，实现指标“双超前”。推进北石公司“科改示范行动”，全面完成年度台账任务。推进人才强企工程，制订实施方案，完善人才工作机制，新引进各类人才68人。推行“人才+项目”“人才+工程”等模式，用好“师带徒”等制度，强化岗位锻炼成长成才，培育“高精尖”专业人才和“白大褂+红工衣”复合型人才。完善市场化薪酬分配考核体系，深度激发创新创效动能。精准构建制度体系，以科研管理、成果转化、人才培养、薪酬激励4项机制为核心，突出重点、打通卡点、补齐盲点，制定制度17项、修订制度26项，支撑高效运营。推动信息化发展，将数字化转型智能化发展放在突出位置，推进钻完井软件和智能钻完井技术攻关，稳步推进EISC软硬件条件、智慧实验室和“数字工厂”建设。抓实提质增效“升级版”。制订专项方案，确立4类11个关键指标和17项具体措施，成本费用有效控制，“两金”压降取得新突破，盈利能力更加稳健。加强法治建设与风险管控，抓好新冠肺炎疫情常态化防控；强化依法合规治企，健全法律风险防范机制；加强QHSE体系建设，落实安全生产责任，建立双重预防工作机制，加强隐患排查、评估、治理等闭环管理；强化保密、外事、档案、后勤、信访维稳等工作。

【经营管理】 2021年，工程院深化改革全面推进，经营管理提档升级。全面完成深化改革各项任务。以改革三年行动为统领，以四项机制建设为核心，系统推进5方面63项关键举措，制修订《完全项目制管理办法》《中层领导人员综合考核办法》《HSE管理制度汇编》等43项制度，改革三年行动整体完成率96%，对标世界一流管理提升行动整体完成率89%，领导人员任期制契约化签约率100%，超额完成年度指标任务。打造提质增效“升级版”。结合“两利四率”指标要求，制定4方面17项具体措施，做好增收、节支、“两金”压控与“两非”剥离，收入水平稳中有升，盈利能力更趋稳健。北京石油机械有限公司“科改示范行动”成效显著。全面推行中层岗位竞聘和岗位动态管理，构建完善工资总额决定和备案制管理机制，实现干部“能上能下”、员工“能进能出”、收入“能高能低”；引入外部高新项目10余项，新增收入超5000万元，在改革创新专项评估中被国务院国企改革领导小组办公室评为“优秀企业”。全面推进经营管理升级，加快推进“四型”机关建设，优化提升管理效率，加强法治建设及合规管理，规范合同、审计、物采、招投标、QHSE、保密、档案等管理，抓好新冠肺炎疫情防控常态化管理，保障科研生产稳健运行。

【企业党建工作】 2021年，工程院坚持党的全面领导，突出优势作用发挥，推进党建与业务深度融合。发挥党委把方向、管大局、促落实的领导作用，系统布局、统筹推进，推动党建质量跃上新台阶。强化党的领导有机融入，建立“第一议题”制度，跟进学习习近平总书记重要讲话和指示批示精神，制定学习贯彻《行动方案》、加强党的政治建设重点措施《落实方案》，前置研究重大经营事项123个。开展党史学习教育。制订实施方案、任务清单，举办专题读书班，集中学习和研讨410次、宣讲84次，开展主题党日176次、红色教育20批次，办实事111项。开展庆祝建党百年活动。学习研讨总书记“七一”重要讲话，召开庆祝建党百年暨科技创新大会，举办书画、摄影、图片展以及主题征文比赛。推进基层党建深度融合，发布标准化党支部工作规范等制度8个，建立党员创新工程23个、先锋岗84个、责任区56个、党建阵地13个，固井所获集团公司基层党建“百面红旗”。形成宣传思想文化舆论强势，开展形势任务主题教育，发布专题网页8个、新闻1510篇，制作宣传片和“科学家精神”视频，党委获评集团公司宣传思想文化工作先进集体。激发领导班子和干部动力活力，推行任期制和契约化管理，提拔调整二级正副职12人、三级正副职33人、所长助理8人，发布《中层领导人员综合考核办法》，领导班子综合考评集团公司排名上升至第23位。正风肃纪形成常态。修订全面从严治党主体责任清单，机关部门“约法三章”，开展经商办企业、廉洁风险排查，组织“四外”和“三公”专项巡察，党内警告1人、诫勉谈话2人。发挥群团组织作用，完善职工民主议事机制，开展劳动竞赛、岗位讲述，帮扶困难职工138人次；发布《党建带团建工作实施细则》等，组织“青年大学习”，开展主题征文、志愿服务等活动，评选“十大杰出青年”；开展保密知识竞赛、“国际档案日”宣传、平安企业建设，营造良好氛围。

（王盼盼）

炼化销售和新材料板块

中国石油天然气股份有限公司大庆石化分公司（中国石油大庆石油化工有限公司）

【概况】 中国石油天然气股份有限公司大庆石化分公司（中国石油大庆石油化工有限公司）简称大庆石化，是股份公司的地区分公司，始建于1962年。2021年底，有二级单位25个，员工2.1万余人，生产装置、公用工程及辅助设施171套，可生产64个品种502个牌号的产品。炼油加工能力1000万吨/年，乙烯生产能力120万吨/年，合成氨45万吨/年，尿素80万吨/年，聚乙烯111万吨/年，聚丙烯10万吨/年，丙烯腈8万吨/年，丁辛醇20万吨/年，苯乙烯19万吨/年，ABS 10.5万吨/年，顺丁橡胶16万吨/年，腈纶丝6.5万吨/年。截至2021年，累计加工原油2.93亿吨，生产乙烯2086万吨，完成工业总产值8977亿元，累计实现营业收入9764.33亿元，累计上缴税费1221.42亿元。

2021年，大庆石化营业收入591.32亿元、利润35.38亿元，上缴税费91.49亿元，上市业务实现账面利润42.92亿元，实现“十四五”强势起步。

【生产运行】 2021年，大庆石化调整原料轻质化比例，油田管输轻烃进厂量同比增加10.8万吨，发挥炼化一体优势，回炼柴油9.98万吨，置换优质化工原料23.5万吨，化工轻油产量同比增加33.8万吨，原料匹配度提高。坚持“大平稳出大效益”，组织长周期运行攻关，开展工艺参数偏差排查，严格操作变动预约管理，推进“一分钟应急处置”机制建设，主要生产装置操作平稳率99.82%，29套装置创造长周期运行新纪录，日报警数量由1.1万次降至3100次，无效报警消除率73%，非计划停工同比减少4次，损工时数同比减少1568小时。深化机泵治理振动超标、治理泄漏超标、实时监控运行“两治理一监控”，158台C/D区机泵得到有效治理，A/B区机泵占比99.5%。加强无泄漏装置建设，有效运行设备状态

大庆石化主要生产经营指标

指　标	2021年	2020年
原油加工量（万吨）	807.97	605.56
汽油产量（万吨）	195.29	167.98
柴油产量（万吨）	147.1	85.4
航空煤油产量（万吨）	27.53	28.06
乙烯（万吨）	135.9	131.1
丙烯（万吨）	85.93	77.62
ABS树脂（万吨）	11.59	12.31
丁辛醇（万吨）	22.58	19.61
聚乙烯（万吨）	132.6	128.18
聚丙烯（万吨）	12.05	11.31
顺丁橡胶（万吨）	17.34	16.98
合成氨（万吨）	45.85	44.62
尿素等（万吨）	31.27	28.93
资产总额（亿元）	218.79	226.17
收入（亿元）	596.32	392.78
利润（亿元）	35.38	0.21
税费（亿元）	91.49	63.36

监测、防腐蚀管理“两个体系”，静密封点泄漏率0.024‰，远低于0.3‰的炼油与化工分公司指标。深化对标达标，55项主要物耗能耗指标好于2020年同期，30项创历史最好水平，综合商品率提高3.68个百分点。节能4.43万吨标准煤、节水57.96万吨。加工原油807.97万吨、同比增加202.41万吨；生产乙烯135.9万吨，同比增加4.8万吨，乙烯年产量和百万吨生产周期均刷新历史纪录。

【安全环保】 2021年，大庆石化落实“一岗双责”，固化“三管三必须”理念，梳理岗位责任清单1.7万项，实施安全生产记分管理，开展全员履职能力评估，基本实现安全责任全覆盖。责任落实和失责问责，组织“8·12”事故反思会和其他类型安全事故事件分析会，责任追究86人次。深化“四查四提升”（查思想，提升实干能力；查技术，提升创新能力；查管理，提升管控能力；查纪律，提升执行能力）活动，开展督导检查1617次，提出意见建议957条，活动常态化开展，健全安全管理体系。推进双重预防机制建设，开展重点监管的危险化工工艺、重点监管的危险化学品和重大危险源“两重点一重大”风险管控，辨识各类风险点3万项，风险作业总量同比下降68.1%。完成油气储存设施安全风险评估，投入4.3亿元推动隐患治理，整改关闭危化品隐患问题331项，完善“四不两直”常态化机制，查处“三违”行为4400项，“三大纪律”问题占比61%，清退不合格承包商5支，风险管控能力提升。完成HSE体系审核，发现问题1500项，整改率98.2%，体系运行效果提升。部署中央环保督察迎检工作，党委会专题研究环保事项45次，对134项环保隐患问题挂牌督办，加大点源管控力度，完成雨污分流改造，未发生通报案例。对照集团公司健康企业创建要求，提高员工健康体检标准，加强心理疏导和人文关怀，职业健康体检率100%，非生产性亡人事件同比下降7.8%。抓好常态化新冠肺炎疫情防控，员工疫苗接种率98.3%，疫情防控屏障筑牢。

【提质增效】 2021年，大庆石化适时组织生产优化会议，以“大优化、整体优化”为方向，加强产业链各环节有效统筹，组织实施4个方面679项措施，实现挖潜增效7.49亿元。落实乙烯大负荷运行方案，推进原料分储分炼，同步实施全密度—脱瓶颈改造装置、丙烯线满负荷生产、碳四线橡胶长周期攻关等措施，实现优化增效2.46亿元。坚持以市场为导向，增产炼油高效产品51.5万吨，石蜡、石油焦产量分别增加0.42万吨和2.8万吨。提升以财务为中心的管理效能，完善全面预算管理，可控费用同比降低2300万元，上市业务营业收入利润率7.87%，经济增加值28.9亿元，自由现金流50.6亿元，净资产收益率46.2%。推进资产轻量化，压降“两金”占用，平库利库2031万元，处置积压物资账面原值4399万元。推行框架+订单模式采购和代储协议，调整煤炭采购计划，节约物资采购资金4.07亿元。协同发挥财务、造价、审计作用，加强工程核算管理，累计审减3562万元。

【企业改革】 2021年，大庆石化编制《改革三年行动实施方案》，制定6个部分、20个方面、45项改革措施，在三项制度改革、合资合作、任期制和契约化管理等方面发力攻坚，完成41项措施，完成三年改革任务的91%。落实《领导班子和领导干部综合考核评价办法》，促进领导人员职务能上能下、薪酬能增能减。调整薪酬内部分配机制，奖金量化考核分配比重30%—40%，“奖金是挣出来的”意识增强。五龙实业厂办大集体混合所有制改革率先“破冰”、平稳过渡，完成维修、电气、仪表和物资仓储、食堂餐饮、公务车辆等业务专业化重组、同质化整合，实施车间级核算和办事业务集中管理等扁平化措施，“三修”（供电、仪表、维修）资源和人员优势充分发挥，食堂就餐人数同比增长108.5%，人均就餐成本下降29.3%，油品消耗同比下降58.6%，周转库由803个减至125个。转变未上市业务“依附式”经营方式，加大亏损企业治理，化建公司机构调整力度加大，机械厂、信息技术中心和检测业务分别实现利润1442万元、2651万元、1016万元，创近10年来最佳业绩。与大庆市、龙凤区政府达成“以发展思维解决历史遗留问题”的共识，完成“二供一业”及办社会职能分离移交，结束企业办社会历史。拓宽地企合作、转岗盘活等人员安置，向地方政府输送工作人员560人。改革涉及人员7600余人，岗位变动5850人，削减三级机构69个，压减定员1200余人，员工总量减少1116人。

【企业治理】 2021年，大庆石化推进制度立改废，梳理、完善制度142项，现代企业制度体系逐步完善。明确各层级定位，理顺管理界面，科学配置责权利，管理体制优化。建立并有效运行以市场为导向、效益为中心的生产经营机制，生产与市场结合更加紧密。落实《大庆石化“十四五”基层建设规划》，开展扁平化业务试点，岗位工作清单、岗位工作标准表单试运行良好，员工工作行为规范。开展合同管理，实施专项治理，事后合同发生率降到2%以下。优化招标采购流程，推行电子询价，招标率 85% 以上。强化法律风险、内控风险管控，组织重点领域涉法风险专项测试，加强资产法律管理，开展全员合规培训，依法依规处理生产经营过程中产生的法律纠纷，大庆石化合法权益得到维护。加强上市公司治理，受让完成大庆华科 15.69% 的股权，控股比例达 55.03%，强化监督管理机制，完善"董监高"（董事会、监事会、高级管理人员）委派制度，法人治理体系加强。

【科技创新】 2021 年，大庆石化完善"十四五"发展规划，围绕产业链部署创新链，依靠创新链提升价值链，开展页岩油综合利用、双碳规划方案、"材料型"炼油厂转型及下游产业链规划、龙江区域协调发展优化方案等专题研究，完成新建 20 万吨 / 年 ABS 装置、乙烯装置脱瓶颈及下游配套、催化干气 C2 回收等项目可行性研究批复，辛烯等 α－烯烃工业试验项目中交，集团公司"CCUS"重大科技专项立项，科技创新支撑当前、引领未来的能力提高。完成"7.5 万吨 / 年 SAN 聚合反应釜开发"等 12 项地区公司级科研项目验收，开发 19G、2820D 等新产品 3 项，放大生产高效产品 58.12 万吨。获国家级科技奖励 1 项，集团公司级奖励 6 项，科技实力增强。推进信息化项目建设，D1 项目通过国家验收，推广应用信息系统 10 套，信息化建设与应用实施。

【企业党建工作】 2021 年，大庆石化开展党史学习教育，抓好 7 个方面专题学习，两级党委理论学习中心组集中学习 174 次，宣讲 1306 场，专题党课 543 堂，群众性教育活动 1090 场。组织建党 100 周年系列活动，召开大庆石化第四次党代会。深化党员责任区、党建三联点、党员示范岗等主题实践活动，推动党建"三基本"建设与"三基"工作有机融合。坚持党管干部、党管人才，推进"人才强企"，完善"生聚理用"机制，技术技能人才队伍同比增加 200 余人，"75 后""80 后"二级干部比例增长 18.21%。开展两轮常规巡察，发现问题 158 个，组织专项监督检查 14 项，发现问题 64 个。纠正"四风"，警示性约谈 6 人次，运用"四种形态"处理 82 人次。开展"转观念、勇担当、高质量、创一流"主题教育活动，对 2000 余名三级副以上党员干部进行形势任务宣讲，引导干部员工认清形势任务，树立守正创新、劳动创造思想，立足岗位、履职尽责，苦干实干、担当作为的氛围形成。组织公众开放日，打造新媒体平台，企业形象建设加强。开展"我为员工群众办实事"活动，员工慰问品标准提高至 500 元，实施线上劳保用品采购，为基层岗位配置健身器材 4000 余件，配发对讲机 1100 台，修缮大学生公寓，改善食堂就餐环境，开展"幸福大讲堂""安康杯竞赛"等健康管理活动，为岗位员工免费提供口罩、防护服等防疫物资，发放慰问费、救助金 2111 万元。

（钟国强）

中国石油天然气股份有限公司吉林石化分公司（吉化集团有限公司）

【概况】 中国石油天然气股份有限公司吉林石化分公司（吉化集团有限公司）简称吉林石化，办公地点位于吉林省吉林市，前身是 1954 年开工建设、1957 年建成投产的吉林化学工业公司，是国家"一五"期间兴建的以"三大化"为标志的第一个大型化学工业基地。1998 年划归中国石油天然气集团公司，1999 年重组为中国石油吉林石化公司、吉化集团公司，2000 年吉化集团公司与吉林石化公司正式分立运行，2007 年吉林石化公司与吉化集团公司整合管理。2010 年集团公司授权吉林石化对吉林燃料乙醇有限责任公司实施一体化管理。吉林石化作为新中国化学工业长子，新中国的第一桶染料、第一袋化肥、第一炉电石就诞生在这里，创立 60 多年来，为中国化学工业和国民经济的发展作出突出贡献。特别是上划中国石油以来，全面实施体制机制改革和产品结构调整，企业发展取得长足进步，成为千万吨级炼化一体化生产基地。2021 年底，吉林石化原油加工能力 1000 万吨 / 年、乙烯生产能力 85 万吨 / 年、燃料乙醇生产能力 70 万吨 / 年。炼化生产及辅助装置 130 余套，生产汽油、柴油、航空煤油、聚乙烯、ABS、丙烯腈、乙丙橡胶、丁苯橡胶、甲基丙烯酸甲酯等 115 种主要石油化工产品，总资产 280.6 亿元。设机关职能处室 15 个，机关附属机构 3 个、直属机构 3 个，二级单位 39 个；在册合同化员工 1.87 万人。

2021年，吉林石化坚持“以稳为基、以实为要、以干为先”的工作基调，统筹生产经营和疫情防控“两条线”，聚力“五大攻坚”，抓实“五件大事”，在全区停工检修48天的情况下，加工原油784.05万吨、生产乙烯77.3万吨；主营业务收入570.1亿元；炼化主业盈利39亿元，未上市业务扭亏为盈；上缴税费107.2亿元；收入、利润、税费均创检修年历史最好水平。

吉林石化主要生产经营指标

指　标	2021年	2020年
原油加工量（万吨）	784.05	883.09
乙烯产量（万吨）	77.30	86.00
汽油产量（万吨）	180.74	184.46
柴油产量（万吨）	195.30	245.01
航空煤油产量（万吨）	27.26	30.77
合成树脂产量（万吨）	107.23	119.08
合成橡胶产量（万吨）	16.18	15.57
资产总额（亿元）	280.6	240.67
收入（亿元）	570.1	499.00
利润（亿元）	37.5	9.3
税费（亿元）	107.2	111.30

【安全环保】 2021年，吉林石化牢固树立“安全压倒一切、一切服从安全”的安全管理思想，贯彻新《安全生产法》，落实“三管三必须”，建立警示约谈和“逢漏必免、逢火必撤”考核问责机制，层层落实责任，严格考核问责。推进安全生产专项整治三年行动和“反违章专项整治”活动，固化“两零”（作业零风险、管理零缺陷）、“两违”（不执行操作卡就是违章作业、没有任务书就是违章指挥）管理及全员记分管理、干部“陪检”等措施，体系审核问题整改完成率99.4%，5个车间创成“公司级示范站队”，现场作业全面受控。聚焦“双碳”目标，布局“双碳”行动，加大环境治理力度，全力节能减排降污，炼油与化工分公司督办的136个挥发性有机物限期治理问题全部清零，“三废”全部达标，守住中央生态环保督察“三条红线”。推进健康企业建设，制定落实4个方面69项措施。针对本地突发新冠肺炎疫情，坚决做到“两个不折不扣”，落实“两严禁、两严控、两暂停、两排查”，守住零感染、零疫情底线。

【生产经营】 2021年，吉林石化把提质增效作为长期战略之举，坚持“稳就是最大的安全、稳就是最大的效益”，深化技术攻关和专业管理，实施22套中小规模生产装置综合管理提升，强化生产异常信息报送和“叫停、退守”等应急处置，装置运行平稳率99.85%。以大小乙烯装置优化运行为核心，实施上下游装置同步优化，落实炼油乙烯联合攻关措施55项，柴汽比1.08、同比下降0.25，乙烯原料品质持续改善、实现自给自足，化工装置平均负荷率91.8%、同比提高5.5个百分点，化工商品比例39%、同比提高3个百分点。适应销售模式转换，协同运作国际和国内“两个市场”，自销产品高效市场占有率85%、直销率88%，产品出口突破1万吨、同比增长42%。强化招标管理，提升招标质量，坚持公开招标采购促进竞争、推进直采取消中间环节、打破独家引入新资源；坚持“经营库存”和低库存策略，有保有压、动态优化，多渠道抢抓低价煤炭资源，70种主要物料库存降至50万吨。

【科技创新】 2021年，吉林石化发挥“研究院+4个研发中心”创新功能，围绕乙烯、ABS等主要装置开展科技攻关8项，9个新牌号产品推向市场，高流动ABS树脂HF-681获炼油与化工分公司化工新产品创新奖。升级完善ABS、丙烯腈、乙丙橡胶等自有工艺技术，应用于揭阳ABS和转型升级项目。召开科技大会，重奖优秀科研和提质增效项目及科技人员，营造“尊重劳动、尊重知识、尊重人才、尊重创造”的创新生态。完善生产管理平台功能，推进Aspen等系统应用，完成揭阳项目数字化工厂平台搭建，三维数字化工厂等9个系统上线运行，数字化建设迈出新步伐。

【转型发展】 2021年，吉林石化把握行业发展趋势，提出适合未来发展的特色产品、蓝海产品及巨人产品，动态完善“十四五”规划，围绕集团公司新材料产业提速工程，研究高性能合成树脂、合成橡胶、合成纤维以及绿色建材等领域新产品开发，做好技术探索和战略储备。以“减油增化”“绿色低碳”为方向，完成转型升级项目方案优化论证和预可行性研究、可行性研究报告编制修改工作，项目投资更节约、技术更先进、产品方案更好、技经指标更优。克服揭阳项目异地建设等困难，项目安全、质量、进度全面受控。

【企业改革】 2021年，吉林石化落实国企改革三年行动实施方案，总体任务完成率93%。厂办大集体吉化北方工业有限公司依法改制成由吉林市国资委和吉化集团为出资人的“国有控股公司”。三项制度改革实现新突破，机构总量由576个降至445个，定岗定编优化定员18%以上；精准实施“一主线、三挂钩、五联动”考核，发挥“指挥棒”作用；加强干部培养选拔和班子结构优化，任期制和契约化管理覆盖所有中层领导人员，推进“双序列”改革，促进“三能”机制落实落地。

【企业党建工作】 2021年，吉林石化严格执行落实“第一议题”制度，及时跟进学习习近平总书记重要讲话和指示批示精神50余篇。精心组织“建党百年”活动，开展党史学习教育，精心打造“我为群众办实事”实践活动“七大民心工程”，解决“急难愁盼”问题1827个。完善党委工作机制，增强“把方向、管大局、促落实”的定力和能力。开展全国国有企业党的建设工作会议精神贯彻落实情况“回头看”，开展“从心出发”检修季党内实践活动，推进基层党建“三基本”建设与“三基”工作有机融合。有序完成两级党委和纪委换届选举工作，召开公司第三次党代会，明确未来五年奋斗目标和战略举措。弘扬石油精神和大庆精神铁人精神，以及吉化“四种精神”“严细实快”作风，发挥宣传阵地作用。强化党委主体责任和纪委监督责任“两个责任”贯通联动，坚决落实中央八项规定及其实施细则精神，全面整改集团公司党组巡视反馈问题，开展两轮政治巡察，构建“大监督”格局，风清气正的政治生态持续向好。

（解瑞铭）

中国石油天然气股份有限公司抚顺石化分公司（中国石油抚顺石油化工有限公司）

【概况】 中国石油天然气股份有限公司抚顺石化分公司（中国石油抚顺石油化工有限公司）简称抚顺石化，是中国炼油工业的“摇篮”，具有93年的发展历史，是集“油、化、塑、洗、蜡、剂”为一体的大型石油化工联合企业，世界上独具特色的石蜡、烷基苯、贵金属催化剂生产基地。为全国各地输送2万余名优秀管理和技术人才。占地面积1270万平方米。2021年底，有全民在职员工1.75万人，有偿解除劳动合同人员4552人，离退休人员17841人；集体企业在职职工3298人，有偿解除劳动合同人员13532人，退休人员11614人；社会化用工5201人；合计7.2万人。资产总额311亿元，年销售收入500亿元以上。生产主要原料主要为大庆原油和沈北原油，原油一次、二次加工能力均为1150万吨/年，乙烯100万吨/年，化工产品生产能力360万吨/年。主要生产装置77套，辅助及配套装置、设施105套。能够生产汽油、航空煤油、柴油、润滑油基础油、石蜡、烷基苯、聚乙烯、聚丙烯、丁苯橡胶等300多个牌号石油化工产品，产品畅销全国并远销世界50余个国家和地区。

2021年，抚顺石化在进行为期一个半月装置停工大检修的情况下，加工原油717.37万吨，生产乙烯89万吨、汽油、航空煤油、柴油总量304万吨、化工商品总量337.26万吨。销售收入409亿元，利润6亿元，同比增加10亿元。完成集团公司的业绩指标任务，实现“十四五”良好开局。

抚顺石化主要生产经营指标

指　标	2021年	2020年
原油加工量（万吨）	717.37	803.95
化工商品总量（万吨）	337.26	370
化工商品完全加工成本（元/吨）	1983.30	1605.37
全口径炼油单位加工费（元/吨）	375.47	305.66
炼油加工损失率（%）	0.31	0.29
乙烯加工损失率（%）	0.12	0.11
双烯收率（%）	48.43	49.39
炼油综合能耗（千克标准油/吨）	74.6	74.94
销售收入（亿元）	409.4	352.82
利润（亿元）	6	–3.89
税费（亿元）	61	68.23

【装置大检修】 2021年，抚顺石化牢固树立“七分准备、三分检修”的理念，按照五年一大修标准，落

实大检修全生命周期管理要求，自4月5日开始装置停工退料，到5月17日装置开工，历时42天，比计划提前13天完成83套装置1853项检修任务，实现“安全、绿色、优质、高效”检修总体目标，为抚顺石化装置“一次大修保四年争五年”和后续优质高效运行提供坚实保障。实现一次高水平开工，大蒸馏提前13天、大乙烯裂解提前11天一次开车成功。炼油、化工、热电等各装置开工有序，全部按照时间节点完成。实现“安全绿色受控节约”，建立职能部门、属地单位、安全监督、承包商、第三方监管“五位一体”立体化全覆盖的安全环保管理网络。加强动火、临边、吊装、有限空间等特种作业的票证管理。全面识别评价油、水、汽、声、渣、尘等因素，杜绝油品直排，危险废物“落地即走”，检修期间未发生“三废”超标事件，全程做到无安全环保事故事件。消除一批生产制约瓶颈，完成大乙烯高效炉管更换、气柜检修、机泵振动等50个影响长周期运行的检修项目，奠定装置安稳长运行基础。实施一批技改技措投资项目，石油三厂加氢装置改造、石油一厂ABCD套成型机增加自动包装系统等43个项目与大检修同步完工。石油二厂循环氢压缩机、烯烃厂芳烃车间苯混苯产品直供等63项小型非常规技改技措项目，丰富整体优化调整、提质增效的途径和手段。

【生产运行】 2021年，抚顺石化装置长周期运行加强。逐套装置编制长周期优化运行方案，严格工艺变更、操作变动和操作平稳率管理，推进装置HAZOP分析。石油二厂18套生产装置DCS实现“净屏操作”。深化设备全生命周期管理，持续推进机泵房、仪表室、变电所等6个标准化建设，治理振动超标机泵352台，实现C区动态清零目标。89台关键机组安装在线监测系统，新增机泵无线监测104台。主要设备完好率100%、联锁投用率99.75%，工艺报警数量由20000条/日下降至300条/日以下。装置操作平稳率99.70%。装置结构、产品结构优化，针对成品油市场销售不畅的实际，加大减油增化力度，实现乙烯裂解原料自给自足，化工商品总量占原油加工量比例同比提高2.5个百分点；按最佳效益路线组织生产，首次实现4套酮苯装置同步生产，石蜡产量连续3个月单月突破5万吨，创历史最好水平。高标号汽油、低凝柴油、船用燃料油、石蜡、石油焦等高附加值炼油产品占比同比提高5.2个百分点；丁苯橡胶装置实现4条线满负荷生产，烷基苯、丙烯腈、丁苯橡胶、甲乙酮等厚利化工产品占比同比提高1个百分点。装置达标对标深入开展。按照设计、历史最好、行业先进等多维标准开展对标，定量分析找差距，定性分析找措施，完成43套装置对标报告；检测加热炉、裂解炉、动力锅炉310台次，评选红旗炉205台次；检测地下水管线277千米，对发现的96个漏点及时修补；每日对能耗物耗进行对比跟踪通报，炼油综合商品率同比提高1.26%，大乙烯燃动能耗下降6.42千克标准油/吨，均创历史最好水平。节能1.13万吨标准煤，节水1.44万吨。

【安全环保】 2021年，抚顺石化开展集团公司安全生产专项整治三年行动攻坚，整治检查问题4757项，安全环保履职能力有所提高。体系建设有效推进。2次内审问题整改完成率98.1%，2次外审问题整改完成率87.3%。按照《安全生产法》和“三管三必须”要求，建立警示约谈和“逢漏必免，逢火必撤”问责机制。双重预防机制建设不断完善，强化装置报警管控，建立报警信息日汇报、日分析机制，各类报警数量降幅92%。强化作业预约分级分类管理，实现作业风险专业管控。严格落实“黑名单”制度，3家承包商列入“黑名单”、清除相关人员10人。结合集团公司应急处置一分钟要求，发布《突发事件综合应急预案》和专项应急预案15个，开展各级演练2260次，参演3.2万人次。安全环保隐患得到有效治理，建立安全环保周例会制度和月滚动隐患排查工作制，对隐患项目挂牌督办，石油二厂部分危险化学品罐区紧急切断功能等9项重大安全隐患和丁苯橡胶异味综合治理等54项环保隐患全面治理完成。绿色低碳生产成效明显，编制并实施“一企一策”VOCs管控方案，加大日常环保监管和监测，重点事项跟踪督办，实现“三废”达标排放。组织开展挥发性有机物治理突出问题专项排查整治、VOCs管控提升百日专项行动等工作，发现的26项问题全部整改完成。LDRA检测完成率100%，平均泄漏率降低至0.31%，泄漏修复率97.94%。落实新冠肺炎疫情防控常态化各项措施，员工疫苗接种率99.2%，实现办公场所零疫情、零感染。

【企业管理】 2021年，抚顺石化以市场为导向效益为中心，深化“日核算、周测算、月分析，实时优化、快速决策”经营预警机制，以完整、全流程的“倒序测算”开展效益测算56次、公司级专项经济活动分析36次，确定最佳效益路线。实施提质增效项目112项，增效11亿元，优化乙烯裂料原料基本实现自给自足增效1.8亿元，提高特色及高效产品产量增效1.2亿元；优化运行参数、落实裂解炉改造等节能节水项目及提高装置长周期运行效率增效1.1亿元；加大新产品研发力度，替代通用料增效 0.5 亿元；开展直购电、“削峰填谷”调节受网电功率因数，寻找低价电源，降低成本 0.42 亿元；加快报废资产处置，实现收益 0.41 亿元；落实税收优惠政策，降低税费 0.78 亿元；降库增效，盘活库存物资及“三剂”0.9 亿元；产品及半产品库存量比年初下降 10 万吨，缓交税费 24.7 亿元，降低财务费用 0.44 亿元；自销产品推价竞价，石油焦、丙烯腈等自销产品调价 306 批次，创效 0.73 亿元；适时上调统销产品 M 值 51 批次，增效 1.2 亿元。拓宽框架采购种类，框架采购金额 34 亿元，框架采购率 65%，同比提高 3 个百分点。完成招标及谈判项目 591 项，节资率 10.5%。针对煤炭市场阶段性资源紧张、价格暴涨局面，多形式、多渠道采购，确保冬季动力高峰需要。

【科技创新】 2021 年，抚顺石化转型升级项目有序开展。增产油蜡特色产品改造项目履行可行性研究审批程序；乙烯装置优化调整技术改造项目完成可行性研究报告，列入集团公司工作报告；催化裂解增产低碳烯烃一体化项目（DCC）、洗化厂氢气优化运行项目可行性研究编制工作有序推进。项目建设进度显著加快，实施项目 182 项，其中工程中交 81 项，烯烃厂丁苯橡胶装置异味综合治理、洗化厂脱氢Ⅱ装置设备设施隐患治理等 41 个项目实现当年开工、当年中交。科研工作取得新成绩，科研投入 3651 万元，新开科研项目 20 项，首次独立承担集团公司研究项目——低熔点环保型石蜡技术开发；调和馏分型船用燃料油和残渣型船用燃料油，生产低硫船用燃料油 8.8 万吨，创效 4731 万元。研发生产 HF40R、FHP5050R 等 8 种聚烯烃新产品和 54 号、64 号全精炼混晶蜡石蜡产品 4.2 万吨，创效 4408 万元，创历史同期最高水平。石蜡产品获评“十大卓越品牌”。信息化工作取得新进展，编制完成《抚顺石化数字化转型智能化发展规划》。可视化生产运营管理系统、“净屏操作”（一期）、公司网络升级改造等信息化项目建成投用。

【改革发展】 2021 年，抚顺石化改革三年行动落实落地。6 类 27 个方面改革任务完成率 97.3%，超额完成集团公司下达目标；完成厂办大集体改革，40 户集体企业及分支机构关闭退出；完成全民所有制改革收尾工作；办理注销抚顺石化宾馆等 46 户单位。“一企一策”“一项一策”制订亏损企业三年行动治理方案，推进业务归核化发展，陆续退出开发公司的仓储、综合厂、宾馆和后勤服务的燃气业务、幼教业务以及石化传媒的有线电视服务业务，未上市盈利 1415 万元，所属 6 家单位全部实现盈利；完成调运、离退系统专业化整合；组建石油一厂润滑油、石油二厂加氢制氢、烯烃厂乙烯、乙烯厂乙烯丁烯等 11 个联合车间；深化两级机构改革，精简各类机构 207 个，为构建精简高效的扁平化管理格局做好充足准备。强化依法治企合规管理，规范合同管理，严控事后合同，同比下降 0.6%；处理纠纷案件 19 件。首次对抚顺石化全部法人单位进行全覆盖内部控制测试，查出问题 47 项。强化审计与造价监管职能发挥，完成审计项目 19 项，完成合同审查 652 份，结算审定 1275 份。强化劳动纪律管控，智能门禁考勤管理系统在公司机关率先应用。修订出台《员工劳动纪律管理规定》。开展劳动纪律检查 1.8 万余次，直管干部参加夜检 196 人次。

【后勤服务】 2021 年，抚顺石化群团纽带作用充分发挥。开展“助力‘十四五’，建功大检修”劳动竞赛。组织员工参与企业管理，征集合理化建议 4622 条，采用率 32.3%。维护员工权益，开展劳动保护监督检查，查改问题 436 项。弘扬石油精神和大庆精神铁人精神，注重用典型引路，评选表彰劳动模范 33 名、模范共产党员 24 名、杰出青年 10 名，颁发“光荣在党 30 年”纪念章 176 枚，全国道德模范提名奖获得者刁克剑受到习近平总书记亲切会见，合洗厂邱华、王昕家庭被评“全国最美家庭”，工建公司王建被评集团公司“十大杰出青年”，石油二厂倪大龙获 2021 年“辽宁省五一劳动奖章”，乙烯厂邹喆获辽宁省“三八红旗手”，7 人被评为抚顺市第 26 届“劳动模范”。推进维稳保卫工作，深化信访“四零”承诺创建，实现初信初访及时受理率、按期办结率 100%，党的十九届六中全会期间进京访登记为零。推进抚顺石化油气安保管理体系建设试点工作，视频传输网络搭建完成，主控中心投用运行。开展“反内盗”综合整治，打击犯罪，建设平安石化。全国“两会”和建党 100 周年重点时段，获集团公司维稳安保和网络舆情监测专项通报嘉勉。改善民生福祉，坚持“关爱员工就是关心企业”理念，深化员工健康管理工程，组建关爱员工心理健康志愿者服务团队，开展“员工关爱室”咨询服务试点，开展戒烟控烟行动，组织“健康达人”“运动明星”评选，在“永远跟党走”全国石油职工第五届健步走网络公开赛中获一等奖，在抚顺市首届职工滑雪比赛中获团体第一名。发放帮扶资金 2114 万元，帮扶困难职工 5423 人。新建碳中和林 600 余亩，员工工作生活环境美化绿化。

【企业党建工作】 2021 年，抚顺石化政治建设更加坚强有力，坚持“第一议题”制度，学习领会习近平最新重要讲话精神和对中国石油的重要指示批示精神，“两个维护”更加坚定自觉。落实全国国企党建工作会议精神，制订“回头看”实施方案，研究提出新发展阶段提升党建质量具体措施26条。坚持民主集中制，召开党委会34次，研究审定“三重一大”决策事项177项。

党史学习教育深入开展。开展“百名书记讲党课、万名党员学党史”活动，开发“影音”党课《奋进如歌砥砺前行》、“红色书屋”和“党史红色长廊”等11个红色教育平台和阵地，形成“家庭变迁话党恩”等16个特色做法。推进“转观念、勇担当、高质量、创一流”主题教育活动，各级党组织上专题党课976次。开展“我为员工群众办实事”评选，完成重点民生项目13个，各级组织办实事2206件。召开专题组织生活会，各级党委委员带头开展批评与自我批评。党史学习教育得到集团公司第一指导组肯定。

开展庆祝建党百年系列活动，制作《红色记忆》电视片，组织开展“石油工人心向党”图片展、“百年恰似风华正茂”宣讲、“三好”情景讲述等群众性文化活动，9000余名党员通过多种形式参与庆祝活动，唱响“我为祖国献石油”主旋律。

员工思想干劲持续凝聚。两级党委中心组学习研讨300余次。各级组织注重强化党建面临新问题研究，征集论文80篇。发挥宣传优势，内聚人心、外树形象，电视新闻发稿量保持集团公司影视中心炼化企业第一位，对外宣传综合排名居27家炼化企业第二位。强化意识形态阵地管理，弘扬正能量。

基层党组织建设加强。召开第三次党代会，完成“两委”换届。落实集团公司基层党建工作推进会精神，出台《党支部书记队伍建设指导意见》，建立党支部工作“六位一体”量化考评体系，推进基层党建“三基本”建设与“三基”工作有机融合，烯烃厂乙烯车间党支部获评集团公司基层党建“百面红旗”单位。

干部人才队伍更加过硬。坚持政治标准选配干部，班子和干部队伍年龄结构改善。举办抚顺石化第九届专业技术人员和经营管理人员业务素质竞赛。注重高技能人才培养，全国技术能手张凤光、国家技能人才培育突出贡献个人边江等典型不断涌现。在全国、辽宁省和集团公司多个技能竞赛中获5金11银6铜。

企业政治生态持续好转。压实“两个责任”，修订全面从严治党主体责任清单、监督责任清单。完成新一轮3家单位常规巡察，开展物资采购和违规挂靠专项巡察。聚焦新冠肺炎疫情防控、安全生产、大检修、扶贫、改革三年行动、“反内盗”、冬季天然气保供等加强监督。

（吴东泽）

中国石油天然气股份有限公司辽阳石化分公司（中国石油辽阳石油化纤有限公司）

【概况】 中国石油天然气股份有限公司辽阳石化分公司（中国石油辽阳石油化纤有限公司）简称辽阳石化，是大型炼化一体化生产企业。辽阳石化位于辽宁省辽阳市宏伟区，1972年经国家批准建设，1974年正式动工，是20世纪70年代国家建设四大化纤基地中最大的一个，织出中国第一块国产“的确良”。经过40多年的发展，有炼油、芳香烃、烯烃、聚酯、尼龙等主要生产线，炼化主体生产装置79套，辅助生产装置52套。其中，炼油部分有加工俄罗斯原油的全加氢炼油厂，原油加工能力1000万吨/年，为中国石油第8家千万吨级炼油基地，可年产优质柴油430万吨、汽油260万吨、航空煤油80万吨。芳烃及衍生物生产能力位居全国前列，可年产100万吨对二甲苯、40万吨苯、14万吨邻二甲苯、30万吨聚酯、14万吨精己二酸和18万吨硝酸。烯烃部分新建成投产30万吨/年高性能聚丙烯装置，依托20万吨/年乙烯裂解装置可年产7万吨聚乙烯、25万吨环氧乙烷/乙二醇。

2021年底，辽阳石化设14个职能处室、5个机关附属中心、6个直属单位、21个二级单位，员工总数1.14万人。2021年，辽阳石化积极应对外部环境多变、市场剧烈波动、建设开车任务繁重、新冠肺炎疫情反复等多重挑战，保持战略定力，统筹发展与安全，各项工作稳中向好、稳中求进，取得一批历史性突破、标志性成果，获集团公司先进集体称号，实现“十四五”良好开局。加工俄罗斯原油820万吨，销售商品822万吨，生产成品油541万吨，化工商品总量207万吨。主营业务收入468.9亿元，利润1.66亿元、同比增长15.75亿元，利税112.38亿元，创下连续3年上缴税费超百亿元历史最高纪录，为地区经济和社会发展作出积极贡献。

辽阳石化主要生产经营指标

指　标		2021年	2020年
原油加工量（万吨）		820	856
汽油产量（万吨）		214.17	220.77
柴油产量（万吨）		291.26	329.43
航空煤油产量（万吨）		35.45	32.19
对二甲苯产量（万吨）		79.71	69.77
环氧乙烷产量（万吨）		24.68	24.89
聚乙烯产量（万吨）		3.42	3.8
上市部分	资产总额（亿元）	156.06	150.98
	收入（亿元）	468.9	362.03
	利润（亿元）	1.66	−14.09
	税费（亿元）	110.72	104.7
未上市部分	资产总额（亿元）	11.02	11.61
	收入（亿元）	6.97	6.91
	利润（亿元）	0.0643	0.3
	税费（亿元）	1.6	1.22

【规划发展】 2021年，辽阳石化结合发展定位和企业实际，以思想破冰助推发展破局，瞄准“特色产业特色产品巨人”目标，思考公司定位，挖掘自身特色，查找结构短板，明确“减油增化”“减油增特”“减油增材”的产业发展方向，加快从“油”向“化”转变、从生产“基础化学原料”向生产特色“化工新材料”和高端精细化学品转变，形成“域内+域外”“基础+高端”协同发展的总体思路。在域内，推动“减油增化”转型升级项目落地实施，打造“聚酯、尼龙、烯烃、环氧”4条特色产品链；在域外，主动融入中国石油战略布局，开展合作交流，探索域外发展，形成广东揭阳、大连西中岛芳烃项目方案。

【生产运行】 2021年，辽阳石化坚持抓预防、治未病，强弱项、补短板，从“人机料法环”5个方面入手，加强生产运行组织，生产受控管理水平持续提升。树立“大平稳产生大效益”理念，强化机电仪管操“五位一体”管理，提高巡检监盘质量，强化“手指口述”确认制，严格执行“三大纪律”，主体装置运行考核平稳率99.98%，无上报非计划停车。深化“无泄漏工厂”创建，突出抓好设备全生命周期运行管控，设备腐蚀、频修机泵、仪电系统欠账等问题短板得到有效治理，仪表自控率、联锁投用率全部达标，设备本质可靠度明显提升，新装置开出高标准、老装置开出新水平，实现小PX复产，550常减压、催化裂化、裂解等主体装置长周期稳定运行，废酸装置创国内同类装置运行最高纪录。

【安全环保】 2021年，辽阳石化把安全作为一切工作的基础，增强全员做好安全环保工作的思想自觉和行动自觉。落实“三管三必须”要求，实现责任全覆盖，严格检查考核，督促责任落实。深化“无事故工厂”创建，主要装置安稳长满优运行，本质安全达到新水平。管住现场作业风险，实施“两级建站、四方合力、五级监督”，2.6万次危险作业全部实现安全受控。安全环保形势持续向好，体系审核综合排名晋升炼油与化工分公司第一方阵。获集团公司“质量健康安全环保节能先进单位”称号。

【提质增效】 2021年，辽阳石化打造提质增效“升级版”，创效10.9亿元。坚持“效益优先、先算后干”，灵活调整加工方案，推动“减油增化”，通过炼油线、芳烃线和烯烃线联合优化，少产成品油40万吨，增产化工产品26.5万吨，其中“三苯”产量增加23.7万吨，创效1.6亿元。紧盯指标抓攻关，关键指标一档完成率80.83%、同比提高19.1%，在炼油与化工分公司45项达标指标中5项排名第一、19项排名前五；“三苯”、乙烯、催化丙烯收率分别达57.03%、35.74%、5.88%，均创历史最好水平。创新开展物流优化，实施PX运输方式调整、优化纯苯销售布局等措施，创效3300万元。推进节能攻关，节约燃动消耗1.2亿元。推动成本刚性下降，固定费用可比口径同比下降5000万元，炼油、化工完全加工费均完成指标。建立招标委员会制度，推进“框架+订单”采购模式，实现公用工程统购统销，降采3.25亿元。破解柴油荒，四季度柴油收率增加6%，环比增加11万吨，实现经济和社会效益“双丰收”。

【科技创新】 2021年，辽阳石化建立科技创新联席会议制度，确立“5+5+5”（5个优势研发领域、5个专业特色方向、5个创新技术平台）联合创新体，重奖40万元，有效激发科技人员创新动力，加快打造更具特色的创新生态。PETG共聚酯产品质量达到行业先进水准，产品系列化加速推进。超高分子量聚乙烯提前完成8000吨生产目标，纤维料实现连续生产。开发新产品11个，销售3.53万吨，居炼油与化工分公司首位。自主研发的氧化二氮分解催化剂实现工业化应用，有效助力绿色低碳发展；高效制苯催化剂完成制备。与石化院合作完成全球首套千吨级超重力烷基化工业试验任务。

【项目建设】 2021年，辽阳石化克服多重困难，历时23个月的施工，建成30万吨/年高性能聚丙烯装置并实现一次开车成功，做到开得起、稳得住、长周期，达到国内同类装置建设开车的先进水平，为打造特色烯烃产业链、推动辽阳石化特色化发展奠定坚实基础。加强项目组织，科学安排力量，开展“百日会战”劳动竞赛，建设完成废气处理等22个项目。俄罗斯原油加工优化增效改造项目通过竣工验收。

【企业改革】 2021年，辽阳石化推进国企改革三年行动，88项任务完成81项。推进专业化整合，重组成立储运一部和仓储运输中心，压减二级机构1个、三级机构16个、基层班组420个，全面实行“四班两运转”，组织机构持续精干优化。完成28家单位中层领导人员任期制契约化改革，强化业绩与考核刚性连接，干部“能上能下”机制逐步健全。坚持正确用人导向，落实3个“三分之一”要求，把想干事、能干事、干成事的干部选拔到领导岗位，80后年轻中层干部占比提升至13%，干部队伍结构优化。推进内部市场化改革，把污水和外供水、电、汽视为商品来销售，提升全员成本意识、效益意识。按照“归核化”要求，完成民用液化气业务移交，企业办社会职能剥离任务基本完成；企业补充医疗专业化运营收到显著成效，服务效率大幅提升，赔付金额明显降低。“一企一策”推进亏损治理，未上市各单位全部实现盈利。

【人才队伍建设】 2021年，辽阳石化制定出台人才强企“十大工程”，以工程思维挂图作战、推动落实，人才队伍建设取得新成效。深化“大练兵、大比武、评状元”活动，全员学习技术热情更加高涨。培养HAZOP分析、工艺优化、质量管理、工艺防腐等专业人才，选派专家骨干参加集团公司高级研修班，技术人才能力素质提升。实施技能人才培养开发专项工程，高级技师增加29人、技师增加74人、系统化操作员增加89人，主体装置系统化操作员工占比69.71%。组织开展班组应急对抗赛，15个单位69个班组730人参加赛前培训和比赛，评出6个金牌、13个银牌和18个铜牌班组。在国家、行业协会及集团公司技能大赛中取得6枚金牌、4枚银牌、2枚铜牌、2个团体第一、1个团体第二。开展劳动竞赛，发挥劳模引领作用，建设20个劳模创新创效工作室，建修公司员工张宏东获“辽宁省五一劳动奖章”，生产监测部第一化验室汽油航空煤油班获2019—2020年度“辽宁省三八红旗集体”称号。

【企业党建工作】 2021年，辽阳石化开展党史学习教育，落实“第一议题”制，深入学习贯彻习近平总书记重要指示批示、“七一”重要讲话和党的十九届六中全会精神。开展纪念习近平总书记视察三周年系列活动，召开“牢记总书记嘱托、推动高质量发展、当好国有企业‘种子队’”现场推进会，重温总书记重要讲话精神，激励全体干部员工不负嘱托、感恩奋进，努力当好让总书记放心的“种子队”。开展两轮“我为员工群众办实事”实践活动，解决员工群众“急难愁盼”问题2268个；举办庆祝中国共产党成立100周年系列活动。加强党的各项建设，推动基层党建与生产经营有机融合，党支部战斗堡垒作用和党员先锋模范作用有效发挥，烯烃厂裂解车间党支部获集团公司“百面红旗单位”称号。配合完成集团公司党组巡视和经济责任制审计，接受政治和经济双重“体检”，高质量完成巡视整改任务；组织完成两轮内部巡察，实现党的十九大以来内部巡察全覆盖。

【召开第二次党代会】 2021年11月26日，中国共产党中国石油辽阳石化分公司第二次代表大会隆重召开。党委书记、执行董事作题为《牢记总书记嘱托 加快高质量发展 奋力开启辽阳石化第四次创业新征程》工作报告。会议谋划确定未来发展方向，明确提出从2022年起全面开启辽阳石化第四次创业新征程，到“十四五”末期实现“12363”（“1”即用好1000万吨/年原油资源，发挥资源优势；“2”即做优做大烯烃产业链，实现100万吨/年特色烯烃、100万吨/年特色有机化工产品规模；“3”即做强做特芳烯产业链，具备300万吨/年芳烃产品生产能力；“6”即到“十四五”末年销售收入超过600亿元；“3”即年利润30亿元以上）目标，有实力、有活力、有竞争力的特色炼化企业基本建成。会议选举产生中国共产党辽阳石化分公司第二届委员会和纪律检查委员会。

【关注民生】 2021年，辽阳石化牢固树立以员工为中心的思想，全心全意依靠员工办企业，各级工会组织走访慰问职工1379人次，帮扶困难员工3604人次，发放救助金749.5万元；发放2.9万元金秋助学金，帮助7名困难员工子女入读大学；传统节日开展全员慰问。征集办理职工提案105份，召开4次公司级民主管理座谈会，员工提出的民主管理建议全部得到落实。为基层员工配备更衣柜1150面、休息椅537个、保温毯3155条；开展“健康服务基层行”活动，组织健康讲座94场，促进员工健康意识的提升。

（高大卫）

中国石油天然气股份有限公司兰州石化分公司（中国石油兰州石油化工有限公司）

【概况】 中国石油天然气股份有限公司兰州石化分公司（中国石油兰州石油化工有限公司）简称兰州石化，1952年选址，1958年建成投产，是集炼油、化工、工程建设、检维修、装备制造及矿区服务为一体的大型综合化炼化企业，是中国西部重要的炼油化工生产基地，能源战略地位非常突出。地处甘肃省兰州市西固区，土地面积27平方千米。原油一次加工能力1050万吨/年，乙烯产能150万吨/年、合成树脂产能198万吨/年、合成橡胶产能21.5万吨/年、炼油催化剂产能11万吨/年；有各类炼油化工生产装置67套，可加工7种原油，生产汽油、航空煤油、柴油、润滑油基础油、合成树脂、合成橡胶、炼油催化剂、精细化工、有机助剂等多品种、多牌号、多系列石化产品。有汽油加氢、丁二烯抽提、丁苯橡胶、丁腈橡胶、碳五加氢石油树脂成套技术，炼油化工主要工艺技术和炼油催化裂化催化剂领域达到国内领先水平。有石油化工工程施工总承包一级资质和大型炼油化工施工能力。2021年底，总资产232.69亿元。设机关处室13个，直属机构10个，二级单位33个，在册合同化、市场化员工共1.77万人。下辖二级单位党委40个、党总支9个、党支部348个，党员9830名。

2021年，兰州石化加工原油915万吨，生产汽油、航空煤油、柴油623万吨；乙烯年产量首次突破100万吨大关，生产合成树脂143.2万吨、合成橡胶19.57万吨、炼油催化剂6.56万吨，分别同比增长43.5%、28.8%、12.3%、18.1%。营业收入593.51亿元、上缴税费136.79亿元，炼化盈利25.33亿元、在28家炼化企业中排名第八，未上市净利润控亏0.22亿元，均为近年来最好水平，提质增效12.14亿元，连续13年成为甘肃省纳税超百亿元企业。

2021年，兰州石化各项工作得到上级的高度肯定。兰州石化党委作为甘肃省企业党组织和唯一的中国石油基层党组织受到党中央隆重表彰，获评“中央企业五四红旗团委”、全国产业工人队伍建设改革试点单位，集团公司“十三五”技能人才培养开发、内控与风险管理、科技、信息化、宣传思想文化等先进单位，化工储运中心、催化剂厂党委分别受到国务院国资委、甘肃省委表彰，橡胶厂丁腈二车间党支部被授予集团公司“基层党建百面红旗”，一线员工汪艳侠及孙建民、杨永纳分别获评“陇原工匠”“金城工匠”。

兰州石化主要生产经营指标

指　标	2021年	2020年
原油加工量（万吨）	915	911.3
汽油、航空煤油、柴油总量（万吨）	623	616.5
乙烯产量（万吨）	100.2	69.7
合成树脂产量（万吨）	143.2	111.2
合成橡胶产量（万吨）	19.57	17.4
炼油催化剂（万吨）	6.56	5.6
资产总额（亿元）	232.69	197
营业收入（亿元）	593.51	451
利润（亿元）	25.33	2.78
税费（亿元）	136.79	135

【规划实施】 2021年，兰州石化转型升级发展换挡提速。国内首套具有自主知识产权的榆林乙烷制乙烯项目建成投产，3.5万吨/年特种丁腈橡胶项目建设收尾，形成兰州、榆林、长汀产业协同发展新格局。围绕“减油增化”，以深度催化裂解技术为主要方向，完善“十四五”规划。投资41.4亿元、建成投用90

万吨/年柴油加氢改质装置等24个项目。聚焦碳达峰碳中和目标任务，开展碳平衡测算，研究CCUS（碳捕获、利用与封存）及绿电、氢能综合应用等可行性，制订“双碳”行动初步方案。协同配合政府积极推进产城融合，研究谋划石化产业链延伸。

【生产经营】 2021年，兰州石化以提质增效为重要抓手，建立原油原料日保周、周保月、月保年机制，打通商储原油买断流程，接卸上古液化气22万吨、轻烃4.2万吨。深化事前算赢，炼油、化工计划执行率分别达100%、99.1%，高效油品占比28.6%，加裂航空煤油通过民航和军用油认证，100LL、100VLL低铅航空汽油、UL91无铅航空汽油取得生产许可资质，国VIB标准汽油提前3个月稳定达产；乙烯年产量首超100万吨，汽油、丙烯、合成树脂、合成橡胶等产品产量创历史纪录。实施26项质量攻关，16个橡塑产品列为集团公司炼化品牌工程产品，获评全国“2021年度实施卓越绩效先进组织”。实施251项提质增效措施，分类推进亏损企业治理，强化每月“利润排行”通报。

【安全环保】 2021年，兰州石化落实新《安全生产法》，启动安全生产标准化一级企业达标创建。推动全员树牢“安全压倒一切、一切服从安全”思想，制定发布《作业与操作HSE行为准则》《员工行为规范》，强化领导干部安全环保履职能力评估和承包商考核。扎实推进安全生产三年专项整治，开展“1+19”（1个安全环保专业管理提升方案、19个安全环保管理短板提升方案）管理提升行动，整改体系内外审问题，推进加热炉火焰监测、罐区紧急切断阀等28项安全环保隐患治理项目，强化厂界周边安全环境风险综合治理，开展反违章和现场低标准问题专项整治，加强“一分钟”应急处置，全覆盖监督危险作业。靠实环保网格化管理和点源长制，强化固废减量化攻关，加强VOCs（挥发性有机物）排查治理和烟气达标管控，完成废水外排口改造，氮氧化物、二氧化硫、COD（化学需氧量）、氨氮及固废分别同比下降3.47%、12.43%、2.17%、30.16%、23.08%，排污总量再创新低。深化美丽工厂建设，开展现场大整治，拆除报废装置、临设建筑物6.6万平方米，获评“甘肃省绿色工厂”。建立员工健康与岗位适配机制，健全新冠肺炎疫情常态化防控机制，全员健康体检率100%，一次、二次疫苗接种率96.5%，完成7轮全员全覆盖核酸检测，向市场供应口罩超过1000万只，派出110余名医护人员支援甘肃省兰州市抗疫一线，守住零疫情、零感染底线，实现疫情防控和经营发展两手抓、两不误。

【改革创新】 2021年，兰州石化推进深化国企改革三年行动，完成72项任务、251项工作，超额完成年度目标任务。推进三项制度改革，试点推进扁平化改革，组建炼油运行一部、二部、三部，调整部分直属机构，成立公共关系部，设立融媒体、项目管理中心，推进辅助业务专业化管理，成立油品调和、化工储运中心，全面完成“四班两运转”倒班模式调整。建立以效益为导向的差异化分配机制，推进中层领导干部契约化管理和任期制考核，全员劳动生产率同比提升32.5%。企业办社会职能实质性剥离进展顺利，物业实现托管变直管，退休人员社会化形成精准补位服务良性管理模式，幼教业务稳妥移交地方政府。成立中陆化工集团，完成厂办大集体企业改制。制定科技创新专项规划，成立科技创新中心，强化“产学研管用”融合，开发32项新产品；推进99项科研项目，开展聚烯烃产品专项规划研究，实施茂金属气相法聚烯烃、电容膜及超高压电缆料生产等关键核心技术攻关，以及催化裂化、乙烯裂解、聚烯烃装置长周期运行攻关，解决炼油装置防腐、碳五树脂提质等一批重点难题，“百万吨级乙烷制乙烯成套技术”和“灵活切换生产1-丁/1-己烯成套技术”获中国石油2021年十大科技创新成果；数字化转型智能化发展试点建设方案通过集团公司审批并启动实施，榆林乙烯智能化工厂基本建成，智能门禁等14个平台项目建成投用。实施“新时代奋斗者计划”和高层次技术人才“百人培育计划”、高技能人才“千人培育计划”，选聘首席技术专家，首次面向社会引进高层次领军人才，专业技术序列人员显著增加。

【企业党建工作】 2021年，兰州石化制定《进一步加强党的政治建设重点措施》，落实党委理论学习中心组、“第一议题”制度。贯彻党的理论和路线方针政策、集团公司党组各项决策部署，召开第三次党代会，选举产生新一届党的委员会，锚定黄河流域高质量发展示范企业建设目标，统筹谋划今后5年改革发展。坚持党委前置研究，审议通过“三重一大”事项385项，有效发挥党委把方向、管大局、促落实的领导作用。

2021年，兰州石化制定实施党建“十四五”规划，高质量开展党史学习教育，分层分级讲授党课3128场次，开展形势任务教育宣讲3100多场，召开专题民主生活会和组织生活会，聚焦“我为员工群众办实事”解决“急难愁盼”问题3300多项。开展党建共建联盟试点，推进“网络党校”建设，完成348个党支部达标晋级，深化党员责任区、先锋岗、红旗机泵等创先争优载体。推进全面从严治党，推动“两个责任”贯通联动，开展党建工作责任制督查和党组织书记述职评议，常态化开展政治监督、日常监督，深化 62 项专项监督，纠治“四风”，完成对直属党委和 13 个机关部门巡察，配合完成集团公司党组巡视。推进石油精神和“高严细实”再学习再教育再实践，构建以“两微一抖”（微博、微信，抖音）为核心、40 余个产品线的新媒体宣传矩阵群。加强新时期产业工人队伍建设，弘扬劳模精神、劳动精神、工匠精神，选树“最美一线员工”、劳模工匠和各类先进，推进标准化“五型”班组建设，“青”字号品牌活动蓬勃开展。加强阳光信访，强化警企联动和企地融合共治，深化平安石化建设，营造团结和谐稳定的发展环境。

【惠民实事】 2021 年，兰州石化注重民生服务，坚持发展成果惠及全员，完成一线操作室基础设施升级、员工食堂改造、厂前区功能优化等一批为民惠民项目，落实员工收入与经营效益同步增长机制。改善民生质量，协同政府有序实施危旧楼改造和全域棚改，加快推进清水街、文化小区三标段、3 号街区、幸福小区二期住房建设，完成 14 号街区棚改旧楼拆除、南山小区征收签约，扎实推进 3240 户房改房、7259 户经济适用房、4.5 万平方米商铺等历史遗留权证办理攻关，提升医疗、物业、客运、幼教、离退休服务质量。落实乡村振兴计划，使用帮扶资金 357.8 万元，实现就业帮扶 890 人，消费扶贫 710 万元，阳光助学 300 万元。

（王宏亮）

中国石油天然气股份有限公司独山子石化分公司（新疆独山子石油化工有限公司）

【概况】 中国石油天然气股份有限公司独山子石化分公司（新疆独山子石油化工有限公司）简称独山子石化，位于新疆维吾尔自治区克拉玛依市独山子区，前身是 1936 年 10 月成立的独山子炼油厂。历经多年发展，具备 1000 万吨 / 年原油加工、200 万吨 / 年乙烯生产、45 兆瓦发电、500 万立方米原油储备、45 万吨 / 年合成氨、80 万吨 / 年尿素生产能力，可生产燃料油、树脂、橡胶、化肥等 16 大类 500 多种石化产品。2021 年底，资产总额 279.06 亿元，员工 1.12 万人，机关处室 14 个，机关直属机构 4 个，二级单位 25 个。独山子石化是国家环保总局授予的首批国家环境友好企业，2 次被国务院国资委评为中国石油炼油乙烯业务最佳实践标杆企业，4 次获中华全国总工会授予的全国五一劳动奖状，9 次被中国石油和化学工业联合会评为全国乙烯生产能效领跑者。

2021 年，独山子石化被国务院国资委评为国有重点企业管理标杆创建行动标杆企业、中央企业先进基层党组织，被工信部评为工业互联网企业网络安全分类分级管理优秀试点企业，被中国石油和化学工业联合会评为“十三五”石油和化工行业节能先进单位，被新疆维吾尔自治区评为脱贫攻坚先进集体、质量管理活动推进工作表现突出企业、环境信用企业、2018—2020 年度“守合同重信用”企业，入选集团

独山子石化主要生产经营指标

指　标	2021 年	2020 年
原油加工量（万吨）	729.32	709.29
汽油产量（万吨）	110.30	92.56
柴油产量（万吨）	244.15	244.12
航空煤油产量（万吨）	29.14	22.70
乙烯产量（万吨）	160.10	141.00
化肥产量（万吨）	87.56	72.3
聚乙烯产量（万吨）	144.44	124.89
聚丙烯产量（万吨）	65.22	66.62
橡胶产量（万吨）	22.95	22.77
资产总额（亿元）	279.06	273
收入（亿元）	496.19	362.9
利润（亿元）	32.35	21.47
税费（亿元）	93.24	86.79

公司“十三五”技能人才培养开发工作先进单位、“十三五”内控与风险管理工作先进单位、信息化工作先进单位、装备管理先进单位、质量健康安全环保节能先进单位、保密密码工作先进单位、脱贫攻坚先进集体、2021年度先进集体、法治建设A类企业、绿色企业。

【生产经营】 2021年，独山子石化引进加工克拉美丽、玛河、莫北等5个区块凝析油及高探新井原油。进厂原油729.40万吨，同比增加19.98万吨。稳定接收乌鲁木齐石化公司互供料，应接尽接新疆油田公司轻质料，外采乙烯原料110.99万吨，同比减少4.91万吨。深挖炼油潜力，汽油、航空煤油分别同比增长19%、28%，-35号柴油最高日产1700吨，创历史新高。保持独山子乙烯大负荷生产，固体产品同比增产4%，厚利产品DMDA8008H、SSBR2557S、T4401同比增产3.37万吨。尿素连续8个月月产超8万吨，打破历史纪录。生产平稳率99.91%，同比提升0.20个百分点。

【产品营销】 2021年，独山子石化打造品牌工程、效益工程，推进产品量效齐升，27个产品入列炼油与化工分公司“22+N”品牌工程，占比35%。紧急应对9—11月柴油紧缺，炼油负荷由69%快速提至82%，柴油交货量同比增加17万吨，缓解市场供需矛盾。开展茂金属膜料、PE-RT管材料等6类11个牌号专项营销，DGDZ3606在大型管材企业应用，销量同比增长240%，跃居全国第二；功能尿素销量9.08万吨，同比增长428%。高效区域配置量同比增加17.28万吨，其中西北区域增量13.69万吨。

【重点项目】 2021年，由国家发改委、工信部联合确定的我国乙烯工业示范工程——塔里木乙烷制乙烯项目，自2019年6月19日开工建设，历时25个月工期，浇筑混凝土23.8万吨，铺设管道870千米、电缆4600千米，安装钢结构5.5万吨、仪电设备2万余台、阀门6万多个，建成60万吨/年乙烯裂解装置、30万吨/年高密度聚乙烯装置、30万吨/年全密度聚乙烯装置及配套设施，焊接一次合格率98.5%，安全生产2352万人工时，实现“零事故、零伤害”。工程可行性研究批复投资80.41亿元，7月17日建成中交，8月30日一次投料开车成功、较计划提前一个月，历时11小时产出合格乙烯，乙烯生产规模达200万吨/年。独山子6万吨/年溶聚丁苯橡胶生产线、塔里木3万吨/年丁烯-1装置实现当年建设、当年建成、当年投产。航空煤油储运系统完成改造，单批次管输能力从2万吨提至3.5万吨。金沟河引水工程全面建成供水。

【系统保障】 2021年，独山子石化高效运转油气储运、汽电供应、公铁运输、物资配送和公用工程系统，支持炼化平稳运行。混合原油平均酸值0.42、硫含量0.8%，全部低于设防值。炼油火车栈桥实现自动定量精准罐装。按期投用独山子与塔石化互供料装卸设施，实现南北疆一体化协同增效。及时调整公用工程系统运行，水、气、风保障率100%。组织热电厂掺烧高钠煤、石油焦，应对煤炭紧平衡；加强工艺操作、设备运维，热电厂工艺波动、设备故障起数同比均下降26%。高效组织铁路运输，罐车循环率上升10个百分点、洗罐率下降10个百分点，棚车、原油罐车平均停时同比压减1小时和3小时。及时配送生产物资，急用料30分钟到位，物资入库、配送、报检及时率100%。

【设备运维】 2021年，独山子石化加强设备运行管理，组建RCM专家团队，开展设备关键性评价，确定运行风险等级及检维修策略，延长运行周期。加强仪表管理，“一机一策”“一阀一策”主动运维，仪表故障率同比下降23%。加固联锁回路582条，杜绝联锁误动作。精细管理电气设备，实施预防性维修，故障起数同比减少61%。变频器、电动机晃电再启100%成功，经受住外电网晃电考验。加强机泵可靠性管理，推行柔性精修，A区机泵占比80.48%、同比提高8.28个百分点，高危泵MTBR（检修间隔）值107个月、同比增长27.41%，关键机组零非停。加强化肥生产装置运维，单月最长18天零报警。

【安全管理】 2021年，独山子石化组织学习《安全生产法》《刑法修正案（十 ）》等法律法规，增强全员法治意识，抓好安全生产。领导带队开展安全检查，组织体系审核，推动管理提升。在炼油与化工分公司两次QHSE体系审核中，电气、安全、培训专业排名同比上升，体系运行获评良好。通过开展“反违章”“大排查”等专项活动，消除隐患1.09万项，查处违章7799项，修订操作规程条款1963项。增强消防应急救援，修订灭火战斗预案178套，重点部位全覆盖。

【环保提标】 2021年，独山子石化践行“绿水青山就是金山银山”理念，投资4.2亿元，完成废水减排、三苯罐区VOCs治理、地下水监测等环保项目13项，颗粒物、二氧化硫、氨氮、VOCs、COD、氮氧化物排放量分别同比下降1.23%、2.33%、4.26%、9.76%、23.24%、26.65%。加强能源“双控”，节能3.18万吨标准煤、节水43.86万立方米。参加全国碳市场交易，成功达成集团公司首单。碳排放总量较指标减排4万吨。2019—2020年碳排放履约按时完成。举办公众开放日活动，展示绿色发展成果，保障公众环境知情权、参与权和监督权。

【健康管理】 2021年，独山子石化贯彻“健康中国2030”规划纲要精神，制定落实《大健康体系管理手册》《促进员工健康管理方案》《健康宣教年度计划》，员工健康体检率98%、同比提高2个百分点，职业病危害因素合格率100%。开展健康筛查和健步走、减重挑战赛等活动，营造注重健康、崇尚运动良好氛围。严防新冠肺炎疫情，组织全员核酸检测、疫苗接种和公共场所消杀，保持零疫情。

【改革创新】 2021年，独山子石化落实集团公司改革三年行动部署，将重点改革任务完成情况与部门业绩考评挂钩，任务完成率94.3%，超计划进度24.3个百分点。实施炼化单元扁平化改革，将18个联合车间重组为10个联合运行部，整合消防内保、培训档案、塔石化化肥乙烯等业务，压减机构118个、减少机关人员219人，优化制度流程268项。推进提质增效专项行动，实施措施52项，增效3.35亿元。炼油、乙烯、化肥完全加工费分别同比降低3.86元/吨、15.85元/吨和91.53元/吨。开展“1+25”对标世界一流、管理标杆创建行动，59项重点指标，33项同比提升，25项排名股份公司炼油与化工分公司前三、10项第一。110万吨/年乙烯装置、化肥分获行业能效、水效“领跑者”。

【科技攻关】 2021年，独山子石化获省部级科学技术进步奖4项、国家专利授权13项。集团公司重大专项“聚烯烃新产品及成套工艺技术研究与工业应用”通过中期检查。橡塑材料实验室被新疆维吾尔自治区评为良好级，原油评价实验室通过CNAS（中国合格评定国家认可委员会）认可评定。组织攻关项目24项，经过攻关，硫黄水含量由0.5%降至0.3%，重整装置PRT-C/D催化剂连续使用10年，丁苯橡胶3000线实现不停工转产不同类型丁苯橡胶产品。开发低融聚苯乙烯GPPS180NT、电容器膜料HP30CF等9个新产品，TUB121RCB、UHXP4808B通过PE100等级认证，DGDZ4620、T171E等6个牌号获炼油与化工分公司新产品开发推广奖。完成官能化SSBR72612F、稀土顺丁橡胶BR9101N和BR9102工业化生产，实现轮胎工业用关键核心基础材料国产化。推进数字化转型、智能化发展，碳排放监控、机泵监测、智慧计量平台正式投用，“云桌面”二期上线运行。

【队伍建设】 2021年，独山子石化落实集团公司《人才强企工程行动方案》，打造创新型、复合型、应用型人才队伍。加强年轻干部培养，59名“80后”走上领导岗位，“80”后中层领导干部占比19.44%。加强员工培训、人才培养，培育出两级专家47名、国家级和省部级技术能手71名。选聘科研领域企业首席技术专家2名、一级工程师13名。在全国、新疆维吾尔自治区、集团公司技能竞赛中，获个人8金8银11铜和9个团体奖，3人被授予“全国技术能手”称号。1人获“开发建设新疆奖章”，1人获“中华技能大奖”。

【企业党建工作】 2021年，独山子石化始终把党的政治建设摆在首位，认真执行“第一议题”制度，学习贯彻习近平总书记系列重要讲话和指示批示精神，举办庆祝建党百年系列活动，增强“四个意识”，坚定“四个自信”，做到“两个维护”。压实管党治党责任，规范“三重一大”决策，一体推进大监督格局和“三不”机制建设，党委巡察全覆盖。推进党史学习教育，围绕“学党史、悟思想、办实事、开新局”，策划、完成重点任务20项。开展“我为员工群众办实事”活动，妥善解决外操间整修等员工关注问题。

【企业文化建设】 2021年，独山子石化开展主题教育、大讲堂、专题报告会，明确形势目标任务。聚焦新疆社会稳定和长治久安总目标，强化维稳安保，实施道路视频补盲、防护网完善等安防项目24个。深化“民族团结一家亲”和民族团结联谊活动，结成对子2407对。用心讲好石化故事，策划专题片20部，在省部级以上媒体刊播稿件300余篇，新媒体矩阵影响力排名集团公司前列。对口帮扶察布查尔县，选派干部到南疆泽普县4个村开展“访惠聚”、担任叶城县8个脱贫村第一书记。扶贫专题纪录片《情满喀喇昆仑》，获国务院国资委宣传局、人民网联合主办的“百年铸辉煌、央企谱华章”庆祝建党百年暨第四届中央企业优秀故事展示一等奖。

（郭　楷）

中国石油天然气股份有限公司乌鲁木齐石化分公司（中国石油乌鲁木齐石油化工有限公司）

【概况】 中国石油天然气股份有限公司乌鲁木齐石化分公司（中国石油乌鲁木齐石油化工有限公司）简称乌鲁木齐石化，前身为乌鲁木齐石油化工厂，1971年1月筹建，1975年4月建成，是以原油、轻烃、天然气为主要原料，集炼油、化肥、芳烃等加工于一体的综合性石油化工生产基地，为集团公司一级二类企业。地处新疆维吾尔自治区乌鲁木齐市米东区，占地面积18平方千米。

2021年底，乌鲁木齐石化有员工7932人。其中，少数民族员工占20.64%，女员工占28.25%。有职能部门13个，机关附属机构8个，直属部门7个，炼油厂、芳烃生产部、化肥生产部、化工生产部、热电生产部等19个二级单位。固定资产原值226亿元。设备总台数142447台套，主要设备5253台套。生产装置、公用工程及辅助设施44套，有西北地区最大规模芳烃装置。原油一次加工能力850万吨/年，对二甲苯生产能力100万吨/年。可年产75万吨合成氨、130万吨尿素、精对苯二甲酸9.6万吨、聚丙烯10万吨和塑料编织袋3240万条。产气能力1670吨/时，发电能力125兆瓦，工业废水处理能力3258米^3/时。具备工程设备制造安装维修、科研开发、工程监理、分析测试、计量检定、设备检验、公路铁路运输物资供应等生产保障业务职能，以及职业教育、员工服务等职能。

2021年，乌鲁木齐石化可生产30余种石油化工产品。主要产品有汽油、航空煤油、柴油、石油对二甲苯、石油苯、尿素、精对苯二甲酸、聚丙烯、含海藻酸尿素、车用尿素石油焦、液化石油气、F80牌号防水卷材沥青、戊烷发泡剂、硫黄、硫酸铵、塑料编织袋等。其中，尿素产品曾获“中国名牌产品”称号，车用汽油、车用柴油、尿素、精对苯二甲酸等产品获国优、部优和省优名牌产品称号。获国家、新疆维吾尔自治区、集团公司颁发的新产品开发奖、科学技术进步奖，并申请多项专利。获“全国五一劳动奖状”“全国文明单位”“全国民族团结进步模范单位”“全国‘安康杯’竞赛优胜企业”“全国环境优美工厂”等称号。

2021年，乌鲁木齐石化加工原油619.32万吨，生产汽油、柴油、航空煤油390.21万吨，对二甲苯59.12万吨，石油苯25.83万吨，精对苯二甲酸2.33万吨，聚丙烯8.96万吨，合成氨33.89万吨，尿素58.39万吨。营业收入327.85亿元，盈利9.97亿元，上缴税费80.57亿元。

乌鲁木齐石化主要生产经营指标

指　标	2021年	2020年
原油加工量（万吨）	619.32	608.7
汽油产量（万吨）	130.6	113.1
柴油产量（万吨）	238.91	265.14
航空煤油产量（万吨）	20.7	12.34
石油苯产量（万吨）	25.83	26.26
对二甲苯产量（万吨）	59.12	68.15
精对苯二甲酸产量（万吨）	2.33	9.4
聚丙烯产量（万吨）	8.96	8.26
合成氨产量（万吨）	33.89	31.0
尿素产量（万吨）	58.39	53.62
资产总额（亿元）	84.25	85.36
收入（亿元）	327.85	238.92
利润（亿元）	9.97	-12.17
税费（亿元）	80.57	87.08

【生产运行】 2021年，乌鲁木齐石化进厂原油及原料油644.64万吨、天然气4.59亿标准立方米。加工原油及原料油704.37万吨。企业以推进装置指标达标、达优为抓手，64项炼油与化工分公司指标和215项企业指标达标率分别为95.38%和98.14%，其中159项指标取得新进步，提升率73.95%。13项重点装置指标在集团公司排名靠前，其中100万吨/年连

续重整装置获炼油与化工分公司“红旗装置”称号，装置芳烃转化率、辛烷值桶、纯氢产率等指标保持领先。挖掘自产铂料潜力，利用180万吨/年柴油加氢改质装置增产铂料20.29万吨，催化汽油进80万吨/年柴油加氢装置增产铂料，两套常减压装置铂料收率提高0.7%。在60万吨/年连续重整装置实施PCR-01催化剂工业试验，克服装置催化剂活性下降、互供料大幅减少等困难，纯氢收率提升至3.87%，增产氢气327吨。开展对二甲苯增产攻关，芳烃实际可比综合商品率88.23%，两套重整装置能耗同比下降5.28千克标准油/吨和3.92千克标准油/吨。增产特色小产品，聚丙烯和沥青产量分别达8.96万吨和13.51万吨，均创新纪录，有效缓解减油压力。化肥业务把握市场需求，尿素同比增产4.84万吨，生产含海藻酸尿素2.48万吨、柴油尾气净化液专用尿素3755吨。在加工量同比增加10.63万吨的情况下，柴油减少26.23万吨，柴汽比达1.83，“减油增化”效果明显。落实过程减碳，优化装置流程，炼油加热炉和热电锅炉热效率分别提高1.23个百分点和1.1个百分点。炼油综合能耗创61.25千克/吨最好水平，装置整体运行效率明显提升。

【安全环保】 2021年，乌鲁木齐石化贯彻新《安全生产法》，修订全员安全生产责任制，完善安全生产责任清单，开展领导人员个人行动计划写实，做实安全生产承包工作，强化领导责任落实。修订专业“零容忍”条款，引导员工树牢安全环保红线意识，组织专项监督8次，对专项工作按体系要求重点审核，靠实专业和属地责任，构建“大安全”格局。推进安全生产专项整治3年行动计划，全面启动任务108项，完成93项，危险化学品、特种设备、电气安全等专项整治效果显著。规范重大危险源管理，严格监督3个层级的负责人履责情况，精准防控重大危险源风险。制订风险分级防控标准，统一工作思路，定期召开风险分级管控推进会，利用科学工具全面辨识风险。修订隐患管理标准，补充完善重大隐患等判定依据，落实隐患治理挂牌督办。深化安全受控系统应用，实现问题隐患治理全过程管理，整改各类问题2.1万余条，嘉奖发现隐患、应急处置733人次，隐患管控效果大幅提升。开展“双盲”（指在应急演练前不通知参演单位演练时间、地点和演练内容）应急拉动58次，通过应急演练常态化，开展“一分钟”应急处置劳动竞赛，落实风险失常处置效果可接受，炼油厂油品车间等11个基层单位获奖励。加强承包商管理，完善工程单位HSE责任清单，清退不合格承包商6家，处理违约119起。坚持违章率评比、危险作业管控“信得过”车间嘉奖等措施，提升属地监管意识，危险作业违章率下降至0.82%，危险作业下降7.6%，有效降低危险作业风险。强化事故事件管理效果，严格事故定级及分析统计，推进“有问题就有责任”，各类事故事件精准追责135人次，其中管理人员占84%，各级人员安全记分526人次。加强培训赋能，组织各类安全培训班53期，培训4689人次，全员安全综合素质明显提升。事故事件同比下降6.5%，通过新疆维吾尔自治区安全生产标准化二级企业验收，被评为2021年度集团公司质量健康安全环保节能先进企业。加强环保管理，污染物排放在线监控数据无超标。开展污染物减量攻关，COD、氨氮、氮氧化物排放量分别低于集团公司下达指标28%、1.6%、1.17%。落实国家生态环境隐患排查治理新要求，完成隐患治理10项，环境事件为零。践行“双碳”目标，推行内部碳排放模拟市场化管理，碳排放总量低于炼油与化工分公司指标4.36万吨。参加全国碳市场首日交易，完成年度履约且配额尚有盈余。开立CCER账户，谋划后期碳交易管理。投用新增供水系统替代地下水。同比减少新水31.38万吨。综合能源消费量同比减少10.51万吨标准煤。

【提质增效】 2021年，乌鲁木齐石化开展“转观念、勇担当、高质量、创一流”主题教育，打造提质增效“升级版”，推进67项190条措施，提质增效4.82亿元。氢气是提质增效的核心资源，乌鲁木齐石化把握氢气平衡的关键点，根据产品质量调整进厂结构，节资7000余万元。“两金”压控超额完成提质增效目标，炼化总库存降至43.96万吨，10月市场告急，紧急组织在10天内增产柴油2.2万吨，履行保供责任。优化资金管理，节约财务费用1127万元。通过精细管控，化材“三剂”节约费用1824万元。克服煤炭价格上涨、供应紧缺等难题，保证生产需求。检维修中心自干量1223.3万元，修旧利废平库利库508万元。新建引水工程节约资金7500万元。未上市业务自加压力，外拓市场创近3年新高。设备安装公司外部及专业化项目收入3710万元。监理公司承揽社会项目金额795万元。综合服务中心、生产服务中心围绕主业拓展业务，服务质量显著提升。

【技术创新】 2021年，乌鲁木齐石化落实创新战略，以例会形式推进科技攻关，实施科研项目17个，技术储备加快推进。“MTBE装置联合脱硫技术开发与工业应用试验”获2021年集团公司科学技术进步奖三等奖。申报技术秘密12项并获认定。“轻汽油改质副产低碳烯烃”课题进入万吨级工业侧线装置设计，完成自制催化剂的工业吨级放大。编制完成20万吨/年甲醇耦合轻烃改质增产芳烃原料工艺包。加强减碳技术研究，完成清洁替代、提高终端电气化率等多项专题调研。初步确定CCUS碳捕集技术方案，正在编制项目可行性研究。加强管理创新成果提炼，在中国石油企业协会获奖成果4项。开展员工（劳模）创新工作室创新创效活动，发挥劳模技能专家作用，完成创新和技术攻关26项。发动员工积极参与QC小组，12个QC和质量信得过班组获奖。征集“五新五小”员工创新成果及建议339个，获奖6项，激发全员创新活力。

【设备管理】 2021年，乌鲁木齐石化紧盯装置短板和关键指标，确定9个方面83个攻关课题，完成率85.7%。把握大机组、高危介质泵、腐蚀、细小接管、关键电气仪表设备等风险点，组建专业团队12个，识别风险，加强重点管控。关键机组非计划停机同比下降66.7%，60万吨/年连续重整装置K-202A/B/C故障检修由15次下降至4次，重油催化装置烟机连续运行创1.77万小时新纪录。A区运行机泵同比增长5.9%。检维修作业量下降8.19%，39套装置日均报警下降至9次/套，10套装置达到黑屏指标。获“装备管理工作先进单位”称号。装置平稳率99.9%，自控率99.6%，联锁投用率100%，产品馏出口控制合格率99.4%，非计划停工同比下降27.3%。

【智能化建设】 2021年，乌鲁木齐石化以数字化、智能化提升专业管理水平，根据生产需求，深化流程模拟应用，开发流程模型237个，流程优化创效4179余万元。应用先进技术深化预知维护，首次应用脉冲涡流扫查新技术，提高隐患排查效率。实现腐蚀速率自动计算和信息推送，新增177台泵群无线状态监测系统。检修多元可视化系统实现费用预算管控。应用红外热成像、震荡波局放检测等技术，精准排查电气设备缺陷，继电保护及安全自动装置正确动作率100%。打造综合销售系统升级版，实现7套相关系统数据集成和共享。VOCs预警激光雷达助力提升环境管控实效。巩固企业网络安全和保密防线，信息和保密专业获评集团公司信息化工作先进集体、集团公司保密密码先进集体。提升公司管理驾驶舱应用和数据资产管理能力，在集团公司信息化考核中17套系统位列炼油与化工分公司第一名。

【改革创新】 2021年，乌鲁木齐石化深化改革，改革三年行动76项具体任务完成86.84%。对标世界一流专项行动完成99.11%。优化组织架构，成立联合生产部5个，初步搭建扁平化生产指挥体系。供排水生产部率先完成两级机关合并运行。整合生产保障中心和运输公司业务，压减二级、三级机构13个。厂办大集体改革、全级次亏损治理等稳妥实施，完成房产公司注销。健全“调转借输”机制，盘活内部用工130人。优化调整薪酬结构，提高高技能人才待遇，根据装置停开工情况动态管理奖金系数，新增技术攻关、新产品开发等专项激励办法，落实多劳多得、精准激励，促进企业上下目标统一、形成合力。坚持服务员工，修订企业补充医疗保险办法，改进就医流程，提高报销比例。加快社会保险信息化建设，在集团公司首家将基本和补充医疗保险同步纳入国家医保平台。

【企业管理】 2021年，乌鲁木齐石化贯彻HSE体系思维，推进“三个定量化”（工作安排定量化、检查验证定量化、责任追究定量化），动态修订和新增标准163个，通过完善内审日常化计划，优化审核组织，提升体系运行水平。各级人员在内审平台录入问题突破7.5万条，整改率97.85%。针对审核问题暴露的管理短板，形成75项专业提升目标，问题整改效果明显提升。聚焦基层车间和班组，推进基层站队HSE标准化建设，深化目标传导机制应用，两级专业目标1110项，车间班组承诺目标1839项，完成率91.8%，形成基层创新成果184项，提升专业落地效果。落实“管业务必须管合规”，组织各专业进行法律合规评价，自我诊断并消除管理风险124项。完善合规管理日常审核机制，各专业建立合规管理清单，强化过程合规风险控制，无行政处罚事项，获评集团公司内控与风险管理工作先进单位。以内外部审计及财务检查，提升合规管理水平，整改集团公司财务大检查问题21项、经济责任审计问题4项，解决历史遗留难点问题。发挥审计“治已病、防未病”职能作用，开展物资采购价格大数据等各类审计检查13项。企业审计先进经验材料入选中国内部审计协会推广案例。完善“大监督”体系，建立联席会议制度，细化各部门监管责任清单105项。开展机关巡察，实现巡察全覆盖。开展普法宣贯和合规培训，培养各级人员契约意识，事后合同由0.7%下降至0.2%，依照合同维权避免损失931.49万元。规范招投标管理，严格供应商考核评价，压减代理商、贸易商41家。企法、审计、物采等专业获评集团公司先进集体。加强民主管理，办理员工代表和民主联络员议题63项，切实汇聚发展合力。

【人才强企】 2021年，乌鲁木齐石化将人力资源作为第一资源，制订“十四五”人才强企实施方案，出台高技能人才、新员工培训、产业工人队伍建设改革等系列文件。提拔二级领导人员40岁以下占50%，聘干人员中35岁以下占60%。推进干部制度改革，实施领导人员任期制和契约化管理106人。加快职称制度改革，科研单位工程系列初级、中级评审指标上调5%，申报人数同比增加132人。优化“双序列”实施方案，提高津贴待遇。分3批组织49名年轻业务骨干到专业部门锻炼。加快高端技术人才培育，对1名青年科技英才和12名专业技术骨干订单式培养，选派10余名技术骨干参加研修班。加快高技能人才培养，培养技师、高级技师84人。加强以赛促学，组织参加集团公司技能竞赛获1金2银4铜。

【企业党建工作】 2021年，乌鲁木齐石化党委开展党史学习教育，贯彻落实党的十九届六中全会精神，落实“第一议题”制度，完善党委工作规则，规范“三重一大”决策，把党的领导融入企业治理体系，党委发挥把方向、管大局、促落实作用。12月8日，乌鲁木齐石化召开第三次党代会，系统部署今后五年的党建工作，各级党组织按期换届，一批年富力强的党员干部走上党建工作岗位，基层组织建设得到加强。落实全国国有企业党的建设工作会议精神，树立大抓基层的鲜明导向，把重心放到基层、功夫下到基层，形成基层党建“三基本”和“三基”工作有机融合的思路举措，搭平台、定标准、建机制、抓考核，推进党建工作与中心工作全面融合。炼油厂一车间党支部获集团公司党建“百面红旗”称号，芳烃车间获“全国青年文明号”称号。巩固脱贫攻坚成果，驻村队员和挂职干部舍小家顾大家，奋战在乡村振兴一线，乌鲁木齐石化获评集团公司脱贫攻坚先进集体。落实“大卫生、大健康”理念，实施“一人一策”和健康干预，全员健康理念显著增强。坚持外防输入内防反弹，常态化开展日常督导，做好员工新冠肺炎疫苗接种工作，保持零疫情。

（董　琦）

中国石油天然气股份有限公司宁夏石化分公司

【概况】 中国石油天然气股份有限公司宁夏石化分公司（简称宁夏石化）始建于1985年，是集炼油、化工和化肥生产为一体的大型石化企业，具备500万吨/年原油加工能力，10万吨/年聚丙烯、200万吨/年尿素生产能力。主要产品为汽油、柴油、聚丙烯、航空煤油、尿素及合成氨，2021年底，资产总额99.73亿元。设13个机关处室、8个直属部门、17个二级单位。在册员工4233人，其中在岗员工3844人、大专及以上学历员工2721人、具备初级及以上职称员工972人。

2021年，宁夏石化加工原油422.89万吨，生产汽油191.05万吨、柴油142.11万吨、航空煤油17.96万吨、合成氨39.05万吨、尿素64.32万吨、聚丙烯10.49万吨，收入254.99亿元，利润17.05亿元，扣除固定资产计提减值和存货报废后实现账面利润5.46亿元，税费85.03亿元。

宁夏石化主要生产经营指标

指　标	2021年	2020年
原油加工量（万吨）	422.89	369.46
汽油产量（万吨）	191.05	164.54
柴油产量（万吨）	142.11	129.92
航空煤油产量（万吨）	17.96	14.35
聚丙烯产量（万吨）	10.49	8.84
尿素产量（万吨）	64.32	61.50
液化气产量（万吨）	15.69	8.56
资产总额（亿元）	99.73	105.36
收入（亿元）	254.99	176.36
利润（亿元）	17.05	2.34
税费（亿元）	85.03	72.80

【生产运行】 2021年，宁夏石化坚持“大平稳出大效益”原则，抓住油价上行、化工市场旺盛的有利时机，优化装置运行，强化生产受控管理，完成年度生产任务，主要生产指标稳定向好。通过开展技术攻关，炼油综合商品率91.69%，同比增长0.63%，炼油综合损失降至0.51%，炼油综合能耗65.83千克标准油/吨，分别同比下降0.09%和3.12千克标准油/吨。化肥装置连续运行周期84/262天（A/B类），自

5月起每月盈利均超过千万元，10月盈利突破8000万元，氨产量达到满负荷，合成氨综合能耗降至32.9吉焦/吨，创装置开工以来最好水平。紧跟市场需求，6月超前完成国ⅥB标准汽油质量升级。6月18日，在两套装置之间投运干气，实现炼油和化肥装置公用工程一体化运行。9月28日，新空分装置投用产出纯度99.9997%的氮气。11月航空煤油管道项目启动建设，将为河东机场的航空煤油供应提供畅通安全可靠的现代能源储运网络。

【设备管理】 2021年，宁夏石化落实全生命周期管理理念，推进“无泄漏装置创建”，完成三化肥装置冬季停工检修和炼油装置日常销缺、隐患治理工作。开展“两治理、一监控、一下降”工作，治理严重偏离设计工况和振动超2.8毫米/秒以上机泵36台，将机泵状态监测管理系统与即时通系统开发数据接口，实现机泵运行全面受控。落实“两强化、两监控”（强化螺栓定力矩紧固工作，强化小接管风险管控工作；加强易泄漏法兰监控工作，重视防腐蚀监控工作）工作部署，对269对法兰进行定力矩紧固，检测小接管94条，完成设备日常定点测厚5000多点次，利用脉冲涡流扫查检测技术，对118个弯头、31个三通、45.07米直管段、2处塔器器壁等进行扫查，处理隐患31处。启动2024年炼油装置大检修准备工作，排查隐患问题73项，确定技改项目5项。开展联锁投用率、仪表自控率攻关，炼油装置一级联锁投用率始终保持在100%；三化肥装置自控率由91%提高到100%。优化完善报警管理系统，4月试运行报警管理平台，报警数量由最初的2.4万条下降到0条。三化肥装置检修历时31天，完成检修项目518项。

【安全环保】 2021年，宁夏石化按照“识别大风险、消除大隐患、杜绝大事故”的要求，深入推进安全生产专项整治三年行动，开展为期3个月的“反违章专项整治”活动，组织检查457次，查出问题638项，促进全员安全生产意识和标准化工作能力的提升。开展风险分级管控和隐患排查治理双重预防工作，形成隐患上报、核查、整改、验收、销项闭环管理机制，年内排查各类隐患6085项，隐患整治率99.4%。组织各层级、各类型应急演练382次，发现整改问题38项。开展“每周一个典型问题管理追溯”安全活动，追溯典型问题13项，发现违章问题428项、考核9万元、奖励2.96万元，首次将承包商施工作业事故事件降为零。践行绿色发展理念，12项环保治理项目按期完成，VOCs减排450吨，同比下降10%。开展炼化区异味管控治理和土壤污染隐患排查，异味管控效果明显，7项涉及土壤污染的问题全部整改完毕，COD等主要污染物达标排放，7600吨危险废物规范处置。将员工生命健康放在第一位，开展全员差异化健康体检，实现有毒有害岗位员工健康体检率100%。贯彻落实常态化新冠肺炎疫情防控工作部署，疫情防控实现零感染。

【管理提升】 2021年，宁夏石化坚持依法合规治企，强化规范运作，积极构建与高质量发展要求相适应的治理体系和治理能力。落实“两个一以贯之”要求，把党的领导融入宁夏石化治理，完善新治理体系下宁夏石化决策运行机制，推进综合管理体系融合，坚持制度标准建设，修订发布企业标准8项，完成1472项在用标准的适用性评审及有效性确认。突出法制思维，增加“三重一大”决策事项涉法审核环节，审核资产报废、宝石花物业直管等重要事项风险4项；针对涉法事项出具法律意见6份，处理纠纷案件5项。加强经营风险管控，组织开展财务大检查和财务会计信息虚假问题专项整治；规范经济活动，完成审计项目11项，审核工程项目文件433份。坚持精准对标深化区域对标，科学安排投资计划，推进信息化建设，促进管理效率提升。健全风险管控常态化机制，严把合同审核，实现事后合同零目标，创历史最好水平；修订发布《招标管理办法》，完成过程监督12次，发现处理围标行为1起；统筹抓好巡视、审计、内控测试发现问题整改落实，做到整改一项问题，提升一类管理。

【挖潜增效】 2021年，宁夏石化精准发力，着力打造提质增效“升级版”，累计提质增效2.7亿元。全面优化装置运行，开展三化肥装置长周期运行攻关，提升装置运行负荷，同比增产尿素2.77万吨，增效1722万元；加强产销联动，增加资源配置、增产高标号汽油，实现增效2613万元。开展“两金”压控，通过降库利库、报废、转让、盘活资产，降低库存资金9548万元。坚持控本降费，落实行业用电、税收优惠政策，节约成本4403万元；优化机泵、机组、电机运行，节约外购电费1991万元；通过修旧利废将停运装置设备调剂使用，节约成本314万元。优化整合炼化办公区域，节省采暖费用约130万元；加强财务管理，加大承兑汇票使用力度和应收款项管理，节约财务费用138万元，收回2020年及以前欠款401万元。开展亏损企业治理，制定工业公司减亏方案，实现盈利7.2万元，同比减亏438万元。

【改革创新】 2021年，宁夏石化推进改革三年行动，组织实施扁平化管理和部分业务重组整合，调整组织机构16个；完成“两非”剥离、低效无效资产处置等61项任务，完成率88.4%；完成“四供一业”移交，实现宝石花物业直管；实施亏损治理和法人压减工作，关停并转亏损业务，注销园林、物业法人资格，注销新材独立核算经营分公司资格。新产品NX80G薄皮注塑料一次试生产成功；新技术在安全环保、节能降耗等方面广泛应用，开展电脱盐废水和催化烟脱废水专项攻关，编制完成《宁夏石化风光伏发展初步方案》。催化裂化汽油超深度加氢脱硫—烯烃分段调控转化成套技术获国家科学技术进步奖二等奖。苯质量升级项目可行性研究获炼油与化工分公司批复，VOCs深度治理项目进入建设阶段，氢能综合利用项目有序推进。聚丙烯薄皮注塑料NX80G和控失尿素受到客户青睐，水溶性肥料和葡萄专用肥料配方达到国标要求，满足试生产条件，农化一体化平台成功开发，进入调试阶段；4个信息化建设及升级项目取得阶段性进展。

【企业党建工作】 2021年，宁夏石化贯彻党中央决策部署，落实集团公司党组、宁夏回族自治区党委各项要求，推进基层党建“三基本”建设与“三基”工作有机融合，组织召开宁夏石化第三次党代会，完成两委换届选举，明确未来五年发展需要坚守的原则、奋斗目标和重点任务。落实“第一议题”制度，系统学习习近平新时代中国特色社会主义思想、党的十九届六中全会精神和总书记重要指示批示精神，建立加强党的政治建设重点措施。坚持和深化全面从严治党，第二次修订全面从严治党责任清单，压紧压实管党治党主体责任，推动2020年集团公司巡视反馈问题全面整改，整改完成率100%。举办文艺汇演等庆祝建党100周年，开展党史学习教育，将“转观念、勇担当、高质量、创一流”主题教育活动和党史学习教育统筹安排、一体推进，巩固拓展“不忘初心、牢记使命”主题教育，把“我为员工群众办实事”作为检验党史学习教育成效的标尺，完成15项重点民生项目。落实党管意识形态责任，强化舆论引导，优化整合报、台、网、端等媒体资源，加强宣传和思想政治工作，落实党管保密要求，保密工作收获荣誉3项。

（张国荣）

中国石油天然气股份有限公司大连石化分公司（中国石油大连石油化工有限公司）

【概况】 中国石油天然气股份有限公司大连石化分公司（中国石油大连石油化工有限公司）简称大连石化，是中国石油所属的大型骨干炼化企业，始建于1933年，中华人民共和国成立后先后更名为“大连石油厂”和“石油工业部大连石油七厂”等，1983年划归中国石油化工总公司，1998年划归中国石油天然气集团公司。长期以来，大连石化为国家炼油工业培养输送大量的管理和技术人才，被誉为中国炼油工业的“人才摇篮”。大连石化为燃料—润滑油型炼化企业，有炼油化工主体装置36套，具备2050万吨/年原油加工能力和27万吨/年聚丙烯生产能力，主要生产汽油、航空煤油、柴油、润滑油基础油和石蜡、芳烃、聚丙烯等4大类129种石化产品。有油品装卸码头5座，5000—10万吨级泊位15个，年吞吐能力超过2300万吨，85%的产品通过船运销往华东、华中、华南等国内市场及国际市场。2021年底，大连石化设处室13个、5个直属单位、18个二级单位，在册员工5338人（上市公司4613人、未上市公司725人）。

大连石化主要生产经营指标

指　标	2021年	2020年
原油加工量（万吨）	1610.51	1355.02
汽油产量（万吨）	481.11	405.58
柴油产量（万吨）	587.09	491.26
航空煤油产量（万吨）	136.82	137.03
润滑油基础油产量（万吨）	26.91	13.7
乙苯、丙烯、苯等有机原料产量（万吨）	95.96	77.18
化工产品产量（万吨）	33.14	29.76
资产总额（亿元）	152.36	135.16
收入（亿元）	764	455
利润（亿元）	43.2	-13.26
税费（亿元）	155.8	76.6

2021 年，大连石化加工原油 1610.51 万吨，收入 764 亿元，利润 43.2 亿元（含来料加工业务），上缴税费 155.8 亿元。

【生产运行】 2021 年，大连石化着力提升生产管控能力，强化机电仪管操“五位一体”巡检体系、标准化操作和手指口述操作分级管理，严格落实事不过夜、溯源分析、及时退守“三大原则”，加大低负荷工况装置运行指导，科学优化一二次加工方案。严格工艺指标管控，强化腐蚀管理和报警管理，聚焦生产难题和技术瓶颈，开展 45 项专题技术研究、26 项技术瓶颈攻关，解决 34 项生产异常问题，装置运行平稳率 99.95%、产品质量抽检合格率 100%，H39S–3 聚丙烯高端纤维专用料开发技术及应用项目获集团公司科学技术进步奖二等奖。完善生产调度优化系统，深化 MES 系统应用，班组经济核算平台上线运行。完成集团公司工业互联网项目建设，采集现场实时数据 12 万余个，实现 36 套装置 1.3 万余个工艺点位实时分级监控、预警声光报警等功能，现场设备感知能力达到国内先进水平。获“集团公司信息化工作先进单位”称号。

【设备管理】 2021 年，大连石化推进“设备健康管理”，加强动、静、仪、电设备 4 大核心专业管理，强化设备预知维修，以小接管、高危泵、调节阀、高压电机 4 类设备为切入点，推动设备管理向“预防性维修”转变。推行“一泵一规程”，高危泵平均检修间隔时间（MTBR）、平均故障间隔时间（MTBF）分别同比提高 4 个单位、6 个单位，设备异常数量同比下降 33.65%，32 项设备指标达到历史最好水平。开展“无泄漏装置”创建，静密封点泄漏率同比下降 65%；建立投用自控率监控系统，仪表设备控制率 99.65%。统筹各专业施工力量，组织完成柴油装车油气回收等 9 个安全环保项目，周界安防系统等 7 个隐患整改项目，渣油加氢换剂消缺、制氢炉管更换等 6 套装置消缺任务。

【安全环保】 2021 年，大连石化推进全员责任制落实，完善“一岗一清单”，组织完成 3783 名员工安全环保履职能力评估。制定公司双重预防机制管理制度，完善风险隐患“四色图”显示预警系统。开展全员动态风险辨识，完善风险管控责任清单。开展安全隐患排查 22 次，完成安全生产专项整治三年行动计划节点任务。加强“两重点一重大”日常监管，明确重大危险源包保责任。制定实施《优良日管理办法》，强化安全环保过程管控能力。坚持开展“双盲”专项应急抽查，提高预案的实效性和员工应急能力。完善应用施工作业管控信息化平台，开展“无违章作业”竞赛，提升施工作业风险管控能力。突出环保设施运行管控，强化环保精细化管理，完成污水系统 VOCs 治理提标改造等环保隐患项目整改，完成第二轮中央生态环保督察迎检和辽宁省大气治理执法现场观摩工作。严格落实新冠肺炎疫情防控责任，组织多轮次全员核酸检测，应接尽接员工疫苗接种率 100%。加强职业病危害因素监测，完善职业健康管理平台建设，建立员工健康管理平台，投用员工健康服务室和女职工特殊关爱室，为员工大健康提供服务。获 2021 年度集团公司“质量健康安全环保节能先进企业”称号。

【挖潜增效】 2021 年，大连石化落实“四精”要求，坚持“提质”与“增效”并重，坚持“对标”与“提升”同步，落实 5 个方面 79 项 125 个具体提质增效措施，实现增效 15.05 亿元。准确研判原油价格趋势，通过实施套期保值、优化原油拼装方案、采购商储库、国储库原油等举措，降低原油采购成本 5.2 亿元。以“开满开好三套催化、开稳开优两套重整”为核心，优化产品结构，降低柴汽比，增产石蜡、丙烯、芳烃等高附加值产品，高效产品产率 72.13%，同比提高 8.98%；95 号及以上高标号汽油产品 109.4 万吨，历史首次突破 100 万吨；高标号汽油占比 22.74%，同比提高 6.16%；实现外销低硫船用燃料油 25.7 万吨，同比提高 171%。首次实现丙烯外销 3 万吨。严控各项费用支出，加强“两金”压控，推动低效无效资产处置和存货规模控制，全年报废资产 260 项，报废低效无效装置 2 套。截至 2021 年底，存货占用资金 16 亿元，存量资金 83 亿元。炼油完全加工费、化工完全加工费分别同比降低 54 元 / 吨、241 元 / 吨，达到 193.5 元 / 吨、937 元 / 吨，均首次实现“降字头”。

【工程建设】 2021 年，大连石化加强项目建设统筹协调，强化工程建设质量安全管控。2021 年 6 月，污水系统 VOCs 治理提标改造项目建成投用，总投资 2705 万元，项目采用“预处理 + 蓄热式燃烧 + 尾气处理”工艺方案，投用后解决生物法工艺治理 VOCs 难以稳定达标问题。2021 年 10 月，35 万吨 / 年烷基化装置扩能改造项目建成投产，总投资 4.99 亿元，采用鲁姆斯低温硫酸法烷基化技术，项目高标准设计、高质量建设，实现“开工零泄漏”目标，投产后大连石化高标号汽油调和更加灵活，进一步提高经济效益。2021 年 12 月，高含盐浓水综合治理项目建成中交，项目总投资 1.3 亿元，项目投用后主要解决反渗透浓水和循环水场污水直排问题，满足国家污水综合排放标准。

【内部改革】 2021 年，大连石化落实集团公司深化改革工作要求，深化三项制度改革，推进领导人员任期制和契约化管理，完成处室、直附属单位经营管理序列岗位套转和处室、直属、二级单位领导班子成员任期岗位聘任协议及经营业绩责任书签订工作。成立仪电运维中心和检维修中心，完成建筑安装系统管理机制改革。推进专业技术岗位序列制度改革，搭建 2 层 7 级专业技术岗位管理体系和考核评价体系。有序推进添加剂有限公司法人注销，完成实华出租股权转让和宝石花物业直管业务移交，关闭注销石化服务总公司和七星石油产品检验有限公司，提前 5 个月完成厂办大集体改革任务。制修订管理制度 91 项、标准 27 项、优化流程 72 项。推行定期工作清单制，形成《专业管理定期工作清单》294 项，编制定期工作台历 538 份。开展合同管理突出问题专项治理，修订完善《招标管理办法》，提高招标采购效率，招标率 85.3%。加大依法合规宣贯力度，完善风险防控指引，妥善解决动迁争议，大连石化获“集团公司法治建设先进企业”称号。

【员工培训】 2021 年，大连石化坚持把人员素质提升作为推动企业高质量发展的工作核心，推进培训标准化建设，强化岗位基本功培训，开展机泵切换、仪表联锁、风险识别方法等专项培训，举办班组长培训 3 期，专家讲坛 7 期，技能抽测 4 次，完成 94 名新入职员工首次集团公司集中培训，开展培训项目 50 个，培训 4296 人次。发挥“一中心两基地”（技能人才评价中心、仿真基地和机电仪实训基地）作用，开发网络培训平台，丰富培训课件 3200 余个、题库试题 39000 余道。发挥模拟仿真系统作用，登录系统 56145 人次，培训时长 39169 小时。开发转动设备、仪表专业实训基地培训课程 21 个，培训 467 人次。开展“学规程、画流程、活流程”技能竞赛和青年员工基本功提升暨青工岗位“活流程”大赛，15 人在 7 项全国、省市、集团公司及行业的技术、技能竞赛中获表彰，其中在全国加氢裂化装置操作工技能大赛获 2 金 1 银、团体第一，创造历史最好成绩。

【企业党建工作】 2021 年，大连石化落实“第一议题”制度，学习贯彻习近平新时代中国特色社会主义思想和党的十九大及十九届二中、三中、四中、五中、六中全会精神，跟进学习习近平总书记最新重要讲话精神。强化党建思想政治研究，8 项政研成果获集团公司和省市荣誉。推进党史学习教育，开展庆祝中国共产党成立 100 周年、“转观念、勇担当、高质量、创一流”主题教育、“强党建、共担当，学流程、查隐患，建家园、创一流”主题活动、“我为员工群众办实事”实践活动、“四结合四提升”岗位讲述、党员承诺践诺及党员员工“结对子”谈心谈话等活动。召开大连石化第三次党代会，完成 23 个基层党支部换届，规范完成省市党代会代表、市区人大代表推荐选举。修订《基层党支部工作考核评价办法》，完善党工团“一书一图一单”，建立基层党组织建设定期督导工作机制，改进“基层党组织特色工作”和“党群工作小妙招”征集评定工作，推进党建“三基本”和“三基”工作有机融合。

【公众开放日活动】 2021 年，大连石化在建党百年之际举办“党史中的红色炼厂”公众开放日暨党史学习教育直播党课，邀请相关方在党史中找寻大连石化红色炼油厂创业足迹，向公众展示“中国保尔”吴运铎纪念广场、全国第一套高级润滑油联合装置原址、大连石化改革开放的“桥头堡”深水码头和第一联合车间基层党建阵地。公众开放日活动 24 小时网络观看量 2.26 亿次，展示大连石化在党的领导下为国争光、为民族争气、为国分忧的红色创业发展史，企业宣传影响力持续扩大。

（马成祥）

大连西太平洋石油化工有限公司

【概况】 大连西太平洋石油化工有限公司（英文简称 WEPEC，简称大连西太平洋石化）是由大连市发起、经国务院批准、由中法股东共同投资兴建的中国第一家大型中外合资石化企业，1990 年成立，总投资 10.13 亿美元，1992 年动工建设，1996 年开工投产，2018 年完成股权变更，主要股东为中国石油天然气股份有限公司（84.475%）和大连城市投资控股集团有限公司（15.525%）两家。有 18 套主体生产装置及配套的公用工程系统、辅助生产设施，以加工高含硫原油为主，产品全部加氢精制，其中 1000 万吨 /

年常减压、300万吨/年催化裂化、220万吨/年重油加氢脱硫、150万吨/年加氢裂化等均为中国单体加工能力较大的生产装置之一。2021年底，形成系列无铅汽油、轻质柴油、航空煤油、聚丙烯、硫黄、苯、混合二甲苯、重交通道路沥青等19大类50多个牌号产品的生产能力。各种产品畅销国内市场，远销东南亚等10个国家和地区。其中聚丙烯、硫黄、航空煤油、重交沥青等产品被评为辽宁省、大连市名牌产品。

2021年，大连西太平洋石化统筹做好新冠肺炎疫情防控、生产经营、安全稳定、改革发展等各项工作，完成原油加工量848.53万吨，销售收入374.02亿元，上缴税费71.67亿元，盈利23.28亿元，主要经济技术指标改善，竞争力显著增强。

大连西太平洋石化主要生产经营指标

指　标	2021年	2020年
原油加工量（万吨）	848.53	842.81
汽油产量（万吨）	228.14	222.40
柴油产量（万吨）	296.80	296.86
航空煤油产量（万吨）	108.32	125.73
沥青产量（万吨）	53.51	49.51
聚丙烯产量（万吨）	12.67	11.37
硫黄产量（万吨）	11.64	11.54
苯产量（万吨）	7.46	6.65
混二甲苯产量（万吨）	25.89	23.12
收入（亿元）	374.02	254.54
利润（亿元）	23.28	-13.44
税费（亿元）	71.67	57.38

【安全环保】 2021年，大连西太平洋石化全面严抓安全生产，压实安全生产责任制。夯实安全环保工作基础管理，建立“四不两直”岗检机制，开展反违章行为专项整治活动，推进承包商全过程管控，作业违章率实现大幅下降。推进环保问题整治，完成重污染天气应对评级调整及20项VOCs治理项目建设实施。落实新冠肺炎疫情防控各项措施，常态化防控和应急处置相结合，周密细致做好人员隔离减员应急预案，经过大连地区两次突发疫情，实现员工、承包商及家属零疫情、零感染。

【生产运行】 2021年，大连西太平洋石化协调解决低负荷运行、外购原料阶段性停供、产品结构频繁调整等困难，强化全过程风险辨识管控和隐患治理，保证生产平稳受控，装置运行平稳率99.97%，未出现装置非计划停工，主要装置运行4015天，创历史最好纪录，装置运行水平取得新突破。

【设备管理】 2021年，大连西太平洋石化突出设备管理提升，根据主要生产装置长期低负荷运行的实际，优化大机组、机泵、空冷等动设备运行方式，设备长周期运行能力显著提升；设备设施、现场作业标准化管理取得新进展，搭建设备管理平台并取得成效，检维修信息化使用成绩显著，完成重油加氢换剂消缺任务；完善设备运行20项监控措施，规范监控闭环管理，设备监控水平有效提升，机泵设备在线完好率95%以上。

【挖潜增效】 2021年，大连西太平洋石化制订并落实提质增效方案，通过加强原油优化、稳定装置运行、实施减油增化、调整产品结构、增产高效产品等措施，完成技术攻关和挖潜增效项目114个，实现优化增效2.8亿元；通过调整公用工程方案、优化物料使用和强化资金运作等措施，实现降本增效1.3亿元，各项指标同比取得新提升，效益水平持续好转，完成提质增效任务目标。

【节能减排】 2021年，大连西太平洋石化聚焦优化节能降耗举措，树立“一切成本皆可降”理念，实现成本费用硬下降，优化机泵运行节电，加强对大机组节能运行技术攻关，节省电费约710万元；通过优化装置换热流程、提高加热炉燃烧效率等方式降低瓦斯单耗，瓦斯消耗37.35千克/吨原料，优于年度目标；通过优化各装置蒸汽重沸器及汽轮机透平方式，节约蒸汽1.75万吨，节约成本367.5万元。

【维稳安保】 2021年，大连西太平洋石化加大治安保卫投入，完成厂区周界报警系统升级及围墙边界修缮工作，办公楼及厂区门岗升级面部识别系统，加强临时人厂人员的审核及治安教育，开展“反内盗”工作，联合公安内保支队每月对重点部位、危化品、易制毒易制爆部位检查两次，每日三次检查出入厂车辆及人员，有效遏制盗窃案件的发生，安保管理水平全面提升，为企业生产经营创造稳定良好的治安环境。

【企业党建工作】 2021年，大连西太平洋石化坚持加强党的政治建设，开展党史学习教育，举办“庆祝建党百年系列活动”及“转观念、勇担当、高质量、创一流”主题教育活动，组织党员干部到遵义开展爱党爱国红色教育。党史学习教育取得丰硕成果；探索党建与生产经营同部署、同落实，开展“五型”班组创建等试点工作，基层党建“三基本”建设与“三基”工作持续融合；召开第三次党代会，完成党委纪委领导班子换届工作；推进全面从严治党向纵深发展，突出重点项目的精准、跟进、全程监督，首次开展机关作风建设测评，作风建设持续改善。

（车昀泽）

中国石油天然气股份有限公司锦州石化分公司（中国石油锦州石油化工有限公司）

【概况】 中国石油天然气股份有限公司锦州石化分公司（中国石油锦州石油化工有限公司）简称锦州石化，始建于1938年，是一家以炼油为主、化工为辅的燃料化工型企业。是我国重要的润滑油添加剂科研生产基地和辽西地区最大的原油、成品油储备基地，也是国内首家生产国Ⅳ标准汽油、京Ⅴ标准汽油的企业。新中国第一滴人造石油、第一块合成顺丁橡胶都在这里诞生。2021年底，有54套炼油化工生产装置，原油一次加工能力750万吨/年，固定资产总额151亿元，可生产44个品种81个牌号的石油化工产品。有长输管线、铁路、陆路、海上“四位一体”输出通道，产品畅销国内外。有员工6214人，设12个处室、5个直属单位、23个基层单位。

锦州石化主要生产经营指标

指　标	2021年	2020年
原油加工量（万吨）	541	570.6
汽油产量（万吨）	249.6	244.2
柴油产量（万吨）	124.7	170.53
航空煤油产量（万吨）	29.6	32.45
化工添加剂产量（万吨）	32	26.38
资产总额（亿元）	106.44	102.06
营业收入（亿元）	301.18	213.71
利润（亿元）	16.57	-17.71
上缴税费（亿元）	60.6	57.8

2021年是锦州石化提质增效、对标先进、强化精细管理之年，完成领导体制和管控模式的变革，在成品油市场需求不足、新冠疫情反复，国家因落实“双碳”目标大幅削减成品油出口总量等多方面压力下，打造提质增效“升级版”，以安全环保和效益运行为抓手，积极应对国内外市场形势变化，及时调整生产计划，落实控油增化的各项措施，加强供产销储贸各个环节，确保顺畅运行。完成541万吨原油加工任务，营业收入301.18亿元，利润16.57亿元，提前超额完成考核指标。

【生产运行】 2021年，锦州石化规范操作管理、强化过程管控。组织对133套操作规程采取全面修订。严格监管装置各类操作变动，严抓方案编制审批，全面辨识操作风险，操作变动实现有序进行、安全受控。加强巡检管理，组织完善巡检方案，优化巡检路线，推行陪检制度，确保巡检有效性，保证装置稳定运行。抑制无效报警，突出警示功能，对重点装置报警次数较高的工艺参数进行监控跟踪，通过操作条件调整、仪表调校维修、修订报警参数等手段控制装置正常报警频次。开展装置长周期运行瓶颈问题对接工作，组织修订装置长周期运行方案，编制装置长周期运行监控表，针对影响装置长周期运行的主要问题制定近期监控改进措施和长期改造措施。针对冬季低负荷运行风险，组织编制专项方案，确保装置冬季运行平稳。编制先进控制统管理规定，开发装置先进控制统计和监控信息平台，实现装置先进控制回路投用情况在线统计、监控。通过生产异常波动数据的分析，查找生产异常波动规律，使生产异常波动管理更加精准有效，波动起数逐年下降，装置生产更加安全平稳。

【设备管理】 2021年，锦州石化通过开展制约设备长周期运行主要矛盾和薄弱环节排查，强化日常“四精”管控，落实工艺设备“两强化、两监控”风险措施，推进机泵隐患治理，提升仪电专业现场主动维护及稳定运行水平等一系列措施，完成既定设备管理目标。加强机泵偏流量及精修治理工作，结合“两治理一监控”（流量偏离治理、振动超标机泵治理；机泵状态监控系统），对超标机泵进行治理，实现设备本质安全。通过增加机泵分级管理、优化机泵检修策略、固化密封轴承专业化安装等措施，实现机泵检修标准化与精细化管理。增上机泵状态监测系统，实现机泵频谱全覆盖巡检监测，为CD级机泵治理提供数据支持。开展备件国产化技术攻关，国产出入口阀从运行一周延长到3个月，设备非计划检修数量大幅度减少。仪表自动控制系统与信息技术、互联网技术、监控技术相结合，自动采集主要控制系统自诊断信息和重要运行状态参数，实现仪表控制系统24小时智能化连续巡检监控，降低因仪表原因造成的装置波动。推进无泄漏工厂，按“一装置一策”管控方案，对泄漏分类建账与评估，第一时间消除漏点，达到静密封点泄漏率不大于0.3‰指标。加强检维修项目计划预约准确性管理，预约申报、计划审批及检修作业管控等措施，检修计划预约率91.98%。细化非大修年度KPI考核细则，KPI指标达标率逐月提升，全生命周期管理理念得到全面落实。

【安全环保】 2021年，锦州石化落实“管业务管安全、管生产管安全”的安全管理原则，逐级压实安全环保责任，组织全员签订安全环保责任书，安全环保责任纵向到底、横向到边。组织公司级安全培训办班23个，培训2180余人。组织开展隐患排查治理工作，彻底消除政府、集团公司关注的一二级重大隐患。开展专业性、综合性、季节性、事故类隐患排查，发现隐患1124项，所有隐患均实现安全受控；将环境监管重心向排污许可自行监测、环境监督及应急监测3个方向倾斜，建立守法监测与监督监测相统一的日常监管体系，同步提高自动监测与应急监测水平。以环保设施过程控制指标监测管理与考核，强化污水处理、烟气脱硫、废气处理等环保设施高效运行。加强VOCs源头控制，环保治理设施运行平稳。从“管理上的缺陷、不合规的行为和污染防治与风险防范措施、设施设备的缺失、不完善或危险状态”3个方面开展环境风险隐患排查，严控突发环境事件和生态违法违规事件的发生。实现“产品质量事故为零、各级产品质量监督抽检合格100%、出厂合理率100%”质量目标。严格落实“四方责任”，管好“三类人员”，做到“两个执行”，新冠肺炎疫情防控工作实现零感染。获集团公司“质量健康安全环保节能先进企业”称号。

【企业管理】 2021年，锦州石化贯彻落实集团公司改革三年行动方案部署，推进公司制改革收尾工作，完成全民所有制企业改革任务。完善法人治理结构，深化三项制度改革，推动实行领导人员任期制。推进管理体系融合工作，形成以体系手册为统领、358项管理制度为支撑和18套二级单位的操作规范为保障的体系文件，实现对所有业务活动、各层级人员的全覆盖。深化“管办分开”，总招标率95%以上。创建并试点运行商业秘密保护管理体系，获集团公司“保密密码业务先进单位”称号。开展管理创新成果评比、交流、展示和推广，提高管理水平。对43项公司级优秀管理创新成果进行评奖，颁发奖金和证书。

【工程建设】 2021年，锦州石化新建、续建工程项目59个。其中：资源替代转型升级项目方面，新建150万吨/年渣油加氢装置项目实现中交，新建100万吨/年连续重整和两套3万吨/年硫黄装置按计划推进，新建中央控制室交付使用，出入装置的系统配套管线全部完成，火车装车配套项目收尾，新建120吨/时含硫污水装置及系统配套工程有序推进；安全环保项目方面，VOCs治理项目全部完工、投用。

【科技创新】 2021年，锦州石化坚持自立自强，自主创新，完成国家级和股份公司级科研项目各1项，公司级项目14项。开展电气专业瓶颈问题攻关，针对烷基化废酸单元两台高温过滤器电伴热效果不达标问题实施技术改造，投用后运行效果良好。完成变频器故障自动切换工频技术攻关，降低变频设备故障率；推进科研成果转化，国家科技部“重点基础材料技术提升与产业化”重大专项项目子课题“高活性高顺式稀土顺丁橡胶定向催化技术”提前完成，具备国家科技部验收条件。集团公司重大科技专项子课题“智能化炼厂关键技术研究开发与示范应用”完成两项示范工程。原油离线调和系统示范工程正式运行，满足油品储运及一次加工流程平稳运行的需求。计划调度一体化系统示范工程正式运行。

【企业党建工作】 2021年，锦州石化围绕党史学习教育和庆祝建党100周活动，丰富活动载体，通过党史学习教育宣讲、参观红色教育基地、开展“石油工人心向党”主题征文、“党史百年”网络专题培训、党员知识竞赛、“党课开讲啦”等活动，推动党史学习教育走深走实。通过“三个讲述”“三个提出”“三个我为”活动，实施会员集体福利线上采购、岗位员工精准订餐、单身宿舍改造搬迁、增修自行车棚、开展志愿服务、优化体检方案、举办健康培训、为倒班员工提供夜餐间食、增强职工退休仪式感等一系列暖心工程，提升员工的获得感、幸福感、安全感。以党建“三基本”建设与“三基”工作有机融合为抓手，开展“转观念、勇担当、高质量、创一流”主题教育活动，把党的组织优势转化为推动高质量发展的强大力量。履行“一岗双责”，开展党风廉政建设活动。组织党员干部签署廉洁自律承诺书、制订党风廉政建设个人行动计划，学习集团公司党组纪检组反腐败案例，加强党员干部廉洁从业教育，保证党员干部工作廉洁、高效。

（曹继辉）

中国石油天然气股份有限公司锦西石化分公司（中国石油锦西石油化工有限公司）

【概况】 中国石油天然气股份有限公司锦西石化分公司（中国石油锦西石油化工有限公司）简称锦西石化，始建于1939年，1953年恢复生产。2021年底，有员工6881人（上市4873人、未上市2008人），直属单位45个，炼油化工装置56套，原油加工能力650万吨/年。以加工大庆原油、辽河原油为主，直接管输进厂，另有部分进口原油。主要产品有汽油、柴油、航空煤油、船用燃料油、苯乙烯、聚丙烯等。

2021年，锦西石化统筹推进发展建设、新冠肺炎疫情防控、提质增效等各项工作。全年加工原油540.5万吨，营业收入281.18亿元，利润11.93亿元，剔除资产减值损失后炼化业务利润17.24亿元，在炼油与化工分公司排名第12位，完成生产经营目标任务，获集团公司“质量健康安全环保节能先进单位”称号。

锦西石化主要生产经营指标（上市部分）

指　标	2021年	2020年
原油加工量（万吨）	540.5	465.62
汽油产量（万吨）	249.64	174.92
柴油产量（万吨）	123.15	125.42
航空煤油产量（万吨）	27.1	21.13
资产总额（亿元）	102.08	93.76
收入（亿元）	281.18	151.25
利润（亿元）	11.93	–25
税费（亿元）	69.85	38.50

【生产运行】 2021年，锦西石化深化“大平稳”理念，严抓工艺基础管理。修订完善操作规程56套985项、操作卡指标238项，建立通报考核机制，通报整改工艺问题103项。强化“三项纪律”，巡检率99.85%。强化异常参数的风险评估和波动溯源分析，装置平稳率99.98%。提升设备本质安全管理。仪表联锁投用率100%，自控率96.5%。开展生产系统整体优化和长周期运行攻关，制定35套“一装置一策”优化方案，重整、催化、加裂装置运行负荷和稳定运行周期创历史最好水平。强化主动维护和设备精修，机泵设备MTBR 148个月，高危泵MTBR 104个月，高于集团公司控制指标。检修聚丙烯反应器搅拌器和氢气压缩机等进口设备。历时半年完成大检修总结，为下次检修工作奠定良好基础。

【安全环保】 2021年，锦西石化推进安全生产专项整治三年行动，采取外请专家授课与全员培训考试模式宣贯新《安全生产法》，被集团公司列为工作亮点。深化QHSE体系建设，完善制度8项，制定实施43项差异化内审方案。从严现场安全管控，坚持预约全覆盖，强化多层级安全监管，开展反违章专项整治，纠治违章2754项次，消除隐患653项。排查治理重大危险源安全隐患110项，55个重大危险源装置和罐区实现在线监控。推动治污减排，强化环保治理，通过第二轮第三批中央环保督察；严控厂区异味，4项污染物全部实现在线监测和持续稳定达标排放；固废装置建成投产，浮渣、污水二期生化污泥实现自行处置；强化VOCs监测治理与LDAR检测，苯乙烯VOCs设施整改等7项环保项目投产。坚持常态化新冠肺炎疫情防控各项措施，零感染成果持续巩固。推进健康企业建设，组织送健康下基层活动，厂内投用两座“健康小屋”，职工健康管理更加精准。实现全年无环境污染事件和一般A类及以上安全生产事故。

【挖潜增效】 2021年，锦西石化打造提质增效“升级版”。精细化管理逐步深入，增效3.28亿元。优化进口原油采购，降低成本6941万元。落实“减油增化”，优化产品结构，柴汽比下降0.27，增产丙烯，最大限度增加聚丙烯、苯乙烯等化工装置负荷，增效2965万元。实施产品结构、装置操作、能源管控、公用工程、辅材费用等37项优化措施，创效2680万元。加强资金紧平衡管理，节约财务费用1152万元；从严预算管理，45项可控费用下降7077万元，加工成本逐年降低，与炼油与化工分公司平均水平差距逐步缩小，达到历史最好水平；持续推进资产轻量化，计提固定资产减值准备4.89亿元，提升资产运营质量；争取税收优惠政策节约费用2385万元。应对电价改革，争取长协优惠价格、变更“最大需量”缴费方式节约2526万元；通过新增高压变频器、提高机组真空度等电力设备改造措施，节约电费1019万元。加强招投标管理，节约资金7585万元，推广线上物资公开采购546次，降低成本1250万元。内部审计直接经济成果278万元，工程造价审减金额1218万元。

【工程建设】 2021年，锦西石化投资13.49亿元，推进节能减排和隐患治理项目27项，建成中交12项，新建100万吨/年连续重整及70万吨/年芳烃抽提装置中交，“减油增化”“减油增特”迈出关键一步；渣油加氢、硫黄回收、酸性水汽提装置建设进展顺利；热电公司二期锅炉烟气超低排放改造项目投入运行，助力“蓝天保卫战”。

【发展创新】 2021年，锦西石化坚持把发展作为第一要务，推进转型升级，着眼炼化一体化和产业链延伸，编制完成“十四五”发展规划，成立新能源和新材料工作小组，完成“双碳目标”计划行动方案，氢能、绿电、碳减排及回收利用工程项目前期工作稳步推进，生物燃料项目进入启动阶段。油品质量升级取得关键性突破，成为国内首批生产京ⅥB标准油品企业；完成科技项目17项，成功申报一项国家级科技项目；开发聚丙烯新产品1100N，优化配方增产船用燃料油29万吨，提升特色产品和高端化产品比率。30套生产装置实现“黑屏操作”，有力保障全流程平稳运行；MES、设备运行实时监控、班组绩效管理等16个信息项目成功上线运行，信息化建设迈上新台阶。

【企业管理】 2021年，锦西石化推进国企改革三年行动，6个方面60项改革任务完成97%，超进度完成任务。葫芦岛海盛石油化工有限公司集体退休人员社会化管理服务移交地方，集体企业改革圆满收官；关闭注销上海巨源石化工贸有限公司；液化气罐装及销售业务改革收尾，生活区电信、热网公司供暖等企业办社会业务顺利移交。精简二级、三级机构30个，成立10个联合运行部和2个专业中心；落实富余人员显性优化方案，强化人员内部调剂，110人转岗至新建装置，推进业务外包、劳务派遣，用工配置和机构定员优化取得新成效；炼油三部、质检部、计量部试行“四班两运转”倒班方式，组织运行更加高效；优化薪酬分配政策，完善绩效考核方案和专业指标考核办法，突出效益效率分配导向，以精准激励促进用工质效双提升。通过“立改废”，完善制度51项，开展“处长讲制度”53次。落实8方面26项对标提升三年行动计划措施，总体进度完成98%、对标成果实现95%。制定实施《治理体系治理能力现代化实施方案》和《深化公司体制机制改革方案》。深化风险预警，整改内控自查问题62项。开展法律法规动态识别、合规培训、法律风险防控评价、重大事项法律论证等举措，依法治企基础不断夯实。

【队伍建设】 2021年，锦西石化坚持人才强企战略。落实干部培养计划，强化基层领导班子建设，推进机关和基层干部双向交流、生产和辅助单位副职轮岗。培养选拔年轻干部，提拔55人，其中“80后”“90后”占比69%，加大风险岗位交流力度，交流38人。全面实施领导人员任期制和契约化管理，推动干部能进能出、能上能下。落实集团公司《人才强企工程行动方案》，出台激励人才加速成长20条措施，实施技能人才积分制，推荐7人参加集团公司技能专家选聘，聘任锦西石化技能专家11人、专业和装置技术专家7人。星级操作员评价工作延伸至辅助生产装置，取得较好效果。实施新入职员工轮转实习方案，建立职业生涯“双导师”培养机制。举办各类培训班73期，选送13人参加中国石化专家班、技术骨干进修班。李秋艳工作室被授予全国“五一巾帼标兵岗”称号，王尚典工作室成为葫芦岛市劳模创新工作室示范点，杨振巍工作室迈入葫芦岛市劳动模范创新工作室行列，高技能领军人才队伍规模日益壮大。

【企业党建工作】 2021年，锦西石化贯彻“学党史、悟思想、办实事、开新局”的总要求，高质量完成规定动作，创造性开展自选动作。锦西石化推出“一案两表”“精读一本、通读三本、自学四本”“专题读书班”“百米长廊”“云课堂”等众多特色亮点，在集团公司刊发专题简报13期，为群众办实事323件，高质量完成专题民主生活会。党史学习教育的质量效果创造锦西石化近年来开展党内教育的新高度。严格落实“第一议题”制度，及时跟进学习习近平总书记重要文章、重要讲话，党委发挥“把方向、管大局、促落实”作用。庆祝建党100周年系列活动有声有色，第四次党代会胜利召开，完成党委和纪委换届工作。坚持开展党组织书记任职资格认证、党支部达标晋级、标准化党支部建设和党员轮训，党组织书记抓基层党建工作述职评议实现“三年全覆盖”。炼油六部党支部被评为集团公司“百面红旗”单位。推进“转观念、勇担当、高质量、创一流”主题教育，加强意识形态管理，在集团公司门户首页信息发布58篇。筹建企业精神教育基地，企业文化建设进入新阶段。对45个基层党组织开展两轮政治监督，提出建议31条，完成21家单位常规巡察和阀门采购管理等专项巡察，提前一年实现巡察全覆盖。强化标本兼治，有效运用监督执纪“四种形态”，全面从严治党向纵深发展。发扬基层民主，落实职工提案32项。开展青年岗位实践、导师带徒、助力“生命工程”建设志愿服务等活动，炼油五部团支部获“辽宁省五四红旗团支部”称号，炼油三部技术组获“集团公司青年文明号”称号。

（高 远）

中国石油天然气股份有限公司大庆炼化分公司

【概况】 中国石油天然气股份有限公司大庆炼化分公司（简称大庆炼化）2000年10月由原大庆油田化工总厂和林源石化公司重组成立，2006年2月与林源炼油厂进行二次重组，是以大庆原油为加工原料，集炼油、化工于一体的综合性石油石化生产企业。2021年底，员工总数8663人，主要生产装置48套，固定资产原值198.6亿元、净额41.7亿元，有600万吨/年原油加工能力和60万吨/年聚丙烯、20万吨/年润滑油基础油、15万吨/年聚丙烯酰胺、12万吨/年石油磺酸盐的生产能力，可生产汽油、柴油、航空煤油、液化气、石蜡、润滑油基础油、聚丙烯酰胺、石油磺酸盐、聚丙烯、白油、重质液蜡等26个品种280个牌号的石油化工产品。自成立以来，获全国“五一劳动奖状”“国家重合同守信用先进企业”“中国诚信企业”等省部级以上荣誉30余项。

2021年，大庆炼化加工原油505.01万吨，营业收入323.96亿元，上缴税费82.91亿元，考核利润20.1亿元，获评集团公司先进集体、质量健康安全环保节能先进企业，向世界一流精品特色炼化企业建设迈出坚实步伐。

大庆炼化主要生产经营指标

指　标	2021年	2020年
原油加工量（万吨）	505.01	493.63
汽油产量（万吨）	216.20	224.32
柴油产量（万吨）	94.70	104.25
异构脱蜡装置基础油产量（万吨）	14.25	10.09
石蜡产量（万吨）	30.51	15.30
聚丙烯酰胺产量（万吨）	15.93	15.06
聚丙烯产量（万吨）	52.01	53.84
收入（亿元）	323.96	255
利润（亿元）	20.1	10.06
税费（亿元）	82.91	79.22

【生产运行】 2021年，大庆炼化落实集团公司党组部署，加大生产协调指挥和技术难题公关力度，完善装置长周期运行管理办法，加大计划执行、技术分析和报警管理力度，严格腐蚀监测、机组特护、预知维修和仪表电气保障，设备完好率99.98%，操作平稳率99.92%，生产波动次数同比下降42%，生产受控水平提升。坚持市场导向和效益原则，加强市场趋势研判和效益分析测算，发挥财务管理指导和经营优化机制作用，深挖资源配置、工艺路线和产品结构的潜力，增产增收高附加值产品，柴汽比0.44，高效产品收率同比提高2.36%，综合商品率同比提高1.57%，优化增效3.97亿元。

【安全环保】 2021年，大庆炼化贯彻落实党中央、集团公司党组和地方政府关于新冠肺炎疫情防控、安全环保工作要求，坚持精准施策严监管，强化标本兼治重治本，总体形势平稳向好。坚持“宁可十防九空、不能失防万一”要求，抓好常态化疫情防控组织领导，建立外出审批报备制度，完善生产经营应急保障体系，统筹物资调拨、核酸检测和疫苗接种，疫苗接种率96%，实现员工、家属零感染。坚持全员、全方位、全过程、全天候“四全”原则，落实查思想、查管理、查技术、查纪律“四查”要求，开展安全生产专项整治三年行动和“反违章、查隐患”专项整治，推行安全生产履职能力考评、记分管理和作业视频监控，实施 QHSE 体系审核，修订安全管理制度 20 项，专项治理隐患 42 项，编制“一分钟”应急卡 865 份，现场风险作业量同比下降 6.7%，安全报警次数同比下降 73.5%，加强专业安全管理作用，提升安全风险管控水平，实现安全生产预期目标。践行习近平生态文明思想，提高环保工作站位，开展绿色企业创建，严格环保督查整改，落实挥发性有机物管控能力提升百日专项行动，制酸尾气治理、环境监控设施升级、废水集输密闭改造等环保项目建成投用，网格化管理指标达成率 81%，COD、氨氮、二氧化硫和氮氧化物排放总量全面消减。

【科技创新】 2021 年，大庆炼化贯彻落实集团公司科技与信息化创新大会精神，完善创新机制，培育创新环境。投入研发经费 5570 万元，开展科研项目 30 项，自主研发的橡胶防护蜡产品测试性能优越，低分抗盐聚合物实现首次工业化生产，聚丙烯酰胺 DS2500 产品完成量产，聚丙烯 EP548R、PA14D–3 等新产品研发、生产和推广加速推进，聚丙烯 H2483、PA14D–2 产品分别获炼油与化工分公司新产品创新奖、优质稳定二等奖，丰富产品种类，释放特色优势。加大技术攻关力度，投入 3862 万元实施技术改造项目 42 项，开展全流程自动化优化控制，实施常减压超声波破乳改造，脱后含盐小于 2 毫克 / 升合格率同比提高 66%，实施烷基化装置长周期运行攻关，反应器长周期稳定运行，实施军用柴油生产系统改造，具备 –10 号和 –35 号军用柴油生产能力，解决制约安全、生产和效益的瓶颈难题。自主研发应用软件 19 个，开发业务流程 150 个，完成 3 套装置数字化建模、仪表监检系统搭建和炼油控制中心 MES 系统迁移，数据采集、共享和应用能力提升，信息化实现从应用集成向共享服务迈进。

【深化改革】 2021 年，大庆炼化围绕深化内部改革和炼化企业转型发展方向，坚定改革决心，聚焦转型重点，精准发力，可持续发展动力活力不断激发。落实国企改革三年行动计划，挂图推进改革任务 79 项，超额完成集团公司考核目标。整合林源工作部业务，关停化工生产二部聚合作业区，将大庆炼化研究院水质项目组划入公用工程部，撤销维护稳定办公室机构建制，林源炼油有限公司注销有序推进，“两非”（非主业、非优势业务）剥离工作进入收官阶段，调剂安置员工 343 人。落实任期制和契约化管理，启动岗位价值评估及员工价值创造能力评价，完善“工效挂钩”薪酬分配机制，内部改革逐步向纵深迈进。在结构调整上持续发力，成品油收率同比下降 5%，石蜡产能增至 30.51 万吨 / 年，产能位居全国第二，乙苯、MTBE、聚丙烯酰胺等产品产量再创新高，市场应变能力和发展竞争能力提升。

【企业管理】 2021 年，大庆炼化坚持“明责、尽责、考责、问责”理念，深对标、控风险、优质量，企业经营管理更加规范高效。落实对标世界一流管理提升行动，完成 14 项对标指标、18 项管理提升任务，任务完成率比下达指标高 8.8%。落实达标工作会议精神，建立季度分析、过程管控和结果考评机制，内部达标率同比提高 17.6%，经济技术指标改进率 49.7%，EVA、净资产收益率、特色产品收率、丙烯对重油收率等 33 项指标稳中有进，参加炼油与化工分公司达标的专业和装置创历史最好水平，对标达标工作取得突破、见到实效。深化管理体系融合，组织专业管理内审，修订完善制度 77 项，工作流程缩短，管理效率得到提升。坚持依法合规治企，健全法律风险防范机制，注重运用法治思维和法治方式组织生产运营、维护企业和员工合法权益，发挥法治保障作用，提升合规管理水平。建立产品质量周报平台，完善质量管理考核细则，优化质量检验频次，推进聚丙烯品牌工程建设，馏出口合格率 99.77%，聚丙烯酰胺一级品率 99.13%，质量管控水平稳步提升，3 项 QC 成果被评为全国石油和化工行业优秀质量管理成果。

【队伍建设】 2021 年，大庆炼化贯彻落实集团公司领导干部会议精神，健全落实“生聚理用”机制，推进人才强企工程，提升劳动生产率和人力资源价值。加强领导班子运行情况分析研判，突出政治坚强、本领高强、意志顽强“三强”干部队伍建设，选拔任用中层管理人员 24 人，班子间交流 63 人次。加强对“一把手”和领导班子监督，健全领导干部考核评价体系，强化考核结果“强制分布”和应用执行，激励领导干部担当作为。顶层谋划年轻干部选拔培养，分类建立后备人才库，组织分级分类专业能力培训、机关与基层双向挂职锻炼、关键岗位轮岗交流，加大选拔使用优秀年轻干部力度，每个批次新选拔任用领导人员年轻干部占比 30% 以上，“80 后”“90 后”年轻干部增至 188 人。顶层谋划推进人才培养工作，推行以练代培、以赛促训、以考促学，与中央党校、中国石油大学、铁人学院合作举办外培班，组织系统化操作技能人员培养验收，拓宽干部视野，提升员工技能，助力人才强企。

【企业党建工作】 2021 年，大庆炼化坚持“两个一以贯之”，注重党建与生产有机融合，党建引领保障作用持续彰显。学习贯彻习近平新时代中国特色社会主义思想，专题学习党的十九届六中全会精神，执行学习贯彻习近平总书记重要指示批示精神落实机制，严格遵守政治纪律和政治规矩。开展建党100周年庆祝活动，深化“转观念、勇担当、高质量、创一流”主题教育，严格意识形态责任落实，围绕生产经营中心创新宣传教育，展示形象，振奋精神，鼓舞士气，凝聚推动高质量发展的思想和工作合力。落实全面从严治党新部署新要求，保持惩治腐败高压态势，压紧压实“两个责任”，推进不敢腐、不能腐、不想腐“三不”机制建设，常规巡察1个机关直属单位和7个二级单位党组织，企业管党治党成效显著提升。严格落实中央八项规定精神，坚持政治型、学习型、创新型、服务型、廉洁型、表率型“六型机关”建设和首要、首长、首问、首位、首次和兜底管理工作方法，推行机关部门具体业务事项限时办结制，风清气正环境持续改善。贯彻以人民为中心的发展思想，做实“我为员工群众办实事”实践活动，注重劳动保护、职业健康，加强日常帮扶、大病救助和节日慰问，完善生产区、操作室工作条件，改善员工工作、通勤和生活环境，提升企业凝聚力和向心力。

（贾　楠）

中国石油天然气股份有限公司哈尔滨石化分公司

【概况】 中国石油天然气股份有限公司哈尔滨石化分公司（简称哈尔滨石化）是以石油炼制为主的炼化企业，位于黑龙江省哈尔滨市，是黑龙江省百强企业、哈尔滨市财源骨干企业。前身是哈尔滨炼油厂，1970年筹建，1976年建成投产，1983年划归中国石油化工总公司管理，1998年划归中国石油天然气集团公司管理，1999年重组为中国石油天然气股份有限公司哈尔滨石化分公司和哈尔滨石油化工服务公司（2000年更名为哈尔滨炼油厂），2005年两家公司再次整合重组为中国石油天然气股份有限公司哈尔滨石化分公司。

2021年底，哈尔滨石化设机关职能部门11个，直属机构3个，二级机构11个，员工总数1688人。有各类生产装置22套，分别是420万吨/年常减压蒸馏装置、120万吨/年重油催化裂化装置、60万吨/年重油催化裂化装置、80万吨/年柴油中压加氢裂化装置、75万吨/年汽油连续重整装置、10万吨/年苯抽提装置、90万吨/年催化汽油加氢精制装置、100万吨/年柴油加氢精制装置、50万吨/年催柴加氢精制—临氢降凝装置、50万吨/年气体分馏装置、5万吨/年甲基—叔丁基醚（MTBE）装置、4万吨/年甲乙酮（MEK）装置、4000吨/年硫黄回收装置（环保备用）、1万吨/年硫黄回收装置、8万吨/年聚丙烯装置、15万吨/年饱和烃脱硫精制装置、15万吨/年烷基化装置、60吨/时酸性水汽提装置（环保备用）、100吨/时酸性水汽提装置、20万吨/年催化重整装置、1万米^3/时氢气膜分离回收装置（PSA）、10万吨/年干气脱硫和35万吨/年液化气脱硫脱硫醇装置等。能够生产满足国家标准的汽油、柴油、航空煤油、石脑油、液化石油气、饱和烃、丙烷、丁烯、MTBE、苯、甲乙酮、硫黄以及聚丙烯等14类27种产品。

2021年，哈尔滨石化面对哈尔滨地区多轮新冠肺炎疫情和极端天气、限电等一系列不利因素冲击，统筹打好安全生产保卫战、疫情防控阻击战、提质增效攻坚战，超额完成集团公司下达的各项生产经营指标。党的领导党的建设全面加强，安全环保形势持续稳定向好，炼化转型升级实现历史性突破，提质增效工作成绩斐然，专业保障能力持续提升，人才强企工程全面启动实施，公司治理体系日趋完善；实现“十四五”良好开局。

哈尔滨石化主要生产经营指标

指　标	2021年	2020年
原油加工量（万吨）	356.01	354.38
汽油产量（万吨）	142.88	138.24
柴油产量（万吨）	106.20	109.58
航空煤油产量（万吨）	27.40	26.36
资产总额（亿元）	62.18	62.75
收入（亿元）	198.72	152.34
利润（亿元）	8.03	3.07
税费（亿元）	60.57	58.34

【生产运行】 2021年，哈尔滨石化生产运行组织更加精准，严格工艺运行管理，坚持对典型事件进行溯源分析，强化生产异常问题督办整改。以平稳率、合格率、设备完好率和工艺、设备、泄漏报警等基础管理为抓手，化解中炼线外网晃电、电网限电等对生产运行的影响。执行“三查四定”，完成PSA装置、烷基化装置、RCO单元开停工，生产计划执行率100%，操作平稳率100%。对标管理更加精细，建立“日量价配合、周产销衔接、月对标提标”工作机制，对标行业一流，逐套装置开展对标分析，查找瓶颈短板问题，炼油高效产品收率、原油加工损失、综合损失率等指标位居板块前5名。聚焦降低燃动消耗，实现常减压装置减压炉停运、加氢裂化装置进料炉停运以及气分装置丙烯塔热源低温热全替代，节约燃料气18.4吨/日，节约蒸汽168吨/日。阶段性停运气炉及发电机组，减少液态烃燃料自用2.1万吨，增效5800万元。

【设备管理】 2021年，哈尔滨石化夯实设备管理基础，强化全生命周期管理，做好2023年大检修准备，制订大检修总体统筹图，确定19项大检修工作目标，立项154项；完成两套催化装置烟机组、烷基化装置窗口期停工检修任务；加强机泵振动、偏流量及短板治理，振动小于2.8毫米/秒机泵占比90.6%；强化电仪管理，确保联锁投用率100%、真实自控率97%以上，对重要机泵实施抗晃电治理措施，实现“晃电不停装置”。无泄漏装置建设和现场管理取得阶段成果，推进现场环境提档升级，完成催化装置旧脱硫脱硫醇部分、半再生重整装置拆除工作。推进零泄漏装置创建工作，11套装置实现月度达标。推进机泵“两治理一监控”、易泄漏法兰管控、小接管隐患专项治理，实现171台机泵和40台机组在线监测，对排查发现的310处易泄漏法兰、262个小接管隐患制订管控方案。

【计划优化】 2021年，哈尔滨石化资源优化配置，统筹原油原料资源优化，优化排定加工方案，区域乙烯料、焦化原料互供25.7万吨，互供计划执行率100%。优化产品结构，坚持市场导向，突出事“前算赢”，推动增产增效。95号以上汽油78.8万吨、同比增长7.76%、位列炼油与化工分公司第二；高效化工产品24.93万吨、增产17.32%，其中生产丙烯13.47万吨、甲乙酮4.07万吨，创历史新高；通过强化效益测算、推动市场化定价，2-丁烯增效202万元、油浆增效82.7万元。产运销衔接更加高效，贯彻集团公司市场营销会议精神，深化统销产品“推价降费”和自销产品“一品一策”，统销产品产销率99.95%、自销产品产销率101.67%。推动“前店后厂”产销协同优化升级，开展“市场体验”系列活动，提高产品区域市场销售能力。

【安全环保】 2021年，哈尔滨石化把“本质安全、本质环保”作为最大的政治责任和最大的效益保障从严抓实，靠实各层级HSE目标责任，杜绝一般及以上安全事故，环保事故为零，新冠肺炎疫情零感染，获集团公司“质量健康安全环保节能先进企业”称号。压实安全环保责任，建立高危作业“区长”制和危化品重大危险源包保责任制，突出严抓严管严控，作业许可数量同比下降16%。QHSE体系有效运行，2021年在炼油与化工分公司组织的上、下半年体系审核中，哈尔滨石化综合排名位居上游。深化“双盲”演练，在外网电力故障、冻雨极端天气以及限电等应急状态下装置没有出现大的波动，确保装置平稳运行，应急管理能力显著提升。绿色企业建设迈出新步伐，编制完成《绿色企业创建方案》，开展“公众开放日”活动，建立周边企业监督员联系机制，实现与城市和谐共生。集团公司督办的VOCs治理问题全部完成，中央环保督察期间实现零信访，获黑龙江省“绿色企业”称号。

【提质增效】 2021年，哈尔滨石化开展“转观念、勇担当、高质量、创一流”主题教育活动，制定“增收、降本、提升、保障”4大类18方面45条措施，征集员工合理化建议309条，打造提质增效升级版。精益化成本管控，严格投资计划“一本账”管理，节余208万费用化计划。严格预算管理，列表剖析销管费用，跟踪“两利四率”指标，销管费用剔除总部支持服务费等因素后比预算目标节余205万元，抓好资产轻量化、降库利库、“两金”压控等重点工作，始终保持自由现金流为正、应收账款为零；通过处置报废积压物资、拆除半再生重整装置增效880万元；强化技术优选严控“三剂”消耗节约费用356万元。增效1.2亿元。

【企业管理】 2021年，哈尔滨石化坚持推动党的领导融入公司治理，规范党委会、执行董事办公会、总经理办公会决策界面，制定实施细则及其决策清单，确保科学民主决策。贯彻集团公司领导干部会议精神，坚持人才是第一资源，制订人才强企规划，推进实施保障、效能、薪火、赋能工程，挂图推进人才强企“百项举措”落实落地，谋划的185项措施完成138项，实现人才强企与业务工作同谋划、同部署、同落实。夯实基础管理，推进综合管理体系融合，梳理716项业务，组织11个基层单位建立车间管理手册。推动管理创新，《炼化企业“前店后厂”产销一体化运营管理》获黑龙江省企业管理现代化创新成果一等奖，多项成果、论文获行业部级奖项，管理创新氛围逐步形成。深化企业改革，专题研究督办落实，完成国企改革三年行动任务61项，完成率96.8%，完成对标提升任务24项，完成率92.3%，阶段性目标任务超额完成。实现华泰公司关停退出，实现业务归核化管理。推进依法治企，健全完善法治工作建设制度体系，提出风险预警13项，实现法律纠纷案件为零目标。

【企业党建工作】 2021年，哈尔滨石化建立并严格执行“第一议题”制度和学习贯彻习近平总书记重要指示批示精神落实机制，组织“第一议题”学习29次，集中研讨93项内容。推进党建“三基本”建设与“三基”工作有机融合，启动“三三”融合方案8方面27项内容38项措施，开展12个党建项目揭榜挂帅攻关，提升党建工作质量。推进支部达标晋级，第二联合车间第一党支部获集团公司“百面红旗单位”称号，维修、仪电党支部分获集团公司、哈尔滨市先进基层党组织，2人获集团公司先进工作者。一体推进建党百年庆祝活动和党史学习教育，统筹推进“转观念、勇担当、高质量、创一流”主题教育，开展走访慰问、网络红歌赛、表彰“两优一先”、深入学习“七一”讲话等系列活动，党史学习教育各层级完成宣讲学习1400人次。开展“我为员工群众办实事”活动，为员工群众办实事、小事、贴心事101件，实施重点民生项目16项，完成13项，实现学党史、悟思想、办实事、开新局的目标。引导员工赓续哈尔滨石化“三种劲头、四种精神”优良传统，铸就“以厂为家、担当尽责、携手奋进、众志成城”的哈尔滨石化抗疫精神，成为新时代接续奋斗勇攀高峰的宝贵财富。营造风清气正政治生态，落实“两个责任”，通过集团公司党组巡视政治大考，52项巡视问题，整改51项，整改率98%，得到集团公司党组巡视办肯定。

（曹　宇）

中国石油天然气股份有限公司广西石化分公司

【概况】 中国石油天然气股份有限公司广西石化分公司（简称广西石化）于2010年建成投产，总投资228亿元，设计原油加工能力1000万吨/年（已标定最高可达1200万吨/年），是集团公司优化炼油化工产业布局，在南方地区建设的第一座千万吨级炼油厂。建有常减压蒸馏、重油催化裂化、渣油加氢脱硫、连续重整、蜡油加氢裂化、硫黄回收等23套主体装置，有完备的环保、消防、储运、公用工程及辅助设施，产品包括汽油、柴油、航空煤油、芳香烃、聚丙烯、硫黄、液化气、沥青等14类36种产品。广西石化积极推进炼化一体化项目建设，拟在2024年建成120万吨/年乙烯裂解等14套化工装置和200万吨/年柴油吸附脱芳等2套炼油装置，占地面积约4620亩，项目实施后可通过“减油增化”实现由“燃料型”向“化工产品和有机材料型”转型升级。

2021年，广西石化取得一批“站排头”和历史性突破的新成果，连续第三年被评为“集团公司QHSE先进集体”、首次被评为广西壮族自治区“绿色工厂”、首次获评集团公司先进集体，接近“站在集团公司的排头、站在炼化行业的排头”目标。加工原油974万吨，税前利润30.17亿元、净利润25.64亿元，营业收入474亿元，自由现金流49亿元，劳动生产率1451万元/人，经营业绩在炼油与化工分公司名列前茅。截至2021年12月27日，广西石化累计加工原油突破1亿吨，成为西南地区首个加工原油突破亿吨大关的炼化企业。开工投产以来，生产汽油、煤油、柴油等各类产品9435万吨，工业总产值

广西石化主要生产经营指标

指　标	2021年	2020年
原油加工量（万吨）	974	778
汽油产量（万吨）	283	235.3
柴油产量（万吨）	293	288.9
航空煤油产量（万吨）	93	69.4
聚丙烯产量（万吨）	18.5	15.1
收入（亿元）	474	281.2
税费（亿元）	95	74.4

4788亿元，上缴税费893亿元。经过多年发展，广西石化成为西南地区稳定可靠的成品油供应基地，彻底扭转西南地区缺油少气的困局，带动地方经济社会发展。

【生产经营】 2021年，广西石化聚焦全面优化，打造提质增效“升级版”，制定并落实153条具体措施，实现增效6.2亿元。炼油完全加工费289.46元/吨，连续3年大幅下降，累计下降56元/吨；现金加工费147.3元/吨，下降40元/吨；综合能耗89.48千克标准油/吨，下降13.3千克标准油/吨；炼油综合能耗52.38千克标准油/吨，下降5.3千克标准油/吨；成品油收率、燃料自用率、可比综合商品收率、净资产收益率、销售及管理费用等24项技术经济指标均创历史最好水平。建立原油采购快速决策机制，原油品种增加到55个，原油进厂均价比炼油与化工分公司均价低19元/吨；实施“减油增化”“减油增特”，开发出DMA、工业碳十粗芳烃和低硫船用燃料油等新产品，成品油收率同比下降6.64个百分点，特色产品收率同比增长1.45个百分点；通过实施大制氢掺炼膜回收尾气，吨原油制氢原料消耗降低至23.2千克/吨，燃料自用率降低至7.08%；停运动力锅炉突破180天，蒸汽消耗降低18.2万吨、同比下降4.5%；实现空分单系列稳定运行，氮气消耗量同比下降26%；加大净化水回用和雨水收集，吨油新鲜水耗0.53吨、吨油外排污水量0.23吨，创开厂以来最好成绩；大幅压减二级代理商、贸易，制造商比率提升至61%，节约采购资金0.5亿元，资金节约率10%。

【安全环保】 2021年，广西石化全面贯彻新《安全生产法》，推进安全生产专项整治三年行动计划，坚持“识别大风险、消除大隐患、杜绝大事故”及“四全”（全员、全方位、全天候、全过程）原则，把工作重心下沉到操作和作业现场。修订完善67项制度，逐级签订安全环保责任书；推进双重预防机制建设，梳理安全风险并全部落实管控措施；开展反违章专项活动，运用全员安全生产记分、网格化监管、“曝光台”等管理手段，实现违章行为大幅下降；建立“双盲”应急拉动机制并完善“一分钟”应急处置要求，组织泄漏、着火等公司级突发应急事件演练32次；开展生态环境风险排查，建立隐患台账、制定管控措施，重点风险隐患全面受控；开展VOCs管控能力提升“百日行动”，LDAR监测泄漏率同比下降50%，减排VOCs 40吨；从源头抓污染物减排，完善雨污分流措施，污水外排量同比下降27%，化学需氧量、氨氮分别减少22%和53%，减少碳排放38万吨，碳排放强度下降11%。

【改革创新】 2021年，广西石化推进国企改革三年行动、治理体系和治理能力现代化、管理体系融合，优化完善结构、组织、运行、制度、监督、党建“六大体系”，建成“市场分析、财务测算、计划优化、生产执行、销售反馈”经营联动机制，由“生产型”向“经营型”转变取得新成效。建成并试运行综合管理体系，对标世界一流管理提升任务和成果完成率均100%，国企改革三年行动任务完成率100%，治理体系和治理能力现代化管理体系建设任务基本完成；推进任期契约改革，完成中层干部任期岗位聘任协议和经营业绩责任书的签订，建立“能否坐得住，契约说了算”市场化激励机制；推进科技创新和技术攻关，参与制定《渣油四组分测定》《原油评价技术规范》两项行业标准，“气相流化床聚丙烯先进控制系统的国产化开发及应用”“SNCR脱硝技术在重油催化裂化装置的运用”分别获集团公司首届青年科技创新大会最佳创新奖和三等奖，“千万吨级大型炼厂成套技术研究开发与工业应用”“高端专用纤维料的开发技术与应用”分别获集团公司科学技术进步奖一等奖、二等奖。

【转型升级项目取得实质性突破】 2021年，广西石化保持生产经营和项目推进“双线作战”，研究确定炼化一体化转型升级项目技术路线、产品方案，可行性研究报告通过评估，项目用地、核准要件专项评价、园区配套、政策支持等建设条件全部落实，项目年内开工建设要求明确列入集团公司2022年重点工作。

【队伍建设】 2021年，广西石化以工程思维推进人才强企战略，统筹“十大人才专项工程”，做实“搭好台子、递好梯子、铺好路子”的工作。推进技能人员“系统化操作”培训，制定“1+N”激励考核机制，促进员工学习自觉性和积极性；以“高精尖缺”为突破口储备技能专家，培养善于钻研、勇于创新的高技能人才；推进技术序列改革，完善专业技术人才成长通道，选聘专业技术人员53人；建立青年技术人员系统性培养机制，开展培养、锻炼，培养优秀技术人员；开展分级分类培训，举办党的十九届五中全会精神轮训班、领导力培训班，培训170人次；加大优秀年轻干部选拔使用力度，共选拔中层干部17名，其中“80后”占比59%。

【企业党建工作】 2021年，广西石化深入开展党史学习教育，围绕“15372”工作思路，印发实施方案和任务运行表，建立“三方督导、三层反馈”联动督导机制，开展“我为员工群众办实事”岗位实践活动并解决近200项群众关心的实际问题；组织参观红军长征湘江战役纪念馆等系列红色教育，开展职工书画、摄影、手工艺作品展，举办党史知识竞赛、主题征文、新媒体创作大赛和庆祝建党100周年文艺演出等活动；推动党建与生产经营深度融合，编制《党建“三基本”建设与“三基”工作有机融合实施方案》，组织开展难题攻关、隐患整改、提质增效、节能降耗、安全环保、“卡脖子”技术等课题攻关，评选十佳党员“攻关项目”，将党建工作融入生产经营工作；深化党风廉政建设和反腐败工作，建立以廉洁风险和廉洁隐患双重预防、严肃执纪问责、强化廉洁教育与廉洁文化建设相融合的“211”党风廉政建设体系，建立巡察问题“双反馈机制”，建立完善“敬畏、知止、感恩、亲清”的廉洁文化。

【企业管理】 2021年，广西石化推进全员“包机包区”管理，设备完好率99.8%，机泵MTBR同比上升11.5%，机械密封消耗量下降40%，机泵振动C级及以下全部消除；开展“无泄漏”工厂创建活动，9套装置通过“无泄漏”装置验收，92万个动静密封点实行动态管控，泄漏率控制在0.11‰以下；完成渣油二系列换剂和催化消缺，其中催化净施工工期仅90小时；建立值班干部、专业管理部门、党群工作部门、属地部门和视频监控“五位一体”检查机制，落实劳动纪律、操作纪律、工艺纪律；优化工艺卡片、报警、联锁等设定值，投用ODS报警平台，联锁投用率保持100%，工艺报警量下降99.6%，仪表自控率98.8%，操作平稳率99.94%；实施59个技改技措项目，解决影响平稳运行的瓶颈问题，大制氢、PSA实现长周期运行，重整原料杂质和硫含量得到有效管控，生产波动次数同比下降28%；编制“一分钟应急”处置卡，完善暴雨溢油、蒸汽波动、氮气中断等应急预案，在暴雨、雷电等极端情况下实现平稳运行；对关键指标建立“日检查、月分析、年总结”管控机制，集团公司专业考核指标、板块专业达标指标100%完成，12项主要炼油技经指标全部提升。

（胡　泉）

中国石油四川石化有限责任公司

【概况】 中国石油四川石化有限责任公司（简称四川石化）由中国石油和四川省按 90% ：10%股比合资组建。2007年3月正式成立，2014年3月实现安全绿色开车一次成功。包括1000万吨/年炼油和80万吨/年乙烯两部分，总占地面积约4平方千米，厂址位于四川省成都市彭州市。2021年底，四川石化设置职能部门11个、直属单位3个，下设12个二级单位。有彭州和南充两个厂区，在册员工2626人，其中彭州厂区员工1706人，南充厂区920人。彭州厂区按照现代企业管理模式，推行组织机构扁平化，实行“职能部门—联合装置”两级扁平化管理架构，建立核心业务集约化运营、非核心业务综合一体化外包和生活后勤社会化保障的运营管理模式，为企业追求质量、效益和效率的协调统一提供体制支撑。彭州厂区按照上下游炼化一体化配套设计，23套主体装置，承担国家100万立方米原油商储库运营任务。主要包括炼油系统、化工系统、公用工程系统、仓储运输系统等。产品包括汽油、航空煤油、柴油、聚丙烯、高密度聚乙烯、低密度聚乙烯、顺丁橡胶等多种产品。汽油、柴油生产能力430万吨/年，航空煤油生产能力160万吨/年，化工产品生产能力320万吨/年。南充厂区重点以100万吨/年PTA项目为主要载体，由中国化学、中国成达、四川石化等合资建设，四川能投公司租赁运营，四川石化参与生产运行。

2021年，四川石化紧扣“率先打造世界一流炼化企业”战略目标，强化安全环保管理，优化生产稳定运行，精准施策降本增效，高水平完成了各项目标任务。全年加工原油837.5万吨，生产汽油、航空煤油、柴油470万吨，化工产品300万吨。销售收入485亿元，税费97.8亿元，创造社会贡献值111亿元，规模企业工业增加值160亿元，工业总产值482亿元，净利润34亿元。

2021年，四川石化获集团公司“先进集体”“质量健康安全环保节能先进企业”称号。

【生产运行】 2021年，四川石化优化生产运行管理。贯彻“大平稳出大效益”理念，细化操作控制，消除影响生产波动隐患因素，组织开展影响生产运行瓶颈问题攻关，减少生产波动和非计划停工，确保装置长周期平稳运行，生产波动同比下降35%，非计划停工同比下降75%，装置平稳率保持在99.8%以上。统

四川石化主要生产经营指标

指　标	2021 年	2020 年
原油加工量（万吨）	837.5	775
汽油产量（万吨）	202	179
柴油产量（万吨）	146	156
航空煤油产量（万吨）	122	98
乙烯产量（万吨）	86.6	85
芳烃、丁辛醇、环氧乙烷等有机原料产量（万吨）	136	160
合成树脂产量（聚丙烯等）（万吨）	106	108
顺丁橡胶（万吨）	10.6	10
硫黄（万吨）	5.5	5.8
工业增加值（亿元）	160	120
工业总产值（亿元）	482	345
销售收入（亿元）	485	353
利润（亿元）	34	7.2
税费（亿元）	97.8	81

筹利用检修窗口，完成乙烯气相干燥器在线更换分子筛、渣油加氢换剂等 17 项计划检修任务，切实消除装置长周期运行隐患。先后开展污油减排、丁辛醇液相加氢反应器开工、环氧乙烷提量等攻关活动，装置综合运行效能显著提升。加强应急演练，提升员工应急操作能力。加强设备运行稳定性，坚持“预防为主、主动维护、精准维修”的科学方法，突出关键设备监护和故障隐患排查，优化整合检维修业务，强化设备管理量化考核，提升设备精细化管理水平和设备运行可靠性，所有机泵 MTBR 达 118 个月，达到集团公司炼化企业一流水平。开展仪表设备主动维护和分级管控，重点加强报警管理，通过 OPC 统计，对报警多发环节组织机、电、仪和工艺等专业联合会诊，制定维护措施，保障装置生产运行平稳。

【安全环保】 2021 年，四川石化安全环保总体可控。坚持科学从严管理，贯彻新《安全生产法》，筑牢安全环保基础，推进安全生产专项整治三年行动计划，落实“三管三必须”要求，贯彻全员岗位生产责任制，突出重点领域管控。全年无一般 B 级及以上生产安全事故发生，无任何环境事件发生。加强 HSE 标准化站队建设，推行作业许可线上审批，严格风险作业预约和分级分类管理，完善 HSE 量化考核细则，强化安全生产责任考核力度，压实安全生产责任。实行不合格承包商淘汰机制，抓实作业前分析研判和准备工作，强化危险作业管控监督检查全覆盖，推动安全管理水平提升。坚持点源治理，强化风险隐患排查。按照“源头减排、过程控制、终端治理”原则，强化环境重点区域整治，严格污染物排放考核，深化 VOCs 综合管控治理，形成云监控、LDAR 检测、排放在线监测“三位一体”的立体管控措施，加强污染物源头治理，“三废”全部达标排放。完善风险隐患防控双重预防机制，排查并整改安全环保隐患治理项目 12 项，建设项目全面落实“三同时”要求。关注员工身心健康，做好新冠肺炎疫情防控，严格遵照地方政府和集团公司疫情防控要求，超前控制，严格排查，对厂区、装置区、生产控制核心区采取分级管控措施，实现员工、家属和关联单位人员零感染，为稳定生产奠定坚实基础。

【经营管理】 2021 年，四川石化统筹加强产销协同。抓住化工产品市场需求旺盛的有利时机，进厂原油 838 万吨，同比增加 62.5 万吨。通过更换渣油加氢催化剂、提升长庆和新疆原油掺混等措施，增强装置对原油的选择适应性，确保月度平稳加工。多渠道采购乙烯原料，保证乙烯满负荷、芳烃高负荷生产。引进互供原料 30 万吨，生产乙烯 86.6 万吨，双烯收率 49.68%。紧盯市场变化，实行“月分析、周优化、日调整”的生产计划制定流程，全面加强产销协同，合理调整产品结构，优化库存，做到实时测算、实时分析、实时调整，实现效益最优。“减柴增煤”战略成效显著，在西南地区打造形成以四川石化为中心的航空煤油公路、管输、铁路全网物流运输体系，实现民用航空煤油、保税航空煤油、专用航空煤油全覆盖，生产航空煤油 122 万吨，同比增长 25%。航空煤油产品在四川省内市场占有率已超过 75%，保税航空煤油占有率保持 100%，覆盖成都双流机场、天府机场以及省内全部 14 座支线机场，并拓展至周边 5 座省外机场。组织化工高附加值产品生产，同比增产正丁醇、辛醇 3.86 万吨，增产环氧乙烷 4.7 万吨。持续优化终端用户布局，加强开拓区内市场，降低流通费用，区内销售聚烯烃产品 102 万吨，同比增销 3.1 万吨。

【挖潜增效】 2021 年，四川石化提质增效成效显著。坚持“提质”和“增效”并重，结合“转观念、勇担当、高质量、创一流”主题教育活动，发动全体员工从产品结构调整、装置节能降耗、成本管控、市场开拓等方面，精准施策，挖掘潜力，实施6大类87项提质增效措施，增效3.6亿元。其中，加大常三线去催化裂化装置加工量，降低汽油、柴油收率，增效6800万元；优化氢气平衡，提高重整装置负荷，减少氢气外购量，增效7400万元；乙烯高负荷生产，增产增销丁辛醇、环氧乙烷等高效产品，增效1.1亿元。积极争取政策优惠，协商降低天然气价格浮动比例，节约用气成本1.33亿元；申请直购电优惠，节约资金5700万元；协调总部解决减资问题，减少现金流出。开展节能降耗工作，装置主要经济技术指标全面提升，核心竞争力增强，10项主要综合类指标、14项物耗指标、19项能耗指标达到国内同类企业一流水平，节能4.5万吨标准煤，节水30万吨，超额完成集团公司下达的任务指标。2021年10月，被中国石油和化学工业联合会评为“十三五”全国石油和化工节能先进单位。

【科技创新】 2021年，四川石化加快转型升级步伐。研究行业发展趋势，超前布局新能源、新材料产业，加快推动上下游产业链配套成型。推动“十四五”规划项目实施，乙烯改造项目可行性研究获集团公司批复，新建轻汽油醚化装置、硫黄回收装置环保适应性改造等重点建设项目正在实施，污水处理厂VOCs处理系统扩建等9个项目如期完工。编制四川石化《碳达峰碳中和方案》，初步确认新能源项目21项。加快成果转化步伐，开发新产品牌号5个。其中，中熔抗冲注塑料CI73H、纤维料HS98G产品性能指标达到市场王牌料水平，稀土顺丁橡胶成功试产并投入市场。“顺丁橡胶聚合反应转换率在线监测装置”取得国家实用新型专利授权。“催化裂化汽油超深度加氢脱硫—烯烃分段调控转化成套技术”获国家科学技术进步奖二等奖，实现国家科学技术进步奖零的突破。信息化建设提档增速，以数字化转型、智能化发展助力公司结构调整、生产优化运行。2021年四川石化被列为集团公司炼化领域数字化转型、智能化发展试点单位，开展信息系统应用6批次31项，自主研发的项目管理系统成功上线运行，实现项目管理全流程信息化，能源管控平台完成系统建设。

【企业管理】 2021年，四川石化全面深化企业管理。以改革三年行动和对标提升行动为抓手，完善制度体系建设，强化合规管理。深化制度建设与体系融合，制修订制度67项。推进内控体系测试工作，确保制度执行有力。推动解决“一体化项目竣工结算”“以领代耗”“两年备件”和“零购资产”等历史遗留问题。坚持将合规理念贯穿于生产经营全过程，完善合规管理机制程序，探索实行“三重一大”党委班子集体把关，招投标管理委员会集中审议和主管领导牵头、专业部门参与形成专业选商集体决定的全覆盖选商机制，坚持集体决策、服务生产、公平公开，切实防范和化解生产经营合规风险。推进三项制度改革，提高人力资源配置效率，推行领导人员任期制和契约化管理，畅通专业技术和技能人才成长通道，激发企业内生动力和发展活力。制定《四川石化公司人才强企工程实施方案》，明确“人才强企”的总体思路、基本原则、主要目标和5个方面54条落实措施，推动人才强企战略落实落地。推进南充炼油厂组织机构改革，加强与彭州厂区融合互通，实现南充厂区和彭州厂区管理模式一体化运行。深化全面预算管理，坚持低成本发展，严格控制非生产性支出，财务预算指标全面受控。强化产品质量管理，产品出厂合格率100%。积极探索、创新实践，总结创一流过程中的管理创新成果，在中国石油企业协会“2021年度石油石化企业管理现代化创新成果”评选中，有3项创新成果、5篇管理论文获奖。

【企业党建工作】 2021年，四川石化党建工作呈现新优势。党委以党史学习教育为主线，开展集体学习19次、专题研讨9次、学习研讨88次。组织开展庆祝建党100周年系列活动，抓好“转观念、勇担当、高质量、创一流”主题教育，通过举办“石油工人心向党”新媒体创作大赛，收看石油精神论坛，参加“云走长征路”，表彰宣传先进等活动，调动广大党员和全体员工艰苦奋斗、奋发向前的力量。坚持“第一议题”制度，制订进一步加强党的政治建设重点举措，实现党的政治建设任务清单化、责任分工明晰化。坚持“抓生产从党建入手、抓党建从生产出发”，推动党建工作与中心工作融合，把党建工作水平体现在业务工作成绩上。以党支部标准化建设为抓手，开展基层党建工作全覆盖专项检查，抓基本、补短板，夯实党建工作基础。开展基层党建工作调研，推动党的“三基本”建设和“三基”工作有机融合。制订《党支部工作考评办法》，组织基层党委书记党建工作述职，发挥党建工作责任制考核评价作用。开展讲专题党课、岗位讲述、红色教育、党建“三联”等活动，激发基层党组织活力，推动提升党建工作质量。强化党员教育，举办基层党支部书记、党委组织员和党员发展对象培训班，提升基层党员理论水平。党风廉政建设持续深化，建立廉洁风险动态监控和定期分析机制，紧盯关键节点持续正风肃纪，常态化开展党风廉政教育，一体推进“三不”机制建设，深化巡视问题整改，完成对外包业务和物资采购两大领域的专项巡察以及对3家基层党委的巡察“回头看”，推进全面从严治党向纵深发展、向基层延伸。群团工作凝心聚力，以岗位调研、民主座谈等多种形式畅通意见征集通道，开展“我为员工群众办实事”实践活动，解决员工“急难愁盼”问题。加强企业文化建设，培植具有四川石化特色的企业文化。承办四川省职工职业技能竞赛，开展“杰出青年”评比、“五小”成果评选、青年志愿者等活动，搭建平台助力青年员工成长，坚持开放合作、互利共赢，强化与供应商和承包商合作，帮助改善周边居民生活条件，支持当地教育事业和医疗事业发展，实现企业与社会的和谐发展。

（范双权）

中国石油天然气股份有限公司广东石化分公司

【概况】 中国石油天然气股份有限公司广东石化分公司（简称广东石化）是股份公司下属的地区分公司，所在地为广东省揭阳市大南海石化工业区。中国与委内瑞拉合资广东石化2000万吨/年重油加工工程（广东石化炼化一体化项目），是中国石油天然气集团有限公司贯彻国家能源安全战略，利用“两种资源”，面向“两个市场”，建立上中下游一体化国际合作模式，建设世界一流综合性国际能源公司的重要举措。项目为国家“十三五”能源规划战略布局项目，得到党和国家领导人及各级政府的高度重视和关注。

广东石化炼化一体化项目是中国石油迄今为止一次性投资建设规模最大的炼化一体化项目，批复可行性研究投资654亿元人民币。项目建设规模2000万吨/年炼油+260万吨/年芳烃+120万吨/年乙烯，包括41套主体装置和192个主项单元，并配套建设30万吨原油码头及最大泊位10万吨的产品码头，占地9.2平方千米。项目加工原料是具有高密度、高含硫、高氮、高残炭、高金属、高酸值“六高”特性的委内瑞拉超重劣质原油和中东混合原油。工艺装置41套，均采用国际先进加工工艺，以实现节能减排、清洁化和环境友好的目标。建成投产后的汽油、柴油等产品全部达到国Ⅵ标准，化工产品主要采用专利商标准以满足下游用户和市场需求。

广东省和揭阳市一直以来把项目作为落实贯彻新发展理念、构建新发展格局，推动高质量发展，引领地方经济跨越式发展的“一号工程”，全力保障项目建设。在建设广东石化炼化一体化项目基础上，揭阳市与中国石油密切对接，加大招商引资力度，配套引进吉林石化60万吨/年ABS项目和昆仑能源揭阳LNG等项目，新增520万立方米原油商业储备库项目。广东石化炼化一体化项目的建成，将为揭阳市加快打造沿海经济带上的产业强市，以及广东省深化落实“1+1+9”工作部署及构建“一核一带一区”区域发展格局注入强大活力。

广东石化项目筹备组2009年5月20日成立，原规划的2000万吨/年炼油项目2012年获国家发改委批复核准后开工奠基，进入现场施工建设阶段。2017年，为推动中国石油炼化业务转型升级，原炼油项目经中国石油董事会审议确定调整为2000万吨/年炼油+260万吨/年芳烃+120万吨/年乙烯炼化一体化项目。2018年，经国务院常务会议通过，正式列入国家《石化产业规划布局方案》，项目核准变更正式获广东省发改委批复。2018年12月5日，项目建设启动仪式在现场举行，标志着项目正式启动。

2021年，广东石化设10个机关职能部门、6个直属机构、11个二级单位和1个受托管理单位；在册员工2058人。广东石化炼油生产一部获广东省五一劳动奖状，崔峥嵘获广东省五一劳动奖章，顾宗军、胡军印获集团公司先进工作者，边兴福获揭阳市五一劳动奖章。

2021年，广东炼化一体化项目建设进入攻坚期，广东石化坚持稳中求进工作总基调，立足新发展阶段、贯彻新发展理念，构建新发展格局，坚持“14467”总体部署目标导向，即实现1个目标（炼油区中交、化工区工艺安装基本结束），抓好4个环节（设计、采购、施工、生产准备），紧盯4个关键（乙烯、芳烃、POX、公用工程），守住6条底线（疫情、进度、安全、环保、质量、廉政），围绕上述目标，重点抓好项目组织、生产准备、提质增效、基础管理、过程管控、队伍建设、党的建设7个方面具体工作，加快建设绿色、智能、效益型世界级炼化基地，推动项目高质量建设。

【项目建设】 2021年，广东石化紧盯总体部署目标，加强顶层设计、统筹施工管理，现场施工进入设备安装、工艺配管关键阶段，施工进度总体完成83%，投入人力近4万人，投入各类机械设备1万余台套，土建、地管、钢结构等工程基本完工；工艺设备安装完成91%；工艺配管完成84%；电气安装完成46%；仪表安装完成25%；管线试压完成6%；关键路径进展受控，乙烯装置完成83%；芳烃装置完成77%；POX装置完成90%；公用工程及辅助工程完成86%；原油码头完成94%；产品码头完成90%；商储库完成43%；国储库建设按计划推进。以220千伏总变电站、厂前区办公楼为代表的26个主项单元实现中交，占全项目的14%；项目建设入选2021年度中国石油十大新闻事件，芳烃抽余液塔创造“亚洲第一吊”等多项第一。

【生产准备】 2021年，广东石化持续优化总体试车方案，编制完成总体试车方案初稿并报炼油与化工分公司审核；完成装置试车方案82项、专项方案1354项；全项目操作规程60项，完成审批49项；50项外包业务完成38项；完成440种化工“三剂”技术交流及采购协议；加快推进政府配套项目，天然气管道施工完成99.8%；原水配套工程实现通水；220千伏扬帆变电站投用；110千伏供电配套项目加快建设；完成原油及开工用油对接，拟定2022年原油采购方案；成品油和化工产品营销完成需求对接并摸清产品流向；统筹优化2022年度生产排产，完成生产经营计划上报。全面完成操服人员实习培训，开工专家初步对接落实。

【安全环保质量】 2021年，广东石化全面贯彻落实新安全法，突出从严管理主基调，强化“零容忍”制度约束，压实安全环保责任，全员签订安全环保责任书，做到责任靠实、压力传递。推进安全环保“大排查、大整治”工作，开展专项整治活动，强化主体、直线、属地责任落实，推动网格化安全环保管理，划分网格345个，加强作业前风险识别和技术交底，现场风险辨识和管控措施得到有效落实。推行作业票联签制度，全面排查特种作业、特殊工种4796人，靠实取证工作，做到100%持证上岗。严格落实环保“三同时”要求，完成扬尘治理、防腐厂VOCs设施运行、危险废物处置等环保问题排查整治。强化工程质量全员、全过程、全方位管理，加强设计、采购、施工全链条质量管控，检查整改问题，整改率99.6%；焊接一次合格率98.7%，验收分项工程11010个，分部工程1278个，单位工程110个，合格率100%。严格设备风险分级管控要求，开展到货设备打压及质量管控，阀门打压29万台、验收设备1万余台。

【企业管理】 2021年，广东石化开展管理体系融合，梳理生产期业务1273项；开展生产期制度优化、融合管理制度342项；优化流程制度建设，评审发布222项，编制完成生产期新增制度84项；完善内控体系建设，编制完成内控流程、风险控制文档181个；加强市场准入、招标合同管理，专项检查整改问题62项；加强合规管理，处理涉法事项12项；落实提质增效措施，制定提质增效措施112条，实现节资12.361亿元。加大对外协调工作力度和效率，坚持领导推动、综合统筹、专业跟进，以“钉钉子”精神推进解决部队搬迁、征地征海、迁坟补偿、供水供电、环保配套工程、周边道路建设等一批长期胶着的“老大难”问题；推进项目开工前置条件落实，梳理证照手续134项，完成办理44项。推进34个智能化工厂项目建设，投入运行、试运行15个。

【员工队伍建设】 2021年，广东石化加强人力资源准备，加快推进中层、管理专业技术、操作骨干的选聘工作，项目所需各类人员基本就位；加快推进员工取证工作，危化品取证1328人次，特种作业取证559人次，技能鉴定取证1468人次。生产班组基本成型，正副值班长配备率94%；班组长配备率98%；优化完善中层管理干部队伍，完成3批次调整交流；深化三项制度改革，成立调整组织机构3个；加强员工培训，完成各类培训64项11万人次，为广东石化炼化一体化项目投产开工奠定坚实人才队伍保障。

【企业党建工作】 2021年，广东石化持续深入落实全面从严治党各项要求，开展党的最新政治理论学习，利用“第一议题”、党委理论中心组跟进学习党的最新理论60余次；开展建党百年系列庆祝活动，落实习近平总书记“七一”讲话精神，组织党史学习教育读书班6期，讲授专题党课16次；开展党史学习教育、“转观念、勇担当、高质量、创一流”主题教育，一批制约项目建设的问题瓶颈得到解决，形成推进项目高质量建设强大合力。强化党的基层组织建设，开展“石油工人心向党、建功奋进新征程”岗位实践，组建突击队58支、党员责任区44个、创建示范岗101个，深入攻坚项目建设难题，发挥党支部战斗堡垒和党员先锋模范作用。落实全面从严治党部署，深化党风廉政建设，加大违纪违规追责问责，对违纪违规人员严格进行处理；开展3轮巡察对6个基层党支部开展政治体检，全面从严治党成效得到显现。

（王羽欣）

中石油云南石化有限公司

【概况】 中石油云南石化有限公司（简称云南石化）2011年5月25日成立，位于云南省昆明市安宁工业园区，占地3平方千米，总投资225亿元，与中国四大油气进口通道之一——中缅油气管道共同构成中国西南油气引进和加工的战略格局。云南石化炼油项目设计原油加工能力1300万吨/年，2013年1月开工建设，2016年主体装置建成中交，2017年8月28日正式投产。建有常减压、催化裂化、连续重整、延迟焦化等17套主要工艺装置和完备的公用工程系统。项目选用UOP、雪弗龙、德西尼布、KTI等国际先进技术，可生产符合国Ⅵ标准的汽油、柴油、航空煤油、丙烯、液化气等16类69种产品。获“国家优质工程金奖”“国家工程卓越大奖”“超大规模类卓越项目管理银奖”等多项殊荣。产品主要服务于云南省，辐射西南地区，出口东南亚国家。

2021年9月18日，集团公司董事长、党组书记戴厚良一行到云南石化调研（黄晓洪　摄）

云南石化实施组织机构扁平化、辅助业务市场化的管理模式，2021年8月进一步优化机构设置，调整后设10个机关处室，3个机关附属机构，3个直属部门，8个二级单位。2021年在册员工803人，本科及以上学历463人，平均年龄37岁。

2021年，云南石化开展党史学习教育，统筹推进安全环保、生产经营、科技创新、队伍建设、转型升级和全面从严治党等重点工作，积极有效应对前行道路上的各种风险挑战，打好新冠肺炎疫情防控阻击战、提质增效攻坚战和效益实现保卫战，实现“十四五”良好开局，以较好业绩庆祝建党100周年。2021年加工原油975.71万吨，生产产品940万吨，工业总产值526亿元，上缴税费156.79亿元，利润8.7亿元。

云南石化主要生产经营指标

指　标	2021年	2020年
原油加工量（万吨）	975.71	1026.06
汽油产量（万吨）	314.27	330.00
柴油产量（万吨）	329.17	384.73
航空煤油产量（万吨）	97.67	105.36
液化石油气产量（万吨）	31.63	29.14
丙烯、苯、二甲苯、丙烷等有机原料产量（万吨）	64.09	54.55
硫黄、液氨等无机原料产量（万吨）	21.79	21.16
沥青产量（万吨）	47.69	45.22
石油焦产量（万吨）	26.93	23.35
资产总额（亿元）	188.99	193.53
营业收入（亿元）	521.09	439.04
利润（亿元）	8.70	−19.89
税费（亿元）	156.79	154.94

【生产经营】 2021年，云南石化坚持聚焦精细管理抓生产运行，以满足差异化、订单式生产需求为导向，强化生产、设备基础管理，增产适销对路和高效产品，推进“生产型”向“经营型”企业转变。坚持推行“精细巡检、精心监盘、精准操作”，建立工艺联锁平台，开展全系统长周期运行攻关，组织“无泄漏工厂”创建活动和主动预知性维修，强化设备风险等级管理和关键机组特保特护措施，促进装置运行管理效率提升。深化财务预算、投资规划与生产经营计划协同管理，建立“财务—计划—生产—营销”一体化“事前算赢”机制和“1+3+7”（围绕1份月度计划，结合原油种类及产品计划精细分解3个旬计划，并以市场为导向优化调整每旬计划中的7个专项计划）生产计划管理模式，根据市场和生产变化情况，科学推进生产经营任务圆满完成。加大市场营销力度，强化

产销计划协同配合，实现以销定产，全产全销。

【安全环保】 2021年，云南石化落实上级新冠肺炎疫情防控要求，建立全面联防联控机制，实现零疫情管控目标。推进健康企业创建，获集团公司首批、云南省首家“健康企业”称号。推进内、外部体系审核，坚持以体系思想抓管理，推行作业“每周预约、集中研判”“固定动火日”“无作业日”等制度，提升安全管控水平。实行“一点一策”污染源管控措施，专项推进环保隐患治理项目，实现外排污染物稳定达标排放、关键环节风险受控。强化机泵振动等设备隐患治理工作，完善机泵风险等级管理和关键机组特保特护措施。依托云南石化消防支队建设的国家危化品应急救援昆明基地项目7月底通过总体验收，为云南省及西南地区能源安全提供更坚实保障。

【提质增效】 2021年，云南石化坚持“四精”要求组织提质增效升级版专项行动，明确“两利四率”等10方面50个工作目标、70项具体措施，突出平稳增效、优化增效、降本增效、经营增效，实现增效4.8亿元。深化国际国内两个市场研究，合理控制原油采购节奏和库存管理，把握均衡计价原则，稳妥合规开展套期保值业务，原油采购成本不断下降。加强市场调研，准确研判市场需求和价格走势，根据效益情况，及时调整生产方案，进行产品结构优化、装置操作优化、系统优化，做到每套装置、每个产品盈亏清晰。严格控制各项费用支出，掌控成本“出血点”，有效降低各类成本费用。对标行业先进，确立对标对象、关键指标和目标任务，找准管理差距短板和薄弱环节，补短板、强弱项，切实解决一批关键问题，降低生产成本。

【科技创新】 2021年，云南石化开展科技攻关、技术改造工作，108项科技攻关项目完成率98%。实施延迟焦化装置滤渣回炼项目，有效解决滤渣物料平衡难题，每年节省油泥危废处理费500余万元、油浆滤渣罐清罐费约210万元。推进“减油增化”，研发量产甲苯、路用阻燃改性沥青SBS类Ⅰ型、阻燃道路沥青70号Ⅰ型、高弹改性沥青等特色产品。围绕“数字化转型、智能化发展”思路，在常减压、催化裂化等9套主体装置投用APC先进控制系统，装置平稳率99.88%。利用大检修契机，推进常减压装置IPC全流程智能控制系统试点，实现投料开工操作安全平稳，自控率100%，综合能耗同比下降1.47个单位。组织年度科技论文评选，41篇优秀论文获奖，为广大员工加强技术交流、加快科技创新和转型升级提供广阔平台。开展区域市场研究，完成DCC规划方案编制。

2021年9月，云南石化研发的钢桥面高弹改性沥青在红河高速公路悬索特大桥施工建设中应用，标志着公司又一新产品实现工业化（李元　摄）

【企业管理】 2021年，云南石化推进公司治理体系和治理能力现代化。按照两级扁平化管理模式、且逐步向一级管理模式过渡的工作思路，推进第一轮“大部门制”“大处室制”改革，调整优化组织机构，简化运转流程、提升运行效率。全面推行中层干部任期制、契约化管理，全部65名中层以上领导干部签订《岗位任期协议与业绩责任书》，推动干部能上能下、薪酬能增能减，调动干部担当作为的积极性、主动性、创造性。制定内部退养、有毒有害岗位退出、离岗歇业等6条退出机制，为人力资源优化配置畅通渠道。优化业务外包管理，外包用工总量同比减少18.67%。推动“改革三年行动”，58项任务完成53项，完成率91.3%。

【企业党建工作】 2021年，云南石化党委坚持“一体化统筹、一站式服务”党建工作思路，重点围绕庆祝中国共产党成立100周年、党史学习教育、安全环保生产、提质增效升级，统筹谋划工作思路，推进党员先锋岗、党员责任区、班组建设、技术攻关、志愿服务等具体活动，切实将党建工作与重点工作相融合。为解决基层党建“创新难、推进难、落地难”问题，统筹编制“一图两表三清单”（党建工作统筹图，重点工作任务表和日常工作任务表，任务清单、责任清单和考核清单），促进基层党建各项工作清晰化、明确化，形成从上到下一体统筹、一体推进的工作格局。为解决基层党建“基础薄弱、组织软弱、质量不高”问题，推进党建工作融入综合管理体系，与QHSE管理体系检查同部署同落实，全面促进基层党建和基层管理全面融合、全面进步、全面过硬。

【党史学习教育】 2021年，云南石化落实中央和集团公司党组关于学党史、悟思想、办实事、开新局的要求，坚持党史学习教育与全年党建工作相统筹，分层制订学习计划，实施表单化管理、标准化推进。开展专题读书班23期，专题研讨17次，编发简报30期，开展集中学习857次，覆盖党员6400人次。借助安宁市委党校资源，组织315名党员分5批次进行为期3天/批的集中脱产轮训，专题开展中层干部、党支部书记培训。党史学习教育过程中，坚持扩大党员群众参与度，组织开展知识竞赛、歌咏比赛、主题征文、岗位讲述、专题党课、重温誓词、在线答题、营造党员“共建林”等一系列红色教育活动，切实将党史学习教育引向深入。推进“我为员工群众办实事”活动，组织召开员工意见答复会，开展困难党员员工慰问、节日慰问、现场慰问、住院婚丧孕育慰问等送温暖活动，增强员工群众的安全感、获得感和幸福感。

（邹纪丞）

中国石油天然气股份有限公司大港石化分公司

【概况】 中国石油天然气股份有限公司大港石化分公司（简称大港石化）是集团公司直属的炼化地区公司之一，地处天津滨海新区南港工业区，始建于1965年。2021年底，有员工1973人，其中管理人员278人、专业技术人员378人，操作1317人。原油加工能力500万吨/年，固定资产原值82亿元，净值36亿元，厂区占地面积193.63万平方米。

2021年，加工原油411.07万吨，生产汽油126.93万吨，柴油63.89万吨，低硫船用燃料油91.64万吨、航空煤油28.96万吨，收入203.22亿元，利润11.68亿元，上缴税费63.21亿元。

大港石化主要生产经营指标

指　标	2021年	2020年
原油加工量（万吨）	411.07	454.18
汽油产量（万吨）	126.93	148.84
柴油产量（万吨）	63.89	134.00
收入（亿元）	203.22	179.48
利润（亿元）	11.68	7.56
税费（亿元）	63.21	74.59

【生产运行】 2021年，大港石化装置运行平稳率99.71%，可比综合商品率93.35%，设备完好率99.98%、仪表自控率97.75%。首次实现“四年一修”，包括4574项常规检修、催化装置MIP改造等198项技改技措项目施工。优化产品结构，多举措降低柴汽比。实施低硫船用燃料油和航空煤油产能扩大改造项目，航空煤油生产能力达60万吨/年，低硫船用燃料油生产能力160万吨/年，建成集团公司低硫船用燃料油重要生产基地。聚丙烯装置复工复产。烷基化装置实现中交。贯彻“一分钟”应急处置要求，开展员工业务技能和应急处置能力培训等各类培训45次，组织针对性应急演练261次，有效应对1月6日近30年来最强寒潮、11月5日内网晃电等突发情况。

【安全工作】 2021年，大港石化开展新《安全生产法》和《刑法修正案（十一）》学习，修订完善安全生产制度32项，落实工艺、操作和劳动纪律监督检查，加强员工HSE记分考核管理。组织开展“3·24”警示日、安全生产知识竞赛等活动，奖励安全生产有功人员136人次18万多元。实施大检修四级安全风险网格化监管体系，实现58天大检修“全程零事故零污染、人员设备零伤害”的总体目标。推进国家安全生产专项整治三年行动、集团公司反违章专项整治工作。迎接生态环境部、应急管理部、地方政府等各类安全环保检查23次，完成天津市危险化学品双重预防机制建设试点工作。完成体系审核、各项检查845个问题整改。严格承包商和施工作业监管，实行作业周预约、日审核制度，构建三级监管责任体系，查处违反“八条红线”行为80余次、违章问题4958项，处罚承包商304万元、考核属地106分，确保16027项作业安全受控。加强VOCs综合治理和环保设施运行管理。举办环保开放日活动。实施柴油拱顶罐、锅炉低氮提标改造。推进在线监测设备及千米桥油库隐患治理。被评为重污染天气绩效分级A级企业，获集团公司2021年度“质量健康安全环保节能先进企业”和首批“中国石油绿色企业”称号。

【提质增效】 2021年，大港石化增效4.34亿元。优化原油采购，装置检修期间收储大港原油37万吨，争取冀东原油 30.53 万吨，增效 1.51 亿元。优化产品结构，10 万吨 / 年聚丙烯装置顺利复产、销售聚丙烯 1.74 万吨。根据市场需求增产汽油、DMA，提升苯、丙烷及丙烯产量。及时推升石油焦等小产品价格，增效 2.38 亿元。推进低成本发展，通过雨水回收、机泵叶轮切削、降低加热炉氧含量、优化酸性水汽提装置脱氨塔工艺用汽等措施，降低动力实物量，炼油综合能耗降至 60.88 千克标准油 / 吨，增效 3462 万元。采取错时采购、精细“三剂”使用管理、加大平库利库和报废处置力度、申请税金缓缴等举措，增收节支，增效 1085 万元。秉承互利共赢原则，开拓产品市场，航空煤油销量由 2020 年的 11.14 万吨跃升至 26.66 万吨。转型升级，制订“双碳”行动方案，完成 DCS 控制系统升级改造及 15 万吨 / 年烷基化装置工程建设，试点实施常减压装置智能控制项目。

【基础管理】 2021 年，大港石化推进莱特公司员工持股清理等改革三年行动、对标管理提升行动重点任务，工作任务完成率分别达 93% 和 85%。推动三项制度改革，编制“五定”工作方案，有序实施专业技术岗位序列改革。完成千米桥油库接收、聚丙烯人员选配。调整分析中心轮班运行方式及部分单位管理职能。开展普法合规培训，财务大检查等活动。深化内控体系建设，编制车间管理手册，制修订制度 70 项，优化流程 17 个。动态修订绩效考核细则，完善月度优胜单位评选方式，优化奖金项目设置，对装置检修等重点工作实施精准激励，调动员工工作热情。制定《科学技术奖励管理办法》，表彰科技创新工作先进集体和个人。2 项成果在集团公司首届炼油化工科技创新青年论坛上获创新创效一等奖、二等奖。获集团公司“保密密码工作先进单位”称号。

【企业党建工作】 2021 年，大港石化完善议事决策机制，细化执行董事办公会、总经理办公会决策事项范围。落实集团公司领导干部会议精神，编制《人才强企工程行动实施方案》，推行领导人员任期制和契约化管理，建立后备人才预备队和战略预备队，健全人才培育选用机制，提拔、交流干部 24 人次，公开选拔二级、三级工程师 10 人。修订党委落实全面从严治党主体责任清单、党支部工作考评细则，组织 5 次党建责任制检查及党支部书记抓基层党建现场述职，举办 3 期党支部书记培训班，实现党员轮训 3 年全覆盖。推进基层党建“三基本”建设和“三基”工作有机融合，围绕庆祝建党 100 周年等重点工作，开展“争当党员检修先锋”、党建政研课题研究等活动。一联合车间、三联合车间党支部分获集团公司基层党建“百面红旗”、天津市国资系统“先进基层党组织”称号。落实意识形态工作责任制，开展有害敏感信息清查，正面宣传引导，选树表彰先进典型，6 名个人获集团公司表彰。完成集团公司巡视“回头看”反馈问题整改，持续纠治“四风”，严肃执纪问责，推进政治监督、纪律监督、巡察监督与审计监督贯通融合，巡察基层党支部 10 个，开展审计项目 7 项。开展党史学习教育，组织领导干部带头学深入学、党员群众广泛学灵活学、突出习近平总书记“七一”讲话重点学反复学，集体学习研讨 407 次、讲授党课 81 次、多层次宣讲 117 次、红色基地实践教学 77 次。

【工会工作】 2021 年，大港石化开展“我为员工群众办实事”实践活动，回应员工期盼，员工收入稳步增长，薪酬发放持续向一线艰苦岗位、重点管理技术岗位倾斜。提高员工慰问及奖励疗养标准，增发用餐补贴。精准开展扶贫帮困，支出 626 万元。为全员投保团体意外伤害险、重疾保障险。优化员工体检项目、增加体检费用 150 万元。评选表彰首届“健康达人”。对厂内公共卫生间及部分操作室维修投入 920 万元，为倒班员工更换休息用品，改善员工的工作环境。举办“订单式”兴趣培训班 11 个。

（肖尚辰）

中国石油天然气股份有限公司华北石化分公司

【概况】 中国石油天然气股份有限公司华北石化分公司（简称华北石化）1985 年 8 月组建，1987 年 12 月建成投产，位于河北省任丘市。2021 年底，设机关处室 10 个，直属部门 5 个，二级单位 12 个；有员工 2053 人，平均年龄 42.4 岁，大专以上学历占 77.1%；常减压、催化裂化、渣油加氢、蜡油加氢、连续重整、航空煤油加氢、柴油加氢等主要生产装置 35 套。主要产品有汽油、柴油、航空煤油、聚丙烯等 30 余种。

2021 年，华北石化统筹生产经营和新冠肺炎疫情防控“两线作战”，系统推进建设发展工程，加工原油 610 万吨、同比增加 64.4 万吨，利润 11 亿元（考虑资产减值后实现盈利 9 亿元）、同比增效超 30

亿元，企业全面扭亏为盈，全员劳动生产率、净资产收益率、税前利润、净利润创近五年来最好水平，实现“十四五”良好开局。

华北石化主要生产经营指标

指　标	2021 年	2020 年
原油加工量（万吨）	610.00	555.60
汽油产量（万吨）	233.71	207.11
柴油产量（万吨）	137.30	172.21
聚丙烯（万吨）	8.88	9.55
收入（亿元）	240.00	238.40
利润（亿元）	11.00	–20.78
税费（亿元）	95.52	104.90

【经营管理】 2021 年，华北石化推进“三大工厂”（绿色企业、智能工厂、材料炼厂）建设，编制完成“十四五”发展规划、中长期炼化转型升级和新材料科技发展规划，实施“十四五”数字化转型规划研究，形成碳达峰、碳中和工作方案，制订推进公司治理体系和治理能力现代化实施方案，明确时间表、路线图、任务书。统筹新老装置运行，确定最优工艺路线，建立主动适应市场竞争需要的经营机制。生产船用燃料油 46 万吨、沥青 13 万吨，为北京大兴国际机场保供优质航空煤油 65 万吨，占其市场份额的 86%，提前 4 个月完成京Ⅵ B 标准汽油、柴油质量升级。打造中国石油氢能示范基地，克服新冠肺炎疫情影响，提前建成投产副产氢项目并实现产品外销，产能 1800 吨 / 年，产品质量满足燃料电池用氢和高纯氢两个认证标准，保障北京冬奥会及雄安新区氢能供应。在集团公司的支持和指导下，高效推进聚碳酸酯合资合作项目，合资公司正式挂牌成立，快速延展产业链，发展优势加快形成。

【安全环保】 2021 年，华北石化强化底线意识，健全体制机制，从严管理、严防死守，从根本上消除事故隐患，实现安全“零事故”、环境“零污染”。两级班子带头宣贯新《安全生产法》，完善全员责任清单，健全安全生产承包和重大危险源安全包保责任制，新增《员工安全行为规范》等 8 项制度，实施全员安全记分、安全约谈、安全述职和履职能力评估，全覆盖、零缺位、严追责。对 652 人次记 880 分，12 个班组、13 套装置、24 家单位实现“零违章、零泄漏、零伤害”。推动体系与专业管理深度融合，实施“一体化、精准化、差异化”内审，发现问题 2582 项，开展末位帮扶、管理追溯、工作提升、追责考核，体系运行迈入良好级。一体化推进消防与应急管理，加强现场操作和应急处置实战演练，强化一分钟应急建设。推进承包商自主管理，推行危险作业挂牌和网格化管理，强化作业预约和作业效率提升，周计划、日预约、日通报，推进“作业减量化”，11816 项作业安全受控。建立污染物排放在线监测日报制度，定期开展 LDAR 检测、厂区异味监督检查，加强固体废物处置全过程监管，完成炼化公司“一企一策”5 类 17 项问题整改，千万吨项目通过环保验收。落实“外防输入、内防反弹”和“人、物、环境同防”策略，坚持“宁可十防九空、不可失防万一”的精准管控要求，根据新冠肺炎疫情风险等级变化，动态调整响应级别和防控措施。特别是面对突发疫情的严峻挑战，立即启动应急预案，封闭管理、全面消杀、系统摸排、全员核酸、严格督导，妥善安置、关心关爱被隔离人员。解封后，夯实疫情防控主体责任和员工个人责任，维护大局稳定。

【提质增效】 2021 年，华北石化完善考核机制、加大奖惩力度、层层传导压力，设立 13 个专业工作组，围绕 39 项主要指标和 4 个方面 212 项具体措施，细化落实到班组和岗位，增效 10.7 亿元。强化原油全业务链管理，坚持原油重质化、劣质化，API 平均 30.8，同比下降 3.4；准确研判市场，紧盯运费变化，采用拼装运输，进口原油到厂价与“三地油”（WTI、布伦特、阿曼 3 种油的期货价格）价差同比缩小 177 元 / 吨，海上原油接卸损失率同比降低 0.25‰，原油优化增效 4.6 亿元。坚持“一切成本皆可降”，争取消费税延期缴纳政策，加大商信通使用力度，降低 3 年以上无动态物资库存，压减业务外包费用支出，降低采购成本，严控投资费用，控制维修费用，加强水、电、蒸汽、辅材等实物量管控，固化 19 项化工“三剂”降耗措施，增效 2.42 亿元。

【生产运行】 2021 年，华北石化成立组织机构、建立例会机制，完善检修方案、强化界面交接，落实全生命周期管理要求，完成 3 号催化装置消隐改造、渣油加氢装置 I 系列换剂，同期实施聚丙烯、Szorb、气分、MTBE 等装置长周期运行检修，突出抓好污水、废渣、异味管理，落实场地标准化及 5S 管理要求，全过程实现“气不上天、油不落地、声不扰民”的绿色检修目标。发布“讲清楚、回头看”管理办法，组织开展 110 次“讲清楚”，制定 244 条防范提升措施，解决196个具体问题。开展工艺卡片、能量隔离、防高低压互窜等12类专项排查，整改问题723项。突出抓好资源配置、生产组织、装置操作全流程优化，紧盯重油平衡和硫平衡等关键点，开满开好重整、催化、聚丙烯等主体装置，实施公司级工艺和设备攻关74项、完成48项。建立18套装置、75个关键指标对标体系，优化加工路线和操作参数，综合商品率、综合自用率、炼油能耗、综合损失率等24项指标同比提升，其中综合商品率、炼油能耗等7项指标创历史最好成绩。

【企业治理】 2021年，华北石化优化“三基”建设评价体系，推进综合管理体系融合，强化现场巡检、交接班、检维修等标准化管理，细化岗位工作标准，规范业务办理流程，强化“工作台历化”“工作汇报模板化”，有效提升基层工作效率和规范性。制订工作清单，开展深度现场调研、形成联动机制，针对存在的突出问题，完善规章制度、制定治理方案、规范合同文本，形成“一合同一策”，提升规范化运行水平。完善项目例会机制，加强立项、可行性研究、设计的前期审查，突出投资、采购、施工、结算的全流程管控，强化规划、设计、工程、造价、审计等协调联动，完成119个历史遗留项目问题处置，保障140个项目扎实推进，完成保北汽油升级改造和航空煤油管道等重点工程的竣工审计验收。2021年投资计划完成率100%。修订内控管理手册，开展重大风险评估，加强市场需求、产品服务等10大风险管控，全面推进依法合规管理，开展党委中心组法治专题学习，制定法治宣传教育第8个“五年规划”。落实集团公司部署，组织根治欠薪专项行动。开展供应商等评价，清理淘汰25家。加强培训宣贯，开展合规性、适用性、先进性评价，提升制度质量和执行力，2021年立、改、废制度194个。

【改革创新】 2021年，华北石化坚持与“十四五”及中长期发展战略目标同步谋划，按照3个阶段推进，加强干部队伍锻造、技能人才培养开发等专项工程，配套制定组织机构优化、星级员工评定、新员工培养等专项方案。发布《学习型企业建设实施方案》，组织全体中层干部参加习近平法治思想教育专项培训班。实施企业管理、炼化新工艺、装置检修等66项针对性培训计划。自主编制加氢裂化、硫黄等11套装置培训教材，开发培训课件200余个。举办班组长管理能力提升培训班。参加聚丙烯、化验员两项集团公司职业技能竞赛，获1金2银2铜、2个团体三等奖。推进技能人才积分晋级制，聘任华北石化技能专家3名、首席技师5名、高级技师11名、技师69名。深化干部制度改革，完成领导班子、二级单位中层任期制改革，实行契约管理，强化任期考核。深化劳动组织制度改革，推进分级分类政策落地，建立包括员工内部退出、中层干部退出领导岗位等机制。稳步推进专业技术岗位序列改革，开展岗位价值评估与设置，方案获集团公司批复。深化分配制度改革，修订年度绩效考核和月度工效挂钩方案，效益类指标权重由20%提高到50%。合作开发国内首创脱硫浓盐水处理、循环水外排污水处理技术，节能减排效果显著，2项技术申报国家专利。低硫船用燃料油生产、全厂能量优化、生产流程智能优化等技术实现工业化应用。

【企业党建工作】 2021年，华北石化建立党委“第一议题”制度，结合实际安排重点任务112项、落实措施358项，确保改革发展正确方向。把服务乡村振兴作为重大政治任务，做好承德围场两个村产业扶持。消费帮扶任务完成率超过200%。树立选人用人正确导向，2020年度选人用人工作“总体评价”满意度92.6%、提高17.6%，领导班子综合考评得分在炼油与化工分公司排名提高10名、集团公司排名提高57名。深化“四史”学习教育，把学习贯彻习近平总书记“七一”重要讲话和党的十九届六中全会精神作为重要内容，建立两级班子“理论自习室”，组织党委理论学习中心组扩大学习27次，开展两级宣讲161场，专题讲座2次，专题研讨106次，撰写体会文章400余篇，讲授“七一”专题党课123场。编发学习简报25期，利用“学习强国”“铁人先锋”组织交流活动百余次，微信公众号推出“百年党史天天学”等7个专题，有关经验做法被集团公司专题刊发。党委体会文章《以高质量党建新作为赢得高质量发展新主动》获集团公司征文一等奖，达到学党史、悟思想、办实事、开新局的目的。召开第六次党代会，选举产生新一届党委、纪委，明确建设“标杆炼厂”的新使命和今后一个时期党委工作的总体思路、重点任务。建立党的建设领导小组扩大会议暨月度党建工作例会机制，成为党建工作交流互动、学习培训、督促检查、竞赛比武的重要平台。5个党支部改设党总支并内设支部。在窗口检修等急难险重任务中，组建党员突击队15支，400余名党员冲锋在前。新冠肺炎疫情防控期间，成立隔离点临时党总支，抽调67名党员干部补充缺员岗位，做到防疫生产“两不误”。对6家职能部门和3家二级单位开展政治巡察，实现党委一届任期巡察全覆盖，风清气正良好政治生态持续巩固。

【和谐企业建设】 2021年，华北石化投用管控中心综合办公楼，改善员工工作条件。畅通民主渠道，100%落实职代会、民主联系人座谈会提案和意见，开通党委书记、总经理信箱，延长倒班员工轮休时间、一线送餐到岗位、降低餐厅饭菜价格、加开晚间通勤车，办成24个的重点民生实事。开展密切联系群众活动，帮扶困难家庭53个。协调解决22名员工子女入学问题。开展领导干部联系服务进基层活动，研究解决基层困难22个，营造团结向上、并肩奋战的良好氛围。召开第六次工代会，选举产生新一届工委。以党建带团建，成立党委青年工作领导小组，持续推进青年创新创效、青年突击队等“青”字号品牌工程，引领青年建功立业、成长成才。健全管理体系，明确86项重点任务，优化体检项目，配发医疗保健用品，开展全员健康风险评估，落实重点群体健康干预，形成“一人一档”。将承包商纳入健康管理体系。组织健身活动、开展专题讲座、普及健康常识，设立健康小屋，健康工作向八小时外延伸。华北石化被评为集团公司首批“健康企业建设达标企业”。发布《学习新时代“枫桥经验”做好员工经常性思想政治工作细则（六十条）》，成为党支部书记、党务工作者的“操作规程”，建立员工思想动态分析机制，把矛盾消除在萌芽，把问题解决在基层。落实意识形态工作责任制，加强阵地管理，清查清除有害敏感信息，坚决肃清流毒影响。围绕提质增效、安全环保等主题，编发新闻稿件1037篇，在人民网等主流媒体刊发198次。“保障北京冬奥会氢能供应”入选2021年度中国石油十大新闻事件。参加集团公司第六届新媒体创作大赛，获一等奖2项，二等奖3项，三等奖1项，5部作品在“学习强国”等平台展播。举办中国石油开放日活动，全方位展示开放绿色的华北石化。

（刘　琨）

中国石油天然气股份有限公司呼和浩特石化分公司

【概况】 中国石油天然气股份有限公司呼和浩特石化分公司（简称呼和浩特石化）是集团公司在内蒙古自治区境内唯一的一家炼油化工企业。前身是1988年开始筹建，1992年一次投产成功的呼和浩特炼油厂，曾隶属华北石油管理局、华北油田公司，是国家“八五”重点工程之一，与二连油田开发、阿赛输油管线并称内蒙古三项石油工程。中国石油重组改制后，2000年7月1日划归股份公司直接管理，并正式更名为中国石油天然气股份有限公司呼和浩特石化分公司。

呼和浩特石化炼油加工规模500万吨/年，固定资产原值81.97亿元，14套炼油装置、1套化工装置及配套系统；配套建设有长庆—呼和浩特原油管道、呼和浩特—包头—鄂尔多斯成品油管道。主要生产汽油、柴油、航空煤油、燃料油、液化石油气、聚丙烯树脂、石油苯、工业硫黄等6大类13种产品，主要满足内蒙古中西部、山西及河北周边地区市场需求，并出口蒙古国。2021年底，在册员工1652人，大专以上学历1087人；设有11个机关处室、5个直属单位、10个二级单位。

2021年，呼和浩特石化以推动高质量发展为主题，全面贯彻新发展理念，构建新发展格局，遵循“四个坚持”兴企方略和“四化”治企准则，围绕“12237”（紧盯1个目标，坚定“双存”战略，强化“两条”主线，推进“3个”转变，抓实“7项”重点工作）工作思路，坚持“业务主导、协同增效、管理提升”工作理念，突出党建引领、安全环保、提质增

呼和浩特石化主要生产经营指标

指　标	2021年	2020年
原油加工量（万吨）	392.51	409.51
汽油产量（万吨）	169.17	166.85
柴油产量（万吨）	116.58	135.62
航空煤油产量（万吨）	18.39	15.48
苯（万吨）	2.36	2.61
聚丙烯（万吨）	15.67	14.91
资产总额（亿元）	72.50	87.39
收入（亿元）	217.94	177.67
利润（亿元）	14.71	5.40
税费（亿元）	71.41	72.90

效、转型升级，加大改革创新力度，完成生产经营任务。2021 年加工原油 392.51 万吨，实现轻质油收率 76.8%，综合商品率 92.2%，炼油综合能耗 69.17 千克标准油 / 吨原油，新鲜水单耗 0.47 吨 / 吨，综合损失率 0.50%。销售收入 217.94 亿元、上缴税费 71.41 亿元，盈利 14.71 亿元。净利润 11.03 亿元。呼和浩特石化获评中国企业培训示范基地、“十三五”石油和化工行业节能先进单位、集团公司“十三五”内控与风险管理工作先进单位。通过复审，保持“全国企业文化建设示范基地”称号。

【生产运行】 2021 年，呼和浩特石化严格落实“一平稳四优化”要求，加强“12334441”（“1”即巡检；“2”即值班和交接班；第 1 个“3”即变更方案、处理方案、应急方案；第 2 个“3”即违章指挥、违章操作、违反劳动纪律；第 1 个“4”即超温度、超压力、超流量、超液位；第 2 个“4”即无泄漏、无误报警、无不备用设备、无非计划停工；第 3 个“4”即降作业量，降不相关作业人数，降现场作业时间，降作业费用；最后 1 个“1”即抓应急演练）安全平稳生产过程管控，严格“四有一卡”（“四有”即有指令、有规程、有确认、有监控，“一卡”指卡片化）生产操作制度，控“四超”、注重现场管理控“四无”，持续推进平稳率收窄工作，呼和浩特石化监控的平稳率累计 99.92%，同比增长 0.05%。加强生产变更管理，开展生产变更预约、风险辨识并编制变更方案，强化对操作人员交底、培训，确保生产变更平稳受控。加强工艺防腐管理，严格原料和公用工程介质品质管控，强化设备及管线测厚、过热点监测，夯实装置长周期运行基础。加强冬季设备管线防冻凝管理，建立台账做到风险排查全覆盖，确保冬季安全生产平稳运行。加强装置大检修运行末期保障运行工作，梳理排查影响装置运行的问题隐患，实行分级分类管控，精准防控措施，催化装置平稳运行 41 个月，创历史最好水平。推进机泵状态监测全覆盖，开展机泵振动攻关治理，实现全厂无 D 区运行机泵的管控目标。落实装置全生命周期管理要求，做好大检修准备工作，学习借鉴兄弟单位先进经验，建立例会制度，反复修改完善大检修方案，为优质高效完成大检修任务奠定坚实基础。

【安全环保】 2021 年，呼和浩特石化严格落实“四全”（全员、全过程、全方位、全天候）要求，推进安全生产专项整治三年行动，常态化开展“四级”（公司级、处室级、车间级、班组级）安全生产运行风险排查治理工作，将风险隐患消灭在萌芽状态。深入全员“双查”（安全能力大检查及岗位风险大排查）结果应用，提高培训的针对性，提升员工风险辨识能力、“一分钟”应急处置能力。严格安全生产记分管理，建立完善安全生产记分管理制度，违章违规问题安全记分 124 分。严格现场作业监护人持证上岗，将作业前“四问”（每一项作业预约前要问“为什么要干？”，在作业预约过程中要问“为什么必须今天干？”，对决定要进行的作业要问“为什么必须现场干？”，在确定工期上要问“为什么要干这么长时间？”）、作业过程“四严”（严格履行逐级审批，确保作业风险管控责任落实到位；严格落实各项安全措施，保证作业风险受控；严格现场监护到位，把住现场作业风险管控最后一道关口；严格监督检查考核，夯实作业安全风险管控责任，杜绝作业“三违”）落实到位，促进作业的“四降”（降作业量、降不相关作业人数、降现场作业时间、降作业费用）。加大 QHSE 体系建设力度，推行值班现场“小审核”和专家生产异常专项审核，注重将体系建设融入日常管理中，提升 QHSE 体系建设水平。成立公司环保专班，强化 VOCs 达标排放和异味治理，将环保设施纳入生产装置统一管理，环保治理水平不断提升。

【提质增效】 2021 年，呼和浩特石化坚持“四精”（经营上精打细算，生产上精耕细作，管理上精雕细刻，技术上精益求精）理念，依据形势变化，加强项目动态管控，增效 1.29 亿元。建立健全“事前算赢”管理机制，开好每月 1 次的经济活动分析会、每月 2 次的生产经营策略分析会，落实季度考核兑现，促进提质增效措施落地。优化产品结构，生产聚丙烯 15.7 万吨，同比增长 5.4%；推动 MTBE 互供，供给宁夏石化 MTBE1800 吨，实现增效约 150 万元。树立“节约就是增效、节能就是增产”理念，优化蒸汽平衡和瓦斯平衡，提升加热炉热效率，提高直供料比例，实现节能量 3038 吨标准煤，节水量 4.19 万立方米。坚持产品质量全过程管理，产品出厂合格率 100%。拓展获取原油资源渠道，2021 年 12 月 16 日，巴彦原油通过汽车运输入厂。加大成品油出口力度，2021 年 10 月份出口成品油 2.02 万吨，创单月出口历史新高，为蒙古国燃油短缺提供紧急支援。

【计划优化】 2021 年，呼和浩特石化稳步推进丙烷脱氢项目建设，土建完成 90%、设计完成 95%、采购完成 60%。航空煤油接卸与储存设施改造项目进入施工末期。推进智能化炼油厂建设，通过“优化催化装置主分馏塔取热，提高蒸汽产量”等 9 个生产优化方案，为生产精益运行注入科技力量。推进信息化工作，自主研发推送包括“平稳率异常”“物料平稳异常”等8个模块的信息数据，提高工作效率，保障生产平稳运行。按照上级要求落实与天野化工的合资合作项目，开展化肥甲醇业务评估、HSE尽职调查、法律尽职调查、财务审计、资产评估、人事专项调研等工作，项目按计划推进。

【管理体系融合】 2021年，呼和浩特石化以落实国企改革三年行动为主线，以强化基础管理为重点，综合管理体系上线试运行，各单位开展规章制度“学习讨论和宣贯执行”活动，促进基础管理提升。推进管理创新工作，2篇论文分别获评2021年度石油石化企业管理现代化创新优秀论文一等奖和优秀成果二等奖。落实集团公司对标分析研讨会精神，强调要带着改善微习惯的思想深化对标对表工作，深化雷达图应用，促进对标对表工作再提升。深化三项制度改革，推行领导人员选拔竞聘模式，促进干部队伍规范化建设。开展岗位练兵活动，在全国油气开发专业、集团公司组织的技能竞赛中获较好成绩，展示员工队伍良好风貌。组织开展班组长TOS精益管理培训，强化培训效果应用，推动班组建设向精益管理迈进。突出合规、风险管控，以内控测试为抓手，严格落实风险管控措施，风险防控能力持续提升。

【人才建设】 2021年，呼和浩特石化人才建设工作贯彻落实集团公司人才强企政策，紧扣高质量发展大局，坚持以能力驱动、制度驱动、网络驱动、竞赛驱动的“四轮驱动”方式，推进人才高质量建设，打造出人才培养“强磁场”，为人才建设工作注入“强心剂”。呼和浩特石化在第十七届中国企业教育百强论坛暨中国企业教育百强颁奖典盛典上获“中国企业培训示范基地”称号。

2021年，呼和浩特石化在集团公司和国家各类竞赛中获1金2银6铜。2021年6月，举办中国石油2021年东部企业联赛化学检验员职业技能竞赛，集团公司东部地区的6家炼化和销售企业共60余名裁判员、参赛选手、领队、教练员参加竞赛。竞赛分为理论考试、实操考试、安全与操作视频纠错、综合答辩等4个项目，呼和浩特石化获个人1金2银2铜，团体第一名，团队项目第二名和优秀组织奖。同月，在集团公司2021年炼化企业催化裂化装置设备员技能竞赛中获个人2枚铜牌。7月，在第三届全国油气开发专业聚丙烯装置操作工职业技能竞赛中获个人2枚铜牌和优秀组织奖。

与石油工业出版社合作，创办炼化企业首家中油书店，建设1个图书室和2个图书角，5000册图书供员工免费借阅。呼和浩特石化连续13年举办迎新年赠书活动，利用中油书店平台举办HSE体系知识大讲堂，开展HSE管理咨询专家韩文成的新书首发式、石油工业出版社赠书仪式等系列主题活动，为员工营造良好的学习阅读环境，助力提升员工综合素质。

【企业党建工作】 2021年，呼和浩特石化落实集团公司党组“第一议题”制度，严格党委理论学习中心组学习制度。开展党史学习教育，教育引导广大党员干部从党的百年奋斗历史经验中汲取智慧和力量，提高政治判断力、政治领悟力、政治执行力。开展“转观念、勇担当、高质量、创一流”主题教育活动，鼓舞干劲、增强信心、传导压力，凝聚起干部员工攻坚克难、干事创业的向心合力。推动党建“三基本”建设与“三基”工作融合，推行“两组”融合共建，把党小组建在生产班组上，将党建工作与技术攻关、岗位练兵紧密结合，以高质量党建引领高质量发展。配合集团公司党组巡视和“选人用人”“巡察”专项检查工作，落实“一责任三把关”巡视整改责任，组织开展巡察“回头看”和专项巡察工作，推动全面从严治党向基层延伸。推进机关作风转变，压减会议数量，整合台账报表，将为基层办实事落到实处。全面加强意识形态工作和统一战线工作，强化舆情引导、管控，推进企业文化升级，组织丰富多彩的文体活动，企业软实力进一步增强。

【和谐企业建设】 2021年，呼和浩特石化开展反内盗宣传教育，从人防、物防、技防入手，强化源头防范和风险管控，重点时期升级管控，治安秩序和谐稳定。加强保密培训教育，组织违规存储涉密信息全覆盖排查，消除泄密风险。开展信访维稳重点群体及风险隐患大排查，强化特殊时期维稳管控，受到集团公司电报嘉勉。制订并推进健康计划，开展职业健康风险评估和员工心理健康评估，引导员工主动加强自我健康管理。坚持问题导向，完成102号楼产权证的办理和幼儿园移交工作，协调解决“三供”移交后续问题，保障矿区服务质量稳中有升。宣传落实集团公司重病保障项目政策，10余名重病员工享受到重病保障政策的福利待遇，切实保障员工权益。

【扶贫帮困】 2021年，呼和浩特石化加强调研分析，严格界定帮扶对象，增强帮扶精准度，按照“精准帮扶、分级帮扶、分类帮扶”原则，对帮扶对象建档立卡、实行动态管理，确保帮扶对象全覆盖、不遗漏、不重复。2021年元旦、春节、中秋节、国庆节期间，集中帮扶困难员工家庭304户次，发放帮扶资金

159.82 万元。在金秋助学活动中，严格按照家庭收入情况和特殊困难情况界定帮扶对象，帮扶 10 户困难家庭子女，发放助学金 3.5 万元。加强日常帮扶人员的管理，对突发变故造成困难家庭进行应急帮扶，帮扶 11 户困难家庭渡过难关，发放帮扶资金 9.02 万元。帮扶困难人员 325 人次，发放帮扶资金 172.34 万元。

（何淑华）

中国石油天然气股份有限公司辽河石化分公司

【概况】 中国石油天然气股份有限公司辽河石化分公司（简称辽河石化）位于辽宁省盘锦市，前身为盘锦炼油厂，始建于 1970 年，1971 年建成投产，历经半个世纪发展，成为原油加工能力 550 万吨 / 年、固定资产原值 72.39 亿元的炼化企业。有常减压蒸馏、催化裂化、连续重整、汽油、柴油加氢、润滑油高压加氢、延迟焦化、润滑油糠醛白土联合精制、气体分馏、聚丙烯、制氢、硫黄回收、酸性水汽提、干气及液化气脱硫等 30 套主体装置以及完善的公用工程系统和辅助生产设施。2021 年底，设机关处室 11 个、附属机构 5 个、直属部门 3 个、二级机构 17 个，在册员工 2333 人。主要加工低凝环烷基原油、混合稠油、超稠油、石蜡基原油和进口稠油，主要生产石油沥青、汽油、柴油、燃料油、润滑油基础油、聚丙烯、石油焦、液化石油气、橡胶增塑剂等 10 类 20 余种产品。

2021 年，辽河石化建成投产 50 周年，面对新冠肺炎疫情冲击、生产经营市场大幅波动、暴雪自然灾害频发等多重挑战，遵循“四个坚持”兴企方略和“四化”治企准则，抓住油价上行、国家税费政策调整、特色产品市场旺盛的重大利好，实施创新、资源、市场、低成本、安全绿色“五大战略”，落实做强船用燃料油、做优沥青、做精滑油“十二字方针”，统筹做好安全环保、新冠肺炎疫情防控、生产经营、改革发展各项工作，创造历史最好经营业绩，实现“十四五”高质量开局。

2021 年，辽河石化加工原油 502.01 万吨，收入 220.51 亿元，利润总额 15.36 亿元，上缴税费 40.47 亿元，自由现金流 7.3 亿元，综合商品率、综合损失率、综合能耗、特色产品收率等多项指标均创近年最好水平。

辽河石化主要生产经营指标

名　称	2021 年	2020 年
原油加工量（万吨）	502.01	482.9
汽油产量（万吨）	73.17	62.91
柴油产量（万吨）	59.8	87.89
燃料油（万吨）	151.16	85.75
石油焦产量（万吨）	26.57	22.76
润滑油产量（万吨）	5.69	5.46
石油沥青产量（万吨）	62.49	103.22
液化石油气产量（万吨）	12.75	10.94
芳烃类产量（万吨）	17.59	18.19
聚丙烯产量（万吨）	2.01	2.6
橡胶增塑剂产量（万吨）	68.65	50.52
资产总额（亿元）	45.22	45.17
收入（亿元）	220.51	155.91
利润（亿元）	15.36	1.23
税费（亿元）	40.47	36.15

【生产运行】 2021 年，辽河石化坚持“大平稳出大效益”理念，提前谋划布局，管控原油入厂质量，强化劳动、工艺、操作纪律，加强设备基础管理，应对原料产品限运、汛期原油供给波动、运行末期设备问题频发等挑战。生产组织全过程优化，实施 1 号改质原料、氢气管网、超稠油进厂流程、重整原料、汽油生产、直供料等优化项目，排查生产隐患，开展预知性检修，主体装置操作平稳率 99.94%，运行天数 5962 天，首次实现非计划停工为零。严格工艺管理，推行日检、周评、月兑现，对 30 套装置、单元切片式 HAZOP 分析，加密防腐分析频次，初步建立防腐体系，实施加热炉“一炉一策”攻关，搭建报警管理平台，巡检发现隐患 232 项，装置馏出口质量合格率平均 99.6%，外部抽检合格率 100%，股份公司级质量事故为零。设备运行全周期受控，开展机泵振动治理，A 区运行机泵比率大幅提升。38 台特护机组实现

"一机一表"，修理平均间隔时间 MTBR 同比延长 14 个月。优化电力系统运行方式，成为炼油与化工分公司唯一一家继电保护整定完成率 100% 的企业。安全仪表联锁投用率保持 100%，自控率稳定在 99% 以上。循环水系统实行保姆式管理，同比节约新鲜水 21 万吨，水冷器泄漏率创历史最好水平。炼油与化工分公司全生命周期考核 1012 分。

【安全环保】 2021 年，辽河石化贯彻国家新《安全生产法》，抓基层、打基础，防风险、强管控，扭转安全生产被动局面，实现零事故、零污染、零伤害。安全风险全面受控。推进安全生产专项整治三年行动，压实安全环保责任，构建双重预防机制，推进 QHSE 体系建设，执行风险作业预约公告制度，公告风险作业 7805 项，升级风险作业领导人员旁站式监督，开展"一分钟盲演"，属地单位自查整改问题 4696 个。环保指标全面达标，狠抓异味源头管控，严肃事故事件问责追责，整改销号一级、二级重大危险源储罐紧急切断阀等隐患问题，完成 14 个环保隐患治理项目，修复储罐无组织排放点 106 处。加强危废物源头管控，实施清罐油泥减量化处理，污泥含水量大幅降低，化学需氧量、氮氧化物、VOCs 达标减排。健康企业建设有效推进。制定推进方案，建立全员健康档案，提高体检标准，开展员工差异化体检、健康风险评估和干预，174 个作业场所职业病危害因素定期监测合格率 100%，员工职业病发病率为零。新冠肺炎疫情防控精准有力，严格落实日报告、零报告制度，有序控制 6 名密接人员等突发事件，实现工作生活场所零疫情、零感染。

【减油增特】 2021 年，辽河石化顾大局、保整体，坚持市场导向，优化产品结构，实现"一减两增"。减少成品油和沥青产量。以销定产，灵活排产，生产沥青 62 万吨，同比减少 41 万吨，压减汽油柴油 18 万吨，调和生产 95 号乙醇汽油、-20 号车用柴油、-35 号车用柴油等适销对路产品。增加低硫船用燃料油产量。加强轻质油品互供，优化船用燃料油调和比例，改造船用燃料油外储流程，提高船用燃料油调和周转效率，生产低硫船用燃料油 126 万吨，巩固和扩大中国石油最大低硫船用燃料油生产基地优势。增加高附加值产品产量，调整脱酸、糠白装置原料，攻关 N 系列橡胶增塑剂光安定性和热安定性指标，生产橡胶增塑剂 69 万吨，同比增加 18 万吨，生产高芳烃橡胶增塑剂 A1426、导热油和金属切削液等新产品。

【市场营销】 2021 年，辽河石化落实集团公司营销工作方针，根据市场形势变化，及时调整产量规模和产销节奏，加强产储运销协同配合，实现效益最大化。每周测算 5 条原油加工路线盈利情况，召开生产经营优化例会、价格例会，每月开展经济活动分析，滚动测算 400 余次，分析研判预测市场走势，及时调整营销策略，实现产运销高效联动。提高调运能力。综合利用下海外运渠道，优化厂内和鲅鱼圈库区柴油和 DMA 库容，推行汽油、柴油地付全部以计量表交接结算，优化"一卡通"系统，提高装车效率，船用燃料油日最大装车量超 1 万吨，月最大外运量 13.5 万吨。拓宽网上竞价销售产品范围，采取竞价与定价相结合的方式，调整销售节奏，把控区域价格主动权，推动辽宁润滑油销售公司、辽河润滑油厂、中燃油公司网上竞价销售，网上竞价 200 余次，竞价销售产品超 100 万吨，竞价产品规模同比翻一番。建立符合供需双方利益、调动供需双方积极性的定价模式，实现竞合共赢。实施走出去销售策略，组织市场调研，反馈应用需求，与长城钻探合作开发钻井液，销售钻井液基础液 0.3 万吨，销售重质环保增塑剂 0.1 万吨。利用沥青公司贴近市场优势，配合新产品开发，采取灵活销售模式，推动特色沥青进入南方市场。

【深化改革】 2021 年，辽河石化落实企业三年改革行动。突出问题导向，强化顶层设计，落实对标世界一流企业行动实施方案，重点领域改革取得阶段性成果。分解 5 个领域 27 条 74 项改革措施，改革三年计划完成率 98.6%。按照"一个整体、三个层级"，分级推进对标世界一流管理提升行动。制订人才强企方案，完成领导人员任期制和契约化管理。"双序列"改革取得进展。退出低端低效和社会化程度高业务，压减班组 22 个，压缩沥青公司机关部门 4 个，分流安置转岗 35 人。全员劳动生产率同比增长 25.95%。实施差异化分配，上调月度奖金和浮动奖基数，科学调整奖金系数档次，拉大一线、二线、三线单位奖金分配差距。出台班组一体化管理办法，建立班组绩效管理系统，覆盖 19 套主要生产装置、8 套辅助生产装置、104 个班组，选取 170 个工艺参数指标、2989 个系统指标，全面评价考核班组绩效，实现班组管理可视化、数量化、信息化，打通绩效考核的"最后一公里"。完善经营管理机制，建立以市场为导向的考核传导机制，将项目、技改技措、质量、环保等管理纳入考核。将盘锦中油辽河沥青有限公司纳入二级机构，实施统一人事管理。完成 123 项规章制度合规及法律审查，其中新制定 8 项，废止 17 项，现行公司有效制度 306 项。开展内控自我测试和专项测试，修订涵盖509个业务流程、260个全面风险控制文档的新版内控手册。实施审计项目10项，取得直接经济成果1490万元；开展专项检查6项，挽回经济损失300余万元。

【科技创新】 2021年，辽河石化把创新战略调整到“五大战略”首位，创新科技管理机制，明晰核心技术发展路线图，以创新驱动高质量发展。“研产销服”一体化有效运行，搭建以市场为中心的研发、销售、技术服务型项目管理模式，公开招聘科技攻关团队，完善科研项目激励机制，推进科技成果转化。推动钻井液基础液等新产品快速进入市场。深入高端特色产品研发，以“分子炼油”为先导，开发特色产品生产技术路线，开展辽河混合油减压渣油溶剂脱沥青、加氢技术路线、石蜡基减压馏分油高压加氢研究，开展高芳烃环保型橡胶增塑剂的资源优化和产品方案设计，开展净味沥青、环保防水沥青、油田钻探专用磺化沥青、乳化沥青系列产品前期研究。推进信息化平台建设，完成信息化“十四五”规划方案，初步确定建设目标，完善MES、ERP等系统功能，建立能源管控、工艺防腐统计平台和视频监控系统手机端，实现实时管控。

【提质增效】 2021年，辽河石化设立专项奖，日核算、周跟踪、月兑现，实施58项措施增效4.08亿元，超额完成既定目标。优化原油、原料资源增效0.19亿元。辽河原油加工量首次突破500万吨，同比增加19万吨，辽河稀油、大混合油和月东油3种原油，分别同比增加11万吨、8万吨和6万吨。优化装置运行增效1.45亿元。提高一次加工装置总拔出率，调整减压侧线收率，增产50号、70号硬质沥青，优化减黏焦化加工路线，优化重整和催化装置运行，提高石脑油收率，开满开足高效装置。优化产品结构增效1.72亿元，柴汽比由1.4降至0.82，增产95号标准汽油3.5万吨，高标号汽油比例创历史最好水平。优化市场营销增效0.42亿元，关注市场走势，对标周边炼油厂价格，及时把控销售节奏，创新开展网上竞价销售。节能降耗增效0.28亿元，优化蒸汽系统，调整用电负荷，实施设备改造，降低新鲜水、中水、除盐水使用量，加强燃料气品质监控，推动日销日结，压控“两金”降库存，减少资金占用，实现费用硬下降。

【企业党建工作】 2021年，辽河石化坚持以人为本、共建共享，和谐稳定开创新局面。开展党史学习教育，党员干部员工的思想受到洗礼，精神受到淬炼。总结建成投产50周年宝贵经验，弘扬“自强不息、永不服输”精神，坚定矢志不渝走好特色发展之路的必胜信念。开展“转观念、勇担当、高质量、创一流”主题教育活动，创新开展“学党史、转作风、抓落实、创一流”主题实践活动，梳理工作作风方面6类16项问题。员工获得感增强，员工人均收入同比增长8.3%。开展“我为员工群众办实事”活动，解决“急难愁盼”问题108个。改造员工休息室，实施退休人员暖心工程，帮扶困难家庭111户，建立员工快递驿站。扩大帮扶范围，精准帮扶124万元。为基层减负，清理各类台账、表单116项。食堂设置低油、少盐、无糖菜品区，深入开展花园式工厂建设。推动平安企业建设，“反内盗”专项行动开展，维稳信访安保防恐工作精准受控，实现物资零丢失、非法访和群体性零事件、重大涉油涉物资零案件、新增参加邪教零人员，受到集团公司和地方政府贺电嘉勉。

（宁晓韦）

中国石油天然气股份有限公司长庆石化分公司

【概况】 中国石油天然气股份有限公司长庆石化分公司（简称长庆石化）位于陕西省咸阳市，始建于1990年，1992年投产，为燃料型炼油厂，产品以国Ⅵ标准车用汽油、柴油、航空煤油、液化石油气为主，有少量的丙烯、工业硫黄、石油苯、道路沥青等化工产品。2021年底，有固定资产原值59亿元，主要生产装置17套，辅助设施12套，具备年加工500万吨原油能力。下设10个机关职能处室、5个直属机构、9个二级单位和3个机关附属机构。员工1091人，平均年龄39.8岁，大专以上文化程度占80.2%。获陕西省五一劳动奖状。

2021年，长庆石化克服新冠肺炎疫情多点频发、特殊敏感时期升级管控等叠加影响，强化计划、生产、财务一体化运行，每日分析产销计划、生产运行、库存管理、裂解价差；发挥催化裂化、连续重整、加氢裂化等核心装置提高产品价值、优化产品结构、提供廉价氢源的作用，系统优化一二次装置加工负荷和能耗物耗，加工原油490万吨，营业收入

266.7亿元、上缴税费84.9亿元、利润15.3亿元，超额完成业绩指标。

长庆石化主要生产经营指标

指　标	2021年	2020年
原油加工量（万吨）	490	473.3
航空煤油产量（万吨）	—	67.87
柴汽比	0.95	0.92
综合能耗（千克标准油/吨）	—	60.67
收入（亿元）	266.7	203.8
税费（亿元）	84.9	82.5
利润（亿元）	15.3	6.2

【安全环保】 2021年，长庆石化坚持把员工生命安全和身心健康放在第一位，抓好常态化新冠肺炎疫情防控，守住零疫情零感染底线。修订员工岗位HSE职责、安全生产责任清单，层层签订目标责任书，靠实重大危险源包保责任。推进QHSE体系建设，以体系管理的思维推动专业管理提升，差异化精准化内审作用有效发挥。坚持每日开展安全风险研判与承诺公告，建立日辨识、月报备、季汇报风险动态管控新模式，开展作业预约和“无作业日”活动，组织开展“反违章、补短板、促提升”百日专项整治和“防雷电、防触电、防中暑、防坠落”百日“四防”活动，以钉钉子精神对现场反复出现的低标准问题开展重点检查、联合排查、专项督导，现场风险全面受控。突出“一分钟应急处置”的针对性和有效性，修订完善应急处置方案，组织开展消防与属地互查互学、协调联动，常态化开展“双盲”应急演练，提升第一时间处置能力。将环保设施高于生产装置管理，动态循环排查环境风险隐患，推进环境绩效A级企业创建，超额完成“日控月考”指标，通过中央环保督察和地方环保部门检查。连续4年被评为集团公司质量健康安全环保节能先进企业，获评集团公司首批绿色企业。

【生产运行】 2021年，长庆石化落实以工艺管理为核心的生产受控管理，重新梳理生产系统责任链条，完善固化单一氢源、单一锅炉、单一天然气工况联动管理机制，理顺仪电作业管理流程，初步建立工艺、设备、安全、环保等专业协同处置模式；加强劳动纪律、工艺纪律、操作纪律管理，强化工艺过程风险管控，以消除异常报警为抓手，注重“装置+保障”日分析、日处理，实现装置平稳率99.9%，馏出口合格率99.4%。与先进企业开展“全厂+装置”对标，整体效益和技术经济指标同步提升，轻质油收率、高效产品比例、新鲜水单耗、加工损失率等主要技术经济指标实现局部突破、部分领先，连续5年获炼油与化工分公司炼油专业达标优胜单位。强化大型机组“五位一体”（联合机械、电气、仪表专业、管理层面、操作人员5个层面对大型机组进行检查和管理）特护管理，催化烟机平均投用率99.5%，连续重整增压机检修间隔创历史最好水平；持续“两治理一监控”（流量偏离机泵治理、振动超标机泵治理，状态监测运行监控）工作，及时处理机泵隐患，治理流量偏离机泵，全部机泵平均修复时间（MTBR）提高到129个月，振动低于2.8毫米/秒的机泵占比98.4%，联锁投用率100%。获集团公司2020—2021年度“装备管理先进单位”称号。

【提质增效】 2021年，长庆石化落实炼油与化工分公司“一企一策”要求，将提质增效专项行动与“战严冬、转观念、高质量、上台阶”主题教育有机结合，制定更精准的9方面40项139条提质增效措施，层层部署动员，层层分解任务指标，每月编发简报、开展对标分析，实行PDCA闭环管理。根据裂解价差，统筹考虑汽油池辛烷值和临氢系统平稳运行，及时调整各装置负荷，提升高效产品比例；强化产品过程管控、计量和回收管理，综合商品率同比提高1.17个百分点；开展加热炉热效率攻关，“红旗炉”占比提升至82%。高度关注化工产品目标市场和高效市场的销售占比变化，科学优化取价点的位置和数量，尝试“竞拍+直供”的方式，推动化工产品效益持续提升，液化气和航空煤油区内市场份额分别提升至75%和90%以上。强化化工辅助材料“费用总包、单耗不超”管理，实现化工“三剂”吨原油成本7年连续硬下降；坚持应招必招、公开采购，合理使用调价机制、错峰采购策略，采购资金节资率10.8%，获集团公司“物资采购管理先进单位”称号；强化低库存管理和资产轻量化管理，加大工程结算审计，完成“两金”压控任务，完全单位加工费完成考核指标。

【企业管理】 2021年，长庆石化制定“精细管理纵深年”活动方案，召开“精细管理纵深年”经验交流会，涌现一批管理典型和管理样板。推进制度体系建设，搭建制度体系顶层架构，发布制度体系建设行动方案；强化投资全流程管理和投资增效分析，业务管理流程顺畅高效。建立预算管理长效机制，规范预算管理程序，业务的计划性准确性逐步提高，发挥预算指挥棒作用。《财务共享模式下精准预算管控体系构建与实施》获石油石化企业管理现代化创新优秀成果一等奖。严格管控产品质量，修订完善油品分析计划，全程监督产品调和分析，定期比对质量分析准确性，未发生一般及以上质量事故。开展物资采购业务流程优化，强化物资供应全过程管控，夯实物资仓储基础管理，物资采购管理对标工作获集团公司A档评价。强化法律法规、制度标准的掌握与执行，多渠道多载体强化宪法、《安全生产法》《民法典》等重点法律知识普及，完善法律风险防控机制和制度合规性建设机制，推进重大事项法律论证与“三重一大”事项集体决策有机融合，发挥法律服务经营决策作用。组织开展合规评价和重大风险评估，修订内控手册，推进合规管理工作，提高全员遵章守纪、合规经营意识。

【企业党建工作】 2021年，长庆石化坚持“第一议题”制度，构建从党委到各党支部学习贯彻习近平总书记重要讲话和重要指示批示精神及集团公司党组决策部署落实机制，确保贯彻落实到位。组织建党100周年等系列庆祝活动，做好党史学习教育规定动作，创新构建立体化党史学习教育矩阵，固定周例会和周末读书班，发放“党员小书包”，抓好微型党课、夜间课堂、青年团课“三个小课堂”，组织红色资源现场教学，开展专题组织生活会、民主生活会。征集汇总4大类31条重点民生项目清单，做好员工的贴心事暖心事实用事。召开第三次党代会，明确今后一个时期党建工作总体思路。推进基层党建“三基本”建设和党支部标准化建设，启动第二轮党支部书记抓党建现场述职评议，开展党员量化考核，初步形成一部、一室、一机制、一点、一本、一规范、一单、一卡、一考核“九个一”基层党建品牌，彰显党支部战斗堡垒作用和党员先锋模范作用。健全完善监督责任体系，深化政治监督、日常监督、作风建设，完成对23个党支部巡察4年全覆盖目标，风清气正的政治生态持续巩固。

【队伍建设】 2021年，长庆石化贯彻落实中央人才工作会议部署和集团公司人才强企工程行动方案，分领域分层次开展人才专项盘点，规划员工职业生涯。严格选人用人标准，树立重实干、重实绩、重担当的鲜明导向，规范有序完成两级领导人员任期制试点工作，修订完善中层领导人员考核评价实施方案，加大年轻干部选拔任用力度；组织干部进行跨专业跨部门双向挂职，干部队伍素质明显提升。深化专业技术岗位序列改革，拓展专业技术人员职业发展空间，完成3个级别专业工程师岗位选聘工作。常态化开展技术分析、技术交流、“技术大讲堂”等活动，安排高技能人才外出参加高水平专题研修、前沿技术培训、创新成果分享等活动，管理人员和技术人员安全专业工具应用、技术分析和优化运行能力明显提升。集中开展“岗位大练兵、素质大提升”活动，多方位、多角度提升员工岗位操作能力和综合素质。突出“红色+石油”双基因，倡导“不能落下一个班组、不能落下一个班员”等班组文化理念，全体员工把企业当作家、与企业共存共荣的文化认同显著增强。

【科技创新】 2021年，长庆石化根据集团公司高质量发展和“减油增化”的要求，综合考虑原油适应性、生产灵活性、汽油质量以及方案效益对比，明确2023年技术改革路线，为下一步产品结构调整和增产航空煤油打下良好基础。开展“汽油改质联产低碳烯烃催化剂及工艺研究”，实施“大型炼油基地设计技术升级与提质增效技术开发应用”等科研项目，装置吨油效益有效提升。获集团公司科学技术进步奖2项，申请发明专利5件，授权12个实用新型专利，实现省部级独自报奖获奖的历史突破。完成7套智能平台数据整合与系统集成，实现数据集成预警、潜在故障精准判断，现场安全环保管理逐步实现信息化全覆盖。建成国内首个“5G+”智能炼油厂，为石化行业提供创新实践经验。作为全国唯一一家典型案例企业，在国家应急管理部召开的“工业互联网+危化安全生产”试点建设推进会上发言，得到应急管理部的充分肯定。

【和谐发展】 2021年，长庆石化抓住秦创原创新驱动平台发展机遇，与地方政府合作布局秦汉新城、咸阳市氢能源产业链，完成创建工业旅游AAA级景区项目规划，企地融合发展取得新突破。推进健康企业建设，编发员工健康手册，完成年度全员个性化健康体检。开展线上、线下员工健康管理，实施重点高危人群健康干预，建成投运健康小屋，开通西安、咸阳5家三甲医院绿色就医通道。把企业高质量发展作为依靠员工、为了员工的最大实事，以员工与企业共存共荣的命运共同体凝心聚力，激发广大员工“为历史负责，为生存担当，为荣誉而战”的使命感。

（邱　宇）

中石油克拉玛依石化有限责任公司

【概况】 中石油克拉玛依石化有限责任公司（简称克拉玛依石化）始建于1959年，经过60多年的发展，年加工能力600万吨。是中国石油的稠油加工基地和高档润滑油、沥青生产基地。按照集团公司与新疆维吾尔自治区深化合资合作框架协议，2015年7月完成合资公司组建，由中国石油天然气股份有限公司克拉玛依石化分公司正式更名为中石油克拉玛依石化有限责任公司，中国石油占股99%，新投集团占股1%。2021年底，设机关处室 12 个、机关附属6个、直属机构 3个，直属单位19个。有员工2853人，其中党员1058人，女员工1081人，少数民族员工430人。主体装置35套，辅助装置21套，可生产各类石油化工产品 160多种，28种产品获省优、部优产品称号，数十个质量标准达到国内外领先，多项产品填补国内空白。

2021年，克拉玛依石化加工原油570万吨（其中稠油369.3万吨），生产汽油117.9万吨、柴油178.2万吨、航空煤油17.2万吨、润滑油基础油77.9万吨、沥青93.5万吨，生产计划执行率99.62%，比计划提高1.12个百分点，产品结构灵活调整优势充分展现。营业收入272.23亿元，上缴税费88.7亿元，其中留存地方16.5亿元，经济效益和盈利能力继续保持炼油与化工分公司前列。

克拉玛依石化主要生产经营指标

指　标	2021年	2020年
原油加工量（万吨）	570	548.3
汽油产量（万吨）	117.9	106
柴油产量（万吨）	178.2	162
航空煤油产量（万吨）	17.2	15
润滑油产量（万吨）	77.9	84
沥青产量（万吨）	93.5	92
资产总额（亿元）	121.82	132.18
收入（亿元）	272.23	194
利润（亿元）	25.71	7.81
税费（亿元）	88.7	69

【生产运行】 2021年，克拉玛依石化坚持“大平稳出大效益”，落实“四精”要求，深化工艺、设备及生产问题24小时受控管理，采取问题日上报、日跟踪整改方式，上报问题321条，处理完成320条，及时消除影响装置“安稳长满优”隐患。推进工艺和设备操作受控“五要素”管理。辨识管控工艺风险，组织完成28套装置或系统HAZOP分析。精细、严格抓好平稳率、自控率及报警管理，开展自控率管理提升攻关，平稳率、自控率均完成目标值。完善并落实消除生产波动、非计划停工影响因素的各项措施，全方位管控影响平稳运行的“人机料法环”各种因素。

【HSE基础管理】 2021年，克拉玛依石化强化双重预防机制，抓实风险管控，开展重大危险源、反违章专项整治等各类专项检查60余次；开展大反思、大讨论、大排查，切实转变思想观念，提升短板弱项；全方位开展冬季“八防”、夏季“六防”、节前检查等工作，排查整改安全隐患1609起，奖励579人次33.6万元。强化作业现场全过程监督，以“零容忍”态度查处“三违”8000余起，施工综合违章率低于2%，同比下降45.3%；落实QHSE体系审核2198项问题整改并深化成果运用，健全完善制度47项、操作规程13项；完善应急处置“一案一卡”，开展演练984次，“一分钟处置能力”不断增强。全年未发生一般A级及以上生产安全事故。

【设备管理】 2021年，克拉玛依石化按照“一装置一策略”原则，分装置编制泄漏管控方案并落实，梳理1579对易泄漏法兰进行挂牌重点管控，完成 2869对法兰检查紧固，泄漏专项排查364项问题并及时治理；落实转动设备、静设备和电气、仪表设备检维修策略，实现设备设施的主动维修和计划维修，以状态监测全覆盖为基础，依托机泵精修、年度机泵专项攻关及精细化运维等手段，提升机泵本质安全水平，振动值处于A区机泵占比93.4%，无D区运行机泵，在炼油与化工分公司处于较好的水平；强化静设备和特种设备管理，加强冷换设备泄漏管控，对21797个小接管进行风险分级管控，实现设备设施安全平稳运行。

【工艺技术】 2021年，克拉玛依石化调整产品结构，优化柴汽比，按需调整沥青生产及渣油轻质化比例，汽油、柴油总量全面超计划，完成柴油、天然气保供任务；整体装置负荷率95%以上，润滑油高压加氢装置保持100%负荷，材料型产品占比51%，高附加产品占比超过60%。完成Ⅱ套催化裂化装置长周期运行等两级技术攻关课题84项。

【安全环保】 2021年，克拉玛依石化贯彻习近平安全生产重要论述精神和习近平生态文明思想，狠抓HSE年度计划执行，结合集团公司和炼油与化工分公司HSE工作要求与安全生产专项整治三年行动计划，明确75项HSE重点工作，督促推进，有效落实。严守“四条红线”，严格“四全”“四查”，做到“一岗一清单”，层层签订HSE目标管理责任书2697份。加强新《安全生产法》学习力度，修订全员安全环保生产责任清单960个，完成新一轮全员履职能力评估，强化安全履职考核，夯实安全环保责任，坚决识别大风险、消除大隐患、杜绝大事故。

【节能减排】 2021年，克拉玛依石化坚持源头防控，强化基础管理，挥发性有机物排放量大幅度减少，环境空气质量明显改善，政府监测数据优越。氮氧化物减排114.8吨、VOCs减排261吨；开展废水污染源的普查，通过监测，摸清污染物组成、浓度和产排污途径，完善污染源档案，针对重点点源实施差异化管理，编制全厂下水井水质分析专用工艺卡片，实施精准管控、严肃考核，营造“废水也是产品，产品就要满足指标”的管理氛围；完成集团公司下达的COD总量控制指标，减排量1.7吨。

炼油综合能耗同比减少0.36千克标准油/吨，各项环保、节能指标全面完成，未发生环境事件，绿色发展根基进一步夯实。

【科技创新】 2021年，克拉玛依石化开发新产品新工艺14项，重点完成TPE 26号化妆白油、注射用6号疫苗白油等产品的研发。与国际知名化工企业等高端用户合作，推广DF2号食品添加剂白油等新产品11个，Ⅲ类润滑油基础油VHVI4和VHVI6在民营润滑油知名企业实现专用配方应用，聚焦“支撑当前、引领未来”，推动重点科研项目和核心技术攻关取得显著成效，开展重点科研项目30项、技术攻关84项，原油脱钙工业化应用、化学法改性克拉玛依沥青研究等重点科研工作取得突破；获省部级科技成果2项，授权专利13件，高质量发展的创新优势和核心竞争力持续提升。

【市场营销】 2021年，克拉玛依石化高黏指150BS光亮油、换流变、A1020增塑剂等高效产品量效齐增，增效3.6亿元；变压器油、10号工业白油等34个产品价格重回三年来历史高位；巩固拓展与西北各省（自治区），交投集团战略合作，区内沥青市场份额达年度销售总量的89.9%，有力助推“大美青海”建设，成功供货巴基斯坦卡最大水电工程——SK水电站、新疆首条沙漠高速公路S21线等重点工程，为实现“一带一路”共同繁荣愿景贡献克拉玛依石化力量。

【提质增效】 2021年，克拉玛依石化树立“一切成本皆可降”理念，全员合力打造提质增效“升级版”，把班组创新创效活动纳入提质增效统一管理，实现班组创新创效工作制度化、常态化，实现提质增效管理覆盖全员；锚定“两利四率”、发展质量、成本费用、生产、销售、安全环保等工作目标，从严落实15项专业管理工作、67个方案、149项具体措施的提质增效专项行动方案，定期督办，每月晾晒成绩单，总结工作亮点和不足，坚决严考核、硬兑现，炼油完全加工费同比减少28.5元/吨，增效4.7亿元，提质增效任务指标全面完成。

【管理提升】 2021年，克拉玛依石化制修订各类制度80项，废止52项；优化各类考核指标122项，整合23项绩效指标的考核内容、权重；周检发现并查处各类管理问题3499项；完成9个重点项目、2682份工程结算书审计，合规率100%；招标与谈判汇总资金节约率7.98%，节约资金约6170余万元。推进审计问题整改，按期完成相关各项任务，系统解决历史遗留问题，促进依法合规管理。权责明晰、制度科学、程序规范、协同高效的企业管理格局加快形成，为迈向“精益管理”打牢基础。

【队伍建设】 2021年，克拉玛依石化通过调整任期制契约书中各责任人的绩效指标，明确领导班子成员和18个二级单位领导班子双方权利和义务、行为规范、任职业绩指标及目标值，签订各基层单位主要负责人《任期岗位聘任（任职）协议和经营业绩责任书》，任期从2020年3月至2023年3月，完成所有二级单位正副职领导全部79人的契约签订工作；开展3488场次各级各类培训和职业技能竞赛，基层管理和专业技术岗位设置优化，高层次、高技能人才“基数”扩充；深化科研“双序列”管理，落实科技人才队伍建设创新举措，获评集团公司科技工作先进单位，炼油化工研究院获评集团公司科技创新团队；一批科研骨干被授予集团公司优秀科技工作者、信息化工作先进个人等荣誉，入选集团公司领军人才、骨干人才、西江维吾尔自治区高层次人才等培养计划；党组织联系服务21名技能专家实现常态化，企业创新能力、特色优势及全员创新创造能力和积极性进一步增强。

【企业党建工作】 2021年，克拉玛依石化统筹部署实施14类庆祝活动，开展党史学习教育和“转观念、勇担当、高质量、创一流”主题教育，落实“第一议题”、中心组学习及总书记重要指示批示精神落实机制等系列制度，组织“第一议题”学习23次、党委中心组集体学习16次；党史学习宣讲、专题党课、专题调研及“我为群众办实事”实践活动等全覆盖落实到位；针对总书记“七一”重要讲话、党的十九届六中全会精神等开展专题学习研讨。组织召开“三重一大”党委会52次、董事会29次，党委前置审议或审定事项189项；召开克拉玛依石化第三次党代会，完成“两委”换届；贯彻新时代党的建设总要求，落实“中央企业党建创新拓展年”部署，全国国有企业党建工作会5周年“回头看”扎实有效，党建责任制深化，“述评考用”机制贯通协调，“大党建”格局巩固发展；党支部达标晋级、党建“三联”“三会一课”等工作落实到位，智慧党建不断深化拓展，“三基本”建设迈上新水平。动力厂等10个单位获“四好”领导班子，21个基层党组织、89名个人受到公司级及以上党内先进表彰。

2021年，克拉玛依石化结合党史学习教育，组织2期49名优秀党务干部分别参加贵州遵义和江西井冈山红色教育实践培训；组织57个基层党支部参观公司陈列馆。挖掘特色亮点，开设“党史学习教育”“喜迎党代会”等专栏，发布各类信息3000余条，宣传劳模、先进64人次。

【企业文化建设】 2021年，克拉玛依石化联合外部媒体大力推进“克石化·点燃科技创新引擎”“克石化榜样力量”等专题报道，全方位展示宣传科研创新及发展建设成就，旗帜鲜明讲好克石化故事，传播克石化声音，凝聚克石化力量，推动各项事业再上新台阶。发挥理念引领和文化浸润作用，精心组织开展安全经验分享、“安全生产月”、公众开放日、“6·5”环境日、“安康杯”竞赛、除隐患先进宣传等系列活动；坚持以人为本，开展员工身体健康干预、心理健康疏导、两级职业健康评价、健康达人评选等活动，系统总结宣传典型经验做法，巩固常态长效机制建设，全员安全环保健康理念和思想行动自觉进一步增强。

【社会责任】 2021年，克拉玛依石化以铸牢中华民族共同体意识为主线，深化意识形态领域反分裂斗争，抓实民族团结进步教育及“民族团结一家亲”特色活动，组织召开民族团结表彰大会，4个单位、30名个人、24个“民族团结先进对子”得到表彰，各族干部群众交往交流交融持续深化。依托“我为群众办实事”实践活动及“五必三关注”、大病救助、扶贫帮困送温暖等机制，帮扶946人次，发放慰问金125万余元；弘扬“伟大脱贫攻坚精神”，落实习近平总书记系列重要讲话精神，坚持“四个不摘”，保持人财物支持力度不减，选配28名干部推进“访惠聚”及南疆驻村工作，投入资金697万元，推进各类驻村帮扶项目，为建设美丽乡村、美丽新疆、美丽中国作出更大贡献。

【疫情防控】 2021年，克拉玛依石化排查新冠肺炎疫情重点地区旅居史及受影响员工1.1万余人次；严把人员流动及入厂承包商防疫审查关，排查外出人员1.8万余人次、完成承包商入厂防疫审批395批次。配合驻地政府完成12轮次3013名员工的疫苗接种，实现应接尽接；38轮13万余人次的全员全覆盖核酸检测扎实落实。推动常态化疫情防控融入日常管理和企业QHSE、绩效考核及党建考核体系，零输入、零感染疫情防控态势巩固向好。

（刘　娟）

中国石油天然气股份有限公司庆阳石化分公司

【概况】 中国石油天然气股份有限公司庆阳石化分公司（简称庆阳石化）前身为庆阳石油化工厂，随着长庆油田开发，于1971年9月成立，2001年8月整体划转集团公司、2004年12月划转股份公司、2010年10月原150万吨老厂关停，300万吨新厂建成开车，全体职工及家属整体搬迁至庆阳市西峰区。2016年5月25日，甘肃省和集团公司认定庆阳石化加工能力370万吨/年。2021年底，设机关管理部门10个，直属部门4个，二级单位10个，在册员工1164人。庆阳石化为燃料型炼油企业，主辅装置20套，主要产品汽油、柴油、航空煤油、聚丙烯等4大类10种26个牌号。汽油、柴油产品达到国Ⅵ标准。

2021年，庆阳石化全面统筹生产经营、安全环保、提质增效、企业治理、改革发展、人才强企、党的建设、新冠肺炎疫情防控等各项重点工作，加工原油 352.52 万吨，营业收入 205.97 亿元，吨油利润 513.09 元，炼油完全加工费考核完成 243.2 元/吨，上缴税费 73.08 亿元。主要经济指标实现增长、各项成本费用指标有效控制，整体生产经营状况稳健向好，实现“十四五”良好开局。

庆阳石化主要生产经营指标

指 标	2021 年	2020 年
原油加工量（万吨）	352.52	355.63
汽油产量（万吨）	162.52	157.48
柴油产量（万吨）	139.99	138.68
航空煤油产量（万吨）	6.6	10.15
乙烯、丙烯、苯等有机原料产量（万吨）	11.26	10.36
聚丙烯产量（万吨）	11.52	10.20
吨油利润（元）	513.09	328.08
资产总额（亿元）	68.39	78.19
收入（亿元）	205.97	166.25
利润（亿元）	18.21	11.73
税费（亿元）	73.08	73.67

【生产运行】 2021 年，庆阳石化深挖运行短板，密切产销衔接，从严控制成本，以市场为导向、以效益为目标，实施生产优化，优化常压、催化、柴油加氢装置操作，柴汽比实现 0.74—0.92 灵活调节，适应市场变化。强化生产指挥中枢统领，夯实以生产调度为核心的生产指挥系统，按照月度计划做好物料平衡核算，生产计划执行率 99.05%。高度关注丙烯、丙烷、液化气、苯小产品市场价差变化，催化丙烯收率同比提高 0.57 个百分比，苯产率提高 0.10%。全力增产高效产品，低凝柴油同比增加 5629 万吨，高效产品比例提高 1.51%。优化聚丙烯装置运行，聚丙烯收率同比提高 0.41%，推进聚丙烯新产品开发，试产超高流动、高结晶聚丙烯专用料 QY100G-1 和聚丙烯抗菌纤维料 QY40S，聚丙烯纤维料 Z30S 首次走出国门，出口土耳其、哈萨克斯坦等国，创效能力持续提升。开展常压电脱盐外排污水提标技术攻关，为平稳高效运行提供技术保障。强化浓水回收装置运行管理，产水 33.6 万吨。实施催化增压机和动力空压机 K2001 动态切换运行，有效控制主风机电流，催化主风机用电量同比减少 145 万千瓦·时。2021 年，庆阳石化产品种类日益丰富，各项指标均有大幅提高。

【安全环保】 2021 年，庆阳石化装置连续安全平稳运行 2370 天以上，创造成立以来最好水平。落实集团公司“排查隐患要彻底、治理隐患要果断、执行制度要严格”要求，完成 15 台工艺加热炉和 2 台动力锅炉专项检查，解决影响加热炉长周期运行瓶颈问题。排查隐患 880 项，其中 5 项重大隐患全部整改完成，问题治理率 99.4%。构建专业监督、第三方监督、属地监督、施工方监督、作业监护“五位一体”的网格化监督体系，对作业违章严考核硬追责，处罚典型问题 172 项，处罚业绩分值 47.7 分，处罚金额 4.34 万元，有效结合反违章和安全记分，形成高压态势，“三违”现象下降，全员安全意识提高，现场作业规范标准。《300 万吨级搬迁改造集中加工项目环境影响后评价报告书》在国家生态环境部完成备案。连续 3 年获集团公司质量健康安全环保节能先进企业、被列为庆阳市生态环境监督执法正面清单企业名单之首。

【设备管理】 2021 年，庆阳石化推行计划检修和预知性维修，狠抓检维修风险作业预约、检修工单管理和全过程管控，基本实现“无预约不作业，无工单不作业”目标。开展设备风险分级管控和隐患排查治理，仪表联锁投用保持 100%，自控率稳定在 98.5% 以上。装置日报警数量不超过 60 次，最佳达到全天“零报警”。全厂无运行振动在 C/D 区机泵，“无泄漏工厂”创建推进，电气抗晃电治理取得进步，设备本质安全水平提升，正在向“四年一修”目标迈进，首次获集团公司“装备管理先进单位”称号。

【科技创新】 2021 年，庆阳石化“无循环上流式液相加氢生产航空煤油技术工业试验”达到国际先进水平。废酸装置稳定运行 9 个月以上，醚化装置按节点一次开车成功。“催化裂化烟气 SCR 脱硝催化剂及配套技术开发与应用”获集团公司科学技术进步奖一等奖。“原油制低碳烯烃技术开发”项目在集团公司立项。征集大检修技改技措项目 26 项，论证可实施 12 项，完成 8 项。优化聚丙烯装置运行，生产出超高流动、高结晶聚丙烯专用料 QY100G-1，聚丙烯产品牌号达 10 个以上，Z30S 首次走出国门，出口土耳其、哈萨克斯坦等国。生产调和出满足国Ⅵ B 标准 92 号汽油，95 号汽油按Ⅵ B 标准合格出厂。

【提质增效】 2021 年，庆阳石化将提质增效作为推动高质量发展的长期性战略举措，从生产管理、控本降费、经营管理三个方面入手，增效1.91亿元。落实炼油与化工分公司“减油增特、减油增化”工作要求，改良催化剂配方，增产丙烯1.12万吨，增效3905万元。优化柴油加氢操作，增产加氢石脑油1.26万吨，增效1304万元。生产聚丙烯新产品4.07万吨，增效848万元，增产异构化油586吨、烷基化油2726吨，增效371万元。回炼污油、加强油气回收装置运行，增效755万元。加强水电气量化管理，多渠道开展节能降耗，增效1360万元。加强“三剂”辅材管控，压降成本费用129万元。通过争取享受直购电政策、优化电气系统运行方式等措施减少电费776万元。强化合同降本管理，防范招标过程风险，节支513万元。推广电子商业承兑汇票和集团公司票据池业务，节约财务费用220万元。修旧利废节支397万元、利库废旧节支289万元。开展仪器自检、组织突击队对4具柴油罐进行清理等工作，节支168万元。跟踪研判液化气、丙烷等小产品市场行情变化及后期价格走势，增效940万元。加强采购计划管理，推进物资标准化采购，节资2147万元；对标价格，压降甲醇采购费用，增效438万元。开展闲置资产处置工作，增效1297万元。

【依法治企】 2021年，庆阳石化推进治理体系和治理能力现代化，领导干部法律思维和全员依法合规意识增强，编制印发工作清单，明确8个方面38项主要任务，制定116项具体措施，推动战略、组织、运营等8大管理上水平。在推动健全完善党的领导、经理层成员任期制和契约化管理、优化调整组织机构等方面取得明显成效。改革三年行动有序推进，69项总体任务完成率95.7%，年度任务完成率127%。加强合规管理培训，制修订制度38项、各级培训制度279项。坚持规范招标，精细合同管理，招标率和合同管控指标超计划完成。党委发挥把方向、管大局、促落实作用，召开党委会39期，研究议题153项，未发生违规决策事项。

【人才强企】 2021年，庆阳石化推进“人才强企”工程，完善人才成长通道及配套制度，建立“生聚理用”人才发展机制，队伍活力有效激发。选聘高级专家2人，选拔任用干部9人，交流调整26人，退出领导岗位12人，40岁以下干部25名，占比30.49%，干部队伍优化。抽调2名优秀年轻干部到大型炼化企业挂职交流学习，为干部培养奠定实践基础。实施岗位分级分类管理，压减后勤内部机构3个，机关附属1个，外包辅助业务3个，劳务输出31人，新引进大学生26人，自然减员21人，用工总量较2020年底减少24人。制定《庆阳石化公司中层领导人员任期管理实施细则》《庆阳石化公司专业技术岗位改革方案》等制度，打通人才晋升通道。完成对28名高技能人才考核工作，将60%浮动津贴按考核结果发放，未通过人员取消浮动津贴。21人被授予技师资格，11人被授予高级技师资格，高技能人才队伍进一步壮大。

【企业党建工作】 2021年，庆阳石化贯彻落实全面从严治党主体责任清单，推进全面从严治党主体责任向基层延伸。围绕贯彻落实习近平总书记系列重要讲话精神，制定中共庆阳石化公司委员会“第一议题”制度，《党委学习贯彻习近平总书记重要指示批示精神落实机制》等。开展“转观念、勇担当、高质量、创一流”主题教育活动，开展石油精神和大庆精神铁人精神再教育再实践。完善党支部设置，优化党支部组织结构，压减整合基层党支部至15个，成立2个党总支。落实“双向进入、交叉任职”，配齐配强支部书记、副书记。实现基层党组织健全率、班组党员覆盖率、在岗党员教育学习覆盖率三个100%。推进“三基本”建设与“三基”工作有机融合，细化党建责任制考核细则，命名表彰1个示范党支部、3个优秀党支部、5个党员先锋岗和3个党员责任区。开展庆阳石化成立50周年系列活动，召开庆祝大会，编纂发放《庆阳石化志（2011—2020）》1500余本，组织庆阳石化创建50周年书画作品展、50年故事汇等丰富多彩活动，全方位、多角度、多层次向干部员工展示庆阳石化在党的领导下改革发展50周年取得的突出业绩、重大成果，激发员工弘扬“庆化精神”，为企业发展贡献力量的决心，企业的凝聚力、向心力增强。

2021年，庆阳石化坚持把学习总书记在党史学习教育动员大会上的重要讲话融入日常，掀起学党史、悟思想、办实事、开新局热潮。将党史学习教育部署与实际工作深度结合，通过党委会引领学、中心组交流学、纪委读书班辅导学、工团联动创新学、支部结合实际学、党员主动学6个层面学习，实现全员全系统广泛学习动员。组织党支部书记、党务工作人员到梁家河、杨家岭、延安革命纪念馆、枣园革命旧址等地；开展“红色电影”进家园活动，利用媒体矩阵，播讲革命故事，确保党史学习教育走深走实。印发学习宣贯党的十九届六中全会精神通知，制定24项具体措施，开展宣讲。领导班子带头学、深入讲，各基层党支部相继以“三会一课”、主题党日、党小组会等形式开展集中学习，将全会精神传达到班组、覆盖到全员。梳理员工群众“急难愁盼”问题，推动办实事活动取得实效，庆阳石化党委、各党支部办实事115项，增强员工的便利感、贴心感和幸福感。

【社会责任】 2021年，庆阳石化与庆阳市联合举办“石油工人心向党，共建美好幸福新庆阳”媒体开放日，向《中国石油报》《石油商报》等报送工作亮点、发展成果89篇。持续巩固拓展脱贫攻坚成果，为帮扶点乡村振兴捐赠150万元，消费扶贫119万元，干部员工爱心消费帮扶消费7.2万元。为庆阳市救灾、重建捐赠50万元，为西峰区、镇原县马渠镇等捐赠新冠肺炎防疫物资及资金52万元。平安庆阳建设工作被庆阳市政府评为优秀等次。

（邹宝应　王增权）

中石油燃料油有限责任公司

【概况】 中石油燃料油有限责任公司（简称燃料油公司）前身是中油燃料油股份有限公司，1997年1月成立，是中国石油全资子公司，主要从事重质进口原油自加工及产品销售，集团公司沥青、船用燃料油、油浆等炼油副产品统销以及石油焦提质增效，炼化企业二次原料互供，原油、沥青等套期保值工作。2021年底，员工1853人，在秦皇岛、佛山、温州有3个沥青生产企业，总加工能力425万吨/年；在江阴、湛江、青岛设3个仓储公司，库容总量322万立方米；在东北、华北、西北、华东、华中、华南、西南设7个区域销售公司，区域销售公司在各省（自治区、直辖市）设经营部；2010年设立研究院，进行特种沥青和重质原料加工研究工作；2019年新设浙江自贸区公司，专营船用燃料油业务。

燃料油公司主要生产经营指标

指　标	2021年	2020年
在营油库数量（座）	3	3
油库库容（万立方米）	282	282
自加工原油（万吨）	233	305
销售油品（万吨）	2112	4387
统销直属炼油厂小产品（万吨）	607	522
沥青销量（万吨）	865	1092
燃料油销量（万吨）	236	438
船用燃料油销量（万吨）	246	—
吨油费用（元）	73.49	24.42
收入（亿元）	713	1052
利润（亿元）	18.47	9.78

2021年，燃料油公司总销量2112万吨，其中沥青销量865万吨、燃料油销售236万吨、船用燃料油销量246万吨。营业收入713亿元、利润18.47亿元。

【转型发展】 2021年，燃料油公司根据发展形势，滚动完善“十四五”发展规划和转型发展方案，聚焦船用燃料油、沥青主责主业，提出将燃料油公司建设成为国内领先、世界知名的船用燃料油、沥青及其他炼油特色产品专业化贸易公司的发展目标。优化业务组织管理模式，精简2个职能管理部门，将原销售中心、资源处、调运处重新整合为资源、沥青、船燃及互供料、石油焦、期货、物流6个业务事业部，划小核算单位。设立信息部，突出信息技术的支撑服务。调整交流部分中层干部，逐步解决长期以来业务、人员过于集中和长期未轮岗问题。成立降本提质增效、基础管理提升、员工技能提升与薪酬改革、安全环保工作提升4个领导工作小组。在沥青厂设营销小组、科研小组，分别按50%考核比例挂靠销售公司和研究院。建立工资总额与净利润增长、为炼化业务协同创效挂钩的考核体系。通过公开竞聘方式选拔中层领导。完成三年改革行动方案的95%以上，在集团公司所属单位中名列前茅。

【营销业务】 2021年，燃料油公司贯彻落实集团公司市场营销工作会议精神，强化产销协调，优化产品结构，助力沥青厂扭亏脱困。建立以沥青产品为核心，纵向市场化、专业化，横向产销研一体化的“矩阵式”运行管理模式，对产品线上下游成本统一核算，资源统一优化，库存与期货统一运作。实现11类51个沥青品种销售，防水、改性及特种沥青销量占比提升3%—38%，增效65元/吨，贸易扩销42万吨。加大低硫船用燃料油市场开发，完成“做强舟山、走向全国”阶段目标，终端加注从1万吨/月提升至6万—7万吨/月，连续12个月稳居舟山小牌照企业第一。完成中船燃公司管理主体调整的交接工作，打通集团公司船用燃料油“统购统销”流程，完成船用燃料油业务统一经营管理所有准备工作。在集团公司向商务部递交大牌照资质申请的同时，加快广州、深圳、海南地方牌照申请。开展内贸互供业务，提供质优价廉二次原料，助力炼化乙烯芳烃装置满负荷加工。期货业务以控制最大亏损额为主要指标的风控体系，利用衍生品工具对冲风险，增效明显。

【生产运行】 2021年，燃料油公司下属江苏沥青厂停工，同时受地方政府限电影响，其余3家沥青厂大部分时间为低负荷加工。成功应对恶劣天气12次，突发限电事件3次，停晃电事件2次。根据生产经营计划科学合理安排各节假日及国家重要会议期间的生产运行工作，组织各单位提前准备加工原料及生产辅料，提前对接船期与销售计划。加强节日期间及敏感时期值班值守及员工巡检力度，非常规作业升级管理，确保生产运行工作安全平稳。组织董家口油库一次投产成功。

【仓储物流】 2021年，燃料油公司完成物流部组织架构优化改革，成立陆路优化、水路优化、仓储优化和综合效能4个小组，定位为3个利润中心和1个提质增效服务保障中心，通过业务复账和效益分析加强目标规划，实施精细核算管理，发挥物流一体化统筹，推进形成一纵多横优化布局，初步实现从“功能型”向“经营型”的转变。发挥自有库和合资库库容优势，抓住国际原油低价契机，拓展仓储租赁业务，通过灵活采取长租、延租、反租、临租等多种形式，加大外租力度，实现创效能力全面优化，成为创效支柱。

【科技创新】 2021年，燃料油公司利用科研优势，深化一体化协作，完成广州明珠湾大桥、云南红河特大桥等一批亮点工程，实现钢桥面浇注式沥青、钢桥面SMA高弹沥青等9个项目3471吨的特种沥青产品推广应用工作，完成“4个产品2500吨高端沥青产品推广”的目标任务；完成云南石化阻燃沥青产品的对外有偿技术服务。开展苏州防水院防水检测、云南石化红河大桥SMA高弹沥青研发等对外有偿技术服务；助力直属炼油厂“减油增特”，利用独山子石化渣油与乌鲁木齐石化F80调和改性，推动广西石化增产优质道路沥青及防水沥青产品。从原油筛选、生产工艺、产品定位、市场目标等方面，为华北石化转产沥青提供有效技术方案。申报发明专利6件，获集团公司炼化专业科技创新评比一等奖1项、二等奖2项。

【QHSE管理】 2021年，燃料油公司抓好基层QHSE标准化建设，提升规范化管理水平。建立每周一、三、五生产调度会协调沟通机制，利用事故事件资源，会前开展安全经验分享，研判作业风险。组织各生产班组每周半天、非生产单位每月半天安全生产学习，包括案例分享、经验交流、学习考试等，成效明显。实施“一机制两手段”（每周一、周三、周五协调沟通机制，QHSE技术服务支持和第三方监督）。修订《作业许可安全管理规定》等63个制度，新增《高危和非常规作业预约管理规定》等3个制度，建立覆盖QHSE各项工作的制度体系。坚持“三管三必须”原则，严肃QHSE责任考核和问责。全员层层签订安全环保责任状，建立各层级领导安全生产承包点并有效开展活动、开展为期3个月的“反违章专项整治”活动。推进8项炼油与化工分公司体系审核督办项目，实施新冠肺炎疫情常态化防控。

【提质增效】 2021年，燃料油公司按照年初制定的提质增效奋斗目标，提出发扬“干毛巾拧出水”和“努力到无能为力、拼搏到感动自己”的精神，开展降本提质增效，制定19项39条具体措施，各二级单位分解制订具体行动方案，按月进行阶段性总结，通报亮点和先进经验。深化应用“阿米巴”经营模式，划小核算单位，将业绩合同层层分解。完善激励考核，坚持与效益效率挂钩的差异化考核机制和净利润超额提成的工资总额增长机制，提升精准激励效能。向炼化优秀企业学习对标管理经验，开展对标提升行动，成立组织机构，明确责任分工和目标任务，找差距补短板。发挥财务的战略引领和价值导向作用，建立以各事业部为利润中心的预算分析体系。重视全级次亏损企业治理工作，对4家沥青厂从投资、采购、生产到销售、运输、仓储等各环节进行全过程控制，以增产防水卷材沥青为重点，加大防水、改性、特种等高附加值产品产量，促进减亏增效，完成炼化子集团净利润减亏目标。就江苏沥青厂装置停工和转型实际，平稳组织4批次100人跨单位余缺调剂，解决人员结构性矛盾。稳妥解除劳务用工，降本1300万元。完善研究院考核，开展对外有偿技术服务。

【合规经营】 2021年，燃料油公司梳理自查业务，包括且不限于业务权限、客户管理、合同签订及价格确定、财务结算、税收风险等。强化制度建设和合规管理，成立专项工作组，梳理305项制度，修订完成225项，制订客户管理办法，修订产品价格管理办法，成立客户管理委员会、客户信用管理委员会，调整燃料油公司内控与风险管理委员会。推进管销分离，强化前中后台业务管理，强化监督制衡。全面上收各项交易业务授权，集中在燃料油公司总部层面6个业务事业部和各职能部门，各司其职。为防范风险，采用“正面清单”方式，明确“做什么”“与谁做”“怎么做”“做多大”，其他按新业务流程，先论证后集体决策。推行标准合同文本，集中合同执行、财务结算。推行实物管控，做到业务、资金、实物“三流合一”。

【企业党建工作】 2021年，燃料油公司党委完善落实“第一议题”制度，重点学习习近平总书记重要讲话精神，学习贯彻党的十九届六中全会精神，通过组织全体党员对党的十五届六中全会精神进行默写，以检验学习成效，各级领导带头参加，都达到优秀标准，成效十分显著，并推广至生产经营、贸易营销、安全环保、合规管理等方面，全面提高全体干部员工的政治能力和业务能力，学用结合，全面打造学习型组织。落实“中央企业党建创新拓展年”专项行动要求，开展全国国有企业党建工作会议精神“回头看”，推进基层党建“三基本”建设与“三基”工作有机融合，狠抓基层党组织建设。发挥党委把方向、管大局、促落实的领导作用，完善“三重一大”决策机制，明晰党委会、执行董事办公会、总经理办公会等集体决策制度及流程。压紧压实管党治党责任，修订党委落实全面从严治党主体责任清单，制定6方面22条进一步加强党的政治建设重点措施，汇编全面从严治党实施依据制度文件74个。开展党史学习教育和“转观念、勇担当、高质量、创一流”主题教育活动，用党的百年奋斗伟大成就和历史经验指导工作，两级党委组织中心组学习研讨130次、652人次参加，开展专题读书班131次、1512人次参加，党员领导干部开展专题宣讲92次、受众1439人次；开展“我为员工办实事”活动，解决机关长期借调员工成长通道等“急难愁盼”问题181项。建立党员突击队、青年突击队等11个攻坚组，开展岗位实践活动。强化干部队伍建设，以防范精神懈怠、能力不足、脱离群众、消极腐败“四大危险”为着力点，对加强干部队伍建设提出具体工作要求。驰而不息整风肃纪反腐。强化政治监督，严格日常监督，职能部门纵向制约、季度联席会议横向协调的“大监督”格局形成；强化群众对干部的监督，考核测评维度从10个增加到23个；采取“一托三”形式，巡察3家基层党委和16个基层党支部；针对巡察发现的问题，利用6个周末，开展10项业务培训。

（王雪茹）

中国石油天然气股份有限公司润滑油分公司

【概况】 中国石油天然气股份有限公司润滑油分公司（简称润滑油公司）2000年12月19日成立，是油剂脂液产、研、销一体化的专业公司。2021年底，设兰州、大连2大研发中心，1个产品设计中心，1个检测评定中心，8个产销一体化公司，8个销售公司，3个专业公司，2个生产厂，5个事业部。资产总额80.1亿元，固定资产净值12.6亿元，员工总数3772人。

2021年，营业收入117亿元，利润1.26亿元，连续6年保持盈利；销售总量178万吨。

【品牌建设】 2021年，润滑油公司践行“军工品质、大国重器”品牌理念和“提升客户体验、为客户创造价值、守护青山绿水”3大新主张，借势建党百年、北京冬奥会等顶级热点事件，协调央视、新浪、搜狐等60余家媒体，通过中国品牌日、论坛、展会、冠名等活动，深挖昆仑润滑与生俱来的爱国基因、红色基因，赓续红色血脉，讲好品牌故事，自主发声、借势营销，提升品牌影响力。强化“双微一抖”建设，中央企业新媒体指数榜排名第七，石油石化行业排名首位，连续3年蝉联集团公司新媒体矩阵影响力综合排名第一；新榜指数稳居行业首位；百度指数153倍爆点、声量远超竞品；昆仑润滑微信指数10倍超竞品；获“中国年度影响力品牌”“可持续发展典范企业”“金旗奖市场公关活动金奖”等5项大奖。开通“昆仑润滑官方旗舰店”，通过“抖音”常态化开展直播带货，新媒体全平台粉丝突破100万+；与特变电工、国家能源集团、中船燃、中油技开等企业签署战略合作协议；品牌价值239.5亿元，较2016年增加104.6亿元，为中国制造、高端装备、关键核心技术注入磅礴力量。

【提质增效】 2021年，润滑油公司落实“四精”理念，开展“转观念、勇担当、高质量、创一流”主题教育活动，把提质增效专项行动作为长期战略性

润滑油公司主要经营指标

指 标	2021 年	2020 年
销售总量（万吨）	178	165.1
工业油销量（万吨）	31.6	29.1
车用油销量（万吨）	21.4	65.2
车用辅助产品销量（万吨）	49.7	29.1
特种油销量（万吨）	56.8	52.6
船用油销量（万吨）	3.8	3.4
润滑脂销量（万吨）	4.1	3.8
资产总额（亿元）	80.1	69.9
收入（亿元）	117	112
利润（亿元）	1.26	4.3
税费（亿元）	4.6	5

举措，制定 10 大攻关项目，实施 4 大类 59 个重点举措，向市场升级、管理升级要效益，实现提质增效 5.36 亿元，创造新的里程碑，为异常严峻的形势下实现盈利，奠定坚实基础。开展扩销增量和提质创效，工业油增量增效 2208 万元、车用油增效 296 万元、车用辅助产品增效 3285 万元、特种油增效 1.05 亿元；加强与顺丰多维度合作、优化运输方式、降低铁路运价，增效 2820 万元；优化车用辅助产品委托加工布局和过程管控，增效 2674 万元；加大产品开发、配方优化、工业转化力度，降本增效 6821 万元；加强税收筹划和税率优化，增值税进项抵扣 511 万元，研发加计和高新技术企业减税 1345 万元；拓宽再生基础油采购渠道和应用范围，增效 1880 万元；深化资金集中管理和紧平衡管控，“两金”指标完成率 107%，财务状况健康良好。

【深化改革】 2021 年，润滑油公司贯彻国企改革三年行动和国务院国资委“双百行动”方案，落实集团公司关于深化体制机制改革的意见，71 项改革三年行动重点任务，完成 69 项，整体完成率 97%，超额完成 70% 目标；38 项“双百行动”改革任务，完成 32 项，整体完成率 84%；完成所属单位及领导人员任期制和契约化管理，提前实现户数人数 100% 全覆盖；在工业行业、特种油、脂液剂等主营业务上，将“直线职能式”调整为“事业部”制，以 5 大事业部为改革先锋和样板，实施“揭榜挂帅”，收入最大差距 2.4 倍，三项制度改革取得实质性突破；推进“1+N”科研体系、数智营销、智慧工厂、数字管理“四大平台”建设，为打造世界一流高科技企业提供坚实保障。

【科技创新】 2021 年，润滑油公司贯彻落实集团公司科技与信息化创新大会精神，围绕“国之重器、绿水青山、新能源”3 条主线，完善“十四五”科技规划，聚焦“战略研究、基础研究、应用研究”3 个层次，制定 4 个方面 8 个领域 15 项攻关项目的“4815”攻关目标；重构科研体系，组建研发中心、产品设计中心和检测评定中心 3 大科研模块，推进以研发总院为一核，研发中心为两翼，检测评定中心、设计中心为两轮的“一核两翼双轮”科技创新体系，打造以 3 名首席技术专家、12 名企业技术专家、30 名一级工程师为核心的科研队伍；四冲程航空发动机油、合成脂基础油等“卡脖子”和“撒手锏”技术取得实质性突破，推出 72 种添加剂产品，首个自主柴油机油 D1 规格写入国标，城轨齿轮箱油、兆瓦级风电脂、地铁牵引电机脂等多领域自主技术研究取得突破性进展；申请专利 48 件，发布行业及团体标准 9 项、集团公司企业标 2 项，参与国家标准 1 项、石化行业标准 6 项；获集团公司“科技创新型企业”“科技工作先进单位”“科技创新团队”称号，1 人获“杰出青年创新人才”奖，2 人获评科技先进工作者，1 人获第十三届侯德榜技术奖青年奖；获中国化工学会技术发明奖一等奖，集团公司科学技术进步奖三等奖，石油化学工业联合会专利金奖，炼化科技创新青年论坛最佳奖及一等奖、二等奖、三等奖各 1 个。鼓舞干部员工的士气，坚定科技自立自强的信心和底气。

【公司治理】 2021 年，润滑油公司落实集团公司关于推进公司治理体系和治理能力现代化的指导意见，优化完善结构、组织、运行、制度、监督和党建“六大体系”，把党的领导融入治理体系，建立健全党委会、执行董事办公会、总经理办公会“三个议事规则”和“五清单一流程”（党委前置研究重大事项清单、党委会决策重大事项清单、执行董事办公会决策重大事项清单、总经理办公会决策重大事项清单、分管领导及职能部门经营管理事项清单，重大事项决策流程）机制，各治理主体职权范围及权限规范化、程序化。全面完成“十四五”规划编制，获集团公司规划纲要编制三等奖；完善市场化激励约束机制，创新实施全产业链考核机制，中层领导人员最大差距超过 2 倍，技术和销售人员最大差距达 2.5 倍；建立常态化风险防控监督机制，HSE 体系审核全面开展，一批重大安全环保隐患得到整改清除；高度重视员工生命安全和身体健康，开展员工差异化体检、健康风险评估和干预，抓好常态化新冠肺炎疫情防控，员工疫苗接种率 96%，快速反应打赢突发疫情阻击战，及时帮助员工及家属解决突发情况，切实保障员工及家属生命安全和身体健康。

【企业党建工作】 2021 年，润滑油公司把政治建设放在首位，落实“第一议题”制度，学习贯彻习近平总书记最新重要讲话精神，党员干部捍卫“两个确立”、做到“两个维护”的自觉性坚定性持续增强。制定党建工作 5 个方面 20 项工作要点和 5 个方面 68 项重点措施，深化“2224”（“两学、两抓、两查、四讲”）党建工作法，以“爱党、爱国、爱昆仑润滑”实践活动为载体，创新开展系列活动，分别获集团公司党史竞赛和歌咏比赛一等奖，涌现出全国优秀共产党员、央企楷模、全国央企先进基层党组织、央企劳动模范、集团公司基层党建“百面红旗”及优秀党员和模范党务工作者等一大批先进典型，党建“压舱石”和“动力源”作用发挥。落实“中央企业党建创新拓展年”部署，构建立体化、系统化“大党建”工作格局，完成国务院国资委党委党建现场印证检查，党建工作得到检查考评组一致认可。

（任建伟）

中国石油天然气股份有限公司石油化工研究院

【概况】 中国石油天然气股份有限公司石油化工研究院（简称石化院）是根据集团公司党组和股份公司管理层的决定，于 2006 年 6 月在原股份公司炼油化工技术研究中心基础上组建的直属炼化科研机构，是集团公司炼化领域唯一直属研究院。2019 年 12 月，为适应发展需要，注册中国石油集团石油化工研究院有限公司，具备独立法人资质。总部位于北京，下设兰州、大庆 2 个研究中心，北京院部设新材料、生物化工和氢能 3 个研究所，8 个研究室、7 个职能处室、5 个支持服务中心。2021 年底，有 1113 名员工，石化院首席专家 10 名、技术专家 19 名；教授级高级工程师 43 名，高级工程师 519 名，高级职称人员占 51%；硕士以上学历占 53%，博士占 15%。聘请院士 4 名，设立院士工作室 2 个。

石化院主要从事炼油化工催化剂和工艺研发，新能源新材料技术研发，合成树脂和合成橡胶等新产品开发，清洁生产技术开发、产品标准化和质量检测、知识产权与决策支持研究等。建院以来，围绕集团公司炼化业务发展需求，推进新技术研发、推广应用、新产品开发等工作，炼油全系列催化剂、化工重点催化剂研、清洁生产技术取得突破，自主技术覆盖 85% 炼油过程、65% 化工过程，开发 100 余个高附加值化工新产品，新技术推广应用到国内外 50 余家企业 170 余套工业装置，有效支撑炼化转型升级和高质量发展。

石化院固定资产 22 亿元。有包括原子级分辨球差校正透射电镜、24 通道加氢催化剂制备系统等在内的高水平的装置设备 1000 多台套；内设有催化裂化催化剂及制备工艺等 5 个石化行业重点实验室，清洁燃料等 5 个集团公司重点实验室和工程研究中心，聚烯烃催化剂与工艺工程等 5 个关键领域试验基地，国家合成橡胶质量监督检验中心等 4 个国家级技术机构，炼化清洁生产中心等 6 个集团公司级技术机构，合作建设石油石化污染物控制与处理国家重点实验室，有 5 个 CNAS/CMA 双资质认证机构。与国内外知名高校和科研院所开展合作研究，与炼化企业和工程设计单位建立技术合作联盟，构建创新联合体，与重点客户建立产品开发战略联盟，开展国际交流，拓展国际业务，打造利益共同体、命运共同体。

2021 年，石化院获省部级以上科技奖励 20 项，牵头的“催化裂化汽油超深度加氢脱硫—烯烃分段调控转化成套技术”获国家科学技术进步奖二等奖。获集团公司“科技工作先进单位”称号。

【新能源新材料研究】 2021 年，石化院贯彻落实集团公司董事长提出的石化院要“在新材料、新能源、新产品方面形成自己的特色”的指示要求，5 月 18 日成立氢能、生物化工和新材料 3 个研究所；12 月 28 日，揭牌成立中石油（上海）新材料研究院有限公司；完成新材料试验基地项目建议书及 14 个新能源新材料投资项目可行性研究编制，筹建日本新材料研究中心，创新平台建设进入新阶段；完成“十四五”新材料业务发展规划、新领域 48 个科研项目立项；石化院设计、采购的 500 米 ^{3}/时副产氢橇装提纯试验装置在华北石化投产，生产出中国石油第一车燃料电池汽车用氢气；生物可降解塑料（PBS）采用自主开发的催化剂完成放大试验，产出合格产品，在昆仑好客试用，新领域研发驶上“快速路”。

【**成套工艺技术开发**】 2021年，石化院完成高品质α–烯烃生产技术工业应用“1号工程”（每年要集中攻关的重点项目）。1–丁烯/1–己烯生产成套技术在榆林、塔里木乙烷制乙烯两个国家示范工程项目应用，实现连续稳定运行。其中，“灵活切换生产1–丁烯/1–己烯成套技术”获中国石油十大科技创新成果，在2021年集团公司科技与信息化创新大会上发布。建成千吨级1–辛烯工业示范装置。

【**国家项目和公司重大科技专项**】 2021年，石化院合成橡胶、润滑油2个国家项目取得突破，其中“高性能合成橡胶产业化关键技术”项目完成官能化溶聚丁苯橡胶工业试验，对中国橡胶工业和轮胎产业具有重要意义；“高性能润滑油生产关键技术攻关及应用”项目实现万吨级低黏度PAO连续清洁生产成套技术工业示范装置开车成功，产出合格产品。申报国家重点研发计划项目课题9个。推进“生产化工原料和特色产品新技术”“聚烯烃新产品”2个集团公司重大科技专项，新立项“油田用化工新材料”“二氧化碳捕集利用与封存”2个专项。

【**重点工业试验**】 2021年，石化院渣油加氢催化剂在中国台湾中油应用，全面达到指标要求；连续再生重整催化剂在乌鲁木齐石化工业试验成功，中国石油炼油主体催化剂研发圆满收官；单反应器柴油加氢精制—加氢裂化组合催化剂在大港石化应用；全球首套1000吨/年超重力硫酸烷基化示范装置在辽阳石化一次开车成功，入选中国石油十大科技进展；乙烯裂解炉管自清焦涂层技术在大庆石化开展先导性试验；茂金属聚丙烯催化剂（PMP–02）在哈尔滨石化完成工业试验；电容膜聚丙烯在兰州石化完成工业试验；电子级大中空聚乙烯催化剂（PLE–01）在抚顺石化工业试验成功。

【**重点项目攻关和储备技术研究**】 2021年，石化院开发出催化裂解多产低碳烯烃催化剂及工艺技术；完成茂金属聚乙烯催化剂等重点项目攻关目标；开展12项国际合作项目；完成10项储备技术研究的年度目标。

【**技术推广**】 2021年，石化院9大类技术在42套装置上实现应用。完成9个催化裂化催化剂研发及工业生产，新开拓5套应用装置，在加拿大、哈萨克斯坦等海外市场应用；配合抚顺石化、格尔木炼油厂完成汽油加氢催化剂再生和开工，脱砷剂在抚顺石化、吉林石化推广应用；催化轻汽油醚化技术在庆阳石化应用；配合吉林石化、云南石化完成柴油加氢精制催化剂再生和开工；石蜡加氢催化剂在抚顺石化再次应用；裂解汽油加氢催化剂新中标8家企业14套装置；烷基化原料预加氢催化剂在大连石化应用；醛加氢催化剂在齐鲁石化等2套装置应用；烟气及工艺尾气脱硝技术在吉林石化、抚顺石化等10套装置推广应用；开展技术交流，为大连石化、吉林石化、广西石化炼化一体化项目提供技术支持；重油四组分和近红外快速分析技术签订推广合同12台套，开创“专利+标准”的自主创新技术推广应用新模式。

【**技术服务与战略支持**】 2021年，石化院原油评价实验室建设和运营管理不断完善，向集团公司总部及炼化生产、销售、设计、研发等36家单位开放应用；裂解原料评价和优化为大庆油田、大庆石化等提供数据和技术支持；炼化装置专家诊断系统在云南、广西石化等陆续投入运行；3篇专题报告被中办、国办、国资委采用，为国家部委提供决策支持。

【**新产品开发**】 2021年，石化院自主开发超高流动透明聚丙烯RPE100I等D类产品16个，配合企业首次投产聚乙烯大中空专用料8255A等C类产品12个，改进B类产品22个、扩量扩销A类产品8个，产量超过25万吨，助力企业提质增效。

【**平台建设**】 2021年，石化院科研实验平台建设取得新成果。牵头申报高性能合成橡胶和石油基储能碳材料2个国家重点实验室，启动建设集团公司氢能重点实验室、聚乙烯装置智能化虚拟工厂等4个研发平台；申报石油和化工行业线型α–烯烃产业技术创新中心；投用50千克/时淤浆聚乙烯中试装置；完成百吨级PAO中试试验装置、百吨级乙烯低聚合成α–烯烃中试装置等设备安装；300千瓦分布式光伏发电项目实现并网；高洁净实验室、分离平台实验室等完工。智慧研究院建设步伐加快。入围中国石油首批数字化转型智能化发展试点单位，围绕智慧科研、智慧知识、智慧服务3条业务主线，规划13个业务场景和17项系统开发应用，完成实验室信息管理系统（LIMS）国产化开发、电子实验记录系统（ELN）一期建设，条件保障管理信息平台优化，推动科研模式创新和科研效率提升；作为集团公司综合办公管理平台首批试点单位，实现上线并稳定运行，为系统推广应用提供重要支持。检验中心建设成绩亮眼。合成树脂质量检验中心、石化产品检验中心、化工产品质量检验中心、石油产品质量监督检验中心等4个检验机构通过CNAS资质认可，首创国内同年获4个CNAS认可的纪录，有5个CNAS/CMA双资质认证机构，形成双资质认证检验机构群。

【人才强院工程】 2021年，石化院启动实施人才强院工程。出台《石油化工研究院党委人才强院工程实施方案》，实施组织体系优化提升、人才价值提升、分配制度深化改革、人力资源优化配置、“三强”干部队伍锻造等5项工程，配套完善“生聚理用”4项机制，激发科研活力动力，夯实高质量发展根基。

优化升级人才结构。引进7名高层次人才，申请中关村高新技术企业，首批3名博士后进站，完成50名毕业生公开招聘；启动第2期专业技术岗位评聘，建立完善7个层级管理序列通道，完成70余名副高级职称评审，打造支撑引领创新发展的高精尖人才队伍。

加强干部队伍建设。加大后备干部储备力度，建立以优秀年轻干部为主体的73名后备干部人才库；加大年轻干部选拔和交流力度，提拔10名中层干部，调整交流干部7人，选派1人到吉林石化挂职交流；完成63名中层领导干部岗位聘任协议和任期经营业绩责任书签订，逐步建立全面契约化管理责任体系。

【管理提升】 2021年，石化院管理创新实现新提升。深化科技体制机制改革、扩大创新团队试点，在兰州中心和大庆中心组建3个所级创新团队，打造科技创新先锋队。针对新领域成立3个研究所，探索“一套班子、两个机构”运行机制，在实验室建设、项目立项、申请经费、人才引进、人员调整、设备共享等方面给予重点支持，打造科技创新“特区”；优化完善科研成果推广及创效转化机制，增设院优秀标准奖、创新团队奖和科技成果转化创效奖等单项科技奖励，激励科技创新、推广创效。

推进安全环保和新冠肺炎疫情防控。创新QHSE标准化、信息化管理方法，落实全员安全环保责任制，夯实职业健康管理基础，建成风险分级管控和隐患治理双重预防机制，辨识各类岗位风险1264项，整改QHSE问题及隐患266项；做好疫情防控常态化工作，召开13次领导小组会议，组织集中疫苗接种9次，两针接种率近100%，推进疫苗加强针接种，全面加强人员管控，持续保持“四个零”目标。

提高财务管理能力。适应集团公司总部科研预算及考核机制改革，按照全面预算管理要求编制2022年预算，推进科研项目全成本预算落地实施；实现2021年当年利润为正目标；开展“科研攻关、成果推广、管理提升、控本降费”4项行动，打造提质增效“升级版”；开展财务大检查、会计信息质量专项整治，会计基础工作全面加强；配合昆仑数智开发加计扣除软件（1.0），并首家成功应用，提高统计准确率和工作效率。

知识产权及标准化工作实现新突破。作为集团公司首个试点单位，建立知识产权双贯标体系，完成认证审核工作，有条件推荐双认证；完善知识产权管理体系，新申报专利首次突破400件，发明专利占比98%，5件国外专利申请通过公司论证；“国家技术与创新支持中心（TISC）”通过世界知识产权组织（WIPO）认定，并授牌正式运行。强化标准战略布局，首次一年内主导制定发布国际标准2项，也是集团公司当年仅有的2项牵头制定的国际标准，参与修订发布国际标准1项；发布国家标准7项、国家标准物质3项、行业标准11项；新注册ISO技术专家8人，打造高质量标准化人才队伍；组建全国塑料标准化技术委员会碳中和工作组，抢占标准高地，提升行业主导力和话语权。

依法合规治企取得新进展。严格执行涉法事项法律论证办法，总法律顾问100%参与重要涉法决策事项；建立全过程高效率合同监管模式，合同管理水平持续提升；制修订规章制度32项，管理体系进一步完善；配合开展2项集团公司重大专项审计，完成内控自测和集团公司管理层测试，筑牢合规管理基础；落实保密工作责任，连续3年未发生敏感信息外发事件；制修订重点工作模板153个，促进文化传承和规范管理。

2021年，石化院首次获批承担集团公司管理创新研究与实践项目1项，获石油石化企业管理现代化创新优秀成果三等奖1项、优秀论文二等奖1项、三等奖2项。

【企业党建工作】 2021年，石化院党的建设展现新作为，科研特色党建体系更加完善。落实“第一议题”制度。以科研周例会、中心组学习、党支部书记例会等形式，第一时间跟进学习习近平总书记最新重要讲话和指示批示精神等，学习领会习近平新时代中国特色社会主义思想；编制《学习参考》，供领导及各级干部学习，全院学习42次，中心组学习研讨14次，确保“第一议题”制度深入落实。

党史学习教育深入开展。以中国共产党简史、“七一”重要讲话、党的十九届六中全会决议等为重点内容，开展专题学习、专题宣讲、专题培训、研讨交流。把党史学习教育同“转观念、勇担当、高质量、创一流”主题教育活动结合起来，安排9个方面38项重点工作，规定动作做扎实、自选动作有特色；围绕庆祝中国共产党成立100周年，开展“传承红色经典”系列活动120余次；表彰“两优一先”、优秀党员和优秀党务工作者标兵等90多人；重油加工党支部获集团公司基层党建“百面红旗”、中央企业“先进基层党组织”称号。

全面从严治党深入推进。组织开展廉洁风险点排查，逐级签订党风廉政建设责任书259份，做到全覆盖；开展“四外”（对外采购、对外协作、外委加工、业务外包）和“三公”（办公用房、公务用车、公务接待）业务专项巡察，发现各类问题31个，举一反三开展自查整改；严格落实中央八项规定精神，加强经常性警示教育，纠治“四风”，打造清正廉洁的科研队伍。

基层党组织建设持续强化。坚持党支部书记例会制度，强化“三会一课”检查督导，举办1期支部书记、党务干部培训班，分5个方面、25项内容对35个党支部进行评价考核，促进提升基层党组织建设水平。打造“党建元素+支部特色+发展创新”品牌，成立5个党员突击队，建立25个党员先锋岗，党员模范带头作用有效发挥。

【企业文化建设】 2021年，石化院企业文化建设呈现新风貌，增强干事创业合力。

庆祝建院15周年系列活动丰富多彩。组织完成“15周年院志”、院史展览室、成果展、《我与石化院共成长》文集、高端学术论坛、书美影展、文创设计和青年论坛等16项系列活动，展示石化院建院以来的重要成就和科研人员的精神风貌。

文化引领作用充分发挥。弘扬石油精神和科学家精神，推进诚信文化建设；承办首届中国石油炼化科技创新青年论坛，6项成果全部获奖，被授予集团公司“青年创新工作室”；举办第四届“五四青年学术论坛”，营造和谐向上的文化氛围。连续两届获“首都文明单位”称号。

关心关爱员工举措全面落实。协调解决职工代表提案和员工意见建议，分4个方面制定22条措施，逐一分解落实。开展“送健康到基层”活动，进行应急急救知识培训，配备必要的应急药品，组织员工健康体检和健康风险评估。为员工发放口罩、消毒液等新冠肺炎防疫物资，做好防疫保障等工作；优化改善员工工作生活条件；完成集团公司定点消费扶贫任务，看望慰问患病及困难员工等180多人。

（韦栋宝）

中国石油天然气股份有限公司东北化工销售分公司

【概况】 中国石油天然气股份有限公司东北化工销售分公司（简称东北化工销售）2006年6月成立，主要负责中国石油东北地区11家炼化企业化工产品销售、东北区域外销售产品调运组织和区域产品互供管理等业务，销售产品广泛应用于塑料、纺织、橡胶、化工、医药、农业等行业。东北化工销售机关驻地在辽宁省沈阳市，下设机关职能部门15个，基层分公司7个。合同化员工总数401人，固定资产总额9.12亿元。

2021年，产品销量841.6万吨；收入485亿元；利润 3.61亿元；调运量1362.1万吨；各项KPI指标全部超额完成，产品销量、调运量、营业收入创出历史新高。

东北化工销售主要经营指标

指　标	2021年	2020年
化工产品销量（万吨）	841.6	765
调运量（万吨）	1362.1	1288
进销率（%）	100.19	101.56
直销率（%）	86.2	82.55
价格对标缩差（元/吨）	–128	–239
资产总额（亿元）	27.90	25.59
收入（亿元）	485	333
利润（亿元）	3.61	3.81
税费（亿元）	1.55	1.24

【市场营销】 2021年，东北化工销售激发全员市场意识，抓资源、抓渠道、抓策略，推动增销增量，抓住应对市场的主动权。

坚持资源为先。把握以销定产、以产促销原则，按照橡塑产品规律性排产清单和企业装置运行情况，密切产销协同，及时反馈市场新动向，形成共同应对市场的合力。严肃计划刚性执行，加强计划兑现率的双向考评，强化周预警、周通报、周讲评机制，销售计划执行率持续稳定在90%以上。针对锦州石化、锦西石化芳烃、辽阳石化聚丙烯等新增产能，超前对接产品计划、流向、运输相关事宜，确保新增产品有序衔接、平稳出厂。拓展扩销业务，打通海国龙油公司聚丙烯采销流程，签订大庆石化石脑油框架协议，推进中粮公司燃料乙醇、大庆亿鑫混合二甲苯、营口向阳 PP 粉料扩销，移交接收大庆亿鑫下游客户 11 个，实现扩销增量 20.64 万吨，创效 364 万元。

坚持市场为本。以打好固体阻击战、液体歼灭战为工作主线，推进市场网格化建设，开展“一品一策、一户一案、一地一策”差异化、定制化营销模式，由近及远梯次饱和推进，新增盘锦北方沥青等工业直供户 144 家。深化对市场的摸底研究，开展针对东北区域市场、化工产品细分市场、化工产品布局突变有效应对的动态研究，建立完善东北区域主要化工产品供需数据库，制定客户动态月报 12 期，为市场营销的开展争取主动。围绕高效产品牌号目录针对性强化市场开发，分品种细化任务措施，实现高效产品销量 16 万吨以上，同比增长 3%。与生产企业开展高性能橡胶、高压电缆料、聚丙烯车用料等差异化专用料对接，对大庆石化 2820D、抚顺石化 CPP0830 等 16 个新产品进行重点推介，实现新产品增量 10601 吨，增效 200 万元。

坚持客户为上。发挥大客户“压舱石”作用和示范带动效应，加深与恒力石化、盘锦金田、盘锦联成等市场知名度高、影响力强龙头客户的战略合作，强化保供优供、物流配送、技术服务等方面的扶持力度，与各产品龙头客户的销量占比提升 2%。把握“客户发展我发展”原则，高效解决销、用环节各类问题 200 余次，提升客户的合作信心，用户满意度 98%。制定客户开发培育标准流程和专项激励机制，优化客户结构，保证有限资源向优质市场、优质客户倾斜，整体直销率提升至 86.2%。建立客户评价体系和模型，对客户采购量、贡献率、计划执行率、拿货稳定性、企业成长性等方面进行动态跟踪评价，促进销售渠道质量和均衡销售水平有效提高。

坚持价格为要。加大对市场趋势的捕捉和研判力度，强化行业指数、期现对比等信息分析，为业务决策提供第一手依据，完成东北地区新增产能报表 40 余期、日信息早报 236 期、扩销产品专项信息日报 173 期。系统梳理价格制度和操作流程，优化冗余环节，明确责任界定，调整流程 15 个、取消表单 6 个，审批界面由最长 9 岗位缩至 2 岗位。建立产品量价配合、价格到位率跟踪考核双模型，提升营销过程管控水平，分析讲评周量价配合 60 余期，橡塑产品量价配合月提升 10 元 / 吨以上，月增效 80 万元。依托价格缩差专项分析，优化调整苯乙烯、聚丙烯、丙烯、混二甲苯等 12 大类产品价格策略，增效 6408 万元。2021 年，东北化工销售缩差考核完成 –128 元 / 吨，比考核指标高出 11 元 / 吨。

坚持特色为翼。发挥电商业务发现客户、发现价格的重要作用，拓展业务范围，新上线牌号 52 个、增量 3.75 万吨、增效 282 万元；线上交易 42.33 万吨，新入网客户 122 家，高出底价创效 4061 万元，位居化工销售系统首位。石蜡营销围绕产销对接、资源平衡、渠道建设发力，产品首次全面覆盖国内五大蜡烛加工企业，客户渠道质量不断向好，国内外市场占有率和市场话语权稳步提升。2021 年，销售石蜡产品 113.91 万吨，同比增长 13.5%；顺势高频、宽幅推涨价格 30 次，提价 2500 元 / 吨，增长 142.7%；标杆产品抚顺石化 58 全精炼石蜡逐步成长为引领价格的行业龙头；裂解价差保持在 2979 元 / 吨的历史较高水平，同比增长 35.8%，位居炼油小品种第一位。

【调运组织】 2021 年，东北化工销售突出产销运储整体协同运作，把握效率、追求效益，助推营销主业快速发展。

精心组织运力优化。以满足销售、服务市场为标准，加强物流结构分析，最大限度争取铁路资源，探索和尝试高效低成本的运输方式，向区外调拨统销产品 542.4 万吨，公铁海运输比例为 8∶51∶41。将华东方向的大庆石化腈纶大包装产品由公路汽车运输改为铁路 P65、P70 型棚车运输，降费 202 元 / 吨，创效 251.8 万元。发挥大连万安库一体化招标优势，降低运输成本，创效 60.65 万元。针对年初沈阳、营口新冠肺炎疫情突发局面，解决疫情期间集装箱紧张、海陆运输全线停运限运问题，保证了生产企业的后路畅通和前沿的市场需求。

精细挖潜销运配合。树立“大物流”理念，推进仓储布局优化调整，相继在丹东、长春等地开展仓储库房调研评估，提高市场营销辐射度和运输周转效率，适应市场客户需要。以解放劳动力、降低包装成本为目标，推进大庆石化、吉林石化、抚顺石化、大庆炼化合成树脂散船运输新模式。探索实施大连石化甲苯根据目标市场价格倒减流通费用的竞拍模式，最大限度上推成交价格，销售甲苯 11 万吨，创效 255 万元。以服务营销为方向，针对性加强营口烷基苯储罐液袋集装箱的装车能力，实现公路降费 31 元 / 吨，创效 117 万元；仓储转运降费 34 元 / 吨，创效 128.4

万元。与辽阳石化、中油运输、大连逸盛开展多方合作，打通辽阳对二甲苯公路运输流程，装运12.59万吨，节省运费868.7万元。

精准管控运输质量。强化物流节点管理，从装车、封车、卸车、搬运等各个环节入手，提升工作质量，减少商务纠纷。2021年，发生商务案件5679起，商务量482.42吨，受理质量投诉16起，商务发生率0.09‰。深化危险化学品运输管理，严格车辆运输资质和现场充装作业审查，审核车辆2000余台次。重点梳理铁路棚车运空亏吨问题，对锦西石化聚丙烯铁路棚车亏吨开展针对性调研，密切跟踪并逐步排查包装物、装车作业等因素影响，提高各车型装载量。

【企业管理】 2021年，东北化工销售坚持“管理持续提升”总基调，以改革创新和对标提升为驱动，落实精细管理，增强企业发展生机与活力。

改革创新取得新突破。推进东北化工销售改革三年行动实施方案，高质量、高标准闭环销项，完成改革任务36项，占比95%。深化大部制改革，推进扁平化管理，三级机构压减14.89%、机关部门精简6.25%，管理效率得到有效提升。推行客户经理制和产品经理制，率先在橡塑产品线试点运行，以责权利工作分配图精准指导业务开展，橡塑产品销量同比提升1.36%、直销率提升8.5%，营销机制改革初见成效。加强绩效考核管理，研究制定《全员绩效考核工作指导手册》《销售增量专项考核奖励办法》，强化新产品开发、党建工作等专项考核提升方案，实现差异化分配，月份同岗位分配差距达20%以上，员工积极性得到充分调动，人均销量同比提高14.88%。

对标提升迈上新台阶。完成东北化工销售“十四五”规划编制，打造符合东北化工销售特点的高质量发展指标体系，构建企业中长期发展蓝图。坚持目标导向、问题导向，常态化开展横向、纵向、内部“三个维度”对标，加强组织领导，落实工作责任，34项对标提升任务全部完成，完善营销机制、优化管控模式、梳理业务流程等方面工作迈出重要步伐。

依法治企呈现新气象。按照“点连成线、体系运行、闭环管理”原则，从细处入手、向实处着力，制修订规章制度89项、工作流程64项，确保企业管理水平螺旋式提升。推进安全生产专项整治三年行动，做好新《安全生产法》学习宣贯，开展安全专项督导检查6次，查改问题6项，提出改进建议5项，通过QHSE体系全要素现场审核工作，得分率排名化工销售公司首位。开展“八五”普法宣传教育，组织各级干部员工参加法治培训2656人次，增强全体干部员工的法治意识和法治思维。开展合同管理问题专项治理，签订合同1429份，平均审查用时2.23天、效率同比提升19.5%，年度事后合同数量首次清零。开展保密宣传周、网络安全宣传月活动，签订保密责任书、保密承诺书400份。

提质增效取得新进展。贯彻集团公司打造提质增效“升级版”决策部署，聚焦“增量、降本、精品、推价”四大创效工程，制定7大类36项57个具体举措，工作进度大幅超过预期，为公司创效1316万元，为生产企业创效7932万元，累计创效9248万元。

【企业党建工作】 2021年，东北化工销售坚持“围绕中心抓党建，抓好党建促发展”，增强企业凝聚力和向心力，党委连续3年在集团公司党建工作责任制考评中获评A级。

思想政治建设全面加强。落实“第一议题”制度，组织开展“四史”及党的十九届六中全会精神学习教育115次，理论研讨68次。发挥党委“把方向、管大局、促落实”的领导作用，围绕经营管理、改革发展等重点任务，召开党委会24次，研究决策“三重一大”事项26项。

党史学习教育扎实推进。着力党史学习教育走深走实，弘扬伟大建党精神，开展专题党课61场，受众925人次。实践“我为员工群众办实事”，征集意见建议148项，确定重点民生项目6项。开通门户、报纸等专栏，编发党史学习教育简报11期、指导意见30期次。主要领导带头学理论讲党史、头雁“四学”模式等经验被集团公司简报采纳推广。

大抓基层导向有效落实。坚持重心下移抓牢基层，统筹推进基层党建“三基本”建设与“三基”工作有机融合，促进党建工作科学化、规范化、常态化水平提升。突出比学考评、示范引领，开展创新创效齐攻关项目33项，共产党员先锋工程24项、优秀党员示范岗32个，机关第五党支部“打造石蜡示范工程”攻关项目入选集团公司基层党建百篇案例。

干部队伍建设持续加强。坚持德才兼备、以德为先的选人用人导向，配齐配强机关处室和分公司领导班子，提拔调整中层领导人员21人。研究制定《东北化工销售岗位交流暂行办法》，建立常态化岗位交流机制，盘活存量员工，完成岗位交流调整88人，岗位交流率22.1%。培养优秀年轻干部，提拔45岁以下干部5人，占比35.7%，干部队伍结构得到优化。

党风廉政建设不断深化。开展5家分公司巡察工作“回头看”，对巡察效果再督查、再评估、再问效，规范工作24项，提出整改建议23条。巩固落实中央八项规定及其实施细则精神成果，纠治“四风”问题，为基层减负。开展扩销管理专项审计，发现问题11个，提出审计意见5项，为合规经营、高质量发展保驾护航。

企业文化建设成果丰硕。举办“迎百年、祝心声”心愿祝福传递、“心中有话对党说”、参观红色教育基地等系列活动，高质量拍摄党建成果纪实片，向建党百年献礼。把控意识形态主阵地，发挥“一报一网两微”媒体传播平台作用，宣传先进典型和先进经验，对内、对外发稿908篇，人均发稿2.3篇。

群团组织工作广泛开展。畅通民主管理渠道，征集“为民、创效”金点子合理化建议30条，2项班组创新创效攻关项目被集团公司采纳。以“暖心”建设为重点，开展扶贫帮困送温暖活动81人次，投入帮扶慰问资金18.7万元。组织送温暖到社区、巾帼助学等公益活动，引发社会良好反响。

（倪　玉）

中国石油天然气股份有限公司西北化工销售分公司

【概况】 中国石油天然气股份有限公司西北化工销售分公司（简称西北化工销售）2006年6月8日成立，整合了中国石油在西北地区的化工营销资源和网络，主要负责中国石油在西北地区的10余家石油石化企业的化工产品在陕西、甘肃、青海、宁夏、新疆、内蒙古等省（自治区）的销售业务，以及西北地区石油石化企业的化工产品向其他5家化工销售公司的运输、配送任务。

2021年，改革发展任务繁重、疫情防控形势严峻、“利润分成机制”试点实施等复杂局面和重重挑战，西北化工销售公司围绕“市场导向、机制创新、赋能育才、打造独有优势”的年度经营管理主题，紧盯市场、抢抓机遇，统筹推进市场营销、改革创新、提质增效、新冠肺炎疫情防控各项工作。

2021年，西北化工销售以“开局就是决战、起步就要冲刺”的奋进姿态，完成全年各项目标任务。经营业绩再创新高，全年实现销量556万吨；实现调运量831万吨，创2015年来调运量新高。实现营业收入274亿元，利润4.91亿元，创年度利润历史新高，同比增长32.3%，在六家化工销售单位中排名第一。

西北化工销售主要经营指标

指　标	2021年	2020年
销量（万吨）	556	622.35
购销率（%）	100.19	100.59
直销率（%）	67.24	66.75
价格到位率（%）	—	100.2
运输总量（万吨）	831	778
收入（亿元）	274	221.64
利润（亿元）	4.91	3.71

【企业发展】 2021年，西北化工销售发展后劲更加充足。按期打赢长庆、塔里木两套乙烷制乙烯项目保运促销攻坚战，累计调运长庆油田、塔里木油田化工产品42.7万吨，销量24.4万吨，产品资源更加充盈，市场基础更加稳固。营销能力显著增强。紧盯市场克服困难，统销量517.45万吨，同比增长6.15%；贸易量38万吨；电商销量33.1万吨，超额完成电商平台年度任务；期现结合销量3.11万吨，出口量4.31万吨，销售模式更加全面。治理体系持续完善。推进“改革三年行动实施方案”，51项改革任务完成率96%。开展制度体系全面修订，科学、规范、高效的决策运行机制日益完善，安全环保管理不断改进，合规经营理念深入人心，精细管理持续推进，人均费用率持续下降，全员劳动生产率超过190万元/人。发展方向更加明确。紧跟国家、地方、化工行业和集团公司战略政策，完成“十四五”发展规划编制，明确“建设西北地区最大、最具影响力和控制力的现代化工贸易公司”的发展愿景，组织全员宣贯学习。夯实资源基础，投身集团公司炼化转型升级主战场，强化新建项目保运促销顶层设计，集中人力、物力和财力，克服时间紧、范围大、战线长、经验少、人员严重不足等诸多困难，全面打通长庆、塔里木两套新建乙烷制乙烯装置原料采购、产品运输、市场销售的全

流程各环节，明确新产品销售的市场、渠道和客户群，推动地区生产企业炼化产品迭代升级，为集团公司化工新材料发展提供新支点。所属分公司发展提速增效，库尔勒分公司调运量首次突破100万吨大关，成为西北化工销售第4个调运量破百万吨的基层单位，陕西分公司调运量同比提升一倍。各分公司产品销量均超额完成目标，陕西分公司销量69.34万吨，同比增长60.28%；宁夏分公司销量同比增长30.78%。

【市场营销】 2021年，西北化工销售坚持“基础+高端”的发展思路，拓渠道、稳销量、优资源、深挖潜。精研市场稳固渠道。以“牢牢把握新疆市场、做大做强陕西市场、稳定拓展甘青宁市场”战略为导向，成立市场研究领导小组和执行小组，深度开展市场开发和渠道建设专项工作，新开发直供客户77家，直销率67.24%，同比提高0.49个百分点，月均整体客户计划兑现率稳定保持在98%以上。精细营销稳定量效。紧盯市场把控节奏，坚持低库存运行，强化均衡销售，狠抓“三个月无动态”产品库存清理，整治发货过账不及时等营销“低老坏”问题，止住效益出血点，严格把控营销细节，优化营销质量效率。实现合成树脂销量163.89万吨，同比增长13.69%；合成橡胶销量18.73万吨；有机化工销量142.05万吨；化肥销量220.21万吨。精准对接保障资源。坚持“以销定产、以产促销”，加强“以日保周、以周保月”的产销衔接，固化与地区石化公司的沟通协调、产销联动工作机制，掌握生产变动、反馈适销产品、协调重点资源，完成互供产品14.38万吨，协调乌鲁木齐石化PX产品日生产量由1350吨调整为1850吨，保障中泰石化正常开车生产。新产品推广强链补链。深入与区内地方政府、生产企业、科研单位合作，加大化工新材料、精细化学品、电子化学品等高附加值产品项目引进力度，加强与兰州新区、甘肃（兰州）国际陆港和各类经济开发园区融合发展，制定西北地区化工新材料发展线路图，推动区域化工产业链强链补链。实行新产品推广销售项目经理制，成立18个项目小组，实施21项开发推广计划，销售9.66万吨，利润592万元。地暖管料、低压膜料等产品优势进一步增强，独山子石化地暖管料3606销量2.6万吨；薄壁注塑产品稳定销售超2500吨/月；高门尼黏度稀土顺丁橡胶BR9102N技术推广取得突破，实现稳定供应双钱轮胎；新型高效海藻酸尿素销量2.5万吨；开展全生物降解PBAT地膜专用料现场试验工作；完成10家规模化新产品终端应用典型工厂产品销量2.5万吨。

【深化改革】 2021年，西北化工销售坚持市场化改革方向不动摇，加快推动改革任务落实落地落细。推进“大部制”和“大岗位”改革，整合机关处室4个，成立陕西分公司榆林调运部和库尔勒分公司化工产品调运部。完善“销售事业部、职能部室和办公室三个纵向体系，量化指标考核、专业管理考核、专项考核和事件奖惩四个横向体系”的“三纵四横”业绩考核体系，实施产品经理和客户经理月度销售指标通报，突出效率效益优化薪酬分配机制，推动收入向关键岗位和一线岗位倾斜，优化机构设置，发展动力更强、人员干劲更足的叠加效应释放。变革体制激发活力。坚持问题导向、目标导向、结果导向，率先探索实践营销体制改革的新路径，重新构建适应现代化工贸易公司的销售组织架构、内部管理层级和业务运行模式，建立“事业部主抓、产品线主谋、经理层主战”的总部、分公司全线贯通营销体制。11条产品线均超额完成年度利润、直销率、进销率等指标，改革效果充分彰显。人才强企稳步推进。以工程思维推进人才强企，制定人才强企工程运行表和施工图，加大人才培养、引进和使用力度，组织3名客户经理公开竞聘，引进大学生、专业人才8人，评审高级职称2人。完成西北化工销售培训项目18项，集团公司培训项目64项，参训2703人次。制定《新能源新材料新事业发展专项人才工作方案》，以人才优势支撑现代化工贸易公司建设。

【精益管理】 2021年，西北化工销售坚持以精益管理赋能高质量发展，经营风险有效管控，提升管理水平。制修订规章制度65项，切实将制度优势转化为管理效能。坚持依法治企合规管理，强化领导人员履行法律建设职责，开展全员法律知识培训3次，提高规避经营风险能力；制定贸易、进出口、期现结合3项业务操作指导手册，强化贸易风险事前管控，细化规范操作流程；严把客户及供应商准入审查关，完成客户及供应商信息审查996个；制定审计工作三年规划，开展重点领域专项审计和领导人员离任经济责任审计。安全环保管理稳步提升。以防范化解安全风险为主线，推进QHSE体系建设。逐级签订《安全环保责任书》，组织各类安全知识答题1344人次，安全从业人员取证培训108人，开展“四不两直”监督检查143次，组织“安全生产”月活动。突出危险化学品经营、交通运输及员工食堂安全监督管理，做好重要活动期间、节假日、极端天气等特殊敏感时段的安全升级管控，强化与地区石化公司和运输服务商的联动，开展危险化学品、易制毒化学品采购、销售全过程的安全环保风险排查整治，确保稳定受控，实现“零事故、零伤害、零污染”安全环保目标。打造提质增效升级版。聚焦优化增效、降本增效和经营增效，实施产品销售、渠道开发、物流降费、财务创新、管理优化、党建保障等 10 大类项目、20 多项具体措施，提质增效 1.05 亿元。严控“两金”占用，2021 年期末库存创历史新低。开展使用承兑汇票结算铁路运费业务，支付运费 4.46 亿元，节约资金成本 683.18 万元，改善现金流。推进“化销贷”合作，授信金额合计 10.09 亿元，产融结合价值创造力更加凸显。

【队伍建设】 2021 年，西北化工销售坚持党管干部、党管人才，建立事业为上、以事择人的选人用人机制。强化领导班子建设，注重领导班子专业配备，选优配强中层领导人员，优化班子年龄结构，调整交流二级领导人员 27 人，其中，新提拔二级领导人员 7 人，机关部门与分公司调整交流 20 人，领导班子专业和年龄结构进一步优化。加大年轻干部发现培养选拔力度，新提拔的中层领导人员中，40 岁以下年轻干部占比 42.86%。注重优秀年轻干部储备，建立二级、三级优秀年轻干部人才储备库，奠定人才基础。匡正选人用人风气，坚持树立重实干、重实绩、重担当的用人导向，落实集团公司“任期制”试点工作要求，逐步实现中层领导人员任期制管理全覆盖。发挥考核指挥棒作用，有效激励约束领导人员。及时建立中层领导人员廉政档案，实现动态更新、资源共享。

【企业文化建设】 2021 年，西北化工销售坚持全心全意依靠员工办企业，打造企业、员工利益共同体，深化“转观念、勇担当、高质量、创一流”主题教育，增强员工队伍向心力凝聚力。开展“4 史 +N”大学习大宣讲大讨论，组织“石油工人心向党”媒体开放日活动，用企业精神和企业优良传统铸魂育人。利用网络、电视、报纸、微信、微博及社会主流媒体，展示企业经营成果和发展成就。开展主题劳动竞赛，表彰销售能手。开展困难群体生活帮扶、医疗帮扶和一线慰问，慰问困难员工 82 人次，发放慰问金 10.2 万元，大病救助 2 人，发放救助金 3.46 万元，全体员工节日慰问 78 万元；优化员工健康体检方案，健康体检及监护率 100%，建设员工健康活动室，全面提升员工健康工作、幸福工作水平。强化新冠肺炎疫情防控，坚决落实中央、地方政府、集团公司决策部署，统一领导、统一指挥、统一行动，以“战时状态”抓实抓细各项防控举措，实现全体员工及家属零感染目标。巩固拓展脱贫攻坚成果，同乡村振兴有效衔接，协调投入拉动帮扶资金 25.7 万元，义购帮扶地区农特产品，为东乡达板经济开发区扶贫车间协调采购聚丙烯拉丝料，为 80 户建档立卡户家庭提供稳定的就业岗位，赢得社会广泛赞誉，获甘肃省“脱贫攻坚先进集体”。

【企业党建工作】 2021 年，西北化工销售落实“第一议题”制度。及时跟进学习习近平总书记重要讲话和对石油战线的重要指示批示精神。紧扣目标要求，突出重点对象，把握关键环节，高质量高标准开展党史学习教育，西北化工销售典型经验和做法 2 次被集团公司第二督导组推广，在各类媒体发布党史学习教育稿件 200 余篇。成立巡回指导组，全面检视学习教育成效。深化全国国有企业党的建设工作会议精神，研究制定并推进实施新时代持续提升党建质量的 4 个方面措施。推进党的领导融入公司治理，修订完善《“三重一大”决策制度实施细则》，聚焦大事要事把关定向，召开党委会 33 次、集体决策 175 项，确保决策方向正确、依法合规、风险可控。完成集团公司党组巡视问题整改，研究制定《巡视问题整改实施方案》，形成 88 项整改措施，建立 27 个问题“一对一”整改档案，压茬推进整改，整改落实率 96%。稳步推进巡察工作，修订《西北化工销售党委巡察工作管理办法》，绘制《巡察工作流程图》。调整配备巡察办公室主任和巡察副专员，建成 40 名专业骨干巡察队伍，组织两轮常规巡察，发挥巡察利剑作用。

健全以党委理论学习中心组为引领的学习制度体系，组织党委理论学习中心组学习 34 次 92 个专题，组织专题学习班和培训班，撰写学习心得 137 篇，《党员先锋积分管理研究与实践》获集团公司党建成果奖二等奖，上报 5 篇党建研究成果。

召开西北化工销售第三次党员代表大会，选举产生第三届党的委员会和纪律检查委员会，总结回顾过去 5 年的主要成就和基本经验，分析发展面临的形势任务，明确“十四五”党的建设和改革发展总体思路、指导方针和最终目标，提出全面从严治党的重点任务，指明发展方向。开展庆祝建党 100 周年活动。评选表彰 2 个“先进党委”、9 个“模范党支部”、20 名“优秀共产党员”、15 名“优秀党务工作者”，2 人获集团公司先进个人，兰州分公司调运党支部获中国石油“百面红旗单位”称号。策划开展“学党史跟党走、战百天开新局”员工健步走等文体活动，观看红色教育影片，激发爱党、爱国、爱企的真挚情怀。

2021年，西北化工销售贯彻落实中央和上级党组织关于全面从严治党、党风廉政建设和反腐败斗争的部署要求，筑牢拒腐防变思想防线，开展经常性、全覆盖纪律教育，通报典型案例和巡察、专项检查发现的突出问题，引导党员干部不断增强廉洁意识。

（杨　成）

中国石油天然气股份有限公司华北化工销售分公司

【概况】 中国石油天然气股份有限公司华北化工销售分公司（简称华北化工销售）2006年2月成立，总部设在北京市，主要负责中国石油所属企业生产的石油化工产品在华北区域的统一销售业务，销售网络全面覆盖北京、天津、河北、河南、山东、山西、湖北、内蒙古8省（自治区、直辖市），主要经销合成树脂、合成纤维、液体化工和合成橡胶四大类、数十个品种、上百个牌号的产品，产品销量和销售收入逐年增长。2021年底，华北化工销售机关设15个处室，下辖湖北、河南、山东、天津、内蒙古和任丘6个分公司（调运部），太原销售部和大港调运部。员工总数209人，其中党员139人，本科及以上学历占88%，中级及以上职称占65%。

2021年，销售各类化工产品364.15万吨，销售收入280亿元，账面利润4.29亿元；购销率99.57%，直销率54.8%，全面完成KPI指标。

华北化工销售主要经营指标

指　标	2021年	2020年
化工产品销量（万吨）	364.15	387.18
资产总额（亿元）	12.60	12.61
收入（亿元）	280.00	241.78
利润（亿元）	4.29	2.83
税费（亿元）	2.00	1.33

【战略研究】 2021年，华北化工销售锚定建设国际知名、国内一流化工产品和有机材料贸易商奋斗目标，完成高质量发展战略研究，编制符合实际、覆盖全局的6个专题报告，形成8个一级任务和41个二级任务的高质量发展任务清单；制定“十四五”发展规划，明晰发展目标、战略路径、战略任务与规划部署，形成规划任务清单，明确责任任务主体；围绕营销能力提升、仓储物流优化、数智化发展、渠道建设开发和人力资源保障等关键点，制定专项发展规划和实施方案。以上战略规划，为实现“十四五”发展指明方向路径。

【市场营销】 2021年，华北化工销售坚持以市场为导向、客户为中心，市场营销三年行动方案完成率90%，踏上进度目标。提高市场营销水平，加强市场研判，做好量价配合，实现效益8311万元；把握销售节奏，坚持推价到位，同比价格对标缩差减少127元/吨，为生产企业增效3.6亿元。加强客户渠道建设，净增用户98家，其中战略伙伴4家、核心客户3家、销售代表22家、固定量客户59家，实现渠道数量质量双提升。深化产销研用一体化运行机制，优化产品结构，实现重点产品销量128.7万吨，增效8011万元。独山子石化溶聚丁苯橡胶华北地区销量占总产量的85%以上，价差提高1369元/吨，创效7352万元。拓展新型销售模式，电商销量、订单笔数、电商销量占总销量比例均位于大区公司首位；拓展“产业+金融”供应链金融服务圈，“促销贷”业务规模实现38家客户授信金额合计16.9亿元。

【提质增效】 2021年，华北化工销售聚焦主营业务、改革创新、管理提升、党的建设4方面24项103条措施，成立15个专项工作小组，增效1.6亿元。坚持以市场为导向，强化市场研判体系应用，形成近百份市场分析报告；加强客户渠道分类管理，实施精准销售，营销能力提升增效7100万元。坚持低成本运营，优化物流运输，节约运费1278万元；强化资金运行管理，盯紧“两金”压降关键指标，财务费用同比下降898万元；完善预算管理，加强成本费用控制和财务集中统一管理，不含员工薪酬和运杂费的营运费同比降低145万元。增强市场化经营能力，完成电商销售65.5万吨，增效4041万元；产融结合助力实现化工产品销售15.8万吨，增效2611万元。

【改革创新】 2021年，华北化工销售贯彻落实集团公司改革三年行动工作部署，提前完成改革三年行动计划全部36项措施。实施营销体制改革，优化调整业务处室职能，撤销三级机构；实施产品经理、客户经理制，推行“三个 1/3”机制，实现市场化营销运行机制转型升级。深化三项制度改革，完善绩效考核评价体系，加大利润指标的考核权重，强化精准激励，优化重点岗位收入分配；实施推进领导人员和中层干部契约化和任期制改革，逐级签订聘任协议和业绩责任书，干部“三能”走向深入。增强科技创新能力，承担集团公司科技部重大专项二期项目课题 5 个、重大现场试验项目 3 个，“聚丙烯锂电池隔膜专用料开发”获集团公司年度科学技术进步奖三等奖；开发推广新产品 38 个，销量 9.7 万吨；仝璐获集团公司杰出青年创新人才。推进物流方式创新，研发、试制侧卸液压式散装集装箱，取得船级社认证并获 13 项专利，开辟公路、铁路、海上绿色物流多式联运，试运产品 620 吨，具备常态化运行条件。加快数智化转型升级，推进中油 e 化、物流平台试点运行，提前完成财务共享全承接上线，深化价格分析、客户评价模型搭建，完成仓储、结算 RPA 机器人开发应用，持续提升信息化建设水平。

【人才强企】 2021 年，华北化工销售坚定不移走人才强企之路，推进人才队伍建设，健全落实“生聚理用”人才发展机制。加强干部选育任用，锻造“三强”干部队伍，完成 3 名中层正职、4 名中层副职选拔任用，干部队伍力量得到充实；建立年轻干部常态化培养机制，组建预备队和战略预备队。采取“双向交流 + 学习锻炼”方式，选派 10 名优秀年轻骨干在本部机关和分公司交流学习锻炼，加速年轻骨干成长成才。加强全员素质能力提升，组织开展各类专项培训，外派 47 人次、内培 1160 人次，全面提高队伍专业能力。强化干部队伍作风建设，加强考核和年度测评结果应用，引导干部发扬成绩、改进不足，激励干部履职尽责、担当作为；二级班子和中层干部年度考核测评结果均优于上年。

【精益管理】 2021 年，华北化工销售夯实基础管理，实施精益管理，对标三年行动计划方案任务完成率 97%，提升经营管理水平。推进安全生产专项整治三年行动计划和 QHSE 体系审核，整改完成审核提出问题 58 个；抓好新冠肺炎疫情防控常态化和升级管理，紧急处置有效应对北京、任丘突发疫情及郑州水灾，实现场所零疫情、全员零感染。推进法治建设与企业经营深度融合，开展“八五”普法宣传教育；发挥法律咨询机构作用，加强合同风险管理，完成合同标准文本修订，优化合同管理制度流程；实现重大决策总法律顾问法律审核率 100%。加强合规管理严格监督，建立完善合规管理制度，严抓制度宣贯、执行和考核，将关键风险防控纳入年度绩效考核指标；坚持“应招必招”原则，做好运输、投资等项目招标工作；严抓审计存在问题整改，促进合规管理水平提升。健全风险防控机制，成立风险管控小组，强化风险识别评估；加强价格管理，规范价格文件流程，确保价格管理全程高效受控；内控内外部测试发现的 21 个例外事项、31 项问题，全部整改完毕。推进管理创新工作，修订完善管理制度，两项管理创新成果分获集团公司二等奖、三等奖，内部管理创新立项 26 个，14 项通过年底验收，11 个成果在考核中获奖。

【企业党建工作】 2021 年，华北化工销售把党的政治建设摆在首位，推进党的建设与生产经营管理深度融合。开展党史学习教育，落实学党史、悟思想、办实事、开新局的要求，开展党委中心组学习 16 次、专题学习 9 次，党支部专题学习 121 次；开展“我为员工群众办实事”实践活动，解决员工群众“急难愁盼”问题 13 项、生产经营关键点问题 63 项；开展庆祝“建党百年”系列活动，学习习近平总书记“七一”重要讲话精神，引导广大党员干部学史明理、增信、崇德、力行。发挥党委领导核心作用，严格执行“第一议题”制度，严格遵守议事规则，研究审定重大事项 29 项；按期完成“两委”换届，班子的凝聚力、战斗力进一步增强。提升基层党组织建设工作质量，推进“三基本”建设与“三基”工作相融互促，配备 2 名专职党支部书记，加强基层党支部规范化建设；深化 15 个党员责任区、16 个党员先锋岗创建，打造“销售 + 客户”党建联盟，形成党建搭台、业务共享、服务发展的良好局面，获集团公司基层党建工作考核 A 档。紧扣提质增效升级版主线，开展“转观念、勇担当、高质量、创一流”主题教育，集中宣讲 5 场次，专题讨论 9 场次，全员市场意识、效益意识不断增强。强化党风廉政建设和反腐败工作，开展“三个一”常态化廉洁教育，严格贯彻落实中央八项规定精神，深挖细查“四风”问题隐形变异种种表现，深化政治巡视巡察问题整改落实，推进巡察 124 个问题整改专项督查，逐步形成风清气正、守法合规的工作风气。做好统战群团工作，推进舆论宣传、文化建设，传承弘扬石油精神和大庆精神铁人精神；推进职工之家建设，做好扶贫帮困、会员慰问等活动，华北化工销售和湖北分公司工会获集团公司直属工会“模范职工之家”，山东、河南、内蒙古、任丘工会获集团公司直属工会“先进职工之家”；开展群众性经济技术创新活动，获集团公司直属工会奖励3项；开展主题团日和实践系列活动，团结青年建功创效，橡塑扩销小组获集团公司“青年文明号”；关心关爱员工生活，传递组织温暖，员工群众获得感、幸福感、归属感不断增强。

（王 颖）

中国石油天然气股份有限公司华东化工销售分公司

【概况】 中国石油天然气股份有限公司华东化工销售分公司（简称华东化工销售）始建于2000年，是中国石油天然气股份有限公司直属地区分公司，业务上由炼油与化工分公司垂直管理，党组织关系归属上海市经济与信息化工作党委。注册地在中国（上海）自由贸易试验区，总部有8个职能处室、7个业务处室、4个直属单位，分别在上海、江苏、江西、安徽、杭州、宁波等贴近市场一线地区设有6个区域销售分公司，同时在以上6个区域内的主要消费集中地和物流集散地配备余姚、上海2个自有中转仓库和26个社会仓库，总库容22万吨，能够快捷方便地服务客户和满足为上游炼化生产企业保后路的需要。

华东化工销售主要经营指标

指　标	2021年	2020年
化工产品销量（万吨）	338	327.48
购销率（%）	100.3	100.2
直销率（%）	64	62.5
直发、断卖比例（%）	39.8	39.5
资产总额（亿元）	31	22.76
收入（亿元）	298	243.98
利润（亿元）	4.58	1.21
税费（亿元）	1.69	1.53

华东化工销售作为中国石油在上海、浙江、江苏、江西、安徽四省一市全面负责化工产品专业经营的贸易商、服务商，业务涵盖石化产品资源统筹、客户开发与服务、产品销售、化工品贸易、物流运作、市场信息应用开发、电子商务、石油石化要素市场建设。以市场为导向，以客户为中心，凭借中国石油的资源优势、品牌优势、上下游一体化优势，一品一策、一户一案，健全完善营销网络，厚植一站式服务客户，构建同向同行、共享共生的市场利益共同体，与众多知名的行业龙头、上市公司建立战略伙伴关系，产品广泛用于医疗、汽车、家电、建材、食品饮料等国计民生领域。

自成立以来，华东化工销售以党的建设凝心、聚力、强根、铸魂，把“闯市场、保后路、创效益、树品牌”贯穿于生产经营全过程，促进提升中国石油化工产品在华东市场影响力和竞争力。获“全国企业文化建设优秀单位”“上海市文明单位”“上海市陆家嘴金融贸易区经济发展突出贡献企业奖”以及中国石油“安全生产先进企业”等称号，上海仓储分公司党支部被国资委授予“先进基层党组织”称号。

【经营业绩】 2021年，华东化工销售超额完成各项KPI考核指标，经营业绩创造历史最好水平。销量、销售收入、利润总额、直销率、价格对标缩差、人均劳动生产率等指标均创历史新高。其中：销量338万吨，连续3年突破300万吨；销售收入298亿元，同比增长40%；利润总额4.58亿元，增长63%，较年初预算增加3.1亿元。效益类指标全部完成封顶值。期末库存12.7万吨，为10年以来历史最低。利润增幅、销量完成率、吨产品利润、扩销增量等指标在6家化工销售企业中排名第一，连续7年实现盈利。

2021年，华东化工销售树立“将中国石油化工产品在国内最高端、竞争最激烈市场卖出最好价格”目标，强化销售业务人员推价创效工作意识和均衡销售工作能力，首次实现全年每月全部盈利。销售节奏掌控稳健有力。按照“日均衡、周达标、月平衡”原则，强化M+n周计划动态管理。销售计划执行率提高3个百分点，库存始终保持偏低位运行。合成树脂产品月初计划准确率由年初96%提升至100%，周均衡偏离值由17%下降至3%。推价创效意识明显提高。橡塑产品量价配合率保持在100%以上。对标中国石化合成树脂产品价格到位率100.44%，推价增效5241万元。对标中国石化橡胶产品价格到位率100.15%，推价增效669万元。统销扩销渠道双向夯实。新开发终端客户 79 家，实现销量 9.1 万吨。22 家龙头客户月均销量同比增长 16%。完成合规扩销 27.3 万吨，同比增加 12 万吨。销售神华集团线性聚乙烯 1.4 万吨，同尚昆集团、山东道尔化工就可生物降解塑料母粒（OBE）、GPPS 产品签署合作框架协议，实现销售并取得盈利。高端市场地位有效彰显。合成树脂高效产品销售 63 万吨，同比增长 11.3%。高端高性能牌号产品销售 13.1 万吨，同比增长 11%。统销有机液体化工产品 59.2 万吨，创效 1.19 亿元。销售化工新材料产品 6.4 万吨。

【提质增效】 2021 年，华东化工销售实现提质增效 2.8 亿元。其中，向市场升级要效益 1.42 亿元，向质量升级要效益 5610 万元，向管理升级要效益 2637 万元，通过自建电商平台为集团公司创效 6399 万元。缴纳税费 2.3 亿元，较预算增加 1 亿元。培育管理创新的"增长点"。销售增配产品 30 万吨，增效 6108 万元。取得各类财政返还 1309 万元，缓交增值税及附加税 9449 万元。帮助 11 家优质客户获昆仑银行"促销贷"授信 5.35 亿元。实施产品价格月度预测，市场研报聚烯烃产品预测准确率 90%。《差异化价值定价和量价配合在化工销售企业价格对标管理的研究及应用》论文获中国石油企业家协会一等奖。堵住效益流失的"出血点"。加强票据管理，节约财务费用 1042 万元，为集团公司增加自由现金流 1.1 亿元。做好全局性物流优化，直发断卖销售占比 39.8%，销量 123.7 万吨，节省物流运输费用 3712 万元。取消直发销售结算两票制，将腈纶产品由公路运输改为铁路运输。调整温州和台州两个库房仓储费计费模式。加快固体产品库存周转，减少液体产品入库，实现仓储费用硬下降，库存周转天数下降至 17.2 天。化工营销成本总额控制在 1.77 亿元，较预算节支 1073 万元。

【改革创新】 2021 年，华东化工销售推进国企改革三年行动方案落实落地，任务完成率 96.6%，在集团公司排名靠前。提前一年完成财务共享 3 项业务全承接推广计划任务。三项制度改革见到新成效。研究探索组织机构优化方案，组织开展人力资源专项工作调研。推行领导人员任期制和契约化管理。推进落实与市场接轨的用工管理和薪酬福利制度。完善业绩考核机制，将薪酬分配与全员绩效考核有机结合，加大向效益贡献大、工作效率高和一线关键岗位的分配倾斜力度。市场营销管理搭建新机制。优化资源内部分割模式，建立职能处室、业务处室和销售分公司分工配合的"产品经理 + 客户经理"运行机制。建立月度销售计划对接会制度，综合统筹市场研判、资源配置、成本测算，科学合理制订销售计划。成立扩销业务风险评估小组，强化扩销业务的事前管理和事中控制，组织开展扩销关联交易及融资性贸易、走单等业务自查。成立财务大检查、会计信息虚假问题专项行动工作领导小组，落实集团公司相关工作部署，发现问题全部定人定责定时整改到位。

【厚植服务】 2021 年，华东化工销售加快融入和服务上海市"五个中心"建设，为集团公司建设国家战略科技力量和能源与化工创新高地贡献价值。找准服务战略大局的立足点。深入临港新片区，为中国石油（上海）新材料研究院有限公司落户上海开展针对性调研及服务保障，获集团公司党组充分肯定。参与攻关的"高抗冲、高模量、高流动共聚聚丙烯平台技术及车用系列产品开发"项目获 2021 年度中国化工学会科学技术进步奖一等奖。"油田用耐温聚乙烯管材新产品在长庆油田工业化试验"通过集团公司验收。销售兰州石化榆林、独山子石化塔里木、辽阳石化 3 套新增产能项目产品 6 万吨。3 个月内消化临时增配 PX 产品 14.8 万吨，保障四川石化、乌鲁木齐石化后路畅通。踩实产销研用衔接的"突破点"。推进兰州石化"三高两低"聚丙烯系列新产品在汽车行业全方位应用，全系列产品销量超过 4.6 万吨。助力大庆石化开发高端茂金属聚乙烯新产品 MPER3405。将吉林石化 ABS 产品应用拓展到蓄电池、箱包、改性塑料等领域。紧盯进口产品替代，携手独山子石化开发溶聚丁苯橡胶市场。攻关突破"卡脖子"技术，协助大庆炼化培育大口径聚丙烯管材料销售渠道。将锦西石化、大庆炼化聚丙烯拉丝料、CPP 膜料出口至孟加拉国、印度尼西亚等地。联合中联油尝试开展仓单交易，抢占天然橡胶市场份额。

【安全环保】 2021 年，华东化工销售优化安全运营，完善新冠肺炎疫情防控常态化工作方案和应急预案，修订《新冠肺炎疫情防疫防控手册》，组织好疫苗加强针接种，开展"全员记分管理""隐患排查治理"两个专项行动，打赢健康、安全、环保、质量四大攻坚战；抓好常态化疫情防控，员工疫苗接种率 100%。确保防疫物资保障到位。建立健全安全生产风险管理制度和考核机制，落实安全生产责任制，组织全员签订《安全环保责任书》。开展安全生产专项整治三年行动，升级特殊敏感时期和关键时间节点安全管控，推进"互联网 + 仓储"数字化转型，提高两个自有库房管理水平。上海仓储分公司获上海市"市长热线"防疫工作表扬。保持应收账款、法律纠纷、公关危机、安全环保事故、员工新冠肺炎疫情感染"五个为零”，落实《健康中国 2030 规划纲要》，关爱员工身心健康。

【人才建设】 2021 年，华东化工销售大力组织实施体系优化提升、人才价值提升、“三强”干部队伍锻造、领导班子功能强化、人才队伍接替、新材料发展人才等 6 大专项工程。健全完善“选育管用”全链条机制，打好年轻干部培养“组合拳”，推进机关与基层之间双向交流，跨部门跨专业之间人员流动，着力打造一支听指挥、能战斗、有血性的营销队伍。12 名优秀年轻骨干走上领导岗位，“80 后”中层干部占比 29%，干部年龄结构得到改善。

【企业党建工作】 2021 年，华东化工销售开展党史学习教育，召开党史读书研讨班，制定党员学习套餐，用心编制资料汇编，为全体党员配发党史学习教育手册，党史学习教育全过程有抓手、有方向、有方法、有成果。上下联动讲好专题党课，举办特色型党课 159 次，1290 余人次接受党课教育。开展红色基地寻访活动，用好红色资源，赓续红色血脉。以“爱党爱国爱社会主义”为主题，开展 10 方面 25 项建党 100 周年庆祝活动。组织庆祝建党 100 周年歌咏比赛暨“七一”表彰大会，评选华东化工销售首届劳动模范、先进标兵，开展“石油工人心向党、建功奋进新征程”岗位讲述活动。全体干部员工的思想受到洗礼、精神得到淬炼，引发心灵共鸣、情感共振。集团公司党史学习教育第三指导组对华东化工销售党史学习教育开展情况，以及党委专题民主生活会质量给予充分肯定。研究制定补充医疗保险方案，实施“数字医院 1+N”非职业健康体检，改善办公环境，员工幸福感获得感进一步增强。安徽分公司党支部获评集团公司基层党建“百面红旗”，3 项党建研究成果获集团公司表彰。开展石油精神、大庆精神铁人精神再学习再教育，强化意识形态工作日常管理，推进精神文明建设。华东化工销售蝉联第二十届“上海市文明单位”称号。

（李文娟）

中国石油天然气股份有限公司华南化工销售分公司

【概况】 中国石油天然气股份有限公司华南化工销售分公司（简称华南化工销售）前身是中国石油天然气股份有限公司化工与销售华南分公司；2004 年 5 月 18 日正式成立，负责中国石油统销化工产品在广东、福建、广西、海南四省（自治区）的市场营销业务和广西石化生产的化工产品向各地区化工销售公司的调运任务，主营合成树脂、合成橡胶、有机和无机化工产品。2021 年底，设有 15 个处室，下设厦门、汕头、深圳、南宁、海口和钦州 6 家分公司。

2021 年，华南化工销售坚持“一个战略”转型，推进学党史、强管理、拓市场、开新局，各项工作稳中有进、稳中有为。

【提质增效】 2021 年，华南化工销售化工产品销量 305.1 万吨，销售规模首次迈上 300 万吨，实现“十四五”第一个阶段目标；营业收入 232.69 亿元，再次突破 200 亿元大关；账面利润 3.15 亿元，为华南化工销售成立以来次高水平；实施 5 个方面 26 项提质增效措施，增效 6926 万元，完成 3400 万元的预定目标。争取资源，加大新开工装置产品争取力度，多争取芳烃资源，购入统销化工产品 280.4 万吨，超出预算进度 22.8 万吨，为增销上量提供资源保障。

华南化工销售主要经营指标

指　标	2021 年	2020 年
化工产品销量（万吨）	305.1	292.6
购销率（%）	99.5	100.5
直销率（%）	67.39	68.18
推价到位率（%）	101.11	100.24
资产总额（亿元）	20.41	17.62
收入（亿元）	232.69	182.79
利润（亿元）	3.15	3.14
税费（亿元）	1.66	1.32

配合市场需求新发现，协调争取新产品资源配置，填补中国石油产品在华南区域市场的空白。以效益为导向，优化资源布局，以东北资源保障沿海区域，以西北、四川石化资源保障广西及其他铁路运费相对较低的区域。优化物流运营，东北产品海运平均运输周期同比减少 2 天，广西石化聚丙烯同比减少 1 天，吨产

品全程运杂费低于考核目标2.19元，断卖率高于目标值22个百分点，物流成本降低。从严从细仓储管理，开展仓储达标评估，动态优化仓储布局。应对停装限运及恶劣天气影响，调整产品流向，保障营销业务开展。

【市场开发】 2021年，华南化工销售实施《落实集团公司市场营销工作会议精神三年行动方案》，优化营销机制，完善直销客户开发维护、扩销业务、期货套期保值业务相关制度。强化市场引领，研讨推进市场研究工作，开展“大调研、大开发”。完成提高区域市场占有率专题研究、进口产品替代和EVA产品调研、高端化工产品行业应用专项研究、全产品线销售策划及合成树脂14个产品细分领域渠道承载力分析，联合广东石化开展合成树脂和PX、PTA产品市场走访调研，形成较具价值的市场调研分析成果。以均衡销售为抓手，把控销售节奏，严格价格管理，计划执行率96.88%，均衡率每周基本保持在90%—120%，对标缩差114元/吨，高于考核指标201元/吨，实现良好量价配合。落实两年客户开发方案，实施客户开发奖励，两年开发储备客户549家，其中直供用户340家，客户总数1175家，打造销售渠道2.0版。对客户实行动态升降级管理，客户结构更趋优化。开展扩销劳动竞赛，与中海壳、中化、中煤等国内大型化工企业建立合作并打通直采流程，完成扩销销量26.23万吨，创效79.8万元，有超过200家扩销采购客户。推动炼化电子销售平台建设，750家客户全部实现上线操作，电商销量41.8万吨。探索开展出口业务，产品出口4068吨。成立华南化工销售广东石化项目准备工作领导小组，完善广东石化营销方案，推进广东石化项目开工前期各项工作。深化产融结合，“促销贷”政策增强客户黏性。

【创新驱动】 2021年，华南化工销售贯彻集团公司创新驱动发展战略，立足“基础+高端”业务发展思路，突出产品结构调整，向技术创新要动力、要效益，助力中国石油化工业务升级发展。与生产企业、研发单位密切合作，把行业内有示范影响力、对化工新材料有需求、技术实力强的客户纳入中国石油新产品研发体系，共同开发高端新材料。携手生产企业、研究院所与中兴新材、广东东立、瑞捷光电等9家客户交流和衔接，动力锂电池隔膜、微晶电子保护膜、高透光学材料等5个高端新产品已抵达市场前沿进行试用，试验结果良好。按照稳定生产、质量改进、重点研发的原则，分类别、分层次进行32个新产品开发，完成生产试用反馈的新产品牌号19个，新产品销量6.25万吨。针对ABS面板料、聚丙烯卫材专用料、聚苯乙烯光学专用料等9类重点产品制订质量专项提升计划，除中空产品未生产外，8个产品改进方向取得积极成果，实现销量20.55万吨。重点做大ABS白色家电料、高端卫材用纤维料、功能BOPP膜料专用料市场份额，在炼油与化工分公司3类产品的销售中，销量占比超过3/4、达35万吨，完成年3%的增量目标。参与开发的“高抗冲、高模量、高流动共聚聚丙烯平台技术及车用系列产品开发”项目获中国化工学会科学技术进步奖一等奖，首次获系统外高规格科学技术奖励；“高端纤维专用料的开发技术及应用”“PE100管件专用树脂开发及应用”两个项目，获集团公司科学技术进步奖二等奖。

【基础管理】 2021年，华南化工销售持续深化管理制度建设，强化制度执行。落实企业改革三年行动，64个工作任务完成61个，完成率95%。开展体系融合，形成以《管理手册》《管理制度》《工作手册》为基本遵循的体系文件，发布综合管理体系手册，同步开展一体化审核。实施对标一流管理提升行动，21项对标任务完成19项，完成率90.5%，任务推进进度99%。强化企业法治建设和合规管理，员工合规管理意识增强。做精做优招标采购工作，服务项目采购节约费用877.3万元，物资集中采购节约费用65.45万元。强化网络安全保障和网络基础设备运维，推进华南化工销售数字化和智能化发展。发挥财务当家理财职能，拓展预算管理，实施年度季度滚动预算，围绕考核指标开展经济活动分析，找准工作提升切入点。迎接集团公司任中经济责任审计、集团公司党组第一巡视组巡视、人事和巡察工作专项检查。保密密码工作获评集团公司先进单位和先进集体，QC成果和管理创新论文获集团公司三等奖，《以铸造黄金渠道2.0和提质增效为导向的合成橡胶产品营销管理创新实践》获石油石化企业管理现代化创新优秀成果三等奖，《优化广西石化聚丙烯产品调运方式，提高运输效率》获集团公司2021年度QC小组活动成果三等奖，《华南化工销售分公司“十四五”规划》获集团公司“十四五”规划优秀成果三等奖。推进安全生产专项整治三年行动，突出重点领域重点环节关键部位特殊敏感时段及合作单位的安全环保监管。推进健康企业建设，建立健康驿站，根据年龄实施差异化体检方案，健全员工健康档案，关注员工身心健康。按照集团公司和当地政府要求，抓好常态化新冠肺炎疫情防控，完善《华南化工销售新冠肺炎疫情突发事件应急处置方案》并开展桌面应急培训，员工第二针新冠肺炎疫苗应接近接，接种率96%，实现零感染目标。

【企业党建工作】 2021年，华南化工销售制定并严格落实“第一议题”制度。党委发挥把方向、管大局、促落实的作用，前置和决定企业重大事项，执行民主集中决策。落实意识形态工作责任制，推进宣传阵地多样化，弘扬伟大建党精神、石油精神和大庆精神铁人精神。对敏感信息进行集中清理，彻底肃清政治流毒及恶劣影响。把党史学习教育作为重大政治任务，与“转观念、勇担当、高质量、创一流”主题教育活动相结合，通过举办建党100周年系列庆祝活动，集中精力为员工群众办实事，开展“如何高质量，我来创一流”合理化建议征集、主题劳动竞赛和党员党性教育培训班等，推动学习教育和主题教育活动走深走实。全面从严治党向基层延伸。落实全面从严治党主体责任，推进基层党建“三基本”建设与“三基”工作有机融合。强化党建责任制考核，固化例会研究党建工作机制，开展支部书记述职、基层党支部达标考核，深化季度评先，促进党建工作与经营管理融合。推进党风廉政建设和作风建设。推动责任书签订落实、重要时点廉洁提醒和警示教育、巡视巡察问题整改，制定实施8方面18条措施，解决形式主义问题切实为基层减负，纠治“四风”。加强队伍建设。健全人才强企、干部管理和激励、新员工培养机制，确定2025—2035年目标定员，任期制和契约化工作激发活力和干劲，大部制改革稳妥推进，青年员工“双导师”培养机制注入新动力。凸显企业担当。4年完成对岳龙村的精准扶贫任务；落实乡村振兴工作部署，选派队员到梅州市留隍镇开展驻镇帮镇扶村工作。

【实干惠民】 2021年，华南化工销售坚持民主管理厂务公开，保障职工合法权益，落实立项提案。参加集团公司培训项目51项、实施一级培训项目11个、二级培训项目84个，专业技能和综合素质均有提高。开展“全心全意为员工群众办实事”，完成办实事项目40个。争取薪酬增长政策，职工收入稳步提升。完善周转住房政策，利用政府人才公寓为异地调动员工和青年员工解决实际困难；争取指标为部分员工办理广州落户，为厦门和深圳分公司办理社保落地缴纳；亲情团聚、补充医疗、大病医疗、直系亲属医药费报销、子女入托费报销、扶贫帮困等政策，增进职工幸福感；改进办公设备设施，改善办公条件，提升工作效率。开展组歌录制活动和主题征文、书画、摄影比赛，庆祝中国共产党成立100周年；各分工会开展登山、健步走、羽毛球、篮球、生日送祝福等，丰富职工精神文化生活。

（叶婉英）

中国石油天然气股份有限公司西南化工销售分公司

【概况】 中国石油天然气股份有限公司西南化工销售分公司（简称西南化工销售）2001年按照中国石油化工统销战略部署整合成立，原名为中国石油天然气股份有限公司化工与销售西南分公司，2009年4月机构规格由处级调整为副局级。主要负责中国石油在四川、重庆、湖南、云南、贵州、西藏6省（直辖市、自治区）的化工产品统销业务，承担四川石化和云南石化的化工产品调运业务，经营中国石油所属炼化企业生产的合成树脂、合成橡胶、工程塑料、有机化工4大类近200个牌号的化工产品。本部在四川省成都市，设有15个职能处室和四川、重庆、湖南、云南、贵州5个销售分公司及彭州、安宁2个调运部。2021年底，员工总数222人，其中本科以上学历占88%，中高级职称人员占58%。党员165人，占员工总数74.3%。

2021年，西南化工销售应对新冠肺炎疫情影响、化工市场暴涨急跌冲击，深化内部改革，创新营销机制，加强党的建设，销售化工产品突破500万吨、利润创新高，实现“十四五”良好开局。

【完善“十四五”规划】 2021年，西南化工销售完善“十四五”规划，稳步实施“52311”总体战略部署，“锚定1000万、争创第一流”，统销上推动形成以川渝为核心、湘云贵为战略支持的“一核两翼”整体市场布局，扩销上围绕主业延伸产业链和客户链，推动面向全国的资源与市场布局建设；就地就近销售顺利推进；人才竞争机制初步建立；品牌工程正式启动；制度体系初步搭建，文化体系建设全面展开；坐商向行商、销售向营销、供应商向贸易商“三个转变”初见成效，体制机制完善。

【营销工作】 2021年，西南化工销售橡塑业务实现量效齐增，橡塑产品销量同比增长9%。推进四川石化资源“不出圈”，三聚产品就地销售比例提升5个百分点，聚丙烯8月份起实现全产全销。开展两套乙烷制乙烯项目的市场推介和渠道准备，10个牌号化工产品实现销售。

有机化工拓宽资源渠道。统筹区内区外资源，争取西北资源，石油苯销量同比增长9%。加强区域市场开发，MX自销量同比增长43%，环氧乙烷销量增长26%。配合炼化企业减油增化，做好甲苯、MTBE、碳五等产品的市场调研和渠道开发。

扩销业务规范有序推进。强化合规管理，巩固“基本盘”，探索产业链延伸和市场边界拓展。橡塑业务加强统扩融合、完善直发流程。有效开发石油苯市场；乙二醇销量同比增长54%。贵州分公司特种橡胶开发成效明显。

【市场布局】 2021年，西南化工销售统筹做好营销政策支持和资源配置优化。四川分公司销量同比增长9.4%，重庆分公司销量增长11.2%，川渝主市场地位巩固。以整体效益最大化为目标，稳步推进区域资源布局调整，两套乙烷制乙烯项目投产后，四川石化资源逐步向川渝回撤，新增资源向云贵湘倾斜，实现均衡发展。

【资源统筹】 2021年，西南化工销售密切产销运衔接，加强资源配置和计划落实，统销买断同比增长2.8%。橡塑业务初步形成“四川石化产品不出圈，兰州石化、独山子石化争取特色资源，两个乙烷项目保基础增量”的局面。有机化工业务争取西部炼油厂芳烃资源，开发四川石化、云南石化减油增化资源渠道，裂解碳四、裂解碳五等产品实现规模销量。

【品牌建设】 2021年，西南化工销售落实“基础+高端”发展路径，联合四川石化共同推进大宗基础产品品牌建设。在推进新产品开发和试产上实行双项目长制，推广新产品36个牌号，销量同比增长31%。车用料、医用料销量创新高，超额完成“高新专特”产品销量目标。

【客户服务】 2021年，西南化工销售发挥产研销一体化优势，建立客户服务闭环管理模式，开展“送技术到基层、送服务到客户”的“双送双到”活动26轮，走访典型客户98家，解决各类问题102个，提升服务水平和能力。针对战略客户、直供终端等采用“一企一策”方式，提供精细化、个性化服务。支持协助下游客户在昆仑银行开立并使用全额银行承兑汇票，18家客户取得“化销贷”授信。

【安全环保】 2021年，西南化工销售强化专项监督检查和“四不两直”现场检查，加强隐患排查，推进安全生产专项整治三年行动计划实施；通过警示案例及新《安全生产法》学习，强化全员安全环保紧迫感。完成空调安装、盘管更换、屋顶治漏等检维修工作。完善新冠肺炎疫情防控措施，落实人员管控、信息通报、环境消杀、疫苗接种等措施，实现“两个为零”目标。加强员工健康干预，开展心肺复苏急救培训，为员工配置AED、血压仪、体脂秤，全面推进健康企业建设。

【提质增效】 2021年，西南化工销售制定5方面81条措施，推进增量、提质、优化、降本、管理“五个升级”，强化过程管控，开展提质增效行动，通过优化销售政策使用、优化运输组织及流向、开展理财创效、环氧乙烷增量上产等措施，超额完成提质增效目标任务。

【精益管理】 2021年，西南化工销售深化对标管理。贯彻集团公司炼化业务对标分析研讨会精神，深化多维度、差异化对标。价格到位率101.26%。建立指标跟踪通报预警机制，密切关注国内外疫情变化对市场需求的影响。研究总部销售政策和考核调整，瞄准高效产品增量创效。

【物流仓储】 2021年，西南化工销售紧盯各相关炼化企业生产动态，密切跟踪路局发运情况，加强产运销衔接，及时调整调运节奏。优化自备车装载方案，建立监控机制，自备车装载率93%，利用率同比提升5个百分点。灵活运用各类运输工具和包装形式，拓展集装罐公铁联运，满足客户多样化运输需求。完善仓储网络，优化提升二级库运营效率。重庆仓储中心优化库容、加强揽储，实现扭亏目标。

【企业治理】 2021年，西南化工销售制度体系架构初步成型，通过“开门办制度”及上移制度审核层级，加强顶层设计，消除流程“断点”、制度“盲点”、管理“交叉”点，以《规章制度管理实施细则》为纲，完成51个制度的制修订和发布。全面梳理安全责任界面和安全管理职责，完成销售、仓储、运输业务8个标准化合同文本编制、审议及发布。

推进合规管理，组织全员《诚信合规手册》培训，规范招投标、物资采购、资产管理。完善《内部控制手册》，保持内控测试“杰出”评价；QHSE管理体系有效运行，质量管理体系保持符合性和有效性。推进西南化工销售法治建设，开展《民法典》《公司法》等普法教育培训。

【改革创新】 2021年，西南化工销售国企改革行动稳步推进。统筹推进国企改革三年行动、对标世界一流管理提升行动，建立月度动态通报、季度总结分析、年度考核评比机制，确保改革任务按期完成。《国企改革三年行动实施方案》总体完成率87.5%；《对标世界一流管理提升实施方案》总体推进度98%。

人才强企工程超前谋划。制定人才强企工程行动方案，编制“十四五”期间及2035年目标定员规划。落实集团公司“评聘分开”要求，注重能力实绩，多名员工通过竞聘实现职级晋升。制定《中层干部任期制考核实施细则》，覆盖全体中层干部的任期制管理全面施行。加强营销理论、专业知识培训和交流，开展员工上讲台活动，业务人员“四种能力”得到提升。改革业务运行模式。橡塑业务实施“产品经理＋客户经理”运行机制，产品经理每月编制营销策划，过程中动态优化，事后复盘检视，初步形成一体运作、贯穿始终的营销思维。客户经理结对分组、划片包干开发终端。加强市场研究，细化明确市场占有率和发展前景；加大市场研判分析频次和深度，全年开展专题分析81次。

薪酬激励效果增强。树立“挣工资”的理念，推行全员二级量化考核，合理拉开收入差距。出台《优秀业务人员、服务之星评选及奖励方案》《扩销奖励办法》等专项激励政策，定期开展客户和内部服务满意度考核评价，激发员工聚焦主业、服务主业、干事创业热情。管理创新持续推进。修订《管理创新实施细则》，营造管理创新氛围，保障管理创新成果落地。14项管理创新成果获公司级奖项；12项成果在四川省、成都市获奖；2项管理创新成果获石油石化企业管理创新奖。

【企业党建工作】 2021年，西南化工销售党的领导得到全面加强。学习贯彻习近平总书记指示批示精神，落实“第一议题”制度。开展理论学习24次、专题研讨8次，发布《全面从严治党主体责任清单》，加强党委把方向管大局促落实作用。

党史学习教育取得实效。精心组织建党100周年系列活动，统筹推进党史学习教育和“转观念、勇担当、高质量、创一流”主题教育。学习贯彻党的十九届六中全会精神，深刻领会精神实质、核心要义和实践要求，从党的百年奋斗伟大历程中汲取强大力量。开展“我为员工群众办实事”活动。

党建经营融合走深走实。落实中央企业“党建创新拓展年”要求，强化党建工作理念创新、机制创新、方式创新。推进基层党建“三基本”建设和“三基”工作融合，制定《党支部工作考核评价办法》及考核评价标准、“六好”（书记作用好、班子建设好、队伍素质好、制度执行好、机制运行好、工作业绩好），“五过硬”（政治思想过硬、贯彻执行过硬、领导治理过硬、团结群众过硬、改革发展过硬）示范党支部工作考核评价标准。各基层支部围绕改革发展、提质增效重点难点问题，开展党员承诺践诺、攻坚组等活动，推动重点工作和经营指标完成。

监督保障作用充分发挥。以践行“两个维护”为主线，强化政治监督。把巡视问题整改作为重点任务，整改措施全面落实。筛选监督项目，推动职能部门履行监督责任。加强廉洁风险防控，梳理岗位廉洁风险，签订《恪守商业道德协议书》。纠治“四风”，注重抓早抓小，对履责不到位的干部提醒谈话。

【企业文化建设】 2021年，西南化工销售围绕庆祝建党百年、主题教育、党的十九届六中全会精神学习宣贯、“两优一先”选树、销售攻坚等热点问题，加强宣传报道。内部宣传面向基层一线，主题鲜明、深度报道，挖掘一线员工典型事迹。丰富栏目设置、加强电商服务，新媒体关注度和影响力提升。

2021年，西南化工销售学习宣贯集团公司《企业文化手册》，弘扬石油精神和大庆精神铁人精神。开展“企业文化大讨论”活动，全员加深对企业文化的理解认同，建设“扎根西南、面向全国、行业一流的化工产品和有机材料贸易商”成为共同愿景，“锚定一千万，争创第一流”成为一致奋斗目标，“为客户成长增动力、为中国石油化工产业链价值创造做贡献、为员工幸福谋发展”的使命和“忠诚、求实、专业、创新”价值观深入人心。

【群团工作】 2021年，西南化工销售加强工会组织建设，成立女工、提案审查、机关食堂3个委员会；落实企业民主管理举措，完成职工代表提案办理，组织开展合理化建议活动。因地制宜开展文体活动，组织春季踏青、“三八”妇女节系列活动、庆祝建党百年歌咏比赛等。组织节日慰问、金秋助学等送温暖活动，开展大病员工和困难群体帮扶，关注员工健康，提高食堂营养搭配，员工幸福感获得感和满意度提升。

（梁　东）

中国石油天然气股份有限公司东北销售分公司

【概况】 中国石油天然气股份有限公司东北销售分公司（简称东北销售）1998年6月组建，是中国石油所属大区销售公司之一，是销售分公司在东部地区的派出机构。主要负责东北、华北、华南地区14家直属炼化企业和部分地炼企业成品油资源的统一采购、配置、调运和结算；22个地区销售公司和9个专项用户资源的全部或部分供应和一次物流组织；东北三省、内蒙古东部二次物流的主动配送；海进江区域二次物流组织；东部地区成品油出口业务的组织协调和实施；物流区域内沿海、沿江、沿成品油管线具有集散和储备功能的所属油库的建设和管理。东北销售本部设在辽宁省沈阳市，设9个机关部室、1个直属机构、15个二级单位，分布在黑龙江、吉林、辽宁、河北、天津、山东、江苏、浙江、广东9个省（直辖市）。员工总数1816人。管理资产型油库14座，库容351.21万立方米。运营成品油铁路罐车3650辆，其中产权车2297辆、租赁车1353辆。作为国内最大的成品油物流中心之一，东北销售有效发挥衔接上下游、协调产运销的物流枢纽作用。成品油年销量约占股份公司成品油年产量的50%。

东北销售主要经营指标

指　标	2021年	2020年
成品油销量（万吨）	4442.95	4083.43
汽油销量（万吨）	2167.06	1974.07
柴油销量（万吨）	1963.79	1840.00
航空煤油销量（万吨）	306.56	265.02
运费成本（亿元）	72.07	67.94
商流费用（亿元）	28.60	27.29
吨油商流费用（元）	64.37	66.83
资产总额（亿元）	209.12	133.65
收入（亿元）	2855.03	2087.90
利润（亿元）	0.21	−111.64
税费（亿元）	0.39	0.27

2021年，东北销售全面配置油品4442.95吨，同比增长8.8%；运费总额72.07亿元，较预算节约2.1亿元；商流费用28.60亿元，较预算节约1.4亿元；净利润0.21亿元，超预算考核指标0.11亿元，同比减亏112.15亿元，实现扭亏为盈的目标任务。

【产销服务】 2021年，东北销售推进日对接、周碰头、月总结、季走访、年座谈“五位一体”产销服务保障机制。通过召开首次专项用户恳谈会、建立客户经理人制度等措施，确保专项用油销量不降。主动开展服务承诺，发送承诺书70份、征求意见函35份，解决产销问题142项。突出产销研究和市场研判，协调炼化企业“减油增化”，推进华北石化优化产品结构，稳定和提升北京机场航空煤油份额，完成京ⅥB标准油品升级置换，保障北京冬奥会用油。组织开展产销协调会和炼油厂检修保障会，强化特殊时段、重要节日期间运行保障，保障9月、10月资源紧缺时期以及河南山西特大暴雨、东北地区暴雪、局部新冠肺炎疫情暴发等艰难时期的市场稳定供应，彰显大区公司价值。

【扭亏解困】 2021年，东北销售强化顶层谋划，构建以提质增效专项行动方案为中心，以主题教育活动推进方案和作风建设年活动实施方案为保障，聚集提质增效专项行动底线目标、奋斗目标总任务，建立逐级分解，逐级落实责任体系。建立提质增效月度分析共享机制，推行专项激励约束机制，兑现管理创新、业务营运、提质增效单项奖励300万元。强化业务运营创效，争取额外量兑现，同比增效34.7亿元；研究和编制出口补贴找补方案，增效13.8亿元；构建效益测算分析模型，坚持资源向高效市场倾斜，争取出口转内销价格政策，增效13亿元；加强市场预判，改变集采模式，锁定低价资源，创效7.5亿元；推进订单式生产，发送订单66份，协调生产适销产品62万吨，创效1.6亿元。建立责任清单，统筹组织推进，确保33项优化方案落实落地，运费比预算节约1.3亿元。创新资源串换，降费1.03亿元。推进“班轮制”运输和代储机制，滞期费同比减少3900万元。拓展跨区配送业务，节省运费2355万元；狠抓作业环节优化，三江口油库年周转次数提高5.9次，节约成本1806万元。协调取消地付设施使用费降低成本

797万元。开展计量管理专项行动，推进诚信交接体系建设，降低损耗1900吨，增效1317万元。严格执行亏损企业“八项禁令”，极限管控成本费用，销售及管理费用同比下降10%。其中，“五项”费用、租赁费、维修费分别同比下降21%、32%和54%。抢抓需求快速反弹契机，加大库存压降，用商票承付运费，优化结算管理，节约财务费用1814万元。通过探索网约车出行、整合办公场所、提升结算效率、降低船舶滞期费等措施，持续促进管理提升增效。

【改革创新】 2021年，东北销售以三项制度改革为牵引，滚动编制《改革三年行动实施方案（2020-2022）》及60个配套实施子方案，完成63项改革任务。建立小机关、大现场管理模式，二级机构减少8个，三级机构减少80个，分别压减25%、48%。压减业务外包人员144人，节约费用1176万元。在集团公司2021年销售企业职业技能竞赛中，东北销售包揽油品储运调和工竞赛前4枚金牌，获团体第一名。东北销售“汽柴油氯含量的检测方法”获集团公司2021年一线创新成果奖一等奖；“内浮顶储油罐浮盘及密封泄漏在线监测技术研究”项目被评定为销售分公司唯一的集团公司技能人才创新基金优秀项目；“下海油班轮制”创新项目在集团公司立项；“‘3+1’诚信计量交接服务体系”等3个项目被纳入集团公司管理创新参评成果，创新发展驱动力日趋增强。

【风险管控】 2021年，东北销售召开新冠肺炎疫情防控工作领导小组及专题会议43次，修订常态化疫情防控相关方案预案，推进疫苗接种，全员接种率96.51%。逐级签订《安全环保责任书》，开展油库公路付油、反违章和VOCs专项治理，整治安全环保隐患59项。强化安全生产风险监测预警平台建设及应用，开展质量和HSE体系审核，规范质量计量争议处理流程，持续提升QHSE绩效水平，连续两年HSE体系审核达到A2优秀级并在销售分公司排名第一。践行依法合规治企兴企方略，强化法治建设。开设“普法讲堂”，普及《民法典》、新《安全生产法》等法律法规，开展6次重点制度集中宣贯。突出重大事项法律参与，出具法律意见书8份，提供法律咨询服务31次，维护企业合法权益。坚持新官理旧账，稳妥推进40项历史遗留问题处理，完成3家存续企业和沈阳宏天东、天元两座加油站的改制任务。

【精益管理】 2021年，东北销售优化调整制度立项、审定、发布等管理流程，增加各部门协同联动、一体审核环节，制度立、改、废84项。建立完善预算管控体系，实现量化授权，管办分离。深化专项管控分析，突出对标管理，建立预警机制，指导经营决策。实行专业线会签制，实施费用化项目批次计划管理，实施非生产性用房检维修项目提级管理，升级设计变更、现场签证审批权限，完成38项安全环保隐患治理项目。编制《油库智能化建设纲要》，开展油库全流程诊断与优化，修订8座油库操作规程，完善油库、班组、岗位三级考评体系，提升油库标准化管理水平。召开首次科技与信息化创新大会，编制完成《“十四五”科技与信息化发展规划》《数字化转型工作实施方案》，驱动业务发展、管理变革、技术赋能。实现13家直属炼化企业数据集成共享，建成油库自控数据池，4座油库实现无线网络配置及手持终端应用，改善组织模式，提高工作效率。

【企业党建工作】 2021年，东北销售召开第四次党代会，擘画未来党的建设发展蓝图。树立大抓基层的鲜明导向，有效推进“三基本”建设与“三基”工作有机融合，筑牢企业发展根基。一体推进“三不”，强化监督执纪问责。建立分工负责、立体联动的巡视整改责任体系，党组巡视反馈的35项问题整改完成32项，持续整改3项，发挥巡视“利剑”作用。制定印发《激励支持干部担当作为干事创业若干措施》，激励调动广大干部员工的积极性、主动性、创造性。开展作风建设专项行动，力戒形式主义、官僚主义。开展“我为员工群众办实事”实践活动，为员工群众解决“急难愁盼”问题326件，帮扶困难职工117人次。开通“党委信箱”，倾听员工群众呼声。

（管育林　孟天放）

中国石油天然气股份有限公司西北销售分公司

【概况】 中国石油天然气股份有限公司西北销售分公司（简称西北销售）前身是1946年9月成立的中国石油有限公司兰州营业所，新中国成立后先后隶属于商业部、甘肃省、中国石油化工总公司，1998年成建制划转集团公司，总部设在甘肃省兰州市，是销售分公司在西部地区的派出机构。主要承担着西部地区13家直属炼化企业，21个省（自治区、直辖市）销售公司，铁路、民航、兵团等10家专项用户的成品油产销计划衔接、资源优化配置、物流调运组织、质量计量监督和油品统一结算，以及地炼资源的集中采购等职责，业务范围覆盖中国陆地国土面积的80%。管理运营9座成品油库，总库容216.5万立方米，有铁路专用线近20千米、自备罐车4255辆。机关设7个职能部门、2个直属单位，在中西部12个省（自治区）设14家分公司，在职员工1473人。1999年以来，累计配置销售成品油7.46亿吨，向国家上缴税金115.2亿元。获全国文明单位、全国五一劳动奖状、全国企业文化建设先进单位、甘肃省文明单位、甘肃省先进基层党组织、甘肃省高质量发展突出贡献奖、甘肃省最具社会责任感物流企业等荣誉。

西北销售主要经营指标

指　标	2021年	2020年
成品油销量（万吨）	5323	5140
汽油销量（万吨）	2307	2140
柴油销量（万吨）	2496	2520
航空煤油销量（万吨）	520	480
调运总量（万吨）	8925	8676
油库数量（座）	9	9
油库库容（万立方米）	216.5	216.5
运费总额（亿元）	78.4	77.63
吨油运费（元）	147.28	151.04
资产总额（亿元）	106.3	91.01
收入（亿元）	3323	2613
利润（亿元）	16.22	–39.06
税费（亿元）	10.2	3.38

2021年，西北销售油品销量5323万吨，调运油品8925万吨，销售收入3323亿元，缴纳税费10.2亿元，利润16.22亿元，同比减亏55.3亿元，炼销企业服务满意度99.7%，风险综合防控体系运行，安全生产实现“三个为零”（工业安全生产事故为零、道路交通事故为零、火灾事故为零），油品损耗指标有效控制，三项制度改革稳步推进，取得近10年最好经营业绩，获集团公司2021年度先进集体称号。

【业务运行】 2021年，西北销售主动应对柴油产需形势快速转换、出口配额和集采政策调整等不利局面，一体协同推进西部产运销企业优结构、拓渠道、扩配置、增效益。加强沟通协调，推动集团公司调整生产营销政策10余次。协同西部产销企业减油增化、增储扩销，区域整体效益位居所属销售分公司前列。发挥自有库存“蓄水池”“调节阀”作用，分别在柴油223万吨超高库存、140万吨超低库存困境下安全运行42天和20天，产业链始终保持平稳运行。分区域、分阶段、分品种制订产销保障方案，保障春耕秋收、节庆假期和会议活动等特殊时段油品供应，完成成都和兰州国ⅥB标准汽油置换、“十四运”和格炼检修保供任务，高效保障局部地区暴雨和地震灾害抢险用油。践行“服务创造价值”核心理念，主动走访35家产运销企业和专项用户，组织召开西部地区成品油业务产运销协调会和专项用户恳谈会。第一时间协调解决格拉管道停用、炼油厂装置波动、省（自治区）油库关停和区域道路限行等棘手问题，保障产销企业加工生产、成本效益等指标全面完成。

【经营创效】 2021年，西北销售推进“事前算赢”和业财融合，精打细算，打造提质增效“升级版”。落实内部市场价格传导机制，刚性兑现直炼交货计划，额外量交货1270.5万吨、增效72.1亿元。紧跟市场变化，协调炼油厂释放产能，助力省（自治区）扩销增效，高标号汽油、低凝点柴油配置分别同比增长9.9%和4.3%，创效25亿元。细化库存运作，创效10亿元。深挖集采潜能，完成集采125.4万吨、创效7.76亿元。巩固传统市场、拓展新兴市场，实现航空煤油配置520.2万吨、创效2.43亿元。深入开展一二次物流整体优化，吨油运费同比下降3.8元。开展自备车重装重返、区域循环和单车装载治理，节约延时费、检修费和返空费1471万元，自备车周转率、单车装载率同比提高0.01次/月和0.03个百分点。突破障碍，全面取消铁路保价费，降低车船杂费，节约费用1.1亿元。精细结算组织，结算速度同比加快0.38天，提前收款981亿元，节约财务费用3279万元，首次结算大连石化下海油170万吨。用足用好税收优惠政策，所属兰州、呼和浩特分公司增值税退税2698万元，陕西分公司、宁夏分公司、宝鸡分公司争取水利基金减免2901万元，川渝分公司、青藏分公司、玉门分公司获政府扶持奖励、稳岗补贴355万元。清理低效无效资产，实现报废自备车处置收入

1309万元，溢价率77.89%。扩大“网约车”应用范围，试点单位费用同比下降90%。

【风险防控】 2021年，西北销售实现安全平稳受控运行，获评集团公司2021年度质量健康安全环保节能先进企业。结合机构和职能调整，修订程序文件133个，优化业务流程274个。完善安全生产责任清单，建立重大危险源包保责任制，实现责任分解、有序承接。首次采取“自主审核+综合评审”方式开展体系内审，发现问题392项，整改完成326项。积极迎接集团公司QHSE审核、管理层测试及第三方监督审核，反馈问题整改率99.1%。接受国家大型油气储存基地安全风险评估等督查检查25次，均无重大隐患问题，得分位列销售分公司前列。推进安全生产专项整治三年行动，年度计划任务完成率100%。开展违章专项整治，推进健康企业建设，升级全国“两会”“七一”等特殊时段安保防恐措施，落实重点地区环保监管要求，完成油库挥发性有机物专项治理、危废固废动态监测处置和排污许可梳理排查。组织西部炼油厂油品质量普查，妥善处理直发计量纠纷，上线运行全流程风险防控管理平台，经营管理领域风险防控能力提升。积极应对多地新冠肺炎疫情反弹，从严落实防控措施，有效巩固零疫情成果。新冠肺炎疫苗应接人员两针接种率100%，加强针接种率超60%。开展应急预案有效性评估，修订完善预案242项，完成各类应急演练406次。所属武汉、郑州分公司举办公司级综合应急演练，优化企地应急联动机制，增强全员应急处置能力。完成6座一类油库消防安全评估，开展专职消防战斗员能力达标考核，推动应急消防专业化建设。

【改革创新】 2021年，西北销售制定落实治理体系和治理能力现代化实施方案，推进改革三年行动和对标世界一流管理提升工作，任务完成率分别为93.4%、91.1%。建立集中采购机制，全面规范工程、物资和服务选商采购。依法合规推动集体企业改革，昊阳商贸改制为地方国资控股企业，妥善完成7家历史遗留股权单位清理。完成机关“7+2”大部制改革，实施领导人员任期制和契约化管理，制定员工薪酬激励措施。优化人力资源结构，完成集团公司用工总量控制任务。组织开展西部储运设施、供应链综合物流和航空煤油保障优化等重大课题研究，部分成果推广应用。发挥销售专业标准委员会秘书处职能，首次参编1项国家标准正式发布，牵头制修订和审查《管理体系融合实施指南》等11项集团公司企业标准。做好管理创新成果推广，2项成果、4篇论文获行业部级奖项，《一体化综合管理体系理论与实践——基于流程整合的视角》获评2021年石油石化企业管理现代化创新优秀著作三等奖。开展QC活动，1项成果获集团公司QC小组活动三等奖，8项获甘肃省优秀质量管理小组二等奖，西北销售首次获评甘肃省群众性质量管理小组活动优秀企业。

【基础管理】 2021年，西北销售完成销售分公司油库装备完整性管理试点建设任务，梳理完善25大类26.3万条设备基础信息，建立油库设备全生命周期管理机制。推进标准化建设，规范油库现场管理和员工作业行为，做好电气仪表、环保消防等重点设备维保，所属川渝分公司获评集团公司HSE标准化站队，武汉油库获“中国石油成品油销售榜样·标杆油库”称号。争取项目资金5487万元，完成咸阳油库储罐浮盘改造、彭州油库紧急切断阀改造等39个重点项目。紧跟数字化发展趋势，研究形成《数字化转型智能化发展规划》。完善综合营运指挥平台功能，搭建完成西北销售数据中心，实现报表自动生成和数据综合分析，为统筹优化提供决策支持。推广应用北斗导航手持终端和电子工牌，深化态势感知系统应用，实时有效拦截各类网络攻击行为，通过集团公司“护网2021”行动测试。开展福利费、培训费、工程项目、信息化项目专项审计和采购、招标及合同管理专项整治，完成“小金库”清查、会计基础工作检查和8家基层单位主要领导离任经济责任审计，有效堵塞漏洞、规范管理。制定实施“八五”普法规划，利用“12·4”国家宪法日、保密法治宣传月开展学法普法宣传，全员法治意识提升。编纂完成《西北销售公司志（2016—2020）》和《西北销售组织史（2016—2020）》。实施机关档案集中化管理，完成二级以上领导人员人事档案专项审核。

【队伍建设】 2021年，西北销售推行人才强企战略，以高质量人才队伍保障公司高质量发展。制定实施《人才强企工程行动方案》及6个配套方案，全面打通员工发展通道。组织完成“424”人才评价考核和高技能人才选聘工作，举办第七届职业技能竞赛，开展全员技能大练兵活动。参加集团公司竞赛项目，获油品储运调和工种2银1铜和团体第三名，1人入围实训师大赛决赛。参加集团公司培训162项312人次，组织公司培训23项、参培603人次。落实校企联合培养机制，选送57名专业骨干参加清华大学、国家会计学院高端知识培训班。建立专家和“424”人才师徒结对关系，举办技能人才大讲堂4期，参训1400余人次。办理答复各类调研反馈问题，精准对接发展所需、基层所盼，推动“我为员工群众办实事”实践活动走深走实。

【企业党建工作】 2021年，西北销售持续推进党的领导与公司治理有机统一，建立模拟法人治理结构，完善“三重一大”决策机制，聚焦全面从严治党，加强组织领导，强化责任担当，激发和汇聚各级党组织力量，党委把方向、管大局、促落实的领导作用有效发挥。召开西北销售第三次党代会，选举产生新一届党的委员会和纪律检查委员会。围绕建党百年政治主题，开展丰富多彩的庆祝活动，组织收看党中央庆祝中国共产党成立100周年大会实况直播，传达学习习近平总书记“七一”重要讲话，表彰88个先进党组织和个人，新增命名20个示范党支部、党建阵地和党员示范岗。健全《落实全面从严治党主体责任清单》，逐级签订责任书，建立容错纠错机制。落实党委“第一议题”制度，学习贯彻习近平新时代中国特色社会主义思想，及时跟进学习习近平总书记发表的重要讲话、作出的重要指示、提出的重要论述，开展中心组学习16次、“第一议题”学习14次。

【群团建设】 2021年，西北销售推进“健康西销”行动，建设共享“健康小屋”，提高健康体检标准，员工体检率100%。依法保障女职工特殊权益，关心关爱女工，绽放女工风采。强化民主管理，落实赡养老人护理假等职工提案17件，答复反馈职工意见建议129条，提案落实率100%。弘扬劳模精神、劳动精神、工匠精神，隆重表彰10名劳动模范。搭建“先锋模范数据平台”，完成3800余项荣誉的采集和数字化录入。制定实施《西北销售党建带团建工作实施细则》，发布《青年发展规划》，召开团青工作会，开展“三送温暖”志愿服务，深化“青字号”品牌创建，1个集体和1名个人获评集团公司“青年文明号”“青年岗位能手”。推动慰问帮扶、送关怀送温暖工作常态化、制度化，投入各类慰问经费491万元，坚持开展“金秋助学”活动，提高全体员工生活品质。实施“精准滴灌、靶向帮困”，帮扶困难人员348人次，发放帮扶资金156万元。做好重点时期维稳信访安保防恐工作，获集团公司嘉勉。

（高　越）

中石油昆仑好客有限公司

【概况】 中石油昆仑好客有限公司（简称昆仑好客）2017年9月在北京市昌平区注册成立，列股份公司合资子公司序列，作为销售分公司非油业务的管理运营和合资合作平台，指导各成品油销售企业非油业务专业化运营，承担非油业务的管理协调与考核职能，主要负责非油业务的顶层设计、标准规范制定、品牌管理，开展商品统采统配，物流优化、合资合作、自有商品开发等业务。2021年底，设综合部（党委办公室、人事处）、财务部、商品部、经营部、市场部、项目开发部、销售部7个部门，控股福建武夷山水食品饮料有限公司1个专业公司；员工70人，其中本部52人、武夷山水公司18人，本科及以上64人，中级及以上职称47人，中共党员53人，平均年龄38岁。实收资本15亿元，资产总额19亿元，所有者权益总额15.77亿元。

2021年，昆仑好客主动适应新零售市场变局，各项工作取得新成绩。组织非油业务实现收入248.7亿元、非油毛利45.8亿元，分别同比增长12.3%和18%。昆仑好客本部实现利润4726万元、同比增长50%。

【业务发展】 2021年，昆仑好客组织非油全网络专业化运营，围绕“油气氢电非”综合服务平台建设，坚持以便利店业务为核心，拓展汽车服务、化肥、快餐、电子商务等业务。升级便利店精益管理，推广昆仑好客运营体系，强化单品管理，提升选品、陈列、营销等核心能力，8个品类销售收入同比增长超过20%，百万元以上店6839座、同比增长12%。加快建设线上营销渠道，上线运营中油即时通信内购商城，完善天猫旗舰店功能，149款商品入驻“石油e采”平台，组织直播带货350多场，促进内部员工、加油卡客户和公域渠道流量变现，实现线上销售收入8502万元，带动油卡充值15亿元。新建汽车服务网点1814座，促进所在站点油品销售平均增幅超过2个百分点，汽车服务业务销售收入6亿元、同比增长60%。探索“化肥+植保+金融+产成品”经营模式，推动农业产业链一体化发展，农资业务销售收入28.5亿元。新投运肯德基快餐店15座、单店销量稳步提升，因地制宜拓展奶茶、馄饨等餐饮项目。稳步做大传统销售渠道，开发新客户130多家，联合省（自治区）销售公司共建京外大客户开发模式，自有商品进入航空、高铁等新领域。

【一体化营销】 2021 年，昆仑好客协同成品油零售专业线深化油非一体化营销。创办昆仑好客购物节，精选 600 多款畅销品和 30 款“爆品”组合“油卡非润”大礼包，历时 3 个月在全渠道分阶段统筹推进，开展销售竞赛和陈列创意大赛，按照统一活动 Logo、统一主题、统一宣传、统一订货、统一营销、统一爆品的“六统一”标准打造 2299 座示范店，8 大促销品类毛利同比增长 43%。组织各省（自治区）销售公司开展冬奥主题营销、年货节、后备厢计划等 30 多项全国营销活动和 178 项地域性促销活动，连续两年参与“全国消费促进月”活动，灵活运用积分、满赠、充值、组合、抽奖赠券等促销政策，分区域、分站型、分客群推出“油品 / 油卡 + 商品 / 服务”油非组合礼包，提升顾客体验，增强门店竞争力。通过油非互促双向引流，提高顾客黏性，油非转换率同比提升 1.3 个百分点。

【商品集采与自有商品开发运营】 2021 年，昆仑好客强化以商品为核心的供应链能力建设。推进两级集采，全面落地第三期全国集采谈判结果，全国集采合作品牌由 88 家增至 136 家、SKU 达到 2600 多个，规模达 21 亿元；规范指导省（自治区）销售公司二级集采业务，明确选商、入围、品控等工作标准，将 27 家公司 150 个区域品牌纳入全国集采。强化自有商品开发运营，严格规避低水平重复开发，全系统开发“好客童品”“昆觅”赣南脐橙等 58 个系列新品；着力运营推广，突出“大单品”引领，打造“优选 +”大米、“好客壹牛”纸等亿元级“爆品”，带动 10 余款千万级畅销品，优化商品毛利结构；与高校和专业机构合作，共建咖啡与茶饮料研发培训中心，加快产研销一体化探索。试点推进供应链与物流优化，与美团、京东等头部企业合作，线下在京津冀地区试点供应链优化，线上尝试开展到家业务，试点运行电商物流仓。

【专业管理】 2021 年，昆仑好客发挥非油业务管理运营平台作用，强化专业管理。开展非油业务研究规划，完成专题咨询项目 15 个，编制《非油参阅》12 期，完善并实施非油业务“十四五”发展规划和细化措施，明确坚持加快扩大规模、保持效益增长以及做大重点品类、重点业务和重点区域等新思路，制定非油业务高质量发展的路径、措施。健全非油业务投资审核与评价机制，完成 5 批次 620 个项目的投资审核。牵头整改集团公司巡视、专项检查反馈的非油业务事项，开展非油业务财务管理风险防控专项治理，整治走单、空转、刷卡套现等问题。协同推进销售企业安全生产专项整治三年行动计划，细化非油 QHSE 体系审核标准，落实体系审核及督办整改，保持非油业务质量健康安全环保事故零发生，通过 ISO 9001 国际质量管理体系认证。加快非油业务信息化建设，制订信息化发展规划方案，协助股份公司销售分公司开展加管 3.0 系统建设，完成 7 类 181 项业务需求分析，通过评审。开展非油业务经营、财务管理、质量安全风险管控、电子商务等培训班，培训一线骨干 4000 多人次。对标行业一流，创建覆盖 4 个方面、3 个维度、17 项关键指标的精益管理对标模型，全系统推广应用，地市公司首次实现跨省分级对标。

【品牌经营】 2021 年，昆仑好客通过多渠道、多平台着力提升品牌效益。昆仑好客获评“2021 我喜爱的中国品牌”，品牌价值超过 134 亿元、名列行业前茅。开展美好生活 · 优行动，坚守“万店无假货”底线，加强各层级供应商管理，坚持二方审核和质量监督抽检，探索重点商品一物一码溯源，建立 3 类自有商品质量管理规范标准，“优品 · 优质 · 优享”的品牌形象深入人心。落实乡村振兴战略，在江西、内蒙古等地开发消费帮扶自有商品，策划赣南脐橙、内蒙古牛羊肉等特色农副产品全国营销活动，将 7 个省（自治区）23 种消费帮扶商品纳入全国集采平台拓宽销路，助力销售企业完成消费帮扶金额 6.5 亿元，打造“从田间到餐桌”的消费帮扶产业链。抓住北京“双奥”机遇，赞助“相约北京”体育赛事，在北京城区主干道、公共交通工具加大品牌露出，组织省（自治区）销售公司建设冬奥形象站 411 座、冬奥商品货架 490 组、冬奥特许商品专柜 101 组。完善新冠肺炎疫情应急物资优先保供机制，兑现“不断供、不涨价、不打烊”的庄严承诺。高质量承办集团公司消费帮扶产品展销会，搭设 108 个展位、展销面积约 7000 平方米，来自 150 个脱贫县的 2000 余种商品参展。举办中国石油开放日活动，通过新华网、人民网等主流媒体吸引 300 多万网友“围观”。

【基础管理】 2021 年，昆仑好客加大基础管理和改革创新力度，提升运行质量效率。协同对标世界一流管理提升行动，推动改革三年行动计划改革举措完成 98%，实施经理层成员任期制和契约化管理，优化考核机制加大工效挂钩力度，突破干部能上能下、薪酬能增能减、员工能进能出的重要关口；推进格桑泉水厂股权优化。统筹非油业务和昆仑好客公司两个层面，打造提质增效“升级版”，全面推进全成本核算，常态化降库提效，严格“两金”管控措施，保证全系统增效达标的基础上盈利4726万元，创成立以来最好水平；安全高效推进武夷山水公司改扩建项目建设，建成9025平方米仓库，新增一条国内先进全自动生产线，武夷山水公司推进仓储物流优化，创新设备技改，扩销增效实现盈利，完成集团公司扭亏治困目标。开展规章制度清理评价，动态立、改、废18项制度；全面实施重大事项法律论证，审核率100%；加大科技课题选报力度，推进自有商品质量管理规范标准取得集团公司立项批复；加强知识产权宣传普及，获3项专利共有权；杜绝失泄密事件和实际事后合同。从严从紧新冠肺炎疫情常态化防控，员工疫苗接种率超过95%，实现零感染、零疫情。

【企业党建工作】 2021年，昆仑好客党委认真落实全面从严治党责任，坚持以高质量党建引领高质量发展。推进党史学习教育，落实“第一议题”制度要求，围绕党中央指定书目、习近平总书记系列重要讲话和党的十九届六中全会精神，集中学习、研讨80多次，分批开展红色教育，党员干部做到“五个带头”；开展“我为员工群众办实事”实践活动，帮助员工解决“急难愁盼”实事13项，学习教育成果得到党组领导高度肯定。完善党建引领的治理体系，修订公司章程，将党的领导嵌入业务流程，全面落实“党建入章”“双向进入、交叉任职”等要求。召开党委会19次，研究审议重大事项120个，党委“把、管、促”作用有效发挥。完成4个党支部换届，按部门成立党小组，基层组织建设加强；首次开展党支部书记现场述职评议，抓党建工作合力逐步增强。围绕庆祝建党百年主题，创新开展“迎七一·七个一”系列活动，8部作品在集团公司获奖。落实人才强企战略，完善干部管理制度体系，配齐配强中层干部队伍，提拔使用9人、调整交流使用1人；加强年轻干部培养，建立年轻干部挂职锻炼机制，与地区公司交流挂职8人；引进各类专业人才6人，晋升一般管理岗员工8人、专业技术职务任职资格6人。

【办公地点搬迁】 2021年，昆仑好客落实集团公司党组决策部署，办公场所由北京市朝阳区恒毅大厦搬迁至北京市昌平区中国石油科技交流中心。从法律角度提前介入解约谈判，第一时间制订专项工作方案，围绕合同条款多次与业主、物业沟通协商，最大程度争取昆仑好客和员工合法权益。抓住谈判“窗口期”组织干部员工利用业余时间，发扬大庆精神铁人精神，同步做好新址装修和员工就餐、通勤等保障工作，在业务不断档的情况下将工作干在最前面、将损失降为最低，在2021年12月25日前完成搬迁，受到集团公司党组高度肯定。

（关志强）

中国石油天然气股份有限公司北京销售分公司

【概况】 中国石油天然气股份有限公司北京销售分公司（简称北京销售）前身系中国石油华北销售公司，1999年4月成立，曾先后负责七省两市的成品油销售、非油销售和终端网络建设工作。2009年12月，原华北销售公司机关与原北京销售公司整合，上划中国石油天然气股份有限公司直接管理，主要负责中国石油在北京市的成品油和非油销售、网络建设和市场开发等工作。2021年底，北京销售资产总额38.86亿元，在用油库2座，库容3.1万立方米，投运加油站197座，投运橇装站123座，便利店194座，员工1891人。

2021年，北京销售成品油销售120万吨，纯枪销售93万吨，LNG销售7.54万吨，IC卡发卡12.3万张。非油业务收入3.02亿元，非油业务利润7988万元。账面税前利润4554万元，费用总额7.98亿元。新投运加油站20座，新增立项股权企业3个。

【加油站管理】 2021年，北京销售精准实施零售创效。强化“数字化营销”应用，落实零售环节提质增效。坚持毛利最大化，提升纯枪质量，开展营销活动51项，4.9万人参与，核销电子券8.4万张，高德平台触达新客户1.1万人，有效带动销量提升；加大移动支付推广，新增个人实体卡、电子卡20.8万张，同比增长121.3%，储值28.3亿元；深化数字平台应用，实现数据可视、实时协同、主动预警、自动分析，提升运营效率。深化团队建设，开展客户开发强基固本。提升基层团队管理水平，整合资源、统筹调配，“阿米巴”模式取得实效，单站日销量11.65吨，同比增长18%；建立多维度客户标签，精准触达客户需求，拓展线上会员，微信小程序交易3013笔，支付宝平台新增客户0.9万人，开发部队、央企等5家终端客户，拉动线上线下消费。打造强大现场，综合提升加油站服务创效能力。结合“6S”管理，开展全

北京销售主要经营指标

指　标	2021 年	2020 年
成品油销售（万吨）	120	111
汽油销量（万吨）	73	68
柴油销量（万吨）	47	43
加油站总数（座）	197	193
在用油库数量（座）	2	2
在用油库库容（万立方米）	3.1	3.1
纯枪销量（万吨）	93	83.64
非油业务收入（亿元）	3.02	2.68
非油业务利润（万元）	7988	2863
资产总额（亿元）	38.86	34.08
收入（亿元）	93	73.44
利润（亿元）	0.11	-2.45

流程诊断，实施标杆引领，有效提升顾客体验，展现中国石油良好品牌形象；组织开展团队经理及成员综合素质提升培训班，实现参培站经理全覆盖；加强“双低”站治理，摘帽“双低”站16座，完成治理目标；强化监督检查、驻站帮扶和问题跟踪，现场检查324站次，远程扫站960站次，排名居销售分公司前六名。

【营销业务】 2021年，北京销售营销质量显著提升。统筹资源运行。强化市场研判，把控节奏，有效平衡库存、客存和保供，加大客存清理，提升资源创效力，直批销量46.55万吨；直批毛利7956万元；互供19.18万吨，创效2810万元。深化客户开发维护。实施分区域、分类别、分阶段客户开发，新增客户205个，新增销量7.65万吨；深入开发机构用户，与长城钻探、中铁十九局、北京现代等5家企业达成合作协议，实现销量1.01万吨；深化直批APP应用，线上订单1987笔，实现销量11.96万吨。推进站外“油卡非润”一体化营销。聚焦集团内部市场、政府、大中型企业采购项目，推动华油商贸公司、北汽福田配件公司及中国融通集团等单位加油卡、润滑油等合作机会，实施组合营销，一体化协同创效，实现非油销售134万元。

【非油业务】 2021年，北京销售非油业务实现跨越发展。高质量打造营销品牌。开展“5·13”武夷山饮水节活动，销售收入106.6万元、同比增长86%，毛利30万元、同比增长6%，实现量效双增长；打造昆仑好客购物节，实施“储值超值购”“购物油礼”等活动，促销品收入1043万元，同比增长342%。着力提升店销能力。坚持市场化发展、专业化运行，开展油非互促，储值换购107万笔，带动销售70万元，购非油送电子券推出超值商品163个，带动销售277万元；推进商品协同管理，丰富品类、优化物流，引入寻源商品1385个；优选非油团购清单，完善奖励机制，开发客户28家，实现销售720万元。非油业务收入700万元以上店同比增加2座、百万元店增加5座。坚持线上线下一体化营销。引入优质服务商内容合作运营机制，围绕用户实际生活需求整合多方资源，结合门店营销场景，开展“消费帮扶”“月圆中秋”“TCL家电专场”“9·15加油国货”等8场直播活动，期间各分公司承担部分直播任务，销售实现140万元。积分商城兑换订单92.8万笔，收入1483万元、毛利401万元。

【油库管理】 2021年，北京销售克服库容限制，科学安排资源保障和配送保供，抢运紧俏资源，直炼资源调运79.83万吨；应用创效模型，把握客存节奏，按时保质完成京ⅥB标准油品置换，调运增效8829万元。调整库容分布，优化互供提油，提高作业效率，人均周转量1.18万吨、同比提高61%，周转次数15.78次、同比增加4.03次；开展诚信交接和全环节损耗分析，落实重大危险源包保责任，通过政府检查。发挥VOCs检测中心和质检中心作用，抽检库站483座次，连续获青岛海关技术中心授予的“能力验证优秀实验室”称号。

【投资建设】 2021年，北京销售坚持稳拓并举，增强终端控制力，开发建设实现逆势突破。网络布局优化。加大集团客户开发力度，实现华路和首发所属加油站合作投运，完成新租、续租投运项目20座，新增立项股权企业3个；项目成效显著。打造北京标准、拼出北京速度、亮出北京质量，先于竞合对手完成福田加氢站投产，改造升级沙河智慧橇装示范站，打造28座冬奥形象站，高标准建设投运中国石油首座油气氢电非“金龙综合能源服务站”，70兆帕连续加氢能力居行业首位。推进自营汽车服务，完成新建汽车服务项目28座，恢复运营23座，促进油非良性互动，带动单站销量增长10%以上。稳步推进石楼油库改造，通过市区两级评估审查，建设筹备如期进展；新能源踏上新赛道。创新合作模式、抢占市场先机、力促转型升级，全面布局加氢、充换电、光伏项目。深入调研，积极谋划，成立中油新能源（北京）有限公司，致力打造区域性“制、储、运、销”上下游一体化氢能公司；重卡换电项目、乘用车换电项目、光伏业务已与相关单位达成合作合资意向。

【企业管理】 2021年，北京销售坚持聚焦主业、服务一线，精雕细刻抓管理，精益求精练内功。安全环保更加稳固。全面落实新安全生产法，严格执行“三管三必须”要求，完善“一岗双责”责任体系；QHSE体系内审发现问题342项，全部完成整改，在集团公司审核中得分率92.09%，位列销售分公司前茅，连续第17年获集团公司安全先进单位；强化隐患治理、风险管控和应急演练，投入资金1031万元，治理公司级隐患85项；落实环保节能要求，所属库站全部取得排污许可证，节能8.09吨标准煤、节水2055立方米，超额完成集团公司考核任务，获“首都生态文明奖”和集团公司“绿色企业”称号；强化计质量工作，综合损耗0.13‰，同比下降0.53个千分点；精准新冠肺炎疫情防控，守住零疫情底线。合规管理成效显现。加强内控监管、合规监察，梳理优化制度47个、流程290个、作业文件15项，强化法律风险防范，处理纠纷案件17起，避免损失97.59万元；推进物采数字化平台应用，节约资金365万元、节约率10.87%，超额完成集团目标；规范股权管理，提高股权收益，实现分红完成预算123%；实施库站、办公楼“6S”管理，提升工作效能和对外形象；完成改革三年行动任务的90%、对标世界一流管理提升的91%，超额完成集团公司要求。开展审计15项，工程项目审减21.13万元。

【财务管理】 2021年，北京销售深化业财融合，坚持“事前算赢”“量入为出”。加强源头把控和计划衔接，实现闭环评价；发挥预算导向作用，保障核心高效业务发展，强化预算执行跟踪，坚持费用极限压控，以周保月、以月保年，打造提质增效“升级版”，商流费实现“同比、比预算”双降；优化上门收款频次，年节约费用130万元，推动首钢票据入池1.52亿元，提升资金创效水平和风险防控能力；会计信息质量全面提高，获评集团公司《企业年度工作报告》优秀单位。

【数字信息化管理】 2021年，北京销售信息支撑更加有力。推进智慧站建设，优化基础设施，深化系统应用，强化安全运维，热线服务1.43万次、系统运维1.52万次、现场运维80站次，狠抓系统应用考核，有效提升销售分公司排名。

【人才队伍建设】 2021年，北京销售全面贯彻人才强企工程。完善选人用人制度，提拔中层干部11人、股权企业班子4人，交流调整31人次，提拔调整董监事53人次，股东代表14人次，提拔科级干部22人，干部队伍年龄结构、梯队层次得到改善；加大年轻干部培养和选拔，按照“重基层、重实践、重业绩、重担当”用人导向，补充二级单位领导班子，40岁左右二级领导班子成员占31.8%、其中正职占18%，超过集团公司1/5和1/8的要求。

【企业党建工作】 2021年，北京销售党风廉政建设持续深化。开展监督检查45次，发现问题120项，整改完成率89.8%；加强警示教育，开展廉洁风险排查、沟通性约谈，识别廉洁风险点143个，约谈2132人次；开展机关作风建设专项行动，持之以恒纠治“四风”，整治基层“微腐败”；推进巡视巡察整改落地，有效发挥巡察监督推动作用。

2021年，北京销售发挥党委“把方向、管大局、促落实”领导作用，以高质量党建引领保障高质量发展。围绕庆祝建党100周年主题，推进党史学习教育和“转观念、勇担当、高质量、创一流”主题教育活动，开展“七一”庆祝大会重要讲话、党的十九届六中全会精神专题学习，各级领导干部带头讲专题党课142次、宣讲73次；深化“我为员工群众办实事”实践活动，立项23项、办结21项、2项长期推进，中央企业和集团公司党史学习教育指导组先后5次调研，给予高度评价；严格履行“三重一大”决策程序，落实“第一议题”制度，开展中心组学习11次，“第一议题”学习7次；推进基层党建“三基本”和“三基”工作有机融合，定标准、建机制、抓考核，实施“一团队一支部”打造一支部一特色，第二分公司第三党支部获集团基层党建“百面红旗”称号，4名个人、1个基层党支部获集团公司“两优一先”表彰。

【群团工作】 2021年，北京销售推进群宣工作，聚焦主题主线、围绕主责主业开展宣传，擦亮宝石花、传递正能量，内宣发稿585篇、对外发稿154篇，福田站在央视“新闻联播”播出；销售帮扶产品1337万元、采购62.47万元，完成既定任务；加强人文关怀，开展“工会办实事、当好‘娘家人’”活动，慰问困难员工288人、发放补助59.65万元；团委举办“学党史、强信念、跟党走”学习教育，引导青年岗位建功；获集团公司“心歌向党”歌咏比赛银奖和最佳组织奖，获中国石油“宝石花”杯足球联赛总冠军；2人获首届集团先进工作者，金龙站、南宫站被授予集团公司“工人先锋号”，新景都市站被命名为中央企业“青年文明号”，北京销售获“首都文明单位（标兵）”称号。

【助力冬奥】 2021年，北京销售冬奥保障卓有成效。全面部署赛事资源、服务保障，实现冬奥保障竞赛场馆第一桶油、非竞赛场馆第一桶油和赛事车辆第一枪油“三个第一”，展现责任与担当；32座冬奥形象及特许零售站、18座冬奥资源保供站和2座营销活动品牌站整装上线，销售冬奥特许商品近20万元。

（刘倩倩）

中国石油天然气股份有限公司上海销售分公司

【概况】 中国石油天然气股份有限公司上海销售分公司（简称上海销售）前身为中国石油华东销售公司，1998年5月成立，是中国石油在区外成立的第一家销售企业。“十一五”期间历经多次改革重组，2009年底调整成立上海销售，主要负责中国石油在上海市辖区的油气销售、市场开发和终端网络建设业务。

上海销售主要经营指标

指　标	2021年	2020年
成品油销量（万吨）	154.93	141.75
汽油销量（万吨）	87.91	82.66
柴油销量（万吨）	67.02	58.64
非油业务收入（亿元）	4.66	4.07
非油业务利润（亿元）	0.31	0.36
吨油费用（元）	324.07	373.12
资产总额（亿元）	66.01	66.29
收入（亿元）	110.34	84.37
利润（亿元）	1.34	1.31
税费（亿元）	1.69	1.54

2021年，上海销售启动实施两级机关“大部制”改革方案，上海销售组织机构实行二级管理，设置9个机关部门，规格均为二级一类；1个机关附属机构（质量检验监督中心）。1个所属直属机构（非油品销售分公司），规格为二级一类。所属二级单位6个，其中二级一类单位2个，即浦东分公司、浦西分公司；二级二类单位3个，即奉金分公司、松青分公司、宝嘉分公司；二级三类单位1个，即崇明分公司。有资产型油库3座，库容23.91万立方米；在册员工1387人，其中，大专及以上学历578人，高级职称67人、中级职称183人，高级技师3人、技师28人。上海销售党委下属直属机关党工委1个，基层党委6个、党支部31个，有党员392人，均为在职党员。

2021年，上海销售利润1.34亿元，净利润7664万元，超年度提质增效目标92%，在区外销售企业中排名第五。销售油品同比增长9.7%；纯枪销售同比增长6.5%，零售进度完成率在区外销售企业排名第一；非油连续3年考核封顶；商流费同比下降4.7%。主要指标均实现销量效益双跨越。连续第5年获集团公司各单位业绩考核A级。

【市场营销】 2021年，上海销售经营协调小组一体化统筹营销工作，突出整体效益最优，全过程加强板块配置计划衔接、预判油价趋势、把控库存结构、平衡购销节奏，推动大营销运作、大环境协同、大市场竞合，释放最大效能。针对不同时期业务难点，开展“效益从哪里来”大讨论、“销量丢哪去了”大调研，“百日上量提质增效”“决胜冲刺大干45天”劳动竞赛，油品总销量、直批销量及利润、非油业务收入及毛利、发卡量均实现与预算和同比的“双增长”。在柴油消费量萎缩的逆境中，坚持量效并举，实现直批毛利8840万元，同比增长200%；直批吨油利润60元，创近年来最好水平。新开发机构客户101个，逆势增长10%，模范客户经理孙帆创造个人销售油品1.52万吨、非油业务345万元的好成绩。稳固存量，市场大调研拜访1197家单位客户，回访1.4万个人客户，新开发客户155家。引流增量，做精会员日、专项卡、“油惠生活”等营销品牌，重点开发出租车、网约车高频客户，增量7.04万吨。精准把握销售节奏，预判10月资源紧张，提前储备资源，在社会停供和零售量暴增的巨大压力下，确保进博会期间稳定供应。

【资源调运】 2021年，上海销售紧盯市场，把握购销节奏，7月堵库时执行销售分公司调度令，4季度资源紧张时超额调入资源，确保后路畅通、库存合理，降低购进成本2780万元。调入低密度油品增效201万元，石化互供创效3642万元。狠抓损耗治理，实施计量管理专项行动，损耗费用同比降低1430万元。配置计划执行率100%。两次超强台风、“七一”“进博”重点时段无质量计量和断供事件。

【非油业务】 2021年，上海销售开展非油专项管理提升，非油业务经营质量、创效能力提高，非油业务单店日均收入、平效、人均收入等效益效率指标在销售分公司排名第一，百万元以上店占比65%，高于销售分公司平均值22%。做强便利店主阵地，精准营销，把握热点、“油惠生活”贯穿全年，朋友圈营销、社区团购、直播带货新模式起步，各类营销新业务增收8000万元。大单品战略成效显著，酒类收入同比增长56%，毛利翻倍。加强成本管控，非油仓储配送费率为3.3%，为销售分公司最优。

【加油站管理】 2021年，上海销售以“油卡非润”一体化营销为着眼点，推进以卡锁客、以非带油、互动营销、保效提量。协调各市场主体避免恶意价格竞争，收缩普惠式促销，大幅压缩2种以上的优惠叠加，全面收缩营销支出，价格到位率稳定提升至97%。以卡为媒锁定优质客户，新增发卡21.4万张，卡销比58.4%，卡资金沉淀6.8亿元。优化营销资源投放，引入第三方促销资源2500万元，价格到位率同比增长0.85%，增加效益5245万元。强化运营管理，单站运营天数同比增长3.1天，神秘顾客暗访得分提高1.2分。

【新领域新业务】 2021年，上海销售进军临港新片区和低硫船用保税油两个新领域，平霄路油氢电非综合服务站、鸿音路氢能站、万祥站光伏发电等新能源项目建成投运；船用保税油全国首家打通上海港、舟山港、宁波港三地供油流程；中石油上港、中油港汇、中油浦江公司首年运营，销量、效益远超预期，战略转型新平台初步建成。新能源、新模式、新技术“三个突破”从蓝图正在变为现实。推进“十四五”规划确定的目标，布局临港新片区，中油港汇8座项目启动，平霄路油氢电非合建站首创“当年拿地、当年建成、当年投运”的“上海速度”。中国石油上港公司打通跨关跨港作业全流程，加注保税燃油12万吨，闯出新路径。中油浦江公司搭建资源运作平台，实施“他有我营”运作模式，首年实现净利润169万元，开辟资源创效新途径。制定新能源专项规划，与申能、上汽、国电投等开展新能源合作，多个氢能源、光伏发电、充换电项目建成投运。在新能源转型、新领域进军方面实现从0到1的突破。

【投资建设】 2021年，上海销售打赢网络攻坚“三大战役”，开发加油站5座，投运4座，续租9座，均超年度目标；取得土地6座，创历年新高；创新思维治理“双低”站，9座站扭亏，3个低效站置换迁建为新站；使用5192万元利润处理10大历史遗留问题，上海销售成立以来的遗留难题基本解决，确保“十四五”高质量发展轻装前行。集中处置浦三路、花木路项目、中油吴泾化工、中油浦旭、华浦油气等10项历史遗留问题。灵广站历时8年即将投运；收购晟隆站股权项目，取得加油站经营权及土地使用权，完善市中心区域的网络布局。践行“优化提质”战略，把开发优质站与处置低效站相结合，3个“双低”站迁建处置。完成加油站续租9座，确保一站不丢。加快推动加油站改建工程，改造维修项目96座、完成新建项目4座。

【企业管理】 2021年，上海销售改革三年行动完成56项改革具体工作任务，超计划进度26%。三项制度改革有力推进，“大部制”改革、领导人员任期制改革全面启动。员工队伍优化，机关编制压减8%，直接用工人数减少9%。印发《加油站薪酬分配实施意见》，推行加油站升油工资改革，一线员工收入提升。“三能”机制完善，全口径人均纯枪销量在销售分公司排名第三、区外排名第一。开展对标世界一流管理提升行动，29项任务超额完成，获评集团公司对标提升管理标杆企业。完善内控与风险管理体系，健全制度机制流程，评估出安全环保、市场竞争等年度5项重大风险，新制定、修订规章制度20项。维护和平衡股东权益，股权企业投资收益1.86亿元，完成预算进度152.5%。制定法律合规风险防控指引，开展专项风险排查，治理事后合同，组织重大项目法律论证50余项。降本控费实施“四色预警”强化过程管控，实现商流费硬下降2502万元，同比下降4.7%，纯枪吨油营销成本同比下降62元。优化自有资金、卡沉淀资金管理；推行全资与股权单位资金占用清算机制，保持股权单位资金集中定存；坚持低库存、低成本运行，减少资金占用1.6亿元。财务费用增利2774万元。常态化开展经营活动分析，4类专题对标，4大专项提升行动，堵漏节流创效近7000万元。组织财务“三张表”专题培训，推出“赢销理念11条”“一板一册”，强化全员创效意识。

【信息化建设】 2021年，上海销售零售会员体系建设试点起步；上线加油站设备物联网监测预警平台，试点开展加油站违规行为智能识别；完善加管系统、卡系统、电子券系统、电子发票系统等小程序功能；正式投用车载视频云化存储及智能分析系统；率先实现试点站数字人民币收款等功能。获集团公司“信息化工作先进集体”称号。

【健康质量安全环保】 2021年，上海销售深入推进专项整治三年行动，开展油库安全风险评估、反违章专项整治、敏感时段综合保障工作。推动QHSE体系建设，实现两级机关年度审核、加油站三年审核全覆盖，体系审核成绩从B1良好级升至A2优秀级。狠抓安全隐患排查治理，投入811万元整改23个项目。坚持员工健康与安全并重，成为集团公司健康企业创建首批试点单位。常态化新冠肺炎疫情防控，快速响应、精准防控，应对7起二级突发疫情，排查跟踪重点人员162人，核酸检测1618次，结合局部散发迹象对19座库站、上海石油大厦升级管控。常态防控、应急处突能力提升，“两个零”目标稳定受控。

【员工队伍建设】 2021年，上海销售制订人才强企工程实施方案，培养选用高素质专业化干部人才队伍，调整配备中层领导人员13人，其中提拔6人，40岁以下占提拔总数的50%。向集团公司推荐优秀年轻干部14名，输送集团公司党组管理干部2名。连续4年与上海市委党校、地方高校举办领导人员、优秀青年骨干培训，分级分类开展专项培训，102人参训。加大技能人才培养，自办培训28项，受训2700余人次。参加销售分公司线上培训90余次，受训1.49万人次。完成512人技能等级认定工作，2人取得高级技师资质，10人晋升高级专业技术职务任职资格。培育集团公司催化师1名、销售分公司百名优师3名，1人获集团公司首届实操培训师大赛优秀奖，2人获“加油站经理职业技能竞赛优秀选手”称号。

筑强基层战斗堡垒，15个党支部成为市场竞争先锋队、主力军。常德路加油站发挥典型引领作用带动8座站销量上万吨，振兴、青浦、嘉南党支部向万吨站集群不断成长。上中路“社区客户”关系网、丰福路“花园式”加油站、方皇站进博主题“新网红”及“万人朋友圈”营销新模式层出不穷，新增万吨站2座，丰福路加油站成为崇明首个万吨站，梅莘、三新加油站便利店收入破千万，上海销售百万元以上便利店占比65%。

【企业党建工作】 2021年，上海销售连续3年在集团公司年度党建工作责任制考核中获A档。开展党史学习教育，做好集团公司党组要求的9项规定动作、20项45个重点工作任务，创新“特色专题宣讲、特色主题党日、特色实践案例”等自选动作，党委中心组专题学习研讨13次，各级党组织集中学习199次，组织宣讲127场次，成立5个指导组开展指导86次。践行“我为群众办实事”，两级党委班子带队攻坚啃硬，解决问题152项。完善落实“第一议题”制度，学习20次。贯彻民主集中制，召开党委会议56次，研究审定“三重一大”决策事项81项。召开4次党委会研究部署巡视整改工作，53个巡视问题全部整改完毕。完成对4家单位巡察，发现问题122个，移交问题线索1个，收到退赔款项1.52万元。开展“小金库”“微腐败”问题等6个方面专项治理工作，听取纪检、巡察等工作汇报8次，约谈20余人次。制定《关于进一步改进工作作风实施细则》《上海销售“四风”问题整治工作指引》，开展廉洁宣传教育300余次，党员领导干部拒腐防变意识持续增强。

【企业文化建设】 2021年，上海销售推进“十四五”文化支撑战略落地，文化建设向硬支撑转型。总结“十三五”上海销售改革发展成果，编撰“十三五”成就画册。完成石油精神教育基地2.0更新，成为上海市红色印记教育基地打卡地，参加经信系统中央在沪企业党建巡礼。汇编先进典型选树亮点，出台库站文化建设2.0实施方案，嘉四、常德路等加油站成为特色文化示范站。推动精神文明建设，2019—2020年上海市文明单位、上海市加油站文明行业续创成功。开展开放日活动，10余家媒体参加活动，地方媒体报道7次，18座加油站开展中国石油开放日暨安全生产咨询日活动，展现文明创建新形象。加强员工关爱，开展“职工健康助推活动”，上海销售再获全国“安康杯竞赛优胜单位”。打造员工心灵关爱园地示范点，走访慰问困难员工130人，发放慰问金150余万元。坚持民主管理深化，完成职代会职工代表2项提案审议落实。丰富员工文化生活，“迎新春”系列活动、交友联谊、民俗文化、第五届员工运动会等文体活动贯穿全年、丰富多彩。完成团委换届，全面梳理团青工作体制机制，共青团工作再上台阶，杨思加油站获集团公司“青年文明号”称号，洪赫获集团公司“青年岗位能手”称号。

（安明珠）

中国石油天然气股份有限公司湖北销售分公司

【概况】 2000年5月，西北销售公司通过组建控股公司——南顺中油销售有限公司进入湖北成品油市场。2002年10月，湖北市场划归华北销售公司管理，中国石油天然气股份有限公司湖北销售分公司（简称湖北销售），正式注册成立。2004年4月，集团公司正式组建华中销售公司，主要负责华中河南、湖北、湖南三省成品油销售及市场开发工作。2008年12月，河南、湖南上划集团公司管理，华中销售公司与湖北销售整合，实行"一个机构、两块牌子"运行。2009年12月，注销华中销售公司，湖北销售以省属公司模式运营管理，主要承担中国石油在湖北省的成品油销售、市场开发、网络建设等业务。办公地点位于湖北省武汉市江汉区常青路149号中国石油武汉大厦。

湖北销售主要经营指标

指　标	2021年	2020年
成品油销量（万吨）	288.68	252.86
汽油销量（万吨）	157.36	137.89
柴油销量（万吨）	131.32	114.97
润滑油销量（万吨）	0.43	0.42
加油站总数（座）	813	807
油库数量（座）	13	12
油气库容（万立方米）	22.53	26.3
纯枪销量（万吨）	193.4	184.74
非油业务收入（亿元）	10.55	8.04
非油业务利润（亿元）	1.70	1.27
吨油费用（元）	485	564
资产总额（亿元）	104.41	107.03
收入（亿元）	211.88	159.89
利润（亿元）	1696	-1.80
税费（亿元）	0.79	0.70

湖北销售是中国石油所属驻鄂企业牵头单位，负责中国石油在鄂企业与地方政府的联络与协调。2021年底，机关设9个职能处室、2个附属机构、2个直属机构，下辖13个地市销售分公司以及高速公路销售分公司，9个控股公司。有员工4667人，其中合同化104人、市场化4563人，平均年龄38.9岁，实行同工同酬。运营加油站813座、油库13座（资产型5座、租赁型8座），资产规模逾百亿元。

2021年，湖北销售实现利润1696万元，销售成品油288.68万吨，其中直批销量89.9万吨，纯枪销量193.4万吨，非油业务收入10.55亿元，毛利1.7亿元。

【油气销售】 2021年，湖北销售坚持做强主营，销售质量实现新提升。坚持做精零售。以市场为导向、以效益为中心，及时调整经营策略，建立零售指数分析体系和市场分析研究长效机制，完善促销动态跟踪评估机制，打造"1+2"（"1"指中油好客e站，"2"指湖北销售微信小程序、微信公众号）会员体系，统筹实施区域差异化策略，汽油卡销比23.49%，创历史最好水平，柴油相对市场份额遏制下滑势头。开展站级企业微信社群营销，发展社区客户284万，线上月度活跃流量超88万，月活率32.4%。联合工行、银联等金融机构投放资源，抓好政府消费券发放引流，引入第三方促销资源2400万元。坚持做优直批。强化"事前算赢"、顺势销售，创新客户经理薪酬考核机制，两级机关协同摸排客户，摸清规上企业5万家，新开发客户719家，贡献销量5.3万吨，终端销售占比、配送销售占比均有增长，机构客户占比提升。与同行建立常态化沟通机制，做到互通有无、同频同向，合力维护市场环境，实现客户互补、资源互补。

【非油业务】 2021年，湖北销售狠抓商品渠道，非油量效再增新亮点。全面开展关键指标对标提升，非油业务收入、毛利保持快速增长，规模位居全国前列，吨油非油业务收入、单店日均收入同比增长高于销售分公司平均水平。实施便利店分类管理和营销，非烟店销同比增长29.1%。补齐品类短板，酒类销售7424万元，同比增长300%。系统推进农资销售，化肥销售1211万元，首年即突破千万元。加大省（自治区）公司渠道销售，创收1613万元，同比增长140%。深化销贸结合，物资贸易实现非油商品销售4450万元。探索自有品牌车用辅助产品代工，实现社会渠道销售100万元。助力乡村振兴，销售扶贫商品1505万元。构建以商城平台、直播电商、社群营销3大板块为主的线上营销矩阵，实现收入近2000万元。加快站外店布局，盘龙大道肯德基项目和咸宁站外店开业运营。推进汽车服务业务，新增智能洗车项目78座，累计投运202座，湖北省站点覆盖率近3成。扩大商家直配业务，节省配送费198.6万元。优化商品结构，竞价带量采购，降低采购成本858万元。

【资源运行】 2021年，湖北销售统筹效益效率，资源创效再做新贡献。围绕效益中心，把握趋势，精细运作，资源创效1.77亿元。统筹水路铁路管道串换联动保障，解决租赁库容缩减难题，应对柴油阶段性紧张局面。精准把握价格走势，抢抓配置调价节点，实现降本3338万元。扩大石化串换规模，新启中化及海油串换业务，串换降本9093万元。拓展乙醇供应渠道，缓解资源偏紧难题，降本5269万元。优化物流组织降低配送费用，加大石化公路出库力度，公路吨油运费同比降低2.2元。推广远程地罐交接，狠抓高耗车辆管控，处理违规承运人员75人次，公路运输损耗控制在0.017%。协调职能部门净化乙醇市场，推动鄂黄地区恢复乙醇汽油供应，提升区域竞争力。

【投资建设】 2021年，湖北销售优化投资建设，网络发展再获新进展。按照轻量化、低成本原则发展优质网络，新增投运加油站5座，开发品牌输出加油站项目4座，其中武汉等经济发达及高效地区占比80%。协调做好拆迁站还建、租赁站续租、停业站恢复投运，实施拆迁还建项目7座，续租项目2座。探索发展油气氢电非综合能源服务站，在盘龙大道加油站试点充电新业务和光伏发电新技术，昆仑好客综合体改造升级后惊艳亮相，中国石油加油站智慧3.0在湖北首次落地。加大项目清理力度，解决证照、法律等遗留问题，恢复投运加油站2座。新建宜昌油库安全平稳推进，为正式投运奠定坚实基础。重新修订湖北销售“十四五”规划，明确建设中国石油一流销售企业的方向目标和路径。

【合规管理】 2021年，湖北销售深化风险防控，依法治企再见新成效。坚持依法合规治企，制定“八五”普法规划，开展合规教育和风险排查，将依法合规融入经营管理全过程。分类梳理完善制度体系，新增制度和程序文件8项、修订23项、废止4项，强化执行监督，合规管理水平提升。建立法律法规动态分析机制，将法治建设融入经营管理全过程。加大纠纷案件办理、胜诉案件执行力度，实现2020年以前发生存量案件全部清理考核目标，取得生效判决22件，胜诉赔偿总金额11749万元，执行到账1253万元，维护合法权益。加强股权企业管控，提升创效能力，实现利润1898万元。强化采购数据分析，优化采购方式，采购资金节约率10.5%。将非生产性物资纳入集团电商平台实施集中采购，节约成本同比增长226%。

【管理创新】 2021年，湖北销售推进改革创新，经营管理再结新成果。统筹推进国企改革三年行动。完成组织人事、授权管理、无效资产处置等重要领域和关键环节改革事项，提前4个月完成改革任务。重点突破三项制度改革，统筹改革发展稳定重大关系，大部制改革有序推进，完成领导人员岗位层级套转，平稳实现委托管理转型。突出效益导向，构建以利润为核心的全员绩效考核机制，实施加油站升油含量工资，队伍活力释放。全面强化对标提升，锚定“一流”目标，建立覆盖重点职能领域和业务领域的对标指标体系，对标管理取得实效。强化正向引导，建立28项评价指标，推动地市公司发展能力评价。持续营造创新氛围，召开管理创新大讲堂，搭建管理创新工作交流共享平台，收获湖北销售管理创新项目成果2项、个人管理创新成果4项、优秀论文3篇，武汉、黄冈、襄阳、十堰、仓储分公司的9项管理创新成果在湖北省范围内推广。打造数字化转型智能化发展新优势，以集团公司数据治理项目试点单位为契机，建立数据认责和协同治理工作机制，智能洗车平台被昆仑好客公司在全国推广，东风扫码加油监控系统获国家软件著作权，盘龙大道加油站试点AI行为分析，实现16种异常行为的自动监控和预警，形成一批湖北销售特色成果，在集团公司科技与信息化创新大会上被授予信息化先进单位。

【企业党建工作】 2021年，湖北销售深化党业融合，党的建设再展新局面。坚定推进政治建设。“第一议题”制度统一思想，党史学习教育统一意志，建党百年系列活动统一行动，“七一”重要讲话、党的十九届六中全会精神得到宣贯，改革发展始终沿着正确方向前行。夯实基层基础。基层党委换届工作按期完成，党组织书记抓基层党建述职评议严格落实，在集团公司党建工作责任制考核中保持A档，宜昌第三党支部“自主维修”、十堰第二党支部“智能家居运用”等党建项目化管理经验得到总结推广。深化队伍建设。推进人力资源价值评价体系应用，提任各级领导干部12人，新提拔5名“80后”年轻干部到中层副职岗位锻炼，员工队伍结构和质量改善。宏图大道加油站、东西湖党支部、马婷等一批先进典型脱颖而出，扶贫干部王汉来等在乡村振兴新战场上展现新时代铁人新风采。巩固政治生态。完成年度巡察工作，实现党的十九大期间巡察全覆盖。一体推进“三不”机制建设，深化联合监督，强化作风监督，集中整治“四风”问题，标本兼治效果逐步显现。建立容错纠错机制，下发《保护支持干部担当作为干事创业若干措施》，为干实事、敢担当者撑腰。

（罗　婕）

中国石油天然气股份有限公司广东销售分公司

【概况】 中国石油天然气股份有限公司广东销售分公司（简称广东销售）主要负责中国石油在广东地区油气销售、网络开发建设工作，受托管理中油BP石油有限公司。2021年底，设有9个机关处室，2个直属机构，1个附属机构，21个地市（区域）分公司，1个综合服务中心，97家股权企业，员工10100人。党委下设26个基层党委，3个党总支，159个党支部，党员2074名。2021年底，投运加油站1105座，运行资产型油库11座，总库容142.5万立方米，资产总额239.36亿元。

广东销售主要经营指标

指　标	2021年	2020年
成品油销量（万吨）	807.83	719.9
汽油销量（万吨）	464.89	431.31
柴油销量（万吨）	342.94	288.58
加油站总数（座）	1105	1142
油库数量（座）	11	11
油库库容（万立方米）	142.5	109
纯枪销量（万吨）	443.50	464.80
非油业务收入（亿元）	13.22	12.34
非油业务利润（亿元）	1.69	2.01
吨油费用（元）	448.92	523.85
资产总额（亿元）	239.36	265
收入（亿元）	565.52	422.3
利润（亿元）	5.22	–8.3
税费（亿元）	9.17	8.1

2021年底，广东销售打赢扭亏脱困攻坚战、打造提质增效升级版，实现扭亏脱困第一阶段经营性税前利润为正的目标，坚持战略引领，明确建设“国际知名、国内领先的广东地区最具价值‘油气氢电非’综合服务商”发展目标，强化战略、市场、效益、基层、问题“五个导向”，实施创新、市场、品牌、人才、低成本“五大战略”，统筹打好市场开发、营销提质、数字化转型“三大攻坚战”，构建三纵两横营销体系、控本降费体系、QHSE保障体系、组织保障体系、党建与思想政治保障体系“五大保障体系”，探索新时期广东销售高质量发展之路。细化制定“五大战略”五年行动计划，形成战略执行的方向标、路线图和时间表，推动发展战略落实落地，为引领广东销售高质量发展奠定坚实基础。

【油气销售业务】 2021年，广东销售成品油销量807.83万吨，其中零售443.50万吨，直批销售363.5万吨。业务运行持续优化。逐月逐季编制营销运行方案，按照“事前算赢”原则，将销量和效益指标压力传导给地市分公司。常态化营销早会日课，紧盯市场形势，科学研判趋势，统筹库存运作。组织开展“市场大调查和客户大摸排”“社会加油站开发季”工作，新增交易客户750个，新增直销客户销量37万吨。数字化营销成效初显。推进中油直批APP应用，线上销售比例不断刷新，销售占比57%，客户在线认证率94%以上。组织开展“羊城早市”“节日主题促销”等线上活动，“6·18电商日”仅30分钟即实现订单94笔，销量4158吨，毛利41万元。直批体系建设全面展开。推行区域目标市场责任制，广东省划分95个区域市场，建立健全客户经理制度，严格兑现绩效考核。实现直批销售363.5万吨，同比增加102万吨，增长40%；直批毛利2.4亿元，同比增加4.5亿元，增长186%。韶关分公司直批销量20万吨，占据地区直批市场半壁江山；清远分公司直批毛利目标完成率超 300%。

【非油业务】 2021 年，广东销售店销非油业务收入 13.22 亿元，非油毛利 3.2 亿元，分别同比增长 8% 和 3%。优化店面品类，加强店面形象管理，组织工匠与人才创新工作室对 12 个地市分公司便利店进行优化指导，部分站点优化后非油业务收入短期内提升 30%。加快新品迭代，引进新品 983 个，淘汰停订商品 717 个，更迭率 65.5%。开发"昆小优"等毛利率较高的自有商品，鼓励地市分公司自主引进自有商品和地方特色产品。突出提量商品销售，实现收入 5.64 亿元。拓展业务平台，借助企业微信与商圈客户建立纽带，拓展社群营销业务，建群 1294 个，吸粉 8.7 万人，实现流量变现 72 万元。顺应市场潮流，开展直播 74 场次，增加非油业务收入 584 万元。中油 BP 创新营销模式，拓展业务领域，店销收入同比增长 16%。丰富创效手段，探索重点品类和礼包销售专职团队，打包组合高低毛利商品，销售大礼包 3828 万元。组织"好客迎春，牛转乾坤""夏日焕新，劲享折扣"等系列主题促销，启动"福虎生威"年货节活动，广东销售本部店销收入同比增长 28%。拓展化肥轮胎业务，实现化肥销售 630 吨，轮胎收入 950 万元。江门分公司深化与豪爵摩托营销合作，销售摩托车 540 台，实现收入 318 万元。韶关分公司多措并举实现吨油非油业务销售收入 935 元，位列广东省第一。

【加油站管理】 2021 年，广东销售优化支出提质增效。全面取消普惠销售、优惠叠加和价格直降，杜绝无感式营销支出，灵活处理竞合关系，减少无效让利。纯枪价格到位率 96.58%，同比增长 2.43%。零售毛利同比增长 4.42 亿元、增长 34%，创近年新高。广州分公司纯枪毛利 1.4 亿元，成为首家破亿元单位。多措并举精准营销，下发《零售营销权限分级指导意见》，组织地市分公司分油站、分季度、分时段开展营销活动。以非促油，通过加油超值换购、引导积分兑换等方式，关联油品消费。在 143 座加油站推广"阿米巴"经营模式。加大发卡充值力度，在新增个人卡无折扣的情况下，发卡 27.5 万张。突出现场提效，开展全流程诊断 3403 站次。狠抓现场服务，神秘顾客平均得分 90.62 分，同比提高 1.08 分，投诉回访满意率 99.2%。异业合作资源共享，深化与平安银行、农业银行、中国移动、腾讯微信异业合作，有效引流外部客户资源。为中国邮政、上汽集团、一汽解放等大型企业集中办卡，增加油品销量 7351 吨。中油 BP 通过滴滴联合促销、推广高端油品会员日等方式，增加毛利。累计引入异业资源 2.3 亿元，带动油品销量 2.6 万吨，加油站"人·车·生活"生态圈建设迈出新步伐。

【油库管理】 2021 年，广东销售 11 座资产型油库油品入库 797.1 万吨、出库 841 万吨、人均周转 18525 吨（不含外包人员 24099 吨）、周转 7.9 次。坚持多措并举，降低运行成本。加强对油库采购的事前审核，推进集中采购，统一技术服务内容、标准及价格，完成油库消防维保（检测）、环境监测、HAZOP 分析及 SIL 定级、进行集中采购，每年降费 34 万元。鼓励油库创新降费，平洲油库通过对老旧可燃气体报警仪外接声光报警配件方式，满足声光报警规范要求，避免整体更换，节约费用 6 万元。建兴油库开展定量装车系统仓位识别系统研究，防范溢油混油风险，获广东销售创新工作三等奖。升级替换油库管理信息系统，增加自助终端，提高作业效率，规避油品冒提风险。每周专人对油库进行视频巡查，对发现的"三违"行为及时通报并纳入考核，成效显著，"三违"行为同比下降 70%，杜绝接卸油环节违章，承运商管理加强。加大一次资源直配、改进水路承运商招标和小油车计费方式，实现运费下降 5100 万元。

【投资建设】 2021 年，广东销售投运加油站 20 座，开发 21 座。低成本战略深入实施。严控投资规模，理性参与土地竞拍。严格租赁项目销量效益论证，减少租赁项目押金，湛江雄发加油站实现浮动租金租赁。对低销低效站提前退租，减少租金支出，广东销售资产结构逐步优化。合资合作稳步推进。坚持不求所有、但求所用，加快合资合作项目落地。成立 10 个合资合作平台，锁定项目 29 个。创新开展合资对等租赁、受托管理、品牌输出，广州中美联合公司龙归、海巨加油站实现投运，新增年零售能力近 2 万吨。能源转型加快布局。顺应"双碳"趋势主动求变，推进罗格加氢站示范项目。依托现有网络，整合优质战略资源，与巨湾公司开展超级充电站试点，探索商业模式和共建生态。开展油站光伏发电调研，统筹推进光伏发电实施方案。清理历史遗留问题，算好盈亏账、把好风险关，一站一策推动问题解决，清理历史遗留项目 20 个，盘活加油站 5 座，新增年零售能力 2.4 万吨。梅州分公司彬芳加油站实现择优址易地迁建，云浮分公司郁南连滩、封开连接线加油站成功盘活。

【质量健康安全环保】 2021 年，广东销售严格落实地方政府和集团公司新冠肺炎疫情防控要求，树立“疫情追责、没有借口”责任意识，各项防疫措施精准到位，员工新冠肺炎疫苗两针接种率 95% 以上。科学应对广州 6—7 月新冠肺炎疫情，全体员工及家属零疑似、零感染的防疫成果持续巩固。体系运行质量显著提升。强化体系内审，推行安全生产记分制，开展“反违章”活动，在集团公司下半年量化审核中，得分 91.29 分，从 B1 级迈进 A2 级。中油 BP 践行安全内控文化，完成安全观察与对话 678 份，跟进行动完成率 95%；形成潜在事故报告 12914 份，跟进行动完成率 99.8%。安全管理责任有效落实。实施领导干部安全环保履职能力提升三年行动计划，签订《安全责任书》，执行个人安全行动计划，领导人员定期到安全联系点监督检查，压实安全管理责任。安全环保形势稳中向好。组建广东销售 VOCs 监测中心，库站排污许可证全部办理完成。通过中央环保督察和国务院安委会暗访调查，发现问题全部得到整改。加强油品数质量管控，敏感时段升级管理，内外抽检合格率 100%。

【企业党建工作】 2021 年，广东销售学习贯彻习近平新时代中国特色社会主义思想，落实“第一议题”制度，开展“大学习、大宣传、大落实”，推动学习贯彻习近平总书记系列重要讲话和指示批示精神，以及党的十九届六中全会精神走深走实。隆重举办庆祝建党 100 周年系列活动，唱响石油工人心向党、我为祖国献石油的主旋律。开展党史学习教育，协同推进“转观念、勇担当、高质量、创一流”主题教育活动，加强基层党组织建设，推动基层党建“三基本”建设与“三基”工作相融互促，完成党员空白班组治理，推行“品牌、特色”活动创新实践，激发基层党组织生机和活力。正风肃纪反腐，一体推进“三不”体制机制建设，紧盯 6 个重点领域、重点环节开展联合监督，分层分类开展廉洁教育，党政纪处分 5 人、诫勉谈话 7 人、组织处理 6 人，完成对中油 BP、广东销售机关等 10 个基层党委的巡察，实现巡察全覆盖，风清气正的政治生态巩固。

（徐　彬）

中国石油天然气股份有限公司云南销售分公司

【概况】 中国石油天然气股份有限公司云南销售分公司（简称云南销售）前身是成立于 1999 年 2 月的中国石油西南销售公司。2008 年底股份公司销售管理体制调整后，改名为中国石油天然气股份有限公司云南销售分公司，主要负责中国石油在云南省的市场开发，成品油批发和零售业务，以及便利店、润滑油、化工产品和汽车服务等非油销售业务。2021 年底，下设 9 个机关职能处室、2 个专业机构、16 个地市分公司、42 个控参股公司，员工总数 5002 人，党员 1632 人（占比 32.62%），员工平均年龄 33 岁。资产总额 169.05 亿元，运营加油站 851 座，油库 7 座，库容 42.8 万立方米。

2021 年，销售成品油 601.05 万吨。其中，云南省内自营销量 510.17 万吨，同比增长 2.2%，增幅高于中国石化 8.7 个百分点；纯枪销量 248.9 万吨，同比下降 7.6%，降幅优于中国石化 4.7 个百分点；直销 261.27 万吨，同比增长 14.3%，增幅高于中国石化 9.2 个百分点。店销收入 1.24 亿元，同比增长 11.3%。毛利总额 2.19 亿元，同比增长 11.9%。开发网点 24 座，投运 18 座。利润总额 2.33 亿元，同比增长 22.6%；净利润 2.05 亿元，同比增长 21.5%。云南销售获评 2021 年度集团公司先进集体。

【战略发展】 2021 年，云南销售锚定长远发展目标，坚定战略定力和战略自信，聚焦“十四五”规划部署及重点任务，在突出市场、品牌、创新、人才“四大战略”，加快完善党建与思想政治保障、市场营销、控本降费、安全环保数质量、人才保障、企业文化与品牌建设“六大保障体系”，全力冲刺网络开发、营销提质、信息化提升“三大攻坚战”基础上，致力破解发展瓶颈，持续丰富公司战略体系，以“成品油市场竞争趋势分析及竞争力提升”等 7 个行动方案为指导，以“云南炼销企业产销协同一体运行”等 13 个研究课题为重点，形成“7 个战略 +13 个战术”矩阵，把握战略主动权和发展主动权。

【成品油业务】 2021 年，云南销售坚定“事前算赢”，聚焦精准营销，提升市场引领、市场营销、产品销售和价值创造“四种能力”。精打细算创新营销，突出零售核心，推广“阿米巴”经营模式，制定《经营量效平衡运行方案》，出台雨季增量 30 条措施，量效考核日跟踪、周排名、月约谈，绩效挂钩增量提效。零售价格到位率 98.03%，同比提升 0.82 个百分点。精准策划聚合营销，致力搭建“四季品牌、主题

云南销售主要经营指标

指　标	2021年	2020年
成品油销量（万吨）	601.05	600.04
汽油销量（万吨）	247.2	238.22
柴油销量（万吨）	353.85	361.82
润滑油销量（万吨）	0.31	0.31
加油站总数（座）	851	815
油库数量（座）	7	8
油库库容（万立方米）	42.8	45.6
纯枪销量（万吨）	248.9	269.41
非油业务收入（亿元）	12.61	11.32
非油业务利润（亿元）	1.46	1.39
吨油费用（元）	336.83	351.76
资产总额（亿元）	169.05	159.71
收入（亿元）	416.05	339.92
利润（亿元）	2.33	1.9
税费（亿元）	3.06	3.66

营销、区域互补、迭代升级、共同发力”营销架构，营销支出减少6200万元。精准网约车客群营销，锁定车辆超4万辆，汽油增量1.9万吨。参与云南省商务厅“彩云消费券”发放，以130万元营销支出撬动政府促销资源913万元，带动消费4780万元。精耕细作智慧营销，突出量效平衡，优化直批结构，迭代升级“惠购油”APP功能，打造可视化、全流域的市场作战图、营销路径图、成果展示图。搭建直批客户“三纵四横多点”立体营销模型，形成“千客千面、千单千价”营销格局，直销毛利超4.4亿元。精准对接服务营销，深化“三直管一目标”直销管理体制和营销机制改革，积极与头部客户签订战略合作协议，新开发客户1736家，新增销量33.2万吨。客户经理人均销量1.45万吨，同比增长5%。

【数智营销】 2021年，云南销售聚焦营销从“数据”向“数智”转型，以线上网聚客户，规范管理、做优体验、扩大规模、提升质量。上线零售会员体系，会员规模超428万人，搭建“加油彩云南”小程序，建立微信社群4985个，聚拢客户127万人，发放电子加油卡35.7万张，通过客户画像精准营销策略，实施千站千面、万客万策“客户忠诚度计划”，一键唤醒流失客户，推动客户数据价值向营销价值转变，会员转化率41%，单站活跃客户2082人，客单价提升5.3元。

【非油业务】 2021年，云南销售积极探索非油业务发展新生态、新业态、新模式，突出业务链生态体系和平台搭建，铸造非油发展新引擎。打造制售同盟非油营销平台，成立13个项目组拓展新业务，建立量本利关键指标考核机制，加快建设“人·车·生活”平台商。非油新业务收入同比增长35.7%，毛利同比增长67.6%。以年货节、加油节等“造节”驱动营销，油非互促增收9145万元。深化“1+15+N”营销创新，打造爆款商品组合包33个，销售突破8350万元。百万元店占比提升至47.9%，单店非油日均收入同比提升594元，各项指标排名销售分公司前列。整合资源扩销量，协同7家同业伙伴联合比价降成本，商品综合毛利率增加1%。优选核心单品，试行“经销+服务”“产品+渠道”模式，探索乡村市场，开拓站外店8座，增收220万元。化肥收入6701万元，超额完成计划。车用尿素创效860万元，肯德基等餐饮项目增收117万元。“雲品出滇”成功落地贵州、重庆等兄弟单位，“好客雲品”收入同比增长3325万元，“车领秀”系列产品同比增收500万元。加快构建汽车全生命周期服务链，创新“保险+石油+互联网”营销模式，签约站外汽修网点113家，新投运汽车服务门店10座，会员超67.5万人，汽车服务增收4160万元。

【资源运行】 2021年，云南销售坚定产业链“一盘棋”思想，优化市场环境，推动“滇油滇销”，力促中国石油整体利益最大化。应对年初炼油厂检修，减少外调资源14万吨。协调政府部门及云南石化高效配置资源4万吨，国储流转出库2万吨，有效化解10月全国性柴油资源危机和年底云南石化降负荷运行影响。坚持资源成本最低化，精准实施价格趋势同向策略，降本1.07亿元。资源串换实现毛利1128万元。发挥驻滇企业协调组组长单位作用，联合云南石化共同研究产销一体化协同机制，探索构建产销协同、快速反应联动机制，滇油滇销比例提升至81.5%，同比增长3.5个百分点。联合国家管网集团西南管道公司增加管输量，管输369.42万吨，同比提升8个百分点。优化“地付优先、管输为主、铁路补充”运输模型，管输提升至70%，铁路运输同比下降44%，物流降费1300万元，仓储降费1950万元。油站配送运距同比下降 7 千米、吨油运费下降 4.9 元，节约运费 1200 万元。油库周转次数、万吨周转用人排名销售分公司前列。

【“云油利剑”成品油专项整治行动】 2021 年，云南销售推进“云油利剑”成品油专项整治行动。以“坚决堵住伪劣油品源头、坚决遏制违法经营增量、坚决铲除非法销售存量”工作思路，在全国率先促成省政府开展车用燃料油市场专项整治，成立专项攻坚小组，设立油品入滇查缉点 15 个，重拳整治流动加油车、非法经营窝点等违法行为。打击假冒新能源加注站，叫停审批 20 座，关停停建 29 座，查处涉油案件 335 起，罚没油品 1540 吨，形成强大震慑。

【安全环保数质量管控】 2021 年，云南销售坚持安全发展、绿色发展不动摇，确保发展大局安全和谐稳定。细化安全环保数质量管控，坚守红线意识，以优化 QHSE 体系运行和量化审核为主线，压实管理责任，地市分公司体系运行质量稳步提升，油库管理在中央环保督查及国家大型油气储存基地安全评估中受到好评。制定《环保隐患三年整治方案》，梳理库站环保合规问题，开展 140 项隐患治理，本质安全水平进一步提升。开展计量管理专项行动，油品综合盈余率 2.32‰，质量计量抽检合格率 100%。强化应急管理，妥善应对大理漾濞“5·21”地震等 83 起突发事件，申报受灾理赔资金 13.28 万元。

【网络建设】 2021 年，云南销售坚持打造与云南石化产能相匹配的销售网络，坚持把网络建设作为“生命工程”，破解发展“瓶颈”，建设“油气氢电非”综合服务平台。经营网点空间布局突出“一核三区一带”（昆明、曲靖等滇中区域核心市场，昭通、红河、大理区域重点市场及沿边经济带），新立项项目占比 70% 以上，昆明市场网络规模已与中国石化基本持平。中油云岭开发贡山捧当加油站，实现云南省 129 个县级市网络全覆盖。针对网建难度大、成本高等难题，相继与政府平台、国有企业、实力民企成立 6 家合资企业，开发网点 57 座，运营 37 座，深化市场化运作、轻资产发展模式。依托现有网络，在昆明等主要城市 6 座加油站开展光伏发电和充电试点。围绕“出滇、出境”高速公路大通道，加快构建加气长廊，加气站规划布点 50 座、可行性研究报告编制 28 座，取得投资备案批复 15 座。加强投资计划管控，完成投资 10 亿元，投资计划完成率 97%。大理阿鹏加油站等 9 个多年推进受阻项目投运。

【提质增效】 2021 年，云南销售秉持“一切成本皆可降”及“费用极限压缩”理念，全力降本增效。极限压控经营成本，抓实 15 项创效措施落地，开展“厉行节约、反对浪费”活动，实施《商流费三年压降方案》，商流费控制在 20.4 亿元内，实现比预算、同比双下降，完成股份公司销售分公司管控目标。管理优化降费增效，推行加油站日常检维修服务外包，单站维修费用控制在 2 万元内。实施集中采购，节约资金 1831 万元。“一站一策”治理“双低”站 67 座，扭亏 44 座，减亏 2770 万元。开展欠款清收工作，“两金”综合完成率 110%。盘活库站闲置资产，租赁收入 2246 万元。利用惠企政策，降费节税 5833 万元。全面加强业财融合，强化预算管理，定期跟踪量效贡献及亏损站治理，扭转量效下滑趋势。结合市场竞争态势，引导分公司制订针对性营销策略，减少低效无效营销支出。搭建参股企业业财融合系统，实现业财管理集成化。

【管理创新】 2021 年，云南销售坚持向管理要效益，创新管理模式，理顺管理机制，推进治理体系和治理能力现代化。以国企改革三年行动为抓手，在加强党的领导和党的建设、三项制度改革、投资战略规划、提质增效“升级版”、发展模式转型、业务与信息化深度融合、股权企业赋能放权等重要工作上都取得积极进展，53 项改革任务完成率 97%。以对标世界一流管理提升行动为载体，建立 34 项对标指标库，定期对标分析，找差距、定措施、补短板，30 项对标任务完成率 88%，提前完成集团公司下达 70% 年度任务目标。以管理创新与科技创新为依托，完成创新项目 46 个，取得国家专利 5 项，3 项管理创新成果在集团公司获奖，7 篇创新论文在中国石油企业协会获奖。以信息化攻坚战为重点，将零售会员体系、非油供应链、咔咔共享洗车平台建设应用等作为突破口，初步实现统建、自建信息系统互联互通、数据共享共用。以信息化手段支撑党务政务运行效能提升，自主研发的公务车辆管理信息平台、公文流转预警模块合规高效运转。损耗管控一体化平台成为统建项目，在全销售系统推广。云南销售跻身集团公司数字化转型、智能化发展第一批试点单位。

【法治企业建设】 2021 年，云南销售坚定建设法治企业，注重完善重大风险防控体系，提升专业化发展水平。提升法律风险防控能力，围绕核心业务发展，强化法律风险识别防控，合同问题专项治理、运营站点证照补办、历史遗留问题清理等工作均取得重要进展。提升股权企业自我发展能力，制定《股权（合资）管理工作程序指引手册》，规范派驻股权企业管理人员，理顺管理机制，加大放权赋能，逐步解决股权企业发展受限问题，管理效率和规范运营水平显著提升。提升财务风险防范能力，落实中央巡视组和审计署发现问题整改要求，开展虚假会计信息整治、财务大检查、“小金库”等合规检查，完成离任经济责任审计3项、维稳费用支出专项审计和物资采购价格自查审计，强化源头治理、综合治理和系统治理，建立长效机制，防范化解重大风险，夯实高质量发展基础。

【队伍建设】 2021年，云南销售推进三项制度改革，建立“生聚理用”机制，打好“选育管用”组合拳，建设高素质员工队伍，汇聚高质量发展合力。优化组织机构设置，制订“大部制”改革方案，两级机关“大部制”改革工作有序推进。调整完善二级单位分类管理，优化两级机关、基层库站岗位设置，员工总量控制在5002人以内，实现增站不增人。推进干部队伍建设，制订《领导人员选拔任用工作规范》等5项制度，推进干部任期制管理，所属单位81名中层干部签订任期岗位聘任协议书及经营业绩责任书。强化技能人才培育，在销售企业职业技能竞赛中，4名选手获2银1铜，加油站经理团体获三等奖。举办第七届职业技能竞赛，涌现出优秀“阿米巴”团队6个、优秀选手19名，技能人才队伍不断壮大。

【企业党建工作】 2021年，云南销售落实“第一议题”制度，学习党的十九届历次全会精神，统筹推进党史学习教育，开展庆祝建党100周年系列活动、“转观念、勇担当、高质量、创一流”主题教育，在“我为员工群众办实事”实践活动中，攻克重点民生项目26项，解决一线“急难愁盼”问题93个。坚持继承创新，成立党建研究分会，党建研究成果转化不断上台阶。推进基层党建“三基本”和“三基”工作有机融合，探索“党支部+阿米巴”模式，开展“党建+”创新创效活动，推动基层党组织政治优势与基层管理独特优势相结合。压紧压实全面从严治党“两个责任”，坚持“党政同责、一岗双责、齐抓共管”，将集团公司党组巡视反馈问题整改作为重要政治任务，建立长效机制，问题整改率94%。聚焦主责主业，加强党风廉政建设，一体推进“三不腐”，深化“三项监督”，强化基层党委巡察及微腐败整治，实现2018年以来基层党委巡察全覆盖。群团协同发展，以“为员工创造美好生活”为己任，发挥工团组织优势，开展“三级”医疗保障及“四季”常态关怀，划拨扶贫帮困资金209万元，在销售公司“稳规模、降费用、提纯枪、增效益”劳动竞赛中，云南销售连续第4年获评“劳动竞赛先进单位”“劳动竞赛组织工作先进单位”，夺得劳动竞赛流动红旗19面。

【新冠肺炎疫情防控】 2021年，云南销售坚持把员工生命安全和身心健康放在首位，持续常态化疫情防控，积极应对云南输入性疫情、中高风险区长期存在等高压态势，员工疫苗接种率97.3%，工作场所“零疫情”、员工及家属零感染，疫情防控工作受到集团公司表扬。德宏分公司面对瑞丽2次10个月的长期封城，201名干部员工逆行坚守，彰显责任担当。

【品牌文化】 2021年，云南销售坚持站在“品牌强企、文化兴企”高度，构建充满活力、富有魅力、特色鲜明的品牌文化。深化品牌形象宣传，围绕公司改革发展重点工作，在新华网、中国石油报、集团公司门户等内外部主流媒体发稿297篇，在“网、微、抖、博”平台策划宣传专题21个，发稿近5000篇，“魅力云销”平台运营在销售分公司排名前列。举办“石油工人心向党，彩云之南赋新能”开放日活动，16家中央驻滇媒体、省内主流媒体及合作伙伴代表参加活动并广泛宣传。首部年鉴发布，“一本年鉴一部志”工作机制形成常态，信息报送排名销售企业前列。加强典型示范引领，传承发扬石油精神和大庆精神铁人精神，6个集体、8名个人获国家级、省部级表彰，大理富海加油站获评“全国青年文明号”。深度推进文化营销，张本荷劳模创新工作室、金孔雀文化营销创意工作室以品牌创建为抓手，围绕“阿米巴”经营模式推广，开展年度“U计划”，培训43场1335人次，挖掘优秀案例18个。加大“好客生活”自有品牌开发力度，借助生物多样性公约第十五次缔约方大会召开契机，开发联名牛奶等10款文创商品，创收2264万元。助力乡村振兴，推动脱贫攻坚和乡村振兴有效衔接，云南销售再次获评云南省定点扶贫考核“好”等次，1个集体和4名个人获省部级表彰。

2021年10月27日，云南销售首座红色文化主题加油站在文山州麻栗坡县落城开业（曹军　摄）

【首座红色文化主题加油站落成】 10月27日，云南销售首座以“传承爱国主义精神，赓续奋进力量”为主题的老山加油站，在文山州麻栗坡县落成开业。云南销售结合地域特色，丰富企业文化建设，在文山地区挖掘红色文化资源，将“不怕苦、不怕死、不怕亏”的“老山精神”与中国石油“爱国、创业、求实、奉献”的企业精神有机融合，探索打造首座以爱国主义教育为主题的红色文化主题加油站。加油站毗邻麻栗坡烈士陵园和老山干部学院实训基地，加油站外围红色主题浮雕，展现老山战斗英雄抛头颅洒热血的感人画面。便利店内，集中展示反映老山战役中珍贵的影像资料和参战老兵捐赠的珍贵实物。该站落成，旨在弘扬爱国主义精神、革命英雄主义精神和“老山精神”，彰显中国石油品牌形象，让更多人了解中国石油精神，推动云南销售高质量发展。

（金红梅）

中国石油天然气股份有限公司辽宁销售分公司

【概况】 中国石油天然气股份有限公司辽宁销售分公司（简称辽宁销售）1955年2月成立，前身为中国石油公司辽宁省公司。1998年6月成建制上划中国石油天然气集团公司。2015年12月，辽宁销售分公司与原中国石油天然气股份有限公司大连销售分公司整合，组成新辽宁销售分公司。主要从事成品油批发、零售及便利店、天然气、广告和化工产品等非油品销售业务，是辽宁地区成品油市场主渠道供应商。

2021年底，辽宁销售设9个职能部门、2个附属机构；下设2个直属单位，18个二级单位，其中地市分公司14个，有18个控股公司，10个参股公司。运营加油（气）站1373座，其中全资站1199座，控股站25座，租赁站149座；有参股站51座。运营便利店1335座，其中千万元便利店7座，百万元以上便利店448座。在用油库12座，库容46.31万立方米。用工总量1.25万人，其中合同化员工3667人。公司资产总额136.16亿元。

2021年，辽宁销售实现汽油、柴油销售总量615.49万吨，同比增长18.5%，其中汽油销售量331.5万吨，增长6.5%；柴油销售量284万吨，增长36.4%。实现汽油、柴油纯枪销售量421.42万吨，同比增长10.7%。实现非油业务收入14.17亿元，同比增长10.1%；非油毛利总额2.37亿元，同比增长20.1%。发生商流费总额26.2亿元，同比下降2.9%。实现账面税前利润2.3亿元，同比增长65.1%。实现净利润2.13亿元，同比增长70.8%。实现股权投资收益8349万元，同比增长19.1%。各项税费支出6.63亿元。获评2021年集团公司先进集体、质量健康安全环保节能先进单位。

辽宁销售主要经营指标

指　标	2021年	2020年
成品油销量（万吨）	615.49	519.48
汽油销量（万吨）	331.5	311.21
柴油销量（万吨）	284	208.27
润滑油销量（万吨）	4.55	3.52
加油站总数（座）	1373	1368
油库数量（座）	12	13
油库库容（万立方米）	46.31	46.71
纯枪销量（万吨）	421.42	380.80
非油业务收入（亿元）	14.17	12.86
非油业务毛利（亿元）	2.37	1.96
吨油费用（元）	426	469.49
资产总额（亿元）	136.16	131.72
收入（亿元）	479.73	346.87
利润（亿元）	2.30	1.39
税费（亿元）	6.63	2.98

【成品油销售】 2021年，辽宁销售围绕“加强营销全环节、全过程管控”目标，打造“大营销”运行体系，深入业财融合，强化“事前算赢”，完善“月初定方案、月中跟进调整、月末总结提升”管控机制，提升营销质量。

炼销协同。把保份额、扩销量、增效益、实现集团产业链整体价值最大化作为销售业务的出发点和落脚点。主要领导带队与辽宁省内7家直属炼油厂建立炼销协同运行机制，接收直炼资源525.6万吨，交货计划完成率100%。联合各直属炼油厂共同向辽宁省、市政府反映和呼吁加大市场整治力度，协调政府有关部门在交界市场查堵非法资源，向公安、税务、市场监督等部门提供有价值证据和线索200余条，推动辽宁省内成品油市场秩序明显好转。

直批业务。紧盯辽宁省重大工程项目，深化“总对总”客户开发维系，开展市场大调查、客户大普查活动，普查走访存量客户1.4万个，潜在客户5000余个；有效发挥客户经理人作用，对72名客户经理实行“数字画像”管理，完善销售业绩与薪酬挂钩机制，完成汽油、柴油销量38万吨，非油、润滑油销售收入1679万元；推广直批APP线上购油业务，客户数增至1678个，实现销量24.5万吨，同比增长374%。直批销量194.1万吨，同比增加55.4万吨，增长39.9%。

零售业务。精准实施“稳汽增柴、柴油保量、汽油保效”零售策略，汽油突出“精准提量”，柴油突出“份额底线”，守住利润、配置计划、纯枪指标考核“三条红线”。打造“10惠”促销品牌，活动参与人数破百万，充值金额14.6亿元；开展异业合作，引入异业促销资源超1亿元，导流用户535万人次，拉动汽油销量14.2万吨、非油业务收入6120万元；策划开展“多加一升油”、睡眠客户唤醒、错峰加油抽奖3项汽油提量活动，有效提升汽油纯枪销量4.1%；在销售分公司统一部署下开展“柴油份额保卫战”和“惠农专项保卫战”，实现柴油销量30.3万吨，活动区域市场份额由38%提升至60%。

润滑油业务。保持润滑油全产品线销售规模在销售企业领先位置，实现润滑油销量4.55万吨，同比增长29%，创效4808万元。开展“昆仑润滑油·好客送好礼”等主题促销活动，完成辽宁能源集团首批72座风力发电桩润滑油的国产化替换，实现昆仑品牌国产化替换“零”的突破。

【非油业务】 2021年，辽宁销售坚持以店销为中心，提升非油专业化运营能力，以强强联合为手段，拓展非油销售渠道。

店销业务。与辽宁卫视“黑土地”栏目在农村站联合打造“放心农吧”742座，销售化肥6.4万吨，实现收入1.6亿元、毛利1600万元，创历史新高；与肯德基、麦当劳合作在6座穿梭餐厅的基础上，新建肯德基汽车通过式餐厅1座、麦当劳甜品站1座，与辽宁省内龙头企业联合开发自有商品，实现龙山泉啤酒、渔夫尚选金枪鱼罐头等自有商品销售收入5742万元。

线上业务。依托与“美团”“饿了么”“京东到家”三大外卖平台合作，实现外卖收入2832万元；加快打造“直播经济生态圈”，实现直播收入1153万元。

洗车业务。加快布局洗车网点，新增洗车门店91座，增加收入1654万元，运营洗车网点数量突破200座，在重点竞争区域覆盖率达70%，高峰期间日均服务车主超9000人次。

【网络建设】 2021年，辽宁销售坚持“低成本、高回报”开发理念，打造黄金零售终端，新开发加油（气）站32座，新增零售能力18.4万吨；新投运加油（气）站18座，新增零售能力8.3万吨；续租加油站6座；新开发资产类项目占比85%。成立合资公司8个，新开发加油站10座。批复立项加油站增设加气业务7座，新增天然气零售能力1310万立方米。成功竞得地方政府公开挂牌加油（气）站土地11宗，其中3宗为底价取得。

【质量健康安全环保】 2021年，辽宁销售践行安全发展、绿色发展理念，开展安全生产专项整治三年行动和反违章专项整治行动，完成整治任务252项，自查整改违章操作行为466项。深化QHSE体系建设，QHSE体系量化审核评分90.47分，步入A2级优秀企业行列，所属东陵油库在国家应急部大型油气储存基地安全风险评估中得分945分，位居销售分公司各油库首位。加强隐患治理和风险防控，下达整改资金9855万元，治理隐患252项。做好环境保护工作，开展VOCs排查治理，修复55个超标点位，对8座重点油库油气回收处理装置实施升级增容改造，如期完成阜新东梁油库场地污染第一阶段治理工作。严格落实常态化新冠肺炎疫情防控措施，组织员工接种疫苗13831人次，接种率97%，有效应对辽宁省内4轮局部疫情，守住疫情防控“双零”底线。

【提质增效】 2021年，辽宁销售实施8大类70项提质增效举措，打造提质增效“升级版”，同比增效6.92亿元。因企施策推进亏损治理，6家所属单位实现扭亏，3家亏损单位同比减亏8987万元。强化成本费用管控，费用总额较同比、较预算实现“双下降”，其中人工成本同比减少1362万元，运费下降321万元，“五项”费用压降302万元，财务费用节约1281万元。深挖存量资产价值，177座“双低”站实现摘帽，597座“双低”站同比增量12.2万吨，减亏1.5亿元。

【企业改革】 2021年，辽宁销售将推进公司治理体系治理能力现代化与实施改革三年行动和对标世界一流管理提升行动结合起来，完成改革任务46项，完成率96%，超额完成集团公司下达任务目标。推进三项制度改革，强化薪酬正向激励作用，制定出台《增量超利专项奖励办法》，完善分公司分级分类管理，完成两级公司“大部制”改革，精简机构54个，机构和管理人员编制压降均超过40%。全面推进所属单位领导人员任期制、契约化管理，在7家单位推行模拟法人治理体制。推进集体企业改革，12家集体企业完成改革。

【信息化建设】 2021年，辽宁销售按照“顶层设计、业务主导、全面覆盖、深度融合”思路，利用和挖掘现有系统功能，在440座加油站完成“现场安全智能化管理”部署上线，覆盖加油站5类业务、18项功能场景，为现场安全隐患的及时预警、主动处置提供有力支撑。完善大数据分析平台功能，推动75项功能及加油站价值管理应用模型等3个子模块上线应用。

【企业党建工作】 2021年，辽宁销售以政治建设为统领，全面抓好党的各项建设，为高质量发展提供坚强保障。

政治建设。两级党委开展“第一议题”学习140次，党员干部践行“两个维护”更加坚定自觉。强化党委对各领域工作把关定向作用，完善党委会、执行董事办公会等议事程序，通过党委会决策“三重一大”事项69项，将非油分公司党组织设置由党支部升格为党委，变更地铁合资党总支和宝来合资党支部为公司党委直接管理，党的领导融入公司治理的工作机制更加完善。

思想建设。两级党委理论中心组开展学习334次。抓好党的十九届六中全会精神宣贯落实，各级党组织开展学习宣贯282次、专题宣讲169次，营造“热学、热议、热讲、热宣、热贯”的浓厚氛围。推进党史学习教育，制订三级“学、讲、办”行动计划并推进落实，各级党组织书记上专题党课261次，两级党委开展“我为员工群众办实事”活动，为基层办实事解难题1097项。

组织建设。树牢大抓基层的鲜明导向，把重心放到基层、功夫下到基层、资源用到基层，打造“机关+基层”融合型党支部115个，编制《党建制度选编》《基层党支部工作指南》，制定《关于推进基层党建“三基本”建设与“三基”工作有机融合实施意见（试行）》，形成党支部“联建共建”、党支部安全交叉互检、加油站检查排名靠后党员开展自我批评等典型做法，基层党建工作和基础工作得到全面加强。

队伍建设。坚持把“人才强企”落到实处，突出选人用人工作的政治方向，加大优秀年轻干部培养使用力度，新提拔中层干部9名，其中40周岁以下占比44%，平级交流调整干部30人次，5名干部得到进一步使用，干部队伍结构持续优化，80人左右的优秀中青年干部队伍初具雏形。加强专业技能人才培养，开办各类培训33班次，参训人员7784人次，鉴定技师、高级技师213人，评定中级、高级职称107人，专业技能人才力量得到充实。改善人力资源配置，坚持“控总量、调结构、盘存量”，优化用工672人，全员劳动效率提升5.2万元。

党风廉政建设及反腐败工作。坚持突出重点、把握节点、聚焦难点，深化政治监督，加强“一把手”和领导班子监督，开展“一把手”和班子成员谈话提醒19次，对一个单位领导班子进行集体约谈，向5家直属和控股单位通过派驻纪检组的方式强化业务监管与政治监督双重保障，全面扫清政治监督的盲区和死角。严格执纪问责，做到有信必核、有案必查、违纪必究，受理信访举报76件、处置问题线索52件、立案审查13件、给予党政纪处分18人，运用“四种形态”处理88人次。优化整合监督资源，完善纪律、巡察、审计、派驻和部门监督贯通融合的“大监督”体系，开展“大监督”7251项次，推动完善管理制度9项。抓好巡视问题整改，完成整改任务27项，整改率84%，大连大厦资产处置、盖州润滑油库超投资等长期悬而未决的历史遗留问题取得实质性进展，高速合资、沈铁合作等巡视整改重点问题，实现当年问题当年解决。

宣传思想文化工作。策划“党建三大活动”、党的十九届六中全会精神宣贯、抗疫保供、提质增效、新战略新思路新变化等主题宣传，横向瞄准地方主流媒体、石油媒体，纵向贯穿省市两级新媒体矩阵，在行业和地方主流媒体发表稿件500余篇，新媒体端推送稿件900余篇。策划开展“石油工人心向党，聚力加油新时代”媒体开放日活动，参与辽宁省交管局“礼让行人，为你加油”交通安全主题宣传活动，石油画家任方程创作并向北京冬奥组委赠送《龙舞冬奥》主题画卷，被中央电视台等多家新闻媒体宣传报道，展示企业良好形象。

2021 年 12 月 29 日，石油画家任方程创作并向北京冬奥会奥组委赠送《龙舞东奥》主题画卷

群团工作。履行工会组织维护职工权益、竭诚服务职工的基本职责，帮扶困难职工群众 1355 人次，拨付帮扶资金 248 万元。发挥共青团引领凝聚青年、组织动员青年、联系服务青年作用，开展“学雷锋树新风，学铁人立新功”青年志愿服务、“青春向党，奋斗强国”主题团日、“学党史、强信念、跟党走”等主题鲜明的青年活动。做好离退休人员关爱服务，跟进退休人员社会化管理后续工作，及时做好补贴发放、走访慰问、困难帮扶、报刊订阅等工作。全员获得感、幸福感和安全感持续提升。

（史修竹　陈占凤）

中国石油天然气股份有限公司吉林销售分公司

【概况】 中国石油天然气股份有限公司吉林销售分公司（简称吉林销售）前身为吉林省石油总公司，始建于 1949 年，1998 年 6 月上划集团公司。2021 年，机关按照“大部制”改革要求设置为 9 个部室和 2 个直属机构，下辖 9 个地市（州）分公司、2 个直属二级公司、5 个合资合作公司、49 个经营片区。资产总额 76.8 亿元；运营加油站 1010 座；运营油库 12 座，库容 37.34 万立方米；用工总量（含业务外包）8228 人；网点份额 40%；市场份额 70%。

【油气销售业务】 2021 年，吉林销售贯彻落实集团公司市场营销工作会议精神，完善“日跟踪、周分析、月对标、季总结”的工作机制，紧盯市场变化，积极争夺存量需求，9 个分公司成品油销售总量均实现同比增长。柴油销售 169.25 万吨，同比增长 18%；汽油销售 179.2 万吨，同比增长 8%；天然气销售完成 2137.7 万立方米，同比增长 49.53%，实现毛利 1758 万元，同比增长 48%；坚持“一站一策”“一品一策”做好汽油营销策划，汽油在价格到位率保持 99.02% 的基础上，同比增销 9.9 万吨，贡献毛利 9.09 亿元；选择“三横五纵”8 条国省道上 33 座站点开展柴油市场保卫战，日销量最高提升 8 倍以上；通过农机卡锁定客户，占领 80% 的农村市场份额。贴近市场，“一户一策”“一客一议”，实现直批销售 108.21 万吨，同比增加 24.72 万吨；强化算账意识和售前算赢，科学把握量价效关系，综合价格到位率 94.01%，比预算增加 0.57%；开展线上全流程诊断，出台优化措施 202 项，诊断完成率在板块排名靠前；

吉林销售主要经营指标

指　标	2021 年	2020 年
成品油销量（万吨）	348.7	309.61
汽油销量（万吨）	179.2	165.87
柴油销量（万吨）	169.25	143.17
润滑油销量（万吨）	0.25	0.57
加油站总数（座）	1010	1000
油库数量（座）	12	12
油库库容（万立方米）	37.34	39.64
纯枪销量（万吨）	240.24	225.54
非油业务收入（亿元）	9.85	9.23
非油业务利润（亿元）	0.86	0.59
吨油费用（元）	427	494
资产总额（亿元）	76.8	75.01
收入（亿元）	254.33	192.99
利润（亿元）	0.62	0.58
税费（亿元）	1.53	0.49

完成“95504”和“956100”号码切换工作，在销售板块神秘顾客访问检查中成绩排名第 4，客户回访满意率 97.5%；开展成品油市场专项治理，作为唯一

企业代表被纳入吉林省政府成品油流通市场治理专案组，协助政府有关部门严厉打击低质低价扰乱市场行为，推动加油站涉税数据监控平台并网运行，有效净化成品油市场竞争环境，吉林省内社会加油站挂牌价平均每升上推 0.3 元，助力纯枪单站日销量同比提升 0.42 吨，治理效能逐步显现。

【非油业务】 2021 年，吉林销售紧盯“店销收入”和“毛利总额”两大关键指标，统筹油非业务资源，分级分类制定店销提升方案，加强门店督导、单店管理和店面优化，培育 30 万元便利店 105 座，50 万元便利店 134 座，百万元便利店 100 座；店销收入 4.51 亿元，同比增长 23.5%，店销毛利 9559 万元，毛利率 21%。做强农资提质量，销售化肥 24 万吨，收入 5.24 亿元，毛利 3589 万元，其中复合肥销量占比提升到 26.8%；加大自有商品开发力度，与森工集团合作开发 8 款自有商品进入销售分公司集采目录，实现销售 81.2 万元，同比增长 38%；推进昆仑好客自有商品销售，销售额同比增长 176%，其中好客火山泉销售 33.97 万箱，实现收入 1494 万元，居销售分公司前列；深化“双圈”联网，推出农资生态圈项目，开辟试验田 800 余亩，带动化肥、种子、农用机油的同时，实现成品油销售 70 吨；在 5 家单位试点经营经济作物高端肥料，9 家地市分公司全部完成种子销售手续办理，实现种子销售 6000 袋；开展主题促销活动 12 次，带动非油业务收入 1.24 亿元、实现毛利 5100 万元，油非转换率同比提升 1.1%；中秋节销售月饼 234.3 万元，为同期的 5 倍；国庆节促销收入 255.6 万元，毛利 128 万元，分别同比增长 120%、313%；参与“百城直播一折起，好客惊喜一百天”销售竞赛，推介商品 40 种，成交 7980 单，实现收入 46.63 万元，创效能力进一步提升。

【安全环保】 2021 年，吉林销售牢固树立“安全是一，其他都是零”理念，层层签订《安全环保责任书》1100 余份，开展安全经验分享 20 余期；定期量化动态审核，培养骨干审核员 97 名，QHSE 体系审核得分提升至 91.09 分，基础管理水平进入 A2 级别。投入隐患治理资金 6500 余万元，整改隐患 711 个，整改完成率 92%。建立安全、加管、投资、调运、信息 5 条专业线的协同管控及省公司、分公司、经营处 3 个层面的“5+3”全方位立体监管体系，对 322 人次进行记分处理、246 人次严肃问责，经济处罚 8.4 万元；严把承包商准入关口，实施 97 个项目，强化视频监控与现场巡检监管，检查项目 112 座次，发现各类问题 485 项，下达整改通知书 39 份；严格落实国家及集团公司新冠肺炎疫情防控各项要求，坚持第一时间召开疫情防控领导小组例会 37 期，出台具体管控措施 40 余项，修订疫情防控手册 3 次，在册员工疫苗接种率 100%，实现全员零感染的目标。

【库站管理】 2021 年，吉林销售明确“加油站是甲方、其他都是乙方”的战略定位，坚持客户至上，常态化开展“客户在我心、服务见我行”竞赛，在销售分公司客户服务类指标排名明显提升。深化“双低”站治理，出台 32 项具体措施加强全流程诊断与优化，单站日销量明显提升；推进加油站经理“竞聘 + 竞标”机制，推广单站核算、升油含量工资制度、双“阿米巴”经营等举措，商人意识显著增强。迎接应急管理部对凯旋、白城、泉沟 3 座油库的安全风险评估检查，得到国家部委领导和集团公司的高度肯定，并在销售分公司油库安全暨基础管理提升会上做典型经验交流；省市两级公司攻坚克难，推动解决泉沟油库多年悬而未决的历史手续问题，库站管理水平显著提升。

【投资建设】 2021 年，吉林销售坚持“高效开发”原则，以集团公司发展规划纲要为蓝本，主动与政府规划紧密衔接，新开发加油（气）站 10 座，其中新建加油站 6 座，油气合建站 3 座，长租加油站 1 座；落实投资约 3 亿元，投资计划完成率 85%，新投运加油站 10 座，新增零售能力 3.18 万吨；推进现有合资项目的实施，广垠公司超越、腾飞两座加油站投产运营，伊通河公司长德新建项目进入施工阶段；加大双品牌合作力度，春城石油 5 座加油站年销量近 2 万吨，达成与吉星 3 座油气合建站及中润 17 座加油站的合作；与地方国企强强联合，提前锁定净月高新区 8 个规划待建的优质网点，网络布局更加优化。

【企业管理】 2021 年，吉林销售加强企业治理能力和治理体系现代化建设。推进依法合规治企，国企改革三年行动完成率 80%，提前 4 个月完成年度任务目标；推进体系融合，新修订制度 20 项，废止 9 项；深化法治建设，加强合同、印鉴及纠纷案件管理，合规管理持续加强；推进“反内盗”综合整治“百日攻坚”专项行动，构建起省公司、分公司、经营处、加油站“四位一体”联防工作体系，完善加油卡风险管控等 6 个长效机制，疑似卡数量同比下降 18.2%；优化物流管理，以 200 千米以内为最优客户配送距离，一事一议，吨油运费同比下降 2.58 元，实现“量增费降”；优化运维支撑，深化 70 余项数据模块开发应用，实现吉林省系统数据快速共享、综合分析、动态监控，为数据经营提供第一手基础资料；完成中油长发公司4座加气站零管系统加气业务上线；以“好客吉享”商城为依托，初步构建“线上+线下”双“阿米巴”互联网营销平台和会员营销体系；围绕主责主业，持续优化升油含量工资制度和单站考核，有效发挥考核激励作用；两级机关强化作风建设，践行“马上就办、担当尽责”，深入包保库站强化业务指导，解决基层实际困难，干群关系更加融洽。

【提质增效】 2021年，吉林销售强化提质增效“升级版”建设，树立“一切成本皆可降”理念，推动成本最小化、效益最大化。五项管理费用、水电暖费、财务费用分别比预算节约351万元、349万元、570万元；减免土地使用税金额580万元、节省残疾人保障金404万元；加强物资集中采购管理，招标与非招标项目实际采购金额分别比预算节约10%、6.6%；实现库存创效4806万元。实现成品油销售总量348.7万吨，同比增长12.8%；油品纯枪销量240.24万吨，同比增长6.6%，汽油纯枪销量保持销售分公司先进水平；非油销售收入完成9.85亿元，同比增长6.7%，非油毛利1.41亿元，同比增长30%；润滑油销售同比增长46%，毛利实现228万元，同比增长13%；商流费总额14.9亿元，同比节约0.41亿元；实现净利润6177万元，考核利润超1.16亿元，超提质增效目标近3倍；获评销售板块2021年度劳动竞赛零售类、非油业务类、降本增效类3个单项先进单位。

【企业党建工作】 2021年，吉林销售坚持党建工作和经营管理的有机融合，贯彻落实党的十九届六中全会精神，组织开展党史学习教育，各级班子完成党史学习教育专题宣讲50余次、讲授专题党课580余次，组织召开党史学习教育专题民主生活会，整体情况得到集团公司党史学习教育第一指导组肯定；坚持“第一议题”制度学习，组织各级党委理论中心组（扩大）学习201次，政治“三力”有效提升；组织庆祝建党百年系列活动，抓实集团公司党组巡视反馈问题整改，推进“转观念、勇担当、高质量、创一流”主题教育活动，激发全员高质量发展观念和责任担当意识；组织召开第三次党代会，完成两级党委纪委换届工作；抓好基层党建“三基本”建设，修订完善党建工作制度及流程8项，召开基层党委书记抓党建述职评议会议，党员班组覆盖率100%；推进党风廉政建设和反腐败工作，各层级签订党风廉政建设责任书3004份，三级以上党员干部覆盖率100%；分两轮完成对所属9家地市分公司党委巡察全覆盖，保持惩治腐败的高压态势；夯实人才强企工程建设，交流调整处级干部12人，各层面选拔培养科级干部13人，选聘副总会计师8人，一批优秀干部、年轻干部不断成长；关心关爱困难职工，帮扶困难群体557人次，发放慰问金232万元；严格执行维稳信访责任制，深入细致做好重点时期维稳信访工作，企业发展和谐稳定，党委“把方向、管大局、促落实”的保障引领作用有效发挥。

（王今强）

中国石油天然气股份有限公司黑龙江销售分公司

【概况】 中国石油天然气股份有限公司黑龙江销售分公司（简称黑龙江销售）前身是1954年10月成立的黑龙江省石油总公司，隶属于黑龙江省政府管理，1998年划归中国石油天然气集团公司管理。2021年底，设10个职能部门，下辖15个分公司（13个地市分公司、2个专业分公司），6个股权投资公司。各地市公司设79个片区，运营加油站1123座，在用油库15座，库容量43.6万立方米。

2021年，黑龙江销售成品油销量415.7万吨，实现利润3.1亿元。

【成品油业务】 2021年，黑龙江销售坚持“量效兼顾，效益最大化”原则，实现销售总量415.7万吨，同比增加49.2万吨，增长13%；纯枪销售280.6万吨，同比增加14.9万吨，增长6%；市场份额占73.7%，同比提升1%；统筹竞合关系与市场整治，与同行协调稳价158次。做大做强规模效益，将“盯油价、盯需求、盯客户、盯对手”作为营销组织基本攻略，开展柴油市场份额保卫战和提量创效攻坚战，提升市场占有和量效把控能力。把握市场话语权，发挥油商协会作用，因势利导处理好竞合关系，协调各级政府强化成品油市场专项整治，利用哈尔滨石化回炼处理罚没油品的闭环保障，配合政府部门查处相关问题197件，侦办案件23起，查扣非法车辆178台、油品1900余吨，取缔违规加油点46处。发挥资源优势扩销上量，建立内部市场化价格机制，传导市场成本，加大炼销协同攻坚力度，在165座加油站安装电

黑龙江销售主要经营指标

指　标	2021 年	2020 年
成品油销量（万吨）	415.7	366.43
加油站总数（座）	1123	1144
油库数量（座）	15	16
油库库容（万立方米）	43.6	45.18
纯枪销量（万吨）	280.6	265.71
非油业务收入（亿元）	8.82	7.0
非油业务利润（亿元）	1.37	0.6
资产总额（亿元）	88.1	80.42
收入（亿元）	300.42	225.37
利润（亿元）	3.1	2.01
税费（亿元）	4.74	3.34

伴热装置及加油机防寒罩，利用低凝点 0 号柴油资源开展反季销售抢占市场份额。加强合作共赢，推进平台化异业合作商业生态系统建设，战略合作单位增至 17 家。引入平安财险、中国移动、银联、银行等异业促销资金 1.12 亿元，带动交易额 7.75 亿元，带动汽油增量 9 万吨。

【非油业务】 2021 年，黑龙江销售以提升门店综合实力、向高毛利商品要效益为目标，实现非油业务收入 8.82 亿元，同比增加 1.82 亿元，增长 26%，非油业务利润 1.37 亿元，同比增加 0.17 亿元，增长 13%。做精做优店销业务，推广“10 惠”促销品牌，精心打造各类主题促销活动，在 85 座加油站设立特色名优商品专区，加大自有商品以及香烟、饮料、家庭食品、车用辅助产品和车用润滑油等重点品类销售力度，油非转换率 12.1%，同比提升 3.3 个百分点。创建“大庆精神主题实践活动”，推进基层党建“三基本建设”与“三基”工作有机融合，每月设立“实践日”“弘扬日”“分享日”，通过主题营销助力非油增收 1876 万元。掌握网络经济流量密码，快速适应线上销售业务发展，组织开展线上开口营销技能竞赛，举办直播带货 40 场，实现销售收入 400 万元。实现油肥互促一体化销售，制定油肥联动销售政策，通过客户、资源、渠道共享，打造化肥样板站 505 座，组织推介会 187 场，销售化肥 16.2 万吨、同比增长 36%，实现毛利 2392 万元、同比增长 26%，化肥销售业绩实现三连增。

【加油卡业务】 2021 年，黑龙江销售强化零售创效，以卡为媒，加大客户开发维护力度，销售个人记名卡 34.5 万张，同比增长 6.4%；线上充值额 33.5 亿元，同比增长 189%；卡销比 51.4%，同比提升 2.95 个百分点。“六进办卡”延伸服务能力，走访街道社区 4900 个、政府企业 6373 户，办卡 50.6 万张。“以站包村”抢抓春耕秋收，建立农用柴油电子档案 26.3 万户，其中春耕建档 20.9 万户，秋收建档 5.4 万户，在 8 月秋收前撬动需求实现农用柴油销售同比增加 4.7 万吨。挖掘规模上企业销售增长点，精准对接全部 106 个省百大工程，摸排用油需求 2.1 万吨，实现销售 1.1 万吨；量身打造直批客户销售政策，购油客户 2614 户，同比增加 331 户。借助冬奥机遇助力龙江冰雪经济，以冬奥加油卡独有的纪念意义及主题促销政策为卖点，与中国邮政签署协议，销售冬奥加油卡 3 万张，单卡充值最低 2022 元，增加沉淀资金 6066 万元。

【气、电、氢业务】 2021 年，黑龙江销售贯彻绿色低碳发展要求，深度谋划“碳达峰、碳中和”背景下成品油销售行业发展形势，将新能源作为转型发展的重要战略支撑，推动一体化油气氢电非综合业务快速发展。天然气业务稳步推进，加大与天然气销售分公司、昆仑燃气的沟通合作力度，在销售系统率先以租赁形式完成大庆 8 座 CNG 子站经营权划转，销售天然气 8404 吨，为 2020 年销量的 9 倍。光伏发电实现突破，在哈尔滨汽车城加油站试点投运 43 千瓦分布式光伏发电项目，实现加油站自发自用节能减排、油库余电并网增值创效。氢能建设探索实施，与哈尔滨电气股份有限公司、宝泰隆新材料股份有限公司、七台河市城市建设投资发展有限公司签订氢能利用示范项目四方战略合作框架协议，为氢能项目建设奠定良好基础。

【投资管理与网络建设】 2021 年，黑龙江销售坚持“精准投资、效益投资”原则和“低成本、轻资产”开发思路，以提升市场占有率和投资回报率为目标，网络开发建设全面推进。完成开发（含立项）55 座，投运 36 座，新建站数量较“十三五”期间年均新增数量提高 114%，投运站新增市场零售能力 9 万吨。加大合资合作项目推进力度，两级公司与黑龙江省交投集团、佳木斯富锦、双鸭山宝清国资企业等合资项目相继落地，注册成立合资公司 6 家，总数达 10 家，合作目标站点 81 座，其中，与哈尔滨城投合资合作项目被列入国务院国资委“振兴东北央地百对企业协作行动名单”，成为“一对一”协作企业。对接各级政府做好“十四五”规划编制，摘牌加油站用地9宗，其中更是以起拍价取得8宗加油站用地，完成年度开发考核目标的106%。

【专业管理】 2021年，黑龙江销售将提质增效作为长期战略任务，将深化改革作为推进高质量发展的关键之举，推进企业治理体系和治理能力现代化建设。打好改革三年攻坚战，建立改革工作例会和通报督导机制，完成率96.8%，超额完成集团公司年度考核指标。落实中央企业公司制改制相关要求，完成光明公司、京龙公司改制工作，超额完成法人压减2户。推进人才强企，启动“358”干部队伍建设工程和“双百千”人才强企工程，全面实施领导干部任期制和契约化管理，启动加油站经理职业发展“双通道”建设。创新经营管理模式，出台《调整片区管理体制的指导意见》，明确片区功能定位。召开加油站“阿米巴”经营管理模式推广会议，出台《加油站“阿米巴”经营实施方案》，推广加油站“阿米巴”经营管理模式。树立“业绩决定薪酬”导向，出台《主要业绩指标薪酬含量挂钩办法》，统一黑龙江省加油站的升油工资标准和非油业务提成工资，分配向基层倾斜，加油员等一线员工收入保持同比增长。树牢“一切成本皆可降”理念，节约五项管理费用643万元，压降小额车固定运费69万元。强化不在岗人员清理，优化用工813人，减少人工成本支出6643万元。吨油商流费由2020年468.06元/吨降至2021年的414.09元/吨，同比下降11.53%。

（鞠　婧）

中国石油天然气股份有限公司天津销售分公司

【概况】 中国石油天然气股份有限公司天津销售分公司（简称天津销售）1999年10月正式注册成立，隶属于原华北销售公司，2009年11月上划股份公司管理。2021年底，本部设9个职能部门，3个专业分公司，6个地市公司，18个控股公司，4个参股公司。有员工1664名。具有大专以上学历的员工937名，占比56.31%，硕士21人、博士3人；具有副高级及以上职称的63名，中级职称63名，高级技师1名，技师26名。下属基层党委10个、党总支1个、党支部76个，有党员759人。总资产23.54亿元，运行油库2座（全资库），库容13.6万立方米；运营加油站191座，其中全资站125座、股权站26座、租赁站40座。

2021年，销售油品72.87万吨，其中纯枪销量48.39万吨；实现利润-2.44万元；非油业务收入3.41亿元，非油业务毛利5205万元。

天津销售主要经营指标

指　标	2021年	2020年
成品油销量（万吨）	72.87	64.15
汽油销量（万吨）	36.78	31.26
柴油销量（万吨）	36.08	32.89
润滑油销量（万吨）	0.05	0.08
加油站总数（座）	191	195
油库数量（座）	2	3
油库库容（万立方米）	13.60	19.96
纯枪销量（万吨）	48.39	48.29
非油业务收入（亿元）	3.41	2.61
非油业务利润（亿元）	-0.009	-0.02
吨油费用（元）	723.61	804.47
资产总额（亿元）	23.54	27.57
收入（亿元）	54.29	39.63
利润（亿元）	-2.44	0.28
税费（亿元）	0.96	0.69

【油品销售业务】 2021年，天津销售以客户为中心，深化全量会员体系建设和全流程优化诊断，通过精细策划营销活动、细化单站功能定位、深化异业合作、有效竞合等方式，整体挖潜上量增效，全年纯枪销量48.39万吨。记名活跃卡24.8万张，在线消费比例40.68%，卡销比54.77%。实施华北区域柴油客户开发联动政策，研究制订柴油新开发客户奖励方案，一户一议、一客一价，最大限度地稳定柴油市场份额。统筹直批提质，坚持算大账、看长远，进销存一体化运

作、批零一体化销售，敢于竞争、科学竞争，实现总体效益最大化。精准把握市场几个大的拐点，二季度、三季度油价上涨，推价促销上量，追赶销售进度；四季度资源偏紧，批发价格到位运行，实现批发扭亏为盈，量效双收。提升客户经理开发水平，推广直销APP，当好客户"油管家"，新开发机构用户151家，实现直批创效1237万元。

【非油业务】 2021年，天津销售贯彻落实"做精做优店内，做大做强店外"工作思路，加大激励考核力度，打赢非油业务快速发展进攻仗，实现非油业务收入3.41亿元，非油业务毛利5205万元，实现双双换字头的目标，非油业务单站日均收入、油非转换率等单项指标位于销售板块前列。完善公司、分公司、便利店三级品类分析机制，突出"油卡非润"一体化营销和主题促销，挖掘创造客户需求，实现重点促销品类增收6653万元，新增百万元店16座，店内毛利率提升到16%。持续提升香烟销售质量，严控低毛利大单销售，香烟毛利率提升0.3个百分点。加大店外业务开拓力度，以项目为牵引，店外项目部通过高层沟通、资源共享、多层次共建等方式，开发大客户179家，同比增长74%，店外收入实现9718万元，增长69%，毛利率11.4%，其中3个项目部实现全口径盈利。

【加油站管理】 2021年，天津销售打响低销站治理战，通过快速引流揽客、抢夺市场份额；循序推价筛客、逐步稳量提效；优质服务锁客、寻求量价平衡、油非共同提升等措施，汽油销量36.78万吨。坚持服务创造价值的理念，建立制度化、规范化、程序化的服务监督体系，神秘顾客平均得分92.09分，同比提高9.37分，现场服务质量显著提升。开展水电暖专项攻坚行动，逐站核查、逐站核定用电方案，一站一策节能降耗，核查加油站175座，停用高能耗、性能劣化用电设备118台，更新高效低耗用电设备179台，水电暖费同比下降11.97%。

【油库管理】 2021年，天津销售调整优化库存结构，推进华源油库退租，破解"大马拉小车"难题，形成"南大港、北武清"的仓储物流格局。开展油库安全风险评估工作，解决油库安全隐患难题83项，通过政府部门验收。加强承运商管理工作，通过车辆稽查、视频抽查、GPS回放检查的方式，检查配送车辆300余车次，发现并整改各类隐患问题74项，处理违规车辆10台，罚款1.1万元，购进损耗同比下降60.97%。

【投资建设】 2021年，天津销售聚焦主业、靠实项目，以投资少、周期短、见效快的现有站点增设加气业务为主攻方向，大力推动现有国省道站增设加气业务，新立项11座，完工7座。紧盯在建项目和迁建项目落加快推进项目设计、建设、验收、投运、手续办理等各环节进程，新建试营业加油站5座，新增可行性研究年销量1.75万吨。推进工程建设标准化、精细化管理，优化加油站报修、采购、施工组织，加强组织衔接和现场监督，单站工期同比压缩10%，减少停业天数22天。

【资源运行】 2021年，天津销售坚持坚决履行保障炼油厂后路畅通的职责使命，加强购销衔接，优化资源调配，超额完成股份公司销售分公司配置计划，保障产业链后路畅通。加强资源运作创效，超前分析研判市场，从调拨价格、库存高低、进货节奏、促销政策、品质、乙醇采购6大要素入手，实现资源运作创效1.74亿元。优化成品油合理库存运作模型，把控资源购进结构和运行节奏，加大客存油品出库力度，保持合理库存水平。优化二次配送，加大大港地付油库配送入站量，节约运费121万元。

【三项制度改革】 2021年，天津销售按照"小机关、大销售"原则，利用信息化、数字化、智能化手段稳妥推进管理体制调整和业务重组整合，"9+2"体制格局基本定型。天津销售本部设9个部门，本部员工由最高155人压减到86人。所属分公司实行"四部制"，仓储、昆仑好客两个专业公司实行"三部制"，分公司机关人员通过竞聘上岗，控制在15—20人以内，库站外人员占比由两年前的27.5%降到16.5%。推动改革三年行动计划，改革任务办结率88.57%，提前实现2021年完成70%的目标。

【精益化管理】 2021年，天津销售实施低成本战略，采取水电暖费用攻坚、压减控员等措施，商流费同口径减少222万元。其中水电暖费、广告促销费、银行上门收款服务费分别同比下降11.97%、78.21%、33.12%。重点对损耗进行分环节、全流程管控，购进损耗同比下降60.97%。全面推广电子发票，占比98%，节约发票印刷费用。组织全员开展合规培训、保密知识答题、内部控制评价和重大风险评估，合规管理基础不断加强。搭建非油业务线上销售、即时薪酬和单线式服务信息化平台，推进各系统有效融合应用，获评集团公司信息化工作先进单位。

（胡良宇）

中国石油天然气股份有限公司河北销售分公司

【概况】 中国石油天然气股份有限公司河北销售分公司（简称河北销售）2000年5月成立，“十一五”期间经历多次改革重组，2009年12月上划股份公司直接管辖。主要负责中国石油在河北省行政区域的成品油批发、零售、便利店、润滑油、化工产品和汽车服务等非油品销售业务以及市场网络开发工作。

2021年，进行机构优化改革，机关优化为9个职能部室、13个地市分公司、2个专业分公司、18个股权企业；有员工4778人。运营加油站880座，“昆仑好客”便利店881座，运营油库14座，总库容35.83万立方米。党委下设15个基层党委、1个党总支、2个直属党支部和122个基层党支部，有党员1640人，占总人数34%。

河北销售主要经营指标

指　标	2021年	2020年
成品油销量（万吨）	227.59	240.57
汽油销量（万吨）	103.93	106.47
柴油销量（万吨）	123.66	134.11
运营加油站总数（座）	880	878
在用油库数量（座）	14	14
在用油库库容（万立方米）	35.83	35.83
纯枪销量（万吨）	117.29	157.95
非油业务收入（亿元）	10.73	9.60
非油业务利润（亿元）	0.22	0.11
吨油费用（元）	570.31	611.52
资产总额（亿元）	68.07	75.79
收入（亿元）	161.55	142.69
利润（亿元）	-8.19	-1.76
税费（亿元）	2.03	1.12

2021年，面对新冠肺炎疫情反复肆虐、洪涝灾害频发、高速油站退租等不利局面，河北销售党委带领广大干部员工，改革创新，提质增效，实施“营销革命”，打造铁血之旅，着力稳增长、促改革、补短板、防风险、提效益，优化机构同时完善客户服务体系和产品供应链体系，构建“人·车·生活”3.0版生态圈，在市场搏杀、竞合策略、量效平衡上把握主动权，切实推动企业高质量发展。

2021年，河北销售成品油销量227.59万吨，汽油销量103.93万吨，柴油销量123.66万吨，纯枪销量117.29万吨；油品抽检合格率保持100%。非油业务收入10.73亿元、毛利1.61亿元、利润0.22亿元；总收入161.55亿元，上缴税费2.03亿元。

【市场营销】 2021年，河北销售把控调运节奏，精准掌握调价节点，调入各类资源218.6万吨，实现资源优化创效3689万元。精细库存管理，年末账面较年初下降40%；客存4.4万吨，较年初下降24%，9个月以上客存全部清零，市场避险能力稳步增强。优化直批量效，实现实物直批销量61.3万吨，同比增加19.7万吨、增长47.3%；推进直批APP促销应用，实现线上销量11.5万吨，线上销量、购油客户比例分别提升13.9个百分点、18.8个百分点；突出价格精准管控，实物直批价格到位率87.5%，同比提升3.7个百分点，实现毛利6475万元，同比增加1960万元。精准管控直批价格，实物直批价格到位率86.8%，同比提升2.93个百分点，实现毛利6377万元，同比增加2011万元。

【加油站管理】 2021年，河北销售实现成品油销售总量227.59万吨，其中纯枪销量117.29万吨，价格到位率94.1%，同比提升1.95个百分点；直批销量109.94万吨，预算完成率133.6%，同比增加27.43万吨。优化零售终端，组建“客户服务中心”及客户服务团队建设，完善“一对一”专属服务、潜在重点客户“摘牌”等六项运营机制，扩大开发范围、延伸开发触角，开展精准营销活动150余项。分级开发维护及首席服务代表机制，坚持“一站一策”“一客一策”“一企一策”，走访客户3.3万次，政府采购招投标中标率提升22%；新开发单位客户4850家，办理单位卡6.77万张，新增个人客户10万人，卡消费2.73亿元，实现非油业务收入8728万元。利用平台合作深挖第三方营销资源，与银联、银行、通信等行业开展联合促销，节约营销成本支出6000万元以上。实现与中交兴路、汇通天下（G7）等平台运营客户开展业务合作，新开发会员车辆3万余台，带动柴油增量5万吨以上。与中粮集团、河北烟草、河北移动、联通等40家央企、知名企业签署战略合作协议，央企客户数量增长30%以上。亏损站治理575座加油站点，实现同比减亏1.17亿元，其中64座加油站实现扭亏。206座"阿米巴"站销量同比河北销售平均水平增长25%，可比利润同比增加12.7%，人均工资提高6.8%。

【非油业务】 2021年，河北销售非油业务、收入实现"双提升"，非油店销收入10.73亿元，同比增加1.13亿元，增加11.8%；毛利1.61亿元，增长36%。发生商流费12.98亿元，较年度预算结余1.32亿元，同比结余1.73亿元，下降11.8%，实现"双下降"。"六型店"（"六型"指高级店Ⅰ型、高级店Ⅱ型、高级店Ⅲ型、标准店Ⅰ型、标准店Ⅱ型、基本店）打造与优化店面有机结合，突出好客优品、会员、促销堆头、米面粮油、客户体验等特色专区销售，完成百万元店打造225座，其中，500万元店17座、200万元店66座，销售收入同比增长20%。开发"昆仑好客""昆怡""昆途"等系列、23款地方特色自有商品，实现销售6500余万元；酒类营销实现质与量的突破，销售收入7000万元，同比增长7.15倍。实施汽车服务业务专项规划，投运洗车网点165座；实现汽车租赁业务收入700万元；与百胜（中国）深度合作，投运肯德基餐厅2座，单店日均销售过万元。联合发行"好客有礼"提货册、京津冀好客畅行卡、蟹卡礼包，实现礼包卡册销售12.2万份，销售收入7453万元；开展直播活动42场次，单场直播成交金额位居集团公司销售板块榜首。优化供应链与物流，推进南部仓委托集中统一管理，缩短配送周期，提升配送效率，半数以上自有商品实现直配到站。

【油库管理】 2021年，河北销售有油库19座，库容43.7万立方米，在用油库14座，库容35.8万立方米。周转油品188.27万吨，其中汽油91.99万吨、柴油96.28万吨；油库出库79.58万吨，其中汽油34.99万吨、柴油44.59万吨；地付配送108.76万吨，其中汽油57.07万吨、柴油51.69万吨。油品接卸完成率100%、出库计划完成率100%，保障河北销售批发、配送业务执行。

【投资建设】 2021年，河北销售强化企地合作，邯郸、保定、石家庄便民综合服务站项目获政府认可；中标雄安新能源项目建设用地，清洁能源助力新区发展迈出坚实步伐；新投运加油站5座、续租5座，新增立项加气站10座、投运4座。坚持"优设计、少投入、小改造、算清账"，提升站内形象，增强站点引流能力，完成站点形象提升72座；建成中国石油首座新形象新标准综合能源站——崇礼北加油加氢站，完成崇礼冬奥冰雪第一站——崇礼（21）站升级改造，加油机器人亮相崇礼赛区。与张家口交投合作推进氢能站点建设，太子城加氢站成为集团公司首座加氢站，完成冬奥测试赛保供任务，备战冬奥保供，崇礼21站、崇礼北站光伏发电项目实现自给。

【安全数质量】 2021年，河北销售QHSE体系不断完善，提升监管能力。搭建"五位一体"监督体系，深入设备设施"双达标"，督查库站8270座次，完成314座库站隐患治理；严格大型油气存储基地风险评估，杨官林、高庄油库完成应急管理部、集团公司深度评估检查；扎实一体化、差异化、精准化体系审核，销售板块量化审核从B1良好级升至A2优秀级；建立非常规作业报备预约机制，完成89个施工现场、218项非常规作业重点监管。按期完成21座站点排污许可证办理；开展挥发性有机物治理，组建VOCs检测中心，完成79座站（库）次、1.7万个动静密封点检测修复，确保库站依法合规经营。化验油品1135批次，抽检合格率100%，依法查处廊坊28站计量作弊事件；搭建损耗一体化管控平台，一次、二次、零售、保管损耗率分别同比下降0.06‰、0.05‰、0.3‰、0.19‰，获股份公司销售分公司年度"运输损耗类劳动竞赛先进单位"称号。完成集团公司下达年度节能指标。严格重视冬奥空气质量保障，接受国家空气质量污染防治夏季督导帮扶和河北省油气回收系统督导检查，89座受控站点无问题。开展加油站质量安全环保达标创建，提升员工综合素质能力和应急处置能力，组织842人开展安全环保专业线赋能大培训、作业许可审批人考评，夯实安全环保发展基础。开展"3·15"主题宣传和"质量月"活动，邀请地方质检部门领导和媒体记者参加，通过安全咨询，专家授课，促进专业素质提升，展现中国石油良好品牌形象、央企责任当担。实现建党100周年、中秋节国庆节"两节"及全国"两会"等特殊敏感时段的安全运行。

【基础管理】 2021年，河北销售夯实基础管理。完成281项规章制度及3大体系融合工作，建立风险控制文件200项，修订流程图378份。狠抓风险事前防控，完成40余项对外项目风险评估，获集团公司"'十三五'内控与风险管理工作先进单位"称号。推进国企改革三年行动及对标世界一流管理提升，55项改革任务完成49项，超额完成集团公司70%改革任务；对标分析完成率100%，对标提升行动任务推进进度85%，整体进度提前3个月完成集团公司要求的年底前达到80%的工作目标。承建的“昆仑学院”上线运行，组织各类培训班91期，线上线下培训1.62万人次，“赋能计划”推动队伍素质提升。

【企业党建工作】 2021年，河北销售助力雄安新区建设、服务保障冬奥盛会、履行综合能源保供责任、参与乡村振兴战略，彰显政治优势。党建“一岗双责”责任清单全面建立，高质量党建有力引领高质量发展，在集团党建考核等级评比保持A级。创新“五互联五共建”（“五互联”指与重点企业、政府部门、驻冀油企、销售行业、上下组织互联；“五共建”指聚焦党务共建、经营共建、文化共建、创新共建、品牌共建），开展“党建联建、献礼百年”专题竞赛，“扛着红旗拓市场、戴着党徽谈项目”联建单位超过1000家，实践经验获第一届全国石油石化企业基层党建创新案例一等奖；搭建雄安新区党建互联共建平台，获首届国企党建论坛“三基建设”最佳案例奖。强化政治监督，签订党风廉政建设责任书386份、廉洁执行加油卡业务承诺书4311份。发挥党风廉政宣教平台，启动两轮巡察，发现整改问题118个，完善相关制度16项，完成党的十九大以来新一轮巡察全覆盖。石家庄136站党支部获集团基层建设“百面红旗”称号，在销售板块职业技能竞赛中获1金2银。党委被集团公司授予宣传思想文化工作先进集体；党建课题研究成果获全国石油石化行业基层党建创新成果一等奖；打造员工创新工作室，微电影工作室作品《开往春天的大巴车》获2021年全国职工微电影节唯一特别奖。《角色》获2021年集团公司第六届“新媒体创作大赛”一等奖。获2021年中国电视艺术家协会“第九届亚洲微电影艺术节”金海棠奖。

（韩　锐）

中国石油天然气股份有限公司山西销售分公司

【概况】 中国石油天然气股份有限公司山西销售分公司（简称山西销售）2000年9月组建成立，负责中国石油在山西省的成品油批发、零售、储运和网络开发建设及便利店、化工产品等非油销售业务。2021年底，设9个部室、2个直属机构，有11家分公司、1家全资子公司、4家控股公司、4家参股公司，在册员工2728人，运营加油站444座，运营油库7座。

2021年，山西销售着力求生存、谋发展、夯基础、堵漏洞，打造风清气正的政治生态，想干事、能干事、干成事的干事环境，人尽其才、才尽其用的用人舞台，团结紧张严肃活泼的工作氛围，干部作风正在改变，新风正气正在形成。实现销售总量120.5万吨，完成零售量72.15万吨，纯枪销量完成率在股份公司销售分公司华北5家企业排名第二。非油业务收入实现3.57亿元，非油业务毛利5559万元，均超股份销售分公司任务指标。网络开发坚持外拓发展空间、融洽企地关系，油气合建实现突破，加醇、加氢项目开始起步。保持严抓严管态势，实现安全环保零事故、新冠肺炎疫情防控“双零”目标。

【油品销售业务】 2021年，山西销售聚焦效益质量提升，运营水平改善。以市场为导向，以客户为中心，以效益为目标，推进批零、油非、进销一体化，建立纯枪汽油常态化激励和柴油零毛利预算考核机制，开展“超级会员日”等专项促销。完成直批量47.85万吨，毛利3928万元。逐步改善直批质量。紧盯目标客户，开发重点工程项目客户13个、百强企业客户35个、规模以上企业客户169个。强化柴油终端客户开发，小微客户占比超过75%。坚持“线上＋线下”，活跃客户占比70%以上，直批APP销量占比提升至50%。抢抓9月、10月柴油资源紧张时机，推动客户上线购油，线上销量占比70%以上。

【非油业务】 2021年，山西销售非油业务快速发展。加速拓展化肥业务，打造专营店50座、示范田30块，实现销售收入4011万元、同比增长80%。紧盯洗车点建设，投运35座，助力纯枪销售提量增效。常态化开展直播营销，拉新客户近2万人，销售突破220万元。创新营销模式，开展TCL智能家电、杜康酒等专项活动，实现收入1825万元、毛利485万元。打通互销渠道，销往外省1380万元，其中自有商品销售1044万元。获股份公司销售分公司上半年劳动竞赛“非油先进单位”称号，化肥销售获昆仑好客公司“最佳突破奖”。

山西销售主要经营指标

指　标	2021 年	2020 年
成品油销量（万吨）	120.5	126.03
汽油销量（万吨）	55.04	49.12
柴油销量（万吨）	65.46	76.91
润滑油销量（万吨）	0.15	0.29
加油站总数（座）	444	458
油库数量（座）	7	9
油库库容（万立方米）	24.2	26
纯枪销量（万吨）	71.72	77.28
非油业务收入（亿元）	3.57	3.24
非油业务利润（亿元）	0.33	0.32
吨油费用（元）	638	552
资产总额（亿元）	47.06	48.63
收入（亿元）	84.86	73.17
利润（亿元）	–4.59	–2.52
税费（亿元）	0.54	1.00

【加油站管理】 2021 年，山西销售创新“双低”站治理模式。坚持“阿米巴”经营理念，在 90 座“双低”站实行目标责任制，销售增量 5121 吨，毛利增加 502 万元，人均月工资增加 700 元。强化加油站量化考核，抽查 154 座站，对发现问题全部整改。开展管理提升月活动，通过视频巡查规范现场管理和员工行为，每日通过运营监控中心系统对异常数据进行监控、跟踪、核查，形成常态化监督检查机制，发挥两级运营中心监督作用。加大“95504”客服服务监督考核力度，对工单回单超时、投诉客户回访不满意、知识库信息不准确情况进行考核处罚，改进服务措施，提升客户服务工作。完成 102 座站点的全流程诊断，投入 1600 万元进行治理，提升加油站整体管理和服务水平。

【投资与工程建设】 2021 年，山西销售聚焦全面转型发展，生存空间持续拓展。加快 LNG 业务布局，完成 17 座加油站增设 LNG 立项；推动中油国新能源公司油气合建及加气站开发，完成加气站租赁立项 2 座，油气合建立项 1 座，加气站投运 1 座。坚持油品、非油异业跨界合作，与银行、文旅等行业深度融合，利用促销资源 1500 万元。完成忻州油库航空煤油设施改造，为后期销售奠定基础。稳固高速市场份额，续租太长高速 3 对服务区 6 座加油站，新租 1 座加气站；与交通实业合作取得实质性进展，有利于扩大高速公路销售网络。

【储运与油库】 2021 年，山西销售多措并举、科学摆布、提前备货，保障节假日、特殊时期油品不断供。现场到东北销售、西北销售调运资源，实现配置计划的全额兑现；与炼化企业沟通，争取发运兑付资源；与中国石化协调，推进互供计划的实物兑现。紧盯大额费用管控。公路、铁路、零售同比降耗 208 吨，增效 857 万元；物流配送同比降低 266 万元，铁路运杂费降低 172 万元；库存资金占用月均减少 1.35 亿元，降低财务费用 430 万元。

【企业管理】 2021 年，山西销售打造提质增效“升级版”。坚持零基预算，细化 8 项 34 条控本降费措施，实行“地市公司 + 专业线”双重管控，千方百计堵漏洞、挤水分、控成本，在处理遗留费用和人工成本、折旧摊销增长 5710 万元的情况下，费用控制在 7.72 亿元。强化业财融合，建立全方位、立体式对标体系，开展以量、价、利、费为主线的经营分析，纯枪价格到位率同比提高 1.71 个百分点，净利润完成率在股份公司销售分公司华北 5 家企业排名第一。持续推进改革三年行动方案，任务完成率 93.7%，在集团公司月度例会上做经验交流。管理提升取得阶段性进展，制订山西销售治理体系和治理能力现代化的实施方案，提升治理效能；确定集团公司管理提升任务 31 项、工作成果 40 个，任务完成进度 95%、成果完成率 90%。推进管理体系融合与制度建设，全面梳理制度架构，提升制度质量，优化精简制度 34 项。发挥监督作用，对两级机关及 29 座库站开展内控测试，优化控制措施。

【质量计量安全环保】 2021 年，山西销售优化 QHSE 体系运行。HSE 体系定级从 B1 档提升至 A2 档，首次进入优秀级；保持严抓严管态势，实现安全环保零事故、新冠肺炎疫情防控“双零”目标。开展全覆盖、全要素量化内审，发现问题 1119 项，整改落实率 100%。投入 3434 万元、治理 127 项隐患项目，开展 6 座油库安全风险深度评估并推进问题治理，提升库站本质安全水平。制定十二条升级管控措施及安保防恐规定，保障建党百年大庆等特殊敏感时期安全运行。完善应急预案，强化实战演练，成功应对大风大雪及暴雨灾害。疫苗接种率95.74%，实现应接尽接。开展质量提升百日专项行动，实现进销存预警系统上线运行，确保质量合格率100%。

【信息化建设】 2021年，山西销售信息化建设不断提速。紧盯考核指标，建立日监测、周通报、月兑现，部门协同、上下联动的跟踪督导机制；标本兼治，完善20余条业务指标，推动系统合规应用，信息化考核排名由以前的倒数跃居全国前列，二季度以来股份公司销售分公司劳动竞赛排名小组第一。建成省市两级运营中心，通过一站式服务流程，为机关与库站间搭建快速高效的沟通渠道；强化系统报警、监控等功能运用，实现业务风险常态化管控。上线全域会员平台、直批APP金融模块、加油电子卡、支付宝小程序、微信小程序等信息系统，提升精细营销水平。

【人事管理】 2021年，山西销售稳步推进三项制度改革。完成省公司机关"大部制"改革，机构压减比例15%；开展人力资源价值评价和定岗定编，富余人员实现显性化；压减冗员，完成396人减员任务。优化薪酬分配机制，收入向一线、向贡献大的岗位倾斜，在工资总额同比下降3.5%的情况下，库站人员收入持续增加。坚持党管干部党管人才。推进人才强企工程，全面推行领导人员任期制和契约化管理，制定新入职员工"三阶段"（入职培训阶段、轮岗见习阶段、素质提升阶段）培养体系和发展规划，打通新入职人才的成长通道；拉平机关和基层同职级待遇，打通机关与基层干部的交流通道；调整中层干部6批次69人次，聘任专家4人、提拔9人、进一步使用2人、交流27人，干部队伍进一步年轻化、知识化。落实"五统一"（统一考核、统一认证、统一教材、统一师资、统一平台）培训体系，深化"中油e学""昆仑学院"平台应用，完成8280人次培训。

【企业党建工作】 2021年，山西销售抓实政治理论武装。推进党史学习教育和"转观念、勇担当、高质量、创一流"主题教育活动，开展建党百年庆祝活动。落实"第一议题"、"三重一大"等制度，党内政治生活进一步规范。一体推进"三不"（不能腐、不敢腐、不想腐）机制建设，筑牢党员干部思想道德防线。组织对原阳泉公司党支部开展政治巡察，对朔州、晋中2家分公司党委进行"回头看"，实现对所属单位政治巡察全覆盖。开展内部审计6项，发现问题51项；完成工程结算审核130项，工程造价核减951万元。配合完成集团公司党组巡视、离任审计，对24项立行立改问题进行整改。建立领导班子定期下基层制度，调查研究和"我为员工群众办实事"实现常态化运行。基层党建持续加强，推进党建"三基"与"三基本"相融合，开展党支部达标晋级，探索"党建+经营"模式，推进"双百"考核，加强"铁人先锋"应用，保持在集团公司先进行列。企业形象不断提升，柳溪街加油站获评全国工人先锋号，李逢娇获评集团公司最美青工，侯马油库党支部获评集团公司百面红旗支部。在集团公司2021年油品储运调和工职业技能竞赛中获团体一等奖、个人银牌2个，在加油站经理职业技能竞赛中1人获个人铜牌。山西销售获忻州市脱贫攻坚先进集体，驻村扶贫人员王俊获集团公司脱贫攻坚先进个人，中国石油敢担当、负责任的企业形象得到展现。

（王丽萍）

中国石油天然气股份有限公司内蒙古销售分公司

【概况】 中国石油天然气股份有限公司内蒙古销售分公司（简称内蒙古销售）1951年成立，1998年上划集团公司，主要负责内蒙古地区成品油、天然气销售业务和非油销售业务，是内蒙古自治区主要的成品油供应服务商。2021年底，内蒙古销售下设9个职能部门，2个直属机构，1个附属机构，下辖12个盟市分公司、3个控股公司、2个参股公司，运营加油站1348座，便利店1321座，运营油库18座，库容100.9万立方米，资产总额101.8亿元。

2021年，销售成品油491.53万吨，纯枪销量352.6万吨；非油业务店销收入13.06亿元，非油业务毛利1.72亿元，分别同比增长29.1%和32.9%；净利润3.01亿元，上缴税费4.02亿元，取得提质增效成果2.68亿元，完成稳增长任务，取得量、效、额同比"三增长"重大突破，经营效益创9年来效益指标最好成绩，实现"十四五"良好开局。内蒙古销售获评集团公司2020年度质量安全环保节能先进企业，法治建设考评由B级上升为A级，连续5年获评自治区纳税信用等级A级企业。开展常态化新冠肺炎疫情防控，员工及家属零感染。经营运作平稳有序，安全环保质计量、党风廉政事故事件为零。

内蒙古销售主要经营指标

指　标	2021 年	2020 年
成品油销量（万吨）	491.53	473
汽油销量（万吨）	236.44	228
柴油销量（万吨）	255.08	244
润滑油销量（万吨）	2.87	2.62
加油站总数（座）	1348	1362
油库数量（座）	18	21
油库库容（万立方米）	100.9	105
纯枪销量（万吨）	352.6	337
非油业务收入（亿元）	13.06	10.12
非油业务利润（亿元）	1.72	1.29
吨油费用（元）	355	347
资产总额（亿元）	101.8	104.8
收入（亿元）	365	279
利润（亿元）	3.01	0.62
税费（亿元）	4.02	2.25

【油气销售业务】 2021 年，内蒙古销售落实集团公司市场营销会议和销售公司零售工作会议精神，按照“党建引领、稳中跃升、千字当头、强优治弱、改革创新、依法治企、有为有位”28 字方针，汽油坚持“挂牌稳价、促销灵活、坚守效益底线”，柴油坚持“盯紧客户、价格灵活、坚守份额红线”的基本思路，扩销增效。编撰形成 50 万字《内蒙古油气市场调研资料汇编》，为精准开发维系客户提供支撑。出台汽油纯枪提量指导意见，深化油非互促，线上客户数同比增长 8.5%，线上充值额增长 130%。推行“五进发卡”，新开发个人客户 33.5 万人，冬奥卡发售 6 万张。选取 33 座加油站点开展“市场份额保卫战”活动，带动柴油纯枪份额提升 6.6 个百分点，打破纯枪柴油销售长期以来被动迎战的局面。直批以价格上坚持贴近市场、客户、资源的“三贴近”原则，落实批零统筹，易批则批，易零则零，发挥直销 APP 作用，客户数 1940 户。促成内蒙古自治区六厅局强力推进打击“三黑”专项行动，排查违法行为 247 项，形成有力震慑。狠抓客存清理，客存同比下降 80%，超期客存实现清零。加强客户关系管理，为顾客提供高质量、差异化的服务。与中国银联、中国工商银行等 16 家金融机构和 1 家通讯企业开展跨界合作，引入促销资源，带动油品销售近 3 万吨。销售天然气 5.7 万吨，参与编制《销售公司加气站操作手册》。

【加油站管理】 2021 年，内蒙古销售投入加油站“五个提升”（形象提升、服务提升、管理提升、素质提升、效益提升）专项资金 700 万元，实施形象提升工程。通过三方合作模式建立洗车站点 136 个，打造“司机之家”示范站 4 座和“中油驿站”39 座，“司机之家”通过国家验收，打造 3 座冬奥主题形象站和 59 座冬奥主题企业文化宣传站，拓展服务功能。推广新业务，上线“中油好客 e 站”支付宝小程序和“蒙油游”微信小程序，丰富消费方式。完善卡风险防控，按日监控站级人为原因导致结算超时问题，日结算时间超 20 分钟笔数同比下降 63%。“阿米巴”纳入大数据平台运行，实现加油站日核算自动化。出台“双低”站治理推进方案，“双低”站净摘帽 133 座，吨油利润指标环比提升 20%，完成集团公司下达的任务目标。

【非油业务】 2021 年，内蒙古销售非油业务增收贡献全国第一，增利贡献全国第四。做强店面提质量，打造 18 座标准示范店和 55 座“全国名优特产专柜”，以点带面全面提升。延伸销售触角，拓展跨界合作，进企业、进商超、进校园，收入突破千万元。开展便利店诊断优化提升，吨油非油收入、品效、平效分别高于全国销售企业平均水平，油非转换率同比增长 1.9 个百分点。强化油非互促，开展各类“造节”活动，IC 卡线上充值拉动非油商品交易金额 1.1 亿元。精心培育“昆享”“昆壮”自有品牌，推进产业扶贫，助力乡村振兴，“昆享”系列自有商品实现销售收入 5437 万元，毛利 1570 万元，分别同比增长 35% 和 79%；“昆壮”实现销售收入 638 万元，毛利 76 万元。

【资源运行】 2021 年，内蒙古销售密切产销衔接，协调东北、西北公司和炼化企业，统筹优化资源流向和物流运行，有效保障上游后路畅通和区内资源稳定。通辽地区面临 70 年以来最强暴风雪袭击，内蒙古销售统筹协调各方，开展极端天气下的自救防护以及成品油保供工作，为当地经济社会发展和交通安全提供坚强保障。优化储运设施，关停 5 座高风险低效益油库，节约费用 533 万元。

【投资建设】 2021年，内蒙古销售编制完成“十四五”规划，制定各业务发展目标和发展方向，以规划为引领，完善网络布局。巩固提升传统项目，投资计划完成率98%，综合投资计划完成率94%，达到股份公司考核要求。新建成LNG加气站17座，249座加油站防渗不完整性改造全部完成。编发7类投资建设类合同标准文本，加强培训督导，送技术下基层，提升工程建设水平。科学谋划转型发展，制定科技与信息化工作规划方案，主动对接地方加氢站建设，探索轻资产光伏业务发展。

【安全环保】 2021年，内蒙古销售严格落实中央、集团公司和地方政府新冠肺炎疫情防控要求，落实疫情常态化管控，面对满洲里、阿拉善疫情，设立5个专项工作组，精心部署、周密安排，增强全员防控和应急处置能力，全年守住零疫情、零感染的底线。安全责任有效落实，高质量组织QHSE体系审核，逐级签订质量安全环保责任书，开展各类应急演练1425次。开展VOCs排查整治，做好冬奥会空气质量保障工作，106座加油站通过整改取得排污许可证。开展质量月“五个一”活动，培训4555人次，通过质量体系监督认证审核。

【合规管理】 2021年，内蒙古销售全面推进依法治企，优化依法决策制度建设，规范重大经营风险事件报告，推行重大涉法事项法律论证制度。组织推进制度全面梳理，做好现有制度的“废改留”，制定21个、修订20个、废止33个。开展股权、非油、隐患资金、竣工决算等专项审计，形成直接经济成果2199万元。推动解决股权企业违规再投资、库站证照缺失和大量账外资产等长期难以解决的历史遗留问题，清理法律诉讼历史积案51起。开展“四个杜绝”、加油卡微腐败、反违章治理等专项行动，基层合规意识明显提升。

【改革创新】 2021年，内蒙古销售超额完成国企改革三年行动任务。实施人才强企工程，三项制度改革制度体系基本形成，内蒙古公司本部完成“9+2”机构调整，两级机关大部制改革机构压减率11%。业务外包、考核分配、任期制管理等多项改革向深水区推进。本部机关实行奖金部门化，打破机关长期以来平均分配的格局。实施二次分配制度改革，大幅提高升油含量奖金标准，守正激励导向。制定科技创新推广实施方案，开展科技创新项目课题制管理，启动科技创新项目立项征集，征集信息技术与其他应用33项。

【提质增效】 2021年，内蒙古销售树立“过紧日子”“事前算赢”“一切成本皆可降”等理念，深化精益管理，取得提质增效成果2.68亿元。领导班子成员挂牌督战亏损企业治理，包头、巴彦淖尔两家分公司扭亏，乌兰察布分公司完成减亏进度目标。贯彻“阿米巴”经营理念，坚持全员日算账，“事前算赢”理念融入加油站经营管理日常。瞄准区内外标杆销售企业，按月开展对标提升活动。

【企业党建工作】 2021年，内蒙古销售建立完善“第一议题”制度，学习贯彻习近平总书记重要指示批示精神，增强履行责任使命的政治担当。开展党史学习教育活动，高标准完成规定动作，创新开展党史学习教育知识竞赛等自选动作，开展“我为员工群众办实事”实践活动，解决“急难愁盼”问题271项。推进基层党建“三基本”建设与“三基”工作有机融合，加强基层组织建设。加强思想政治工作，把握意识形态主动权，在全国两会和建党百年特别重点阶段，维稳信访工作受到集团公司嘉勉。接受集团公司巡视，扛起巡视整改主体责任，建立健全工作机制，成立工作专班，坚持“当下改”和“长久立”相结合，做好巡视“后半篇文章”，得到集团公司认可。聚焦监督执纪问责，强化正风肃纪反腐，推进构建大监督格局，推进建设“三不腐”机制，为高质量发展提供坚强保证。

（巴音巴特）

中国石油天然气股份有限公司陕西销售分公司

【概况】 中国石油天然气股份有限公司陕西销售分公司（简称陕西销售）前身为陕西省石油总公司，1953年成立，1998年6月上划集团公司，主要从事成品油批发和零售业务以及便利店、润滑油、天然气、汽车服务等非油销售业务。2021年底，下辖11个分公司，机关设9个职能部门、2个机关附属机构、1个机关直属单位。用工总量7684人，其中合同化员工4111人、市场化用工1938人、劳务外包用工1635人。党委下设12个基层党委，178个党（总）支部，党员总数2758人。

2021年，陕西销售成品油销量331.2万吨。运营加油站1035座，油库4座，总库容21.2万立方米，资产总额76.08亿元。

陕西销售主要经营指标

指　标	2021年	2020年
成品油销量（万吨）	331.2	297.87
汽油销量（万吨）	189.07	176.03
柴油销量（万吨）	142.13	121.84
天然气销量（万立方米）	5818.5	5252
润滑油销售（万吨）	0.95	1.44
加油站总数（座）	1035	1032
油库数量（座）	4	4
油库库容（万立方米）	21.2	21.21
纯枪销量（万吨）	239.69	255.92
非油业务收入（亿元）	8.1	7.83
非油业务毛利（亿元）	1.54	1.53
吨油费用（元）	532.83	611.26
资产总额（亿元）	76.08	76.46
收入（亿元）	245.19	190.14
税费（亿元）	3.94	0.66

【油品销售】 2021年，陕西销售坚持“总毛利最大化”原则，成立市场分析小组，建立市场价格快速反应、营销支出分析预警机制，纯枪价格到位率96.5%。统筹资源运作，抓住调价节点，实现库存创效1.42亿元。突出加油卡、线上业务营销，个人记名卡发卡同比增长50%，电子卡发卡23万张，线上充值增长81%。纯枪销售相对市场份额同比提升1个百分点，10余年来首次止跌回升。用好上级柴油打桶销售、市场保卫战政策，精准主动竞争，加大线上业务拓展，抢夺终端客户，直批销售91万吨，同比增长119%，创效6707万元。建立“6S”标准示范站，建成4座“司机之家”站，建设高新女子站、佛坪熊猫站等18座特色加油站。加快完善客户开发维护服务体系，推进“客服经理”市场化激励机制，实行“客户专员”“标签化”“一对一”服务，新开发单位客户9230家。与银行、通信、物流等10余家大型企业在积分互换、生态营销、客户体验等多领域开展客户共享合作，实现服务资源整合、促销资源分享，引入异业资源补贴1.6亿元。落实市场整顿“书记负责”制，协调省市两级政府出台政策文件15份，违法线索信息征集平台关注人数32万人、同比增长164%，协助政府部门查封问题油站14座、取缔黑油窝点71处、查获劣质油品555吨、控制涉案人员59名，市场环境得到有效净化，连续9年获评陕西省顾客满意度行业第一。

【非油业务】 2021年，陕西销售加强油非互动，优化商品管理和店面运营，930座便利店完成陈列图制作，161座百万元店开展诊断提升，50万元以上便利店比例提升7%，实现非油业务店销收入7.95亿元、非油业务毛利1.54亿元。建立商品迭代更新机制，临期商品“特惠专区”有效促进流转，引进新品425个，商品库存同比下降1.9%。规范自有商品开发流程，好客秦味酸梅汤、苏打水、德式啤酒形成系列，新版自有品牌西凤酒藏品、名品、佳品上市销售，渭南石子馍、榆林羊肉等地方特色产品先后开发，自有品牌及地方特色商品销售2898万元。试销黄马甲净菜等生鲜果蔬，引入袁记肉夹馍快餐食品，洗车、换油、快修等汽车服务业务加快发展，1.6万个广告位整体招租创收350万元。探索非油线上业务，合作成立陕西“数字乡村生态联盟”，组建2个直播带货团队，举办10场“乡村振兴”天猫直播比赛，在“好客加油”平台建立员工劳保商城，非油业务线上创收1813万元、同比增长1678万元。西安分公司组织“每周一播”，开展直播带货51场，线上销售765万元。

【提质扭亏】 2021年，陕西销售锚定“扭亏脱困”刚性目标，制订扭亏行动和提质增效升级版方案，从8个方面细化85条措施，配套30项激励政策，创效2.31亿元，其中开源创效1.04亿元、部门创效2769万元、控费增效0.99亿元。树牢“一切成本皆可降”理念，推动全方位极限降费控本，商流费17.65亿元、比预算压减3%、同比压降3%，“五项”费用同比下降6%，加油站水电费同比减少25%。297座负效站治理实现收益同比增加1.05亿元，抢抓票据池业务助推财务费用同比减少55%，争取到企业所得税税率下调10%政策。全面推广单站核算系统，全员算账意识空前提升，“阿米巴”经营模式在31座加油站探索实施。增值税发票实现一键开具，资金对账、股权企业财务共享系统陆续投用，为财务集中高效共享奠定基础。

【投资建设】 2021年，陕西销售抓住赞助第十四届全运会之机，加强与陕西省商务厅、国资委沟通协调，落实“十四五”网络规划，解决历史遗留问题32项。优化投资决策流程，建立一次评审、两级决策机制，争取到投资8.48亿元，多追加5.45亿元。加油站开发立项89个、投运41个（其中特许经营站9个）。中油绿动等9家合资公司完成工商注册，中油北斗西北总部落户西安，与安康、咸阳、铜川市政府开展战略合作，与延长石油达成合作意向，合资公司开发站点45座。特许经营许可资质经股份公司授权成功备案，特许经营实现收益475万元。以“油+气”挖掘资产价值，精准布局LNG市场，立项13座、投运3座。与多家新能源名企强强联合，以合作经营模式迅速抢占充换电市场，全年立项10座、投运4座，蔚来汽车与中国石油合营的首座换电站落户咸阳。

【管理提升】 2021年，陕西销售开展全员安全环保履职能力评价，制定安全生产责任清单，逐级签订QHSE责任书。落实安全生产三年行动计划，开展反违章专项整治，VOCs检测中心投运，昆仑检测具备经营条件，4个省级应急物资储备中心建成投用，排污许可证问题实现“清零”，通过中央生态环保督察、国家应急管理部油库督导检查。开展计量专项提升行动，油品损耗治理成效明显。启动管理体系融合，梳理确定制度制修订计划257项，建立“六部+专家”联合评审制度机制，完善“1+N”股权管理制度体系，印发规章制度99项。完成机关部门、6家分公司、2家控股企业内控测试，废止销毁印章4400余枚，发布合同标准示范文本94项，法律论证审核机制进一步加强。开展经济责任和专项审计55个，完成工程审计项目719个，审减资金1059万元。组织156人连续奋战27天，完成近10年2042个投资项目清查，积极向集团公司汇报，协调解决2.05亿元投资缺口历史遗留问题，工程转资率从年初58%升至80%。派出6个检查组开展全覆盖式基础管理大检查，发现问题2542项，完成整改2324项，抓基层打基础举措掷地有声。

【深化改革】 2021年，陕西销售加强改革顶层设计，制定深化改革三年行动方案，明确8个方面120项具体任务，完成80%改革任务。推进机关大部制改革，加快去行政化步伐，加大控员减员力度，两级机构精简43%，全口径用工总量减少1307人、压减15%，二线、三线人数净减219人，全员劳动生产率同比提升49%。出台人才强企实施方案，“近期使用轮岗锻炼、蹲苗培养”三个名单和“担当型、拟破格使用”两个名册动态更新，135人入选陕西销售专家库，两级中层队伍结构持续优化。全员签订绩效协议，抓实360度考核评价，员工薪酬与考核结果深度挂钩，机关同部门一般管理人员收入差达30%。财务核算、会计档案全面集中共享，工程建设推行集中管理，单一用工站188座，公务出行实行“值班车辆+公共交通+个人车辆”保障模式，公车由205辆减至67辆，71名驾驶员全部平稳转岗至基层。7家全民所有制企业按期注销，85项历史遗留问题得以解决。编制数字化发展规划，推动大数据应用，“好客加油”平台、表外资金核算管理等信息系统上线试运行，千余座站点开通“云闪付”，站级系统全面完成升级，常态化培训机制初步建立，为“数字陕销、智慧零售、跨界共享、生态营销”奠定信息化基础。

【队伍建设】 2021年，陕西销售推进领导人员任期制和契约化改革，“80后”二级正副职占中层干部的四分之一，首次对外公开招聘3名年轻骨干，建立6大领域专家库吸纳各类专家135名。抓好典型挖掘培养，培育出全国、陕西省五一劳动奖章获得者和集团公司“百面红旗”等一批先进个人集体。完善全员创新工作机制，开发“五新五小”创新管理信息模块，咸阳分公司王飞创新工作室获评省能化系统劳模和工匠人才创新工作室，吸附式加油枪集气罩项目获全国能化系统职工技术创新成果三等奖。

【企业党建工作】 2021年，陕西销售制定《落实“第一议题”制度管理实施细则》，开展党史学习教育，采取一个工作方案、一图读懂党史学习教育、10张工作任务推进表为抓手，形成课题研究成果11项、理论文章100余篇，“我为员工群众办实事”测评满意度90.36%、形成实践案例成果42项。出台《关于加强基层党组织建设推进治理体系和治理能力现代化的实施意见》《关于加强股权企业党组织建设的指导意见》。开展“基层党建创新拓展提质年”专项活动，连续7年实现基层党支部书记、委员党建培训全覆盖；4个基层党建案例获全国石油石化企业基层党建创新优秀案例奖项，自主开发的党工团表外资金管理信息系统获陕西省能化工会创新创优奖；党建考核连续3年获集团公司A级评价。连续5年开展“作风建设年”活动，制定《作风建设实施意见》，建立机关服务基层长效机制。强化巡察监督，出台《员工追责问责管理规定》《“微腐败”治理管理办法》，在销售板块首次探索开展股权管理巡察监督，完成集团公司党组巡视工作。

【扶贫攻坚】 2021年，陕西销售持续做好“两联一包”的县区、村镇相关工作，派驻16名工作人员配合做好乡村振兴工作，支出捐赠资金38.24万元。履行股东责任，对扶贫公司4个产业项目参与讨论、实时跟进，扶贫公司收入1480.35万元，可供分配利润1058.15万元。持续做好延川县产业扶贫工作，继续实施免费发种、田间管理、保底收购、便利店销售的产业帮扶合作机制。在原有2200亩播种土地的基础上扩大到10000亩，种植户数增加到680户，播种面积涉及眼头塬、芦则洼、幕家腰3个行政村。新增覆膜种植，其中1000亩土地作为富硒农产品培育项目，将2000亩土地作为有机农产品的土壤培育项目，邀请西北农林科技大学农学院教授进行指导，通过西北农林科技大学认证中心取得有机农产品认证。帮助购置微耕机、覆膜机、拖拉机，弥补农村劳动力不足实际，帮助完成种植任务。加大对消费帮扶产品的采购和帮销力度，向集团公司推荐申报60种陕西地区消费帮扶产品，扩大陕西地区扶贫产品销售面。按照集团公司消费帮扶工作要求，分解消费帮扶任务1100万元（采购任务100万元，帮销任务1000万元）。细化帮扶任务，采取月度通报的形式对消费帮扶工作进行督办。销售全国消费帮扶产品1435.46万元，销售陕西省消费帮扶产品721.39万元，销售延安消费帮扶产品371.4万元，超额完成集团公司消费帮扶任务。商洛分公司张定军、延安分公司分别获集团公司脱贫攻坚先进个人和先进集体称号。

【抗击疫情】 2021年12月，西安突发严重本土新冠肺炎疫情，截至2021年12月31日，陕西销售隔离人员394人，未接到疑似病例、新冠肺炎疫情确诊病例报告。西安市自12月23日零时起全市实行封闭式管理，陕西销售因涉疫关停加油（气）站21座，1009座加油（气）站坚持营业。12月，陕西省纯枪销售16.66万吨，同比下降13%，环比下降18.2%。其中西安地区纯枪销售4.05万吨，同比下降27.4%，环比下降29.2%。面对严峻疫情和经营形势，陕西销售坚持一手抓疫情防控阻击，一手抓油非保供和经营管理。疫情防控方面，加强人员流动管控，升级防疫举措，加大视频扫站，加密核酸检测、力推疫苗接种，员工接种新冠病毒疫苗第一针、第二针7762人，接种率96.7%；第三针接种4316人，接种率52.33%。油非保供和经营管理方面，积极协调政府出具民生保障企业证明，办理物资配送车辆通行证件104个，在西安58座站开通防疫车辆绿色通道；面对西安地区纯枪销量断崖式下滑83.2%的困境，拓展小区非油业务送货服务，实现米面油销售21.1万元、黄马甲净菜销售3.2万元；向西安市应急管理局、商务局、市场监督管理局、长安区等政府部门支援4.3万个N95口罩等防疫物资。向长庆油田、长庆石化等驻陕西单位支援面包、奶类等物资4124箱。响应陕西省委、政府号召，组织47名党员干部成立“宝石花”防疫志愿服务队下沉社区参与防疫工作。

（董　慧）

中国石油天然气股份有限公司甘肃销售分公司

【概况】 中国石油天然气股份有限公司甘肃销售分公司（简称甘肃销售）前身为1953年成立的甘肃省石油总公司，1998年划入中国石油天然气集团公司，1999年8月集团公司实施内部重组改制时划入股份公司，2018年企业类别明确为一类一级。经营范围涵盖成品油及天然气批发零售、非油业务经营、汽车服务、汽车充电、加油（气）站及相关设备设施建设改造等。2021年底，设9个职能处室、3个附属机构，所属地市分公司14家、直属公司4家；控股公司5家；参股公司5家；员工总数5777人，离退休人员4743人。运营油库13座，总库容45.25万立方米；运营加油（气）站883座；加油站便利店760座，汽车服务店86座；加油站网络份额65%、市场份额92.45%。

2021年，成品油销量449.3万吨，天然气销量29.1万吨，油品纯枪销量361.1万吨，自营直批销量67.7万吨，非油业务店销收入10.52亿元、毛利1.46亿元，分别同比增长10.5%和4%；经济增加值6.04亿元，净利润8.4亿元、排名销售系统前三。

【油气销售】 2021年，甘肃销售强化市场导向，完善营销体系。牵头开展西北五省（自治区）市场保卫战，实现增量12.75万吨；实施友商站点常态化监控对标，竞争站点促销增量14.3万吨，自营纯枪销量增幅高于友商5.3个百分点；精益组织“百日攻坚、增量创效”营销竞赛活动，实现增量8.44万吨。开展“主题+专题+专项”营销活动，组织主题活动9

甘肃销售主要经营指标

指　标	2021 年	2020 年
资产规模（亿元）	74.81	69.93
资产负债率 %	39.22	37.83
收入（亿元）	335.16	278.66
商品流通费（亿元）	16.69	16.70
利润（亿元）	8.53	9.15
净利润（亿元）	8.4	9.00
吨油创效（元 / 吨）	178.24	190.40
EVA（亿元）	6.04	5.48
油气销量（万吨）	478.62	480.53
油气零售量（万吨）	389.13	392.6
油品纯枪销量（万吨）	361.07	371.9
天然气销量（万吨）	29.11	20.69
市场份额（%）	92.45	92.45
零售率（%）	86.4	85.30
价格到位率（%）	98.19	98.48
非油业务店销收入（亿元）	10.52	9.49
非油业务毛利（亿元）	1.46	1.44
汽车服务收入（万元）	846.5	404.8
品效［元 /（个・日）］	418.5	474.8
平效［元 /（米 ^{2}・日）］	67.8	62.9
油非转换率（%）	19.2	15.4
库存价值（亿元）	1.71	1.55
库存周转天数（日）	65	70
运营加油（气）站（座）	883	818
单站日销量（吨）	12.53	13.54
单站创效（万元）	98.19	98.48
人均销量（吨）	810.12	773.37
人均零售量（吨）	658.65	631.8
人均创利（万元）	15.49	14.72
单站用工（人）	4.48	5.3

期 43 项，25 座直降站点转为油非联动，3 项叠加优惠控减归零；送油下乡 3894 吨，乡村站纯枪销量同比增长 12%，零售综合能力排名销售板块第二；灵活应用销售板块营销政策，获销售补贴 6.86 亿元。制订专项营销方案 32 期，51 个市场网格总量同比增长，带动零售增量 7.2 万吨。实施 LNG 进销存价每日动态监测，建立西部 7 省（自治区）对标分析机制，平均毛利保持在 273 元 / 吨以上，实现毛利 6120 万元；制订实施低、中、高库存运行方案，减少跌价损失 137 万元；协调液厂调控损耗标准，降低运输损耗 425 吨。优化稽查点 50 座，稽查油罐车 10.5 万辆，拆除油罐 171 个，关闭无证网点 112 个，配合公安机关刑事立案 25 起、行政处罚 19 起，查获非配油品 0.7 万吨。

【客户管理】 2021 年，甘肃销售秉承客户至上，销售根基更加稳固。配置规上企业 1746 家、重大项目 1031 个，销售油品 36.3 万吨；构建动态项目管理与客户进货预警机制，新开发客户 517 家。开展主题营销 12 期，精准触达客户 132 万次；建立专属企业微信公众号，开展社群营销，推送营销信息 340 条；发售 IC 卡 80 万张，冬奥卡 3.8 万张，卡销比 53.3%，实名活跃卡客户 130 万，沉淀资金 13.6 亿元。线上客户 265 万，同比增长 10%，移动支付、线上充值占比稳居销售企业前列；直批 APP 新增认证客户 1269 家，线上订单 3.3 万笔，线上销售占比 94.2%，同比提高 71 个百分点。客户经理人逐一对接客户 1842 家，存量客户成交率 94.5%，排名销售板块第一；压实四级维护责任，增量客户 428 家，进货 4.52 万吨；与交通银行、甘肃省军区等 6 家单位签订框架协议，扩销 5000 余吨；引入跨界营销资源 1597 万元，个人卡充值同比增长 19%。

【服务提升】 2021 年，甘肃销售优化一线服务，核心优势提升。开展“优质服务 1+1”和客户投诉大讨论等主题活动，服务承诺全面兑现；推进《加油站管理规范操作手册》《销售公司管理手册——加油（气）站业务分册》和《中国石油加气站操作手册》学习宣贯，举办专题培训 6 期，组织答题活动 23 次，制作微视频 43 个，“服务是最好的营销”理念深入人心。资源一次进站率同比增长 0.97%，万吨周转用人同比下降 0.58%，油品配送单车运行效率同比增加 0.7 次，流动加油车单车周转次数同比增加 0.1 次。新投运加气站 14 座，建成投运“司机之家”2 座；加油站平均运营天数同比提升 0.1 天，拥堵指数同比降低 0.13，停电影响首次“清零”；全流程诊断率 100%，排名销售板块第一。建立客户投诉处理“投诉没有定性不放过、员工没有受到教育不放过、客户没有达成谅解不放过”的长效机制，销售板块有效投诉6起、同比减少8起，千万次服务投诉低于全国平均值15次，排名区内销售企业第一；神秘顾客访问得分88.8分、同比提高1.5分，双满分站点占比同比增长1.4%。

【非油业务】 2021年，甘肃销售开展非油精益零售，非油业务量效双增。百万元店同比增加52座，实现销售6.04亿元、增长6.2%；50万元店增加27座，实现销售1.41亿元，增长10.2%；单店日均销售3638元，增长5.2%。引入新品2014个，清理滞销商品1345个，商品优化率36%；开发自有商品56个，实现销售收入1267万元；百万元规模单品增加29个，百万元以上单品实现销售8亿元，增长25.2%。新开发50万元以上大客户23家，实现销售收入2681万元；建成店中店项目26个、汽车服务门店41座，实现销售收入1170万元；线上销售收入1248万元，获首届“助力乡村振兴，共享美好生活”直播竞赛三等奖和最佳人气奖。库存周转天数降至65天，同比减少5天；油非转换率19.2%，增长5.3个百分点，销售板块排名同比提升8位；平效67.8元，增长9.1%。

【投资建设】 2021年，甘肃销售坚持“开发控本兼容并蓄”思路，网络建设稳步推进。加强地企协调力度，甘肃省“十四五”加油（气）站规划项目总数较“十三五”减少366座，下降55.8%。制定《甘肃销售小型加油站建设方案》，为天然气、新能源及农村市场发展提供指导依据。从“严格执行招标采购制度、调减建设规模、复核双岗造价、优化工程量”等多方面入手，节约、控减资金7266万元，平均单站投资下降至1295万元，较提质增效目标低14.8%。发现整改质量问题36项，整改现场安全问题1200余项，处罚承包商14.5万元、监理单位4.5万元，1人被列入承包商“黑名单”。

【安全环保数质量】 2021年，甘肃销售强化责任督导监督，安全环保工作平稳受控。梳理违规行为清单，治理安全隐患380项，358座加油站完成“低老坏”问题整改；体系审核发现整改各类问题3374项；开展油库安全风险评估，整改问题124项，整改率100%。整改10座水源地加油站环保隐患，安装油气回收在线监测系统117套；所属华兴公司通过CMA认证，取得VOCs检测资质并建立检测中心。接受内外部抽检3443次，合格率100%；油品综合损溢率同比提升6.45个千分点，地罐交接误差率同比下降0.1个千分点，车载液位仪车辆在途损耗-0.03‰。2021年，甘肃销售构建快速反应联防联控工作机制，配发口罩86万只，两针新冠肺炎疫苗接种率95%以上，中高风险区核酸检测10轮以上，工作场所实现零疫情、零感染。

【治理体系建设】 2021年，甘肃销售创新基础管理，治理体系和治理能力现代化建设稳步推进。改革三年行动及对标提升行动任务完成率分别90.2%和94.7%，甘肃销售被评为集团公司“对标管理提升标杆企业”；细化三项制度改革，人力资源配置效率提升，薪酬分配体系更趋完善，日均10吨纯枪量用人、人均纯枪量、全员人均利润等核心指标排名销售板块前列；废止现行规章制度33项、重新制修订47项；事后合同实现“归零”，招标和合同签订实现联动管理，证照系统考核得分同比上升1.3分。

【管理创新】 2021年，甘肃销售落实科技立企、科技强企战略，立项创新项目115个，获国家授权专利4项，软件著作权1项，“能源商超E点通”获国务院国资委表彰，成为唯一获集团公司“十三五”期间“科技创新先进单位”称号的销售企业。

【提质增效】 2021年，甘肃销售落实“提质增效升级版”各项举措，综合管理水平提升。搭建销售价格分析、人工智能机器人（RPA）和个人所得税综合比对等辅助信息平台；商流费较年度预算节约8123万元、同比降低85万元；纯枪吨油营销成本较板块预算低15元，保持销售分公司最低水平；综合价格到位率98.2%，销售分公司排名第二；负效站治理率78%，实现创效1373万元。

【队伍建设】 2021年，甘肃销售实施人才强企计划，队伍建设得到加强。选拔使用二级正副职干部10人，调整交流24人，干部队伍年龄、知识及专业结构优化；修订下发分级分类管理办法和企业发展能力考核办法，铺开任期制和契约化管理改革，领导干部干事创业积极性有效激发；制定《人才强企十大工程专项行动方案》《市场营销专家队伍管理暂行办法》等制度9项，人才强企顶层设计更趋完善；狠抓管理能力及职业技能提升，经营管理高级、中级职称人员分别同比增加10人和39人，一线员工持证率70.4%，关键岗位持证率89.6%，高级技师增长人数创历史最好水平。

【企业党建工作】 2021年，甘肃销售建立完善“第一议题”制度和中心组学习制度，实现理论和实践、思想和行动、党建和业务互融互进。开展党史学习教育，组织集中学习研讨14次，讲授专题党课13次，到基层开展专题调研7次，解决基层问题105条。建立健全党史学习教育档案库、成果库，“我为员工群众办实事”实践活动解决、反馈问题252项。启动基层党建“三基本”建设和“三基”融合工作，组织健全率和党员受教育率实现“两个100%”；5个基层党支部与外单位先进党支部完成结对。

2021年，甘肃销售围绕党中央及集团公司党组重要决策部署，下发纪检审计巡察监督建议书28份；建立廉洁风险数据库，识别廉洁风险154个，完善防控措施398项；对8家二级党委开展日常监督两次，推动完善制度2项；分享警示教育案例4次，督促所属公司纪委开展警示教育80余场次；修订完善《甘肃销售党委巡察管理办法》，完成8家所属单位党委巡察工作；整治“四风”，发送节日提醒信息1600余条，细化为基层减负措施46条，督促相关部门完善制度3项。

（张岩峰）

中国石油天然气股份有限公司青海销售分公司

【概况】 中国石油天然气股份有限公司青海销售分公司（简称青海销售）成立于1954年，1998年上划集团公司，承担青海省汽油、柴油、润滑油等成品油稳定供应的责任。2021年底，机关设置9个职能处室，下设12个二级单位、15家合资公司，在册员工2149人；资产总额29.93亿元，运营加油站315座，直属油库4座、总库容21万立方米。青海销售连续多年名列“青海省百强企业”前10强，连续多年成为青海省上缴税收大户，获全国“五一劳动奖状”“抗震救灾英雄集体”“中央企业先进基层党组织”等称号。

2021年，青海销售坚定“巩固、创新、提质、共享”八字方针，深化重塑“网建、营销、党建”三个新格局，重点推进“改革提质”，着力提升市场营销能力、经营创效能力、市场控制能力、风险管控能力、党建引领能力。销售汽油、柴油182.7万吨，同比增长1.1%；零售126.98万吨，同比增长0.57%；销售天然气0.49万吨，同比增长122.73%；非油业务收入2.82亿元，同比下降19%；非油业务毛利5528万元，同比增长18.09%；营业收入130.63亿元，利润总额1.11亿元，上缴税费1.33亿元。获青海省商业50强企业，位列第八位。

青海销售主要经营指标

指　标	2021年	2020年
成品油销量（万吨）	182.70	180.66
汽油销量（万吨）	80.40	75.31
柴油销量（万吨）	102.30	105.35
润滑油销量（万吨）	0.11	0.14
天然气销量（万吨）	0.49	0.22
加油站总数（座）	315	313
油库数量（座）	4	4
油库库容（万立方米）	21	21
纯枪销量（万吨）	126.98	126.26
非油业务收入（亿元）	2.82	3.47
非油业务利润（亿元）	0.37	0.24
吨油费用（元）	389	397
资产总额（亿元）	29.93	31.08
收入（亿元）	130.63	106.84
利润（亿元）	1.11	1.02
税费（亿元）	1.33	1.11

【油气销售】 2021年，青海销售优化促销管理，强化异业合作，实施客户三级联动开发，打响市场保卫战，深化“油卡非润”一体化营销，完成汽油、柴油销售量182.7万吨，同比增长1.1%。其中：汽油销售80.4万吨，同比增长7%；柴油销售102.3万吨，同比下降3%。开展“市场大调查、客户大普查”，实施“一客一策”“一品一策”开发，新增直批客户321家。优化直销APP程序，线上认证客户1417家，线上销售油品13.4万吨，同比增长2.9%。加大零售客户维护力度，实行省公司、分公司、片区“三级联动”开发，组织五一劳动节、中秋节、国庆节等节假日主题促销，纯枪销售126.98万吨，同比增长0.57%。开展“人民卫士卡”“辛勤园丁卡”“昆仑加油卡”促销，发卡21.8万张，沉淀资金4.67亿元，记名活卡量23.3万张，卡销比49%。持续与电

信、移动、银联等行业跨界合作，引入外部营销资源5845万元，同比增加2719万元，增长87%。

【非油业务】 2021年，青海销售以顾客需求定核心商品、以核心商品定布局陈列，提升非油销售质量，非油业务收入2.82亿元，同比下降19%；非油毛利5528万元，同比增长18.09%。提升店销能力，丰富品类结构，沉淀核心商品，家庭食品、香烟、包装饮料、日用百货等22大类商品销售收入超1.55亿元，新增非油1000万元店、500万元店、200万元店各1座。加强自有商品推销，通过中油好客e站公众号、天猫旗舰店、微信，形成“三位一体”线上销售渠道，“青稞面馆”“我是调酒师”等自有商品销售收入2255万元、毛利695万元。灵活促销模式，新开发“499”“599”“迎宾”等7款青稞酒组合促销礼包，实现销售收入813万元。开展“百城万站 扶贫助农”活动，通过直播带货、展销会、分销竞赛、“油买菜”等方式，销售当地农产品实现收入107万元。快速推进洗车项目建设，18个免费洗车项目全部建成投运。

【加油站管理】 2021年，青海销售加强加油站标准化管理，重点从服务质量标准化、操作规程标准化、现场管理标准化3个方面提升管理水平。创新“双低”站治理模式，将52座站移交给合资公司、新兴能源公司经营，亏损加油站同比减少14座，业务外包费用同比下降9%。推行“阿米巴”经营模式，划小核算单元，建立加油站“量本利”分析模型，优化油站定员定编，人均纯枪销量411吨，同比增加45吨，增长12.3%。吨油纯枪营销成本570元，同比下降1%。开展加油卡业务规范自查工作，储值发卡网点从143座优化为92座。编制下发《青海销售公司加油卡反舞弊实施方案》，规范电子卡、电子券发放规则，开展“微腐败”治理，查处问题54起，收缴违纪违规款项23.56万元，经济处罚11.83万元。打造强大现场，实施神秘顾客检查机制，重点就前庭、便利店“开口营销”，常态化“微笑服务”，亲情化“标准问候”等进行暗访，检测加油站180站次，服务区30站次，发现、整改问题640项。

【油库管理】 2021年，青海销售刚性执行配置计划，接收直炼资源189万吨（其中汽油82万吨、柴油107万吨），计划完成率108%。4座油库周转油品166.6万吨、同比增加8.45万吨，周转次数11.05次、同比增加0.56次，人均周转量1.23万吨、同比增加0.31万吨。结合油价“15涨6跌4搁浅”，统筹优化油库运作，资源运作创效7272万元。实行多仓多品装运油品，运输费252.68万元，同比下降56.63%；吨油运输费1.38元，同比下降50.14%。完成曹家堡油库消防隐患改造工程和格尔木油库库外管线改造立项工作。修订完善《油库操作规程》，健全监管体系，堵塞管理漏洞。提升消防管理水平，开展消防演练8次。

【投资建设】 2021年，青海销售通过合资合作、收购租赁、自主开发，开发加油加气站20座，投运26座。其中，自主开发5座，合资合作20座，租赁1座。推进LNG站点规划建设，取得政府规划批复32座，完成立项25座，建成投运16座。解决历史遗留项目，与青海省交控集团成立合资公司，4对8座高速公路加油站共同开发建设。加强工程项目管理，优化工程设计，提前办理手续，加强现场监督，落实进度计划，实施工程项目42个，完成41个。加强投资计划管理，落实投资计划21217.92万元，实际完成投资19295万元，投资计划完成率90.71%。开展工程项目结算审计，完成工程项目审计38项，审减额1153.76万元，审减率9.8%。

【提质增效】 2021年，青海销售持续开展提质增效专项行动，制定《青海销售提质增效实施方案》，细化40项措施，分解任务目标，实现利润1.11亿，费用控制在7.2亿元以内。加大油品销售力度，纯枪销量收入93.1亿元，增加17.34亿元，同比增长23%；直批销售收入34.59亿元，增加6.98亿元，同比增长25%。压减大额费用支出，租赁费减少1262万元，同比下降26.13%；机关“五项”费用减少82万元，同比下降12.8%；业务外包费减少914万元，同比下降9%。减少价格直降，提升毛利空间，汽油、柴油销售毛利总额9.02亿元，同比增加5004万元，增长5.87%；吨油毛利494元，同比增加22元，增长4.66%。推进资产轻量化管理，资产总额29.93亿元，同比减少1.15亿元；资产负债率32.6%，同比下降4.57%；总资产收益率3.7%，投资回报率10.93%，EVA经济增加值538万元。

【安全环保】 2021年，青海销售推进安全生产专项整治三年行动，开展危险化学品、油品计量管理专项整治，下大决心补短板、堵漏洞、强弱项，梳理一般类隐患124项，整改完成率100%。做好新冠肺炎疫情常态化防控，实施疫情日报制度，动态掌握疫情信息，有序推进员工疫苗接种，员工及家属零确诊、零感染。强化“红线意识”“底线思维”，落实安全环保责任，签订安全环保责任书2218份。推进库站重点目标达标建设，完成排污许可简化管理站163座、油库4座，登记类管理131座。加强油品数质量管理，完成1484批次油品质量检测工作，合格率100%；精细油品计量管理，送检计量器具2093批次，检定油库流量计81块。开展QHSE审核2次，发现问题993项，整改993项，整改完成率100%。重点敏感时段实行升级管理，庆祝建党100周年期间生产经营安全平稳运行。

【企业改革】 2021年，青海销售稳步推进企业改革三年行动，按照《青海销售公司改革三年行动实施方案》，重点推进的40项改革任务完成37项。开展"大部制"改革，机关职能部门由12个精简为9个，地市公司职能部门由6个调减为4个，两级机关和片区压减管理人员280人；优化基层一线岗位设置，库站外人员占比由48%下降到27%，"万吨纯枪机关人员"由5.7人下降到3.2人。有序实施人员分流安置，133人内部退养，52人分流到股权企业，120人充实到基层库站一线。新兴能源公司完成改制，青海天迈投资公司参与重组增资扩股，新兴能源公司由大集体改制为股份有限公司。

【企业党建工作】 2021年，青海销售公司党委强化党的建设，落实"第一议题"制度，两级党委理论学习中心组学习研讨252次，开展读书班205期，邀请专家辅导81次。推进党史学习教育，与"转观念、勇担当、高质量、创一流"主题教育融合推进，讲授专题党课182次，参观红色教育基地86次，解决员工"急难愁盼"问题168项。召开青海销售第三次党代会，选举产生党委书记、纪委书记和"两委"班子成员，对今后5年党建工作进行安排部署。加强干部队伍建设，选拔任用中层领导人员13人，进一步使用6人，交流调整38人次。推进党建政治素质提升、党建力量凝聚、党组织标准化、党建责任考核和党风廉政建设"五大工程"，找准党建工作与生产经营有效结合点，将基层党建"三基本"与企业"三基"工作有机融合，以生产经营成果检验党建工作成效，推动基层党组织建设全面进步全面过硬。开展党支部达标晋级，按照青海省国资委要求，开展"促百分百达标，迎党百年华诞"活动，被抽查的11个党支部平均得分95.14分，位居驻青海央企前列。做好新闻宣传工作，拍摄的反映扶贫攻坚主题的《春花下乡记》在央视农业农村频道播出。

（高国鹏）

中国石油天然气股份有限公司宁夏销售分公司

【概况】 中国石油天然气股份有限公司宁夏销售分公司（简称宁夏销售）1953年成立，前身是宁夏回族自治区石油总公司，1998年上划集团公司，主要承担集团公司在宁夏地区的成品油销售、天然气销售、非油业务拓展、市场开发等业务。2021年底，设9个机关职能部门，2个直属单位，下辖6个地市销售分公司。员工总数2525人；油库4座，总库容13.8万立方米；运营加油站340座；资产总额32.64亿元。

2021年，宁夏销售统筹推进新冠肺炎疫情防控、强化市场竞争、破解发展难题，聚焦高质量可持续发展主题，落实提质增效"升级版"工作要求，把党史学习教育和持续深化改革贯穿始终，明确"稳油、增气、强非、发展新能源"工作思路。实现油品销量156.03万吨、同比下降5.8；天然气销量19.83万吨、增长390%；非油业务店销收入6.07亿元、增长9.5%；实现利润0.45亿元、增长33%；相对市场份额78.3%、增长2.1%。

【油气销售业务】 2021年，宁夏销售研判国内形势、行业趋势和市场走势，以"事前算赢"季度促销方案和专题促销方案为抓手，打好柴油市场份额保卫战、市场治理遭遇战和天然气发展进攻战。汽油销量同比增长2.5%，纯枪价格到位率98.6%、增长0.75%。柴油销售实行增量价格补贴和绩效奖励政策，10座活动站点增量13万吨，有效遏制份额和销量加速下滑态势。抓实客户经理人队伍建设，专职客户经理41名，新增直批客户268个，直批销量40.76万吨。深挖加油卡营销功能，卡销比51%以上。加大异业资源引入力度，第三方商务合作与开发业务发生消费130万笔、同比增长75%，转嫁促销成本1907万元、增长38%。天然气销售增量提效，LNG业务全链条组织、实施资源统采统配，降低CNG资源购进成本，实现毛利5581万元、同比增长189%。

【非油业务】 2021年，宁夏销售围绕提质增效核心任务，坚持市场经营导向，提升非油业务市场应变能力和竞争能力。店销收入突破6亿元，百万元便利

宁夏销售主要经营指标

指　标	2021 年	2020 年
成品油销量（万吨）	156.03	165.67
汽油销量（万吨）	63.26	61.69
柴油销量（万吨）	92.77	103.98
天然气销量（万吨）	19.83	4.04
润滑油销量（万吨）	1.25	0.12
加油站总数（座）	340	352
油库数量（座）	4	5
油库库容（万立方米）	13.8	19
纯枪销量（万吨）	115.27	124.7
非油业务收入（亿元）	6.08	5.79
非油业务利润（亿元）	0.61	0.56
吨油费用（元）	461	437
资产总额（亿元）	32.64	34.05
收入（亿元）	123.24	101.4
利润（亿元）	0.45	0.34
税费（亿元）	1.52	1.09

店实现 143 座，同比增加 18 座。商品品效、客单价、油非转换率、单店日均收入等效益指标位居销售分公司前列，获股份公司销售分公司劳动竞赛非油业务类先进单位 3 次，获昆仑好客公司奖励 257 万元。打造四季主题促销活动，线上直播和线下促销一体推进，促销收入同比增长 118.9%，线上收入突破 500 万元。开展诊断优化店面 213 座，专项督导 3000 余次，督促解决门店经营问题 80 余项。深入市场调研，排查润滑油客户 420 余家，达成合作意向和发展优质客户 53 家，实现昆仑润滑油在国能宁煤烯烃厂替换进口润滑油，增收 540 余万元。抓住春耕、秋收两个销售旺季，深入乡村田间开展化肥推广，销售宁化牌水溶肥 58.52 吨、复合肥 5653 吨。围绕乡村振兴，实现自有商品销售 216 万元、扶贫商品 1800 余万元，带动商品收入同比增加 5315.4 万元。

【企地共建】 2021 年，宁夏销售坚持“忍治劝联、查打结合”的策略，协调推动宁夏回族自治区及各市县政府出台专项治理方案 7 个，对 242 座社会加油站开展专项检查，协助追缴税款 2715 万元。配合执法部门捣毁黑窝点 25 处，查封油罐 24 具，查扣非法流动加油车 57 辆，查获油品 325 吨；配合银川市公安局开展“银油利剑 2021”专项行动，破获宁夏首例生产销售非标准油产品案，抓获犯罪嫌疑人 7 人，查封油罐 7 具，扣押油罐车 4 辆，查获调和勾兑原料油、已调和非标准油 150 余吨，查明已对外销售不合格柴油 5090 吨，涉案金额 5000 余万元。

【深化改革】 2021 年，宁夏销售推动国企改革三年行动计划，完成 2021 年改革任务的 198%，完成总体任务的 97%。推进人才强企工程，制订“六大人才专项工程”专项方案，配套形成 25 条推进措施。实施领导人员任期制和契约化管理、地市公司发展能力评价及分类管理、干部考核评价管理，在领导人员“收入能增能减”的基础上，实现“职务能上能下”。营销决策机制变革，下放地市公司经营决策权力，下移销售公司激励政策，提升地市公司“前线作战”能力。推进大部制改革，压减机关部门 1 个、附属单位 2 个、三级机构 10 个。严控用工总量，人均油气当量提高 16.72%。推动机关岗位管理改革，505 名两级机关人员套改聘任为管理层级，43 名管理人员实现层级晋升。组织两级机关管理岗位取得中级、副高级专业技术职务任职资格的 24 名工作人员予以聘任专业技术职务，完成 27 人中级职称和 7 人高级职称的推荐参评工作。对标先进单位，选派 16 名干部到兄弟企业挂职锻炼，补齐管理短板。

【提质增效】 2021 年，宁夏销售聚焦“一切都是为了多打粮食”部署提质增效“升级版”专项行动，制定“营销提质创效、控本降费增效和管理升级提效”3 个环节 25 条举措，增效 1121 万元，同比增长 33%。组织开展“转观念、勇担当、高质量、创一流”主题教育活动，引导全员克服“潜力已经挖尽”的畏难情绪，增强扭亏脱困的信心决心，在折旧摊销、员工成本等关键指标实现硬下降，费用总额同比降低 1987 万元。加强油品流通各环节管控，损耗同比减少 745 吨，实现数量管理创效。发挥预算目标引领和价值导向作用，经济增加值同比增加 5944 万元，资产负债率同比下降 1%。争取政策支持，落实税收减免红利，实现减税增效 571 万元。盘活闲置资产，实现资产创效 135 万元。调整优化投资结构，新投运加油（气）站 12 座，贡献油气当量 9 万吨，建成待投运站 11 座，投资回报率同比提升 6.6%。低成本部署充电和光伏发电项目，运营充电站数量 48 座，实现服务费收入 13 万元。

【风险防控】 2021 年，宁夏销售适应领导体制变化，完善并严格执行“三重一大”决策制度，规范党委会、执行董事办公会议事范围和程序，建立总经理办公会制度，决策风险得到有效防范。结合“大部制”改革，完善制度体系和流程优化，新修定制度 41 项、废止 20 项、完成后评价 46 项。强力推进巡视、审计发现问题的整改工作，做好巡视整改“后半篇”文章，深化巡视审计成果的应用，合规管理水平显著提升。狠抓 QHSE 体系建设，建立 3 个现场“四不两直”监督检查和 24 小时“视频扫站”工作机制，坚决纠治“三违”行为。组建专班加大“三套”（套现、套惠、套票）行为稽查力度，严查严处违规行为，解除劳动合同 12 人，追责问责 18 人。严格数质量管理，地方政府对油品、非油质量抽检全部合格，服务质量、客户感受持续提升，“不销一滴调和油、只销宁炼国标油”理念深入人心。

【企业党建工作】 2021 年，宁夏销售把党史学习教育作为重大政治任务，各级党组织集中学习 328 次、专家辅导 12 次、交流研讨 742 人次，组织干部员工到红色教育基地开展现场观摩教育 31 次，开展专题宣讲和党课 147 人次，落实“第一议题”制度 17 次，直接受众 3200 余人次。通过学习领会习近平总书记重要讲话精神和重要指示批示精神，掀起学习领会党的十九届六中全会精神、习近平总书记“七一”重要讲话精神和“四史”热潮，用党的百年奋斗重大成就和历史经验教育党员干部群众，把办实事、开新局作为重要标尺，以“学史力行——扭亏脱困、加快发展”为主题，教育引导干部员工强化甘于奉献精神、善于担当作风、精准发力意识。通过举办党史学习专题读书班，组织 78 名二级领导干部围绕经营销售、深化改革和提质增效等制约公司高质量可持续发展的难点痛点堵点问题开展交流研讨，形成高质量调研报告 6 篇。开展党史学习教育专题组织生活会、专题民主生活会，党委班子成员从“带头深刻感悟‘两个确立’的决定性意义”等 5 个方面联系实际对照检查，检视问题 78 个、征求意见建议 27 条；46 个基层党支部在党史学习教育专题组织生活会中查摆检视问题 236 个。组织开展“我为群众办实事”实践活动，推动解决 22 项“急难愁盼”问题。

2021 年，宁夏销售修订完善落实全面从严治党主体责任清单，建立领导班子成员落实全面从严治党“一岗双责”工作机制，制定加强党的政治建设重点措施，承担起管党治党主体责任。抓实党组织书记抓基层党建述职评议和党建责任制考核，推进基层党建“三基本”建设与“三基”工作有机融合，鼓励基层党组织创新构建“党支部（党小组）+ 经营管理”运行模式，打造一批基础作战单元。

【工团工作】 2021 年，宁夏销售把握工会组织的政治性，组织开展劳动竞赛活动 20 项，获销售分公司流动红旗 6 面，116 个劳动竞赛先进集体受到宁夏销售表彰。马骋、马静、李小花 3 人晋升加油站操作工高级技师，实现高级技师零的突破。深入 8 个乡村振兴项目开展工作调研，增派驻村帮扶干部 9 人，投入帮扶资金 42 万元，协助当地政府打通从“脱贫”到“发展”的幸福路。走访慰问帮扶困难职工 688 人，投入帮扶资金 106.26 万元。开展“金秋助学”“夏送清凉”投入工会经费 19 万元。组织干部员工 110 余人参与地方新冠肺炎疫情防控工作，受到地方政府高度评价和社区群众一致好评。研究部署共青团和青年工作，各级党组织中建立青年工作委员会，以基层党建带团建为统揽，打造青年基层战斗堡垒。

（魏思雯）

中石油新疆销售有限公司

【概况】 中石油新疆销售有限公司（简称新疆销售）前身是 1954 年成立的新疆石油总公司，经历上划、重组、改制 3 个重要历史阶段，1998 年上划中国石油天然气集团公司，1999 年重组至中国石油天然气股份公司，2015 初改制为全资子公司，2017 年 12 月变更为国有控股合资公司。改制整合后，业务范围覆盖成品油销售、润滑油等石油副产品销售、食品销售、餐饮服务、日用百货及家电销售、办公用品销售、化肥等农用物资销售、汽车服务等多个领域。2021 年底，有职能部门 9 个、直属机构 2 个、二级单位 16 个；有各类用工 9700 人。

2021 年，新疆销售成品油销量 674.84 万吨，其中纯枪销量 424.75 万吨；车用燃气提前 20 天完成目标任务；非油店销毛利率 18.9%、同比提高 2.4 个百分点。员工成本和五项管理费用分别同比压降 4537 万元和 1088 万元，利润总额、净利润跃居销售分公司第一。开发加油（气）站 106 座、投运 101 座，实现投运百座、运营千座的既定目标。

新疆销售主要经营指标

指　标	2021 年	2020 年
成品油销量（万吨）	674.84	601.92
汽油销量（万吨）	273.27	206.71
柴油销量（万吨）	401.57	395.21
润滑油及昆仑车用辅助产品销量（万吨）	3.93	2.98
纯枪销量（万吨）	424.75	374.11
非油业务收入（亿元）	11.3	12.39
非油业务利润（亿元）	0.40	0.54
资产总额（亿元）	145.94	142.58
收入（亿元）	487.01	351.45
利润（亿元）	11.89	8.50
税费（亿元）	7.92	6.49

注：主要经营指标数据统计口径为资产评估后。

【油品销售】 2021 年，新疆销售重视油品销售。主导优势巩固提升。重视并推进市场整顿工作，协助新疆维吾尔自治区成立市场整顿办公室，支持政府开展整顿活动 200 余次，查扣非标准油品 7825 吨，市场环境稳中向好。柴油纯枪提量创效活动和市场保卫战成效显著，18 座参战站点增量 11.4 万吨，带动总量相对市场份额提升 0.6 个百分点，达到 62.7%。哈密分公司总量份额止跌回升，增幅超过 4 个百分点。精细营销落实见效。坚持“油卡非润一体化、总毛利最大化”经营原则，销售总量再创历史新高，综合价格到位率同比提高 1 个百分点，营销支出减少 3.1%。喀什分公司灵活施策、精细营销，销售总量突破 70 万吨；阿克苏、伊犁、和田等 9 家分公司量价齐增。落实稳汽提柴策略，以卡券为媒开展一体化营销，汽油纯枪销量 213.9 万吨，迈上 200 万吨新台阶并首次超过柴油。南疆三地州汽油纯枪销量增幅领跑全疆，和田分公司达到 22.4%。加快推广线上业务，直批销量 250.1 万，其中社会直批销量 74.8 万吨。博州、吐鲁番、哈密分公司增幅较大。客户规模双线增长。发展战略合作伙伴 5 家；新开发大客户 45 个，终端客户比例提高至 49%。升级“逢十必惠”活动，发售加油卡 152 万张，其中电子卡 23 万张，单日发卡纪录刷新；冬奥卡 9.7 万张，销量全国第一；活跃卡占比 27%、沉淀资金保持在 20 亿元以上。在中油好客 e 站和直批 APP 平台开展充值赠券、早市“秒杀”和首单优惠等活动，注册用户突破 100 万人，移动支付占比 8.7%。阿克苏、昌吉、石河子分公司移动支付占比较高。

【非油燃气销售】 2021 年，新疆销售拓展非油燃气销售业务。店销质量有提升。开展“昆仑好客购物节”“年度任务追赶计划”等营销活动，店销收入 8.9 亿元，油非转换率 17.4%，百万元以上便利店 345 个。塔城、昌吉、巴州等 6 家分公司店销收入实现增长。加大厚利业务和品类销售力度，店销毛利率同比提高 0.3 个百分点。和田、喀什、塔城等 7 家分公司毛利实现增长。集采统采商品 3.8 亿元，主动配送覆盖 15 家单位、1300 多种商品，库存周转天数减少 4.3 天。店外项目有发展。投运洗车项目 99 个，实现收入 173 万元；尾气净化液加注项目 132 个，销量 658.3 吨。成为“石油 e 采”平台新疆区域独家供应商，向驻疆企业供应物资 5012 万元。在“天猫商城”开展直播竞赛 72 场次，销售额 1000 万元。采购定点帮扶县特色产品 5556 万元、同比增长 376.3%。燃气业务有突破。新投运加气站 36 座，其中，LNG 站 22 座、增量 3.9 万吨，运营站点 73 座，博州、石河子分公司新增燃气业务。理顺购销存管理机制，实现资源统购统销，CNG 资源通过“双气源”供应（资源由两家系统内部单位同时供应），强化保障能力；LNG 资源供应商线上竞价，采购成本同比下降 1.8%。销售总量保持快速增长势头，低销站减少 20 座，市场份额 4.4%、同比提高 1.3 个百分点，区域掌控能力增强。

【投资建设】 2021 年，新疆销售加强投资建设发挥规划引领作用。编制“十四五”发展规划，配套制定油库布局和 LNG、高速公路网络发展等 5 个专项规划。紧盯“一心两线”（城市中心，高速路和国省道），灵活开发方式，立项油气站 106 个，拍得土地 30 宗，其中，自主开发 80 个、合资合作 26 个。巴州分公司立项 22 座，和田、阿勒泰、哈密等 4 家分公司完成开发任务。增加网点数量。开发与建设全线发力，新建站投运与存量站管理同频共振，对工程进度、手续办理等关键环节挂牌督办，建设项目 87 座、投运 101 座，实现“投运百座、运营千座”目标，彰显“新疆销售速度”。高速路公司投运数量

17座，博州、哈密、巴州等8家分公司完成投运任务。开展合资合作，与中铁建和新疆交投成立合资公司，G7京新高速10座站投入运营，取得S20、S11沿线6座站的经营权，与中铁城投合作经营G0612若民高速16座站及服务区。与国电投、宁普时代签订光储充换电项目（分布式光伏发电、储能和充放电多功能项目）合作协议，1个项目准备施工。加大投资力度、建立设计方案竞争机制。增加投资4.3亿元，下达投资计划9.86亿元，计划完成率97%。组建设计评审专家库，提高设计的针对性和实用性。所有建设项目实行全过程在线监控，穿插进行“四不两直”（不发通知、不打招呼、不听汇报、不用陪同接待、直奔基层、直插现场）和“五检”（承包商自检、站经理日检、监理驻检、二级单位巡检、新疆公司抽检）工作，保证安全质量事故为零。对796个投资项目进行后评价，全过程管理要求得到有效落实。

【资源运行】 2021年，新疆销售强化一次物流组织，紧盯管道批次、铁路运行，保障油库合理库存，支持增量增效。调整营销政策和资源投放，实现量效最大化。协调西北公司动态平衡直炼配置和串换计划，留足疆内资源。定期拜访炼化企业和铁路部门，协调增产适销对路产品，提高铁路发运能力。周密制定奎屯油库管线和中控室改造运行方案，有效应对十年一遇的突发性柴油需求激增，有力保障疆内工农业生产用油，较好履行政治责任和社会责任，得到新疆维吾尔自治区各级政府肯定。扩大中国石化和田、鄯善库串换量，南疆地区平均运距减少19千米，节约运费346万元。密切关注油价走势，抓抓成品油价格14涨5降的有利时机，做到涨价涨库、跌价降库，实现库存增值2.03亿元，资源运作创效能力明显提升。

【加油站便利店营销模式创新】 2021年，新疆销售创新加油站便利店营销模式用好店内、店外、线上销售渠道，增店、增客、增收，对完成销售收入任务的分公司给予10万元奖励。优化业务结构，把握量效平衡，加大高毛利业务和品类的考核占比、挂钩力度，严控微利大单，杜绝负毛利销售，对完成全年毛利任务的分公司给予10万元奖励。建立库存储备机制，推广“油站智能下单、地市综合平衡、总体优化引导”的主动配送机制，库存总额控制在1.4亿元以内，库存周转天数控制在40天以内，提升业务运营能力。编制特色商品天书，引进网红、热销商品，形成“千店百面”格局，单店SKU数达到500个以上、年度商品更新率不低于25%。突出抓好香烟、包装饮料、酒类等重点品类销售工作，小商品零售收入6.42亿元以上。每月开展堆头陈列竞赛，加强日常督导检查，油非转换率20%以上。优化店面，打造样板店、旗舰店56座，百万元以上便利店400座，强化门店综合实力。加强商品性能和卖点培训，深化采供双方营销合作，车用润滑车用辅助产品实现收入2.48亿元。用好“石油e采”平台，加强驻疆企业供应服务，提高非生产性物资销量。加大昆仑好客自有品牌商品互供力度，升级“优斯麦尔”产品，打造2座专营店，设置20个专区专柜，昆仑好客自有品牌商品收入5000万元以上，其中，“优斯麦尔”产品收入1000万元以上。合规运营农资业务，销售规模4亿元以上。统筹发展新兴业务，规范开展洗车业务，实现收入1000万元以上。打造新疆干果鲜果直播平台，带动直播收入1500万元上。抢抓节庆促销机遇，在合作伙伴、企事业单位和新疆销售内部举办展销会等活动，实现收入1000万元以上。在城区旗舰店、旅游景点周边、高速公路服务区便利店，通过柜台租赁和自主经营两种模式，推广生鲜快餐业务，培育样板店14座。

【改革创新】 2021年，新疆销售深化治理体系建设，完善党委工作规则和授权管理机制，在9家二级单位推行模拟法人体制，党委会、股东会、董事会、监事会的关系和职责权限界面更加清晰，党的领导有机融入公司治理。稳步推进大部制改革和油库、两个片区属地化管理，撤销机关科级建制，完成机关部门和二级单位“三部一室”机构整合，二级、三级机构分别压减13%和27%。全口径管控用工和人工费用，全面实施升油工资制度，全面推行任期制和契约化管理、与95名领导人员签订协议，全面启动聘用加油站职业经理人工作。贯彻落实集团公司科技创新大会精神，开发应用加油站运营管理分析平台等经营管理系统，建设升级版协同办公系统，开展科技创新、微创新研究和应用，有效支撑数字化精准营销。

（罗丽戈）

中国石油天然气股份有限公司重庆销售分公司

【概况】 中国石油天然气股份有限公司重庆销售分公司（简称重庆销售）前身是1950年成立的中国石油公司西南区公司，历经多次重组改制，1998年成立重庆石油（集团）有限公司，1999年重组为中国石油天然气股份公司下属的省（直辖市）级销售企业。主要从事成品油批发零售业务和非油品销售及服务，是重庆市最大的国有石油企业，负责全市成品油供应渠道责任。。2021年底，设9个职能部门，2个附属机构，2个直属机构，下辖7个地市分公司、8个直属股权企业（4个控股公司、4个参股公司）。员工总数4545人；营运油库9座，总库容 51.66万立方米，库容量占全市总量的36%；营运加油（气）站629座，占全市营运站总数的34.7%；资产总额78.46亿元，净资产50.56亿元，资产负债率35.55%。

重庆销售主要经营指标

指　标	2021年	2020年
成品油销量（万吨）	407.67	382.46
汽油销量（万吨）	223.41	206.94
柴油销量（万吨）	184.26	175.52
加油站总数（座）	629	617
油库数量（座）	9	9
油库库容（万立方米）	51.66	51.66
纯枪销量（万吨）	265.32	260.11
非油业务收入（亿元）	9.13	7.98
非油业务利润（亿元）	0.63	0.65
吨油费用（元）	336	359
资产总额（亿元）	78.46	81.21
收入（亿元）	299.21	236.46
利润（亿元）	3.72	2.36
税费（亿元）	3.49	2.58

2021年，成品油总销量407.67万吨，其中纯枪销量265.32万吨。实现非油业务店销收入9.13亿元，非油业务毛利1.54亿元。利润3.72亿元，创近5年最好水平，综合效益排名销售分公司前列。一般A级安全环保和数质量事故连续12年为零。

【成品油业务】 2021年，重庆销售成品油扩销提效成效明显，销售总量再上400万吨台阶，同比增加26万吨，增长6.7%；直批、纯枪销售实现量效双增，销量分别增长16.4%和2.0%，直批相对市场同比提高4.2个百分点，汽油直批份额首次逆转主要对手。客户开发取得新进展，与2461家重点集团客户签订供油协议，新增规上企业客户378户，市级重点工程开工项目订单率60%；发行群组客户教师卡、白衣天使卡6.8万张，发行电子个人卡4.7万张，派发电子券4.6亿元，新增线上会员突破150万。经营运行平稳有效，直炼资源配置计划完成率100%，在资源紧平衡期没有脱销挂枪；加强一体化营销策划和油非联动，为客户量身打造优惠规则200多套；批零一体化运作协同增量创效，25座柴油保卫战站点和49座“定盘星”站点纯枪销量平均增长分别为311%、47%，实现成品油账面毛利同比增长15.3%，创5年来最好水平。营销创新转型按下“快进键”，11座家庭式驻站承包和委托管理站实现减员降费、增量增利；跨界营销引入外部营销资源2295万元；与昆仑银行合作推行“油易贷”金融产品，46家客户贷款购油4350吨；达成重庆首单成品油电子平台交易，交易油品7300吨。市场环境有效净化，促成市政府开展成品油市场整顿专项行动，协助查处非法加油站点61个；牵头成立市成品油流通行业协会，吸收会员40家，引导企业规范经营、增强协作。

【非油业务】 2021年，重庆销售非油业务增收提效成效明显，百万元门店同比增加40座、首次突破300座，店销收入、毛利同比分别增长14.4%、33.9%，创历史新高。非油运营质量提升，引入新品849个、增收1.26亿元，商品品效同比增长12%；20档主题促销活动实现增收1.48亿元、创效3271万元，昆仑好客首届购物节实现创效3026万元，开发渝派好客粮油、乌江榨菜、重庆小面调料、自热米饭系列重庆特色自有商品，实现销售634万元。非油业务业态布局持续完善，打造品类专卖店52座，建成站外店3座；建成昆仑好客化肥专营店17个，销售化肥3万吨、同比增长142%；建设农村综合服务站300余座；建立“昆仑惠农”农业品牌，打通农产品“进店”流程；运营汽车服务店162座；开展直播66场次，实现销售286万元。

【新能源业务】 2021年，重庆销售推进油气终端网络建设，新开发油气氢电终端项目37个、投运31个，新开发加油站10座、品牌授输出站9座、LNG项目8座，建成投运油气站19座。新能源网络布局实现示范性突破，与10家新能源业务伙伴达成战略合作，建成重庆首个油氢综合能源站，获全国首张“车用综合能源站经营许可证”，自主研制的中国石油综合能源站（2025）模型在2021中国国际智能产业博览会首发，重庆销售成为重庆市首批加氢站建设示范单位；新开发充换电、加氢项目10个，成网成线布局综合能源站点106座。

【数字赋能】 2021年，重庆销售着力推动数字赋能，推进APP、公众号、企业微信、小程序“四位一体”数字营销工具建设，发展APP会员45万人，中油好客e站关注客户数超过340万人，企业微信客户数120万人，移动支付占比居区内企业首位；建成重庆最大一体化洗车服务网络，对161座洗车站点实现系统化管理，“人·车·生活圈”初具规模。

【提质增效】 2021年，重庆销售严控营销支出，全面取消纯枪直降和三种以上叠加优惠，纯枪营销支出同比减少1.7亿元，吨油纯枪营销成本管控位居销售分公司领先水平；打造异业联盟，与银联等16家单位合作，整合外部促销资源2295万元。优化运行降费，率先引入“智油配”智能油品配送系统，公路配送计划上车率90%以上，油库发油全部实行流量计系数、空气浮力、装车定额损耗“三项修正”，吨油运费同比下降14元，加油站汽油、柴油综合损耗下降0.28‰，费用总额实现“双下降”；优化一次资源入库、二次物流运输，吨油运费同比下降15元，节约运费4300万元。推广“阿米巴”经营，以自己算、自己挣、自己省、自己管的“四自经”实践经验为典型，加快推广应用，297座加油站纯枪销量、非油店销、吨油利润、员工收入显著提升。提质增效“升级版”打造成效明显。

【改革创新】 2021年，重庆销售着力推动体制机制变革，调整优化改革三年行动实施方案，统筹抓好57项改革任务，完成改革任务53项。实施组织变革，大部制改革取得突破性进展，两级机构全部调整到位，内设机构数量和管理人员编制压减超三分之一。优化调整区县组织机构，设立32个区县分公司，企地融合更加深入，本土优势明显增强。探索建立柔性组织，组建新能源发展等9个工作小组，实现组织管理更加敏捷高效。

【企业党建工作】 2021年，重庆销售制定并落实公司党委“第一议题”制度，持续掀起学习贯彻党的十九大、十九届历次全会精神和习近平总书记重要讲话、重要指示批示精神热潮，扎实开展党史学习教育，庆祝中国共产党成立100周年。坚持深化基层党建工作，召开第二次党代会，连续3年开展党建责任制量化考核，连续4年开展党组织书记现场述职评议考核，推进党支部达标晋级，消除党员空白班组，推动基层党建“三基本”建设和“三基”工作有机融合。推进人才强企工程，推进市场营销专家队伍建设试点工作，启动首批市场营销专家选聘；加大专业技术人才培养，中高级职称、高级技师人数分别同比增长14%、125%。巩固良好政治生态，坚持和深化全面从严治党，对4家基层党委开展巡察“回头看”，组织开展系列专项整治和监督检查，建立三级油库廉洁风险防控责任体系，一体推动不敢腐、不能腐、不想腐。抓好宣传思想文化工作，加强文化建设和典型选树，获省部级及以上荣誉7个，建成重庆销售第4个石油精神教育基地，唐家沱油库“大班房”“二班房”获评中国石油首批工业文化遗产，收录进集团公司新版《企业文化手册》。积极为职工办实事，制订30项民生实事计划，26项重点项目全部完成，4项持续推进；各级党组织制定民生实事项目282项，为员工群众办实事解难事328件，员工群众的获得感、幸福感增强。

（严春莉）

中国石油天然气股份有限公司四川销售分公司

【概况】 中国石油天然气股份有限公司四川销售分公司（简称四川销售）1952年9月成立，前身是四川省石油总公司，1998年成建制上划集团公司。主要从事成品油批发和零售业务，以及便利店、润滑油、天然气、广告和化工产品等非油销售业务，是四川成品油供应的主渠道。2021年底，设机关处室10个、专业公司3家、二级公司22家、全口径股权企业94家；加油（气）站总数1984座，其中运营1900座；在用油库21座、安全油库库容74.56万立方米。

【油气销售业务】 2021年，四川销售超前研判，精准把握市场规律和走势，抢抓新冠肺炎疫情缓解需求恢复机遇，高质量稳住千万吨。全年油气销售总量1099.83万吨，其中汽油、柴油总量1082.1万吨、同比增长10.5%。加快数字化转型、智能化发展，"中油优途"平台会员1019万人，"中油直批"APP实现直批业务全线上营销，优途直播收入突破1500万元，初步培养一支110人直播团队。强化能源安全供应，油库吞吐量连续3年突破2000万吨。筑牢共生共荣的互联网营销理念，发挥品牌优势，引入2.6亿异业促销资源，以消费返利、积分兑换、价值变现等方式回馈客户，增强客户服务能力，助推汽油纯枪价格到位率99.5%。

四川销售主要经营指标

指　标	2021年	2020年
成品油销量（万吨）	1082.3	1000.3
汽油销量（万吨）	576.1	512
柴油销量（万吨）	506.0	488.3
润滑油销量（万吨）	0.10	1.54
加油（气）站总数（座）	1984	1888
在用油库（座）	21	22
油库库容（万立方米）	74.56	80.83
纯枪销量（万吨）	632.6	610.0
非油业务收入（亿元）	17.3	18.36
非油业务利润（亿元）	1.61	1.39
吨油费用（元）	308.35	335.68
资产总额（亿元）	192.52	195.60
收入（亿元）	782.67	607.08
利润（亿元）	8.63	10.50
税费（亿元）	7.93	8.04

【投资建设】 2021年，四川销售把市场占有作为企业生命线，聚焦战略市场、高效网点，坚定实施"双百"工程，新开发加油（气）站106座、新增零售能力42万吨，油气网点总数2270座、份额占比43%。新建加油（气）站130座，新投运加油（气）站105座、年新增油气当量7.9万吨，运营加油（气）站总数1984座。新能源项目建设迈出实质性步伐，四川销售首座加氢站——古城加油加氢站按期建成；光伏发电、充换电5个项目试点推进，氢、电业务实现零突破。

【质量计量安全环保】 2021年，四川销售坚持把员工群众生命安全和身心健康放在首位，抓实抓细常态化新冠肺炎疫情防控措施，及时组织潜在风险区域全员核酸检测，为员工配发防疫汤剂，守住"双零"底线；深化与华西医院战略合作，改善员工体检、医疗条件，协助员工"急重病"诊疗救助116人次。坚定践行安全发展、绿色发展理念，通过中央环保督察和集团公司环保督查。聚焦重点领域、关键环节，抓实抓牢常规和非常规两项作业，平稳度过全国两会、建党百年等特殊时段，成功应对汛期灾害、泸县地震，有效保障员工群众生命安全和库站稳定，四川销售连续7年获"集团公司安全生产先进企业"称号。

【改革创新】 2021年，四川销售加快体制改革，推进机关管理和服务职能双加强，整合运维、维稳等服务保障功能，设立综合服务中心；优化二级公司"三部一室"机构职能调整，依法合规推动现代化企业建设，两级机关减少机构30%。制定"五企"建设发展格局，将建设健康企业、法治企业、智慧企业、幸福企业和百年企业作为落实习近平总书记一系列重大治国理政思想重点来抓。制订人才强企方案，开展干部队伍建设专题调研、二级公司班子届中履职考核和团委换届选举，一批优秀人才脱颖而出。

【地企合作】 2021年，四川销售坚持把营造良好营商环境作为发展大计来抓，深化与绵阳、甘孜、遂宁、成都东部新区等地方党委沟通洽谈，统筹推进网点建设、"石油＋旅游"、新能源发展等工作；与达州市委市政府签订战略合作协议，共同打造具有引领性的地方综合性能源合资企业；与四川省公安厅交警总队签订战略合作协议，在规范道路运输、打击"三黑一票"等领域深化合作，开创石油企业与交警部门在省级层面达成战略合作之先河；与四川省质量监督管理局直属事业单位省特检院签订合作协议，提高新能源项目验收及证照办理效率。狠抓战略联盟，与蜀道、能投、港投等大企业就加油站建设、新能源等领域达成合作意向；与五粮液、泸州老窖等大集团共建“川酒出川”通道；与西南水泥在渠道拓展、专属保供、数字化服务等方面达成合作共识；与四川省烟草专卖局交流，获打造数字门店、增加烟草配额支持；与西南油气田、川庆钻探等企业在油品销售、非油团购等领域深度合作，实现非油业务收入 1.1 亿元，打造上下游企业合作典范。

【企业党建工作】 2021 年四川销售突出政治理论学习，坚持“第一议题”制度，学思践悟习近平总书记在中央民族工作、纪念辛亥革命 110 周年等会议上的重要讲话精神，领会习近平总书记视察胜利油田时作出“能源的饭碗必须端在自己手里”的思想。强化党史学习教育，精心组织建党 100 周年庆祝活动，学习党的十九届五中、六中全会精神。制定加强股权企业党建工作、三方用工党员管理等制度，编撰《基层党建实用手册》，推进“区域党建联盟”，发挥各级党组织战斗堡垒作用和党员先锋模范作用。突出共建共享，解决三州、高寒地区 23 座加油站员工取暖、用水问题，完成 76 座加油站厕所整改，向社会全面免费开放加油站卫生间、休息室等服务设施，办好惠民实事。职工文化活动繁荣发展，获首届全国职工微电影节暨第四届“能源中国”微电影节优秀组织奖、四川省第七届职工微影视大赛优秀组织奖等荣誉。

2021 年，四川销售为高原加油站员工解决取暖问题（泽绒娜姆　摄）

（陈　晶）

中国石油天然气股份有限公司贵州销售分公司

【概况】 中国石油天然气股份有限公司贵州销售分公司（简称贵州销售）2001 年 4 月成立，负责中国石油在贵州省的成品油销售、市场开发等工作。2021 年底，有 9 个部门、2 个直属单位，9 个分公司，员工 2239 人；油库 3 座，总库容 15.4 万立方米；加油站 342 座（控股 7 座、参股 19 座、租赁 13 座、特许 8 座），加油站服务网点遍及全省高速公路、国道、省道和中心城市、重点集镇。

2021 年，销售油品 210 万吨，其中自营销售 180 万吨；非油业务收入 4.02 亿元，非油业务毛利 8200 万元；实现利润 7000 万元，超额完成提质增效利润指标；开发加油站 9 座，投运 16 座；一般 A 级及以上安全环保事故为零；各项工作取得新成绩，实现“十四五”良好开局，“双一流”企业建设平稳起步。

【油品销售】 2021 年，贵州销售以高质量发展为主题，坚持稳中求进工作总基调，突出零售核心，创新非油业务，打好市场进攻战，主营业务实现量效双增。强化零售核心，着力提升纯枪质量。以客户需求为导向，坚持“油卡非润”一体化，统筹客群差异、季节性消费规律，细化差异化营销，汽油销量同比增长 3.1%，油非转化率从 14% 提高到 22%。借助银行、电信等企业优势，引入异业资源 3000 万元。统筹线上线下并重，加强集团单位客户开发，新增、召回零售客户 3700 家；完善加油站服务功能，新投用洗车功能站 45 座、尿素功能加注机 18 台；加大甲醇销售，带动甲醇站汽油纯枪日均增长 8%、非油日均收入增长 10%，甲醇销量增加 4.2 万吨。拓展直批业务，紧盯油价变化趋势和竞争对手策略，建立“三分钟”答复市场快速响应机制，“一地一策”“一客一策”应对低价资源冲击，自营直批同比增长 37.3%，直批相对市场份额达 42.3%，较同期提高 5.8 个百分点，直批量效均创历史最好水平。配合政府开展成品油市场专项整治，打击取缔“黑窝点”69 个，查处违法犯罪嫌疑人 24 人，柴油零售日增 100 余吨，营造良好市场环境。

【非油业务】 2021 年，贵州销售开拓进取，全力发展非油业务。以推广昆仑好客运营体系为抓手，加大“低毛利、低动销、低周转、高库存”商品淘汰，平均毛利率在 35% 以上，同比增长 10 个百分点。加大自有商品开发运营力度，习缘酒销售收入突破 1 亿

贵州销售主要经营指标

指　标	2021 年	2020 年
成品油销量（万吨）	210	216.32
汽油销量（万吨）	117	115.86
柴油销量（万吨）	93	100.46
润滑油销量（万吨）	0.10	0.17
加油站总数（座）	342	334
油库数量（座）	3	3
油库库容（万立方米）	15.4	15.4
纯枪销量（万吨）	103.6	125.03
非油业务收入（亿元）	4.02	3.45
非油业务利润（亿元）	0.82	0.47
吨油费用（元）	337	307
资产总额（亿元）	51.48	50.57
收入（亿元）	146.47	125.1
利润（亿元）	0.7	0.38
税费（亿元）	0.72	1.17

元，同比增长 40%。创新商业模式，与 TCL、华为等企业开展非油跨界合作，扩展电器、汽车服务、餐饮、化肥等市场。依托企业资源优势，拓宽 76 座合资合作站、社会加油站非油销售渠道。探索数字化转型，运用非油商城、中油好客 e 站等内购平台和天猫等网上商城，打造“2+1+N”线上营销渠道，促进加油卡客户、中国石油员工和公域渠道 3 个市场流量变现，推动智能化销售、数字化转型，非油销售大幅增长。

【加油站管理】 2021 年，贵州销售深化精细管理，夯实加油站基础管理。狠抓零售损耗专项治理，汽油零售损耗率 2.43‰，柴油零售损耗率 –0.96‰。严格管控加油站停业行为，加油站营业天数同比增长 3.8%。优化合并重复、无效表卡册 12 个，减轻基层员工负担。拓展加油站功能，在 53 座加油站增设洗车设施，带动汽油纯枪销量日均增长 8%。开展全流程诊断与优化，“小改大”加油站 11 座，油品、非油品销量增长明显。开展基础管理大检查，加强日常视频稽查，狠抓“956100”客户投诉管理、神秘顾客访问、检查稽查应用和考核，基础管理水平稳步提升。完善加油卡管理制度，细化代管卡措施，清理发卡网点及 UK 权限，撤销不规范有风险发卡网点 63 个，清理权限 31 个，将风险降到最低。围绕“加油站网点日常操作 9 项重要节点、市州公司日常监管 8 项重要节点”，建立加油卡业务自查违规问题治理周报制度，做到“周查、周报、周清”。加强加油卡使用线上、线下监测检查，实时监督异常消费情况，严查套惠、套票行为，有效遏制加油卡“微腐败”行为。

【资源运行】 2021 年，贵州销售成立省市两级市场营销核心小组，紧盯油价和市场变化，细化总结区域性和季节性需求特点，优化资源配置结构，资源调入与油价走势同向运行 18 次，配置资源兑现率 100%。健全库存经营创效机制，加强库存预警管理，统筹市场供需、价格研判、资源组织和涨降库节奏，保证库存维持在合理区间，自有油库周转 166 万吨，运作资源创效明显。优化资源串换，紧盯政策导向，合理把控资源串换规模，互供油品吨油运费下降 17 元，运距减少 24 千米，优化物流降费 1500 余万元。

【投资建设】 2021 年，贵州销售统筹协调投资策略和业务发展，营销网络布局持续完善。坚持“事前算赢”，建立省市“两级评审、三级管理”投资评审决策机制，理性参与竞拍，控制开发成本，紧跟经营战略、营销需求和城市群发展，以自主新建为主，合资合作为辅，由单纯抢滩布点向优化网络布局和结构转变，资产型加油站占 87.9%，一类、二类加油站占 52.1%，处于区外公司较高水平。加强竞合协作，推进合资项目落地，借助合作方资源优势，新投运合资加油站 5 座。推进与黄果树能源合资合作，新成立合资公司 1 家。与遵义三力石化合资合作步伐加快。探索低成本网络发展模式，研判市场，本着“不为我有、但为我用”，深度调研，审慎决策油库项目，推进合作发展。

【深化改革创新】 2021 年，贵州销售全面推进改革三年行动计划，推动 53 项重点任务落地，完成率 86.79%，提前完成上级下达进度目标。全面推行任期制和契约化管理，通过层层授权管理，与 9 个地市公司班子成员签订“军令状”，领导干部激励约束机制进一步完善，新型经营责任机制覆盖各级领导人员，经营责任和压力有效传递，企业各治理主体责任协调运转。优化组织机构设置，推进“大部制”改革，省公司机关“9+2”和分公司机关“3+1”机构设置全部到位，配套机制建立完善，初步实现在大部制框架下的有效运行。创新业务运营模式，试点推进业务外包，减少直接用工 140 人，员工控制率 99%，全员劳动效率持续保持高位。

【疫情防控与安全环保】 2021 年，贵州销售统筹推进新冠肺炎疫情防控和安全环保，发展保障基础不断夯实。狠抓常态化疫情防控，严格落实集团公司和各级党委、政府疫情防控措施，做到责任不缺位、程序不越位、措施不错位，加强联防联控、疫苗接种、人物同防、出行管控、物资保障，守住零疫情、零感染底线，保障员工生命安全、身体健康。狠抓常态化安全环保工作。学习贯彻新《安全生产法》，按照“提高基层库站风险防控和应急处置两种能力，落实两级机关教育培训、合规管理和监督检查三项安全环保职责，防范施工安全、外部输入性、库站油品接卸及新业务领域四类风险，实现一般 A 级及以上生产安全环保和数质量责任事故为零目标”的要求，完善 HSE 管理制度，加大安全环保考核问责力度，开展油气突出问题专项治理，推进油气储存安全风险评估，加强库站收发、接卸等关键环节过程管控，QHSE 体系运行水平达到销售分公司优秀级 A2 档。

【提质增效】 2021 年，贵州销售打造提质增效“升级版”，完成提质增效目标任务。树立“过紧日子”思想和“一切成本皆可降”理念，贯彻落实“四精”要求，开展“转观念、勇担当、高质量、创一流”主题教育活动，明确“两利四率”、发展质量、成本费用、销售、安全环保 5 个方面具体目标，挂图推进提质增效 37 项举措落地。立足市场实际，用足用好上级政策，抢抓窗口机遇期，加强股权分红管理，优化资源物流运作，开展损耗专项治理，管控纯枪营销支出，优化工程设计施工，改进上门收款方式，引入“阿米巴”经营模式等，正向运作资源创效 3900 万元，非油核心品类增效 850 万元，股权投资收益 1000 余万元，纯枪吨油营销支出同比下降 400 万元。提质增效 2.3 亿元，取得较好的经济效益。

【合规管理】 2021 年，贵州销售统筹加强合规经营和基础管理，增强风险防控能力加强合同和法律事务管理，将合规管理纳入业绩考核，把法律论证嵌入管理流程，开展印章、证照、招投标、商标授权等专项治理，加大法律审查、现场监督、视频监控力度，开展案件“会诊”、案例分析，加快纠纷案件办理，挽回经济损失 1434 万元，避免经济损失 1066 万元，维护合法权益。加强基础管理，开展基础管理大检查和加油卡违规问题专项治理，撤并发卡网点 63 个，查处加油卡舞弊行为 77 人，优化合并库站账表卡册，强化“956100”客户投诉管理、神秘顾客访问、检查稽查考核应用，促进基础管理加强，基层负担减轻，基层“微腐败”得到遏制。加强损耗治理，健全损耗分析评价指标体系，狠抓油品损耗专项治理，应用自动化、信息化手段，围绕油品在途、配送、库存、收发等关键环节，强化分环节管理、全过程管控，损耗降费 1800 余万元，其中公路运输损耗下降 40%，损耗治理取得阶段性成效。

【干部管理】 2021 年，贵州销售充分运用考核杠杆，加强干部考核。根据干部全年业绩完成度，思想表现，工作状态及群众满意度评价等情况，完成 66 名中层以上干部的 2020 年度考核综合评价工作。制定《中国石油贵州销售公司中层领导人员选拔任用工作规范》，选拔使用一批综合表现突出的分公司部门主任和公司机关部门主管担任公司二级副职领导岗位，按照后备领导干部推荐程序，向上级推荐 3 名年轻干部，1 名年轻干部提拔至一级副职岗位。狠抓优秀年轻干部摸底和推荐，完成 35 名优秀年轻干部推荐。制定《中国石油贵州销售公司所属分公司领导人员任期制管理实施细则》，明确任期与契约管理的组织机构、任期考核、结果应用、干部退出、管理监督等具体内容，与 39 名地市分公司班子成员层层签订为期 3 年的任期协议书和年度经营目标责任书。

【绩效管理】 2021 年，贵州销售健全差异化的绩效考核体系，突出量效平衡，推动人工成本、工资总额与利润总额保持同向联动，发挥薪酬激励导向作用。结合战略定位和经营环境，调整销量、非油和效益考核权重，坚持以利润为核心，实施差异化考核，激励地市公司扩销增效，提高市场份额。推进全员绩效考核，科学评价不同岗位员工的贡献，合理拉开收入分配差距，做到收入能增能减和奖惩分明，调动广大员工积极性。完善中层干部经营发展重点控制指标考核结果应用实施细则、中层干部业绩考核办法，优化中层干部及关键岗位激励机制。完善加油站考核分配指导意见和加油站经理年薪制管理办法，推行加油站经理年薪制，完善加油站量效挂钩机制，将经营成果与加油站经理个人薪酬紧密挂钩。依托加油站单站模拟核算系统，以市场为导向，优化加油站分配机制，将加油站由成本单元调整为利润单元，引导加油站员工算成本账、效益账，实现量效并举。

【企业党建工作】 2021 年，贵州销售坚持“第一议题”制度，学习习近平总书记重要指示批示和重要讲话精神。开展党史学习教育，两级中心组集中学习研讨 80 次，开展调研 100 余人次，讲党课 60 多场次，办实事 300 余件，推动党史学习教育走深走实。广泛开展庆祝建党100周年系列活动，表彰优秀共产党员、优秀党务工作者、先进基层党组织。完成党委、纪委按期换届，选举产生新一届党委、纪委班子。强化主体责任落实，完善党委工作规则和主体责任清单，严格落实“三重一大”决策制度，促进党的领导作用发挥更加组织化、制度化、具体化。强化基层党建“三基本”建设与“三基”工作有机融合，建立6项融合长效机制和两项考核评价机制，确保基层党组织政治优势组织优势与企业发展优势的有效融合。开展达标晋级、创先争优等党建主题活动，推行党建目标考核责任制和书记述职测评制度，把提质增效作为党建与生产经营融合的具体实践，提升党组织引领力，获股份公司劳动竞赛10面流动红旗，获集团公司销售企业技能竞赛5项大奖，观山湖区加油站联合党支部被集团公司党组授予“百面红旗党支部”。以集团党组巡视反馈问题整改为抓手，做深做实巡视整改监督，整改完成率91%，完善规章制度18项。对黔西南、六盘水等5个分公司开展内部巡察，发现并推动解决问题143项；紧盯重要节点，抓实节前教育提醒，做实节中监督检查和节后督导整改，严防“四风”问题反弹；常态化抓好新冠肺炎疫情防控、提质增效监督，开展权力设租寻租、领导人员及其亲属利用中国石油平台经商办企业等专项整治，干部员工的廉洁自律意识和拒腐防变能力增强。开展“六必讲、六必谈、六必访”的“三六”工作法，员工队伍保持稳定。落实意识形态工作责任制，加强舆情管控，无重大舆情危机事件发生。实施青字号品牌工程，促进青年员工成长成才。开展典型选树、劳动竞赛和小型多样的文体活动，发挥工会桥梁纽带作用。

【主题教育活动】 2021年，贵州销售组织开展“转观念、勇担当、高质量、创一流”主题教育活动，明确以“解决五大问题”为突破口，以“学习宣讲、座谈研讨、责任落实、劳动竞赛和成果转化”5项行动为抓手，相继开展“提质增效当先锋、党员先行做表率”宣传提升行动和“石油工人心向党、建功奋进新征程”岗位讲述活动，评选20名“服务明星”、30名“岗位能手”，点燃员工投身岗位实践的激情。各级党组织采取集中学、周例会、库站班组会等，组织各类宣讲97次，覆盖员工2400余人。围绕损耗专项治理、纯枪非油“四个硬增长”等5大问题，开展专题研讨47次，组织基层调研200余次，形成提质增效专项成果37项。领导班子成员牵头分7个组对10个分公司挂点联系指导，把提质增效任务指标分解细化到站到人、到月到日。征集涵盖各业务领域的意见建议212余条，形成整改提升措施42项，总结提炼创新创效成果28项，主题教育活动走深走实，为巩固和扩大行动战果、完成经营目标任务打下坚实基础。

【社会责任】 2021年，贵州销售按照集团公司和贵州省委、省政府关于乡村振兴的相关要求，推动脱贫攻坚任务和乡村振兴工作有效衔接，履行社会责任，彰显央企责任担当。推进产业帮扶，投入1000万元援建习水花椒种植配套烘房226套烘烤设备和225个生产机组加工项目，投入800万元支持田坝村梧桐山高端民宿乡村文旅产业路、农业稻田升级、杨梅基地配套建设。加强消费帮扶，指派帮扶工作队，深入帮扶点进行调研，走访30多个村寨，行程近300千米，500余户村民，采购大米、菜油、面条、蜂蜜、麻羊等30个农副产品，投入采购资金105万元，帮助习水11家集体经济农民专业合作社或龙头企业的产品销售，现实5个乡镇400多家农户平均增收近1000元、带动群众就业54人。落实开展集团公司“旭航助学”活动，帮助363名学子完成学业，发放助学金91.5万元。高考期间，工会、团委联合开展“旭航助学”，在黔东南州天柱县和六盘水市成立高考应急车队，招募驾驶员10人，组建高考服务站，招募志愿者30余人，协助当地交警进行人员交通疏导、指引，并向考生家长及过往行人发出“护航高考”倡议书，在考点外高考服务站设立爱心伞棚，帮助高考学子800余人，服务当地群众2000余人次。按照贵州省委组织部、贵州省国资委的具体要求，与息烽县猫洞村开展结对帮扶，推进“红色美丽乡村”建设工作。党委专门安排党委委员、纪委书记挂帅、党委宣传部、工会联合参与，组成结对帮扶攻坚小组，明确工作职责，时间节点和任务目标，4次深入猫洞村，对当地“红色美丽乡村”的建设进行调研，帮助猫洞村做好市场分析，选准主导产业，谋划发展思路。12月，划拨10万元专项帮扶款，协助建立红色产业手工艺制品厂，助力发展猫洞村民族工艺文创产品，帮助当地村民就业及技能培训，提高群众收入，有效拉动当地经济发展。

（杨珊珊）

中国石油天然气股份有限公司西藏销售分公司

【概况】 中国石油天然气股份有限公司西藏销售分公司（简称西藏销售）1962年1月27日成立，前身为西藏自治区石油公司，1998年11月上划至中国石油天然气股份有限公司。主要从事西藏地区成品油及石油液化气、润滑油的批发、零售、运输、储存及非油业务经营等业务。

2021年，西藏销售下辖9个部室、8个二级公司和10个合资公司。在册人员总数1233，其中藏族及其他少数民族员工占比67%。运营加油站183座，其中61座海拔在4000米以上。

西藏销售主要经营指标

指　标	2021年	2020年
成品油销量（万吨）	125.68	129.93
汽油销量（万吨）	51.1	44.67
柴油销量（万吨）	66.3	75.62
加油站总数（座）	183	173
油库数量（座）	8	8
油库库容（万立方米）	17.03	17.03
纯枪销量（万吨）	82.81	81.37
非油业务收入（亿元）	2.2	2.15
非油业务利润（亿元）	0.77	0.71
吨油费用（元）	708	747
资产总额（亿元）	74.25	85
收入（亿元）	98.2	83.9
利润（亿元）	0.77	2.23
税费（亿元）	1.47	1.26

【油气销售业务】 2021年，西藏销售强化批零一体化运行、油非气润一体化管理。优化资源运作。有效应对725油库停业改造，协调租赁中国石化、980油库，铁路进藏资源同比增加10.92万吨，节约运费3565万元。开通滇藏线优化昌都地区配送，吨油运费同比减少31.2元。纯枪销售量效齐升。建立加油站“红黄蓝”体系，纯枪销售同比增幅、纯枪汽油增幅、人均纯枪量、吨油营销支出、价格到位率5项指标排名销售分公司第一。选取10座旅游沿线加油站增设游客服务中心；完善现场管理周通报制度和视频巡检曝光制度；客户服务质量排名提升至销售分公司第14名。发卡量12.5万张，活跃客户平均消费量、沉淀资金增长排名销售分公司前列。直批销售量效并重。开发川藏铁路、江达水电、边防公路等重点项目，取得80%供油权。争取集团公司政策，低凝点柴油按照0号柴油调拨价结算，每吨节约成本1200元。加强客存油管理，长期客存全部清零。开展市场整治。协助查处非法存储及销售窝点9处、商标侵权11起、伪造公章2起、质量不合格油站2座、缴获非法油品44.5吨。推动军民融合。签署《中印边境全境军民融合式油料供应协议》。

【非油业务】 2021年，西藏销售强化非油主业定位，实现非油业务收入2.2亿元、非油业务毛利7697万元，按可比口径分别同比增长33.4%、76.9%。强化便利店打造。新增100万元以上店18个，200万元以上店5个。实施便利店优化提升工程，打造样板站8座，优化站点28座。加大地市公司自采授权，7家地市公司引进水果、面包、特色商品等供应商16家。提升单品盈利能力，引进各省特色商品103个，品效提升139元/口。突出习缘酒、啤酒业务拓展，酒类首次年收入超1000万元。提升配送时效，全区缺货率降低27个百分点。开展线上营销。获评股份公司销售分公司直播比赛先进单位，搭建线上商城，初步形成内购一体化的分销系统。强化专业培训。选派20名骨干到广西、贵州、云南等公司学习交流，交流油站非油收入平均同比增长超过50%。油非转换率同比提高5个百分点，超全国平均1个百分点。培育格桑泉自有品牌。领导班子定向联系各省公司，格桑泉销售突破5万吨、同比增长45.8%，实现销售收入8636万元、增长36.7%。

【加油站管理】 2021年，西藏销售强化加油站现场管理。完善现场管理周通报制度和视频巡检曝光制度，每日视频巡查站点20个以上，对能及时整改的问题通过对讲系统要求加油站立即整改，对不能及时整改的问题截图留证，督促加油站限时整改。加强客服服务质量管理，针对客服服务质量靠后的情况主动分析原因，查找问题。强化油站核心竞争力建设。建立加油站“红黄蓝”体系，实行分颜色挂图作战，开展重点竞争，避免无效竞争。开展一次进站加油模式，利用移动支付APP、移动POS收银功能、加油机卡机联动功能、现场挎包收银等方式，减少顾客进店次数，实现客户一次进店。开展油站全流程诊断，重点针对人机不匹配、高峰低谷人员排班不合理、进出口狭窄、划线标识不清晰、夜间灯光不足等情况进行重新梳理和微改造，减少油站高峰期车辆拥堵和车辆排队现象的发生，提升现场加油效率，增强单站作战能力。

【油库管理】 2021年，西藏销售加强油库管理，筑牢安全环保防线。以风险管控为核心，细化工作措施，强化监督检查，严格考核问责，做实、做细安全环保工作，筑牢质量健康安全环保红线底线。强化安全教育培训，提高安全管理水平。组织开展新《安全生产法》、QHSE体系、事故事件案例分析、职业健康、操作规程、消防安全、应急管理等培训50余次，完成39名计量员取证、11名化验员化验证复审工作及300余名油罐车驾驶员取证工作。强化隐患整改力度，确保安全风险受控。国务院安全委员会办公室消防安全考核、各地应急管理局重大危险源交叉检查、油气库安全风险评估、销售分公司体系审核、西藏销售体系审核、安全检查等各类检查150余次，发现问题911项，已整改821项，整改完成率90.12%。夯实油品数质量管理。检定质量流量计16台、体积流量计17台，为数质量管控奠定坚实基础。全区油库综合损耗423吨，综合损耗率0.18‰，同比下降49.6%。

【投资建设】 2021年，西藏销售理顺投资管理体制机制，拓展零售黄金终端。网点储备获新突破。与西藏自治区政府签署《国资央企助力西藏高质量发展项目合作协议》，“十四五”期间计划启动或实施项目43项，规划投资约7.5亿元。开发模式更加多元化。与幸投集团成立合资公司，借助其政府授权经营背景、土地资源、协调能力等优势加大新建项目开发力度。新能源项目稳步推进。试点功德林、贡嘎机场、珠峰北、和平机场站4个光伏项目。拉萨中和站试点充电桩项目，拉萨机场高速站成功试点加油机器人暨智能识别提枪技术。投资计划管理更加规范。完成投资3.04亿元，整体投资完成率提升5个百分点。清理历史遗留问题，完成项目决算转资161个，转资4.37亿元。

【资源运行】 2021年，西藏销售迎难而上，经营管理有措施，交出敢于担当的资源保供答卷。全区油库实现吞吐量241.22万吨，完成全年任务220万吨的109.6%。强化资源对接，保障油品供应。针对725油库停业改造的影响，提前谋划，制订油品资源保供方案，采取铁路为主、公路补充的方式保障油品供应，完成租赁中国石化、980油库部分油罐满足保供需求。强化业务监督，提升管控能力。严格对账机制，每月及时与业务营运中心、财务处核对上月资源采购数、入库数、在途数、财务开票数；与拉萨西站、财务处核对月底返空费余额，做好签认，确保账账相符。定期开展业务稽查及实地盘点工作，掌握油库业务运行中存在的问题并加以解决，实地盘点掌握油库的账实情况。对全区8座油库业务稽查18次，发现问题96项，已整改96项，整改率100%，对8座油库进行实地盘点，实现实盘全覆盖。深化系统应用，强化运维队伍管理。协调运维人员解决油库工控系统故障79项，其中协调解决监控问题20项、自动化系统5项、网络服务器15项、自筹统建25个、网络专线故障14个。完成铁路库付油系统改造，避免原有重复刷单的风险，降低系统故障发生率，保障油库自动化设施正常运行。

【企业党建工作】 2021年，西藏销售坚持以习近平新时代中国特色社会主义思想武装头脑、指导实践、推动工作。提升政治建设引领。落实“第一议题”制度，学习贯彻习近平总书记重要讲话、对中国石油重要指示批示精神、党的十九届六中全会精神。召开西藏销售第三次党代会，完成党史学习教育专题民主生活会，34个支部全覆盖召开专题组织生活会，党员100%受教育。深化党史学习教育。编发《实施方案》和运行大表，明确8项工作、35条措施，发放教材713套。邀请专家辅导9场，基层宣讲28场，两级中心组学习132期，专题研讨23次，读书班19期，梳理办实事清单167项，落实158项，党员100%受教育。联合党建汇聚合力。创建标准化党支部10个。被西藏自治区党委组织部授予“党建指导员单位”，对4家民营和5家自治区管理国有企业指导帮建。与中国电信、农行、邮政等相继成立“驻藏央企联合党支部”11个。推动跨界异业合作，增销油品4500余吨，非油销售500余万元。夯实安全维稳。确保建党100周年、西藏解放70周年等重要节点安全稳定，受到集团公司嘉勉电报。维护民族团结。开展“四讲四爱”“我和我的祖国”等教育活动，信仰宗教排查整治、意识形态管控全覆盖，继续保持团结稳定全员“零事件”，获“西藏自治区民族团结进步先进集体”称号。履行社会责任。投入橇装加油设施50余座，解决偏远乡镇农牧民群众用油难问题。完成前线军队保供任务，为“5·22”青海、云南地震，河南水灾捐赠40万元格桑泉。创建司机之家、环卫之家、爱心驿站13座。助力乡村振兴。在所属驻村点提前一年全面脱贫基础上，继续在15个乡村振兴点开展工作。西藏自治区170余座油站设立扶贫专柜，37项西藏特产纳入集团公司消费扶贫产品目录。“幸福水·格桑泉”销售超8000万元，同比增长89.5%。

【队伍建设】 2021年，西藏销售深化制度改革，加强领导班子和干部队伍建设，健全完善“生聚理用”机制。深化队伍机构。打造经营管理、技能操作、油站经理、市场营销4支队伍，完成“9+2”大部制改革，精简机构2个。打通晋升渠道。在全区范围内组织实施二级公司总经理助理岗位内部推选，4名年轻三级正职干部予以提拔；12名年轻同志通过竞争上岗和内部推选走上三级正副职岗位，平均年龄29岁；干部队伍结构调整优化、干部成长通道更加广阔。强化培训教育。利用“中油e学平台”，推进“党的十九届五中、六中全会精神”和“党史百年”网络专题培训班，二级副职以上领导干部培训覆盖率100%；从基层选拔2名站经理、2名中层领导干部，参加集团公司中青年干部培训班；21名党员领导干部参加“学党史，践行两路精神”专题培训班；34名党员干部到井冈山开展党史学习教育现场培训。干部队伍政治信仰得到巩固，理论素养、管理水平、业务能力得到提升。

【强基惠民活动】 2021年，西藏销售重点解决基层员工“急难愁盼”的问题。筹集资金1000余万元，投入近700万元集中解决那曲办公楼与周转房供暖、那曲聂荣加油站周转房维修、阿里狮泉河油库水管网改造等9项民生工程。投入246万元，优先在条件艰苦的阿里和那曲公司建设健康小屋、微压氧舱。投入50万元，解决60余座高海拔油站员工冬季安全饮水难题。开展暖人心、聚人心的工作。帮助118户困难户脱贫摘帽，获2021年全国城市困难员工解困脱困重要贡献集体奖。加强与美年大健康、宝石花医疗合作，开通员工内地就医绿色通道。落实120余万元节日慰问和困难职工帮扶金。慰问生病入院职工88名，帮扶金34.6万元。开展“你的心愿、我来实现”活动，实现200名干部员工心愿认领。投入20余万元，安装雾化系统，丰富花卉绿植，营造良好工作生活环境。投入100余万元，为高海拔偏远库站员工配给新鲜水果。推进历史遗留问题解决。雪域花园问题取得突破性进展，政府将雪域花园纳入拉萨市80个自建小区遗留问题解决范围。

【加油机器人（试验）暨智能识别提枪技术启动仪式在拉萨举行】 2021年12月29日下午，西藏销售加油机器人（试验）暨智能识别提枪技术启动仪式在海拔3650米的拉萨机场高速加油站举行，伴随着国内首台室外防爆加油机器人落户雪域高原，标志着加油机器人（试验）暨智能识别提枪技术引领国内加油站销售服务科技创新再上新高度。

智能识别提枪技术通过加油站专项设计，增加提枪识别、身份认证等特殊结构，具备保护功能。在准确识别异常拔枪时，加油枪立刻停止出油，杜绝加油过程中油枪脱离油箱口喷油带来的安全问题。通过安全加油控制系统联动，严控加油开停过程油气散发，提升环保能力。在实现“一人多枪”服务的同时，保障人身财产和现场安全。

2021年12月29日，国内首台高原室外防爆加油机器人落户西藏拉萨（穷吉　摄）

（次仁曲珍）

中国石油天然气股份有限公司江苏销售分公司

【概况】 中国石油天然气股份有限公司江苏销售分公司（简称江苏销售）2003年9月成立，前身系中油销售江苏有限公司成品油分公司。2008年12月，由中国石油华东销售公司管理上划集团公司直管。2009年9月，中国石油上海销售苏州分公司划入江苏销售，标志着江苏销售在江苏地区成品油销售业务实现统一管理。2021年底，设9个职能部门，2个附属机构（非油分公司即非油品经营部、储运分公司即仓储调运部），下辖13个地市分公司，48家股权企业（其中并表企业42家）。员工总数4100人，其中合同化员工76人，市场化用工4024人。党委下属基层党委13个，党总支5个，党支部96个，党员1157人。有加油站771座，油库13座，库容59.3万立方米。资产总额100.98亿元。

江苏销售主要经营指标

指　标	2021年	2020年
成品油销量（万吨）	388.19	346.50
汽油销量（万吨）	238.57	225.56
柴油销量（万吨）	149.63	120.94
加油站总数（座）	771	775
油库数量（座）	13	13
油库库容（万立方米）	59.30	56.79
纯枪销量（万吨）	266.77	259.83
非油业务收入（亿元）	9.08	7.93
非油业务利润（亿元）	0.72	0.35
吨油费用（元）	400.96	438.00
资产总额（亿元）	100.98	99.43
收入（亿元）	282.99	216.50
利润（亿元）	1.27	−2.88
税费（亿元）	2.98	3.24

2021年，江苏销售坚持以客户为中心，突出市场导向，把握销售规律，连接各方资源，打造合作共同体，继续为客户创造价值，全力打好市场攻坚战，切实提升市场竞争力、品牌影响力和可持续发展能力。实现油品销售388.19万吨，同比增长12%；其中，纯枪销售266.77万吨，直批销售79.7万吨；实现非油业务收入9.08亿元，非油业务毛利1.55亿元；实现净利润2163万元，同比增加4.63亿元。开发立项加油站14座，投运加油站10座。作为唯一销售企业在集团公司工作会议上作主题为《以客户为中心，做强销售终端，打造可持续盈利能力的销售企业》经验交流发言，取得良好效果。

【零售业务】 2021年，江苏销售零售业务主要是围绕“规律”“连接”“协同”3个关键词开展。挖掘近10年零售数据价值，构建纯枪量价规律模型，摸清不同市场份额区域纯枪量价波动关系，掌握纯枪价格到位率变化与纯枪销量波动规律，精选100座加油站开展营销活动，日均提量197吨；减少价格直降站点122座，减少营销支出1730万元；综合考虑各地市公司运输距离、物流成本等因素，构建区域协同模型，划分高效、中效区域，推动高效区域扩大市场份额、提量增效，中效区域重点开发优质客户、推价保效；高效区域增量3.2万吨、中效区域增加毛利2318万元，吨油物流费用同比下降18元。与江苏省公安厅、港运集团、徐工集团等102家政府部门及大型企事业单位建立连接，在实现公车用油、员工私家车用油等合作的同时，推动在油站安保、新能源、橇装站等方面的拓展；与电信、移动等23家单位合作，通过电子券连接，吸引对方客户到站办卡消费；与平安银行、江苏银行等8家银行开展跨界合作，吸纳对方促销资源1.28亿元。与油站周边商家合作打造价值小循环，打造城市社区型、省道驿站型、乡镇补给型等五类价值网络加油站199座，因地制宜投放基础服务、特色服务、增值服务资源，实现日均提量252吨。

【直批业务】 2021年，江苏销售直批业务围绕精细化营销，实现毛利最大化为主要目标。打破传统经验做法，构建油价预测数字化模型，科学预判油价走势，指导制定不同时期的营销策略，为开发维护客户、把握销售节奏、运作库存资源提供依据，实现直批毛利8560万元，同比增长68%。改变以往客户经理流动卖油的局面，将油库直销触角向前延伸，与加油站形成业务连通，推进“站代库”业务，构建一级直销终端网络。通过梳理单位卡、增值税发票、现场询问等方式，深挖加油站区域市场客户，“站代库”开发客户393个，形成销量3万吨，实现毛利292万元。与中国邮政合作，将其覆盖全省乡村、连接千家万户的“邮乐购”网点纳入业务管理，打造二级直销终端网络，对3923个“邮乐购”网点授权代理，实现对周边农林牧渔、物流基建类客户的摸排开发，“邮乐购”开发客户459个，形成销量2.6万吨，实现毛利283万元。在物流园区、港口码头、运输企业开发橇装站35座，抢占市场空白区域，实现增量1.9万吨。直销终端网络的形成，将业务拓展到市场每个角落，触达众多小微客户，形成新的量效增长点，直批销量同比增长66.7%。

【非油业务】 2021年，江苏销售非油业务探索多种发展模式，销售质量得到提升。快速拓展汽车服务洗车网络，新增汽车服务洗车站点50座，配建率30%；通过整合外部资源，推动汽车服务洗车业务从洗车平台向养车平台迭代升级，为客户提供洗车、保险、车检等一揽子服务，实现收入1727万元，毛利436万元。在17座加油站开设品牌店中店，吸引和聚拢客户，盐城新都路加油站肯德基店当年投产当年盈利，并带动纯枪销量同步增长。以基层党支部为主体，组建“网红”直播团队，培养网红员工126名，拍摄“油站趣事”原创视频1193个，吸引粉丝16.7万人；开展直播带货48场，实现非油销售1074万元，相当于增加10个百万元店。

【提质增效】 2021年，江苏销售坚持低成本发展，严控运营费用，提质增效“升级版”打造效果明显。在营销支出管控上，强化主动算账意识，实施费用切块跟踪管理，推广加油站量价利测算模型，吨油纯枪营销成本控制在545元。在投资成本管控上，理性参与加油站土地拍卖，优化存量站改造和迁建升级方案，深化轻资产合资合作，新投运加油站10座。在物流费用管控上，与中国石化共享资源、共享油库、共享运力，与参股单位共同租库、共摊费用，整体物流效率大幅提升，节省物流费用2988万元。在人工成本管控上，推动机关与基层、苏北与苏南用工协同，有效缓解一线缺员压力；从苏北向苏南派员83人，节约人工成本165万元。在资金运行成本管控上，提高低费率的微信、支付宝收款比例，与顺丰速运合作，收款费用同比下降420万元；增加昆仑银行、中油财务公司等中国石油金融企业承兑汇票开具，减少资金使用成本1138万元。在税收筹划上，推进股权企业降低所得税支出，利用优惠政策争取降税，发生企业所得税1.05亿元，同比减少4744万元。在亏损站治理上，传导治亏压力，“一站一案”制定减亏扭亏措施，实现净扭亏加油站52座，亏损额同比减少2875万元。

【资源组织】 2021年，江苏销售围绕“稳定”和“优化”两条主线，打造高效资源供应链。坚持以稳为先，2月，克服中国石油运输有限公司挂靠单位对淮安等4个地区166座站停止油品配送事件，春运期间临时组织相邻地市车辆跨区配送1214吨，追加配送计划112车次，优化调整配送120车次，组织中国石化及社会客户19辆车配送，解决节日期间南通、盐城地区重要站点的保供；7月，克服南京、扬州地区新冠肺炎疫情运输管控问题，扬州地区配送稳定，无加油站断供现象。持续优化购进，常态化利用中国石化库容5万立方米存储下海资源，确保配置资源兑现率的完成；东北下达配置计划286万吨，配置计划完成率100.3%，超计划0.89万吨；将东北销售地付资源量大幅提高至111.4万吨，同比增加15.51万吨，转移东北销售支付公路运费6807万元；完成海进江计划5.54万吨，转移东北销售支付水路运费492万元。优化物流方案，开展“以站找库”统筹物流优化降费；1月在淮安油库增加92号高清汽油仓储；3月底盐城分公司与运输公司完成南部地区加油站的路线测算，4月开始改由泰州油库配送，新方案完成配送2.79万吨。

【风险防范】 2021年，江苏销售实现重大数质量、资金、党风廉政、信访维稳、新闻保密等事故事件为零的目标，企业经营环境向好。整治油库事故隐患，通过国家应急管理部大型油气储存基地安全风险评估；常态化组织“双盲”实战演练，落实突发事件应急处置激励政策，为分公司成功处置应急事件加分12次，让基层一线更加重视应急管理，妥善应对10月本田车投诉事件。狠抓新冠肺炎疫情防控，贯彻江苏省委省政府、集团公司党组部署，第一时间启动应急机制，统筹安排资源调运、物资供应，打赢南京、扬州等地疫情保卫战，实现零感染、零疫情和复工复产销售上量的“双胜利”，疫情防控志愿者服务获南京广大市民称赞，《南京晨报》等媒体进行专题报道。在合规经营方面，开展合同突出问题专项治理，引入专业律师团队参与法律审核，合同审查审批的质量效率提高；推动以往纠纷案件全部结案清零，案件胜诉率提升，避免经济损失4301万元，收回现金补偿50万元；推动项目审计从外委向自审、联审转变，开展工程结算审计、经济责任审计、专项管理审计等项目500余项，跟踪督促整改问题137项，推动完善制度和管控措施16项，促进增收节支、挽回损失630余万元。

【队伍建设】 2021年，江苏销售在落实人才强企工程等方面持续发力。加强中层队伍建设，年内提拔20名党委管理干部，其中“80后”13名，占比65%；优化所属单位班子结构，调整交流中层领导人员46人次，推进任期制和契约化管理。提升员工综合素质，举办零售管理人员、客户经理、便利店店长等各类专项培训班33期，培训2304人次；56个教练小组开展“师带徒”培养5263次，开展到站指导7162人次，开展集中研讨2288次；412人实现技能等级提升，28人晋升为中级职称，9人参评集团公司副高级职称，1人获集团公司首届实操培训师大赛最佳培训方案设计奖。优化组织机构，完成两级机关大部制改革，机构设置全部到位，实现省公司机关职能部门“9+2”管理模式的调整，规范地市分公司“三部一室”机构设置，撤销2个二级单位、3个机关职能部门、3个附属机构，压减三级机构19个，压缩275个机关管理岗位；149座加油站开展夺标竞争上岗，37名普通员工通过竞聘走上站经理岗位，交流调整63名站经理，基层管理人员“新鲜血液”得到补充。

【企业党建工作】 2021年，江苏销售以政治建设为统领，提升党建质量，深度凝聚发展合力。落实“第一议题”制度，学习贯彻习近平新时代中国特色社会主义思想和习近平总书记对中国石油的重要指示批示精神。开展党史学习教育，通过中心组专题学、党委会跟进学、党员干部带头学、红色基地沉浸学，实现党史学习常态化、全覆盖；推进“我为员工群众办实事”实践活动，用心用情用力办实事、解难题、开新局。坚持大抓基层鲜明导向，推进基层党建与经营贯通融合，公司“支部＋网红”“5W”工作法（客户是谁、客户在哪里、用什么策略开发客户、为客户创造价值、实现共赢）、对外联建共建等有效做法被集团公司采纳，成为基层党支部建设的标杆。在建党100周年之际，南京城区党支部获集团公司基层党建“百面红旗”称号，作为销售企业唯一代表向全国党建研究会汇报党建工作成果，获“群众声音、带着泥土芬芳”的称赞。加强党风廉政建设和反腐败工作，健全完善责任体系，开展政治巡察，推动巡察成果有效转化；开展基层“微腐败”专项整治，严肃纠治“四风”，一体推进“三不腐”机制建设，党风企风持续向好，政治生态持续净化。

【企业文化建设】 2021年，江苏销售以“讲好江苏销售故事”为重点，以庆祝中国共产党成立100周年为主线，聚焦改革发展中心任务。坚持正面宣传，《江苏销售》发行26期，门户网站更新稿件1686余篇，“中油苏声”公众号策划推送“干部员工热议党的十九届六中全会精神”“团青风采”“高质量发展”“公司新闻周报”“分公司新闻周报”等专题文稿320篇，其中《江苏销售首季经营创新高》《江苏销售“六升级”严格落实疫情防控保障》等107篇稿件在集团公司网站、股份公司销售分公司网站、《中国石油报》等媒体刊登。举办以“石油工人心向党”为主题的开放日活动，吸引人民日报社、中国新闻社、江苏电视台等众多媒体参与；开展“我与党旗合影，我为党旗添彩”书画、摄影、征文活动，收到征集的作品230余件。推动EAP工作，在加强战略伙伴联系方面，推动苏州地区先行先试，联合凤凰集团新华书店、盐业公司共同开展“心理读书会”，提升企业品牌，扩大EAP在战略合作单位的影响力。

（谢小鹏）

中国石油天然气股份有限公司浙江销售分公司

【概况】 中国石油天然气股份有限公司浙江销售分公司（简称浙江销售）1999年1月成立，2008年12月上划股份公司直接管理，主要承担中国石油在浙江地区的成品油批发、零售和非油业务，负责浙江地区销售网络的开发建设和管理工作。2021年底，浙江销售本部职能部门9个，下属11家分销公司和2家专业公司，有员工3437人（合同化员工63人）。

2021年，浙江销售成品油销量304.57万吨，同比增长14.05%，超额完成提质增效目标；其中直批销售104.87万吨，同比增长57.93%，历史首次突破百万吨大关。

【油品业务】 2021年，浙江销售贯彻落实集团公司市场营销工作会议精神，坚持把市场占有作为关键指标，聚焦客户开发、渠道拓展，精研市场提质量，直

浙江销售主要经营指标

指　标	2021 年	2020 年
成品油销量（万吨）	304.57	267.05
汽油销量（万吨）	202.75	184.72
柴油销量（万吨）	101.82	82.33
加油站总数（座）	458	481
油库数量（座）	11	12
油库库容（万立方米）	41	43
纯枪销量（万吨）	199.70	200.64
非油业务收入（亿元）	7.75	6.80
非油业务利润（亿元）	0.84	0.51
吨油费用（元）	493	580
资产总额（亿元）	94.62	97.02
收入（亿元）	225.43	169.33
利润（亿元）	-1.19	-3.99
税费（亿元）	3.25	2.76

批相对市场份额21.7%、同比提升5.7个百分点，毛利1.83亿元、同比增长123.9%，实现量效齐增。构建长效机制，推动客户经理选拔走深走实，新聘直批专职客户经理15名，105名专兼职经理人销售油品20.91万吨。加大直销APP推广力度，线上营销成效初显，线上订单比例由年初3%增至68%。以市场为导向、以客户为中心，深化市场、客户、对手、策略研究，实施针对性、差异化营销策略，实现纯枪销量199.7万吨。创新互联网营销，打造会员体系，标签用户1100万以上。深化异业合作，推动跨界引流，引进营销资源1900万元，新增客户110万人，带动交易2.69亿元、销量2.37万吨。与平安银行联合营销实现销量1.6万吨；运营车专项活动新签约客户5万人。专注品牌营销，“10惠”和“线充现送”两大主力活动影响力持续提升。

【非油业务】 2021年，浙江销售围绕“人·车·生活”，强化昆仑好客体系运行，挖掘创造客户需求，实现非油业务收入7.75亿元、非油业务毛利2.15亿元，非油业务毛利全国第五，毛利率全国第二。策划省级活动14期，实现收入1.77亿元。以非带油，打造西凤酒、泸州老窖等爆款商品，实现收入1975万元，拉动油卡充值3297万元。汽车服务洗车网点增至200座，实现收入2524万元。投运尿素销售网点45座，销售散装尿素2431吨，实现收入454万元。发挥品牌优势，新增军营超市25座。加强外部合作，与中国烟草签署合作协议。杭州时代大道、金华环北“大搜车”门店开业，一站式解决“卖旧车换新车”。启动阿里国际站等项目建设，探索增收创效新途径。持续做强自有商品，新开发舒客牙具、艾伽盾消杀、娃哈哈茶饮料等热门产品，自有商品“更接地气”，适用性、实用性持续提升，实现收入1732万元。优化“我爱销售”，发放奖励721万元，人均增收2004元。探索全员营销，依托员工私域流量实现批发团购4753万元。

【加油站管理】 2021年，浙江销售聚焦新投运站高效达销、高销站精益增量、“双低”站稳步提升、亏损站重点治理、水上站攻坚克难，全面加强加油站管理。浙江全省34座亏损站“摘帽”。完成120座站店面优化，非油业务收入同比增长34%、毛利增长30%。营销活动监测系统有效监测3144次，现场管理能力得到提升。践行“阿米巴”理念，推进转制委托，激发员工内在动力。

【投资建设】 2021年，浙江销售树立“不让历史遗留问题成为历史，不再错过任何一次发展机遇”理念，把网络开发建设作为“生命工程”。坚持严谨投资、精准投资、效益投资，13座新开发站预计新增年可行性研究零售能力7.1万吨。低成本竞得温州龙港新城站用地，有效填补龙港区域网络空白，成功租赁南浔服务区、洲泉服务区、荣古西路等9座站，落实临平新塘站迁建用地，营销网络稳定性持续提升。加大正向激励，活用开发策略，拓展轻资产网络，开发（含续约）委托管理（特许经营）加油站16座，年销售能力9.6万吨，品牌和技术服务年均创收604万元。揭榜挂帅、分类治理、重点攻坚，38个历史遗留项目取得明显进展，14个项目销项，收回资金1909万元。衢州康达项目实现迁建，湖州吉利等一批项目落实规划用地，临平第一站排除万难原地重建，宁波陈倪、湖州勾里项目“起死回生”。狠抓工程质量和进度，完善考核机制，推广开业条件认定、工程运营交接、开业计划制定、员工招聘培训、安装调试布置、运营情况跟踪“开业六步法”，落实早投运早创效。

【首座光伏发电站】 2021年，浙江销售响应“双碳”要求，推进绿色转型，在利用分布式光伏发电技术上迈出第一步。金华石江站站房和辅房房顶安装 78 片太阳能光伏发电板，发电 30916 千瓦·时。

2021 年 1 月 27 日，浙江销售首座光伏发电站开门迎客（朱喆豪　摄）

【创新装配式施工】 2021 年，浙江销售工程建设探路先行，采取装配式施工模式新建温州桃花岛项目，实际有效工期 89 天，节约工期 110 天。

2021 年 12 月 21 日，桃花岛项目正式完工进入验收阶段（林小燕　摄）

【资源运行】 2021 年，浙江销售优化资源运作。科学筹划运输方式和库存结构，实施梯次运输、跨区配送，增加内陆串换比例，巩固温台地区下海一次直达率 100% 和油库 48 小时靠泊机制，推动宁波油库主动配送，物流费用同比减少 1255 万元。稳准把握下半年政策优势和市场机遇，月均销量突破 10 万吨，1—5 月环比增长 116%。库存和客存管理持续加强，遵循动态紧平衡原则，账面库存从年初 20.12 万吨下降到 12.85 万吨、下降 36%。客存保持在月均销量之内，9 个月以上客存全部清零。

【质量健康安全环保】 2021 年，浙江销售 QHSE 管理水平由 B1 良好级升至 A2 优秀级，连续 3 年获集团公司“质量健康安全环保节能先进企业”称号。压实安全环保责任，促进全员履职尽责，扣罚安全绩效考核 14.39 分、员工安全生产记分 361.5 分，罚款 4.1 万元。推进“一体化、差异化、精准化”体系审核，开展多批次专业化培训，攻关 QHSE 管理难题，管理体系良性运转。深化双重预防机制建设，狠抓关键节点风险管控，确保建党 100 周年等特殊敏感时段安全平稳。加强承包商管理，“零容忍”查处违章行为。全面强化排污许可管理，475 座库站全部在规定时间内完成申报，有序推进库站动静密封点排查治理，开展挥发性有机物专项整治，环保合规理念深入人心。节能量 10.03 吨标准煤，节水量 439 立方米，完成集团公司考核指标。抓严油品质量全环节管控，抓细非油商品质量全流程管控，抓精服务质量全方位提升，国家和集团公司质量抽检合格率 100%。

【企业管理】 2021 年，浙江销售稳步提升企业治理效能。改革三年行动、对标提升行动均提前完成集团公司年度目标。立足依法治企、依规办事思维，健全两级公司综合管理体系，“按制度办事”成为行为准则。开展制度建设评价，做好制度“立改废”全生命周期管理。纠纷案件整体受控，5 起已结案件均获胜诉。内控管理持续强化，集团公司内控评价连续 5 年优秀。法人压减任务超额完成。坚持合作共赢理念，求解利益最大公约数，运用法治思维和方式定纷止争；增强派出人员履职尽责意识，推动管理红线落实落地，股权企业管理持续规范、有序。

【数字化转型】 2021 年，浙江销售主营业务系统全面进入 2.0 时代，标准化应用取得新成果。自主创新的预约加油模式在全系统推广。完成协同办公 2.0、便利店管理、油站综合管理、施工现场监管等系统开发升级。浙江销售获评集团公司信息化工作先进单位。

【首座智能中央仓投运】 2021 年，浙江销售建设系统内第一座智能中央仓，实现高效供应能力输出，库

2021 年 3 月 12 日，系统内首座智能中央仓开始运行（王悦汀　摄）

存周转天数同比下降12天。利用“大数据+物联网”强化中央仓的仓储能力、分拣能力和配送能力，形成服务自身、服务供应商、服务社会的共享供应链；通过软件和规模调度算法及计算引擎驱动，实现上千台智能运动单元精准配合，高速准确完成“货到人”拣选，实现每日配送，并以高速、稳定的满负荷工作能力轻松消化“10惠”活动等重大时间段的海量订单。

【三项制度改革】 2021年，浙江销售推进三项制度改革。修订完善中层领导人员管理规定和考核评价办法，严格干部选任标准和工作程序，树立正确用人导向，选人用人风气持续向好。坚持“严管就是厚爱”，个别干部按巡视整改要求降级降职使用或调离岗位，套转未过的降级套转，无法更好发挥作用的提前退出领导岗位。推行任期制和契约化管理，打破“终身制”“铁饭碗”。“大部制”改革全面落地，撤并二级机构4个、三级机构43个、附属机构13个，达到浙江销售本部“9+2”、地市公司“三部一室”的目标，基本实现市场营销、仓储调运和支持保障一体化运作，决策机制更短更快更有效。优化劳动组织措施，加强用工分类管控，用工总量比上年末减少356人，劳动效率和人工费用管控水平大幅提升。

【人才强企工程】 2021年，浙江销售以工程思维推进人才强企，确定中长期人才建设规划目标、6个专项工程和4个发展机制。推进加油站职业经理人试点，构建四类岗位序列体系和人才晋升通道，打破人才成长“天花板”。成立工程、政工专业职称中评委，提高获取职称奖励力度，提升任职职称要求，增强员工自主提升素质能力的积极性。参加集团公司职业技能竞赛，库、站工种分别排名销售分公司第九、第十，个人赛4人参赛3人获奖，取得历史最好成绩，获评集团公司“十三五”技能人才工作综合评估先进单位。

【抗击台风“烟花”】 2021年，面对最强台风“烟花”，浙江销售逐级压实工作责任，切实做到“预判早、处置快、损失少”。各单位树立“防大汛、抢大险、救大灾”意识，主动对接有关部门和周边企业，形成合力、通力协作，及时掌握防汛工作动态，提升联动处置能力。两级公司成立应急抢险队15个，129辆油品应急保供车辆随时待命，168名抢险队员“投入战斗”。未发生伤亡事故，未发生质量事故和环境污染事故，受灾库站第一时间抢修自救、恢复投运，浙江销售防台经验在销售分公司迅速推广。

2021年7月，“烟花”过后，油站开展灾后自救（杨茜茜　摄）

2021年12月，张家埝站为镇海区生活物资保供车辆加油（应小容　摄）

【企业党建工作】 2021年，浙江销售制定《关于进一步加强党的政治建设的重点措施》，开展“第一议题”学习36次，集中学习党的十九届六中全会精神60次。坚持大抓基层的鲜明导向，分7方面24条措施推动党建“三基本”与“三基”工作有机融合，开展党支部量化考核，推动支部建设标准化、规范化，在湖州、绍兴试行片区党支部和支部书记专职化。发展党员117名，表彰优秀党员及党务工作者43名。湖州第一党支部获集团公司基层党建“百面红旗”。

2021年，浙江销售用好浙江“三地一窗口”优势，赓续红色血脉、传承红色基因，开展党史学习教育。学习研讨120余次，讲授党课90余次。专题组织生活会查摆问题342个，制定整改措施277条。打造惠民“五大工程”、实事清单34类，解决基层问题

257 项。《中国石油报》两次头版报道浙江销售典型做法，集团公司党史学习教育简报专刊发布《浙江销售用活用好红色资源深入推进党史学习教育》。

2021 年，浙江销售加强党风廉政建设和反腐败工作。聚焦"两个维护"强化政治监督，围绕提质增效、新冠肺炎疫情防控做实日常监督，零容忍整治基层"微腐败"。以高度的政治自觉抓实巡视反馈问题整改，制定"1+4"巡视整改模式（"1"指整体巡视整改方案，"4"指选人用人、微腐败、招投标和事后合同、投资工程建设 4 个专项工作组），压实党委书记首责、分管领导领责、相关部门履责、纪检部门督责，整改措施完成率 99%，企业治理效能大幅提升。

【企业文化建设】 2021 年，浙江销售发挥群团组织优势。以建党百年为契机，高标准办好石油开放日、先进事迹宣讲等活动。先进典型、标杆库站不断涌现，石红燕获评集团青年岗位能手，嘉兴油库获评集团公司青年文明号，唐佩娟、周小利分获中国石油十大标杆站经理、油库主任，宁波徐家漕站、湖州和孚油库分获中国石油十大标杆油站、标杆油库。将镜头聚焦发展、对准一线，在《人民日报》《中国青年报》《浙江日报》等外部媒体发稿 219 篇，位列销售分公司第三，在上级媒体发稿 140 篇，《中国石油报》头版发稿 7 次，宣传报道聂伟、徐桂芳等一批先进典型，《倒班》系列微纪录片在"学习强国"等媒体播出，赢得更多关注和支持。

（吴孝翔）

中国石油天然气股份有限公司安徽销售分公司

【概况】 中国石油天然气股份有限公司安徽销售分公司（简称安徽销售）负责中国石油在安徽省的成品油销售、市场开发、非油销售业务。2002 年 6 月成立中国石油天然气股份有限公司安徽销售分公司筹备组，2002 年 9 月正式注册成立。2021 年底，设机关处室 9 个，直属机构 2 个，所属二级单位 13 个。在册员工 3166 人。党委下属基层党委 15 个，党总支 1 个，党支部 56 个，有党员 1074 人，其中在职党员 1052 人。资产总额 70.37 亿元，在营加油站 570 座，管理油库 10 座，库容 28.46 万立方米。

2021 年，安徽销售成品油销量 221.09 万吨，其中纯枪销量 155.09 万吨，非油业务收入 8.97 亿元、同比增长 30.6%，非油业务毛利 1.62 亿元、增长 8.5%，商流费用 10.25 亿元、下降 5.5%，实现净利润 0.43 亿元、增长 1.68 亿元，保持安全环保事故为零的良好业绩。

安徽销售主要经营指标

指　标	2021 年	2020 年
成品油销量（万吨）	221.09	211.67
汽油销量（万吨）	122.62	120.70
柴油销量（万吨）	98.47	90.97
润滑油销量（万吨）	0.84	0.76
在营加油站总数（座）	570	572
油库数量（座）	10	10
油库库容（万立方米）	28.46	28.46
纯枪销量（万吨）	155.09	157.29
非油业务收入（亿元）	8.97	6.87
非油业务利润（亿元）	0.74	0.66
吨油费用（元）	464	512
资产总额（亿元）	70.37	72.05
收入（亿元）	164.98	136.42
利润总额（亿元）	0.49	–1.05
税费（亿元）	1.96	1.73

【成品油业务】 2021 年，安徽销售坚持量效并重、效益优先，坚定实施价值营销，守住毛利底线，直批销量和零售平均销价在华东区域处在前列，12 家分公司实现盈利。坚持毛利总额最大化原则，紧盯销售分公司营销政策，紧贴市场实际，批零一体化算账，日预警、旬分析、月总结，科学统筹经营计划，合理把控销售节奏，得到各类补贴奖励 25896 万元。实施客户开发提速工程，依托网格化作战地图、客户管理小程序和快速购卡支付平台，做细走进社区、走进单位、走进厂矿、走进车场、走进展会"五走进"客户开发。通过零售提油券、打桶油等工具，增量 11.8 万吨。实施精细服务提档工程，与 72 家集团客户共

享合作，引入促销资金4375万元。实施基础管理提升工程，开展亏损站治理攻坚行动，推广“阿米巴”经营模式，74座站实现扭亏，扭亏比例31%，亏损金额同比下降4951万元。争取资源创效渠道，打通高标号汽油水路资源；把控资源调运节奏，创效2300余万元。处理好竞合关系，配合安徽省政府开展非法经营成品油整治，促进市场公平竞争，减缓低价资源冲击。

【非油业务】 2021年，安徽销售推进非油业务改革创新，落实“夯实基础，重视店面，平价保供，优化品类，主抓爆款，精细营销，平台共享，创新创效，亲情服务”的工作方针，实现非油收入8.97亿元，毛利1.62亿元。重点跟进非油批发业务开展，大宗商品销售业绩实现新提升，累计销售化肥4590万元，家电1.8亿元，好客之力1270万元。开展社群营销和直播带货，线上累计完成销售588万元，同比增长546万元。直播84场，其中所属分公司直播29场，销售额288.7万元，实现非油毛利44.1万元。

【网络建设】 2021年，安徽销售打好网络开发攻坚战，深化与安徽省交控集团全面合作，成功竞租其成熟站点。与天长城投合作，开发加油站1座，实现当年开发、当年建设、当年投运。争取公平参与权利，在安庆低价取得一宗项目用地。打好项目投运主动战，新投运加油站25座。打好新能源布局抢滩战，与中核汇能、三峡清洁能源、神皖能源等企业合作，开展光伏发电；与国家电网、特莱特等企业合作，开展充电业务。

【提质增效】 2021年，安徽销售着力打造提质增效升级版，强化科学统筹，层层压实责任，跟踪督导，超额完成销售分公司下达的提质增效奋斗目标。坚持经营上精打细算，实现定额卡销售2.2亿元，直批增量3.14万吨，非油业务增收2亿元；推进直批线上和战略营销，增强直批创效能力，实现购销毛利5762万元。坚持运行上精耕细作，推进物流再优化，扩大直达资源比例，增加石化串换量，开展三山油库主动配送，物流费用比预算节约4810万元。坚持管理上精雕细刻，强化极限成本管控，油品综合损耗率同比下降0.06%；折旧折耗比预算节约1911万元、创效1762万元，盘活水上站6座、减亏335万元；通过税收优化、用工优化、非生产性费用精益管理等方式降本增效，相关费用比预算节约5415万元。

【改革创新】 2021年，安徽销售坚持改革创新激活新动力，坚持油品不足非油补、站内不足站外补、线下不足线上补的创新转型思路，推进非油体系重构，初步建成线上线下、站内站外、零售批发“三位一体”的非油业务销售体系，非油业务主要经营指标实现双增双超，转型发展的底气更足、动力更强。全面梳理党委、行政相关制度，强化制度执行力建设，增强规范意识、标准意识、执行意识。

【风险管控】 2021年，安徽销售牢固树立风险意识，系统推进安全环保、数质量和廉洁风险治理，各类风险整体受控。高质量开展QHSE体系审核，加强较大以上隐患和违规问题问责，对“环保违规、油气泄露、设备带病运行、承包商违章”四类问题零容忍。安全环保责任有效落实，基层“三违”问题大幅下降。保持新冠肺炎疫情防控不松懈，确保员工零感染。推进“三不”有效机制建设，不敢腐的震慑强化，不能腐的防控机制完善，不想腐的自觉形成。信访举报案件明显下降，减存量遏增量取得较好成效，政治生态向上向好。落实集团公司巡视、审计问题整改，完成35项巡视发现问题整改，推动6项审计发现问题整改。

【企业党建工作】 2021年，安徽销售推动落实“第一议题”制度化、常态化，组织“第一议题”学习18次，从党的创新理论中汲取智慧和力量，提高把握新发展阶段、贯彻新发展理念、融入新发展格局的政治能力、战略眼光、专业水平。强化理论武装，通过党委会议、中心组学习、领导干部读书班开展学习研讨35次，邀请权威专家围绕贯彻落实党的十九届五中、六中全会精神、中国共产党的百年奋斗历程、新发展理念等开展专题辅导，增强深度和广度；两级党委组织中心组学习167次，推进理论学习与实践的深度融合。开展“党史学习教育”，引领各级党员干部学思践悟。加强基层党组织建设。推动党建“三基本”建设与“三基”工作相融互促，出台具体实施方案，在合肥片区党支部选树有机融合先进典型，推进基层党建与基础管理全面融合全面进步全面过硬。优化基本组织设置，推动党建与经营深度融合，在合肥、阜阳等10家分公司试点成立机关与片区加油站联合党支部。规范基层党组织换届程序，向7家基层党委下发换届提醒函，完成14个基层党支部换届选举。开展机关作风建设活动，打造“六型”模范机关，倡导“马上就办、担当尽责”，促进服务质量、工作标准提升。通过办好9件实事，推动“我为员工群众办实事”走深走实，促进党群干群关系更加密切。完成巡视巡察问题整改，先后召开巡视整改专题会议10次，巡视反馈的44个问题已完成整改37个，修订完善制度63项，挽回经济损失52.64万元，追责问责10人次。提前一年完成对所属分公司巡察全覆盖，党委对3家地市公司和1家专业公司进行常规巡察，对1家单位开展巡察“回头看”。两轮巡察发现问题176项，提交加油卡风险防控、促销管理等专题报告6个，向相关职能部门提出建议10个，发挥巡察利剑作用。

（李晓敏）

中国石油天然气股份有限公司福建销售分公司

【概况】 中国石油天然气股份有限公司福建销售分公司（简称福建销售）成立于1999年2月，2008年12月上划股份公司直接管理，主要负责中国石油在福建的成品油销售、非油品业务与网络建设工作。2016年12月，中国石油天然气股份有限公司天然气销售福建分公司成立，与福建销售实行“两块牌子、一套人马”，负责中国石油在福建的天然气销售工作。

2021年2月，天然气销售福建分公司划转天然气销售分公司。2021年底，福建销售设9个职能处室、下辖9个地市分公司和非油分公司、储运分公司，有员工3281人。在营加油加气站470座；资产库4个，库容30.6万立方米。

福建销售主要经营指标

指　标	2021年	2020年
成品油销量（万吨）	218.10	205.90
汽油销量（万吨）	120.36	126
柴油销量（万吨）	97.74	77
加油站总数（座）	476	505
油库数量（座）	4	4
油库库容（万立方米）	30.60	30.60
纯枪销量（万吨）	119.89	123.63
非油业务收入（亿元）	6.20	5.30
非油业务利润（亿元）	1.16	0.91
吨油费用（元）	424.11	481.56
资产总额（亿元）	71.78	71.67
收入（亿元）	156	125
利润（亿元）	0.05	-4.98
税费（亿元）	1.52	1

2021年，福建销售总销量219.39万吨，其中直批销量98.93万吨、自营纯枪销量119.89万吨、车用气783.23万立方米；非油业务店销6.20亿元、非油业务毛利1.16亿元。成品油总销量完成率排名销售分公司第四，净利润完成率排名销售分公司第五，直批销量完成率排名区外第一。实现利润523万元。安全环保数质量、舆情事件为零。全体员工全年零疑似、零感染、零确诊，常态化新冠肺炎疫情防控平稳，安全环保形势稳定向好，切实做到疫情防控和生产经营两不误。获销售分公司劳动竞赛红旗13面；在昆仑好客公司组织的首届购物节中，获全国优秀组织一等奖、销售竞赛三等奖。

【油气销售】 2021年，福建销售落实双增部署，精细营销、精准施策。开展“市场大调查、客户大开发”活动，开发柴油客户1551个、增量14.86万吨，锁定高频运营车辆月均加油量2450吨，获股份公司销售分公司柴油提量创效奖励4219万元。发力终端市场，强化核心客户导向，终端直销比例85%，直批APP上线率84%，客存维持在较低水平，调减信用额度526万元。加强计划、调运、销售一体协同，减少递补清算扣罚1.2亿元，优化销售节奏增利3686万元。建立省市两级全方位沟通机制。找准地市公司差异化市场定位，系统整合营销资源，汽油营销支出同比下降9.4%。推进会员服务体系建设，线上粉丝超370万。移动支付比例9%，排名销售分公司第八。客服工单同比下降12%，神秘顾客检查排名销售分公司第四，综合客服排名第五，获股份公司销售分公司客户服务质量劳动竞赛红旗4面。优化团队管理，推广巡站式例会，完成三支基层队伍轮训，诊断加油站401站次，“双低”站摘帽17座，经营提升27座。建成泉州德和司机之家，增设18座站点为司机提供休息、热饮等增值服务。新增数据应用模型16个，迭代优化12个，研发8个移动端应用，初步实现全渠道客户自定义聚类，助力零售工作。

【非油业务】 2021年，福建销售强化油非一体运作，开展以非带油、以油促非活动，带动店销收入1450万元、油品销售6.3万吨。打造爆款商品，优选高毛利组合，组织武夷山水饮水节，推进消费主题促销，实现促销收入9911万元、毛利1747万元，重点品类销售1.87亿元。深化店长制管理，强化收入挂钩，调动创业热情，店长制便利店收入同比增长29%、毛利增长3%。打通客户换油服务，建成三方合作门店11家，双品牌门店3家，销售车用润滑油34吨。建成洗车网点120座，实现汽车服务收入2565万元。引入新品270个，淘汰滞销品56个，开发清茶湾、福鼎白茶2款自有商品。建档化肥客户258家，共建示范基地5家，实现化肥销售752吨。开展省市直播33场，线上线下数码家电团购4期，实现线上业务增收387万元。布设简易加注设备32套，联合润滑油公司开发终端客户55家，实现尾气净化液销售7320吨，同比增长51%。优化非油仓配，实现周双配，设立应急周转仓7个，探索与中国石化联合配送，解决畅销品配送难题。

【安全环保】 2021年，福建销售加强新冠肺炎疫情常态化管理。坚持疫情“周调度”机制，召开疫情防控领导小组会议38次，通报本土疫情和疫苗接种情况，动态调整防控措施，严把人员审批关，坚决杜绝“四种不良倾向”。推动疫苗二剂次“应接尽接”，第三针加强针接种率69%。特别是在9月福建疫情中，迅速制定下发升级管控“二十条”、加油站运营新冠肺炎疫情管控实施方案，严格落实、妥善应对。在年初下拨66.68万防疫专项资金基础上，紧急追加37.78万元。为1478名高风险地区在岗职工发放疫情特殊津贴71.03万元，下拨13万元工会经费进行专项慰问。莆田分公司获福建省商务厅2021年疫情期间保供突出贡献奖。狠抓安全环保、质计量管理，以筑牢建党百年安保维稳保障体系为主线，落实“党政同责、一岗双责”要求，强化QHSE体系审核评估，全员宣贯新《安全生产法》，强化安全环保监督检查，开展反违章专项行动。推进安全生产专项整治三年行动计划，全面实施全员记分考核，把承包商员工纳入安全记分考核管理，推进安全文化建设。利用库站视频监控系统实行24小时视频扫站，两级机关中层干部122人次下站检查，推进安全专家常态化督导，建立常态化“四不两直”检查工作机制。全年一般A级及以上安全生产事故为零。成立专项行动组，开展质量计量及公路运输油品质量专项检查，送检油品787批次、抽检141批次，全部合格。4座油库全部取得排污许可，264座登记管理加油站100%完成申报，169座简化管理加油站全部完成。委托第三方开展库站监测，库站油气回收设备在整改后均符合监测要求。

【网络建设】 2021年，福建销售部队项目重获新生，福州宗棠站再次续租并重新取得成品油零售资质，莆田新度、华亭2个项目低成本回归，莆田荔涵南、荔涵北、黄霞3个部队项目纠纷得到妥善处置。合资合作稳步推进，新增福州福鑫、福联油、三明生态新城等3家合作发展平台，开发项目14个、投运10个。抓住福建省高速能源板块改革契机，扩大双方合作，开发高速出入口项目3个、重启1个，建成投运1个。有效清理历史项目，清理问题25项，收回款项3256万元。福源站结束14年历史长跑，投产试运营。近3年清理完成历史项目53个，累计收回款项1.2亿元，历史项目存量降到最低水平。

【企业管理】 2021年，福建销售改革创新进一步深化。贯彻落实习近平总书记关于“深化国企改革”的有关要求，推进改革三年行动，完成改革任务69项，完成率93.2%。按照业务驱动、协同高效的原则，稳妥推进大部制改革。地市分公司“三部一室”全部调整到位，二级、三级机构分别压减36%和22%。天然气业务平稳划转，省公司人员优化至100人内。围绕8个管理方面26项提升措施50项工作成果，与国内外知名销售公司精准对标，在找差距、补短板的对标中逐步向一流企业迈进。全年任务完成进度95.8%，成果完成率92%。

费用管控进一步压实。制定控本降费责任清单，将控费目标分解至各责任单位，深化全员成本目标管理，深挖各环节降本增效潜力，全员、全过程、全方位推进控本降费工作。采用出租、处置、关停、迁建等多种方式，优化加油站资产，折旧摊销费4.03亿元，低于预算2429万元，同比减少1612万元。均衡摆布资源，合理安排船舶，加大一次入库直达率，提升车辆运输效率，运输费0.98亿元，低于预算1063万元。商流费9.25亿元，低于预算2456万元，同比减少6608万元。获股份公司销售分公司降本控费劳动竞赛红旗3面。

损耗管理进一步加强。严格指标考核，制定年度、季度、月度损耗控制目标，层层分解机关、地市、基层库站任务，严肃考核落实，实现控耗目标和责任双落地。严抓过程管控，利用GPS、车载视频监控等信息手段，多方面、多层次、多维度监控运输全过程，严格途中停车等异常情况报备，防止“跑、冒、滴、漏”，公路运输损耗0.87‰，同比下降0.55

个千分点。加强损耗分析，盯住“重点环节、重点库站、重点车辆、重点油罐、重点设施”，依托信息系统，加强监控、数据分析，持续降耗增效。油库盘盈0.95‰；加油站综合盘盈4.13‰，同比多盘盈0.15个千分点。一次、二次运输损耗双下降，综合指标创历史最好，获股份公司销售分公司运输损耗劳动竞赛红旗2面。

合规管理进一步规范。加强案件管理，围绕“达到诉讼效果实现公司利益最大化”目标，建立内部多方联动机制和外部沟通协调机制，抓好诉前全盘筹划、诉中分析应对、诉后复盘总结。践行纠纷案件全程应对机制、建立法律人员有效沟通机制、推行案件单位主要负责人出庭制，确保纠纷案件整体运行受控，最大限度维护合法权益。处理纠纷案件16起，避免或挽回经济损失3660.8万元。深化基础管理工作，以“谁主管业务、谁控制风险”为核心，制订权责清晰、业务规范、风险明确、措施有力、预警及时的风险防控体系建设实施方案，构筑业务部门、直线监管和检查监督“三道”风险防线。建立事后合同长效管控机制，每月通报整改不到位的单位，2021年事后合同得到有效根治。举办股权企业董事、监事及高级管理人员业务培训班，培训考试通过后上岗，提升股权企业派出人员履职能力。组织参股企业经营投资自查，规范投资行为。

【党建工作】 2021年，福建销售加强理论武装，统筹推进党史学习教育和“转观念、勇担当、高质量、创一流”主题教育，落实“第一议题”制度，两级党委开展中心组学习139次、专题读书45次、专题党课113次、专题宣讲183次。巩固提升基层党建工作质量，结合生产经营需要和加油站团队管理变化，修订《福建销售党建与生产经营深度融合实施方案》，印发《关于加强地市分公司基层党支部工作与生产经营融合的通知》，探索基层党支部与加油站团队管理同步设置，推行基层党支部书记兼任团队经理，9家地市分公司34个基层党支部全覆盖97个团队，在党支部设置上实现“省公司—分公司—团队”统一步调，党建管理上下“一盘棋”，增强党支部的战斗堡垒作用。加强党建督导，派出8个督导小组，开展两轮督导检查，形成12份督导报告。狠抓党组巡视整改，深刻吸取教训，健全完善制度，构建长效机制，同步推进巡察整改督导检查，完成巡视整改阶段性目标和4家分公司巡察督导检查。修订《落实全面从严治党主体责任清单》，压实管党治党责任。践行“马上就办、真抓实干”，领导班子带头走出办公室，走进市场、走进政府、走进基层、走进群众、走进合作伙伴，听真话、察实情、问良策，推进作风转变，收集办实事项目273项、办结261项。

（肖腾飞）

中国石油天然气股份有限公司江西销售分公司

【概况】 中国石油天然气股份有限公司江西销售分公司（简称江西销售）2001年12月成立，前身是中国石油华东销售江西分公司，2008年底上划股份公司直接管理。主要从事成品油批发、零售业务及便利店、润滑油、天然气等非油销售业务，承担销售网络开发建设及管理等职责。2021年底，“9+2”模式全面落地，机关本部缩减为9个部室和2个直属机构（专业分公司），下辖11个地市分公司和15个控（参股）公司，全口径用工总数2073人，运营加油站305座，运营油库8座，库容13.3万立方米。

2021年，江西销售销售油品125.42万吨，同比增加18.6万吨，其中纯枪销售76.59万吨，同比增加2.38万吨；非油店销收入3.4亿元，同比增长25%，非油利润0.33亿元，同比增长63%；合资开发加油站6座，投运加油（气）9座；商流费7.3亿元；净利润–4.99亿元，大额亏损主要是处理历史遗留问题和补提折旧。质量、计量和安全环保事故为零。

【油品销售】 2021年，江西销售坚持“量效兼顾、以效为先”，拓展营销一体化内涵，理顺营销体制机制，逐渐扭转重销售轻营销的现象。实施“一体化统筹”，市场份额同比提高2.3个百分点。打好纯枪柴油市场进攻战，柴油日均纯枪销量自4月起止跌企稳，全年同比增长7%。坚持纯枪汽油创效主体定位，在社会加油站大幅降价、主营单位同比下降的环境下，同比实现正增长。直批销量同比提高48%，实现直批毛利3834万元。坚持“市场需求+问题导向”原则，深化“上下里外”四大维度，建立“日研判、周分析、月总结”市场化研判机制，有效提升营销的精度、深度和广度。以“中油好客e站”为主阵地，核销电子券1728万元，同比新增粉丝10万人。推

江西销售主要经营指标

指　标	2021 年	2020 年
成品油销量（万吨）	125.42	106.79
汽油销量（万吨）	62.76	47.97
柴油销量（万吨）	62.67	58.83
润滑油销量（万吨）	0.23	0.24
加油站总数（座）	305	302
油库数量（座）	8	8
库容（万立方米）	13.3	12.8
纯枪销量（万吨）	76.59	74.21
非油业务收入（亿元）	3.40	2.76
非油业务利润（亿元）	0.33	0.14
吨油费用（元）	584.70	683.36
资产总额（亿元）	48.84	53.22
收入（亿元）	88.38	64.62
净利润（亿元）	–4.99	–0.46
税费（亿元）	0.09	1.65

广直批 APP，认证客户 966 个，销售油品 11.5 万吨。试点昆仑金融服务，解决客户关键痛点。与工行、银联、江西邮政、江铃等加大异业合作，引入促销资源 3500 万元。开展工作现场标准化、员工行为标准化、操作流程标准化、设备设施标准化“四个标准化”创建，提升加油站形象和现场服务水平。秉持客户服务高质量，搭建三级市场开发和客户分级管理体系。网格化摸排客户 981 户，新增销量 4.8 万吨。完成萍乡云河加油站“司机之家”建设。增设 44 名加油站兼职客户经理，围绕加油站及油库周边地区开展客户开发。实行“基础量 + 额外量 + 奖励”的激励措施，发放直批奖励 81 万元。与江西省内成品油经营单位建立定期沟通协调机制，共同促进江西省内成品油市场良性健康发展。参与配合地方政府成品油市场专项整治，助力扭转柴油销售颓势。优化资源运作，串换资源 5.3 万吨，节约运输成本约 410 万元。加大串换，有效解决赣南地区柴油资源配置难题。客存油数量控制在 4 万吨以内。全面停止一票制配送服务。

【非油业务】 2021 年，江西销售非油业务收入、非油业务毛利均创 3 年来历史新高，实现量效齐增。抓做优做精店销，以店面优化诊断为抓手，挖掘店内销售潜力，油非转换率 20%、同比提升 6.2 个百分点。打造百万元以上店 106 座。开展“春风十里，约你换新”“双 11”等 9 档主题促销，实现促销收入 6000 余万元。组织开展直播带货活动 4 次，实现销售 130 万元。与 TCL 厂家、格力电器等开展线上线下一体化营销，利用员工私域流量开展社群营销，增收 186 万元。开展手机积分兑换，带动增收 389 万元。销售自有商品 4083 万元、同比增长 307%，贡献毛利 1396 万元。新开发昆觅洗衣液等 3 款自有商品，其中昆觅赣南脐橙销售额超 1100 万元，成为江西销售特色爆品。新增全自动洗车业务网点 40 座，汽车服务收入 250 万元，同比增长 208%。开展化肥销售业务，销售化肥 1500 吨，获“最佳营销奖”。加强商品采购创效，集采商品 2838 亿元。优化库存管理创效，清理滞销品库存 271 万元，库存周转天数由 62 天降至 54 天。

【网络建设】 2021 年，江西销售推进与政府投资平台、地方大型国企、江西省高速集团等单位的合资合作，新设立合资公司 4 个、开发加油站 6 座，储备合资项目 6 座。编制《工程建设项目进度控制表》，梳理优化建设项目全过程管理节点并落实到人，新建站建设周期从 36 个月压缩到 23 个月。投运加油站 9 座，其中 4 座提前投运。清理遗留项目 3 个，追回投资款 2056 万元。推进宜春油库复工。开展现场检查 77 站次，视频扫站 35 期，解决和整改问题 630 项，对承包商处罚 10 次。严格工程量清单管理，杜绝违规签证，超合同价款现象得到有效控制。加强施工项目审计分析，节约工程费用 593 万元。

【质量计量安全环保】 2021 年，江西销售首次引入安全诊断审核方式，QHSE 体系量化审核由良好 B1 级晋级到优秀 A2 级，湖口油库通过国家应急管理部大型油气储存基地安全风险评估专项检查。推进安全生产三年行动专项整治，确定重点隐患治理项目 40 个，落实安全隐患治理资金 1133 万元。开展“四不两直”监督检查 479 余次，发现问题 1372 项，整改率 100%。有效保障建党 100 周年等重点时期、敏感时段库站安全稳定。采取“固定计划 + 不定期抽样”方式抽检油品 1076 样次，抽检合格率 100%。加强储运销各环节能耗及损耗管理，完善油品库存盘点机制，一次、二次运输损耗均控制在股份公司销售分公司管控范围内，零售保管损溢率居销售分公司前列。把员工生命健康安全放在首位，加强职业健康管理，抓好新冠肺炎疫情防控，疫苗接种率 98%，有力有效地应对上饶等地散发疫情考验，疫情防控实现“双零”目标。

【提质增效】 2021年，江西销售树立“管理是生产力”思想，坚持“一切成本皆可降”，明确7大类38条重点措施，打造提质增效升级版。精准资金管控，严格往来清欠及库存规模，“两金”压控综合完成率121%，财务费用同比减少391万元，下降7%。办理票据贴现业务6.75亿元，节约财务费用57万元。在顺收业务基础上，创新开展员工送存业务，上门收款费同比减少372万元，下降72%。减免城镇土地和房产税211万元。推进遗留项目处置及闲置资产盘活，盘活资产76万元，处置6套拆迁安置房，实现处置收入60万元。

【企业管理】 2021年，江西销售开展“四查四提升”活动，组织开展“江西销售的事，大家想、大家说、大家干”思想解放大讨论活动，通过查思想引导员工转变思想观念、更新思维方式，查技术解决制约生产的瓶颈问题、难点问题，查管理扎实推进治理体系和治理能力现代化，查纪律着力培养一支销售铁军。推进法治企业建设，2021年度处理法律案件3件、办结3件，开展法律尽职调查10次，出具法律意见21份。综合管理体系发布运行，制修订制度35项。实施经济责任、建设工程、管理效益与专项审计等审计项目，取得经济效益941万元。2021年股权企业分回利润218万元，实现股权投资收益322万元。完成国企改革三年行动计划51项改革任务，完成率91%。

【改革创新】 2021年，江西销售推进人事三项制度改革，“9+2”模式全面落地，建立机构职责动态调整机制，重新梳理机关各部门及直属机构职责。动态调整11家地市公司分级分类。完成地市分公司任期制及契约化管理责任书签订。公平公开公正地在省公司、分公司和加油站3个层面开展干部选拔，提拔公司副总经理1人、二级正职1人、二级副职1人、三级管理干部4人，进一步使用5人、交流干部38人，着手研究为其他一线岗位成长进步搭建平台。评聘星级站经理277名，中级、高级职称39人。评选优秀内训师12名。再添2名高级技师、6名技师，高级技能人才培养成效初显，获集团公司2021年行业技能对抗赛团体第二名。优化考核激励，突出效益导向，严考核、硬兑现。取消“双百”考核机制，实行月度考核、季度约束。建立健全加油（气）站工资与效率效益联动机制，提高高标号汽油升油提成标准，推进管理人员薪酬结构调整。成立V创新创效工作室，“水位控制器控制罐区观测井水位”荣获集团公司创新创效攻关项目。成立新媒体文化营销工作室，搭建线上市场营销平台，培养线上直播团队。

【信息化建设】 2021年，江西销售落实首问负责制，提升信息系统运维服务质量，进一步减少问题处理时长。推进开票流程优化，提升运行效率和客户体验。聚焦基层难点，开展信息设备运行优化工作，60座站点完成优化后，主要系统操作平均提升速率50%以上。推进大数据应用工作，提升数字化助力经营能力。深化应用“阿米巴”单站模型，新增加油站量效价测算、非油利润下钻、加油站对标和零售损耗管理模型，助力日常运营。加快推进管理数字化转型，提升数字化助力管理提升能力。深化应用加油站一站式服务平台，实现机关与加油站信息传递的集约化、信息化和共享化。通过优化技术方案，节约资金80余万元，完成与江西省公安厅雪亮工程平台对接。完成散装汽油登记销售系统的建设部署，在满足同等功能的前提下，比原方案减少总投入62万元，下降85%。补齐安全短板，提升网络安全保障能力。完成建党100周年等重要时期网保任务，通过江西省公安厅信息系统等保评定，夯实网络安全管控能力。

【企业党建工作】 2021年，江西销售坚持“第一议题”制度，系统学习习近平新时代中国特色社会主义思想、党的十九届六中全会精神和习近平总书记对中国石油及相关工作的11次重要指示批示精神。提升管党治党水平，推进党史学习教育和“转观念、勇担当、高质量、创一流”主题教育活动，组织建党百年系列活动，两级党委组织理论中心组学习197次，开展专题党课21场、专题宣讲43次，集团公司党史学习教育简报专刊发布江西销售用好红色资源、传承红色基因的典型做法。开展“我为员工群众办实事”“全员岗位讲述”“石油开放日”等系列活动，激发全员爱党爱国爱企热情。加快推动基层党建“三基本”建设与“三基”工作有机融合，制定党委落实全面从严治党主体责任清单，压紧压实管党治党主体责任。推动所属股权企业党建工作要求进章程。集团公司党建工作责任制考评为A档。落实党建带团建工作实施意见，团青工作呈现新气象。获省级青年文明号1个，集团公司青年文明号1个，集团公司、省级青年岗位能手2人。开展例行廉洁谈话89人次，受理信访举报6件、受理问题线索8个，立案8起，给予7人党纪处分，1人政务处分，1个集体被通报批评，4人受到组织处理。严肃整治加油站“微腐败”，发现问题35个，解除劳动合同13人。开展离任审计3次，专项审计1次，发现问题20个。对4家分公司党委开展党内巡察，发现109个具体问题，挽回直接经济损失16.8万元。各类监督有机贯通、更加精准，政治生态进一步向好。落实意识形态工作责任制，严格舆论阵地管理，建立网评员队伍，完成敏感词清理，妥善处理4起舆情事件。设计制造特色红色文创茶具为建党百年和江西销售成立20周年献礼。发布红色及石油元素IP形象。微信公众号“中油赣之声”系统内排名创历史最好水平。获集团公司“宣传思想文化工作先进集体”称号。

【扶贫工作】 2021年，江西销售在产业帮扶、消费帮扶、党建帮扶等各方面努力作为，投入项目帮扶资金1000余万元。其中，青板乡霞阳村和姚家乡建作村桥梁建设项目1000万元；黄藤村扶贫超市项目6万元，旭航助学10.5万元。完成消费帮扶700余万元。加强与地方政府沟通汇报，拜访江西省委省政府和职能部门多名主要领导，为江西销售创造和谐发展环境。切实履行社会责任，推动脱贫攻坚与乡村振兴有效衔接。江西省委组织部、江西省帮扶办公室对江西销售公司定点考核等次为好；对驻村工作队队长的考核等次为优秀。挂职干部梅世丽、驻村队长黄勇、驻村队员肖奔获评集团公司脱贫攻坚先进个人；江西销售扶贫办获评集团公司脱贫攻坚先进集体；原驻村第一书记林忠贤获江西省国资委“五四青年”称号。

（刘　卉）

中国石油天然气股份有限公司山东销售分公司

【概况】 中国石油天然气股份有限公司山东销售分公司（简称山东销售）是中国石油天然气股份有限公司在山东省设立的全资分公司，主要从事成品油（气）与非油销售业务，2000年成立，本部设在济南。2021年底，山东销售机关本部设职能部室9个、直属机构2家，设地市分公司17家，独资公司3家、控股公司18家、参股公司13家；运营油库6座、库容18.3万立方米；运营加油站1020座，占山东省加油站总数9.10%；在册员工5255人，其中库站员工4450人、占比84.68%，资产总额98.23亿元。

山东销售主要经营指标

指　标	2021年	2020年
成品油销量（万吨）	219.69	269.74
纯枪销量（万吨）	166.35	228
加油站总数（座）	1020	1058
油库数量（座）	6	7
油库库容（万立方米）	18.30	19.50
非油业务收入（亿元）	12.24	10.83
非油业务利润（亿元）	0.77	0.89
单站日销量（吨）	5.03	6.28
吨油费用（元）	834	689
资产总额（亿元）	98.23	103.60
收入（亿元）	164.83	162.40
利润（亿元）	-10.23	1.63
税费（亿元）	2.52	0.92

【成品油销售】 2021年，山东销售面对市场需求下降、内外价差悬殊、新冠肺炎疫情反复等不利影响，振奋精神、艰苦奋斗，油品营销水平实现显著提升。坚持毛利最大化原则，实施批零一体、精准营销、精益管理，销售成品油219.69万吨，其中纯枪销量166.35万吨，实现毛利5.95亿元、超预算4191万元。推进直批作贡献，把保资源后路畅通作为必达使命，强化市场研判，树立竞合意识，实施客户分类分级定价、客户经理动态积分制分级管理，直批销量53.34万吨、同比增长28%。抓实零售创效益，坚持预算引领、定期会商，出台“放管服”方案，推进站级“阿米巴”经营，实施油站效能价值分类管理，全省综合价格到位率同比增长3.41%。拓客跑客见实效，开展三级联动客户开发维护、“88512”客户开发（指山东销售针对817家山东省直单位、816家山东省各地市直单位、中国500强驻鲁企业、山东省100强企业、2416家山东销售供应商进行的客户开发工作）、4S店“抢滩行动”和“千里马”招标获客，开发直批客户454个、零售客户6161个，销量9.18万吨；新发卡73.70万张、充值92.10亿元。做优服务创价值，构建驿站服务体系，打造“中国石油货车驿站”12座、红色旅游主题站3座、司机之家示范站2座、免费洗车站49座，在88座油站试点推行价值服

务项目清单，神秘顾客访问和客户服务成绩排名销售分公司第一。

【非油业务】 2021 年，山东销售将非油业务作为转型发展的重要方向和抓手，构建“一体两翼、双轮驱动”发展模式，实现收入 12.24 亿元，同比增加 1.41 亿元；毛利 1.48 亿元，毛利率 12.20%。店内营销迎难而上，克服站点数量下降、营销政策缩减等困难，坚持“油卡非润”一体统筹，打造爆款油非组合促销套餐，开展多项主题节日促销和劳动竞赛活动，实现店内收入 8.88 亿元，新增加油卡充值 4596 万元，打造“亿元级”品类 5 个、“千万元级”品类 8 个。“全员跑店”成效显著，坚持领导带头、全员参与，制定跑店激励政策，实施分区分类攻坚，同步完善昆悦超市运营管理体系，跑店 17290 家、收入 2619 万元；打造昆悦超市连锁店 612 家，其中直营店 43 家、加盟店 569 家。自有商品日趋丰富，相继开发洗衣凝珠、手工皂等自有新品，完成“昆趣”“昆语”等 11 个自有商标注册。跨界营销业绩突出，与移动、联通、电信、京东开展合作，增加收入 1100 万元、带动卡充值 1.18 亿元；销售新能源汽车 108 辆、实现收入 474 万元；化肥销售收入 2.72 亿元、同比增长 1.88 亿元；运营汽车服务网点 180 座，实现收入 1364 万元、毛利 579 万元。

【网络建设】 2021 年，山东销售破解网络建设发展难题，坚持把网络建设作为“生命工程”，坚定不移走低成本发展道路。树立“吃亏赢市场”理念，强化“份额优先”意识，完成投资计划 1.47 亿元，投运加油站 10 座，续租加油站 12 座，盘活加油站 7 座。实施“变动租金”合作模式，推进合资合作项目落地，评审通过项目 24 个，签订框架协议 16 个，完成注册 9 个，新增纳入加油站 55 座。推进智慧综合能源体建设，4 个项目签订开发框架协议，8 个项目完成选址，2 个项目获土地批复。推进油气一体协同发展，携手驻鲁兄弟单位，共举“中国石油”一面大旗，完成 64 座加气站现场探勘和谈判，首批推进 4 座加油站增设 LNG 设备。推进新能源项目建设，设立新能源办公室，统筹研究部署油气氢电光综合能源服务站建设，争取到销售分公司光伏试点单位资格，完成 1 座光伏站投运和 31 个光伏项目方案编制。推进工程管理质量提升，完成库站建设项目 120 个、完工率 98.3%、工期控制率 116%；完成隐患及维修改造工程 97 个，工程质量达标率 100%，湖屯油库改造基本完成。

【精益管理】 2021 年，山东销售开展“转观念、勇担当、高质量、创一流”主题教育活动，推进治理体系和治理能力现代化。强化制度体系建设，制定完善制度 24 项、立项完成率 100%；“大监督”体系深化应用，整合检查项目 25 项，发现整改问题 900 余项。推动依法合规治企，办理纠纷案件 103 件，避免和挽回损失 1700 万元，实现经济效益 944 万元；签订合同 3953 份、法律审查率 100%，事后合同为零；围绕新业务制定法律风险防控措施 66 项，对照 9 大方面研究化解跑店风险，从 16 个方面对合资合作进行规范。加强股权企业管理，规范商标授权，配齐董监事人员，论证新增股权项目 39 个，获股利 0.62 亿元。推进提质增效升级版，盘活资产 470 万元，清理在建工程 1.62 亿元；低效站处置获租金 8760 万元、降费 3030 万元；招标采购降费 1245 万元；工程建设降费 428 万元；运费降低 2304 万元；技术服务费降低 1994 万元；上门收款费降低 806 万元；472 座加油站进入电力交易市场、节约成本 15.8 万元。

【安全环保】 2021 年，山东销售贯彻落实集团公司“安全生产专项整治三年行动计划”要求，紧盯安全工作中的主要矛盾、主要风险、重点隐患，强化各类风险治理，实现安全平稳运行。抓实风险管控和隐患治理，以“安全生产责任制”建设为中心，优化中高风险岗位职责 83 个，整改库站“反违章”问题 431 项，完成隐患治理 86 项，投入资金 954 万元。深化 QHSE 体系建设，优化内部审核模式，确定库站 HSE“优先监管名录”108 个，检查发现整改问题 797 项，通过集团公司下半年 QHSE 体系量化审核，得分率 92.13%。推进加油站政企融合标准全覆盖，完成庆祝建党 100 周年等特殊时段保障任务，获评山东省 2021 年安全生产月活动优秀组织单位。严守环保底线，督导 20 座加油站完成运营手续补办，环境检测中心正式投入运行，VOCs 排放问题得到有效整改；落实“冬奥会”空气质量保障任务，查改各类隐患 31 项。严抓油品计质量管控，自检自查样品 320 批次、过月油品 994 批次，接受政府抽检样品 2790 批次，质量全部合格。制定 42 项降损耗措施，协调计量纠纷索赔油品 377 吨。抓实常态化新冠肺炎疫情防控，稳步推进健康企业建设，有效应对烟台、日照两起本土疫情，员工疫苗接种率 96%，实现全员零感染目标。

【改革创新】 2021 年，山东销售聚焦深化改革任务，推进实施一系列重要举措并取得实质进展。贯彻落实集团公司改革三年行动部署，完成改革任务 45 项、对标管理提升任务 31 项，完成年度任务指标。稳步推进“大部制”改革，成立昆悦、兴隆、云信等合资公司，为两级机关“开渠放水”搭建平台；明确人员分流“时间表”和“路线图”，完成两级机关部门整合，156名员工进入新公司创造更大价值。推动管理机制变革，建立动态考核调整机制，实施分公司分类管理，推动工资总额与考核结果全额挂钩；完善领导人员任期考核制，推动临退休领导人员退出实职，12人转岗任职。推广“夫妻站”运营模式，实行“机关、党支部、大站＋夫妻站”帮扶模式，打造夫妻站232座，减少用工318人，节约费用1144万元。强化创新成果应用，立项公司级重点课题项目15个，培育创效降费类成果35个，实现经济效益800万元。推动数字化转型、智能化发展，搭建昆悦超市信息系统，完成52座合资公司加油站零管系统上线，实现加油卡在所有挂牌站推广应用。

【企业党建工作】 2021年，山东销售党史学习教育扎实推进，建立“第一议题”制度，专题研学习近平总书记系列讲话和重要指示批示精神225次，跟进学习贯彻党的十九届六中全会精神，组织“一起学党史”读书班10期、主题党日活动405次；开展“我为群众办实事”实践活动，调整工资发放模式，设立异地交流员工探亲交通补助，解决基层问题145项。党建引领作用充分发挥，两级公司按要求召开党代会完成换届选举工作；构建清亲政企关系，拜访地方政府，牵头与济南市签订战略合作协议，推动新办公楼落户市中区；开展“三争六问”（“三争”指两级机关要争气、争光、争雄，“六问”指两机干部机关要时刻问一问“我该做些什么、我能做些什么、我做了没有、我做的过程中还有没有提升余地、我是否可以建立长效机制、我是不是拟定了下一个更好的计划”）执行力修炼，基层党支部和广大党员积极融入改革发展大局，推动全员跑店、客户开发等重点任务落地。纠治“四风”，开展节日反腐和“五个一”微腐败专项整治活动，整改审计发现问题33项，新一轮巡察覆盖率94%。群团工作组织有力，开展劳动竞赛、“单身的你加油”等活动，滨州51站被全国总工会授予“最美工会户外劳动者服务站点”，临沂沂蒙姐妹党支部被评为集团公司基层党建“百面红旗”。推进家长放心、领导安心、员工暖心的“三心”企业文化建设，帮扶困难员工564人次，落实帮扶资金143万元；履行企业责任，热心助力社会公益事业，第一时间筹集物资救援河南灾区，社会正面宣传力位列销售分公司第一。

（郭见昌）

中国石油天然气股份有限公司河南销售分公司

【概况】 中国石油天然气股份有限公司河南销售分公司（以下简称河南销售）是集团公司直属一级企业，1999年2月成立，承担中国石油进入河南省的成品油资源配置，加油、加气、加氢、充换电综合能源站开发建设管理及非油业务销售等职能。2021年底，机关设9个职能部门，下辖20个分公司、27个股权企业，在册员工4600多人。投运加油（加气）站800多座，运营资产型油库7座，形成油库辐射全省、油站覆盖所有区县的储销网络。

【油气销售业务】 2021年，河南销售面对需求下滑、竞争加剧、能源替代等不利因素，克服“7·20”特大暴雨洪涝灾害和新冠肺炎疫情多点散发双重冲击，落实集团公司市场营销会议精神，坚持毛利最大化原则，统筹量价效平衡，以市场为导向、以客户为中心、以效益为目标，坚决打造“三个高于”（高于竞争对手的站容站貌、高于竞争对手的环境卫生、高于竞争对手的现场服务）、落实“三不政策”（不打价格战、不搞普惠制、不做亏本买卖），推进扩销增效、提质增效，实现营销、管理、功能三大提升。搭建“1+N”数字销售模型，动态跟踪营销支出，零售价格到位率同比提高0.5个百分点，增利5500万元。深化异业合作，引入外部资金1726万，带动收入1.1亿元。坚持网格化、全覆盖、责任制，推动全员营销，拓展社群营销、线上营销，“引、拓、迁、固、裂”五维驱动，螺旋式提升客户数量和客户价值。组织60支党员突击队，践行“救援队伍走到哪儿，保障队伍就跟到哪儿，油品就供应到哪儿”的服务承诺，24小时不间断为电力、通信、医疗等应急单位保供油品656吨，在抗洪救灾中弘扬石油精神、彰显石油力量，受到《人民日报》、中央广播电视总台、新华网等中央媒体多次关注和报道。2021年实现销售总量257万吨，自营纯枪销量144.9万吨。

【非油业务】 2021年，河南销售锚定非油业务三年发展规划，坚定创新、合作、市场、品牌、服务“五

河南销售主要经营指标

指　标	2021 年	2020 年
成品油销量（万吨）	257.00	274.20
汽油销量（万吨）	132.5	136.50
柴油销量（万吨）	124.5	137.80
润滑油销量（万吨）	0.41	0.20
加油站总数（座）	842	859
油库数量（座）	9	9
油库库容（万立方米）	23.90	19.40
纯枪销量（万吨）	144.9	177.3
非油业务收入（亿元）	8.17	6.41
非油业务利润（亿元）	0.42	0.47
吨油费用（元）	530	490
资产总额（亿元）	69.74	76.41
收入（亿元）	176.36	156.9
利润（亿元）	-6.81	0.53
税费（亿元）	0.87	1.13

大发展战略”，打造门店零售、电商业务、汽车服务、大宗商品、品牌输出、餐饮生鲜、租赁广告、仓储配送、异业合作、代理代收“十大业务板块”，狠抓完善五项管理机制、夯实五大基础保障、建立 6 支专业化团队等 13 项重点工作，踏上三年收入毛利“两个翻一番”的目标进度。

2021 年，河南销售搭建“自有品牌、营销品牌、对外输出品牌”3 大品牌运营体系；建立“核心品类 + 重点门店”的分级督导体系，7 个核心品类销售占比 84%，酒类销售收入在销售分公司排名第二。强化运营管理，加大百万元以上重点门店培育，百万元以上便利店 224 座；自创“兰妮儿、罴孩儿”文创 IP，开发好客乐家、江湖食神、熹玛等 73 个自有商品，实施“便利店 +”工程，三门峡“警营超市”、安阳林州大众便利店等 2 个品牌输出项目投入运营，自助售卖机网点布局 20 座，首家肯德基汽车穿梭餐厅在郑州 26 站开业。员工分销平台日益成熟，开展直播带货 35 场，线上销售额突破 200 万元，在中国石油 2021 年度消费帮扶产品展销会暨首届昆仑好客购物节直播比赛中，获团体三等奖、优秀组织奖；在昆仑好客首届购物节活动中，获股份公司销售分公司竞赛一等奖和优秀组织二等奖。

2021 年，河南销售优化统采供应商管理模式，减少中间环节，增加厂家供应商合作比例，开展采购谈判 71 次，新入围供应商 18 家，优化淘汰供应商 8 家。全面推行代销结算，代销结算供应商同比增加 24 家，有效降低资金占用成本。发挥中央仓“保障 + 创收”双职能，提高中央仓运营效率和仓库利用率，降低配送仓储费用，开展代储业务增加效益来源。降低仓储费用 30 万元，新增代储收入 50 万元。

【加油站管理】 2021 年，河南销售分层开展加油站优化诊断，分类推进亏损站治理，因站施策开展“双低”治理，11 月推行 3 吨以下站内部承包，321 座承包站用工减少 356 人。协调推进市场治理，“四不放过”（事故原因未查清不放进、事故责任人未受到处理不放过、事故责任人和周围群众没有受到教育不放过、事故没有指定切实可行的整改措施不放过）专项整治基层微腐败，加油站终端治理取得成效。在国省道沿线建成“中油驿站”5 座，在城区汽油站布局洗车业务，探索推进光伏业务、充电桩建设，拓展加油站服务功能。

【油库管理】 2021 年，河南销售深化油库共享模式，细化协商机制，重点加强无库、运输困难及资源缺口地区的串换力度。实现串换资源 42.65 万吨，有效规避运行风险。统筹调度效率，发挥库站一体化管理优势，统一运作，统一规划。完善付油、卸油流程，优化配送路径。配送完成率 98%，完善业务流程 3 项，复核配送路径 2555 条。调整库容结构，配合完成郑州油库 95 号组分汽油储油罐改造，增加库容 2.3 万立方米，增强高标号汽油保供能力。严控数量质量，内练本领，外强沟通，管输损耗同比降低 1.6 个万分点，保管损耗 -0.64‰。接受内外部油品质量抽检 80 次，合格率 100%。

【投资建设】 2021 年，河南销售投运加油站 28 座，实施品牌输出项目 10 座。开展项目专项治理工作，优化站点结构，梳理 165 座租赁项目，清退长期不达标租赁站 24 座。加大遗留项目治理，6 座遗留项目复投。拓展新能源项目，制定《河南销售分公司“十四五”新能源发展规划》，细化新能源项目推进方案，与河南国电投合作，在郑州 15 站试点实施光伏发电项目，日发电量 200 余千瓦·时，年节约电费 3 万余元；实施 LNG 项目 3 个、加油站重卡换电站项目 2 个、达成氢能源站合作意向。

【资源运行】 2021 年，河南销售强化资源创效，在发挥生产运行调控能力上有新谋划，盯走势、控库存、踏节奏，实现资源创效4578万元，创效吨位10万吨以上。完善“联合标校”及“提标降耗”机制，公路配送损耗率0.32‰，低于预算指标0.08个千分点。

【队伍建设】 2021年，河南销售推动“大部制”改革，省公司机关“9+2”、地市公司机关“三部一室”组织架构搭建完成，两级机关机构减少19个；合理调整用工结构，引导管理人员向基层一线流动，推进富余人员分流安置，持续提高组织运行效率和人均劳效水平。严格选人用人制度，选拔任用中层干部11名，其中二级正职4名、二级副职7名；交流调整干部22人次，其中二级正职15人次、二级副职7人次；9人提前退出工作岗位；所属20家分公司中，有14家班子中配备“80后”干部，占比70%；中层干部平均年龄44岁，大学本科及以上学历100人，高级职称人员增加8人，领导班子功能增强，队伍结构改善。建立健全加油站工资与效率效益联动机制，全面实行升油含量工资制，激发加油站员工扩销创效的活力动力。推动以员工为中心的政策落地，持续五险两金全覆盖。推行技能晋升、创新创效能力提升和“石油名匠”培育计划，2021年度获集团公司“技能人才培养开发工作先进单位”称号，获集团公司销售企业加油站经理职业技能竞赛团体一等奖，获集团公司销售企业油品储运调和工职业技能竞赛团体二等奖，两项创新成果——汽油中醇类（甲醇及乙醇）快速检测方法及检测盒和紫外荧光硫水平自动进样装置分别获2021年集团公司一线创新成果一等奖和二等奖。

【企业党建工作】 2021年，河南销售党委坚决贯彻党中央及集团公司党组决策部署，聚焦“学史明理、学史增信、学史崇德、学史力行”目标要求，将党史学习教育与“转观念、勇担当、高质量、创一流”主题教育活动相结合，开展党史学习教育和庆祝建党100周年系列活动。通过坚持以上率下，采取中心组学习、专题读书班、“三会一课”、主题党日、专家辅导等形式，开展形式多样的集中学习，举办“大干百天、献礼百年”主题竞赛、征文讲述活动、党史知识竞赛、“辉煌百年、颂歌献党”视频合唱比赛、建成河南销售石油精神教育基地，增强党史学习教育的鲜活性和实效性。学习教育中，组织中心组专题学习220期，学习1700多人次；录制视频微党课18期；132个基层支部，1369名党员严肃开展批评和自我批评，开展谈心谈话3000余次，收集意见和建议1300余条，检视和整改问题866条；开展为员工群众办实事活动200余次，帮助基层解决各类难题750余项。

2021年，河南销售推进基层党建“三基本”建设与“三基”工作有机融合，健全完善党建工作责任制，层层传导压力，推动党建责任向基层延伸，所属单位党委书记和党支部书记述职评议实现“两个全覆盖”。坚持党员发展向一线倾斜，基层一线新发展党员90名，消除党员空白站点64个。线上线下相结合，举办和参加党员培训班8期，参训5600余人次，其中培训党组织书记924人次，人均超过60学时，党组织健全率和党员受教育率均100%。召开第二次党代会，完成“两委”换届选举工作。组织开展庆祝中国共产党成立100周年暨“两优一先”表彰，2个先进基层党组织、3名优秀共产党员和2名优秀党务工作者获集团公司党组表彰奖励，安阳分公司第二党支部获集团公司基层党建“百面红旗”称号。党委表彰22个先进基层党组织、53名优秀共产党员和28名优秀党务工作者。

【社会责任履行】 2021年，河南销售调整乡村振兴定点帮扶管理机制，出台《关于巩固脱贫攻坚成果，接续推进乡村振兴定点帮扶工作的实施意见》《定点帮扶项目管理指导意见》《定点帮扶干部履职评价指导意见》。除集团公司安排的帮扶任务以外，河南销售还承担9个地市的9个帮扶村的帮扶任务。开展“旭航助学”系列活动，资助贫困高中生600人次，资助金额120万元；奖励高考优秀毕业生194人，奖励金额97万元。

【抗洪救灾】 2021年7月中下旬，河南多地出现特大暴雨，发生“7·20”特大洪灾，河南销售受灾库站375座，发生停业库站195座。第一时间启动应急预案，员工及家属无人身伤亡，库站未出现渗漏和环境污染事件。开展防汛抢险和生产自救，保护财产安全，守住“生命安全和环境保护”两条底线，安全科学推动受灾站点恢复运行，做到不发生次生灾害。第一座受灾加油站复业，用时不足12小时。保障油品资源供应，坚决做到“救援队伍走到哪儿，保障队伍就跟到哪儿，油品就供应到哪儿”，7月21日中央和地方媒体第一时间发布中国石油紧急抢险保供加油站的信息，以实际行动支持政府抢险救灾。通过网络平台发布信息，在微博公布“中国石油河南全省800余座加油站中已有684座正常营业，并附联系方式”，在外部环境极度困难的情况下，坚决保障当地成品油供应，消除群众对油品供应方面的种种担忧。

（徐　静）

中国石油天然气股份有限公司湖南销售分公司

【概况】 中国石油天然气股份有限公司湖南销售分公司（简称湖南销售）2000年6月进入湖南市场，2002年10月正式注册成立，2008年12月上划股份公司管理，主要负责中国石油在湖南地区的成品油、天然气、新能源、非油商品的零售及直批业务。2021年底，湖南销售机关设9个职能部门、1个附属机构，2个专业分公司（非油分公司和储运分公司）及13个地市分公司、12个控参股公司，投运加油站674座，运营油库15座，在册员工2892人。

湖南销售主要经营指标

指　标	2021年	2020年
成品油销量（万吨）	224.23	208.68
汽油销量（万吨）	142.58	120.77
柴油销量（万吨）	81.65	87.91
加油站总数（座）	674	664
油库数量（座）	15	13
油库库容（万立方米）	29.9	24.82
纯枪销量（万吨）	141.14	163.87
非油业务收入（亿元）	5.41	5.10
非油业务利润（亿元）	0.42	0.22
吨油费用（元）	469.24	493.5
资产总额（亿元）	86.5	88.18
收入（亿元）	161.85	128.84
利润（亿元）	−3.04	0.42
税费（亿元）	1.51	1.6

【油气销售业务】 2021年，湖南销售面对新冠肺炎疫情和激烈市场竞争的叠加冲击，统筹推进疫情防控、改革创新和提质增效各项工作，全面推进“量去哪里了、效从哪里挣”大讨论活动。销售成品油224.23万吨，同比增长15.55万吨，纯枪销量141.14万吨。坚持经营运作一盘棋，主动对标对表，研判形势、把握拐点、高点多销，直批销量51.8万吨，同比增加24.1万吨，其中汽油直批销量同比增加18万吨、增长260%。建立以市场化价格为基准的毛利考核机制，创效6191万元，同比增加2888万元，增长88%，直批量效均创市场化改革以来的新高。搭建自有平台，引流网约车客户2.1万家，汽油增量2.15万吨。拓展异业合作范围，引流外部促销资源1600万元，带动汽油交易6780吨。提升服务效率，高标号汽油销售25.65万吨。实施柴油批零一体营销，布局13座“泉眼”站点，扭转柴油下滑趋势。分品号、分环节、分构成优化营销支出，同比下降6.9%，吨油毛利提升7.5%。

【非油业务】 2021年，湖南销售开展“油卡非润”、线上线下一体化营销，策划年货节、后备厢竞赛、武夷山水饮节、“9酒”节等形式多样的主题促销和专项竞赛活动。后备厢竞赛包装饮料销售收入超3000万元，同比增长40%；毛利820万元，同比增长20%。油非转换率14.3%，同比提升6.4个百分点，成功打造含浦首座千万元便利店。依托昆仑好客旗舰店、好客湘有赞商城、中油内购商城，开展年货大街、永州之野等节庆主题活动6次，时令水果分销6次。以分销和直播为突破口，直播营销带货19次，线上收入754万元，同比增长296%，其中黄桃16天销售额突破200万元。举办首届“我是带货王”直播大赛，培养直播储备人才62人。中国石油首座高速服务区肯德基餐厅在株洲醴陵服务区投运，日均营业额超8100元。推进汽车服务业务，新增站点40座，在营汽车服务站点145座，占运营加油站的23.4%，超全国平均水平10个百分点。开展化肥农资销售，销售化肥7350吨，收入近1400万元，同比增长65%，毛利52万元，增长45%。64个“好客湘”单品进入全国集中运营商品目录，亮相2021年中国连锁餐饮峰会、便利店大会，全年销售1550万元、同比增长750%，毛利240万元、同比增长300%。

【加油站管理】 2021年，湖南销售抓好新冠肺炎疫苗接种、人员排查和防疫物资配备使用，实现工作场所零污染、员工零感染。构建油非损耗综合治理体系，明确“一库一策、一站一策、一类一策”等28

项重点工作，降耗创效303万元。坚决守住生态环保底线，完善环保管理机制，25座站完成三次油气回收改造。加强促销量效分析，营销支出4.11亿元，同比下降6.9%，吨油毛利401元，同比增长7.5%。打造“10惠”与会员日双品牌，“10惠”充值7亿元，汽油会员日增量700吨。绘制客户开发作战图，开展网格化大摸排，摸排零售客户6544家，开发E类以上客户2674家。开展发卡“破零”行动，发放个人卡34.75万张，同比增加6.5万张。培育线上营销能力，坚持以APP为主阵地，推广移动支付和电子卡，客户突破36万家。推进“阿米巴”试点，开展“巴长”选拔专项培训，制订优化排班与权限下放方案，加快全员经营探索。完成54座高销站全流程诊断，月均诊断率70%以上，服务效率实现提升。完善神秘顾客访问、视频扫站和综合检查“三位一体”的现场服务监管机制，开展神秘顾客访问900余站次，推动现场管理水平持续提高。

【油库管理】 2021年，湖南销售通过“一周一次学习考试，一周一次安全检查，一周一次工作例会，一月一次预案演练”的“四个一”制度的执行落实，对基础工作进行细致部署和跟进，全员应急处置能力得到提升，知责、守责、担责思想得到升华，“令行禁止，遵章守纪”的运营氛围得到深化。通过“示范区”“亮身份”“结对子”活动让党建与业务充分融合，设立设备维保“党员示范区”党员带头为班组打样、带头；开展党员“亮身份”活动，形象上戴党徽、整着装，工作上抢累活、干脏活；开展党员群众“结对子”活动，开展调研帮扶，解决衡阳油库挂车不及时、邵阳油库真空泵维修、154油库员工驻库用餐等13项问题。风险防控、环境保护能力增强。开展综合检查和联合稽查714站次，发现并整改问题2.1万余项。投入整改资金4400万元，高效率完成衡阳油库消防自动化、高效密封浮盘等综合治理。细化风险管控措施，确保建党100周年、洪涝灾害、雨雪冰冻等重点关键阶段运营平稳受控。

【投资建设】 2021年，湖南销售紧扣提质增效主题，精确定位，精细算账，精准投资，保持“投运一批，开发一批，储备一批”思路，确保网络开发不停步，项目质量有提升。新增运营站15座，其中地级市城区站8座，年增加零售能力9万吨，首座LNG加气站投运。通过遗留项目清理、长期停业站复投、现有网点扩能等手段，提升资产创效能力。清理遗留项目2个，减少长期停业站7座。解决“历时10年追损6年”的永州育才南项目，收回益阳团山商贸电厂加油站，推进停业8年之久的长沙湘府东加油站等项目复投，实现长沙机场加油站“一变二”。通过2个维度、8个方面诊断，梳理13条原因，探索7种模式，“一站一策”推进治理，实现摘帽38座。拓展新业务新领域，瞄准“油气氢电非”综合服务商发展方向，探索布局新能源和充换电等业务，首座光伏充电站在长沙响塘湾加油站建成投运。

【资源运行】 2021年，湖南销售主动对接、靠前协调，争取直炼资源足额调入，配置计划兑现率100%，连续3年拿到考核加分项，完成新冠肺炎疫情封城、资源紧张等特殊时期保供任务。推进长沙码头汽油全品种运行，接卸资源近14万吨，节约费用540万元。统筹直炼、串换两种资源，仓储物流降费1816万元，连续5年实现硬下降，吨油配送费用控制在64元以内，再创历史最好水平。经营协调小组一体化管控进销，库存控制在合理范围内。紧盯调价窗口，调控发运节奏，资源创效3463万元。明确管控目标，长期客存实现滚动清零。油库运行平稳受控。细化运行方案，破解衡阳油库挂车、邵阳油库真空泵维修等难点环节，自营油库周转效率7.98次，同比提高0.3次。

（熊翔宇）

中国石油天然气股份有限公司广西销售分公司

【概况】 中国石油天然气股份有限公司广西销售分公司（简称广西销售）2000年10月组建，2008年12月由西南销售公司上划股份公司管理，主要负责中国石油在广西地区的成品油市场开发、销售以及非油品经营和车用天然气终端销售工作。

2021年底，有9个机关部门、2个直属机构，2个附属机构，下辖14个地市分公司，27个控（参）公司；运营加油站590座（含控参股公司），油库8座，合计库容40.62万立方米；在册员工3214人，资产规模75.11亿元。

2021年，广西销售销售总量286.07万吨，零售量163.2万吨，非油业务收入7.37亿元。

广西销售主要经营指标

指　标	2021 年	2020 年
成品油销量（万吨）	286.07	230.01
汽油销量（万吨）	115.08	115.64
柴油销量（万吨）	170.99	114.37
润滑油销量（万吨）	0.42	0.40
加油站总数（座）	590	586
油库数量（座）	8	8
油库库容（万立方米）	40.62	40.62
纯枪销量（万吨）	174.70	157.10
非油业务收入（亿元）	7.37	4.69
非油业务利润（亿元）	0.70	0.44
吨油费用（元）	332.20	433.54
资产总额（亿元）	75.11	72.74
收入（亿元）	199.01	140.51
利润（亿元）	1.02	-4.43
税费（亿元）	3.14	0.91

【油气销售业务】 2021 年，广西销售始终坚定信心、鼓足干劲，践行“重上 300 万吨，迈入 A 级企业”的承诺，树牢市场导向、客户至上，政企合作、同行牵手，业财融合、产融结合的发展理念，实现销量、份额逆势上行。出台“放管服”15 条激励政策，网格化摸排机构客户 4409 家，盯死看牢广西壮族自治区重点项目 74 个，坚决不遗留一个客户、不放弃每一个成交机会。直批销量 125.5 万吨，同比增长 82%。把量效齐增作为根本目标，发挥零售创效的定海神针作用，以实施 3000 吨级以上加油站全流程诊断为抓手，加强营销支出价值管理，依托企地合作、异业联盟，精心办好广西壮族自治区“三三消费节”、温暖回家路、唤醒城市曙光等系列活动，零售价格到位率 98.2%，同比增长 0.52 个百分点。以“阿米巴”经营为抓手，深化“4+X”（“4”指目标经营、委托管理、出租经营、品牌输出 4 种模式，“X”指各分公司自主创新的管理模式）、“双低”站治理，实现同比增量 3.5 万吨，费用同比下降 5.4%，增收毛利近 5000 万元。

【非油业务】 2021 年，广西销售围绕“人·车·生活”多元化需求，强化昆仑好客体系运行，结合 52 周行事历，挖掘创造客户需求，策划开展家电厂购节、牛奶节、水饮季等“造节活动”，核心品类商品同比增收 1.2 亿元，增长 39%，单店日均收入突破 3900 元，店销毛利率提升至 22%，其中北海分公司、南宁分公司、桂林分公司、河池分公司、百色分公司非油业务收入同比增长 70% 以上。创新“非油 +”模式，建成投运汽车服务洗车项目 98 个，汽车服务收入 4200 万元，打通特色农产品产业链，化肥销售收入突破 1200 万元。贺州分公司、柳州分公司、北海分公司抓住“宅经济”风潮，深度打造脐橙、螺蛳粉、海鲜礼包等特色自有商品，单品收入突破千万元。自有商品收入同比增长 60%。倡导人人行动、站站争先，多层面培育“星主播”，激发全员营销活力，开展直播营销 173 场次，直播营销收入突破 2000 万元，朱晓玲、秦涵钥、陈磊获全国直播大赛“人气主播”称号。

【加油站管理】 2021 年，广西销售开展加油站综合稽查 42 站次，开展远程视频稽查 5500 余站次，查处问题 1642 项，实现稽查全覆盖。不定期开展电子券、加油卡专项视频稽查，查处电子券违规套刷、油站员工刷卡套现的问题。树牢“打造强大现场，服务创造价值”营销理念，开展第三方神秘顾客访问工作，通过优质、快速的服务打破零售业务的发展瓶颈，助力零售上量。第三方神秘顾客访问 500 座加油站点，开展竞争对手调查访问 30 余次，为广西销售第一时间掌握竞争对手管理水平提供依据。按照销售分公司“阿米巴”经营推进整体要求，制定《广西销售公司阿米巴经营实施方案》，明确广西销售“阿米巴”组织划分标准，设计《阿米巴单站核算表》《新客户开发量效测算模板》，确保加油站管理人员准确掌握加油站经营效益情况，推进 31 座站开展单站“阿米巴”试点，24 座站开展团队“阿米巴”试点，试点范围覆盖 14 家地市公司。推进开源节流、降本增效工作，落实 4 个方面 65 项提质增效措施，强化全价值链、全经营活动的预算管理。以总毛利最大化为原则，推进业财融合，将毛利指标精确到库站、关联到品类。优化实施三级经营对标分析机制，在找准增效点、控制“出血点”上下功夫。商流费较预算减少 1.1 亿元，财务费用创利 570 万元。

【油库管理】 2021 年，广西销售坚持守住油库生产受控、员工操作安全、保供服务高效的运行基准线，梳理完善南宁支线、柳江支线管输新业务操作规程，管输业务增量增效、安全平稳。聚焦制约运行效率的短板弱项，开展外销提油操作流程风险专项排查，配置油品入库业务数据在油管系统和ERP系统实现集成，业务流程风险漏洞得到有效控制，油库运行保障类考核指标稳步提升，获股份公司销售分公司运行保障类流动红旗2面。构建完善安全风险分级管控和隐患排查治理双重预防机制，开展大型油气储存基地安全风险评估。细化完善重大隐患监控台账，常态化分级管控，动态化逐个销项。国家督导核查问题32项，自评估问题142项，整改完成率100%；深度评估问题65项，整改完成率85%。排查隐患205项，整改完成率51.2%。57项列入重点整改隐患大表，剩余57项延缓整改并监控使用。立足金扳手、金石、金创100技师工作室，以服务生产需要、激发创新活力为目标，开展创新课题研究攻关，完成桂林虚拟仿真系统在油库范围的应用、自动化培训及测试系统建设、柳江汽车下装发油油气回收流量计安装与应用、南宁铁路栈桥固定泡沫灭火系统应用4个创新研究课题。

【投资建设】 2021年，广西销售坚持网络“一把手”工程定位不动摇，树牢“有质量、低成本”开发理念，坚决破除拼投资、拼资源、恶性竞价的思维定式，以一手价格取得南宁利福、百色五塘、贺州黄姚等7个优质项目，填补百色西林网络空白县，按市场溢价测算，节约土地成本2亿元。将品牌输出作为网络破局重要抓手，编制下发指导意见，实现服务输出项目“零突破”。推进油气业务与新能源融合发展，引入国家电投等战略伙伴，借力广西壮族自治区“续航工程”，通过“油加气”“小改大”等措施，“零成本”拓展LNG网点、光伏电站，积极赋能零售终端。成立历史项目推进领导小组，落实“一把手”责任制，对重点项目实施挂牌督办、逐一销项，消化解决遗留问题近亿元，破解一批多年来要解决而未能解决的难题。建立案件挂牌督办机制，处理诉讼案件17起，挽回经济损失1.1亿元。以“统战”思维推进与北部湾港务、桂林五洲、柳州北城、玉林铜州等优势企业合作，新增股权企业5家。创新对等装站、土地入股、收入提成等合资合作方式，锁定优质网点16座，节约投资成本9200万元。全年控参股企业成品油销量35万吨，投资收益5700万元。

【资源运行】 2021年，广西销售开展计量管理专项行动，推进“制度＋科技”管理，杜绝源头失控、监管悬空等突出问题，同比降耗5600余万元。聚焦问题关键，破解建成10年的钦南柳管道历史遗留问题，实现管道全面开通投运，自有油库运行效率、人均劳效同比提升40%，吨油综合物流成本下降57元/吨，实现钦南柳管输90万吨，同比增长35%，为集团公司节约产业链物流成本4800万元。加强油品储运全流程损耗管理，协调广西石化、西北销售等上游单位，全程跟进发油源头流量计标定12次，推进零损耗铁路发车落地实施。油库刚性开展流量计检定校准56台次，发油准确率保持在98%以上。落实公路配送损耗专项整治行动，联合运输公司跟车监控80余车次、加油站二次清净20站次，有效杜绝偷盗舞弊行为，铁路运输损耗率0.02‰，公路损耗率0.2‰，水运损耗率1.2‰，保管损耗率−1.17‰，保管损耗盘盈油品1504吨，获销售分公司损耗管理类流动红旗1面。

【打非治违】 2021年，广西销售把打非治违作为破解市场乱象的关键一招，力促广西壮族自治区政府出台成品油非法经营专项整治方案，构建有部署、有督查、有落实的长效机制。各地市公司干部员工“白加黑”“5+2”，配合商务、公安等部门取得打非治违突出成绩。协助开展打非专项行动2400余次，查封黑窝点、小油罐车5200余处，查获非法油品近万吨，打击非法经营的嚣张气焰。钦州分公司在打非治违中取得突出成效，日均零售量由原来不足250吨，一举跃升至550吨，得到集团公司党组领导高度肯定，特别是推动政府出台“30号文件”，布局7座橇装站，填补市场空白。贺州分公司深化企地合作，与税务部门达成“费用垫付、税收冲抵”的合作模式，率先实现税控系统全面上线。

【改革发展】 2021年，广西销售聚焦企业治理“翻身仗”，出台公司治理体系和治理能力现代化实施方案，完善企业发展能力评价体系，推进领导干部任期制和契约化管理，机关“大部制”改革全面落地，撤并二级机构4个、三级机构5个，优化减少机关管理人员编制99个，现代化销售企业体制机制基本建成。以搭赛场、建平台为重点，打破企业“大锅饭”，完善“收入靠挣、费用靠挣、利润兜底”的考核机制，实行月考核、季兑现的动态调整，盈利与亏损、高效与低效单位的收入差距拉开至1.5倍，员工岗位工资和公积金基数全面普调。坚持贯彻党管干部、党管人才原则，完善“生聚理用”人才机制，把重实干、重实绩、重担当的用人导向鲜明树立起来，加大对营销骨干、基层一线精准激励力度，选人用人风气得以匡正，群众满意度明显提升，一批优秀年轻干部得到重用，40岁以下、40—45岁中层干部分别占干部总数的13%、32%。坚持把平台做擂台，举办职业技能大赛，启动职业经理人本领提升“砺剑计划”，培养选拔首席经理6人、资深经理38人、高级经理63人。在集团公司技能竞赛中，获2枚银牌、团体二等奖。

【企业党建工作】 2021年，广西销售坚持党建引领，将转变观念、统一思想作为头等大事，破除等靠要看、甘于落后的狭隘观念，在一系列大讨论活动中，阐明原则立场，划清底线红线，校正发展方向。以庆祝建党100周年为契机，召开第三次党代会，落实全面从严治党方针，动员全体干部员工争标杆、当旗帜。坚持把政治建设放在首位，精心部署党史学习教育，将“学史明理、学史增信、学史崇德、学史力行”贯穿始终，举办党的十九届六中全会精神专题党课，引导干部员工自觉做习近平新时代中国特色社会主义思想的信仰者和践行者。推进改革三年行动、对标管理提升等重点工作，深化“转观念、勇担当、高质量、创一流”主题活动，领导班子深入基层调研380余库站次，开展专题宣讲180余场次，落实“办实事”项目340个，为打赢“翻身仗”提供坚强保证。

（谭建安）

中石油海南销售有限公司

【概况】 中石油海南销售有限公司（简称海南销售）前身为中国石油天然气股份有限公司海南销售分公司，2004年6月成立，2010年9月上划股份公司管理，2015年12月改制为中国石油全资独立法人企业。2017年完成股份多元化改革，8月正式在海南省注册为有限公司，注册资本6亿元，中国石油、中国海油、海南省发展控股有限公司分别持股51%、39%、10%，成为从事海南省内库站网络开发建设，成品油、润滑油及非油业务销售的国有股份制综合性油品销售服务企业。2021年底，“大部制”改革后，设9个部门、1个直属机构、4个分公司，管理15家参控股公司，员工700人。运营加油站108座，全资和参股油库各1座，库容6万立方米；资产总额18.52亿元。

2021年，海南销售利润总额3.34亿元，上缴税费4.8亿元，跻身2021年海南省企业100强，获“海口市秀英区纳税大户”“海口市五四红旗团委”“2021年海南省国资系统先进基层党组织”等荣誉，上榜全国市场质量信用A等、用户满意企业名单。

海南销售主要经营指标

指　标	2021年	2020年
成品油销量（万吨）	69.54	60.75
汽油销量（万吨）	36.30	36.53
柴油销量（万吨）	33.24	24.22
运营加油站（座）	108	105
油库数量（座）	2	2
油库库容（万立方米）	6	6
纯枪销量（万吨）	37.71	37.28
非油业务收入（亿元）	1.8	1.3
非油业务利润（亿元）	0.25	0.09
吨油费用（元）	488.72	489.33
资产总额（亿元）	18.52	15.81
收入（亿元）	48.8	37.03
利润（亿元）	3.34	3.51
税费（亿元）	4.80	4.03

【油气销售业务】 2021年，海南销售在汽油、柴油市场低迷、岛外油品资源涌入、新能源加速发展、新冠肺炎疫情防控等多种不利因素影响下，坚持市场导向，加强营销队伍建设，推进全员客户开发，推动市场化运作和多元化合作，汽油销量36.3吨，柴油销量33.24吨。直批工作方面，组建专职客户经理队伍，加强全员营销工作力度，调整优化全员营销奖励政策，新增客户94家，增量6.7万吨。直批APP客户上线比例66%，电销比例逐月提升。灵活制定营销策略，合理平衡量价关系，直批销量同比增长35.6%，市场份额提高3.2个百分点，毛利大幅增加，销售能

力和创效能力明显增强。零售工作方面，在精益管理、创新经营上发力，油非一体运作更加娴熟，异业合作、数字营销和组合促销蓬勃开展，“大干100天”劳动竞赛成效显著，与中国石化推进“509专案组”行动净化市场，新增固定客户681个，单日销量突破1482吨，引入促销资源1010万元，微信客户拉新超13万人。油品销售总量69.54万吨，同比增长14.47%，基本恢复到新冠肺炎疫情前销售水平。

【非油业务】 2021年，海南销售做精常态化促销，调整优化常态化主题促销礼包，培育20余种热销爆款，增收2400万元。突出核心品类创效，抓好白酒促销，推出21种套餐礼包，增收超3000万元。探索微信视频号、抖音短视频宣传渠道，组织开展11场直播，打造专业直播团队，线上销售实现突破。开发“北纬18°”火龙果汁、海南岛椰汁等自有商品，开拓岛外销售渠道，向全国17家单位销售超1800万元。建成投运17个洗车网点，服务车辆超5万辆次，促进油品单站日均增量0.6吨。百万元店增至56座，日均销售提升45%。提前对接进口商品，探索免税商品销售及合作模式。非油业务店销收入、毛利分别以36.9%和89.6%的幅度保持高速增长，创新业务种类和营销模式，取得业务转型升级新成效。

【加油站管理】 2021年，海南销售加强现场服务管理，开展服务监督检查86站次，视频巡查1627站次，形成服务监督检查通报21份。定期开展服务监督督导检查，形成调查报告，进行经验分享，有效稳固提升服务质量水平。推进损耗专项治理，加强设备管理，建立远程视频监控和考核管理制度，明确V20日损耗跟踪，组织开展分公司月底交叉盘点工作；每月开展加油站油枪自检、液位仪与手工计量比对与复核，查找分析误差原因，及时进行处理。开展违规违纪稽查，加强加油卡及电子券等业务稽核工作，利用CRM系统、风控系统调取异常明细，配合监控视频查处基层微腐败案件。

【投资建设】 2021年，海南销售发挥“5个片区开发组+3个合资公司”开发和专班优势，统筹内外一切力量，提升网络质量，探索网络破局新路，开发油气站13座、投运6座，完成3座增气改造，建成2个光伏综合利用试点，充电、加氢等新能源及船用燃料、汽车、手机、免税品等新业务取得新进展。谋划“十四五”发展规划，坚持“以油为主、多种能源同步发展”的规划路线，布局新能源、新业务，锁定博鳌乐城、黎安教育先行区等一批支撑海南销售“十四五”发展的优质项目。发挥合资合作优势，与昆仑燃气、港航控股、海南交控、乐东旅投等地方国企合资合作，取得3个加油站项目，完成秀英港LNG项目立项签约，锁定5对以上高速公路服务区项目，开发乐东抱由等优质站点。

【资源运行】 2021年，海南销售加强价格政策研究，准确把握直炼资源定价参数，精准推演预判，及时对比直炼和外采价格，为合理平衡资源采购渠道提供有力价格支撑，采购成本达到最优。科学把握调运节奏，抓住油价低位，加大采购力度。面对库存跌价，准确研判走势，保持库存合理低位运行。11—12月国家连续3次下调成品油价格，有效规避跌价损失1640万元。克服库容不足、台风封航及疫情交通管制等困难，突出重大节假日等关键时点，提前制订保供方案，配送油品1.8万车次37.7万吨，无断供和数质量事件。加强串换资源协调。与中国石化串换出库7.5万吨，节省仓储费485万元。通过精细运作，资源运作创效1.1亿元，确保海南销售效益顺利实现。

【数字化转型】 2021年，海南销售成立“数字化转型、智能化发展”工作领导小组，邀请华为、昆仑数智、河北销售等专家开展研讨，形成数字化转型思路。发布“数字化应用方案”，推动系统应用从记录反映向融合创新转变，加快推进电子加油卡等38项措施，组织培训14次，培训1467人次。建立信息系统考核责任清单，每周考核通报；建立重点项目约谈机制，研究制订提升措施，销售分公司劳动竞赛考核小组排名第二，全系统提升9名；成为电子加油卡、支付宝和微信小程序等项目首批上线推广单位；构建全域会员体系，集成多渠道信息，汇集64万客户资料，单个客户283项标签，为精准营销奠定基础；推进中油好客e站APP应用，移动支付比例从6%提高到18%；部署网约车线上认证模块，锁定高频消费客户，线上开立1327户；实施洗车业务中油好客e站集成，实现线下场景引流和线上客户在自有系统留存；试点实施预约加油，解决跑单问题，快速提升高峰时段服务效率；升级协同办公系统，梳理优化流程46项，电子化表单29个，提升办公效率。智能营销平台建设快速推进，海南销售数字化转型、智能化发展道路愈发明晰。

【提质增效】 2021年，海南销售强化精准预算管理，紧盯提质增效目标，压实控本降费责任。费用总额3.1亿元，较预算节约3323万元，吨油商流费和吨油营销成本分别同比减少40.6元和38.6元。加强一次物流监管，下海油综合损耗率0.33‰，开展加油站地罐校验工作，二次配送运输损耗率降至2.66‰。落实企业改革三年行动，确定6大方面、19项重点举措、54项具体任务，并配套形成任务分解表，滚动完成具体任务49项，完成率90.7%，提前完成70%目标任务。优化股权投资管理，投资收益2068万元，完成率206%。

【"大部制"改革】 2021年，海南销售推进三项制度改革、三年行动计划，贯彻落实集团公司文件精神，并按照制度要求，组织开展二级、三级正副职及高级主管等52个岗位的竞争上岗工作，报名参加竞争上岗85人次，51人竞聘上岗，推动由身份管理向岗位管理和契约化管理转变，把干部能上能下、员工能出能进、薪酬能增能减的要求落到实处。调整优化机构职能，明确9个部门+1个直属机构+4个分公司的机构设置和职能分工；同步开展"三定"，组织管理人员选聘竞聘，推行末等调整、转岗；在下属单位领导班子推行任期制和契约化，确定不胜任退出机制。

【人才队伍建设】 2021年，海南销售健全完善人才评价体系，规范专业技术职务任职资格评审管理，提高评审质量和水平，激发管理和专业技术人员的工作积极性和创造性。利用周五组织开展分公司业务专项培训，加强分公司班子成员"四种能力"建设。实施加油站经理"淬炼计划"，开展"10+1"学习交流，每批选拔10名优秀加油站经理到先进单位挂职交流学习1个月，强化市场营销能力建设，提高加油站经理队伍素质。加大创新创效能力建设，举办年度加油站经理职业技能竞赛，105名加油站经理全部参加，选拔1人参加销售公司加油站经理职业技能决赛。组织5人参加高级技师、技师晋级认定。以分公司为单位开展技能等级认定培训，提升认定通过率，促进技能人才队伍素质提升，满足主营业务高质量发展需要。

（王诗雅）

支持与服务板块

中国石油管道局工程有限公司

【概况】 中国石油管道局工程有限公司（简称管道局，英文缩写CPP）是中国油气储运工程建设领域的专业化公司，正式成立于1973年。掌握陆上和海洋管道、储库全生命周期设计建设，陆上和海洋管道、储库检测及维抢修，管道通信及自动化控制系统设计安装，大型管道复杂地区施工及配套装备制造，LNG净化、液化、储存、接收站设计建设，油田地面集输和炼化装置设计安装等核心技术。

2021年，管道局设12个机关职能部门、6个直属机构、33个二级单位，员工22347人。其中博士研究生学历29人，硕士研究生学历1392人，本科学历9931人，其他学历10995人。新签合同额309亿元，收入210亿元。承建的中俄东线天然气管道（黑河—长岭）获国家优质工程金奖，陕京四线输气管道获国家优质工程奖。

管道局主要生产经营指标

亿元

指　标	2021年	2020年
签订合同额	309	300
收入	210	205
利润总额	0.03	3.13
税费	4.44	3.85

【工程建设】 2021年，管道局承担重点工程145项，完成管道建设2803千米、盾构穿越5068米、定向钻穿越159千米、在役管道检测17141千米、储罐清洗235万立方米、封堵96次、抢修21次。泰国成品油管道、纳米比亚鲸湾油库、陕京四线应张联络

线等28个重点项目建成投产；尼日尔—贝宁原油外输管道（海洋段）、新疆煤制天然气外输管道广西支干线、西气东输三线枣阳—仙桃段、中俄东线南段南通—甪直段等30个重点工程启动建设；孟加拉国单点系泊、中俄东线南段等87项工程平稳推进。新建站场12座，改扩建站场63座，站外管线3661千米，井口安装2254口。承担地下洞库运营及建设项目2个。承揽试运投产、运行维护等相关项目130个，涉及总里程3万余千米。与中油国际管道公司、中油技开、国家管网西部分公司、国家管网西南管道公司、国家管网西气东输分公司、国家管网闽投（福建）天然气管道公司、新疆燃气集团、各省际天然气管网、日照港港达管道输油有限公司、江苏华电华汇能源有限公司、大连天然气高压管道有限公司、亳州淮矿清洁能源有限责任公司、中澳煤层气能源有限公司、重庆祥龙天然气有限公司、华北石化等开展合作。

【市场开发】 2021年，管道局新签市场合同额309亿元，其中国内、集团公司外分别占比65%、68%。国内，签约楚雄、揭阳等国家投资和代建代管项目，合同额近73亿元；中标中俄东线南段南通—甪直段等国家管网工程，合同额近40亿元、占招标合同额近40%；服务保障长庆油田、西南油气田、青海油田、华北油田、大港油田等油气田稳产上产，合同额超35亿元；中标黔西南州天然气支线管网二期等项目，合同额超40亿元。国际，签约尼日尔二期一体化项目，合同额42亿元，为近年来承担的集团公司最大海外项目；中标泰国国家石油公司第七天然气处理厂总包工程，合同额28亿元，为中资企业在泰国最大总承包工程。中标国内最长氢气管道可行性研究，承揽海上风电桩基础安装工程，承担尼贝管道光伏利用项目初步设计。以联合体方式中标天津南港LNG应急储备储罐三阶段、黄冈LNG储气设施两个EPC总承包项目。中标青岛市胶州湾海底天然气管线项目，为国内涉海距离最长城市燃气管道，中标温州LNG接收站海底管道等项目。中标雄安新区容东片区安置房配套设施建设、滇中引水配套等项目。

【深化改革】 2021年，管道局改革三年行动7个方面75项任务，72项全面完成、完成率96%，排名集团公司前列。完善所属单位法人治理结构，10家子公司建立董事会，4家分公司建立模拟法人治理结构。对标世界一流管理提升行动整体进度92%。实施经理层人员任期制和契约化管理，所属子公司、委托二级单位代管的子公司、开展经营业绩考核的分公司全部完成契约签订。出台工资总额和工效挂钩、搞活内部分配、中长期激励3项制度，赋予基层单位搞活内部分配自主权。挂牌成立河北省安全技术创新中心、河北省管道隧道和跨越技术及应用标准创新中心、集团公司岩洞地下储库工程重点实验室等科创平台，建立健全覆盖全员的职级体系和量化考核制度。加快剥离企业办社会职能，24家厂办大集体企业改革完成22家，5家全民所有制企业提前关闭注销，“三供一业”移交改造、退休人员社会化管理全面完成。

【科技创新】 2021年，管道局开展科研课题130项，申请专利72件、计算机软件著作权22件，认定省部级工法26项，获评集团公司科技工作先进单位。油气管道输送安全国家工程实验室通过国家发改委优化整合评价，正式纳入“国家工程研究中心”序列管理；挂牌成立新能源、特殊地区管道施工、管道非开挖施工、油气田场站施工、海洋施工、管道防腐施工等6家专业技术研究所。承担的5项“十三五”国家重点研发课题、5项集团公司重大科技项目课题通过验收，考核评价均为优秀。完成国务院国资委“1025专项”任务全部攻关内容，管道数字孪生体载体平台在中俄东线实现工程应用。国家能源局“补强能源技术装备短板”任务踏点运行，完成年度任务目标。自主研发的国内首台32英寸压电超声内检测器、40英寸超高清漏磁复合检测器，以及-40℃ D1422维抢修系列装备、128通道高精度AUT检测设备等标志性成果，在中俄东线、中缅管线、陕京三线等项目完成工业现场应用，达到国际先进水平。推广自主研发的CPP900自动焊系列装备、管道光纤预警系统、AUT设备等科技成果32项，合同额4亿元、创效0.5亿元。

【质量健康安全环保】 2021年，管道局推进安全生产三年行动计划和“反违章”专项整治，狠抓“低老坏”问题专项整治和升级问责，发现并整改问题318项，问责255人。调整设置工程建设、技术服务、油气运营、支持保障及国际业务5个质量与HSSE专业分委会，明确管理职责和工作内容。应用“挂图作战”，严格执行现场人员资格准入、作业许可、安全生产挂牌等制度，实施全员安全生产记分管理，双重预防机制落到实处。强化监督检查，对51个项目、296个现场进行检查；发挥视频监督系统作用，两级视频监督平台共发现并监督整改问题1404项。对及时发现风险、消除质量安全隐患的671名员工累计奖励16万元，对监督检查发现问题的4356名责任人问责，处罚65万元。57项QC成果、11个质量信得过班组获省部级以上奖励。妥善应对缅甸、尼日利亚、乍得、巴基斯坦、哈萨克斯坦等国家社会安全突发事件。常态化召开新冠肺炎疫情防控领导小组会议，有效应对多地散发新冠肺炎疫情；推动海外人员倒班轮换，987人出国、891人回国。组织疫苗接种，应接尽接。获评集团公司质量健康安全环保节能先进企业。

【企业党建工作】 2021年，管道局始终把政治建设摆在首位，第一时间跟进学习、研究落实习近平总书记重要讲话和指示批示精神，深入学习宣贯党的十九届六中全会精神。开展“我为员工群众办实事”实践活动，两级党组织重点任务完成率100%，增强员工群众获得感、幸福感。加强优秀年轻干部选拔培养，新提拔干部中“80后”占19%。加大关键岗位高层次人才引进力度，加强技术和技能人才培养，1人获国务院政府特殊津贴，1人获聘行业勘察设计大师。隆重庆祝建党100周年，一批反映企业改革发展成果的报道在新华社、央视、人民网、环球时报等主流媒体刊发。完善企业文化体系，总结推广青藏管道文化成果，多形式开展国际文化展示活动。持续整治形式主义、官僚主义，严肃查处不作为、乱作为、管理失职失责问题，对4名党员干部严肃问责、5名责任人政纪重处分。全年受理检举控告类信访举报52件，处置问题线索88件，立案16件，处分处理87人。深化整改党组巡视反馈问题，避免和挽回经济损失1.2亿元，追责问责124人次；推动各类监督贯通融合，机关部门和所属单位开展监督356项，发现问题1629个，提升企业治理效能。

（张　南）

中国石油工程建设有限公司

【概况】 中国石油工程建设有限公司（英文缩写CPECC，简称工程建设公司）1980年1月成立，是以原中国石油工程建设公司和原中国石油集团工程设计有限责任公司为基础，整合油气田地面工程设计和施工业务，组建的以陆上石油天然气上游工程前期设计咨询、工程承包、装备制造和运营维护为主营业务，发展海洋石油天然气工程、液化天然气工程、非常规油气工程和非油能源工程业务的专业化公司。连续24年入选美国工程新闻纪录（ENR）全球最大250家国际承包商排名，是连续入围次数最多的中国承包商，最好成绩第27位。连续14年获“对外承包工程AAA级信用企业”称号。获省部级及以上奖励681项。其中：国家级科学技术进步奖6项、中国建设工程鲁班奖6项、勘察设计奖37项、国家“百项经典暨精品工程”3项、优质工程奖129项；省部级科学技术进步奖277项、勘察设计奖582项。获“全国五一劳动奖状”。

2021年，工程建设公司各类用工32602人，其中中方合同化市场化用工（自有用工）15845人、第三方用工9950人、外籍雇员6807人。中方自有用工中管理和专业技术人员10269人。其中：本科及以上学历人员8107人，占比78.9%；中级、高级职称人员7985人，占比77.8%。享受政府津贴专家8人，行业级勘察设计大师8人，集团公司技能专家15人，全国技术能手23人。

2021年，工程建设公司新签合同额275亿元、营业收入345亿元、利润总额7.35亿元、净利润4.66亿元。经营效益稳居中国石油集团工程股份有限公司榜首。

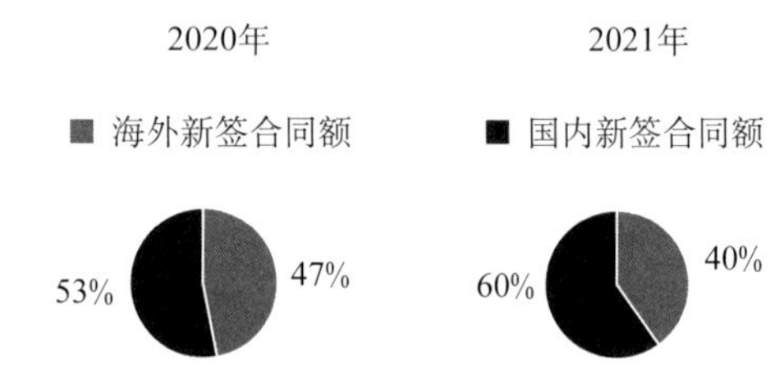

2020年、2021年工程建设公司海外、国内新签合同额占比

【市场开发】 2021年，工程建设公司海外新签合同额110亿元。传统优势市场稳定。尼日尔—贝宁管道、土库曼斯坦西部气田等项目持续开发。获得阿联酋贝尔巴泽姆海上区块项目，实现海工里程碑式突破；高端市场业务拓展延伸。签约伊拉克祖拜尔项目，首次打入意大利埃尼市场。中标乌干达

Kingfisher 油田项目，海外新市场取得突破。签订尼日尔油田一期索拉发电机大检修、阿联酋哈伯善运维、秘鲁 58 区早期开发地面工程设计（FEED）服务合同。承接阿联酋巴布油田二氧化碳驱油方案规划、尼日尔油田光伏电站设计等任务，新能源市场获得新进展；合作交流与拓新。与管道局共同承揽孟加拉国提塔斯气田和泰国第七天然气处理厂项目。与中国海油工程建设公司（COOEC）组成联合体开发乌干达 Kingfisher 项目。与中铁十局集团有限公司、中国港湾工程有限公司等开展海外项目合作。与中建国际建设有限公司签署战略合作协议。

国内新签合同额 165 亿元。炼化建设市场承揽兰州石化乙烯项目、锦西石化连续重整项目、广东石化芳烃项目、山东京博石化催化裂解制丙烯施工项目、万华化学乙烯二期项目等项目；优势领域稳定增长。获新疆油田玛南采出液处理项目、中国—俄罗斯东线（泰安—泰兴段）项目、蒙西煤制天然气管道项目、湖北宜昌油库、黄冈 LNG 储气设施等项目；“四新”业务（新材料、新工艺、新设备、新技术）取得开创性成果。签约玉门油田 200 兆瓦光伏并网发电工程总承包（EPC）项目。承揽华北石油新城地热可行性研究初步设计项目、山东京博石化催化裂解制丙烯施工等合同。获金秋气田脱烃扩容 EPC+ 投融资（F）项目。为土库曼斯坦西部气田等项目提供数字化交付服务。

【工程项目】 2021 年，工程建设公司实施项目 5617 个，其中重点项目 73 个。完成工程 2600 项，其中重点工程 24 项。获国家级优质工程 6 项，国家级优秀焊接工程 3 项，省部级优质工程奖 10 项，省部级及以上质量控制成果奖 52 项。炼油化工工程方面，工程建设公司“一号工程”——广东石化项目全面进入安装高峰期，刷新亚洲吊装纪录。国家示范工程——塔里木乙烷制乙烯项目和长庆乙烷制乙烯项目投产。俄罗斯阿穆尔天然气处理厂一期项目投产。哈萨克斯坦奇姆肯特炼油厂（PKOP）检修项目提前 5 天移交业主；油气田地面工程方面，国内陆上最大原油处理站新疆油田采油二厂 81 号联合处理站提前 40 天投产，标志国内陆上最大原油处理站正式投入使用。金秋气田脱烃扩容项目 98 天投产。阿联酋巴布油田中央处理站项目投产。土库曼斯坦刷新一个月投产 4 口保供井的新速度。尼日尔油田二期项目、阿联酋哈伯善脱瓶颈项目、伊拉克哈法亚天然气处理厂（GPP）项目、哈法亚注水增压站项目、马季努酸气处理等海外项目，巴彦油田项目、锦西石化等国内工程项目稳步推进。液化天然气（LNG）方面，国内首座陆上 LNG 薄膜罐——河间 LNG 调峰储备库基本建成。长春、渭南、遂宁调峰储配站等项目如期运行；油气储运方面，陕京四线张家口天然气管道项目群，北京大兴机场临空经济区陕京二线项目、永京线管道项目投产贯通，为冬奥会保供贡献力量。尼日尔—贝宁天然气管道项目、中国—俄罗斯东线南段等工程按计划推进。

【深化改革】 2021 年，工程建设公司改革三年行动完成 94.87%，对标世界一流管理提升行动完成 94%，均超额完成任务。选取 8 家企业、38 项指标全面对标，提出 99 条提升举措。三项制度（劳动、人事、分配）落地。实施领导班子任期制和契约化管理，突出考核政治标准和业绩权重。推行主营业务与操作服务岗位不同用工模式。对哈萨克斯坦分公司和西南分公司分别压减机构数量 33.3% 和 6%，总定员分别压减 65.9% 和 7.4%，中层干部职数分别压减 43.75% 和 18%。业务体系流程优化。建成全面覆盖生产经营管理的信息化系统（EMP2.0），用户超过 6000 人，支持各类生产项目及管理业务 2000 余项。构建“1+N”采购制度体系，强化合规监督，建立供应商考核体系，建立“价格数据库”。推广应用投标平台，风险量化管理得到有效利用。企业运营风险有效化解。三年法治建设任务基本完成，建立重大经营决策法律审核机制，8 个单位配齐总法律顾问。建立重大项目变更索赔机制，获工期延长和费用补偿。主动维权，妥善处理法律纠纷，回款 1.16 亿元，胜诉 1818.5 万元。

【科技创效】 2021 年，工程建设公司投入科技经费 5.87 亿元，开展科技项目 95 项，其中国家级 3 项、集团公司级 6 项。获 12 项发明专利、66 项实用新型专利，24 项软件著作权，省部级科学技术进步奖 23 项、施工工法 14 项，省部级勘察设计奖 57 项，国家管网主题设计大赛金奖、银奖各 1 项。科技成果转化新签合同额 5.63 亿元，创效 6300 万元，获奖励 560.8 万元。核心技术加快突破，低温联产提氦、800 万吨级 LNG、3000 万米 ^{3}/ 日天然气处理、海上油气处理模块化取得关键进展。500 万吨 / 年原油处理模块化应用于伊拉克哈法亚油田、祖拜尔油田、鲁迈拉油田等项目；信息化建设稳步推进，实现油气田地面资产和运营数据编码，数字化交付达集团公司领先水平。焊接管理平台和全专业数字化设计全方位服务于项目管理。数字化成果在尼日尔二期项目和乍得油田项目落地应用；新能源业务布局上，开展 7 个新能源领域技术攻关，其中集团公司级重大科技专项2项、科技项目2项、省部级科技先导项目1项。与中国科学院理化技术研究所和西南油气田签署战略协议，打造氦气技术研究中心。获批参与煤炭地下气化（UCG）、地热能技术中心建设。石油类污染土壤热解处理技术在青海油田大规模应用；开展“六化”项目（标准化设计、规模化采购、工厂化预制、模块化建设、信息化管理、数字化交付），掌握大型脱甲烷塔内件设计、天然气液化工艺动态模拟等技术，形成Int Field智能油气田集成平台等软件。在土库曼斯坦西部气田项目实施设计一体化管理。形成海外整装油田地面工程全流程模块化技术，以船舶运输为主的大型天然气处理装置模块设计、制造、运输和现场安装等全套技术及海上油气田模块化技术。阿联酋巴布油田项目开展标准化设计和模块化采购机制。全自动化焊接技术在新疆维吾尔自治区鄯善县呼图壁储气库项目成功实践；科技成果转化上页岩气一体化集成装置、致密油开发地面工艺设备等技术成功应用。天然气乙烷回收成套工艺包实现创效。国内首台套全国产化60万米^3/日LNG绕管式换热器和页岩气自动除砂系统投产。

【提质增效】 2021年，工程建设公司落实“四精”（精心规划、精致建设、精细管理、精美呈现）要求，开展提质增效“升级版”，创效7.18亿元，完成率143.6%。汇编60篇典型案例。强化亏损项目治理和已完工未关闭项目清理，关闭项目734个，减亏项目291个，增利6830万元。强化项目预算审核和执行管控，通过设计优化为业主减少投资8500万元，为工程建设公司降低成本1.2亿元。土库曼斯坦西部气田项目试点设计一体化模式节约资金3700余万元；利用库存节约采购及运输费750万元。昭通页岩气田项目站场橇装化率95%，规模化采购率85%，工期缩短70天，节约资金1600万。支持海外项目变更索赔，索回7.26亿元。创新保险投保索赔，降本383万元。财务管理创效2.35亿元，清欠5.17亿元，催收30.14亿元，盘活资产1083万元，出口退税4818万元。动态调整定岗定员，发挥人才储备中心作用，境外人工成本同比减少9500万元。加大资金管控力度，压降“三金”，自由现金流12.28亿元，较2020年增加25.9亿元。

【人才强企工程】 2021年，工程建设公司印发《关于进一步加强公司教育培训工作推进人才强企工程的实施方案》《关于做好新能源新业务专业人才引进和培养工作的通知》实施人才强企工程。突出国际化人才和新能源业务人才培养，集团公司电焊工竞赛获个人3金4银3铜、团体前2名。获集团公司“十三五”技能人才培养开发先进单位，2人获先进个人称号。曹遂军焊接技能专家工作室入选国家级技能大师工作室。技能人才培养取得阶段性成果，产生“全国五一劳动奖章”获得者徐杨、“全国工人先锋号”获得集体第一建设公司第五工程分公司为代表的先进典型。

【健康安全环保】 2021年，工程建设公司吸取“3·28”事故教训，严肃处理相关责任人，开展拉网式安全大检查。推动污水处理、含油污泥治理、绿色施工作业。开展三年专项整治行动2021年行动攻坚、三个月专项整顿、重复性问题专项整治及反违章专项整治等活动，2.6万人次参与HSE专题及事故案例学习。开展各类检查3523次。落实领导人员HSE监管片区负责制和全员安全生产记分制，领导班子成员分9个片区对18个单位进行监管。海外风险预警APP用户8247个，组织应急演练653次，发布风险预警220余次，组织应急演练1.5万人次。完成海外医务室和急救站建设，配置健康监测、AED等设备，开展健康培训和远程会诊，保障员工生命健康。开展常态化新冠肺炎疫情防控培训108345人次，完成5096名海外员工倒班轮岗。接种新冠疫苗3.6万人次，接种率97.37%。

【企业党建工作】 2021年，工程建设公司学习贯彻习近平新时代中国特色社会主义思想，建立“第一议题”制度和学习贯彻习近平总书记重要指示批示精神落实机制，推动进机关、进一线、进班组。开展庆祝建党百年系列活动，党史学习教育取得成效。“铁人先锋”党建信息化平台实现国内党工团组织全覆盖，发布《党史百年·天天读》321期。推行党支部达标晋级管理，召开优秀共产党员事迹报告会。坚持以人为本，为3000名海外员工家属寄送慰问物资。加大消费扶贫力度，开展新疆维吾尔自治区定点帮扶150万元。落实集团公司建设健康企业10项措施，推动3个方面13项实事落地。

【大国重器“双剑合璧”亚洲最重塔器吊装纪录刷新】 2021年4月17日，广东石化炼化一体化项目建设现场，工程建设公司第一建设公司5000吨门式起重机和4000吨履带起重机首次“双剑合璧”，历时3小时30分，将4606吨抽余液塔吊装就位，刷新亚洲最重塔器吊装纪录。此次吊装的抽余液塔是芳烃联合装置的核心设备，高116米（相当于41层楼高）、直径13.8米、最大壁厚145毫米、吊装重量

4606 吨，为亚洲单台压力容器制造、整体运输的最重塔器，也是亚洲同类塔器中的最高设备。此次吊装作业由工程建设公司第一建设公司主导研发的世界最大 MYQ5000 吨门式起重机担任主吊，徐工集团 XGC88000 履带起重机负责抬尾，采用液压提升工艺，整体制造、整体运输、整体吊装一体化建设思路。在制造过程中，工程建设公司第一建设公司组建 300 多人的团队，采用工厂化预制、机械化作业模式，运用多机位火焰切割、超大型塔器环缝埋弧焊、超大直径筒节整体弯曲成型和设备筒体自动开孔技术等 11 项关键技术，确保产品质量、缩短制造工期，降低运输和安装风险。

（罗洪岩　陈　璐　陈晓慧　方　璇）

中国寰球工程有限公司

【概况】 中国寰球工程有限公司（简称寰球公司）成立于 1953 年，是以技术为先导，以设计为龙头，集咨询、研发、设计、采购、施工管理、设备制造、开车指导、融资等多功能于一体的、国内领先的炼油化工工程总承包公司。寰球公司有工程设计综合甲级资质、工程咨询甲级资质、环评甲级资质、工程造价甲级资质、化工石油工程施工总承包特级资质和对外工程承包资质。

寰球公司工程领域涉及化工、炼油、石油化工、化肥装置及储运工程、精细化工、油田地面设施、海洋石油工程、天然气液化与接收、煤的清洁利用、新能源、轻工、纺织、医药、化学矿山采选、工程地质勘查、工程测量、岩土工程、环境工程、储运设施及压力容器设计制造安装、非标设备、钢结构及管道加工制造安装、无损检测等多个行业和领域。业务遍及国内以及东南亚、西欧、美洲、中东等近 30 个国家和地区，是国内同行中国际化程度较高、项目运营国家较多的企业，也是独立率先进入美国、沙特阿拉伯、新加坡、加拿大、意大利等炼化工程建设高端市场的国际工程公司。60 多年来，完成 2000 多项国内外大中型项目的咨询、设计、施工和总承包建设任务。近 10 多年来，成功执行一批代表国际规模、技术的大型乙烯、炼油、化肥、煤化工、LNG 等国内外项目的 EPC（工程总承包）。

寰球公司有良好的企业资信和商誉，首批获“AAA 级信用企业”和北京市“高新技术企业”称号，被评为国庆 60 周年勘察设计行业“十佳工程承包企业”，连续 19 年被《工程新闻记录》评为全球最大的 225 家国际工程承包商和全球最大的 200 家国际设计公司，是连续 19 年同时进入上述排行榜的唯一一家中国公司。

2021 年，面对复杂多变的国内外经济环境和新冠肺炎疫情持续反复带来的严峻考验，寰球公司推动四大发展战略落实落地，巩固拓展“四核”“四新”业务，提升市场竞争力，推动生产管理精细化精益化，强化科技开发和数字智能建设，实施提质增效专项行动，风险管理和预算管理得到加强，生产经营安全环保形势稳中有进，全年新签合同额 305 亿元，营业收入 212.2 亿元，净利润 3.2 亿元。

寰球公司主要生产经营指标

亿元

指　标	2021 年	2020 年
签订合同额	305	305
收入	212.2	195.2
净利润	3.2	3.1
税费	5.3	3.4

【工程建设】 2021 年，寰球公司执行项目 841 个，其中重点项目 40 个，项目运行总体平稳受控。重大项目完成既定建设目标。塔里木乙烷制乙烯、长庆乙烷制乙烯项目正式投产；广东石化项目发挥“总—分”管理模式优势，12 个主项中交，项目总体进度 91%；北京公司唐山 LNG、江苏 LNG、辽阳聚丙烯等项目开车；华东公司锦州石化渣油加氢装置、锦西石化连续重整联合装置中交；新疆公司独石化溶聚丁苯橡胶项目“当年开工、当年中交”。生产管理体系不断完善。发布《工程项目管理办法》等 13 项管理制度，解决生产经营堵点难点；年度组织项目经理及采购经理培训 619 人次；开展装备管理自查检查，整改问题 119 项；启动一级物资战略供应商建设，健全供应商监督机制，优化完善采购供应链。“六化”成果

更加显著。召开专题会议、发布指导意见总结推广工程项目建设“六化”经验。广东石化项目规模化采购率超过60%，工厂化预制率41.8%，连续重整装置加热炉模块制造刷新纪录；吉林化建辽阳聚丙烯项目实现全部超重力模块场外预组装后进场安装；北京公司数字化集成设计与交付平台完成种子文件及环境条件搭建；上海公司“基于SPF软件开发的数字化交付体系”获政府基金支持；六建公司智慧吊装系统在多个现场装置“塔起灯亮”中发挥重要作用。

【市场开发】 2021年，寰球公司集团公司外合同额占比72.8%，创历史最好水平，海外新签合同额较2020年提升277%，年度新签“四新”领域项目合同9.5亿元。国内市场签约江苏丰海丙烷综合利用、天津南港LNG、揭阳洞库、粤电惠州LNG、惠州荃美罐区、裕龙石化施工安装等合同。海外市场推行海外办事处分级分类管控，落实海外项目管理责任，相继承揽马来西亚沙捞越LNG装车站EPCC（试运行的总承包模式）、阿联酋杰贝阿里气田试生产等项目。各单位践行“八大经营”理念，提升市场营销“四种能力”，不断提升市场开发成效。北京公司新签合同额超额完成年度奋斗目标，系统外项目占比95.7%；华东公司、广东公司再次实现新签合同额和项目规模能级“双提升”；上海公司、吉林公司深度合作开发市场，在大连恒力、马来油品罐区取得新成果；六建公司新签合同额完成年度基础目标的162%。相继与葛洲坝国际（工程有限公司）、中国电力建设集团业务中心、阳光电源（股份有限公司）等签订战略合作协议。各单位主动推动“寰球军团”联合营销，在华锦集团、巴斯夫股份公司、埃克森美孚等市场取得有效突破。

【科技创新】 2021年，寰球公司优化调整科研管理运行模式，完善科技创新管理体系，推动重点技术攻关。科研基础工作进一步完善。出台“揭榜挂帅”机制、推动技术序列改革、落实集团公司转化激励、试点科技型企业岗位分红，进一步完善科技创新软环境；开展10期“寰球科技论坛”和专业技术交流季活动，1.6万人次参与学习交流；全年技术转让和新产品收入1.5亿元，科研经费收入783万元，获省部级以上科技类奖项50余项。优势技术成果转化实现新突破。自主研发的乙烷制乙烯成套技术在塔里木乙烷制乙烯、长庆乙烯制乙烯项目实现首套应用，节资降耗效果显著；大型LNG薄膜罐建造技术在天津南港LNG项目实现落地；大庆公司设计并建成α－烯烃万吨级工业试验装置开创国内先河；吉林公司丙烯腈、广东公司聚苯乙烯等自有技术在系统内外多项目实现应用。前沿技术开发稳步实施。成立新能源新材料工作小组，加快拓展“四新”业务。形成具有自有知识产权的氢气液化储存和氢能加注工艺技术，在西门子能源等3个项目推广应用；吉林公司PMMA（聚甲基丙烯酸甲酯）、上海公司二氧化碳法生产DMF（二甲基甲酰胺）等一批技术初步达成合同意向。与中科院理化所、中油气候基金、中国石油大学（北京）等签订涉及氢能、新材料等领域合作框架协议8份，拓展合作深度。

【质量安全环保】 2021年，寰球公司抓牢安全、风险管理重点领域和关键环节管控。制修订《安全生产应急管理办法》等规章制度24项；开展体系审核与“三个月反违章专项整治”活动，整改问题1924项、违章事项3590项；强化“四不两直”现场检查和远程视频检查频次；推广使用量化审核管理平台、VR视觉培训系统、多功能安全培训工具箱，提升“科技兴安”工作水平；研究制定新冠肺炎疫情防控常态化工作方案，推动新冠疫苗接种工作，全年248个施工现场健康平稳安全。质量管理持续升级。推动质量和安全一体化监督，实施系统性质量风险识别、评估和控制；鼓励开展群众性质量活动，22项QC小组成果获集团公司和行业协会嘉奖；加强承包商管理，与17家战略承包商签署合作协议，严肃清退问题承包商。合规治理有力夯实。对标研究优化风控流程，创新搭建风险数据库；实施合同管理突出问题专项整治，整改共性问题25项；突出招标管理过程管控，建立“三账三档”备案机制；健全分级授权体系，总部和各单位完成管理体系融合任务。

【数字化转型智能化发展】 2021年，寰球公司进一步增强数字化转型智能化发展的紧迫感，以场景建设为抓手，培育创建数字生态系统。顶层设计更加清晰明确。成立公司数字化转型智能化发展工作领导小组，“十四五”数字智能建设总体实施方案及详细设计方案获准通过，北京公司试点项目整体工作进度27%。五大应用场景建设稳步推进。HQPMP平台三期测试上线，数字工地建设立项实施，广东、长庆、塔里木项目数字化交付有序推进；代表集团公司编制工程建设项目数字化交付“管理办法”和“实施指南”；寰球云平台建设扎实推进，云资源池和“设计云桌面”发挥功能作用。引入合作伙伴。与昆仑数智、浙江中控、华为集团、达美盛等企业密切协作，共同推动数字化、智能化工厂建设及5T融合技术实施。

【提质增效】 2021年，寰球公司落实生产经营“四精”管理要求，实施提质增效专项行动27条举措，提质增效增利5.6亿元。开展成本革命创造效益。落实生产运营“成本革命”55项要求，全年项目执行累计降本1.08亿元。北京公司推动图纸复用和标准化设计，典型装置人工消耗平均降低30%；广东石化项目通过一体化管控，现场管理人员数量压减25%；大庆公司多项年度经营指标创历史新高；六建公司开展“项目结算年”活动，完成存量结算27亿元；吉林化建落实项目成本“五全”管理，推动提质增效降本出成果；各升级管理单位全力攻关提质增效取得良好成绩。实施精益管控优化效能。强化资金管理、“三金”压控和纳税筹划等运营创效工作，自由现金流好于2020年同期；完成亏损企业治理、法人压减目标；大庆公司与新疆公司在天利高新EVA（乙烯—醋酸乙烯共聚物）项目开展一体化合作降低项目成本；中东公司摸清家底、稳住局面，在探索中实现企稳向好；东南亚公司推动项目管理人员本土化比例超过80%。优化资源整合提升效率。优化人力资源使用效率，促进内部人力资源合理流动，二三级机构压减比例4%；成立区域性审计业务协调中心，实现内部审计资源共享；优化采购需求计划，分析集中采购数据，签订买断采购合同9.15亿元，同比增长358%。

【企业党建工作】 2021年，寰球公司党委庆祝中国共产党成立100周年，学习贯彻十九届六中全会精神，协调推进党史学习教育与主题教育，党委书记带头讲党课，各级党组织举办专题宣讲291次、党课459次，群众性大讨论443场。落实“第一议题”制度，跟进学习贯彻习近平总书记重要讲话和重要指示批示精神，强化思想政治和内外宣传工作，守牢意识形态阵地，引导干部员工始终拥护“两个确立”，积极践行“两个维护”。落实“三重一大”决策机制、请示报告制度，开展国企党建工作会精神5周年贯彻落实“回头看”，自查形成26项落实措施，保障党委“把方向、管大局、促落实”作用有效发挥。推动“三基”工作与“三基本”建设深度融合，通过“党建+”模式为重点项目建设提供坚强的政治保障和组织保障；以“劳动竞赛”为载体的“双向融合”基层党建融合实践成效显著，147个攻关节点达标，近40支党员突击队服务生产经营和各重大项目建设，36个（名）基层党组织或先进个人获中央企业和集团公司荣誉表彰。干部年轻化步伐进一步加快，全年调整使用干部95人次，38名“70后、80后”进一步提拔使用，“75后”中层领导人员占比增至35.6%。完成党内巡察3年全覆盖，“大监督”体系更加科学规范，作风建设“九项规定”助推各级执行力有效提升，党风廉政建设成效显著，信访举报各项指标为寰球公司重组整合以来最好水平。坚持党建带团建，近百个团支部开展“学党史、强信念、跟党走”学习教育。

（吴晓霜）

中国昆仑工程有限公司

【概况】 中国昆仑工程有限公司（简称昆仑工程公司），前身为1952年成立的纺织工业部设计院。2000年划归中央企业工委（后为国务院国资委）直接管理，2007年重组进入中国石油，2009年重组更名为中国昆仑工程公司，2016年重组改制更名为中国昆仑工程有限公司，2020年8月东北炼化工程有限公司划入。昆仑工程公司下设中国昆仑环境工程有限公司、上海德赛工程技术有限公司等2家全资子公司，沈阳、大连、辽阳、吉林、辽锦等5家分公司，江苏德赛化纤有限公司等1家控股公司，及中国纺织工业设计院等1个托管企业。昆仑工程公司发展定位为打造国际一流环境工程及纺织化纤综合服务商。作为高新技术国有骨干企业，昆仑工程公司长期致力于环境工程、芳烃及其衍生物、纺织化纤及合成材料、特色炼油化工等领域的建设、创新与发展，承担各类大中型工程项目4800余项，其中，国外工程100多项。业绩遍及全国及30多个国家地区，是集咨询、研发、设计、采购、施工管理、开车指导和工程监理、工程总承包、项目管理承包、技术服务、项目运营等多功能于一体的国际工程公司。

昆仑工程公司承担多项国家科技攻关任务，有精对苯二甲酸（PTA）、聚酯、芳纶、聚乳酸、工业废水处理、特色炼油、润滑油等成套技术及装备，在各主营业务领域取得专利302件（其中发明专利120件），获国家科学技术进步奖6项、国家及省部级各类奖励650余项；主参编国家及行业标准规范74项，其中国家标准40项。昆仑工程公司具有工程设计综合甲级资质、工程咨询专业甲级资质、环境影响评价甲级资质、化工石油工程总承包一级资质、化工石化医药行业、轻纺行业和建筑行业工程等工程设计甲级资质证书，具有环境治理、智能建筑和工程造价等专项设计甲级资质，工程咨询、工程勘察综合类和工程监理等甲级资质证书，以及特种设备（压力容器、压力管道）设计许可证书。

昆仑工程公司始终坚持“诚信、创新、服务、共赢”的经营理念，强化质量、安全、环保责任，信守品牌承诺，被评为国庆60周年勘察设计行业“十佳工程承包企业”，多次获中央企业先进集体、首都文明单位、全国工程勘察设计先进企业、全国工程建设管理先进单位、首批“AAA级信用企业”、全国勘察设计百强企业等荣誉称号，自2002年起，连续获评北京市“高新技术企业”称号，享有较高社会知名度与良好信誉。

昆仑工程公司具有建立在ISO 9001、ISO 14001、OHSAS 18001、NOSA五星安健环管理体系框架下，以GB/T 19001—2000标准为基础，融合GB/T 24001—2004标准、GB/T 28001—2001标准、CMB 253—2004管理标准要求，实现质量、环境、职业健康安全一体化管理的“四标一体”QHSE管理体系。通过ISO 9001质量管理体系、ISO 14001环境管理体系、ISO 45001职业健康安全和Q/SY 1002.1健康安全环境管理体系认证，享有国家授予的对外经营权。

2021年底，在职职工2117人，其中专业技术人员1292人，全国设计大师1人，行业设计大师5人，教授级高级工程师36人，高级工程师747人，具有各种国家执业注册资格629人。

昆仑工程公司主要经营指标

亿元

指　标	2021年	2020年
签订合同额	61.1	51
营业收入	60.2	23.84
利润	0.92	1.11
实缴税费	0.75	0.57

注：2020年数据不含东北炼化工程有限公司。

2021年，昆仑工程公司签订合同额61.1亿元、营业收入60.2亿元、利润总额0.92亿元、实缴税费0.75亿元。东北炼化工程有限公司继多年亏损后，效益大幅提升。昆仑工程公司获集团公司2021年度先进集体和“十三五”科技工作先进单位荣誉。

【成立辽锦分公司】 2021年，昆仑工程公司为推进组织体系优化提升，加快整合同质业务，将锦州分公司与葫芦岛分公司合并，成立辽锦分公司。12月22日，昆仑工程公司在锦州分公司召开干部大会，宣布昆仑工程公司党委成立辽锦分公司，以及部分领导人员调整任用的决定。

【工程建设】 2021年，昆仑工程公司开展各类工程项目784个，其中承包项目125个，设计项目301个，咨询项目320个。

集团公司内部工程建设。环境工程方面，开工建设大庆石化热电厂煤粉锅炉烟气超低排放改造、独山子石化炼油老区三苯罐区挥发性有机物（VOCs）治理、吉林石化（揭阳）分公司污水预处理等项目。其中，兰州石化长庆乙烷制乙烯污水处理场、独山子石化塔里木乙烷制乙烯污水处理场等项目中交；独山子石化外排废水减排及回收利用、哈尔滨石化烟气脱硫废渣处理等项目一次开车成功。芳烃及衍生物工程方面，完成广东石化芳烃装置总体进度的79.2%，完成辽阳石化年产2万吨CHDM工业试验项目总体进度的95%。特色炼油化工业务方面，开工建设云南石化汽柴油改质技改、吉林石化（揭阳）分公司60万吨/年ABS等项目。新能源工程方面，承担设计的集团公司首套氢气提纯项目——华北石化副产氢提纯示范项目12月6日开始向冬奥会供氢。

集团公司外部工程建设。环境工程方面，开工建设桐昆集团锅炉超低排放节能改造、万华化学废水处理及综合利用等项目。合成材料工程方面，开工建设海南逸盛四期、恒超二期等35个聚酯工程承包项目。其中新凤鸣中磊HCPD-1/2，珠海华润聚酯三期等6个项目一次投料开车成功。

【市场开发】 2021年，昆仑工程公司实施《加强市场营销工作实施方案》，加强客户关系管理，统筹推动四大主营业务市场重点项目落地。

集团公司内部市场方面。环境业务方面，签约塔西南勘探公司、大连西太平洋石化等污水处理项目，长庆石化油气回收，广东石化、抚顺石化等一批VOCs项目，云南石化VOCs例行检测项目和长庆石化地下水污染防控及修复项目，污水运营业务在广东石化取得零的突破。特色炼油化工业务方面，签约锦州石化船燃生产设施改造、四川石化30万吨/年轻汽油醚化装置总承包、辽河石化公司120万吨/年柴油加氢改质装置轻烃处理等项目。

集团公司外部市场方面。环境业务方面，签约辽东湾新区化工污水、国能包头 VOCs 治理等项目，实现外部市场零的突破。芳烃业务方面，签约蓬威石化等一批 PTA 升级改造项目。油品分质利用技术签约延长石油、福海创石化等柴油吸附分离项目，单系列应用许可规模达 200 万吨 / 年。合成材料业务方面，签约嘉通能源聚酯 CP1/8、新凤鸣独山能源 PCP-3、江苏新视界阻燃聚酯、福建百宏 H 区、海宁恒逸二期等聚酯项目。

【科技创新】 2021 年，昆仑工程公司围绕“卡脖子”技术、新能源新材料核心技术加快布局，立项集团公司课题 4 项、中油工程课题 14 项，昆仑工程公司课题 15 项。申报专利 32 件，获授权 20 项，其中发明专利 3 件，“对二甲苯氧化结晶装置”获集团公司专利金奖。参与完成的“千万吨级大型炼厂成套技术研究开发与工业应用”项目获集团公司科学技术进步奖一等奖。组织开展的 3 项研究课题分获中油工程优秀科研项目奖二等奖、中国石油工程建设协会科技进步奖二等奖和三等奖。多项成果共获集团公司和中油工程科技成果转化创效奖励 691.4 万元。

【质量健康安全环保】 2021 年，昆仑工程公司质量安全环保工作全面受控，获集团公司“质量健康安全环保节能先进企业”，通过中油工程 2 次 QHSE 体系一体化审核，17 名提拔及变动岗位中层干部通过安全环保履职能力评估。质量方面，开展重点总承包项目采购、施工过程质量监督检查，查改问题 27 项。工程设计项目成品文件 I 类错误为零，合格率 100%，总承包项目实施过程中未发生重大工程质量事故，已投产项目投料试车成功率 100%。健康方面，推进健康企业创建，强化员工健康管理，组织开展常态化新冠肺炎疫情防控工作，稳妥应对突发疫情，强化舆情管控，推动昆仑工程公司员工新冠肺炎疫苗和加强针接种。安全方面，开展“安全生产专项整治三年行动”，累计组织各类检查 1003 次，查改各类问题 6582 项，对 16 人次安全记分 28 分。加大承包商监管力度，清退不合格承包商 3 家。累计完成 1002 万安全工时。环保方面，废水、废气及固体废弃物实现规范处置，各类污染物排放处于达标、受控状态。

【企业党建工作】 2021 年，昆仑工程公司构建完善“大党建”工作格局，细化党委班子成员党建责任清单。成立纪检（审计）监督中心，完善监督体系。推进“我为员工群众办实事”实践活动，着力解决员工群众“急难愁盼”问题，公司级办实事事项完成率 90%。高标准高质量开展党史学习教育。召开庆祝中国共产党成立 100 周年表彰大会。落实意识形态工作责任制。全年发展预备党员 16 名。

（鲍世庆　关金龙）

中国石油集团工程有限公司北京项目管理分公司

【概况】 中国石油集团工程有限公司北京项目管理分公司（英文缩写 CPMC，简称北京项目管理公司）是根据集团公司推进油气工程建设项目管理专业化战略发展要求，在 2016 年 9 月，整合中国石油工程建设板块所属企业范围内的工程监理与项目管理业务注册成立的专业化项目管理公司，注册地设在北京。2018 年，集团公司工程建设业务持续重组整合，将原中国寰球工程有限公司所属的兰州寰球工程有限公司、原中国石油天然气管道局所属的中国石油管道局工程有限公司天津分公司划归北京项目管理公司，提升了北京项目管理公司在勘察设计、工程建设咨询和投资预算等多个业务领域的管理能力。

北京项目管理公司定位于打造具有国际竞争力的工程项目管理服务商。2021 年底有 8 个二级单位，自有用工 1866 人，业务范围涵盖石油化工上中下游各领域，辐射全球 23 个国家和地区，曾先后参与完成集团公司上中下游各业务领域所有重点工程建设的项目管理。重点发展工程咨询、工程设计、项目管理、设备监造、设计及施工监理、安全及环境监理、项目竣工验收等业务。具有工程监理综合资质，化工石化医药设计甲级资质，石油化工（油气库）设计甲级资质，石油化工咨询甲级资质，化工设备监理、炼油设备监理、化纤设备监理等专项监理甲级资质 12 项和造价咨询乙级资质，以及特种设备检验检测机构核准证（A 级）。有硫酸法碳四烷基化成套技术、混合碳四烷基化生产高辛烷值汽油成套技术、裂解汽油加氢成套技术、地下储气库地面工艺技术、滩浅海油气集输设计技术等 42 项专有技术和 51 项国家专利，参与编制国家标准17项，主编行业标准、集团企标准169项。

【生产经营】 2021年，北京项目管理公司超额完成集团公司各项业绩合同指标，主要业绩指标再创新高。全年新签合同额19.3亿元，系统外市场占比首次超过50%；收入18.67亿元，较2020年增长17%，集团公司外部收入、海外收入较2020年分别增长40%和72%；净利润2767万元，较2020年增长12%，完成业绩合同指标的111%；承揽"两新"业务新签合同额超亿元；自由现金流7646万元，较2020年增加3亿元，与提质增效目标相比超额5046万元；北京项目管理公司"三金"净额占比较年初减少9.4个百分点，货币资金余额占比较年初增加8.2个百分点，资产质量显著提高；资产负债率较年初减少2.47个百分点，超额完成提质增效目标，资产结构得到持续优化；提质增效5600万元，其中市场开发增效1100万元、项目管理增效1900万元、财务运营增效1900万元。

北京项目管理公司主要经营指标

亿元

指　标	2021年	2020年
签订合同额	19.3	19.20
收入	18.67	15.20
利润	0.31	0.29

【工程建设业务内部重组整合】 2021年，中油工程公司持续推动工程建设业务内部重组整合，将原西南分公司所属的四川佳诚公司和原寰球工程公司所属的吉林亚新公司整建制划入北京项目管理公司。重组完成后，拓宽了北京项目管理公司的业务链条，增强了北京项目管理公司的项目质量安全管理能力。

【省部级以上荣誉】 2021年，北京项目管理公司参建项目获国家级奖项12项，省部级奖项53项。其中：所属单位兰州公司全球首套超重力硫酸烷基化新技术工业试验被集团公司列为中国石油2021年十大科技进展；所属单位兴油公司、朗威公司、斯派克公司共同承担的中俄东线（黑河—长岭段），以及斯派克公司承担的伊犁新天年产20亿立方米煤制气天然气项目获国家优质工程金奖；朗威公司、斯派克公司、梦溪公司共同承担的陕京四线项目，以及斯派克公司承担的恒逸文莱石化PMC项目获国家优质工程奖；梦溪公司承担的中化泉州100万吨/年乙烯及炼油改扩建项目获"化学工业优质工程"奖；兴油公司承担的北京大兴国际机场项目供油工程津京第二输油管道工程和辽阳石化俄罗斯原油加工优化增效改造项目获中国建筑业协会建设工程项目管理推广应用成果Ⅰ类成果奖，梦溪公司广东石化项目部获广东省"五一劳动奖章"。

【市场开发】 2021年，北京项目管理公司市场开发再创新高，新签合同额19.3亿元，完成提质增效目标的128.5%；系统外业务新签合同额9.8亿元，同比增长233.3%，外部市场竞争力显著提升；千万级项目53个，同比提升83%；咨询、设计和项目管理等核心业务占比35.1%，同比增长59%，创效能力再上台阶；在国际新冠肺炎疫情反复的局势下，海外业务新签合同额0.3亿元。所属单位兴油公司首次突破中国石化重点LNG项目市场，逐渐发展成为国内LNG业务项目管理的领头企业；所属单位朗威公司发挥储运工程专项领域的长板优势，创新开展"PMC+N"服务模式，承揽国家管网集团首个PMC项目；所属单位斯派克公司以"产品"为核心的市场竞争力持续提升，2021年系统外市场占比超过80%；所属单位兰州公司着力将自有技术优势转化为市场开发成果，承揽朗盈碳五深加工EPC等重点项目；所属单位天津设计院主动拓展市场空间，提前半年完成全年市场开发任务；所属单位梦溪公司克服炼化市场低迷困难，成功突破中化商务、中金石化等高端客户；所属单位寰球项目公司革新市场开发理念，市场开发质量明显提升。

【服务保障】 2021年，北京项目管理公司全力保障集团公司和国家管网集团等重点工程项目建设，发布《标准化管理办法》《工程监理严格监管基准》《设计管理统一规定》，编制了覆盖EPC、设计、项目管理（监理）各类业务的管理体系文件256份，进一步规范工程项目管理业务。选树27个标杆项目，形成36项具有推广借鉴价值的典型管理经验做法，在项目上广泛推广应用。通过现场检查调研、视频巡检等方式，持续加强对重点项目尤其是EPC项目过程管控，确保项目平稳有序推进。全年累计执行项目1603项，其中集团公司和国家管网公司重点项目73项，累计完工585项，保障了塔里木乙烷制乙烯、长庆乙烷制乙烯、唐山LNG、江苏LNG、双坨子储气库等19个重点工程项目顺利建成，实现了中俄东线（永清—上海）、西气东输三线中段、天津南港LNG等16个重点项目开工建设。

【质量安全】 2021年，北京项目管理公司深入贯彻国家新《安全生产法》，严格落实集团公司“五严五狠抓”“五个不放松”等工作要求，深入组织开展安全生产三个月巩固提升、“屡查屡有、屡改屡犯”重复性问题专项整治等重大专项活动，严抓关键岗位、关键部位、薄弱环节和敏感时期安全管理，构建安全风险分级管控和隐患排查治理双重预警机制，消除隐患985项，重复性问题数量同比减少36%，降低了项目质量安全风险，确保了北京项目管理公司安全生产平稳受控。累计实现安全生产超900万人工时。

【科技创新】 2021年，北京项目管理公司构建完善了科技创新奖励激励机制，编制发布《公司科技和管理创新奖评选及奖励办法》《公司关键核心技术攻关项目实施管理细则》，激发了干部员工参与科技创新积极性主动性。成立37个创新工作室，推动科技攻关和管理创新工作全面开展。依托创新工作室，推进关键技术、新能源新材料技术研究攻关，全年获实用新型专利5项；编制国标2项、行标10项、集团企标14项，开展集团公司级课题研究13项、中油工程级科研课题9项，开展科研课题研究46项，形成研究成果百余项，全年获科技成果转化收入近3000万元。提前布局新能源、新材料技术与业务，编制发布《新能源发展规划》《氢能源领域前景策划与研究》等指引性文件，开创性承揽玉门油田氢气管道EPC、大港油田光伏发等新能源、新材料项目。所属单位朗威公司自主研发的无损检测智能评定系统在2021年集团公司“十三五”科技与信息化创新成就展参展。

【信息化建设】 2021年，北京项目管理公司信息化建设加快推进，研究制定《公司数字化转型规划方案》，统筹推进数字化转型智能化发展。依托生产运行平台，将智能违章行为识别库与远程监管系统集成，运用影像逐帧自动分析、人工智能图像识别等技术，实现“远程监管—违章智能识别—报告自动生成—报告自动推送—整改闭合”等闭环管理；依托项目管理系统，搭建知识共享中心，研发北京项目管理公司云会议、北京项目管理公司移动应用市场，应用信息化手段为项目提供便捷服务；升级搭建工程设计项目管理系统，实现设计项目全过程一体化在线协同运作，在所属单位天津设计院和兰州公司所有设计项目上成功上线运行。炼化业务，长输管道业务，设备监理业务系统同步实现滚动开发、功能完善。所属单位兴油公司相继承揽尼日尔二期数字化交付研究服务等项目，增收2500万元，创北京项目管理公司科研信息化服务项目合同额新高。

【人才强企】 2021年，北京项目管理公司实施人才强企工程，制定《人才强企工程行动方案》《新能源新材料新事业发展人才专项工程专项人才规划》，以及2022年人才强企工程施工运行图。制定《公司任期制和契约化管理实施方案》《所属单位领导班子成员任期制管理暂行办法》，在7家所属子企业及1家二级分公司推行任期制和契约化管理，覆盖率100%；加大优秀年轻干部选拔培养力度，新提任中层领导人员40岁以下占比28%。全年高质量录用毕业生18人，其中硕士占比87%、主专业占比96%、985等重点院校占比52%。用好其他新增指标，指导所属各单位通过公开招聘方式补充成熟骨干人才22人，其中73%具有国家执业资格。盘活系统内人力资源存量，通过集团公司人力资源统筹配置平台发布需求，与渤海装备、管道局等单位建立合作，输入50余人；构建“人才需求方+人才供给方”定期沟通交流机制，通过共享人才池累计发布简历820份，录用人数较2020年同期增长10倍。不断建设完善项目管理e学堂，健全完善培训体系，持续强化培训过程监管和培训实施效果评估，实现培训过程闭环管理。推广“视频直播+现场面授”培训模式，全年累计组织开展线上+线下培训近3000期、参培4万余人次、合计超16万学时。

【庆祝建党100周年系列活动】 2021年，北京项目管理公司制订落实庆祝建党100周年活动安排，组织全体党员观看庆祝中国共产党成立100周年大会现场直播；开展书法、摄影比赛，推出系列文化产品，27项作品在集团公司“庆祝中国共产党建党100周年”活动中获优秀奖，参加集团公司在京单位庆祝建党100周年歌咏比赛并获铜奖；围绕爱党爱国爱社会主义主题，召开庆祝中国共产党成立100周年座谈会，评选表彰“两优一先”；深入基层开展“七一”前走访慰问，广泛开展“石油工人心向党、建功奋进新征程”岗位实践活动，引导广大干部员工以岗位建功的崭新风貌和优异业绩向建党100周年献礼。

【党史学习教育】 2021年，北京项目管理公司紧扣“学史明理、学史增信、学史崇德、学史力行”目标要求，组织两级党委开展党史集中学习190余次、系列红色教育活动160余场次，覆盖党员干部群众及统战人士4000余人次；组织开展“学党史、迎百年”党史知识微信答题，1500人次参与。推进“我为员工群众办实事”实践活动，落实建设健康企业十项措施，开展“助力劳动者健康”主题活动，举办中医保健知识讲座和心理健康咨询，为员工提供中医理疗及问诊咨询服务 5 次；领导班子带队到中俄东线南段、广东石化等重大项目慰问，为项目员工送去“健康包”，帮助员工进行基本身体指标自测，聘请中医大夫和心理医生为一线员工提供咨询诊疗，为员工群众解决“急难愁盼”实事 60 件。

【助力提速国内润滑油事业发展】 2021 年，北京项目管理公司所属单位兰州公司设计的昆仑润滑油公司 5000 吨 / 年低黏度聚 α－烯烃（简称 PAO）基础油工业试验装置试生产成功，实现国内低黏度 PAO 润滑油生产技术首次工业应用，打破国外技术垄断，填补国内相关领域空白，为我国润滑油产业实现跨越式发展奠定基础。新技术工业试验的成功，被列入中国石油 2021 年十大科技进展。兰州公司自 2016 年起联合石化院大庆研发中心、润滑油公司开展 PAO 润滑油研究开发，负责 5000 吨 / 年低黏度 PAO 基础油工业试验装置设计和 5 万吨 / 年 PAO 基础油成套生产技术工艺包开发的任务。

（张孝鹏）

中国石油技术开发有限公司

【概况】 中国石油技术开发有限公司（英文缩写 CPTDC，简称中油技开）成立于 1987 年 7 月，是集团公司海外项目物资装备的供应主体，是集团公司在海外业务覆盖区域最广的国际能源装备业务的综合服务商。2021 年，中油技开有中方员工 531 人，外籍员工 1050 人，在 39 个国家和地区建立了 50 个境外机构，累计出口产品到 97 个国家和地区，在中亚—俄罗斯、非洲、美洲、中东、亚太等地区形成了稳定的规模市场。成立 30 年多来，累计签约超 400 亿美元，营业收入 2300 多亿元。

2021 年，中油技开签约额 9.7 亿美元，营业收入 46.48 亿元，净利润 0.34 亿元。全年 HSSE 平稳运行，未发生安全责任事故。

中油技开总部设有办公室（党委办公室）、党委宣传部（党群处）、党委组织部（人事处）、纪委办公室（审计处）、规划计划处、财务资产处、市场营销处（客户管理服务中心）、风险管理处（法律事务中心）、经营管理处、质量安全环保处 10 个职能部门；设有技术支持中心、信息技术中心 2 个直属机构；设有中亚—俄罗斯分公司、亚太分公司、非洲分公司、美欧分公司、中东分公司、石化分公司、管道分公司、物流分公司、海洋工程项目部 9 个所属单位。

【主要生产经营指标】 2021 年，中油技开签约额 9.7 亿美元，营业收入 46.48 亿元，净利润 0.34 亿元，自由现金流 0.9 亿元，完成集团公司下达的考核指标。应收账款和库存余额与 2021 年初相比下降 6%，实现“硬下降”目标。全年 HSSE 平稳运行，未发生安全责任事故。

【企业党建工作】 2021 年，中油技开党委坚决贯彻落实党中央和集团公司党组的决策部署，深入落实全面从严治党主体责任，着力抓好党的建设大事要事，为中油技开发展提供坚强政治保障。不断加强党的政治建设。深入学习贯彻习近平总书记“七一”重要讲话和党的十九届六中全会精神，深刻领会“两个确立”决定性意义，不断增强“四个意识”、坚定“四个自信”、做到“两个维护”。出台《进一步加强党的政治建设的重点措施》，明确旗帜鲜明讲政治的根本要求，持续提升政治判断力、政治领悟力、政治执行力。制定执行“第一议题”制度，全年研学 33 期近百篇总书记重要论述，以习近平新时代中国特色社会主义思想引领中油技开发展。发挥党委把方向、管大局、促落实重要作用，全年研究审议“三重一大”等 230 个重要事项。胜利召开第一次党员代表大会，选举产生第一届党委和纪委班子，明确以高质量党建引领高质量发展的目标任务。深入推进党史学习教育。首次召开党建工作会暨党史学习教育推进会，锚定“学史明理、学史增信、学史崇德、学史力行”目标，结合集团公司“转观念、勇担当、高质量、创一流”主题教育活动，推动落实“九个一”党史学习教育特色实施方案，以传统集中学、实地现场学、云端自主学相结合的方式，开展两级专题学习、培训、党课 450 余次，组织 78 人到延安党性教育专题培训。开展“我为员工群众办实事”实践活动，形成党委 + 支部两级办实事清单，确定重点民生项目 25 个，开展办实事活动 85 次，解决难题 71 项。夯实基层组织建设。加强基层党建“三基本”建设与“三基”工作，配齐配强支委队伍，全年增补 25 名基层党支部委员。

出台《关于进一步加强和夯实党支部及支部委员职责的指导意见》，向基层党务干部赋责、赋权、赋能。开展“党员示范岗”“党员突击队”创建活动，通过载体创新推动“两个作用”有效发挥。修订《党支部工作考核评价办法（试行）》，优化党建考核机制，压紧压实基层党建责任。强化党风廉政建设。坚决落实“两个责任”，强化执纪审查与问责追究，分别对9人进行党纪处分或组织处理。印发《纪委支持干部担当作为干事创业实施办法》，为担当者担当、为干事者撑腰。强化政治监督、日常监督和境外监督，做实联合监督机制，全年发现问题32项，推动解决26项。坚决反“四风”强作风，文件数量保持稳定，会议效率有效提升。做好巡视巡察“后半篇文章”，巡视问题整改完成率96%。加强“巡审”结合，开展2轮内部巡察回头看。以建党百年为契机凝心聚魂。在党的百年华诞之际，党委、工会、团委和全体职工群众同向联动，参与集团公司歌咏比赛并斩获金奖，召开庆祝建党百年暨“七一”表彰大会，结合“百人百事”讲好“学党史、忆初心，担使命、建新功”岗位故事，开展2021年春节视频联欢会。强化工会服务，全年走访慰问困难员工、海外员工家属、退休老同志234人次，发放慰问金近73万元。围绕精益6S标准，打造4个特色鲜明、实用温馨的“职工小家”。一体推进统战、群工团、维稳和退休等各项工作，发挥各方力量，凝心聚力、促进发展。

【市场开发】 2021年，中油技开贯彻集团公司市场营销工作会议精神，推进市场工作并取得良好成效。非洲、中亚—俄罗斯、亚太3家所属单位签约过亿美元，非洲、亚太超额完成年度签约任务，美欧、中东、石化、物流、管道等8家所属单位签约额同比增长。加强市场开发。持续优化市场营销定期分析研判机制，通过倒排签约计划、落实营销责任，精准推进市场工作，全年与58个国家的261个客户实现916个项目合作，获取1000万美元以上项目17个，主要营销数据均实现增长。开展三期国际市场营销大讲堂，组织阿米巴经营模式专题培训，引入阿米巴核心理念。各所属单位和境外机构做好市场分析、客户拜访、产品推介等基础工作，中资市场稳中有升，外资市场实现突破。签约俄罗斯钻机与顶驱、阿布扎比钻机配件及服务等重大外资项目。尼日尔子公司、澳大利亚ERA公司、阿克纠宾石油机械联合公司、伊拉克分公司、阿克纠宾石油机械公司5家境外机构签约5000万美元以上。履行重要职责。深化与中油国际公司交流合作，组织开展高层间交互现场讲座，加强与海外重点项目定期沟通对接。满足甲方生产紧急需求，仅用14天将88吨环丁砜通过包机运抵阿克纠宾油田现场。阿克纠宾石油机械联合公司克服新冠肺炎疫情影响，在全力保障甲方油气生产的同时，收入利润创历史新高。澳大利亚子公司通过帮助客户开展库房全过程精益管理，充分了解客户需求，优选国际资源，获近亿美元ARROW油套管项目。为尼日尔、乍得、南苏丹、伊拉克和厄瓜多尔甲方提供电泵租赁和一体化服务，保持了尼日尔和乍得地区100%电泵市场份额。全年为集团公司海外重点项目提供物资装备和服务保障6.49亿美元，同比增长19%。强化与系统内装备制造企业核心战略合作关系，加强与系统内企业“乙乙”合作，全年在27个国家，签约184个项目，带动内部企业装备产品、服务和技术等出口1.18亿美元。抓好重点项目执行。尼—贝管道项目复工复产后，协调落实产品资源和生产进度，按期完成6船货物发运，保障项目开工需求。亚洲钢管PC项目克服新冠肺炎疫情对项目延误影响，加快推进建设进度，按期实现合格产品试制，完成“一带一路”和中哈产能合作重点项目建设任务。坦桑尼亚天然气处理厂增压改造项目转变运作思维，打破常规“以包代管”模式，加强对项目各环节管控，保证项目进展，积累成套设备销售服务及安装调试项目的运作经验。俄罗斯钻机和顶驱项目应对口岸关闭、运力紧张等实际困难，加强与相关部委、外部单位的沟通协调，全力落实运输计划并取得有效进展。推进业务转型。加大技术支持与资源保障力度，成立新能源新材料新事业工作领导小组，组建8个专业技术攻关组、8个长线产品及服务营销工作组。加强与专业化企业及院所的合作，与勘探院、寰球公司、润滑油公司等7家单位建立战略合作关系。拓展新服务领域，乍得电站改扩建设备综合服务、伊拉克收发球筒橇、土耳其和越南化工品等项目实现签约。在阿布扎比国家石油公司技术大会中成功推介4项集团公司新技术，推动多元热流体、控水防砂、陶瓷复合管等油田服务新技术在海外市场落地。全年服务项目签约近5亿美元，同比增长21%，占总签约的半壁江山。

【深化改革】 2021年，中油技开全力抓好改革三年和对标提升行动各项任务，研究部署人才强企工程，加强人才队伍建设，发展动力活力持续增强。推进深化改革。研究确定“十四五”期间中油技开“1243”发展思路和总体目标，持续强化改革与发展的顶层设计。研究制定《全面提升国际化经营能力的实施方案》，明确25项战略管理任务。印发《公司混合所有制改革指导意见》，持续创新体制机制。推进对标管理提升和改革三年行动，成立由主管领导牵头、相关部门协同配合、各负其责的工作组，建立月度跟踪督办机制，对114项具体工作任务逐项督导、推进，全年任务完成率超过90%，完成集团公司下达的目标要求。优化完善体制机制。落实集团公司契约化管理和任期制考核要求，完成全部所属单位领导班子成员岗位聘任协议和经营业绩责任书的签订。修订《所属领导班子和领导人员综合考核办法》，推行考核结果强制分布、末位淘汰等管理措施，建立政治素质、担当作为"两个负面清单"，出台《员工岗位交流和退出管理办法》，启动实施内部退养、临时退岗、待岗歇业、刚性退出等差异化调整策略，全年9名中层干部调整退出领导岗位、1人内部退养、4人临时退岗。推进人才队伍建设。落实集团公司人才强企工程部署，结合实际制定实施方案。研究确定六大工程，梳理明确29个方面88条具体措施。持续推动解决干部队伍"盖层厚、断层深"问题，按照"3个三分之一"思路选拔配备干部，提拔中层干部9人，其中40岁左右3人，包括2名85后年轻干部。按照青年骨干培育计划，逐人研究制订培养措施，启动首批青年骨干岗位双向交流。推动人员横向轮岗交流，全年通过内部招聘10人，跨单位、跨专业交流39人，中油技开人才队伍结构得到有效改善，人力资源使用效率明显提升。

【精益管理】 2021年，中油技开开展提质增效和亏损治理专项行动，实施精益管理，管理水平进一步提升，高质量发展基础有效夯实。提质增效取得一定成效。全力打好现金流改善攻坚战，坚持以收定支、动态管控原则，围绕年度目标加大收汇回款力度，12月项目收汇超10亿元，完成年度考核指标。通过加强与客户沟通，合理利用法律诉讼等方式，实现阿联酋钻机尾款、阿姆河欠款、古巴欠款，以及地平线项目清收。合规开展历史存货销售和折价处置，哈萨克斯坦油套管、俄罗斯低温钻机、北美历史库存、委内瑞拉卡特机组等得到有效处置，全年"两金"余额"硬下降"近6%。加强费用预算管控力度，五项费用、办事处经费较2021年初预算下降52%和18%。收回股利1806万元，完成股权投资收益目标。围绕"一企一策"推进亏损企业治理，3家境外亏损子企业1家减亏、2家扭亏，累计减亏近千万元，无新增亏损企业。精益管理取得一定进展。围绕精益管理"三化"目标，深入实施第二阶段工作，完成18项经营业务核心制度的制修订，梳理优化相关流程融入智赢系统。研究制定中油技开"十四五"信息化发展规划和《关于公司数字化转型、智能化发展的实施意见》，推进智赢系统集成融合，优化完善主流程功能，为实现经营业务全过程线上运行和管理提供支持与保障。强化精益办公现场常态化管理，定期开展现场检查和流动红旗评比。推进历史合同关闭，实现第一类5538个合同"关闭合规、应关尽关"。经营风险得到有效管控。严守"两个严禁、一个严控"风险防控红线，将风险评估作为项目立项前置环节强化源头管控。抓好突发风险事件应急处置，有效提升风险应对能力。强化纠纷案件研究论证和处理决策，通过诉讼等手段收回资金2200多万元。开展内部审计22项，强化对经营业务的风险研判和过程监督。通过远期锁汇对冲主要结算外汇汇率波动风险，全年远期锁汇交割1.58亿美元，交割收益2432万元。制定推进美元应收账款套期保值方案，规避美元敞口风险。法治建设得到加强。组织召开年度法治工作会议，修订完善《领导人员履行推进法治建设职责实施细则》，落实各级领导法治建设责任。出台《重大涉法事项法律论证管理办法》，明确重大涉法事项的法律把关程序和要求。编制印发中油技开"八五"普法规划，开展普法宣传、教育培训等相关工作，营造全员时时学、处处学的普法氛围。

【安全管控强化】 2021年，中油技开坚决落实集团公司质量健康安全环保工作会议精神，坚持人民至上、生命至上，强化"四全"原则，统筹推进质量、健康、安全和新冠肺炎防疫工作，安全平稳收官。加强安全环保管理。构建安全警示教育常态化机制，每周组织管理层开展事故警示教育，定期召开安全月度例会。委派具有专业安全管理资质人员支持坦桑尼亚增压改造等项目建设，强化对重点项目的安全管控。制定《公司领导人员安全生产承包点管理办法》，通过视频巡检对21个境外机构和重点项目检查督导35次。密切跟踪重点地区安全形势，及时发布预警信息，妥善应对缅甸、乍得和苏丹突发政治事件。提升质量管理水平。修订完善《质量管理办法》，持续强化管业务必须管质量的核心理念，建立质量管理项目经理负责制。加强选商关、监造关和事故处理关等关键节点质量管控，将质量管控、产品交付、事件处理等关键环节融入智赢系统，确保重点项目质量全程受控。健全完善健康管理机制。落实集团公司健康企业创建要求，引进宝石花员工健康监测和管理系统，选派驻厦执业医师，初步建成具备常规健康指标检测能力，能提供国内员工健康服务和海外员工远程诊疗的

“健康小屋”。抓好个性化员工健康体检，做好出国人员健康评估、海外员工心理测试咨询等关爱工作，保证境内外员工身心健康。抓好新冠肺炎疫情防控。把干部员工家属的生命安全和身心健康放在第一位，履行防控主体责任，做好国内外防疫物资保障，指导协助坚守在21个国家64名中方员工，落实人、物、环境同防的各项措施，及时开展远程视频会诊，有效应对各类突发疫情事件。推动海外员工轮班换岗，实现超期服务人员和未接疫苗人员清零，国内员工疫苗接种率超90%。抓好国内常态化防控，平稳应对多轮北京市新冠肺炎疫情反弹，确保国内工作场所、国内员工及家属“零疫情、零感染”。

（刘　霞）

宝鸡石油机械有限责任公司

【概况】 宝鸡石油机械有限责任公司（简称宝石机械）始建于1937年，1953年划转石油系统，2002年改制成立有限责任公司，2008年成为集团公司独资设立的一人有限责任公司。经过85年的发展，成为集研发、制造、集成、销售、服务于一体的综合性油气钻采装备企业。2021年底，宝石机械下设11个职能处室、5个直属机构、16个二级单位，本部位于陕西省宝鸡市，成员企业分布在咸阳、成都、西安、北京、广汉等地。员工总数5431人，主要生产设备3500余台套，总占地面积250万平方米，总资产94.06亿元。

宝石机械主要生产经营指标

指标	2021年	2020年
钻机（套）	65	55
钻井泵及泵组（台套）	253	353
三牙轮钻头（只）	3837	7480
金刚石复合钻头（只）	202	260
钢丝绳（吨）	95988	79654
井口装置（套）	1797	817
压裂车（台）	14	103
特种车辆（台）	130	61
电气控制设备（套）	92	68
宝石电气开关柜（台）	120	351
签订合同额（亿元）	101.36	85.56
收入（亿元）	60.65	58.02
利润（亿元）	0.48	0.77
税费（亿元）	2.19	1.79

宝石机械是国家油气钻井装备工程技术研究中心依托单位，承担着全国石油钻采设备和工具标准化技术委员会钻机标准化工作部、海洋石油钻采设备标准化工作部秘书处工作，建有博士后科研工作站。截至2021年底，累计承担国家及省部级科研项目93项，荣获国家级和省部级科技奖项175项，获授权专利1513件，制修订各类标准495项。

宝石机械产品覆盖50多个类别、1000多个品种规格，主导产品包括1000—12000米全井深、全天候、全地貌石油钻机系列，700—7000型系列压裂设备，500—3000马力系列钻井泵，海洋钻井系统、修井机、甲板设备、水下装备，重要场合用钢丝绳、吊索具，系列钻头、井口井控设备，油田工程车辆，电气电控设备等。15大类53项产品获美国石油学会API会标使用权。具备年产钻机85套、钻井泵及泵组800台、钢丝绳10万吨、压裂设备120台、钻头1.5万只的能力。

宝石机械树立“用户的需求在哪里，宝石机械的产品和服务就到哪里”的营销理念，完善“大营销”“大服务”体系，推行产品全生命周期服务，产品远销60多个国家和地区，建成投运国内9个维保服务共享中心、国外4个维保服务站点，形成国内热点区块、国际主产油区全覆盖的终端服务网络。

2021年，宝石机械围绕“建成国内领先、国际一流的油气钻采装备研发制造集成服务商”战略目标开展工作，实现“十四五”良好开局：营业收入60.65亿元，净利润4782万元，经济增加值（EVA）1.3亿元，自由现金流17.05亿元，新增订货80.7亿元，回收货款74亿元。主要指标超出预期，安全环保形势平稳向好，新冠肺炎疫情防控实现零输入、零感染，产品质量稳步提升，员工队伍和谐稳定。

【技术创新】 2021年，宝石机械实施“技术领先”

核心战略。承担的1项国务院国资委专项，2项能源局补强能源技术装备短板清单任务，46项国家级省部级项目均有序推进；国内首台“一键式”人机交互7000米自动化钻机、国内首台9000米同升式高钻台钻机、5000型电驱压裂橇、460千磅海洋液压修井机等新产品研制成功；气井带压作业机等8项产品列入国家能源局、集团公司首台（套）重大技术装备目录、占集团公司2021年总目录的35%，7000型压裂橇等4项产品纳入集团公司重大技术装备推广应用计划，QDP-2200/3000五缸钻井泵等2项产品入选“陕西工业精品”，科研实力持续提升。

【“重器”问世】 2021年5月，宝石机械牵头研制的国内首台“一键式”人机交互7000米自动化钻机问世，我国成为少数可以自主研制自动化钻机的国家。该钻机攻克19项关键核心技术，形成8套关键设备、3套核心软件，获11项授权专利、3项软件著作权，制定3项标准；入选集团公司“十三五”十大科技创新成果、集团公司2021年十大科技进展，亮相国家“十三五”科技创新成就展。

【数字化转型智能化发展】 2021年，宝石机械被集团公司纳入数字化转型智能化发展首批试点单位，着力打造装备制造企业示范建设样板。制定以“一个平台、三个系统”（一个数字化决策支持平台，研发设计、生产制造、客户服务三个数字化系统）建设为主线的实施方案，搭建11个应用场景，将数字化理念和要素融入企业经营管理全流程。完成9个生产单元建设及升级改造，推动8条产线建设，中国石油首条集5G、“互联网+”、人工智能、绿色低碳等新技术为一体的泵配件智能柔性产线建成投产，泵配件加工实现智能化生产。

【市场开发】 2021年，宝石机械拓展全域市场。集团市场上，同步回转排水采气装置、数字化油气混输装置、箱式变电站等产品实现推广。海洋市场上，铁钻工、海工船用钢丝绳等批量化应用，钻柱补偿装置、液压连接器等抢占市场。国际市场上，修井机在中东市场、非洲市场增长强劲，钻井绳在美国市场销量攀升，成套泥浆泵首次出口俄罗斯，交流变频钻机首次批量打入尼日利亚市场；在集团公司国际业务社会安全管理体系五维绩效考核中升至“优秀”级别。社会市场上，钢丝绳在港口冶金领域订货同比增长21%，F-500泵组进入新能源市场，固控产品进入中国石化。试点开展一体化服务业务，开启转租合作等新模式，服务收入同比增长18.8%。探索营销试点改革，重新调整各单位市场营销权限，营销系统积极性得到充分调动。在大庆、成都建成联合办公区，“网络共建、资源共享、指标共担”的营销机制步入正轨。

【产品生产】 2021年，宝石机械保供履约能力稳步提升。坚决当好装备保障主力军，为集团公司保供33台钻机、31台压裂设备、169台钻井泵、1812套井口装置等装备。加速制造回归，钻机平移装置基本实现自制，油水电管线槽外协量同比下降15.6%，自炼钢锭产量创近年新高。强化设备管理，关键设备故障率同比降低0.06个百分点。深化“专业化+项目制”管理，中油技服钻机、海洋埕海修井机等重点项目推进有力，埃及修井机项目生产周期缩减40%以上。强化契约精神，签订重点项目经营合同，确保生产全过程高质量运行。

【安全生产】 2021年，宝石机械筑牢新冠肺炎疫情防控和安全环保屏障。新冠肺炎疫情防控方面，落实常态化疫情防控措施，员工队伍保持“零疑似”“零感染”。安全环保方面，开展安全生产专项整治三年行动和反违章专项整治活动，加强“四不两直”监督检查，QHSE体系建设和双重预防机制建设不断深化，员工安全意识更牢固，安全行为更自觉；4个安全环保隐患治理项目竣工验收，主导产品水性漆使用占比60%以上，能耗数据上线运行，措施节能节水量综合完成率110.5%。

【质量管理】 2021年，宝石机械推进质量管理。以现场会形式开展两场质量提升主题活动，搭建内部单位之间交流经验、互促共进的平台。加大对宝鸡本部以外分（子）公司的质量监督检查力度，“大宝石”质量监管格局加速形成。完成19项公司级质量改进计划，注册55个质量改进小组，全员参与质量提升的热情得到充分激发。宝石机械质量管理体系持续有效运行，产品一次交验合格率99.69%，产品损失率持续降低，质控指标同比向好，无重大及以上质量事故发生。

【深化改革】 2021年，宝石机械以深化改革激发企业发展活力。实施改革三年行动，67项重点改革任务完成60项、完成率90%。“处僵治困”、法人压减等专项改革稳妥推进，资源进一步向优势企业和公司主业集中。坚持“一企一策”治理亏损企业，亏损面持续收窄。制度建设不断加强，公司规章制度管理信息系统上线运行。依法治企全面深化，首次被评为集团公司法治建设A类企业。以“量效兼顾、效益优先”为价值导向，部署推进6大类30项提质增效举措，直接收益1.73亿元。

【精益管理】 2021年，宝石机械全价值链精益管理向纵深发展。落实集团公司装备制造精益管理“五年三步走”战略规划，在系统提升上再发力，实施三级精益改善项目1451项，5个车间获集团公司“装备制造精益管理标杆车间”称号，公司精益管理工作获评集团公司“对标世界一流打造精益企业标杆项目”。

【企业党建工作】 2021年，宝石机械强化党建引领，保障高质量发展。扎实开展党史学习教育，严格落实“第一议题”制度，党委理论学习中心组集体学习42次。举行15项庆祝建党百年系列活动，开展“转观念、勇担当、高质量、创一流”主题教育等，将党建与生产经营深度融合。实施员工食堂升级改造、增设充电桩等14项公司级民生工程，开展210项“我为员工群众办实事”活动，蝉联“全国模范职工之家”。积极配合集团公司党组巡视，反馈问题整改完成率97.1%。驰援河南抗洪救灾，参加中华人民共和国第十四届运动会志愿服务工作，为脱贫帮扶对象司家窑村援建便民商店和村史馆。

（焦丽倩）

宝鸡石油钢管有限责任公司

【概况】 宝鸡石油钢管有限责任公司（简称宝鸡钢管）始建于1958年，是中国“一五”期间156个重点建设项目之一，是中国第一个大口径螺旋埋弧焊管生产厂家。是中国规模大、品种全、市场占有率高的专业化焊管企业，宝鸡钢管总部位于陕西省宝鸡市。2021年底，宝鸡钢管资产总额96.45亿元，员工4905人；设机关处室11个、直属机构3个，所属二级单位13个（9个全资企业、2个控股企业和销售总公司、钢管研究院），分布在中国东北、华北、华东、西北、西南和新疆“六大发展区域”，形成“十个生产基地、四个出海通道”。

宝鸡钢管主要生产经营指标

指　标	2021年	2020年
钢管签约额（亿元）	106.62	85.01
钢管订货量（万吨）	140.52	143.40
钢管产量（万吨）	125.82	117.44
钢管销量（万吨）	136.49	125.63
收入（亿元）	86.35	74.18
利润（万元）	–627	7266
税费（亿元）	1.75	2.57

宝鸡钢管主要为国内外油气长输管道建设和油气勘探开发提供钢管装备的研发、制造、服务与保障，产品覆盖油气输送管、油套管、连续管、管材防腐、焊接材料和钢管辅料等多个领域，形成输送管、油套管、连续管和技术服务四大业务。24种产品取得API认证，10种产品获“中国石油装备”背书品牌。钢管综合产能196万吨。截至2021年底，累计生产输送管逾2100万吨、32万千米，铺设重点管线200余条；生产油套管450万吨、连续管5.4万吨，产品出口美国、加拿大、俄罗斯、印度、沙特、荷兰、土库曼斯坦、哥伦比亚等40多个国家和地区。

宝鸡钢管技术实力雄厚，是我国焊接钢管生产工艺研究、试验检测和科技情报中心，是国家和行业标准起草单位，也是国家级创新型企业和国家火炬计划重点高新技术企业。2014年建成行业唯一的国家油气管材工程技术研究中心。

2021年，宝鸡钢管围绕“管理创新年”总体部署，统筹推进生产经营、改革发展各项工作，有效应对各类冲击挑战，拓市场、稳运行、强改革、促转型、防风险、增实力。全年钢管订货量140.52万吨，同比下降2.01%；钢管产量125.82万吨，同比增长7.14%；钢管销量136.49万吨，同比增长8.64%；营业收入86.35亿元，同比增长16.41%；上缴税费1.75亿元，同比下降31.91%。

【产品生产】 2021年，宝鸡钢管推进准时化、柔性化生产和车间工段化管理，打造精益工厂，全年生产钢管125.82万吨，同比增长7.1%，保障国家重大管线、基础民生和集团公司油气产能建设。宝世顺不断提升机组作业率、合同管成材率，全力保供重大项目，产能利用率140%，盈利2.13亿元。连续油管深入推进灵活机动的节拍式生产，产销量双双突破万吨关口，全力保供勘探一线的同时，盈利6037万元。西安专用管有效克服全运会环保限令、新冠肺炎疫情封城等困难，实现“来料即投、下线即发、直达井场”，生产专用管28.64万吨，高效保障油田生产急需，盈利851万元。

【技术创新】 2021年，宝鸡钢管紧紧围绕保障国家能源安全和上游主营业务发展，承担科技项目49项，攻关完成22项，勇挑现代产业链链长重担。关键核心技术实现新突破。通过国家重点研发计划课题低温管项目验收，完成集团公司连续管侧钻井技术与装备现场试验项目，自主研发出全球最高强度CT150连续管产品，以及上游亟须的多规格BJC-II型特殊螺纹套管等21项新产品。科研平台建设取得新成效。国家管材工程技术公司在西安挂牌运营，“高性能连续管重点实验室”填补陕西省空白，“油气管道输送安全国家工程研究中心”“中国石油连续管作业技术研发中心”成为国家油气勘探开发、管道安全的核心科研力量。宝鸡钢管被集团公司认定为第二批创新型企业，获集团公司信息化工作先进单位，研究院连续管所获集团公司科技创新团队。

【市场开发】 2021年，宝鸡钢管贯彻集团公司市场营销工作会议精神，全力抓订单、保增长，签约额106.62亿元，同比增长25.4%。重大市场主动适应国家管网集团运作模式，全年获中俄东线南段等项目订单30.51万吨。社会市场连续斩获山东管网、引汉济渭等项目订单55万吨。国际市场“借船出海”，实现订货2.36万吨。三大市场持续发力，外部市场占比63%，奠定企业稳定运行的基础。内部市场聚焦上游支持保供，用足用好首台套和专项推广政策，获专用管和连续管订单52.65万吨，提高了订单含金量，实现产品增值，提升企业价值。

【安全生产】 2021年，宝鸡钢管贯彻落实习近平生态文明思想和安全生产、新冠肺炎疫情防控重要指示精神，坚持以风险防控为核心，以体系有效运行为主线，以安全生产专项整治三年行动为抓手，试点推行健康企业达标创建，深化双重预防机制建设，精准指导新冠肺炎疫情防控，强化全员安全意识，压紧压实各级责任，排查生产安全隐患，提升岗位操作技能，改善安全生产环境，筑牢最严防线。

【质量管理】 2021年，宝鸡钢管推进产品质量提升，严控过程质量管理，着力夯基础，提品质，产品质量持续稳定向好，各类质量资质齐全有效，出厂产品100%合格，各级产品实物质量抽检100%合格。其中：输送管合同管焊缝一次通过率95.41%，超过目标值4.19个百分点；HFW（高频电阻焊）套管成材率99.49%，超过目标值0.59个百分点，ERW（直缝电阻焊）/无缝油套管成材率99.48%，超过目标值0.43个百分点；连续管年平均成材率81.87%，超过目标值3.37个百分点；RTP管年平均成材率92.11%，超过目标值7.11个百分点。

【提质增效】 2021年，宝鸡钢管落实集团公司“四精”要求，刀刃向内，持续开源节流、降本增效。严格项目论证审核，审减项目135个，调审减投资2.77亿元。开展“两金”清理专项行动，清收之前应收账款10.26亿元，实现自由现金流2.99亿元，压降之前发出未结12.1万吨产品、库存待发15.6万吨产品，创历史纪录。建立内部产品库存信息共享、闲置物资调剂平台，通过销售、代用等处置积压原料及钢管，盘活资金2600万元。试点推进目标成本管理，深挖生产过程降本潜能，压降运输费用627.8万元，减少财务费用1420万元。深挖政策红利，宝鸡钢管规划、人事、财务和各企业争取地方支持79项，增收2450万元。

【深化改革】 2021年，宝鸡钢管推动《改革三年行动实施方案》落地见效，取得55项改革成果，完成三年总体任务的90.16%。三项制度改革迈出新步伐，优化调整薪酬结构，理顺了骨干人才福利待遇；出台《人才强企工程行动方案》系列文件，在钢管研究院“双序列”选聘各类工程师67人，激活科研队伍的创造活力。业务调整和机构优化取得新进展，优化了有关机构设置和职能配置；理顺了市场营销管理体制，落实了生产经营单位市场主体责任，市场活力进一步释放；整合驻宝鸡单位纵剪和原料物流业务，关停老旧纵剪生产线，节约运行成本120万元。机制改革取得新突破，创新经营机制，试行超额利润分成机制，释放改革红利，助力新疆管业成为宝鸡钢管螺旋输送管唯一盈利企业。

【服务型制造】 2021年，宝鸡钢管深化推进服务型制造转型升级，着力构建制造与服务有机融合、协同发展的产业形态，获“国家服务型制造示范企业”。直达配送不断扩大，持续推广“工厂到井场”“西安模式”，直达配送长庆油田、玉门油田、辽河油田油套管22.26万吨，高效保障了一线产建。技术服务增值创效，深入开展连续管专项推广，连续油管替代常规油管完井作业150余盘。瞄准钻采一线，为长城钻探、大庆油田、中油测井等企业提供钻磨桥塞、拖动压裂28次现场服务。再制造服务迈向产业化，为长庆油田、玉门油田等修复油管25.42万米，回收置换废旧油管3.81万吨、服役后连续管901吨。物流服务持续创效，有效利用铁路资源，资阳钢管仓储物流创收2402万元。

【风险防控】 2021年，宝鸡钢管多维度开展风险防控，一体化推进全流程管控，筑牢风险防控屏障。生态环境得到有效保护，认真贯彻落实集团公司黄河流域和长江经济带生态环境保护要求，强化生态环境风险排查和治理，实现达标排放。健康企业创建取得进展，资阳钢管健康双创达到验收标准，驻陕单位启动健康企业建设试点。常态化新冠肺炎疫情防控落实到位，认真落实“四方责任”（属地责任、部门责任、单位责任、个人责任）和“四早”（早发现、早报告、早隔离、早治疗）要求，做好“三减少一加强”（减少人员流动、减少路途风险、减少人员聚集、加强员工个人防护、杜绝冷链食品入厂），实现全员疫苗接种，筑牢“双零”（零输入、零感染）底线。产品质量稳定可靠，识别质量风险663项，持续改进347项，提升工艺83项，QC活动成果获集团公司2021年度QC成果二等奖。经营风险稳定受控，开展招投标和合同合规专项治理，通过法律手段清收货款4942.56万元，筑牢了经营风险防线。

【产业结构调整】 2021年，宝鸡钢管落实“十四五”规划，以项目建设为牵引，着力提升产业发展层次和水平，推动新旧动能转换。螺旋管改造项目全力推进，宝世顺螺旋管技术改造暨新能源项目可研通过集团公司评审，安评职评已经完成，环评得到政府批准，设备交流有序进行。宝世威混改项目合作方的法律尽职调查已完成。宝鸡输送管超大口径螺旋焊管改造项目当年立项、当年完成，实现3448毫米钢管的生产制造，确保引汉济渭项目早日水润关中。新疆管业15米超长管及防腐工艺改进项目完成建设，双连管橇装机组项目获突破性进展。油井管布局项目实现量产，西南油井管项目投产运行，西安专用管管坯热处理生产线完成改造，强化油井管的生产保供能力。连续管升级项目进展提速，高性能非金属连续管平台项目开工建设将进一步提升连续敷缆管、加热管等非金属连续管的开发能力。新能源业务积极谋划，制定“十四五”新能源专项规划，成立新能源业务领导小组、办公室和新能源技术研究所，与新能源头部企业、浙江大学和中国石油大学（北京）开展业务交流，与青海油田、玉门油田签署合作协议，启动绿色低碳示范园区建设，制定融入集团公司新疆绿色能源产业示范基地方案。

【企业党建工作】 2021年，宝鸡钢管贯彻落实集团公司党组部署，践行“两个维护”，增强“政治三力”，围绕生产经营和改革发展，深化融入式党建、嵌入式管理，充分调动全员干事创业积极主动性，切实发挥了党建引领保障作用。明确重大涉法事项法律论证规定，规范召开党委会58次。推进人才强企工程，培养选拔优秀年轻干部，调整交流干部51人，其中提拔和进一步使用20人。组织“第一议题”和党委理论中心组学习43次，举办了“七一”重要讲话精神和十九届六中全会精神等专题宣讲、微党课比赛、岗位建功报告会、红色教育等80项特色活动。强化基层基础工作，完善党支部工作考核评价办法，深化“五型”班组和“六型”机关建设，搭建党员发挥作用平台载体，深入开展党建互联共建，召开基层党建工作交流会。开展“奋力冲刺‘双过半’”和“奋战100天”劳动竞赛，举办青年“岗位大练兵、能力大提升”专家讲堂，“高钢级、大壁厚螺旋焊管生产成型工艺优化”获评集团公司一线创新成果一等奖，15项“五新五小”成果获市级表彰。宝鸡钢管以高度的政治自觉配合集团公司党组巡视，领导班子成员主动认领问题，推动巡视反馈问题整改，修订《党委落实全面从严治党主体责任清单》，制定《进一步加强党的政治建设重点措施》，完善长效机制43项。对两家单位和所属9个党支部开展常规巡察，落实整改全过程监督，净化了公司政治生态。

（娄喆雄　康　莹　吕　强）

中国石油集团济柴动力有限公司

【概况】 中国石油集团济柴动力有限公司（简称济柴）始建于1920年，是集团公司下属唯一动力装备研发制造企业，是中国内燃机行业中唯一涉足石油钻采领域企业、唯一获得大功率内燃机金牌产品企业，是中国气体发动机行业中最具影响力品牌。

历经百年发展，济柴形成以发动机、压缩机为主导，延伸燃气动力集成、动力电气控制等多板块动力装备家族。其中发动机开发出涵盖140毫米、175毫米、190毫米、200毫米、260毫米、270毫米、320毫米等7大缸径系列，适用于柴油、重油、天然气、煤层气等多种燃料介质的产品集群，产品功率范围覆盖200—9000 千瓦，可广泛应用于油气产业上中下游、社会、船舶、军用等多个领域；压缩机已形成整体式、分体式两个种类，适用于天然气、煤层气、页岩气、LNG等多种工作介质的产品集群，产品功率范围涵盖10—6000千瓦，可广泛应用于油田集气、加气、气举、钻井、储气库等多个领域。

截至2021年底，济柴参股公司1个（中国石油集团资本股份有限公司，参股1.91%）。有山东济南、四川成都、河北青县、湖北武汉4个生产基地。有各类主要生产检测设备2760台套，其中“精、大、稀”设备114台套，总资产48.83亿元，用工总量2154人。

2021年，济柴全体干部员工在党委的正确领导下，落实集团公司党组决策部署，着力提质量、增效益、促改革、防风险，继续保持“零疫情”，完成集团公司考核指标，实现“十四五”良好开局。

济柴主要生产经营指标

指　标	2021年	2020年
内燃机（台）	1115	1194
天然气压缩机（台）	100	72
签订合同额（亿元）	26.97	25.65
收入（亿元）	20.3	20
利润（亿元）	2619	1681
税费（亿元）	0.77	0.33

【市场开发】 2021年，济柴在油气市场，主动与主要油气田企业和钻探公司加强沟通交流，在钻探动力、管道集输、井口气综合利用、修井机动力升级及一体化服务等领域深度合作。其中，压缩机对油气田实现全覆盖，销售额近6亿元，同比增长15.3%；140毫米缸径发动机集中批量销售500余台，超过前期出产总和。开拓中国石化、中国海油市场，中标90%中国石化钻机动力更新订单，发动机、压缩机一体化配套机组在中国海油首次应用。在社会市场，凭借瓦斯、沼气发电产品技术优势，成功开辟贵州、甘肃等新兴市场；与中通快递就应急发电达成合作，销售金额2000万元，为近年来最好水平；加大船舶动力领域开拓力度，内河航运动力产品销量同比增长50%；强化军品保供，收入近2000万元；打造应急动力安保系统解决方案，受到市场用户好评。在海外市场，服务尼日尔等集团公司海外重点项目，加大非洲、东南亚、俄罗斯等区域开发力度，全年海外市场收入1.91亿元，同比增长119%。获俄罗斯天然气公司供应商资质，20缸V型190毫米缸径气体发动机应用于阿布扎比国家石油公司，压缩机出口坦桑尼亚。服务市场，依托配件销售、大修成套、运行维护、远程监控、再制造等手段，服务收入5.35亿元，同比增长22%。

【技术创新】 2021年，济柴编制产品三年行动方案，完善科研工作机制，落实项目经理负责制，加大科技创新奖励力度，与“双一流”高校开展科研合作。布局新能源业务，CCUS配套压缩机、电化学高效储能应用、天然气压差发电3个项目获集团公司立项支持。750千瓦超临界二氧化碳注气压缩机等6款产品通过集团公司鉴定，其中4款产品性能达到国际先进水平；20缸V型190毫米缸径气体发电机组等4款产品进入集团公司首台套重大技术装备目录，电动钻机用12缸V型175毫米发动机等5款产品获评济南市优势工业产品；地下储气库大功率注气压缩机、直列190毫米缸径系列船用发动机分别获中国机械工业科学技术奖和山东省机械行业科学技术进步奖。2021年，济柴被评为集团公司科技工作先进单位。

【产品生产】 2021年，济柴强化研产销联动，优化组织模式，增加模拟装机频次，实施分时分工位配送，基本实现均衡生产。加强精益标杆工厂和内训师“选育用”体系建设，工作成效受集团公司表彰。依托精益星级班组，创建轴类6S管理标杆示范区，收集CIP改善案例1668条，直接创效37万元。加强生产设备运行状态监测，开展装备润滑集中管理，获集团公司装备管理工作先进单位。对清洁度、外购件、工艺纪律全过程、全环节、全方位严管，查摆各类问题633个，逐步实现由“质量问题被动处理”到“质量隐患提前预防”的转变，市场反馈质量问题同比下降13%。

【深化改革】 2021年，济柴加强顶层设计，系统谋划公司“十四五”及中长期高质量发展，形成“1357”发展纲要，成为唯一一家获集团公司“十四五”规划工作先进集体的装备制造企业。推进国企改革三年行动，实施57项重点改革任务，整体完成率超过97%，位居集团公司前列。编制《营销工作指导手册》，实施营销单位模拟法人经营；聚焦9个急需项目，探索实施“揭榜挂帅”；聚焦人才强企，围绕“优化提升”实施8大工程，激发全员活力，全员劳动生产率同比提升18.1%。

【提质增效】 2021年，济柴通过降成本、压“两金”、减费用、用政策，打造提质增效“升级版”。全年增效1.15亿元，产品综合毛利率同比提升1.5个百分点，超额完成年初目标任务。坚持系统思维，聚焦研产销管各环节压降运营成本2096万元。坚持向供应商传导经营压力，节约采购成本750万元；强化节能降耗，节约能源费用支出355万元。清防并重，多措并举，“两金”较年初下降10.7%，账龄、库龄结构明显改善。其中，压降老欠款5133万元，应收账款余额较年初减少1.79亿元；消化呆滞库存7237万元，库存余额较年初减少5300万元，为近三年最好水平。树立“一切成本皆可降”的理念，从严管控非生产性费用，精准调控生产性费用，节约费用支出近4000万元。强化政府惠企政策研究，落实政策红利1877万元。

【安全环保】 2021年，济柴认真贯彻新《安全生产法》，遵循“四全”原则，落实“四查”要求，压紧压实全员安全生产责任。推进安全生产专项整治三年行动计划，抓实体系审核和安全记分，从严开展反违章专项整治。突出绿色制造，改造污水处理系统，中水排放达国家一级A类标准；安装尾气治理设施，氮氧化物达标排放。全年节能153吨标准煤，节水600立方米，超额完成集团公司下达指标。从严落实常态化新冠肺炎疫情防控措施，继续保持“零感染、零疫情”良好态势；开展“反内盗”综合整治专项行动，受到集团公司通报表扬。2021年，济柴连续四年被评为集团公司质量安全环保节能先进单位。

【企业党建工作】 2021年，济柴开展党史学习教育，典型做法被集团公司党史学习教育领导小组5次通报表扬，工作成效受到第一指导组充分肯定。召开第十次党代会，完成换届选举，优化党组织设置，实行基层党建工作清单制，修订党建工作考核评价办法。开展“转观念、勇担当、高质量、创一流”主题教育活动，解决105项生产经营重点难点问题。加大优秀年轻干部培养选拔力度，新提拔“80后90后”干部45名，占新提拔干部的69.2%。参与编制《中国石油装备制造企业政治巡察工作操作指引》，工作成效受集团公司党组巡视办肯定。连续两年获评集团公司党建考核A级。

【改善民生】 2021年，济柴开展“我为员工群众办实事”实践活动，解决101项员工关心的热点难点问题。提高员工薪酬福利，增加全员通讯补贴，节日慰问标准同比提升167%；提高员工用餐标准，餐食补贴同比增长58%；加强员工健康关爱，一体实施“升级劳保用品、提高体检标准、配备急救设备、举办讲座培训”等系列举措；做好扶贫帮困工作，全年帮扶1048人次，发放款项150余万元；修缮文体场馆设施，改善厂区工作环境。

（李文博）

中国石油集团渤海石油装备制造有限公司

【概况】 中国石油集团渤海石油装备制造有限公司（简称渤海装备）是集团公司所属全资子公司。2008年4月3日由华北油田、大港油田、中国石油物资装备（集团）总公司的装备制造企业重组成立，2010年、2012年整合兰州石化、辽河油田的装备制造业务。渤海装备注册在天津滨海新区，依托“一带一路”、京津冀协同发展、长江经济带、黄河流域生态保护和高质量发展国家战略，合理规划布局，服务市场需求。

2021年，渤海装备以转型升级为主题，超额完成集团公司下达的考核目标，实现“十四五”良好开局；自由现金流连续3年为正。签约、收入、回款创造渤海装备2014年以来最好水平，输送管和油套管产量创造渤海装备成立以来历史纪录。

【市场开发】 2021年，渤海装备坚持市场龙头地位，市场营销指标创历史新高，签约、回款突破130亿元大关，收入115亿元。重点客户关系维护有效开展。统一策划，加强对重点客户的深入拜访，以重点项目为载体、上下合力抓订单，市场开拓能力持续提升。渤海装备高层拜访交流49次，与中国石油集团油田技术服务有限公司中国石油工程技术分公司、川庆钻探、西部钻探、安东石油等重点客户签署战略合作协议，达成合作项目18项。内部市场巩固提升，签约52.12亿元。油套管和电泵签约分别同比增长30.64%和31.93%；采气井口成功打入川庆页岩气和渤钻致密气市场；特殊扣油套管产品在西南油气田和长庆油田下井试验成功，在长庆油田应用6500余吨，在西南油气田进一步推广。社会市场大幅提升，签约同比增长44.1%。输送装备社会市场新签约占输送管总签约的95%，创历史最好水平。获北京燃气、国家管网集团10台浸没燃烧式气化器订单，确立渤海装备该项产品在国内企业的龙头地位。首次中标中国海油天津分公司钻头项目，独家供应渤海区域大尺寸螺杆钻具。签约山东裕龙石化机组总成及特阀项目，签约额超亿元。国际市场有所突破，签约3.27亿元，同比增长9%。新签尼日尔二期电泵“6+2”年服务合同1.74亿元，阿曼达利三抽订单同比增长18%，首次签订南苏丹市场38套井口，钻杆产品首次应用于俄罗斯苏尔古特市场。服务型制造转型升级成效显著。精准聚焦用户稳产上产、提质提效等现实需求，以47个重点项目为抓手，开展服务模式创新，服务收入16.24亿元，100%完成年度计划，同比增长33.34%，收入占比14.03%。

【生产保供】 2021年，渤海装备完成工业产值117.8亿元，同比增长34%，“输送管+油套管”产量135.8万吨、同比增长39%，15种产品产量同比增长，直缝管、抽油泵、井口装置创历史新高。生产保供高效运行。完成国家管网集团中俄东管道工程、中国石化山东天然气管网管道工程、江苏滨海LNG重点油气田油套管等重点项目的市场保供。高效组织“大干四个月、冲刺130万吨”活动，超额完成年度130万吨的预定目标，输送管和直缝管分别完成产量105万吨和72万吨，双创历史新纪录。物资供应规范及时。按区域、类别梳理，扩大集中采购，两级集中采购度99%，工程、物资、服务总招标率85.09%，物资采购节约率10%，完成年度考核指标。加大集中处置和调剂平台运用，盘活资金1946万元，处置计划完成率94.11%。强化供应商优胜劣汰动态管理，清理无动态供应商358家，淘汰11家，贸易商、代理商总量压减33%，供应商直采率提高1.5%。精益生产持续改善。推进实施23个项目、50个改善任务的精益生产提升工作，整体达标率96%。辽河热采井口项目完成试压工序集中控制，产能提升50%；卡麦龙球阀项目产能翻番；弯管管件项目年综合产能达150件；电泵项目进入实施阶段。结合新能源产业布局与绿色发展，在青县园区、大港园区推动实施分布式光伏能源项目建设，打造绿色工厂。生产协作优化提效。以产品为单元梳理细分，形成涵盖28项产品、52项部件、238项零件、317道工序的协作框架目录。严格外协目录新增审批，深入推进协作成本测算工作，万元产值协作费用率同比下降13%。加大优势协作商引入，扩大协作竞价范围，独家协作比例同比降低28.4%。

【经营管理】 2021年，渤海装备狠抓经营风险防控和过程督导，保障在不利形势下超额完成经营目标，提质增效11.5亿元。实施业财融合降控成本。在主导产品中推行订单成本资金一体化管理，科学核定目标成本，强化全流程管控，实际成本比目标成本节约3447万元，毛利率提升0.9—4个百分点不等，探索在薄利润时代下有效的生存发展模式。实施产融结合降控费用。用足用好集团商信通票据，办理商票85亿元，节约利息1.5亿元。争取低息贷款政策，在收入增长36%的情况下，贷款保持在0.95亿元以下的历史低位，利息支出减少1176万元。非生产性费用在2020年压降1.1亿元基础上，非市场费用硬下降2084万元，争取财税政策支持3782万元。实施盘活存量增收创效。加强资产分类管理，清理低效负效资产2亿元，清收历史欠款18亿元。推进闲置土地盘活处置，完成三宗土地移交、减税171万元；工业地出让续购政策争取到位，购置费节约600万元。“两金”压控成效显著。“两金”余额整体下降4.9亿元，完成集团公司下达的控制目标。其中：应收账款同比下降5.8亿元，比年度控制目标减少3.3亿元；存货剔除重工平台存货因素后，完成控制目标。统筹谋划资金来源及运用，实现民企账款和农民工工资“零拖欠”。实施“一企一策”推动亏损治理。按照集团公司“四个一批”的要求推进各层级亏损企业治理，制定亏损治理专项行动方案和12个子方案，亏损面控制在41%。实施优化调整，油田专用车通过合作经营，扭亏为盈；盘锦安装检测优化分流人员实现盈利；华油一机钻井装备实施股权整合，聚焦振动筛核心业务，实现法人出清；中成装备修井机业务通过混改转让移交；双非剥离，关停退出汽车检测非主营业务。

【科技研发】 2021年，渤海装备坚持市场导向和问题导向，推进科技创新，深化信息化建设，有效支撑发展需求和市场开发。科技研发取得重要成果。年度实施42个公司级项目，进度计划完成率94.5%，形成新技术新产品21项，参与研发的“高性能钻杆研发及检测评价技术研究”和“千万吨级大型炼厂成套技术研究开发与工业应用”两项成果通过集团公司科学技术进步奖一等奖评审，“钢管多样性防腐技术研究与应用”等5项科技成果通过省部级鉴定。新技术新产品推广应用完成集团公司下达指标。重点组织25项新技术新产品推广，创收3.5亿元。“80钢级直径1422毫米×35.2毫米弯管”等3项新产品和“中深井钢体PDC钻头”等2项新产品分别列入集团公司首台套目录和重大技术装备推广应用计划。协同创新取得新进展。推动绿色自动化钻修机、无杆采油设备、新型钻井提速工具、特殊油套管等实施联合研发，完成集团公司重大专项课题立项论证 11 项。与油气田和炼油厂合作，紧跟绿色低碳前沿，开展海上风电、氢能、CCUS 等方面的技术调研。整合资源，推动钻具及一体化应用技术研发中心、人工举升装备技术研发中心、油气井管技术研发中心和钢管研发平台建设，钻具及一体化应用技术研发中心通过集团公司批复。集成技术研究取得成效。“一趟钻钻柱一体化提速技术”在大庆油田刷新三开周期、钻速、进尺 3 项纪录；“大平台集约化建产高效无杆采油技术”助力长庆油田 H40、H60、H100 等智慧井场建设；“油田地面工程集成技术”助推油田小断块地面工程低成本、快速建产。取得一批知识产权。高效长寿命电泵等 6 项产品通过集团公司自主创新重要产品认定。申请并受理专利 45 件，授权专利 86 件，认定技术秘密 8 件。开展标准制修订 18 项，其中国家标准 4 项、行业标准 3 项、集团公司企业标准 6 项。主持和参与制修订的 3 项标准获全国钻采标委会“十三五”标准创新二等奖。信息化水平持续提升。开展石化装备 MES 系统建设，提升生产现场的动态监控与生产指挥能力；完成钢管产品生产指挥平台建设，实现 ERP、MES、物联网等系统深度集成；完成集团公司工业互联网平台中“烟机监测子系统”上线应用；开展办公一体化平台Ⅱ期建设，有效提高办公效率与协同能力。

【管理创新】 2021 年，渤海装备通过深化改革、加强管理，提升管理效能，实现管理创效、挖潜增效。“改革三年行动”超线运行。实施工作任务清单制，建立工作动态反馈机制，“改革三年行动”60 项改革工作完成 55 项，完成率 92%，超额完成集团公司下达的目标任务。完成修井机混合所有制改革工作，成为集团公司混改排头兵。开展对标管理提升行动，任务推进进度、成果完成率达集团公司双 70% 目标要求。形成 30 项管理创新成果，同比增长 25%，有两项成果分获集团公司二等奖、三等奖。机构优化调整平稳完成。优化市场营销“1+N”运行模式，改革钻采装备销售重点区域设置，实现市场区域全覆盖和区域客户全覆盖，进一步明晰职责分工，健全完善与职能定位相匹配的考核管理机制。按产业产品定位，及时完成中成装备公司机构及人员优化调整工作。人力资源深化内部挖潜增效取得成效。采取措施盘活存量，人力资源配置效能有效提升，关键劳效指标持续改善，全员劳动生产率仅控员因素就同比提高 7%，人事费用率同比降低 26%。用工总量控制在集团公司指标之内。企业经营运行风险管理全面加强。召开首次年度法律专题工作会，部署年度法治建设工作，渤海装备法治意识全面提升。加强纠纷案件统筹管理，将事后解决纠纷前移至事前、防范法律风险；建立不合规合同典型案例库，加强警示教育。强化内控测试，开展财务专项稽查，提升经营过程风险管控水平。加强供应服务商管理，严格资质准入门槛，清理淘汰服务商 30 家、供应商 34 家。合同管理全部实现线上运行、平均审批时效同比下降 0.57 天，事后合同率同比大幅下降。

【平安企业建设】 2021 年，渤海装备统筹抓好安全环保、员工健康、队伍稳定与新冠肺炎疫情防控等工作，企业大局稳定、各项业务平稳受控，被评为集团公司 2021 年度 QHSE 先进企业。抓好责任逐级落实，将防范化解安全环保风险贯穿生产全过程、经营全流程，投资 800 万元加强隐患治理，强化督导检查与审核，杜绝一般 A 级及以上生产安全事故和环境事件，职业健康体检率和职业病危害因素检测率均全部完成，节能节水量超额完成集团公司下达指标，重点污染物排放全面完成控制指标。狠抓员工身心健康管理，制订下发《健康企业创建推进方案》《健康企业验收标准》，构建完善大健康管理体制机制，在基层开辟“健康小屋”、配发血压仪 120 余台，直接服务职工 4500 余人。严格落实新冠肺炎疫情常态化防控工作，继续保持“双零”目标，有序组织疫苗接种，在册员工接种率 98.6%，保持在全国平均水平以上。压紧政治责任，突出敏感时期、敏感阶段的维稳信访工作，保持大局和谐稳定，两次受到集团公司嘉奖。

【企业党建工作】 2021 年，渤海装备党委结合集团党组工作部署和自身实际，强化服务保障能力建设，提升竞争力。落实“第一议题”制度，明确进一步加强政治建设的重要措施，党的建设与企业改革发展同谋划、同部署，责任上深耕，战略上引领，制度上完善，实现党对国有企业全面领导科学有效的落实落地。建立健全党的领导融入渤海装备治理各环节的运行机制，发挥“把方向、管大局、促落实”的领导作用，坚持和完善“三重一大”决策制度，聚焦推进公司高质量发展，召开“三重一大”会议 54 次，研究决策重大事项 147 项。坚持“党管干部”“党管人才”原则，召开渤海装备首次人才工作会议，落实“20 字”要求和 3 个 1/3 标准，出台人才强企工程“1+5”配套政策，强化人才队伍建设。深入开展习近平新时代中国特色社会主义思想和党的十九届六中全会精神的学习贯彻，推动党史学习教育，两级中心组学习 151 次、专题研讨 34 次、宣讲 130 场、党课 274 次，形成学习成果 57 篇，落实服务基层“办实事”项目 191 项。狠抓基层党组织建设，完善全面从严治党主体责任清单，隆重开展纪念建党 100 周年系列活动，召开公司第三次党代会，完成渤海装备及所属 12 家单位党委、纪委换届选举；推进党建“三基本”与“三基”工作有机融合，基层党建“十面红旗”、11 个“双示范”基层站队示范引领作用充分发挥。推进党风廉政建设，深化警示教育，从严从紧贯彻落实中央八项规定精神，加大党内巡察、合规管理监察和专项治理力度，完成对 4 个单位的政治巡察，给予 4 人次党政纪处分、17 人次组织处理。强化意识形态工作，开展“转勇高创”主题教育，深化订单式形势任务教育，全年刊发稿件 2800 余篇，同比增长 17%。舆论宣传主阵地更加巩固、发展主旋律更加高昂。“四个一”工程累计出资 1678 万元、历经 3 年时间，建设工间休息室、洗衣房、活动室等 252 个，一线工作生活环境大幅改善。开展“抓保促创”“双联双争”劳动竞赛与“大干四个月、冲刺 130 万吨”活动，促进生产经营任务完成。

（王迪娜）

中国石油天然气股份有限公司规划总院

【概况】 中国石油天然气股份有限公司规划总院（简称规划总院）成立于 1978 年，原为石油工业部规划设计总院（石油工业部设计管理局）。1999 年，集团公司重组，设立中国石油天然气股份有限公司规划总院，为股份公司直属科研单位，2008 年，加挂集团公司规划总院牌子。2021 年 4 月，按集团公司组织体系调整方案，将规划总院纳入集团公司支持和服务板块。

建院 40 年多来，规划总院始终秉承“战略引领、创新思维、问题导向、追求卓越”的理念，紧紧围绕国家能源安全和集团公司重大战略需求，充分发挥决策参谋作用。近年参与完成能源中长期规划、油气体制改革、“一带一路”油气合作、天然气产供储销体系建设、四大能源战略通道等国家重大项目，牵头完成集团公司高质量发展总体谋划、炼化转型升级、新能源新业务新模式、海外业务优质高效发展等一系列重大专项研究，形成一批“国内领先、效果显著、影响深远”的精品成果。“十三五”年均运行项目 1055 项，业绩考核连续 9 年保持 A 类。2012—2022 年，获国家和省部级奖励 134 项，获知识产权 310 项。

经过多年的发展，规划总院建立了覆盖油气业务全产业链的专业技术体系，是全国石油行业唯一能承担油气业务全产业链规划研究与咨询服务的综合性科研机构。规划总院设有 12 个业务研究所（中心），2 个集团公司重点实验室，4 个集团公司研究中心，3 个专业公司业务研究中心，承担 3 个专标委秘书处工作。2021 年，有员工 430 人，其中集团公司级专家 13 人，规划总院首席技术专家 18 人，技术专家 25 人，副高级职称以上员工占比超过 60%，具有硕士以上学历人员占比 70%。

在新发展阶段，规划总院将以习近平新时代中国特色社会主义思想为指引，秉承“创新、求实、服务、奉献”的规划总院精神，贯彻新发展理念，融入新发展格局，牢牢把握绿色低碳、数字化、智能化发展大势，以推动高质量发展为主题，以改革创新为根本动力，开拓创新，努力为集团公司高质量发展、建设世界一流综合性国际能源公司当好决策参谋，做好技术支撑，成为集团公司最可信赖的决策支持机构。

【企业党建工作】 2021 年，规划总院始终把坚持党的领导、加强党的建设作为“根”和“魂”，将旗帜鲜明讲政治融入各项工作，充分发挥党委“把方向、管大局、促落实”的领导作用，推动全面从严治党向纵深发展，以高质量党建引领高质量发展。

党委领导作用充分发挥。制定学习贯彻习近平总书记重要指示批示精神落实机制，建立“第一议题”制度，全年开展“第一议题”学习 17 次，部署任务 25 项，完成 21 项。出台督促检查工作实施细则，建立督查督办工作体系，推动党委决策部署落实落地。坚持民主集中制，严格落实“三重一大”决策制度，全年召开党委会 31 次、院长办公会 12 次，集体决策事项 214 个，集中智慧力量推动科技创新和改革发展各项工作。

党史学习教育扎实开展。突出抓好党的十九届五中全会、六中全会精神和习近平总书记“七一”重要讲话精神的学习贯彻，全年开展党委理论中心组学习35次，组织专题研讨8次，各级党组织举办党史读书班47场、研讨107次、专题党课50场、红色教育32次，3篇党课成果分获集团公司基层优秀党课一等奖、三等奖，获奖数量位居全系统第二位。坚持把“我为员工群众办实事”实践活动作为党史学习教育落脚点，研究确定办实事清单34项，办结30项。

人才队伍建设深入推进。通过竞争性选拔、内部推选等方式，完成23名中层干部选用调整，其中2人为35岁以下干部。持续壮大专家队伍，增补技术专家2人，首次开展岗位动态选聘，15名年轻技术骨干脱颖而出。加大人才引进力度，引进高层次人才1人、业务骨干5人，招聘2021届优秀毕业生21人。创新培训方法，开展中层管理人员及支部委员、名家讲堂等专项培训，全年参加各类重点培训项目90余项，累计培训1000余人次。

党建与业务工作有机融合。研究制定党建工作规划，编制发布基层党建与业务工作有机融合指导手册，总结22条融合方法。制修订党委规范性文件实施细则等党内制度15项，党务工作流程进一步规范。举办庆祝建党100周年表彰大会和先进事迹报告会，表彰党内先进集体5个、先进个人65人，1个党支部被授予集团公司“基层党建百面红旗”，1名党员获集团公司岗位讲述二等奖，3个案例被集团公司党建丛书和案例集收录。

党风廉政建设走深走实。制定印发规划总院党委落实全面从严治党主体责任清单，明确分工，层层传递管党治党责任。完善巡察工作规范，完成5个支部常规巡察，实现党委巡察高质量全覆盖。总结梳理历次内外部审计、内控测试发现问题，及时补强短板，填补漏洞，推进各项工作上水平。严格履行“一岗双责”，动态梳理廉洁风险点，做好重要节日期间纠正“四风”专项监督检查，持续巩固风清气正、干事创业良好政治生态。

规划总院文化深入人心。组织形式任务大宣讲30余场，增强广大员工发展信心。成立中国石油报驻规划总院记者站，聚焦“减油增化”“新能源”“新材料”等专题，全年内外部累计发稿760余篇，制作专题片10部。发挥群团组织优势，开展劳动竞赛、员工创新大赛，举办重走党史路云端健步走、第十三届职工运动会等文体活动，全年推选表彰三八红旗手、先进工作者、先进集体98个，推选表彰工团组织先进个人和集体51个。开展中医问诊，举办健康讲座，组织新冠疫苗接种，保障员工生命健康。健全帮扶机制，开展各类慰问87人次，发放慰问金23.8万元，员工幸福感、获得感进一步提升。

【生产业务工作】 2021年，规划总院运行项目1007项，新增科技创新成果12项，完成重要战略规划成果100项以上，获省部级科学技术进步奖12项，申报知识产权139项，其中发明专利59项。

战略引领更加有力。全面参与国家“十四五”能源规划、石油天然气行业碳达峰实施方案、全国储气能力建设等国家层面重点课题，为行业高质量发展建言献策。开展新能源、油气基础设施、能源运输安全等领域国家高端智库项目研究，其中牵头完成的“碳中和愿景下我国天然气发展战略研究”，准确定位双碳目标下天然气与可再生能源发展的关系，明确天然气发展路径和发展空间，获委托方肯定。参与国家清洁取暖绩效评价现场考核、国家清洁取暖规划终期评估、基础设施公平开放监管等工作，行业影响力不断扩大。

收官“十四五”规划编制工作。完成集团公司“十四五”总体规划、专业规划、专项规划、区域规划、地区公司规划及配套专题研究287项，为集团公司明确“十四五”发展目标、思路与路径。承担集团公司总体规划核心支撑课题11项，研究提出一系列可操作可落地的新观点、新方案，成果综合采纳率超过90%。全方位支持集团层面各类规划的评估审查、党组审议、规划宣贯等配套工作，进一步巩固规划总院作为集团公司发展战略与规划研究中心的核心地位。

高水准开展了各类战略专题研究。深化高质量发展指标和评价方法研究，建立涵盖四大维度的指标体系。开展辽阳石化等重点炼油厂可持续发展、减油增化转型路径课题研究，为集团公司炼化业务结构调整提供支持。承担2021—2035年天然气业务全产业链研究，首次提出集团公司中长期天然气产供储销体系建设整体优化方案。完成海外LNG资源全产业链效益等专题研究，主持油气管输费结算模式等课题，探索加油站光伏应用、阿米巴经营模式等新领域课题研究，全年编制规划总院研报10期，扩大了影响力。

高质量推进新能源业务研究。按照规划总院新能源业务“1+8”联合工作机制，发挥各单位特长优势，全年累计承担完成集团公司各类新能源项目98项。全面支撑了集团公司新能源新业务规划体系研究，承担9项规划中6项规划的编制，研究提出“清洁替代”“战略接替”与“绿色转型”三步走战略部署，明确了双碳目标与实施路径。深度参与了5个新能源基地建设，推动了集团公司新能源项目的落地。全面完成了油气田清洁能源利用评价与对策、炼化销售企业清洁替代实施路径等专题研究，开展新能源领域的科技研发工作。主动与对外经贸大学等院校签订战略合作协议，努力打造新能源领域创新联合体。

大力拓展业务领域与服务范围。开展产融结合、绿色金融等重大专题研究，推动与中油资本建立战略合作关系，挂牌成立“石油金融研究中心”。持续做好国家管网集团的支持工作，全年承接油气管网规划、储气调峰规划及管道技术支持等87项课题，顺利完成琼粤天然气管道配套、江苏LNG配套管道复线工程等专题研究工作，推进川气东送二线、西气东输三线中段、西气东输四线、闽粤支干线等重大管道前期研究工作。服务地方经济社会发展，拓展服务范围，全年新承接内蒙古、新疆、天津港等16项地方政府和社会企业研究课题。

科技创新核心能力更加突出。成功研发页岩油致密油低成本地面建设技术，示范应用于新疆油田、长庆油田，降低建设投资6%以上，缩短建设周期35%以上。建立了油田地面能量优化技术体系，开发了油田能量系统优化软件及管理平台，在大庆采油四厂推广应用，实现经济效益9914万元。分子管理技术研发项目，开发了蜡油分子组分定量分析方法等3项关键技术，形成4项技术秘密，申请发明专利41项、软件著作权2项。智能炼厂项目，开发催化裂化闭环实时优化等关键技术，示范应用增效6000万元/年以上。深化天然气多元耦合客户用气特性分析模型建设，完成了区域市场景气指数模型建立，形成了天然气客户与市场数据标准初步成果，申请发明专利3项、软件著作权1项。

重大科研项目立项创历史新高。面向集团公司重大战略需求，牵头承担了油气业务链优化、绿色地面工艺与设备、油气管道完整性管理、能量系统优化与能源管控、天然气客户特性与市场仿真等5个集团公司重大科技攻关项目，参与了其他院所承担的9个项目研究，牵头和参与的数量均创历史新高。在重大科技专项课题承担方面，牵头承接了CCUS等4个重大科技专项中的8项课题（专题）攻关任务。

科技创新生态环境持续优化。加强顶层设计，出台科技立院、创新强院行动方案。推行项目分级分类管理，重大项目实行完全项目制，赋予项目经理团队组建权、技术路线决定权、经费使用权、绩效考核权等。组织参加集团公司前瞻性基础性战略性项目“揭榜挂帅”，4名项目经理成功竞聘上岗。修订规划总院科技奖励实施细则、院长奖励基金管理办法，重奖创新创效突出的团队和个人。推进分子炼油创新联合体建设，支撑国家攻坚目标任务完成。发布知识管理办法，平台阅读量突破5万人次。加强成果创效组织管理工作，建立覆盖项目全过程成果转化创效机制，全年申报转化创效奖励项目17项。推动科技期刊更名为《油气与新能源》，重组编委会，完善运行管理机制，全年出版6期，期刊影响力实现新提升。

运行优化支撑作用更加显著。依托集团公司油气业务链优化重点实验室，运用自主研发的平台模型，滚动开展生产计划优化和产业链效益测算，常态化开展保税低硫船燃效益月测算、沿海企业出口效益周测算，专题开展减油增化、进口气扭亏等专项研究，累计提供400余份优化方案，为实现生产经营“事前算赢”提供量化决策依据。

强化市场研判做好营销支持工作。围绕油价变化、需求波动、合理库存等开展专题研究，形成并上报各类专题材料120余份，全年国际油价预测方向正确率91.7%，成品油需求预测精度98.3%。强化与省区公司基层一线联系，为云南地区炼销一体协同、东北地区市场保卫战、广西地区加油站全流程诊断优化等提供数据与方法支持。动态跟踪天然气市场和价格走势，及时研判对行业和集团公司影响，全年提交市场分析与预测专题材料150余份。建立化工品短期市场价格预测模型，开展下游产业转型升级对原材料的需求变化研究，全力支撑化工品市场销售与投资决策。

围绕成本效益做好投资优化技术支撑。编制发布新能源项目经济评价方法与参数，承接股权可研项目，开展海外技术支持业务，经济评价服务范围不断拓展。扎实推进炼化项目投资增效考核评价研究，勘探开发业务支持力度继续加大。做好项目咨询评估及造价审查工作，全年完成各类项目审查163项，累计核减投资56亿元。持续改进节能节水统计工作，建立海外业务能耗用水统计体系，推动集团公司能源管控战略实施。

做好各级各类技术支持与服务。坚持主动作为、靠前服务，参与总部各类指导文件、领导讲话备参、工作方案等材料编制，做好项目前期审查、生产经营、运行优化、安全节能环保等方面支持工作。持续做好塔里木油田的项目审查、完整性管理等服务工作，丰富服务内容，推动双方合作深化拓展。服务地区公司，全年承担吐哈油田、青海油田、大连石化、宁夏销售、陕西销售等154项地区公司课题。

【改革管理】 2021年，规划总院精心绘制“十四五”发展蓝图。组建发展规划编制领导小组，坚持顶层设计和集思广益相统一，紧密对接集团公司“十四五”规划，召开6次专题研讨，广泛征集各方意见，编制形成规划总院“十四五”发展规划，确定“十四五”发展指导思想、主要目标、任务部署和保障措施，使规划总院上下行有方向、干有目标。

三项制度改革扎实开展。制定规划总院“1248”人才强院行动方案，围绕1个目标，建设2支队伍，聚焦4大主题，全面实施8大提升专项工程。制定优秀年轻干部行动计划，加大年轻干部的发现培养、选拔使用力度，搭建“上”的平台。修订退出领导岗位管理办法、年度履职考核管理细则，畅通“下”的机制。实施中层管理人员任期综合考核方案，压实任期考核责任，激发干部担当作为。持续推进激励约束机制改革，统筹三位一体绩效考核体系，平稳实施岗位薪酬调整方案，设计专家薪酬目标值计划，精准激励。

智慧总院建设稳步推进。持续优化提升协同管理平台，完成二期项目建设，改进综合办公、计划经营等12项功能，新开发管理驾驶舱等25项功能，全年处理各类业务流程超2万件，实现流程化、平台化管理，大幅提升工作效率。集成合同管理、视频会议、知识共享等系统，引入智能语音、文档云化协同编辑等先进技术，智能化协同办公新模式初步形成。完成建党100周年、国庆等重大节日网络安全保障，开展网络安全宣传周活动，信息系统全年运行平稳，无重大网络安全事件发生。

财务及依法合规管理不断加强。适应集团公司科研院所预算考核机制调整，优化成本费用核算模式，改进财务管理流程，推进信息化统建项目资产划转，实现净利润考核目标。专题学习习近平法治思想，研究部署法治建设工作，组织编制“八五”普法规划，开展重大事项法律论证。开展合同管理突出问题专项治理，推进合同管理系统2.0深化应用，全面提升合同签约质量和履约能力。抓好2021年制度制修订和“立改废”工作，制修订各类制度22项，废止24项，制度体系更加科学完备。开展内审、管理评审和外审，进行内控测试和管理层测试，组织年度风险评估和季度重大风险监测。推进改革三年行动，累计完成改革任务43项，实现“90%”的改革进度目标。

综合服务保障工作持续改进。围绕中心工作，服务发展大局，文字材料、公文流转、保密、审计等各项工作水平进一步提升。切实抓好新冠肺炎疫情防控、安全维稳等工作，严守底线，安全生产形势平稳向好。服务保障紧贴工作生活需要，组织完成直燃机更换、羽毛球场地下管线改造、普兰办公区装修、办公室壁柜更新、食堂防水改造等民生工程，推动完成规划总院南侧停车场围墙修缮，办公环境的安全性与舒适度进一步改善。加强承包商管理，推动食堂就餐、物业保洁、会务保安等各项服务保障工作持续改进。开通周末餐供应、配置公寓公共洗衣机，解决员工关心关注的热点难点问题。组织完成海淀区人大代表选举工作，持续做好图书档案、离退休人员、车队等管理工作。

（吴小卫）

中国石油集团经济技术研究院

【概况】 中国石油集团经济技术研究院（简称经研院）前身为1964年成立的石油工业部科技情报研究所，2005年重组更名为经济技术研究院，2015年作为唯一一家企业类智库入选首批国家高端智库建设试点单位。集团公司党组赋予经研院的功能定位为“一部三中心”，即集团公司把握内外部环境、研究制定竞争对策和发展战略的“参谋部”，谋划全局性重大战略问题的研究中心、国内外石油石化信息资源开发中心、经济和技术信息的对外交流与合作中心。国家高端智库理事会赋予经研院的功能定位为“立足‘能源’和“企业’特色，围绕能源战略与能源安全‘一带一路’能源合作、国有企业改革发展、国有企业党的建设等研究领域，提供具有前瞻性、战略性和针对性的研究咨询服务。”集团公司党组高度重视高端智库建设工作，戴厚良董事长亲自担任智库建设工作领导小组组长、学术委员会主任和首席专家。2021年底，经研院下设22个二级单位（不含驻经研院纪检组），合同化员工203人。其中，在岗一级正职、副职5人，二级正职、副职42人；合同化员工中硕士、博士135人，占在册人数66.5%；正高级职称17人，副高级职称102人，共占合同化在册人数58.6%；中级职称50人，占合同化在册人数24.6%。

【重点工作进展】 2021年，经研院上下主动作为、奋发进取，实施一系列开创性举措，取得一批重大建设性成果，决策影响力和综合实力显著提升，各方面工作呈现出新亮点、展现出新气象。初步统计，承担科研项目261项，实现科研总量2.55亿元，同比分别增长31%和22%（扣除知识产权专项任务），全面完成和超额完成集团公司下达的业绩考核指标。

【国家高端智库建设】 2021年，经研院贯彻落实国家高端智库理事会工作要求和集团公司党组决策部署，打造中国特色世界一流新型企业智库，更好服务党和国家工作大局，努力为全面建设社会主义现代化国家提供智力支撑。国家高端智库理事会充分肯定智库整改工作，认为"内部治理有效重塑，研究成果质量明显提升"。集团公司层面组织高端智库课题立项和申报工作，认领课题17项、自立课题44项。优化智库资源配置，拓宽上报渠道，加强成果共享，组织智库专班研究和修改把关，有力推动智库成果提质提效。报送智库报告30篇，2篇获刊用、3篇被《成果要报》刊用；向国务院研究室报送智库报告23篇，4篇获《送阅件》刊用；向中共中央办公厅、国务院办公厅及国务院国资委报送《中国石油值班信息》72篇、采用率超过50%。全年9项成果获中央和部委领导批示，获批示数量创历史新高。利用重要时点节点开展舆论引导和公共外交，主办承办新发展理念与企业高质量发展论坛、第四届石油精神论坛、首届中国（深圳）能源科技影视大会，联合举办承办双碳、国家发展、氢能、中非能源合作、进博会分论坛、六铺炕央企智库能源等6个大中型会议，办会层次和数量均明显上升。完善"三位一体"治理体系，构建"小机构、大网络"的开放式研究格局，成立智库综合协调处、智库研究和成果信息部两个机构，创新运行机制，首批聘请61名智库专家，智库建设研究报告入选"中国智库特色案例"，聚才生智的平台优势有力彰显。完善智库治理体系和运行机制，使智库人才队伍专业化、专职化、专班化。探索开创智库建设新模式。

【服务集团公司新突破】 2021年，经研院围绕集团公司党组关注的重点热点问题精准发力，提供更具超前性、更富建设性、更有价值的政策建议。在集团公司战略决策支持体系中的地位、作用显著提升。围绕制约集团公司高质量发展的重大问题开展调查研究，报送呈阅件、专题报告、石油情报等218篇，集团公司十年投资分析、科技创新发展、油气稳定供应、光伏和新能源发展等105项成果获集团公司领导批示、同比增长48%，其中65项成果获主要领导批示，成果报送与获批示数量均创历史新高。高水平参与国家重大科技专项"大型油气田及煤层气开发"研究，高质量完成原创技术"策源地"和现代产业链"链长"建设思路及方案、2035年科技发展战略及"十四五"科技发展规划、中长期科技发展规划等一大批重点研究任务，成果获采用的层次和数量提升，大量决策需求部门来信来函表示感谢。大数据全球能源信息系统建设及应用获集团公司科学技术进步奖三等奖，9个先进集体和个人获科技与信息化大会表彰，27项成果获全国石油石化企业管理优秀奖，《国际石油经济》入选"中国国际影响力优秀学术期刊"。

【共享发展新空间拓宽开放】 2021年，经研院与中国人民大学国家发展与战略研究院共建碳中和研究中心，与北京大学国家发展研究院、玉门油田、IHS Markit等签署战略合作协议，与社会科学研究院、国务院发展研究中心、中智集团、日本经产省等国内外机构广泛开展合作交流，对外合作交流呈现新格局。以集团公司名义对外发布《世界与中国能源展望》，连续13年发布《国内外油气行业发展报告》，组织评选十大石油科技进展和十大石油经济事件。

【干部和人才队伍建设新路径】 2021年，经研院加强干部队伍建设，修订《中层管理人员管理办法》，调整中层干部5人，完成中层干部岗位层级类别套转。开展专业技术岗位人员三年任期考核，推荐享受政府特殊津贴人员1人、中青年科技领军人才2人、创新团队1个，联合培养博士后11人，择优招聘新员工10人，选聘19人到基层管理岗位，不断完善领军人物、骨干力量、后备新秀的人才梯队。优化绩效考核体系，精细工资计划管理，充分发挥激励作用，持续提高劳动生产率。争取政策支持，在新冠肺炎疫情和低油价冲击下，保持工资总额平稳不降，增强广大员工的凝聚力和战斗力。统筹线上线下多种方式，组织培训78项、896人次。

【内生发展动力增强】 2021年，经研院坚持创新第一动力，坚持依法合规管理，探索创新促进高质量发展的运行模式。治理体系更加完善高效。经研院党委发挥把方向、管大局、促落实领导作用，落实"三重一大"决策制度，召开党委会19次、审议议案93项。准确把握党委功能定位，推动党的领导与智库治理有机统一，规范完善党政规章制度，清理调整议事协调机构，完善授权分工机制，督查督办147项重点工作。深化改革攻坚战有力推进。高水平实施国企改革三年行动和对标世界一流管理提升行动，制定13个方面、22项改革措施，共71条具体任务，完成率超过95%，超额完成70%的阶段性目标。科研项目管理和成果质量管控规范高效，绩效考核激励体系持续完善，广大员工更广泛地共享改革发展成果，队伍凝聚力和战斗力进一步增强。打造提质增效"升级版"取得重要成效。管理费用和"两金"压减实现管控目标，综合所得税率压降18%。强化内控、采购、合同等管理，完成"三供一业"和退休人员社会化移交，疫情防控实现零疫情、零感染，未发生安全、稳定、泄密等事故事件。经营公司全面提升服务水平，高质量发展取得明显进展。

【企业党建工作】 2021年，经研院全面贯彻落实新时代党的建设总要求，坚定不移提高党的建设质量，为智库建设提供坚强保证。把政治建设放在首位。全面落实"两个一以贯之"，严格执行"第一议题"制度，深入学习贯彻习近平总书记最新重要讲话精神和对中国石油重要指示批示精神，完善党中央及集团公司党组决策部署落实机制，严格执行重大事项请示报告制度，深刻领会"两个确立"决定性意义，广大党员干部"四个意识"进一步增强，"四个自信"更加坚定，"两个维护"更加坚决。党建工作质量不断提升。健全基层党组织，优化调整党支部3个，配强支部书记，发展党员6名、转正3名。压紧压实党建工作责任，全面落实"一岗双责"，严格执行"三会一课"和组织生活会等制度，持续开展支部达标晋级和支部书记述职评议，制定支部委员评价激励等制度。推进"三基本"建设和"三基"工作有机融合，创新党建推动中心工作方式方法，开展党建特色研究，2项成果分获中央企业党建政研会优秀课题一等奖、三等奖。党风廉政建设和反腐败工作不断加强。聚焦"两个维护"，强化政治监督，制定党委落实全面从严治党主体责任清单，大力加强"四项纪律"建设。全力支持派驻纪检组工作，一体推进"三不"机制建设，驰而不息纠正"四风"。严肃追责问责，对出现违纪违规行为及时批评教育和诫勉谈话。举一反三整改巡视巡察、审计发现问题，政治生态更加风清气正。宣传思想文化工作不断深入。开展"转观念、勇担当、高质量、创一流"主题教育活动，强化意识形态阵地管理，各类报道在人民网等主流媒体点击量超过30万。持续开展"三关心"和扶贫帮困送温暖工作，丰富各类文体活动和青字号活动，大力落实员工福利待遇。经研院上下实干担当、自强不息的氛围更加浓厚，涌现出"百面红旗""两优一先"等一大批集团公司级和院级先进集体与个人，干事创业的强大正能量明显提升。

（魏雪苹）

中国石油集团安全环保技术研究院有限公司

【概况】 中国石油集团安全环保技术研究院有限公司（简称安全环保院）前身是成立于2007年11月的中国石油集团安全环保技术研究院。2008年7月，中国石油天然气股份有限公司安全环保技术研究院获批设立，与中国石油集团安全环保技术研究院合署办公，"一个机构，两块牌子"。中国石油集团安全环保技术研究院是中国石油安全环保战略决策的参谋部，是集团公司、股份公司安全环保技术研究中心、HSE信息中心、安全环保技术服务中心。2017年11月，中国石油集团安全环保技术研究院由全民所有制企业改制登记为有限责任公司，更名为"中国石油集团安全环保技术研究院有限公司"。2019年，安全环保院加冠"中国石油天然气集团有限公司海外HSE技术支持中心"，增设质量技术研究所、石油天然气工程质量监督总站、特种设备检验监督管理办公室和中东HSE技术中心等机构。

安全环保院有安全、环保、质量、节能和信息等领域国家级业务资质15项；有石油石化污染物控制与处理国家重点实验室、石油与化工含油废物处理及资源化工程技术中心和中国石油HSE重点实验室等标志性科技支撑平台；建成11个特色试验平台和2个HSE监测实验室，形成12项特色技术。设有中国石油12个安全、环保、职业健康领域的机构，承担中国石油安全、环保、职业健康的监督、检测、评价、考核等职能职责。安全环保院还承担国家环境标准化TC207/SC4分委会秘书处、石油工业环境专业标准化工作组秘书处等6个安全环保标准化机构的工作任务。2021年底，安全环保院设6个机关职能部门，下设17个业务单位，有员工398人。其中：博士、硕士研究生180人，大学本科203人，本科以上学历占96%；教授级高级职称23人，高级职称人员185人，高级职称以上人员占52%（正高+副高），中级职称人员122人，占31%。

2021年，安全环保院保持营业收入与利润同幅增长，获省部级及以上科技成果奖18项，集团公司认定自主创新重要技术产品2项，制修订国家标准、行业标准和企业标准15项，授权发明专利15件，软件著作权14项。获集团公司先进集体称号，连续7年获评集团公司质量安全环保节能先进企业。

【决策参谋】 2021年，安全环保院推进新型高端智库建设，承担集团公司、油气和新能源板块、炼化销售和新材料板块的安全环保、绿色低碳等专项科技发展规划编制。多篇HSE专报得到集团公司领导批示，2篇选送中共中央办公厅、国务院办公厅，完成的国家层面智库课题成果被多方引用，编制的一批国家标准和行业标准正式发布。

【科技创新】 2021年，安全环保院完成“十三五”国家和集团公司科研任务并通过验收，多项成果被鉴定为国际领先或先进水平。“一种不结垢零排放的稠油开采污水蒸气发生系统及方法”专利获加拿大知识产权局授权，成为安全环保院首个国际发明专利。牵头的“绿色油气田污染防治及生态保护研究”“油气勘探开发安全重大风险预防与控制研究”等3个项目，以及参与的9个重大科技项目通过国家、集团公司开题立项。

【科技成果转化】 2021年，安全环保院“红外线气云成像泄漏监测”等技术落地推广，产品首次纳入《集团公司首台（套）装备目录》，初步形成依托内部企业定牌生产合作的“产供销”一体化推广新模式。“油田采出水处理与回注技术”入选国际石油公司先进实用技术名单，海外风险预警平台APP及海外公共安全技术在中国海油成功应用。

【技术支持】 2021年，安全环保院围绕集团领导和总部各部门重点关注问题全方位支持绿色企业和健康企业创建。研究形成QHSE体系审核“三优化四强化”建议措施，牵头修订《集团公司“1+21”突发事件预案》，制作完成《生命至上》安全警示片，合作编写中国石油与道达尔《联合HSE管理手册》。做好HSE信息系统、污染源在线监控、应急管理指挥中心等系统的技术支持和功能升级，污染源在线监测数据传输准确率等4项集团公司业绩考核指标均保持100%。HSE工作站工作质量持续提升，启动“安眼工程”试点项目，超额完成雷电静电防护设施检测任务。

【技术服务】 2021年，安全环保院优化新环境下市场开发整体布局，与8家企业签订战略合作框架协议，挖掘多项安全环保潜在需求。评价、认证业务保持量效齐增，管理咨询特色技术品牌市场规模持续增长，国家管网QHSE服务咨询、长城钻探职业健康体系建立等项目获高度赞誉。海外服务深化“共生共栖”模式，内外部市场均衡拓展。

【技术监督】 2021年，安全环保院聚焦集团公司安全环保重点风险领域，保持井控、城镇燃气等领域HSE监督高压态势。开展炼化企业大检修帮扶督导，完成首批环保帮扶督察，确保重大风险可防可控。推进油化剂生产企业质量管控与提升专项行动，构建井筒质量“1+16”巡查监督格局，重点工程质量监管全覆盖。

【支撑平台建设】 2021年，安全环保院推进能源与化工领域原创技术策源地建设，相继成立集团公司碳中和技术研发中心、温室气体排放核查核算中心、中国职业健康安全协会和中国石油企业协会HSE专业委员会；提交《石油石化减污降碳协同控制国家重点实验室重组方案》，联合申报建设的“国家能源局CCS/CCUS技术工程中心”“集团公司CCUS重点实验室”取得进展。

【管理提升】 2021年，安全环保院编制发布“十四五”发展规划，确定面向未来的业务主攻方向和有所为有所不为的重点发展领域。首次召开市场营销工作会，为适应产业格局调整、推动创新发展和深化领域研究提供重要指导。

制定人才强企工程实施方案，配齐首席技术专家，明确技术序列相应职责。强化青年科技英才培育，引进补充重点业务和紧缺专业人员。新冠肺炎疫情期间培训常态化，组织各类培训45期、涉及2900人次。

完成改革三年行动和对标世界一流管理提升行动任务，优化职能部门职责，推进“去行政化”“去机关化”，构建决策、执行、监督相互分离相互制约的权力结构。推行两级创新团队建设和管理，减少HSE信息中心、HSE评价中心的三级机构和管理人员设置，推进以劳动合同管理为关键、以岗位管理为基础的市场化用工机制。

合理筹划税收，加强研发费用加计扣除，利用税收优惠政策做到增值税应抵尽抵；推行减员增效举措，合理压缩外部用工总量；优化采购招标管理，全年物资采购节资率 24.6%。

加强合同管理，突出专项问题整治，杜绝事后合同，确保全年合同“零”纠纷和法律“零”风险。配合集团公司开展专项经费管理和竣工决算审计，完成大连分院等 4 家单位领导干部离任审计。

落实党务政务公开制度，拓宽民主管理渠道。成立 7 个专业协会，提供专项预算支持，为员工提供文体活动平台。健全完善群团工作组织，推进青年创新创效阵地建设，打造“青”字号品牌工程。定期开展一线团队和员工慰问。加强新冠肺炎疫情防控。员工疫苗接种率超 92%，加强针接种率 68%。

【企业党建工作】 2021 年，安全环保院党委始终把政治建设放在首位，认真落实“第一议题”制度。召开全体党员大会，选举产生新一届委员会。为安全环保院持续稳健快速发展提供坚强政治保障。

推进“转观念、勇担当、高质量、创一流”主题教育，围绕“四个讲好、五个讲清”要求开展领导干部宣讲 60 余场、受众 1000 余人次，围绕重点目标任务开展全员大讨论，围绕“五个对照”形成对标查改报告 19 份。

将党史学习教育同总结经验、推动工作有机结合。组织追寻红色足迹、红色观影和岗位讲述，开展“我为员工群众办实事”活动，实施 18 个重点项目，落实 33 条基层问题。

推进专业化干部队伍建设，新提拔中层干部 12 人，其中 80 后 6 人；优化干部退出机制，加强退岗人员制度化规范化管理。制定干部任期制和契约化管理制度，在 4 家所属子公司试点完成 15 名中层干部“一书一协议”（经营业绩责任书、任期岗位聘任协议）签订，“年度 + 任期”的考核模式正式实行。

以基层党建“三基本”和“三基”建设为重点，引导基层党组织和创新团队融合共建，通过“联学联建”促进党建与业务深度融合，与油气和新能源板块开展“庆祝建党 100 周年、知名院士谈新能源”主题党日获积极反响。

完善党务干部学业务、行政干部学党建的培训机制，做好党员干部分级分层培训和普通党员轮训。全年新发展 5 名党员，实现党员基层团队全覆盖。环保技术研究所被评选为集团公司先进基层党组织和集团公司直属工会工人先锋号，HSE 检测中心被评选为集团公司基层党建“百面红旗”，HSE 评价中心一线工作经验入选集团公司基层党建百篇案例。

加强对讲座、报告会、研讨会等重点部位和薄弱环节的监管，完善媒体信息备案。巩固“融媒体”阵地，创新“图文 + 视频”新闻形式，分类设置“学习教育”“科研聚焦”“实创文化”栏目，推出系列作品 100 余条。

逐级签订《党风廉政建设责任书》《廉洁从业承诺书》，制定《监督业务廉洁从业暂行规定》，督导干部员工遵守《廉洁从业“十严禁”》和《科研风气“十不准”》。聚焦“三公”“四外”（办公用房、公务用车、公务接待；对外采购、对外协作、外委加工、业务外包）开展专项巡察，推动设租寻租问题专项整治。

（马敬昆　张　琳　张译之）

中国石油集团工程材料研究院有限公司

【概况】 中国石油集团工程材料研究院有限公司（简称工程材料研究院，英文缩写 TGRI）原名“中国石油天然气集团公司管材研究所”“中国石油集团石油管工程技术研究院”，组建于 1981 年，位于西安高新技术开发区，是中国石油直属科研机构，也是国内石油行业在石油管及装备工程材料技术领域唯一集“科学研究、质量监督、工程技术服务”为一体的综合性技术中心与核心科研机构。

工程材料研究院主营业务涉及石油管工程的科学研究、质量标准和工程技术服务，承担国家重点研发计划、国家科技重大专项、国家自然科学基金项目，以及集团公司、股份公司重大专项、应用基础研究和技术开发项目等重大科研任务。研究方向包括油井管与管柱力学、输送管与高性能管线钢、管道安全评价与风险评估、石油管腐蚀与防护、非金属及复合材料等。还承担石油管工程标准化、石油管材的质量检验和评价、石油管及装备的失效分析、石油管材的研究开发及驻厂监造、石油管道及压力容器的检测与安全评价、石油工业防腐设计和防腐工程、石油管工程技术咨询等质量技术监督和工程技术服务工作。

工程材料研究院秉承“创新、致远、严谨、公正”的理念，致力于科技创新。建院 40 年来完成国

【人才队伍建设】 2021年，工程材料研究院加快实施人才强企工程。国家重点实验室被授予集团公司科技创新团队。引进海外高层次专家1名，入选陕西省“秦创原”高层次人才计划（首批），领衔开展太阳能光伏、光伏制氢、新能源综合利用等新能源材料和应用技术研究。引进博士8人、博士后2人和成熟人员3人。新增国务院特殊津贴专家2人、孙越崎青年科技奖1人、陕西省中青年科技领军人才2人、陕西省科技新星2人、集团公司杰出青年创新人才1人、集团公司优秀科技工作者5人、集团公司信息化工作先进个人1人、集团公司青年岗位能手1人、入选中国科协青年人才托举工程1人、正高级职称15人、中青年拔尖人才12人。人才队伍结构进一步优化，梯队层次更加合理。

【服务保障】 2021年，工程材料研究院贯彻“以人民为中心”发展思想，结合党史学习教育开展“我为职工群众办实事”，提高服务保障水平。领导班子深入基层调研，实施条件保障与民生工程7项：50套单身公寓维修，22套博士后和高层次人才公寓标准化配套，新基地职工文体活动场所改善10处，老基地技术交流场所设立，办公环境维修65处，院区路面修缮1800平方米，楼梯地面更新。响应员工群众诉求，修订《劳动纪律及请休假管理办法》，增加父母陪护假。走访慰问生活困难党员、老党员、老干部，组织召开离退休人员座谈会，把对离退休人员的关心关怀做到实处。注重发挥工会、团委的桥梁纽带作用，尊重职工群众合理诉求，关心关爱职工身体健康，支持帮助青年成长成才。加强员工身心健康管理，推广应用“中e家园”APP，实现在线诊疗、重病报销全覆盖；开展职业健康知识培训2次，优化体检项目，建立健全员工健康档案392份，切实维护员工身体健康。开展困难职工帮扶9人次，组织探访慰问40人次，发放职工子女教育补贴，办理职工福利选商采购，职工的归属感和自豪感不断加强。组织“青年大学习”，加强青年思想引领；组织“青年大讲堂”，充分展示青年风采；持续开展典型选树和报道宣传，为青年成长成才营造良好氛围。

【企业党建工作】 2021年，工程材料研究院党委以党的政治建设为统领，推进党的建设伟大工程，增强“四个意识”、坚定“四个自信”、做到“两个维护”，强根固魂引领发展。

加强理论武装，引领正确前进方向。贯彻落实“第一议题”制度，及时跟进学习习近平总书记“七一”重要讲话、两院院士大会重要讲话和十九届六中全会精神等12次，反复学习领会习近平总书记有关中石油的11次指示批示精神，做到学深悟透、入脑入心。开展党史学习教育。党委把抓好党史学习教育作为一项重大政治任务，制定学习教育实施方案和工作安排表，强化组织领导、拧紧压实责任，推动有序开展。重点围绕“四史”、习近平总书记在党史学习教育动员大会上的重要讲话、“七一”重要讲话和十九届六中全会精神等开展学习。加强党的组织建设，锻造“三强”干部队伍。落实集团公司党组安排，实行党政分设，完成领导班子调整。组织领导班子民主生活会、党支部组织生活会、民主评议党员，召开2020—2021年基层党支部落实党建工作责任制与党支部书记履职考核评议会，党内政治生活进一步规范和加强。坚持党管干部、党管人才，深入推进“三强”干部队伍建设，完成优秀年轻干部推荐，党组织的战斗力凝聚力不断增强。推动全面从严治党向纵深发展，持续营造风清气正的良好政治生态。以高度的政治责任感，配合完成集团公司党组第三巡视组对工程材料研究院党委的巡视体检，对于提出的立行立改问题，认真落实整改，举一反三、补齐短板，全面提升工作水平。组织召开2021年党风廉政建设和反腐败工作会议，安排部署2021年党风廉政建设和反腐败重点任务。制订全面从严治党主体责任清单，完善班子成员“一岗双责”清单和纪检委员履职责任清单；对5个党支部落实全面从严治党责任情况开展监督检查，推动全面从严治党向基层延伸。强化日常监督，注重节日廉洁提醒，始终保持对“四风”问题的高压态势，推动建立风清气正的良好政治生态。加强宣传和舆论引导，营造干事创业氛围。重视正面宣传引导，牢牢把握意识形态工作主导权，开展有害敏感信息清查，坚决肃清流毒影响。在集团公司主页发布新闻稿件18篇，工程材料研究院主页发布新闻稿件261篇，《中国石油报》《石油商报》等16篇。策划《中国石油报》领导干部谈专题文章、石油企业杂志专访文章。围绕集团公司科技与信息化创新大会，策划《为国家油气开发贡献石油管科技力量——管研院科技创新透视》《中国石油报》专版宣传；围绕建党百年，策划“奋斗百年路，启航新征程”石油故事、“百版迎百年——聚焦重大科技成果（管道断裂控制技术）”宣传报道，全方面多角度展示工程材料研究院干部员工良好的精神风貌和担当有为的干事创业热情。

（杨　溪）

昆仑数智科技有限责任公司

【概况】 昆仑数智科技有限责任公司（简称昆仑数智）是集团公司贯彻落实党中央、国务院关于推动新一代信息技术与制造业深度融合，打造数字经济新优势等决策部署，由原东方物探下属中油瑞飞信息技术有限责任公司（简称中油瑞飞）和规划总院下属北京市凌怡科技有限公司（简称凌怡公司）专业化战略重组，于2020年11月30日揭牌成立。昆仑数智按照市场化原则组建成立，股权结构为集团公司35%，股份公司15%，东方物探30%，中国石油集团工程股份有限公司10%，中国石油集团资本股份有限公司10%。

昆仑数智员工3255人，平均年龄36岁，本科及以上人员占比94%，业务人员占比超过83%，PMP项目经理、高级软件架构师、网络及安全专家、高级咨询顾问、算法专家合计超过1000人。形成智慧油田、智慧炼化、智慧销售、智慧党建等13项业务，拥有软件开发、系统集成、信息安全、通信、自动化工程等领域资质30余项，具备覆盖油气全产业链的规划、咨询、实施和运维的一体化IT服务能力。

昆仑数智是北京首批100家高新技术企业、双软认定企业及北京市专利示范单位，通过ISO 9001、ISO 20000、ISO 27001、CMMI五级等管理体系认证，获涉密信息系统集成、国家信息安全测评信息安全服务、安防工程、电子智能化专业承包、建筑智能化工程设计等多项专业资质。自主研发数字技术平台、应用软件、终端设备三大类产品99款，支撑行业和领域七大解决方案落地。拥有授权专利83件（其中发明专利30件），软件著作权526件，获评国务院国资委、工信部等优秀解决方案、示范项目9项。

昆仑数智注册资本3333.33万元。国内业务，以北京为中心，覆盖东北、西北、西南、西部、华北、华南等地区；国际业务，以中东、中亚、非洲、美洲四大区域为重点。昆仑数智设立以客户为中心的职能及附属、销售、业务运营、创新研究、区域五类组织。销售组织负责统筹客户销售工作，按区域和客户划分为12个大区，43个代表处；业务运营负责产品和解决方案开发、售前支持和服务交付，划分为13个业务板块；创新研究负责数字技术平台开发、数字化转型咨询和数字化能力建设；区域组织在客户集中区域设立国内分公司或海外子公司，负责本地化服务。2021年，昆仑数智收入33.3亿元，净利润1.3亿元，自由现金流5.5亿元，资产负债率48%，固定资产净值7496万元，保持轻资产模式。

【数字化转型】 2021年，昆仑数智成立高层领导全员参与的专项领导小组，下设总体组、项目管理办公室，以及包含业务和平台支持在内的11个专业组，推动集团公司数字化智能化课题研究和试点单位实施方案设计与建设。

成立26个课题研究团队，开展开题设计和技术方案研究，完成7个领域26个数字化智能化技术研究课题的开题论证。与14家试点单位对接需求，配合试点场景落地计划，基本完成试点单位调研、实施方案详细设计和课题研究方案编制，形成加油机器人一期产品、燃气表IC卡云读写软件等10项软硬件成果，其中8项成果在河北销售等3家试点单位6个场景部署应用。

与各试点单位成立联合工作团队，推进试点建设工作。承担三家试点单位实施方案设计与实施。其中：在塔里木油田开展16个项目需求论证和工程技术设计，初步完成14个智能化场景业务模型设计工作；在河北销售完成电子加油卡、数字人民币、机器人加油（张家口21站）、智能油库、视频智能识别5个子场景上线，树立2022北京冬奥会中国石油品牌；在天然气销售山东分公司完成数字化转型可研报告编制与评审。通过智能技术创新研究课题支持兰州石化、寰球工程北京分公司、宝石机械、石化院、西南油气田、大港油田数字化转型试点建设。

【信息化建设保障】 2021年，昆仑数智协助数字和信息化管理部编制"十四五"信息化建设规划调整。支撑集团公司整体管控和一体化运营，推动综合管理和经营管理10个全局性信息系统建设，保障ERP、人力资源管理等26个系统稳定运行。智能运营系统投产应用，支撑智能运行中心运行，赋能全产业链统筹优化、辅助决策、业务协同和应急指挥等业务；投资一体化、国有资产监督、综合办公管理平台、大数据分析平台等项目取得阶段成果；昆仑ERP试点、企业年金、管理创新、党建2.0、数据治理等项目完成竣工决算审计。支撑油气和新能源业务发展，持续推进勘探与生产、天然气销售、工程技术、海外勘探开发专业领域10个信息系统建设。保障勘探开发梦想云、天然气销售管理等10个系统稳定运行，勘探开发梦想云有效支撑上游业务应用上云，连环数据湖覆盖12家单位，入湖数据量22亿条；长庆页岩油项目完成全部84个井场智能化配套，建成物联网云平台，初步形成页岩油智能化示范基地样板；天然气销售运行管理系统实现3000多个天然气批发用户和465个城燃项目公司的批零销售一体化管理；昆仑能源生产管理系统实现25万台套设备资产信息化，支持8.8万千米支线及城燃管道数字化。支撑炼化销售和新材料业务发展，持续推进炼化、销售、国际贸易专业领域9个信息系统建设，保障炼化运行、加油站管理等9个系统稳定运行。广东石化建成投用数据中心机房、网络系统、云平台、行政办公、短信平台，完成生产运行类系统开发；塔里木乙烷制乙烯项目全部系统上线运行，有效支持生产运营管控的数字化运行；加管3.0完成详细方案设计，完成个人电子卡、微信小程序、支付宝小程序全国推广，办理电子卡359万张。支撑支持和服务、资本和金融业务发展，持续推进共享服务、资本和金融专业领域6个信息系统建设，保障装备制造物联网、昆仑银行核心系统等4个系统稳定运行。财务共享平台实现会计核算、资金支付、总账报表等业务在79家单位上线运行，供应链协同功能试点上线；人力共享平台建成共享模式的人力资源管理系统，完成总部、4个业务部、3个共享中心、44家试点企业上线应用；昆仑银行核心系统3.0构建了“一核心系统群、两平台、八中心”架构体系，系统上线运行平稳。保障基础设施和网络安全，推进基础设施和网络安全11个信息化项目建设，保障昌平数据中心、云技术平台等11个系统稳定运行。云技术平台2.0采用华为技术，提升IaaS服务、建设PaaS平台，支持昆仑ERP、北斗系统项目试点应用；云化管理集团公司“三地四中心”26万核计算、55PB存储云资源池，实现云化共享、按需分配、高效部署；昌平数据中心运行维护各类设备16000台套，开展风险评估、隐患治理工作，保障安全稳定运行；建设网络安全域边界防护、网络安全态势感知平台，完成“护网2021”任务，保障集团公司网络安全。

【科技管理】 2021年，昆仑数智投入科研经费2.4亿元，占营业收入的7.21%，同比增长62.6%。新增软硬件产品28款，累计在售112款，自主产品收入6376万元，新增面向行业和领域解决方案90个，累计拥有256个。申请专利24件，获得授权15件，取得软件著作证书77件，认定技术秘密3项；注册“昆仑数智”“KLD及图形”商标；编撰国内能源行业数字化转型首套丛书《勘探开发梦想云丛书》。完成集团公司数字化智能化技术研究26个课题的立项批复与合同签订，总合同额10.43亿元，其中2021年落实收入3.7亿元。

研发完成加油机器人、数字人民币支付应用、装备制造生产过程管理软件等10项软硬件成果，其中8项成果在试点单位部署应用。承接公司发展战略制定数字化转型的顶层设计，形成1套成熟度模型、1张蓝图、5+2转型框架、1套架构、8大流程、18个转型场景、35个转型项目，建立闭环、迭代的数字化转型规划和执行机制，初步实现数字技术平台建设，启动数字中台和智能运营平台建设。

举办梦想云创新大赛，吸引来自119家单位申报384项数字化创新成果，近12万人参与线上活动。支持筹办科技与信息化创新大会信息化成果展，完成6大模块28个专题成果展的设计、搭建。与30余家高校、科研院所、科技企业开展交流与合作，与中国石油大学、斯伦贝谢、哈里伯顿、中国电信、航天信息、特雷西等11家建立科技战略合作关系，依托梦想云平台，深化油气领域数字化生态合作。

正式挂牌“大数据协同安全技术国家工程研究中心石油石化大数据安全研究中心”；建成昆仑数智信创适配中心；建设中国石油双创示范基地。2021年，中国石油双创示范基地完成国家制定的双创专项行动任务，得到国家发改委的表扬与肯定并受邀出席全国双创周活动。

【市场开发】 2021年，昆仑数智新签合同40.07亿元，同比增长10.2%，其中年度重点项目有：长庆油田300万吨国家级页岩油开发示范基地工程项目、塔里木油田新数据中心通信网络基础环境建设项目、国家管网集团网络安全体系运维、资产完整性管理系统（一期）建设等项目。

整合原中油瑞飞和凌怡公司的客户资源，在国内形成集团统建、集团非统建、国内政企3个细分市场，海外形成海外CNPC、海外NOC、海外政企3个细分市场。与24家集团公司所属专业公司、地区公司签订协议，推动战略合作。协助集团公司成功组织2021年服贸会、举办中国石油科技创新成果发布会，承办中央企业数字化转型峰会、石油石化信息大会等重大活动，参与智慧炼化高峰论坛、华为全联接大会等，多渠道宣传昆仑数智品牌，增强品牌影响力。

【运营管理】 2021年，昆仑数智新立项项目589个，项目预算收入35.24亿元，同比增长33%。截至2021年底，在运行项目1207个，完成479个项目交付和验收。在职通过认证项目经理759名。其中：初级项目经理719名，占比95%；高级项目经理40名，占比5%。开展686次客户满意度调查，客户满意度评价平均94.78分，保持在较高水平。

成立运营指挥中心，统筹市场、业务、财务、人力等部门，推进从市场机会到回款的项目全过程一体化协同，建立问题协调机制和工作流程，对生产运营过程中跨部门、跨业务产生的问题协调处理。2021年，受理问题116项，涉及管理协调优化等14类问题；完成关闭问题93项，进行中和暂停问题23项；组织召开问题协调专题会议19次。

综合原中油瑞飞和凌怡公司管理模式，以项目生产运营为主线，组织开展21个管理模块融合工作。通过交流和研讨，择优而从，形成新版管理制度，开展多轮次培训和系统功能调整。

【人事管理】 2021年，昆仑数智员工3255人，派遣378人，外包994人。引进业务、技术和管理专家22人，其中集团领军人物12人，与6名院士以共建联合创新中心、专家咨询等方式达成合作意向。引进高学历人才，调整学历结构，其中博士1%、硕士21%、本科70%，大专及以下8%。新招聘应届毕业生中，硕士生占比62%，985/211及双一流院校应届生占比56%，泰晤士高等教育世界大学排名前100高校留学生占比5%，计算机等主干专业应届生占比81%。

组织206期培训，其中内训98期，集团培训72个项目，外送其他机构培训17个项目，取证培训19个项目。培训人次7161人，培训时长14312.75天，人均培训时长2天。与高等学校、科研院所合作建设创新人才培养示范基地。与4所高等院校交流沟通战略合作意向，分别签署战略合作协议，共建油气研究中心，建立专家资源库，成立4个研究生工作站，目前已有3位研究生入站。

放弃合同化“身份”、签订市场化用工合同，昆仑数智成为集团公司第一家全面实施用工市场化改革的单位。建立市场化薪酬激励体系，以“获取分享制”为核心的激励模式。健全以目标承诺为核心的个人绩效管理体系。完善“KPI+OKR”结合的个人绩效管理机制，制定符合信息技术岗位特点的考核评价制度。全年调整干部21人次，其中提拔1人，调整交流20人。

【企业党建工作】 2021年，昆仑数智按照“四同步”“四对接”要求，成立了党委、工会、团委，调整基层党工团组织设置。党委下设9个党总支、40个党支部，党员1004名；工会下设基层26个，工会会员3568名；团委下设团支部22个，团员384名，35岁以下青年1610名。

落实“第一议题”制度，开展学习26次，学习习近平总书记系列重要讲话和指示批示精神42次。召开党委会13次，审议审定76个重要事项，把党的领导融入公司治理，制定《党委工作规则》《“三重一大”决策制度实施细则》，明确党委决策和前置研究重大事项。谋划公司“十四五”发展，组织制定专项行动方案，重点推进。

树立品牌形象。建立视觉识别系统，明确以KLD为标识的16类132项视觉应用，统一形象；党建企业文化建设获2021中国文化管理协会5项大奖，微纪录片《石油工人心向党·红色印记——让石油插上梦想的翅膀》获企业文化协会“最美传播之声”金奖代言作品，集团公司微视频大赛二等奖。

开展党史学习教育、“转观念、勇担当、高质量、创一流”形势任务教育、建党百年系列活动，线上线下相结合组织参观狼牙山等红色基地、亲子诵读、歌咏比赛、“改革创新，转型发展”岗位讲述等活动，表彰“两优一先”，弘扬伟大建党精神。承办的铁人先锋“云走长征”活动累计参加34.6万人次。举办11期“领导开放日”，公司领导针对员工在线提出“急难愁盼”的40余项改革发展问题线上逐一答复，阅读量6万人次。推进基层党建“三基本”建设与“三基”工作有机融合，注重用好铁人先锋平台，夯实党支部基础工作。

（薛正燕）

中国石油中东公司

【概况】 中国石油中东公司（简称中东公司）成立于2015年12月。2015年12月，集团公司为了强化对中东地区布局的战略管理，整合原中国石油股份公司伊拉克公司，中国石油天然气集团公司伊朗公司，以及中国石油海外勘探开发公司直接管理的中油国际（阿联酋）公司、中油国际（叙利亚）公司、中油国际（阿曼）公司，组建中国石油中东公司和中东地区协调组合署办公。中东公司2017年7月按照中国石油实施海外油气业务体制机制改革改名中油国际中东公司，2021年4月13日，改名中国石油中东公司。中东公司在伊拉克、伊朗、阿曼、阿联酋、叙利亚等5个国家以技术服务、回购、矿税制、产品分成等4种合同模式，同埃克森美孚（ExxonMobil）、英国石油公司（BP）、法国道达尔能源（Total Energies）、壳牌石油（Shell）等18家合作伙伴合作15个石油勘探和开发投资项目。中东公司同时负责协调在伊拉克、伊朗、阿联酋、阿曼、叙利亚、科威特、沙特阿拉伯、卡塔尔等国家和地区服务保障单位的业务，涵盖工程建设、工程技术、物资装备、技术支持、后勤保障、原油贸易、金融服务等产业链。中东公司实施做大中东战略任务，高质量打造中国石油海外业务“半壁江山”。“十三五”期间权益年产量增加450万吨以上，2019年迈上年作业产量1亿吨新台阶，经营效益和规模同步提升，投资回报率保持在较好水平，同时发挥中国石油一体化优势，实现甲乙方协调发展。2021年，中东公司坚决贯彻落实集团公司、中油国际公司决策部署，应对新冠肺炎疫情、政府限产，以及复杂地缘政治形势和社会安保局势等挑战，紧紧围绕年度工作目标，推进提质增效“升级版”专项行动，开展党史学习教育和“转观念、勇担当、高质量、创一流”主题教育活动，取得良好成效，发展态势持续稳健，生产经营指标超出预期，QHSSE保持良好业绩，实现“十四五”良好开局。完成原油作业产量超1亿吨、权益产量超5000万吨，均超额完成年度计划。超额实现年净利润、净现金流计划，提前实现区域投资业务整体回收。

【海外油气勘探】 2021年，中东公司在阿曼5区项目中部相继部署的勘探评价井顺利完钻并自喷投产，获勘探新发现。该井是在5区块中浅层部署的第一口井，该井的成功钻探为5区块新增潜力层位，下步继续在该层寻找勘探潜力圈闭和发现新的勘探储量提供支持。阿布扎比陆上项目探井和非常规探井已完钻，在根据测井解释与储层评价进行压裂测试，计划开展长期测试评价。

【海外油气开发】 2021年，中东公司根据资源国限产及政策变化，推进“一项目一策略”油田开发生产工作方案。强化油藏管理，优化开发部署，推进注水工程，落实稳产上产措施，保持生产主动。完成原油作业产量超1亿吨、权益产量超5000万吨，均超额完成年度计划。其中艾哈代布、哈法亚、鲁迈拉、西古尔纳、北阿扎德甘、阿曼5区和阿布扎比陆上等项目超额完成年度计划产量目标。

中东公司强化技术支持力度，提升油田开发水平和创效能力，迪拜和阿布扎比技术支持分中心紧密结合生产实际，发挥在综合研究、技术攻关、技术交流、开发方案优化等方面的作用。加强生产动态跟踪分析。跟踪分析目前在产的项目产能情况，提前谋划重点产能工程、注水工程和其他重点工程等，为生产决策提供依据。开展技术攻关。艾哈代布项目周期不稳定交替注水试验取得成效；哈法亚萨迪油藏水平井多段加砂压裂试验取得实效，日产量千桶以上并保持稳定；西古尔纳项目长水平段规模部署水平井达到设计产能，改善生产系统稳定性；北阿扎德甘项目优选低压低产井转气举，弥补产量递减；MIS项目研究形成低成本的卡堵水方案，控制产量递减；阿曼5区项目加大勘探力度增加可采储量，扩大三次采油规模，保持产量稳定。发挥技术管理职能。参加鲁迈拉、西古尔纳、阿布扎比和阿曼等项目伙伴技术交流会及开发方案讨论会，表达中方技术观点，推动中方意图在联合公司得以实施。

加强油田注水。中东公司各项目推动各项注水工程进度，提升注水能力，为油田可持续开发做好基础工作。哈法亚项目稳步推进注水工程，重点抓好高压注水站升级工程。鲁迈拉恢复注水工程稳步推进。鲁迈拉北鲁注水工程进展顺利。北阿扎德甘项目加强注水先导试验，在获取监测数据的基础上与技术团队结合综合分析评价注水效果，证实主力油藏水平井注水开发方式有效。阿布扎比陆海项目水井全部投注，正式进入全面注水开发阶段；陆上项目和海上项目主力油藏实现稳定注水，优化注水注气，保持油藏压力。阿曼5区项目优化井位部署，实施精细注水，完善注采井网，严控注采比，使地层能量保持在泡点压力附近，确保稳油控水。

采用油田作业和采油技术稳产增产。在哈法亚、鲁迈拉、西古尔纳、北阿扎德甘、MIS和阿曼5区块项目进行补孔改层、气举诱喷、压裂、酸化、下电泵、转抽油机、转气举、卡堵水、修电泵和抽汲诱喷等措施取得效果。艾哈代布项目推进A区的不稳定交替注采试验井组，提高斜向驱替效率，从而提高水驱波及体积和水驱油效率，实施一年来A区交替试验区降低含水7.6%。哈法亚项目和西古项目探索难动用储量的合理开发，储层改造试验致密储层萨迪，均取得可喜的成果。其中西古尔纳项目完成对两口水平井的压裂，验证萨迪层开发潜力。

多个项目超额完成年度生产任务。艾哈代布项目利用限产限输窗口期，通过精细注采和实施不稳定交替注采先导试验优化老井生产和腐蚀治理。哈法亚项目稳步推进注水工程，开展萨迪油藏水平井水力加砂压裂先导试验，全方位开展生产设施维修维护；鲁迈拉项目优化油藏管理和措施增产方案，强化规模注水，有效实现油田稳产；西古尔纳项目优化注水开发，优化新钻水平井稳产措施，提高限产结束后躺井复产成功率，保持生产平稳；北阿扎德甘项目加强注水先导试验，优化采油方式，控制采液强度；阿布扎比陆海项目加速南平台注水进度，恢复油藏压力；陆上项目有效控制气油比及含水率，开展低渗区水平井注气开发试验，保持老油田稳产，推动新区上产；海上项目控制注水注气量，保持油藏压力，完成年度计划的98.8%；阿曼5区项目优化井位部署，实施精细注水，确保稳油控水。

【海外工程建设】 2021年，中东公司在确保安全环保和稳产增效的前提下，各项目采取把控节奏、有保有压、策略调整等措施，稳步推动重点产能项目建设。艾哈代布项目继续推动腐蚀治理工程，油气处理站低压系统玻璃钢管线更换工程完工。哈法亚项目重点抓好高压注水站和天然气处理厂建设，高压注水站升级工程计划2022年一季度投产。鲁迈拉项目集中有限资源推进注水和去瓶颈工程，6号中心处理站新建永久注水装置投产，南鲁新建游离水分离器基本完成。西古尔纳项目稳步推进连接工程和产出水处理二期工程建设，推动新建原油处理列和橇装原油处理设施的招授标进程，奠定油田上产基础。阿布扎比陆海项目二期贝巴泽油田群整体开发工程采办建设工程5月授标，为高峰产能建设奠定基础。

【海外经营管理】 2021年，中东公司注重国际化经营管理，依据项目合同条款，开展商务运作和经营策略研究。发挥集团公司一体化优势和内部市场监督协调职能，搭建内部资源共享平台，推动地区业务协同发展。加强干部队伍建设，注重人才培养。

利用技术服务合同中的限产补偿机制，获得政府对限产产量的确认，各项目已确认限产补偿权益产量六百多万吨。开展商务运作，推动艾哈代布项目完成各类派遣协议及劳动合同的签署，重建费争议妥善解决；西古尔纳项目对成本和报酬费争议获解决；北阿扎德甘项目生产操作服务协议延期，进一步降低中方权益回收风险；阿布扎比陆海项目完成贝巴泽设施共享协议谈判，保障中方尽可能节省新的投资；阿曼5区项目优化勘探义务工作量，暂停深层探井钻井计划。提升区域国际化管理水平。中东公司加强经营策略研究，组织完成伊拉克经营和个税问题策略研究；组织股东事务会议，审议联合公司议题，其中，项目公司重新优化事务3项，参加联合公司各层级的技术、商务和联管会议96次，推动中方意图在联合公司有效落实；强化股东行权管理，完成阿布扎比海上项目首次股东审计和西古尔纳项目股东审计，完成多家实体董事和经理法律手续变更。强化合规经营，发布中油国投伊拉克公司2021版内控手册和会计核算手册，编制完成年度风险管理报告，组织伊拉克和阿曼5个项目境外风险排查，开展针对小金库、资金安全、银行账户的专项检查和集团公司财务大检查，强化内部管控。发挥内部市场监督协调职能，规范市场秩序，全年组织审核多家服务保障单位项目投标备案申请，协调处理内部争议，解决投标过程中存在的内部竞争问题。搭建内部资源共享平台，组织召开协调组双周工作例会，通报各服务保障单位工作进展动态，协调解决技术服务及市场开发中遇到的问题，推动地区业务的协同发展。全年投资业务带动工程技术服务队伍完成合同额和新签合同额稳中有升。加强干部队伍建设，把干部队伍有序接替和年轻干部培养选拔摆上重要议事日程；推进全员绩效考核在干部选拔、绩效兑现、先进评选等方面的应用；严格执行管干部和管人才程序，加强干部选拔使用，补充班子成员，调整中层干部多名；注重年轻干部培养，推荐年轻干部，派遣年轻干部到国内油田任职锻炼，对新毕业生实施“传帮带”；加大人员轮换力度，全年完成70人次人员轮换和配置；落实新冠肺炎疫情期间政策，做好双稳工作，有序推动双向动迁。

【提质增效】 2021年，中东公司开展提质增效升级版专项行动，研究制定《中东公司2021年提质增效专项行动实施方案》，制定4大类17项提质增效措施。各项目牢固树立“一切成本皆可降”理念，坚持“提质”与“增效”并重，实施稳产增油、成本控制、合同复议、降库减占、修旧利废、提油清欠等举措，压减成本费用，提升创效能力。艾哈代布项目在稳产增油、清欠增收和合同复议等提质增效措施上发力，增收和控减成本。哈法亚项目持续与政府沟通协商，获限产补偿产量确认和所得税扣款的释放。鲁迈拉项目抓紧提油回收，加强合同复议，优化库存管理，增收和控减成本。西古尔纳项目控制投资节奏，减少非关键的生产、后勤、维修等费用支出，做好成本控制。北阿扎德甘项目优化生产工艺，推动降耗增效，控减管理费用。MIS项目稳产保效、降本增效，实施高含水井堵水稳定措施，压缩操作费用和人员费用。阿布扎比项目加强与资源国作业者沟通，联合伙伴推动工作部署优化和投资控减。阿曼5区项目通过稳产增油、成本控制和投资优化等措施，增收和控减成本。按照集团公司和中油国际公司关于亏损治理工作的要求，中东公司及所属亏损项目安排部署，成立工作专班，制订具体扭亏方案，签署亏损项目治理目标责任状，所属亏损项目同比减亏，完成年度亏损治理目标。通过扎实开展提质增效专项行动，中东公司实现增收和控减成本。全年完成权益年度调整计划的99%，桶油操作成本较预算降低。

【海外QHSE管理】 2021年，中东公司针对新冠肺炎疫情在中东地区复杂多变的形势，落实防疫主体责任，对重点人员和重点场所精准防控，确保中方人员零感染和不发生当地员工及承包商聚集性感染，新冠肺炎疫情防控成果得到巩固。

打好新冠肺炎疫情防控阻击战，保障员工健康安全。加强组织领导，压实防疫责任。针对新冠和德尔塔变异病毒持续蔓延，建立中东地区疫情防控工作协调联动机制，按照差异化原则，实施“一国一策、一项目一策”，落实“安全岛”和“网格化管理”防疫措施，做好疫情防控工作。加强检查指导，提升防疫实效。组织召开中东地区疫情防控例会239次，迎接上级防疫巡查5次，对中东各片区视频巡检11次，组织召开8次片区疫情督导会议。完善防控方案，巩固防疫成果。更新完善第五版常态化新冠肺炎疫情防控方案和应急预案，对重点人员和重点场所精准防控，防止交叉传染和聚集性疫情的发生；推动疫苗接种工作，做到应接尽接，中方在岗员工疫苗整体接种率100%，保持中方人员零疫情。应对复杂的社会安全局势，保持良好的HSSE业绩。坚持“员工生命高于一切”的理念，严守“四条红线”和“八个杜绝”，严格承包商HSSE管理。针对重点地区的热点事件，发布9期社会安全预警、召开5次安保事件专题会，研究提升人防、物防、技防安保水平，稳妥处置社会安全事件，防范化解安保风险；主要领导带队赴伊拉克库尔德、鲁迈拉、艾哈代布、阿布扎比及阿曼5区油田现场进行安全大检查，对新冠肺炎疫情防控、安全生产及环保合规进行检查督导。开展安全生产月、海外油气业务质量月、井控警示月、反违章专项整治活动，加强安全隐患治理，确保生产安全。注重人文关怀，保障员工身心健康。解决员工轮休难题。配合集团公司完成沙特阿拉伯、伊拉克2次回国包机，协助包括其他央企在内的10家单位500余人回国与家人团聚，实现疫情零输入，获国务院国资委和集团公司高度评价。中东公司获驻阿联酋中资企业“同心抗疫创新发展”杰出贡献奖。解决员工实际困难。践行“以人为本”宗旨，与驻阿联酋使领馆协调，安排家中有特殊紧急状况人员优先回国11次，计15人。开展困难帮扶，为8名员工解决家庭实际困难，为3名员工困难帮扶。注重员工健康监测和辅导。组织员工参加健康达人和心理培训辅导活动，举办两次心理健康专题讲座，230多人线上参加。哈法亚项目职业健康传播作品《听力保护——口袋指南》《高温防护——口袋指南》被选为国家卫生健康委员会办公厅、中华全国总工会办公厅第二届职业健康传播作品征集活动三等奖作品，集团公司2021年职业健康二等奖作品。

【企业宣传】 2021年，中东公司制定《中油国际中东公司新闻宣传管理办法》，建立组织有序的新闻宣传工作体系，规范和推动中东公司新闻宣传工作健康发展。充分利用报刊、杂志、网站平台，拓展对外宣传渠道，对中国石油各单位在中东地区进行全方位、多角度报道，在《中国石油报》上刊登新闻稿件20篇，编制完成3期《中东油气合作杂志》综合专刊，在中油国际公司及中东公司门户网站发布要闻信息50余条。加强国际传播能力建设，讲好中国故事，传递中国声音，传播中华文化，展现良好国家形象，在满天星应用软件上定期转发集团公司和中油国际公司对外宣传信息百余条，举办“我和我的外国朋友”“逐梦海外·献礼百年”主题征文、图片摄影特色活动，完成哈法亚和北阿扎德甘项目海外项目“中国书架”350册图书的接收工作。

【社会责任】 2021年，中东公司履行社会责任，为属地社区提供包括公共基础设施、医疗机构、教育等多方面的社会公益。使当地油区民众成为石油经济发展的直接受惠者，通过油气合作，加深中国与中东资源国家人民间的深厚友谊。

鲁迈拉项目通过鲁迈拉社会福利基金项目同巴士拉国际慈善基金会签订合同，社区共建。在新冠肺炎疫情当下，改善周边社区居民的生活质量、出行的便利以及医疗机构的服务能力和教育机构的教学设施，帮助社区提升全员学习能力和技能，为当地可持续发展以及属地经济建设注入强力支撑。先后完成和启动共建工作，年度投入费用总额150多万美元。其中：QA水厂医疗诊所项目投入金额19.5万美元；Al Khora社区女性职业技能培训投入金额16.34万美元；北鲁迈拉BOC和Train两个村镇移动医疗诊所项目投入金额10.3万美元；Al Khora社区失业人员职业培训项目，协助巴士拉健康和教育司岗前与岗上职业教育培训项目投入金额62.26万美元；北鲁社区Train村 Al Siqaq 学校教学楼工程建设项目，投入金额13.3万美元；QA水厂 Al Khora社区全长11.3千米支线公路建设，投入金额28.75万美元；应巴士拉政府邀请，为祖拜尔医院购买并安装调试腹腔镜设备；北鲁迈拉油田社区电网升级项目和油田周边学校桌椅修缮项目已启动调研工作。

哈法亚项目用工本地化率79.3%，综合外籍雇员比例92.4%。建设燃气轮机发电厂，为油田正常生产活动提供电力保证，解决所在的伊拉克米桑省面临的严重电力短缺。筹备建造一座天然气处理厂，每年可减少近3万吨二氧化硫排放量，生产的液化石油气每年可实现50亿千瓦·时的发电量，满足当地400万户家庭用电量。哈法亚项目为当地驻军捐建饮用水生产线、捐赠轮胎。为油区百姓提供食物，维修道路、桥梁、涵洞、高压线、沟渠，甚至帮助维持小块土地的平整。为油区学校捐建多所活动房、提供校车和学习用具，为油区诊所捐赠电器、家具，向病人捐款，为在米桑省的难民捐建22节活动房难民营。截至2021年底，完成或在执行的公益事业和社区基础建设项目30多个，投入物资和建设项目花销近1300万美元。

艾哈代布项目针对项目所在当地政府在新冠肺炎防疫资金和物资方面存在的巨大短缺，管理层紧急筹措专项资金并通过国际招标渠道采购一批防疫物资，包括一次性医用口罩25000个，医用防护口罩15000个，医用护目镜3000只，医用面罩3000只，医用防护服3000套，医用头套5000个，医用鞋套3000双，医用手术手套5000双，指尖血氧仪300台，免洗手消毒液5000升，酒精喷剂1500升，84消毒液10000升，总价值20万美元。2021年，向当地社区捐款、捐物、捐建约27万美元。

（黄贺雄）

中国石油中亚公司

【概况】 2008年9月，集团公司在中油国际（哈萨克斯坦）公司的基础上组建成立中国石油天然气集团公司哈萨克斯坦公司。2017年6月30日，集团公司下发《中国石油天然气集团公司海外油气业务体制机制改革框架方案》，将哈萨克斯坦公司改组为中油国际中亚公司，将阿姆河天然气项目、乌兹别克斯坦项目、塔吉克斯坦项目、阿塞拜疆项目等纳入中油国际中亚公司管理范围。中油国际中亚公司作为中油国际公司本部的派出机构，在授权范围内，承担中亚地区的协调、管理、监督、服务、党建等职能，重点负责授权范围内的项目运营协调和支持、公共关系、HSSE监督、股东事务等职能。

2021年4月9日，集团公司下发《关于深化集团公司体制机制改革的意见》《集团公司总部组织体系优化调整实施方案》等系列改革文件，将中油国际中亚公司改组为中国石油中亚公司（简称中亚公司），明确海外区域机构作为集团公司党组、集团公司、股份公司的代表，统筹协调区域内公共资源、公共关系、公共安全，统一处理对外事务，树立良好形象，共树一面旗帜，形成发展合力。海外区域机构的公共事务向集团公司国际部报告，投资业务在海外管理体制调整过渡期内暂按原渠道向中油国际公司报告。对海外区域内单位推行矩阵式协调管理，业务上归口相应板块（企业）专业化管理，区域内接受区域协调机构协调管理。

自1997年集团公司进入中亚油气市场以来，历经24年艰苦创业和奋力拼搏，形成集油气勘探开发、管道建设与运营、工程技术服务、炼油与销售、石油装备制造于一体的完整上中下游业务链，建立一套符合当地法律法规和国际惯例的公司制法人治理结构及管控体系，获得良好的经济效益和社会效益。中亚油气合作作为国家“一带一路”倡议的先行实践，受到中国及资源国领导人的高度评价。

截至2021年底，中亚公司在哈萨克斯坦、土库曼斯坦、乌兹别克斯坦、阿塞拜疆和塔吉克斯坦5个国家管理运营17个油气合作项目；油气生产能力近3000万吨油气当量/年，原油加工能力600万吨/年，中外方员工总数21101人，其中中方员工561人。

【油气勘探】 2021年，中亚公司油气勘探取得新发现。全年新增油气探明可采储量当量完成年度计划的129.3%。阿克纠宾项目T–II区块阿克若尔构造带4口重要探井测试均获工业油流，证实一个5000万吨级的优质规模储量区，全年新增原油可采储量完成计划的123.6%。PK项目以满足勘探合同最低义务工作量为底线，坚持低勘探程度潜力区甩开占地、已发现区滚动扩储的勘探策略，KT区块中深层岩性勘探井相继试油成功，全年新增权益油气可采储量完成计划的137.6%。塔吉克项目完成与塔吉克斯坦政府、道达尔签署PSC补充协议4，做好项目全产业链一体化评价工作，继续开展地震地质综合研究，稳步推进博格达区块勘探工作。

【油气开发生产】 2021年，中亚公司油气生产全面完成年度任务。克服油气田递减与OPEC+限产影响，协调哈萨克斯坦政府部门增加原油生产配额，全年权益油气作业产量完成计划的106.3%、奋斗目标的100.7%，为中油国际公司保亿吨权益产量作出了中亚贡献。阿姆河项目按照冬季极限保供方案组织生产，重点保供井创纪录提前投产，全年天然气、凝析油产量分别完成计划的112.1%和130.7%。阿克纠宾项目深化地藏地质认识，优化钻井部署，提高新井产量和生产时率，优化调整注采结构和A南气顶气藏开发方案，让纳若尔油田2445井组深部调驱先导性实验8口受效井增产2790吨；全年原油、天然气产量分别完成哈萨克斯坦政府限产计划的100.5%、108.0%。PK项目通过优化注水结构有效减缓油田递减，努力提高新井和措施产量贡献，全年原油、天然气产量分别完成年度计划的104.5%和111.8%。MMG项目争取限产配额，运用地质建模数值模拟一体化及开发层系水动力模型部署新井，攻克复杂浅层气钻井难题实现稳产上产，全年原油、天然气产量分别完成政府限产计划的99.8%和104.6%。奇姆肯特炼厂通过科学组织提前完成大检修及技改项目，根据新冠肺炎疫情影响和市场需求灵活调整生产方案，全年加工负荷率89.7%，原油加工量完成计划的106.5%。卡沙甘项目持续调整和优化生产设备运行，加大股东技术支持力度，全年原油产量完成哈萨克斯坦政府限产计划的111.8%。北布扎奇项目强化注采动态调控，优化措施选型选井，全年原油产量完成年度计划的106.4%。ADM项目提前4个月完成卡拉库里油田转开发审批，全年原油产量完成计划的112.9%。KAM项目加大稳产增产措施力度，扭转主力油田递减势头，全年原油产量完成计划的137.1%。

【新项目开发与石油合同延期】 2021年，中亚公司持续稳步推进可持续发展资源战略。参与资源国公开招标，加强同合作伙伴在新项目新区块、深层油气勘探、天然气及新能源等领域的合作。全年完成新项目新区块评价31个，优选9个区块上报中油国际公司。利用中国石油上中下游一体化及国内市场优势，与哈萨克斯坦天然气公司正式组建欧坦天然气公司，拓展天然气合作。石油合同延期取得阶段性成果。北布扎奇62号石油合同、PK项目73号与49号合同分别实现延期20—25年，中方主导的6个延期石油合同已成功延期5个，为中亚油气合作可持续发展奠定资源基础。

【天然气保供】 2021年，中亚公司统筹协调全力完成冬季天然气保供任务。贯彻落实集团公司天然气保供工作部署，发挥靠前统筹协调职能，成立中亚地区天然气保供工作组，从天然气生产、运输和商务等关键环节与各方合作伙伴协同确保完成冬季天然气保供任务。阿姆河项目加快新井投产进度、加大老井增产措施和重点产能建设，配合天然气康采恩保障生产稳定；国际管道公司努力增加应急管存，确保管道安全稳定运行；国际事业公司加大合同执行力度，严防气源方出现短供、停供或无序下载。中亚管道全年累计向国内供气超计划完成。

【经营管理】 2021年，中亚公司统筹协调提质增效升级，经营效益保持海外领先。贯彻落实新发展理念，以“量效兼顾、效益优先”为价值导向，制订8个方面33项提质增效行动方案，各项目结合实际分别制订提质增效实施措施，通过中方行政线和法人治理线推动各项举措切实落地、执行到位。统筹协调实现产业链一体化创效。深入调研中亚地区原油需求市场，对比测算各方向管输费、贴水和吨桶系数等，推动向优势方向出口原油；协调哈萨克斯坦能源部争取优势方向补充出口配额增加收入。在西北管道返输工程投产、西哈重质原油进入奇姆肯特炼厂，致使重组分成品油出率增加、严重影响原油内销净回价之时，及时拓展销售渠道，有效提高成品油净回价。通过实时监控油价走势，把握报关节奏，节约关税支出。

阿姆河项目通过经营策略调整、工艺优化、科技创新、节能降耗等组合措施，有效增加收入控减成本。阿克纠宾项目申请追加效益较好的欧洲、中国方向原油出口配额；严格审定预算明细，较年初批复额度下降16%。PK项目把握油价上涨、出口净回价高于内销、炼厂检修等时机，调整销售策略和报关节奏，申请原油出口补充配额。MMG项目优化调减46口大修井工作量，通过公开招标降低服务费率30%。奇姆肯特炼厂成立降耗攻关小组，通过工艺优化降低自用燃料油消耗90%。卡沙甘项目动态优化原油销售方向，努力控制销售贴水，全年分红超额完成年度计划。北布扎奇项目坚持效益生产，通过动态调整产量计划实现效益最大化，完成全年分红计划。ADM项目利用西油东送契机合理分配销售量，超计划完成出口销售。KAM项目通过优化销售方向增加收入；盘活资产，优先消化库存、修旧利废等增加收入。亚洲钢管厂严控非生产性支出，管理费用压减58%，于12月中旬完成工业性试生产，为哈萨克斯坦独立30周年献礼。阿塞拜疆项目坚持自主维修优良传统，严控招标程序和物资服务采购。乌兹别克项目根据项目资金状况提前归还贷款本金，节约利息支出。

国际事业公司拓展哈萨克斯坦原油业务，全年哈萨克斯坦原油贸易量完成年度计划的161%；在冬季保供期间，敦促气源方严格按照计划供气，全年供应土库曼斯坦天然气完成计划的117%，保障了国内能源需求。SINOOIL公司顺利完成加油站品牌升级，运营油站增至177座，在哈萨克斯坦成品油零售市场地位持续巩固。

国际管道公司西北原油管道反输改造工程历经4年，较计划提前3个月建成600万吨/年的反输能力，顺利打通西哈原油出口中国的物理障碍。中哈原油管道顺利完成肯库管道5个管段切管换管工作，发挥能源保障作用，全年完成计划输量103.4%。中哈天然气管道建立哈气资源变化预警机制，通过信息化手段实时监控哈气出口趋势变化，不断提高保供响应能力。哈南线150亿米^3/年扩容工程按计划有序推进。中塔管道项目1号隧道EPC工程机械完工并顺利通过最终验收。中吉管道项目推动2项中国标准成功转化为吉尔吉斯斯坦国家标准，进一步扩大对吉尔吉斯斯坦油气管道行业的影响力。7个在产的亏损项目全部实现经营扭亏。乌兹别克斯坦老丝路项目于9月顺利完成关闭注销，阿塞拜疆K&K项目合资合作于11月19日正式交割转让。

【投资业务与技术服务业务协同发展】 2021年，中亚公司统筹协调投资与技术服务业务，实现一体化发展。推动中亚地区投资业务与技术服务业务协同发展，利用公共资源创造条件支持技术服务单位开拓外部市场。促成西部钻探与哈萨克国家石油天然气股份公司钻井公司成立联合体，同费率一次性签订MMG项目5年钻井协议；西部钻探2021年在中亚地区累计签订合同额创历史新高。工程建设公司在哈萨克斯坦奇姆肯特炼厂改造后的首次大检修复产一次开车成功，哈萨克国家石油天然气股份公司总裁专门致函董事长感谢中国石油。在哈萨克斯坦，东方物探、昆仑数智、吐哈油田、大庆油田DPS公司、新疆油田均获新签合同。在土库曼斯坦，川庆钻探新签合同18个，土库曼斯坦总统出席了复兴气田三口井开钻仪式；中技开与土库曼康采恩签订的合同首次实现信用证支付；运输公司与阿姆河项目签订合同21份。在乌兹别克斯坦，寰球公司签署乌石油纳沃伊PVC二期综合体EPC项目等。集团公司一体化协同发展优势在中亚地区进一步体现。

【风险防控】 2021年，中亚公司统筹中亚地区经营风险管控工作。落实合规管理和风险防控工作部署，联合各项目国内单位对驻中亚所有单位开展合法合规拉网式大排查，对管理不到位的问题制订整改措施，按计划推进。高度重视汇率风险和资金安全，严密监控资源国货币敞口，强化弱币头寸和收入管理，有效应对资源国货币贬值风险；强化投资回收，协调各项目分红还贷，降低项目公司资金存量，在提高资产运营效率的同时，防范资源国的财政金融系统性风险。高度重视环境隐患治理，对标《环保法典》等资源国法律法规，及时修订环保管理指标，确保“三废”达标处理。MMG项目和奇姆肯特炼厂分获哈萨克斯坦国家石油公司2021年环保最优奖、生态环境保护杰出贡献奖，阿塞拜疆项目获阿塞拜疆环保部突出贡献奖。响应国家的“双碳”目标及资源国减排要求，各项目按照资源国标准取得温室气体排放许可，分析研究《巴黎协定》及资源国减碳承诺对项目生产运营的影响，建立健全风险评估及应对机制。

【安全环保】 2021年，中亚公司继续保持良好HSSE业绩。统筹中亚地区社会安全管理。密切关注新冠肺炎疫情衍生的社会安全风险，与驻在国使领馆保持密切联系，加强信息收集，分析研判中亚各国独立30周年、阿富汗政权更迭及新冠肺炎疫情影响下当地员工涨薪诉求等形势变化情况，提出应对措施，及时发布社会安全预警和提示6次、编发哈萨克斯坦社会安全形势分析报告2期。进一步提升应急管理能力，开展突发事件应急预案桌面推演及现场演练，升级重点场所安保管理，落实巡检制度，联合当地政府、合作伙伴处理相关企业涨薪罢工、反华集会等活动二十余起。同时勇担央企责任，与其他在哈萨克斯坦中资企业守望相助，信息与资源共通共享，确保社会安全平稳受控。

统筹中亚地区安全生产工作。深入贯彻海外体制机制改革精神，于2021年8月成立中国石油中亚地区HSE委员会，以“统分结合、片区负责”为原则，建立起“片区协调组＋国内单位＋项目公司”三方联动机制，通过有序推进QHSE体系建设，全面落实双重预防工作机制，推动中亚地区QHSE管理迈上新台阶。扎实开展春季和冬季安全综合大检查，分别发现问题1260项、隐患1699项，已完成整改97%，未完成整改的隐患均已明确整改负责人、完成时间和具体措施。针对重点领域和关键环节，加大特种作业安全管理，扎实做好承包商安全管理，确保安全生产继续保持良好业绩。

【发展战略】 2021年，中亚公司围绕集团公司提出的将中亚地区打造成为集“资源、供应、效益、品牌”四位一体“一带一路”核心油气合作区的战略目标，结合集团公司最新改革方案，持续完善和诠释中亚公司发展战略：以中国石油中亚公司新定位、新职能调整工作思路，统筹协调中亚地区投资业务和技术服务业务，加强区域内一体化协同，围绕中亚核心油气合作区高质量发展中心目标，着力加强党的建设和风险防控两项工作，重点做好资源、供应、效益、品牌四篇文章，推动解决深化提质增效、人才队伍建设、资源可持续发展三件大事，到“十四五”末，把中亚地区打造成为集团公司海外业务效益与规模前列、上中下游全面协同发展的“一带一路”旗舰工程。

【企业文化建设】 2021年，中亚公司学习习近平总书记系列重要讲话、对石油战线的重要指示批示和党的十九届六中全会精神，深入开展党史学习和“弘扬大庆精神、立志海外创业”主题教育，用习近平新时代中国特色社会主义思想和“铁人精神”铸魂塑人，为中亚油气合作高质量发展提供坚强保障。

加强对疫情防控、主题教育、提质增效、合法合规等工作的督导，制订2021年人才梯队建设方案，创新开展集团公司俄语人才专项招聘工作，通过区域协调、国内调配、双向交流和外部市场化等引进方式，匹配一批能力突出、俄语过硬、年龄适宜的人才陆续补充到一线岗位。企业“云开放”上榜2021年中国企业国际形象建设优秀案例。利用当地主流媒体讲好中亚故事，传播石油声音，不断提升中国石油国际形象。高水平举办中哈油气合作国际学术圆桌会议、“能源丝路——中亚油气合作成果与前景”国际学术会议，建立中国石油当地社交媒体账号，在资源国主流媒体刊发宣传文章超80篇。阿克纠宾项目获哈萨克斯坦石油工业发展杰出贡献奖，奇姆肯特炼厂第三次获哈萨克斯坦“巴雷斯”企业社会责任奖。

【新冠肺炎疫情防控】 2021年，中亚公司按照集团公司改革要求统筹中亚地区新冠肺炎疫情防控工作。从组织建设、方案制定、督导巡查、跨境动迁、员工关爱等多方面坚持新冠肺炎疫情防控一体化管理。按照“一国一策、一地一策、一项目一策”分级分类、做实做细常态化疫情防控；对所有驻中亚单位疫情防控全覆盖巡查，整改发现问题283项；组织项目疫情防控检查703场次，查找问题4813项，其中4779项完成整改，整改率99.3%。抓好员工关爱与健康保障，80名中国石油员工搭乘1026专项行动第一班包机于2021年12月31日安全回国。加快境外中方人员疫苗接种，集团公司驻中亚各单位在岗中方员工疫苗接种率100%，其中31%完成加强针接种；3.12万属地员工接种率85.2%。

（耿长波）

中国石油尼罗河公司

【概况】 2021年4月，集团公司海外大区业务体制机制改革，中国石油国际勘探开发有限公司尼罗河公司更名为中国石油尼罗河公司（简称尼罗河公司），负责对集团公司在苏丹、南苏丹石油合作项目的统一管理，本部设在苏丹首都喀土穆。截至2021年底，尼罗河公司有中方干部员工228人，其中党员166名，占员工总数的73%。

尼罗河公司运营和管理在苏丹、南苏丹的8个项目，包括4个上游项目，分别是苏丹1/2/4区项目、苏丹6区项目、南苏丹1/2/4区项目和南苏丹3/7区项目，原油生产能力1000万吨；4个中下游项目，分别是苏丹3/7区管道项目、苏丹炼油项目、苏丹化工项目、石化贸易公司。

尼罗河公司本部设有综合管理部、经营管理部、党群工作部、技术管理部、股东事务部5大部门，根据业务需要，将地区协调组办公室与综合管理部合署办公，党工委办公室、纪工委办公室与党群工作部合署办公。

2021年，尼罗河公司克服“油田递减快、环保要求高”两项常规困难，应对“防疫抗疟压力高企、主力油田洪水肆虐、两苏安全形势严峻、商务问题更加复杂”4大新挑战，经济效益创下7年来最好成绩，实现“十四五”良好开局。

2021年，尼罗河公司全面落实集团公司工作会议精神和海外业务统一部署，开展“转观念、勇担当、高质量、创一流”主题教育活动，统筹常态化新冠肺炎疫情防控和安全生产，推进提质增效专项行动和国企改革三年行动，完成各项生产经营任务。

【经营管理】 2021年，尼罗河公司坚持低成本发展战略和效益优先经营策略，树立“一切成本均可降”理念，从预算源头抓起，深化全员、全要素、全过程目标成本管理，挖掘各环节降本增效潜力。

定期开展经营策略研究工作。分别从项目层面、尼罗河公司层面和中国石油海外业务层面开展多次有针对性的专题研究，对苏丹、南苏丹下一步发展战略、投资策略和具体经营方案科学论证。为项目合理安排工作量和预算提供依据，为解决各类商务问题探索有效路径，为集团公司和中油国际公司正确决策贡献一手资料。

【QHSE管理】 2021年，尼罗河公司成功应对苏丹、南苏丹复杂的社会安保形势，严守员工人身安全和生产作业安全底线，树立“以人为本、安全第一、环保优先、质量至上”的QHSE管理理念，实现“零事故、零伤害、零污染、零缺陷、零疫情”目标和6个杜绝。

新冠肺炎防疫抗疟方面。高度重视，狠抓防疫常态化管理。持续细分防控管理单元，紧盯个人防护。中方人员疫苗接种率100%，回国人员核酸检测阴性率100%，落实落细落地各项防疫措施。抓牢热带病防控，发病率趋缓。加强雨季蚊虫消杀和环境卫生整治，强化疟疾防控相关检查和培训，梳理完善治疗方案。

安全管理方面。保持定力，加强安保“四防”落实。应对苏丹“9・21”未遂政变、“10・4”喀土穆恐怖袭击、“10・25”军事政变、喀土穆持续大规模游行示威以及南苏丹边境武装冲突等，发布安全预警36次；升级管控力度，现场中方人员禁止流动作业。防范风险，安全生产。根据《安全生产专项整治三年行动》，落实基层站队HSE标准化、HSE风险双重预防、重点领域安全生产集中整治和反违章专项整治工作。识别13个方面920项风险，采取1452项措施，完成隐患治理323项，在整改风险2项。狠抓承包商管理，守住安全生产4条红线。各项目建立一体化管理机构，分解责任，升级外出管控，强化极端环境高风险作业风险管控。

环保治理方面。各项目推进“三废”处理工作。南苏丹3/7区项目拉网式隐患排查油区内4个蒸发池；推进水困、水淹井场及OGM污油坑处置，完成226处污油坑清理，对46处污油坑紧急围挡。南苏丹1/2/4区项目完成生物降解合同的授标和油污土治理合同的签署，完成Unity标准污泥堆场建设和9个污泥坑防渗膜铺设。苏丹6区项目聘请第三方开展油田现场和管道沿线环境和社会影响评价，启动含油污土处理和过期化学品处理招标。苏丹1/2/4区项目完成2A/4区的全部环保整改。苏丹3/7区项目环保整改与苏丹政府达成一致，快速实施。

质量保障方面。贯彻落实中油国际质量和计量管理规定、质量事故事件管理办法，各项目产品质量合格率、采购产品质量合格率、工程质量合格率、强制检定计量器具受检率均达100%。

【油气勘探】 2021年，油气勘探强化室内研究和技术储备。尼罗河公司协调与外方伙伴统一立场，指导南苏丹两个项目应对勘探区块到期退地工作。南苏丹1/2/4区项目开展重点滚动探井井位经济技术评价；苏丹6区项目通过探井复查，确定3口探井转开发方案，预计2022年上半年投产。

【开发生产】 2021年，尼罗河公司上游项目全力提高油气产量。三大上游项目积极协调配合，做好油田洪水应对，克服罢工堵路影响，确保油区设施安全、生产安全和环境安全；加快重点生产物资及配件的运输、清关和供应，推进油井恢复、地面工程修复和复产工作，力争多连井、多开井、多产油；加强油藏精细研究，强化油田监测管理，加强剩余油潜力分析；加快钻完井、投产、修井作业进度和效率，提高开发生产水平，确保洪灾和罢工期间生产稳定有序。全年完成作业油气当量计划的 102.1%。

【管道炼化】 2021 年，尼罗河公司管道炼化项目安全平稳运行。苏丹 3/7 区管道安全平稳运行，保障南苏丹 3/7 区原油顺利输送并及时下海销售。苏丹 6 区应对低输量挑战，跟进泵站维护、管线水工保护、计量校验、腐蚀点维修和提高完整性等关键性工作，努力降低成本，确保管道安全经济运行。喀土穆炼厂协助苏丹方面完成炼厂老厂大检修工作，提供优质技术服务。化工项目安全顺利完成化工装置大检修工作，发挥中方主导作用确保新冠肺炎疫情期间安全生产。石化贸易公司拓展销售渠道，开展油库租赁业务，保证苏丹 6 区柴油及时供应。

【商务工作】 2021 年，尼罗河公司商务问题取得进展。苏丹方面，2021 年 12 月 14 日，中苏双方签署苏丹 6 区一揽子商务问题解决方案，标志长期困扰项目的 2014—2017 年政府审计、库外料检查和苏丹镑汇率争议 3 个主要商务问题取得实质性解决，维护了中国石油正当权益。妥善解决苏丹 6 区项目产品分成协议合同期争议。召开中苏清欠委员会第九次会议并就清欠机制、未决事项等商议，最终达成一致意见并签署会议纪要。苏丹 1/2/4 区遗留的 BSW、管道完整性及油田污土和化学品处理取得进展，各项工作有序推进。苏丹 3/7 区码头油污土事宜完成合同签署，服务承包商按计划开展工作。南苏丹方面，针对政府强推新人力资源手册（UHRPM）事宜完成稳定性条款信函的签发，申明了南苏丹方面伙伴立场。妥善解决停产期间过节费及市场调节津贴相关事宜。南苏丹国家石油公司欠付筹款降为 2016 年以来最低水平；成功处理南苏丹政府与 NGO 组织南苏丹两个项目环境污染索赔案件，通过庭外和解避免了巨额赔偿和作业公司许可证吊销风险，得到集团公司高度肯定；坚决反对南苏丹政府提出的高额环保审计预算，剔除重复计算项，使费用大幅度降低。

【企业文化建设】 2021 年，尼罗河公司贯彻落实习近平新时代中国特色社会主义思想及习近平总对石油企业发展的指示精神，把方向、管大局、保落实，持续夺取“双线战役”新胜利，全面推进中苏、中南石油合作高质量发展。提升企业凝聚力，教育引导干部员工增强责任感和使命感，在危机中育新机，于变局中开新局，全力奋进新时代高质量发展。以“转观念、勇担当、高质量、创一流”主题教育为切入点，增强企业执行力。强化企业竞争力。全体员工以奋发有为的精神状态，坚定不移、不折不扣地把集团公司和中油国际公司决策部署贯彻落实到位，在应对南苏丹经营环境恶化、解决苏丹重点商务问题、推动三大主力油田稳产增效、组织下游项目技术服务和生产运行，以及加强新冠肺炎疫情防控等方面取得成绩。以干部队伍建设为重点，激发企业成长力。推进“人才强企”工程，就“生聚理用”四项机制进行初步安排，以识才的慧眼、爱才的诚意、用才的胆识、容才的雅量、聚才的良方，把各方面优秀人才集聚到尼罗河公司高质量发展的事业中。丰富员工文化生活，组织参加《宣言》多语种朗读竞赛、“筑梦海外、献礼百年”征文书法比赛和《印象苏丹》摄影作品展等活动。领导班子带头开展新一轮谈心谈话，了解掌握员工家庭状况和心理动态；开展 2 轮困难员工关爱工作，帮扶人数和力度为近年最大。以保持“两个前列”为目标，巩固企业影响力。发扬“四特”队伍优良传统，配合苏丹、南苏丹使馆实施“春苗行动”，组织慰问中国赴南苏丹维和部队和援南苏丹医疗队，加大当地媒体宣传力度，保持中国石油良好企业形象，走在苏丹、南苏丹中国央企前列、走在中国石油海外项目前列。

【社会责任】 2021 年，南苏丹遭遇 60 年不遇洪灾，尼罗河公司履行社会责任，向受灾区捐赠价值 5 万美元的防洪减灾物资，帮助灾民救灾。积极扶助教育，向南苏丹尼罗河大学捐赠 2 万美元，改善提高教育条件。受到南苏丹国家电视台和主流报纸宣传报道。通过参股公司向周边社区提供人道主义援助，中国驻南苏丹大使及南苏丹政府官员高度评价中南石油合作。在苏丹响应使馆号召，参与中国驻苏丹使馆在喀土穆大学组织的“中国文化日活动”，协助使馆举行“十一”升旗仪式和拍摄使馆采风宣传片。支持苏丹、南苏丹使馆开展“春苗行动”，协助南苏丹使馆采购疫苗 1150 剂和价值 2.5 万美元的免疫球蛋白急救药品，组织商会协助疫苗接种，在南苏丹华侨做到应接尽接，协助苏丹使馆为华人接种疫苗 3000 剂，得到使馆高度肯定。

（白　鸥）

中国石油拉美公司

【概况】 中国石油拉美公司（简称拉美公司）在委内瑞拉、秘鲁、厄瓜多尔、巴西和哥斯达黎加5个国家运营管理15个项目，形成以超重油、凝析油等非常规油气为主，常规油气为辅的多元化产品格局，生产地域涵盖热带雨林、深海及陆上等多种类型，是中国石油海外重要的上中下游一体化发展的区域性跨国公司，肩负建设海外非常规油气合作区和深海油气合作示范区的重任。截至2021年底，拉美公司有中方员工201人，外籍员工2424人。拉美公司围绕做特拉美战略定位，把握高质量发展方针，成功应对多重风险挑战，推动提质增效和亏损治理专项行动，深入开展“转观念、勇担当、高质量、创一流”主题教育活动，顺利实现新冠肺炎疫情防控“三零”、社会安全“三保”和QHSE“四零”目标，杜绝颠覆性风险发生，全面超额完成生产经营指标任务，实现“十四五”经营效益开门红。

【海外油气勘探】 2021年，拉美公司坚持创新驱动，突出规模效益，勘探获重大突破。巴西阿拉姆项目风险勘探区块第一口探井——古拉绍-1（Curaçao-1）井获重大发现，有望成为巴西近十年来最大勘探发现和2021年全球最大油气发现之一，奠定了中国石油巴西渗水油气业务发展资源基础，创造了巴西海域勘探从合同签署到实施第一个探井用时最短、最快获得发现、费用最低的新纪录。里贝拉项目开展储量复算，完成年度计划的167%。布兹奥斯项目（Buzios）品质完成全区OBN地震数据处理，有效提升项目合同期内采收率和整体经济效益。厄瓜多尔安第斯项目创新油气成藏地质理论指导，突破传统构造高点成藏模式，完成年度计划的218%。

【海外油气开发生产】 2021年，拉美公司坚持效益产量优先，推动带疫复工复产，全年完成作业油气产量当量951万吨，其中原油作业产量760.4万吨、天然气作业产量22.1亿立方米。除MPE3项目外，其他在产项目均超额完成年度产量计划目标。MPE3项目克服多重不利因素，通过加大扶躺井力度、提高开井率、优化调参管理、充分挖掘油井生产潜力等措施，作业产量时隔2年之后重新达10.9万桶/日以上，实现年度原油作业产量368.5万吨。安第斯项目新冠肺炎疫情防控和生产同步抓，动态调整开发策略，加强油田生产管理，实现年度原油作业产量208.9万吨，天然气0.59亿立方米，分别完成年度产量目标的101.9%和年度天然气计划的117.6%。秘鲁公司克服新冠肺炎疫情、10区劳工罢工和57区PLNG处理厂检修停产等影响，强化新井部署和措施井方案优化，稳步提升新钻井和措施井实效效果，超额完成产量目标。其中：秘鲁10/57/58项目实现原油和液化天然气作业产量107.4万吨，天然气21.03亿立方米，分别完成年度计划的107.4%和105.1%；秘鲁6/7区实现原油作业产量20.5万吨，天然气0.47亿立方米，分别完成年度计划的120.6%和117.7%。委内瑞拉苏马诺项目开展“增产行动”，生产原油8.0万吨，完成年度计划的178.2%。巴西公司权益原油产量完成年度计划的114.3%。其中：布兹奥斯项目于9月1日完成交割，中方启动提油回收，4个生产单元高峰日产原油突破64万桶；里贝拉项目通过优化年度生产作业、缩短注入测试周期、降低浮式生产储油卸油装置（FPSO）非生产时间，以及推动“百日投产”计划、优化早期试生产阶段（EPS2）动迁工作安排等有效措施超额完成原油权益产量。

【海外重点工程建设】 2021年，为最大化消除新冠肺炎疫情影响，推动工程建设进度，巴西公司提出“中国式解决方案”，发挥人力资源比较优势，先后选派多名海洋工程和HSE专家前往中国船厂建造场地紧急支援里贝拉和布兹奥斯项目FPSO工程建设；应巴西国家石油公司请求，推动派员支持Buzios6 FPSO建造，Buzios5、Buzios7单元建造进度分别为89.23%和30.45%。待建Buzios6单元和Buzios8单元开展建造前准备工作，Buzios9—12 4个单元处于项目前期。里贝拉Mero1单元FPSO完成建造任务，将在Mero1单元2022年二季度投产；Mero2单元FPSO建造进度86.08%，开展水下生产系统选商工作；Mero3单元FPSO启动建造，完成总进度18.01%；Mero4单元FPSO在2021年8月完成授标并启动建造，建造进度6.20%。安第斯项目顺利完成Fanny120等8座井场和地面生产设施扩建以及Marian5/8等6个注水系统扩建，平均竣工率98%，对Fanny油田等6个核心作业区稳产上产作出重要贡献。秘鲁公司10/57/58区项目和6/7区项目通过做好配套工程及生产支持确保油井在最短时间内开井投产，提高新井开井时率。

【海外经营管理】 2021年，拉美公司权益现金分红、实现净利润和自由现金流均超额完成年度计划。按照“一企一策”开展亏损治理工作，所属8家亏损企业全部完成减亏目标，其中1家企业扭亏为盈，按计划推进法人压减工作。具体做法包括：全力抓好提质增效，持续巩固低成本发展战略。持续深入推进全周期、全链条提质增效行动，聚焦长期亏损且难以扭亏、投资大且回收周期长、合同快到期、长期停滞未开发和经营陷入困境的“五大类项目”，统筹推进，研究制定和推进实施革命性措施和超常规举措，并对亏损治理、法人压减、经营策略研究等重点难点问题制订工作运行表和督办大表，确保方案落实落地，形成长效机制，取得实质实效。持续强化现金流管理，超额完成股东分红任务，实现全年自由现金流为正。认真贯彻中油国际公司精准亏损治理要求，坚持“一项一策”的原则，逐一制定减亏目标，签署减亏责任状，确定时间表、路线图和任务书；建立动态报告、分享和预警机制；开展经验交流和分享。8家签订减亏责任状企业全部完成减亏目标，秘鲁10/57/58项目实现扭亏为赢。守住风险防控底线，坚决避免颠覆性风险发生。开展税收和资金研究运作，组织建立拉美公司税收筹划管理研究工作组和资金（汇率）管理研究工作组，分析税收政策变化、税法条款适用情形、资金结转和流动、汇率波动影响，研究制定应对策略。推动法人压减和规避法律风险。成立专项工作组制订计划、分析难点，根据实际形势动态调整压减方案，1家法人成功注销，5家法人有序开展关闭清算工作。

【改革与创新】 2021年，按照集团公司相关体制机制改革文件，拉美公司作为主要负责统筹协调区域内投资业务和支持服务业务的公司，为区内单位的业务发展和生产经营提供“公共资源、公共关系、公共安全”方面的支持服务。当好代表，推动重要决策部署落实到位。抓好区内海外企业文化建设和对外宣传，贯彻落实集团公司决策部署，充分发挥把方向、管大局、保落实的领导作用。统筹协调区域内投资业务和支持服务业务，为区内单位的业务发展和生产经营提供支持服务。构建“三个公共”的共用共享共建机制，提升统筹协调能力。按区域属性和属地属性细化公共事务，推动区内营商环境、法律法规、投资合作机会、风险防控等方面的共享管理，实现区内企业信息共享。协助各单位建立与驻在国使领馆、中资企业协会、资源国政府部门、石油企业、媒体及非政府组织的良好关系。协调健全社会安全、新冠肺炎疫情防控、舆情应对和应急管理等体系。落实矩阵式管理体系，建立与之相配套的运行机制。探索构建以专业公司（企业）为主的纵向专业化业务管理和以拉美公司横向统筹协调为主的矩阵式管理体系。探索构建创新发展模式，践行集团公司“绿色低碳发展”战略，创新探索推动投资业务、国际贸易及支持服务等业务的协同发展和产业链转型升级，着手打造“融资融油、项目融油、租赁融油、油服融油、储量融油”的“五融”发展模式，通过地区专题会议和培训讲座等宣贯解读。建立拉美地区企业信息交流平台，引导各单位加强政策研究、提前谋划布局、提升市场思维，分享行业发展、项目开发、新技术应用及能源转型发展信息及案例，加快推进绿色低碳发展的技术人才储备。统筹协调维护集团公司整体利益。

【海外QHSE管理】 2021年，拉美公司精准施策带疫复工复产，社会安全、QHSE和专项治理取得良好业绩。强化常态化管控措施，实施精准施策的防疫管理模式，组织防疫知识培训、动迁前防疫技能培训、防疫技能视频考核，实现中外员工疫苗接种率100%，中方员工返岗前加强针“应接尽接”，协调外方员工家属、保安、社区民众接种疫苗，建立共同免疫屏障，推进防疫物资和医疗资源的区内共享。筑牢基础，有效防范社会安全风险。坚持“统一领导、分级负责”的社会安全管理模式，制定区域内甲乙方联动的应急机制，明确应急组织和责任，实现统一管理，统一撤离，共享军警护卫和包机资源等。升级MPE3项目MORICHAL驻地、改造陆湖项目Ojeda驻地安防设施，安第斯项目、秘鲁10区实现无人机巡线和安保巡查。专项治理，安全生产风险管控更扎实。地区公司和项目公司总经理带头开展“重点领域”安全生产集中整治和隐患排查，制定、跟踪并落实整改计划，作业者项目成立反违章专项工作组，全面开展“反违章专项整治”活动，突出抓好习惯性违章行为查处。组织落实“集团公司安全生产隐患整治三年行动计划实施方案”，及时更新内部准假管理办法及交通安全管理规定，持续提升员工健康管理水平，定期开展全员健康评估和监测，推动实现中方人员按期倒休。攻坚克难，推动环境隐患治理迈向前。安第斯公司顺利取得政府对3个区块合并环境审计批复，完成7000立方米油污土的达标处理，17区历史环境治理责任判定由前作业者承当。秘鲁6/7区完成第一批45口弃置井的施工作业，58区开展生物多样性保护，对不同季节的植物群、动物群和昆虫等进行评估。

MPE3项目和苏马诺项目，完成3处较大历史污染清理及污水回注系统建设。哥伦比亚项目通过“异地植被恢复”方式争取项目提前退出。关怀员工，努力确保队伍稳定。及时审批730余人次动迁申请，提前预警航班熔断信息，推动超期在岗员工回国倒休轮换，组织国内专家为健康异常员工开展远程会诊，指导各单位开展谈心谈话、心理疏导、线上文体活动等的员工关心关爱实效举措，有力保证在岗员工身心健康和队伍稳定。

【社会责任】 2021年，拉美公司坚持“互利共赢，合作发展”理念，在推动业务发展的同时，履行社会责任，参与资源国社会公益事业，支持资源国教育、医疗和交通建设等公共事业，获资源国政府和所在社区的普遍好评与称赞。拉美公司支持孔子学院第四届汉语桥比赛，给在委内瑞拉4家合资公司捐赠共计2万美元防疫物资。秘鲁公司履行社会责任，支出金额约50万美元，主要用于社区清洁、校园早餐、当地道路铺设沥青和维护道路、与SENATI培训机构合作，开展社区多种生产培训、向社区提供医疗援助等。安第斯公司协调承包商最大限度地雇佣当地居民，2021年本土化用工稳步上升；捐赠物资、燃料、提供人道主义援助，实施健康和教育计划，向社区学校/部落儿童等发放圣诞礼物；参与基金会项目，向当地多个基金会和非政府组织提供资金；关注油区居民健康和新冠肺炎疫情防控，包括向社区居民提供近2000人次义务诊疗服务，提供2万美元的新冠肺炎疫情防控物资和医疗器械用品等医疗援助，为社区居民提供3辆紧急医疗转运车辆，花费9.5美元；为社区医院采购常用药物及新冠肺炎治疗药物花费5.1美元，得到厄瓜多尔卫生部颁发的奖状。

（施建中）

中国石油西非公司

【概况】 中国石油西非公司（简称西非公司）在西非地区乍得、尼日尔等6个国家投资运营11个油气项目，拥有700万吨/年原油生产、1000千米管道输送，以及200万吨/年原油加工能力，形成上中下游一体化完整产业链。在区域内22个国家有67个乙方单位开展工程技术服务业务，甲乙方单位中方员工4200余人。

2021年，西非公司克服主要资源国政局出现重大变动、社会安全风险上升、新冠肺炎疫情持续蔓延等诸多困难，按照“做强非洲”战略定位，围绕“谋发展、提效益、控风险、带队伍、抓党建、统协调”十八字工作主线，坚持安全效益发展，突出上中下游、甲乙方一体化协同，开展提质增效“升级版”专项行动和亏损治理专项行动，全年新增原油可采储量完成调整后目标的125%，油气权益产量当量549万吨。推进“转观念、勇担当、高质量、创一流”主题教育活动和党史学习教育，统筹做好新冠肺炎疫情防控、社会安全应对和生产经营各项工作，确保“十四五”良好开局。

【油气勘探】 2021年，西非公司油气勘探自主勘探再获重大发现，资源基础进一步夯实。尼日尔上游项目公司和乍得上游项目公司深化地下成藏规律认识，优化勘探部署，打好勘探进攻仗，自主风险勘探获重大发现，在剩余有限勘探期内进一步夯实储量规模。乍得上游项目公司安全高效完成年度地震采集工作，为Doseo盆地加大部署力度、探明资源规模提供资料保障。尼日尔上游项目公司聚焦Trakes斜坡，坚持以上组合为主要目的层、兼探下组合的勘探策略，完成435平方千米三维地震采集。

【油气开发生产】 2021年，西非公司开发生产效果逐步好转，油气产量超额完成计划。乍得上游项目开展不同类型油藏井发策略研究，以“一稳、两升、两降”为目标，按照“注够水、注好水”的工作思路，加快H区块2.1期开发调整方案实施，推动油田精细注水，加强控水等新技术应用，全年实现原油作业产量541万吨。尼日尔上游项目Agadem区块强化一期油田精细管理，挖掘老井潜力，全年实现原油作业产量85.59万吨；稳步推进二期产能建设，开发井钻井成功率100%，实施效果好于预期。

【重点工程建设】 2021年，西非公司重点工程建设有序进行，尼日尔二期项目全面开工。尼日尔上游项目和尼贝管道项目按照“三位一体”的管理模式和“六大一统一”的指挥协调机制，落实全面开工建设“十个到位”准备，协调解决开工前各类制约瓶颈，确保一体化项目10月全面开工。乍得上游Baobab FPF增设水处理设施项目于10月17日投产，彻底解决装置两相分离器偏流问题，使部分躺井恢复生产，预计日增产原油1000桶；乍得上游项目公司推动Ronier机场扩建项目和Ronier电站扩建项目实施，为油田平稳运行奠定基础。莫桑比克项目高质量共建科洛尔浮式LNG工程，浮式LNG完成机械竣工并于11月15日顺利启航。

【炼油化工】 2021年，西非公司炼化项目安全平稳，主要生产指标表现向好。乍得炼厂持续实施装置优化操作，降低催化剂单耗和综合能耗，提高装置加工量和综合商品收率，与上游协调处理进厂原油性质变化问题，全年加工原油77.7万吨，完成加工任务的111%。尼日尔炼厂及时处置催化装置膨胀节设备故障，克服停工半个月的不利影响，保持炼厂安全平稳运行，全年加工原油86万吨。

【管道运营】 2021年，西非公司乍得上游项目合理调配组织，多手段全方位保障原油输送，完成输油539.2万吨。推进设备完整性管理，完成Kome末站发电机大修、Djermaya末站和Kome末站加热炉大修；完成两条管道计量系统检定、安全阀和可燃气体探测器检定工作；启动鲁尔泵大修前期工作。加强管道完整性管理，完成一期管道10个严重腐蚀点的修复，启动二期管道腐蚀点修复和智能内检测工作。成功应对乍喀管道罢工停输事件，避免了减产甚至停产及管道停输凝管等风险，保障了原油外输安全。尼贝管道项目重点开展设计方案复查和设计质量提升专项研究，以服务后续操作运维为指导思想，主要完成流量计选型、末站增设加热炉方案、薄壁型钢结构可行性分析等专项。完成线路、HDD及办公生活类建筑单体0版施工图纸和长周期乙方供应物资、关键物资采办文件，满足现场施工和乙供物资采购需求。

【新项目开发及资产转让】 2021年，西非公司推动新项目开发与合资合作，资产结构持续优化。靠前推动阿尔及利亚联合研究于11月3日正式启动，配合开展乍得和尼日尔现有项目周边区块经济技术评价；跟踪域内资源国油气投资市场环境变化，持续关注莫桑比克第六轮招标、索马里海上区块招标等潜在新项目机会。合资合作取得突破，尼日尔Tenere区块退出、突尼斯SLK项目股权转让顺利完成，阿尔及利亚438B项目退出协议正式签署，实现减亏止损。尼日尔Bilma区块、尼贝管道项目的合资合作事宜在积极推动。

【提质增效】 2021年，西非公司打造提质增效"升级版"，创效水平稳步提升。结合西非地区项目特点和实际，按照"传统举措稳效、优化协同增效、创新发展提效"三个层次，推动提质增效向长期性战略性举措转化，提升全产业链、全生命周期价值。乍得炼厂严格执行五方清欠协议，回收历史欠款；乍得上游项目公司创新原油销售方式，实现销售升水。大力推动产业链各环节优化和一体化协同，增效成果突出。坚持"勘探开发一体化、地质工程一体化、技术商务一体化"，加强产业链各环节优化，实现勘探优化提质、开发优化提产、钻井优化提速、工程优化提效、管道炼化提稳。坚持"上中下游一体化"发展，深化乍得项目和尼日尔项目一体化经营策略研究，抓好上下游一体化经营管理，提升中方一体化整体效益。

【科技管理】 2021年，西非公司开展技术创新和管理创新，提效层次有力提升。乍得上游项目和尼日尔上游项目推广智能分注和自适应调流控水新技术，提升水驱开发效果，推广应用螺杆+MWD+个性化PDC钻头提速一趟钻技术和氨基钻井液体系，机械钻速分别提高16.9%和28.3%。乍得上游项目和尼日尔上游项目推广应用不同区块共享管理模式，实现"一体双模"下集约发展；各作业者项目认真贯彻落实本地化工作要求，研究制定人员和服务本地化实施方案，努力推动本地化进程。

【人才强企】 2021年，西非公司按照集团公司人才强企战略部署，统筹抓好干部队伍建设，促进员工"四力"（员工凝聚力、执行力、竞争力、成长力）提升。优化干部队伍结构，坚持"重实干、重实绩、重实效"用人导向，高标准、严要求抓好干部选拔任用和岗位调整，调整和选任项目公司总经理、班子成员、副总师、部门主任15人，结合项目业务发展需要调整中层干部46人，干部队伍组织力、执行力显著提升。抓实员工培养教育，先后开设6期"西非讲堂"，创新应用学习型团队建设开展新员工跨专业轮岗培训，创造条件在国内举办年轻员工综合能力培训班，建设高素质、复合型、专业化员工队伍。推动本地化工作，回应资源国政府诉求，精心编制本地化推进方案，确定"时间表"和"路线图"，加快推动本地化进程。

【新冠肺炎疫情防控与QHSSE管理】 2021年，西非公司全力抓好新冠肺炎疫情和QHSSE风险防控，安全发展保持稳定。健全完善QHSSE制度体系，创新管理模式，有效防控区域内重大安全风险。统筹做好乍得社会安全形势应对，保障发展稳定大局。形成"组织有力、统筹谋划、统一协调、依法合规、担当尽责”的大安保机制，成功应对乍得社会安全形势突变，确保在乍得中方员工生命安全和队伍稳定。完善西非地区新冠肺炎疫情防控组织机构，建立疫情防控9项规章制度；加强疫情防控巡检，定期督导落实常态化防控措施，严守“外防输入”往返动迁“双防线”；配合中国大使馆开展“春苗行动”，引导并推进当地雇员疫苗接种；组织建设“核酸检测实验室”，提高科学防控能力。保持区域内甲乙方单位192个封闭管理场所14950名中外方员工正常生产作业和办公生活的良好局面，实现西非地区零聚集性疫情的目标。抓好重点项目安全保障工作，为尼日尔二期一体化建设保驾护航。成立尼日尔二期一体化建设新冠肺炎疫情防控和安保工作组，完善工作机制，明确甲乙方属地责任，优化疫情防控方案和安保方案，督促各单位严格落实各项保障措施，确保尼日尔二期一体化建设安全、平稳、受控。加强QHSSE管理体系建设，持续提升HSE管理水平。以乍得上游项目公司为试点，组织开展HSE管理提升行动，提出适合项目作业特点的HSE管理提升方案，加强组织优化、责任归位、履职监督、文化引领，促进项目HSE管理水平提升，形成可复制可推广的管理体系和模式。

【区域协调】 2021年，西非公司全力抓好统筹协调，中方利益得到有力维护。建立区域大协调机制，统筹资源国、大使馆、区域组织、合作伙伴及甲乙方沟通协调，多项重大商务问题得到妥善解决，为地区业务发展提供有力保障。统筹与资源国政府协调。乍得上游和乍得炼厂与政府顺利解决工作许可费缴纳纠纷，尼日尔炼厂与政府拖延32个月的税务纠纷以不到一半金额和解关闭，尼日尔上游项目和尼贝管道项目开设离岸外汇账户和支付申请获批准。统筹与合作伙伴协调。乍得上游项目以远低于预期代价成功关闭Calton纠纷历史遗留，困扰项目多年的问题得到较好解决；与埃索、乍喀管道等外国公司协调，避免乍喀管道罢工可能导致外输管道停输对中方造成的重大损失；尼日尔炼厂与台湾中油股份有限公司就供炼厂份额原油10%差额油价补偿协议达成一致。统筹与甲乙方单位协调。在市场化和合规前提下，投资业务带动系统内工程技术服务业务。

【企业文化建设】 2021年，面对海外新形势和新要求，西非公司主动担当作为，创新开展工作，有效发挥政治引领作用。组织主题教育和党史学习教育活动，因地制宜开展建党百年庆祝活动，形成13项攻关成果。抓监督、保廉洁，首次对尼贝管道开展巡查、审计联动，规范30项制度和程序文件，推动各项工作依法合规。抓宣传、树形象，保持内宣工作优势，加大外宣工作力度，在国内外宣传媒体发稿200余篇，树立高质量发展、履行社会责任的良好形象。

【社会责任】 2021年，西非公司在资源国履行社会责任，树立企业良好形象。援建学校，助力教育事业发展。尼日尔上游项目公司对油田现场周报社区教学设施分布和状况深入调查分析后，在当地社区援建学校和教室并捐赠学习用品。2021年7月23日，由乍得上游项目公司独家赞助的第20届“汉语桥”世界大学生中文比赛乍得赛区决赛在恩贾梅纳大学落幕。比赛由中国驻乍得大使馆主办，乍得上游项目公司获得赛事的独家冠名权，受到乍得国家电视台等当地主流媒体全程跟踪报道，在乍得引起强烈反响。尼日尔炼厂向第一夫人基金会捐赠500万西法（约合1万美元），用于表彰尼日尔优秀大中小学生。捐赠民生工程，改善居民生活条件。在乍得，疟疾仍然是当前最致命的疾病之一。2021年9月，乍得上游项目公司赞助恩贾梅纳第八区举办抗击疟疾宣传活动并现场为困难家庭捐赠100余顶蚊帐。恩贾梅纳第八区区长法蒂梅·亚亚接受媒体现场采访，对本次活动给予高度赞扬，特别感谢乍得上游项目公司对此次活动的大力支持，号召位于第八区的其他企业向乍得上游项目公司学习，关注乍得公益事业。乍得炼厂为Ennedi Est省扶贫基金会捐助1500万西法，为Grand Coeur扶贫基金会捐赠3000万西法，促进乍得社会各阶层的交流，提升乍得炼厂的社会形象。2020—2021年，尼日尔上游项目公司为油田周边恩固提社区援建水井35口，方便周边居民取水。坚持以人为本，帮助改善医疗条件。尼日尔上游项目公司2020—2021年在油田周边恩固提社区援建一间诊所。2021年7月，应当地社区需求，捐赠10套轮胎及2000升柴油油款，保障当地民众就医路途畅通。尼日尔炼厂为Zaouzaoua村健康中心和周边4座村庄捐赠价值1400万西法的药品和医疗设备，缓解了疟疾给村民带来的痛苦，为孤儿院等社会福利机构捐赠价值350万西法的食品并为周边4座村庄修建供水点。

（韩　朔）

离退休职工管理中心（老干部局）

【概况】 2020年5月15日，集团公司印发《关于集团公司总部职能机构岗位优化调整有关问题的通知》，决定：离退休职工管理中心，改列集团公司直属单位序列，保留老干部局名称和职能。截至2021年底，集团公司所属企事业单位离退休职工604337人。其中：离休干部1680人，占0.28%；退休干部203250人，占33.63%；退休工人399407人，占66.09%。离退休管理工作人员5689人，其中专职4310人、兼职1379人。离退休职工党员总数213857人（其中离休干部党员1423人，退休干部党员129497人，退休工人党员82937人）。

【企业党建工作】 2021年，集团公司党组书记、董事长戴厚良到李敬、蒋其垲家中，感谢他们为中国石油工业发展作出的突出贡献，为他们颁发“光荣在党50年”纪念章。受集团公司党组委托，党组副书记段良伟出席总部“光荣在党50年”纪念章颁发仪式，向广大离退休老同志致以崇高敬意。“七一”前夕，各石油企业单位党委采取召开会议、上门颁发等多种形式，为符合条件的4.2874万名老党员颁发“光荣在党50年”纪念章，走访慰问老党员1.94万人次、老同志3.57万人次，把党中央、党组的关怀温暖送达离退休老同志。按照中组部老干部局要求，组织40家单位开展“我看建党百年新成就”调研活动。联合中国石油报社开展“颂百年风华、赞千秋伟业——热烈庆祝中国共产党成立100周年”主题征文活动，得到广大老同志响应。组织10万余名老同志和工作人员通过线上线下、集中自学等形式收看收听全国离退休干部党史学习教育等5场网上专题报告会。根据中组部政策要求，分别为24名离休干部办理提高医疗待遇，为121名离休干部办理提高医疗费报销标准。

【机构改革及职能优化】 2021年，离退休职工管理中心（老干部局）认真落实集团公司党组副书记段良伟批示要求，统一全员思想、谋划改革思路，及早研究编制单位职责及内设机构调整方案，向人力资源部汇报对接。集团公司党组机构编制委员会办公室于10月底印发批复，对中心职责、内设机构、人员编制等作了调整。组织45家在京单位，就存量退休人员人事档案移交街道社区名册回执进行核验确认，7476份存量退休人员人事档案完成电子化加工实现闭环管理。制定印发在京单位新增退休人员常态化移交社会化管理工作程序，统筹协调1000余名在京新退休人员移交工作。出台集团公司有关人员逝世后丧事办理暂行规定，进一步规范去世消息发布范围和有关要求，充分保障离退休干部相关政治待遇。

【保障能力提升】 2021年，离退休职工管理中心（老干部局）按照党组领导批示要求，分批次调研对接12位离退休院士特聘单位，了解掌握健康状况及就医需求，建立“一人一策”健康档案，设立家庭病床，完善保健医生联系人制度，为8名老院士和2名提高医疗待遇的离休干部办理副部级医疗证，健全医疗服务协作保障机制。落实集团公司建设健康企业十项措施，结合老同志实际研究制定总部离退休职工健康体检实施办法，组织851名老同志完成在京年度体检，及时掌握老同志身体医疗状况，跟进做好体检答疑，及时反馈异常结果，主动协商治疗方案，定期完善健康档案，累计开展预约挂号、联系住院等医疗帮扶171人次，打造健康体检、医疗帮扶和重病保障一体化、全过程的健康服务模式。开展离退休职工党建及思想政治研究工作，组织七个协作区开展离退休工作课题研究，评选表彰离退休工作优秀论文97篇。西南油气田离退休管理部（老干部处）获评全国老干部工作先进集体、吉林油田离退休职工管理处处长郑立新获评全国老干部工作先进个人。

（魏毓一）

中国石油天然气集团有限公司咨询中心（中国石油集团工程咨询有限责任公司）

【概况】 中国石油天然气集团有限公司咨询中心（简称咨询中心）成立于1993年12月，办公地点设在北京，是全国第一批取得甲级工程咨询证书的单位，国际咨询工程师联合会（FIDIC）会员，承担国家发展和改革委员会委托投资咨询评估机构任务的咨询单位和中国工程咨询协会（CNAEC）常务理事单位。为适应国家工程咨询业发展改革需要，依据国家发展和改革委员会2005第29号令《工程咨询单位资格认定办法》要求，经集团公司同意，咨询中心于2006年10月完成“独立法人”注册，成立中国石油集团工程咨询有限责任公司（简称工程咨询公司）。咨询中心和工程咨询公司为“一家单位、两块牌子”，对内称咨询中心，对外称工程咨询公司。

咨询中心顺应国家投资体制改革要求，在加快推进石油工业发展建设重大决策的科学化、民主化进程中产生，伴随国家工程咨询行业和集团公司的改革与发展壮大，是业内具有全景式行业战略研究、全产业链项目评估、全生命周期项目工程咨询国家级资质的上中下游一体化工程咨询机构，是国内油气咨询行业的领军企业，是在中国石油60多年发展深厚积淀基础上建立起来的重要决策支持机构。自1993年成立，在集团公司相关部门和分公司的支持下，累计完成各类咨询业务4000多项，涉及项目投资总额5万多亿元，承担了新区风险勘探、油气田大型产能建设、千万吨级炼油、油气四大通道建设等一大批影响重大、意义深远的重大工程咨询与研究工作，为保障国家能源安全、助推集团公司战略目标实现，做出了应有的贡献。

咨询中心有院士和老中青专家150余名，内设“两会”“五部”“一中心”，即：中国工程咨询协会石油天然气专业委员会、咨询中心专家委员会、综合技术部、勘探部、开发部、炼化部、工程经济部和油气储量评估中心。咨询中心还负责集团公司第一纪检监察中心和第六纪检监察中心的后勤保障工作。

2021年，咨询中心锚定建设国内一流油气行业咨询机构目标，紧密结合工作实际，坚持稳健发展方针，各项工作取得了显著成绩。2021年，咨询中心克服新冠肺炎疫情影响，创新组织方式，累计动用专家2000余人次，运行项目307项，收入3918.74万元。

【人事变动】 2021年6月，集团公司任命长庆油田分公司原党委书记、长庆石油勘探局有限公司原总经理付锁堂为咨询中心常务副主任，咨询中心副主任（主持日常工作）张德有、咨询中心副主任吴国干退休。

【专题研究】 2021年，咨询中心承担各类型研究课题27项，提交院士建议、咨询要情专报10份。其中：“关于强化公司勘探工作，发挥好勘探龙头作用的建议”“关于强化公司矿权管理，夯实高质量发展根基的建议”“关于推进驻疆企业新能源业务发展的建议”等多份咨询要情专报得到集团公司领导认可并作出批示；“中国石油页岩油发展战略研究”“中国石油提高采收率技术对策研究”“CCUS/CCS体系技术经济评价与发展规划研究”等10余项研究课题取得重要成果；“加拿大LNG项目经营策略研究”“川渝地区天然气市场分析及销售策略研究”等一系列课题研究为项目委托方提供依据，得到委托单位和管理部门好评。

【项目评估评价】 2021年，咨询中心开展评估项目131项，同比增长8%。承担发展计划部近全部新能源新业务评估项目，开展长庆油田、辽河油田、吉林油田、吐哈油田、玉门油田、青海油田等14个新能源项目的评估工作，提出高水平评估意见，支持集团公司新能源项目的科学决策，得到集团公司领导及部门“专家水平高、评估水平高、材料准备好”的评价。高效率、高质量完成《增购巴西布兹奥斯油田5%权益项目可行性研究报告》评估，为集团公司海外业务效益发展贡献智慧。相继完成鄂尔多斯、塔里木、准噶尔、柴达木等多个专项后评价项目，为西部地区勘探可持续发展提出科学建议。开展吉林石化、大连石化、广西石化、独山子石化等新建乙烯评估项目。

【储量业务评估】 2021年，咨询中心多措并举推进储量评估业务，开展油气资源储量价值评估体系研究，初步完成储量价值评估管理办法，对辽河油田等油田的油气储量开展初步价值评估。配合完成“国家油气储量管理动向和相关标准体系研究”课题，协助勘探与生产公司完成各油田石油天然气探明、控制和预测三级储量审查工作，完成2021年度优秀储量报告评选工作，为集团公司提升储量成果和核心资产管理水平作出突出贡献。“油气储量资产评估软件”获正式软件著作权，是咨询中心自1993年成立以来第一份拥有完整自主知识产权的软件产品。

【科技项目评估】 2021年，咨询中心承接科技评估项目230余项，涉及预算经费约157.86亿元；开展现场核查项目5项，涉及经费约60.36亿元。在科技预算编制全面改革、评估任务繁重的条件下，承担科技管理部全部科技项目经费核查工作，发挥咨询中心“小实体、大平台”作用，统筹协调各地专家，创新组织形式，严格核查程序，有序开展经费审查各项工作，为集团公司“十四五”重点项目顺利推进打下良好基础。结合集团公司科技创新新要求，配合完成科技经费管理办法修订工作，为提升集团公司科技创新效率效益提供有力支持。

【学习型咨询中心建设】 2021年，咨询中心通过走出去学、请进来学、员工自学、向专家学等多种方式相结合，推动学习型咨询中心建设向纵深发展。多次邀请行业内外知名专家学者举办讲座。推进咨询业务标准化、国际化、规范化，参加国际咨询工程师联合会和中国工程咨询协会认证工程师考试并取证。2021年12月，成功举办第八届学习型咨询中心建设成果交流会，各部门高度重视此次成果交流会的发言准备工作，从选题调研、报告编写到组织研讨，都是反复打磨、不断完善，确保交流内容的层次和水平。有11人分别结合勘探开发、油气储量评估、炼油化工、工程技术、装备制造等多专业、多领域议题开展交流，其中5人获特等奖。

【基础管理】 2021年，咨询中心抓好日常基础管理，编撰发布《咨询中心“十四五”发展规划和2035年远景目标纲要》，明确中长期发展目标和方向。加强资信管理，与国家发改委、中国工程咨询协会等资质主管部门紧密沟通，完成中国工程咨询协会甲级资信评价申报工作，甲级资信巩固加强。严格管理预算，周密安排决算，严控降本增效目标，全年预算和“两金压控”指标完成。加大综合管理信息平台、共享数据库等自建系统的推广使用力度，信息化建设日臻完善。推进三年改革事项，人事保险、文电保密、后勤服务等各项工作依法合规高质量完成，提升内部运行管理水平。咨询中心2020年度综合业绩考核再创新高，结果级别实现从B级升为A级的历史性突破。

【企业党建工作】 2021年，咨询中心认真贯彻落实集团公司党组部署和直属党委具体要求，坚持“两促进、两不误”和“围绕咨询抓党建、抓好党建促咨询”，推进党史学习教育走深走实。深入学习贯彻习近平总书记“七一”重要讲话精神、关于党史学习教育的重要论述，以及对石油战线的重要指示批示精神，切实提高党员干部政治站位。注重发挥“头雁作用”，党总支成员做到先学一步、学深一步，党总支书记为全体党员干部讲授专题党课，激发全员学习热情。拓宽党史学习教育形式，开展重走长征路、参观革命历史场馆和伟人故居等红色主题党日活动，在学史崇德中赓续精神血脉，传承红色基因，坚定永远跟党走的信心和决心。落实上级要求，组织各党支部召开组织生活会，通过深刻剖析交流，进一步统一思想、凝聚力量。完善组织建设，根据咨询中心人员变动情况，及时调整党总支委员会和支部委员会，全年转入党组织关系11人，转出4人。全体党员逐级签订2021年度党风廉政建设责任书，全体员工无违规违纪违法事件发生。

（李光辉）

北京石油管理干部学院

【概况】 北京石油管理干部学院（简称管干院）是集团公司党校、管理干部学院和远程培训学院“三位一体”的直属高级培训中心，是中国石油党校教育主渠道、干部培训和人才培养的主阵地、推进集团公司人才强企工程的主力军。2021年9月15日，集团公司党组对北京石油管理干部学院和广州培训中心实施重组。广州石油培训中心列入管干院所属单位序列，按二级特类单位管理。两个校区将按照“一体管理、两址办学、特色发展”思路，共同打造具有竞争力的专业化培训基地，为集团公司人才强企提供有力保障。

北京校区（北京石油管理干部学院）成立于1984年，占地6.1万平方米，具备同时容纳800人的培训能力，年培训规模保持17万人·日，培训对象主要是集团公司中高层领导干部队伍和战略预备队，同时还承接国务院国资委、国家市场监督管理总局等国家有关部委和有关央企的培训项目。北京校区下设16个二级机构，其中机关管理部门5个，教学部门6个，科研部门3个，保障部门2个。资产总额8.09亿元，其中固定资产5.26亿元。现有在册员工149人（平均年龄41.8岁），其中副高级职称46人、正高级职称15人。

广州校区（广州石油培训中心）成立于1981年，占地面积4.5万平方米，具备同时容纳600人的培训能力，年培训规模保持近15万人·天，培训对象主要是集团公司中基层管理干部、职能管理人员、专业技术和关键岗位业务骨干，同时还开拓社会培训市场，助力粤港澳大湾区发展。广州校区下设12个二级机构，其中机关管理部门4个，教研部门6个，保障部门2个。资产总额3.31亿元，其中固定资产2.37亿元。现有在册员工161人（平均年龄41.7岁），其中副高级职称37人，正高级职称9人。

2021年，管干院贯彻落实中央精神和党组各项部署，在人力资源部的具体指导下，紧紧围绕集团公司发展战略和人才强企部署，聚焦戴厚良董事长提出的建设“一流党校和一流干部培训学院”等新目标新要求，提高站位，勇于担当，守正创新，实现“十四五”良好开局，有效克服新冠肺炎疫情等因素影响，各类培训平稳运行，培训体系加快构建，重组整合扎实推进，队伍建设、文化建设、校园建设等各项工作呈现新面貌。全年完成培训项目424个、32.67万人·日，其中线下培训项目330个、21.87万人·日，线上培训项目94个、10.8万人·日，保持良好发展态势。

【培训工作】 2021年，管干院高质量举办集团公司第2期领导本领提升班、第74期和第75期党校班、第26期中青班、第1期企业领导人员市场营销能力提升班、第1期新进领导班子成员政治能力提升班、总部机关及在京单位党性教育培训班、管理岗位标准化培训赋能班、国际化人才培训班、国际交流与合作试点培训班、销售企业市场营销青年业务骨干班等重点培训项目。作为主会场，完成集团公司首届新入职员工集中培训项目，组织28家在京单位376名新入职员工开展培训。围绕培训管理核心需求，持续优化完善“中油e学”平台功能，实现所有培训项目的线上全流程全场景数字化管理。加强与中央党校、清华大学等优秀院校合作，引进专题课程250多门，新增课程资源3000余门，逐步由“应学尽有”向“想学尽有”迈进。探索运用线上线下混合培训模式，策划实施国际化后备人才培训、新入职员工集中培训等重点项目，开展党的十九届五中全会、十九届六中全会精神解读、习近平法治思想教育、党史百年、安全工程等大规模时政类网络专题班。开展“远程培训送服务到基层办实事”活动，组织3000余名企业培训管理人员培训，完成67家企业1600多名基层管理员赋能培训和分平台建设辅导，为企业提供一体化线上培训解决方案，助力一批有迫切需求的企业快速完成培训数字化转型，实现新冠肺炎疫情期间培训工作的正常有序。

【发展理念】 2021年，管干院以习近平新时代中国特色社会主义思想为指导，以中央和集团公司党组对干部、人才队伍建设的部署要求为遵循，紧紧围绕集团公司发展战略和企业发展实践，聚焦中高层管理干部队伍、经管管理人员和战略预备队培训，坚持学习型、服务型、研究型、智库型定位，践行开放、创新、合作、共享理念，遵循做强党校、做实学院、做大远程三位一体发展思路，加快两个校区深度融合、培训科研咨询一体化融合和线上线下协同融合，构建科学高效的培训项目体系、培训课程体系、质量管理体系和资源体系，强化党建引领，筑牢文化支撑，瞄准理念一流、师资一流、装备一流、管理一流、成果一流目标，努力建设一流党校和一流干部培训学院，为集团公司建设世界一流综合性国际能源公司提供坚强支撑。

【办学实力】 2021年，管干院围绕集团公司发展战略和人才强企工程，按照建立分层分类的岗位标准化培训体系的部署，推进领导人员“4321”培训项目体系、“1+5+N”培训课程体系建设和“管理职能标准化培训体系”的研究与实践，思路措施得到集团公司领导和人力资源部的认可，在集团公司建立现代化培训体系、实施人才强企工程中的作用更加彰显。立足整合资源、提升集团公司党校教育功能，配合人力资源部，推进集团公司党校体系建设，通过内外调研，制定了党校体系建设方案。召开培训工作会议、培训项目设计与经营业务研讨会、培训项目经营与价值分析会，系统研究推进培训质量、效益、价值全面提升。制定《培训项目运营管理办法》《培训项目质量评估管理办法》《培训师资管理办法》等培训制度，健全培训质量管理体系，完善培训效果评估机制，推行项目经理（班主任）负责制，建立助理班主任团队，推动教学质量和服务质量持续提升。精细运营培训项目，探索新冠肺炎疫情常态化防控条件下的培训运行模式，根据新冠肺炎疫情形势的变化适时调整完善培训组织运行措施，强化班级管理、学员管理和疫情防控，持续改善服务条件，关心学员身心健康，在多波疫情、多个班次实施全封闭式管理的情况下，实现所有培训项目安全有序平稳运行。

【教研创新】 2021 年，管干院北京校区承担中组部《党的十八大以来干部教育培训工作情况分析课题研究》和《集团公司实施人才强企战略举措研究》《国有企业领导人员培训体系研究》《落实全面从严治党责任，加强党的政治建设和纪律建设举措研究》《价值型总部建设研究》等战略课题研究（承担集团级课题数量创历史新高），自主开展《碳达峰碳中和目标下绿色低碳发展路径》等 11 项重点立项课题研究，形成一系列有价值的研究成果。其中，《集团公司实施人才强企战略举措研究》成果成为集团公司领导干部会议研究部署人才强企工程、制定实施方案的重要参考，《国有企业领导人员培训体系研究》成果在集团公司培训规划和年度计划制定中发挥重要作用；广州校区全面推进集团公司管理岗位标准培训体系建设，研发形成 26 大类、107 子类、274 个培训项目的培训体系。推进人力资源管理岗位标准化培训体系建设，形成 9 类业务模块标准化课件、142 门线上微课、6 本教材。完成集团公司市场营销骨干人才培训体系建设课题的研究，搭建“4+N+2”市场营销课程体系。定制独山子石化培训赋能竞争力项目，为天然气销售江苏分公司应急预案桌面推演示范项目提供咨询服务。管干院与国家应急管理部培训中心签订合作框架协议，成立能源经济与市场营销研究中心，成为服务集团公司发展、培养专业人才、推进教研咨融合发展的重要平台。

【管理提升】 2021 年，管干院制定改革三年行动计划，协同推进五大领域 29 项任务，年底完成率 100%。贯彻落实集团公司党组关于重组整合工作部署，成立领导小组，研究制定重组整合实施方案和运行计划表，梳理出 9 大方面 57 项具体工作，按照“整体设计、分步实施，先易后难、先急后缓、突出重点”的原则，有序推进重组整合工作。高质量推进制度流程标准体系化建设，出台《规章制度管理办法》，完成 90 项并汇编成册，总体完成率 100%，管干院各项工作步入科学化规范化轨道。深化业务外包改革，与华油集团签订《战略合作协议》和相关业务合同，在消减风险的同时促进服务保障水平提升。严格开展内控自我测试工作，系统开展重大风险评估，全面加强整改提升。持续深化提质增效，加强全面预算管理，探索推行项目制管理，狠抓成本控制，通过各项措施节约成本费用超过 1100 万元，增加线上培训收入超过 3500 万元。全力做好安全与新冠肺炎疫情防控，严格落实北京市、广州市，以及集团公司防控要求，针对新冠肺炎疫情形势的变化，及时完善防控方案，制定应对措施，排查重点人员，组织核酸检测、疫苗接种，全面排查整改隐患，有效应对数波疫情和校区密接事件，保持“零疫情”目标。

【基础建设】 2021 年，管干院持续加强整体规划，筹措资金，推进公寓基础设施维修和安全隐患治理，完成南大门、地下车库、西教学楼、东围墙等改造工程，规划多项拟建工程，改善了学员和员工的学习生活条件。以建设智慧校园为目标，完成培训管理与 e 码通系统整合和系统三期建设，建成闭路电视点播系统，实施校园无线网络升级一期建设。分期进行 24 间教室研讨室智能化改造和设备更新，完成西报告厅辅助 LED 屏更新、视频会议室，以及 4 间直播教室等地的设备迁移，更新 17 间教室高清投影和触控显示一体机，实现全部教室高清显示。筹建数字化学习交流中心，“1+N”教学展览构架搭建完成，“习近平新时代中国特色社会主义思想”和“百年党史”“石油精神”“院史”等展厅先后建成投用，同时在“铁人先锋”平台首页上线对外开放，在教学培训、交流宣传、文化传播中初步形成品牌口碑。谋划建设“学习书苑”“知识管理中心”“文化交流中心”等公共空间，为员工和学员提供更优美的环境和更浓厚的文化氛围。

【企业党建工作】 2021 年，管干院把讲政治作为首要任务，建立“第一议题”制度，第一时间学习宣贯中央重要精神和集团公司工作部署。坚持民主集中制原则，规范“三重一大”决策程序，全年召开党委会 26 次，研究审议通过 73 项议题。组织召开重组后的第一次党代会，提出“党的建设走前列作表率”的目标举措。加强延安精神、石油精神、大庆精神铁人精神研究，成立中国石油企协党建与企业文化专业委员会、延安精神研究会，承办中央党校国资委分校央企党校智库建设座谈会、石油石化行业首届党史党建好讲师大赛，促进党校功能充分发挥。围绕锻造“三强”干部，党委书记牵头组织开展将党校班打造标杆示范的实践探索，形成《以系统观念和工程思维打造新时代党校标杆示范培训班》课题成果，提出“12345”的建设体系，为新时代新形势下集团公司党员领导干部教育培训以及重点班教学管理提供指导帮助。优化党支部设置方式，党组织实现机构全覆盖、业务相融合，基层党建“三基本”建设与“三基”工作不断融合。制定全面从严治党主体责任清单，全面支持配合派驻纪检组履行监督责任，推进全面从严治党向基层延伸。落实意识形态工作责任制，首次开展员工思想动态分析调研，把握员工思想动态。开展“转观念、勇担当、高质量、创一流”主题教育和“我为学院做贡献，我与学院共成长”岗位实践活动。2021年，管干院57人次和10个党支部分别获集团公司、直属以及学院“两优一先”“百面红旗”等称号，在各类先进评选中党员占比100%，在教学一线带班的教师中党员占比70%，党员“旗帜”作用充分体现。

【队伍建设】 2021年，管干院坚持党管干部、党管人才原则，健全完善选人用人机制，以“好干部”标准选拔中基层领导人员20人，交流调整干部15人次，招聘和引进人才26名，缓解了干部人才队伍结构不均、接替紧张的矛盾。分类精准实施人才培训，全年培训218人次。其中参加集团公司培训项目28人次，参加系统外培训项目16人次。组织实施年度职称评审相关工作，两个校区推荐13人参加副高级职称评审、1人参加中级职称评审。借助外部专业团队，共同研究制定学院人力资源管理系统优化方案，广泛征求教职员工意见，科学、有序推进建立全员职业生涯规划和绩效管理体系。倡导全员学习、全员研究、全员授课，组织举办全员“春训”“冬训”和青年员工见习锻炼、教师训练营、培训项目设计大赛等，遴选优秀教师参加集团公司“石油工人心向党、建功奋进新征程”岗位讲述比赛，获三等奖，切实做到激发活力、充电赋能。召开新入职员工座谈会、“五四”青年座谈会、教研室主任座谈会、资深教师座谈会，以及统一战线代表人士、专家代表座谈会，为青年员工成长营造良好环境，为专家教授提供发展平台，推动全体教职员工为管干院做贡献、与管干院共成长。

【群团工作】 2021年，管干院围绕重大项目实施、重大活动开展、重大成果和先进典型，在管干院主页、微信公众号发布新闻稿件422篇，同比增长72%，更好地宣传展示了管干院的发展成果。坚持发展依靠教职员工、发展为了教职员工、发展成就教职员工，开展“我为员工群众办实事”，广泛征集各方面意见建议196条并逐项落实反馈。封闭管理期间，协调各方铲冰除雪、处理安全应急事件、应对新冠肺炎疫情风险，配备建议箱、医药箱、加湿器，提供医疗看诊、校园理发服务，新增活动场所等，为教职员工和学员解决实际困难。坚持关心关爱、扶贫帮困、年节慰问等优良传统，对学院离退休老党员以及生活困难的在职党员、群众进行慰问，及时送去组织的关怀。成功承办中国石油在京单位庆祝建党100周年歌咏比赛，举办管干院庆祝建党百年文艺晚会，彰显管干院教职员工和学员的良好精神面貌。组织参加“永远跟党走”全国石油职工第五届健步走网络公开赛，两个校区全体教职员工响应号召，争做“健康达人”“健步之星”，获100—500人组一等奖。

（郑　健）

石油工业出版社有限公司

【概况】 石油工业出版社有限公司（简称出版社）是集团公司主管的中央级专业出版社，由原石油工业出版社于2011年3月转企改制建立，为集团公司全资子公司。出版社下设4个职能管理部门、15个业务部门和2个服务保障部门，人员编制295人。2021年，出版社上下认真落实国家新闻出版署和集团公司党组决策部署，坚持稳中求进工作总基调，以高质量发展为主题，发展主营业务，推进融合发展，突出改革创新、提质增效、依法治企，提升党建工作质量，确保新冠肺炎疫情防控和生产经营“双胜利”，实现“十四五”良好开局。2021年，出版社生产经营平稳有序，全面完成集团公司下达业绩考核指标。在强力推进各项工作的同时，重点抓了5件大事。扎实组织开展党史学习教育；组织开展石油出版创建70周年系列活动；谋划推进“十四五”发展；精心打造出版品牌；推进改革三年行动和对标管理提升行动。

2021年，出版社认真落实四届一次职代会暨2021年工作会部署要求，取得8个方面的突出业绩。突出重点强化引领，党的建设持续加强；践行使命履责担当，强化支撑优质服务；建设平台扩大影响，融合发展快速推进；完善渠道创新模式，营销工作开创新局；内强管理外拓市场，创意服务屡获佳绩；深入挖潜提质增效，管理创新稳步推进；多措并举统筹实施，人才队伍活力显现；强化教育塑造形象，宣传文化气象一新。

【出版工作】 2021年，出版社精心打造出版品牌。拓展出版资源，加强选题策划，优化书号使用，强化奖项申报，提升出版社品牌形象。86种出版物获国家、部委级、行业协会级奖项。《全球深水油气地质丛书》《中国页岩气规模有效开发》入选2021年度国家出版基金资助项目。《中国页岩气规模有效开发》获第五届中国出版政府奖（图书）提名奖。在首届全国教材建设奖评选中，1种教材获全国优秀教材（高等教育类）二等奖。在2021年中国石油和化学工业优秀出版物奖（图书奖、教材奖）评选中，8种图书获一等奖，17种图书获二等奖；4种教材获一等奖，5种教材获二等奖。在中国石油和化工自动化应用协会2021年度优秀科技著作奖评选中，5种图书获一等奖，7种图书获二等奖，4种图书获三等奖。在石油企协2021年度石油石化企业管理现代化创新奖评选中，1种获特等奖，2种获优秀著作一等奖，2种获优秀著作二等奖。在中国出版协会第20届输出版、引进版优秀图书评选中，1种获输出版优秀图书奖，2种获引进版优秀图书奖。1种审读报告获第八届优秀审读报告优秀奖。《中国石油勘探》影响因子排名全国石油天然气领域期刊第三，综合影响因子在中文科技期刊中排名第6。出版社连续第3年位列中国图书海外馆藏影响力出版100强。

建设平台扩大影响，融合发展快速推进。按照集团公司“数字化转型、智能化发展”工作要求，调整融合发展委员会，成立融合发展专家委员会，建立专家智囊库。继续做好数字平台运营，建设并运维中油阅读平台、石油标准App、“数字石油学苑”和中油书店等平台，为数字化转型提供技术支持和保障。加强数字出版奖项申报，石油知识云智慧服务平台、石油标准平台、中油阅读App分获第五届中国数字出版创新论坛数字创新技术应用优秀案例年度推优奖、出版融合发展优秀案例年度推优奖，以及出版融合发展优秀案例年度入围奖。应用大数据、云计算、知识图谱等先进技术，推进“石油知识云”项目，汇聚海量石油知识，提供智慧知识服务。

【经营工作】 2021年，出版社完善渠道创新模式，营销工作开创新局。克服新冠肺炎疫情等不利因素影响，完善发行站网点布局，实现主要油气田全覆盖，创新发行站管理模式，拓展发行站业务范围；加快拓展网络渠道，强化自营电商建设并同步推进与外部电商平台合作，尝试与新兴渠道合作，推进全网络销售，快速提升线上图书和标准销量；加强与直销客户联系，提升服务质量，开拓馆配市场，参与农家书屋等项目；紧跟石油企业数字化步伐做好数字产品销售，开展定制化特色服务；创新地面渠道营销模式，保持实体书店渠道稳定，加强与主流渠道深度合作，开发团购市场，自主策划主题促销活动；标准发行站尝试引入第三方书店，实现出版社、发行站、社会书店三方联合建站；中油书店推进校园书店项目，开展加油站项目试点。

内强管理外拓市场，创意服务屡获佳绩。彩印业务坚持专业化、特色化发展方向，深化子公司治理，拓展外部市场，打造高品质印刷产品，开发石油特色文创产品，印刷产品获中国印刷及设备器材工业协会、香港印刷业商会、澳门印刷业商会联合主办的第八届“中华印制大奖”铜奖。展览业务加强与石油企事业单位合作，高效整合资源，做深石油专业市场，开发社会市场，超前谋划展览数字化转型，落实参会项目。高标准完成国家“十三五”科技创新成就展油气专项展区任务，习近平等党和国家领导人莅临观展，得到集团公司和社会各界一致认可。文化创意业务围绕创意策划和科技可视化两大核心，稳定传统媒体招商业务，创建科技三维动画业务，巩固华为、蒙牛等外部市场广告业务等工作取得新进展。

【组织建设】 2021年1月15日，根据出版社《关于明确党委宣传部设置的通知》，党委办公室加挂党委宣传部牌子，明确负责出版社对内对外宣传、企业文化、新闻发布、媒体关系、网站和舆情管理等工作；1月29日，根据出版社《关于调整部分组织机构设置有关事项的通知》，升级党建资源建设中心机构规格，创意发展部更名为中油文化创意发展中心，撤销国际出版交流中心；1月29日，根据出版社《关于部分党支部设置调整及人员任免的通知》，人力资源党支部更名为人力资源与数字出版党支部，成立党建资源建设中心党支部，撤销数字出版中心党支部；11月10日，根据出版社《关于能源经济出版中心内设机构设置及负责人聘任的通知》，能源经济出版中心设置能源论坛部、图书期刊编辑部2个部门。

【企业管理】 2021年，出版社谋划推进“十四五”发展。在出版社四届一次职代会审议通过《“十四五”规划纲要（草案）》基础上，召开石油出版专家委员会第二次会议，广泛征求与会院士专家意见建议，修订完善业务发展规划，补充科普、新能源、新材料和“双碳”领域图书出版等方面内容并最终发布实施。围绕“十四五”任务目标，召开融合发展工作会、出版质量工作会、生产经营分析会等相关会议，分析存在问题，细化工作安排，凝聚发展共识。

突出重点强化引领，党的建设持续加强。把学习贯彻习近平新时代中国特色社会主义思想作为首要政治任务，发挥党建工作统领作用，及时跟进学习习近平总书记最新重要讲话和指示批示精神，党委中心组集中学习19次，有序开展党员干部分级分类培训，进一步增强“四个意识”、坚定“四个自信”、做到“两个维护”。开展庆祝建党100周年系列活动，组织参观红色教育基地，观看党史教育题材电影话剧。持续推进基层党建规范化建设，压紧压实党建工作责任，贯彻落实“三会一课”、民主评议党员、谈心谈话等制度规定，开展党支部党建责任制考评和达标晋级工作。深化“石油党建”信息化平台应用，继续开展党建课题研究。持续抓好党支部书记、党务干部和党员“三支队伍”建设，高标准高质量做好党员发展工作。

深入挖潜提质增效，管理创新稳步推进。持续开展提质增效。加强办公用品采购等费用归口管理，通过集中采购降低成本；加强合同管理，规范款项支付。加强出版管理。按月度制定出版计划，调控出版节奏，实现均衡生产。优化出版流程，监控排印装费用，降低出版成本。加强财务管理。强化现金流管控，狠抓销售回款，加大清欠力度，严控非生产性支出，实现近5年首次净现金流量为正。加强安全环保管理。完成HSE体系审核，开展安全环保检查，举办安全培训、职业健康讲座和应急演练，实现安全环保零事故目标。采取有力措施，加强新冠肺炎疫情防控，实现“零疫情、零感染”。

多措并举统筹实施，人才队伍活力显现。根据集团公司人才强企工程行动要求，以加快培养“管理+技术”队伍人才为重点，聚焦人才数量、质量、结构和储备，统筹实施一系列补齐人才短板、激发人才活力、提升人才价值的创新举措，打造人才队伍硬实力。贯彻落实集团公司党组大力发现培养选拔优秀年轻干部实施方案，严格新选拔任用中层领导人员40岁以下、41—45岁、46岁以上干部各占“1/3”工作要求，建立完善基于员工职业生涯设计的新入职员工全程培养和跟踪评价体系，为后续人才培养奠定基础。改进技术专家作用发挥方式，制定专家工作任务书，明确专家应承担岗位工作和出版社层面专项任务，促进出版社级技术专家更好地履行职责、提升业绩。统筹谋划解决出版专业高级职称评审难问题，2021年度高级职称评审通过率创历史新高。完善按照岗位价值、业绩贡献、市场价位决定薪酬的分配政策，区别盈利和亏损部门，体现盈亏差异，发挥绩效考核导向作用。兼顾政策历史延续和集团公司年度人工成本峰值管理要求，多措并举提高各类员工月度可支配收入标准，有效解决员工月度可支配收入获得感下降问题。

【送书工程】 2021年，出版社落实集团公司“将纸质送书转为线上送书”的工作要求，开展送书调研，了解员工需求，加强选题策划，全年打造30种电子书、10种融媒体选题资源，并配合制作上架平台，高质量完成平台线上送书任务；中油阅读平台更新迭代“家属功能”“知识商城”等平台功能113项，不断丰富平台学习资源，优化用户体验；同步精心引入国内头部学习资源，新增优质正版电子书1.4万本、有声书2万余集、音视频课程1148集；配合集团公司党组宣传部开展“中国书架·石油书香”项目，做好书架落地实施，增强送书项目影响力。

（张博文）

中国石油报社

【概况】 中国石油报社（简称报社）于1986年3月组建，1987年1月7日创刊。《中国石油报》是经中共中央宣传部批准，中国石油天然气集团有限公司主管、中国石油报社（简称报社）承办的党组机关报，在国内外公开发行，报道石油天然气勘探开发、炼油化工、管道运输、油气销售，并涵盖相关产业。报纸现为对开8版、周五刊彩色印刷。报社同时承办《石油金秋报》《石油商报》《汽车生活报》《石油画报》《石油政工研究》《地火》《新闻之友》《世界石油工业》等报刊，负责中国石油新闻中心网站、中国石油报“两微一端”、党建信息化平台、5G融媒体平台、海外社交账号等建设，形成中国石油报社“四报两网三平台五刊”媒体矩阵。报社负责中国石油新闻工作者协会和中国石油作家协会日常性工作。报社有83家驻企业记者站、区域记者站，驻站记者300人，拥有一支3000余人的通讯员队伍。

2021年底，报社设置机关职能部门4个，所属二级机构14个，在册员工262人，其中本科以上学历211人、高级职称65人、中级职称88人。党支部14个，党员164人。

2021年，报社“四报两网三平台五刊”累计发稿6000余万字，新媒体全平台阅读量达3亿人次；党建信息化平台2.0全面上线运行，海外社交媒体账号阅读量、粉丝量分别突破1亿和60万，5G智慧融媒体生产管理系统正式上线。

【新闻业务】 2021年，报社聚焦建党百年，唱响重大主题宣传主旋律。围绕习近平总书记重要讲话和重要批示指示精神，策划组织“向总书记报告”系列特别报道；围绕习近平总书记考察调研胜利油田、参观“十三五”科技成就展等重要活动，组织各企业学习热议总书记重要讲话精神系列稿件，全年刊发特稿30余篇、评论20余篇、专题版面20余期。组织“学党史·庆百年”全媒体新闻行动，开设“奋斗百年路·启航新征程”“学党史悟思想办实事开新局”等系列专栏，组织探访红色石油足迹、建党百年征文等一系列活动。重磅推出《石油工人心向党——百万石油人庆祝中国共产党成立100周年特刊》，首次跨百年立体呈现党史和石油史。《六中全会精神在一线》、领导干部谈、系列评论等专栏专题共刊发稿件约110篇、制作专版9个，新媒体平台总阅读量520万人次，“学习强国”中央企业学习平台选用稿件3篇，在人民日报党媒平台发布稿件7篇，全方位唱响主题宣传“重头戏”。

聚焦中心工作，增强舆论引导能力。坚持政治家办报，及时准确传递集团公司党组决策部署，完成集团公司工作会议、领导干部会议、科技与信息化创新大会等近百次重大时政报道，第一时间披露党组决策部署、集团公司重要动态，展示集团公司骨干央企良好形象。精准把握“时度效”，围绕“七大新闻攻坚战”，重点报道集团公司主题教育活动、提质增效、人才强企“十大人才专项工程”、反违章专项整治活动、改革三年行动、绿色低碳、科技创新、市场营销等重大部署，开展重大战役类报道30余次；策划并组织河南抗洪、扶贫攻坚、冬季保供、冬奥服务等热点事件报道，树立中国石油良好形象。在重大新闻事件中配发系列评论，全年累计刊发评论42篇。《石油内参》全年出版11期，8期得到集团公司领导批示或表扬，2期上报中共中央办公厅、国务院办公厅和国务院国资委。国际传播能力建设取得新进展，集团公司海外传播力央企排名上升到第六位。《石油金秋报》服务离退休工作和离退休老同志，获较高评价。《中国石油画报》《石油政工研究》《地火》提升杂志品位与价值，办刊特色更加鲜明。持续提升舆情服务质量，全年提供专项舆情报告1652份。

【5G智慧融媒体平台建设】 2021年，报社推动媒体深度融合开创新局面。5G智慧融媒体生产管理系统正式上线运行，获2021年“王选新闻科学技术奖”二等奖。新媒体传播力和影响力继续扩大，《石油手机报》实现系统内中层以上领导干部基本覆盖；“两微一端”全年发布微信301期、微博3600多条、油立方1万余条。在抖音号和视频号刊发的视频点击量和获赞量均创运营以来最高纪录。新闻中心网站每日浏览量保持在110万次。

【铁人先锋——中国石油党建信息化平台建设】 2021年，报社的中国石油党建信息化平台——铁人先锋2.0全面上线运行，开启“智慧党建”新征程，在政治大年发挥平台“一键直达”“一网连接”独特优势，凸显“网上党组机关报”定位价值。全年累计发布资讯4000万字，没有发生一起舆论导向错误，子平台石油清风粉丝数持续保持70余万。营造建党百年浓厚宣传舆论氛围，组织“石油工人心向党”征文活动，征稿1100余篇，报网联动立体报道在中国石油上下引起热烈反响。开展“百旗迎百年”系列报道，推出党支部、案例、新党员、老党员、党支部书记等系列，全方位展现中国石油基层党建成绩。党史学习教育宣传重点与亮点并进，开设专题运行党史学习教育8个子栏目，点击量超1000万次。策划国企党建会五周年报道，策划特稿和4个专版，全媒体宣传，在央企国企宣传中走在前列。建好对外宣传阵地，“中国石油”强国号全新上线，累计粉丝2200万人。创办媒体眼、企业风、工会、团青、“三基”等板块，搭建各单位内外宣工作成果展示新窗口。发挥媒体智库作用，完成国务院国资委党委《习近平关于发展国有经济重要论述摘编》一书的编辑制作，组织中国石油2021年度十大新闻事件评选活动，承办“工会办实事，当好娘家人”问卷调查活动及报告撰写。创新融媒直播报道方法，全年播出《中国石油庆祝中国共产党成立100周年表彰大会》《党组书记、董事长戴厚良讲授专题党课》等10余次大型活动。立足平台教育功能，完成“新提任党组管理干部廉洁从业”题库设计及测试。

【经营成果】 2021年，报社聚焦经营创效，推动新闻文化产业新发展。推行战略合作模式，提高一体化服务效率，与26家企业签订战略合作协议。石油商报社把握机会，外延市场获较大突破。汽车生活报社强化为集团公司服务的支撑定位，开创采编报道与经营创新有机融合互促新模式。陆海油公司持续巩固展览展示服务能力，高质量承办管干院文化宣传展览项目。中油网公司深挖服务潜力，继续保持良好发展势头。报社参股的宝石花传媒公司成立两年，发挥市场化运营机制，收入2129万元，净利润263万元。

【管理提升】 2021年，报社聚焦管理提升，深化改革管理获新进展。改革三年行动在重点领域和关键环节取得新进展，制定并执行报社党委前置研究讨论重大经营管理事项清单；建立健全市场化经营机制，推行中层领导人员任期制和契约化管理，健全内部市场化价格结算机制，物资采购管理进一步规范采购流程；开展对标管理提升行动，提升管理水平，推进依法合规，出台19项制度，基本形成“三位一体”综合制度体系；合规管理、内控与风险管理等工作取得新成效。

聚焦五年规划，描绘报社高质量发展蓝图。研究制定报社《“十四五”发展规划》，提出以“建设主流、融合、国际化的现代石油传媒”为中长期目标，以推动报社高质量发展为主题，以推动媒体深度融合发展为主线，遵循“五个坚持”治社办报方略，抓好“三大建设”，实现更高层次、更高水平、更高质量发展。

【企业党建工作】 2021年，报社聚焦党建融合，狠抓基层党建质量取得新成效。加强理论武装，落实“第一议题”制度，全年集中学习研讨19次。加强党务干部的党性教育和政治理论教育，专兼职党务工作者、党员培训率达100%。开展党史学习教育，两级党组织围绕5个专题深入学习研讨，组织红色文化现场教育460人次。组织“石油青年心向党”演讲比赛、“学党史、跟党走”知识竞赛等庆祝建党百年系列活动。抓实党支部达标晋级管理，完成5个支部巡察工作，整改问题84项。深入推进基层党建“三基本”建设与“三基”工作有机融合。2个支部分别获集团公司基层党建百面红旗和先进党支部称号，35人受到集团公司和报社表彰。开展“转观念、勇担当、高质量、创一流”主题教育活动和大庆精神铁人精神再学习再教育三年行动。开展“五必访六必谈”，持续做好一人一事思想政治工作，完善困难职工档案，做到精准识别、精准帮扶、精准管理，全年帮扶困难职工10人。加强报社文化建设，举办11项群众性文体活动。

（梁晓蓉）

中国石油审计服务中心

【概况】 中国石油审计服务中心（简称审计中心）组建于1990年，是集团公司从事企业内部审计工作的一级审计机构。审计中心在业务上接受审计部指导，依照法律法规及集团公司有关制度规定，通过监督检查，调研分析，综合评价等审计工作，发现经营管理中存在的问题和不足，客观公正、有针对性地提出管理意见和建议，为集团公司党组和管理层决策提供参考。审计中心本部位于北京，设13个处级建制，其中审计处室9个，职能处室4个。沈阳、西安、成都、乌鲁木齐4个区域中心为审计中心所属二级单位。北京本部承担华北、华东、华南、海外等区域审计实施工作，各区域中心分别负责东北、西北（不含新疆）、西南、新疆区域内一级审计项目的实施工作。海外审计中心依托审计中心运作。

2021年底，在册人员190人，平均年龄43.6岁，其中审计业务人员163人，占比85.79%。具有高级技术职称86人，占比45.26%；中级技术职称73人，占比38.42%；具有国际注册内部审计师、注册会计师、注册税务师、注册造价师等执业资格58人（共91本资格证书）；博士研究生3人，硕士研究生43人，本科学历136人，本科学历以上人员占员工总数95.79%。形成了专业结构基本合理，具有一定规模的内部审计专业队伍。

【审计工作】 2021年，审计中心贯彻习近平总书记重要指示批示精神，落实集团公司党组决策部署，对标新发展阶段、新发展理念、新发展格局，聚焦主责主业，治已病防未病，扎实做好常态化“经济体检”工作，服务集团公司高质量发展的能力不断增强。全年实施审计项目144项，审计任务13个。其中：经济责任审计60项，管理与专项审计29项，基建工程审计 55 项。审计服务意识进一步强化。关注集团公司重大决策部署执行情况，关注企业主要矛盾和重大风险。强化服务，揭示问题，推动整改，实现监督与服务、发现问题与解决问题的有机融合，帮助企业提升管理水平。审计成果运用进一步加强。加大整改与追责工作力度，最大化发挥审计监督作用。对中华人民共和国审计署交办的已完成整改问题的证据和资料进行核对分析、落实补证；对 2019 年以前集团公司一级审计项目发现问题的整改情况跟踪核实；开展违规经营投资责任追究核查工作。

【审计质量管理】 2021 年，审计中心把审计质量作为审计工作的“生命线”，强化源头把控，创新方式方法，夯实各环节质量控制责任，提高审计工作质量和水平。加强审计质量控制。落实集团公司一级审计项目流程管理要求，强化三级复核制度，实施审计项目全过程管控。落实审计报告、审计底稿退回机制，倒逼审计底稿、报告质量提高。推进“专业处室专业化、区域中心区域化”建设。企业“画像”工作进展顺利，初步完成区内 52 家企业、4 个语言区和国际贸易业务的信息收集及“画像”工作。精准“画像”实现了对企业的全面诊断，实时准确把握企业发展脉搏，摸清制约企业发展的主要问题和矛盾，推动审计监督提质增效。组织审计质量检查和优秀底稿评选活动。抽调专人组成审计质量检查组，用时 3 个多月对中心本部各审计业务处室、海外审计中心、区域审计中心 2021 年已完成和启动实施的审计项目开展质量检查，总结审计质量管控经验，通报 6 个方面的问题，评选优秀底稿 100 篇，通过检查和评优促进审计项目质量提升。开展审计业务分析与交流。坚持审前、审中、审后集体会商制度，常态化开展业务分析、总结交流、成果分享活动，提高审计人员精品意识、质量意识。探索信息化审计路径方法。探索“总体分析、发现疑点、分散核实、系统研究”数字化审计新模式，运用多维度、智能化等数据分析方法，加强现场审计和非现场审计的结合，提升审计质量和效率。27 份审计报告得到党组领导批示，20 个项目在集团公司优秀审计项目评审中获奖，11 篇论文在优秀审计论文评选中获奖。

【内部管理】 2021 年，审计中心立足科学发展、和谐发展，夯实基础管理工作。优化业务结构和组织机构。根据集团公司加强党建工作的要求，撤销后勤服务中心，成立党群工作处（党委巡察办公室、党委宣传部、纪委办公室、工会办公室）；根据审计整改追责工作的需要，撤销管道与天然气审计处，成立整改与追责专项处。持续优化干部队伍结构。进一步使用 3 人，择优提拔 15 人，调整交流 3 人，其中新提拔 35—40 岁年轻干部 4 人，占提拔总人数的 27%，干部队伍梯次配备趋于合理。完善薪酬分配机制。坚持以业绩为导向，加强对重点工作、党建创新项目，以及优秀审计项目、审计底稿等审计成果专项奖励；坚持薪酬分配向审计一线倾斜，激发审计人员主观能动性和工作积极性，提升审计队伍凝聚力和战斗力。加强计划财务管理。加强内控管理，健全预算机制，完善财务管理制度，严格控制“五项费用”及管理性支出，保障生产经营活动的有效运行。推进依法合规建设。落实领导人员法治建设职责，制定完善《审计服务中心普法宣传教育第八个五年规划》《合规管理实施细则》，开展全员合规培训，组织《民法典》学习，完善合规管理机制。加强保密管理。补充调整保密委员会成员，组织保密工作宣传周、保密密码知识竞赛、保密党课等保密“两识”教育，发布保密工作要求、签订《保密责任书》，开展微信安全专项整治，加强保密风险管控，实现零泄密。新冠肺炎疫情防控持续有效。坚持把员工生命安全和身心健康放在首位。落实集团公司和地方政府新冠肺炎疫情防控工作要求，结合审计工作实际，完善常态化疫情防控机制和措施。坚持日报制度，及时掌握员工行踪动态，加强出入京人员管理；核酸检测应检尽检，愿检尽检，疫苗接种应接尽接；审计组制订审计现场疫情防控方案，严格出差途中和工作场所疫情防控；中心本部、区域中心、各审计组服从地方政府的新冠肺炎疫情防控要求和措施，疫情防控取得良好成效，员工及家属零感染。

【队伍建设】 2021 年，审计中心落实集团公司“人才强企”战略部署，注重培养员工、关心员工、凝聚队伍，增强队伍活力，推进队伍建设。开展“转观念、勇担当、高质量、创一流”主题教育活动。引导全体员工统一思想，立足岗位勇于担当，以高质量审计成效，助力集团公司高质量发展。开展作风建设年活动。整治劳动纪律，严肃审计纪律，队伍作风持续加强，审计人员以良好的工作作风和职业道德，得到了被审单位的肯定。加强业务能力建设。提升员工素质，组织选派 32 人次参加集团公司各类重点项目培训，与审计部联合举办视频专题讲座，选调 5 人次参加中华人民共和国审计署审计项目、11 人次参加集团公司巡视、34 人次参与集团公司财务大检查、生态环境保护督查等专项工作任务。审计队伍建立“传帮带”“师带徒”工作制度，以老带新、注重传承，以审促学、以审代训，快速提升年轻审计人员工作能力。注重维护员工利益。在薪酬、福利、户口、职称评定、后勤保障等涉及员工利益的方面，争取政策支持，努力为员工群众办实事、办好事、解难事。聘任高级职称7人、初级职称5人，鼓励员工按所从事岗位参加相应专业国家职称考试，通过高级职称资格考试10人、中级3人、初级6人。关心员工生活。带薪休假、健康体检、劳动保护等员工福利政策有效落实，全年健康体检199人次，为36人发放疗养费12.7万元。组织新冠肺炎疫情慰问、困难家庭补助、职工患病补助、金秋助学等活动，救助职工81人次，发放补助10.67万元。关注员工身心健康。组织开展第九届趣味运动会、首届羽毛球比赛、徒步健身活动等文体活动。组织参加的"'永远跟党走'全国石油职工第五届健步走网络公开赛"获"优秀组织奖"和100—500人组一等奖。组队参加集团公司庆祝中国共产党成立100周年歌咏比赛，获"最佳风采奖"和"优秀组织奖"。

【企业党建工作】2021年，审计中心深入学习贯彻落实习近平总书记重要指示批示精神和集团公司党组决策部署，提高政治站位，坚持从严从实，履行主体责任，强化责任担当，党的建设和思想政治工作取得新成效。开展党史学习教育。围绕"四史"、习近平总书记"七一"重要讲话和党的十九届六中全会精神举办读书班、开展党性教育、组织集体学习、开展交流研讨，引导党员干部学史明理、学史增信、学史崇德、学史力行。党委理论中心组开展专题集体学习、研讨20次，领导班子成员上党课6次，各党支部组织党史学习教育活动150余场次。"审计组+临时党小组"的工作模式将审计现场变成党史学习教育的课堂，实现党员在哪里，党组织就建立到哪里，党史学习教育就开展到哪里。开展"我为群众办实事"实践活动。为职工群众办实事、办好事、解难题25件。党史学习教育以来，在《中国石油报》头版刊发《抓牢"四个三"，学党史促发展》，集团公司党史学习教育第三指导组向集团公司党组汇报了审计中心好的经验做法，党课《传承红色基因、培养无私品格》获集团公司优秀党课三等奖。加强政治建设。坚持"第一议题"制度，深入学习贯彻习近平总书记最新重要讲话精神和关于中国石油、审计工作的重要指示批示精神。组织开展庆祝中国共产党成立100周年系列活动。表彰先进党支部、优秀共产党员、优秀党务工作者，开展"十个一"系列纪念庆祝活动。开展"赓续红色血脉、传承红色基因、弘扬红色文化"主题党日活动，引导广大党员干部自觉继承革命传统、传承红色基因、补足精神之钙。加强基层党组织建设。开展党支部书记述职考评工作，制定《审计中心党支部委员及党小组组长工作职责》，严格落实"三会一课"、组织生活会、谈心谈话、民主评议党员等制度，基层党组织建设质量逐步提高。加强党员教育管理。组织开展向身边典型"最美支边人""央企楷模""全国脱贫攻坚先进个人"援藏干部梁楠郁学习活动，激发广大干部新时代新担当新作为。涌现集团公司基层党建"百面红旗"1个，2个基层党支部和5名共产党员获集团公司、直属党委"两优一先"称号。加强党风廉政建设。履行全面从严治党主体责任，履行"一岗双责"，逐级签订党风廉政建设责任书，紧盯干部提拔、项目审计、年节假期、子女升学、婚丧喜庆等特殊时段，强调重申纪律要求。组织新提任干部"六个一"廉洁从业教育，学习集团公司党员违纪案例通报，确保党员干部知边界、明底线、存敬畏。加强对审计工作的监督，出台《审计服务中心审计组廉政监督员管理暂行办法》，设置廉政监督员，落实审计组自报和被审计单位反馈要求，审计人员严格遵守审计"十不准"纪律，全年无违规违纪行为。加强意识形态工作。肃清流毒影响，营造风清气正的政治环境。加强正面宣传，营造正确舆论导向，审核发布各类宣传稿件249篇。

（吴　涛）

中国石油物资采购中心（中国石油物资有限公司）

【概况】 中国石油物资采购中心（中国石油物资有限公司）简称采购中心，于2007年底以中国石油物资装备（集团）总公司（装备制造业务除外）为基础组建而成，是集团公司直属的专业化物资采购企业和在国家工商总局登记注册的独立法人经济实体。2012年6月，集团公司招标中心成立，与采购中心一套人马、两块牌子。采购中心作为集团公司直属的专业化公司，主要承担集团公司、股份公司物资集中采购任务，包括大宗物资、重要物资、长周期物资、安全物资、成套设备、大型工程项目所需物资的采购业务，急需物资的供应保障和战略储备物资的仓储管理；集团公司、股份公司一类、二类物资的采购和工程、服务采购招标的组织实施工作。采购中心有国内外贸易、国际国内招标、电子商务、运输保障、商品检验、仓储物流等一体化物资采购服务功能，具有工程项目招标甲级资质、海关高级认证企业、危险化学品经营许可、辐射产品经营许可、石油专用管材检测实验室等专业资质和经营许可证书。下设中油物采信息技术有限公司、中国石油物资沧州有限公司、郑州有限公司、沈阳有限公司、天津有限公司、上海有限公司（华东分中心）、西安分公司（西北分中心）、西南分公司（西南分中心）和新疆分公司（新疆分中心）9 家所属单位。

2021 年，采购中心完成提质增效“升级版”工作目标，实现物资采购额 872 亿元，同比增长 11.3%，降采率 12.37%；招标额再创历史新高，实现 1657 亿元、同比增长 20.4%，招标节资率 13.19%，有效质疑为零。

【授权集中采购和招标业务】 2021 年，采购中心完成集中采购两批 31 项，季度带量集中采购 26 项。组织采购额 733 亿元，其中带量采购 570 亿元，节资率约 12.82%。100% 完成集团公司内部优势产品采购任务。组织完成授权一级物资集中采购招标 67 项，新增准入招标 18 项，授标额 357 亿元人民币，节资率约 16%。完成 1663 家一级供应商考评工作和管理小组调整交接。

【采购招标专业化水平提升】 2021 年，采购中心推进标准化采购、战略采购和集中框架协议采购。签订直采合同 5959 份，139.32 亿元，降采率 10.1%。其中国内合同 73.3 亿元，进口合同 6.5 亿美元。4 家所属单位纳入集团公司招标专业机构名单，招标业务一体协同发展。编制 111 套招标文件标准文本，完善分中心招标业务制度规范流程，加强文件模版深化应用，标准化水平持续提升。研究专家优化抽取机制，规范招标异议处理流程，严格流标管控，加大失信惩戒力度，登记异议数量同比下降 52%，专业化水平持续提升。有序推进工位式远程评标、共享办公台账等系统，研究招标项目分类代码，强化需求统合与“基因追踪”，推动招标智慧化水平提升。

【重点项目保供】 2021 年，采购中心推行问题清单机制，跟踪重点工程项目进展，抓早抓小及时化解问题。成立现场工作组，采取集中管理、统一组织、协同运行的模式，立足一线服务。克服新冠肺炎疫情、苏伊士运河停运等不可抗力困难，化解迟交货风险。建立交货风险排查预判机制，提前制定多套物流策略，保障两个乙烷制乙烯项目顺利投产。承担的 4 项主要重点工程项目累计完成物资招标 495 项，节资率 24.7%；物资采购 420 项，降采率 11.9%。

【配套和延伸业务】 2021 年，采购中心二级物资区域协同采购 4.1 亿元，同比增长 10.2%；新疆区域、东北区域普通钢材，及东北区域、华北区域管件降采率 12% 以上。非生产性物资自建电商业务完成劳保工鞋等物资品种招标工作，社会电商业务完成与 5 家框架协议供应商谈判与协议续签，采购金额同比增长 38%。集中储备累计完成 12.2 万吨，超额完成集团公司考核指标。仓储业务继续加大社会市场开发力度，完成吞吐量 134 万吨。运保业务新增 6 个汇总征税海关，承运货物总金额 22.86 亿元，协助 53 家用户单位申报对美加征关税排除，减免税款 1.05 亿元。

【总部基础管理支撑任务完成】 2021 年，采购中心配合编制修订集团公司《进口物资采购管理办法》《招标项目管理与实施工作规范》等采购招标制度，建成中国石油招标知识库。推进集团公司工程材料和物资编码融合，开展采购管理世界一流对标、央企间和集团公司各单位对标，承担集团公司物资采购管理创新研究与实践项目、工程承包商管理体系建设任务。完成第二届服贸会和第四届进博会支持工作。

【“十四五”规划及配套行动方案制定】 2021 年，采购中心确立一流智慧采购中心发展愿景，明确以改革创新为动力，做好“三方服务”、突出“五大理念”、打造“六大工程”的实践路径，形成清晰明确的治企方略。

【物资数字化转型重大突破】 2021 年，采购中心抢占以“物资基因码”为核心的物资系统数字化转型新高地，完成“一种物资基因码的生成方法和系统”（专利号 ZL202110847815.3）和“一种基于基因码的物资管理方法和系统”（专利号 ZL202110847836.5）两项发明专利的申报工作并获得正式授权，构建“一物赋一码、一码全流程、编码智万物”的新宏图，为智慧化新型采购供应生态体系建设提供具有中国石油自主知识产权的解决方案。

【招标组织形式变革】 2021 年，采购中心实现 2019 年物资、招标与装备管理现场会提出的招标形式变革目标。在 34 家单位建设远程评标工位 266 个，初步形成业务联通集团总部与基层企业，点位辐射大江南北，直达世界屋脊的远程评标矩阵体系。化整为零，共享集团公司整体招评标资源，完成远程评标2232项。

【提质增效“升级版”成果】 2021年，采购中心精准施策优化采购方案，营造充分竞争的市场环境。压裂用石英砂小组节约采购资金约10亿元；石油专用管在同期无缝管价格指数上涨42%的情况下实现节资率23%，有效应对大宗材料价格上涨带来的供应风险。所属单位与区域企业供应链深度融合。招标服务走进区域企业，协助完善制度、加强培训，推行招标计划管理，促进区域企业协同采购、集约招标，共享区域市场、平台、专家资源，引导打造区域“一体供应链”，“中心—分中心—现场服务站”区域招标服务新模式优势明显。

【外部提质增效潜力探索】 2021年，采购中心牵头组织确定三方联合采购物资品种和具体工作方案，卡特彼勒配件及服务实现26.79%的协议价格折扣。完成三方首个联合招标采购项目，罐板采购节资率10%以上。统筹战略供应商衍生资源，协调西门子加快神钢配套设备交货，协调国内防爆电气研究所指导进口设备供应商快速完成3C认证，保证集团公司项目建设进度。拓展国家管网集团招标市场，全年完成招标项目85项，授标额近60亿元。

【企业管理】 2021年，采购中心统筹推进改革三年行动方案落实，完成改革任务58项，完成率93.5%。完成集团公司厂办大集体改革、退休人员社会化管理主体工作移交、公司制改制等改革任务。完善工资总额决定机制，优化绩效考核指标，实施经理层成员任期制和契约化管理，建立合同闭环管理和招标全过程管控形成长效机制。全年未发生质量、生产安全和环境污染事故，新冠肺炎疫情防控和安全环保态势平稳。优化制度体系架构，制修订22项制度。全年“零责任事故、零违规事件”，获评集团公司法治建设A类企业。

【企业党建工作】 2021年，采购中心严格落实“第一议题”制度，抓实党委中心组理论学习研讨，把握党史学习教育总要求，结合4本必读书目，深学细研习近平总书记“七一”重要讲话和十九届六中全会精神，组织集中学习宣讲研讨，开展体验式党课、岗位讲述、红歌合唱、主题征文、百年党史青年说等系列活动，健康小屋、员工餐改善、员工成长规划等民生项目有效落实。完成巡察三年全覆盖，开展首轮巡察“回头看”。连续获评集团公司党建考核A级企业。

（郑兴远）

中国石油集团共享运营有限公司

【概况】 中国石油集团共享运营有限公司（简称共享运营公司）是为促进中国石油管理转型发展，提升管理水平和运行效率，由中国石油天然气集团有限公司和中国石油天然气股份有限公司共同出资，于2019年7月成立的有限责任公司。2021年，共享运营公司锚定“世界一流智能型全球共享服务体系”建设目标，以“做好服务、提高效率、创造价值”为己任，推进业务拓展、增值服务、改革创新、管理提升、队伍建设等各项工作，取得重要阶段性成果。国内财务共享三项业务全承接83家企业上线，迈上从“全上线”到“全承接”的新台阶；海外财务共享超计划完成181个项目（公司）上线，跑出从“扩试点”到“全面推”的加速度；人力资源共享薪酬及员工服务实现集团公司企业全覆盖，开创从“分项推”到“全覆盖”的新局面。

【专项工作】 2021年，共享运营公司加快推进专项工作节奏，石油商旅实现国内企业全覆盖，综合实力跃居全国商旅平台第七位，随着向内部全员、外部市场纵深推广，市场规模、行业影响力将进一步攀升；电子会计档案电子化率55%，年节约成本超1亿元，正在向70%目标推进；纸质档案集中管理，4个月完成试点，5个月完成52家企业推广上线，工作效率高、成效好，全上线后直接经济效益可超2亿元；员工报销集中支付缩短报销周期3天以上，薪酬一体化缩短工资发放周期4天以上，赢得用户高度认可。

【提质增效】 2021年，共享运营公司深入推进增值服务，将“提速提质提量”落到实处，见到实效，四类产品体系初具雏形，内外部客户群体有效拓展，一体化研发能力显著提升，与服务企业的合作协同得到重构升级。供应链信息服务与7家银行、30余家企业开展合作，提升产融协同价值；经济活动分析4个月完成210个主体12年指标梳理，在集团公司财务部落地应用，有力支撑经营管理决策；对标分析形成系列产品，涵盖销售、炼化等5大业务，成为企业发现问题的眼睛、管理提升的助手。

【质量管理】 2021年，共享运营公司坚持把质量管理作为第一要求，对标先进、完善制度、创新工具、丰富指标，高效完成ISO 9001质量管理体系搭建和认证，全面质量管理、六西格玛、精益管理等国际先进理念方法在共享运营公司落地生根，常态化检查和可视化监控配套机制有效运用，风险防控、科学管理能力进一步提升。

【管理创新】 2021年，共享运营公司优化再造流程、敏捷迭代技术，创造了革新进步的新成就。以流程标准引领价值输出，印发两路业务SOP手册，创新构建“基础账+”智能财务共享体系，稳步推进人力资源共享服务数字化改造，共享智能化发展框架初具雏形。以创新技术支撑目标落地，财务共享研发RPA 7类395个，人力资源共享研发RPA128个，实现由“共享设计、外协落地”到“业务主导、初步自主”的能力升级。

【客户服务】 2021年，共享运营公司把客户满意作为第一标准，坚持问题导向，建立三级客户回访和问题管理机制，拓展客服热线、智能客服等服务方式，进一步优化业务流程、应用创新成果、开展专项提升，确保问题敏捷反馈、高效响应，服务准确率、客户满意度、服务契合度节节攀升。

【企业党建工作】 2021年，共享运营公司学习领会党的十九届五中、六中全会精神，推进党史学习教育和“转观念、勇担当、高质量、创一流”主题教育活动，同庆祝建党百年系列活动、形势任务教育、高质量共享服务建设相结合，开展专题学习360余次，解决“急难愁盼”实事122件，形成“做好服务”7个方面22条改进措施，切实做到在学习弘扬伟大精神中鼓舞士气、汇聚力量，推动党建工作与共享建设互融互促。

【重病保障项目正式实施】 2021年1月，共享运营公司负责承接的集团公司重病保障项目正式实施。项目通过“中意APP”等服务平台，推出大病再诊断、线上远程专家问诊，确定合理治疗方案，化解员工有病乱投医风险。在预约挂号服务方面，切实解决挂号难就医难的现实问题。

【在京单位人力资源共享服务业务交付】 2021年3月23日，集团公司在京单位人力资源共享服务业务交付协议签订仪式在北京举行。33家在京单位与共享运营公司北京直属业务部正式签约，企业薪酬及员工服务业务交付共享运营公司运营，标志着集团公司在京单位人力资源共享服务进入新阶段。

（史智峰）

中国石油运输有限公司

【概况】 中国石油运输有限公司（简称运输公司）成立于1953年10月，前身是1952年8月整建制转业到石油工业部的石油工程第1师3团（原中国人民解放军第19军57师3团），集团公司直属的大型专业化物流企业。主要为集团公司所属油田、炼化、销售、管道、燃气等企业提供专业化运输、石油石化产品配送及其他综合配套服务。具有国家一级道路货运企业、涉外运输、危险品运输、国际国内海陆空货运代理、进出口贸易、建筑安装、路桥施工和对外承包工程等经营资质，通过国家质量管理与质量保证体系认证，是行业内实力最强、规模最大的5A级公路运输物流企业。运输公司总部设在新疆乌鲁木齐市，截至2021年底，在全国31个省（自治区、直辖市）设有分公司，在全国地（市、县）级城市设立运输大队、配送中心（车队）、修理厂和后勤服务等生产经营三级机构498个。在哈萨克斯坦、土库曼斯坦、尼日尔3个国家设有分公司和项目部。

运输公司主要业务包括油田运输（沙漠运输）、成品油配送（非油品配送）、化工与燃气运输、特种大件运输、国外与涉外运输、油田技术服务等。

截至2021年底，运输公司总部设13个职能部门，3个机关附属，49个生产经营和后勤服务二级单位。有员工25438人，各种车辆18615台。

2021年，运输公司经营收入161.84亿元，同比增长11.9%，其中运输主业货运量1.36亿吨、货物周转量192.4亿吨·千米，同比分别提高8.83%、9.89%。

【经营成果】 2021年，运输公司坚持“立足中石油、面向全社会”的市场开发思路，推进落实运输物流、工程技术两个市场营销指导意见，巩固开拓内外部市场。拓展长庆油田、塔里木油田、新疆油田、华北油田等油田运输增量市场，总承包吐哈油田运输市场，新增大庆油田、吉林油田二氧化碳、页岩油运输市场。成品油配送市场，新增机构用户200余个，开拓中国石化、中国海油、壳牌等配送市场，拓展贵州、山东等航油配送市场。巩固甘肃、四川、辽宁等省市LNG配送市场，全面接管天然气销售新疆地区燃气运输市场。与独山子石化、乌鲁木齐石化签订框架协议，完成塔里木乙烷制乙烯等重点项目保障服务。拓展东北化工销售化工原料运输市场，新增华北石化、锦州石化、大庆石化船燃油运输市场。开拓东北销售、华北销售沥青运输和河北伦特至重庆公铁联运市场，开拓陕西销售、河南销售及东方物探、中油测井服务市场，扩大国家管网北方管道公司乘用车业务市场。拓展塔里木油田、长庆油田、青海油田工程技术服务市场，推动油田服务业务持续发展。巩固加油站维修改造市场，拓展油田、炼油厂基建施工及检维修项目。连续两年被集团公司考核评定为A级单位。

【管理提升】 2021年，运输公司连续三年开展“基础管理提升年”活动，推动基础管理工作全面提升。坚持经营活动分析会制度，优化生产组织运行，提升创效能力。采取区域运力整合、车辆转籍、临时支援等方式，应对市场变化带来的运力运量不均衡问题。印发实施《物流运输市场营销指导意见》《公司工程技术业务市场营销指导意见》，优化市场运行机制，明确市场开发重点及发展方向。推进合同标准化建设，完善合同标准文本，下发《事后合同负面清单》。引入巡检机制、优化归检模式，明确驾驶员自检、归检员复检和管理人员巡检责任。开展设备改装专项检查、危险化学品运输车辆罐体及安全附件检查、预防车辆自燃专项检查、车辆灯光和电气线路专项检查活动。开展液力缓速器、盘式制动器、国六发动机等设备的安全使用及技术应用经验分享。完成防溢流探杆、车载雷达报警装置和车载液位仪试用。坚持生产安全例会制度，结合历年事故原因、天气变化和自然灾害情况进行风险预警提示。建立HSE曝光台，加大违规违章行为通报力度。开展“安全生产月”“职业病防治宣传周”等活动。印发《关于加快事故调查严格岗位履职的通知》，规范事故调查时限，提高事故调查处理的质量和效率。制定《管理人员QHSE履职责任清单》，强化各级管理人员职责落实，做到照单履职、失职追责。实施《黄河流域生态环境保护工作方案》，完成所属14家单位60个危废贮存场所达标建设。探索推进大数据审计应用，成立信息化小组，逐步建立适合运输公司的数据审计模型。

【开源节流降本增效】 2021年，运输公司实施增收创效、降本增效、投资管控、亏损治理、“两金”压降的“五大行动”，量化目标18个，细化措施66项。完成增收目标100%，完成降本目标179%。争取税收优惠政策，完成减税增效目标的116.7%。存货、应收账款压降分别完成计划的124%，130%。制定2021年提质增效专项行动方案和考评办法，落实定期例会、月度通报制度，深入所属4家单位，开展一对一帮扶。深化开展“转观念、勇担当、高质量、创一流”主题教育活动，开展三轮“一流怎么创、高质量怎么干、担当怎么办、观念怎么转”讨论。

【企业改革】 2021年，运输公司稳步实施改革三年行动，重点改革任务完成率94%。推进领导体制改革，建立模拟法人治理结构，在所属25家单位设置并委派执行董事。推行任期制和契约化管理，与所属单位班子成员签订任期岗位聘任协议和经营业绩责任书。加快“中油物流服务平台”建设，打造油田运输区域共享模式，总结长庆油田平台应用经验，完成吐哈油田运输服务模块建设及试点运行。推进实施主动安全系统创新应用，在所属7家单位开展试点。完成车辆管理系统2.2上线应用，实现车辆管理、车载视频及主动安全、远程视频监控系统的融合统一，累计接入车辆11.9万台。

【企业党建工作】 2021年，运输公司落实“第一议题”制度，学习贯彻习近平总书记重要讲话和对中国石油及相关工作的重要指示批示精神。落实意识形态责任制，每半年对意识形态工作进行分析研判，组织运输公司党委与所属单位党委签订意识形态责任书，分解落实意识形态工作任务和责任清单。开展4轮有害敏感信息清查清除，肃清政治流毒。接受集团公司党组巡视，制定整改措施、建立长效机制。紧盯“关键少数”，组织约谈所属单位领导班子和“一把手”，对所属16家单位开展常规巡察，查找突出问题和重大风险92个。开展操办婚丧喜庆事宜和经商办企业专项整治、物资采购业务廉洁风险排查，对新提任的二三级正副职干部进行“六个一”廉洁从业教育。开展“党史集中学习周”活动，组织常态化专题学习和两级党委班子专题研讨，精选所属6家党史学习教育特色单位召开经验交流暨工作推进会，在集团公司12期党史学习教育简报中交流典型做法。完成所属基层党组织换届选举，优化调整党支部106个，发展一线党员204名。连续8年持续开展基层党支部书记暨党务工作者全覆盖培训。“党建益友”服务平台及“铁人先锋”系统应用获集团公司认可。研究制定《中层领导人员管理规定》《人才强企工程实施细则》等8项制度，加大优秀年轻干部选拔使用力度，新提拔二级正副职干部中80后占比43.2%。开展党组织书记述职评议考核，实现基层党委书记、纪委书记集中述职评议考核“三年全覆盖”。加强党建三级联系工作，督促两级党委班子成员深入基层联系党建工作并协调解决问题。制定《机关作风建设实施方案》，两级机关大力弘扬“马上就办、办就办好”工作作风。推进传统媒体和新兴媒体融合，“石油运输在线”微信公众号关注人数3.1万人。制定继承弘扬大庆精神铁人精神和“拖不垮、打不烂的石油运输野战军精神”三年行动计划，“走出去、走下去”企业文化入选集团公司基层党建百篇案例，获集团公司“青年文明号”3个、“青年岗位能手”1个。开展“石油工人心向党、建功奋进新时代”庆祝建党100周年系列活动，举办红歌比赛、典型事迹宣讲、“心里有话对党说”、书画摄影展等群众性活动。

【民生工程和社会责任】 2021年，运输公司开展“我为员工群众办实事”实践活动，对照1065项任务清单按月填报进度、每月通报排名。2000余名青年志愿者累计服务时间8000余小时，服务社区居民6000余人次。慰问帮扶离退休职工、家属工、有偿解除劳动合同人员7.3万人次。开展金秋助学活动，资助27名困难家庭子女，举办送清凉、送关爱和送“安全文化”下基层，“巾帼展魅力·才艺大比拼”女工才艺展示线上评选等活动。推广集团公司重病保障项目，搭建职业卫生信息库，开展全员健康体检，及时干预治疗急难重症员工38人。设立“健康小屋”35个，配备血压仪、急救药箱、速效救心丸等健康检测及急救物品。所属国外单位（项目）均对接中央企业远程医疗平台，所属海外中方员工全部激活“康桥互联”APP手机客户端并在项目营地建设医务室、急救站，保障员工健康管理。宣贯《集团公司员工常态化疫情防控行为规范》，落实集团公司视频巡检5项问题整改闭环，实现办公及生产经营场所零疫情、员工及家属零感染。坚定履行社会责任，持续开展“民族团结一家亲”走访慰问，投入资金346万元助力乡村振兴。在部分地区出现新冠肺炎疫情、灾害等特殊关键时期提供运输保障，支援郑州暴雨灾害车队受到市民自发夹道欢送。

（高　佳）

中国华油集团有限公司

【概况】 中国华油集团有限公司（简称华油集团）是2017年由原华油集团和北京华油服务总公司组建成立的专业化后勤服务保障企业，主要业务包括行政服务、酒店商旅、物业管理、餐饮服务、海外后勤，涉及商贸物流、油气合作、地产开发等，托管华昌置业、海峡投资、海峡能源、海峡基金、宝石花医疗。截至2021年底，设10个职能部门、4个直属机构、27个二级单位（其中国内区域公司11家，海外区域公司6家）、128个项目部及三级单位，员工11836人（合同化1280人，市场化4731人，劳务3623人，非全日制293人，外籍1909人）。

2021年，华油集团坚持“一二三四”发展方针，落实“十四五”规划战略部署，克服新冠肺炎疫情持续影响，把握国际油价回暖机遇，狠抓市场营销、提质增效、亏损治理、数字化转型等改革发展举措，以高质量党建引领高质量发展，实现营业收入49.9亿元，净利润3.2亿元，超额完成集团公司下达的考核指标，创华油集团重组5年来最好水平，实现“十四五”良好开局。

【改革与发展】 2021年，华油集团在巩固区域化改革成果基础上，以国企改革三年行动为抓手，推动各项改革全面深化。截至2021年底，改革三年行动任务完成率97%，提前超额完成集团公司下达的2021年进度目标。研究出台华油集团治理体系和治理能力现代化实施方案，推行项目部分级分类管理，基本建成财务共享体系。通过改革的深入推进，华油集团管控架构更趋完善，各区域经营活力充分释放。

创新发展方面，各专业公司、区域公司立足自身实际，开展商品外卖、直播带货、秒杀抢购、文创展销等主题营销，发展延伸业务，探索新业态、新模式，外卖及节日营销创收突破8000万元。上海酒店引进苏面阁、苏浙汇等品牌餐饮，创新商业模式，实现合作共赢。餐饮公司中央厨房建成投运，食品研发中心作用进一步发挥，“三集中”运行形成初步规模。

人才强企方面，落实集团公司2021年领导干部会议要求，召开华油集团人才强企工作会议，下发

《人才强企工程实施方案》及年轻干部选拔培养、操作技能人员管理等配套办法。完成中层领导人员任期制改革和契约化管理。推行项目经理聘任制，开展优秀项目经理评选。规范总部一般管理岗位聘任，实施基层员工岗位职级套改。建立健全覆盖两级企业的一体化绩效考核体系与差异化薪酬激励机制。对效益贡献突出的二级单位领导班子加大奖励力度。员工奖金打破平衡、拉开差距，个人获最高奖金额是最低奖金额的 4 倍。

市场拓展方面，贯彻集团公司市场营销工作会议精神，坚决打好市场营销攻坚战。截至 2021 年底，华油集团物业管理面积 783 万平方米，配餐规模超 7.1 万人，新开拓市场年化合同额 1.45 亿元，社会市场营收占比突破 40%。北京酒店分公司利用服务 2022 北京冬奥会契机，承接国家体育总局冬季运动管理中心餐厅项目，迈出转型发展新步伐；四川分公司拿下四川销售、昆仑银行成都运营中心食堂项目，实现川渝地区大型配餐业务新突破；华东分公司发扬“蚂蚁啃骨头”精神，全年新签项目 14 个；华南分公司采取灵活合作方式，服务对象拓展到医院、大学，新签合同额 4441 万元；中油国旅中标三峡集团国际差旅服务，合同额 8000 万元。

品牌标准方面，搭建“阳光”品牌抖音平台，举办开放日活动，展示华油员工的责任与坚守，传播阳光服务的品质和风采。全面启动对标世界一流管理提升行动，对标行业头部企业，推动各业务提升盈利能力和管理水平。以石油管理干部学院项目为试点，推进标准化样板项目建设。深入基层开展酒店、物业、餐饮标准适用性论证，修订完善标准 91 项，新制定 31 项，标准质量大幅提升，标准化工作由关注数量向关注质量转变。

数字化转型方面，将石油商旅、石油 e 采作为华油集团推动传统服务向现代服务转型升级的重要抓手，推进平台建设和推广。石油商旅实现中国石油国内 138 家单位全员全级次上线，石油系统市场规模优势展现；承接中国海油商旅服务，走出迈向央企市场第一步。石油 e 采上线商品上万种，服务单位突破 400 家，年销售额近 6000 万元。通过两大平台的建设和推广，华油集团牢牢嵌入中国石油差旅和采购管理流程，智慧物业、智慧餐饮、智慧酒店建设同步推进，“互联网 + 产品 + 服务”的数字化转型发展格局加快成型。

【经营成果】 2021 年，华油集团三大板块方面：酒店商旅板块，保留经营酒店克服新冠肺炎疫情影响，出租率、RevPAR 值等运营指标大幅回升，营业收入同比增长 29%。常州、上海、拉萨等 7 家酒店保持盈利，大连、深圳等 5 家酒店大幅减亏。塔里木等 6 家委托经营的原驻京办酒店，5 家扭亏为盈。物业餐饮板块，对内改进管理、提升服务，对外立足区域，全力开拓。服务的石油单位总量达 106 家，覆盖率增至 71%；系统外服务单位达 282 家，同比增长 10%。国际板块，克服海外新冠肺炎疫情、美元汇率下跌等不利影响，夺得贝宁大使馆、尼日尔甲方临时营地建设等 7 个项目；海外特色产品上线“e 采国际”；开罗、内罗毕酒店承接隔离中转业务实现本质扭亏。

专业公司方面：机关服务中心积极转型发展，对集团公司服务实现契约化运行，承接总部部门首批办公用品定制业务。大力推介行政协同一体化、网络专线运维等服务，优化驻京办房产利用。发挥华昌公司实体作用，推动中石油智慧运营中心按期建成投运。石油幼儿园在北京市首次办园质量千分制量化评估中，获评 A 级园所。科技开发公司推进 A19 地块建设，取得项目规划许可，抓紧建设招标。华铭公司推动莫斯科中国贸易中心建设收尾，获运营许可，对外招商，为项目顺利投运创造有利条件。油气业务调动一切积极因素增产上产，实现原油产量 40.2 万吨，为华油集团创效增盈作出突出贡献。

托管企业方面：海峡能源推动“海峡”“宝石花”两大实体发展。海峡科技在“一片云”“一吨砂”业务基础上，加快“一体化”“一方液”“一束光”产业布局。宝石花家园完成“三供一业”改革过渡任务。宝石花物业、宝石花热力服务品质稳步提升。宝石花医疗收入 80.9 亿元，同比增加 7.7 亿元。在集团公司党组领导下，宝石花医疗改革深入推进。完成框架协议签署、改革宣贯等前期工作，组织开展与通用技术集团、普通合伙人（GP）、有限合伙人（LP）等相关方的多次谈判，就下一步工作达成共识。改革方案得到集团公司党组批准，也得到国务院国资委的肯定。

【管理提升】 2021 年，华油集团贯彻集团公司提质增效“升级版”部署，落实“四精”要求，全年开源增收 1.4 亿元，创效 4300 万元，节流降本 4400 万元。完成物资、工程、服务类集中采购 21 亿元，平均采购成本下降 8%。强化资金效益、风险管理，外汇资金和跨境人民币创效 5295 万元，华油实业收回陈欠 5070 万元，境内外人民币资金集中率分别达 99%、92%。加快“两非”剥离和“两资”处置。西安阳光秦大酒店、苏州韶华大酒店完成转让，开封阳光酒店、黄山阳光酒店对外租赁，紫京四方、甘肃物业等8户法人相继清理，“三供一业”分离移交全面完成，厂办大集体改革实现破局。聚焦重点、靶向发力，华油集团全级次口径亏损面由30%降至24%，超额完成国务院国资委、集团公司下达的控亏目标。

完成总部制度更新54项，开展制度宣贯专项培训，深入推进各板块、各专业、各区域制度制修订，华油集团制度体系自上而下加快完善。开展财务大检查、会计信息整治、“小金库”检查等专项工作，对华油房地产公司等参股企业专项审计，逐步实现事前、事中、事后审计全覆盖；清理整顿小股比、境外个人代持股、民企挂靠国资等问题，控参股公司董事会实现应建尽建。

深入推进安全生产专项整治三年行动，深化QHSE一体化审核，加大安全生产监管力度，深入查改各类风险隐患1134项，全年安全生产无事故。落实以人民为中心的发展思想，创建绿色企业、健康企业。严格落实国内外新冠肺炎疫情防控常态化措施，积极应对西安、天津等地散发疫情，强化海外人员动迁全过程管理，做好新冠肺炎疫苗和加强针接种，员工疫苗接种率达98%，国内业务保持员工零确诊，海外新冠肺炎疫情防线进一步织密扎牢。

【服务保障】 2021年，华油集团中标2022北京冬奥会北京村住宿运行和餐饮服务以来，做好方案制定、楼宇接收、设备安装等前期工作。从各区域抽调精兵强将，协调合作单位和院校支持，落实扶贫招聘政策，组建冬奥服务团队。举办誓师大会，组织志愿开荒，完成住宿和餐饮服务压力测试。期间，中央、北京市、冬奥保障组、集团公司等各级领导先后调研，对运动员菜单、创新提炼的“公寓清洁22步工作法”等给予高度评价。习近平总书记2022年1月4日考察冬奥筹办备赛工作，给予莫大鼓舞。

完成进博会、院士休养团、集团公司领导干部会议等重大服务任务。配合恒毅大厦5家石油单位搬迁石油科技园。保障深圳新能源研究院办公及住宿落地深圳阳光酒店。完成中国石油海南区域总部大厦初步选址。为集团公司总部及在京单位核酸检测4.1万人次。常州、西安、科技交流中心等酒店配合政府接待海外归国人员、冬奥志愿服务者等隔离人员近1.6万人次。新冠肺炎疫情波及石油大厦期间，第一时间组织医疗支援和生活物资供应，24小时保障石油大厦各项服务。国际板块承办“10·26”专项工作，开展海外员工接返包机业务，开辟6个中转驿站，服务海外动迁超过8000人次。

【企业党建工作】 2021年，华油集团开展党史学习教育、庆祝建党百年系列活动、“转观念、勇担当、高质量、创一流”主题教育活动。召开建党百年纪念大会，学习党的十九届六中全会精神、习近平总书记系列讲话和指示批示精神，弘扬伟大建党精神，形成“学党史、悟思想、办实事、开新局”的生动局面。

以庆祝建党百年为契机，华油集团党委发挥“把方向、管大局、促落实”的领导作用，探索党建工作新思路新方法。将党的政治建设摆在首位，建立完善“第一议题”制度和学习贯彻总书记重要指示批示精神、党组决策部署落实机制。推行执行董事和党委书记由一人担任的领导体制，将国内区域公司党组织统一设置为党委管理，同步设立纪委，区域公司党的建设全面加强。推动基层党建“三基本”建设与“三基”工作有机融合，华中分公司武汉联合党支部被集团公司授予基层党建“百面红旗”称号。

结合党史学习教育要求，开展“我为员工群众办实事”实践活动，从改进工作作风、提升服务质量、增进民生福祉等事项入手，用心用情为员工群众办实事、解难事548项。开展困难党员和群众、离退休职工走访慰问，帮助解决困难，传递组织关怀。助力国家扶贫攻坚，采购、助销扶贫产品920万元。紧盯农场治理，落实维稳措施，有力维护建党百年的和谐稳定大局。发挥群团作用，加强统战工作，在内外媒体持续加大宣传力度。

抓实全面从严治党主体责任，紧紧围绕增强“四个意识”、坚定“四个自信”、做到“两个维护”强化政治监督，紧盯亏损企业治理、提质增效、国企改革三年行动等重大决策落实情况开展专项监督，审计巡察、财务稽查、业务督查多点发力，“大监督”作用更加凸显。开展“四风”专项检查，深化形式主义、官僚主义问题整改。高质量完成两轮巡察，累计巡察覆盖率83%。召开李俊峰案警示教育大会，强化廉政教育，抓好以案促改。一体推进“三不”体制机制，一手抓违纪违规问题，一手抓重复访、越级访整治，信访总量连续3年呈下降趋势。

（刘　苗）

中国石油学会

【概况】 中国石油学会（简称石油学会）创立于1978年，是学术性法人社团组织。业务范围包括学术交流、科学普及、编辑出版、成果转化、科技服务、咨询培训、人才举荐等。2021年10月20日，第十次全国会员代表大会选举产生第一届监事会监事6名，第十届理事会理事119名，其中常务理事38名。办事机构秘书处6个部门仍设在集团公司，人员编制25人，全年招聘一般管理人员6人，截至2021年底，在册职工24人。石油学会坚持以习近平新时代中国特色社会主义思想为指导，坚持为科技工作者服务、为创新驱动发展服务、为提高全民科学素质服务、为党和政府科学决策服务职责定位，坚持以打造开放型、枢纽型、平台型组织建设为目标，尽职尽责、攻坚克难，全年重点工作高质量推进，全面完成年度考核指标，取得优良经营业绩，为创建中国特色一流学会厚植坚实基础。

【服务创新型国家和社会建设】 2021年，石油学会落实与教育部全国工程专业学位研究生教育指导委员会签订的《石油工程硕士研究生教育认证合作框架协议》，召开石油工程硕士研究生教育认证专家委员会会议，审议决定受理东北石油大学、西安石油大学和长江大学认证申请。

接受国家科学技术奖励工作办公室委托，召集院士专家对2021年国家科技奖初评通过项目提出行业咨询意见。完成自然资源部油气资源战略研究中心《油气矿产资源储量分类》英文译本修改及意见反馈。承接的中国地质调查局油气资源调查中心“油公司勘查进展跟踪调查”研究项目通过验收，获优秀评价。

8月26日，创建并上线运行中国石油学会智库，制定《中国石油学会智库管理办法（试行）》，完成第一批14个专业158名院士专家入库。组织“院士专家进管网”活动，探讨陕西延长石油（集团）有限责任公司管道运输公司管道内检测、清管作业、管道防腐等问题解决办法。

举办第十届中国石油工程设计大赛、第六届全国大学生测井技能大赛、第六届全国大学生油气储运工程设计大赛，开展全国石油管材螺纹检测人员资格鉴定与认证、油气管道完整性管理技术、科研论文写作技巧在线讲座等专业培训4场，培训人数1193人次。

【学会建设】 2021年，石油学会发展个人会员1144人。入选中国特色一流学会（特色创新学会）建设项目支持名单，获中国科学技术协会经费资助。召开第十次全国会员代表大会并选举产生第十届理事会和第一届监事会，成立石油环保专业委员会、标准化工作委员会，内部治理结构更加完善。制定《中国石油学会监事会工作办法（试行）》《中国石油学会团体标准制修订管理办法（试行）》，严格执行理事会、常务理事会和三级办公例会等工作会议制度，强化“三重一大”事项规范决策，内部治理能力持续增强。完善办事机构岗位设置与职责，编制年度收支预算，组织国家安全教育日宣传与保密教育，开展公文处理、石油商旅应用等业务培训，实现人事、财务共享上线运行，内控管理日趋规范。被中国科学技术协会评为年度财务数据汇总工作优秀单位、综合统计调查工作优秀单位。

【学术期刊】 2021年，石油学会《石油学报》影响因子3.964，总被引频次5707，在石油天然气工程类科学技术期刊中总被引频次名列第一。再次获“中国科技期刊卓越行动计划”项目（梯队期刊）资助和“百种中国杰出学术期刊”奖，刊发的《庆城油田成藏条件及勘探开发关键技术》（2020年41卷7期）入选2021年度中国百篇优秀论文。制定执行《出版伦理规范（试行）》和审稿工作流程，完成《石油学报》编辑委员会换届，第九届委员会79人，聘任青年编委38人。

《石油学报（石油加工）》作为石油化工领域唯一Ei核心期刊，入选《中文核心期刊要目总览》石油、天然气工业类核心期刊、《世界期刊影响力指数（WJCI）报告（2020科技版）》、“高质量科技期刊分级目录总汇”地学领域高质量科技期刊分级目录T1级。出版“绿色炼油化工与氢能”专刊，发表绿色炼油化工工艺催化剂及氢能相关文章29篇。

《Petroleum Research》与国际知名数据公司Clarivate合作，推送国外读者27900余人次。在Scopus数据库中CiteScore为3.2，比2020年高1.3，位列全球地质期刊分类第119位（共251种），学术影响力提升。

【国际学术会议及国际交往】 2021年5月27日，石油学会名誉理事长、中国世界石油理事会国家委员会主任王宜林与世界石油理事会主席图尔·福贾伦视频交流，就能源转型和世界石油理事会未来发展交换意见。

11月11日，与日本石油能源技术中心（JPEC）和韩国石油管理院（Kpetro）联合主办的第十三届中日韩炼油技术研讨会应日本承办方要求采取线上形式召开，三方94名（外方87名）代表参会。会议主题为“石油加工新技术、油品质量与环境保护”，交流技术报告12篇（三方各4篇），内容涉及炼油工业发展趋势、石油加工与环境保护新技术等。

【国内主要学术会议】 2021年，石油学会及分支机构、地方学会采取现场会议与线上直播结合方式，组织召开中国石油地质年会、中国石油石化企业信息技术交流大会暨油气产业数字化转型高峰论坛、油气资源调查进展论坛、碳达峰碳中和背景下的能源转型主题交流会等重点学术交流活动67次，参加人数26988余人次，交流论文3454篇，出版论文集12部。中国石油石化企业信息技术交流大会暨数字化转型智能化发展高峰论坛、中国油气开发技术大会、中国石油地质年会、全国石油经济学术年会、中国国际管道会议、全国天然气学术年会6个学术会议获中国科学技术协会《重要学术会议指南（2021）》收录证书和授予标识。

【科普活动】 2021年，石油学会围绕全国科普日、全国科技工作者日、科技活动周，组织石油地质、工程、管材3个分支机构和7个地方学会、2个科普教育基地开展“科学家精神进校园”“喜迎建党100周年、校企合作引领科技”“科普知识进校园”和石油工业低碳排放与绿色制造报告会等科普活动34项，线上传播25.5万人次，线下传播12000人次。招募科技服务志愿者220人，推荐2项年度科普人物、6项年度科普作品支持“典赞·2021科普中国”活动获中国科学技术协会科学技术普及部表扬，被评为全国学会科普工作优秀单位、全国科普日活动优秀组织单位。《石油知识》增设院士课堂笔记栏目，联合出版社《加油争气》创作组编写“器壮山河”“关注”等栏目稿件，完成中国科学院院士郭尚平《我的留苏生涯》文章采访编撰。

【表彰举荐优秀科技工作者】 2021年，石油学会组织遴选推荐中国科学院院士候选人3人、中国工程院院士候选人8人，谢玉洪当选中国工程院院士。申报第七届中国科学技术协会青年人才托举工程项目，获2个资助名额。推荐中国科学技术协会第十次全国代表大会代表5名、第十届全国委员会委员1名、“最美科技工作者”候选人2名、年度科学传播人物2名。

【党建强会】 2021年，石油学会党组织开展党史学习教育和学习习近平总书记“七一”重要讲话精神，以及党的十九届六中全会精神，组织“重走长征路”主题党日活动，到延安开展党史学习教育实践活动，参观中国共产党早期北京革命活动旧址和中国共产党历史展览馆，推动党史学习教育走深走实。完成第十届理事会学会党委换届调整，修订完善党委工作规则，党建工作高质量推进。秘书处党支部贯彻落实党的基层组织工作条例，履行主体责任，制定年度工作和学习计划，召开专题组织生活会，严格执行“三会一课”制度，逐级签订党风廉政建设责任书，定期开展警示教育宣传，支部建设更加规范。以通信形式召开党建联络人工作会议，保障分支机构党的组织和党的工作全覆盖。全年组织召开党委会议4次、支委会议10次，党员大会10次，专题党课、党员学习讨论会7次，党史学习教育实践活动4次。连续多年举办的“石油院士走基层，科技传播进厂矿”活动被评为中国科协“党建强会计划”十佳品牌活动。

【第十次全国会员代表大会】 2021年10月20日，石油学会在北京石油科技交流中心召开第十次全国会员代表大会。中国科学技术协会专职副主席、书记处书记孟庆海，全国政协经济委员会副主任、中国石油天然气集团有限公司原董事长、中国石油学会第九届理事会名誉理事长王宜林出席会议。180名正式代表和第九届理事会理事长赵政璋等列席代表200余人参加大会。中国化工学会等60多个全国学（协）会发来贺电贺信。大会审议通过第九届理事会工作报告、财务报告、章程修订说明及修订草案和监事会工作办法（试行）草案，选举产生第十届理事会理事119名、常务理事38名和第一届监事会监事6名，选举焦方正为第十届理事会理事长，李鹭光、郭旭升、孙福街、刘中云、高振东、于晟、张君峰、于明祥为副理事长。聘任王宜林为第十届理事会名誉理事长，于明祥为秘书长，张建军、何治亮、黄鑫、万永平、刘晖、张对红为副秘书长，聂红等23人为各分会、专业委员会、工作委员会等分支机构主任。选举祝传林为第一届监事会监事长。

（邹　刚）

中国石油企业协会

【概况】 中国石油企业协会（简称石油企协）成立于1984年，原名中国石油企业管理协会，成立初期分别挂靠在石油工业部、中国石油天然气总公司和集团公司企业管理司、发展研究部、政策研究室等部门开展工作。2004年9月，更名为中国石油企业协会，是国家民政部批准的社会团体法人。2006年1月，集团公司决定，石油企协从集团公司发展研究部划出，挂靠集团公司管理，人事劳资关系由人事劳资部管理，财务资产由财务资产部管理，党、团、工会组织关系由直属机关党委管理。2020年6月，石油企协党支部党员组织关系划转至中国石油和化学工业联合会党委，与党关系同时划转的中国体育协会党员组成联合会党支部，接受集团公司党群工作部及中国石油和化学工业联合会党委双重管理。石油企协业务范围包括：专业交流、书刊编辑、国际合作、业务培训、咨询服务等。办公地址在北京市西城区六铺炕街6号。

截至2021年12月，石油企协设部室4个：办公室（秘书处、人事处、财务部、会员联络部）、咨询研究部、企业工作部（培训部）、《中国石油企业》杂志社，在册人员12人，其中专职副会长1人、处级职数3人，副高级职称7人、中级职称5人。下设海洋石油分会、公路运输分会、法律工作分会、史志与档案专业委员会、编辑出版与展览专业委员会、油气储运工程分会、QHSE专业委员和党建与企业文化专业委员会等8个分支机构。

2021年，面对严峻复杂的外部环境和新冠肺炎疫情冲击，石油企协在集团公司的领导下，坚持以习近平新时代中国特色社会主义思想为指导，推进党的建设全面加强，改革创新不断深入，“三个维度服务”水平大幅提升，平台优势进一步凸显，协会影响力、感召力、塑造力显著提高，高质量完成全年既定目标任务，协会事业步入发展快车道。

【“三个维度服务”工作】 2021年，石油企协坚持把“服务国家、服务行业、服务企业”作为工作中心。“三审”工作再上新台阶。2021年协会通过组织专家深入企业指导成果申报，举办专题培训研讨班，召开企业座谈会听取意见建议，开发更新管理程序等一系列举措，提高了“三审”工作质量和吸引力。2021年，会员企业申报成果379项，审定优秀成果229项；申报论文1097篇，审定优秀论文655篇；申报著作34部，审定优秀著作18部。向中国企业联合会推荐优秀成果14项，实现申报企业、申报成果数量和质量“三提升”。

打造融媒发展新优势。推动信息舆论传播渠道由单一化向多渠道多平台发展，在央视频、微信、抖音、今日头条、澎湃新闻创办“中国油视频”矩阵，形成了《中国石油企业》杂志、协会门户网、中国石油石化资讯微信公众号、中国石油企业微信公众号、中国油视频矩阵等“五位一体”融媒体平台。加强《中国石油企业》杂志策划，刊发300余篇有政治高度、理论深度和实践力度的好文章，组织12场院士、专家高端访谈，为集团公司治理体系和治理能力现代化、推动产业高质量发展谋篇布局、建言献策，得到国务院国资委、集团公司表扬。

咨政建言水平有新提高。2021年，完成国务院国资委《能源化工企业产业兴疆对策研究报告》、国家能源局《国家管网独立运行管容分配机制研究报告》、国家高端智库《中央企业巩固拓展脱贫攻坚成果同乡村振兴有效衔接工作建议研究报告》等3个重点研究课题和会员企业6个咨询课题。助力国家双碳目标，发布《中国低碳经济研究报告蓝皮书》《中国油气产业发展分析与展望报告蓝皮书》，蓝皮书实现印量、销量翻两番，创历史新高。人民日报、新华社、工人日报、中央电视台等30余家国内主流媒体对发布会集中报道。

培训研讨工作拓展新领域。2021年，先后举办石油石化企业管理创新成果报告及论文撰写研讨班、全国天然气储气调峰设施建设与运营技术交流大会、全国石油石化采购与供应链技术交流大会、全国油气开发与炼化行业污水污泥处理处置及油田注水技术推广交流研讨会等论坛盛会，参会3000余人。2021年11月初，举办线上“石油石化行业碳排放管理员培训”，培训满意率99%，是后疫情时代培训模式的有益探索。喜迎建党100周年，举办“第一届全国石油石化企业基层党建创新论坛”，出版发布《石油经典永流传·数说经典》《石油经典永流传·图说经典》图书。成功组织“石油石化行业首届党史党建好讲师大赛”“第一届石油石化企业基层党建创新案例”征集，为展示企业党建工作亮点、发现和培养党建培训人才搭建平台。

对外交流合作取得新进展。2021年3月19日，落实习近平总书记同特多共和国总理通话中关于积极拓展能源等领域合作意向，协调集团公司外事部、国际勘探开发公司等单位，与特多驻华大使馆进行广泛深入交流。与国家管网建设项目管理分公司签署《战略合作框架协议》，在党建创新、管理创新、企业文化创新和新闻宣传创新等方面开展专业合作。联合西安石油大学举办第四届能源杯“全国大学生财会技能挑战赛”，全国44所高校200名师生参加比赛。

【企业管理】 2021年，石油企协坚持业务建设，规范化运作能力进一步增强。顶层设计进一步完善。认真抓好“十四五”规划编制工作，明确将“强化交流合作、创新发展方式、加快转型升级、提升服务能力、加强党建引领”作为“十四五”期间重点实施的“五大工作体系”。完善各专业分支机构设点布局，加快建设标准化、招投标、人力资源、青年科技工作等专业委员会，4月成立党建与企业文化专业委员会（石油精神研究会），搭建服务平台，为更好地服务企业、加强专业指导创造条件。

制度建设取得新成效。2021年，制修订《章程》《专业委员会工作规则》《分支机构管理办法》《政治建设十项措施》《荣誉表彰管理办法》等20余项规章制度，为治理能力和治理体系现代化打好基础。做好制度建设“后半篇”文章，完善监督机制，严格内控管理。

改革管理落实新举措。研究制定“控总量、盘存量、优结构、强素质、提效率、促党建”18字人才强会工程总体思路和任务目标，持续改善员工队伍结构，努力形成“235”结构比例，即50岁及以上员工占比20%，50—40岁员工占比30%，40岁以下员工占比50%。进一步突出正向激励、精准激励原则，将A+与B档分配差距由15%拉大至20%。将全年14方面重点工作分解为36项工作任务，落实到部室和责任人。组织梳理岗位职责，使岗位职责更加清晰合理。

新冠肺炎疫情防控扎实有效。严格按照上级组织和属地疫情防控要求，建立新冠肺炎疫情防控组织机构，制定疫情防控分级管控方案，加强员工进出京管理，贴心发放防疫物资，及时通报疫情最新动态，形成日常性、常态化疫情防控工作格局。开展“众志成城战疫情”募捐，举办《众志成城战疫情，中国石油石化在行动》征文活动，组织对征集的2028篇各类作品评选。

合规召开年度理事会议。2021年，因新冠肺炎疫情影响，经请示上级业务指导单位同意，以通讯形式召开石油企协第七届理事会第八次会议。会议审议通过：设立QHSE专业委员；设立党建与企业文化专业委员会；七届八次理事会决议。

【企业党建工作】 2021年，石油企协坚持党建引领，政治建设成效显著。深入学习，坚持理论强党。深入学习习近平新时代中国特色社会主义思想，通过多种形式，不断把学习引向深入。开展党史学习教育活动，组织全体党员参加“永远跟党走”“讲述身边的科学理论”微党课、党史学习教育读书成果检验交流会，聆听中央党校现场讲授《中国共产党的百年历程与启示》。组织集体学习28次，党员干部讲党课21人次，参加主题党日活动12次，开展研讨7次，专题报告会3次，观看党史故事专题片3次，撰写学习体会文章20篇，全体党员参加国务院国资委党史学习教育网络专题培训，均获得结业证书。

深化教育，坚持思想建党。制定《加强党的政治建设十项措施》，把“转观念、勇担当、高质量、创一流”主题教育与加强政治建设紧密结合，组织庆祝建党100周年系列活动，开展“我心永向党”红色教育系列活动，全体员工录制《没有共产党就没有新中国》视频。组织党员群众参观中国人民抗日战争纪念馆、无名英雄纪念广场、延安宝塔山等红色革命教育基地。组织召开党史学习教育专题组织生活会，受到集团党史学习教育指导组肯定。组织开展重温党章和入党誓词、岗位建功、党员责任区等一系列主题活动。在集团公司2021年领导班子业绩考核中，石油企协得分95.67，在总部3个附属单位中名列第一。

落实责任，坚持作风管党。制定党支部全面从严治党主体责任清单，规范落实“三会一课”等制度，建立量化考评机制，编制《党建工作月报》。坚持领导干部“一岗双责”，逐级签订党风廉政建设责任书。落实主体责任任务分解表，制定《收费自律承诺书》《企业健康公约》《行业自律公约》《行业职业道德准则》等一批自律性规则。贯彻执行“三重一大”决策制度，坚持重大问题集体研究决策。开展“我为群众办实事”活动，围绕打造“健康企协”，制定3方面9项内容实施清单，逐一落实。

（张慧芳）

资本和金融板块

中油财务有限责任公司

【概况】 中油财务有限责任公司（简称中油财务）是为满足集团公司财务发展战略，加强资金集中管理，由集团公司和部分成员单位控股，经中国人民银行批准，在国家工商行政管理总局注册成立的一家非银行金融机构，是全国银行间债券市场、中国外汇交易中心会员，中国证监会认可的首批IPO询价对象。中油财务1995年12月成立，作为集团公司的“内部银行”，始终坚持“依托集团、服务主业”定位，通过北京总部、4家境内分公司和香港、迪拜、新加坡3家子公司，全力服务集团公司主责主业和实体经济发展，充分发挥集团公司“资金归集、资金结算、资金监控、金融服务”4个平台功能，为集团公司发展提供优质金融服务，中油财务资产、收入、利润连续19年保持财务公司行业之首。

2021年，中油财务总收入140.2亿元，资产总额6403亿元，利润总额74.8亿元（剔除国家管网集团划转、息差收窄、美元利率走低和美元汇率影响，利润总额91.3亿元），净利润63亿元（排名集团公司成员企业第九名），经济增加值（EVA）25.2亿元，净资产收益率8.3%，成本收入比4.3%。连续三年斩获“中国金融机构金牌榜——年度最佳服务财务公司”奖，获“中国石油天然气集团有限公司对标提升管理标杆企业”和“2021年度中国石油天然气集团有限公司先进集体”等荣誉。

【结算业务】 截至2021年底，中油财务搭建司库账户5779个，本外币结算4469.9万笔，各币种折人民币结算金额87.3万亿元，司库结算安全平稳运行，结算差错率为零。

【信贷业务】 2021年，中油财务开辟绿色信贷通道服务，主动出击拼抢客户，争取到兰州石化榆林项目、浙江油田页岩气等贷款96.3亿元。完成12家企业的短负置换信贷工作，落地产业链买方信贷业务，挖掘新客户28家。以适度降息稳定国家管网集团贷款规模，年末国家管网集团贷款规模587.9亿元、同比增长14%。面对大客户陆续还款、外部银行激烈竞争的不利影响，信贷规模仍然增长10.9%。

【票据业务】 2021年，中油财务坚守产业金融定位，持续推动票据业务服务集团主业、促进产融创效作用的发挥，为集团油气和新能源、炼化销售和新材料等主业板块70家企业办理承兑196亿元，同比增长81%，助力成员企业不断提高资金效率，实现降本增效；配合油气业务市场营销工作，与中国石化、中国化工、中国海油形成财票支付通路，获工行、邮储等商业银行交易准入，实现财票全生命周期支付、融资、交易闭环金融服务，财票业务以融融协同促产融创效能力进一步提升。

【证券业务】 2021年，中油财务强化市场研究，优化资产结构，资产收益率5.45%；净利润率4.03%，整体实现超额收益3.05亿元。其中，高位止盈偏债混合型基金，全年收益率7.49%，净利润率6.07%，实现超额收益1.28亿元；精准研判、逆势加仓偏股混合型基金，加仓部分年化收益率30.53%。为有效控制风险、充分挖掘潜在收益，170个工作日参加332场路演交流，共计955人次；形成投前、投中、投后调研材料约200万字。

【资金管理】 2021年，中油财务挖掘内外部市场机遇，重点在加强岗位协作、深化同业合作、开拓同业拆出运作、扩充融资渠道和规模等方面深耕发力，实现资金精细化管理和创效能力双提升。全年经营利润59176万元，同比增加12355万元，增长26.39%，完成年度预算目标的116%（5.11亿元）。

【国际业务】 2021年，中油财务创新采用短线交易与长线敞口管理相结合方式，强化欧元日间控盘，实现交易盈利点差83bp。抓住境内外利率市场差异，利用跨境资金池通道，实施境内外资金调剂16亿人民币和10.8亿美元。为勘探开发等企业办理跨境贷款9.1亿美元，解决客户跨境资金调剂燃眉之急。开拓同业合作，新增民生租赁等4家拆出交易对手，平均拆出规模同比增长近4倍，新增花旗等5家交易对手，拆入授信额度新增11.75亿美元，争取低成本资金，构建了流动性安全网。

【市场开发】 2021年，中油财务加大"走出去"步伐，开启全员市场营销新模式。领导带队走进客户，靠前服务，开展多层次多维度客户拜访210余次。规划产品体系建设，开发4个专项新产品。开通中油财务400统一服务电话和在线客服通信工具，制作统一金融服务手册。制定并落实市场营销工作三年实施方案及年度工作计划。完成总部和4家分公司客户市场区域划分，呈现全员营销新气象，品牌形象进一步提升。

【风险管理】 2021年，中油财务构建全面风险管理制度体系，坚守5条金融财务风险底线，聚焦提升监管评级，组织完成整改任务42项，开展合规管理建设年专题活动，增补国别风险、声誉风险等风险合规管理制度，完成风险偏好陈述书，调整风险容忍度监测指标。推进法治建设，建立健全法律法规动态分析机制，优化制度体系，深化管理体系融合，加强重点法律事项论证，风险合规管理持续提升。

【人力资源管理】 2021年，中油财务推进三项制度改革和人才强企工作：围绕定规划、定组织、定职责、定岗位、定职级、定考核、定薪酬、定制度"八定"工作深入研究、抓好落实，制定完成"十四五"发展人力资源专项规划，先后制定出台《推进人才强企工程实施意见》《激励干部担当作为的若干措施》《职级体系管理办法》《岗位管理办法》《组织绩效考核办法》《员工退出岗位管理办法》《员工综合考核评价实施方案》等多项制度文件，提高组织人事工作的整体质效；优化组织机构设置，清理撤销18家业务受理处；强化干部队伍建设，分批次补充配备1名总经理助理和总部8名二级副职；推进人才赋能工作，组织开展各类培训40余次，"双向选择"轮岗交流干部员工21人，55人次和15个集体获集团公司或公司级荣誉表彰，持续锻造三强干部队伍。

【信息化建设】 2021年，中油财务制定信息系统突发事件、运行维护等管理办法12项，制定加强网络安全工作方案，切实保障信息系统应用稳定安全。应用系统建设取得新突破，完成司库结算系统公司端国密算法改造，优化升级司库结算系统170项；上线产业链买方信贷、头寸资金调拨等新功能；实现外汇业务境内外10家银行直联，实现投资系统与外汇交易中心直连；授信系统实现4大类业务刚性管控，反洗钱系统境内外机构全覆盖。建设资金结算监控大屏，实现资金管理数据可视化分析；发布数据管理制度，完善公司级数据管理体系，建设优化监管报送平台，支撑现场检查分析系统（EAST）等三大监管数据及时报送。全年系统安全稳定运转零中断、风险零报告。

（申小会）

昆仑银行股份有限公司

【概况】 昆仑银行股份有限公司（简称昆仑银行）前身为克拉玛依市商业银行。2009年4月，集团公司增资控股克拉玛依市商业银行，2010年4月，克拉玛依市商业银行更名为昆仑银行。

昆仑银行机构按"总—分—支"三级设置。下设克拉玛依分行、乌鲁木齐分行、大庆分行、吐哈分行、库尔勒分行、西安分行、伊犁分行、喀什分行、国际业务结算中心、上海国际业务结算中心10个分行级机构；发起设立并控股乐山昆仑村镇银行和塔城昆仑村镇银行。截至2021年底，昆仑银行共有分支机构81个，比2020年减少2个；员工3253人，本科学历以上员工3061人，占比94.1%，其中具有博士、硕士学历的员工484人，占比14.9%，平均年龄36.1岁。

2021年，利润总额30.44亿元，资产总额3552亿元，同比增加54亿元；不良贷款率0.93%，处于同业良好水平。

2021年，昆仑银行在当代金融家杂志第四届铁马中小银行评选中获"最佳供应链金融中小银行"奖；在中国资产管理与财富管理行业"金誉奖"评比中获"卓越运营管理能力银行"奖；在金融数字化发展联盟组织的金融数字化发展金榜奖评比中获"最具活力信用卡"奖；在新疆银行业协会年度普惠金融工作专项奖评比中获"支持小微企业卓越成效奖二等奖”。

【股份变动及股东情况】 2021年，昆仑银行注册资本102.88亿元保持不变，未进行增资扩股。截至2021年12月31日，昆仑银行共有股东75个，股份102.88亿股。其中法人股东持股比例99.9908%，自然人股东持股比例0.0092%。

【二次创业】 2021年是昆仑银行开启“二次创业”新征程的第一年。昆仑银行经过前10年探索发展，随着自身矛盾问题的不断积累和外部形势复杂变化，已站在何去何从的重要关口，昆仑银行党委融合党建与发展，锚定建设能源领域最具竞争力的一流特色化商业银行战略愿景，聚焦增效益、提能力、防风险，开启“二次创业”新征程。明确“十四五”末整体经营管理能力达到城商行前20名的规划目标，突出产业金融定位，开辟“做小做难做专做深”的策略路径，推动产融结合发展升级，增强市场竞争力；以利润目标和价值贡献为准绳，推动全行各类要素、潜能和组织运营加快向高质量发展目标集聚，摒弃粗放型发展道路，向集约型、效益型发展模式转型；扭住重点和关键问题，协调推进全行体制机制改革，优化组织架构，调整业务结构，提升市场竞争力和管理能力。

【金融业务】 2021年，昆仑银行公司金融业务聚焦产融、做大产融，改革体制机制，调整业务结构，大对公体制改革就绪，一体化运行机制展开。金融业务运行管理评价体系建立，“绩效直达”全覆盖，激励机制有效构建；统筹产融业务三年规划，制订核心竞争力纲要，统领能力建设，加强顶层设计，探索建立第一道风险防控框架体系和日常工作机制，推动产融团队建设及业务发展；主动调结构增效益，出清影响收益结构的历史因素，进入产业链下游市场，取得初步成效；做小做难取得新突破，成功拓展客户635户，投放贷款2742笔，同比增长61%；梳理优化现有产品体系，研发推广“油易贷”“气易贷”和“中油E通”等线上化产品，落地“化销贷”线下产品，初步实现集团上下游产业链客户应用场景全覆盖，“油易贷”业务规模从年初的25亿增长到近70亿，燃气贷款突破100亿元。截至2021年底，昆仑银行客户3.68万户，自营对公存款余额1057亿元，贷款余额1058亿元。

【个人金融业务】 2021年，昆仑银行以审慎稳健、风险可控为基本原则，持续调结构、拓市场、控风险。储蓄存款结构调整初显成效，新投放零售资产净利差进一步扩大，高成本负债规模得到有效控制；持续推进直销银行系统优化、个人网银优化等10个项目建设工作，新网贷系统投产上线，网络金融团队在中国电子银行网组织的“综合智能平台金奖”评选中获“优秀创新团队”奖；零售产品供给丰富，全年发行6期个人大额存单产品，发行“昆仑财富计划”“昆克一号”“惠享一号”等特色产品，新增38只公募基金、10只保险代销产品；启动个人客户分级分类体系建设，实施个人客户精细化管理；完善“暖薪计划”“融信秒贷”服务内容与功能，在直销银行发售首款中高端客户专享理财产品，紧抓核心客户群体，提供专属服务；重塑全面风险与合规管理机制，探索打造智能风险控制体系，运用技术手段实现线上线下信贷风险控制一体化管理；全面梳理信用卡业务，在增强风险防控和运营能力的同时，压降业务运营费用，节约创效4500余万元。截至2021年底，个人客户440.95万户，信用卡累计发卡28.99万张，新增发卡2.76万张。储蓄余额821.62亿元；贷款余额501亿元。

【金融市场业务】 2021年，昆仑银行克服规模下降影响，调整资产投放策略，提高收益水平。同业业务方面，通过加强金融市场各项业务与对公业务的有效联动，挖掘客户综合化融资需求，用好金融市场条线各类产品，在提升客户黏性的同时带动各类业务的有效增长，实现金融市场业务对核心业务的有效促进，同业业务系统投产上线。理财业务方面，多措并举推进老产品压降，净值化转型进展显著，成功推出挂钩中证500指数的结构型理财产品。截至2021年底，理财余额372.24亿元。在2021年中国资产管理与财富管理行业“金誉奖”评比中，油钱多系列理财产品获“优秀社会责任理财产品”奖。

【渠道建设】 2021年，昆仑银行推动数字化运营转型，持续提升运营服务效能，加强运营风险管控，切实做好消保、安保等管理工作。统筹规划分支机构建设，深化网点全生命周期管理，优化网点布局，动态跟踪评价网点成效，全年组织6家分支机构迁址改造；推进网点智能化升级，提高运营效能，智能设备业务分流率约80%；构建实时监测、去实物化的运营风险防御体系，推动风险管理从事后防控向事前预警、事中控制转变，从人防为主转向技防为主；丰富账户、客户、柜员、机构风险模型，预判风险隐患，设置事中硬控，在业务流程中嵌入人脸识别、联网核查等手段，降低操作风险；建立黑名单控制机制，加强对电信诈骗、反洗钱、违法失信等账户的事中管控，强化事后监督；健全消保体制机制，前置消保审查，监控销售行为，聚焦投诉问题，优化产品流程，投诉处理及时率100%。

【"双新"工程】 2021年，昆仑银行为提升对客服务能力，满足高质量发展需要，启动核心3.0和新一代柜面两个基础性工程，并称"双新"工程。

核心3.0项目，聚焦改善服务体验、优化业务处理、提升服务能力、提高运营质效，完成全面升级。搭建新账户体系，在优化业务架构的基础上，通过打造更加灵活的账户体系，满足不同客户、不同场景业务需要；剥离外围系统，将票据等业务从核心系统解耦，实现创新产品快速研发投产；构建参数配置中心，实现存款、贷款和内部账在内的13种业务参数化配置和多维度管控；完善交易和客户信息完整性治理，进一步提高数据资产质量，提高数据分析决策，监管数据报送质效；优化升级业务功能，解决资金监管、统一签约等业务痛点，提升客户体验。7月投产上线。

新一代柜面项目，突出"以客户为中心"，按照业务场景化、去人工依赖、去专业化的设计理念，重构业务架构，重塑业务流程。拆解柜面1300余支全量交易，场景化重塑占比80%的高频业务，全面整合、简化业务流程，显著提升客户及用户体验；集成人脸识别、OCR、黑名单等应用，实时控制阻断交易，减少人工判断，强化技防风控能力；建立账户视图、客户视图和完整业务数据链，助力对客精准营销服务；采用业务无纸化、集中授权模式，实现个人业务免填单、打印凭证无纸化、核算用章电子化，有效释放运营资源；搭建数字化运营管理平台，实现网点、设备和柜员画像，强化运营资源动态优化，提升运营管理水平。11月投产上线。

【信息科技】 2021年，昆仑银行加大金融科技应用，快速响应业务需求，强化科技与业务融合，制修订完善4项企业级技术标准和26项信息技术规范。完成新核心、新柜面"双新"项目建设。推动气易贷、油易贷、中油E通、化销贷、小米网贷等业务产品快速上线。全面推进生产云建设，加强精细化测试管理，实现11套系统重要交易40%场景的自动化测试。完善全行数据报表体系框架，加强数据服务，满足管理层、总、分、支、一线人员用数需求，报表使用率提升182%。强化安全管理和技术管控，持续推进信息安全体系规划的落地实施。全年完成投产92次，重要系统服务可用率保持在99.9%以上，生产系统安全稳定运行。

【资本管理】 2021年，昆仑银行核心一级资本充足率11.86%，一级资本充足率11.86%，资本充足率13.03%，各项资本管理指标满足监管要求。

【风险管理】 2021年，昆仑银行坚持审慎稳健合规的低风险偏好，以提质增效为主线，推动风险防控提升。服务全行做小做难做专做深发展思路，制发区域性差异化信贷政策及配套动态调整机制，形成细化到户的营销、审批、授权指导意见，提出支持绿色信贷发展政策内容，有效指导信贷业务审批投放；制定普惠小微客户信用贷款支持政策，开展政策执行情况监测，确保政策落实到位；建立分层分级信用风险监测机制，提升监测和管控效果；加强委外投资风险监测，提升委外债券风险管控主动性；建立预警信息共享机制，丰富预警信息来源渠道和风险客户预警指标，定期形成潜在风险预警清单；开展风险垂直管理机制同业调研分析，优化风险管理体系、工作流程及考核指标；建立多维度、全覆盖的限额管理体系，强化各类限额监测及风险处置，提升授信集中度管控；明确风险预警、监测、报告流程；强化问题、不良资产处置，超额完成全年清收任务。

【人力资源管理】 2021年，昆仑银行紧盯重点关键，全力推动改革，不断探索创新。对公、零售和运服中心的"大部制""大岗位"改革等举措有效推进，提升了机构资源活力；中层干部任期制和契约化管理、总分行干部双向挂职、基层干部到龄退出等政策实施增强了干部任职活力；将EVA利润作为工效挂钩核心指标，推行客户经理绩效直达，综合运用核心岗位价值评估成果，人力资源市场化配置导向更加清晰。全年用工总量降幅3.9%、两级机关降幅6.71%、客户经理增幅47%，实现"两降一增"目标，人工成本大幅节约，降本增效显著。

【典型选树】 2021年，昆仑银行各级党组织和党员干部在二次创业中勇于担当，积极作为，涌现出一批先进集体和先进个人。大庆分行营业部获"全国金融先锋号"和集团公司"百面红旗"党支部称号；运营服务中心获"中央企业先进基层党组织"称号；雷鸣获全国金融五一劳动奖章；谢磊获"中央企业优秀共青团干部"；濮媛媛获集团公司"十大杰出青年"称号。

【社会责任】 2021年，昆仑银行持续推进乡村振兴工作，巩固脱贫攻坚成果；落实常态化新冠肺炎疫情防控要求，全年实现“零感染、零疫情”；发挥产业金融优势，加大小微支持力度，超额完成监管考核指标；聚焦疆内新能源行业项目建设，加大信贷资源投放，全行绿色贷款余额达162亿元，大幅增长；开展金融扶贫行动，在风险可控基础上，研究运用“金融＋互联网”创新扶贫金融产品和服务，截至2021年底，金融精准扶贫贷款139笔，余额5000余万元。

（张建斌）

昆仑信托有限责任公司（中油资产管理有限公司）

【概况】 2009年2月，中国石油天然气集团有限公司对原金港信托重组，2009年5月正式获银监会批复，名称变更为昆仑信托有限责任公司（简称昆仑信托），注册资本增至30亿元，控股股东为中油资产管理有限公司（简称中油资产），持股82.18%。中油资产是集团公司下属金融业务管理专业化公司——中国石油集团资本股份有限公司的直属全资子公司，专业从事投资和资产管理，是集团公司重要资本运营平台。根据集团公司人事〔2012〕543号文件，昆仑信托与中油资产合署办公，实行一套人马，两块牌子，分账核算，业务统管，名称确定为“昆仑信托（中油资产）”，是中国石油控股的金融企业。2016年9月，昆仑信托注册资本增至102亿元。2021年底，昆仑信托股东变更为中油资产管理有限公司出资比例87.18%，天津经济技术开发区国有资产经营有限公司出资比例12.82%。

昆仑信托是中国信托业协会理事单位、中国银行间市场交易商协会会员，入股中国信托业保障基金有限责任公司、中国信托登记有限责任公司，拥有全国债券市场准入、同业拆借市场成员、以固有资产从事股权投资、资产证券化和私募投资基金管理人资格。依法开展债权、股权、标品、同业、财产、资产证券化、公益慈善和事务等信托业务，广泛筹集和融通资金，为社会各行各业提供金融服务，为受益人的最大利益处理信托事务。

昆仑信托建立以“信”为核心的企业文化，“以诚树人，以实立业，以信兴企”，倡导员工做“金融街上的石油人”，努力打造国内一流的资产管理平台、财富管理平台和战略共赢平台，树立“信誉无价，托付有道”的品牌形象。

2021年底，昆仑信托（中油资产）设办公室、党群工作部、财务托管部、发展研究部等17个部门；员工303人，其中硕士以上学历152人，本科学历144人，其他学历7人。

2021年，中油资产（合并口径）收入26.21亿元，净利润1.42亿元，上缴税费5.65亿元；昆仑信托收入14.22亿元，净利润3.43亿元，信托规模1924亿元。

2021年，昆仑信托获鄞州区“标杆企业奖”，第十二届“金貔貅年度金牌信托公司”“年度金牌成长力金融机构”，第十四届“诚信托·创新领先奖”“最佳资产证券化信托产品奖”等荣誉。

【创新转型】 2021年，昆仑信托对标一流，探索转型发展路径，强化创新业务及集团主业板块关联领域的风险识别能力；成立7个“三新一绿”创新小组，探索新能源、新材料、新业态，绿色金融领域的商业模式，开展双碳基金路演，提高创新业务比例；信元基金强化新能源、新技术、智能制造等领域布局，新增投资潍柴动力、捷氢科技和大族机器人，已投5家企业实现IPO；国联基金发挥平台混改作用，助力集体企业改制出表，西南油气田、大港油田改制基金募集规模53亿元；与北京销售合作加氢站建设，新能源业务实现突破，气候基金重点推进海南二氧化碳全岛封存中心项目；天津交易所成立碳中和与绿色金融研究中心，配合中油资产完成集团冬奥会碳中和交易任务；设立慈善信托办公室，建立统筹管理机制，持续规范昆仑爱心系列产品，成立昆仑公益慈善信托，慈善信托数量稳步增加；成立金融市场总部及固定收益部，建立团队、研究模式、搭建体系，制定《固定收益信托业务指引》，探索固定收益类、FOF类、现金管理类等金融市场业务，打造宝石花系列产品，满足客户差异化特色化财富管理需求；强基础、拓渠道、明标准，丰富“至臻家传”“嘉成”“嘉享”等家族信托产品系列，存续项目达20个；推进资产证券化业务，优化流程、灵活设计、配套激励，满足监管要求和客户需求，非标转标ABS（诺捷1号）和非标转标ABN（飞驰中云）相继落地；丰富股权投资品种，道氏技术、华利集团、震裕科技等多个股权项目上市并取得较好投资收益。

【营销工作】 2021年，昆仑信托成立市场营销工作领导小组，统筹谋划、制定方案、分解指标，资产端、资金端同时发力，多渠道、多层次全员参与，推动“大营销”全面提升；优化拓展方案，紧盯头部客户，强化战略合作，大力开拓市场化业务，新增项目61个，规模236亿元；围绕集团上下游产业链，对接需求、主动跟进、协同配合，深挖产融结合业务，新增产融项目12个，规模22.78亿元；新增融融项目6个，规模22.7亿元；助力集团公司处置低效无效资产，为所属企业回收资金5.72亿元；提升客户体验，实现APP线上签约，丰富营销手段，开展产品营销路演15次，依托“昆仑小课堂”，采取真人讲解、动画演绎、案例剖析等创新形式，提升品牌形象；发行“昆仑财富”系列产品349个，规模709亿元，个人客户1.28万人。

【风险管控】 2021年，昆仑信托调动一切资源和力量，压降风险存量，努力控制风险增量；压实责任、统筹协调，持续高压推进每月风险专项会议制度，狠抓处置措施落实落地，做到有计划、有跟踪、有结果；分类施策、精准拆弹，风险处置工作取得实效，涉险项目全年累计收回本息25.63亿元；严密监测、科学研判，做好存续项目跟踪管理；加强培训、强化技能，提高风险识别和化解能力。

【管理体系】 2021年，昆仑信托优化组织体系、细化职责，完善16个二级部门设置，推进专业化运营改革；实施资金集中管理，优化制度流程，强化定价机制，提升管理效率；修订业务决策制度，优化四级审批程序，缩短项目审批时限，设立表决回避机制，提升决策质量和效率；全面完善、调整制度体系，修订制度46项，三级制度体系优化重构基本完成；加大监督考核，强化制度执行，取得较好成效；优化依法治理体系，分类分项落实集团公司52项法治建设指标，制订“八五”普法规划，提升各类治理主体依法履职能力和整体依法治理能力；深入开展“内控合规管理建设年”活动，完成信托公司合规管理体系课题研究，合规管理精细化水平持续提高；持续推进案防、征信和反洗钱管理体系建设，多举措增强把控能力，多手段提升履职水平；聚焦关键环节，紧盯关键节点，加大管控力度，全年实施6项专项审计、6项离任审计、2项强制休假和23个风险项目专项检查。

【基础管理】 2021年，昆仑信托在公司治理方面，召开6次股东会、8次董事会、2次监事会，审议通过60余项议案，公司治理合规有序；完成“十四五”规划和改革三年行动方案并推进实施。

财务托管方面，提升财务信息质量，增强财务分析和决策支持能力，充分发挥预算引领约束功能，完善“事前算赢”预算管理体系；推进司库系统上线，实施账户集中管控；完善金融资产减值管理，资产质量进一步夯实；强化信托项目核算与管理，落实放款条件审核职责；狠抓数据质量治理，保证报表质量；推进新金融工具会计准则实施。

队伍建设方面，开展信托文化常识与内控合规管理大练兵，丰富培训形式，开设线上学习专区、云课堂，参加集团级培训40余次，行业培训10次，公司组织培训23次，培训员工2100余人次；选拔中层以上干部18人，聘任业务总监（高级主管）12人；推进三项制度改革，设置岗位职级双序列，员工成长通道进一步拓宽；实施差异化考核，完善薪酬体系，考核激励机制进一步完善。

信息保障方面，促进营销服务升级，构建移动营销平台，销售APP上线试运行；适应强监管需要，实现人民银行金融基础数据报送系统、资金申报改造、利率检测报备系统、新关联交易报送系统等监管一系列需求落地；从数据入手，进一步优化反洗钱系统功能；降低金融风险，实现辖内首位非银行机构二代企业征信系统切换上线；做好数字化转型总体设计工作，编制信息化“十四五”规划；提供便捷工作环境，实现办公区域无线网络覆盖；推动智能办公，部署桌面云系统；加强基础管理为导向，持续开展协同办公升级改造工作，确保信息化业务日常保障能力。

【企业党建工作】 2021年，昆仑信托（中油资产）贯彻“两个一以贯之”，构建“大党建”工作格局。落实“第一议题”制度，全年召开中心组集体学习13次，印发学习材料26期；制定党委工作要点，落实“三重一大”决策制度，一体推进党史学习教育和“转观念、勇担当、高质量、创一流”主题教育活动，开展4期“我来讲党史”大讲堂活动，组织开展4次党史学习教育体验活动，持续开展“我为员工群众办实事”活动，2名党支部书记专题党课获集团公司基层优秀党课案例，深入推进党支部达标晋级和党支部书记述职评议，3个支部考核优秀，5个支部达标，建强支部班子，选派中层干部参加集团公司党性教育培训班、“一岗双责”培训班和支部书记培训班，举办党史学习教育座谈会，征求发展意见40条，征集年度工会提案2份，制定《公司纪委关于加强对“一把手”和领导班子监督的工作清单》等10余个监督制度，开展常态化监督，成立党委巡察工作领导小组对所属3个基层党支部常规巡察。

【企业文化】 2021年，昆仑信托落实信托业协会“信托文化普及年”工作要求，持续打造“金融街上石油人”的企业形象。不断完善内网、微信公号、企业APP等宣传主阵地设计，以及内容推送，培养媒体通讯员、网络宣传员、展厅解说员三支队伍，与北京销售合作在延庆金龙综合能源服务站设计完成以“助力北京冬奥，开创双碳未来”为主题的企业文化展厅，接待全国人大、北京市、北京冬奥组委等各界领导100多人次，践行“快乐工作，健康生活”理念，全国石油职工健步走、中油资本趣味运动会、重阳登山及各基层工会的趣味文体活动丰富多彩、寓教于乐，完善帮扶慰问机制，推进退休人员社会化管理；落实意识形态工作责任制，更新内外网页，升级微信公众号，净化网络舆论空间，监测负面舆情信息23条，清除有害敏感信息10万余条，发布新版宣传手册，普及信托文化、弘扬正气、引导正能量。

（郭美玲）

昆仑金融租赁有限责任公司

【概况】 昆仑金融租赁有限责任公司（简称昆仑金融租赁）是在国家深入推进西部大开发战略、重庆建设西部金融中心和中国石油天然气集团有限公司打造综合性国际能源公司的背景下，在重庆市委市政府和中国银行业监督管理委员会（简称中国银监会）的大力支持下，由中国石油和重庆机电控股（集团）公司共同发起，由中国银监会批准设立的第一家具有大型产业集团背景的金融租赁公司。

昆仑金融租赁作为国内首家具有产业集团背景的金融租赁公司，在国家加快构建金融服务体系、促进国民经济转型升级背景下产生，服务实体经济，坚持产业金融定位，坚持专业发展、服务主业、服务西部、行业定位、差异化发展和风险可控的6项原则，以“能源、市场、特色化”为发展战略。依托股东在石油天然气领域和制造业全产业链运营背景，遵循市场化运营规则，坚持内外部市场双轮驱动，逐步形成以“能源、交通运输、公用事业”为基础的支柱业务，及以“高端装备制造、节能环保、医疗卫生”为支撑的“3+3”业务格局。

2021年，昆仑金融租赁坚持打造“大产融”格局，助力集团公司油气主业高质量发展，全年超额完成集团公司下达业绩指标，效益贡献能力和企业发展能力均排名集团前列，连续5年被评为集团公司A级企业，获2018—2020年中期业绩优秀单位，实现“十四五”良好开局。

2021年，昆仑金融租赁坚持走市场化道路，保持融资成本比较优势，累计发行3笔75亿元金融债券，创10年来行业同期限最低发行利率纪录。坚持创新驱动发展，《昆仑租赁深耕清洁能源，创造低碳未来》获新华网绿色发展论坛“金融服务创新奖”。连续6年人均利润1000万元以上，全员劳动生产率1800万元，净资产收益率11 %，形成与中国石油创建世界一流企业相适应的行业优势地位。

2021年，昆仑金融租赁坚持筑牢项目租前、租中和租后3道防线，遵循“看不清不做，高风险不做，没效益不做”项目开发“三不做”原则，牢牢把住风险防控主动权。“十三五”期间，昆仑金融租赁没有一笔新增不良项目，在严监管、强监管形势下，没有受到金融监管机构处罚，创造央企办租赁的“昆仑经验”，获中国银保监会对金融租赁公司监管最高评级，蝉联重庆企业和重庆服务业企业“双100强”单位。

【经营业绩】 2021年，昆仑金融租赁资产总额达601亿元，营业收入32.6亿元；净利润13.6亿元，同比增长9%，效益贡献率位列集团公司第24位。净资产收益率（ROE）11.08%，同比提高0.21个百分点；资产质量良好，各项监管指标均优于监管要求。自2010年7月第一笔投放至2021年12月，累计利润总额105亿元，利润突破100亿大关，高质量发展迈入全新历史阶段。累计实现税费42亿元，营业收入328亿元，股东分红40.6亿元，未分配利润47亿元。在金融租赁行业快速扩容形势下，昆仑金融租赁综合排名始终保持前10位，人均净利润第三位，在产业系金融租赁公司中综合排名第一位。

【战略规划】 2021年，昆仑金融租赁编制的《公司“十四五”规划》获中油资本金融企业规划评审第一名，被推荐为集团公司规划优秀编制单位。加强宏观经济形势和监管政策研究，细分细化重点投放行业，编制《租赁业务行业指引》《战略执行分析》等指导市场投向。组织开展光伏、风电，以及双碳、油气船舶租赁研究，形成《新能源租赁业务调研纪要》《光伏发电市场研究报告》《风电光伏发电产品方案》《油气船租赁业务研究报告（初稿）》等，发挥投研价值。聚焦改革发展和管理提升，研究制定公司改革三年行动实施方案和对标管理提升方案计划，改革三年行动超额完成90%的硬任务，竞争力、创新力、控制力、影响力、抗风险能力进一步提升。

【市场开发】 2021年，昆仑金融租赁贯彻落实集团公司营销工作会议精神，围绕“石油石化、绿色环保、新能源”等六大领域，紧盯“区域、领域、项目、客户、合作伙伴”五大重点，实施“跨地区、跨行业、跨部门”三跨策略，精准发力，千山万水推进市场营销。将市场营销与绩效考核深度对接，激发全员营销积极性，市场营销激情全面释放。以区域市场、客户需求、风险变化状况等信息为重点，统筹规划开发路径，深化与存量核心客户的持续营销开发，加强与金融机构的深度合作，捕捉符合昆仑金融租赁风险偏好的新领域、新市场等，市场营销路径不断拓展。与光大银行总行、兴业银行总行签署“总对总”战略合作协议。打造“大产融”格局，加强与集团公司内部企业沟通，探索油气装备经营租赁新途径，深耕油气产业链市场，为广西销售合作伙伴广西交通投资集团有限公司投放10亿元。飞机业务稳定恢复，中标四川航空股份有限公司（简称川航）、中国国际航空股份有限公司、中国南方航空股份有限公司（简称南航）、深圳航空有限责任公司的10架飞机融资租赁项目，总计金额约32.5亿元。首次打入川航租赁市场，首次中标南航3架ARJ21国产飞机租赁项目，有力支持国产高端装备制造业。全年投放137.16亿元，同比增加23亿元，增长20%。

【筹融资管理】 2021年，昆仑金融租赁坚持走市场化道路，打造筹融资管理升级版。继续实施有息负债灵活配置策略，统筹资金安全、效益和流动性的平衡，根据央行政策导向和货币市场变动趋势，坚持“长短结合、动态调整”原则，精细资金头寸管理，完善比质比价机制，合理运用同业借款、同业拆借、保理、票据、跨境人民币融资、吸收股东存款等多种工具降低融资成本，负债端管理实现良好效益。全年筹融资1031亿元，利息支出同比减少1.6亿元，下降11%。抓住合作方境内美元充足的时机，调整美元借款策略，价格由0.8%降至0.25%，下降55BP。有序置换财务公司58亿元到期借款，价格压至3.2%，与市场价格相比压缩20BP以上。吸收股东存款近5亿元，资金成本2.03%。采用“成本加成方式”确定基础价格，积极引入外部YY评级（瑞霆狗（深圳）信息技术有限公司开发的评级产品）标准和内部评级模型，确定客户的风险状况，风险定价机制日趋完善。与同业相比，公司FTP（内部资金、转移定价）指导价格水平在市场上有一定竞争优势。

【风险防控】 2021年，昆仑金融租赁坚持“稳健、审慎”低风险偏好，坚持“看不清的不做，高风险的不做，效益低的不做”的“三不做”原则，从源头上防控风险。提高项目准入门槛，做实项目现场尽调，持续优化评审机制，创新运用风险量化评估工具，建立高风险客户筛查机制，推动重点行业研究，加强专项审计，有效运用内部审计成果，项目租前、租中和租后三道防线建设持续加强。针对新冠肺炎疫情影响现场尽调情况，坚持现场尽调不全面不彻底的项目暂缓推进，把住风险防控主动权。结合外部审计检查问题，以及监管政策的变化，修订完善全面风险管理制度，开展全面风险评价，发布风险偏好陈述书，创新评级模型和评估工具，加强征信和反洗钱管理，完成征信系统切换升级，全面风险管理体系更趋完善。全年报送评级评估项目68个，审查项目38个，终止项目4个，评审项目34个，审批通过32个281亿元。

【合规运营】 2021年，昆仑金融租赁坚持依法合规经营，持续完善内控体系建设。开展“内控合规管理建设年”活动，组织内控测试，补齐短板强化案防，健全规章制度和业务流程，修订内控管理手册，完善内控合规体系，内控执行有效性持续提升。开展合规专项自查，组织租赁物管理、项目推介费、全面风险管理跟踪等专项审计，督促外部审计检查问题整改，强化制度执行力，提升合规管理水平。加强案件防控管理和员工行为规范管理，全员签订案防责任书，层层压实责任，夯实合规运营基础。强化法律审查，充实法律服务团队资源，提升专业研判能力；灵活运用法律手段，靠前处置项目潜在风险。

【租赁物管理】 2021年，昆仑金融租赁坚定融资租赁业务“融资融物”的本质要求，做实租赁物管理。依据租赁物管理专项审计意见和监管要求，制定《公司租赁物管理办法》，完善租赁物管理程序，理清前中台部门的职责界面管理界面和责任，业务落实、资产监督、审计稽核齐抓共管，三道防线建设进一步夯实。加强内部对接沟通，租赁物审核工作前移，全年租赁物审核 37 项，融资租赁登记率 100%，落实监管对“构筑物”余额的要求。加强租赁物运行监控，克服新冠肺炎疫情多点散发影响，全年开展现场、非现场检查 59 项，租后检查同比增长 9%，经营租赁飞机年检覆盖率 100%。

【综合管理】 2021 年，昆仑金融租赁以管理提升实现管理效能最大化。加强预算分解和执行控制，搭建财务预算和预测框架模型，预算管控平稳，管理费用有效控制。制定《公司党委人才强企行动方案》及培养选拔优秀年轻干部、新入职员工基础培养等制度，统筹规划以组织体系优化、干部队伍锻造、人才价值提升、人才队伍接续、考核分配制度深化等为核心内容的“五大人才强企专项工程”，持续完善市场化机制建设，人才强企工程深入推进。昆仑金融租赁“三项制度”改革工作被集团公司考核为优秀。开展督查督办，重大事项有效落实，全员执行力不断增强。修订完善公司治理相关制度，认真落实“三会”决议，昆仑金融租赁治理进一步规范。以精办文、细办会、谨办事为抓手，抓实抓细关键环节，全年安全无事故，没有发生泄密失密事件和信访维稳事件，获集团公司保密工作先进集体。外联工作主动靠前，信息畅通，协调高效，得到属地政府和监管机构的理解支持，营造良好的外部环境。核心业务系统实现单轨运行，二代征信系统具备上线运行条件，银企直联、EAST 监管数据报送平台和人行利率报备系统全面运行；开展隐患安全专项检查和系统应急演练，加强运维保障，未发生信息安全事故，为数字化转型提供保障。

【档案管理】 2021 年，昆仑金融租赁档案管理始终坚持围绕中心、服务大局开展工作。聚焦建党百年开展档案微视频制作，坚持以档案文献讲历史定位要求，围绕服务集团公司建党百年庆祝活动，结合昆仑金融租赁发展 10 周年重大历史节点开展档案利用宣传活动，用好用活档案资源，以微视频等活动为载体通过档案文献见证在集团公司党组的坚强领导下，企业发展的的历程，讲好昆仑金融租赁故事。档案微视频《兰台写春秋，档案绘宏图》在中国石油集团公司档案馆组织开展的“100 部档案微视频庆祝建党 100 周年”获档案故事类三等奖，作品在石油档案公众号展播，助力昆仑金融租赁对外品牌宣传。

2021 年，昆仑金融租赁参加集团公司年度经济科技档案资源开发利用案例征集工作，围绕中心任务开展档案案例编写工作，通过案例展现档案工作创新服务公司高质量发展。案例《东风凭借扬征帆，百舸争流逐浪高——昆仑金融租赁公司档案创新利用服务公司高质量发展》获三等奖，《创新租赁项目档案管理，助力公司高质量发展》入选优秀案例。

【新冠肺炎疫情防控】 2021 年，昆仑金融租赁针对新冠肺炎疫情反复不定、多点散发的情况，按照集团公司及中油资本新冠肺炎疫情防控要求，从严从紧从细落实各项疫情防控措施。建立日排查、日报告制度，开展员工行程和健康监测，按时报送疫情防控信息，全年上报各类报表 2100 余份。组织督导员工疫苗接种 101 人次，接种率 87.82%；在京员工接种疫苗 74 人次，接种率 86.04%，加强针接种 64 人次。加强物资保障和储备，采购口罩 3 万余副，酒精等物资 3 千余件。开展负责人承诺书、无密接承诺书等签订，层层压实责任，全年公司未发生 1 起员工及家属感染或疑似病例，坚决守住工作场所、员工及家属“零疫情、零感染”底线。

【企业党建工作】 2021 年，昆仑金融租赁党委推进党建与业务深度融合，坚持用高质量党建引领和保障高质量发展。落实全面从严治党主体责任，在集团公司所属金融企业率先制订《公司党委在公司治理中发挥领导作用的评价办法（试行）》，修订《公司党委落实全面从严治党主体责任清单》，发挥党委“把方向、管大局、促落实”领导作用。完善“三重一大”决策清单，建立党委会议题申报和涉法事项事前审查机制。党委第一时间学习研讨、宣传贯彻、交流分享、推动落实党的十九届六中全会精神，营造浓厚氛围。举办庆祝建党 100 周年系列活动，深化党史学习教育，推进“我为群众办实事”实践活动，大力开展“转观念、勇担当、高质量、创一流”主题教育活动，党的建设和经营发展深度融合。加强党风廉政建设和反腐败工作，“一岗双责”全面落实。开展困难帮扶，组织消费扶贫，推进全员创新创效活动。

（尹江虹）

中石油专属财产保险股份有限公司

【概况】 中石油专属财产保险股份有限公司（简称专属保险公司）是经原中国保险监督管理委员会（简称保监会）批准，由集团公司和股份公司在中国境内发起设立的首家自保公司；注册地为新疆维吾尔自治区克拉玛依市，注册资本60亿元人民币，集团公司持股11%、股份公司持股49%、中油资本持股40%。

专属保险公司的经营范围是集团公司内的财产损失保险、责任保险、信用保险和保证保险，短期健康保险和意外伤害保险，以及上述业务的再保险业务，国家法律、法规允许的保险资金运用业务，经保监会批准的其他业务。

集团公司对专属保险公司的定位是“作为集团公司的专业风险管理平台和保险安排工具，全面参与集团风险管理和保险业务，构建覆盖集团上下游、国内外业务、全球一体化的保险保障体系”。

专属保险公司内设承保运作部、国际业务部、健康险部、理赔客服部、投资部、财务部、合规法律部、人力资源部、综合管理部等19个部门。截至2021年底，员工52人，其中硕士及以上学历35人、本科学历17人。

【新冠肺炎疫情防控】 2021年，专属保险公司新冠肺炎疫情防控应对小组召开50次小组会议，落实落细常态化疫情防控；推进落实员工接种新冠肺炎疫苗，疫苗接种率96.55%；组织突发疫情全员旅居史排查，适时更新疫情防控工作方案，落实防疫物资保障及“外防输入、内防反弹”各项防控措施，坚持全员健康监测、员工行程审批等工作；持续落实“划小管控单元、织密防控网格”12个新冠肺炎疫情防控联络小组的包保防控责任。员工健康状况未见异常，经营平稳运行。

【专项工作】 2021年，专属保险公司全力组织实施公司改革三年行动，落实5部分内容17项重点措施56项任务，2021年任务完成率98.21%，全面完成集团公司“至2021年底完成70%以上工作”的既定目标；推进对标世界一流管理提升行动的8个方面27项任务，任务总体进度99.63%、工作成果完成率96.30%，全面完成集团公司“至2021年底完成80%以上工作”的既定目标；按计划完成“十四五”规划编制，实现良好开局；统筹推进市场营销专项工作的23项重点措施11项保障措施，完成年度重点任务；编制推进专属保险公司治理体系和治理能力现代化实施方案，全面推进6个方面18项优化完善公司治理体系重点措施、4个方面提升治理能力和水平措施。

【提质增效】 2021年，专属保险公司围绕“十四五”及中长期发展目标，实施保险保障供给、服务能力提升、内部管理运营、创新与成长等4个维度18条措施，持续打造提质增效升级版，实现增效7314万元，完成增效目标的226.45%。深挖国内业务增长潜力，开拓新险种业务，海外业务夯实存量争取增量，保险业务收入15.99亿元，同比增长34.71%；优化资产配置策略，稳定投资收益，实现投资收益4.59亿元，投资收益率5.40%；持续提升服务质量与理赔效率，主动服务集团客户，助推保费回收，年度应收保费回收率同比提高3.77%，日均流动资金占用从2020年的2000万元降至1800万元；强化过程管控，严控管理费用支出，年度业务及管理费支出7824万元，为年度预算目标的67.53%。

【国内业务】 2021年，专属保险公司推进落实集团保险政策，国内业务保费收入13.39亿元；车险再保份额提升至65%，非统保财产险、货运险等份额整体提升约5%；拓展销售企业财产险保单承保范围，在原全资油库和加油站基础上，为23家销售企业控股的524座油库及加油气站提供保险保障；完成上游油气田企业财产险统保方案，推动形成炼化销售企业营业中断险可行性研究成果；再保承接集团公司2021年正式启动实施的补充医疗保险重病保障项目80%份额，为百万石油员工提供精准重病保障保险服务，助力集团公司完善多层次员工医疗保险保障体系。

【国际业务】 2021年，专属保险公司海外业务保费收入2.6亿元，完成年度目标的122%；海外业务覆盖范围拓展至23个国家54个项目，业务覆盖广度和深度提升；新增承接尼贝管道、巴西布兹奥斯等5个项目，卡沙甘、箭牌等5个项目新增承接7个险种业务；海外保险优化咨询项目有序开展，推进保险优化创效试点，为集团公司创造新的利润增长点；西非公司创效工作纳入2021年产融考核试点，推动建立适宜的考核激励长效措施。

【再保险业务】 2021年，专属保险公司应对再保市场转硬及国家管网集团业务变动等不利影响，平稳续转非水险再保合约，为业务承接提供稳定承保能力支持；新建水险及能源险超赔合约，调动伦敦劳合社市场承保能力，实现新合约93.5%份额由标普A以上评级再保人承接，进一步优化再保安排体系，稳健提升专属保险公司自留保费规模；全年再保业务分出保费1.38亿元，摊回手续费（含滑动手续费调整）6815万元。剔除长输管道业务及大型工程项目分出保费影响，专属保险公司2021年分出保费同比下降36.31%，有力服务专属保险公司风险资金加速累计；2021年，能源险及水险业务，在超赔合约结构保障下自留承保利润增加3570万元，通过合约转型助力提质增效。

【投资业务】 2021年，专属保险公司坚守风险管控底线，优化资产配置策略，投资收益4.59亿元，投资收益率5.40%；落实年度资产配置计划，提前锁定优质资产，完成资金投放23.39亿元；持续完善资产负债管理体系，完成2020年度专属保险公司资产负债管理能力自评估、资产负债管理年度量化评估；创新运用信用缓释工具（CRM），落地实施保险业界首单信用风险缓释合约（CRMA），开创国内保险资金利用信用缓释产品对冲投资产品信用风险的先河；更新专属保险公司2021年资金运用业务196家交易对手库，确保交易对手信用风险可控；加大投后管理力度，对非标项目、流动性项目等项目逐一风险排查，各类项目资产总体运行正常。

【理赔服务】 2021年，专属保险公司克服新冠肺炎疫情不利影响，强化理赔核心能力建设，服务效率进一步提升；首席及独家险种及时结案率85%以上，独家险种案件结案周期控于140天内，案件处置获业界权威认可，"顺利处置百所加油站洪涝灾害事故"典型赔案首批入选"2020—2021年度中国保险影响力赔案"并获中国银行保险报作首发案例全文刊登；全力支持受灾企业救灾止损，高效完成河南销售、山西销售暴雨等案件预赔付9300万元，得到企业高度肯定；保持从共保案件高效率处理，全年结案1917笔；高效赔付莫桑比克FLNG工程管道断裂案110万美元，创新开辟2019年阿曼项目沙尘暴案赔付路径；深化内外部公估机构合作，压减小额案件公估费用80%；2021年，未收到监管机构转送消费投诉案件，无重大消费投诉情况，消费者零投诉。

【风险防控与合规管理】 2021年，专属保险公司坚持依法治企、合规经营，全年未发生风险损失事件；高质量落实完成银行保险业"内控合规管理建设年"活动，组织完成18项重大事项法律论证，制订涵盖4方面123项事项的治理权责事项清单；严格落实制度与流程"同步发布、同步执行、同步更新"，2021年新增及修订制度105项、内控流程209个；编制2021年度风险偏好陈述书、关键风险指标库，对2021年财务预算进行风险偏好符合性审查；组织完成2020年度偿付能力风险管理要求与评估自评估，自评估得分89.88分；强化重大项目全周期合规风险管理，对9个投资项目组织开展合规审查；规范完成年度常规内部审计等专项工作，协助集团公司落实董事长任中经济责任审计工作及报告问题的跟踪督办及整改，完成审计署经济责任延伸审计问题整改。

【公司治理】 2021年，专属保险公司遵照法律法规、监管规定和章程要求，贯彻落实股东大会决议，治理结构有序运转；有序组织专属保险公司治理会议，全年召开董事会13次、监事会5次、股东大会7次，召开次数及形式满足监管规定；董事、监事诚信勤勉、尽责履职，对职权范围内事项依法决策，切实维护股东、专属保险公司和其他利益相关者合法权益；持续落实2019年度、2020年度治理评级反馈问题整改，推进专属保险公司治理工作提升；按时完成2020年度专属保险公司治理自评估，评价得分78.6分（C级），较上年评价结果提升；完成董事会监事会信息报送管理办法、董事监事履职评价办法、总经理办公会议事规则和董事长办公会议事规则4项制度和1项配套流程的修订工作，持续夯实保障专属保险公司治理顺畅有序运转的管理基础工作。

【基础管理】 2021年，专属保险公司调整优化组织机构职能设置，推行"大部门制"模式，新增组织机构7个、优化现有组织机构8个、完善党委职能机构4个；持续推进三项制度改革，组织实施人才强企工程，优化人才成长路径；关爱员工身心健康，推进健康企业创建；持续提升数据驱动专属保险公司数字化转型能力，形成数据分析和数据应用系统方案，推进保险数据分析和应用系统平台建设；专属保险公司稳健经营能力持续展现，依据中央财经大学中国精算研究院"2021中国保险公司竞争力评价研究报告"评价结果，获评"2021中国财产险市场竞争力十佳保险公司"和"2021中国财产风险管理十佳保险公司”，年度竞争力评价位列全国财险公司第七位，风险管理能力评价位列首位。

【企业党建工作】 2021 年，专属保险公司强化党建引领，推进党建工作与生产经营深度融合。组织党委中心组集中学习 19 次，学习贯彻党的十九届五中全会、十九届六中全会精神，及时学习习近平总书记重要指示批示精神、最新重要讲话精神 58 次；开展党史学习教育，细化 15 项工作任务、33 项具体内容，党委层面组织党史专题读书班 10 次（5 天），编发专题学习参阅 20 期，简报 30 期，配发党史学习图书资料 600 余册，党委书记讲授《从百年党史中汲取智慧力量，擘画公司高质量发展新篇章》专题党课；统筹开展“喜迎百年勇争先，不忘初心担使命”党史知识竞赛等系列活动庆祝中国共产党成立 100 周年；开展“转观念、勇担当、高质量、创一流”主题教育活动，党委书记向全员做主题教育活动宣讲，召开全员参与的经营发展务虚会；党支部书记轮训、党务工作者专题培训覆盖率 100%，完善定量考核与定性评价相结合的党支部考评体系；推进反腐倡廉建设，组织党风廉政建设专题会议 2 次，与全体党员干部逐级签订党风廉政建设责任书，组织违规经营责任追究等专题警示教育 18 次，未发现违规违纪和“四风”方面问题。

（王占东）

大事记

中国石油天然气集团有限公司大事记

1月

1日　集团公司重病保障项目正式实施。

4日　集团公司党组会（扩大）暨2021年HSE委员会会议在北京召开，强调全面贯彻落实习近平生态文明思想和习近平总书记关于安全生产重要论述，严守安全生产红线和生态环保底线。集团公司党组书记、董事长戴厚良主持会议并讲话。

6日　石油化工研究院牵头的国家重点研发计划“高性能合成橡胶产业化关键技术”项目取得突破性进展，完成具有自主知识产权的丁基橡胶支化剂千吨级基础工艺数据包编制，建成国内首套星型支化丁基橡胶工业侧线装置。该项目2017年启动，是“十三五”期间中国石油炼油化工下游领域首次牵头承担的唯一的合成橡胶产业化国家重点研发计划项目。

8日　集团公司2021年质量健康安全环保工作会议在北京召开，强调全力防范化解重大质量健康安全环保风险，保持生产经营平稳运行，保障油气市场稳定供应，确保企业大局和队伍稳定，切实履行好国有重要骨干企业肩负的重大责任。集团公司董事长、党组书记戴厚良出席会议并讲话。

11日　集团公司2021年科技委员会会议在北京召开，强调强化关键核心技术攻关，坚持自立自强，勇当高质量发展先行军。集团公司董事长、党组书记戴厚良主持并讲话。

14日　中国石油数字档案馆试点项目通过国家档案局组织的专家验收。

同日　集团公司公布2020年度管理创新获奖成果和优秀项目，103项成果获奖，其中一等奖13项、二等奖35项、三等奖55项，另有8个项目被评为管理创新研究与实践优秀项目。

15日　中国石油签约成为迪拜世博会中国馆官方合作伙伴。10月1日参加2020年迪拜世界博览会，在中国馆“沟通与连接”展区，以模型制作和视频播放等方式展示中国石油高质量发展成果。

17日　吉林油田召开建矿60周年庆祝大会，60年来累计开发油气田31个，生产原油1.79亿吨、天然气218亿立方米，为保障国家能源安全和地方经济社会发展作出重要贡献。

20日　集团公司党组2020年度民主生活会在北京召开，通报党组2019年度民主生活会整改措施落实及2020年度民主生活会征求意见情况。党组书记戴厚良代表党组领导班子做对照检查发言，深入查找存在不足和差距，并提出整改方向和措施。党组领导班子成员逐一发言，对照检查，开展批评与自我批评。中央第36督导组到会指导。

22日　润滑油公司首席科学家伏喜胜获2020年度集团公司科学技术奖杰出成就奖。

25日　浙江油田海坝背斜页岩气YS153H1井组3口井测试获高产气流，单井稳定测试日产天然气最高6.4万立方米，标志着中国石油超浅层页岩气开发先导试验取得重大突破。

25—26日　集团公司2021年工作会议（视频）在北京召开。

27日　中国石油数据中心（吉林）入选由工业和信息化部、国家发改委、商务部、国管局、银保监会、国家能源局评定的60家2020年度国家绿色数据中心，成为唯一入选的能源领域数据中心。

28日　集团公司第二届专利奖评选结果公布，评选获奖专利31项，其中金奖6项、银奖10项、优秀奖15项。

29日　集团公司2021年党风廉政建设和反腐败工作会议（视频）在北京召开，强调坚定不移推进全面从严治党，为“十四五”开好局提供坚强保障。集团公司党组书记、董事长戴厚良出席会议并讲话。

31日　集团公司党组印发《关于开展“转观念、勇担当、高质量、创一流”主题教育活动的通知》，在全集团范围内组织开展第19次“形势、目标、任务、责任”主题教育。

本月　由中华全国总工会命名的第三批100个全国示范性劳模和工匠人才创新工作室公布，中国石油6个创新工作室入选，分别是：锦州石化高颖明劳模创新工作室、辽河油田赵奇峰劳模创新工作室、宝鸡钢管彭建军劳模创新工作室、兰州石化卢朝鹏劳模创新工作室、长庆油田杨义兴劳模创新工作室、塔里木油田刘洪涛劳模创新工作室。至此，中国石油共17个工作室获得命名。

2月

1日　集团公司2020年度企事业单位党委书记抓基层党建首场述职评议会议（视频）在北京召开，强调坚定不移强“根”铸“魂”，不断提升党建工作质量，以高质量党建引领高质量发展。集团公司党组书记、董事长戴厚良出席会议并讲话。至本月24日共召开5场企事业单位党委书记抓基层党建述职评议会议，47家企事业单位的38名党委书记、9名党委副书记通过述职评议考核。

3日　集团公司工程技术业务暨中油技服2021年工作会议在北京召开，强调把握高质量发展主线，加快建设世界一流油田技术服务企业。集团公司党组成员、副总经理焦方正出席会议并讲话。

5日　国务院国资委研究，王久玲不再担任中国石油天然气集团有限公司外部董事职务。

同日　集团公司与国家电力投资集团在北京签署战略合作协议，加强新能源发展、提高企业能源利用效率等方面合作，构建绿色产业结构和低碳能源供应体系。集团公司董事长、党组书记戴厚良与国家电力投资集团董事长、党组书记钱智民出席签约仪式。

同日　集团公司2021年保密委员会（密码工作领导小组）会议在北京召开，强调充分认识保密工作的极端重要性和现实紧迫性，坚决防止重大失泄密事件发生。集团公司党组成员、总会计师、保密委员会主任刘跃珍主持会议并讲话。

6日　股份公司决定，天然气销售北方、东部、西部、南方分公司改设为天然气销售北方、东部、西部、南方事业部，列天然气销售分公司下属机构管理。

7日　北京冬奥会首座投用加氢站张家口太子城服务区加氢站试运行，日均加注能力1000千克，是中国石油第一座加氢站。全年中国石油在北京冬奥赛区共建成4座加氢站，冬奥期间日供氢能力5500千克。

11日　塔里木油田重点预探井满3井在8000米以深奥陶系超深层获高产工业油气流，日产油1610立方米、天然气52.5万立方米，创塔里木盆地碳酸盐岩领域单井日产最高纪录。

19日　集团公司网络安全与信息化工作领导小组会议在北京召开，强调牢牢把握数字经济发展战略机遇，加快数字化转型，驱动高质量发展。集团公司董事长、党组书记戴厚良主持会议并讲话。

23日　集团公司学习贯彻习近平总书记在党史学习教育动员大会上的重要讲话精神会议（视频）在北京召开，安排部署全面开展党史学习教育工作。集团公司董事长、党组书记戴厚良出席会议并讲话。

24日　塔里木油田公司塔里木盆地塔北寒武系、奥陶系深层勘探重大突破被中国地质学会评为2020年度“十大地质找矿成果”之一。

25日　在全国脱贫攻坚总结表彰大会上，中国石油定点扶贫与对口支援工作领导小组办公室、塔里木油田获“全国脱贫攻坚先进集体”称号，西藏那曲市委副秘书长、双湖县委副书记（挂职）、集团公司高级审计经理梁楠郁，西北销售精准扶贫办公室主任卜鹏洲获“全国脱贫攻坚先进个人”称号。

同日　集团公司2021年工程和物装管理工作会议（视频）在北京召开，强调要切实提高工程建设、物资和装备质量，强化合规及合同管理提高服务水平，着力打造世界一流、具有石油特色的工程管理和物资供应链体系。集团公司总经理、党组副书记李凡荣出席会议并讲话。

同日　中国石油7个集体及岗位获全国妇联表彰，其中大庆油田第四采油厂第一油矿北六队获“全国三八红旗集体”称号，大港油田第五采油厂第二采油作业区西二联合站、大庆油田试油试采分公司射孔大队射孔四队、青海油田采油一厂计量检定中心压力班、新疆油田风城油田作业区风城采油二站张玉华班组4个岗位获“全国巾帼文明岗”称号，西南油气田工会女职工委员会、克拉玛依石化炼油化工研究院原油评价与化验中心2个集体获“全国巾帼建功先进集体”称号。

26日　集团公司2021年乡村振兴和对口支援工作领导小组会议在北京召开，强调认真贯彻党中央、国务院决策部署，扎实做好各项衔接工作，为全面推进乡村振兴贡献石油力量。集团公司董事长、党组书记戴厚良主持会议并讲话。

本月　石油化工研究院主导制定的《塑料—聚丙烯树脂等规指数的测定低分辨核磁共振法》(ISO 24076：2021)、《塑料—聚乙烯、聚丙烯—金属含量的测定电感耦合等离子体发射光谱法》(ISO 24047：2021)发布。这是中国石油首次主导制定合成树脂ISO国际标准，实现我国在该领域制定ISO方法类国际标准“零”的突破。至此，中国石油在炼化领域已主导制修订并发布ISO国际标准14项。

3月

5日　集团公司2021年党建工作会议(视频)在北京召开，强调全面加强党的领导党的建设，不断开创党建工作新局面。集团公司党组副书记段良伟出席会议并讲话。

9日　集团公司2021年提质增效及亏损企业治理工作推进视频会在北京召开，集团公司董事长、党组书记戴厚良主持会议并讲话。全年实现纳入国务院国资委专项治理范围的88户重点亏损子企业整体减亏幅度超均衡进度45个百分点，64户扭亏为盈。中国石油净利润创近7年同期最好水平，全级次子企业亏损户数、亏损面、亏损额为近5年最低水平，提质增效专项行动超额完成年度目标任务。

10日　集团公司董事长、党组书记戴厚良在北京主持召开“碳达峰、碳中和目标下的能源发展战略研究”成果汇报与院士专家研讨会，强调落实我国碳达峰、碳中和重大决策部署，谋划研究能源战略及实施路径，坚持立足行业及企业角度，注重技术可行性、经济可行性、操作可行性，强化协同配合，高质量推进研究工作。

同日　集团公司2021年宣传思想文化工作会议在北京召开，强调紧扣高质量发展主题，持续深化形象建设，巩固政治优势文化优势，筑牢共同思想基础，鼓足干事创业精神力量，开创宣传思想文化工作新局面。集团公司党组副书记段良伟出席会议并讲话。

同日　中国石油储气库2020—2021年采暖季采气量100.37亿立方米，周期采气量首次突破100亿立方米。

12日　集团公司与五粮液集团在北京签署战略合作框架协议，加强天然气综合利用、成品油、物流供应链等方面互利合作，构建合作利益共同体。集团公司董事长、党组书记戴厚良与五粮液集团党委书记、董事长李曙光出席签约仪式。

15—17日　集团公司总经理、党组副书记李凡荣到陕西地区部分石油石化企业调研，强调全面贯彻新发展理念，勇担责任使命，保障国家能源安全。

16日　集团公司董事长、党组书记戴厚良到工程建设公司调研，强调完整准确全面贯彻新发展理念，主动融入新发展格局，科学谋划企业高质量发展。

23日　股份公司第八届监事会第六次会议在北京召开。审议通过《监事会关于公司2020年度财务报告审查意见书》《监事会关于公司2020年度利润分配预案审查意见书》等8项议案并形成决议。

同日　集团公司在北京召开部分单位总会计师述职视频会议，强调提升财务管理水平，推动集团公司提质增效工作落实落地落细。集团公司党组成员、总会计师刘跃珍出席会议并讲话。

同日　集团公司在京单位人力资源共享服务业务交付协议签订仪式在北京举行。33家单位与中国石油集团共享运营有限公司正式签约，企业薪酬及员工服务业务交付共享中心运营。

24日　股份公司第八届董事会第八次会议在北京以现场会议及视频连线方式召开，聘任黄永章为公司总裁，段良伟不再担任公司总裁职务；审议通过《公司2020年度总裁工作报告》《公司2020年度财务报告》等15项议案并形成决议。

25日　股份公司在北京发布2020年度业绩。集团公司、股份公司董事长戴厚良出席发布会并致辞，表示全面贯彻新发展理念，大力实施五大战略，尤其是着力“创新”和“绿色低碳”，实现更高质量、更有效率、更为安全、更可持续的发展。

26日　集团公司2021年第一轮巡视动员部署会在北京召开，集团公司党组将派出8个巡视组，对13家炼油化工、成品油销售等企业进行常规巡视，对2家单位开展巡视“回头看”。集团公司党组书记、董事长、党组巡视工作领导小组组长戴厚良出席会议并讲话。

同日　中国石油国内勘探与生产业务2021年工作会议在北京召开，强调加快推动国内上游业务高质量发展，不断提升油气供给能力和质量，保障国家能源安全。集团公司党组成员、副总经理焦方正出席会议并讲话。

29日　股份公司决定，撤销中国石油天然气股份有限公司管道分公司、西气东输管道分公司、西南管道分公司。

31 日—4 月 1 日　集团公司董事长、党组书记戴厚良到吉林地区石油石化企业调研，强调全面贯彻新发展理念，服务和融入新发展格局，不断开创企业高质量发展新局面，为东北全面振兴全方位振兴，为建设社会主义现代化新吉林多作贡献。

4 月

2 日　集团公司 2021 年法律工作会议（视频）在北京召开，强调坚持依法合规治企，全力开创法治建设和法律工作新局面。集团公司总经理、党组副书记李凡荣出席会议并讲话。

同日　由渤海钻探第一钻井公司承钻的集团公司风险探井江页探 1 井完钻，完钻井深 6410 米，垂深 4606 米，创国内页岩气垂深最深水平井纪录。

3—5 日　石油化工研究院自主研发的钛系 PLE-01 催化剂在抚顺石化 35 万吨 / 年高密度聚乙烯生产装置使用，首次试产大中空容器聚乙烯专用料 FHM8255A，填补国内空白。

6 日　集团公司与中国邮政集团在北京签署战略合作协议，扩大成品油销售、物流、金融等领域合作。集团公司董事长、党组书记戴厚良与中国邮政集团董事长、党组书记刘爱力出席签约仪式。

9 日　集团公司决定，调整优化总部组织体系，突出总部战略引领和一体化统筹中心的功能定位，整合综合事务协调管理，强化计划管理的发展职能，理顺财务职能配置，强化人力资源价值提升，加强生产经营统筹协调，推进数字化转型、智能化发展，加强内控合规和制度体系建设协同。调整后，总部设 17 个职能部门。突出业务协同、专业化发展和产业链国内外一体化统筹，优化调整业务板块划分，组建油气和新能源板块（油气子集团）、炼化销售和新材料板块（炼化子集团）、支持和服务板块（支持服务子集团）、资本和金融板块（资本金融子集团），成立业务板块（子集团）统筹协调委员会，对业务板块（子集团）重大事项进行总体谋划、统筹协调、整体推进、督促落实。撤销对外合作经理部，管理职能及相关人员划入发展计划部（对外合作办公室、新能源新材料发展办公室），对外合作项目运营组织管理等业务及相关人员由勘探与生产分公司承接。信息技术服务中心划入中国石油集团共享运营有限公司管理。

同日　集团公司品牌管理委员会会议在北京召开，强调打造一流品牌，促进中国石油知名度与美誉度、硬实力与软实力、核心竞争力与可持续发展能力协同提升。集团公司党组副书记、品牌管理委员会主任段良伟主持会议并讲话。

同日　“中国石油”学习强国号正式上线。

10 日　由昆仑数智承建的“中国石油党建信息化平台”获 2021 数字中国创新大赛数字党建赛道产品创新组第一名。

14—15 日　集团公司总经理、党组副书记李凡荣在河北地区部分石油石化企业调研，强调贯彻新发展理念，开创高质量发展新局面。

15 日　国内首个海上储气库群项目在冀东油田堡古 2 平台开工。

16 日《学习时报》刊发集团公司党组书记、董事长戴厚良署名文章《在党史学习教育中汇聚高质量发展力量》。

17 日　由工程建设公司第一建设公司主导研发的世界最大 MYQ5000 吨门式起重机，与“世界第一吊”徐工 XGC88000 4000 吨履带式起重机，历时 3 小时 30 分，在广东石化炼化一体化项目现场将 4606 吨抽余液塔吊装就位，刷新亚洲最重塔器吊装纪录。

18 日　集团公司与海南省人民政府签署战略合作协议，加强油气勘探开发、天然气发展利用、清洁能源供应等方面互利合作。集团公司董事长、党组书记戴厚良与海南省省长冯飞出席签约仪式。

18—21 日　集团公司董事长、党组书记戴厚良出席在海南举行的博鳌亚洲论坛 2021 年年会，应邀参加“逆势上扬的‘一带一路’合作”分论坛并作交流发言。19 日戴厚良到海南地区石油石化企业调研，强调深入贯彻新发展理念，发挥区位优势，找准发展定位，加快业务转型，抓住海南自贸港建设机遇，科学谋划企业高质量发展。

19 日　中华全国总工会在人民大会堂举行 2021 年全国先进女职工集体和个人表彰大会，大港油田李健等 5 名女职工获“全国五一巾帼标兵”称号，锦西石化李秋艳职工创新工作室等 5 个集体获“全国五一巾帼标兵岗”称号。

21 日　中共中央批准，免去李凡荣的中国石油天然气集团有限公司总经理职务；中共中央组织部研究，免去李凡荣的中国石油天然气集团有限公司董事、党组副书记职务。5 月 4 日，国务院决定免去李凡荣的中国石油天然气集团有限公司董事、总经理职务；10 日股份公司公告，因工作岗位调整，李凡荣辞去公司副董事长、董事职务。6 月 4 日，集团公司第三届董事会第十二次会议，同意解聘李凡荣的公司总经理职务。

25日　集团公司董事长、党组书记戴厚良在北京主持召开2021年度国家高端智库重点课题启动会，强调担负时代使命，把握发展大势，积极建言献策，推动国家高端智库建设上台阶、创一流。

26日　集团公司“党组信箱”上线运行。

27日　集团公司党组书记、董事长、中国工程院院士戴厚良出席在北京举行的“新发展理念与企业高质量发展”论坛，作题为《完整准确全面贯彻新发展理念，全力推进中国石油高质量发展》的主旨演讲。

同日　中华全国总工会2021年全国五一劳动奖和全国工人先锋号在北京发布，大庆油田有限责任公司装备制造集团等4个集体获全国五一劳动奖状，大庆油田有限责任公司钻探工程公司钻井二公司1205钻井队张晶等14名个人获全国五一劳动奖章，辽河油田公司曙光采油厂采油作业五区地质室等23个集体获全国工人先锋号荣誉。

29日　股份公司第八届董事会第九次会议以书面审议方式召开，聘任杨继钢为公司总工程师；审议《公司2020年度20-F年报》等4项议案并形成有效决议。

本月　全国“两红两优”和中央企业五四评选表彰结果公布，中国石油18个集体和22名个人获奖，其中长庆油田第二采油厂南梁作业区梁四增井区团支部获“全国五四红旗团支部”称号，吉林石化张家鑫获“全国优秀共青团员”称号，云南销售胡晓、辽河油田张静获“全国优秀共青团干部”称号；长庆油田等4个团委获“中央企业五四红旗团委”称号，华北油田勘探开发研究院冀中勘探研究所等5个团支部获“中央企业五四红旗团支部”称号，煤层气公司戴瑞瑞等6人获“中央企业优秀共青团员”称号，大庆油田冯专等5人获“中央企业优秀共青团干部”称号，长庆油田黄博等8人获“中央企业青年岗位能手”称号，大庆油田物资公司萨尔图仓储分公司机电设备材料库等8个集体获“中央企业青年文明号”称号。

5月

1日　西南油气田泸211井完钻，井深6880米，水平段长1700米，是国内第一口5000米以深页岩气水平井。

6日　集团公司决定，授予大庆油田有限责任公司钻探工程公司钻井二公司1205钻井队队长张晶等12名同志集团公司第十一届“十大杰出青年”称号；授予辽河油田分公司锦州采油厂工艺研究所所长贾财华等109名同志集团公司“青年岗位能手”称号；命名长庆油田分公司第二采油厂城壕作业区西259井区等192个青年集体为集团公司青年文明号。

7日　宝鸡石油机械有限责任公司牵头研制的国内第一台“一键式”人机交互7000米自动化钻机通过出厂验收，标志着我国成为全球少数可自主研发自动化钻机的国家。

9日　集团公司党组决定，授予大庆油田第一采油厂第三油矿中四采油队党支部等108个党支部“中国石油天然气集团有限公司基层党建‘百面红旗’”称号；20日，集团公司基层党建工作推进会在北京召开，表彰基层党建“百面红旗”，发布基层党建系列丛书。集团公司党组副书记段良伟出席会议并讲话。

13日　全国第一只技能人才创新基金在中国石油成立。

14日　国务院国资委研究决定，聘任李建红、王用生、石岩、杨亚、高云虎为中国石油天然气集团有限公司外部董事；刘国胜不再担任中国石油天然气集团有限公司外部董事职务。

同日　中国石油与中国延安精神研究会在北京举办“延安精神进石油”党史学习教育专题报告会，在央企中率先成立中国石油延安精神研究会。集团公司党组书记、董事长戴厚良和中国延安精神研究会常务副会长兼秘书长、中联部原副部长艾平共同为研究会揭牌并讲话；29日，长庆油田“延安精神示范教育基地”授牌仪式在好汉坡举行，是国有企业首次被授予此称号。

18日　中国石油作为成员单位的中国油气企业甲烷控排联盟成立大会在北京举行。

19日　集团公司党组书记、董事长戴厚良到贵州习水县调研定点帮扶工作，强调发挥中国石油整体优势，推进巩固拓展脱贫攻坚成果同实施乡村振兴战略的有效衔接，为全面助力乡村振兴贡献石油力量。

19—22日　集团公司董事长、党组书记戴厚良到川渝地区石油石化企业调研，强调全面贯彻新发展理念，积极服务和融入新发展格局，加快布局调整和转型升级，打造更具竞争力的产业链创新链价值链，不断开创高质量发展新局面。

20 日　中国石油发布 2020 年度社会责任报告。

28 日　股份公司公告，因工作变动原因，李文东辞去公司职工代表监事职务。

31 日　集团公司党组成员、副总经理吕波到新疆哈密市巴里坤县调研乡村振兴工作开展情况，强调有效发挥中国石油整体优势，全面助力乡村振兴。

6 月

3 日　集团公司党组副书记段良伟到伊犁哈萨克自治州尼勒克县调研定点帮扶工作，强调坚决扛起央企责任担当，推进巩固拓展脱贫攻坚成果同实施乡村振兴战略有效衔接，为全面推进乡村振兴贡献石油力量。

同日　中国石油发布《2020 年环境保护公报》。

4 日　集团公司董事长戴厚良以视频形式参加在俄罗斯举行的圣彼得堡国际经济论坛能源分论坛，表示中国石油将坚持互利共赢、安全有效、依法合规、绿色低碳的原则，不断深化和扩大与俄罗斯等各国同行的油气及新能源领域合作，在 OGCI 等平台发挥应有作用，共同为应对气候变化、实现能源行业包容性可持续发展作出积极贡献。

7—8 日　集团公司党组到延安开展党史学习教育现场学习，组织理论学习中心组集体学习，重温入党誓词，瞻仰革命旧址。集团公司党组书记、董事长戴厚良主持学习，强调用延安精神筑牢理想信念、锤炼坚强党性，做党和国家最可信赖的骨干力量。

8 日　国家级页岩油开发示范区的长庆油田华 H90-3 井完井，完钻井深 7339 米，水平段长度 5060 米，刷新亚洲陆上水平井最长水平段纪录，标志着我国非常规油气资源超长水平井开发技术取得重大突破。

同日　中国石油工程技术研究院牵头研发的“基于 AnyCem® 系统的自动化固井技术与装备”被第 21 届中国国际石油石化技术装备展览会（cippe）评为 cippe2021 展品创新金奖。

10 日　股份公司 2020 年度股东大会在北京召开，会议以投票方式表决，以二分之一以上赞成批准《公司 2020 年度董事会报告》《公司 2020 年度财务报告》等 7 项普通议案；以三分之二以上赞成通过《关于给予董事会发行债务融资工具一般性授权事宜的议案》1 项特别议案。

同日　在党的百年华诞来临之际，集团公司党组书记、董事长戴厚良看望慰问老党员代表李敬、蒋其垲，向他们颁发“光荣在党 50 年”纪念章。集团公司全年向 5000 多名老党员颁发纪念章。

同日　国内第一个“5G 专网全覆盖、5G 运营全流程、5G 合作全生态、5G 应用全场景”智能炼厂在长庆石化建成，标志着我国石化行业开启 5G+ 智能应用。

11 日　中央企业党史学习教育第二指导组进驻中国石油开展指导工作。

同日　集团公司在北京举行习近平总书记关于大力弘扬石油精神重要批示五周年学习座谈会暨第四届石油精神论坛，举办第 700 场“石油魂”——石油精神和大庆精神铁人精神宣讲报告，超过 100 万人在线观看直播。集团公司党组书记、董事长戴厚良作总结讲话。

同日　中国石油凭借在绿色低碳发展和生态环境保护方面的突出贡献，第 10 次获得“中国低碳榜样”荣誉。

15 日　中共中央组织部研究，任立新任中国石油天然气集团有限公司副总经理、党组成员；27 日国务院决定，同意任立新为中国石油天然气集团有限公司副总经理人选。7 月 7 日，集团公司第三届董事会第十三次会议，同意聘任任立新为公司副总经理。8 月 25 日，股份公司第八届董事会第十一次会议，聘任任立新为公司高级副总裁。10 月 21 日，股份公司 2021 年第一次临时股东大会，选举任立新为公司董事。

16 日　集团公司决定，由集团公司、股份公司、中油资本共同出资，按市场化方式组建中国石油集团昆仑资本有限公司，列集团公司直属企业序列，纳入资本和金融板块（资本金融子集团）；28 日昆仑资本在北京成立，集团公司董事长、党组书记戴厚良和党组副书记段良伟为昆仑资本揭牌。

同日　《学习时报》刊发集团公司党组署名文章《为建设世界一流企业提供体制机制保障》。

17 日　集团公司在北京举办“以习近平新时代中国特色社会主义思想为指导，弘扬伟大精神，推动高质量发展大讲堂”长庆油田专题报告会。集团公司党组书记、董事长戴厚良出席会议并讲话。

18 日　全国人大财政经济委员会副主任委员、全国人大常委会预算工作委员会主任史耀斌到中国石油总部调研，充分肯定中国石油在保障国家能源安全、促进国民经济发展等方面作出的贡献。集团公司董事长、党组书记戴厚良陪同调研。

同日　塔里木盆地新发现10亿吨级超深油气区（详见专稿）。

19日　长庆油田、玉门油田老君庙油矿旧址入选中宣部第七批全国爱国主义教育示范基地。至此，中国石油共有4个基地入选，之前入选的是铁人王进喜纪念馆和大庆油田历史陈列馆。

20日　新华社报道，中国石油长庆油田在鄂尔多斯盆地获得重大勘探成果，探明地质储量超10亿吨级页岩油大油田庆城油田，是我国探明储量规模最大的页岩油大油田，累计探明石油储量10.52亿吨。

同日　中国石油“北京2022冬奥主题加油卡”全国发行。

22日　集团公司董事长、党组书记戴厚良到在京重点单位安全检查、基层党建联系点（党史学习教育联系点）调研，强调压紧压实责任，严守安全生产红线生态环保底线，发挥好基层党支部战斗堡垒作用和党员先锋模范作用，确保企业整体运行平稳和队伍稳定，为建党百年营造安全稳定的环境。

同日　中国石油8人获人力资源和社会保障部第十五届全国高技能人才评选表彰，其中大庆油田刘丽、独山子石化薛魁获中华技能大奖，大港油田赵常明、管道局牛连山、长庆油田杨义兴、抚顺石化张凤光、大庆油田刘可夫5人获“全国技术能手”称号，抚顺石化边江获评技能人才培育突出贡献个人。

25日　《人民日报》刊发集团公司党组书记、董事长戴厚良署名文章《赓续精神血脉，实现自立自强》。

同日　集团公司庆祝中国共产党成立100周年表彰大会在北京举行（详见专稿）。

同日　国家级页岩油示范区长庆油田华H100平台部署的31口水平井提前完井，标志着亚洲陆上最大页岩油长水平井平台建成。与常规井相比，产油能力增加超过10倍，占地面积降六成以上，控制储量1000万吨。

26日　青海油田英雄岭狮新52-3井用4毫米油嘴控压生产，日产油289.36立方米、气1.4万立方米，获高产工业油气流。

28日　全国“两优一先”表彰大会在人民大会堂举行，大庆油田李新民、润滑油公司企业一级技术专家伏喜胜被授予“全国优秀共产党员”称号，华北油田二连分公司宝力格采油作业区采油班党支部书记兼采油一班副班长魏兴波、大庆油田第一采油厂第三油矿中四采油队党支部书记李雪莹被授予“全国优秀党务工作者”称号，兰州石化党委被授予“全国先进基层党组织”称号。

29日　大庆铁人王进喜纪念馆、大庆油田历史陈列馆、长庆油田展览馆、毛泽东主席视察隆昌气矿纪念馆、新疆石油地质陈列馆入选国资委命名的首批100个中央企业爱国主义教育基地。

30日　全球专业性金融杂志《机构投资者》发布2021亚洲上市公司评选结果，中国石油获评亚洲“最受尊敬企业”，这是公司第6次获此荣誉。同时，中国石油在亚洲油气行业评选中还获得“最佳投资者关系企业”“最佳投资者关系团队”“最佳环境、社会及治理（ESG）”等多项荣誉；股份公司财务总监、董事会秘书柴守平获亚洲油气行业“最佳首席财务官”奖项，股份公司董事会助理秘书魏方、香港代表处邢冲获评亚洲油气行业“最佳投资者关系专业人员”。

7月

1日　习近平总书记在庆祝中国共产党成立100周年大会上发表重要讲话的当天下午，集团公司党组第一时间在北京召开会议，传达学习习近平总书记重要讲话精神；2日集团公司党组理论学习中心组组织集体学习，深入学习习近平总书记重要讲话精神。中央企业党史学习教育第二指导组组长卢纯到会指导并讲话。9—10日，集团公司党组先后召开会议，对学习贯彻习近平总书记“七一”重要讲话进一步提出要求。

6日　由壳牌东方贸易有限公司向中国石油国际事业有限公司提供的首船6.6万吨碳中和液化天然气在大连港完成卸货，是全球第一个以长约形式开展的LNG贸易碳中和业务。

8日　集团公司党组书记、董事长戴厚良带领党组全体成员到中国共产党历史展览馆，参观“‘不忘初心、牢记使命’中国共产党历史展览”，重温入党誓词，强调弘扬光荣传统、赓续红色血脉，在新时代伟大征程中贡献石油力量。

同日　中国石油智能运营中心投运仪式在北京举行。集团公司党组领导戴厚良、段良伟、刘跃珍、吕波、焦方正、徐吉明、黄永章、任立新出席仪式。

9日　国务院国资委公布《国有重点企业管理标杆创建行动标杆企业、标杆项目和标杆模式名单》，中国石油5个标杆入选。其中，长庆油田公司、独山子石化公司、东方地球物理勘探有限责任公司入选标杆企业，集团公司“以金融资源集约化为核心的司库管理体系”“‘一带一路’油气合作战略管理”入选标杆项目。

12日　国务院国资委党委中央企业“两优一先”表彰大会在北京召开，中国石油获30项表彰荣誉。其中，塔里木油田李勇等11名党员被授予“中央企业优秀共产党员”称号，大港油田齐行飞等6人被授予“中央企业优秀党务工作者”称号；大庆油田有限责任公司井下作业分公司压裂大队压裂一队党支部等13个基层党组织被授予“中央企业先进基层党组织”称号。

13日　集团公司获国务院国资委2020年度中央企业负责人经营业绩考核A级企业。这是中国石油连续第15年获评A级企业。

14—15日　集团公司2021年领导干部会议在北京召开。

15日　中共中央批准，侯启军任中国石油天然气集团有限公司总经理；中共中央组织部研究，侯启军同志任中国石油天然气集团有限公司董事、党组副书记。同月29日，国务院研究，任命侯启军为中国石油天然气集团有限公司董事，同意侯启军为中国石油天然气集团有限公司总经理人选。8月17日，集团公司第三届董事会第十五次会议，同意聘任侯启军为公司总经理。10月21日，股份公司2021年第一次临时股东大会，选举侯启军为公司董事；28日股份公司第八届董事会第十二次会议，选举侯启军为公司副董事长。

同日　中共中央组织部研究，免去徐吉明的中国石油天然气集团有限公司纪检监察组组长、党组成员职务。

16日　中国石油参与全国碳市场首日交易，成为获“全国碳市场首日交易集团证书”10家企业集团之一。

20日　股份公司第八届董事会第十次会议，聘任孙龙德为公司总地质师、张明禄为公司安全总监、朱国文为公司副总裁。

本月　石油化工研究院自主研发的全球第一套1000吨/年超重力硫酸烷基化示范装置在辽阳石化一次开车成功，突破传统技术瓶颈，实现工艺方法创新和核心设备技术创新，开辟出比肩国际先进水平的硫酸烷基化技术路线。

8月

1日　由石油化工研究院和同济大学、大连理工大学合作开发的官能化溶聚丁苯橡胶SSBR72612F完成新型轮胎的工业化制备，是我国首个拥有自主知识产权的国产高端新型轮胎胎面胶。

同日　集团公司决定，自即日起开展为期三个月的“反违章专项整治”活动。

2日　《财富》杂志2021年世界500强排行榜公布，中国石油位列第四，连续5年保持该名次。

3日　国家级乙烯示范工程兰州石化长庆乙烷制乙烯项目开车一次成功（详见专稿）。

4日　集团公司党组书记、董事长戴厚良以普通党员身份，参加综合管理部第一党支部党史学习教育专题组织生活会；集团公司党组副书记、总经理侯启军以普通党员身份，参加生产经营管理部党支部党史学习教育专题组织生活会。中央企业党史学习教育第二指导组组长卢纯到会指导并给予肯定。

同日　集团公司环境监测总站以“零不符合项”通过国家监督抽查。

6日　阿姆河天然气公司B区西部气田地面建设开工，年设计产能18.15亿立方米。

10日　宝鸡石油钢管有限责任公司自主研发的CT150钢级超强连续管通过国家石油管材质量监督检验中心检测，标志着中国石油成功研制全球最高强度连续管。

12日　集团公司董事长、党组书记戴厚良在北京主持召开研究院院长座谈会，强调切实把科技自立自强摆在更加突出更加重要的位置，更好地发挥科技创新支撑当前、引领未来的作用，为打造基业长青的世界一流企业提供引领和支撑。

13日　集团公司董事长、党组书记戴厚良在北京主持召开基层和青年科技工作者座谈会，强调志存高远、勇担重任，全面提升自主创新能力。

16日　塔里木油田天然气乙烷回收工程建成投产，处理规模为年100亿立方米天然气，年产76.2万吨乙烷、36.6万吨液化气和7.5万吨稳定轻烃。

17日　中国石油援疆工程南疆天然气利民工程自2013年7月投产以来，已累计向南疆输送天然气超100亿立方米。

18日　由共青团中央、国家发展改革委等23家单位联合开展评选的第20届全国青年文明号公布，大庆油田有限责任公司井下作业分公司作业二大队作业204队、长庆油田公司第一采油厂王窑采油作业区王二转中心站等13个集体获全国青年文明号。

19日　集团公司在北京召开院士座谈会，强调加快推进科技自立自强，打造国家战略科技力量，发挥科技领军人才作用。集团公司董事长、党组书记戴厚良院士出席会议并讲话，翟光明、郭尚平等11位院士围绕贯彻能源发展新战略、加快科技人才队伍建设等方面建言献策。

同日　中国石油援藏干部梁楠郁作为援藏干部代表在庆祝西藏和平解放70周年大会上发言。自1994年以来，中国石油累计选派14名援藏干部投入双湖县扶贫事业，投入资金超4.5亿元，落地对口项目120多个，2019年双湖县整体脱贫。

20日　全国唯一的HSE管理体系推广工作机构“中国职业安全健康协会HSE管理体系（安全生产标准化）推广工作委员会”在中国石油安全环保技术研究院举行揭牌仪式。

同日　集团公司数字化转型智能化发展试点建设全面启动，塔里木油田、兰州石化等11家企业成为首批重点示范实施单位。

23日　《人民日报》第一版刊发评论员文章《大力弘扬大庆精神》，第六版刊发整版文章《传承大庆精神，凝聚奋进力量》。

25日　中共中央组织部研究，免去吕波的中国石油天然气集团有限公司副总经理、党组成员职务。9月11日，国务院决定，同意吕波不再担任中国石油天然气集团有限公司副总经理职务。10月28日，集团公司第三届董事会第十六次会议，同意解聘吕波的公司副总经理职务。

26日　股份公司在北京举行2021年中期业绩发布会，中国石油上半年经营业绩创近7年同期最好水平。股份公司董事长戴厚良出席并致辞。

同日　唐山LNG接收站应急调峰保障工程新建的4座16万立方米LNG储罐投产一次成功，标志着唐山LNG接收站成为国内LNG存储能力最大（128万立方米）和天然气调峰能力最强的接收站。

27日　集团公司董事长、党组书记戴厚良到大庆地区石油石化企业调研，强调坚定承担“当好标杆旗帜、建设百年油田”历史使命，谱写奋进高质量发展、创建世界一流企业新篇章。集团公司总经理、党组副书记侯启军等党组领导参加调研。

28日　大庆古龙陆相页岩油国家级示范区建设推进会暨示范区揭牌和古页油平1井揭碑仪式在大庆举行（详见专稿）。

30日　国家乙烷裂解制乙烯示范工程独山子石化塔里木乙烷制乙烯工程一次开车成功（详见专稿）。

同日　集团公司决定，对北京石油管理干部学院和广州石油培训中心实施重组，将广州石油培训中心的业务、资产、人员整体委托北京石油管理干部学院管理，实行一体管理、两址办学、特色发展。

31日　集团公司与北京大学在北京签署战略合作协议，在联合开展基础研究和实施专项项目、创新平台建设、加强人才交流培养等方面开展深入合作。集团公司董事长、党组书记戴厚良与北京大学校长郝平出席签约仪式。

同日　集团公司董事长、党组书记戴厚良以视频方式出席金砖国家工商理事会中方理事会2021年第一次理事会议、金砖国家工商理事会2021年年度会议，审议《金砖国家工商理事会2021年度报告》，宣布2022年将由中国担任理事会轮值主席国。

本月　集团公司全面开展全国国有企业党的建设工作会议精神贯彻落实情况“回头看”，成立“回头看”工作领导小组，党组书记、董事长戴厚良任组长。制定下发《集团公司全国国有企业党的建设工作会议精神贯彻落实情况“回头看”实施方案》，派出8个基层党建指导服务小组，对各单位“回头看”进行全覆盖督促指导。中央企业党史学习教育第二指导组组长卢纯给予高度评价。

9月

2日　集团公司董事长、党组书记戴厚良在北京参加2021年中国国际服务贸易交易会全球服务贸易峰会，表示中国石油将遵循数字经济发展规律，积极抓好数字化转型的顶层设计，全面打造支撑当前、引领未来的新型数字化能力，充分发挥国有重要骨干企业在新一轮科技革命和产业变革浪潮中的引领作用。

3日　集团公司党组印发《落实全面从严治党主体责任清单》，推动全面从严治党向纵深发展。

5日　中国石油获由国家民政部颁发的第十一届“中华慈善奖”。该奖项是中国公益慈善领域最高政府奖，也是中国石油连续第三次获奖。

6 日　集团公司基层党建指导服务工作总结会在北京召开。集团公司组成 8 个指导服务小组和 1 个联络协调组，分片区对所属单位基层党建工作开展全覆盖指导服务。用近两个月时间，召开宣讲会 78 场，覆盖近 2 万人，访谈 2800 余人，调研 360 个基层党支部，提炼典型案例 200 余个。会议强调持续推进基层党建“三基本”建设与“三基”工作有机融合，推动基层党建工作质量进一步提升。集团公司党组副书记段良伟出席会议并讲话。

7 日　集团公司董事长、党组书记戴厚良在北京参加集团公司首次新入职员工集中培训开班仪式并讲授第一课，勉励大家拥抱石油、扎根石油、奉献石油，努力成为中国石油事业的建设者和接班人。

9 日　“中国石油天然气集团有限公司—常州大学创新联合体”成立大会暨揭牌仪式在北京举行。

9—10 日　中国共产主义青年团中国石油天然气集团有限公司第一次代表大会在北京召开（详见专稿）。

10 日　集团公司董事长、党组书记戴厚良参加在乌鲁木齐召开的中央企业援疆工作会议暨国资央企助力新疆高质量发展会议并发言。集团公司与新疆维吾尔自治区人民政府签署全面战略合作框架协议。

11—12 日　集团公司董事长、党组书记戴厚良到新疆石油石化企业调研，强调全面贯彻新时代党的治疆方略，在奋进高质量发展建设世界一流企业中站排头做示范。

14 日　集团公司与中国航天科工集团签署战略合作框架协议，在科技创新、高端装备、数字化信息化技术应用等开展深入合作。集团公司董事长、党组书记戴厚良与中国航天科工集团董事长、党组书记袁洁出席签约仪式。

16 日　集团公司董事长、党组书记戴厚良到西藏销售调研。17 日参加在拉萨召开的中央企业援藏工作会议暨国资央企助力西藏高质量发展会议，集团公司与西藏自治区人民政府签署国资央企助力西藏高质量发展项目合作协议。

18 日　集团公司董事长、党组书记戴厚良到驻云南企业调研，强调全面贯彻新发展理念，强化创新改革管理，争做高质量发展奋斗者。

20 日　《学习时报》刊发集团公司党组书记、董事长戴厚良署名文章《弘扬大庆精神，争取更大光荣》。

22 日　中共中央组织部研究，钱朝阳任中国石油天然气集团有限公司纪检监察组组长、党组成员。

23—24 日　集团公司科技与信息化创新大会在北京召开（详见专稿）。

25 日　在习近平总书记考察辽阳石化 3 周年、全国国有企业党的建设工作会议召开 5 周年之际，集团公司董事长、党组书记戴厚良到辽阳石化调研，现场学习重温习近平总书记对辽阳石化、对中国石油的重要指示批示精神，强调进一步提高政治站位，增强政治自觉、思想自觉和行动自觉，确保总书记重要指示批示件件落实、党中央决策部署项项落地。当天，戴厚良在沈阳出席 2021 中国化工学会年会暨辽宁高端化工产业发展峰会开幕式并致辞。

同日　集团公司与中国人民大学在北京成立双碳研究院。

26 日　江苏 LNG 接收站 2 座 20 万立方米 LNG 储罐投运外输天然气，成为长三角地区首个千万吨级 LNG 接收基地，年接卸量首次突破 100 亿立方米。

27 日　集团公司第一次企业文化发布会在北京举办（详见专稿）。

27—29 日　集团公司总经理、党组副书记侯启军到吉林松原参加查干湖绿色发展论坛并赴吉林油田调研，强调坚定不移做强做优油气业务，着力构建多能互补新格局。

28 日　中国石油奖学金签约仪式（第五期）在北京举行，集团公司与北京大学、清华大学等 17 所国内知名高校签订中国石油奖学金协议。中国石油奖学金每五年为一期，累计帮助超过 1.4 万名学生。集团公司党组副书记段良伟出席签约仪式。

29 日　集团公司与中国铝业集团在北京签署战略合作框架协议，拓展油气业务、新能源新材料、石油石化工程等方面合作。集团公司董事长、党组书记戴厚良与中国铝业集团董事长、党组书记刘祥民出席签约仪式。

同日　“石油魂——石油精神和大庆精神铁人精神”宣讲团受邀到国家能源局作第 713 场宣讲。国家能源局党组书记、局长章建华主持报告会并讲话。

30 日　中国共产党人精神谱系第一批伟大精神正式发布，党中央把大庆精神（铁人精神）列入中国共产党人精神谱系之一。

同日　中国石油首座“油气氢电非”综合能源服务站在北京延庆正式投运。这是中国石油全力服务保障冬奥、助力实现国家“双碳”目标的重要举措。

10 月

4 日　中国石油联合中国海油完成在巴西布兹奥斯项目提油工作，作业总量为 14 万吨，双方各占一半份额，标志着项目正式进入投资回收期。布兹奥斯项目于 2018 年 4 月投产，是巴西最大整装油田，也是世界最大深海油田。

9—10 日　集团公司总经理、党组副书记侯启军到广东地区石油石化企业调研，强调全力扩销提效，促进原油产业链顺畅运行和增值创效；加强统筹协作，安全、高质量推进广东石化炼化一体化项目建设。

11 日　集团公司 2021 年第二轮巡视动员部署会在北京召开。本轮巡视共派出 8 个巡视组，重点对 15 家成品油销售、炼油化工等企业党委开展常规巡视。集团公司党组书记、董事长、党组巡视工作领导小组组长戴厚良出席会议并讲话。

12—13 日　集团公司党组成员、总会计师刘跃珍到江西横峰县调研定点帮扶工作，强调持续加大产业帮扶力度，为实现巩固拓展脱贫攻坚成果同乡村振兴有效衔接作出新贡献。

14—17 日　集团公司董事长、党组书记戴厚良到驻青海石油石化企业调研，强调抓住战略机遇，在推进高原生态保护和企业高质量发展上取得新成就。

15 日　由集团公司党组书记、董事长戴厚良讲述的百集纪录片《信物百年》之“‘铁人’王进喜笔记本的故事”在央视播出。

同日　集团公司今冬明春天然气保供动员部署视频会在北京召开，强调提高政治站位，坚决完成冬季保供硬任务。集团公司总经理、党组副书记侯启军出席会议并讲话。

16 日　第 30 届孙越崎能源科学技术奖颁奖大会在北京举行，青海油田李国欣获能源大奖；大庆油田郭军辉、工程技术研究院王建华、石油管工程技术研究院李厚补获青年科技奖；中国石油勘探开发研究院张岩、张立侠获优秀学生奖。

18 日　第二届“一带一路”能源部长会议在青岛召开。会议成立“一带一路”能源合作伙伴关系合作网络，油气、绿色能源等 7 个工作组正式组建，中国石油担任油气工作组组长单位；会议发布 15 项能源国际合作最佳实践案例，中国石油“尼日尔上下游一体化项目”“中国—中亚天然气管道 ABC 线”“俄罗斯亚马尔液化天然气合作项目”入选。

同日　《中国石油组织史资料（1949—2020）》发布会在北京举行。该丛书 2012 年正式启动，累计完成 203 部 348 卷册出版工作，字数逾 1.7 亿字，集中展示中国石油工业 70 多年来的组织建设工作成果。集团公司党组副书记段良伟出席活动并讲话。

20 日　中国石油成为冬奥合作伙伴轮值主席单位，同时发布冬奥保障计划。

21 日　中共中央总书记、国家主席、中央军委主席习近平考察胜利油田，指出石油能源建设对我们国家意义重大，中国作为制造业大国，要发展实体经济，能源的饭碗必须端在自己手里。

22 日　集团公司与交通银行在北京签署战略合作协议，探索产业资本和金融资本融合，共同实现更高质量发展。集团公司董事长、党组书记戴厚良与交通银行董事长、党委书记任德奇出席签约仪式。

23 日　《光明日报》刊发集团公司党组署名文章《传承精神财富，开创高质量发展新局面》。

26 日　中共中央总书记、国家主席、中央军委主席习近平到北京展览馆参观国家“十三五”科技创新成就展，参观大型油气田及煤层气开发重大专项展区，并在沙盘模型前仔细驻足观看，听取集团公司董事长、党组书记戴厚良关于加快我国天然气产业高质量发展方面的汇报。

同日　中国石油勘探与生产分公司副总经理、教授级高级工程师何海清获第十七届李四光野外地质工作者奖。

本月　大庆油田马鞍山 510 亩碳中和林建成，可吸收二氧化碳 7326 吨，是中国石油第一个碳中和林。

11 月

3 日　2020 年度国家科学技术奖励大会在人民大会堂举行，中国石油牵头或参与的 4 个项目获奖。其中，寰球工程公司参与的“400 万吨 / 年煤间接液化成套技术创新开发及产业化”获国家科学技术进步奖一等奖；石油化工研究院牵头的“催化裂化汽油超深度加氢脱硫—烯烃分段调控转化成套技术”和华北油田参与的“复杂地质条件储层煤层气高效开发关键技术及应用”获国家科学技术进步奖二等奖；大庆油田参与的“新型聚驱大幅度提高原油采收率关键技术”获国家技术发明奖二等奖。

4—6 日　集团公司总经理、党组副书记侯启军在上海出席第四届中国国际进口博览会系列活动，5 日参加第四届中国石油国际合作论坛暨签约仪式，作题为《坚持绿色低碳发展，大力深化开放合作，为实现“双碳”目标贡献力量》的主旨演讲，中国石油分别与沙特阿美、斯伦贝谢等 33 家合作伙伴签署采购协议。

5 日　抚顺石化工程建设有限公司信息技术研发中心主任刁克剑、辽河油田欢喜岭采油厂采油作业三区齐 7 站站长牛红生获第八届全国道德模范提名奖。

9 日　集团公司总经理、党组副书记侯启军到在京单位一线调研冬季保供和安全生产工作，强调提高政治站位，强化安全风险管控，全力以赴保障天然气平稳供应。

12 日　集团公司党组在北京召开会议，第一时间传达学习贯彻中国共产党第十九届中央委员会第六次全体会议精神。截至 12 月，集团公司党组先后 7 次进行专题学习，组织专题宣讲报告会和学习研讨会，公司两级党委和基层党支部集中学习超过 2 万次。

同日　中国石油 956100 客服热线正式运行，原客服热线 95504 停止使用。

14 日　集团公司董事长、党组书记戴厚良以视频方式出席阿联酋阿布扎比首席执行官圆桌会议，就能源转型中的机遇和挑战等议题进行发言。

16 日《求是》杂志刊发集团公司党组书记、董事长戴厚良署名文章《推动绿色低碳发展，增强能源安全保障能力》。

17 日　集团公司董事长、党组书记戴厚良以视频方式参加中俄能源合作委员会第十八次会议。国务院副总理韩正和俄罗斯副总理诺瓦克共同主持，韩正就深化中俄能源合作提出三点建议：一是发挥好重大战略性项目牵引作用；二是拓展能源合作新领域和内涵；三是加强全球能源治理和应对气候变化协作。

同日　集团公司党组在“学习强国”发表署名文章《党领导新中国石油工业的历史经验与启示》。

18 日　中国科学院和中国工程院 2021 年院士增选结果公布，大庆油田有限责任公司首席技术专家程杰成当选中国工程院院士。至此，中国石油两院院士增至 24 名。

20 日　宁夏销售建成国内首座 BIPV 光伏发电油气合建站，月均发电约 7000 千瓦·时。

25 日　股份公司决定，将中国石油国际事业有限公司持有的中国船舶燃料有限责任公司 50% 股权划转中石油燃料油有限责任公司。

27 日　西南油气田磨溪 145 井茅二段测试获日产 212.26 万立方米高产工业气流，四川盆地二叠系茅口组勘探获重大突破。

29 日　第三届中俄能源商务论坛以线上与线下结合方式在北京和莫斯科两地举行（详见专稿）。

12 月

1 日　集团公司与中国石化集团在北京签署战略合作框架协议，在油气业务、新能源、信息化与数字化等领域全面深化合作。集团公司董事长、党组书记戴厚良与中国石化集团董事长、党组书记马永生出席签约仪式。

6 日　中国石油参与的 8 项工程获 2020—2021 年度国家优质工程奖。其中，由工程建设有限公司和管道局工程公司参建、北京项目管理公司参与监理的中俄东线天然气管道工程（黑河—长岭），昆仑工程公司参与勘察设计的恒逸（文莱）PMB 石油化工项目，获国家优质工程金奖。

同日　华北石化 2000 米^3/时副产氢提纯项目（一期）生产出高纯氢，为北京冬奥会提供清洁能源。项目投产打通中国石油氢能产业链，具有重要战略意义。

8—9 日　集团公司党组成员、副总经理黄永章到河南濮阳台前县、范县调研定点帮扶工作，强调有效发挥集团公司资源优势，高质量推进乡村振兴。

8—16 日　集团公司总经理、党组副书记侯启军以视频形式分别调研长庆油田、塔里木油田、西南油气田，强调坚决完成全年生产经营目标任务，切实做好今冬明春保供工作。

9—15 日　集团公司党组领导侯启军、焦方正、钱朝阳、任立新分别连线新疆察布查尔县、青河县、吉木乃县及托里县，调研定点帮扶工作。集团公司全年在 4 县累计投入帮扶资金超 5500 万元，实施项目 10 多个，培训基层干部及专业技术人员超过 2 万人，购买和帮销特色农产品价值 6000 多万元。

11 日　塔里木油田当年油气产量当量突破 3000 万吨，其中石油液体 604.2 万吨、天然气 300.7 亿立方米。

13—14日　集团公司2021年度油气勘探年会（视频）在北京召开，强调不断夯实保障国家能源安全的资源基础，为建设能源强国贡献石油力量。集团公司党组成员、副总经理焦方正出席会议并讲话。

13日　克拉玛依油田入选第五批国家工业遗产名单。至此，中国石油共有6处入选国家工业遗产名单，其他5处是：铁人一口井、大港油田港5井、隆昌气矿圣灯山气田旧址、玉门油田老君庙油矿和独山子炼油厂。

14日　中国石油与油气行业气候倡议组织（OGCI）成员公司联合签署发布《OGCI 2021年年报》。

同日　集团公司决定，成立中国石油迪拜研究院，加挂勘探开发研究院迪拜分院、工程技术研究院迪拜分院牌子，委托中油国际管理。股份公司决定，成立中国石油深圳新能源研究院，委托勘探开发研究院管理；成立中国石油上海新材料研究院，委托石油化工研究院管理。28日，中国石油迪拜研究院、中石油深圳新能源研究院有限公司和中石油（上海）新材料研究院有限公司正式揭牌，集团公司董事长、党组书记戴厚良出席仪式并讲话。

15日　集团公司2022年生产经营工作会议（视频）在北京召开，强调加强形势研判，突出重点、精准施策，乘势而上推动生产经营工作取得更加优异的业绩。集团公司总经理、党组副书记侯启军出席会议并讲话。

17日　长庆油田当年油气产量当量再破6000万吨，达到6000.55万吨，其中原油2441.15万吨、天然气446.7亿立方米。

18日　集团公司在北京召开参加中国文联十一大、中国作协十大代表座谈会，强调与党同心同德、与人民同向同行，坚定文化自信，用优秀文艺作品为企业凝心聚魂。集团公司党组书记、董事长戴厚良主持并讲话。

20—22日　集团公司2021年度油气田开发年会（视频）在北京召开，强调坚定不移实施稳油增气降本提效，推进上游业务高质量发展，发挥保障油气安全主力军作用。集团公司党组成员、副总经理焦方正出席会议并讲话。

21日　股份公司第八届董事会第十三次会议在北京以现场会议及视频连线方式召开，审议《公司2022年度业务发展与投资计划》《公司2022年度预算报告》2项议案并形成有效决议。

同日　大庆油田三次采油当年产量突破1000万吨，实现连续20年产量超千万吨，累计生产原油2.86亿吨。

22日　集团公司国际化战略研讨会在北京召开，强调加强顶层设计，推进国际化发展迈上新台阶。集团公司董事长、党组书记戴厚良主持并讲话。

同日　中国石油润滑油公司首席科学家、集团公司科学技术奖杰出成就奖获得者伏喜胜获第六届“央企楷模”称号。

25日　中央企业党史学习教育第二指导组到中国石油开展党史学习教育评估工作，指导组组长卢纯出席会议并对中国石油党史学习教育开展以来取得的成效给予肯定。集团公司党组书记、董事长戴厚良主持会议。

27日　集团公司首个集中式光伏电站玉门油田200兆瓦光伏示范项目正式并网发电，项目全容量并网投用后，年发电量约4亿千瓦·时，可节约标准煤11万吨，减排二氧化碳28万吨，标志着中国石油新能源业务发展迈出坚实一步。

同日　广西石化自2010年投产至今累积加工原油突破1亿吨，成为西南地区第一个加工原油突破1亿吨的炼化企业。

29日　集团公司董事长、党组书记戴厚良到冬奥服务保障现场调研，强调大力弘扬石油工业优良传统作风，当标杆作示范，全力以赴服务保障北京冬奥会。

同日　国内首台室外防爆加油机器人（试验）暨智能识别提枪技术在西藏销售海拔3650米的机场高速加油站投用。

31日　集团公司在北京召开党组会（扩大）暨2022年QHSE（安全生产）委员会会议，强调强化“发展决不能以牺牲安全为代价”的红线意识，遵循“四全”原则，落实“四查”要求，精准施策，筑牢安全环保防线。集团公司党组书记、董事长、QHSE委员会主任戴厚良主持会议并讲话。

本月　中国石油获北京冬奥组委颁发的碳中和特殊贡献牌匾。

本年　集团公司党组坚持把开展党史学习教育作为重大政治任务，坚持“第一时间”安排、“第一议题”推进、“第一责任”压紧压实。在中央企业党史学习教育第二指导组指导下，党组组建4个党史学习教育指导组，对156家部门、单位党史学习教育进行全覆盖、全过程督促指导。各级党委理论学习中心组开展专题研讨 2.79 万次，领导干部专题读书班覆盖 23 万人次，各级党组织专题学习 16.6 万次，组织收看“七一”庆祝大会和中共中央六中全会精神新闻发布会直播 92 万人次，开展“四老讲五史”活动，通过视频方式开设“党校学习大讲堂”“党课开讲啦”“书记讲堂”“油味课堂”等，讲授党课 4.7 万次，各级党组织书记宣讲 4 万余场次、受众 116 万人次，各级党校和培训机构增设专题课程 5261 门。围绕 2505 项重点民生项目累计办实事 11.4 万件次。各级党校和培训机构增设专题课程 5261 门。

本年　中国石油油气勘探业务取得 5 项重大战略突破、15 项重要发现，落实 11 个亿吨级和 12 个千亿立方米规模储量区。全年新增探明石油地质储量 104527 万吨，新增探明天然气地质储量 10951 亿立方米。

本年　集团公司国内外油气产量 31429 万吨，同比增长 2.6%。其中：海外油气权益产量当量 10139 万吨；国内原油产量 10310.6 万吨，占全国原油总产量的 51.8%；国内天然气产量 1378 亿立方米，占全国天然气总产量的 66.4%。

本年　中国石油国内油气产量当量超 2.1 亿吨，原油产量实现三年持续增长，天然气产量当量再超 1 亿吨，在油气产量当量中占比 51.4%。其中，长庆油田生产原油 2536 万吨、天然气 465 亿立方米，油气产量当量 6200 万吨；大庆油田国内生产原油超 3000 万吨，连续七年保持 3000 万吨以上，国内油气产量当量 3345 万吨；塔里木油田生产原油 638 万吨、天然气 319 亿立方米，油气产量当量 3182 万吨；西南油气田生产原油超 6 万吨、天然气产量突破 350 亿立方米，油气产量当量 2828 万吨；新疆油田生产原油 1370 万吨、天然气 34.8 亿立方米，油气产量当量 1647 万吨；辽河油田生产原油 1008 万吨、天然气 7.8 亿立方米，油气产量当量 1071 万吨，实现千万吨规模稳产 36 年。

本年　中国石油国内销售天然气 2055.5 亿立方米，按等量热值计算相当于替代 2.73 亿吨标准煤，减排二氧化碳约 2.74 亿吨，为优化中国能源结构、建设美丽中国添“底气”。

本年　中国石油成立新能源新材料事业发展领导小组，党组书记、董事长戴厚良 7 次主持召开领导小组会议，加快推进新能源新材料新事业科技发展，研究制定集团公司新能源新业务“十四五”科技发展规划，明确“清洁替代、战略接替、绿色转型”三步走总体部署。全年建成投产新能源项目 39 个，新增新能源开发利用能力 350 万吨标准煤，利用总量 700 万吨标准煤。获取风光发电指标 120 万千瓦，风光发电装机规模增加 24 万千瓦；新增地热供暖面积 960 万平方米；投用高纯氢供应能力 1500 吨 / 年，建成加氢站（综合能源服务站）8 座。

本年　中国石油在吉林、大庆、长庆、新疆四家油田开展 CCUS–EOR 工业试验和推广，注入二氧化碳 56.7 万吨，年产原油 20 万吨；二氧化碳累计埋存量超过 450 万吨，规模保持国内领先。

本年　中国石油深入实施国企改革三年行动，重要领域和关键环节深化改革取得一系列重大进展，“两非”剥离工作走在央企前列，厂办大集体改革持续深化，公司制改革收尾基本完成，改革任务完成率超国务院国资委考核目标 20 个百分点。公司治理体系和治理能力现代化建设取得新成效，突出价值型总部建设，推动总部职能转变和治理效能提升，总部部门数量减少 25%，处室数量压减 20%，人员编制精简 10%。市场化改革和经营机制转换迈出新步伐，健全以市场为导向、以效益为中心的内部市场化价格形成机制。持续推动各级子企业董事会建设，应建董事会的 101 户子企业全部规范设立。

本年　中国石油积极保障北京 2022 年冬奥会和冬残奥会。精选冬奥场馆及交通沿线 26 座加油（气、氢）站专门为赛事提供资源加注服务。其中，5 座是专门为高海拔地区建造、可移动的橇装加油设施，保证极寒环境下的油田供应。北京地区车用汽油柴油升级到京ⅥB 标准，推出高标准发动机油冬奥期间供应油品 2500 多吨。华北石化建成 2000 米 ^{3}/ 时、500 米 ^{3}/ 时副产提纯装置，产出纯度 99.999% 以上的氢气供应冬奥，建成首座“油气氢电非”综合能源服务站。华油集团组建 1600 人专业团队，服务北京冬奥村和冬残奥村。现场服务团队 1357 人，高质量完成住宿和餐饮服务。向北京冬奥组委赞助 20 万吨国家核证自愿减排量（CCER）。打造 100 个冬奥特许商品零售柜台、超过 1600 座冬奥主题形象站，发行 100 万张“冬奥主题加油卡”，推广冬奥文化进企业、进社区、进油站。

本年　中国石油申请专利 5016 件，其中发明专利 4779 件。

本年　中国石油在全国 25 个省区市 222 个村投入帮扶资金近 3 亿元，实施环保生态林、智慧粮仓等各类帮扶项目近 600 个，派出帮扶干部 984 人，培训基层干部、致富带头人及专业技术人员超 7 万人，购销脱贫地区农产品 9 亿元，惠及群众超 50 万人。

本年　中国石油驰援抗震救灾、抗洪抢险一线，无论是云南省大理州漾濞县 6.4 级地震、青海玛多县 7.4 级地震，还是湖北、河南部分地区出现特大暴雨，集团公司党组均第一时间做出部署，在油气保供、应急抢险、救灾物资供应等方面提供保障，全力支援抢险救灾和生产生活秩序恢复。

本年　面对新冠肺炎疫情防控常态化阶段的新形势、新挑战，中国石油进一步压实“四方责任”，落实“四早”要求，疫情防控工作领导小组多次召开疫情防控工作会议，组织开展重点地区重点企业疫情防控视频巡检，强化责任担当，慎终如始科学精准抓好疫情防控。

（任洁江　刘倩倩）

统计数据

表 1　中国石油天然气集团有限公司主要指标完成情况

指标名称	单　位	2021 年	2020 年	2019 年	2018 年	2017 年
主营业务收入						
工业总产值（现价）	亿元	16418	12432	16241	15552	12411
工业销售产值	亿元	16400	12417	16235	15424	12388
企业增加值	亿元	9090	8190	8856	8781	8371
油气产量						
原油	万吨	17944	17864	18103	17637	17134
其中，海外权益产量	万吨	7633	7639	7926	7535	6880
天然气	亿立方米	1692.4	1603.5	1503.0	1380.2	1287.3
其中，海外权益产量	亿立方米	314.5	297.5	315.1	286.5	254.5
主要炼油化工产品产量						
汽油、煤油、柴油、润滑油合计	万吨	11081	10881	12076	11451	10515
汽油	万吨	4939	4628	5044	4590	4098
煤油	万吨	1128	1023	1402	1254	1018
柴油	万吨	4824	5072	5468	5446	5235
润滑油	万吨	189	158	163	160	164
乙烯	万吨	671.3	634.5	586.3	556.9	576.4
合成树脂及共聚物	万吨	1090.3	1028.7	958.0	916.5	940.4
合成橡胶	万吨	104.4	100.1	91.0	86.9	80.9
合成纤维	万吨	2.2	2.5	3.7	5.2	5.8
尿素	万吨	242.2	216.3	120.8	82.8	143.9
主要冶金产品产量						
石油焊接钢管	万吨	194.8	168.9	184.4	165.8	161.5
石油套管	万吨	34.2	48.9	77.2	84.2	70.1
钻井钢丝绳	万吨	6.3	6.0	7.0	5.9	5.2
主要机械产品产量						
钻机	套	65	46	85	47	23
抽油机	台	4893	4458	5805	4964	4267
抽油杆	万米	444.8	827.7	687.0	677.2	494.0
抽油泵	台	39402	16948	27783	41798	46852

（罗大勇）

表 2　中国石油天然气集团有限公司合并资产负债表

万元人民币

项　目	2021 年	2020 年
流动资产		
货币资金	27139144	22980598
拆出资金	23106205	18573505
交易性金融资产	10679143	9033679
衍生金融资产	39849	151735
应收票据	45216	70598

续表

项　目	2021 年	2020 年
应收账款	8414957	8143434
应收款项融资	254043	826193
预付款项	15338354	20272616
应收保费	10122	6962
应收分保账款	79739	84591
应收分保合同准备金	177100	164282
其他应收款	5757958	3627047
买入返售金融资产	6205909	2470022
存货	18900494	17712667
合同资产	7425889	5972040
持有待售资产	—	4261274
一年内到期的非流动资产	19717016	14014528
其他流动资产	11185778	14421731
流动资产合计	154476916	142787502
非流动资产		
发放贷款和垫款	10145452	11626245
债权投资	7067625	9543955
其他债权投资	2116119	4222444
长期应收款	4757943	5232915
长期股权投资	31794569	29211813
其他权益工具投资	821347	908159
其他非流动金融资产	3366227	5352819
投资性房地产	246783	247544
固定资产	58333640	58506595
在建工程	25981994	25221709
生产性生物资产	0	—
油气资产	95259650	94418874
使用权资产	4583409	—
无形资产	10597960	10154428
开发支出	114553	96368
商誉	807795	821811
长期待摊费用	3575612	5247445
递延所得税资产	2169434	2054286
其他非流动资产	3026390	3212471
非流动资产合计	264766502	266079881
资产总计	419243418	408867383
流动负债		
短期借款	6903711	7162321

续表

项　目	2021 年	2020 年
向中央银行借款	788749	262423
拆入资金	4905504	5039282
衍生金融负债	364025	469808
应付票据	6856299	6039770
应付账款	36229511	33121344
预收款项	271861	593295
合同负债	10558380	11444918
卖出回购金融资产款	3274893	2667198
吸收存款及同业存放	20424440	20008354
代理买卖证券款	1	1
应付职工薪酬	4620338	3893187
应交税费	8812336	7240553
其他应付款	7873086	8421270
应付手续费及佣金	2759	4006
应付分保账款	59240	71983
持有待售负债	—	226152
一年内到期的非流动负债	9487138	5982846
其他流动负债	5487537	5794662
流动负债合计	126919808	118443373
非流动负债		
保险合同准备金	565165	446150
长期借款	9147365	5410405
应付债券	24429740	33318851
租赁负债	2832154	—
长期应付款	1261161	502167
长期应付职工薪酬	148184	151578
预计负债	15009181	13944384
递延收益	1050030	1280810
递延所得税负债	4428511	3131022
其他非流动负债	280828	314416
非流动负债合计	59152319	58499783
负债合计	186072127	176943156
所有者权益（或股东权益）		
实收资本（或股本）	48685500	48685500
其他权益工具	10299408	14770214
资本公积	26902334	25544143
其他综合收益	–5365865	–4345199
专项储备	1624369	1769080

续表

项　目	2021 年	2020 年
盈余公积	108531185	108437123
一般风险准备	1258514	1185750
未分配利润	7081245	1812174
归属于母公司所有者权益（或股东权益）合计	199016690	197858785
少数股东权益	34154601	34065442
所有者权益（或股东权益）合计	233171291	231924227
负债和所有者权益（或股东权益）总计	419243418	408867383

表 3　中国石油天然气集团有限公司合并利润表

万元人民币

项　目	2021 年	2020 年
营业总收入	280727507	208714680
其中，营业收入	278139949	206448805
利息收入	2274006	2021508
已赚保费	152017	69622
手续费及佣金收入	161535	174744
营业总成本	262972810	202923985
其中，营业成本	214220438	158769390
利息支出	839894	888492
手续费及佣金支出	156651	27862
赔付支出净额	57728	50507
提取保险责任准备金净额	101195	30526
分保费用	15854	18061
税金及附加	23968339	20524912
销售费用	7940447	7936675
管理费用	8440640	7901852
研发费用	2529179	2275934
财务费用	2244215	2540103
其他	2458230	1959671
加：其他收益	1558558	1153091
投资收益（损失以“–”号填列）	4622307	5241883
汇兑收益（损失以“–”号填列）	4695	10556
净敞口套期收益（损失以“–”号填列）	—	—
公允价值变动收益（损失以“–”号填列）	639771	352343
信用减值损失（损失以“–”号填列）	–577376	–79691
资产减值损失（损失以“–”号填列）	–3656129	–2962536
资产处置收益（损失以“–”号填列）	150147	182943
营业利润（亏损以“–”号填列）	20496670	9689284
加：营业外收入	797685	1660527

续表

项　目	2021 年	2020 年
其中，政府补助	402928	1124997
减：营业外支出	4646681	2597838
利润总额（亏损总额以“-”号填列）	16647674	8751973
减：所得税费用	6621342	3724811
净利润（净亏损以“-”号填列）	10026332	5027162
按经营持续性分类		
持续经营净利润	10026332	5027162
终止经营净利润	—	—
按所有权归属分类		
归属于母公司所有者的净利润	6216526	3156874
少数股东损益	3809806	1870288

表 4　中国石油天然气股份有限公司及其附属公司勘探与生产运营情况

项　目	单　位	2021 年	2020 年	同比增减（%）
原油产量	百万桶	887.9	921.8	（3.7）
其中，国内	百万桶	753.4	743.8	1.3
海外	百万桶	134.5	178.0	（24.4）
可销售天然气产量	十亿立方英尺	4420.0	4221.0	4.7
其中，国内	十亿立方英尺	4222.2	3993.8	5.7
海外	十亿立方英尺	197.8	227.2	（12.9）
油气当量产量	百万桶	1624.8	1625.5	—
其中，国内	百万桶	1457.4	1409.7	3.4
海外	百万桶	167.4	215.8	（22.4）
原油证实储量	百万桶	6064	5206	16.5
天然气证实储量	十亿立方英尺	74916	76437	（2.0）
证实已开发原油储量	百万桶	5375	4654	15.5
证实已开发天然气储量	十亿立方英尺	42576	42077	1.2

注：原油按 1 吨 =7.389 桶，天然气按 1 立方米 =35.315 立方英尺换算。

表 5　中国石油天然气股份有限公司炼油与化工生产情况

项　目	单　位	2021 年	2020 年	同比增减（%）
原油加工量	百万桶	1225.0	1177.5	4.0
汽油、煤油、柴油产量	千吨	108712	107042	1.6
其中，汽油	千吨	49388	46280	6.7
煤油	千吨	11079	10043	10.3
柴油	千吨	48245	50719	（4.9）
原油加工负荷率	%	82.5	79.9	2.6 个百分点
轻油收率	%	77.0	78.4	（1.4）个百分点
石油产品综合商品收率	%	93.9	93.5	0.4 个百分点

续表

项　目	单　位	2021 年	2020 年	同比增减（%）
乙烯	千吨	6713	6345	5.8
合成树脂	千吨	10903	10287	6.0
合成纤维原料及聚合物	千吨	1146	1278	（10.3）
合成橡胶	千吨	1044	1001	4.3
尿素	千吨	2422	2163	12.0

注：原油按 1 吨 =7.389 桶换算。

表 6　中国石油天然气股份有限公司及其附属公司销售业务情况

项　目	单　位	2021 年	2020 年	同比增减（%）
汽油、煤油、柴油销量	千吨	163307	161230	1.3
其中，汽油	千吨	65981	66084	（0.2）
煤油	千吨	15598	14350	8.7
柴油	千吨	81728	80796	1.2
汽油、煤油、柴油国内销量	千吨	112493	105896	6.2
其中，汽油	千吨	52626	49188	7.0
煤油	千吨	9005	8331	8.1
柴油	千吨	50862	48377	5.1
零售市场份额	%	35.3	35.9	（0.6）个百分点
单站加油量	吨 / 日	8.05	8.48	（5.1）
加油站数量	座	22800	22619	0.8
其中，资产型加油站	座	20734	21042	（1.5）
便利店数量	座	20178	20212	（0.2）

表 7　中国石油天然气股份有限公司主要子公司、参股公司情况

公司名称	注册资本	持股比例	资产总额	负债总额	净资产 /（负债）总额	净利润 /（亏损）
	百万元人民币	%	百万元人民币	百万元人民币	百万元人民币	百万元人民币
大庆油田有限责任公司	47500	100.00	365574	138890	226684	3898
中油勘探开发有限公司（中油勘探）	16100	50.00	200082	41575	158507	8413
中石油香港有限公司	75.92 亿港币	100.00	148776	54346	94430	28557
中石油国际投资有限公司	31314	100.00	74023	146386	（72363）	（19457）
中国石油国际事业有限公司	18096	100.00	222774	150427	72347	6031
中国石油四川石化有限责任公司	10000	90.00	29290	4258	25032	3383
国家石油天然气管网集团有限公司（国家管网集团）	500000	29.90	854496	239393	615103	29776
中油财务有限责任公司（中油财务）	8331	32.00	531904	454765	77139	6304
中石油专属财产保险股份有限公司	5000	49.00	11718	4759	6959	424
中国船舶燃料有限责任公司	1000	50.00	12876	10537	2339	（610）

续表

公司名称	注册资本	持股比例	资产总额	负债总额	净资产/（负债）总额	净利润/（亏损）
	百万元人民币	%	百万元人民币	百万元人民币	百万元人民币	百万元人民币
Mangistau Investment B.V.	1.31 亿美元	50.00	12147	2905	9242	2114
中石油中亚天然气管道有限公司	5000	50.00	45448	2630	42818	4067

表 8　中国石油天然气股份有限公司已评估证实储量和证实开发储量

项　目	原油及凝析油（百万桶）	天然气（十亿立方英尺）	合　计（油当量百万桶）
证实开发和未开发储量			
本集团			
基准日 2019 年 12 月 31 日的储量	7253.3	76236.0	19959.3
对以前估计值的修正	（1553.1）	（595.3）	（1652.2）
扩边和新发现	385.2	4976.1	1214.6
提高采收率	107.7	—	107.7
购入	15.0	106.9	32.8
出售	（80.2）	（65.6）	（91.1）
当年产量	（921.8）	（4221.0）	（1625.5）
基准日 2020 年 12 月 31 日的储量	5206.1	76437.1	17945.6
对以前估计值的修正	1159.1	（2011.6）	824.1
扩边和新发现	472.3	4885.3	1286.5
提高采收率	116.7	27.0	121.2
购入	0	0	0
出售	（2.5）	（1.9）	（2.8）
当年产量	（887.9）	（4420.0）	（1624.8）
基准日 2021 年 12 月 31 日的储量	6063.8	74915.9	18549.8
证实开发储量			
基准日为 2019 年 12 月 31 日	5473.8	39869.6	12118.7
其中，国内	4840.0	38376.3	11236.0
海外	633.8	1493.3	882.7
基准日为 2020 年 12 月 31 日	4653.6	42076.7	11666.4
其中，国内	3987.0	40732.3	10775.8
海外	666.6	1344.4	890.6
基准日为 2021 年 12 月 31 日	5374.8	42575.6	12470.7
其中，国内	4799.6	41343.5	11690.2
海外	575.2	1232.1	780.5
证实未开发储量			
基准日为 2019 年 12 月 31 日	1779.5	36366.4	7840.6
其中，国内	1659.8	36156.8	7686.0

续表

项　目	原油及凝析油（百万桶）	天然气（十亿立方英尺）	合　计（油当量百万桶）
海外	119.7	209.6	154.6
基准日为 2020 年 12 月 31 日	552.5	34360.4	6279.2
其中，国内	387.9	34062.0	6064.9
海外	164.6	298.4	214.3
基准日为 2021 年 12 月 31 日	689.0	32340.3	6079.1
其中，国内	486.0	32116.5	5838.8
海外	203.0	223.8	240.3
按权益法核算的投资			
应占联营公司及合营公司			
证实已开发及未开发储量			
2019 年 12 月 31 日	287.1	393.6	352.7
2020 年 12 月 31 日	195.5	362.7	256.0
2021 年 12 月 31 日	208.5	511.4	293.7

注：2021 年原油及凝析油储量中含天然气液（NGL）278.9 百万桶。

表 9　中国石油天然气股份有限公司 2021 年 12 月 31 日合并及公司资产负债表（一）

（除特别注明外，金额单位为百万元人民币）

资　产	2021 年 12 月 31 日	2020 年 12 月 31 日	2021 年 12 月 31 日	2020 年 12 月 31 日
	合　并	合　并	公　司	公　司
流动资产				
货币资金	163536	145950	35505	42787
应收账款	56659	52325	7429	8412
应收款项融资	3975	8076	3598	2830
预付款项	14598	21626	6273	8861
其他应收款	39554	26834	4327	14738
存货	143848	128539	95828	77813
持有待售资产	—	42615	—	—
其他流动资产	58668	60802	44442	44614
流动资产合计	480838	486767	197402	200055
非流动资产				
其他权益工具投资	1176	910	388	427
长期股权投资	265884	250698	461462	451677
固定资产	418837	415988	259790	264241
油气资产	816788	813888	622093	598665
在建工程	223671	222215	150829	142470
使用权资产	139359	144338	61889	66765
无形资产	90587	86101	68884	65841

续表

资　产	2021 年 12 月 31 日	2020 年 12 月 31 日	2021 年 12 月 31 日	2020 年 12 月 31 日
	合　并	合　并	公　司	公　司
商誉	7987	8125	43	30
长期待摊费用	11391	11869	8384	8980
递延所得税资产	12161	11364	—	2008
其他非流动资产	33854	36137	12786	13524
非流动资产合计	2021695	2001633	1646548	1614628
资产总计	2502533	2488400	1843950	1814683

表 10　中国石油天然气股份有限公司 2021 年 12 月 31 日合并及公司资产负债表（二）

（除特别注明外，金额单位为百万元人民币）

负债及股东权益	2021 年 12 月 31 日	2020 年 12 月 31 日	2021 年 12 月 31 日	2020 年 12 月 31 日
	合　并	合　并	公　司	公　司
流动负债				
短期借款	40010	41354	23328	25923
应付票据	20089	19313	19369	18203
应付账款	237102	220318	90968	99276
合同负债	78481	91477	57698	59877
应付职工薪酬	8975	8649	6669	6559
应交税费	76774	63724	51615	45769
其他应付款	28493	56250	72324	74496
持有待售负债	—	9956	—	—
一年内到期的非流动负债	19893	81769	8644	64745
其他流动负债	8341	12608	5918	1791
流动负债合计	518158	605418	336533	396639
非流动负债				
长期借款	198005	160140	99767	68829
应付债券	89170	91239	85000	87000
租赁负债	123222	122644	47976	47983
预计负债	129405	114819	90941	81941
递延所得税负债	26654	16390	7914	—
其他非流动负债	8795	10865	4678	5496
非流动负债合计	575251	516097	336276	291249
负债合计	1093409	1121515	672809	687888
股东权益				
股本	183021	183021	183021	183021
资本公积	127375	127222	127207	127044
专项储备	9231	10810	4829	4708

续表

负债及股东权益	2021年12月31日	2020年12月31日	2021年12月31日	2020年12月31日
	合　并	合　并	公　司	公　司
其他综合收益	（34737）	（32128）	250	455
盈余公积	211970	203557	200878	192465
未分配利润	766955	722939	654956	619102
归属于母公司股东权益合计	1263815	1215421	1171141	1126795
少数股东权益	145309	151464	—	—
股东权益合计	1409124	1366885	1171141	1126795
负债及股东权益总计	2502533	2488400	1843950	1814683

表11　中国石油天然气股份有限公司2021年度合并及公司利润表

（除特别注明外，金额单位为百万元人民币）

项　目	2021年度	2020年度	2021年度	2020年度
	合　并	合　并	公　司	公　司
营业收入	2614349	1933836	1413409	1097522
减：营业成本	（2071504）	（1546604）	（1036399）	（858403）
税金及附加	（226664）	（194904）	（175883）	（153214）
销售费用	（71295）	（71476）	（48777）	（49707）
管理费用	（51701）	（55315）	（30481）	（33558）
研发费用	（16729）	（15746）	（12613）	（11748）
财务费用	（17043）	（24304）	（14972）	（20781）
其中，利息费用	（19739）	（26528）	（15162）	（20484）
利息收入	2984	3023	765	558
加：其他收益	14251	9889	12274	6976
投资收益	35389	51845	26044	114412
其中，对联营企业和合营企业的投资收益	13267	3533	10604	5314
信用减值损失	（353）	（341）	（905）	（143）
资产减值损失	（27611）	（23520）	（6761）	（13110）
资产处置收益	1091	1423	931	1302
营业利润	182180	64783	125867	79548
加：营业外收入	2983	4109	2192	3206
减：营业外支出	（26969）	（12823）	（21887）	（7526）
利润总额	158194	56069	106172	75228
减：所得税费用	（43507）	（22588）	（22039）	（12483）
净利润	114687	33481	84133	62745
按经营持续性分类				
持续经营净利润	114687	33481	84133	62745
终止经营净利润	—	—	—	—
按所有权归属分类				
归属于母公司股东的净利润	92161	19002	84133	62745

续表

项　目	2021 年度	2020 年度	2021 年度	2020 年度
	合　并	合　并	公　司	公　司
少数股东损益	22526	14479	—	—
其他综合收益的税后净额	（4501）	（11130）	（205）	（524）
归属于母公司股东的其他综合收益的税后净额	（2609）	（4372）	（205）	（524）
（一）不能重分类进损益的其他综合收益				
其他权益工具投资公允价值变动	79	（22）	（30）	（10）
（二）将重分类进损益的其他综合收益				
权益法下可转损益的其他综合收益	（4）	（441）	（175）	（514）
外币财务报表折算差额	（2684）	（3909）	—	—
归属于少数股东的其他综合收益的税后净额	（1892）	（6758）	—	—
综合收益总额	110186	22351	83928	62221
归属于：				
母公司股东	89552	14630	83928	62221
少数股东	20634	7721	—	—
每股收益				
基本每股收益（人民币元）	0.50	0.10	0.46	0.34
稀释每股收益（人民币元）	0.50	0.10	0.46	0.34

表 12　中国石油天然气股份有限公司 2021 年度合并及公司现金流量表

（除特别注明外，金额单位为百万元人民币）

项　目	2021 年度	2020 年度	2021 年度	2020 年度
	合　并	合　并	公　司	公　司
经营活动产生的现金流量				
销售商品、提供劳务收到的现金	2575909	2193695	1585380	1232032
收到其他与经营活动有关的现金	132521	15376	13466	11293
经营活动现金流入小计	2708430	2209071	1598846	1243325
购买商品、接受劳务支付的现金	（1722631）	（1414729）	（972088）	（704419）
支付给职工以及为职工支付的现金	（154384）	（150474）	（113521）	（109365）
支付的各项税费	（310416）	（269761）	（233375）	（190333）
支付其他与经营活动有关的现金	（179530）	（55532）	（39092）	（47658）
经营活动现金流出小计	（2366961）	（1890496）	（1358076）	（1051775）
经营活动产生的现金流量净额	341469	318575	240770	191550
投资活动产生的现金流量				
收回投资收到的现金	37345	3633	5689	16936
取得投资收益所收到的现金	15110	7310	41802	21246
处置固定资产、油气资产、无形资产和其他长期资产收回的现金净额	3780	1269	2798	726
处置子公司及其他营业单位收到的现金净额	32057	82767	—	80588

续表

项　目	2021 年度 合　并	2020 年度 合　并	2021 年度 公　司	2020 年度 公　司
投资活动现金流入小计	88292	94979	50289	119496
购建固定资产、油气资产、无形资产和其他长期资产支付的现金	（265563）	（256727）	（193939）	（167375）
投资支付的现金	（35761）	（20238）	（9977）	（19932）
投资活动现金流出小计	（301324）	（276965）	（203916）	（187307）
投资活动使用的现金流量净额	（213032）	（181986）	（153627）	（67811）
筹资活动产生的现金流量				
吸收投资收到的现金	673	613	—	—
其中，子公司吸收少数股东投资收到的现金	673	613	—	—
取得借款收到的现金	810092	989492	172284	306501
筹资活动现金流入小计	810765	990105	172284	306501
偿还债务支付的现金	（836434）	（1017662）	（201472）	（344847）
分配股利、利润或偿付利息支付的现金	（69195）	（59042）	（60933）	（41744）
其中，子公司支付给少数股东的股利、利润	（16508）	（14264）	—	—
子公司资本减少	（69）	（5）	—	—
支付其他与筹资活动有关的现金	（13038）	（12796）	（5854）	（7498）
筹资活动现金流出小计	（918736）	（1089505）	（268259）	（394089）
筹资活动使用的现金流量净额	（107971）	（99400）	（95975）	（87588）
汇率变动对现金及现金等价物的影响	（2308）	（4967）	—	—
现金及现金等价物净增加 /（减少）额	18158	32222	（8832）	36151
加：期初现金及现金等价物余额	118631	86409	40787	4636
期末现金及现金等价物余额	136789	118631	31955	40787

表 13　中国石油天然气股份有限公司 2021 年度合并股东权益变动表

（除特别注明外，金额单位为百万元人民币）

项　目	归属于母公司股东权益							少数股东权益	股东权益合计
	股　本	资本公积	专项储备	其他综合收益	盈余公积	未分配利润	小　计		
2020 年 1 月 1 日余额	183021	127314	12443	（27756）	197282	738124	1230428	214150	1444578
2020 年度增减变动额									
综合收益总额	—	—	—	（4372）	—	19002	14630	7721	22351
专项储备—安全生产费									
本期提取	—	—	5952	—	—	—	5952	343	6295
本期使用	—	—	（7585）	—	—	—	（7585）	（215）	（7800）
利润分配									
提取盈余公积	—	—	—	—	6275	（6275）	—	—	—
对股东的分配	—	—	—	—	—	（28078）	（28078）	（14827）	（42905）
其他权益变动									
与少数股东的权益性交易	—	—	—	—	—	—	—	（2）	（2）

续表

项目	归属于母公司股东权益							少数股东权益	股东权益合计
	股本	资本公积	专项储备	其他综合收益	盈余公积	未分配利润	小计		
少数股东资本投入	—	2	—	—	—	—	2	823	825
收购子公司	—	1	—	—	—	—	1	1186	1187
处置子公司	—	—	—	—	—	—	—	（57914）	（57914）
其他	—	（95）	—	—	—	166	71	199	270
2020 年 12 月 31 日余额	183021	127222	10810	（32128）	203557	722939	1215421	151464	1366885
2021 年 1 月 1 日余额	183021	127222	10810	（32128）	203557	722939	1215421	151464	1366885
2021 年度增减变动额									
综合收益总额	—	—	—	（2609）	—	92161	89552	20634	110186
专项储备—安全生产费									
本期提取	—	—	5612	—	—	—	5612	10	5622
本期使用	—	—	（7191）	—	—	—	（7191）	（181）	（7372）
利润分配									
提取盈余公积	—	—	—	—	8413	（8413）	—	—	—
对股东的分配	—	—	—	—	—	（39866）	（39866）	（15975）	（55841）
其他权益变动									
与少数股东的权益性交易	—	（15）	—	—	—	—	（15）	（19）	（34）
少数股东资本投入	—	—	—	—	—	—	—	1059	1059
收购子公司	—	—	—	—	—	—	—	769	769
处置子公司	—	—	—	—	—	—	—	（12380）	（12380）
其他	—	168	—	—	—	134	302	（72）	230
2021 年 12 月 31 日余额	183021	127375	9231	（34737）	211970	766955	1263815	145309	1409124

表 14　中国石油天然气股份有限公司 2021 年度公司股东权益变动表

（除特别注明外，金额单位为百万元人民币）

项目	股本	资本公积	专项储备	其他综合收益	盈余公积	未分配利润	股东权益合计
2020 年 1 月 1 日余额	183021	127845	6513	979	186190	590727	1095275
综合收益总额	—	—	—	（524）	—	62745	62221
专项储备—安全生产费							
本期提取	—	—	2006	—	—	—	2006
本期使用	—	—	（3811）	—	—	—	（3811）
利润分配							
提取盈余公积	—	—	—	—	6275	（6275）	—
对股东的分配	—	—	—	—	—	（28078）	（28078）
其他权益变动	—	（801）	—	—	—	（17）	（818）
2020 年 12 月 31 日余额	183021	127044	4708	455	192465	619102	1126795
2021 年 1 月 1 日余额	183021	127044	4708	455	192465	619102	1126795

续表

项　目	股本	资本公积	专项储备	其他综合收益	盈余公积	未分配利润	股东权益合计
2020 年 1 月 1 日余额	183021	127845	6513	979	186190	590727	1095275
2021 年度增减变动额							
综合收益总额	—	—	—	（205）	—	84133	83928
专项储备—安全生产费							
本期提取	—	—	3558	—	—	—	3558
本期使用	—	—	（3437）	—	—	—	（3437）
利润分配							
提取盈余公积	—	—	—	—	8413	（8413）	—
对股东的分配	—	—	—	—	—	（39866）	（39866）
其他权益变动	—	163	—	—	—	—	163
2021 年 12 月 31 日余额	183021	127207	4829	250	200878	654956	1171141

表 15　1998—2021 年中国石油国内新增探明石油、天然气地质储量

时　间	国内新增探明石油地质储量（万吨）	国内新增探明天然气地质储量（亿立方米）
1998 年	48538	2229
1999 年	37318	918
2000 年	42389	4118
2001 年	45683	4071
2002 年	42760	3000
2003 年	43903	3838
2004 年	52107	2008
2005 年	56151	3583
2006 年	61510	3654
2007 年	82940	4453
2008 年	62385	4168
2009 年	57356	4616
2010 年	57538	4678
2011 年	69650	4092
2012 年	71100	4503
2013 年	67013	4923
2014 年	69947	4827
2015 年	72816	5702
2016 年	64928	5419
2017 年	64211	4027
2018 年	63316	5846
2019 年	83660	12399
2020 年	87253	6483
2021 年	104527	10951

表 16　1998—2021 年中国石油二维地震、三维地震采集情况

时　间	二维地震（千米）			三维地震（平方千米）		
	总　计	国　内	海　外	总　计	国　内	海　外
1998 年	—	58095	—	—	7778	—
1999 年	—	58759	—	—	6987	—
2000 年	—	45353	—	—	7999	—
2001 年	35630	28261	7369	11218	9244	1974
2002 年	45022	34550	10472	15337	11024	96980
2003 年	52693	39703	13805	20245	11576	8669
2004 年	61968	36668	25300	33210	12752	20458
2005 年	89113	50949	38164	25650	12426	13224
2006 年	90152	45399	44753	40079	14590	25489
2007 年	101401	45740	55661	51792	23940	27852
2008 年	114548	45535	69013	58648	15834	42814
2009 年	74392	31897	42495	53525	15838	38142
2010 年	81130	32953	48171	54338	15671	38667
2011 年	93306	36400	56100	37618	15618	22000
2012 年	96700	41400	55300	57700	17900	39700
2013 年	114364	40274	74090	64491	17542	46949
2014 年	103645	42798	60847	63990	14485	49505
2015 年	132714	22521	110193	47219	10722	36497
2016 年	162684	35919	126765	58120	10844	47276
2017 年	154904	30644	124260	57182	10313	46869
2018 年	105700	21900	83800	76800	17500	59300
2019 年	14167	11478	2689	17385	15204	2181
2020 年	18000	8400	9600	85400	22400	63000
2021 年	34565	7264	27301	86496	16719	69777

表 17　1998—2021 年中国石油国内完成探井及进尺情况

时　间	完成探井（口）	进尺（万米）	时　间	完成探井（口）	进尺（万米）
1998 年	650	160.7	2005 年	799	218.4
1999 年	625	149.3	2006 年	774	216.7
2000 年	706	161.8	2007 年	1693	435.4
2001 年	663	167.2	2008 年	1719	452
2002 年	685	157.7	2009 年	1901	487.5
2003 年	548	145.8	2010 年	1640	463.2
2004 年	642	181.0	2011 年	1795	484

续表

时　间	完成探井（口）	进尺（万米）	时　间	完成探井（口）	进尺（万米）
2012 年	1918	497	2017 年	1774	502.5
2013 年	1746	485.8	2018 年	1803	522.1
2014 年	1584	441.8	2019 年	1405	447.8
2015 年	1588	441.8	2020 年	1658	509.4
2016 年	1651	467.2	2021 年	1490	—

表 18　1998—2021 年中国石油钻（完）井数量及进尺

时　间	钻（完）井数量（口）			进尺（万米）		
	总　计	国　内	海　外	总　计	国　内	海　外
1998 年	—	8334	—	—	1261.6	—
1999 年	—	7304	—	—	1113.7	—
2000 年	6322	6374	48	1052.9	1037.4	15.5
2001 年	6666	6492	174	1167.5	1132.0	35.5
2002 年	6677	6531	146	1194.5	1155.2	39.3
2003 年	8510	8182	328	1509.6	1437.2	72.3
2004 年	9328	8873	455	1664.8	1571.9	92.9
2005 年	11202	10577	625	1972.2	1844.7	127.5
2006 年	11401	10577	824	2331.9	2161.7	170.1
2007 年	12790	11609	1181	2613.7	2422.7	191.0
2008 年	15161	14125	1036	2828.4	2060.0	226.4
2009 年	12900	11570	1330	2479.0	2206.6	272.4
2010 年	13043	11919	1124	2519.8	2297.1	222.7
2011 年	13706	—	—	2598.3	2338.9	259.4
2012 年	13753	—	—	2719.5	2429.6	289.9
2013 年	13378	12035	1343	2750.0	2432.0	318.0
2014 年	12286	10970	1316	2492.0	2198.0	294.0
2015 年	9387	8389	998	2089.0	1838.0	251.0
2016 年	9328	8686	642	1950.0	1796.0	154.0
2017 年	11687	10807	880	2579.0	2355.0	224.0
2018 年	11264	10274	990	2571.0	2330.0	241.0
2019 年	11571	10493	1078	2745.0	2498.0	247.0
2020 年	9350	8686	664	2103.0	1956.0	147.0
2021 年	9602	—	—	2308.0	—	—

注：2011 年和 2012 年国内、海外钻（完）井数据缺失。

表 19　1998—2021 年中国石油原油、天然气产量

时间	国内		海外			
	原油（万吨）	天然气（亿立方米）	原油（万吨）		天然气（亿立方米）	
			作业产量	权益产量（份额）	作业产量	权益产量（份额）
1998 年	10738.0	149.7	—	—	—	—
1999 年	10706.7	162.6	592.0	327.0	6.4	4.0
2000 年	10605.4	183.1	1352.9	686.7	7.4	4.8
2001 年	10655.6	205.8	1623.0	828.7	9.3	5.8
2002 年	10746.4	225.3	2118.1	1012.8	12.6	7.7
2003 年	10954.4	248.8	2520.4	1293.1	19.2	13.9
2004 年	11176.1	286.6	3011.7	1642.3	35.5	25.9
2005 年	10595.4	366.7	3583.5	2003.3	40.2	29.1
2006 年	10663.6	442.1	5460.4	2807.6	57.6	38.0
2007 年	10772.2	542.5	6018.7	2997.8	53.6	35.1
2008 年	10825.2	617.5	6220.7	3050.3	67.4	46.6
2009 年	10313.0	683.0	6962.4	3432.2	82.0	55.1
2010 年	10541.0	825.3	7581.6	3602.9	137.0	103.8
2011 年	10754.0	756.2	8938.2	4173.2	170.6	125.7
2012 年	11033.0	798.6	8978.0	4154.6	182.0	136.6
2013 年	11260.0	888.4	10586.4	4721.1	217.0	150.5
2014 年	11367.0	954.6	10762.4	5050.0	249.1	184.5
2015 年	11142.0	954.8	11550.4	5514.7	285.6	211.9
2016 年	10545.0	981.1	12151.4	5752.8	311.3	231.9
2017 年	10253.7	1032.7	13618.3	6880.1	333.3	254.5
2018 年	10101.7	1093.7	14463.0	7535.0	348.0	287.0
2019 年	10176.9	1188.0	15218.0	7925.8	377.0	315.1
2020 年	10225.3	1306.0	14807.0	7638.9	359.0	297.5
2021 年	10310.6	1377.9	—	7632.9	—	314.5

表 20　1998—2021 年中国石油原油加工量

万吨

时间	总计	国内	海外	时间	总计	国内	海外
1998 年	—	6895.2	—	2002 年	8733.7	8482.8	250.9
1999 年	—	7648.6	—	2003 年	9505.6	9254.6	251.0
2000 年	8265.4	8112.2	153.2	2004 年	10664.9	10369.8	295.1
2001 年	8616.4	8386.0	230.4	2005 年	10540.8	11060.6	480.2

续表

时　间	总　计	国　内	海　外	时　间	总　计	国　内	海　外
2006 年	12406.7	11586.9	819.8	2014 年	19697.9	15016.0	4681.9
2007 年	13187.8	12272.0	915.8	2015 年	19524.4	15132.3	4392.1
2008 年	13447.3	12592.5	917.9	2016 年	19166.6	14709.2	4457.4
2009 年	14082.0	12512.2	1569.8	2017 年	19822.1	15244.6	4577.5
2010 年	16008.2	13528.6	2479.6	2018 年	20736.2	16236.0	4500.2
2011 年	17961.9	14483.5	3487.4	2019 年	20796.7	16844.0	3952.7
2012 年	19145.4	14716.1	4429.3	2020 年	19182.7	16001.6	3181.1
2013 年	18854.6	14602.0	4252.6	2021 年	20080.9	16673.9	3407.0

表 21　1998—2021 年中国石油汽油、煤油、柴油、润滑油产量

万吨

时　间	总　计	汽　油	煤　油	柴　油	润滑油
1998 年	3954.6	1479.2	204.9	2148.2	122.2
1999 年	4670.1	1607.2	254.2	2666.4	142.3
2000 年	4848.5	1660.2	356.1	2737.9	118.3
2001 年	5240.0	1799.7	310.8	3009.8	119.7
2002 年	5381.8	1820.9	293.7	3131.3	135.9
2003 年	5903.5	1985.4	295.7	3503.2	119.2
2004 年	6708.0	2183.9	306.1	4071.2	146.8
2005 年	7269.3	2297.7	327.2	4491.5	152.9
2006 年	7487.7	2400.3	333.5	4605.2	148.8
2007 年	7902.1	2484.0	321.6	4920.4	176.0
2008 年	8098.3	2545.6	360.1	5015.9	176.8
2009 年	8185.0	2581.5	364.3	5099.1	140.1
2010 年	8793.3	2676.3	365.8	5590.5	160.7
2011 年	9456.9	2888.9	367.9	6042.8	157.3
2012 年	9821.8	3099.5	477.8	6060.7	183.8
2013 年	9978.1	3296.4	606.1	5887.0	188.6
2014 年	10342.2	3410.0	714.3	6059.8	158.1
2015 年	10490.5	3647.3	833.8	5888.4	121.0
2016 年	10048.8	3797.4	931.8	5203.2	116.4
2017 年	10514.6	4098.1	1017.7	5235.2	163.6
2018 年	11451.0	4590.0	1254.0	5446.0	160.0
2019 年	12076.4	5044.0	1401.6	5467.8	163.0
2020 年	10892.6	4628.0	1023.4	5071.9	169.3
2021 年	11080.7	4938.8	1128.5	4824.5	188.9

表 22　1998—2021 年中国石油国内主要石油化工产品产量

万吨

时　间	乙　烯	合成树脂	合成纤维	合成橡胶	尿　素	合成氨
1998 年	127.3	138.5	28.2	19.0	257.9	192.1
1999 年	135.1	160.9	25.8	20.1	306.1	217.0
2000 年	149.5	193.1	30.1	22.2	311.3	215.6
2001 年	157.1	217.0	32.9	24.3	306.8	204.6
2002 年	158.2	219.3	31.4	25.9	341.1	216.6
2003 年	181.8	262.5	28.6	29.8	358.0	232.1
2004 年	184.6	276.3	29.7	33.4	365.2	255.9
2005 年	188.8	297.7	24.5	33.8	357.8	249.7
2006 年	206.8	331.3	19.3	37.3	357.6	215.2
2007 年	258.1	425.4	17.0	38.1	363.4	249.1
2008 年	267.6	439.6	14.1	40.7	382.4	259.7
2009 年	298.9	475.7	14.2	48.0	397.3	270.9
2010 年	361.5	565.2	12.0	61.9	376.4	261.2
2011 年	364.7	581.2	8.6	60.6	448.4	303.1
2012 年	369.0	621.7	8.5	63.3	451.2	297.2
2013 年	398.2	666.1	7.0	66.5	377.1	257.7
2014 年	497.6	806.7	6.6	74.5	266.3	189.2
2015 年	503.2	831.8	6.5	71.3	256.6	184.5
2016 年	558.9	919.9	6.1	76.0	190.0	152.9
2017 年	576.4	940.4	5.8	80.9	143.9	136.3
2018 年	556.9	916.5	5.2	86.9	82.8	105.1
2019 年	586.3	958.0	3.7	91.0	120.8	132.1
2020 年	634.5	1028.7	2.5	100.1	216.3	185.7
2021 年	671.3	1090.3	2.2	104.4	242.2	200.1

表 23　1998—2021 年中国石油国内成品油、天然气销售量

时　间	成品油（万吨）	天然气（亿立方米）	时　间	成品油（万吨）	天然气（亿立方米）
1998 年	—	95.6	2005 年	7185.5	289.2
1999 年	—	102.5	2006 年	7522.4	373.7
2000 年	4431.1	136.1	2007 年	8279.5	453.3
2001 年	5118.0	150.6	2008 年	8293.1	525.3
2002 年	5305.2	166.2	2009 年	8874.5	593.8
2003 年	5629.0	186.9	2010 年	10247.2	668.6
2004 年	6430.0	222.2	2011 年	11497.6	827.2

续表

时　间	成品油（万吨）	天然气（亿立方米）	时　间	成品油（万吨）	天然气（亿立方米）
2012 年	11662.3	973.0	2017 年	11416.3	1518.4
2013 年	11832.8	1105.6	2018 年	11736.0	1724.0
2014 年	11701.7	1194.8	2019 年	11959.0	1813.0
2015 年	11625.0	1226.6	2020 年	10651.0	1847.0
2016 年	11303.5	1314.5	2021 年	11125.6	2055.5

表 24　1998—2021 年中国石油加油站数量

座

时　间	加油站数量	时　间	加油站数量
1998 年	5877	2010 年	17996
1999 年	6810	2011 年	19362
2000 年	11350	2012 年	19840
2001 年	12102	2013 年	20272
2002 年	13160	2014 年	20422
2003 年	15231	2015 年	20714
2004 年	17403	2016 年	20895
2005 年	18164	2017 年	21399
2006 年	18207	2018 年	21783
2007 年	18648	2019 年	22365
2008 年	17456	2020 年	21783
2009 年	17262	2021 年	22684

表 25　2007—2021 年中国石油非油品收入及利润

亿元

时　间	收　入	利　润	时　间	收　入	利　润
2007 年	6.6	1.1	2015 年	124.2	14.5
2008 年	16.5	2.0	2016 年	143.6	17.0
2009 年	27.9	2.9	2017 年	186.0	20.6
2010 年	46.8	3.5	2018 年	231.0	24.0
2011 年	64.1	5.0	2019 年	229.1	20.6
2012 年	80.8	6.8	2020 年	245.0	18.0
2013 年	104.8	9.1	2021 年	273.0	20.6
2014 年	98.8	10.2			

表 26　2002—2021 年中国石油国际贸易量及贸易额

时　间	贸易量（万吨）	贸易额（亿美元）	时　间	贸易量（万吨）	贸易额（亿美元）
2002 年	2517.7	47.3	2012 年	30550.9	2398.1
2003 年	3971.3	88.4	2013 年	35304.0	2659.9
2004 年	6116.6	144.7	2014 年	38553.2	2653.2
2005 年	7760.6	204.9	2015 年	42854.8	1687.3
2006 年	9449.2	294.1	2016 年	44933.3	1412.3
2007 年	12707.0	411.6	2017 年	46927.9	1844.1
2008 年	12749.3	782.4	2018 年	48200.0	2367.0
2009 年	15263.6	659.4	2019 年	54000.0	2407.0
2010 年	19472.0	1105.1	2020 年	49000.0	1535.0
2011 年	25138.9	1920.7	2021 年	49000.0	2304.0

附　录

说　明

一、地理区域

北美：除特别说明以外，指美国、加拿大、墨西哥。

中南美：除北美洲以外的美洲其他国家和地区。亦称拉丁美洲。

欧洲：经合组织中的欧洲成员国，以及阿尔巴尼亚、波黑、保加利亚、克罗地亚、塞浦路斯、北马其顿 、格鲁吉亚、直布罗陀、立陶宛、马耳他、黑山、罗马尼亚和塞尔维亚。

独联体：亚美尼亚、阿塞拜疆、白俄罗斯、哈萨克斯坦、吉尔吉斯斯坦、摩尔多瓦、俄罗斯、塔吉克斯坦、土库曼斯坦、乌克兰、乌兹别克斯坦。亦称前苏联。

欧洲和欧亚：包括上述欧洲范围内的国家以及独联体国家。

中东：阿拉伯半岛国家、伊朗、伊拉克、以色列、约旦、黎巴嫩和叙利亚。

非洲：所有非洲国家。北非：从埃及到西撒哈拉的非洲北部地区；西非：从毛利坦尼亚到安哥拉（包括佛得角、乍得）的非洲西部地区；东南非洲：从苏丹到南非共和国的非洲东部地区，还包括博茨瓦纳、马达加斯加、马拉维、纳米比亚、乌干达、赞比亚、津巴布韦。

亚太地区：文莱、柬埔寨、中国、中国香港特区、印度尼西亚、日本、老挝、中国澳门特区、马来西亚、蒙古、朝鲜、菲律宾、新加坡、阿富汗、孟加拉国、印度、缅甸、尼泊尔、巴基斯坦、斯里兰卡、韩国、中国台湾地区、泰国、越南、澳大利亚、新西兰、巴比亚新几内亚和大洋洲。

澳大拉西亚：澳大利亚和新西兰。

二、组织

经合组织（OECD）：美洲的加拿大、智利、哥伦比亚、墨西哥、美国；欧洲的奥地利、比利时、捷克共和国、丹麦、爱沙尼亚、芬兰、法国、德国、希腊、匈牙利、冰岛、爱尔兰、意大利、拉脱维亚、立陶宛、卢森堡、荷兰、挪威、波兰、葡萄牙、斯洛伐克、斯洛文尼亚、西班牙、瑞典、瑞士、土耳其、英国；亚洲和大洋洲的澳大利亚、以色列、日本、韩国、新西兰。

欧盟：法国、德国、意大利、荷兰、比利时、卢森堡、丹麦、爱尔兰、希腊、葡萄牙、西班牙、奥地利、瑞典、芬兰、马耳他、塞浦路斯、波兰、匈牙利、捷克、斯洛伐克、斯洛文尼亚、爱沙尼亚、拉脱维亚、立陶宛、罗马尼亚、保加利亚、克罗地亚 。

欧佩克（OPEC）：中东的伊朗、伊拉克、科威特、沙特阿拉伯、阿联酋；非洲的阿尔及利亚、安哥拉、赤道几内亚、加蓬、利比亚、尼日利亚、刚果（布）；中南美的委内瑞拉。

附　表

附表 1　2021 年世界各地区和组织一次能源消费构成

%

地区和组织	石　油	天然气	煤　炭	核　能	水　电	可再生能源
北美	37.0	32.7	9.9	7.3	5.6	7.4
中南美	39.8	20.7	5.1	0.8	21.8	11.8
欧洲	33.5	25.0	12.2	9.7	7.4	12.3
独联体	21.0	54.5	12.8	5.2	6.2	0.3
中东	43.1	54.7	0.9	0.3	0.5	0.5
非洲	39.3	29.6	21.0	0.5	7.2	2.3
亚太地区	25.9	12.1	46.8	2.4	6.4	6.3
世界	31.0	24.4	26.9	4.3	6.8	6.7
经合组织	36.4	28.1	12.9	7.5	5.9	9.2

资料来源:《BP 世界能源统计年鉴 2022》。

附表 2　2021 年世界主要国家、地区和组织一次能源分类消费量

亿吨油当量

国家、地区和组织	石　油	天然气	煤　炭	核　能	水　电	可再生能源	总　计
中国	7.31	3.26	20.59	0.88	2.93	2.70	37.68
美国	8.44	7.11	2.53	1.77	0.58	1.79	22.22
印度	2.25	0.53	4.80	0.09	0.36	0.43	8.47
俄罗斯	1.60	4.08	0.82	0.48	0.48	0.01	7.48
日本	1.58	0.89	1.15	0.13	0.17	0.31	4.24
加拿大	1.00	1.03	0.11	0.20	0.86	0.14	3.33
德国	1.00	0.78	0.51	0.15	0.04	0.54	3.02
韩国	1.29	0.54	0.73	0.34	0.01	0.11	3.01
巴西	1.07	0.35	0.17	0.03	0.82	0.57	3.00
伊朗	0.78	2.07	0.02	0.01	0.03	0.00	2.91
1—10 位合计	26.31	20.65	31.42	4.09	6.28	6.61	95.36
沙特阿拉伯	1.58	1.01	0.00	0.00	0.00	0.00	2.59
法国	0.70	0.37	0.06	0.82	0.13	0.18	2.25
印度尼西亚	0.68	0.32	0.78	0.00	0.06	0.15	1.99
英国	0.60	0.66	0.05	0.10	0.01	0.30	1.72
土耳其	0.45	0.49	0.42	0.00	0.13	0.15	1.63

续表

国家、地区和组织	石油	天然气	煤炭	核能	水电	可再生能源	总计
墨西哥	0.61	0.76	0.06	0.03	0.08	0.09	1.62
意大利	0.56	0.62	0.05	0.00	0.10	0.18	1.52
澳大利亚	0.46	0.34	0.39	0.00	0.04	0.14	1.37
西班牙	0.59	0.29	0.04	0.12	0.07	0.23	1.34
泰国	0.54	0.40	0.19	0.00	0.01	0.08	1.22
11—20 位合计	6.75	5.27	2.04	1.07	0.61	1.50	17.23
南非	0.25	0.03	0.84	0.02	0.00	0.04	1.19
中国台湾	0.46	0.23	0.40	0.06	0.01	0.03	1.19
阿联酋	0.43	0.60	0.02	0.02	0.00	0.01	1.08
波兰	0.33	0.20	0.45	0.00	0.01	0.08	1.06
越南	0.22	0.06	0.51	0.00	0.17	0.06	1.03
马来西亚	0.35	0.35	0.21	0.00	0.07	0.02	1.00
巴基斯坦	0.24	0.39	0.16	0.03	0.08	0.01	0.92
埃及	0.31	0.53	0.01	0.00	0.03	0.02	0.91
荷兰	0.36	0.30	0.06	0.01	0.00	0.10	0.83
新加坡	0.70	0.11	0.01	0.00	0.00	0.00	0.83
21—30 位合计	3.65	2.81	2.67	0.15	0.38	0.38	10.04
北美	10.05	8.90	2.70	1.99	1.52	2.02	27.17
中南美	2.70	1.41	0.35	0.06	1.49	0.80	6.80
欧洲	6.59	4.91	2.39	1.91	1.46	2.42	19.69
独联体	2.02	5.26	1.24	0.50	0.60	0.02	9.64
中东	3.90	4.95	0.08	0.03	0.04	0.04	9.04
非洲	1.88	1.41	1.01	0.02	0.35	0.11	4.78
亚太地区	16.88	7.90	30.50	1.54	4.17	4.12	65.12
世界	44.03	34.74	38.26	6.05	9.62	9.54	142.24
经合组织	19.99	15.44	7.10	4.13	3.24	5.05	54.94

资料来源：《BP 世界能源统计年鉴 2022》。

附表 3　2021 年世界主要国家、地区和组织一次能源消费量

亿吨油当量

国家、地区和组织	2021 年	2020 年	同比变化率（%）	2021 年占世界百分比（%）
中国	37.68	35.27	7.1	26.5
美国	22.22	21.16	5.3	15.6
印度	8.47	7.69	10.4	6.0
俄罗斯	7.48	6.90	8.7	5.3
日本	4.24	4.09	3.8	3.0
加拿大	3.33	3.30	1.1	2.3
德国	3.02	2.95	2.6	2.1

续表

国家、地区和组织	2021 年	2020 年	同比变化率（%）	2021 年占世界百分比（%）
韩国	3.01	2.86	5.2	2.1
巴西	3.00	2.87	5.0	2.1
伊朗	2.91	2.87	1.7	2.0
1—10 位合计	95.36	89.99	6.0	67.0
沙特阿拉伯	2.59	2.54	2.2	1.8
法国	2.25	2.12	6.5	1.6
印度尼西亚	1.99	1.94	2.9	1.4
英国	1.72	1.69	2.0	1.2
土耳其	1.63	1.54	6.3	1.1
墨西哥	1.62	1.54	5.9	1.1
意大利	1.52	1.42	7.6	1.1
澳大利亚	1.37	1.37	0.0	1.0
西班牙	1.34	1.24	8.2	0.9
泰国	1.22	1.21	1.1	0.9
11—20 位合计	17.23	16.59	3.9	12.1
南非	1.19	1.18	0.8	0.8
中国台湾	1.19	1.12	6.2	0.8
阿联酋	1.08	1.02	6.6	0.8
波兰	1.06	0.98	9.1	0.7
越南	1.03	1.01	2.6	0.7
马来西亚	1.00	0.98	2.4	0.7
巴基斯坦	0.92	0.84	10.0	0.6
埃及	0.91	0.85	7.4	0.6
荷兰	0.83	0.81	2.9	0.6
新加坡	0.83	0.82	0.8	0.6
21—30 位合计	10.04	9.61	4.5	7.1
北美	27.17	26.00	4.8	19.1
中南美	6.80	6.37	7.0	4.8
欧洲	19.69	18.86	4.7	13.8
独联体	9.64	8.95	7.9	6.8
中东	9.04	8.75	3.7	6.4
非洲	4.78	4.51	6.2	3.4
亚太地区	65.12	61.35	6.4	45.8
世界	142.24	134.80	5.8	100.0
经合组织	54.94	52.63	4.7	38.6

资料来源：《BP 世界能源统计年鉴 2022》。

附表 4　2021 年世界主要国家、地区和组织石油产量

万吨

国家、地区和组织	2021 年	2020 年	同比变化率（%）	2021 年占世界百分比（%）
美国	71112	71155	0.2	16.8
俄罗斯	53645	52440	2.6	12.7
沙特阿拉伯	51502	51958	–0.6	12.2
加拿大	26710	25202	6.3	6.3
伊拉克	20083	20204	–0.3	4.8
中国	19888	19477	2.4	4.7
伊朗	16766	14325	17.4	4.0
阿联酋	16438	16658	–1.1	3.9
巴西	15679	15934	–1.3	3.7
科威特	13109	13034	0.9	3.1
1—10 位合计	304932	300389	1.5	72.2
墨西哥	9649	9511	1.7	2.3
挪威	9380	9204	2.2	2.2
哈萨克斯坦	8599	8596	0.3	2.0
尼日利亚	7793	8842	–11.6	1.8
卡塔尔	7332	7204	2.1	1.7
利比亚	5965	2001	198.9	1.4
阿尔及利亚	5817	5752	1.4	1.4
安哥拉	5661	6422	–11.6	1.3
阿曼	4682	4611	1.8	1.1
英国	4086	4899	–16.3	1.0
11—20 位合计	68964	67041	2.9	16.3
哥伦比亚	3888	4125	–5.5	0.9
阿塞拜疆	3514	3503	0.6	0.8
印度	3400	3515	–3.0	0.8
印度尼西亚	3377	3637	–6.9	0.8
委内瑞拉	3341	3270	2.4	0.8
埃及	2960	3107	–4.5	0.7
阿根廷	2907	2766	5.4	0.7
马来西亚	2592	2805	–7.3	0.6
厄瓜多尔	2534	2576	–1.4	0.6
澳大利亚	1813	1906	–4.6	0.4
21—30 位合计	30327	31210	–2.8	7.2
北美	107471	105868	1.8	25.5
中南美	30354	30499	–0.2	7.2

续表

国家、地区和组织	2021年	2020年	同比变化率（%）	2021年占世界百分比（%）
欧洲	16017	16782	-4.3	3.8
独联体	67426	66054	2.4	16.0
中东	131580	129486	1.9	31.2
非洲	34473	33072	4.5	8.2
亚太地区	34816	35332	-1.2	8.2
世界	422137	417094	1.5	100.0
经合组织	128562	128036	0.7	30.5

注：石油产量包括原油、页岩油、油砂与天然气液（从天然气中单独开采的液体产品），不包括其他来源的液体产品，例如生物质油和其他煤制或天然气制油。

资料来源：《BP世界能源统计年鉴2022》。

附表5　2021年世界主要国家、地区和组织石油消费量

万吨

国家、地区和组织	2021年	2020年	同比变化率（%）	2021年占世界百分比（%）
美国	80361	73931	9.0	18.9
中国	71849	67574	6.6	16.9
印度	22052	21422	3.2	5.2
俄罗斯	15343	14502	6.1	3.6
沙特阿拉伯	15241	15152	0.9	3.6
日本	15171	14884	2.2	3.6
韩国	12198	11456	6.8	2.9
巴西	10221	9736	5.3	2.4
加拿大	9602	9492	1.4	2.3
德国	9549	9648	-0.8	2.2
1—10位合计	261587	247797	5.6	61.6
伊朗	7387	7327	1.1	1.7
新加坡	6954	7006	-0.5	1.6
法国	6673	6153	8.7	1.6
印度尼西亚	6428	6129	5.2	1.5
墨西哥	5837	5617	4.2	1.4
英国	5733	5398	6.5	1.4
西班牙	5732	5191	10.7	1.4
意大利	5453	4888	11.9	1.3
泰国	5054	5100	-0.6	1.2
土耳其	4465	4381	2.2	1.1
11—20位合计	59715	57189	4.4	14.1

续表

国家、地区和组织	2021 年	2020 年	同比变化率（%）	2021 年占世界百分比（%）
澳大利亚	4419	4303	3.0	1.0
中国台湾	4358	4160	5.0	1.0
阿联酋	4161	3709	12.5	1.0
荷兰	3528	3515	0.7	0.8
伊拉克	3446	3013	14.7	0.8
马来西亚	3299	3233	2.3	0.8
波兰	3169	2949	7.8	0.7
比利时	3003	2657	13.3	0.7
埃及	2927	2695	8.9	0.7
阿根廷	2862	2520	13.9	0.7
21—30 位合计	35172	32756	7.4	8.3
北美	95799	89040	7.9	22.6
中南美	26090	23761	10.1	6.1
欧洲	63755	60760	5.2	15.0
独联体	19390	18408	5.6	4.6
中东	37493	36155	4.0	8.8
非洲	18013	16590	8.9	4.2
亚太地区	164028	157147	4.7	38.6
世界	424568	401860	5.9	100.0
经合组织	191406	180316	6.4	45.1

注：石油消费量包括陆地燃油需求加上国际航空用油、船用油以及炼油厂自用燃料及损耗，还包括生物汽油（如燃料乙醇）、生物柴油和其他煤制或天然气制油的消费量。

资料来源：《BP 世界能源统计年鉴 2022》。

附表 6　2021 年世界各地区主要油品消费量

千桶 / 日

地　区	油　品	2021 年	2020 年	同比变化率（%）	占总量百分比（%）
北美	轻质馏分油	9396	8694	8.1	10.0
	汽油	9160	8456	8.3	9.7
	石脑油	236	237	–0.5	0.3
	中间馏分油	6172	5705	8.2	6.6
	柴油	4644	4499	3.2	4.9
	煤油	1528	1206	26.7	1.6
	燃料油	423	299	41.3	0.4
	其他	6273	5989	4.7	6.7
	乙烷和 LPG	3989	3873	3.0	4.2
	合计	22264	20687	7.6	23.7

续表

地　区	油　品	2021 年	2020 年	同比变化率（%）	占总量百分比（%）
中南美	轻质馏分油	1481	1287	15.1	1.6
	汽油	1354	1169	15.8	1.4
	石脑油	128	118	8.4	0.1
	中间馏分油	2425	2150	12.8	2.6
	柴油	2220	1976	12.3	2.4
	煤油	205	174	17.7	0.2
	燃料油	533	447	19.2	0.6
	其他	1182	1216	–2.8	1.3
	乙烷和 LPG	723	700	3.2	0.8
	合计	5622	5100	10.2	6.0
欧洲	轻质馏分油	2790	2567	8.7	3.0
	汽油	1901	1756	8.2	2.0
	石脑油	889	810	9.8	0.9
	中间馏分油	7170	6777	5.8	7.6
	柴油	6318	6036	4.7	6.7
	煤油	853	741	15.1	0.9
	燃料油	798	779	2.4	0.8
	其他	2769	2724	1.7	2.9
	乙烷和 LPG	1303	1288	1.2	1.4
	合计	13527	12846	5.3	14.4
独联体	轻质馏分油	1216	1125	8.1	1.3
	汽油	1048	958	9.3	1.1
	石脑油	169	167	1.3	0.2
	中间馏分油	1476	1362	8.4	1.6
	柴油	1152	1067	8.0	1.2
	煤油	324	295	10.0	0.3
	燃料油	302	322	–6.3	0.3
	其他	1313	1260	4.2	1.4
	乙烷和 LPG	858	812	5.7	0.9
	合计	4307	4069	5.9	4.6
中东	轻质馏分油	2069	1877	10.2	2.2
	汽油	1656	1498	10.6	1.8
	石脑油	412	379	8.8	0.4
	中间馏分油	2097	2016	4.0	2.2
	柴油	1709	1694	0.9	1.8
	煤油	388	322	20.3	0.4
	燃料油	1975	1926	2.6	2.1

续表

地　区	油　品	2021 年	2020 年	同比变化率（%）	占总量百分比（%）
中东	其他	2500	2499	0.0	2.7
	乙烷和 LPG	2088	2051	1.8	2.2
	合计	8640	8318	3.9	9.2
非洲	轻质馏分油	1230	1113	10.5	1.3
	汽油	1223	1107	10.5	1.3
	石脑油	7	6	8.4	0.0
	中间馏分油	1836	1679	9.3	2.0
	柴油	1660	1520	9.2	1.8
	煤油	175	159	10.4	0.2
	燃料油	224	203	10.2	0.2
	其他	633	614	3.1	0.7
	乙烷和 LPG	469	455	3.1	0.5
	合计	3922	3608	8.7	4.2
亚太地区	轻质馏分油	11886	11021	7.8	12.6
	汽油	6898	6487	6.3	7.3
	石脑油	4988	4535	10.0	5.3
	中间馏分油	11096	10742	3.3	11.8
	柴油	9233	8826	4.6	9.8
	煤油	1863	1916	−2.8	2.0
	燃料油	2456	2295	7.0	2.6
	其他	10368	10059	3.1	11.0
	乙烷和 LPG	4558	4314	5.6	4.8
	合计	35806	34117	4.9	38.1
世界	轻质馏分油	30068	27683	8.6	32.0
	汽油	23238	21431	8.4	24.7
	石脑油	6829	6252	9.2	7.3
	中间馏分油	32272	30431	6.0	34.3
	柴油	26936	25618	5.1	28.6
	煤油	5336	4813	10.9	5.7
	燃料油	6711	6272	7.0	7.1
	其他	25038	24360	2.8	26.6
	乙烷和 LPG	13988	13493	3.7	14.9
	合计	94088	88746	6.0	100.0

注：“轻质馏分油”包括航空与汽车用汽油及轻质馏分油料（LDF）。“中间馏分油”包括航空煤油、取暖煤油以及粗柴油与柴油（其中包括船舶燃油）。“燃料油”包括船舶燃油以及直接作为燃料的原油。“其他”包括炼厂干气、液化石油气（LPG）、溶剂油、石油焦、润滑油、沥青、石蜡、其他炼油产品和炼厂燃料及其损耗。

资料来源：《BP 世界能源统计年鉴 2022》。

附表 7　2021 年世界主要国家、地区和组织炼油能力

千桶 / 日

国家、地区和组织	2021 年	2020 年	同比变化率（%）	2021 年占世界百分比（%）
美国	17941	18143	−1.1	17.6
中国	16990	16691	1.8	16.7
俄罗斯	6861	6736	1.9	6.7
印度	5018	5018	—	4.9
韩国	3572	3572	—	3.5
日本	3285	3285	—	3.2
沙特阿拉伯	2905	2905	—	2.9
伊朗	2508	2475	1.3	2.5
巴西	2303	2290	0.5	2.3
德国	2121	2062	2.9	2.1
1—10 位合计	63503	63177	0.5	62.3
加拿大	1954	2065	−5.4	1.9
意大利	1900	1900	—	1.9
西班牙	1586	1586	—	1.6
墨西哥	1558	1558	—	1.5
新加坡	1461	1514	−3.5	1.4
科威特	1430	800	78.8	1.4
委内瑞拉	1303	1303	—	1.3
阿联酋	1246	1331	−6.4	1.2
泰国	1245	1245	—	1.2
荷兰	1238	1244	−0.5	1.2
11—20 位合计	14921	14546	2.6	14.6
英国	1197	1251	−4.3	1.2
法国	1140	1245	−8.4	1.1
中国台湾	1131	1131	—	1.1
印度尼西亚	1094	1094	—	1.1
马来西亚	955	955	—	0.9
伊拉克	919	919	—	0.9
土耳其	822	822	—	0.8
埃及	795	795	—	0.8
阿尔及利亚	657	657	—	0.6
比利时	645	776	−16.9	0.6
21—30 位合计	9354	9644	−3.0	9.2
北美	21453	21766	−1.4	21.1
中南美	6378	6617	−3.6	6.3

续表

国家、地区和组织	2021 年	2020 年	同比变化率（%）	2021 年占世界百分比（%）
欧洲	15094	15609	–3.3	14.8
独联体	8492	8340	1.8	8.3
中东	10798	10220	5.7	10.6
非洲	3219	3319	–3.0	3.2
亚太地区	36478	36459	0.1	35.8
世界	101912	102331	–0.4	100.0
经合组织	43730	44781	–2.3	42.9

资料来源：《BP 世界能源统计年鉴 2022》。

附表 8　2021 年世界各地区炼油加工量

千桶 / 日

地区	2021 年	2020 年	同比变化率（%）	2021 年占世界百分比（%）	炼油能力利用率（%）
北美	17513	16387	6.9	22.1	81.6
中南美	3565	3277	8.8	4.5	55.9
欧洲	11453	11191	2.3	14.5	75.9
独联体	6759	6494	4.1	8.5	79.6
中东	8550	7814	9.4	10.8	79.2
非洲	1801	1793	0.5	2.3	56.0
亚太地区	29587	28635	3.3	37.3	81.1
世界	79229	75591	4.8	100.0	77.7

资料来源：《BP 世界能源统计年鉴 2022》。

附表 9　2021 年世界主要国家和地区天然气产量

亿立方米

国家和地区	2021 年	2020 年	同比变化率（%）	2021 年占世界百分比（%）
美国	9342.0	9159.0	2.3	23.1
俄罗斯	7016.7	6372.9	10.4	17.4
伊朗	2566.5	2495.3	3.1	6.4
中国	2092.1	1940.1	8.1	5.2
卡塔尔	1769.8	1749.3	1.4	4.4
加拿大	1723.2	1657.3	4.3	4.3
澳大利亚	1472.2	1459.5	1.1	3.6
沙特阿拉伯	1172.9	1130.5	4.0	2.9
挪威	1143.2	1114.5	2.8	2.8
阿尔及利亚	1007.7	814.6	24.1	2.5
1—10 位合计	29306.3	27893.1	5.1	72.6
土库曼斯坦	792.8	660.1	20.4	2.0
马来西亚	741.9	686.9	8.3	1.8

续表

国家和地区	2021 年	2020 年	同比变化率（%）	2021 年占世界百分比（%）
埃及	678.0	584.7	16.3	1.7
印度尼西亚	592.9	595.4	–0.1	1.5
阿联酋	569.9	554.4	3.1	1.4
乌兹别克斯坦	509.2	471.0	8.40	1.3
尼日利亚	459.1	494.3	–6.9	1.1
阿曼	417.9	369.3	13.5	1.0
阿根廷	386.1	382.9	1.1	1.0
英国	327.0	394.7	–16.9	0.8
11—20 位合计	5474.9	5193.8	5.4	13.6
巴基斯坦	326.8	306.1	7.1	0.8
哈萨克斯坦	319.7	333.4	–3.8	0.8
阿塞拜疆	318.1	258.6	23.3	0.8
泰国	315.3	327.1	–3.3	0.8
墨西哥	292.4	304.9	–3.8	0.7
印度	285.4	237.6	20.4	0.7
特立尼达和多巴哥	247.2	294.7	–15.9	0.6
巴西	243.3	242.4	0.7	0.6
孟加拉	241.4	237.3	2.0	0.6
委内瑞拉	239.8	215.6	11.5	0.6
21—30 位合计	2829.4	2757.6	2.6	7.0
北美	11357.6	11121.2	2.4	28.1
中南美	1533.4	1553.1	–1.0	3.8
欧洲	2104.2	2187.4	–3.5	5.2
独联体	8959.8	8099.4	10.9	22.2
中东	7148.5	6878.2	4.2	17.7
非洲	2575.2	2312.0	11.7	6.4
亚太地区	6690.0	6463.9	3.8	16.6
世界	40368.8	38615.2	4.8	100.0

资料来源：《BP 世界能源统计年鉴 2022》。

附表 10　2021 年世界主要国家、地区和组织天然气消费量

亿立方米

国家、地区和组织	2021 年	2020 年	同比变化率（%）	2021 年占世界百分比（%）
美国	8267.2	8319.0	–0.4	20.5
俄罗斯	4746.1	4234.8	12.4	11.8
中国	3786.9	3366.2	12.8	9.4

续表

国家、地区和组织	2021 年	2020 年	同比变化率（%）	2021 年占世界百分比（%）
伊朗	2411.2	2343.0	3.2	6.0
加拿大	1191.7	1132.6	5.5	3.0
沙特阿拉伯	1172.9	1130.5	4.0	2.9
日本	1036.2	1041.3	−0.2	2.6
德国	905.3	871.1	4.2	2.2
墨西哥	882.3	837.3	5.7	2.2
英国	769.5	730.3	5.7	1.9
1—10 位合计	25169.3	24006.1	4.8	62.3
意大利	725.0	676.3	7.5	1.8
阿联酋	694.1	696.2	0.0	1.7
韩国	625.5	575.4	9.0	1.5
印度	621.7	604.7	3.1	1.5
埃及	618.8	583.1	6.4	1.5
土耳其	573.2	462.1	24.4	1.4
泰国	470.1	468.5	0.6	1.2
乌兹别克斯坦	464.3	435.6	6.9	1.1
阿根廷	459.4	439.3	4.8	1.1
阿尔及利亚	458.2	436.0	5.4	1.1
11—20 位合计	5710.2	5377.1	6.2	14.1
巴基斯坦	447.9	411.8	9.1	1.1
法国	430.4	405.8	6.3	1.1
马来西亚	410.7	383.2	7.5	1.0
巴西	404.5	314.2	29.1	1.0
卡塔尔	400.1	389.1	3.1	1.0
澳大利亚	394.1	431.0	−8.3	1.0
印度尼西亚	370.8	375.2	−0.9	0.9
土库曼斯坦	367.0	296.2	24.2	0.9
荷兰	350.7	361.5	−2.7	0.9
西班牙	339.0	324.9	4.6	0.8
21—30 位合计	3915.0	3693.0	6.0	9.7
北美	10341.1	10289.0	0.8	25.6
中南美	1633.5	1472.1	11.3	4.0
欧洲	5710.6	5419.6	5.7	14.1
独联体	6108.3	5500.7	11.4	15.1
中东	5754.3	5569.3	3.6	14.3
非洲	1643.8	1536.0	7.3	4.1

续表

国家、地区和组织	2021 年	2020 年	同比变化率（%）	2021 年占世界百分比（%）
亚太地区	9183.0	8669.1	6.2	22.7
世界	40374.6	38455.7	5.3	100.0
经合组织	17948.7	17586.1	2.3	44.5

资料来源：《BP 世界能源统计年鉴 2022》。

附表 11　2021 年世界主要国家和地区石油进出口量

万吨

国家和地区	原油进口量	油品进口量	总进口量	原油出口量	油品出口量	总出口量
美国	30467	11286	41753	13855	24444	38299
加拿大	2391	3064	5455	19744	3354	23098
墨西哥	—	5896	5896	5288	824	6112
北美	32858	20246	53104	38887	28622	67509
中南美	2183	10577	12759	12415	2364	14779
欧洲	46774	19750	66524	3638	11052	14690
俄罗斯	2	187	190	26357	14067	40424
独联体其他	1594	689	2283	8712	1771	10483
独联体	1597	876	2473	35069	15838	50907
伊拉克	—	833	833	17610	1231	18840
科威特	—	94	94	8836	2426	11262
沙特阿拉伯	1	1614	1615	32321	5765	38087
阿联酋	316	3179	3495	14607	8673	23280
中东其他	1867	1966	3833	9697	6244	15940
中东	2185	7686	9871	83071	24339	107410
北非	930	3085	4015	8542	4538	13080
西非	47	4604	4651	18737	855	19592
东非和南非	1237	4109	5346	483	275	757
非洲	2214	11797	14011	27761	5668	33429
澳大拉西亚	1489	2619	4107	923	537	1460
中国	52596	10341	62937	157	6058	6215
印度	21375	4937	26312	5	6934	6939
日本	12205	4302	16507	41	1096	1137
新加坡	4702	9183	13885	101	6893	6994
亚太其他	25710	20206	45916	3818	13119	16937
亚太	118076	51587	169664	5045	34637	39682
世界合计	205886	122520	328405	205886	122520	328405

资料来源：《BP 世界能源统计年鉴 2022》。

附表 12　2021 年世界主要国家和地区天然气进出口量

亿立方米

国家和地区	管道气进口量	液化气进口量	总进口量	管道气出口量	液化气出口量	总出口量
美国	759.4	5.9	765.3	842.9	950.3	1793.2
北美其他	842.9	16.1	859.0	759.4	0.1	759.5
北美	1602.3	22.0	1624.3	1602.3	950.4	2552.7
巴西	71.1	101.3	172.4	—	1.1	1.1
中南美其他	—	142.7	142.7	71.1	131.6	202.7
中南美	71.1	244.0	315.2	71.1	132.7	203.8
欧洲	2328.0	1082.3	3410.4	—	37.9	38.0
俄罗斯	151.4	—	151.4	2017.1	396.1	2413.2
独联体其他	275.8	—	275.8	765.3	—	765.3
独联体	427.3	—	427.3	2782.4	396.1	3178.5
中东	9.0	95.9	105.0	133.9	1296.9	1430.8
非洲	38.3	—	38.3	379.6	585.0	964.7
中国	532.4	1094.7	1627.2	—	—	—
印度	—	336.3	336.3	—	—	—
OECD 亚太	47.8	1654.6	1702.4	—	1082.6	1082.6
亚太其他	—	632.3	632.3	86.9	680.7	767.6
亚太	580.2	3718.0	4298.2	86.9	1763.3	1850.2
世界合计	5056.3	5162.3	10218.6	5056.3	5162.3	10218.6

资料来源:《BP 世界能源统计年鉴 2022》。

附表 13　2021 年世界管道天然气贸易流向

亿立方米

进口方	出口方							总进口量
	北　美	中南美	欧　洲	独联体	中　东	非　洲	亚　太	
北美	1602	—	—	—	—	—	—	1602
中南美	—	124	—	—	—	—	—	124
欧洲	—	—	1363	1865	91	372	—	3691
独联体		—	—	425	5	—	—	429
中东	—	—	—	2	316	7	—	325
非洲	—	—	—	—	38	92	—	130
亚太	—	—	—	493	—	—	249	742
总出口量	1602	124	1363	2784	450	472	249	7044

资料来源:《BP 世界能源统计年鉴 2022》。

附表 14　2021 年世界液化天然气贸易流向

亿立方米

进口方	出口方							总进口量
	美　国	中南美	欧　洲	俄罗斯	中　东	非　洲	亚　太	
北美	4	14	—	—	—	—	4	22
中南美	168	42	4	—	23	7	—	244
欧洲	308	37	10	174	225	327	1	1082
中东和非洲	12	2	3	—	57	22	1	96
亚太	458	37	22	222	992	229	1758	3718
总出口量	950	133	38	396	1297	585	1763	5162

资料来源：《BP 世界能源统计年鉴 2022》。

附表 15　2021 年世界主要国家和地区煤炭产量

万吨油当量

国家和地区	2021 年	2020 年	同比变化率（%）	2021 年占世界百分比（%）
中国	203496.6	192427.9	6.0	50.8
印度尼西亚	36203.3	33239.7	9.2	9.0
印度	32200.9	30192.7	6.9	8.0
澳大利亚	29717.2	29111.3	2.4	7.4
美国	27837.8	25639.6	8.9	7.0
俄罗斯	21847.2	20131.0	8.8	5.5
南非	13265.1	13905.6	–4.3	3.3
哈萨克斯坦	4997.1	4889.5	2.5	1.2
波兰	4206.9	4024.6	4.8	1.1
哥伦比亚	4096.7	3596.1	14.2	1.0
1—10 位合计	377868.8	357158.0	5.8	94.3
德国	2755.7	2339.8	18.1	0.7
加拿大	2713.3	2497.2	9.0	0.7
越南	2681.1	2710.9	–0.8	0.7
土耳其	1795.2	1573.1	14.4	0.4
蒙古	1471.4	1961.4	–24.8	0.4
乌克兰	1301.3	1276.1	2.3	0.3
捷克	1020.4	1021.6	0.2	0.3
塞尔维亚	663.5	722.7	–7.9	0.2
保加利亚	486.8	390.0	25.2	0.1
墨西哥	441.5	459.6	–3.7	0.1
11—20 位合计	15330.1	14952.3	2.5	3.8

续表

国家和地区	2021 年	2020 年	同比变化率（%）	2021 年占世界百分比（%）
泰国	352.5	328.4	7.6	0.1
巴基斯坦	338.6	394.6	−13.9	0.1
罗马尼亚	306.6	259.4	18.5	0.1
巴西	295.7	240.2	23.4	0.1
津巴布韦	209.0	174.6	20.0	0.1
新西兰	179.4	175.2	2.7	0.0
希腊	142.5	163.1	−12.4	0.0
乌兹别克斯坦	137.0	118.4	16.0	0.0
匈牙利	76.0	93.3	−18.3	0.0
英国	73.0	115.9	−36.8	0.0
21—30 位合计	2110.1	2063.1	2.3	0.5
北美	30992.6	28596.3	8.7	7.7
中南美	4415.2	3887.1	13.9	1.1
欧洲	13821.6	13063.0	6.1	3.5
独联体	27263.5	25392.7	7.7	6.8
中东	96.5	96.8	–	–
非洲	14440.4	14832.5	−2.4	3.6
亚太地区	309491.7	293296.7	5.8	77.3
世界	400521.4	379165.1	5.9	100.0

资料来源：《BP 世界能源统计年鉴 2022》。

附表 16　2021 年世界主要国家、地区和组织煤炭消费量

万吨油当量

国家、地区和组织	2021 年	2020 年	同比变化率（%）	2021 年占世界百分比（%）
中国	205945.9	196878.9	4.9	53.8
印度	48011.6	41588.5	15.8	12.5
美国	25266.1	21993.4	15.2	6.6
日本	11466.1	10933.5	5.2	3.0
南非	8440.1	8507.5	−0.5	2.2
俄罗斯	8154.9	7866.1	4.0	2.1
印度尼西亚	7843.0	7774.8	1.2	2.0
韩国	7256.6	7228.7	0.7	1.9
越南	5128.6	5017.9	2.5	1.3
德国	5056.3	4316.6	17.5	1.3
1—10 位合计	332569.2	312105.9	6.6	86.9

续表

国家、地区和组织	2021 年	2020 年	同比变化率（%）	2021 年占世界百分比（%）
波兰	4498.9	4116.2	9.6	1.2
土耳其	4165.0	4064.2	2.8	1.1
中国台湾	4002.1	3727.5	7.7	1.0
澳大利亚	3897.3	4031.2	–3.1	1.0
哈萨克斯坦	3728.2	3732.2	0.2	1.0
乌克兰	2275.9	2283.0	0.0	0.6
马来西亚	2123.8	2340.7	–9.0	0.6
泰国	1930.6	1825.6	6.0	0.5
菲律宾	1884.9	1739.3	8.7	0.5
巴西	1702.8	1403.6	21.6	0.4
11—20 位合计	30209.4	29263.6	3.2	7.9
巴基斯坦	1605.5	1531.9	5.1	0.4
捷克	1299.2	1250.7	4.2	0.3
加拿大	1146.9	1256.0	–8.4	0.3
摩洛哥	734.9	669.4	10.1	0.2
智利	632.6	629.3	0.8	0.2
荷兰	560.5	411.3	36.6	0.1
法国	556.2	462.7	20.5	0.1
墨西哥	553.5	572.1	–3.0	0.1
意大利	549.4	509.8	8.1	0.1
保加利亚	521.9	415.4	26.0	0.1
21—30 位合计	8160.6	7708.8	5.9	2.1
北美	26966.5	23821.5	13.5	7.0
中南美	3492.5	3142.3	11.4	0.9
欧洲	23929.4	22660.2	5.9	6.3
独联体	12367.4	12133.4	2.2	3.2
中东	810.6	870.2	–6.6	0.2
非洲	10055.8	9962.6	1.2	2.6
亚太地区	305025.0	288467.8	6.0	79.7
世界	382647.4	361057.9	6.3	100.0
经合组织	70968.5	65726.8	8.3	18.5

资料来源：《BP 世界能源统计年鉴 2022》。

附表 17　2019—2021 年世界主要国家太阳能发电装机容量

万千瓦

国　家	2021 年	2020 年	2019 年	2021 年占世界百分比（%）
世界合计	84309	71028	58469	100.0
中国	30640	25342	20457	36.3
美国	9371	7381	5907	11.1
日本	7419	6976	6319	8.8
德国	5846	5372	4891	6.9
印度	4934	3904	3486	5.9
意大利	2269	2165	2087	2.7
澳大利亚	1907	1734	1297	2.3
韩国	1816	1457	1195	2.2
越南	1666	1666	499	2.0
法国	1471	1202	1081	1.7
荷兰	1425	1095	723	1.7
英国	1369	1346	1335	1.6

资料来源：《BP 世界能源统计年鉴 2022》。

附表 18　2019—2021 年世界主要国家风能发电装机容量

万千瓦

国　家	2021 年	2020 年	2019 年	2021 年占世界百分比（%）
世界合计	84309	71028	58469	100.0
中国	30640	25342	20457	36.3
美国	9371	7381	5907	11.1
日本	7419	6976	6319	8.8
德国	5846	5372	4891	6.9
印度	4934	3904	3486	5.9
意大利	2269	2165	2087	2.7
澳大利亚	1907	1734	1297	2.3
韩国	1816	1457	1195	2.2
越南	1666	1666	499	2.0
法国	1471	1202	1081	1.7
荷兰	1425	1095	723	1.7
英国	1369	1346	1335	1.6

资料来源：《BP 世界能源统计年鉴 2022》。

附表 19　2019—2021 年世界主要国家生物燃料产量

万吨油当量

国　家	2021 年	2020 年	2019 年	2021 年占世界百分比（%）
世界合计	8733	8412	8982	100.0
美国	3214	3011	3327	36.8
巴西	1879	1970	2054	21.5
印度尼西亚	698	632	619	8.0
中国	319	288	273	3.7
德国	271	315	329	3.1
法国	240	216	232	2.7
泰国	201	222	221	2.3
阿根廷	192	135	230	2.2
荷兰	189	188	190	2.2
印度	186	116	105	2.1
西班牙	161	167	195	1.8
加拿大	108	110	119	1.2

资料来源：《BP 世界能源统计年鉴 2022》。

附表 20　2021 年世界主要国家、地区和组织二氧化碳排放量

单位：亿吨

国家、地区和组织	2021 年	2020 年	2021 年占世界百分比（%）
中国	105.2	99.7	31.1
美国	47.0	44.2	13.9
印度	25.5	22.8	7.5
俄罗斯	15.8	14.6	4.7
日本	10.5	10.3	3.1
伊朗	6.6	6.5	1.9
德国	6.3	6.0	1.9
韩国	6.0	5.9	1.8
沙特阿拉伯	5.8	5.7	1.7
印度尼西亚	5.7	5.6	1.7
1—10 位合计	234.5	221.3	69.2
加拿大	5.3	5.2	1.6
南非	4.4	4.4	1.3
巴西	4.4	3.9	1.3
土耳其	4.0	3.7	1.2

续表

国家、地区和组织	2021 年	2020 年	2021 年占世界百分比（%）
墨西哥	3.7	3.6	1.1
澳大利亚	3.7	3.8	1.1
英国	3.4	3.2	1.0
意大利	3.1	2.8	0.9
波兰	3.1	2.8	0.9
中国台湾	2.8	2.6	0.8
11—20 位合计	37.9	36.0	11.2
法国	2.7	2.5	0.8
越南	2.7	2.8	0.8
泰国	2.7	2.7	0.8
阿联酋	2.6	2.5	0.8
西班牙	2.5	2.2	0.7
马来西亚	2.4	2.4	0.7
巴基斯坦	2.3	2.1	0.7
埃及	2.2	2.0	0.6
哈萨克斯坦	2.2	2.2	0.6
新加坡	2.2	2.1	0.6
21—30 位合计	24.4	23.5	7.2
北美	56.0	53.0	16.5
中南美	12.1	10.9	3.6
欧洲	37.9	36.1	11.2
独联体	21.3	19.8	6.3
中东	21.2	20.4	6.2
非洲	12.9	12.2	3.8
亚太地区	177.3	168.3	52.3
世界	338.8	320.8	100.0
经合组织	112.9	107.4	33.3

资料来源：《BP 世界能源统计年鉴 2022》

附表 21　2021 年《福布斯》全球企业 2000 强综合排名前 30 位的石油天然气公司

亿美元

序号	2021 年排名	2020 年排名	公司名称	所在国	销售额	利　润	资　产	市　值
1	3	5	沙特阿美 /Saudi Arabian Oil Company	沙特阿拉伯	4004	1054	5760	22921
2	15	317	埃克森美孚 /ExxonMobil	美国	2805	230	3389	3597
3	16	324	壳牌 /Shell	英国	2618	203	4044	2111
4	21	63	中国石油 /PetroChina	中国	3803	143	3926	1423
5	26	335	雪佛龙 /Chevron	美国	1563	156	2395	3162
6	29	344	道达尔 /Total	法国	1851	161	2935	1273
7	45	48	中国石化 /Sinopec	中国	3848	110	2921	808
8	49	367	俄罗斯天然气公司 /Gazprom	俄罗斯	1173	254	3605	636
9	50	351	英国石油公司 /BP	英国	1580	76	2873	984
10	54	55	信实工业 /Reliance Industries	印度	869	78	1926	2286
11	65	159	巴西国家石油公司 /Petrobras	巴西	839	198	1747	840
12	70	441	挪威 Equinor	挪威	884	86	1471	1179
13	81	99	俄罗斯石油公司 /Rosneft	俄罗斯	1114	120	2194	488
14	111	461	埃尼集团 /Eni	意大利	905	72	1570	523
15	128	574	康菲石油 /ConocoPhillips	美国	461	81	907	1244
16	134	187	中国海油 /CNOOC	中国香港	378	109	1234	626
17	167	467	卢克石油 /LukOil	俄罗斯	1251	105	925	322
18	229	665	印度油气 /Oil & Natural Gas	印度	663	60	755	286
19	232	234	泰国国家石油 /PTT	泰国	706	34	921	313
20	234	731	加拿大自然资源 /Canadian Natural Resources	加拿大	240	61	607	743
21	238	508	马拉松石油 /Marathon Petroleum	美国	1198	17	854	486
22	262	647	森科能源公司 /Suncor Energy	加拿大	312	33	663	463
23	276	670	西方石油 /Occidental Petroleum	美国	260	23	785	531
24	295	633	哥伦比亚国家石油公司 /Ecopetrol	哥伦比亚	234	45	600	361
25	314	811	EOG 资源 /EOG Resources	美国	198	47	382	680
26	317	566	菲利普斯 66/Phillips 66	美国	1117	13	556	402
27	319	683	雷普索尔 /Repsol	西班牙	588	30	640	208
28	358	599	印度石油 /Indian Oil	印度	722	37	517	165
29	368	591	瓦莱罗能源 /Valero Energy	美国	1140	9	585	422
30	387	413	奥地利石油天然气集团 /OMV Group	奥地利	420	25	646	162

资料来源：《福布斯》杂志 2022 年 5 月 12 日。

附表 22　2021 年世界最大 50 家石油公司综合排名（6 项指标）

综合排名	公司名称	石油储量		天然气储量		原油产量		天然气产量		炼油能力		油品销售	
		位次	亿吨	位次	亿立方米	位次	万吨	位次	亿立方米	位次	万吨	位次	万吨
1	沙特阿拉伯国家石油公司	2	313.7	6	54233	1	52170	5	1031.9	4	18000	5	20275
2	伊朗国家石油公司	3	220.9	1	320186	5	15420	2	2501.2	8	11005	12	9865
3	中国石油天然气集团有限公司	7	55.3	7	48692	3	17940	3	1604.2	2	25910	11	10695
4	埃克森美孚公司	18	12.4	16	10750	7	11745	7	875.5	3	23850	2	24475
5	BP 公司	15	14.9	15	12027	9	10530	8	819.5	13	9545	1	26505
6	俄罗斯石油公司	9	32.0	12	19447	4	16480	15	504.0	15	9285	15	8410
7	皇家荷兰 / 壳牌集团	26	6.5	21	7395	13	9020	6	948.9	7	13750	3	23550
8	俄罗斯天然气公司	16	14.9	3	174775	17	6370	1	4579.6	21	5830	23	4785
9	道达尔公司	23	8.1	19	9974	16	7715	10	748.9	12	9835	6	17050
9	雪佛龙公司	21	8.6	20	8474	12	9340	9	753.5	17	9020	9	11120
11	委内瑞拉国家石油公司	1	425.3	5	62609	32	2700	27	275.1	11	10435	21	5150
12	阿布扎比国家石油公司	6	140.8	9	33474	10	10030	20	308.7	26	4610	28	3570
13	俄罗斯鲁克石油公司	13	16.4	23	6275	15	8255	23	289.0	19	8050	10	10740
14	卡塔尔石油总公司	10	30.5	2	231828	14	8660	4	1097.8	39	1905	37	1595
15	科威特国家石油公司	5	142.2	14	17578	6	13535	37	200.1	24	4950	22	4940
16	阿尔及利亚国家石油公司	12	17.1	11	22794	18	5870	11	744.5	32	3385	25	4430
17	巴西国家石油公司	19	10.6	43	2147	8	11410	19	339.8	10	10880	14	9535
18	伊拉克国家石油公司	4	203.0	8	35117	2	19985	55	104.4	28	4140	29	3505
19	中国石油化工股份有限公司	41	2.2	40	2320	26	3830	21	302.8	1	29810	4	22335
20	墨西哥国家石油公司	22	8.5	47	1978	11	9495	34	231.3	16	9050	20	5290
21	尼日利亚国家石油公司	11	25.3	10	32294	23	4405	22	290.8	36	2225	54	630
22	马来西亚国家石油公司	39	2.3	24	5974	29	2925	13	644.3	30	3615	27	3575
23	意大利埃尼集团	28	4.9	26	5098	25	4215	16	488.8	29	3660	39	1510
24	埃及石油总公司	40	2.2	17	10690	40	1875	24	288.1	27	4165	26	4405
25	俄罗斯苏尔古特油气公司	14	16.1	28	4565	20	5505	59	91.0	38	2020	34	1830
26	印度尼西亚石油公司	47	1.7	46	2023	39	2040	28	272.2	22	5165	16	8195

续表

综合排名	公司名称	石油储量		天然气储量		原油产量		天然气产量		炼油能力		油品销售	
		位次	亿吨	位次	亿立方米	位次	万吨	位次	亿立方米	位次	万吨	位次	万吨
27	印度石油天然气总公司	29	4.1	27	4961	34	2440	35	228.1	40	1865	33	2175
28	挪威国家石油公司 Equinor	33	3.5	29	4371	21	5145	14	526.9	45	1610	—	—
29	中国海洋石油总公司	27	5.5	39	2419	19	5725	40	178.5	50	1200	46	1275
30	利比亚国家石油公司	8	46.0	18	10492	47	1270	67	70.4	48	1350	47	1245
31	俄罗斯诺瓦泰克公司	42	2.0	13	18856	51	1170	12	647.8	—	—	—	—
32	西班牙雷普索尔公司	52	0.8	45	2028	54	1080	30	250.4	23	5065	24	4435
33	美国康菲公司	30	4.0	35	2774	27	3640	31	247.4	—	—	—	—
34	加拿大自然资源公司	17	13.9	42	2181	24	4370	46	148.0	—	—	—	—
35	阿曼石油开发公司	38	2.3	32	3409	37	2145	29	252.8	—	—	—	—
36	美国西方石油公司	37	2.9	50	1421	22	5020	36	213.3	—	—	—	—
37	哥伦比亚国家石油公司	46	1.8	61	827	30	2775	60	88.2	37	2025	35	1745
38	哈萨克斯坦国家石油公司	31	3.9	53	1327	36	2225	63	82.0	42	1830	48	1120
39	德国温特沙尔公司	52	1.5	30	4260	57	885	26	276.6	—	—	—	—
40	美国安特罗资源公司	45	1.8	34	2839	55	990	32	247.1	—	—	—	—
41	美国 EOG 能源公司	35	3.3	49	1518	31	2725	51	129.4	—	—	—	—
42	乌兹别克国家石油公司	63	0.8	22	7389	79	285	18	390.0	52	1120	57	425
43	日本国际石油开发株式会社	32	3.8	48	1582	43	1655	49	130.7	—	—	—	—
44	奥地利 OMV 公司	59	1.0	55	1087	58	885	41	172.8	43	1780	38	1585
44	美国 Ovintiv 公司	48	1.6	51	1393	42	1725	42	168.8	—	—	—	—
46	加拿大森科能源公司	25	6.5	95	3	28	3475	—	—	35	2300	32	2470
47	美国润吉资源公司	53	1.4	33	3157	70	550	43	162.3	—	—	—	—
48	俄罗斯鞑靼石油公司	20	8.9	83	427	33	2530	89	8.3	55	795	43	1360
49	泰国国家石油公司	76	0.4	52	1348	66	590	47	146.6	41	1850	42	1385
50	阿根廷 YPF 公司	64	0.8	71	598	48	1215	50	129.9	46	1600	45	1285

资料来源：美国《石油情报周刊》2020 年 11 月 13 日。

附表 23　2017—2021 年主要石油公司经营指标

油：千桶 / 日；天然气：百万英尺 ^{3}/ 日

公司名称及经营指标	2021 年	2020 年	2019 年	2018 年	2017 年
埃克森美孚					
原油产量	2289	2349	2386	2266	2283
天然气产量	8537	8471	9394	9405	10211
一次加工能力	4567	4770	4732	4905	4914
成品油销售量	5162	4895	5452	5512	5530
加油站数量（座）	22545	21953	21409	20806	20962
BP					
原油产量	1951	2106	2211	2191	2260
天然气产量	7915	7929	9102	8660	7744
一次加工能力	1982	1909	1906	1890	1892
成品油销售量	—	5301	5995	5930	5948
加油站数量（座）	20500	20300	18900	18700	18300
壳牌					
原油产量	1685	1752	1823	1749	1730
天然气产量	8687	9207	10377	10805	10668
一次加工能力	2149	2750	3085	3174	3195
成品油销售量	4459	4710	6561	6783	6599
加油站数量（座）	46020	45612	44669	44397	44023
雪佛龙					
原油产量	1814	1868	1865	1782	1723
天然气产量	7709	7290	7157	6889	6032
一次加工能力	1804	1804	1748	1627	1738
成品油销售量	2454	2224	2577	2655	2690
加油站数量（座）	13868	13727	13051	12896	13524
道达尔					
原油产量	1500	1543	1672	1566	1346
天然气产量	7203	7246	7309	6599	6662
一次加工能力	1793	1967	1959	2021	2566
成品油销售量	—	3410	4111	4153	4019
加油站数量（座）	15948	15594	15060	14311	16630
中国石油股份					
原油产量	2433	2525	2491	2439	2430
天然气产量	12110	11564	10707	9884	9379
一次加工能力	4089	4089	4008	3984	3893
成品油销售量	3579	3534	4114	3916	3742
加油站数量（座）	22800	22619	22365	21783	21399

资料来源：各公司年报和财务经营报告。

附表 24　2017—2021 年主要石油公司财务指标

百万美元

公司名称及财务指标	2021 年	2020 年	2019 年	2018 年	2017 年
埃克森美孚					
销售收入	276692	178574	255583	279332	237162
净利润	23040	–22440	14340	20840	19710
总资产	338923	332750	362597	346196	348691
职工人数（人）	63000	72000	74900	71000	69600
BP					
销售收入	157739	105944	159307	298756	240208
净利润	8487	–20729	4190	9578	3468
总资产	287272	267654	295194	282176	276515
职工人数（人）	65900	63600	70100	73000	74000
壳牌					
销售收入	261504	180543	344877	388379	305179
净利润	20630	–21534	16432	23906	13435
总资产	404379	379268	404336	399194	407097
职工人数（人）	82000	86000	83000	82000	86000
雪佛龙					
销售收入	155606	94471	139865	158902	134674
净利润	15625	–5543	2924	14824	9195
总资产	239535	239790	237428	253863	253806
职工人数（人）	42595	47736	48155	48638	51894
道达尔					
销售收入	205863	140685	200316	209363	171493
净利润	16366	–7336	11438	11550	8299
总资产	293458	266132	273294	256762	242631
职工人数（人）	101309	105476	107776	104460	98277
中国石油股份					
销售收入	405231	280364	364840	358892	301752
净利润	17778	4855	9715	11180	10518
总资产	387857	360723	396166	368857	358352
职工人数（人）	417173	432003	460724	476223	494297

资料来源：各公司年报和财务经营报告。

附表 25　2019—2021 年主要石油公司分板块资本支出及比例

百万美元

公司名称及资本支出	2021 年		2020 年		2019 年	
	数值	比例（%）	数值	比例（%）	数值	比例（%）
埃克森美孚						
资本和勘探支出	16595	100.00	21374	100.00	31148	100.00
勘探和开发	12254	73.84	14431	67.52	23485	75.40
炼油和销售	2095	12.62	4221	19.75	4371	14.03
石油化工	2243	13.52	2716	12.70	3265	10.48
其他	3	0.02	6	0.03	27	0.09
BP						
资本支出和并购	12848	100.00	14055	100.00	19421	100.00
上游	8432	65.63	9350	66.52	11904	61.29
下游	2950	22.96	2330	16.58	2997	15.43
其他	397	3.09	354	2.52	337	1.74
无机	1069	8.32	2021	14.38	4183	21.54
壳牌						
资本支出	19698	100.00	17827	100.00	22971	100.00
上游	12036	61.10	11597	65.05	13925	60.62
下游	7441	37.78	5968	33.48	8650	37.66
其他	221	1.12	262	1.47	396	1.72
雪佛龙						
资本和勘探支出	11720	100.00	13499	100.00	20994	100.00
勘探与开发	9614	82.03	10914	80.85	17824	84.90
炼油与销售	768	6.55	800	5.93	1785	8.50
石油化工	486	4.15	434	3.22	456	2.17
其他	852	7.27	1351	10.00	929	4.43
道达尔						
资本支出	16589	100.00	15534	100.00	19237	100.00
上游	13617	82.09	13012	83.76	16045	83.41
炼油与化工	1638	9.87	1325	8.53	1698	8.83
营销与服务	1242	7.49	1052	6.77	1374	7.14
其他	92	0.55	145	0.93	120	0.62
中国石油股份						
资本支出	38933	100.00	35736	100.00	43021	100.00
勘探和开发	27631	70.97	27056	75.71	33358	77.54
炼油和化工	8446	21.69	3162	8.85	3085	7.17
天然气和管道	1046	2.69	3065	8.58	3915	9.10
销售	1702	4.37	2362	6.61	2554	5.94
其他	109	0.28	91	0.25	109	0.25

资料来源：各公司年报和财务经营报告。

附表 26　2017—2021 年主要石油公司资本支出占销售收入比例

%

公司名称	2021 年	2020 年	2019 年	2018 年	2017 年
埃克森美孚	6.0	12.0	12.2	9.3	9.7
BP	8.1	7.8	7.0	8.4	7.4
壳牌	7.3	9.2	6.7	5.9	6.8
雪佛龙	7.5	14.3	15.0	12.7	14.0
道达尔	8.1	11.0	9.6	10.6	9.9
中国石油股份	9.6	12.7	11.8	10.8	10.6
中国石化股份[(1)]	6.1	6.4	4.9	4.1	4.2
中国海油有限[(2)]	32.9	50.9	33.7	27.4	26.7

注：（1）中国石化股份指中国石油化工股份有限公司；（2）中国海油有限指中国海洋石油集团有限公司。

资料来源：各公司年报和财务经营报告。

附表 27　2017—2021 年主要石油公司投资资本回报率

%

公司名称	2021 年	2020 年	2019 年	2018 年	2017 年
埃克森美孚	10.9	−9.3	6.5	9.2	9
BP	13.3	−3.8	8.9	11.2	5.8
壳牌	8.8	−6.8	6.7	9.4	5.8
雪佛龙	9.4	−2.8	2	8.2	5
道达尔	13.9	4.0	9.8	11.8	9.4
中国石油股份	—	—	—	—	—
中国石化股份	11.3	6.2	9.0	9.3	8.3
中国海油有限	—	—	—	—	—

资料来源：各公司年报和财务经营报告。

附表 28　2020—2021 年主要石油公司油气储量及海外比例

油气储量及海外比例	石油（百万桶）		天然气（十亿立方英尺）	
	2021 年	2020 年	2021 年	2020 年
埃克森美孚	12174	8885	38175	37960
美国以外比例	71.7%	66.8%	60.4%	64.3%
BP	10124	10112	39615	42467
欧洲以外比例	97.2%	95.6%	98.7%	98.8%
壳牌	4581	4621	27744	26114
欧洲以外比例	95.3%	96.0%	88.1%	89.6%
雪佛龙	6113	6147	30908	29922
美国以外比例	53.0%	61.9%	81.0%	85.8%

续表

油气储量及海外比例	石油（百万桶）		天然气（十亿立方英尺）	
	2021 年	2020 年	2021 年	2020 年
道达尔	5843	5804	33450	35220
欧洲以外比例	89.8%	82.9%	88.6%	88.7%
中国石油股份	6064	5206	74916	76437
中国以外比例	12.8%	16.0%	1.9%	2.1%
中国石化股份	1749	1542	8456	8191
中国以外比例	19.0%	20.1%	0.1%	0.1%
中国海油有限	3924	3649	8351	7956
中国以外比例	46.6%	46.5%	15.9%	13.7%

资料来源：各公司年报和财务经营报告。

附表 29　2020—2021 年主要石油公司油气产量及海外比例

油气产量及海外比例	石油（千桶 / 日）		天然气（百万英尺 ^{3}/ 日）	
	2021 年	2020 年	2021 年	2020 年
埃克森美孚	2289	2349	8537	8471
美国以外比例	68.5%	70.8%	67.8%	68.2%
BP	1951	2106	7915	7929
欧洲以外比例	95.5%	95.2%	97.0%	97.2%
壳牌	1685	1752	8687	9207
欧洲以外比例	93.2%	92.2%	86.3%	87.1%
雪佛龙	1814	1868	7709	7290
美国以外比例	52.7%	57.7%	78.1%	78.0%
道达尔	1500	1543	7203	7246
欧洲以外比例	85.0%	84.4%	83.6%	81.7%
中国石油股份	2433	2525	12110	11564
中国以外比例	15.1%	19.3%	4.5%	5.4%
中国石化股份	767	766	3286	2930
中国以外比例	10.8%	11.0%	—	—
中国海油有限	1211	1117	1774	1580
中国以外比例	29.7%	30.6%	26.7%	27.0%

资料来源：各公司年报和财务经营报告。

附表 30　2017—2021 年主要石油公司炼油能力及海外比例

千桶 / 日

炼油能力及海外比例	2021 年	2020 年	2019 年	2018 年	2017 年
埃克森美孚	4567	4770	4732	4905	4914
美国以外比例	61.36%	63.02%	67.62%	64.77%	64.89%

续表

炼油能力及海外比例	2021 年	2020 年	2019 年	2018 年	2017 年
BP	1982	1909	1906	1890	1892
欧洲以外比例	54.79%	54.85%	54.93%	58.68%	53.96%
壳牌	2149	2750	3085	3174	3195
欧洲以外比例	52.40%	61.49%	65.74%	66.73%	66.95%
雪佛龙	1804	1804	1748	1627	1738
美国以外比例	39.91%	39.91%	40.22%	42.72%	47.12%
道达尔	1793	1967	1959	2021	2021
欧洲以外比例	31.57%	26.94%	26.65%	28.90%	28.06%
中国石油股份	4089	4089	4008	3984	3893
中国以外比例	—	—	—	—	—
中国石化股份	5745	5665	5433	5870	5894
中国以外比例	—	—	—	—	—

资料来源：各公司年报和财务经营报告。

附表 31　2017—2021 年主要石油公司储量替代率

%

公司名称	2021 年	2020 年	2019 年	2018 年	2017 年
埃克森美孚	35	41	65	313	183
BP	52	154	67	100	143
壳牌	76	73	68	55	95
雪佛龙	112	74	51	142	155
道达尔	74	66	157	117	98
中国石油股份	137	120	73	106	82
中国石化股份	140	64	129	104	95
中国海油有限	162	136	144	126	305

资料来源：各公司年报和财务经营报告。

附表 32　2017—2021 年主要石油公司钻井工作量

钻井工作量	2021 年	2020 年	2019 年	2018 年	2017 年
埃克森美孚					
净探井数（口）	10	9	14	13	9
成功率（%）	60.00	77.78	78.57	53.85	66.67
净开发井数（口）	501	553	917	635	503
成功率（%）	97.21	97.11	97.49	97.01	99.01
BP					
净探井数（口）	23	19	30	29	29
成功率（%）	88.21	90.53	81.33	82.75	76.55

续表

钻井工作量	2021 年	2020 年	2019 年	2018 年	2017 年
净开发井数（口）	505	436	608	473	588
成功率（%）	98.38	98.83	97.83	97.25	99.08
壳牌					
净探井数（口）	91	201	195	183	87
成功率（%）	14.28	46.77	78.97	83.61	77.01
净开发井数（口）	312	340	539	615	685
成功率（%）	99.67	100.00	98.70	99.84	98.83
雪佛龙					
净探井数（口）	4	9	12	19	9
成功率（%）	50.00	66.67	83.33	78.95	77.78
净开发井数（口）	423	683	972	897	801
成功率（%）	99.52	99.41	99.69	99.33	99.25
中国石油股份					
净探井数（口）	1456	1539	1579	1778	1825
成功率（%）	73.63	74.20	79.29	72.50	72.82
净开发井数（口）	11356	12063	14503	15177	14476
成功率（%）	99.52	99.48	99.50	99.51	99.43
中国海油有限					
净探井数（口）	—	—	224.2	157.9	116.9
成功率（%）	—	—	42.95	53.60	48.85
净开发井数（口）	—	—	284.9	171.5	154.4
成功率（%）	—	—	100.00	100.00	100.00

注：净值指扣除其他方权益后的数值。

资料来源：各公司年报和财务经营报告。

附 图

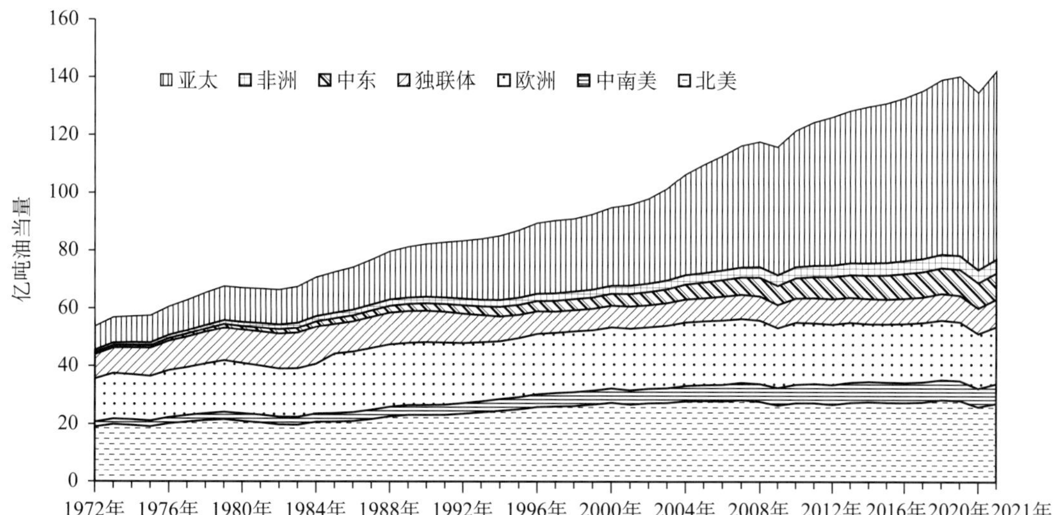

附图 1　1972—2021 年世界各地区一次能源消费量

（资料来源：《BP 世界能源统计年鉴 2022》）

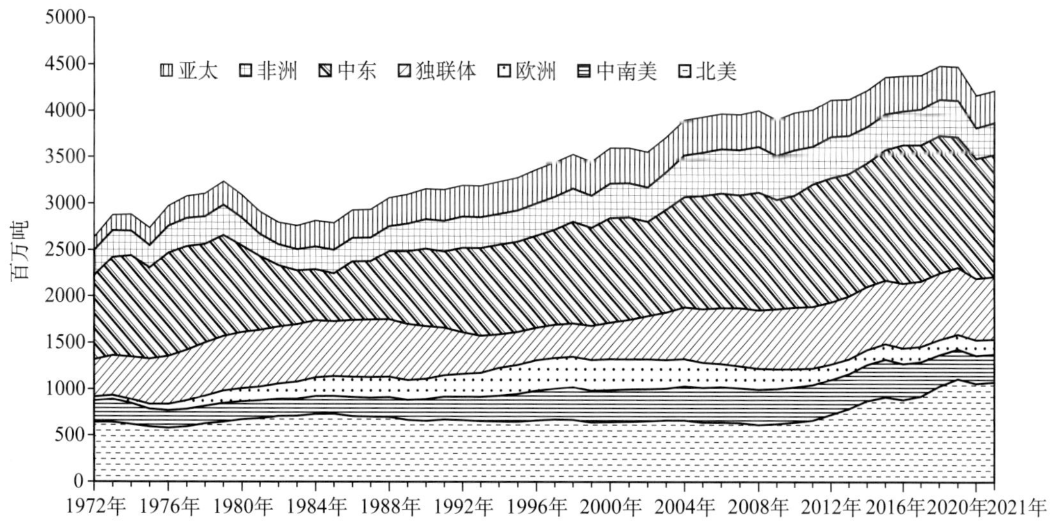

附图 2　1972—2021 年世界各地区石油产量

注：石油产量包括原油、页岩油、油砂与天然气液（从天然气中单独开采的液体产品），不包括其他来源的液体产品，例如生物质油和其他煤制或天然气制油。

（资料来源：《BP 世界能源统计年鉴 2022》）

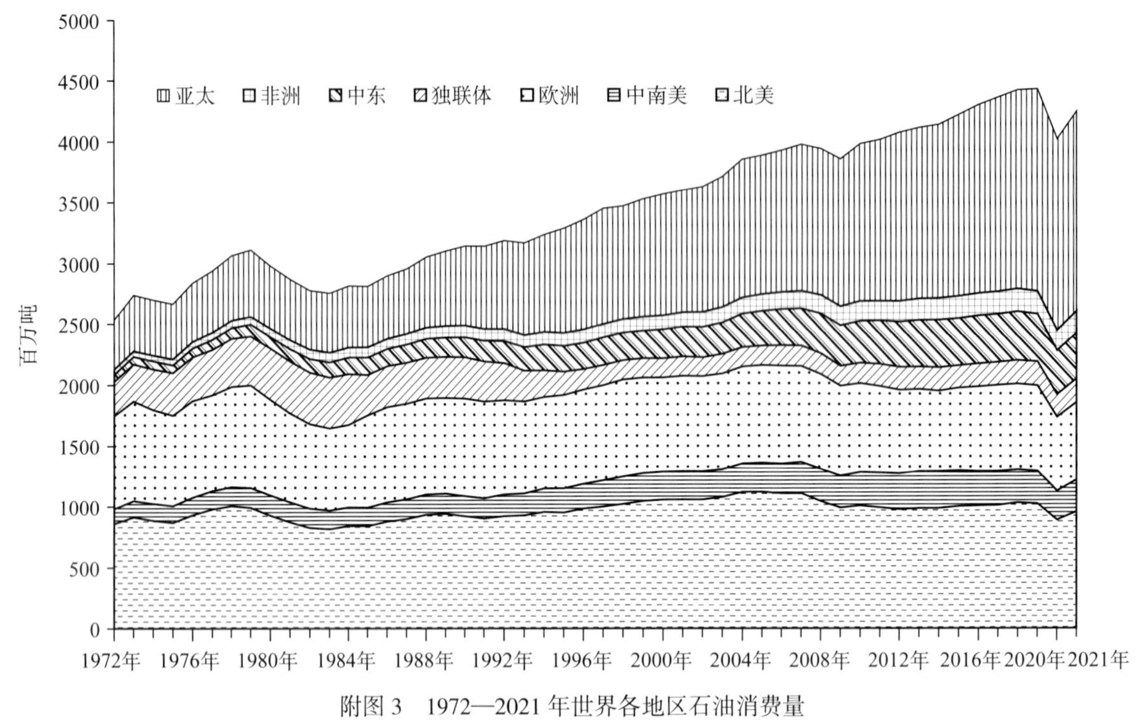

附图3　1972—2021年世界各地区石油消费量

（资料来源：《BP世界能源统计年鉴2022》）

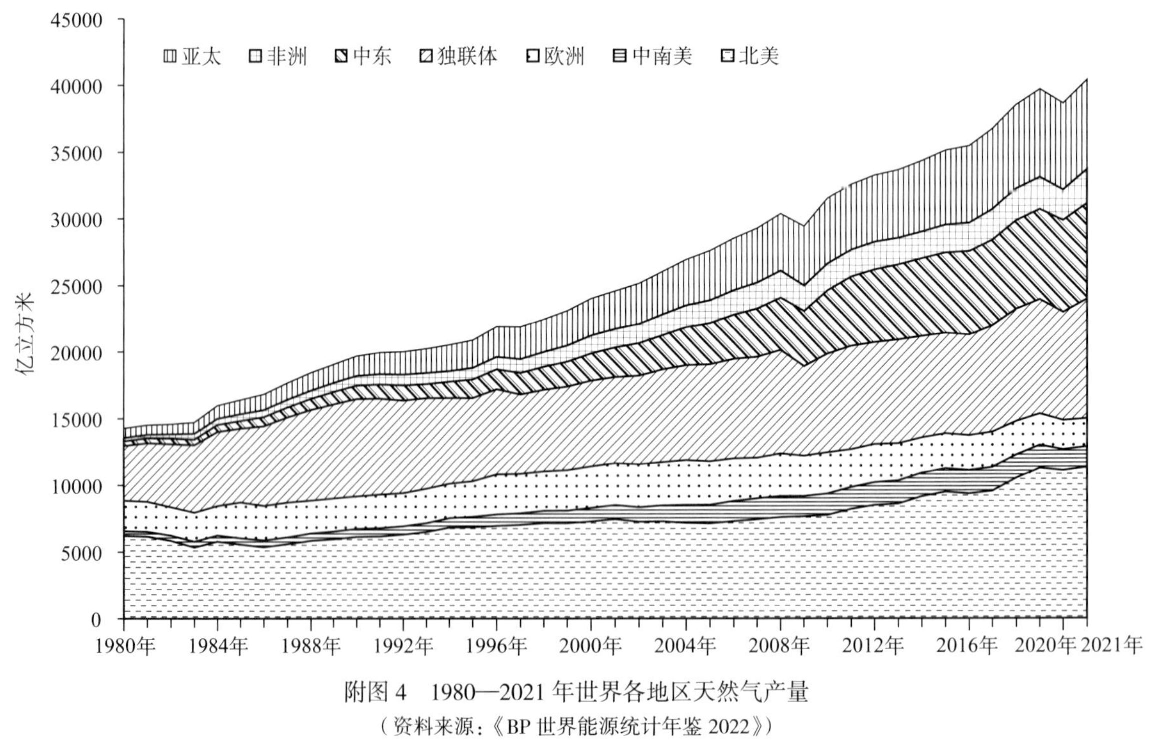

附图4　1980—2021年世界各地区天然气产量

（资料来源：《BP世界能源统计年鉴2022》）

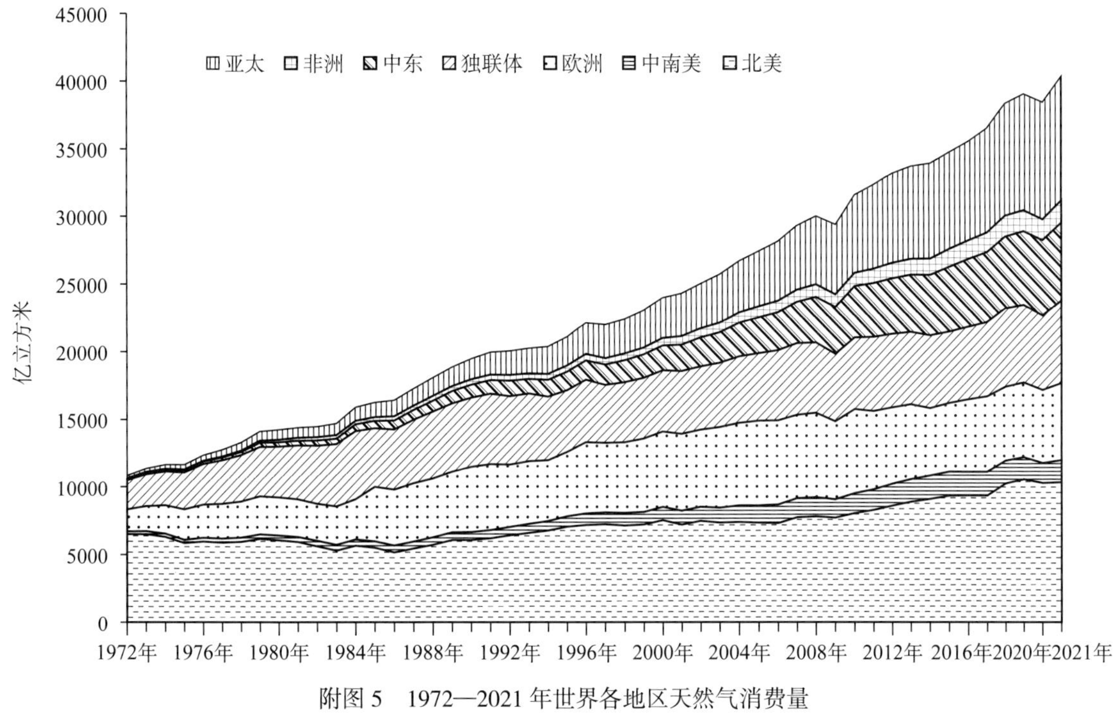

附图 5　1972—2021 年世界各地区天然气消费量

（资料来源：《BP 世界能源统计年鉴 2022》）

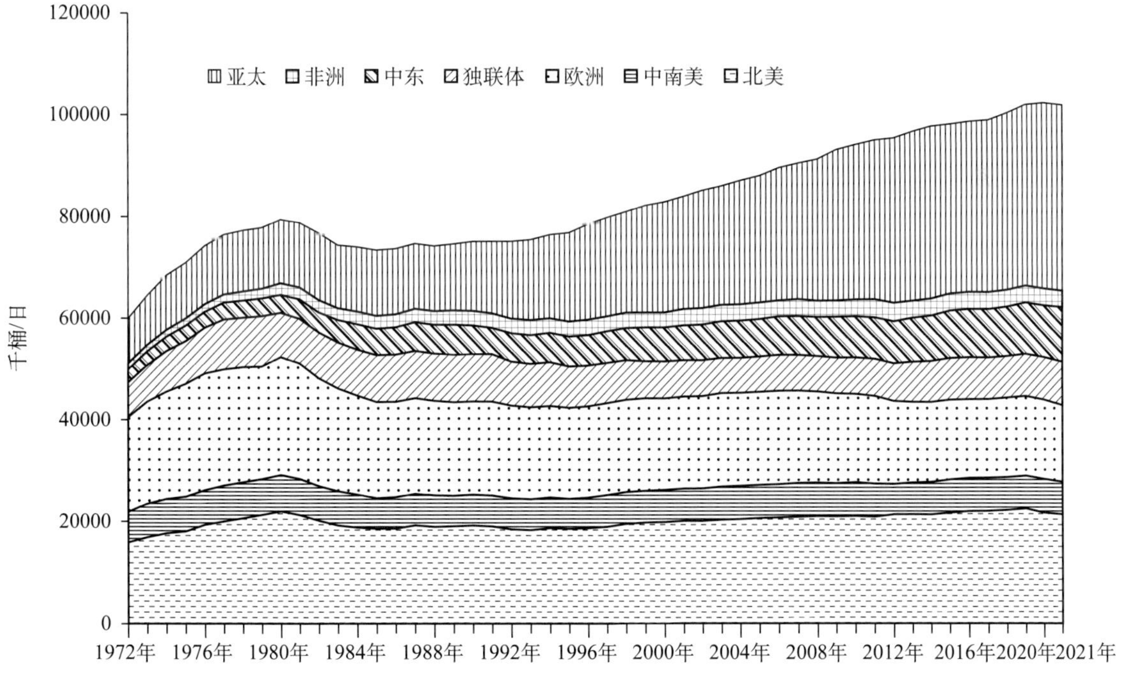

附图 6　1972—2021 年世界各地区炼油能力

（资料来源：《BP 世界能源统计年鉴 2022》）

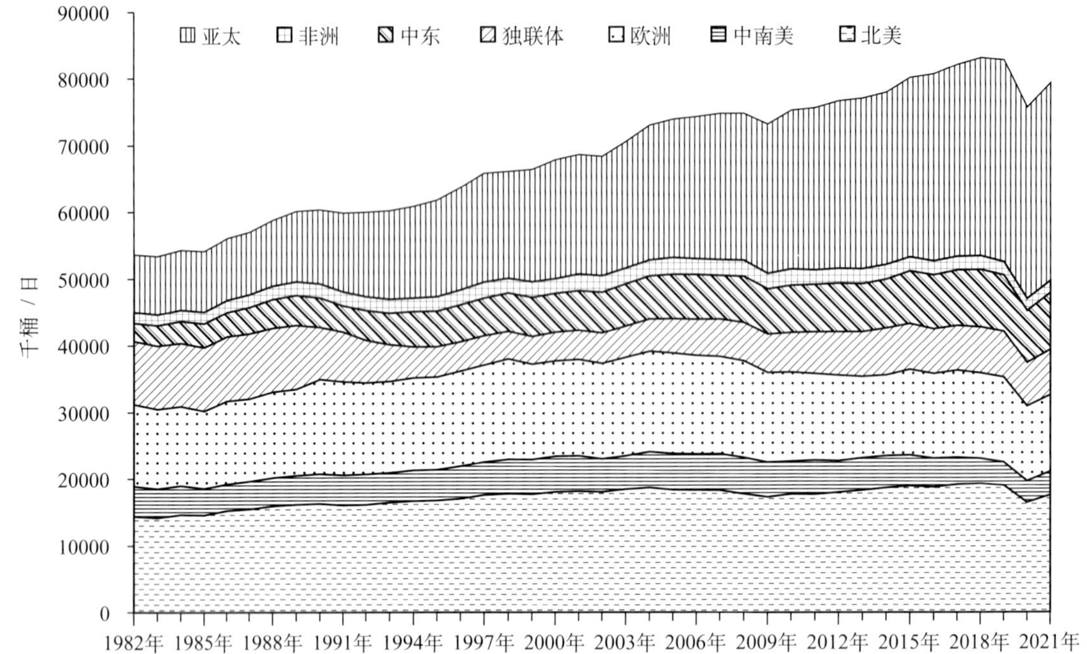

附图 7　1982—2021 年世界各地区炼油加工量

（资料来源：《BP 世界能源统计年鉴 2022》）

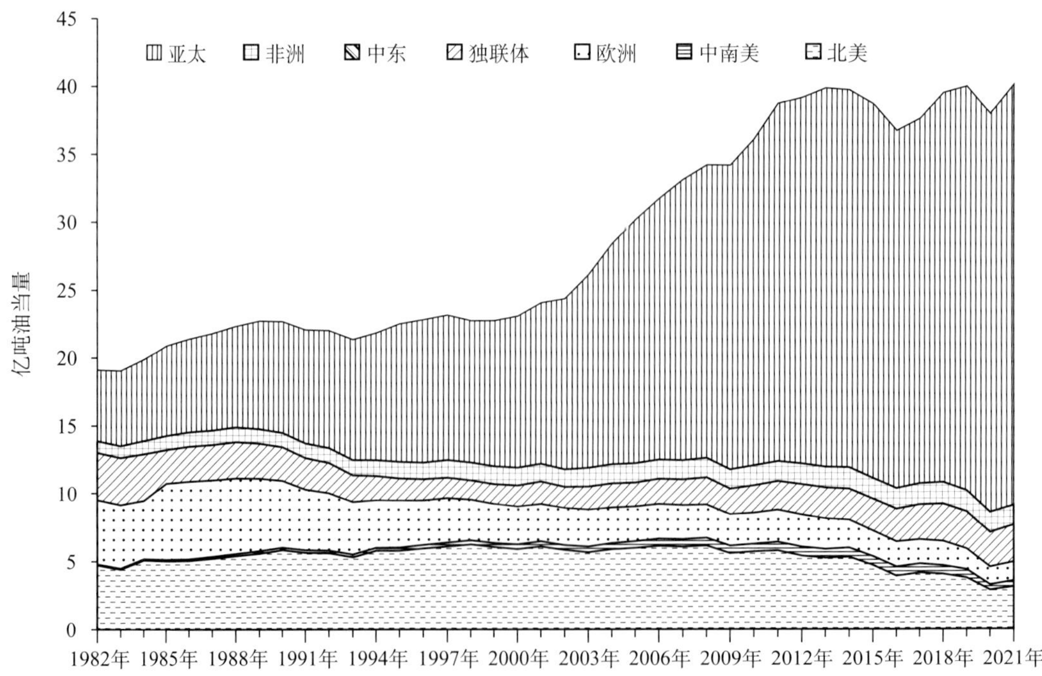

附图 8　1982—2021 年世界各地区煤炭产量

（资料来源：《BP 世界能源统计年鉴 2022》）

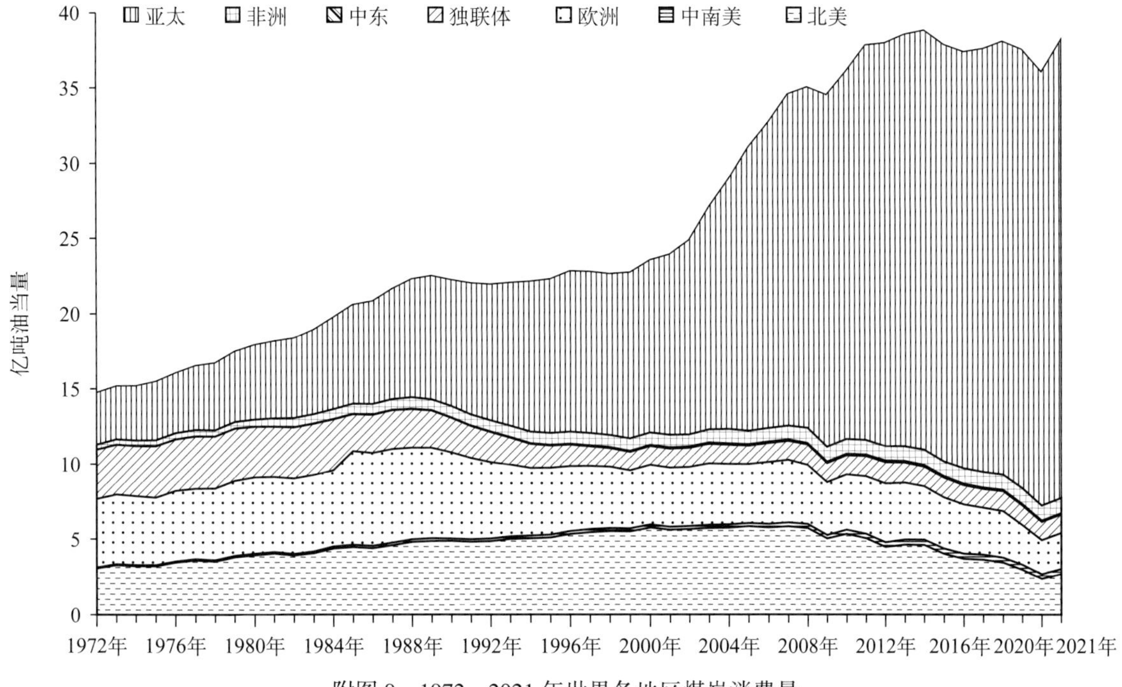

附图 9　1972—2021 年世界各地区煤炭消费量

（资料来源：《BP 世界能源统计年鉴 2022》）

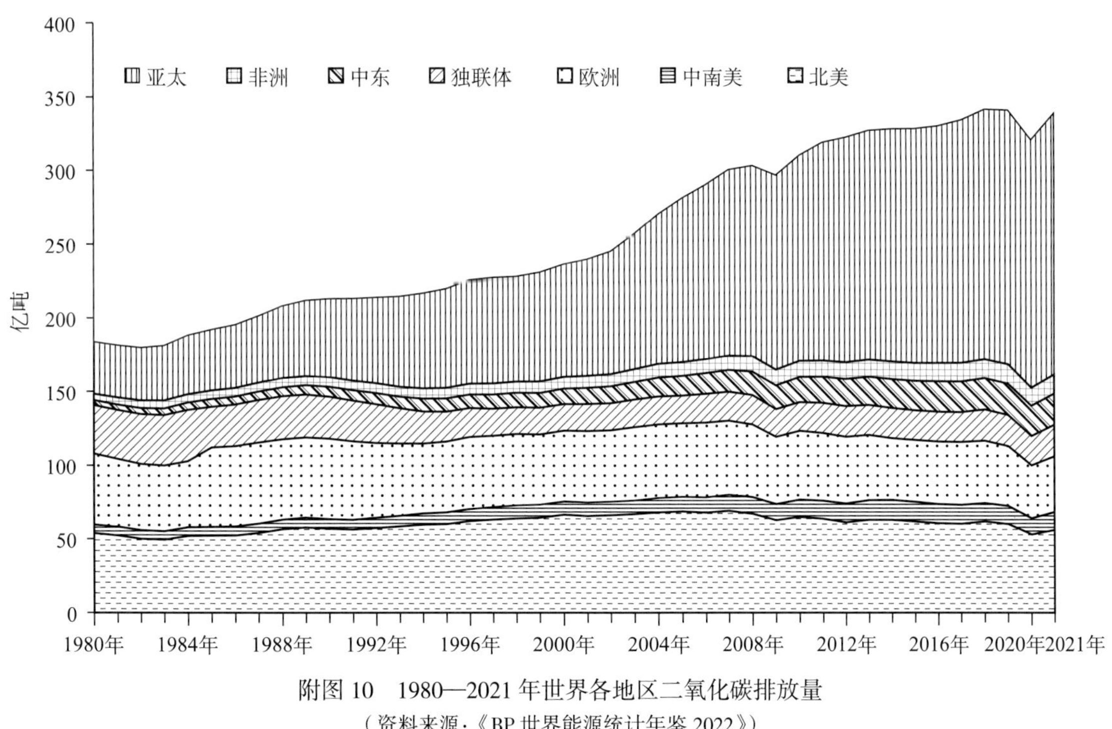

附图 10　1980—2021 年世界各地区二氧化碳排放量

（资料来源：《BP 世界能源统计年鉴 2022》）

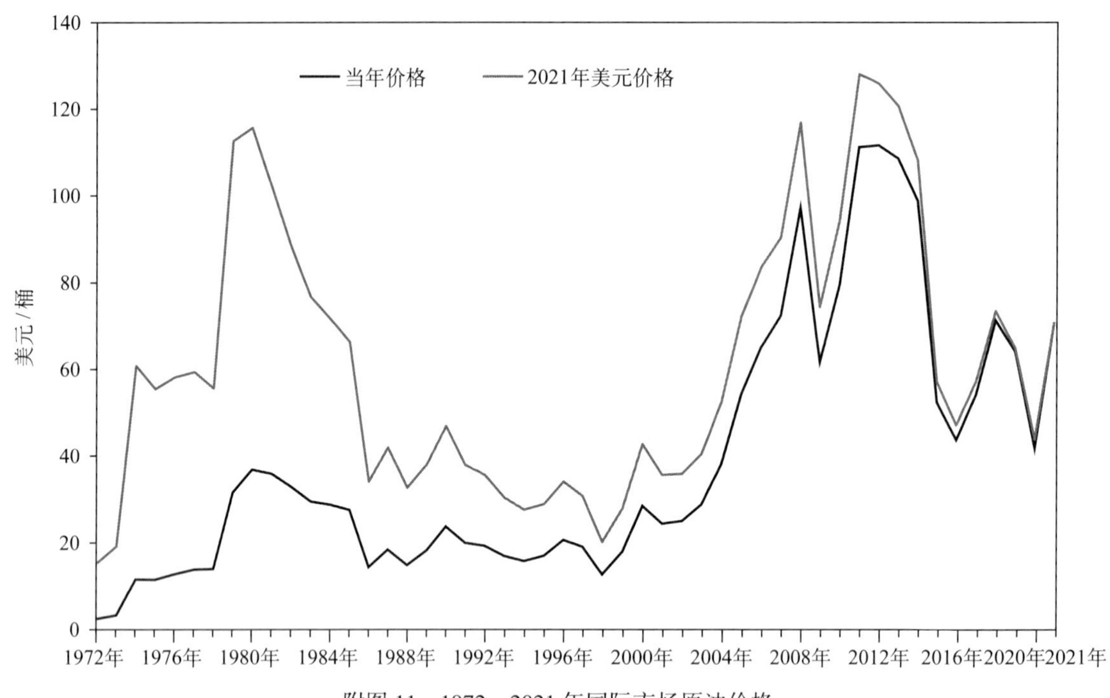

附图 11　1972—2021 年国际市场原油价格

注：当年价格为布伦特期货价格，2021 年美元价格是根据美国消费者物价指数进行调整后的价格。

（资料来源：《BP 世界能源统计年鉴 2022》）

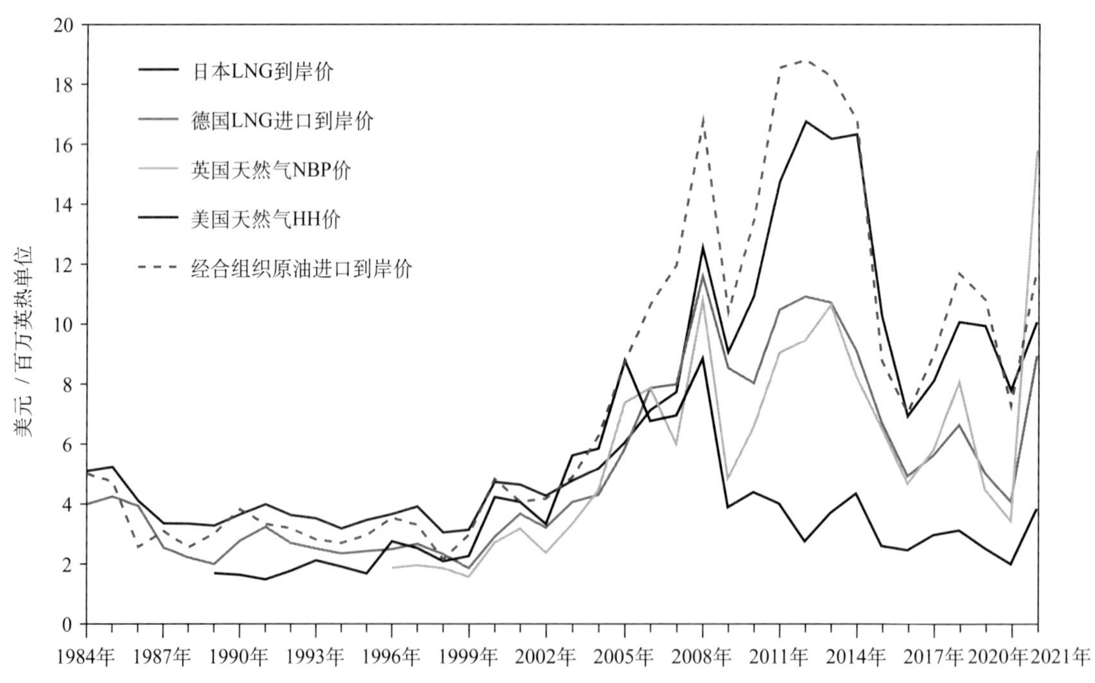

附图 12　1984—2021 年国际市场天然气价格

（资料来源：《BP 世界能源统计年鉴 2022》）

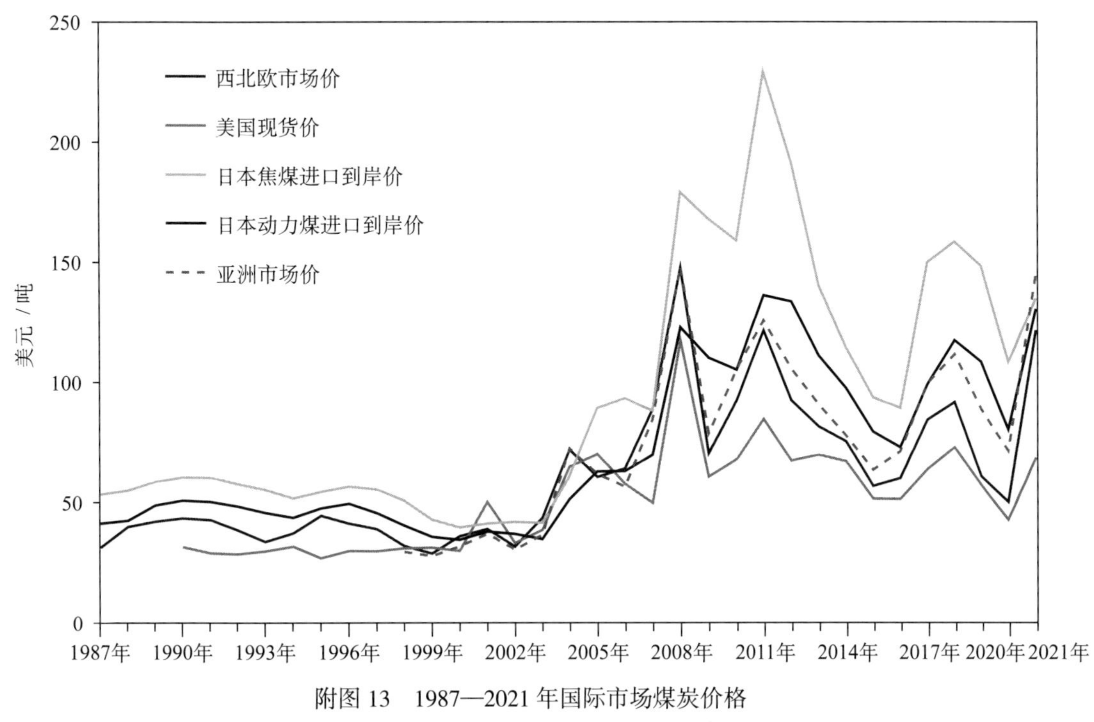

附图 13　1987—2021 年国际市场煤炭价格

（资料来源：《BP 世界能源统计年鉴 2022》）

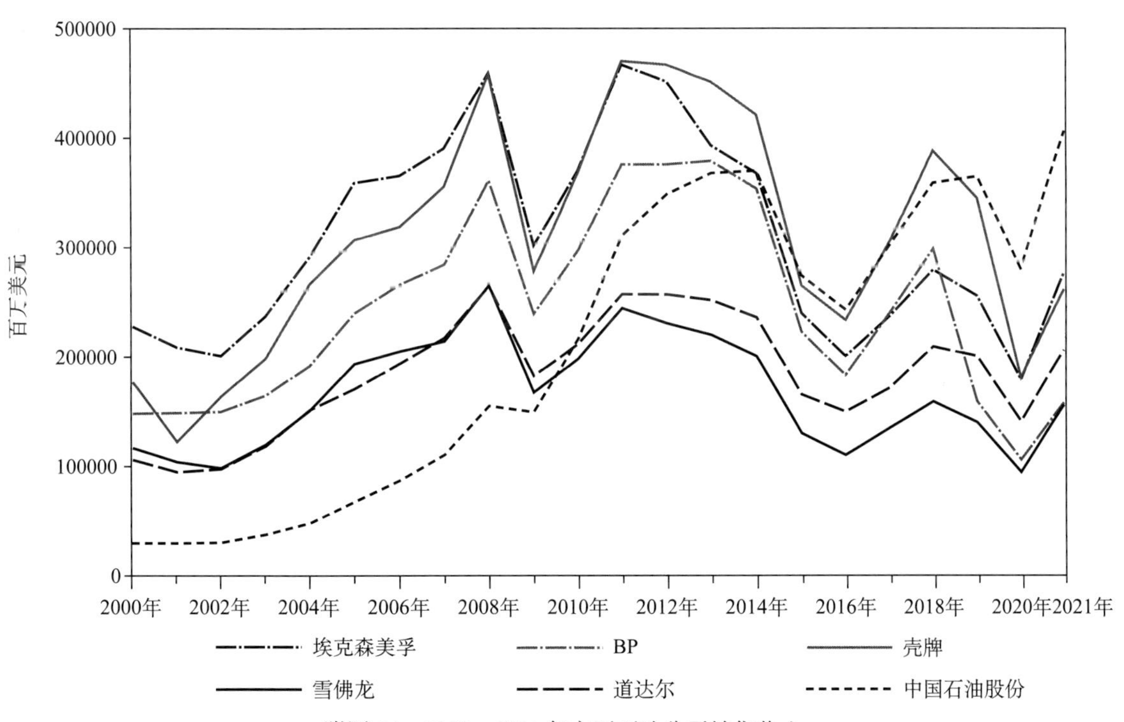

附图 14　2000—2021 年主要石油公司销售收入

（资料来源：各公司年报和财务经营报告）

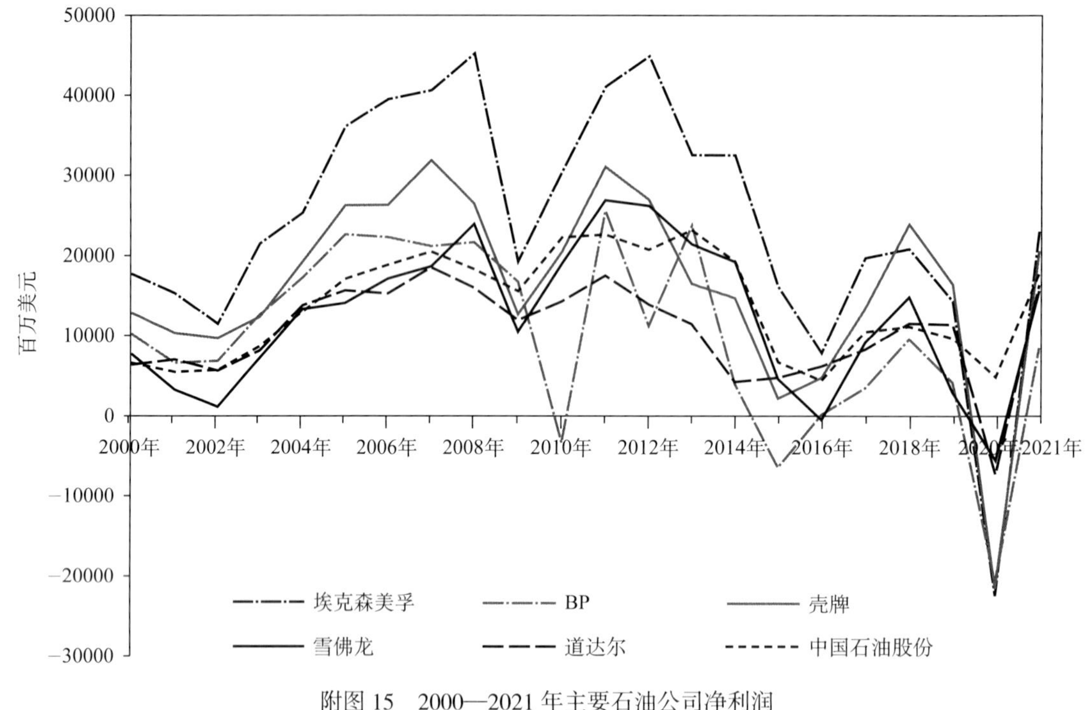

附图 15　2000—2021 年主要石油公司净利润

（资料来源：各公司年报和财务经营报告）

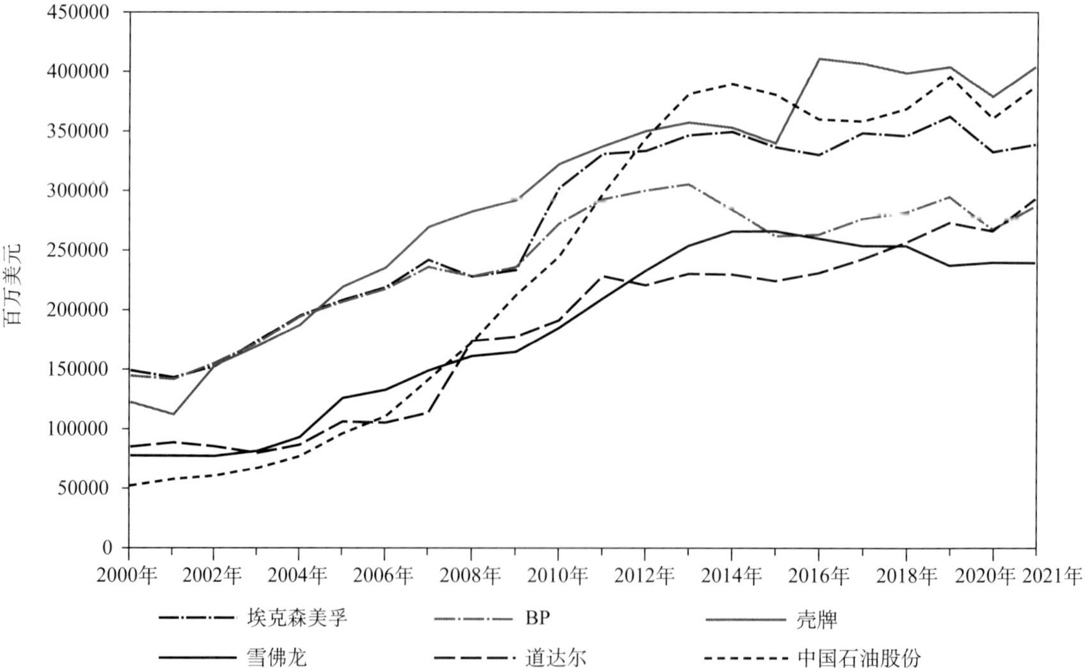

附图 16　2000—2021 年主要石油公司总资产

（资料来源：各公司年报和财务经营报告）

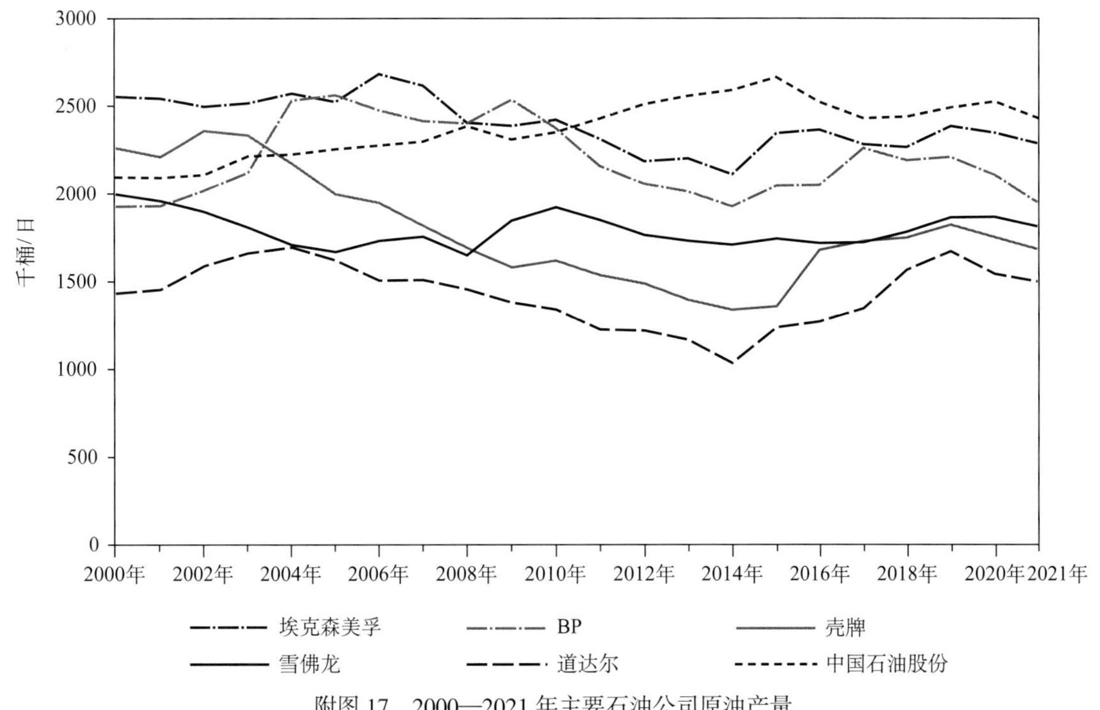

附图 17　2000—2021 年主要石油公司原油产量

（资料来源：各公司年报和财务经营报告）

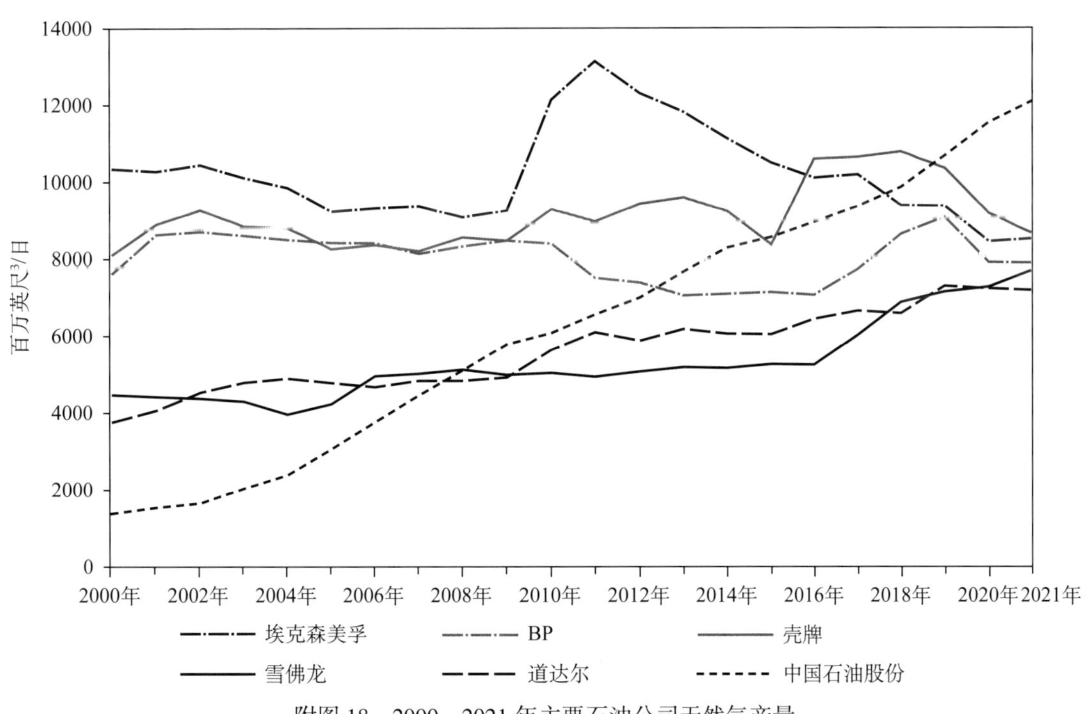

附图 18　2000—2021 年主要石油公司天然气产量

（资料来源：各公司年报和财务经营报告）

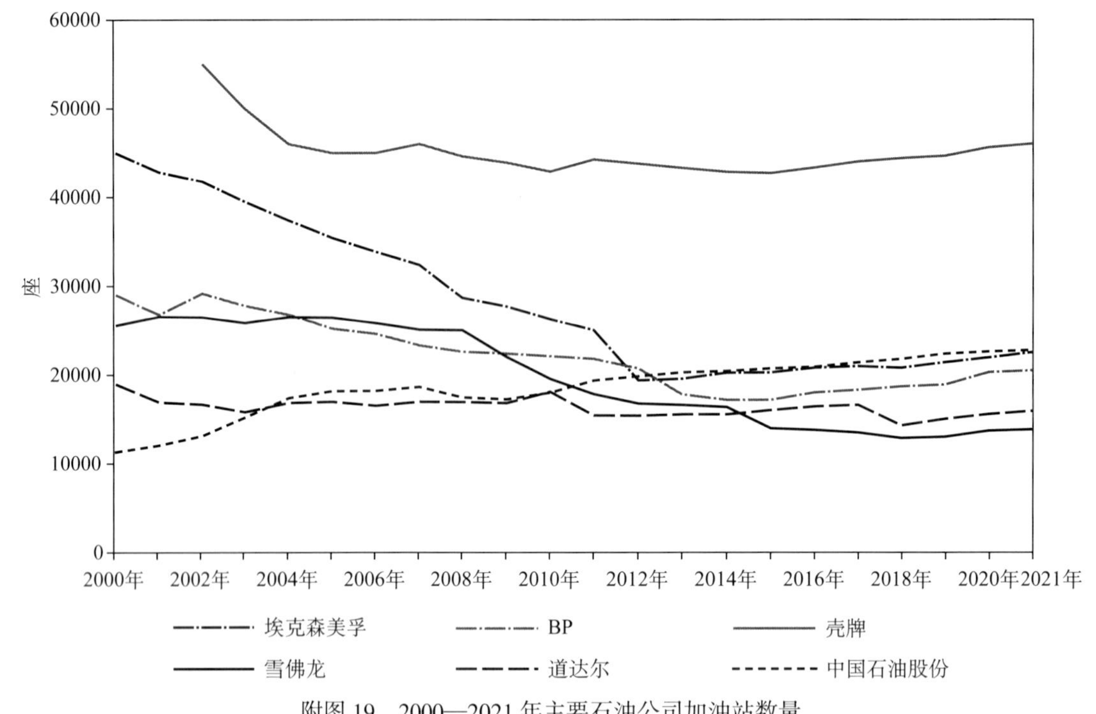

附图 19　2000—2021 年主要石油公司加油站数量

（资料来源：各公司年报和财务经营报告）

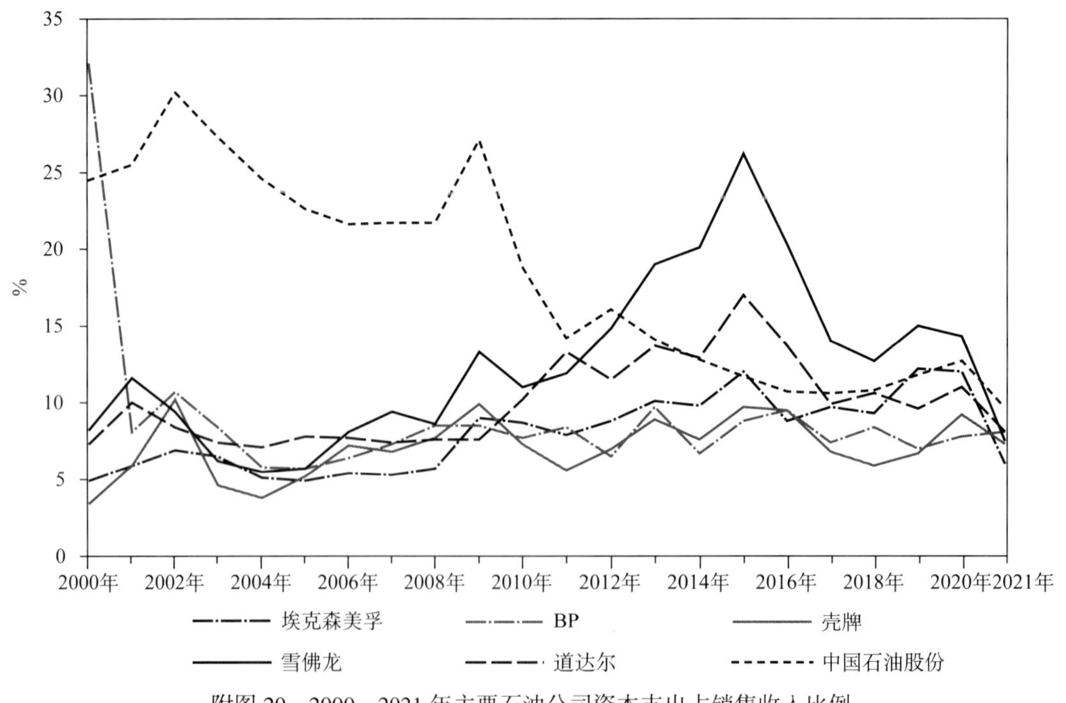

附图 20　2000—2021 年主要石油公司资本支出占销售收入比例

（资料来源：各公司年报和财务经营报告）

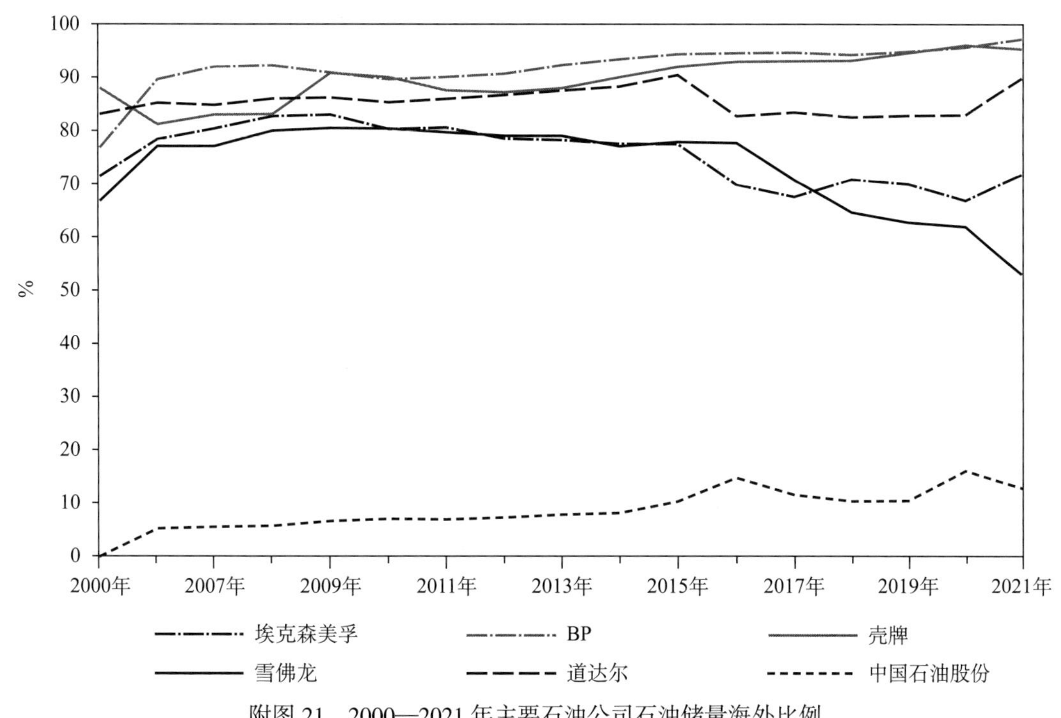

附图 21　2000—2021 年主要石油公司石油储量海外比例

（资料来源：各公司年报和财务经营报告）

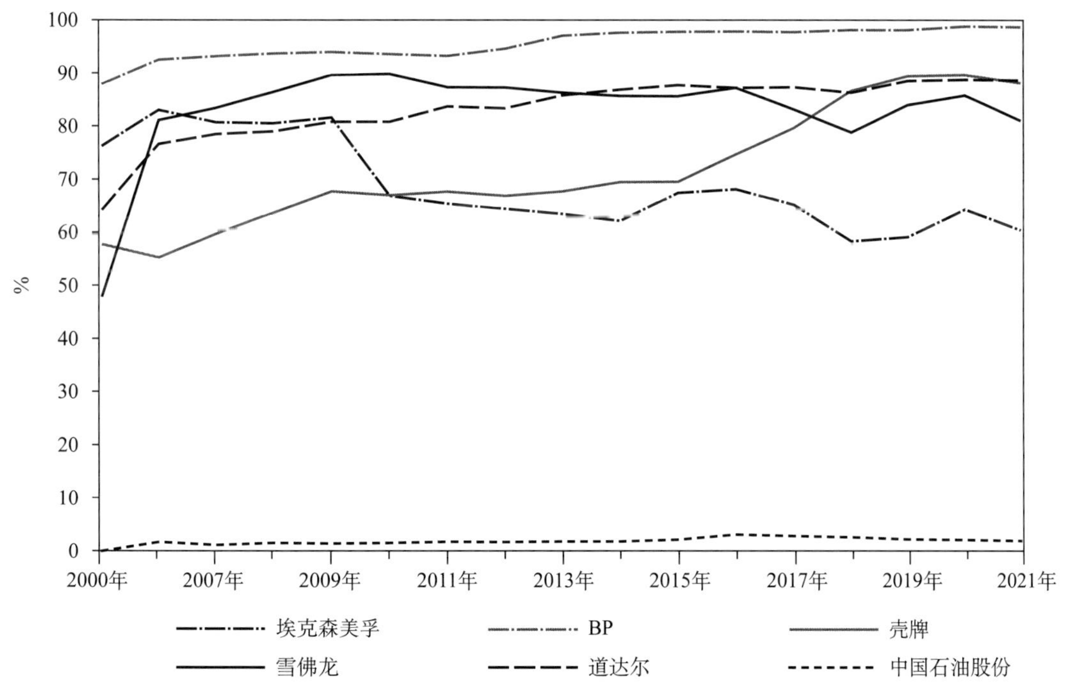

附图 22　2000—2021 年主要石油公司天然气储量海外比例

（资料来源：各公司年报和财务经营报告）

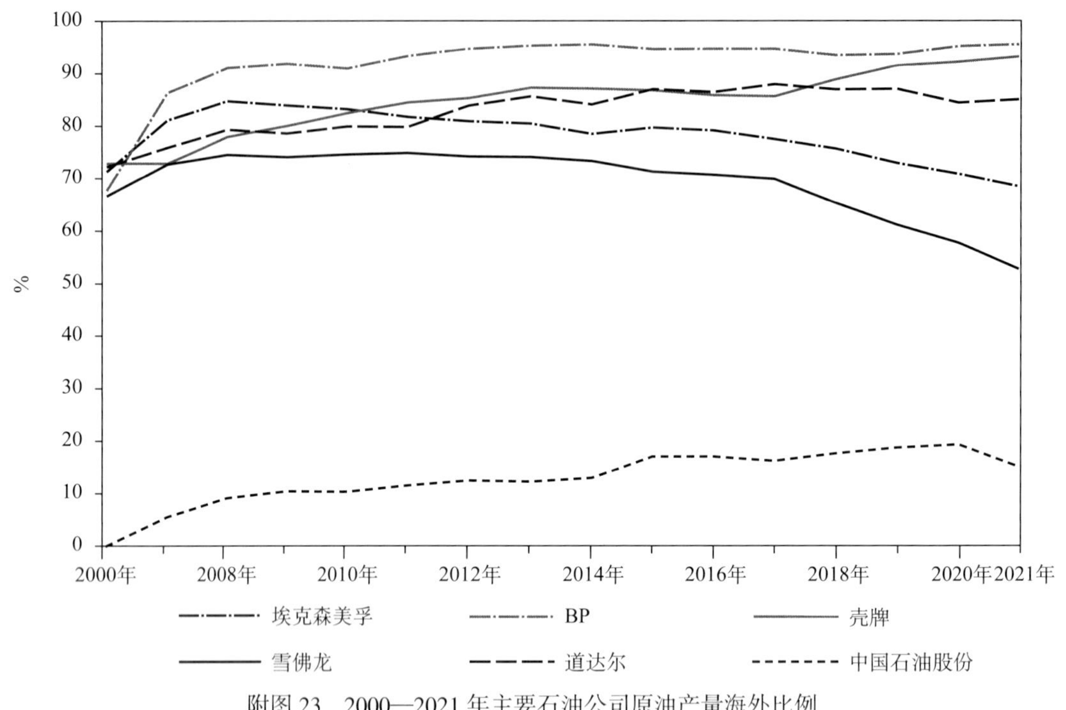

附图 23 2000—2021 年主要石油公司原油产量海外比例
（资料来源：各公司年报和财务经营报告）

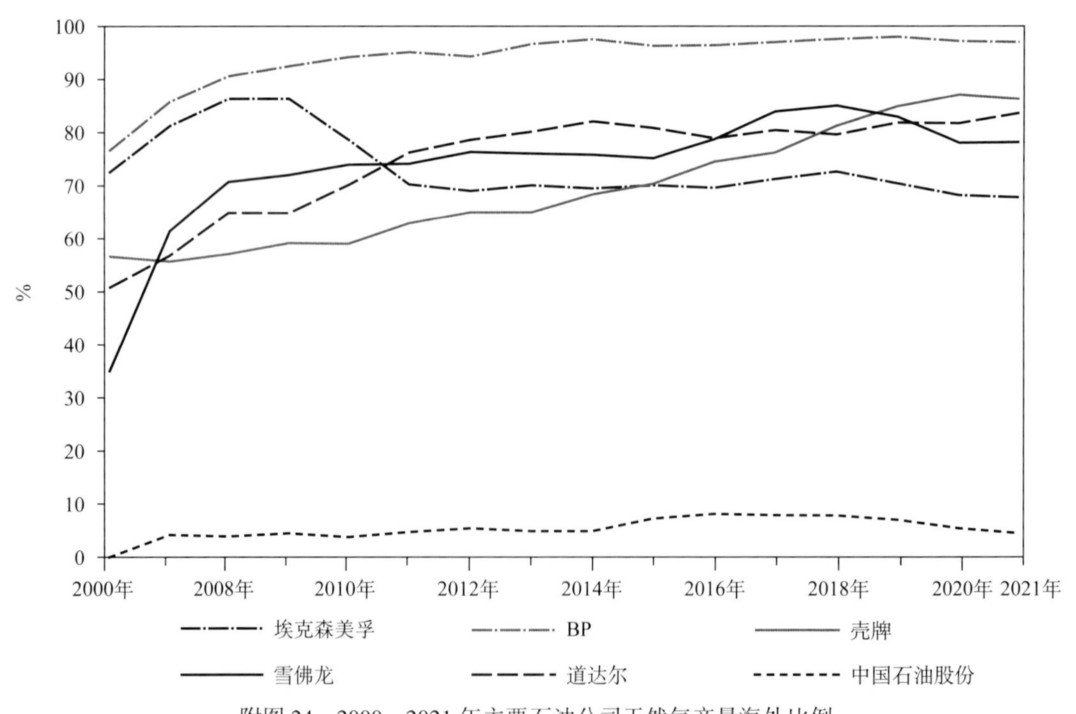

附图 24 2000—2021 年主要石油公司天然气产量海外比例
（资料来源：各公司年报和财务经营报告）

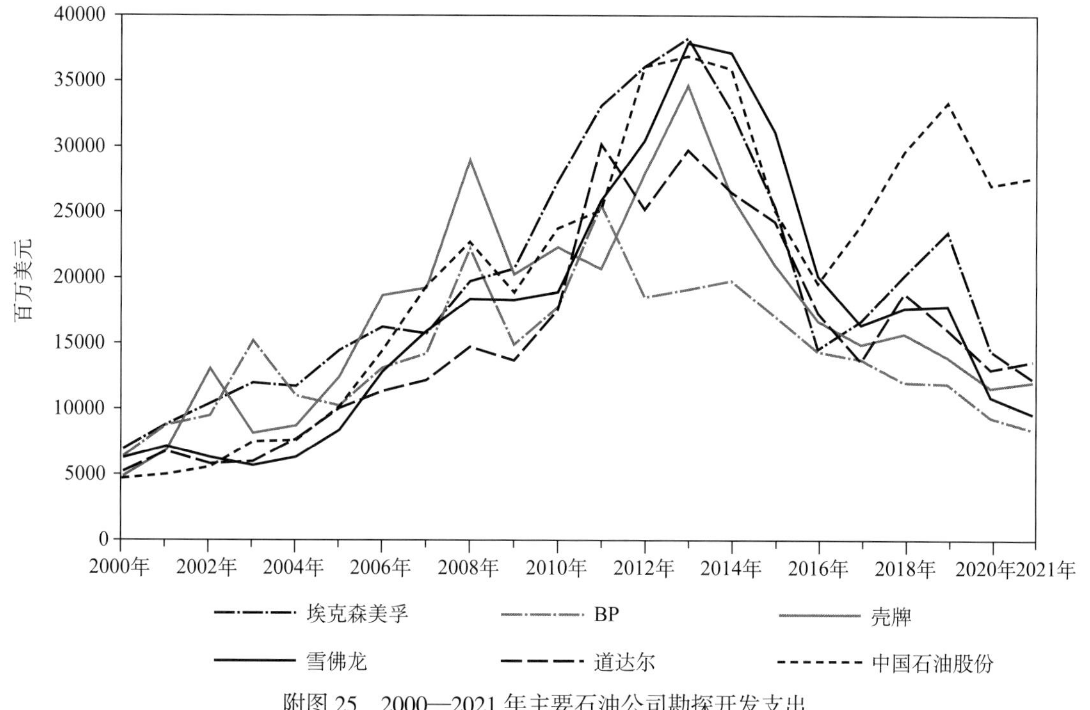

附图 25　2000—2021 年主要石油公司勘探开发支出
（资料来源：各公司年报和财务经营报告）

附图 26　2000—2021 年主要石油公司油气储采比
（资料来源：各公司年报和财务经营报告）

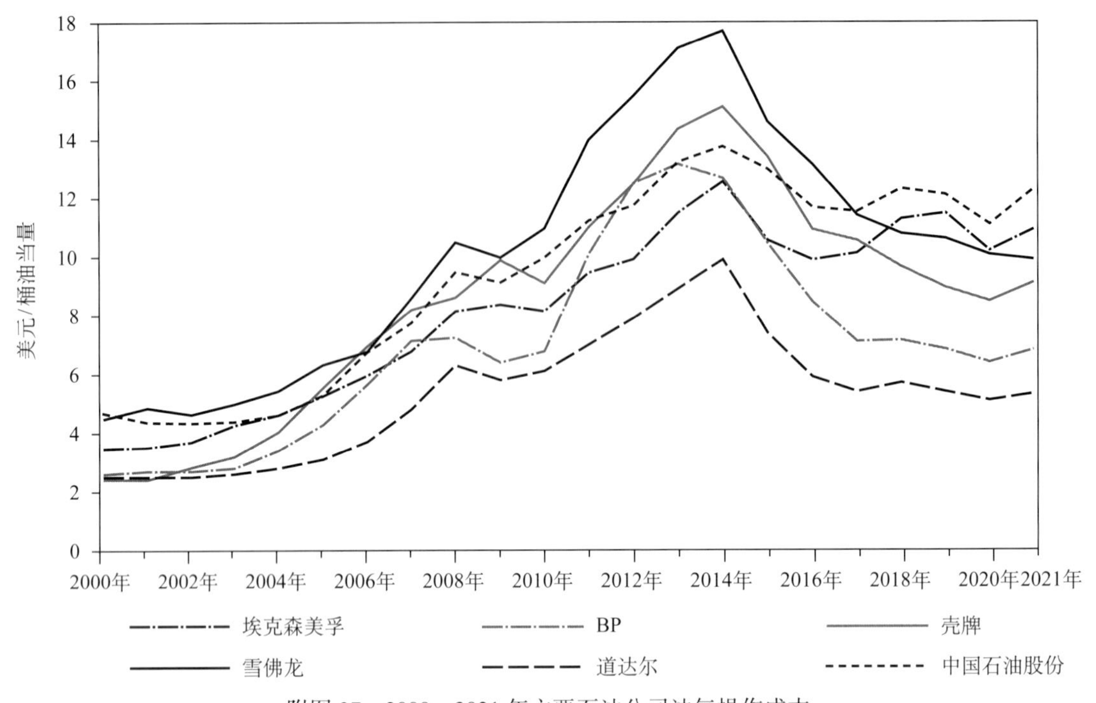

附图 27　2000—2021 年主要石油公司油气操作成本

（资料来源：各公司年报和财务经营报告）

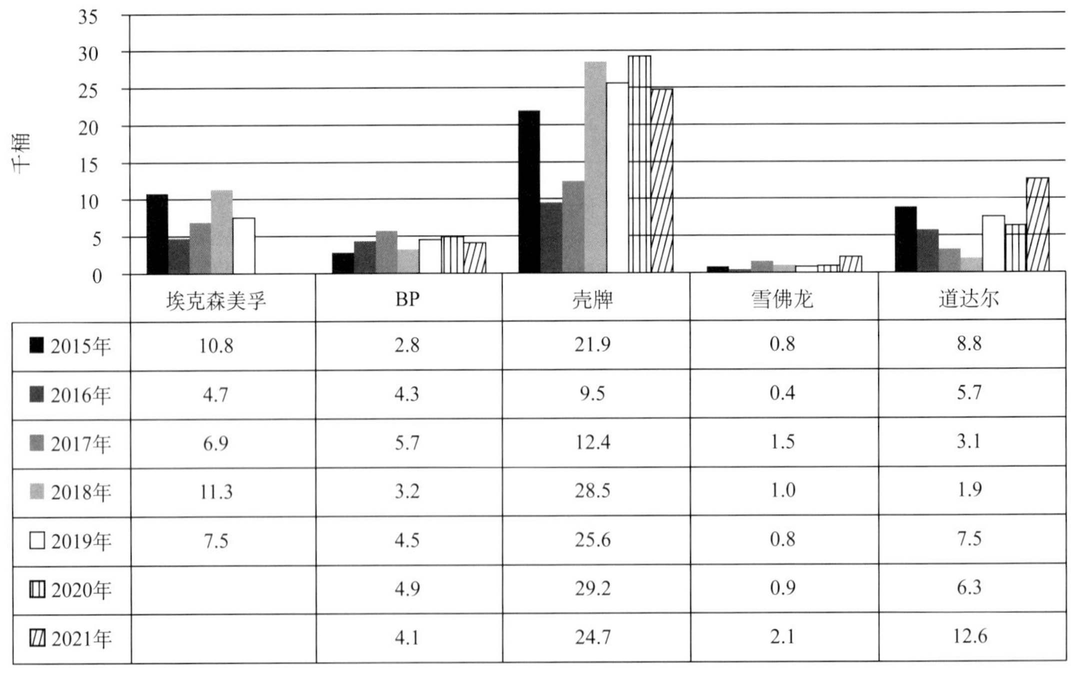

	埃克森美孚	BP	壳牌	雪佛龙	道达尔
2015年	10.8	2.8	21.9	0.8	8.8
2016年	4.7	4.3	9.5	0.4	5.7
2017年	6.9	5.7	12.4	1.5	3.1
2018年	11.3	3.2	28.5	1.0	1.9
2019年	7.5	4.5	25.6	0.8	7.5
2020年		4.9	29.2	0.9	6.3
2021年		4.1	24.7	2.1	12.6

附图 28　2015—2021 年主要石油公司石油泄漏量

（资料来源：各公司企业社会责任报告）

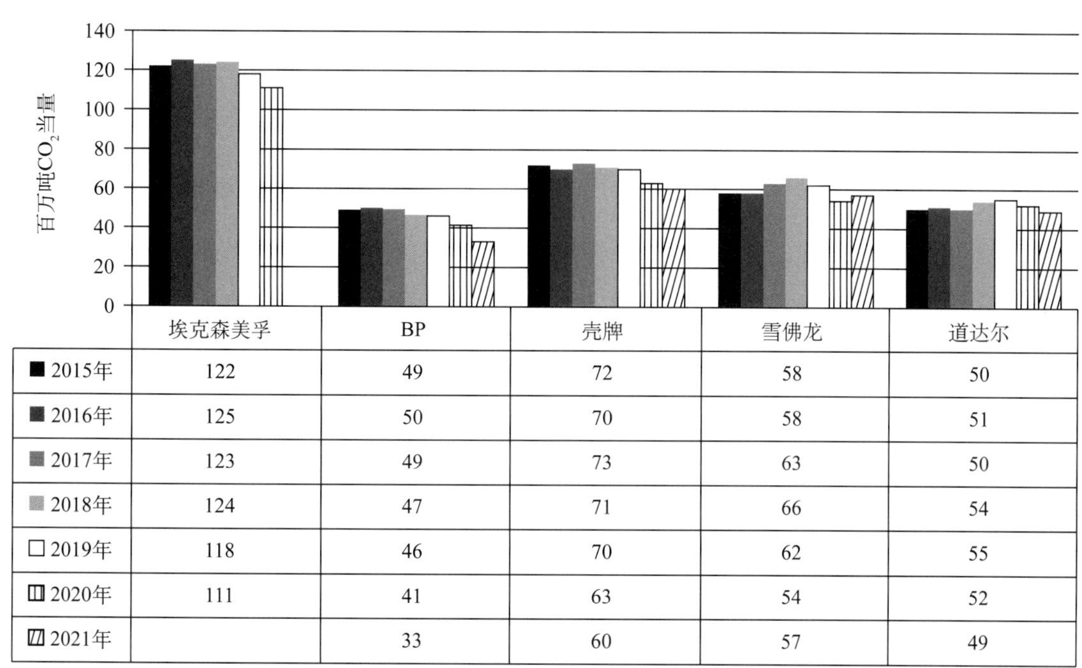

	埃克森美孚	BP	壳牌	雪佛龙	道达尔
■ 2015年	122	49	72	58	50
■ 2016年	125	50	70	58	51
■ 2017年	123	49	73	63	50
■ 2018年	124	47	71	66	54
□ 2019年	118	46	70	62	55
▥ 2020年	111	41	63	54	52
▨ 2021年		33	60	57	49

附图 29　2015—2021 年主要石油公司温室气体排放量

（资料来源：各公司企业社会责任报告）

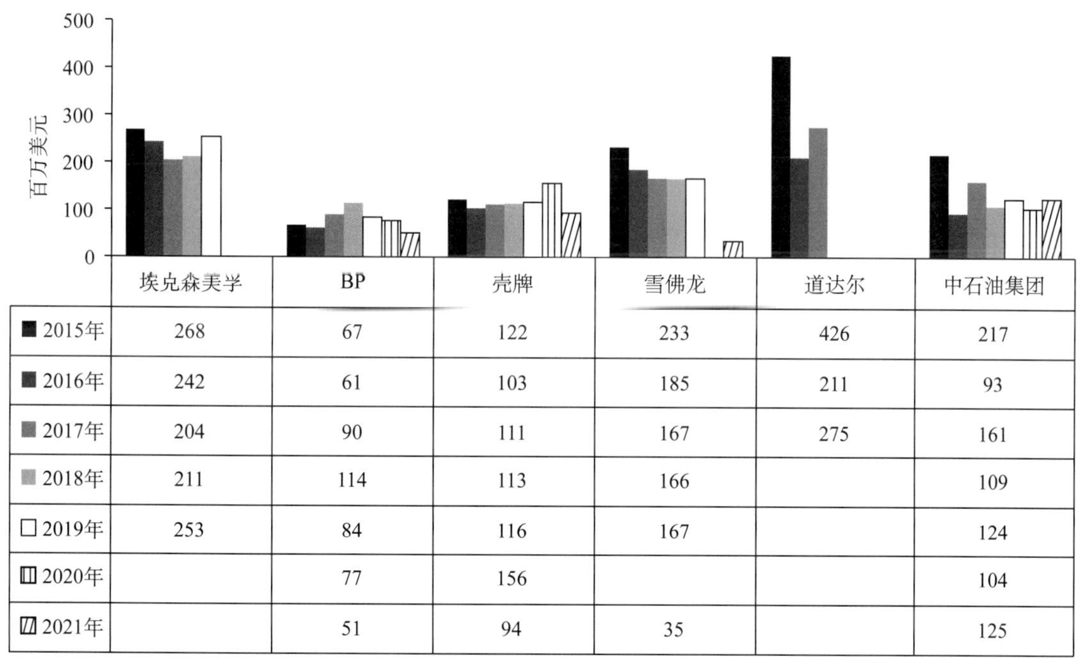

	埃克森美孚	BP	壳牌	雪佛龙	道达尔	中石油集团
■ 2015年	268	67	122	233	426	217
■ 2016年	242	61	103	185	211	93
■ 2017年	204	90	111	167	275	161
■ 2018年	211	114	113	166		109
□ 2019年	253	84	116	167		124
▥ 2020年		77	156			104
▨ 2021年		51	94	35		125

附图 30　2015—2021 年主要石油公司公益性社会投入

注：公益性社会投入主要指慈善捐助，对非盈利性教育、健康和环境项目的资助，以及对作业社区发展的援助；道达尔数据指对非经合组织国家的投入；中国石油数据中含扶贫帮困、捐资助学、赈灾捐赠和环保支出。

（资料来源：各公司企业社会责任报告）

（梁　玲）

索 引

使用说明

一、本索引采用内容分析索引法编制。除大事记外，年鉴中有实质检索意义的内容均予以标引，以便检索使用。

二、索引基本上按汉语拼音音序排列，具体排列方法如下：以数字开头的，排在最前面；以英文字母打头的，列于其次；汉字标目则按首字的音序、音调依次排列，首字相同时，则以第二个字排序，并依此类推。

三、索引标目后的数字，表示检索内容所在的年鉴正文页码；数字后面的英文字母 a、b，表示年鉴正文中的栏别，合在一起即指该页码及左右两个版面区域。年鉴中用表格、图片反映的内容，则在索引标目后面用括号注明（表）、（图）字，以区别于文字标目。

四、为反映索引款目间的隶属关系，对于二级标目，采取在上一级标目下缩二格的形式编排，之下再按汉语拼音音序、音调排列。

0—9

A—Z

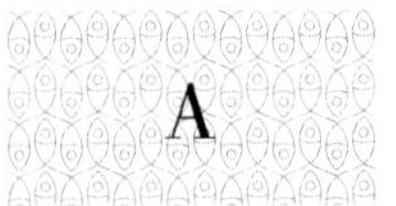

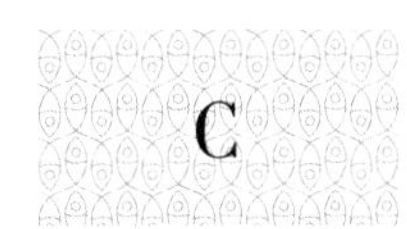

D

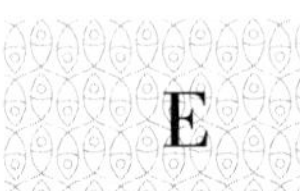

H

K

L

M

N

R

T

W

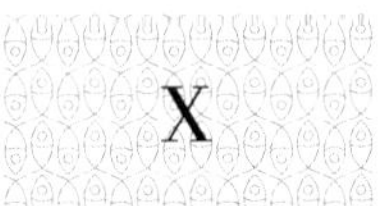
X

Y

编后记

本卷《年鉴》是《中国石油天然气工业年鉴》自1996年正式出版以来连续出版的第27卷，是更名为《中国石油天然气集团有限公司年鉴》后的第5卷。

本卷《年鉴》沿用历年来形成的框架结构，作适当微调。在编纂过程中，重点记载集团公司2021年所发生的重要事项，体现年度历史进展特色；坚持继承与创新相结合，充分反映集团公司年度工作特点。继续收录世界主要国家和地区及各大石油公司有关石油石化相关数据图表、中国石油近24年主要生产经营指标数据表，对《年鉴》内容的信息含量进行了扩充。注重《年鉴》的工具性和实用性，版式设计力求规范严整，文字叙述力求简洁流畅。

本卷《年鉴》的编纂出版工作始终得到集团公司党组和各级领导的高度重视，集团公司党组书记、董事长戴厚良作序；集团公司和股份公司总部各部门、各专业公司及各单位的领导提供各种形式的支持和帮助；各单位负责《年鉴》工作的联系人、撰稿人和审稿人付出了艰辛的劳动；综合管理部、中国石油档案馆领导直接参与《年鉴》内容的审订，做了大量的组织协调工作。此外，中国石油报社等单位提供辅助资料和照片；中国石油集团经济技术研究院提供《中国石油天然气集团有限公司2021年度报告》和《中国石油天然气集团有限公司2021年企业社会责任报告》资料以及世界主要国家和地区、各大石油公司相关数据图表；还有企业和个人提供了照片、参与了审稿工作。中国年鉴研究会会长王守亚及年鉴业界专家对本卷《年鉴》编纂提出宝贵的意见和建议。在此，对所有支持《年鉴》工作和为《年鉴》出版提供帮助的单位和个人致以诚挚的谢意。

由于年鉴编辑出版时限性强，疏漏和不足在所难免，恳请读者批评指正。

《中国石油天然气集团有限公司年鉴》编辑部
2022年7月

MUFG

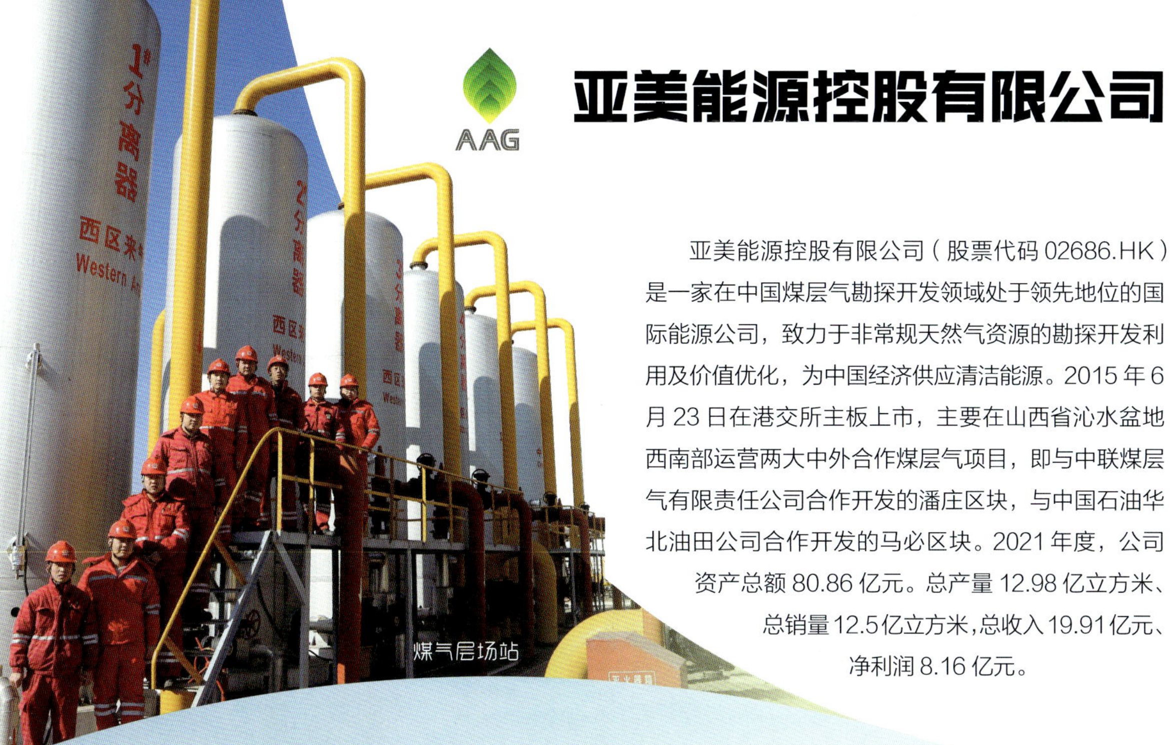

煤气层场站

钻井现场

公司一角

杉杉科技
Shanshan Technology

上海杉杉科技有限公司

青山车间

上海杉杉科技有限公司成立于1999年，隶属于杉杉股份，是国内第一家专业从事锂离子电池负极材料研发、生产与销售的高新技术企业。经过23年的行业领跑和技术积累，已发展成为全球规模领先的锂电负极材料供应商，现拥有上海浦东、宁波、郴州、湖州、宁德、包头青山、包头九原、四川、云南、上海临港、宁波鄞州等八地十一大研发生产基地，产业布局遍及大江南北，蔚为可观。

截至2022年6月底，杉杉科技已形成70万吨产能，出货量超过8万吨，人造石墨出货量全球领先；硅基材料提前抢占下一代负极材料技术高地，4万吨硅基一体化基地落户宁波，率先实现规模放量；资产规模达144.5亿元，营业收入超过35亿元。

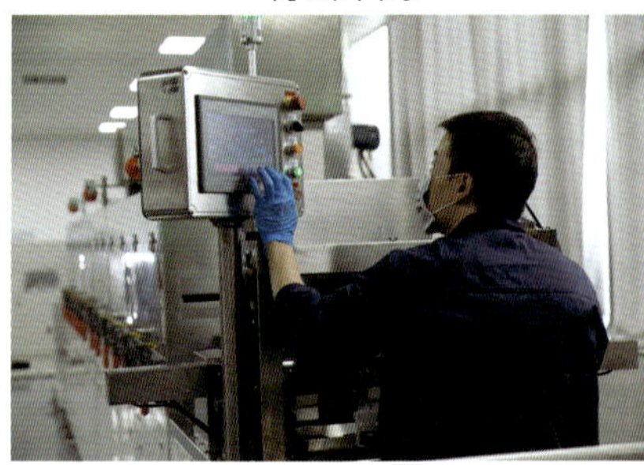
研究工作

公司拥有一支以行业领军技术专家为核心的高层次研发团队，打造了负极专业研究院、三个博士后工作站、国家企业技术中心等强大产研平台，在核心原材料、产品及设备开发、工艺革新等领域，始终走在国际前列，推动全球锂电的快速发展。公司拥有授权专利189项，主持完成多项国家项目及国家标准的制定，先后获得国家科学技术进步奖、中国产学研合作创新与促进奖、国家制造业单项冠军、国家级专精特新小巨人等荣誉。

围绕高质量发展要求，公司将继续加大研发投入，集结高素质的专业人才队伍，继续强化管理，加速海外布局，深化国际战略，努力实现全球锂电负极材料领导者目标，为产业发展和进步贡献积极力量。

上海临港

四川杉杉

上海工厂

集团总部办公楼

潮州华丰集团股份有限公司

潮州华丰集团股份有限公司创立于1998年,是以液化石油气(LPG)、液化天然气(LNG)、油品、光电为主营业务的生产、贸易综合型能源企业集团。现有全资及控股公司10家，所属欧华能源公司于2006年在新加坡上市，是潮州第一家海外上市企业，所属中湛新能源公司已启动北交所IPO项目。

多年来，在潮州各级党政领导的关心支持下，华丰集团稳步发展，2021年营业收入近60亿元人民币。华丰集团连续多年获潮州市“四梁八柱”企业等荣誉，在业内有较大影响力。

华丰集团是位居全国前列的LPG进口商。2021年，华丰集团LPG进口量81.99万吨，进口金额5.09亿美元，是潮州市外贸进口的重要组成部分。每年也有部分产品出口至越南、菲律宾等东盟国家。

华丰集团在建项目“潮州闽粤经济合作区LNG储配站”项目是国家重大建设项目库项目、广东省重点项目、潮州市重大项目建设工程。项目位于饶平县所城镇，计划总投资47亿元，建设规模达60万立方米储气能力。项目一期建设两座10万立方米储罐，并升级改造2万—16.5万立方米LNG码头，截至2022年，项目陆域工程已完成98%，码头工程已逐步启动。

LNG储配站项目

近年来，华丰集团按照“十四五”规划和国家能源战略要求，坚持新能源、新材料发展主线，一直致力于推进潮州“新能源新材料产业园区”纳入政府规划，一直致力于引领潮州燃气市场的规范升级，努力为潮州能源供应保障和绿色发展作出应有的贡献。近年来，在工商业屋顶光伏电站、充电桩等项目上取得了新的突破。同时，华丰集团立足未来，与广东以色列理工学院、广东石油化工学院共建“华丰研究院”，已获批省级新型研发机构，为下一步发展注入新的动力。

未来，华丰集团将继续紧靠国家发展战略和潮州市发展要求，努力实现高质量、可持续发展，为区域“碳达峰、碳中和”目标的实现承担企业的责任。

华丰集团前

兰州恒达石化机械有限公司

新疆油田克拉玛依在用三相分离器

新疆油田风城作业区50号站空冷器

兰州恒达石化机械有限公司创建于2006年，现座落于兰州市七里河区西果园工业园区，是一家专业从事石油钻采炼化过程装备的设计、制造、应用和技术服务业务的高科技股份制企业，是中国石油二级物资供应商。多年来，恒达公司一直秉承“诚信与创新”的核心理念，汇集国内优秀的专业技术人才，拥有雄厚的软硬实力，致力于加强传热传质与节能环保等方面的基础研究，为客户提供一流的“一站式”高效节能环保解决方案和专业产品。

公司建立有完善的质量保证和管理体系，检测手段完善，部门分类齐全，拥有一批技术水平高，具有丰富科研实践经验和生产制造能力的优秀队伍。现有员工100多人，工程技术人员26人，其中高级职称人员6人、硕士研究生2人、教授级高工1人。公司具有一流的科研力量、项目研发能力和企业核心技术竞争能力。近年来，企业在换热设备技术及制造方面取得长足的发展。拥有炼油化工工艺流程工艺软件及换热设备选型计算软件和LANSYS等压力容器强度计算软件及压力容器绘图软件；拥有多项具有自主知识产权的专利技术及专有技术，涉及传热传质、节能环保等领域，不仅为用户提供高效节能环保解决方案和专业产品，同时从整体上提升了公司的市场竞争能力。

2021年产业化能力达到3000吨/年，工业总产值5000万元左右。

2011年申报的“高效节能单端非对称板式烟热回收装置”荣获国家科技部科技型中小企业技术创新基金无偿资助项目；2018年度公司被甘肃省科技厅授予省级科技创新型企业；2021年荣获甘肃省高新技术企业。

专业从事石油钻采炼化过程装备的设计、制造、应用和技术服务业务的高科技股份制企业，是中国石油二级物资供应商。

葫芦岛宏跃北方铜业冶炼炉板式
烟气空气冷却器

2016年国内首台氧化铝余热回收装置，
在锦江集团和中铝山东公司广泛应用，
取得了良好的经济效益，深受用户好评

兰州恒达设计制造玉门油田青西天然气净
化工程全部主要工艺设备，包括空冷器、
塔器、换热器（含板式贫富液换热器）

为客户提供一流的“一站式”高效节能环保解决方案和专业产品

长庆油田投产公司生产的2台三相分离器

公司生产的脱乙烷塔、重吸收塔和再沸器
在长庆油田轻烃处理厂投入使用

采气一厂烟气余热回收橇

新疆油田风城作业区首站柴油换热器，材质316L

东方希望3号焙烧炉25万立方米烟气
单端非对称板式余热回收装置现场使用案例

应用技术

变压吸附（PSA）法提纯H_2：可从变换气、合成驰放气、甲醇尾气、煤气、催化干气、精炼气、膜分离气、重整氢、焦炉煤气、水煤气等含氢气体中分离提纯氢气。纯度可达99.999%，规模20—200000米^3/时，操作简便，自动化程度高，实现了装置的自动切塔功能。

PSA法分离提纯CO：可从水煤气、半水煤气、铜洗再生气、转炉气、高炉气、黄磷尾气及精炼气等多种含一氧化碳气源中分离提纯，CO回收率高，纯度可达80%—99%以上，流程先进可靠、能耗低、操作弹性大、自动化程度高、适应性强。

PSA法脱除CO_2：可从变换气、石灰窑气、发酵气、PSA尾气等多种含CO_2气源中脱除或提纯出CO_2。该技术具有操作简单、流程短、能耗低、有效气损失小的特点，CO_2纯度可达98%以上，并可通过进一步精制生产食品级CO_2。

PSA制富氧技术：一种投资少、能耗低、运行费用省的经济性制氧技术。富氧燃烧技术是将氧气提纯后，让煤和氧气进行更充分燃烧的技术。该技术可提高煤的燃烧效率，减少废气排放，达到节能减排目的。该技术先后通过了化工部和冶金部的高科技成果鉴定，已广泛用于有色冶炼、石化、钢铁、化工、造纸、玻纤等行业。

焦炉煤气净化技术：采用“分段干法TSA净化”工艺，一次性脱除焦炉煤气中H_2S、焦油、萘、NH_3等杂质，得到合格的净化煤气。

复合胺溶液法脱硫、脱碳及CO_2回收技术：开发的多种复合胺脱硫、脱碳技术，可适用于各种高、低压煤气、变换气脱硫、脱碳，也可用于烟道气、沼气回收CO_2，具有脱除效率高（H_2S<20毫克/米^3，CO_2<20毫克/米^3），具有蒸汽消耗低、溶液损耗小的特点，已广泛应用于化工、石化、煤化工、天然气液化等领域。

高性能程控阀门与液压驱动系统：密封等级可达ANSI六级，密封寿命大于100万次；通径15—2000毫米；压力等级PN0.6—10.0兆帕；具有动作速度快、密封等级高、寿命长的特点，广泛应用于变压吸附、燃气输送、化工生产等需要频繁动作、快速切断的领域。

脱碳、回收二氧化碳

硫磺回收

二氧化碳回收

重整气氢提纯装置

离子液脱硫

离子液循环吸收法脱除和回收烟气中SO_2的技术：一种新型的无污染烟气脱硫技术，其特点是脱硫效率高（可达99.9%）；适用范围宽（烟气中硫含量0.02%—5%）；操作简便、自动化程度高；产品为99.5%纯度的SO_2，可进一步生产工业硫酸或者用于硫磺回收生产单质S，产品需求量大、销售容易，无任何二次废弃物的排放，环保效益非常突出，已通过国家鉴定，获得四川省科技进步奖，并在钢铁、有色冶炼和硫酸工业中成功推广应用。

晶澳太阳能科技股份有限公司

晶澳太阳能科技股份有限公司长期致力于为全球客户提供光伏发电系统解决方案，主营业务为太阳能光伏硅片、电池及组件的研发、生产和销售，太阳能光伏电站的开发、建设、运营，以及光伏材料与设备的研发、生产和销售等业务。晶澳构建“一体两翼”新的业务体系架构，做强做大光伏智能制造业务，做精光伏辅材和设备产业，积极开发下游光伏发电应用场景解决方案，为客户提供最优质的新能源系统解决方案。2019年正式登陆A股市场（证券简称：晶澳科技；公司证券代码：002459）。

晶澳在全球拥有12个生产基地，在海外设立13个销售公司，已向全球135个国家和地区提供绿色光伏产品及服务，全球化布局优势明显，产品广泛应用于地面光伏电站以及工商业、住宅分布式光伏系统。截至2022年6月底，累计电池组件出货量超过103吉瓦。凭借持续的技术创新、稳健的财务优势和发达的全球销售与服务网络，晶澳备受国内外客户的认可，连续多年荣登《财富》中国500强和全球新能源企业500强榜单。

2.03兆瓦北京大兴国际机场东方航空国际货运区屋顶分布式电站

北京丰台站项目

411千瓦新西兰屋顶分布式电站

JA SOLAR
晶 澳 太 阳 能

山东丰源集团股份有限公司

山东丰源集团股份有限公司位于枣庄市峄城区，辖有20多个成员企业，资产100余亿元，员工4000多人，是集煤炭、电力、新能源、热力、纸制品、LSB高端板材等产品生产经营及医药化工、农林开发、供销物流、融资租赁、文旅康养、园区运维等行业为一体的综合性现代化国有股份制企业集团。

近年来，集团党委、董事会团结带领广大员工以习近平新时代中国特色社会主义思想为指引，按照深化国企改革的决策部署，全面贯彻新发展理念，融入新发展格局，遵循“强主业、精辅业、兴新业”工作原则，紧紧围绕“传统产业提档升级、新兴产业培育壮大”两条主线，实施“四大工程”和“三个一批行动”，领先奔跑，率先突破，推动产业基础高级化、产业链条现代化，为打造“百亿丰源”产业集群提供强力支撑，为经济发展贡献力量，为社会进步创造价值。

山东丰源通达电力有限公司中科生态分公司

单县丰源实业有限公司

山东丰源燃气热电有限公司

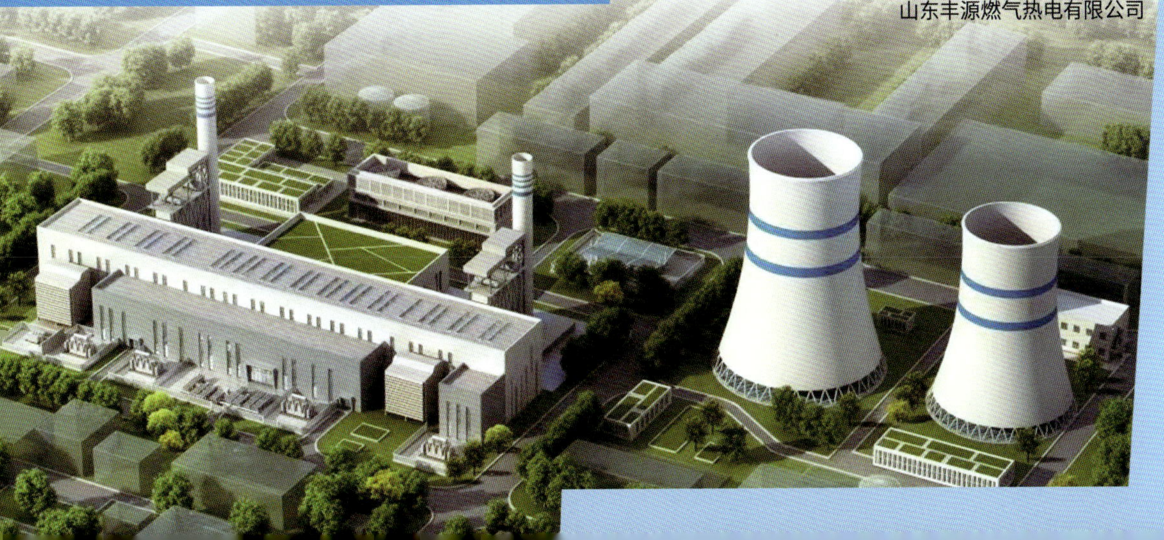

大华会计师事务所（特殊普通合伙）

和至大有，合谱华章

——大华以专业服务助您行稳致远

大华会计师事务所，国内创立较早的大型会计师事务所民族品牌。大华在市场上提供专业服务30余年，赢得客户与市场的广泛认可。自2011年至2021年大华连续十年在中注协会计师事务所综合评价中位列前十，2021年排名升至第七位。

大华总部在北京，在全国30座城市设有分支机构。大华在中国拥有7000余名员工，注册会计师1500余名。大华拥有充实的专家队伍，在财政部、中国证监会、交易所等政府及监管机构，以及中注协和地方省市注协担任职务，为政策制定、市场有序发展及行业建设谏言献策。

在专业化、多元化、国际化的发展宗旨指引下，大华已建立以审计服务为主体，涵盖管理咨询、税务服务、工程项目管理为一体的综合服务体系。大华常年服务的客户有10000余家，其中上市公司超400家、中央企业60余家、省级企业集团300余家、外资企业500余家，多次接受政府部门和国际组织委托承担其他特殊项目的专项审计。

2021年，大华会计师事务所在大华党委的正确指导下，在合伙人管委会科学决策下，全年业绩收入创新高，实现了稳步增长。在新的一年，大华将上下一心，砥砺前行，深入学习国办发〔2021〕30号文件，全面提升事务所管理水平与专业服务质量。同时，大华将继续履行大型专业机构的社会责任，发挥自身优势，坚守职业信条，以专业服务助力企业行稳致远，服务祖国，服务大众，共同实现伟大复兴的宏伟梦想。

中共大华党委召开党员大会

大华北京总部项目团队协助国务院国资委开展对中央企业2021年度财务决算审核

大华员工团建活动

大华第十二次合伙人大会

川庆钻探长庆井下技术作业公司

CCDC Changqing Downhole Technology Company

川庆钻探长庆井下技术作业公司成立于1973年，主要从事试油试气、压裂酸化、测试试井、连续管作业、带压完井、修井侧钻等专业化工程技术服务业务。具有井下工具、化工助剂研发生产能力，是中国石油井下作业业务链齐全的单位。公司用工总量2271人，取得集团资质队伍146支，拥有各类主要专业设备1292台（套）、生产生活辅助设施5716台（套），设备新度系数0.42，主要包括各型试修装备、压裂装备、连续油管装备、测试试井装备、带压作业装备、修完井装备、氮气作业装备、CO_2作业装备、自动化装备及生产生活辅助类装备，设备固定资产原值28.31亿元，净值11.89亿元，其中压裂装备装机总功率约28.06万水马力。

在近50年的油气勘探开发历程中，自主创新集成了一整套适应鄂尔多斯盆地“三低”油气储层的八大特色技术系列、两大系列技术产品，累计获国家科技进步奖2项、省部级科技进步奖48项，局级科技进步奖269项，授权国家专利431件、授权国际专利3件，具备从地质评价、储层分析、工程设计，到现场作业、施工监测、后评价的一体化服务能力。

面对市场竞争加剧、服务价格下调等严峻挑战，公司坚持党建引领，以提质增效、扭亏解困为主线，大力实施“三大战略”，统筹推进“五项业务”，大力落实“四提”措施，打造“2小时生产资源共享圈”，升级生产组织法，压裂准备周期缩短19.5%、压裂效率提高15%，10支压裂队超额完成中油技服劳动竞赛指标，逆势完成试油气压裂酸化10968层次，完井1552口，连续四年突破万层次，为保障国家能源安全做出重要贡献。公司被授予集团公司中国石油2020年度先进基层党组织、中油技服市场开发集体一等奖称号。

百人观摩团走进公司华H100平台压裂现场

川平50-15井完成国内首创4寸小套管压裂

华H100平台开展“质效双提，油气上产，冬季保供”党建共建主题党日活动

桃2-33-8H2井组开展“党旗在重点工程上飘扬”系列活动

靖45-23平台创国内平台井单日压裂30段纪录

地址：陕西省西安市未央区未央路151号长庆大厦
邮编：710018
电话：（029）86599003（029）86599000（传真）
邮箱：cqjx_bgs@cnpc.com.cn